# NJW Praxis

im Einvernehmen mit den Herausgebern der NJW
herausgegeben von
Rechtsanwalt Felix Busse

Band 98

D1666993

# Aufenthaltsrecht

von

Dr. Bertold Huber
Vorsitzender Richter am Verwaltungsgericht a.D.
Frankfurt a.M.

Dr. Johannes Eichenhofer
Wissenschaftlicher Mitarbeiter
Bielefeld

Pauline Endres de Oliveira
Rechtsanwältin in Berlin

2017

C.H.BECK

Zitiervorschlag: Huber/Eichenhofer/Endres de Oliveira Aufenthaltsrecht Rn. …

ISBN 978 3 406 69550 6

**www.beck.de**

© 2017 Verlag C. H. Beck oHG
Wilhelmstraße 9, 80801 München
Druck und Bindung: Druckhaus Nomos
In den Lissen 12, 76547 Sinzheim
Satz: Druckerei C. H. Beck Nördlingen
(Adresse wie Verlag)

Gedruckt auf säurefreiem, alterungsbeständigem Papier
(hergestellt aus chlorfrei gebleichtem Zellstoff)

# Vorwort

Das Thema Migration genießt spätestens seit der sog. „Flüchtlingskrise" in der politischen Arena oberste Priorität. Der in den Jahren 2015 und 2016 zu verzeichnende enorme Anstieg der Zahl derjenigen Personen, die um Asyl und internationalen Schutz nachsuchen, hat aber auch viele und vielfältige rechtliche Fragen aufgeworfen und dadurch auch in Rechtswissenschaft und -praxis viel Aufmerksamkeit auf sich und eine wahre „Publikationsflut" nach sich gezogen.

Trotz der gestiegenen Aufmerksamkeit und Bedeutung, die das Thema Migration erfährt, ist seine rechtliche Regulierung Einsteigern oftmals nur schwer zugänglich und vermittelbar – was vor allem an der Vielzahl der zu beachtenden Regelungen und Rechtsquellen liegen dürfte. Doch selbst für langjährige Kenner des Migrationsrechts ist es nicht immer möglich, sich auf den aktuellen Stand zu bringen. Allzu oft ändert sich die Rechtslage fundamental – sei es, durch neue Rechtsvorschriften auf EU-Ebene, die dann wiederum in nationales Recht umgesetzt werden müssen, sei es durch „autonome" Entscheidungen des deutschen Gesetzgebers oder gravierende Entscheidungen deutscher oder europäischer Gerichte.

Das vorliegende Buch möchte vor diesem Hintergrund den Einstieg in dieses komplexe Rechtsgebiet erleichtern und die geltende Rechtslage auf dem Stand von September 2017 präsentieren. Es basiert auf dem im Jahre 2008 von *Bertold Huber* und *Ralph Göbel-Zimmermann* in dieser Reihe herausgegebenen Werk zum Ausländer- und Asylrecht. Seither hat sich auf diesem Gebiet viel getan. Die zahlreichen rechtlichen Änderungen haben eine grundlegende Überarbeitung sowie umfassende Neubearbeitung wesentlicher Teile der ursprünglichen Publikation erforderlich gemacht. Dabei ist eine vollständige Neustrukturierung erfolgt, die unter anderem dazu führte, das ursprüngliche Werk in zwei Bände zu unterteilen. So nimmt das vorliegende Buch ausschließlich das Aufenthaltsrecht in den Fokus, während eine Darstellung des „Asyl- und Flüchtlingsrechts" in einem gesonderten Band erfolgen soll. Dabei profitiert das vorliegende Buch von den unterschiedlichen Perspektiven, welche die drei Autoren aus der Richter-, Anwalt- und Wissenschaft, sowie Praxis und Lehre einbringen. Es richtet sich in erster Linie an Praktikerinnen und Praktiker, insbesondere aus der Anwaltschaft, denen es entweder zur erstmaligen systematischen Erschließung des Aufenthaltsrechts oder als handliches Nachschlagewerk bei der täglichen Arbeit dienen soll. Der Abschnitt zum Asyl- und Flüchtlingsrecht will eine Einführung und einen Überblick geben, um dieses Rechtsgebiet in den Kontext zu den schwerpunktmäßig behandelten aufenthaltsrechtlichen Regelungen zu setzen. Diese Einführung kann daher auch Personen dienen, die sich einen ersten Überblick verschaffen und in die Materie einsteigen möchten, wie beispielsweise Studierende der Refugee Law Clinics.

Die Autoren danken dem Verlag C.H.BECK, namentlich Herrn Dr. Christian Rosner, für die gute Zusammenarbeit.

Frankfurt am Main und Berlin, im Oktober 2017

*Bertold Huber, Johannes Eichenhofer* und *Pauline Endres de Oliveira*

# Bearbeiterverzeichnis

*Eichenhofer:* ........ 1. Teil A, B VIII, C, H, I
*Endres de Oliveira:* 1. Teil B VI, VII, D VI 5, 6; 4. Teil
*Huber:* ................ 1. Teil B I-V, B IX-XI, D I-VI 4, VI 7, 8, E-G, J-L;
2. Teil; 3. Teil

# Inhaltsübersicht

Vorwort . . . . . . . . . . . . . . . . . . . . . . . . . . . . . . . . . . . . . . . . . . . . . . . . V

Bearbeiterverzeichnis . . . . . . . . . . . . . . . . . . . . . . . . . . . . . . . . . . . . . . VII

Inhaltsverzeichnis . . . . . . . . . . . . . . . . . . . . . . . . . . . . . . . . . . . . . . . . . XI

Abkürzungsverzeichnis . . . . . . . . . . . . . . . . . . . . . . . . . . . . . . . . . . . . . XIX

Literaturverzeichnis . . . . . . . . . . . . . . . . . . . . . . . . . . . . . . . . . . . . . . . XXV

**Teil 1. Aufenthaltsgesetz** . . . . . . . . . . . . . . . . . . . . . . . . . . . . . . . . . . 1

   A. Allgemeine Bestimmungen . . . . . . . . . . . . . . . . . . . . . . . . . . . . 1

   B. Einreise und Aufenthalt im Bundesgebiet . . . . . . . . . . . . . . . . . . . . 15

   C. Integration . . . . . . . . . . . . . . . . . . . . . . . . . . . . . . . . . . . . . . 266

   D. Ordnungsrechtliche Vorschriften . . . . . . . . . . . . . . . . . . . . . . . . 276

   E. Begründung der Ausreisepflicht und Erlöschen eines Aufenthaltstitels
      (§§ 50 bis 625 AufenthG) . . . . . . . . . . . . . . . . . . . . . . . . . . . . . 285

   F. Haftung und Gebühren . . . . . . . . . . . . . . . . . . . . . . . . . . . . . . 362

   G. Verfahrensvorschriften . . . . . . . . . . . . . . . . . . . . . . . . . . . . . . . 369

   H. Datenschutz . . . . . . . . . . . . . . . . . . . . . . . . . . . . . . . . . . . . . 379

   I. Beauftragte für Migration, Flüchtlinge und Integration (§§ 92 bis 94 AufenthG) . . . 387

   J. Straf- und Bußgeldvorschriften (§§ 95 bis 98 AufenthG) . . . . . . . . . . . . . . 387

   K. Rechtsfolgen bei illegaler Beschäftigung (§§ 98a bis 98c AufenthG) . . . . . . . . 391

   L. Schluss- und Übergangsvorschriften (§§ 101 bis 107 AufenthG) . . . . . . . . . . 396

**Teil 2. Die Rechtsstellung von Ausländern nach dem Recht der Europäischen Union
und dem Abkommen über den Europäischen Wirtschaftsraum** . . . . . . . . . . . . 399

   A. Einleitung . . . . . . . . . . . . . . . . . . . . . . . . . . . . . . . . . . . . . . . 399

   B. Unionsrechtliches Freizügigkeitsrecht (§ 2 FreizügG/EU) . . . . . . . . . . . . . 401

**Teil 3. Das Aufenthaltsrecht nach dem Assoziationsrecht EG-Türkei** . . . . . . . . 427

   A. Allgemeines . . . . . . . . . . . . . . . . . . . . . . . . . . . . . . . . . . . . . . 427

   B. Türkische Arbeitnehmerinnen und Arbeitnehmer (Art. 6 ARB 1/80) . . . . . . . . 430

   C. Art. 7 ARB 1/80 . . . . . . . . . . . . . . . . . . . . . . . . . . . . . . . . . . . . 451

   D. Beschränkungen assoziationsrechtlicher Aufenthalts- und Beschäftigungsrechte
      nach Art. 14 ARB 1/80 . . . . . . . . . . . . . . . . . . . . . . . . . . . . . . . . 459

**Teil 4. Grundzüge des Asyl- und Flüchtlingsrechts** . . . . . . . . . . . . . . . . . . 463

   A. Das deutsche Asyl- und Flüchtlingsrecht im internationalen und europäischen
      Kontext . . . . . . . . . . . . . . . . . . . . . . . . . . . . . . . . . . . . . . . . . 463

   B. Grundzüge des Asylverfahrens . . . . . . . . . . . . . . . . . . . . . . . . . . . 472

   C. Die Abschiebungsverbote nach § 60 AufenthG . . . . . . . . . . . . . . . . . . . 499

Sachregister . . . . . . . . . . . . . . . . . . . . . . . . . . . . . . . . . . . . . . . . . . . . . 509

# Inhaltsverzeichnis

Teil 1. Aufenthaltsgesetz ........................................ 1

A. Allgemeine Bestimmungen .................................... 1

  I. Ziele und Anwendungsbereich des Aufenthaltsgesetzes (§ 1 AufenthG) ..... 1
    1. Einführung: Das Aufenthaltsgesetz und andere Quellen des
       Aufenthaltsrechts ...................................... 1
    2. Anwendungsbereich des Aufenthaltsgesetzes ................... 5
    3. Verordnungsermächtigungen ............................ 6
  II. Begriffsbestimmungen ...................................... 7
    1. Legaldefinitionen (§ 2 AufenthG) ....................... 7
    2. Sonstige Grundbegriffe des Aufenthaltsrechts ............... 13

B. Einreise und Aufenthalt im Bundesgebiet ...................... 15

  I. Allgemeines ........................................... 15
    1. Passpflicht (§ 3 AufenthG) ........................... 15
    2. Erfordernis eines Aufenthaltstitels (§ 4 AufenthG) ........... 17
  II. Einreise ............................................. 19
    1. Grenzübertritt (§ 13 AufenthG) ....................... 19
    2. Unerlaubte Einreise und Ausnahmevisum (§ 14 AufenthG) ..... 19
    3. Zurückweisung (§ 15 AufenthG) ....................... 20
    4. Verteilung unerlaubt eingereister Ausländer (§ 15a AufenthG) ... 24
  III. Erteilung und Verlängerung eines Aufenthaltstitels ............... 25
    1. Allgemeine Erteilungsvoraussetzungen (§ 5 AufenthG) ......... 25
    2. Visum (§ 6 AufenthG) ............................... 34
    3. Erteilung einer Aufenthaltserlaubnis (§ 7 AufenthG) .......... 39
    4. Verlängerung der Aufenthaltserlaubnis (§ 8 AufenthG) ........ 42
    5. Blaue Karte EU (§ 19a AufenthG) ..................... 42
    6. ICT-Karte (§ 19b AufenthG) ......................... 43
    7. Mobiler-ICT-Karte (§ 19d AufenthG) ................... 43
    8. Niederlassungserlaubnis (§ 9 AufenthG) ................. 43
    9. Die Erlaubnis zum Daueraufenthalt-EU (§§ 9a bis 9c AufenthG) ....... 43
    10. Aufenthaltstitel bei Asylantrag (§ 10 AufenthG) ............ 43
    11. Einreise- und Aufenthaltsverbot (§ 11 AufenthG) ........... 46
    12. Geltungsbereich eines Aufenthaltstitels und Nebenbestimmungen (§ 12
        AufenthG) ........................................ 57
    13. Wohnsitzauflagen (§ 12a AufenthG) ................... 61
  IV. Die Aufenthaltserlaubnis zum Zweck der Ausbildung (§§ 16, 17 und 17a
    AufenthG) ............................................ 62
    1. Studium, Sprachkurs, Schulbesuch (§ 16 AufenthG) .......... 62
    2. Mobilität im Rahmen des Studiums (§ 16a AufenthG) ........ 70
    3. Teilnahme an Sprachkursen, Schüleraustausch und Schulbesuch (§ 16b
        AufenthG) ........................................ 71
    4. Sonstige Aufenthaltszwecke (§ 17 AufenthG) .............. 74
    5. Anerkennung ausländischer Berufsqualifikationen (§ 17a AufenthG) .... 75
    6. Studienbezogenes Praktikum EU (§ 17b AufenthG) ......... 76
  V. Aufenthalt zum Zweck der Erwerbstätigkeit ................... 77
    1. Beteiligung der Bundesagentur für Arbeit bei beabsichtigter Aufnahme
        einer Beschäftigung (§§ 39 bis 42 AufenthG) ............. 78
    2. Allgemeine Bestimmungen zur Zulassung zum Arbeitsmarkt im
        „Regelverfahren" (§ 18 AufenthG) ..................... 78
    3. Aufenthaltserlaubnis für qualifizierte Geduldete zum Zweck der
        Beschäftigung (§ 18a AufenthG) ...................... 84

4. Niederlassungserlaubnis für Absolventen deutscher Hochschulen (§ 18b AufenthG) .......................................... 87
5. Aufenthaltserlaubnis zur Arbeitsplatzsuche für qualifizierte Fachkräfte (§ 18c AufenthG) ......................................... 88
6. Teilnahme am europäischen Freiwilligendienst (§ 18d AufenthG) ...... 88
7. Niederlassungserlaubnis für Hochqualifizierte (§ 19 AufenthG) ........ 89
8. Blaue Karte EU (§ 19a AufenthG) .............................. 91
9. ICT-Karte (§ 19b, § 19c und § 19d AufenthG) .................... 94
10. Aufenthaltserlaubnis zum Zweck der Forschung (§ 20 AufenthG) ...... 96
11. Kurzfristige Mobilität für Forscher (§ 20a AufenthG) ................ 100
12. Aufenthaltserlaubnis für mobile Forscher (§ 20b AufenthG) .......... 101
13. Ablehnungsgründe bei Forschern, Studenten, Schülern, Praktikanten, Teilnehmern an Sprachkursen und Teilnehmern am europäischen Freiwilligendienst (§ 20c AufenthG) .......................... 102
14. Selbstständige Erwerbstätigkeit (§ 21 AufenthG) .................. 103
VI. Aufenthalt aus völkerrechtlichen, humanitären oder politischen Gründen ... 107
1. Überblick ................................................. 107
2. Allgemeine Erteilungsvoraussetzungen eines Aufenthalts aus völkerrechtlichen, humanitären oder politischen Gründen ........... 109
3. Aufnahme aus dem Ausland (§ 22 AufenthG) .................... 115
4. Aufenthaltsgewährung durch die oberste Landesbehörde, Aufnahme bei besonders gelagerten politischen Interessen und Neuansiedlung von Schutzsuchenden (§ 23 AufenthG) .............................. 118
5. Aufenthaltsgewährung in Härtefällen (§ 23a AufenthG) ............ 125
6. Aufenthaltsgewährung zum vorübergehenden Schutz (§ 24 AufenthG) .. 129
7. Aufenthalt aus humanitären Gründen (§ 25 AufenthG) ............. 131
8. Die Aufenthaltserlaubnis für gut integrierte Jugendliche und Heranwachsende (§ 25a AufenthG) ............................ 148
9. Die Aufenthaltsgewährung bei nachhaltiger Integration (§ 25b AufenthG) 153
10. Dauer und Verfestigung des Aufenthalts (§ 26 AufenthG) ........... 157
11. Wohnsitzregelungen für Personen mit humanitären Aufenthaltstiteln ... 162
VII. Altfallregelungen (§§ 104a und 104b AufenthG) .................... 168
1. Die Altfallregelung nach § 104a AufenthG ...................... 168
2. Das Aufenthaltsrecht für integrierte Kinder von Geduldeten nach § 104b AufenthG ................................................. 169
VIII. Aufenthalt aus familiären Gründen (§§ 27 bis 36 AufenthG) ............ 170
1. Übersicht ................................................. 170
2. Der Schutz von Ehe und Familie im Verfassungs-, Völker- und Europarecht ............................................... 170
3. Die Regelung des Familiennachzugs im AufenthG .................. 186
4. Familiennachzug zu Deutschen (§ 28 AufenthG) .................. 204
5. Familiennachzug zu Ausländern (§ 29 AufenthG) .................. 212
6. Ehegattennachzug zu Ausländern (§ 30 AufenthG) ................ 219
7. Eigenständiges Aufenthaltsrecht des Ehegatten (§ 31 AufenthG) ....... 228
8. Kindernachzug zu Ausländern (§ 32 AufenthG) .................. 236
9. Geburt des Kindes im Bundesgebiet (§ 33 AufenthG) .............. 240
10. Aufenthaltsrecht der Kinder (§ 34 AufenthG) .................... 241
11. Eigenständiges unbefristetes Aufenthaltsrecht der Kinder (§ 35 AufenthG) 242
12. Nachzug der Eltern oder sonstiger Familienangehöriger (§ 36 AufenthG) 242
13. Rechtsschutz beim Familiennachzug .......................... 244
IX. Besondere Aufenthaltsrechte .................................... 245
1. Recht auf Wiederkehr (§ 37 AufenthG) ........................ 245
2. Aufenthaltstitel für ehemalige Deutsche (§ 38 AufenthG) ........... 250
3. Aufenthaltserlaubnis für in anderen Mitgliedstaaten der Europäischen Union langfristig Aufenthaltsberechtigte (§ 38a AufenthG) .......... 252
X. Niederlassungserlaubnis (§ 9 AufenthG) ............................ 254
1. Regelungsgehalt der Niederlassungserlaubnis .................... 254
2. Voraussetzungen für die Erteilung einer Niederlassungserlaubnis (§ 9 Abs. 2 AufenthG) .......................................... 254

3. Niederlassungserlaubnis nach § 26 Abs. 3 AufenthG . . . . . . . . . . . . . . . 259
4. Niederlassungserlaubnis nach § 26 Abs. 4 AufenthG . . . . . . . . . . . . . . . 260
XI. Erlaubnis zum Daueraufenthalt-EU (§§ 9a bis 9c AufenthG) . . . . . . . . . . . 260
1. Regelungsgehalt der Erlaubnis zum Daueraufenthalt-EU . . . . . . . . . . . . 260
2. Ausschluss vom Rechtsanspruch auf eine Erlaubnis zum Daueraufenthalt-
EU (§ 9a Abs. 3 AufenthG) . . . . . . . . . . . . . . . . . . . . . . . . . . . . . . . . . . . . . 261
3. Voraussetzungen für die Erteilung einer Erlaubnis zum Daueraufenthalt-
EU (§ 9a Abs. 2 AufenthG) . . . . . . . . . . . . . . . . . . . . . . . . . . . . . . . . . . . . . 261

**C. Integration** . . . . . . . . . . . . . . . . . . . . . . . . . . . . . . . . . . . . . . . . . . . . . . . . . . . . . . . . 266
I. Allgemeines . . . . . . . . . . . . . . . . . . . . . . . . . . . . . . . . . . . . . . . . . . . . . . . . . . . . . 266
1. Begriff der Integration . . . . . . . . . . . . . . . . . . . . . . . . . . . . . . . . . . . . . . . . . 266
2. Das „Fördern und Fordern" von Integrationsleistungen als
Integrationskonzept . . . . . . . . . . . . . . . . . . . . . . . . . . . . . . . . . . . . . . . . . . . 267
3. Insbesondere: Die Integrationskurse (§§ 43–44a AufenthG) . . . . . . . . . . 269
II. Berechtigung zur Teilnahme an einem Integrationskurs (§ 44 AufenthG) . . . . 271
III. Verpflichtung zur Teilnahme an einem Integrationskurs (§ 44a AufenthG) . . 273
1. Teilnahmeverpflichtung (§ 44a Abs. 1 und 1a AufenthG) . . . . . . . . . . . . . 273
2. Ausnahmen von der Teilnahmeverpflichtung (§ 44a Abs. 2 und 2a
AufenthG) . . . . . . . . . . . . . . . . . . . . . . . . . . . . . . . . . . . . . . . . . . . . . . . . . . . . 274
3. Rechtsfolgen der Pflichtverletzung (§ 44a Abs. 3 AufenthG) . . . . . . . . . . 274
IV. Integrationsprogramm und weitere Integrationsangebote (§ 45 AufenthG) . . 275
V. Berufsbezogene Deutschsprachförderung (§ 45a AufenthG) . . . . . . . . . . . . . . 276

**D. Ordnungsrechtliche Vorschriften** . . . . . . . . . . . . . . . . . . . . . . . . . . . . . . . . . . . . . 276
I. Ordnungsverfügungen (§ 46 AufenthG) . . . . . . . . . . . . . . . . . . . . . . . . . . . . . . 276
II. Verbot und Beschränkung der politischen Betätigung (§ 47 AufenthG) . . . . . 278
1. Personeller Anwendungsbereich . . . . . . . . . . . . . . . . . . . . . . . . . . . . . . . . . . 278
2. Grundsatz der Freiheit zur politischen Betätigung . . . . . . . . . . . . . . . . . . 278
3. Eingriffsbefugnis nach § 47 Abs. 1 S. 2 AufenthG . . . . . . . . . . . . . . . . . . . 279
4. Eingriffsbefugnis nach § 47 Abs. 2 AufenthG . . . . . . . . . . . . . . . . . . . . . . 281
III. Ausweisrechtliche Vorschriften (§ 48 AufenthG) . . . . . . . . . . . . . . . . . . . . . . . 282
IV. Feststellung und Sicherung der Identität (§ 49 AufenthG) . . . . . . . . . . . . . . . 283
V. Fundpapier-Datenbank (§§ 49a, 49b AufenthG) . . . . . . . . . . . . . . . . . . . . . . . . 285

**E. Begründung der Ausreisepflicht, Erlöschen eines Aufenthaltstitels (§§ 50 bis 625**
**AufenthG) und Durchsetzung d. Ausreisepflicht (§ 57–626 AufenthG)** . . . . . . . . 285
I. Ausreisepflicht (§ 50 AufenthG) . . . . . . . . . . . . . . . . . . . . . . . . . . . . . . . . . . . . . 285
II. Beendigung der Rechtmäßigkeit des Aufenthalts (§ 51 AufenthG) . . . . . . . . . 287
1. Erlöschen eines Aufenthaltstitels . . . . . . . . . . . . . . . . . . . . . . . . . . . . . . . . . 287
2. Verlust der Befreiung vom Erfordernis eines Aufenthaltstitels . . . . . . . . . 289
3. Fortgeltung von räumlichen und sonstigen Beschränkungen sowie von
Auflagen . . . . . . . . . . . . . . . . . . . . . . . . . . . . . . . . . . . . . . . . . . . . . . . . . . . . . . 289
4. Aufhebung einer Aufenthaltserlaubnis nach § 38a AufenthG und
Ausweisung oder Anordnung der Abschiebung des Inhabers einer solchen
Aufenthaltserlaubnis . . . . . . . . . . . . . . . . . . . . . . . . . . . . . . . . . . . . . . . . . . . . 289
5. Erlöschen der Erlaubnis zum Daueraufenthalt-EU . . . . . . . . . . . . . . . . . . 290
III. Widerruf eines Aufenthaltstitels (§ 52 AufenthG) . . . . . . . . . . . . . . . . . . . . . . . 290
1. § 52 Abs. 1 AufenthG . . . . . . . . . . . . . . . . . . . . . . . . . . . . . . . . . . . . . . . . . . 291
2. § 52 Abs. 2 AufenthG . . . . . . . . . . . . . . . . . . . . . . . . . . . . . . . . . . . . . . . . . . 292
3. Widerruf einer zum Zweck des Studiums erteilten Aufenthaltserlaubnis
(§ 52 Abs. 3 AufenthG) . . . . . . . . . . . . . . . . . . . . . . . . . . . . . . . . . . . . . . . . . 292
4. Widerruf einer zum Zweck der Forschung erteilten Aufenthaltserlaubnis
(§ 52 Abs. 4 AufenthG) . . . . . . . . . . . . . . . . . . . . . . . . . . . . . . . . . . . . . . . . . 292
5. Widerruf einer Aufenthaltserlaubnis nach § 17b AufenthG oder § 18d
AufenthG (§ 52 Abs. 4a AufenthG) . . . . . . . . . . . . . . . . . . . . . . . . . . . . . . . 293
6. Widerruf einer zum Opferschutz erteilten Aufenthaltserlaubnis (§ 52
Abs. 5 AufenthG) . . . . . . . . . . . . . . . . . . . . . . . . . . . . . . . . . . . . . . . . . . . . . . 293
7. Widerruf einer Aufenthaltserlaubnis nach § 38a AufenthG (§ 52 Abs. 6
AufenthG) . . . . . . . . . . . . . . . . . . . . . . . . . . . . . . . . . . . . . . . . . . . . . . . . . . . . 294

IV. Rücknahme eines Aufenthaltstitels (§ 48 VwVfG) . . . . . . . . . . . . . . . . . . . . . 294
V. Ausweisung (§§ 53 bis 56 AufenthG) . . . . . . . . . . . . . . . . . . . . . . . . . . . . . . 294
   1. Neugestaltung des Ausweisungsrechts mit Wirkung zum 1.1.2016 . . . . . . 295
   2. Ausweisung als ordnungsrechtliche Maßnahme . . . . . . . . . . . . . . . . . . . 296
   3. Grundtatbestand der Ausweisung (§ 53 AufenthG) . . . . . . . . . . . . . . . . 297
   4. Ausweisungsinteresse (§ 54 AufenthG) . . . . . . . . . . . . . . . . . . . . . . . . 303
   5. Besonderer Ausweisungsschutz auf Grund völkerrechtlicher Verträge . . . 307
   6. Überwachung ausreisepflichtiger Ausländer aus Gründen der inneren
      Sicherheit (§ 56 AufenthG) . . . . . . . . . . . . . . . . . . . . . . . . . . . . . . . . . 309
   7. Elektronische Aufenthaltsüberwachung (§ 56a AufenthG) . . . . . . . . . . . 311
VI. Durchsetzung der Ausreisepflicht (§§ 57 bis 625 AufenthG) . . . . . . . . . . . . 311
   1. Zurückschiebung (§ 57 AufenthG) . . . . . . . . . . . . . . . . . . . . . . . . . . . 311
   2. Abschiebung (§ 58 AufenthG) . . . . . . . . . . . . . . . . . . . . . . . . . . . . . . . 313
   3. Abschiebungsanordnung (§ 58a AufenthG) . . . . . . . . . . . . . . . . . . . . . 318
   4. Androhung der Abschiebung (§ 59 AufenthG) . . . . . . . . . . . . . . . . . . . 320
   5. Vorübergehende Aussetzung der Abschiebung durch Duldung (§ 60a
      AufenthG) . . . . . . . . . . . . . . . . . . . . . . . . . . . . . . . . . . . . . . . . . . . . . 325
   6. Räumliche Beschränkung, Wohnsitznahmepflicht und
      Ausreiseeinrichtungen (§ 61 AufenthG) . . . . . . . . . . . . . . . . . . . . . . . . 339
   7. Abschiebungshaft (§§ 62, 62a AufenthG) . . . . . . . . . . . . . . . . . . . . . . . 342
   8. Ausreisegewahrsam (§ 62b AufenthG) . . . . . . . . . . . . . . . . . . . . . . . . . 361

**F. Haftung und Gebühren** . . . . . . . . . . . . . . . . . . . . . . . . . . . . . . . . . . . . . . . . 362
   I. Pflichten der Beförderungsunternehmer (§ 63 AufenthG) . . . . . . . . . . . . . 362
  II. Rückbeförderungspflicht der Beförderungsunternehmer (§ 64 AufenthG) . . . 363
 III. Pflichten der Flughafenunternehmer (§ 65 AufenthG) . . . . . . . . . . . . . . . . 363
 IV. Kosten ausländerrechtlicher Maßnahmen (§ 66 AufenthG) . . . . . . . . . . . . . 363
  V. Umfang der Kostenhaftung (§ 67 AufenthG) . . . . . . . . . . . . . . . . . . . . . . 365
 VI. Haftung für Lebensunterhalt (§ 68 AufenthG) . . . . . . . . . . . . . . . . . . . . . 365
VII. Gebühren (§ 69 AufenthG iVm §§ 44 ff. AufenthV) . . . . . . . . . . . . . . . . . 367
   1. Gebühren für die Niederlassungserlaubnis (§ 44 AufenthV) . . . . . . . . . . 367
   2. Gebühren für die Erlaubnis zum Daueraufenthalt-EU (§ 44a AufenthG) . 368
   3. Gebühren für die Aufenthaltserlaubnis (§ 45 AufenthV) . . . . . . . . . . . . . 368
   4. Gebühren für sonstige Fälle (§§ 45a bis 45c AufenthV) . . . . . . . . . . . . . 368
   5. Gebühren für das Visum (§ 46 AufenthV) . . . . . . . . . . . . . . . . . . . . . . . 368
   6. Gebühren für sonstige aufenthaltsrechtliche Amtshandlungen und für
      pass- und ausweisrechtliche Maßnahmen (§§ 47 und 48 AufenthV) . . . . . 368
   7. Sonstige Gebühren (§§ 49 bis 51 AufenthV) . . . . . . . . . . . . . . . . . . . . . 369
   8. Befreiungen und Ermäßigungen sowie zwischenstaatliche Vereinbarungen
      (§§ 52 bis 54 AufenthV) . . . . . . . . . . . . . . . . . . . . . . . . . . . . . . . . . . . . 369
   9. Verjährung (§ 70 AufenthG) . . . . . . . . . . . . . . . . . . . . . . . . . . . . . . . . 369

**G. Verfahrensvorschriften** . . . . . . . . . . . . . . . . . . . . . . . . . . . . . . . . . . . . . . . . 369
    I. Zuständigkeit (§ 71 AufenthG) . . . . . . . . . . . . . . . . . . . . . . . . . . . . . . . 369
   II. Beteiligungserfordernisse (§§ 72 bis 74 AufenthG) . . . . . . . . . . . . . . . . . 370
  III. Verfahrenssprache Deutsch und fremdsprachige Dokumente . . . . . . . . . . . 372
  IV. Ausländerrechtliche Handlungsfähigkeit (§ 80 AufenthG) . . . . . . . . . . . . . 372
   V. Grundsätzliches Antragserfordernis im Verfahren auf Erteilung und
      Verlängerung eines Aufenthaltstitels (§ 81 Abs. 1 AufenthG) . . . . . . . . . . 373
  VI. Eintritt der Fiktionswirkung (§ 81 Abs. 2 bis 5 AufenthG) . . . . . . . . . . . . 373
 VII. Besondere Mitwirkungspflichten und Präklusionsregelungen (§ 82 AufenthG) 374
VIII. Beschränkung der Anfechtbarkeit (§ 83 Abs. 1 AufenthG) . . . . . . . . . . . . . 375
  IX. Partieller Ausschluss des Widerspruchsverfahrens (§ 83 Abs. 2 und 3
     AufenthG) . . . . . . . . . . . . . . . . . . . . . . . . . . . . . . . . . . . . . . . . . . . . . 375
   X. Wirkungen von Widerspruch und Klage (§ 84 AufenthG) . . . . . . . . . . . . . 376
  XI. Klageart und einstweiliger Rechtsschutz . . . . . . . . . . . . . . . . . . . . . . . . . 376
   1. Ablehnung eines Aufenthaltstitels . . . . . . . . . . . . . . . . . . . . . . . . . . . . . 377
   2. Nachträgliche Befristung der Geltungsdauer einer Aufenthaltserlaubnis . 377
   3. Ausweisung . . . . . . . . . . . . . . . . . . . . . . . . . . . . . . . . . . . . . . . . . . . . 377
   4. Abschiebung . . . . . . . . . . . . . . . . . . . . . . . . . . . . . . . . . . . . . . . . . . . . 378

5. Maßgeblicher Zeitpunkt für die gerichtliche Überprüfung einer ausländerrechtlichen Maßnahme ................................ 378
6. Wechsel der örtlich zuständigen Ausländerbehörde ................. 379
XII. Berechnung von Aufenthaltszeiten (§ 85 AufenthG) ................. 379

**H. Datenschutz** ................................................................. 379
I. Erhebung personenbezogener Daten (§ 86 AufenthG) ................. 381
II. Übermittlungen an Ausländerbehörden (§§ 87, 88, 88a AufenthG) ........ 382
III. Übermittlungen durch Ausländerbehörden (§ 90 AufenthG) ............. 385
IV. Mitteilungen der Ausländerbehörden an die Meldebehörden und Datenabgleich (§§ 90a und 90b AufenthG) ............................ 386
V. Speicherung und Löschung personenbezogener Daten (§ 91 AufenthG) ..... 386
VI. Sonstige datenschutzrechtliche Bestimmungen (§§ 91a bis 91e AufenthG) ... 386

**I. Beauftragte für Migration, Flüchtlinge und Integration (§§ 92 bis 94 AufenthG)** 387

**J. Straf- und Bußgeldvorschriften (§§ 95 bis 98 AufenthG)** ................. 387
I. Strafvorschriften (§§ 95 bis 97 AufenthG) .......................... 387
1. § 95 AufenthG ................................................ 387
2. § 96 AufenthG: Einschleusen von Ausländern ................... 389
3. § 97 AufenthG: Einschleusen mit Todesfolge sowie gewerbs- und bandenmäßiges Einschleusen ................................ 389
II. Bußgeldvorschriften (§ 98 AufenthG) ............................. 390

**K. Rechtsfolgen bei illegaler Beschäftigung (§§ 98a bis 98c AufenthG)** ........... 391
I. Anwendungsbereich der RL 2009/52/EG (Sanktionen-RL) ............. 391
II. Rechtsfolgen bei illegaler Beschäftigung (§§ 98a bis 98c AufenthG) ........ 392
1. Vergütung eines illegal beschäftigten Drittstaatsangehörigen (§ 98a AufenthG) ................................................. 392
2. Ausschluss des Arbeitgebers von Subventionen (§ 98b AufenthG) ...... 394
3. Ausschluss von der Vergabe öffentlicher Aufträge (§ 98c AufenthG) .... 395
4. Betriebsschließung auf Grund illegaler Beschäftigung ............. 396

**L. Schluss- und Übergangsvorschriften (§§ 101 bis 107 AufenthG)** ............. 396
I. Fortgeltung bisheriger Aufenthaltsrechte (§ 101 AufenthG) ............. 397
II. Fortgeltung ausländerrechtlicher Maßnahmen und Anrechnung (§ 102 AufenthG) ................................................... 397
III. Anwendung bisherigen Rechts (§ 103 AufenthG) ................... 398
IV. Übergangsregelungen (§ 104 AufenthG) .......................... 398

**Teil 2. Die Rechtsstellung von Ausländern nach dem Recht der Europäischen Union und dem Abkommen über den Europäischen Wirtschaftsraum** ............. 399

**A. Einleitung** ................................................................. 399

**B. Unionsrechtliches Freizügigkeitsrecht (§ 2 FreizügG/EU)** ................. 401
I. Freizügigkeitsberechtigter Personenkreis (§ 2 Abs. 2 FreizügG/EU) ....... 402
1. Arbeitnehmerfreizügigkeit (Art. 45 AEUV) ..................... 402
2. Niederlassungsfreiheit ........................................ 406
3. Erbringer von Dienstleistungen ................................ 406
4. Empfänger von Dienstleistungen ............................... 406
5. Nichterwerbstätige Unionsbürger .............................. 407
6. Familienangehörige ........................................... 407
7. Inhaber eines Daueraufenthaltsrechts .......................... 408
II. Recht auf Einreise und Aufenthalt ................................ 408
1. Unionsbürger ................................................ 408
2. Drittstaatsangehörige Familienangehörige ...................... 409
III. Fortbestand des Aufenthaltsrechts ................................ 410
IV. Eigenständiges Aufenthaltsrecht .................................. 411
1. § 3 Abs. 3 FreizügG/EU ..................................... 411
2. § 3 Abs. 4 FreizügG/EU ..................................... 412
3. § 3 Abs. 5 FreizügG/EU ..................................... 412

V. Daueraufenthaltsrecht (§ 4a FreizügG/EU) .......................... 413
  1. Daueraufenthaltsrecht von Unionsbürgern (§ 4a Abs. 1 FreizügG/EU) .. 413
  2. Erleichtertes Daueraufenthaltsrecht (§ 4a Abs. 2 FreizügG/EU) ........ 414
  3. Erwerb eines Daueraufenthaltsrechts durch Familienangehörige (§ 4a
    Abs. 3 bis 5 FreizügG/EU) ....................................... 414
  4. Unbeachtliche Abwesenheitszeiten (§ 4a Abs. 6 FreizügG/EU) ....... 415
  5. Verlust des Daueraufenthaltsrechts (§§ 4a Abs. 7, 5 Abs. 4 FreizügG/
    EU) ............................................................ 415
VI. Verlust des Rechts auf Einreise und Aufenthalt (§ 6 FreizügG/EU) ........ 416
  1. Strafrechtliche Verurteilungen .................................. 418
  2. Verstoß gegen aufenthalts- und melderechtliche Vorschriften .......... 420
  3. Verlust des Rechts auf Einreise und Aufenthalt aus Gründen der
    öffentlichen Gesundheit ......................................... 420
  4. Verfahrensrechtliche Vorgaben (§ 6 Abs. 8 FreizügG/EU) ........... 421
VII. Ausreisepflicht, Einreise- und Aufenthaltsverbot sowie Befristung (§ 7
    FreizügG/EU) ..................................................... 421
  1. Ausreisepflicht (§ 7 Abs. 1 FreizügG/EU) ........................ 421
  2. Einreise- und Aufenthaltsverbot (§ 7 Abs. 2 S. 1 bis 3 FreizügG/EU) ... 422
  3. Befristung der Wirkung eines Einreise- und Aufenthaltsverbots (§ 7
    Abs. 2 S. 5 bis 8 FreizügG/EU) .................................. 423
VIII. Ausweispflicht und Datenerhebung ................................. 424
  1. Ausweispflicht und Identitätsfeststellung (§ 8 FreizügG/EU) .......... 424
  2. Datenerhebung und -abgleich .................................... 424
IX. Anwendung des Aufenthaltsgesetzes (§ 11 FreizügG/EU) ............... 424
  1. Entsprechend anwendbare Vorschriften des Aufenthaltsgesetzes (§ 11
    Abs. 1 FreizügG/EU) ........................................... 425
  2. Anwendung des Aufenthaltsgesetzes (§ 11 Abs. 2 FreizügG/EU) ....... 426
  3. Rechtmäßige Aufenthaltszeiten (§ 11 Abs. 3 FreizügG/EU) ........... 426
X. Bestimmungen zum Verwaltungsverfahren (§ 14 FreizügG/EU) ........... 426

**Teil 3. Das Aufenthaltsrecht nach dem Assoziationsrecht EG-Türkei** ........... 427

**A. Allgemeines** ...................................................... 427
  I. Assoziation EWG-Türkei ........................................ 427
  II. Bildung und Tätigkeit des Assoziationsrates EWG-Türkei ............. 429
  III. Zielsetzung des Assoziationsratsbeschlusses Nr. 1/80 ................. 430

**B. Türkische Arbeitnehmerinnen und Arbeitnehmer (Art. 6 ARB 1/80)** ......... 430
  I. Art. 6 ARB 1/80 als aufenthaltsrechtliche Vorschrift ................. 430
  II. Kein Recht auf freie Einreise türkischer Arbeitnehmer ............... 432
  III. Türkische Arbeitnehmer als Begünstigte des Art. 6 ARB 1/80 .......... 432
    1. Arbeitnehmerbegriff .......................................... 432
    2. Ausschluss freizügigkeitsrechtlicher Vergünstigungen bei Beschäftigung
      in der „öffentlichen Verwaltung" .............................. 434
    3. Erfordernis einer „ordnungsgemäßen Beschäftigung" ............... 434
    4. Einzelne Fallgruppen ......................................... 435
    5. Die einzelnen Verfestigungsstufen des Art. 6 Abs. 1 ARB 1/80
      EWG-TR ................................................... 439
    6. Art. 6 Abs. 2 ARB 1/80 ...................................... 444
    7. Sonstige Verlusttatbestände .................................... 447
    8. Art. 6 Abs. 3 ARB 1/80 ...................................... 449
    9. Verfahrensrechtliche Auswirkungen des Art. 6 ARB 1/80 ........... 450
    10. Schadensersatz bei Nichtbeachtung der assoziationsrechtlichen
      Vergünstigungen ............................................ 451

**C. Art. 7 ARB 1/80** ................................................. 451
  I. Allgemeines .................................................. 451
    1. Zielsetzung des Art. 7 ARB 1/80 ............................... 451
    2. Kein unmittelbarer und unbedingter Anspruch auf Familiennachzug .... 452
    3. Aufenthaltsrechtliche Bedeutung des Art. 7 ARB 1/80 ............. 452

II. Art. 7 S. 1 ARB 1/80 ........................................ 453
    1. Nachgezogene Familienangehörige iSd Art. 7 S. 1 Beschl. 1/80 EWG-TR 453
    2. Die einzelnen Verfestigungsstufen des Art. 7 S. 1 ARB 1/80 ........... 455
III. Sonderstatus für Kinder türkischer Arbeitnehmer gem. Art. 7 S. 2 ARB 1/80 . 457
IV. Verhältnis von Art. 7 ARB 1/80 zu Art. 6 ARB 1/80 .................... 458
V. Verlust der Rechte aus Art. 7 ARB 1/80 ............................. 458

**D. Beschränkungen assoziationsrechtlicher Aufenthalts- und Beschäftigungsrechte nach Art. 14 ARB 1/80** ............................................. 459
  I. Allgemeines ..................................................... 459
  II. Unionsrechtliche Anforderungen an Beschränkungsmaßnahmen nach Art. 14 Abs. 1 ARB 1/80 ................................................. 459
  III. Rechtmäßigkeit von Beschränkungsmaßnahmen nach Art. 14 Abs. 1 ARB 1/80 ......................................................... 461
    1. Strafrechtliche Verurteilungen ................................. 461
    2. Verstoß gegen aufenthalts- und melderechtliche Vorschriften ......... 462
    3. Sozialhilfebedürftigkeit ....................................... 462
    4. Verfahrensrechtliche Anforderungen ............................. 462

**Teil 4. Grundzüge des Asyl- und Flüchtlingsrechts** ...................... 463

**A. Das deutsche Asyl- und Flüchtlingsrecht im internationalen und europäischen Kontext** ...................................................... 463
    1. Die Entstehung des internationalen Flüchtlingsrechts ............... 463
    2. Das Gemeinsame Europäische Asylsystem (GEAS) ................. 465
    3. Flüchtlingsschutz in Deutschland ............................... 469

**B. Grundzüge des Asylverfahrens** ................................... 472
    1. Zuständigkeit des Bundesamtes für Migration und Flüchtlinge (BAMF) . 472
    2. Ankunft und Registrierung von Asylsuchenden ................... 472
    3. Verweigerung der Einreise und Zurückschiebung ................. 473
    4. Der Asylantrag .............................................. 474
    5. Die Rechtsstellung von Asylsuchenden .......................... 475
    6. Das Verfahren zur Prüfung der Zuständigkeit – „Dublin-Verfahren" .... 482
    7. Die Anhörung zu den Fluchtgründen ............................ 488
    8. Die materielle Prüfung des Asylantrags .......................... 490
    9. Die Entscheidungsmöglichkeiten des BAMF ..................... 496
  10. Rechtsschutz ................................................ 498

**C. Die Abschiebungsverbote nach § 60 AufenthG** ...................... 499
  I. Allgemeines ..................................................... 499
  II. Das Abschiebungsverbot nach § 60 Abs. 1 AufenthG .................. 499
    1. Das Gebot des Non-Refoulement ............................... 500
    2. Der Ausschlussgrund nach § 60 Abs. 8 AufenthG ................. 500
    3. Aufenthaltsrechtliche Folgen eines Ausschlusses ................... 501
  III. Drohen eines ernsthaften Schadens (§ 60 Abs. 2 AufenthG) ............ 502
  IV. Drohende Verhängung oder Vollstreckung der Todesstrafe (§ 60 Abs. 3 AufenthG) ...................................................... 502
  V. Auslieferung und Abschiebung (§ 60 Abs. 4 AufenthG) ............... 503
  VI. Strafverfahren im Ausland (§ 60 Abs. 6 AufenthG) .................. 503
  VII. Nationale Abschiebungsverbote nach § 60 Abs. 5 und 7 AufenthG ...... 504
    1. Abschiebungsverbote nach der EMRK (§ 60 Abs. 5 AufenthG) ....... 504
    2. Das Abschiebungsverbot nach § 60 Abs. 7 AufenthG .............. 506

**Sachregister** ...................................................... 509

# Abkürzungsverzeichnis

aA ..................... anderer Ansicht
AA ..................... Auswärtiges Amt
AAH-ARB 1/80 ...... Allgemeine Anwendungshinweise des BMI zum ARB 1/80 des Assoziationsrats EWG/Türkei vom 1.10.1998
aaO .................... am angegebenen Ort
abl. ................... ablehnend
ABl. .................. Amtsblatt der EU
Abk. .................. Abkommen
Abs. .................. Absatz
Abschn. .............. Abschnitt
ÄndG ................. Änderungsgesetz
ÄndVO .............. Änderungsverordnung
AEntG ............... Arbeitnehmerentsendegesetz
aF ..................... alte Fassung
AFG .................. Arbeitsförderungsgesetz
AG .................... Amtsgericht
allg. ................... allgemein
Alt. .................... Alternative
aM .................... anderer Meinung
ANBA ................ Amtliche Nachrichten der Bundesanstalt für Arbeit
Anm. .................. Anmerkung
ARB ................... Beschluss des Assoziationsrats EWG/Türkei
ArGV ................. Verordnung über die Arbeitsgenehmigung für ausländische Arbeitnehmer (Arbeitsgenehmigungsverordnung)
Art. .................... Artikel
AssAbk. .............. Assoziationsabkommen
AssAbk EWG-Türkei Abkommen zur Gründung einer Assoziation zwischen der Europäischen Wirtschaftsgemeinschaft und der Türkei vom 12.9.1963
AsylbLG ............. Asylbewerberleistungsgesetz
Asylpaket I ........... Asylverfahrensbeschleunigungsgesetz 2015
Asylpaket II .......... Gesetz zur Einführung beschleunigter Asylverfahren 2016
AsylR ................. Asylrecht
AsylVfG .............. Asylverfahrensgesetz
AsylZBV ............. Asylzuständigkeitsbestimmungsverordnung (AsylZBV) vom 4.12.1997 (BGBl. I 2852), zuletzt geändert durch Gesetz vom 21.6.2005 (BGBl. I 1818)
AÜG .................. Arbeitnehmerüberlassungsgesetz
AufenthG ............ Aufenthaltsgesetz
AufenthG/EWG ..... Gesetz über Einreise und Aufenthalt von Staatsangehörigen der Mitgliedstaaten der Europäischen Wirtschaftsgemeinschaft
AufenthV ............ Aufenthaltsverordnung
ausf. ................... ausführlich
AuslG ................. Ausländergesetz
AuslR ................. Ausländerrecht
AZR ................... Ausländerzentralregister
AZRG ................ Gesetz über das Ausländerzentralregister
AZRG-DV ........... Verordnung zur Durchführung des Gesetzes über das Ausländerzentralregister (AZRG-Durchführungsverordnung)
BA .................... Bundesagentur für Arbeit
BAföG ................ Bundesausbildungsförderungsgesetz
BAG .................. Bundesarbeitsgericht
BAGE ................ Entscheidungssammlung des Bundesarbeitsgerichts
BAMF ................ Bundesamt für Migration und Flüchtlinge

| | |
|---|---|
| BAnz. | Bundesanzeiger |
| BayObLG | Bayerisches Oberstes Landesgericht |
| BayObLGZ | Entscheidungen des BayObLG in Zivilsachen |
| BDSG | Bundesdatenschutzgesetz |
| Bek. | Bekanntmachung |
| Begr. | Begründung |
| ber. | berichtigt |
| BeschV | Beschäftigungsverordnung |
| BeschVerfV | Beschäftigungsverfahrensverordnung |
| bestr. | bestritten |
| betr. | betreffend |
| BGBl. | Bundesgesetzblatt |
| BGH | Bundesgerichtshof |
| BGHSt | Entscheidungssammlung des Bundesgerichtshofs in Strafsachen |
| BGHZ | Entscheidungssammlung des Bundesgerichtshofs in Zivilsachen |
| BMI | Bundesminister (Bundesministerium) des Innern |
| BPolG | Gesetz über die Bundespolizei (Bundespolizeigesetz) |
| BR | Bundesrat |
| BReg. | Bundesregierung |
| BSG | Bundessozialgericht |
| BSGE | Entscheidungssammlung des Bundessozialgerichts |
| BSHG | Bundessozialhilfegesetz |
| bspw | beispielsweise |
| BT | Bundestag |
| BtMG | Betäubungsmittelgesetz |
| BVerfG | Bundesverfassungsgericht |
| BVerfGE | Entscheidungssammlung des Bundesverfassungsgerichts |
| BVerwG | Bundesverwaltungsgericht |
| BVerwGE | Entscheidungssammlung des Bundesverwaltungsgerichts |
| BVFG | Gesetz über die Angelegenheiten der Vertriebenen und Flüchtlinge (Bundesvertriebenengesetz) |
| BZRG | Gesetz über das Zentralregister und das Erziehungsregister (Bundes-zentral-registergesetz) |
| bzw | beziehungsweise |
| dh | das heißt |
| DÖV | Die Öffentliche Verwaltung |
| Drucks. | Drucksache |
| Dublin II | Verordnung (EG) Nr. 343/2003 des Rates zur Festlegung der Kriterien und Verfahren zur Bestimmung des Mitgliedstaats, der für die Prüfung eines von einem Drittstaatsangehörigen in einem Mitgliedstaat gestellten Asylantrags zuständig ist vom 18.2.2003 |
| DÜ | Übereinkommen über die Bestimmung des zuständigen Staates für die Prüfung eines in einem Mitgliedstaat der Europäischen Gemeinschaften gestellten Asylantrags vom 15.6.1990 (BGBl. 1994 II 791) – Dubliner Übereinkommen |
| DVBl. | Deutsches Verwaltungsblatt |
| EFA | Europäisches Fürsorgeabkommen vom 11.12.1953 |
| EFTA | Europäisches Freihandelsabkommen |
| EG | Europäische Gemeinschaften |
| EGBGB | Einführungsgesetz zum Bürgerlichen Gesetzbuch |
| EGV | Vertrag zur Gründung der Europäischen Gemeinschaft |
| Einl. | Einleitung |
| ENA | Europäisches Niederlassungsabkommen vom 13.9.1955 |
| EMRK | Konvention zum Schutz der Menschenrechte und Grundfreiheiten vom 4.11.1950 |
| Entw. | Entwurf |
| Erl. | Erläuterung |
| EuGH | Europäischer Gerichtshof |
| EuGHE | Entscheidungssammlung des Europäischen Gerichtshofs |
| EuGRZ | Europäische Grundrechte-Zeitschrift |

| | |
|---|---|
| EUV ................. | Vertrag über die Europäische Union vom 7.2.1992 |
| evtl. ................... | eventuell |
| EWG ................. | Europäische Wirtschaftsgemeinschaft |
| EWGV ............... | Vertrag zur Gründung der Europäischen Wirtschaftsgemeinschaft vom 25.3.1957 |
| EWR ................. | Europäischer Wirtschaftsraum |
| EZAR ................ | Entscheidungssammlung zum Ausländer- und Asylrecht |
| EZAR NF ........... | Entscheidungssammlung zum Ausländer- und Asylrecht, neue Folge ab 2005 |
| FamRZ .............. | Zeitschrift für das gesamte Familienrecht |
| FEVG ................ | Gesetz über das gerichtliche Verfahren bei Freiheitsentziehungen |
| FGG ................. | Gesetz über Angelegenheiten der freiwilligen Gerichtsbarkeit |
| FreizügG/EU ........ | Gesetz über die allgemeine Freizügigkeit von Unionsbürgern (Freizügigkeitsgesetz/EU) vom 30.7.2004 |
| FreizügV/EG ........ | Verordnung über die allgemeine Freizügigkeit von Staatsangehörigen der Mitgliedstaaten der Europäischen Union (Freizügigkeitsverordnung/EG) |
| GG ................... | Grundgesetz für die Bundesrepublik Deutschland |
| GFK ................. | Abkommen über die Rechtsstellung der Flüchtlinge vom 28.7.1951 (Genfer Flüchtlingskonvention) |
| GK-AsylVfG ........ | Gemeinschaftskommentar zum Asylverfahrensgesetz, hrsg von Fritz/Vormeier, 1986 ff. |
| GK-AuslR ........... | Gemeinschafts-Kommentar zum Ausländerrecht, hrsg von Fritz/Vormeier, 1992 ff. |
| GVBl. ................ | Gesetz- und Verordnungsblatt |
| GVG ................. | Gerichtsverfassungsgesetz |
| hM ................... | herrschende Meinung |
| IA .................... | Innenausschuss |
| InfAuslR ............ | Informationsbrief Ausländerrecht |
| IntG ................. | Integrationsgesetz |
| IntV ................. | Integrationskursverordnung |
| IPR .................. | Internationales Privatrecht |
| IRG ................. | Gesetz über die internationale Rechtshilfe in Strafsachen |
| iSd ................... | im Sinne des |
| iSv ................... | im Sinne von |
| iVm .................. | in Verbindung mit |
| JGG ................. | Jugendgerichtsgesetz |
| Kap. ................. | Kapitel |
| KG ................... | Kammergericht (Berlin) |
| KJHG ................ | Kinder- und Jugendhilfegesetz |
| L ..................... | Leitsatz |
| LG ................... | Landgericht |
| Lit. .................. | Literatur |
| LSG ................. | Landessozialgericht |
| mwN ................. | mit weiteren Nachweisen |
| NAK ................. | Niederlassungsabkommen |
| NATO ............... | Nordatlantikpakt |
| NeuBestG ........... | Gesetz zur Neubestimmung des Bleiberechts und der Aufenthaltsbeendigung |
| nF ................... | neue Fassung |
| NJ ................... | Neue Justiz |
| NJW ................. | Neue Juristische Wochenschrift |
| NJW-RR ............ | Neue Juristische Wochenschrift – Rechtsprechungsreport |
| Nr. .................. | Nummer |
| NStZ ................ | Neue Zeitschrift für Strafrecht |
| NVwZ ............... | Neue Zeitschrift für Verwaltungsrecht |
| NVwZ-RR ........... | Neue Zeitschrift für Verwaltungsrecht – Rechtsprechungsreport |
| OLG ................. | Oberlandesgericht |
| OVG ................. | Oberverwaltungsgericht |
| OWiG ............... | Gesetz über Ordnungswidrigkeiten |
| QRL-UmsG ......... | Gesetz zur Umsetzung der Richtlinie 2011/95/EU v. 28.8.2013 (BGBl., 3474) |

RegEntw. .............. Regierungsentwurf
Rn. ................... Randnummer
SchGKX .............. Schengener Grenzkodex
SDÜ ................... Übereinkommen zur Durchführung des Übereinkommens von Schengen vom 14. Juni 1985 betreffend den schrittweisen Abbau der Kontrollen an den gemeinsamen Grenzen vom 19.6.1990
SG ..................... Sozialgericht
SGB ................... Sozialgesetzbuch
SIS ................... Schengener Informationssystem
so ..................... siehe oben
StAG .................. Staatsangehörigkeitsgesetz
StAZ .................. Das Standesamt
StGB .................. Strafgesetzbuch
StPO .................. Strafprozessordnung
str. ................... streitig
ua ..................... und andere
Übk. .................. Übereinkommen
umstr. ................ umstritten
UN ................... United Nations (Vereinte Nationen)
UN-Folterkonv ...... Konvention gegen Folter und andere grausame, unmenschliche oder erniedrigende Behandlung oder Strafe vom 10.12.1984
UNHCR .............. Hoher Flüchtlingskommissar der Vereinten Nationen
VAH .................. Vorläufige Anwendungshinweise des Bundesministeriums des Innern zum Aufenthaltsgesetz und zum Freizügigkeitsgesetz/EU
VBlBW ............... Verwaltungsblätter für Baden-Württemberg
VereinsG ............. Vereinsgesetz vom 5.8.1964 (BGBl. I 593), zuletzt geändert durch Gesetz vom 22.8.2002 (BGBl. I 3390)
VG ................... Verwaltungsgericht
VGH .................. Verwaltungsgerichtshof
vgl. .................. vergleiche
VO ................... Verordnung
Vorbem. .............. Vorbemerkung
VwGO ............... Verwaltungsgerichtsordnung (VwGO) idF der Bek vom 19.3.1991 (BGBl. I 686), zuletzt geändert durch Gesetz vom 22.3.2005 (BGBl. I 837)
VwKostG ............ Verwaltungskostengesetz (VwKostG) vom 23.6.1970 (BGBl. I 821), zuletzt geändert durch Gesetz vom 5.5.2004 (BGBl. I 718)
VwV .................. Verwaltungsvorschrift
VwV-AuslG .......... Allgemeine Verwaltungsvorschrift zum Ausländergesetz (AuslG-VwV) vom 7.6.2000
VwVG ............... Verwaltungsvollstreckungsgesetz
VwVfG ............... Verwaltungsverfahrensgesetz
VwZG ................ Verwaltungszustellungsgesetz
WÜD ................. Wiener Übereinkommen über diplomatische Beziehungen vom 18.4.1961
WÜK ................. Wiener Übereinkommen über konsularische Beziehungen vom 24.4.1963
ZAR .................. Zeitschrift für Ausländerrecht und Ausländerpolitik
zB .................... zum Beispiel
Ziff. .................. Ziffer
ZPO .................. Zivilprozessordnung idF vom 12.9.1950 (BGBl. I 455, 512, 533), zuletzt geändert durch Gesetz vom 21.4.2005 (BGBl. I 1073)
ZRP .................. Zeitschrift für Rechtspolitik
zT .................... zum Teil
zust. .................. zustimmend
ZuwG ................ Zuwanderungsgesetz
ZwHeiratBG ......... Gesetz zur Bekämpfung der Zwangsheirat und zum besseren Schutz der Opfer von Zwangsheirat sowie zur Änderung weiterer aufenthalts- und asylrechtlicher Vorschriften vom 23.6.2011
1. RiLiUmsG ........ Gesetz zur Umsetzung aufenthalts- und asylrechtlicher Richtlinien der Europäischen Union v. 19.8.2007 (BGBl. I 2007, 1970)

2. RiLiUmsG ……… Gesetz zur Umsetzung aufenthaltsrechtlicher Richtlinien der Europäischen Union und zur Anpassung nationaler Rechtsvorschriften an den EU-Visakodex v. 22.11.2011 (BGBl. I 2011, 2258)

3. RiLiUmsG ……… Gesetz zur Verbesserung der Rechte von international Schutzberechtigten und ausländischen Arbeitnehmern v. 29.8.2013 (BGBl. I, 3484)

# Literaturverzeichnis (Auswahl)

*Barwig, Klaus/Brill, Walter (Hrsg.)*, Aktuelle asylrechtliche Probleme der gerichtlichen Entscheidungspraxis in Deutschland, Österreich und der Schweiz, Baden-Baden 1996

*Barwig, Klaus/Brinkmann, Gisbert/Huber, Bertold/Lörcher, Klaus/Schumacher, Christoph (Hrsg.)*, Ausweisung im demokratischen Rechtsstaat, Baden-Baden 1996

*Barwig, Klaus/Brinkmann, Gisbert/Hailbronner, Kay/Huber, Bertold/Kreuzer,Christine/Lörcher, Klaus/Schumacher, Christoph (Hrsg.)*, Neue Regierung – neue Ausländerpolitik?, Hohenheimer Tage zum Ausländerrecht 1999 und 5. Migrationspolitisches Forum, Baden-Baden 1999

*Barwig, Klaus/Beichel-Benedetti, Stefan/Brinkmann, Gisbert (Hrsg.)*, Perspektivwechsel im Ausländerrecht? – 20 Jahre Hohenheimer Tage zum Ausländerrecht, Baden-Baden 2007

*Barwig, Klaus/Davy, Ulrike (Hrsg.)*, Auf dem Weg zur Rechtsgleichheit?, Hohenheimer Tage zum Ausländerrecht 2002 und 2003, Baden-Baden 2003

*Bergmann, Jan/Dienelt, Klaus*, AuslR, 11. Aufl. 2016

*Callies, Christian/Ruffert, Matthias*, Kommentar zum EU- und EG-Vertrag, 3. Aufl., München 2007

*Cremer, Hans-Joachim*, Der Schutz vor Auslandsfolgen aufenthaltsbeendender Maßnahmen, Baden-Baden 1994

*Dienelt, Klaus*, Aufenthaltsrecht türkischer Staatsangehöriger, 2001

*ders.*, Freizügigkeit nach der EU-Osterweiterung, 2004

*Dreier, Horst (Hrsg.)*, Grundgesetz, 2. Aufl., Tübingen 2004

*Duchrow, Julia/Spieß, Katharina*, Flüchtlings- und Asylrecht, 2. Aufl. München 2005

*Fritz, Roland/Vormeier, Jürgen (Hrsg.)*, Gemeinschaftskommentar zum Aufenthaltsgesetz (GK-AufenthG), Neuwied – Kriftel

*Fritz, Roland/Vormeier, Jürgen (Hrsg.)*, Gemeinschaftskommentar zum Asylverfahrensgesetz (GK-AsylVfG), Neuwied – Kriftel

*Frowein, Jochen Abr./Peukert, Wolfgang*, Europäische Menschenrechtskonvention, EMRK-Kommentar, 2. Aufl. Kehl, Straßburg, Arlington 1997

*Frowein Jochen Abr./Zimmermann, Andreas,* Rechtsgutachten zu der Frage: welche Mindeststandards ergeben sich aus der Genfer Flüchtlingskonvention und der Europäischen Konvention zum Schutze der Menschenrechte und Grundfreiheiten (EMRK) für die Behandlung eines Asylsuchenden, 1992

*Gutmann, Rolf*, Ausländische Arbeitnehmer, Frankfurt 2005

*ders.*, Die Assoziationsfreizügigkeit türkischer Staatsangehöriger, 2. Aufl. 2000

*Hailbronner, Kay*, Ausländerrecht. Kommentar, Heidelberg, Stand: 2017

*ders., (Hrsg.)*, Asyl- und Ausländerrecht, Heidelberg 2006

*Heinhold, Hubert*, Das Aufenthaltsgesetz, Karlsruhe 2005

*Hofmann, Rainer*, Nomos Kommentar Ausländerrecht, 2. Aufl. 2016

*Huber, Bertold*, AufenthG, 2. Aufl. 2016

*Ipsen, Knut*, Völkerrecht, 5. Aufl. 2004

*Jakober, Hans/Lehle, Friederike/Welte, Hans-Peter,* Aktuelles Ausländerrecht, Vorschriftensammlung mit Kommentar, Stand: 2005

*Jarass, Hans/Pieroth, Bodo,* Grundgesetz für die Bundesrepublik Deutschland, 14. Auflage, München, 2016

*Kälin, Walter*, Das Prinzip des Non-Refoulement, Frankfurt a. M., 1982

*Kloesel, Arno/Christ, Rudolf/Häußer, Otto,* Deutsches Aufenthalts- und Ausländerrecht, 5. Auflage, Stuttgart 2005

*Kluth, Winfried/Heusch, Andreas*, AufenthG, 2016

*Kopp, Ferdinand/Schenke,* Wolf-Rüdiger, Verwaltungsgerichtsordnung, 23. Aufl., München 2017

*Marx, Reinhard,* Aufenthalts-, Asyl- und Flüchtlingsrecht in der anwaltlichen Praxis, 6. Aufl., Bonn 2016

*Marx, Reinhard,* Kommentar zum AsylG, 9. Aufl. 2016

*ders.*, Ausländer- und Asylrecht –Verwaltungsverfahren/Prozess, 3. Aufl. Baden-Baden 2016

*ders.*, Kommentar zum Asylverfahrensgesetz, 6. Auflage, München 2006

*ders.*, Handbuch zur Flüchtlingsanerkennung, Erläuterungen zur Richtlinie 2004/83/EG, Neuwied 2005

*Palandt, Otto (Begr.),* Kommentar zum BGB, 76. Aufl., München 2016

*Storr, Christian/Wenger, Frank /Eberle, Simone/Albrecht,Rainer/Zimmermann-Kreher, Annette,* Kommentar zum Zuwanderungsgesetz – Aufenthaltsgesetz und Freizügigkeitsgesetz/EU, Stuttgart 2005

*ders.,* Ausländerrecht in Deutschland, (zit.: Renner AiD), München 1998

*Weberndörfer, Frank,* Schutz vor Abschiebung nach dem neuen Ausländergesetz, Stuttgart 1992

*Welte, Hans-Peter,* Zuwanderungs- und Freizügigkeitsrecht, Arbeitshandbuch, Regensburg 2005

*Westphal, Volker/Stoppa, Edgar,* Ausländerrecht für die Polizei, 3. Auflage, Lübeck 2007

*Zimmermann, Andreas,* Das neue Grundrecht auf Asyl, Berlin 1994

# Teil 1. Aufenthaltsgesetz

## A. Allgemeine Bestimmungen

## I. Ziele und Anwendungsbereich des Aufenthaltsgesetzes (§ 1 AufenthG)

### 1. Einführung: Das Aufenthaltsgesetz und andere Quellen des Aufenthaltsrechts

Grenzüberschreitende Migration ist Gegenstand einer Vielzahl von Regelungen des **1** Völker-, Europa- und des nationalen (Verfassungs- und Verwaltungs-)Rechts. Das vorliegende Buch wählt für die Regeln, welche die **Einreise und** den **Aufenthalt von** „**Ausländern**" (zum Begriff sogleich, → Rn. 9) betreffen, die Bezeichnung „**Aufenthaltsrecht**"[1]. Es nimmt damit unmittelbar Bezug auf die wichtigste Quelle des deutschen Aufenthaltsrechts, nämlich das Aufenthaltsgesetz (AufenthG).[2] Dieses regelt gemäß seines § 1 Abs. 1 S. 4 jedoch nicht nur die Einreise und den Aufenthalt, sondern auch die Erwerbstätigkeit und die Integration[3] von „Ausländern". In der Aufzählung dieser vier Regelungsgegenstände wird bereits deutlich, dass sich das deutsche Aufenthaltsrecht inzwischen von seiner „(ausländer-) polizeirechtlichen" Herkunft gelöst und zu einem eigenständigen Gebiet des besonderen Verwaltungsrechts etabliert hat.[4] Folglich besteht das **Ziel** des Aufenthaltsrechts nicht mehr (ausschließlich) in der Gefahrenabwehr, sondern in der Steuerung und Begrenzung (vgl. § 1 Abs. 1 S. 1 AufenthG), sowie der Ermöglichung und Gestaltung der Zuwanderung von Ausländern „unter Berücksichtigung der Aufnahme und Integrationsfähigkeit sowie der wirtschaftlichen und arbeitsmarktpolitischen Interessen der Bundesrepublik Deutschland" (vgl. § 1 Abs. 1 S. 2 AufenthG), sowie der Erfüllung der humanitären Verpflichtungen der Bundesrepublik Deutschland (vgl. § 1 Abs. 1 S. 3 AufenthG).

Der deutsche Gesetzgeber[5] unterliegt bei der Wahrnehmung dieser Aufgaben zahlrei- **2** chen völker- und europarechtlichen Bindungen. Von besonderer Bedeutung innerhalb des **Völkerrechts** ist das Abkommen über die Rechtsstellung der Flüchtlinge (Genfer Flüchtlingskonvention, GFK) v. 28.7.1951[6] und die Europäischen Menschenrechtskon-

---

[1] Statt von „Aufenthalts-„ ist oftmals von „Ausländer-", „Zuwanderungs-", „Einwanderungs-" oder „Migrationsrecht" die Rede. Jedoch nehmen alle Bezeichnungen Bezug auf denselben Regelungsgegenstand, nämlich die Einreise, den Aufenthalt und Integration ausländischer Staatsangehöriger. Die unterschiedlichen Bezeichnungen sind letztlich einer gewandelten Wahrnehmung dieses Gegenstands geschuldet – vgl. Kluth/Heusch/*Eichenhofer* AufenthG § 1 Rn. 1 f. Dagegen betrifft das „Asyl-" oder „Flüchtlingsrecht" ausschließlich diejenigen Personen, die in Deutschland um Asyl oder internationalen Schutz nachsuchen. Dazu noch eingehend Teil 4 dieses Buches.

[2] Gesetz über den Aufenthalt, die Erwerbstätigkeit und die Integration von Ausländern im Bundesgebiet (Aufenthaltsgesetz – AufenthG) vom 30.7.2004, BGBl. I S. 1950, zuletzt geändert durch das Gesetz zur besseren Durchsetzung der Ausreisepflicht vom 20.7.2017, BGBl. I S. 2780.

[3] Vgl. hierzu noch eingehend den Abschnitt C. dieses Buches.

[4] Vgl. etwa die Darstellung des „Ausländerrechts" bei Ehlers/Fehling/Pünder/*Kluth*, Besonderes Verwaltungsrecht – Band III, 3. Aufl. 2013, 607 ff.

[5] Beim Aufenthaltsrecht handelt es sich um eine Materie des Bundesrechts. Die Gesetzgebungskompetenzen finden sich in Art. 73 Nr. 3, Art. 74 Nr. 1, 4, 6, 7, 11, 12, 13 und 19 GG.

[6] BGBl. 1953 II 560.

vention (EMRK) v. 4.11.1950.[7] Beide Regelungskomplexe sind vor allem im Rahmen des humanitären Aufenthaltsrechts[8], beim Familiennachzug[9] und und der Aufenthaltsbeendigung[10] zu berücksichtigen. Das **Europarecht** macht dem deutschen Gesetzgeber nicht nur in Gestalt der Personenfreizügigkeiten (Art. 39 ff., 45 ff., 49 AEUV) und den aus der Unionsbürgerschaft fließenden Rechten auf Freizügigkeit (Art. 21 AEUV) und Nichtdiskriminierung (Art. 18 AEUV) weitreichende Vorgaben für die Regelung von Einreise, Aufenthalt, Erwerbstätigkeit und Integration von Unionsbürgern und ihren Familienangehörigen.[11] Es enthält auch besondere Vergünstigungen für türkische Staatsangehörige, die unter den persönlichen und sachlichen Anwendungsbereich des „Assoziationsrechts EU/Türkei"[12] fallen. Schließlich haben die Mitgliedstaaten der EU auch zunehmend Kompetenzen in den Bereichen Grenzschutz (Art. 77 AEUV), Asyl- (Art. 78) und Einwanderungspolitik (Art. 79 AEUV) übertragen, die den EU-Gesetzgeber ermächtigen, die **Rechtsstellung von Drittstaatsangehörigen** durch Verordnungen[13] und Richtlinien[14] zu regeln.

3     Gestützt auf die Kompetenztitel der Artt. 77–79 AEUV hat der Europäische Gesetzgeber bereits zahlreiche, für das deutsche Aufenthaltsrecht relevante **Richtlinien** erlassen, die der deutsche Gesetzgeber durch diverse Gesetze[15] umgesetzt hat:

* Richtlinie 2001/40/EG des Rates vom 28.5.2001 über die gegenseitige Anerkennung von Entscheidungen über die Rückführung von Drittstaatsangehörigen.[16]
* Richtlinie 2001/51/EG des Rates vom 28.6.2001 zur Ergänzung der Regelungen nach Art. 26 des Übereinkommens zur Durchführung des Übereinkommens von Schengen vom 14.6.1985.[17]
* Richtlinie 2001/55/EG des Rates vom 20.7.2001 über Mindestnormen für die Gewährung vorübergehenden Schutzes im Falle eines Massenzustroms von Vertriebenen und Maßnahmen zur Förderung einer ausgewogenen Verteilung der Belastungen, die mit der Aufnahme dieser Personen und den Folgen dieser Aufnahme verbunden sind, auf die Mitgliedstaaten (sog. „**Massenzustroms-**" oder „**Vorübergehender Schutz-Richtlinie**").[18]

---

[7] BGBl. 1952 II 685 (953).
[8] Vgl. hierzu Abschnitt B. VI. und VII. dieses Buches.
[9] Vgl. hierzu den Abschnitt B.VIII. dieses Buches.
[10] Vgl. hierzu Abschnitt E. dieses Buches.
[11] Vgl. dazu Teil 2 dieses Buches.
[12] Vgl. dazu Teil 3 dieses Buches.
[13] Die Verordnung hat gemäß Art. 288 Abs. 2 AEUV allgemeine Geltung, sie ist in allen Teilen verbindlich und gilt unmittelbar in jedem Mitgliedstaat. Zu den wichtigsten Verordnungen im Aufenthaltsrecht gehören etwa die EU Visa-VO (EG) Nr. 810/2009 und die Schengener Grenzkodex-VO (EU) Nr. 2016/339. Im Asyl- und Flüchtlingsrecht ist vor allem die Dublin III-VO (EU) Nr. 604/2013 von Bedeutung – vgl. dazu eingehend Teil 4 dieses Buches.
[14] Im Gegensatz zu einer Verordnung ist eine Richtlinie nach Art. 288 Abs. 3 AEUV für jeden Mitgliedstaat, an den sie gerichtet wird, nur hinsichtlich des zu erreichenden Ziels verbindlich, während sie die Wahl der Form und der Mittel den innerstaatlichen Stellen überlässt.
[15] Zu nennen ist hier zunächst das als „1. Richtlinienumsetzungsgesetz" bezeichnete Gesetz zur Umsetzung aufenthalts- und asylrechtlicher Richtlinien der Europäischen Union v. 19.8.2007, BGBl. I, 1970 – vgl. dazu etwa *Huber* NVwZ 2007, 977. Es folgte das als „2. Richtlinienumsetzungsgesetz" bezeichnete Gesetz zur Umsetzung aufenthaltsrechtlicher Richtlinien der Europäischen Union und zur Anpassung nationaler Rechtsvorschriften an den EU-Visacodex v. 22.11.2011, BGBl. I, 2258 (sog.) – vgl. dazu etwa *Deibel* ZAR 2012, 148. Mit dem „4. Richtlinienumsetzungsgesetz" ist hingegen das Gesetz zur Verbesserung der Rechte von international Schutzberechtigten und ausländischen Arbeitnehmern v. 29.8.2013 (BGBl. I 3484, ber. 3899) gemeint.
[16] ABl. Nr. L 149, 34.
[17] ABl. Nr. L 187, 45.
[18] ABl. Nr. L 212, 12.

- Richtlinie 2002/90/EG des Rates vom 28.11.2002 zur Definition der Beihilfe zur unerlaubten Ein- und Durchreise und zum unerlaubten Aufenthalt.[19] Die RL 2002/90/EG wurde mit dem 1. Richtlinienumsetzungsgesetz umgesetzt.
- Richtlinie 2003/86/EG des Rates vom 22.9.2003 betreffend das Recht auf Familienzusammenführung („**Familienzusammenführungsrichtlinie**").[20] Die Familienzusammenführungsrichtlinie wurde mit dem 1. Richtlinienumsetzungsgesetz umgesetzt.
- Richtlinie 2003/110/EG des Rates vom 25.11.2003 über die Unterstützung bei der Durchbeförderung im Rahmen von Rückführungsmaßnahmen auf dem Luftweg („**Durchbeförderungsrichtlinie**").[21] Die Durchbeförderungsrichtlinie wurde mit dem 1. Richtlinienumsetzungsgesetz umgesetzt.
- Richtlinie 2003/109/EG des Rates vom 25.11.2003 betreffend der Rechtsstellung der langfristig aufenthaltsberechtigten Drittstaatsangehörigen („**Daueraufenthaltsrichtlinie**").[22] Die Daueraufenthaltsrichtlinie wurde mit dem 1. Richtlinienumsetzungsgesetz in deutsches Recht umgesetzt.
- Richtlinie 2004/38/EG des Europäischen Parlaments und des Rates vom 29.4.2004 über das Recht der Unionsbürger und ihrer Familienangehörigen, sich im Hoheitsgebiet der Mitgliedstaaten der Europäischen Union frei zu bewegen und aufzuhalten, zur Änderung der Verordnung (EWG) Nr. 1612/68 und zur Aufhebung der Richtlinien 64/221/EWG, 68/380/EWG, 72/194/EWG, 73/148/EWG, 75/34/EWG, 90/364/EWG, 90/365/EWG und 93/96/EWG („**Unionsbürger-**" bzw. „**Freizügigkeitsrichtlinie**").[23] Die Freizügigkeitsrichtlinie wurde mit dem 1. Richtlinienumsetzungsgesetz in deutsches Recht umgesetzt.
- Richtlinie 2004/81/EG vom 29.4.2004 über die Erteilung von Aufenthaltstiteln für Drittstaatsangehörige, die Opfer des Menschenhandels sind oder denen Beihilfe zur illegalen Einwanderung geleistet wurde und die mit den zuständigen Behörden kooperieren („**Opferschutzrichtlinie**").[24] Die Opferschutzrichtlinie wurde mit dem 1. Richtlinienumsetzungsgesetz in deutsches Recht umgesetzt.
- Richtlinie 2004/83/EG des Rates vom 13.12.2004 über die Bedingungen für die Zulassung von Drittstaatsangehörigen zwecks Absolvierung eines Studiums oder Teilnahme an einem Schüleraustausch, einer unbezahlten Ausbildungsmaßnahme oder einem Freiwilligendienst („**Studentenrichtlinie**").[25] Die Studentenrichtlinie ist mit dem 1. Richtlinienumsetzungsgesetz umgesetzt worden. Sie wurde jedoch durch Art. 41 der Richtlinie (EU) 2016/801 über die Bedingungen für die Einreise und den Aufenthalt von Drittstaatsangehörigen zur Forschungs- oder Studienzwecken, zur Absolvierung eines Praktikums, zur Teilnahme an einem Freiwilligendienst, Schüleraustauschprogrammen oder Bildungsvorhaben und zur Ausübung einer Au-Pair-Tätigkeit vom 11.5.2016 aufgehoben.
- Richtlinie 2005/71/EG des Rates vom 12.10.2005 über ein besonderes Zulassungsverfahren für Drittstaatsangehörige zum Zweck der wissenschaftlichen Forschung („**Forscherrichtlinie**").[26] Auch die Forscherrichtlinie ist zunächst mit dem 1. Richtlinienumsetzungsgesetz umgesetzt, jedoch durch Art. 41 der Richtlinie (EU) 2016/801 vom 11.5.2016 aufgehoben worden.

---

[19] ABl. Nr. L 328, 17.
[20] ABl. Nr. L 251, 12.
[21] ABl. Nr. L 321, 26.
[22] ABl. 2004 Nr. L, 44.
[23] ABl. Nr. L 229, 35.
[24] ABl. Nr. L 261, 19.
[25] ABl. Nr. L 375, 12.
[26] ABl. Nr. L 289, 15.

- Richtlinie 2008/115/EG des Europäischen Parlamentes und des Rates vom 16.12.2008 über gemeinsame Normen und Verfahren in den Mitgliedstaaten zur Rückführung illegal aufhältiger Drittstaatsangehöriger („**Rückführungsrichtlinie**").[27] Die Rückführungsrichtlinie wurde mit dem 2. Richtlinienumsetzungsgesetz umgesetzt.
- Richtlinie 2009/50/EG des Rates vom 25.5.2009 über die Bedingungen für die Einreise und den Aufenthalt von Drittstaatsangehörigen zur Ausübung einer hochqualifizierten Beschäftigung („**Hochqualifizierten-**" oder „**Blue Card-Richtlinie**").[28] Die Blue-Card-Richtlinie wurde mit dem Gesetz vom 1.6.2012[29] umgesetzt.
- Richtlinie 2009/52/EG des Europäischen Parlaments und des Rates vom 18.6.2009 über Mindeststandards für Sanktionen und Maßnahmen gegen Arbeitgeber, die Drittstaatsangehörige ohne rechtmäßigen Aufenthalt beschäftigen („**Sanktionenrichtlinie**").[30] Die Sanktionenrichtlinie wurde mit dem 2. Richtlinienumsetzungsgesetz umgesetzt.
- Richtlinie 2011/95/EU des Europäischen Parlaments und des Rates vom 13.12.2011 über Normen für die Anerkennung von Drittstaatsangehörigen oder Staatenlosen als Personen mit Anspruch auf internationalen Schutz, für einen einheitlichen Status für Flüchtlinge oder für Personen mit Anrecht auf subsidiären Schutz und für den Inhalt des zu gewährenden Schutzes („Anerkennungs-" oder „**Qualifikationsrichtlinie**").[31] Durch Art. 40 RL 2011/95EU wurde die Richtlinie 2004/83/EG über Mindestnormen für die Anerkennung und den Status von Drittstaatsangehörigen oder Staatenlosen als Flüchtlinge oder als Personen, die anderweitig internationalen Schutz benötigen, und über den Inhalt des zu gewährenden Schutzes vom 29.4.2004 mit Wirkung zum 21.12.2013 aufgehoben. Umgesetzt wurde die RL 2011/95/EU mit Gesetz v. 28.8.2013.[32]
- Richtlinie 2013/32/EU des Europäischen Parlaments und des Rates vom 26.6.2013 zu gemeinsamen Verfahren für die Zuerkennung und Aberkennung des internationalen Schutzes („**Asylverfahrensrichtlinie**").[33] Dagegen wurde die Richtlinie 2005/85/EG vom 1.12.2005 über Mindestnormen für Verfahren in den Mitgliedstaaten zur Zuerkennung und Aberkennung der Flüchtlingseigenschaft nach Maßgabe von Art. 53 RL 2013/32/EU mit Wirkung zum 21.7.2015 aufgehoben. Die RL 2013/32/EU war gemäß ihres Art. 51 Abs. 1 bis zum 20.7.2015 von den Mitgliedstaaten umzusetzen. Ein entsprechendes Umsetzungsgesetz ist in Deutschland noch nicht erlassen worden.
- Richtlinie 2013/33/EU vom 26.6.2013 zur Festlegung von Normen für die Aufnahme von Personen, die internationalen Schutz beantragen („**Aufnahmerichtlinie**").[34] Nach Art. 32 RL 2011/33/EU ist die Richtlinie 2003/9/EG zur Festlegung von Mindestnormen für die Aufnahme von Asylbewerbern in den Mitgliedstaaten mit Wirkung zum 21.7.2015 aufgehoben worden. Gemäß ihres Art. 31 Abs. 1 war die RL 2013/33/EU bis zum 20.7.2015 von den Mitgliedstaaten umzusetzen. Ein entsprechendes Umsetzungsgesetz ist in Deutschland noch nicht erlassen worden. Zur Umsetzung dieser Richtlinie hat die Bundesregierung einen Gesetzentwurf vorgelegt.[35]
- Richtlinie 2014/36/EU des Europäischen Parlaments und des Rates vom 26.2.2014 über die Bedingungen für die Einreise und den Aufenthalt von Drittstaatsangehörigen

---

[27] ABl. Nr. L 348, 98.
[28] ABl. Nr. L 155, 17.
[29] BGBl. I S. 1224.
[30] ABl. Nr. L 168, 24.
[31] ABl. Nr. L 337, 9.
[32] Gesetz zur Umsetzung der Richtlinie 2011/95/EU v. 28.8.2013 (BGBl., 3473).
[33] ABl. Nr. L 180, 60.
[34] ABl. Nr. L 180, 96.
[35] BT-Drs. 18/11136.

zwecks Beschäftigung als Saisonarbeitnehmer („**Saisonarbeitnehmerrichtlinie**").[36] Die Frist zur Umsetzung dieser Richtlinie ist am 30.9.2016 abgelaufen. Die Bundesregierung hat am 13.2.2017 einen Entwurf für ein Umsetzungsgesetz vorgelegt.[37]

- Richtlinie 2014/66/EU des Europäischen Parlaments und des Rates vom 15.5.2014 über die Bedingungen für die Einreise und den Aufenthalt von Drittstaatsangehörigen im Rahmen eines unternehmensinternen Transfers („**Intra-Corporate-Transferee (ICT)-Richtlinie**").[38] Die Frist zur Umsetzung dieser Richtlinie ist am 29.11.2016 abgelaufen. Die Bundesregierung hat am 13.2.2017 einen Gesetzentwurf vorgelegt.[39]
- Richtlinie (EU) 2016/801 über die Bedingungen für die Einreise und den Aufenthalt von Drittstaatsangehörigen zur Forschungs- oder Studienzwecken, zur Absolvierung eines Praktikums, zur Teilnahme an einem Freiwilligendienst, Schüleraustauschprogrammen oder Bildungsvorhaben und zur Ausübung einer Au-Pair-Tätigkeit vom 11.5.2016 (sog. „**REST**"-**Richtlinie** von engl. „Researchers" und „Students"). Zur Umsetzung dieser Richtlinie haben die Mitgliedstaaten bis zum 23.5.2018 Zeit. Der am 13.2.2017 vorgelegte Gesetzentwurf[40] dient auch der Umsetzung dieser Richtlinie.

Nachdem das Bundesministerium des Innern im Zuge der Verabschiedung des Aufenthaltsgesetzes zunächst nur „Vorläufige Anwendungshinweise zum Aufenthaltsgesetz und zum Freizügigkeitsgesetz/EU (Stand: 22.12.2004)" – im Folgenden zitiert als **VAH-AufenthG** oder **VAH-FreizG/EU** – verfasst hatte, hat es am 26.10.2009 gestützt auf Art. 84 Abs. 2 GG auch eine **Allgemeine Verwaltungsvorschrift zum Aufenthaltsgesetz**[41] erlassen (im Folgenden zitiert als AVV-AufenthG).    **4**

## 2. Anwendungsbereich des Aufenthaltsgesetzes

Gemäß seines § 1 Abs. 1 S. 4 regelt das AufenthG die Einreise[42], den Aufenthalt, die Erwerbstätigkeit[43] und die Integration von „Ausländern" (zum Begriff: Rn. 10). Allerdings findet das AufenthG gemäß seines § 1 Abs. 2 **keine Anwendung** auf Ausländer, deren Rechtsstellung von dem Gesetz über die allgemeine Freizügigkeit von Unionsbürgern geregelt ist, soweit nicht durch Gesetz etwas anderes bestimmt ist (Nr. 1), die nach Maßgabe der §§ 18 bis 20 des Gerichtsverfassungsgesetzes nicht der deutschen Gerichtsbarkeit unterliegen (Nr. 2) oder soweit sie nach Maßgabe völkerrechtlicher Verträge für den diplomatischen und konsularischen Verkehr und für die Tätigkeit internationaler Organisationen und Einrichtungen von Einwanderungsbeschränkungen, von der Verpflichtung, ihren Aufenthalt der Ausländerbehörde anzuzeigen und dem Erfordernis eines Aufenthaltstitels befreit sind und wenn Gegenseitigkeit besteht, sofern die Befreiungen davon abhängig gemacht werden können (Nr. 3).    **5**

Ausgenommen vom Anwendungsbereich sind also gemäß § 1 Abs. 2 **Nr. 1** AufenthG zunächst (freizügigkeitsberechtigte[44]) **Unionsbürger und ihre Familienangehörigen** – und zwar selbst dann, wenn letztere nicht Unionsbürger, sondern Drittstaatsangehörige sind. „Unionsbürger" ist nach Art. 20 Abs. 1 S. 2 AEUV, wer Staatsangehöriger eines Mitgliedstaats der EU ist. Der Kreis der Familienangehörigen ist in Art. 2 Nr. 2 RL 2004/38/EG (s. o., Rn. 3) definiert, die der deutsche Gesetzgeber durch § 3 FreizügG/EU    **6**

[36] ABl. Nr. L 94/375.
[37] BT-Drs. 18/11136.
[38] ABl. Nr. L 157/1.
[39] BT-Drs. 18/11136.
[40] BT-Drs. 18/11136.
[41] Im Internet abrufbar unter www.bmi.bund.de.
[42] Vgl. hierzu Abschnitt B. I. dieses Buches.
[43] Vgl. hierzu Abschnitt B. V. dieses Buches. Zum Begriff der Erwerbstätigkeit: Rn. 10.
[44] Ob ein Unionsbürger freizügigkeitsberechtigt ist, bemisst sich nach § 1 Abs. 2 FreizügG/EU – vgl. dazu noch eingehend den 2. Teil dieses Buchs.

umgesetzt hat. Für (freizügigkeitsberechtigte) Unionsbürger und ihre Familienangehörigen gilt das AufenthG nur nach Maßgabe von § 11 FreizügG/EU. Da das FreizügG/EU gemäß seines § 12 darüber hinaus für **Angehörige der EWR-Staaten** (dh Island, Norwegen, Liechtenstein und Schweiz) **und ihre Familienangehörigen** gilt, ist auch diese Gruppe vom persönlichen Anwendungsbereich des AufenthG ausgenommen.

7       Dagegen bezieht sich die Ausnahme des § 1 Abs. 2 **Nr. 2** AufenthG auf Mitglieder diplomatischer Missionen (§ 18 GVG) und konsularischer Vertretungen (§ 19 GVG), sowie auf „Repräsentanten anderer Staaten und deren Begleitung, die sich auf amtliche Einladung der Bundesrepublik im Geltungsbereich des Gesetzes aufhalten" (§ 20 Abs. 1 GVG) und Personen, die „nach den allgemeinen Regeln des Völkerrechts, auf Grund völkerrechtlicher Vereinbarungen oder sonstiger Rechtsvorschriften" von der deutschen Gerichtsbarkeit befreit sind. Die Ausnahme des § 1 Abs. 2 **Nr. 3** AufenthG betrifft dagegen Ausländer, die nach Maßgabe völkerrechtlicher Verträge für den diplomatischen und konsularischen Verkehr und für die Tätigkeit internationaler Organisationen und Einrichtungen von Einwanderungsbeschränkungen, von der Verpflichtung, ihren Aufenthalt der Ausländerbehörde anzuzeigen und dem Erfordernis eines Aufenthaltstitels befreit sind. Zu diesen völkerrechtlichen Verpflichtungen zählen etwa das NATO-Truppenstatut[45] oder das Wiener Übereinkommen über diplomatische Beziehungen.[46]

## 3. Verordnungsermächtigungen

8       Das AufenthG enthält an vielen Stellen (vgl. etwa §§ 19a Abs. 2, 42, 43 Abs. 4, 45a Abs. 3, 69 und 99) Ermächtigungen der Bundesregierung oder eines Bundesministeriums zum Erlass von Rechtsverordnungen. Auf dieser Grundlage sind bislang folgende Rechtsverordnungen verkündet worden:

- die **Aufenthaltsverordnung (AufenthV)** vom 25.11.2004[47], zuletzt geändert durch Art. 1 der Verordnung v. 3.4.2017[48].
- die Verordnung über die Durchführung von Integrationskursen für Ausländer und Spätaussiedler (**Integrationskursverordnung – IntV**) vom 13.12.2004[49], geändert durch Art. 1 der Verordnung vom 21.6.2017[50].
- die Verordnung über die Beschäftigung von Ausländerinnen und Ausländern (**Beschäftigungsverordnung – BeschV**) vom 6.6.2013[51], zuletzt geändert durch Art. 2 der Verordnung vom 31.7.2016[52].
- die Verordnung über die berufsbezogene Deutschsprachförderung (**Deutschsprachförderverordnung – DeuFöV**) vom 4.5.2016[53].

---

[45] Vgl. Frankfurt a. M. v. 29.6.2005 – 1 E 1151/05 (V).
[46] Zu weiteren Einzelheiten etwa: Kluth/Heusch/*Eichenhofer* § 1 AufenthG Rn. 22 ff.
[47] BGBl. I 2945.
[48] BGBl. I 690.
[49] BGBl. I 3370.
[50] BGBl. I 1875.
[51] BGBl. I 1949. Gemäß Art. 4 BeschV treten mit ihrem Inkrafttreten zum 1.7.2013 außer Kraft: die Verordnung über das Verfahren und die Zulassung von im Inland lebenden Ausländern zur Ausübung einer Beschäftigung (Beschäftigungsverfahrensverordnung – BeschVerf) v. 22.11.2004 (BGBl. I 1950) und die Verordnung über die Zulassung von neu einreisenden Ausländern zur Ausübung einer Beschäftigung (Beschäftigungsverordnung – BeschV) vom 22.11.2004 (BGBl. I 2937).
[52] BGBl. I 1153.
[53] BAnz AT 4.5.2016 V1.

# II. Begriffsbestimmungen

## 1. Legaldefinitionen (§ 2 AufenthG)

Um die bundeseinheitliche Anwendung des Aufenthaltsgesetzes zu sichern,[54] definiert 9
§ 2 einige für die Gesetzesanwendung zentrale Begriffe. Diese Aufzählung ist keinesfalls
abschließend. So enthält das AufenthG auch an anderen Stellen Legaldefinitionen (vgl.
etwa § 7 Abs. 1, § 9 Abs. 1, § 9c AufenthG), während andere Gesetzesbegriffe (wie zB
„Integration"[55]) nicht definiert werden.

### a) Ausländer (§ 2 Abs. 1 AufenthG)

Wie sich aus der Legaldefinition des § 2 Abs. 1 AufenthG ergibt, ist **„Ausländer"** 10
jeder, der nicht Deutscher im Sinne von Art. 116 GG ist. Nach dessen Abs. 1 ist
„Deutscher im Sinne dieses Grundgesetzes ... vorbehaltlich anderweitiger gesetzlicher
Regelung, wer die deutsche Staatsangehörigkeit besitzt oder als Flüchtling oder Vertriebener deutscher Volkszugehörigkeit oder als dessen Ehegatte oder Abkömmling in
dem Gebiete des Deutschen Reiches nach dem Stande vom 31. Dezember 1937 Aufnahme
gefunden hat."[56] Wer die deutsche Staatsangehörigkeit besitzt, bemisst sich nach dem
Staatsangehörigkeitsgesetz (StAG) in der Fassung des Gesetzes zur Reform des Staats-
angehörigkeitsrechts vom 15.7.1999.[57] Spätaussiedler müssen, um als „Flüchtling" oder
„Vertriebener deutscher Volkszugehöriger" oder dessen Ehegatte oder Abkömmling nach
Art. 116 Abs. 1 GG anerkannt zu werden, erst ein Statusfeststellungsverfahren nach
Maßgabe des BVFG durchlaufen, bevor ihnen ggf. ein Anspruch auf Erwerb der deut-
schen Staatsangehörigkeit zusteht.[58]

### b) Erwerbstätigkeit (§ 2 Abs. 2 AufenthG)

Die „Erwerbstätigkeit von Ausländern" ist einer der vier Regelungsgegenstände des 11
AufenthG. Eine „Erwerbstätigkeit" ausüben dürfen „Ausländer" nach § 4 Abs. 3 S. 1
AufenthG nur, wenn der Aufenthaltstitel sie hierzu berechtigt. Mit „Erwerbstätigkeit" ist
gemäß § 2 Abs. 2 AufenthG die **selbstständige Tätigkeit** und die **Beschäftigung iSd § 7
SGB IV** gemeint. Gemäß § 7 Abs. 1 SGB IV gilt als Beschäftigung die **nichtselbststän-
dige** Arbeit, insbesondere die in einem Arbeitsverhältnis. Anhaltspunkte für eine Beschäftigung sind eine Tätigkeit nach Weisungen und eine Eingliederung in die Arbeitsorganisa-
tion des Weisungsgebers. Als Beschäftigung gilt gemäß § 7 Abs. 2 SGB IV auch der
Erwerb beruflicher Kenntnisse, Fertigkeiten oder Erfahrungen im Rahmen betrieblicher
Berufsbildung. Die Abgrenzung zwischen selbstständiger Erwerbstätigkeit und Beschäftigung ist anhand der Kriterien des § 7 Abs. 1 S. 2 SGB IV vorzunehmen. Liegt eine
selbständige Tätigkeit vor, kann ein Aufenthaltstitel nach § 21 AufenthG beantragt
werden. Handelt es sich dagegen um eine abhängige Beschäftigung, muss das Verfahren
des § 39 AufenthG iVm der BeschV durchlaufen werden, welche die Einzelheiten über
die Zulassung ausländischer Arbeitnehmer zum deutschen Arbeitsmarkt regelt.

---

[54] Vgl. BT-Drs. 15/420, 68.
[55] Zum Integrationsbegriff vgl. Abschnitt C dieses Buchs mwN.
[56] Vgl. zum Begriff des Deutschen iS des Art. 116 Abs. 1 GG etwa: BVerfGE 8, 81 (84 f.) = RzW
1959, 94; BVerfGE 17, 224 (227) = DÖV 1964, 164; BVerwGE 114, 332 = NVwZ 2002, 145.
[57] BGBl. I 1618; zuletzt geändert durch Art. 3 des Gesetzes vom 11.10.2016 (BGBl. I 2218).
[58] Vgl. BVerfG Beschl. v. 10.11.1992 – 2 BvR 1846/92; BVerwGE 114, 332 = NVwZ-RR 2002, 145;
VGH München Beschl. v. 30.1.2006 – 24 CE 06.21 mwN; vgl. ferner im Einzelnen: *Hailbronner/
Renner/Maaßen*, Staatsangehörigkeitsrecht, 5. Aufl. 2010, Art. 116 GG Rn. 21 ff.

## c) Sicherung des Lebensunterhalts (§ 2 Abs. 3 AufenthG)

**12**    Die „Sicherung des Lebensunterhalts" gehört zu den allgemeinen Erteilungsvoraussetzungen (§ 5 Abs. 1 Nr. 1 AufenthG) und ist als solche grundsätzlich[59] Voraussetzung für die Erteilung und Verlängerung (vgl. § 8 Abs. 1 AufenthG) eines jeden Aufenthaltstitels. Hierdurch soll sichergestellt werden, dass mit der Zuwanderung einer Person keine Kosten für die Allgemeinheit verbunden sind.[60] Folglich wird der Begriff der Lebensunterhaltssicherung in § 2 Abs. 3 AufenthG mit großer Präzision konkretisiert. **Eine exakte Grenze**, ab der ein Lebensunterhalt als gesichert gelten kann, **kennt das AufenthG nicht**[61], auch wenn es einige Anhaltspunkte gibt, die in der Regel für oder gegen eine Lebensunterhaltssicherung sprechen (dazu → Rn. 13). Zu berücksichtigen ist, dass nicht immer die gleichen Anforderungen in Bezug auf die konkrete Höhe der Mittel zur Sicherung des Lebensunterhalts gelten, wie sich nicht zuletzt aus § 2 Abs. 3 S. 4–6 AufenthG ergibt.[62]

**13**    In der Praxis werden die Anforderungen in Bezug auf die Lebensunterhaltssicherung deshalb in einem **zweistufigen Verfahren** zunächst festgestellt. In der **ersten Stufe** wird abstrakt ermittelt, welcher Bedarf für den konkreten Aufenthalt besteht. Die Rechtsprechung greift hierfür bei Erwerbsfähigen (§ 8 SGB II) auf die Regelsätze des SGB II[63] und bei Nichterwerbsfähigen auf die Regelsätze des § 28 SGB XII zurück.[64] In der **zweiten Stufe** ist dann eine auf den Einzelfall bezogene **Prognose** darüber abzugeben, ob die faktisch zur Verfügung stehenden und normativ zu berücksichtigen Mittel zur Sicherung des in Rede stehenden Bedarfs ausreichend sind. Auf dieser Stufe wären daher etwa die Regeln über die Bedarfsgemeinschaft (§ 27 SGB XII)[65] heranzuziehen und etwaige Unterhaltsansprüche zu berücksichtigen.[66] Da der Wortlaut des § 2 Abs. 3 S. 1 AufenthG jedoch nur darauf Bezug nimmt, dass die betroffene Person ihren Unterhalt tatsächlich sichern kann (vgl. „bestreiten kann"), könnte von einer Lebensunterhaltssicherung auch gesprochen werden, wenn im Einzelfall weniger Mittel zur Verfügung stehen als die soeben genannten Regelbedarfe vorsehen.[67]

**14**    Das Kriterium der Lebensunterhaltssicherung muss aufgrund der erforderlichen Prognoseentscheidung nicht schon bei, sondern erst **nach Erteilung des Aufenthaltstitels**[68], sodann aber für die Dauer des beabsichtigten Aufenthalts erfüllt sein.[69] Bei der Erteilung der Aufenthaltserlaubnis ist also nicht lediglich die gegenwärtige Sicherung des Lebensunterhalts festzustellen, sondern im Wege einer **Prognose** zu prüfen, ob eine entsprechende Sicherung **künftig** dauerhaft gegeben sein wird. Hierbei ist neben der aktuellen

---

[59] Abweichungen sind dagegen etwa vorgesehen in: § 25a Abs. 1 S. 2, § 25b Abs. 1 S. 1 Nr. 3, § 28 Abs. 1 S. 2–4, § 30 Abs. 3, § 34 Abs. 1, § 104a Abs. 1, § 104b AufenthG.

[60] VGH Kassel Beschl. v. 31.10.2013 – 3 A 840/13.

[61] Vgl. etwa Hofmann/*Bender/Welge/Kessler* AufenthG § 2 Rn. 15.

[62] Vgl. Kluth/Heusch/*Eichenhofer* AufenthG § 2 Rn. 8.

[63] Vgl. BVerwGE 131, 370, Rn. 19; BVerwGE 133, 329, Rn. 29; BVerwGE 138, 48, Rn. 15.

[64] Vgl. BVerwG NVwZ-RR 1997, 441; vgl. auch OVG Berlin InfAuslR 2005, 254. Zur Berechnung der zur Sicherung des Lebensunterhalts notwendigen Bedarfs nach den einschlägigen Bestimmungen des SGB II vgl. VGH Kassel AuAS 2006, 146; vgl. in diesem Zusammenhang auch VG Berlin InfAuslR 2006, 21 und VG Lüneburg InfAuslR 2007, 241.

[65] Vgl. BVerwGE 138, 48, Rn. 15; anders noch BVerwG NVwZ-RR 2012, 330 Rn. 19.

[66] Vgl. etwa OVG Koblenz v. 22.1.2005, 7 A 10542/14, Rn. 31.

[67] Vgl. Huber/*Huber* AufenthG § 2 Rn. 7.

[68] Vgl. BVerwG NVwZ-RR 2012, 333.

[69] Vgl. nur OVG Lüneburg Beschl. v. 29.11.2006 – 11 LB 127/06 – mwN; OVG Koblenz AuAS 2006, 266. Diese Auffassung konnte sich darauf stützen, dass die Inanspruchnahme von Sozialhilfe bis zum Inkrafttreten des Gesetzes zur Neubestimmung des Bleiberechts und der Aufenthaltsbeendigung v. 31.7.2015 (BGBl. I S. 1386) einen Ausweisungsgrund nach § 55 Abs. 2 Nr. 6 AufenthG darstellte.

Erwerbstätigkeit auch der Verlauf der bisherigen Erwerbstätigkeit der Betroffenen zu berücksichtigen (zu Einzelheiten noch unten, → Rn. 17).[70] Dabei handelt es sich um eine gerichtlich voll überprüfbare Prognose hinsichtlich des voraussichtlichen Zeitraums des Aufenthalts und der Tatsache, dass u. U. erst durch den erteilten Aufenthaltstitel die Möglichkeit besteht, einer Erwerbstätigkeit nachzugehen.

Gemäß § 2 Abs. 3 S. 1 AufenthG ist der Lebensunterhalt eines Ausländers gesichert, **15** wenn er ihn einschließlich **ausreichenden Krankenversicherungsschutzes ohne Inanspruchnahme öffentlicher Mittel** bestreiten kann. Unschädlich ist gemäß § 2 Abs. 3 S. 2 AufenthG jedoch der Bezug folgender öffentlicher Mittel: Kindergeld (vgl. §§ 1 ff. BKKG), Kinderzuschlag (vgl. § 6a BKKG), Erziehungsgeld (BErzGG)[71], Elterngeld (nach Maßgabe des BEEG), Leistungen der Ausbildungsförderung nach dem SGB III, dem BAföG oder dem AFBG, öffentliche Mittel, die auf Beitragsleistungen beruhen oder die gewährt werden, um den Aufenthalt im Bundesgebiet zu ermöglichen (zB Zahlungen der Krankenversicherung gemäß §§ 5 ff. SGB V, der Rentenversicherung gemäß §§ 1 ff. SGB VI oder das Arbeitslosengeld I nach §§ 136 ff. SGB III oder der Existenzgründungszuschuss nach § 421 Abs. 1 SGB III[72]) und Leistungen nach dem UnterhVG. Nicht beitragsbezogen sind dagegen **Leistungen nach dem SGB II, dem SGB XII und dem AsylbLG,** das **Wohngeld** nach dem WoGG oder die Leistungen der **Kinder- und Jugendhilfe** nach §§ 6, 32 ff., 37 SGB VIII,[73] sodass ihr Bezug nicht unter die Ausnahme des § 2 Abs. 3 S. 2 AufenthG fällt und daher „schädlich" ist.[74] Ein „ausreichender Krankenversicherungsschutz" im Sinne von § 2 Abs. 3 S. 1 AufenthG liegt nach S. 3 vor, wenn die betreffende Person in der gesetzlichen Krankversicherung (SGB V) versichert ist. Die S. 4–7 enthalten besondere Vorgaben für die Erteilung bestimmter Aufenthaltstitel.

Neben den verschiedenen Formen der Erwerbstätigkeit kann der Lebensunterhalt auch **16** durch **Vermögen** oder **regelmäßige freiwillige Zahlungen oder sonstige Leistungen dritter Personen** (zB Zahlung eines Zuschusses, kostenloses Bereitstellen von Nahrung, Wohnraum, Heizmitteln, Kleidung uÄ) gesichert werden.[75] In der Regel – aber nicht zwingend[76] – geschieht dies dadurch, dass eine entsprechende **Verpflichtungserklärung** gemäß § 68 Abs. 1 und 2 AufenthG gegenüber der Ausländerbehörde oder der Auslandsvertretung abgegeben wird.[77] Inhalt einer solchen Erklärung ist die Verpflichtung der dritten Person, für einen Zeitraum von fünf Jahren[78] sämtliche öffentlichen Mittel zu erstatten, die für den Lebensunterhalt einschließlich der Versorgung mit Wohnraum und der Versorgung im Krankheitsfalle und bei Pflegebedürftigkeit aufgewendet werden, und zwar auch soweit die Aufwendungen auf einem gesetzlichen Anspruch der antragstellenden Person beruhen (§ 68 Abs. 1 S. 1 AufenthG). Zur Prüfung der Leistungsfähigkeit der Erklärenden sollen insbesondere die Pfändungsfreigrenzen nach der ZPO berücksichtigt werden, weil auf Einkommen unterhalb dieser Grenze bei der Vollstreckung in der Regel nicht zurückgegriffen werden kann.[79]

Gesichert wird der Lebensunterhalt primär durch **Erwerbstätigkeit,** dh durch die Einnahmen aus der selbständigen Tätigkeit oder der abhängigen Beschäftigung (dazu oben, → Rn. 11). Besteht ein unbefristeten Arbeitsverhältnis und wird erzielt hieraus ein aus- **17**

---

[70] Vgl. OVG Berlin-Brandenburg InfAuslR 2006, 277; OVG Koblenz AuAS 2006, 266.

[71] Das Bundeserziehungsgeldgesetz (BErzGG) ist am 30.12.2008 außer Kraft getreten. Für Kinder, die nach dem 1.1.2007 geboren sind, wird nunmehr kein Erziehungs-, sondern Elterngeld gezahlt.

[72] Vgl. VGH Kassel InfAuslR 2007, 101.

[73] Vgl. nur BVerwG NVwZ-RR 1997, 441; VGH München Beschl. v. 7.2.2007 – 24 C 06.3344.

[74] Vgl. etwa Hofmann/*Bender/Welge/Kessler* AufenthG § 2 Rn. 13 mwN.

[75] Vgl. etwa Hofmann/*Bender/Welge/Kessler* AufenthG § 2 Rn. 19.

[76] VGH Mannheim, NVwZ-RR 2016, 319.

[77] Vgl. dazu etwa BVerwG NVwZ 2013, 1339 Rn. 29.

[78] Die Fünfjahresfrist wurde mit dem Integrationsgesetz v. 31.7.2016 (BGBl. I 1939) eingeführt.

[79] Vgl. Nr. 2.3.1 VAH-AufenthG.

reichendes Arbeitseinkommen erzielt, ist nach der Rechtsprechung[80] von einer dauerhaften Sicherung des Lebensunterhalts auszugehen. Ein lediglich befristetes Arbeitsverhältnis schließt die Annahme einer entsprechenden Lebensunterhaltssicherung nicht aus, sofern nicht die Umstände des Einzelfalles etwas anderes nahe legen. Dasselbe gilt, wenn das Einkommen aus mehreren Teilzeitbeschäftigungen bis hin zu Minijobs[81] oder einer Saisonbeschäftigung (§ 15a BeschV)[82] erwirtschaftet wird.[83] Selbstständigen kann es im Einzelfall schwerer fallen, den erforderlichen Nachweis der Lebensunterhaltssicherung zu erbringen, da je nach Gewerbe Einkünfte nicht kontinuierlich, sondern von äußeren Umständen wie Wetter, Jahreszeit etc abhängig erzielt werden. Insoweit kann es angezeigt sein, eine **Prognose** über die künftige Lebensunterhaltssicherung auf Grund vorhandener Steuerunterlagen oder gegebenenfalls auch einer Einschätzung der Umsatz- und Gewinnchancen durch zuständige Berufs- oder Wirtschaftsverbände oder auch der Industrie- und Handelskammer anzustellen. Nach der Rechtsprechung des BVerwG[84] muss im Rahmen der Prognoseentscheidung geprüft werden, ob die betroffene Person unter Einbeziehung aller bekannten Umstände aller Voraussicht nach bei nicht wesentlich veränderten und unter Außerachtlassung von unvorhersehbaren Umständen ihren Lebensunterhalt ohne die Inanspruchnahme öffentlicher Mittel (zum Begriff: → Rn. 15) bestreiten kann. Dies hat das OVG Hamburg für eine Person verneint, die zunächst jahrelang öffentliche Mittel in Anspruch genommen hat, obwohl ihr eine Arbeitsgelegenheit angeboten wurde und zuletzt befristet im Niedriglohnsektor beschäftigt war.[85] Überhaupt ist darauf zu achten, wie lange die Person – gemessen an der Gesamtdauer ihres Aufenthaltes in der Bundesrepublik – bereits erwerbstätig war.[86] Bei Personen, die kurz vor dem Renteneintrittsalter stehen, ist zu prüfen, ob die zu erwartenden Ansprüche gegen die Rentenversicherung zur Lebensunterhaltssicherung genügen.[87]

**18**    Gemäß § 2 Abs. 3 S. 4 AufenthG werden bei der Erteilung oder Verlängerung einer Aufenthaltserlaubnis zum **Familiennachzug** Beiträge der Familienangehörigen zum Haushaltseinkommen berücksichtigt (sog. Gesamtbetrachtung der familiären Einkommenssituation)[88]. Maßgeblich ist insoweit die Vermutung des § 9 Abs. 1 und 2 iVm § 7 Abs. 2 SGB II, wonach in einer Bedarfsgemeinschaft[89] grundsätzlich gemeinsam gewirtschaftet wird. Etwas anderes kann jedoch gelten, wenn der Bedarfsgemeinschaft deutsche Staatsangehörige angehören und diese auf den Bezug von Leistungen nach dem SGB II angewiesen sind.[90] Darüber hinaus verlangt Art. 17 RL 2003/86/EG eine Einzelfallbetrachtung. Ferner ist Art. 7 Abs. 1 Buchst. c) RL 2003/86/EG zu berücksichtigen, wonach die Mitgliedstaaten vom Zusammenführenden verlangen können, dass dieser „feste und regelmäßige Einkünfte" nachweist, „die ohne Inanspruchnahme der Sozialhilfeleistungen des betreffenden für seinen eigenen Lebensunterhalt und den seiner Familienangehörigen ausreicht." Nach der Rechtsprechung des EuGH[91] sind mit den „Sozialhilfeleistungen" lediglich solche Hilfen zu verstehen, die einen Mangel an festen, regel-

---

[80] Vgl. etwa OVG Lüneburg Beschl. v. 11.5.2006 – 11 ME 41/06.

[81] Zur Geeignetheit eines Minijobs zur Unterhaltssicherung vgl. OVG Berlin InfAuslR 2004, 237.

[82] Vgl. aber zur fehlenden Unterhaltssicherung bei jeweils nur monateweiser Beschäftigung VG München Beschl. v. 30.3.2007 – 24 CS 06.856.

[83] Vgl. Nr. 2.3.2 VAH-AufenthG.

[84] Vgl. etwa BVerwG Urt. v. 29.11.2012 – 10 C 4.12, juris; BVerwG NVwZ 2013, 1339 = BVerwGE 146, 198.

[85] OVG Hamburg, Urt. v. 20.3.2015 – 1 Bf. 231/13 = DVBl. 2015, 859.

[86] Vgl. OVG Berlin-Brandenburg, Beschl. v. 10.3.2015 – OVG 11 N 126/14.

[87] Vgl. OVG Berlin-Brandenburg, Beschl. v. 25.2.2016 – OVG 11 S 8/16.

[88] Vgl. Hofmann/*Bender/Welge/Kessler* AufenthG § 2 Rn. 17.

[89] Zur Anwendung der Vorschriften über die Bedarfsgemeinschaft bereits oben, Rn. 11.

[90] Vgl. dazu BVerwG NVwZ-RR 2012, 330.

[91] EuGH NVwZ 2010, 697 – Chakroun.

mäßigen Einkünften ausgleichen, nicht jedoch auf eine Hilfe, die außergewöhnliche oder unvorhergesehene Bedürfnisse zu befriedigen. Im Anschluss daran hat das BVerwG[92] entschieden, dass folgende Leistungen nicht in die Bedarfsrechnung einbezogen werden dürfen: Hilfen für werdende Mütter (§ 21 Abs. 2 SGB II), für erwerbstätige Behinderte (§ 21 Abs. 4 SGB II), für eine aus medizinischen Gründen kostenaufwendige Ernährung (§ 21 Abs. 5 SGB II) und einen im Einzelfall unabweisbaren laufenden, nicht nur einmaligen besonderen Bedarf (§ 21 Abs. 6 SGB II), sowie die Erstausstattungsbedarfe nach § 24 Abs. 3 SGB II.

Schließlich normieren § 2 Abs. 3 S. 5 und 6 AufenthG besondere Regeln für **Studie-** **19** **rende** und **Forscher**. Diese Regeln dienen der Umsetzung von Art. 7 Abs. 1 Buchst. b) RL 2004/114/EG und Art. 6 Abs. 3 Buchst. b) RL 2005/71/EG (vgl. zu Beidem oben, Rn. 3). Für Studierende gilt § 2 Abs. 3 S. 5 AufenthG mit der Maßgabe, dass öffentliche Mittel, die nicht auf eigener Beitragsleistung beruhen (zB Stipendien oder Leistungen nach dem BAföG) grundsätzlich nicht angerechnet werden, vor allem, wenn diese zur Finanzierung des Studienaufenthaltes (§ 16 AufenthG) ausgezahlt werden. Ferner muss bei der Berechnung des ausreichenden Krankenversicherungsschutzes die Systematik des BAföG beachtet werden.[93] Für Forscher, denen eine Aufenthaltserlaubnis nach § 20 AufenthG erteilt werden soll, gilt ein Betrag in Höhe von zwei Dritteln der Bezugsgröße iSd § 18 SGB IV als ausreichend zur Deckung der Kosten des Lebensunterhalts (vgl. § 2 Abs. 3 S. 6 AufenthG). Das Bundesministerium des Innern gibt die Mindestbeträge nach den S. 5 und 6 für jedes Kalenderjahr zum 31.12. des Vorjahres im Bundesanzeiger bekannt (§ 2 Abs. 3 S. 7 AufenthG).

### d) Ausreichender Wohnraum (§ 2 Abs. 4 AufenthG)

Beim Erfordernis des **ausreichenden Wohnraums** handelt es sich um eine besondere **20** Erteilungsvoraussetzung der Niederlassungserlaubnis (vgl. § 9 Abs. 2 Nr. 9 AufenthG), der Erlaubnis zum Daueraufenthalt-EU (vgl. § 9a Abs. 2 Nr. 6 AufenthG), sowie zahlreicher Aufenthaltserlaubnisse (vgl. § 18a Abs. 1 Nr. 2, § 29 Abs. 1 Nr. 2, § 104a Abs. 1 Nr. 1 AufenthG). Genau wie die Lebensunterhaltssicherung (vgl. dazu Rn. 12 ff.) ist auch der „ausreichende Wohnraum" bedarfsabhängig zu bestimmen. § 2 Abs. 4 AufenthG benennt insoweit Kriterien, nach denen vom Vorliegen **ausreichenden** Wohnraums auszugehen ist. Gemäß **S. 1** dieser Vorschrift darf nicht mehr gefordert werden, als für die Unterbringung eines Wohnungssuchenden in einer öffentlich geförderten Sozialmietwohnung genügt. Nach S. 2 ist der Wohnraum nicht ausreichend, wenn er den auch für Deutsche geltenden Rechtsvorschriften hinsichtlich Beschaffenheit und Belegung nicht genügt. Nach den AVV-AufenthG (vgl. dazu → Rn. 4) gilt insoweit als **Untergrenze,** dass der Wohnraum einer **menschenwürdigen Unterbringung** dienen muss.[94] Zugleich gilt als **Obergrenze** nicht etwa das Erfordernis einer abgeschlossenen Wohnung,[95] sondern das Niveau, das Sozialwohnungen in der entsprechenden Region aufweisen müssen.[96] Maßgeblich ist erstens die **Beschaffenheit** und zweitens die **Belegung** des Wohnraums, dh die Größe der Wohnung im Hinblick auf die Zahl der Bewohner.[97] Hinsichtlich der Belegung gilt, dass für jedes Familienmitglied über sechs Jahren zwölf Quadratmeter und für jedes Familienmitglied unter sechs Jahren zehn Quadratmeter Wohnfläche zur Verfügung stehen und Nebenräume (Küche, Bad, WC) in angemessenem

---

[92] BVerwG NVwZ 2013, 947.
[93] Vgl. zu den Einzelheiten: Hofmann/*Bender/Welge/Kessler* AufenthG § 2 Rn. 23.
[94] AVV-AufenthG 2.4.0.
[95] AVV-AufenthG 2.4.0.
[96] AVV-AufenthG 2.4.1.
[97] AVV-AufenthG 2.4.1.

Umfang mitbenutzt werden können, wobei eine Unterschreitung dieser Wohnungsgröße um etwa zehn Prozent unschädlich sein soll.[98] Nach § 2 Abs. 4 S. 3 AufenthG bleiben Kinder, die das zweite Lebensjahr noch nicht vollendet haben, bei der Berechnung außer Betracht. Wohnräume, die von Dritten mit benutzt werden, werden nicht angerechnet.[99] Im Übrigen ist eine Unterschreitung der Wohnungsgröße um ca. 10 % unschädlich.[100] **Nachgewiesen** werden müssen diese Voraussetzungen durch aussagekräftige Belege; ein Wohnberechtigungsschein und die Behauptung, jederzeit eine entsprechende Wohnung anmieten zu können, genügen als Nachweis nicht.[101]

### e) Schengen-Visum (§ 2 Abs. 5 AufenthG)

**21**    Ein Schengen-Visum ist der einheitliche Sichtvermerk nach Maßgabe der als Schengen-Besitzstand in das Gemeinschaftsrecht (heute: EU-Recht) überführten Bestimmungen[102] und der nachfolgend ergangenen Rechtsakte (§ 2 Abs. 5 AufenthG). Das Schengen-Visum wird für einen zweckgebundenen Kurzaufenthalt von bis zu drei Monaten ausgestellt (zB Touristen- oder Besuchsaufenthalt, Geschäftsreisen). Es berechtigt nach Maßgabe der Art. 10, 11 und 19 SDÜ zum freien Reiseverkehr im Hoheitsgebiet der Schengen-Staaten. Weitere Einzelheiten ergeben sich aus § 6 Abs. 1 bis 3 AufenthG.

### f) Vorübergehender Schutz (§ 2 Abs. 6 AufenthG)

**22**    „Vorübergehender Schutz" iSd AufenthG ist nach dessen § 2 Abs. 6 die Aufenthaltsgewährung in Anwendung der RL 2001/55/EG[103] (dazu oben, → Rn. 3), die der deutsche Gesetzgeber durch § 24, § 29 Abs. 4 und § 55 Abs. 1 Nr. 6 AufenthG umgesetzt hat.

### g) Langfristig Aufenthaltsberechtigte (§ 2 Abs. 7 AufenthG) und langfristige Aufenthaltsberechtigung (§ 2 Abs. 8 AufenthG)

**23**    Nach § 2 Abs. 7 AufenthG ist ein „langfristig Aufenthaltsberechtigter" ein Ausländer, dem in einem Mitgliedstaat der Europäischen Union die Rechtsstellung nach Art. 2 Buchst. b) der RL 2003/109/EG (vgl. → Rn. 3)[104] verliehen und nicht entzogen wurde. Die Rechtsstellung dieser Personengruppe ist in den §§ 9a bis 9c AufenthG näher geregelt. Gemäß § 2 Abs. 8 AufenthG ist eine „langfristige Aufenthaltsberechtigung-EU" der einer langfristig aufenthaltsberechtigten Person durch einen anderen Mitgliedstaat der Europäischen Union ausgestellte Aufenthaltstitel nach Art. 8 RL 2003/109/EG.

### h) Sprachkenntnisse (§ 2 Abs. 9 bis 12 AufenthG)

**24**    Die Abs. 9 bis 12 des § 2 AufenthG sollen die Anforderungen an die verschiedenen im AufenthG vorgesehenen Kenntnisse der deutschen Sprache unter Verweis auf die jeweils entsprechenden Niveaustufen des Gemeinsamen Europäischen Referenzrahmens für Sprachen[105] definieren.[106] Im Einzelnen ist zu unterscheiden zwischen der Niveaustufe A1 („einfache Sprachkenntnisse"), A2 („hinreichende Sprachkenntnisse"), B1 („ausrei-

---

[98] AVV-AufenthG 2.4.2.
[99] AVV-AufenthG 2.4.2.
[100] AVV-AufenthG 2.4.2.
[101] OVG Berlin-Brandenburg, Urt. v. 31.7.2015 – OVG 7 B 39/14 = InfAuslR 2015, 430.
[102] ABl. EG 2000 Nr. L 239, 1
[103] ABl. Nr. L 212, 12.
[104] ABl. 2004 Nr. L 16, 89 ff.
[105] Im Internet abrufbar unter: http://www.europaeischer-referenzrahmen.de/.
[106] BT-Drs. 17/5470, 20.

chende Sprachkenntnisse") und C1 („Beherrschen der deutschen Sprache"). Die Sprach-
kenntnisse sind besondere Erteilungsvoraussetzungen verschiedener Aufenthaltstitel.[107]
Darüber hinaus ist das Sprachniveau B1 Ziel des in den Integrationskurs eingegliederten
Sprachkurses (vgl. § 17 Abs. 1 S. 1 Nr. 1 IntV).

### i) International Schutzberechtigte (§ 2 Abs. 13 AufenthG)

Der Begriff „internationaler Schutz" entstammt der neu gefassten Qualifikations-RL **25**
(RL 2011/95/EU, s. oben, → Rn. 3). Nach deren Art. 2 Buchts. a) umfasst er die Flüchtlingseigenschaft und den subsidiären Schutzstatus iSd Buchst. e) und g) der Richtlinie. In
das Aufenthaltsgesetz eingefügt wurde der Begriff mit dem Gesetz zur Verbesserung der
Rechte von international Schutzberechtigten und ausländischen Arbeitnehmern vom
29.8.2013.[108] Nach der Gesetzesbegründung[109] soll der Begriff der „international Schutzberechtigten" der Abgrenzung zu denjenigen Personen dienen, denen Schutz auf Grundlage nationalen Rechts (zB nach § 22, § 23 Abs. 1, § 23a, § 25 Abs. 3, 4 oder 5 oder
§ 104a und § 104b AufenthG) gewährt wurde.

### j) Konkrete Anhaltspunkte für eine Fluchtgefahr (§ 2 Abs. 14 und 15 AufenthG)

Die Abs. 14 und 15 wurden mit dem Gesetz zur Neubestimmung des Bleiberechts und **26**
der Aufenthaltsbeendigung v. 27.7.2015[110] eingeführt. Sie dienen ausweislich der Gesetzesbegründung[111] der Umsetzung einerseits europarechtlicher Vorgaben und andererseits
eines Beschlusses des BGH v. 26.6.2014.[112] Gem. Art. 28 Abs. 2 der Dublin III-VO (EU)
Nr. 604/2013 dürfen Drittstaatsangehörige zum Zweck der Sicherstellung von Überstel-
lungsverfahren – abweichend von der Dublin II-VO (EG) Nr. 343/2003 – unter bestimmten Voraussetzungen in Haft genommen werden. Hierzu gehört insbes. die Fluchtgefahr
nach Art. 28 Abs. 2 Buchst. n) der Dublin III-VO (EU) Nr. 604/2013. Nach Auffassung
des BGH hatte es im Zeitpunkt der Entscheidung im innerstaatlichen Recht an einer
vergleichbaren Begriffsbestimmung der „Fluchtgefahr" für die Überstellungshaft gefehlt,
da § 62 Abs. 3 S. 1 Nr. 5 AufenthG aF nur die Abschiebehaft betroffen habe und eine
analoge Anwendung auf die Überstellungshaft wegen des Analogieverbots des Art. 103
Abs. 2 GG nicht zulässig gewesen sei. Diese Lücken sollen die Abs. 14 und 15 schließen. Abs. 14 zählt zunächst eine Reihe von Fluchtgründen auf, wobei Nr. 5a mit dem
Gesetz zur besseren Durchsetzung der Ausreisepflicht v. 2.6.2017[113] eingeführt wurde.
Abs. 15 ordnet sodann an, dass die in Art. 14 genannten Bespiele für eine Fluchtgefahr
auch bei der Auslegung der „Fluchtgefahr" nach Art. 28 Abs. 2 Buchst. n) der Dublin
III-VO (EU) Nr. 604/2013 herangezogen werden sollen.

## 2. Sonstige Grundbegriffe des Aufenthaltsrechts

Im Folgenden werden in Ergänzung zu § 2 AufenthG (Rdnr. 9 ff.) die wichtigsten **27**
ausländerrechtlichen Fachbegriffe erläutert:

* **Abschiebung:** Abschiebung ist die durch behördlichen Zwang durchgesetzte Ausreisepflicht (§ 58 AufenthG).

---

[107] Vgl. den Überblick bei Kluth/Heusch/*Eichenhofer* AufenthG § 2 Rn. 17.1.
[108] BGBl. I S. 3484.
[109] BR-Drs. 97/13, 23.
[110] BGBl. I S. 1386.
[111] BT-Drs. 18/4097, 31 f.
[112] BGH NVwZ 2014, 1397.
[113] BGBl. I S. 2780.

- **Abschiebungshaft:** Abschiebungshaft ist eine von einem Richter der ordentlichen Gerichtsbarkeit angeordnete freiheitsentziehende Maßnahme zur Vorbereitung oder Sicherung einer Ausweisung bzw. Abschiebung (§ 62 AufenthG).
- **Aufenthaltskarte:** Nach § 5 Abs. 1 FreizügG/EU wird Familienangehörigen von EU-Bürgern, die Drittstaatsangehörige oder Drittausländer sind, von Amts wegen eine Aufenthaltserlaubnis-EU erteilt (§ 5 Abs. 2 FreizügG/EU).
- **Aufenthaltstitel:** Aufenthaltstitel ist der Oberbegriff für die in § 4 Abs. 1 AufenthG aufgeführten vier Möglichkeiten eines dokumentierten Aufenthaltsrechts (Visum, Aufenthaltserlaubnis, Blaue Karte EU, ICT-Karte, Mobile ICT-Karte, Niederlassungserlaubnis, Erlaubnis zum Daueraufenthalt-EU).
- **Ausreisepflicht:** Ein Ausländer ist zur Ausreise aus der Bundesrepublik Deutschland verpflichtet, wenn er einen erforderlichen Aufenthaltstitel nicht oder nicht mehr besitzt und ein Aufenthaltsrecht nach dem Assoziationsabkommen EWG/Türkei nicht oder nicht mehr besteht (§ 50 Abs. 1 AufenthG).
- **Ausweisung:** Ausweisung ist die von einer Ausländerbehörde ausgesprochene Anordnung, die Bundesrepublik Deutschland zu verlassen (§§ 53–56 AufenthG).
- **Drittausländer:** Der Begriff des Drittausländers findet sich ua im Schengener Durchführungsübereinkommen (SDÜ) vom 19.6.1990. Es handelt sich hierbei um eine Person, die nicht die Staatsangehörigkeit eines Mitgliedstaates der Europäischen Union besitzt.
- **Drittstaatsangehöriger:** Jede Person, die nicht Unionsbürger iSd Art. 20 Abs. 1 AEUV ist.
- **Duldung:** Duldung ist die zeitweise Aussetzung der zwangsweisen Durchsetzung einer einem Ausländer obliegenden Ausreisepflicht (§ 60a AufenthG). Sie ist kein Aufenthaltstitel. Der **Aufenthalt** eines geduldeten Ausländers ist **nicht rechtmäßig**.
- **Einreisesperre:** Ein Ausländer, der ausgewiesen oder abgeschoben worden ist, darf nicht erneut in das Bundesgebiet einreisen und sich darin aufhalten (§ 11 Abs. 1 AufenthG). § 11 Abs. 1 S. 1 AufenthG erstreckt die Einreisesperre auch auf den Fall der Zurückschiebung. Liegt eine solche Sperre vor, ist es gesetzlich untersagt, einen Aufenthaltstitel selbst dann zu erteilen, wenn die Voraussetzungen für einen Rechtsanspruch auf diesen vorliegen (§ 11 Abs. 1 S. 2 AufenthG).
- **Nationaler Aufenthaltstitel:** Ein nationaler Aufenthaltstitel iSd Schengener Durchführungsübereinkommens ist jede von einer Vertragspartei ausgestellte Erlaubnis gleich welcher Art, die zum Aufenthalt in deren Hoheitsgebiet berechtigt (Art. 1 SDÜ).
- **Nationales Visum:** Dies ist ein Visum für einen Aufenthalt von mehr als drei Monaten, das von jeder Vertragspartei des Schengener Durchführungsübereinkommens nach Maßgabe des nationalen Rechts erteilt wird (Art. 18 SDÜ; § 6 Abs. 4 AufenthG).
- **Niederlassungserlaubnis:** Die Niederlassungserlaubnis (§ 9 AufenthG) begründet – wie die Erlaubnis zum Daueraufenthalt-EU (§ 9a AufenthG) – ein unbefristetes Aufenthaltsrecht. Während der räumliche Geltungsbereich der Niederlassungserlaubnis jedoch auf das Bundesgebiet beschränkt ist, gewährt die Erlaubnis zum Daueraufenthalt-EU in gewissem Umfang auch Freizügigkeit innerhalb der EU. Liegen die Voraussetzungen der Daueraufenthalts-RL 2003/109/EG vor, kann der Inhaber einer Erlaubnis zum Daueraufenthalt-EU auch in einem anderen Mitgliedstaat der EU ein Aufenthaltsrecht erwerben.
- **Unerlaubte Einreise:** Die Einreise eines Ausländers in das Bundesgebiet ist unerlaubt, wenn er einen erforderlichen Aufenthaltstitel oder einen erforderlichen Pass oder Passersatz nicht besitzt oder eine Einreisesperre besteht (§ 14 AufenthG).
- **Visum:** Das Visum wird in § 4 Abs. 1 Nr. 1 AufenthG als eigenständiger Aufenthaltstitel aufgeführt. Die Modalitäten seiner Erteilung sind in § 6 AufenthG geregelt.

- **Zurückschiebung:** Zurückschiebung ist die zwangsweise Durchsetzung der Ausreisepflicht eines Ausländers, der unerlaubt ins Bundesgebiet eingereist ist oder von einem anderen Staat rückgeführt oder zurückgewiesen wird und vollziehbar ausreisepflichtig ist, weil er im Bundesgebiet kein Aufenthaltsrecht besitzt (§ 57 AufenthG).
- **Zurückweisung:** Zurückweisung ist das von den Grenzbehörden ausgesprochene Verbot der Einreise in das Bundesgebiet (§ 15 AufenthG).

# B. Einreise und Aufenthalt im Bundesgebiet

## I. Allgemeines

### 1. Passpflicht (§ 3 AufenthG)

Ausländer, die in das Bundesgebiet einreisen oder sich darin aufhalten wollen, müssen **28** einen anerkannten und gültigen Pass oder Passersatz besitzen, sofern sie von der Passpflicht nicht durch Rechtsverordnung befreit sind (§ 3 Abs. 1 S. 1 AufenthG). Darüber hinaus sieht § 5 Abs. 3 AufenthG unter dort näher genannten Voraussetzungen eine Ausnahme von der Passpflicht vor (→ Rn. 86 ff.). Für den Aufenthalt im Bundesgebiet wird die Passpflicht auch durch den Besitz eines Ausweisersatzes iSd § 48 Abs. 2 AufenthG erfüllt (§ 3 Abs. 1 S. 2 AufenthG). Gem. § 3 Abs. 2 AufenthG kann das Bundesministerium des Innern oder die von ihm bestimmte Stelle in begründeten Einzelfällen vor der Einreise des Ausländers für den Grenzübertritt und einen anschließenden Aufenthalt von bis zu sechs Monaten Ausnahmen von der Passpflicht zulassen.

Weitergehende Vorschriften zur Passpflicht für Ausländer enthalten die §§ 2 bis 14 **29** AufenthV. So erfüllen minderjährige Ausländer, die das 16. Lebensjahr noch nicht vollendet haben, die Passpflicht auch dadurch, dass sie in einem anerkannten gültigen Pass oder Passersatz eines gesetzlichen Vertreters eingetragen sind (§ 2 S. 1 AufenthV). Ab Vollendung des 10. Lebensjahres bedarf es eines eigenen Lichtbildes des Kindes in dem Dokument (§ 2 S. 2 AufenthV).

§ 3 AufenthV regelt die Zulassung **nichtdeutscher** amtlicher Ausweise als Passersatz. **30** Hierzu zählen nach Abs. 3 der Vorschrift die Reiseausweise für Flüchtlinge (Nr. 1) bzw. Staatenlose (Nr. 2), Ausweise für Mitglieder und Bedienstete der Organe der EU (Nr. 3) sowie für Abgeordnete des Europarats (Nr. 4). Schließlich sind die amtlichen Personalausweise der Mitgliedstaaten der EU, des EWR und der Schweiz (Nr. 5) sowie Schülersammellisten (Nr. 6), Flugbesatzungsausweise (Nr. 7) und Binnenschifffahrtsausweise (Nr. 8) anerkannt.

Darüber hinaus kann ein Ausländer der ihm obliegenden Passpflicht auch durch Vorlage **31** eines **deutschen** Passersatzpapiers für Ausländer genügen. Gem. § 4 Abs. 1 S. 1 AufenthV sind dies der Reiseausweis für Ausländer (Nr. 1), der Notreiseausweis (Nr. 2), der Reiseausweis für Flüchtlinge iSd § 1 Abs. 3 AufenthV (Nr. 3), der Reiseausweis für Staatenlose iSd § 1 Abs. 4 AufenthV (Nr. 4), die Schülersammelliste iSd § 1 Abs. 5 AufenthV (Nr. 5), die Bescheinigung über die Wohnsitzverlegung iSd § 43 Abs. 2 AufenthV (Nr. 6) sowie das Standarddokument für die Rückführung iSd § 1 Abs. 8 AufenthV (Nr. 7)[114].

---

[114] Zur Ausstellung von Passersatzpapieren nach S. 1 Nr. 1, 3 und 4 als vorläufige Dokumente vgl. § 4 Abs. 1 S. 2 bis 4 AufenthV. Deren Gültigkeit darf insgesamt ein Jahr nicht überschreiten. Pässe und Reisedokumente, die von den Mitgliedstaaten der Europäischen Union ausgegeben werden, müssen, soweit ihre Gültigkeit mehr als ein Jahr beträgt, gem. Art. 1 Abs. 2 S. 1 VO (EG) Nr. 2252/2004 mit einem Speichermedium versehen werden, das biometrische Merkmale enthält. Die nach § 4 Abs. 1 S. 2 bis 4 ausgestellten vorläufigen Dokumente enthalten ein solches Speichermedium nicht. – § 4 Abs. 2 und 3 AufenthV regelt, unter welchen Voraussetzungen ein Passersatz für Ausländer entzogen werden kann.

**32** 　Einem Ausländer, der nachweislich keinen Pass(ersatz) besitzt und ihn nicht auf zumutbare Weise zu erlangen vermag, kann nach Maßgabe weiterer Bestimmungen ein Reiseausweis für Ausländer ausgestellt werden (§ 5 Abs. 1 AufenthV)[115]. Gem. Abs. 2 gilt es als zumutbar, dass der Antrag auf Erteilung oder Verlängerung eines Pass(ersatzes) bei den zuständigen Behörden im In- und Ausland rechtzeitig gestellt wird (Nr. 1), dass im Rahmen des Verwaltungsverfahrens entsprechend mitgewirkt wird (Nr. 2)[116], dass zumutbarer Weise die Wehrpflicht erfüllt wird (Nr. 3) und dass die für die behördlichen Maßnahmen vom Herkunftsstaat allgemein festgelegten Gebühren bezahlt werden (Nr. 4). Ein Reiseausweis für Ausländer wird idR nicht ausgestellt, wenn der Herkunftsstaat die Ausstellung eines Passes oder Passersatzes aus Gründen verweigert, auf Grund deren auch nach deutschem Passrecht, insbesondere nach § 7 PassG (ua Gefährdung der inneren oder äußeren Sicherheit oder sonstiger erheblicher Belange der Bundesrepublik Deutschland, Entziehen der Strafverfolgung oder -vollstreckung, Verstöße gegen das Betäubungsmittelgesetz oder das Zoll-, Monopol- und Außenwirtschaftsrecht, Entziehen der Unterhaltspflicht sowie des Wehr- oder Zivildienstes, unterlassene oder unzureichende Mitwirkung), der Pass versagt oder sonst die Ausstellung verweigert werden kann (§ 5 Abs. 3 AufenthV).

**33** 　Ein Reiseausweis für Ausländer soll nicht ausgestellt werden, wenn der Ausländer bereits einen solchen missbräuchlich verwendet hat oder tatsächliche Anhaltspunkte dafür vorliegen, dass der Ausweis missbräuchlich verwendet werden soll (§ 5 Abs. 4 S. 1 AufenthV)[117]. Der Reiseausweis für Ausländer darf, soweit dies zulässig ist[118], nur verlängert werden, wenn die Ausstellungsvoraussetzungen weiterhin vorliegen (§ 5 Abs. 5 AufenthV)[119].

**34** 　Gem. § 6 S. 1 AufenthV darf ein Reiseausweis für Ausländer **im Inland** nach Maßgabe des § 5 AufenthV ausgestellt werden, wenn der Ausländer eine Aufenthalts-, Niederlassungserlaubnis oder Erlaubnis zum Daueraufenthalt-EU besitzt (Nr. 1) oder wenn dem Ausländer ein solcher Aufenthaltstitel erteilt wird, sobald er als Inhaber des Reiseausweises die Passpflicht erfüllt (Nr. 2)[120]. Darüber hinaus darf der Ausweis ausgestellt werden, um dem Ausländer die endgültige Ausreise aus dem Bundesgebiet zu ermöglichen (Nr. 3) oder wenn der Ausländer Asylbewerber ist, für die Ausstellung des Dokuments ein dringendes öffentliches Bedürfnis besteht, zwingende Gründe es erfordern oder die Versagung des Reiseausweises eine unbillige Härte bedeuten würde und die Durchführung des Asylverfahrens nicht gefährdet wird (Nr. 4). § 6 S. 2 AufenthV räumt im Übrigen der ausstellenden Behörde die Befugnis ein, unter bestimmten Voraussetzungen Ausnahmen zuzulassen.

**35** 　Gem. § 7 Abs. 1 AufenthV darf ein Reiseausweis für Ausländer **im Ausland** nach Maßgabe des § 5 AufenthV ausgestellt werden, um einer ausländischen Person die Ein-

---

[115] Vgl. zB OVG Hamburg InfAuslR 2012, 217 = ZAR 2012, 201 Ls. = BeckRS 2012, 48821; OVG Lüneburg Urt. v. 25.3.2014 – 2 LB 337/12 BeckRS 2014, 50008. – Zum Anspruch subsidiär Schutzberechtigter auf Ausstellung eines Reiseausweises für Ausländer vgl. VGH München NVwZ 2016, 1501.

[116] In diesem Zusammenhang wird ua auf die vergleichbaren Mitwirkungspflichten der §§ 6 und 15 PassG hingewiesen. Vgl. auch die Mitwirkungspflichten nach § 82 AufenthG (→ Rn. 1387 ff.).

[117] § 5 Abs. 4 S. 2 und 3 AufenthV bestimmt näher, wann ein entsprechender Missbrauch vorliegt.

[118] Vgl. → Rn. 32 f.

[119] Vgl. dazu VGH München Urt. v. 15.6.2007 – 19 B 06.260 BeckRS 2007, 29919. – Zum Anspruch auf Ausstellung bzw. Verlängerung von Internationalen Reiseausweisen für Flüchtlinge an jüdische Emigranten aus der ehemaligen Sowjetunion vgl. VG Osnabrück Urt. v. 10.7.2006 – 5 A 53/06. Zum Reiseausweis für Flüchtlinge vgl. ferner BVerwG NVwZ 2013, 1173 Ls. = BeckRS 2013, 52672.

[120] Vgl. in diesem Zusammenhang auch OVG Lüneburg Beschl. v. 17.2.2005 – 11 PA 345/04 BeckRS 2005, 26091; VG Augsburg Urt. v. 21.3.2006 – Au 1 K 05.919 BeckRS 2006, 32978.

reise in das Bundesgebiet zu ermöglichen, sofern die Voraussetzungen für die Erteilung eines hierfür erforderlichen Aufenthaltstitels vorliegen. § 7 Abs. 2 AufenthV räumt ferner die Möglichkeit ein, nach Maßgabe des § 5 AufenthV einen Reiseausweis für Ausländer einem in § 28 Abs. 1 S. 1 Nr. 1 bis 3 AufenthG bezeichneten ausländischen Familienangehörigen (Ehegatte eines Deutschen, minderjähriges lediges Kind eines Deutschen, sorgeberechtigter ausländischer Elternteil eines minderjährigen ledigen Deutschen) oder dem Lebenspartner eines Deutschen zu erteilen, wenn dieser im Ausland mit dem Deutschen in familiärer Lebensgemeinschaft lebt.

§ 8 AufenthV regelt die Gültigkeitsdauer des Reiseausweises für Ausländer und § 9 **36** AufenthV den räumlichen Geltungsbereich. § 10 AufenthV ermöglicht sonstige Beschränkungen und schließlich normiert § 11 AufenthV das Verfahren der Ausstellung oder Verlängerung des Reiseausweises.

## 2. Erfordernis eines Aufenthaltstitels (§ 4 AufenthG)

Ausländer bedürfen für die Einreise und den Aufenthalt im Bundesgebiet eines Auf- **37** enthaltstitels, sofern nicht durch Recht der Europäischen Union oder durch Rechtsverordnung etwas anderes bestimmt ist oder auf Grund des Abkommens zur Gründung einer Assoziation zwischen der Europäischen Wirtschaftsgemeinschaft und der Türkei vom 12.9.1963 ein Aufenthaltsrecht besteht (§ 4 Abs. 1 S. 1 AufenthG). Ein Ausländer, dem nach diesem Abkommen ein Aufenthaltsrecht zusteht, ist verpflichtet, durch den Besitz einer Aufenthaltserlaubnis nachzuweisen, dass ein entsprechendes Aufenthaltsrecht besteht (§ 4 Abs. 5 S. 1 AufenthG). Dies gilt jedoch nicht, wenn ein Ausländer eine Niederlassungserlaubnis (§ 9 AufenthG) oder eine Erlaubnis zum Daueraufenthalt-EU (§ 9a AufenthG) besitzt (§ 4 Abs. 5 S. 1 AufenthG).

Die Aufenthaltstitel werden gem. § 4 Abs. 1 S. 2 AufenthG erteilt als: **38**
1. Visum iSd § 6 Abs. 1 Nr. 1 und Abs. 3 AufenthG,
2. Aufenthaltserlaubnis (§ 7 AufenthG),
3. Blaue Karte EU (§ 19a AufenthG),
4. ICT-Karte (§ 19b AufenthG),
5. Mobiler ICT-Karte (§ 19d AufenthG),
6. Niederlassungserlaubnis (§ 9 AufenthG) oder
7. Erlaubnis zum Daueraufenthalt-EU (§ 9a AufenthG).

Die für die Aufenthaltserlaubnis geltenden Rechtsvorschriften werden auch auf die **39** Blaue Karte EU, die ICT-Karte und die Mobiler ICT-Karte angewandt, sofern durch Gesetz oder Rechtsverordnung nichts anderes bestimmt ist (§ 4 Abs. 1 S. 3 AufenthG).

Mit dem Gesetz zur Umsetzung aufenthaltsrechtlicher Richtlinien der EU zur Arbeits- **40** migration vom 12.5.2017[121] bedarf es für folgende Aufenthaltszwecke keines Aufenthaltstitels nach § § 4 Abs. 1 AufenthG, wenn die in der jeweiligen Norm aufgeführten Voraussetzungen erfüllt sind:
- Mobilität im Rahmen eines Studiums nach § 16a AufenthG (→ Rn. 232).
- Kurzfristige Mobilität für unternehmensintern transferierte Arbeitnehmer nach § 19c AufenthG (→ Rn. 347 f.).
- Kurzfristige Mobilität als Forscher nach § 20a AufenthG (→ Rn. 374).

Die Niederlassungserlaubnis ist ein unbefristeter Aufenthaltstitel, der nach Maßgabe **41** des § 9 Abs. 2 AufenthG ua nach einem durch eine Aufenthaltserlaubnis gesicherten rechtmäßigen Aufenthalt von mindestens fünf Jahren erteilt wird. Die Erteilung einer Niederlassungserlaubnis für Hochqualifizierte, die bereits für die Einreise und den anschließenden Aufenthalt erteilt werden kann, ohne dass eine Anwartschaftszeit zu erfül-

---

[121] BGBl. I S. 1106.

len ist, regelt § 19 AufenthG (→ 318 ff.). Entsprechendes gilt für die Blaue Karte EU nach § 19a AufenthG. Die Erlaubnis zum Daueraufenthalt-EU (§§ 9a bis 9c AufenthG) verbürgt einen der Niederlassungserlaubnis entsprechenden aufenthaltsrechtlichen Status (→ Rn. 958 ff.).

**42**    Die in der ausländerrechtlichen Praxis häufig anzutreffende **Duldung** (§ 60a AufenthG → Rn. 1191 ff.) ist hingegen **kein Aufenthaltstitel** iSd § 4 Abs. 1 AufenthG. Vielmehr dokumentiert sie, dass die zwangsweise Durchsetzung einer einem Ausländer obliegenden Ausreisepflicht zeitweise ausgesetzt ist. Der **Aufenthalt** eines geduldeten Ausländers ist somit **nicht rechtmäßig**.

**43**    Staatsangehörige bestimmter Staaten, u a Albanien, Australien, Bosnien und Herzegowina, Brasilien, Israel, Japan, Kanada, Mexiko, ehemalige jugoslawische Republik Mazedonien, Montenegro, Neuseeland und die USA, sind für die Einreise und den Aufenthalt **im Bundesgebiet**, auch bei Überschreiten der zeitlichen Grenze eines Kurzaufenthalts von 90 Tagen je Zeitraum von 180 Tagen (vgl. Art. 1 Abs. 2 VO [EG] Nr. 539/2001 zur Aufstellung der Liste der Drittländer, deren Staatsangehörige beim Überschreiten der Außengrenze im Besitz eines Visums sein müssen, sowie die Liste der Drittländer, deren Staatsangehörige von dieser Visumpflicht befreit sind, vom 15.3.2001[122] idF vom 15.5.2014[123] iVm §§ 1 Abs. 2, 15, 16 und 41 AufenthV) vom Erfordernis eines Aufenthaltstitels, somit auch eines Visums, befreit (vgl. Anl. A zu § 16 AufenthV). Für die Einreise und den Kurzaufenthalt sind jedoch die Staatsangehörigen der in der VO (EG) Nr. 539/2001 genannten Staaten vom Erfordernis eines Aufenthaltstitels nicht befreit, sofern sie im Bundesgebiet eine Erwerbstätigkeit auszuüben beabsichtigen (§ 17 Abs. 1 AufenthV). Staatsangehörige aus Australien, Israel, Japan, Kanada, Neuseeland und den USA können jedoch auch im Falle einer Erwerbstätigkeit den erforderlichen Aufenthaltstitel **nach** der Einreise **im** Bundesgebiet einholen (§ 41 Abs. 1 AufenthV)[124].

**44**    Ein Aufenthaltstitel nach § 4 Abs. 1 AufenthG berechtigt dazu, eine Erwerbstätigkeit (§ 2 Abs. 2 AufenthG → Rn. 11 ff.) auszuüben, sofern dies nach dem Aufenthaltsgesetz bestimmt ist oder der Aufenthaltstitel die Ausübung einer Erwerbstätigkeit ausdrücklich erlaubt (§ 4 Abs. 2 S. 1 AufenthG). Jeder Aufenthaltstitel muss erkennen lassen, ob es erlaubt ist, eine Erwerbstätigkeit auszuüben (§ 4 Abs. 2 S. 2 AufenthG). Einem Ausländer, der keine Aufenthaltserlaubnis zum Zweck der Beschäftigung besitzt, kann die Ausübung der Beschäftigung nur erlaubt werden, wenn die Bundesagentur für Arbeit zugestimmt hat oder durch eine Rechtsverordnung bestimmt ist, dass die Ausübung der Beschäftigung zulässig ist, ohne dass die Bundesagentur für Arbeit zustimmt (§ 4 Abs. 2 S. 3 AufenthG). Beschränkungen, die die Bundesagentur für Arbeit bei der Erteilung einer Zustimmung vorgenommen hat, sind in den Aufenthaltstitel zu übernehmen (§ 4 Abs. 2 S. 4 AufenthG).

**45**    Ausländer dürfen eine Erwerbstätigkeit nur ausüben, wenn der Aufenthaltstitel sie dazu berechtigt (§ 4 Abs. 3 S. 1 AufenthG). Darüber hinaus dürfen Ausländer nur beschäftigt oder mit anderen entgeltlichen Dienst- oder Werkleistungen beauftragt werden, wenn sie einen solchen Aufenthaltstitel besitzen (§ 4 Abs. 3 S. 2 AufenthG). Dies gilt jedoch nicht für Saisonbeschäftigungen, wenn der Ausländer eine Arbeitserlaubnis zum Zweck der Saisonbeschäftigung besitzt, oder für andere Erwerbstätigkeiten, wenn dem Ausländer auf Grund einer zwischenstaatlichen Vereinbarung, eines Gesetzes oder einer Rechtsverordnung die Erwerbstätigkeit gestattet ist, ohne dass er hierzu durch einen Aufenthaltstitel berechtigt sein muss (§ 4 Abs. 3 S. 3 AufenthG). Wer im Bundesgebiet

---

[122] ABl. Nr. L 141 S. 3.
[123] ABl. Nr. L 149 S. 67.
[124] Zu Vergünstigungen für weitere Staaten vgl. auch § 41 Abs. 2 AufenthV.

einen Ausländer beschäftigt oder mit nachhaltigen entgeltlichen Dienst- oder Werksleistungen beauftragt, die der Ausländer auf Gewinnerzielung gerichtet ausübt, muss prüfen, ob die Voraussetzungen nach S. 2 oder 3 vorliegen (§ 4 Abs. 3 S. 4 AufenthG). Darüber hinaus muss derjenige, der im Bundesgebiet einen Ausländer beschäftigt, für die Dauer der Beschäftigung eine Kopie des Aufenthaltstitels, der Arbeitserlaubnis zum Zweck der Saisonbeschäftigung oder der Bescheinigung über die Aufenthaltsgestattung oder über die Aussetzung der Abschiebung des Ausländers in elektronischer Form oder in Papierform aufbewahren (§ 4 Abs. 3 S. 5 AufenthG).

## II. Einreise

### 1. Grenzübertritt (§ 13 AufenthG)

Die Einreise in das Bundesgebiet und die Ausreise aus diesem sind nur an den zugelas- **46** senen Grenzübergangsstellen und innerhalb der festgesetzten Verkehrsstunden zulässig, soweit nicht auf Grund anderer Rechtsvorschriften oder zwischenstaatlicher Vereinbarungen Ausnahmen zugelassen sind (§ 13 Abs. 1 S. 1 AufenthG)[125]. Ausländer sind verpflichtet, bei der Einreise und der Ausreise einen anerkannten und gültigen Pass (ersatz) gem. § 3 AufenthG (→ Rn. 28 ff.) mitzuführen und sich der polizeilichen Kontrolle des grenzüberschreitenden Verkehrs zu unterziehen (§ 13 Abs. 1 S. 2 AufenthG)[126]. Ein Verstoß gegen diese Vorschriften kann als Ordnungswidrigkeit nach § 98 Abs. 2 Nr. 2 bzw. Abs. 3 Nr. 3 AufenthG geahndet werden. An einer zugelassenen Grenzübergangsstelle ist ein Ausländer erst eingereist, wenn er die Grenze überschritten und die (ggf. auch im Inland liegende) Grenzübergangsstelle passiert hat (§ 13 Abs. 2 S. 1 AufenthG). Im Übrigen ist ein Ausländer eingereist, wenn er die Grenze überschritten hat (§ 13 Abs. 2 S. 3 AufenthG).

Lassen die mit der polizeilichen Kontrolle des grenzüberschreitenden Verkehrs be- **47** auftragten Behörden einen Ausländer vor der Entscheidung über die Zurückweisung (§ 15 AufenthG → Rn. 49 ff., §§ 18, 18a AsylG) oder während der Vorbereitung, Sicherung oder Durchführung einer solchen Maßnahme die Grenzübergangsstelle zu einem bestimmten vorübergehenden Zweck passieren, liegt keine Einreise iSd Satzes 1 vor, **solange** eine Kontrolle des Aufenthalts des Ausländers möglich bleibt (§ 13 Abs. 2 S. 1 AufenthG). Ein solcher vorübergehender Zweck ist zB im Falle einer Krankenhauseinweisung oder sonstigen nur im Inland möglichen medizinischen Versorgung, einer Vorführung vor einer Auslandsvertretung, einer Einweisung in eine Justizvollzugsanstalt oÄ gegeben (Nr. 13.2.1.1 AVV-AufenthG). Erforderlich ist, dass sich die ausländische Person im Inland nicht frei bewegen kann, sondern ihre Freizügigkeit und Bewegungsfreiheit steter Kontrolle unterliegt. Es genügt, wenn diese Kontrolle von einer anderen Behörde als der Bundespolizei ausgeübt wird (Nr. 13.2.1.2 AVV-AufenthG).

### 2. Unerlaubte Einreise und Ausnahmevisum (§ 14 AufenthG)

Die Einreise eines Ausländers in das Bundesgebiet ist gem. § 14 Abs. 1 AufenthG **48** unerlaubt, wenn er einen erforderlichen Pass oder Passersatz gem. § 3 Abs. 1 (→ Rn. 28 ff.) nicht besitzt (Nr. 1), den nach § 4 erforderlichen Aufenthaltstitel

---

[125] Vgl. hierzu und zum Folgenden *Westphal/Stoppa* S. 458 ff.
[126] Zu polizeilichen Personenkontrollen unter Verstoß gegen das Diskriminierungsverbot vgl. OVG Koblenz NJW 2016, 2820; dazu *Liebscher* NJW 2016, 2779 u. *Alter* NVwZ 2015, 1567.

(→ Rn. 37 ff.) nicht besitzt (Nr. 2)[127], zwar ein nach § 4 AufenthG erforderliches Visum bei der Einreise besitzt, dieses aber durch Drohung, Bestechung, oder Kollusion erwirkt oder durch unrichtige oder unvollständige Angaben erschlichen wurde und deshalb mit Wirkung für die Vergangenheit zurückgenommen oder annulliert wird (Nr. 2a) oder nach § 11 Abs. 1, 6 oder 7 AufenthG nicht einreisen darf, es sei denn, er besitzt eine Betretenserlaubnis nach § 11 Abs. 2 (Nr. 3). § 14 Abs. 2 AufenthG räumt den mit der polizeilichen Kontrolle des grenzüberschreitenden Verkehrs beauftragten Behörden die Befugnis ein, Ausnahme-Visa und Passersatzpapiere auszustellen.

## 3. Zurückweisung (§ 15 AufenthG)

49 § 15 AufenthG regelt die Zurückweisung von Ausländern. Er gilt nicht für Personen, die unter den Anwendungsbereich des § 1 FreizügG/EU fallen (Nr. 15.0.2 AVV-AufenthG). Dies sind Unionsbürger und ihre gegebenenfalls auch aus einem Drittstaat stammenden Familienangehörigen, ferner EWR-Bürger aus Island, Norwegen und Liechtenstein und schließlich auch schweizerische Staatsangehörige auf Grund des Freizügigkeitsabkommens EG-Schweiz. Ihnen gegenüber kann jedoch gem. § 6 Abs. 1 S. 2 FreizügG/EU die Einreise verweigert werden, wenn die zuständige Ausländerbehörde das Nichtbestehen oder den Verlust des Freizügigkeitsrechts gem. § 6 Abs. 1 S. 1 FreizügG/ EU festgestellt hat (→ Rn. 1547 ff.). Assoziationsrechtlich begünstigte türkische Staatsangehörige (→ Rn. 1595 ff.) sind hingegen von der Anwendung des § 15 AufenthG nicht ausgeschlossen. Sofern eine Zurückweisung nach Maßgabe dieser Vorschrift erwogen wird, ist jedoch ihr rechtlicher Sonderstatus in die Entscheidungsfindung einzubeziehen.

50 Ein Ausländer, der unerlaubt ins Bundesgebiet einreisen will (→ Rn. 48) **wird** an der Grenze zurückgewiesen, dh es wird ihm zwingend die Einreise verweigert (§ 15 Abs. 1 AufenthG). Auf entsprechenden Antrag hin hat die mit der Grenzkontrolle betraute Behörde jedoch zu prüfen, ob einem Ausländer, der der ihm obliegenden Passpflicht nicht nachkommen kann und/oder nicht im Besitz eines erforderlichen Aufenthaltstitels ist, ein Ausnahmevisum oder ein Notreiseausweis erteilt werden kann (Nr. 15.1.1 AVV-AufenthG).

51 Darüber hinaus **kann** ein Ausländer an der Grenze zurückgewiesen werden, wenn ein Ausweisungsinteresse (→ Rn. 67 ff.) besteht (§ 15 Abs. 2 Nr. 1 AufenthG). Liegt ein Ausweisungsinteresse vor, ist es nicht erforderlich, dass die Ausländerbehörde berechtigt wäre, gegenüber dem Betroffenen im Einzelfall eine rechtmäßige Ausweisungsverfügung unter Berücksichtigung von Bleibeinteressen gem. § 53 ff. AufenthG (→ Rn. 1079 ff.) zu erlassen (Nr. 15.2.1.0 AVV-AufenthG). Im Rahmen des neuen Ausweisungsrechts steht den Ausländerbehörden kein Ermessen zu. Bei Ausländern, die mit einem Visum einreisen wollen, ist die Entscheidung der Auslandsvertretung zu beachten. Dies gilt grundsätzlich auch dann, wenn das Visum in Kenntnis des Fehlens von Erteilungsvoraussetzungen des § 5 Abs. 1 und 2 AufenthG erteilt worden ist (vgl. Nr. 15.2.1.1 AVV-AufenthG). Liegen hingegen konkrete Anhaltspunkte vor, dass ein Ausweisungsinteresse iSd § 5 Abs. 4 S. 1 iVm § 54 Nr. 2 oder Nr. 4 AufenthG (Terrorismusverdacht; Gefährdung der freiheitlichen demokratischen Grundordnung oder der Sicherheit der Bundesrepublik Deutschland, Gewaltbereitschaft etc) erfüllt ist, ist die Grenzbehörde idR trotz Vorhandenseins eines Visums berechtigt, die betroffene Person zurückzuweisen. Eine solche Verpflichtung folgt aus Art. 6 Abs. 1 Buchst. e) S. 1 VO (EU) 2016/399 (SchGKX), wonach einem Drittausländer u a die Einreise zu verweigern ist, wenn er eine Gefahr für

---

[127] Eine visumfreie Einreise ist jedoch nur dann als erlaubt iSd § 14 I Nr. 2 AufenthG anzusehen, wenn der beabsichtigte Aufenthaltszweck nur auf einen Kurzaufenthalt iSd Art. 1 II EG-Visa-VO gerichtet ist (VGH Kassel Beschl. v. 20.10.2016 – 7 B 2174/16 BeckRS 2016, 55440). – Zum unerlaubten Grenzübertritt iSd Art. 12 Abs. 1 S. 2 VO (EU) 2016/399 (SchGKX) vgl. jetzt auch EuGH Urt. v. 26.7.2017 – C-646/16 BeckRS 2017, 118287 Rn. 68 ff. = NVwZ 2017, 1357 – Jafari.

die öffentliche Ordnung, die nationale Sicherheit oder die internationalen Beziehungen einer der Vertragsparteien darstellt.

Gem. § 15 Abs. 2 Nr. 2 AufenthG kann ein Ausländer an der Grenze zurückgewiesen **52** werden, wenn der begründete Verdacht besteht, dass der Aufenthalt nicht dem angegebenen Zweck dient. Bloße Vermutungen reichen nicht aus, vielmehr müssen konkrete Anhaltspunkte vorliegen, die den Verdacht einer Zweckänderung oder -verfehlung stützen, zB aussagekräftige Hinweise darauf, dass statt eines Aufenthalts zu reinen Besuchszwecken die Aufnahme einer Erwerbstätigkeit beabsichtigt ist. Es muss sich um einen ausländerrechtlich erheblichen Zweckwechsel handeln. Dies ist zB der Fall, wenn das Visum wegen des beabsichtigten Aufenthaltszwecks der Zustimmung der Ausländerbehörde bedurft hätte, das Visum aber ohne deren Zustimmung erteilt worden ist (Nr. 15.2.2.1 AVV-AufenthG). In diesem Zusammenhang ist jedoch zu berücksichtigen, dass zB nach § 6 Abs. 2 AufenthG ein Schengen-Visum für Kurzaufenthalte unter bestimmten Voraussetzungen für bis zu weitere 90 Tage verlängert werden kann. Nach Nr. 15.2.2.0 AVV-AufenthG ist eine Zurückweisung auch zulässig, wenn der Ausländer den abweichenden Zweck in einem anderen Schengen-Staat verwirklichen will. Dies steht im Einklang mit Art. 5 Abs. 1 SchGKX.

Nach § 15 Abs. 2 Nr. 2a AufenthG kann ein Ausländer an der Grenze zurückgewiesen **53** werden, wenn er nur über ein Schengen-Visum (zum Schengen-Visum → Rn. 21) verfügt oder für einen kurzfristigen Aufenthalt von der Visumpflicht befreit ist und beabsichtigt, entgegen § 4 Abs. 3 S. 1 AufenthG eine Erwerbstätigkeit auszuüben. Der Gesetzgeber hat es für erforderlich gehalten, eine solche Regelung mit dem Richtlinienumsetzungsgesetz vom 19.8.2007[128] in das Aufenthaltsgesetz aufzunehmen, nachdem der BGH mit Urteil vom 27.4.2005[129] entschieden hatte, dass sich ein Ausländer nicht iSd § 95 Abs. 1 Nr. 2 AufenthG ohne den erforderlichen Aufenthaltstitel im Bundesgebiet aufhält, wenn er mit einem für touristische Aufenthalte ausgestellten Visum in das Bundesgebiet einreist und sich darin aufhält, um unerlaubt eine Erwerbstätigkeit auszuüben. Vielmehr sei sein Visum wirksam und sein Aufenthalt erlaubt, auch wenn er diesen rechtsmissbräuchlich nutze[130]. Ergänzend wird in den Gesetzgebungsmaterialien darauf verwiesen, dass § 15 Abs. 2 Nr. 2 AufenthG einen solchen Sachverhalt nicht hinreichend abdecke[131].

Gem. § 15 Abs. 2 Nr. 3 AufenthG kann ein Ausländer zurückgewiesen werden, wenn **54** er die Voraussetzungen für die Einreise in das Hoheitsgebiet der Vertragsstaaten des Schengener Grenzkodex nach Art. 5 SchGKX (jetzt Art. 6 SchGKX)[132] nicht erfüllt. Nach Art. 6 Abs. 1 Buchst. a) SchGKX, der die Gestattung der Einreise für einen Aufenthalt von bis zu 90 Tagen je Zeitraum von 180 Tagen regelt, ist es erforderlich, dass der Ausländer im Besitz eines mindestens noch drei Monate nach der geplanten Ausreise aus dem Unionsgebiet gültigen Reisedokuments ist, das ihn zum Überschreiten der Grenze berechtigt. Ferner muss er, soweit erforderlich, auch im Besitz eines gültigen Sichtvermerks sein (Buchst. b) ist. Darüber hinaus muss er nach Buchst. c) gegebenenfalls die Dokumente vorzeigen, die seinen Aufenthaltszweck und die Umstände seines Aufenthalts belegen und über ausreichende Mittel zum Bestreiten des Lebensunterhalts sowohl für die Dauer des Aufenthalts als auch für die Rückreise in den Herkunftsstaat oder für die Durchreise in einen Drittstaat, in dem seine Zulassung gewährleistet ist, verfügen (vgl.

---

[128] BGBl. I S. 1970.

[129] BGHSt 50, 105 = NJW 2005, 2095.

[130] BT-Drs. 16/5065, S. 164.

[131] BT-Drs. 16/5065, S. 164. – Parallel dazu wurde der neue Straftatbestand des 95 Abs. 1a AufenthG in das Gesetz aufgenommen.

[132] Der Gesetzgeber hat bislang nicht darauf reagiert, dass nach Inkrafttreten der VO (EU) 2016, 399 die Gründe für eine Versagung der Einreise in Art. 6 SchGKX geregelt sind.

§ 68 AufenthG → Rn. 1350 ff.)[133] oder in der Lage sein, diese Mittel auf legale Weise zu erwerben (Buchst. c). Schließlich darf er nicht zur Einreiseverweigerung im Schengener Informationssystem (SIS) ausgeschrieben sein (Buchst. d) und er darf keine Gefahr für die öffentliche Ordnung[134], die nationale Sicherheit oder die internationalen Beziehungen einer der Vertragsparteien darstellen (Buchst. e). Ausnahmen von den Voraussetzungen des Abs. 1 sind nach Art. 6 Abs. 5 Buchst. c) SchGKX möglich, wenn es eine Vertragspartei aus humanitären Gründen oder aus Gründen des nationalen Interesses oder auf Grund internationaler Verpflichtungen für erforderlich hält, von der strikten Einhaltung der Einreisebestimmungen abzusehen (Buchst. c)[135]. Solche Gründe sind gegebenenfalls im Rahmen der Ermessensbetätigung nach § 15 Abs. 2 Nr. 3 AufenthG zu berücksichtigen. Gestattet die Grenzbehörde die Einreise, so wird in diesen Fällen die Zulassung auf das Bundesgebiet (bzw. auf das Gebiet der betreffenden Vertragspartei) beschränkt.

**55**     Gem. § 15 Abs. 3 AufenthG kann ein Ausländer, der für einen vorübergehenden Aufenthalt im Bundesgebiet vom Erfordernis eines Aufenthaltstitels befreit ist (→ Rn. 40 und 43), zurückgewiesen werden, wenn er die Voraussetzungen des § 3 Abs. 1 AufenthG (Passpflicht → Rn. 28 ff.) und des § 5 Abs. 1 AufenthG (Allgemeine Erteilungsvoraussetzungen für einen Aufenthaltstitel → Rn. 62 ff.) nicht erfüllt.

**56**     Eine Zurückweisung in einen bestimmten Staat ist untersagt, sofern die Voraussetzungen für ein Verbot der Abschiebung vorliegen. Diesbezüglich ist § 60 Abs. 1 bis 3, 5 und 7 bis 9 AufenthG (→ Rn. 1838 ff.) entsprechend anzuwenden (§ 15 Abs. 4 S. 1 AufenthG). Ein Ausländer, der einen Asylantrag gestellt hat, darf nicht zurückgewiesen werden, solange ihm der Aufenthalt im Bundesgebiet nach den Vorschriften des Asylgesetzes gestattet ist (§ 15 Abs. 4 S. 2 AufenthG). Gem. § 55 Abs. 1 S. 1 AsylG ist der Aufenthalt eines Asylsuchenden nicht erst dann gestattet, wenn der Asylantrag beim Bundesamt für Migration und Flüchtlinge förmlich gestellt worden ist, sondern mit der Ausstellung einer Bescheinigung über die Meldung als Asylsuchender (Ankunftsnachweis – BÜMA) gem. § 63a AsylG durch die zuständige Aufnahmeeinrichtung (→ Rn. 1748). Stellt ein Ausländer nach Eintreffen auf dem Luftweg im Rahmen eines Flughafenverfahrens nach § 18a AsylG einen Asylantrag, so ist seine Zurückweisung bis zur Entscheidung der Außenstelle des Bundesamtes für Migration und Flüchtlinge (zunächst) untersagt. Unbenommen hiervor bleibt jedoch eine Einreiseverweigerung nach § 18 Abs. 2 AsylG. Die Grenzbehörde hat stets zu prüfen, ob die individuellen Voraussetzungen für ein Verbot der Zurückweisung nach § 15 Abs. 4 S. 1 und 2 AufenthG vorliegen.

**57**     Nach § 15 Abs. 5 S. 1 AufenthG soll ein Ausländer zur Sicherung seiner Zurückweisung (zur Zurückschiebung iSd § 57 AufenthG vgl. Begriffsbestimmung → Rn. 27 sowie die Ausführungen → Rn. 1134 ff.) auf richterliche Anordnung in Haft (Zurückweisungshaft) genommen werden, wenn eine Zurückweisungsentscheidung ergangen ist und diese nicht unmittelbar vollzogen werden kann. Die Anordnung von Zurückweisungshaft ist somit als Regelfall vorgesehen und **nicht** davon abhängig, dass die Voraus-

---

[133] Vgl. auch Art. 6 Abs. 4 SchGKX: „Die Mittel zur Bestreitung des Lebensunterhalts werden nach der Dauer und dem Zweck des Aufenthalts und unter Zugrundelegung der Ausgaben für Unterkunft und Verpflegung in dem/den betreffenden Mitgliedstaat(en) nach Maßgabe eines mittleren Preisniveaus für preisgünstige Unterkünfte bewertet, die um die Zahl der Aufenthaltstage multipliziert werden. (…) Die Feststellung ausreichender Mittel zur Bestreitung des Lebensunterhalts kann anhand von Bargeld, Reiseschecks und Kreditkarten erfolgen, die sich im Besitz des Drittstaatsangehörigen befinden." Nach nationalem Recht zulässige Verpflichtungserklärungen oder Bürgschaften eines Gastgebers können den erforderlichen Nachweis erbringen.
[134] Vgl. in diesem Zusammenhang OVG Berlin-Brandenburg NVwZ 2015, 1308 – „Russische Nachtwölfe".
[135] Die Buchst. a) und b) des Art. 6 Abs. 5 SchGKX betreffen bestimmte Fälle der Durchreise in einen anderen Mitgliedstaat oder die Erteilung eines Visums an der Grenze.

setzungen für das Anordnen einer Abschiebungshaft nach § 62 Abs. 3 AufenthG (→ Rn. 1274 ff.) erfüllt sind[136]. Trotz dieser gesetzlichen Verschärfung ist mit der auch verfassungsrechtlich begründeten staatlichen Verpflichtung zur Wahrung des Kindeswohls und zur besonderen Fürsorge für Minderjährige diesem Personenkreis gegenüber idR von einer Anordnung von Zurückweisungshaft abzusehen[137].

Zurückweisungshaft kann bis zu sechs Monate angeordnet werden. Sofern ein Ausländer seine Zurückweisung verhindert, etwa indem er sich entgegen der aus § 48 Abs. 3 AufenthG resultierenden Pflicht weigert, an der Beschaffung eines Identitätspapiers oder anderer Urkunden und Unterlagen mitzuwirken, kann sie um höchstens zwölf Monate verlängert werden (§ 15 Abs. 5 S. 2 iVm § 62 Abs. 4 AufenthG). Die Anordnung von Zurückweisungshaft bedarf einer richterlichen Anordnung. Lehnt das angerufene Gericht es ab, Zurückweisungshaft anzuordnen oder zu verlängern, ist eine Zurückweisung nach § 15 Abs. 1 AufenthG ausgeschlossen (§ 15 Abs. 5 S. 3 AufenthG). Im Rahmen dieses Haftverfahrens ist auch zu prüfen, ob die Aufrechterhaltung von Zurückweisungshaft noch verhältnismäßig ist[138]. Ergibt sich substantiiert aus einer fachärztlichen Stellungnahme, dass die ständige Überwachung eines Ausländers, dem gegenüber Zurückweisungshaft angeordnet worden war und der in ein im Inland liegendes Krankenhaus verbracht wurde, diesem gesundheitlichen Schaden zufüge und mit einer unabsehbaren Verlängerung der stationären Behandlung zu rechnen sei, ist die Haftanordnung aufzuheben[139] mit der Folge, dass dem Betroffenen die Einreise zu gestatten ist.

Sofern ein Ausländer auf dem Luftweg in das Bundesgebiet gelangt und nicht nach § 13 Abs. 2 AufenthG einreist (→ 46), sondern zurückgewiesen worden ist, aber Zurückweisungshaft nicht beantragt wird, ist er in den Transitbereich eines Flughafens oder in eine Unterkunft zu verbringen, von wo aus eine Abreise aus dem Bundesgebiet möglich ist (§ 15 Abs. 6 S. 1 AufenthG). Verlässt ein zurückgewiesener Ausländer den Transitbereich und wird er in einer solchen Unterkunft auch außerhalb des Flughafengeländes untergebracht, liegt eine Einreise iSd § 13 Abs. 2 S. 1 AufenthG nicht vor, sofern er weiterhin der Aufsicht der mit der polizeilichen Kontrolle des grenzüberschreitenden Verkehrs beauftragten Behörden unterliegt (§ 13 Abs. 2 S. 2 AufenthG → Rn. 47). Der Aufenthalt eines Ausländers im Transitbereich eines Flughafens oder in einer Unterkunft nach § 15 Abs. 6 S. 1 AufenthG bedarf spätestens dreißig Tage nach der Ankunft am Flughafen oder, sollte deren Zeitpunkt nicht feststellbar sein, nach Kenntnis der zuständigen Behörden von der Ankunft, der richterlichen Anordnung (§ 15 Abs. 6 S. 2 AufenthG)[140]. Die Anordnung ergeht zur Sicherung der Abreise (§ 15 Abs. 6 S. 3 AufenthG). Sie ist nur zulässig, wenn die Abreise innerhalb der Anordnungsdauer zu erwarten ist (§ 15 Abs. 6 S. 4 AufenthG). § 15 Abs. 5 AufenthG (→ 57 f.) wird von Abs. 6 S. 5 für entsprechend anwendbar erklärt. Dem OLG Frankfurt a. M. zufolge handelt es sich bei einer nach (negativem) Abschluss des Flughafenasylverfahrens erfolgenden Unterbringung des betroffenen Ausländers im Transitbereich des Flughafens auch vor Ablauf von 30 Tagen nach Ankunft des Betroffenen um eine dem Richtervorbehalt unterliegende Freiheits-

58

59

---

[136] Vgl. nur BGH NVwZ-RR 2016, 518 Rn. 5; zur Anordnung von Zurückweisungshaft im Dublin-Verfahren und zur notwendigen Beachtung von § 2 Abs. 15 AufenthG vgl. LG Frankfurt a. M. NVwZ-RR 2016, 519; vgl. aber auch OLG Köln NVwZ-RR 2009, 82: Vergleichbare Gründe.

[137] Zur Anordnung von Abschiebungshaft gegenüber minderjährigen Ausländern vgl. nur BGH NVwZ 2015, 840 sowie → Rn. 1132.

[138] Zum Beschleunigungsgebot im Zurückweisungshaftverfahren vgl. BGH InfAuslR 2017, 61 = BeckRS 2016, 19361.

[139] LG Frankfurt a. M. NVwZ-RR 2008, 580 für den Fall einer Rund-um-die-Uhr-Bewachung des Krankenzimmers durch die Bundespolizei.

[140] Vgl. auch BGH Beschl. v. 30.10.2013 – V ZB 90/13 BeckRS 2013, 21524 mwN; vgl. auch BVerfGE 94, 166 = NVwZ 1996, 678.

entziehung iSd Art. 104 Abs. 2 S. 1 GG[141]. Diese Rechtsauffassung wird durch die jüngste Rechtsprechung des EGMR bestätigt. Danach kommt das Festhalten von Asylsuchenden in einer bewachten und von außen nicht zugänglichen Transitzone de facto einer Inhaftierung iSd Art. 5 EMRK gleich, stellt somit also eine Freiheitsentziehung dar[142]. Damit ist die Aussage des BVerfG in seinem Urteil vom 14.5.1996, dass der Aufenthalt eines Ausländers im Transitbereich eines Flughafens oder in einer Flughafenasylunterkunft – auch gegen seinen Willen – keine Freiheitsentziehung oder -beschränkung iSd Art. 2 Abs. 2 S. 2 oder Art. 104 Abs. 1 und 2 GG darstelle, wenn ihm „das luftseitige Verlassen des Bereichs offen steht"[143], nicht länger haltbar.

## 4. Verteilung unerlaubt eingereister Ausländer (§ 15a AufenthG)

60 § 15a AufenthG regelt die Verteilung unerlaubt eingereister Ausländer. Nach Abs. 1 S. 1 werden unerlaubt eingereiste Ausländer, die weder um Asyl nachsuchen noch unmittelbar nach der Feststellung der unerlaubten Einreise in Abschiebungshaft genommen und aus der Haft abgeschoben oder zurückgeschoben werden können, vor der Entscheidung über die Aussetzung der Abschiebung oder die Erteilung eines Aufenthaltstitels auf die Länder verteilt[144]. Ein Anspruch, in ein bestimmtes Land oder an einen bestimmten Ort verteilt zu werden, besteht nicht (S. 2). Sofern ein Ausländer vor Durchführen der Verteilung nachweist, dass eine Haushaltsgemeinschaft zwischen Ehegatten oder Eltern und ihren minderjährigen Kindern oder sonstige zwingende Gründe bestehen, die der Verteilung an einen bestimmten Ort entgegenstehen, ist einem solchen Umstand bei der Verteilung zwingend Rechnung zu tragen (S. 6)[145]. Die Rechtmäßigkeit einer Anordnung nach § 15a Abs. 4 S. 1 AufenthG erfordert nicht, dass zuvor oder gleichzeitig eine Verteilungsentscheidung des Bundesamtes in Form eines an den Ausländer gerichteten Verwaltungsakts ergeht[146]. Eine Anordnung, sich zu der durch die Verteilung festgelegten Aufnahmeeinrichtung zu begeben, ist jedoch rechtswidrig, wenn eine unerlaubt eingereiste Ausländerin unmittelbar vor der Niederkunft steht[147]. Gem. § 15a Abs. 5 S. 1 AufenthG können die zuständigen Behörden einem Ausländer nach erfolgter Verteilung erlauben, seine Wohnung in einem anderen Land zu nehmen.

61 § 15a Abs. 1 S. 3 bis 5, Abs. 2 bis 6 AufenthG regelt weitere Einzelheiten des Verteilungsverfahrens. Ua kann die Ausländerbehörde einen Ausländer verpflichten, sich zu der Behörde zu begeben, die die Verteilung veranlasst (§ 15a Abs. 2 S. 1 AufenthG)[148]. Sowohl gegen eine solche Verpflichtung als auch gegen eine Verteilungsentscheidung findet ein Widerspruch nicht statt (§ 15a Abs. 2 S. 3, Abs. 4 S. 7 AufenthG). Die Klage hat keine aufschiebende Wirkung (§ 15a Abs. 2 S. 4, Abs. 4 S. 8 AufenthG)[149].

---

[141] InfAuslR 2016, 192 = BeckRS 2016, 06412; vgl. auch BVerfG Beschl. v. 23.10.2014 – 2 BvR 2566/10 BeckRS 2014, 59300.

[142] EGMR Urt. v. 14.3.2017 – 47287/15 – Ilias und Ahmed ./. Ungarn.

[143] BVerfGE 94, 166 = NVwZ 1996, 678.

[144] Zum verfahren vgl. zB OVG Bremen Urt. v. 17.3.2017 – 1 B 33/17 BeckRS 2017, 105562 mwN.

[145] VGH Kassel EZAR-NF 98 Nr. 13 = InfAuslR 2006, 362.

[146] OVG Münster Beschl. v. 25.11.2016 – 17 A 503/16, BeckRS 2016, 55811; Beschl. v. 21.12.2016 – 18 B 1376/16 BeckRS 2016, 115574 mwN.

[147] OVG Hamburg InfAuslR 2007, 9; zur Berücksichtigung gesundheitlicher Gründe vgl. zB OVG Münster Beschl. v. 21.12.2016 – 18 B 1376/16 BeckRS 2016, 115574.

[148] VGH Kassel InfAuslR 2006, 362 = NVwZ-RR 2006, 727 Ls.

[149] Für das Klageverfahren ist nach OVG Bremen (Beschl. v. 21.10.2016 – 1 S 249/16 BeckRS 2016, 112615 Rn. 7) der halbe Auffangwert (2.500 Euro) als Streitwert festzusetzen. Vgl. auch OVG Bremen InfAuslR 2014, 340 = BeckRS 2014, 53406.

## III. Erteilung und Verlängerung eines Aufenthaltstitels

### 1. Allgemeine Erteilungsvoraussetzungen (§ 5 AufenthG)

§ 5 AufenthG bestimmt die allgemeinen Voraussetzungen, um einen Aufenthaltstitel **62** erteilen zu können.

#### a) § 5 Abs. 1 AufenthG

Gem. § 5 Abs. 1 AufenthG setzt die Erteilung eines Aufenthaltstitels **idR**[150] voraus, **63** dass

- der Lebensunterhalt gesichert ist (Nr. 1),
- die Identität und, falls der Ausländer nicht zur Rückkehr in einen anderen Staat berechtigt ist, seine Staatsangehörigkeit geklärt ist (Nr. 1a),
- kein Ausweisungsinteresse besteht (Nr. 2),
- soweit kein Anspruch auf Erteilung eines Aufenthaltstitels besteht, der Aufenthalt des Ausländers nicht aus einem sonstigen Grund Interessen der Bundesrepublik Deutschland beeinträchtigt oder gefährdet (Nr. 3) und
- die Passpflicht nach § 3 AufenthG (→ Rn. 28 ff.) erfüllt wird (Nr. 4).

Diese für den Regelfall aufgestellten Voraussetzungen müssen kumulativ erfüllt sein[151]. **64** Ein Absehen hiervon ist ausnahmsweise möglich (→ 76 f.).

**aa) § 5 Abs. 1 Nr. 1 AufenthG.** Unter welchen Voraussetzungen eine **Sicherung des** **65** **Lebensunterhalts** iSd Nr. 1 angenommen werden kann, ergibt sich im Einzelnen aus § 2 Abs. 3 AufenthG (→ Rn. 12 ff.).

**bb) § 5 Abs. 1 Nr. 1a AufenthG.** Ein Nachweis über die **Identität** eines Ausländers **66** und seiner **Staatsangehörigkeit** erfolgt idR durch einen Pass oder Passersatz (→ 28 ff.)[152]. Fehlt ein solcher, kann im Einzelfall der erforderliche Nachweis auch durch andere Unterlagen (zB Geburts- oder Heiratsurkunde, Fahrerlaubnis etc) geführt werden (vgl. Nr. 5.1.1a AVV-AufenthG). Gegebenenfalls können auch Maßnahmen zur Feststellung und Sicherung der Identität gem. § 49 AufenthG (→ Rn. 1034 ff.) getroffen werden.

**cc) § 5 Abs. 1 Nr. 2 AufenthG.** Ein **Ausweisungsinteresse** iSd Nr. 2 liegt nach hM **67** dann vor, wenn einer der Tatbestände der §§ 53 bis 55 AufenthG objektiv erfüllt ist (BVerwG: „abstrakter Ausweisungstatbestand"[153]). Daher ist auch nicht zu prüfen, ob ein Ausländer auf Grund des gegebenen Sachverhalts rechtmäßig ausgewiesen werden könnte oder würde[154]. Dementsprechend bleiben auch Ausweisungsbeschränkungen nach § 56 AufenthG[155] (jetzt „Bleibeinteresse") oder nach sonstigen völkerrechtlichen Abkommen (zB Art. 8 EMRK[156], Europäisches Fürsorgeabkommen, Europäisches Niederlassungs-

---

[150] Zum (verneinten) Vorliegen eines Ausnahmefalles bzgl. der Sicherung des Lebensunterhalts vgl. OVG Berlin-Brandenburg Beschl. v. 22.12.2016 – OVG 3 S 98/16 BeckRS 2016, 111065.

[151] Vgl. OVG Koblenz AuAS 2006, 266.

[152] Zur Relevanz einer ungeklärten Staatsangehörigkeit vgl. nur OVG Lüneburg Urt. v. 25.3.2014 – 2 LB 92/13 BeckRS 2014, 49982.

[153] BVerwGE 116, 378 = NVwZ 2003, 217 – Mehmet.

[154] BVerwGE 116, 378 = NVwZ 2003, 217 – Mehmet; OVG Münster Beschl. v. 16.8.2016 – 18 B 754/16 BeckRS 2016, 50359 Rn. 8 mwN; OVG Hamburg InfAuslR 2016, 276 = BeckRS 2016, 44956; VGH Mannheim InfAuslR 2015, 432 = BeckRS 2015, 51619; vgl. auch Nr. 5.1.2.1 AVV-AufenthG.

[155] BVerwGE 116, 378 = NVwZ 2003, 217 – Mehmet; BVerwG, Buchholz 402.240 § 24 AuslG 1990 Nr. 2 mwN.

[156] Aus Art. 8 EMRK lässt sich kein originärer Anspruch auf (erstmalige) Einreise herleiten. Vgl. dazu → Rn. 707.

abkommen) außer Betracht. Ist ein Ausländer bereits ausgewiesen worden, liegt ohne weiteres ein Ausweisungsinteresse iSd § 5 Abs. 1 Nr. 2 AufenthG vor[157].

**68**  Nr. 5.1.2.2 AVV-AufenthG stellt klar, dass ein Ausweisungsgrund (jetzt: Ausweisungsinteresse) im Rahmen des § 5 Abs. 1 Nr. 2 AufenthG nur dann beachtlich ist, wenn dadurch **aktuell**[158] eine Beeinträchtigung der öffentlichen Sicherheit und Ordnung oder sonstiger erheblicher Interessen der Bundesrepublik Deutschland iSv § 55 Abs. 1 AufenthG zu befürchten ist. Ein Ausweisungsinteresse nach § 54 AufenthG liegt den AVV-AufenthG zufolge solange vor, wie eine Gefährdung fortbesteht. Die Einstellung eines Strafverfahrens nach § 153a StPO rechtfertigt für sich nicht ohne weiteres die Annahme, es liege ein Ausweisungsinteresse vor[159]. Wurde ein entsprechendes Verfahren nach § 153 StPO eingestellt, liegt idR nur ein geringfügiger Verstoß gegen Rechtsvorschriften vor[160]. Die Aussetzung einer Strafe zur Bewährung rechtfertigt idR die Annahme, dass die Erteilungsvoraussetzung des § 5 Abs. 1 Nr. 2 AufenthG nicht erfüllt ist[161]. Dasselbe gilt für das Aussetzen der Verbüßung des Restes einer Freiheitsstrafe zur Bewährung[162].

**69**  Kein hinreichendes Ausweisungsinteresse iSv § 5 Abs. 1 Nr. 2 AufenthG ergibt sich aus solchen Ausweisungstatbeständen, auf die die Ausländerbehörde bei früheren ausländerbehördlichen Entscheidungen **nicht** zurückgegriffen hat und die daher als **verbraucht** anzusehen sind[163]. Allein das Absehen von Abschiebemaßnahmen – auch über mehrere Jahre – kann hingegen die Annahme eines solchen Vertrauenstatbestands nicht begründen[164].

**70**  Wer mit einem Besuchsvisum einreist, obwohl er einen Daueraufenthalt (zB zum Zweck des Familiennachzugs) anstrebt, verstößt zwar gegen § 5 Abs. 2 S. 1 Nr. 1 AufenthG, reist aber nicht unerlaubt iSv § 14 Abs. 1 Nr. 2 AufenthG ein[165]. Somit ist ein Ausweisungsinteresse nicht gegeben. Ein Verstoß gegen das in § 5 Abs. 2 S. 1 Nr. 2 AufenthG enthaltene Erfordernis, bereits im Visumverfahren alle aufenthaltsrechtlich relevanten Umstände anzugeben, stellte nach altem Recht nur bei entsprechender vorheriger Belehrung einen Ausweisungstatbestand dar, wie sich aus § 55 Abs. 2 Nr. 1 Buchst. a AufenthG aF ergibt[166]. Eine entsprechende Belehrungspflicht sieht § 54 Abs. 2 Nr. 8 Buchst. a AufenthG nun nicht mehr vor.

**71**  **dd) § 5 Abs. 1 Nr. 3 AufenthG.** Schließlich setzt gem. § 5 Abs. 1 Nr. 3 AufenthG die Erteilung eines Aufenthaltstitels voraus, dass der Aufenthalt des Ausländers nicht aus einem sonstigen Grund **Interessen der Bundesrepublik Deutschland beeinträchtigt oder gefährdet.** Die gilt jedoch nicht, wenn ein Rechtsanspruch auf Erteilung eines Aufenthaltstitels besteht (zB nach §§ 9, 9a, 18b, 19a, 20, 24 Abs. 1, 25 Abs. 1 und 2, 28, 29 Abs. 4 S. 1, 30, 31, 32, 33, 34, 35, 36, 37 Abs. 1, 38 Abs. 1, 38a Abs. 1, aber auch zB nach § 2 IV FreizG/EU und Art. 6 und 7 ARB 1/80)[167]. Dann sind die entsprechenden

---

[157] OVG Lüneburg NVwZ 2005, 968. Zudem besteht ein Erteilungshindernis nach § 11 Abs. 1 AufenthG.

[158] Vgl. zB VGH Mannheim Beschl. v. 30.5.2007 – 13 S 1030/07 BeckRS 2007, 25419; OVG Magdeburg Beschl. v. 1.8.2006 – 2 M 236/06 BeckRS 2009, 40844. – Ein Ausweisungsinteresse iSd § 5 Abs. 1 Nr. 2 AufenthG kann nach der seit 1.1.2016 geltenden Fassung des AufenthG nicht auf generalpräventive Erwägungen gestützt werden (VGH Mannheim InfAuslR 2017, 279).

[159] VGH München Beschl. v. 14.5.2007 – 24 CS 07.675 BeckRS 2007, 29786. Zur (im konkreten Fall verneinten) Beachtlichkeit einer Verfahrenseinstellung nach § 153a StPO vgl. aber auch VGH München Beschl. v. 2.3.2005 – 24 CS 05.357 BeckRS 2005, 16080.

[160] VGH München Urt. v. 15.12.2003 – 10 B 03.1725 BeckRS 2004, 21398.

[161] Vgl. zB VGH München Beschl. v. 3.1.2007 – 24 CS 06.2634 BeckRS 2007, 28849.

[162] Vgl. VGH München Beschl. v. 26.1.2006 – 24 CS 05.3385 BeckRS 2009, 40698.

[163] OVG Magdeburg Beschl. v. 13.7.2006 – 2 O 230/06 BeckRS 2008, 32718.

[164] OVG Magdeburg Beschl. v. 13.7.2006 – 2 O 230/06 BeckRS 2008, 32718.

[165] Vgl. BVerwG NVwZ 2011, 871 Rn. 20 mwN.

[166] Vgl. OVG Hamburg InfAuslR 2012, 59 = BeckRS 2011, 56115.

[167] Vgl. OVG Koblenz AuAS 2006, 266.

Vorschriften vorrangig und abschließend. Dem BVerwG zufolge muss ein von einer ausländerrechtlichen Vorschrift vorausgesetzter Anspruch auf Erteilung eines Aufenthaltstitels ein strikter Rechtsanspruch sein, der sich unmittelbar aus dem Gesetz ergibt[168]. Eine Soll-Regelung oder eine Ermessensreduzierung auf Null genügt nicht, um das Vorliegen eines Anspruchs zu bejahen[169].

Der Begriff der Interessen der Bundesrepublik Deutschland ist nach der Gesetzesbegründung, die insoweit auf die frühere Rechtslage verweist[170], weit zu verstehen[171]. Als Auslegungsmaßstab kann ua der in § 1 Abs. 1 AufenthG näher beschriebene Zweck des Aufenthaltsgesetzes herangezogen werden. Danach dient dieses der Steuerung und Begrenzung des Zuzugs von Ausländern in die Bundesrepublik Deutschland (S. 1). Darüber hinaus werden die Aufnahme- und Integrationsfähigkeit sowie wirtschaftliche und arbeitsmarktpolitische Interessen (S. 2), aber auch die humanitären Verpflichtungen der Bundesrepublik Deutschland benannt. Auch die in § 47 AufenthG geregelten Tatbestände, die zum Verbot und der Beschränkung der politischen Betätigung von Ausländern berechtigen, wie auch die in den Ausweisungsvorschriften aufgeführten können zur Auslegung des Begriffs der Interessen der Bundesrepublik Deutschland, der auch die der Bundesländer und Kommunen umfasst, herangezogen werden. Auch die Einhaltung aufenthaltsrechtlicher Vorschriften liegt in dem von § 5 Abs. 1 Nr. 3 AufenthG geschützten öffentlichen Interesse[172]. Zu berücksichtigen sind schließlich auch die ua in Art. 5 Abs. 1 SchGKX (vormals Art. 5 Abs. 2 SDÜ) niedergelegten unionsrechtlichen Belange der Schengen-Staaten. Aus einem Vergleich etwa mit der Ausweisungsvorschrift des § 53 Abs. 1 AufenthG ergibt sich, dass es sich im Rahmen des § 5 Abs. 1 Nr. 3 AufenthG nicht um „erhebliche" Interessen handeln muss, sondern bereits einfache oder schlichte Interessen der Bundesrepublik Deutschland vom Anwendungsbereich dieser Norm erfasst werden.

Die tatbestandliche Weite dieser Norm wird durch das Erfordernis eingegrenzt, dass die genannten Interessen **konkret** beeinträchtigt oder gefährdet werden. Hierbei hat eine zukunftsbezogene Beurteilung stattzufinden. Eine Beeinträchtigung oder Gefährdung der Interessen der Bundesrepublik Deutschland in der Vergangenheit, die jedoch gegenwärtig nicht mehr weiterwirkt und auch für die Zukunft als ausgeschlossen gelten kann, hat außer Betracht zu bleiben[173]. Auch die mit der Versagung eines Aufenthaltstitels verfolgte Absicht, auf andere Ausländer generalpräventiv einzuwirken, um diese von einer Beeinträchtigung oder Gefährdung der Interessen der Bundesrepublik Deutschland abzuhalten, ist nicht rechtmäßig[174]. Aus der Tatsache etwa, dass sich ein Ausländer für eine vom Verfassungsschutz beobachtete und für verfassungsfeindlich iSd § 3 Abs. 1 Nr. 1 BVerfSchG[175] erklärte Organisation betätigt oder betätigen will, folgt nicht ohne weiteres,

72

73

[168] BVerwG NVwZ 2016, 458 Rn. 18 ff. mwN (hier zu § 10 I AufenthG).

[169] BVerwG NVwZ 2016, 458 Rn. 21; aA *Dienelt* in RBD § 5 AufenthG Rn. 59; NK-AuslR/ *Bender/Leuschner* § 5 AufenthG Rn. 21; Huber/*Huber* § 5 AufenthG Rn. 8.

[170] BT-Drs. 15/420, S. 70.

[171] Unter Berücksichtigung der Rechtsprechung zu den in § 2 Abs. 1 S. 2 AuslG 1965 benannten „Belangen der Bundesrepublik Deutschland" dürfte die tatbestandliche Weite des Begriffs der Interessen der Bundesrepublik Deutschland dem rechtsstaatlichen Bestimmtheitsgebot „noch gerecht" werden. Vgl. nur BVerfGE 49, 168 = NJW 1978, 1446; BVerwGE 61, 105 = InfAuslR 1981, 55.

[172] OVG Koblenz AuAS 2006, 266. Vgl. auch VG Berlin Urt. v. 6.4.2005 – 22 V 23.04 zum Verstoß gegen Einreisevorschriften. Vgl. ferner BeckOK AuslR/*Maor* AufenthG § 5 Rn. 15.

[173] Vgl. zB VGH München InfAuslR 2011, 152 = BeckRS 2011, 45385.

[174] Vgl. BVerwGE 61, 105 (108 f.) = InfAuslR 1981, 55; VGH Mannheim InfAuslR 2017, 279.

[175] Zum Begriff der freiheitlich demokratischen Grundordnung vgl. § 53 Abs. 1 und § 54 Abs. 1 Nr. 2 AufenthG (→ Rn. 1090 f.) sowie BVerfG NJW 2017, 611 Rn. 529 ff. = NVwZ-Beil. 2017, 46 – NPD-Verbot.

dass dieser den Tatbestand des § 5 Abs. 1 Nr. 3 AufenthG erfüllt, solange von ihm eine Gefahr tatsächlich noch nicht ausgeht[176].

74    Sind durch den Aufenthalt eines Ausländers die Interessen der Bundesrepublik Deutschland beeinträchtigt oder gefährdet, so kann gleichwohl als Ausnahme von der Regel eine dem Antrag stattgebende Entscheidung in Betracht kommen, wenn eine Versagung des Aufenthaltstitels mit verfassungsrechtlichen Wertentscheidungen nicht zu vereinbaren ist. Als solche Wertentscheidungen kommen vor allem Art. 6 Abs. 1 GG oder Art. 8 EMRK in Betracht[177]. Dementsprechend ist aufgrund einer Abwägung sämtlicher für und gegen den Aufenthalt der ausländischen Person im Bundesgebiet sprechenden öffentlichen und privaten Belange[178] nach Maßgabe des Grundsatzes der Verhältnismäßigkeit zu entscheiden, ob die gegen den Aufenthalt sprechenden öffentlichen Interessen so gewichtig sind, dass sie die bei Ablehnung des Aufenthaltstitels zu erwartende Beeinträchtigung für Ehe und Familie oder Lebenspartnerschaft des Ausländers **eindeutig** überwiegen. Ist dies der Fall, so steht die Versagung des beantragten Aufenthaltstitels nach der Rechtsprechung des BVerwG mit Art. 6 Abs. 1 GG in Einklang[179]. Für den Familiennachzug eines mit einer Deutschen verheirateten Ausländers hatte das BVerwG in Anwendung dieser Grundsätze entschieden, dass die Erteilung einer Aufenthaltsbefugnis nach § 30 Abs. 3 AuslG 1990 nicht bereits an dem Regelversagungsgrund des § 7 Abs. 2 AuslG 1990 scheitert[180]. Diese Grundsätze gelten im Übrigen auch im Rahmen des § 5 Abs. 1 Nr. 1 bis 4 AufenthG.

75    **ee) § 5 Abs. 1 Nr. 4 AufenthG.** Schließlich hat ein Ausländer gem. § 5 Abs. 1 Nr. 4 AufenthG idR die Passpflicht nach § 3 AufenthG durch einen anerkannten und gültigen Pass oder Passersatz iSd §§ 3 ff. AufenthV zu erfüllen. Dies dient nicht allein dazu, die Identität des Passinhabers festzustellen. Vielmehr gewährleisten ein gültiger Pass oder Passersatz wie zB der Reiseausweis für Flüchtlinge nach Art. 28 GFK auch die Verpflichtung zur Wiederaufnahme der betreffenden Person durch den das Dokument ausstellenden Staat[181].

76    **ff) Ausnahmen von der Regel.** Die Worte „in der Regel" in § 5 Abs. 1 Hs. 1 AufenthG beziehen sich auf Regelfälle, die sich nicht durch besondere Umstände von der Menge gleichliegender Fälle unterscheiden. Ist ein Regelfall gegeben, so ist der Ausländerbehörde kein Ermessen bei der Entscheidung über einen Aufenthaltstitel eingeräumt. Den Gegensatz bilden Ausnahmefälle. Diese sind durch einen atypischen Geschehensablauf gekennzeichnet, der so bedeutsam ist, dass er jedenfalls das sonst ausschlaggebende Gewicht des gesetzlichen Regelversagungsgrundes beseitigt. Ausnahmen von der Regel sind dem BVerwG zufolge grundsätzlich eng auszulegen[182]. Jedoch können sowohl verfassungs-, unions- oder völkerrechtliche Gewährleistungen als auch atypische Umstände des Einzelfalls, die so bedeutsam sind, dass sie das sonst ausschlaggebende Gewicht der gesetzlichen Regelung beseitigen, eine Ausnahme vom Regelfall

---

[176] VGH München Beschl. v. 23.9.2005 – 24 CS 05.2054 BeckRS 2005, 17280 (hier Betätigung für Milli Görüs).

[177] Vgl. nur BVerwGE 102, 12 (17) = NVwZ 1997, 1116; BVerwG NVwZ-RR 1999, 610; jew. zu § 7 Abs. 2 AuslG 1990; OVG Koblenz, AuAS 2006, 266.

[178] Vgl. dazu auch BVerwGE 94, 35 (45) = NVwZ 1994, 381.

[179] BVerwGE 102, 12 (17) = NVwZ 1997, 1116.

[180] BVerwGE 105, 35 (43 f.) = NVwZ 1997, 1114. Vgl. auch § 28 Abs. 1 S. 1 AufenthG, der die Erteilung einer Aufenthaltserlaubnis zum Zwecke des Familiennachzugs zu einem Deutschen abweichend von den Voraussetzungen des § 5 Abs. 1 Nr. 1 AufenthG vorsieht.

[181] BVerwG NVwZ 2013, 1173 Ls. = BeckRS 2013, 52672 Rn. 4.

[182] BVerwG NVwZ 2009, 246 Rn. 16; NVwZ 2009, 1239 Rn. 11.

rechtfertigen[183]. Dies bedeutet im Ergebnis, dass zB dann, wenn der Schutz von Ehe und Familie der Ausweisung eines Ausländers entgegensteht, vieles dafür spricht, auch im Rahmen des § 5 Abs. 1 Nr. 2 AufenthG eine Ausnahme vom Regelfall anzunehmen[184].

Ob ein Fall vorliegt, der eine Ausnahme von der Regel zulässt, ist zudem danach zu **77** beurteilen, ob es sich um eine erstmalige Erteilung eines Aufenthaltstitels oder um dessen Verlängerung handelt[185]. Ein langjähriges Verweilen im Bundesgebiet kann insoweit stärkeres Gewicht erlangen, wobei allerdings auch zu berücksichtigen ist, dass der Gesetzgeber ein differenziertes System der Verfestigung des aufenthaltsrechtlichen Status bis hin zur Niederlassungserlaubnis (§ 9 AufenthG) bzw. der Erlaubnis zum Daueraufenthalt-EU (§§ 9a bis 9c AufenthG) und damit eine bestimmte Typisierung vorgenommen hat.

Von den Regelerteilungsvoraussetzungen des § 5 Abs. 1 AufenthG kann nicht nach **78** Ermessen abgesehen werden. Vielmehr stellt es eine gerichtlich voll überprüfbare gebundene Entscheidung dar, ob ein Fall gegeben ist, der es rechtfertigt anzunehmen, dass eine Ausnahme von der Regel vorliegt[186]. Abzustellen ist insoweit auf die sich ergebenden Umstände zurzeit der letzten mündlichen Verhandlung oder Entscheidung in der Tatsacheninstanz[187].

### b) § 5 Abs. 2 AufenthG

Neben den in § 5 Abs. 1 AufenthG aufgeführten Voraussetzungen erfordert die Ertei- **79** lung einer Aufenthaltserlaubnis, einer ICT-Karte, einer Niederlassungserlaubnis oder einer Erlaubnis zum Daueraufenthalt-EU nach § 5 Abs. 2 AufenthG, dass ein Ausländer mit dem erforderlichen Visum eingereist ist (Nr. 1) und die für die Erteilung maßgeblichen Angaben bereits im Visumantrag gemacht hat (Nr. 2). Da diese Vorschrift der Einhaltung von Einreisevorschriften dient, ist sie nur bei erstmaliger Erteilung einer Aufenthalts- oder Niederlassungserlaubnis anwendbar[188], hingegen nicht bei einer anstehenden Verlängerung einer Aufenthaltserlaubnis[189]. Die Norm ist auch nicht einschlägig bei einer Erlaubnis zum Daueraufenthalt-EU iSd §§ 9a bis 9c AufenthG, da für diese zunächst ein mindestens fünfjähriger rechtmäßiger Inlandsaufenthalt nachgewiesen werden muss (→ Rn. 963 ff.). Darüber hinaus findet sie keine Anwendung für die Erteilung einer ICT-Karte (§ 5 Abs. 2 S. 2 AufenthG).

Ob ein Visum iSd Nr. 2 erforderlich ist, ergibt sich aus § 4 Abs 1 S. 1 AufenthG iVm **80** §§ 15 bis 30, 39 bis 41 AufenthV. Abzustellen ist nicht nur darauf, ob überhaupt für die Einreise Visumpflicht besteht. Vielmehr muss das Visum gerade für den beabsichtigten Aufenthaltszweck (zB Aufnahme eines Studiums, Ausübung einer Erwerbstätigkeit), gegebenenfalls auch mit Zustimmung der Ausländerbehörde gem. § 31 AufenthV, ausgestellt worden sein. Maßgeblich ist der konkrete Aufenthaltszweck, der mit dem be-

---

[183] BVerwG NVwZ 2013, 1493 Rn. 16; vgl. schon BVerwGE 102, 12 = NVwZ 1997, 1116 zu der Parallelnorm des § 7 II AuslG 1990; vgl. ferner OVG Hamburg ZAR 2012, 400 = BeckRS 2012, 51612; OVG Bremen InfAuslR 2010, 29 = BeckRS 2009, 41420.

[184] VGH München NVwZ-RR 2007, 63 Ls. = NJOZ 2007, 309 = BeckRS 2005, 26073.

[185] OVG Bautzen Beschl. v. 5.12.2012 – 3 B 258/12 BeckRS 2013, 45480 mwN.

[186] BVerwG NVwZ 2009, 1239 Rn. 10.

[187] Vgl. nur BVerwG NVwZ 2009, 1239 Rn. 10; BVerwGE 133, 329 = NVwZ 2010, 262 Rn. 37 ff.; BVerwG NVwZ 2013, 1493 Rn. 8.

[188] Bezüglich der Niederlassungserlaubnis nur in den Fällen des § 19 AufenthG: Niederlassungserlaubnis für Hochqualifizierte.

[189] Die Niederlassungserlaubnis wird ohnehin als unbefristeter Aufenthaltstitel erteilt (§ 9 Abs. 1 S. 1 AufenthG).

antragten Aufenthaltstitel verfolgt wird[190]. Irgendein Visum reicht demnach nicht aus. Reist ein Ausländer trotz der Absicht eines Daueraufenthalts mit einem nur zu Besuchszwecken erteilten Schengen-Visum ein, ist die Erteilungsvoraussetzung des § 5 Abs. 2 S. 1 Nr. 1 AufenthG nicht erfüllt. Die Ausländerbehörde darf bei ihrer Ermessensentscheidung nach § 5 Abs. 2 S. 2 AufenthG als erheblichen öffentlichen Belang anführen, dass aus generalpräventiven Gründen die Nachholung des Visumsverfahrens als angemessenes Mittel zu fordern sei[191].

**81**      Wird von einem Ausländer geltend gemacht, der nunmehr angestrebte Aufenthaltszweck habe sich erst auf Grund eines Sinneswandels nach Einreise ins Bundesgebiet ergeben, etwa weil zunächst ein bloßer Besuchsaufenthalt beabsichtigt gewesen sei und er sich erst später zur Ehe mit einem Deutschen oder einem sich erlaubt im Bundesgebiet aufhaltenden ausländischen Staatsangehörigen entschlossen habe, berechtigt dies selbst dann nicht zu der Annahme, dass die Voraussetzungen des § 5 Abs. 1 S. 1 Nr. 1 AufenthG erfüllt sind, wenn ein solcher Sinneswandel als zutreffend unterstellt wird[192]. Zudem rechtfertigt die systematische Selbstständigkeit des § 39 AufenthV mit seiner eigenen differenzierten Regelung der Einholung eines Aufenthaltstitels erst im Bundesgebiet zur Annahme, dass es bei § 5 Abs. 2 S. 1 AufenthG für die Frage der „Erforderlichkeit" nicht auf den früheren, sondern auf den nunmehr angestrebten Aufenthaltszweck ankommt[193].

**82**      Mit einem von einem anderen Schengen-Staat iSd § 2 Abs. 5 AufenthG erteilten Schengen-Visum für einen **Kurzaufenthalt** – vorbehaltlich einer ausnahmsweise möglichen räumlichen Beschränkung des Geltungsbereichs des Visums auf das Gebiet des ausstellenden Staates oder nur einiger Signatarstaaten – wird die Erteilungsvoraussetzung des § 5 Abs. 2 S. 1 Nr. 1 AufenthG erfüllt, da dieses auch zur Einreise und zum Aufenthalt in der Bundesrepublik Deutschland zu einem solchen Aufenthaltszweck berechtigt (Art. 21 SDÜ).

**83**      Nach § 5 Abs. 2 S. 1 Nr. 2 muss der Ausländer die für die Erteilung einer Aufenthalts- oder Niederlassungserlaubnis maßgeblichen Angaben bereits im Visumantrag gemacht haben. Dies entspricht der dem Antragsteller in § 82 Abs. 1 AufenthG auferlegten Mitwirkungspflicht (→ Rn. 1387). Diese ist jedoch inhaltlich beschränkt auf den konkreten Aufenthaltszweck, für den das Visum begehrt wird. Demgegenüber ist es nicht zwingend erforderlich, dass diese Angaben vollumfänglich bereits im Antrag oder als Anlage zu diesem gemacht werden. Auch ein Nachreichen von Unterlagen, Erklärungen, Urkunden etc im Visumverfahren ist möglich. Die für die Erteilung eines Visums maßgeblichen Angaben müssen bis zum Zeitpunkt der Entscheidung der Auslandsvertretung über den Visumantrag vorliegen.

**84**      Vom Erfordernis der Einreise mit dem erforderlichen Visum und dem Erfüllen der Mitwirkungspflicht kann gem. § 5 Abs. 2 S. 2 AufenthG zum einen abgesehen werden, wenn die Voraussetzungen eines Anspruchs auf Erteilung eines Aufenthaltstitels erfüllt sind. Es muss sich hierbei um einen gesetzlich gebundenen Rechtsanspruch handeln[194]. Eine Ermessensreduzierung auf Null ist nicht ausreichend. Zum anderen kann von dem Erfordernis der Einhaltung des Visumzwangs abgesehen werden, wenn es auf Grund besonderer Umstände des Einzelfalles nicht zumutbar ist, das Visumverfahren nachzuholen. Allein die Erschwernis, die mit dem Durchführen eines solchen Verfahrens verbunden ist, begründet noch keine besonderen Umstände iSd Vorschrift, denn der Gesetz-

---

[190] BVerwG NVwZ 2011, 495 Rn. 19; NVwZ 2011, 871 Rn. 20 mwN.

[191] OVG Münster DVBl. 2007, 852 Ls. = BeckRS 2007, 23340; OVG Magdeburg NVwZ-RR 2010, 539 Ls. = BeckRS 2010, 47160.

[192] Vgl. zB VGH Mannheim InfAuslR 2006, 323; vgl. auch BT-Drs. 15/420, S. 73.

[193] VGH Mannheim InfAuslR 2006, 323; VBlBW 2006, 357; ebenso VGH Kassel NVwZ 2006, 111.

[194] Vgl. nur BVerwG NVwZ-RR 2015, 313; NVwZ 2016, 458 Rn. 18 ff. zu § 10 Abs. 1 AufenthG.

geber ist davon ausgegangen, dass der Einhaltung der Einreisevorschriften grundlegende Bedeutung zukommt[195]. Besondere Umstände können jedoch gegeben sein, wenn der antragstellenden Person wegen Krankheit, Behinderung, Schwangerschaft, hohen Alters oder Gebrechlichkeit die Reise ins Ausland zum Einholen eines Visums nicht zumutbar ist (Nr. 5.2.3 AVV-AufenthG). Entsprechendes kommt im Falle einer notwendigen Betreuung von im Inland lebenden Kindern oder pflegebedürftigen Personen in Betracht (Nr. 5.2.3 AAV-AufenthG)[196]. Selbst ein zurückliegender Verstoß gegen aufenthaltsrechtliche Vorschriften kann im Einzelfall unbeachtlich sein[197]. Allein die durch eine entsprechende Reise anfallenden Kosten sind hingegen idR kein Grund, um vom Erfordernis eines Visums abzusehen (Nr. 5.2.3 AAV-AufenthG). Auch aus Art. 6 Abs. 1 und Art. 8 Abs. 1 EMRK folgt für sich kein Dispens von der Einhaltung des Visumzwangs[198]. Grundsätzlich ist auch eine durch die auferlegte Ausreise bedingte zeitweise Trennung von Eheleuten zumutbar und mit Art. 6 Abs. 1 GG zu vereinbaren[199]. Im Einzelfall hat jedoch gegebenenfalls eine Abwägung der widerstreitenden öffentlichen und privaten Interessen unter Beachtung des Grundsatzes der Verhältnismäßigkeit stattzufinden[200].

Liegen die Voraussetzungen des § 5 Abs. 2 S. 2 AufenthG vor, steht es – anders als im **85** Falle des Abs. 3 (→ Rn. 86 ff.) – im Ermessen der Ausländerbehörde, ob sie von der Einhaltung der Visumvorschriften absehen will[201]. Der Umstand, dass ein antragstellender Ausländer mit einem Visum eingereist ist, das den nach der Einreise geltend gemachten Aufenthaltszweck nicht abdeckt, suspendiert nicht von der Notwendigkeit, Ermessen auszuüben, da § 5 Abs. 2 AufenthG insoweit die speziellere und vorrangige Vorschrift ist[202]. Insbesondere bei der zweiten Fallvariante, der Unzumutbarkeit des Verweises auf das Visumverfahren, wird idR der Handlungsspielraum der Behörde erheblich eingeschränkt sein, so dass sich häufig nur das Gewähren einer Ausnahme als ermessensgerechte Betätigung erweisen dürfte. Zu beachten ist auch, dass nach der Gesetzesbegründung eine Visumerteilung durch grenznahe Auslandsvertretungen der Bundesrepublik Deutschland entbehrlich gemacht werden sollte[203], die sich als bloße Förmelei erweisen würde.

### c) § 5 Abs. 3 AufenthG

Gem. § 5 Abs. 3 S. 1 AufenthG ist in den Fällen der Erteilung eines Aufenthaltstitels **86** nach § 24 AufenthG (vorübergehender Schutz, → Rn. 500 ff.) § 25 Abs. 1 bis 3 AufenthG (Humanitäres Aufenthaltsrecht Asylberechtigter, von Flüchtlingen iSd § 3 AsylG und von Ausländern, bei denen die Voraussetzungen für ein Verbot der Abschiebung nach § 4 AsylG oder § 60 Abs. 5 oder 7 S. 1 AufenthG vorliegen, → Rn. 511 ff.) sowie nach § 26 Abs. 3 AufenthG (Niederlassungserlaubnis für Asylberechtigte und Flüchtlinge iSd §§ 2 oder 3 AsylG, → Rn. 646 ff.) von der Anwendung der Absätze 1 und 2 des § 5 AufenthG

---

[195] BT-Drs. 15/420, S. 70.

[196] Vgl. in diesem Zusammenhang BVerfG NVwZ-RR 2011, 585 unter Verweis auf BVerfGE 80, 81 (95) = NJW 1989, 2195 = NVwZ 1989 855 Ls.

[197] BVerfG NVwZ-RR 2011, 585 unter Verweis auf BVerfGK 13, 562 (567) = BeckRS 2008, 33618 = InfAuslR 2008, 239 mwN.

[198] BVerfG NVwZ 1985, 260; BVerwG NVwZ 1985, 260; InfAuslR 1996, 137; BVerwGE 70, 54 [56] = NJW 1985, 577.

[199] Z. B. VGH München Beschl. v. 22.5.2006 – 24 C 06,1105 BeckRS 2009, 40790; OVG Saarlouis Beschl. v. 22.3.2012 – 2 B 34/12 BeckRS 2012, 48883; Beschl. v. 15.12.2014 – 2 B 374/14 BeckRS 2015, 40115.

[200] OVG Münster InfAuslR 2007, 56 = ZAR 2006, 413 = BeckRS 2006, 26148 mwN.

[201] Vgl. zB OVG Saarlouis Beschl. v. 22.3.2012 – 2 B 34/12 BeckRS 2012, 48883.

[202] VGH Kassel NVwZ 2006, 111.

[203] BT-Drs. 15/420; S. 70; vgl. auch Nr. 5.2.3 S. 4 AVV-AufenthG.

abzusehen[204]. Anders stellt sich dem VGH München zufolge[205] die Situation jedoch dann dar, wenn die Identität eines Ausländers ungeklärt ist und dieser eine gefälschte Urkunde gebraucht, um die eigene Identität zu verschleiern[206].

87      Gem. § 5 Abs. 3 S. 2 AufenthG ist im Falle des § 25 Abs. 4a und 4b AufenthG (Aufenthaltserlaubnis für bestimmte Opfer von Straftaten) davon abzusehen, Abs. 1 Nr. 1 bis 2 (Sicherung des Lebensunterhalts, geklärte Identität und/oder Staatsangehörigkeit, Nichtvorliegen eines Ausweisungsinteresses) und Nr. 4 (Passpflicht) sowie Abs. 2 (ua Visumerfordernis) anzuwenden. Insoweit wird die gesetzliche Vorgabe des § 79 Abs. 2 AufenthG partiell für nicht anwendbar erklärt. Diese Vorschrift bestimmt für den Fall, dass gegen einen Ausländer, der die Erteilung oder Verlängerung eines Aufenthaltstitels beantragt hat, wegen des Verdachts einer Straftat oder einer Ordnungswidrigkeit ermittelt wird, eine Entscheidung über den Aufenthaltstitel bis zum Abschluss des Verfahrens, im Falle einer Verurteilung bis zum Eintritt der Rechtskraft des Urteils auszusetzen ist, es sei denn, es kann über den Aufenthaltstitel ohne Rücksicht auf den Ausgang des Verfahrens entschieden werden.

88      In den übrigen Fällen der Erteilung eines Aufenthaltstitels nach Kapitel 2 Abschnitt 5 des Aufenthaltsgesetzes (Aufenthalt aus völkerrechtlichen, humanitären oder politischen Gründen) kann gem. § 5 Abs. 3 S. 3 AufenthG davon abgesehen werden, die Abs. 1 und 2 anzuwenden[207]. Dies gilt auch für die Erteilung einer Aufenthaltserlaubnis nach § 25a AufenthG an gut integrierte Jugendliche und Heranwachsende[208]. Schließlich soll nach § 25b Abs. 1 S. 1 AufenthG einem geduldeten Ausländer abweichend von § 5 Abs. 1 Nr. 1 und Abs. 2 eine Aufenthaltserlaubnis erteilt werden, wenn er sich nachhaltig in die Lebensverhältnisse der Bundesrepublik Deutschland integriert hat.

89      Wird nach § 5 Abs. 3 S. 1 bis 3 AufenthG trotz eines möglicherweise vorliegenden Ausweisungsinteresses von der Anwendung des § 5 Abs. 1 Nr. 2 AufenthG abgesehen, kann die Ausländerbehörde darauf hinweisen, dass eine Ausweisung wegen einzeln zu bezeichnender Ausweisungsinteressen, die Gegenstand eines noch nicht abgeschlossenen Straf- oder anderen Verfahrens sind, möglich ist (§ 5 Abs. 3 S. 3 AufenthG). Der Amtlichen Begründung zufolge wird mit S. 3 den Ausländerbehörden „in Anlehnung an die jüngere verwaltungsgerichtliche Rechtsprechung" ausdrücklich die Möglichkeit eröffnet, einem Ausländer einen Aufenthaltstitel zu erteilen, ohne dass Ausweisungsgründe bzw. -interessen verbraucht werden[209]. Es ist nicht erforderlich, den Vorbehalt in den Aufenthaltstitel aufzunehmen. Vielmehr genügt es, wenn er dem betroffenen Ausländer auf andere Weise, etwa durch ein Begleitschreiben, mitgeteilt wird[210]. Um eine für den Ausländer nachteilige Entscheidung später auf Grund eines solchen Vorbehalts treffen zu können, ist es jedoch angezeigt, dass sich die Ausländerbehörde den Empfang eines solchen Schreibens von dem Antragsteller bestätigen oder dieses förmlich zustellen lässt.

90      Sieht die Ausländerbehörde nach § 5 Abs. 3 AufenthG davon ab, die nach § 5 Abs. 1 Nr. 4 AufenthG bestehende Passpflicht zu erfüllen, wird ein Ausweisersatz ausgestellt (§ 48 Abs. 4 S. 1 AufenthG). Dies befreit jedoch nicht davon, gem. § 48 Abs. 3 AufenthG an dem Beschaffen eines Identitätspapiers oder sonstiger Urkunden und Unterlagen mit-

---

[204] Zum Absehen von der Passpflicht nach § 5 Abs. 3 Hs. 1 AufenthG in diesen Fällen vgl. VGH München InfAuslR 2006, 366; Beschl. v. 1.6.2006 – 19 ZB 06.659 BeckRS 2009, 34824.

[205] Beschl. v. 28.2.2005 – 10 ZB 05.263 BeckRS 2005, 16071.

[206] Vgl. auch BVerwG Beschl. v. 23.1.2014 – 1 B 16/13 BeckRS 2014, 47022.

[207] Zu § 25 Abs. 5 S. 2 AufenthG vgl. OVG Hamburg AuAS 2007, 107 Ls.; vgl. ferner BVerwG Buchholz 402.240 § 7 AuslG Nr. 12; OVG Hamburg Beschl. v. 18.5.2006 – 1 Bs 115/06 BeckRS 2006, 24253; OVG Koblenz InfAuslR 2006, 274.

[208] Vgl. BVerwG InfAuslR 2013, 324 = ZAR 2013, 439 = BeckRS 2013, 52492.

[209] BT-Drs. 16/5065, S. 159.

[210] BT-Drs. 16/5065, S. 159.

zuwirken (§ 48 Abs. 4 S. 2 AufenthG). Sofern die Voraussetzungen vorliegen, um einen Passersatz nach der Aufenthaltsverordnung auszustellen, ist jedoch vorrangig ein solcher zu beantragen, sofern ein Pass(ersatz) des Herkunftsstaates nicht in zumutbarer Weise zu erlangen ist[211].

Die Vergünstigungen des § 5 Abs. 3 S. 1 und 2 AufenthG gelten nicht für die Erteilung **91** eines Visums bzw. einer Aufenthaltserlaubnis zum Zwecke der Familienzusammenführung zu Inhabern eines in dieser Vorschrift aufgeführten Aufenthaltstitels (Nr. 5.3.0.2 AVV-AufenthG). Vielmehr ist insoweit § 29 Abs. 2 und 3 AufenthG einschlägig und abschließend (→ Rn. 798 ff.).

Zwar suspendiert § 5 Abs. 3 S. 1 und 2 AufenthG davon, das Vorliegen eines Aus-  **92** weisungsinteresses iSd § 5 Abs. 1 Nr. 2 AufenthG (→ Rn. 67 ff.) zu prüfen[212]. Jedoch schließt § 25 Abs. 1 S. 2 und Abs. 2 S. 2 AufenthG die Erteilung eines Aufenthaltstitels an einen Asylberechtigten oder einen Flüchtling iSd § 3 AsylG aus, sofern dieser aus schwerwiegenden Gründen der öffentlichen Sicherheit und Ordnung ausgewiesen worden ist (→ Rn. 516 f. und 528). In den Fällen des § 5 Abs. 3 S. 3 AufenthG steht es im Ermessen der Auslandsvertretung oder der Ausländerbehörde, ob sie davon absehen will, die Abs. 1 und 2 anzuwenden[213].

### d) § 5 Abs. 4 AufenthG

Die Erteilung eines Aufenthaltstitels ist zwingend zu versagen, wenn ein Auswei-  **93** sungsinteresse nach § 54 Abs. 1 Nr. 2 oder Nr. 4 AufenthG (→ Rn. 1108) vorliegt (§ 5 Abs. 4 S. 1 AufenthG). Nach der genannten Vorschrift wird idR ein Ausländer ausgewiesen, bei dem Tatsachen die Schlussfolgerung rechtfertigen, dass er einer terroristischen Vereinigung angehört oder angehört hat (Nr. 2) oder er die freiheitliche demokratische Grundordnung oder die Sicherheit der Bundesrepublik Deutschland gefährdet oder sich bei der Verfolgung politischer Ziele an Gewalttätigkeiten beteiligt oder öffentlich zur Gewaltanwendung aufruft oder mit Gewaltanwendung droht (Nr. 4). Die vorliegenden Indizien müssen eine vom Ausländer ausgehende gegenwärtige konkrete Gefahr begründen[214].

§ 5 Abs. 4 S. 1 AufenthG ist nicht anzuwenden, wenn der antragstellende Ausländer  **94** unanfechtbar als Asylberechtigter anerkannt oder ihm unanfechtbar der Flüchtlingsstatus nach § 3 AsylG oder subsidiärer Schutz iSd § 4 AsylG zugesprochen worden ist. Diesem Personenkreis steht gem. § 25 Abs. 1 S. 1 bzw. Abs. 2 S. 1 AufenthG ein Rechtsanspruch auf eine Aufenthaltserlaubnis aus humanitären Gründen zu. Ausgeschlossen hiervon sind jedoch gem. § 25 Abs. 1 S. 2 bzw. Abs. 2 S. 2 AufenthG solche Ausländer, die aus schwerwiegenden Gründen der öffentlichen Sicherheit und Ordnung ausgewiesen worden sind. Es muss demnach ein entsprechender Verwaltungsakt ergangen sein. Allein das Vorliegen der Ausweisungsinteressen nach § 54 Nr. 2 oder Nr. 4 AufenthG berechtigt daher gegenüber Asylberechtigten und Konventionsflüchtlingen nicht, einen beantragten Aufenthaltstitel zu versagen. **Insoweit** ist die in Nr. 5.4.2, S. 1 AVV-AufenthG getroffene Aussage, dass der Versagungsgrund des § 5 Abs. 4 S. 1 AufenthG „uneingeschränkt" sowohl für Aufenthaltstitel, die im Ermessenswege erteilt werden können, als auch für

---

[211] BT-Drs. 16/5065, S. 179.
[212] Vgl. aber auch § 5 Abs. 4 AufenthG.
[213] Vgl. zB OVG Saarlouis Beschl. v. 22.3.2012 – 2 B 34/12 BeckRS 2012, 48883. Zum Verhältnis von § 5 Abs. 3 Hs. 2 zu § 25 Abs. 5 S. 2 AufenthG vgl. OVG Hamburg Beschl. v. 30.1.2007 – 3 So 166/06 BeckRS 2007, 21628.
[214] VG Berlin Urt. v. 3.3.2006 – 31 V 82.04 unter Verweis auf die amtl. Begr. in BT-Drs. 15/420, S. 70 f.

solche, auf die ein Rechtsanspruch besteht, gilt, mit der eindeutigen Gesetzeslage nicht zu vereinbaren[215].

**95**     § 5 Abs. 4 S. 2 AufenthG eröffnet der Ausländerbehörde die Möglichkeit, in begründeten Einzelfällen Ausnahmen vom Versagungsgrund des Satzes 1 zuzulassen, wenn sich der Ausländer gegenüber den zuständigen Behörden offenbart und glaubhaft von seinem sicherheitsgefährdenden Handeln Abstand nimmt. Die Frage, ob diese Voraussetzungen erfüllt sind, wird sich idR nur unter Einbeziehung der zuständigen Sicherheitsbehörden (Polizei, Strafverfolgungsorgane, Nachrichtendienste) beantworten lassen.

**96**     Das Bundesministerium des Innern oder die von ihm bestimmte Stelle kann in begründeten Einzelfällen vor der Einreise eines Ausländers für den Grenzübertritt und einen anschließenden Aufenthalt von bis zu sechs Monaten Ausnahmen vom Versagungsgrund des Satzes 1 zulassen (§ 5 Abs. 4 S. 3 AufenthG). Eine solche Entscheidung kann bei dringenden staatlichen oder privaten Belangen angezeigt sein (zB Zeugenvernehmung, schwere Erkrankung eines Familienangehörigen, Tod eines Angehörigen). Zwingende Gründe müssen die Anwesenheit des Ausländers erfordern oder die Versagung der Einreise muss eine unbillige Härte darstellen.[216]

## 2. Visum (§ 6 AufenthG)

### a) Schengen-Visum (§ 6 Abs. 1 AufenthG)

**97**     Nach § 6 Abs. 1 S. 1 AufenthG können nach Maßgabe der VO (EG) Nr. 810/2009 vom 13.7.2009 idF der ÄnderungsVO Nr. 610/2013 vom 26.6.2013 (Visakodex) folgende Visa erteilt werden:

- Nr. 1: Ein Visum für die Durchreise durch das Hoheitsgebiet der Schengen-Staaten oder für geplante Aufenthalte in diesem Gebiet von bis zu 90 Tagen je Zeitraum von 180 Tagen von dem Tag der ersten Einreise an (Schengen-Visum),
- Nr. 2: Ein Flughafentransitvisum für die Durchreise durch die internationalen Transitzonen der Flughäfen.

**98**     Das Schengen-Visum wird für einen zweckgebundenen Kurzaufenthalt von bis zu 90 Tagen ausgestellt (zB Touristen- oder Besuchsaufenthalt, Geschäftsreisen). Es berechtigt – anders als das nationale Visum nach § 6 Abs. 3 S. 1 AufenthG – nach Maßgabe der Art. 2 Nr. 3 und 24 VO (EG) Nr. 810/2009 (Visakodex) grundsätzlich zum freien Reiseverkehr im Hoheitsgebiet der Schengen-Staaten.

**99**     Ein Schengen-Visum kommt jedoch nicht in Betracht, wenn ein von einem drittstaatsangehörigen Ausländer bei einer Auslandsvertretung eines bestimmten Mitgliedstaats auf der Grundlage des Art. 25 Visakodex gestellter Antrag auf ein Visum mit räumlich beschränkter Gültigkeit in der Absicht gestellt wird, sogleich nach seiner Ankunft in jenem Mitgliedstaat einen Antrag auf internationalen Schutz zu stellen und sich infolgedessen in einem Zeitraum von 180 Tagen länger als 90 Tage dort aufzuhalten. Insoweit gilt nicht der Visakodex, sondern allein das nationale Recht[217]. Einschlägig wäre § 6 Abs. 3 AufenthG, der die Erteilung eines nationalen Visums regelt (→ Rn. 108 ff.).

---

[215] So auch VG Hamburg Urt. v. 31.1.2006 – 10 K 2710/05 BeckRS 2006, 21991 mit dem zutreffenden Hinweis, dass § 25 Abs. 1 und 2 AufenthG lex specialis gegenüber § 5 Abs. 4 AufenthG ist.

[216] Vgl. auch die entsprechenden Vorgaben für eine Betretenserlaubnis nach § 11 Abs. 8 AufenthG (→ Rn. 177 ff.).

[217] EuGH NVwZ 2017, 611 – X und X/Belgien; vgl. dazu *Endres de Oliveira* NVwZ 2017, 613.

Das Erteilen eines Schengen-Visums für einen kurzfristigen Aufenthalt setzt voraus, **100** dass folgende Einreisevoraussetzungen des Art. 6 Abs. 1 SchGKX erfüllt sind:

* Der Ausländer ist im Besitz eines gültigen Reisedokuments, das seinen Inhaber zum Überschreiten der Grenze berechtigt und folgende Anforderungen erfüllt:
  (i) Es muss mindestens noch drei Monate nach der geplanten Ausreise aus dem Hoheitsgebiet der Mitgliedstaaten gültig sein, wobei in „begründeten Notfällen" von dieser Verpflichtung abgesehen werden kann.
  (ii) Es muss innerhalb der vorangegangenen zehn Jahre ausgestellt worden sein.
* Er muss im Besitz eines nach der VO (EG) Nr. 810/2009 (Visakodex) erforderlichen Visums sein, außer wenn er Inhaber eines gültigen Aufenthaltstitels oder eines gültigen Visums für einen längerfristigen Aufenthalt ist.
* Er muss den Zweck und die Umstände des beabsichtigten Aufenthalts belegen und er muss über ausreichende Mittel zur Bestreitung seines Lebensunterhalts sowohl für die Dauer des beabsichtigten Aufenthalts als auch für die Rückreise in den Herkunftsstaat oder für die Durchreise in einen Drittstaat, in dem seine Zulassung gewährleistet ist, verfügen oder in der Lage sein, diese Mittel rechtmäßig zu erwerben (zu den erforderlichen Mitteln zur Sicherung des Lebensunterhalts vgl. auch Art. 5 Abs. 3 SchGKX).
* Er darf nicht im Schengener Informationssystem zur Einreiseverweigerung ausgeschrieben sein.
* Er darf keine Gefahr für die öffentliche Ordnung, die innere Sicherheit, die öffentliche Gesundheit oder die internationalen Beziehungen eines Mitgliedstaats darstellen und darf insbesondere nicht in den nationalen Datenbanken der Mitgliedstaaten zur Einreiseverweigerung ausgeschrieben worden sein.

Dieser Katalog entspricht im Wesentlichen den allgemeinen Erteilungsvoraussetzungen **101** für einen Aufenthaltstitel nach § 5 AufenthG, erweitert um die Belange der anderen Schengen-Staaten. Werden die tatbestandlichen Erteilungsvoraussetzungen nicht erfüllt, ist dem antragstellenden Drittausländer die Einreise zu verweigern (Art. 13 Abs. 1 S. 1 SchGKX)[218]. Dementsprechend kommt auch das Erteilen eines Schengen-Visums nicht in Betracht[219].

Dem EuGH zufolge verfügen die den Visakodex ausführenden Behörden bei der **102** Prüfung der Visumanträge über einen **weiten Beurteilungsspielraum**, der sich sowohl auf die einschlägigen Anwendungsvoraussetzungen als auch auf die Würdigung der Tatsachen bezieht, die für die Feststellung maßgeblich sind, ob die in diesen Bestimmungen genannten Gründe der Erteilung des beantragten Visums entgegenstehen[220]. Dies befreit die zuständigen Behörden jedoch nicht davor, eine umfassende und individuelle Prüfung eines konkreten Antrags auf Erteilung eines Visums vorzunehmen[221]. Das BVerwG verweist darauf, dass das Unionsrecht keine Vorgaben für den Umfang der gerichtlichen Kontrolle des vom EuGH als „weiten Beurteilungsspielraum" bezeichneten behördlichen Entscheidungsspielraums mache. Daher bleibe es grundsätzlich den Mit-

---

[218] Vgl. auch Art. 21 Abs. 5 und Art. 32 VO (EG) Nr. 810/2009 – Visakodex; zum erforderlichen Nachweis einer Rückkehrabsicht vor Ablauf des Schengen-Visums vgl. auch OVG Berlin-Brandenburg Beschl. v. 14.10.2014 – 2 B 11/13 BeckRS 2014, 57880; vgl. dazu auch EuGH, NVwZ 2014, 289 Rn. 64 ff. sowie BVerwG NVwZ 2011, 1201 und NVwZ 2012, 976.
[219] Zu den Voraussetzungen für die Aufhebung und Annullierung eines Schengen-Visums vgl. Art. 34 Verordnung (EG) Nr. 810/2009 – Visakodex; vgl. dazu EuGH NVwZ 2014, 289 m. Anm. *Huber*; VGH Kassel Beschl. v. 25.4.2017 – 3 B 941/17 BeckRS 2017, 110638; vgl. zur Rücknahme eines durch Täuschung erlangten Schengen-Visums nach Eheschließung in Deutschland VGH München NVwZ-RR 2010, 206.
[220] NVwZ 2014, 289 Rn. 60 m. krit. Anm. *Huber*; im Anschluss an EuGH nun auch ausdrücklich BVerwG, NVwZ 2016, 161.
[221] Vgl. OVG Berlin-Brandenburg Beschl. v. 31.3.2015 – 3 B 10/14 BeckRS 2015, 44780.

gliedstaaten vorbehalten, „im Rahmen ihrer Verfahrensautonomie über die Art und Weise der richterlichen Kontrolle sowie deren Intensität zu befinden"[222]. Weiter führt das Gericht aus[223]: „Danach wird die Ausübung eines Beurteilungsspielraums auf der Tatbestandsseite nur daraufhin überprüft, ob die Behörde die gültigen Verfahrensbestimmungen eingehalten hat, von einem richtigen Verständnis des anzuwendenden Gesetzesbegriffs ausgegangen ist, den erheblichen Sachverhalt vollständig und zutreffend ermittelt hat und sich bei der eigentlichen Beurteilung an allgemeingültige Bewertungsmaßstäbe gehalten, insbesondere das Willkürverbot nicht verletzt hat."

103     Ein Mitgliedstaat kann jedoch Drittstaatsangehörigen, die eine oder mehrere Voraussetzungen des Art. 6 Abs. 1 SchGKX nicht erfüllen, die Einreise in sein Hoheitsgebiet aus humanitären Gründen oder Gründen des nationalen Interesses oder aufgrund internationaler Verpflichtungen gestatten (Art. 6 Abs. Buchst. c) SchGKX; Art. 25 Abs. 1 Buchst. a Visakodex)[224]. Die Gültigkeit eines solchen – von deutschen Behörden ausgestellten – Einreisevisums ist dann jedoch räumlich auf das Hoheitsgebiet der Bundesrepublik Deutschland beschränkt. Die übrigen Schengen-Staaten sind über einen solchen Fall zu unterrichten, sofern zu dem betreffenden Drittstaatsangehörigen eine Ausschreibung im Schengener Informationssystem vorliegt (Art. 5 Abs. 4 Buchst. c) S. 2 SchGKX).

104     Gem. Art. 24 VO (EG) Nr. 810/2009 – Visakodex – kann ein einheitliches Visum für kurzfristige Aufenthalte auch für mehrere Aufenthalte mit einem Gültigkeitszeitraum von bis zu fünf Jahren mit der Maßgabe erteilt werden. Der Aufenthalt ist insoweit für jeweils maximal 90 Tage innerhalb eines Zeitraums von 180 Tagen, gerechnet von dem Tag der ersten Einreise erlaubt.

## b) Verlängerung eines Schengen-Visums (§ 6 Abs. 2 AufenthG)

105     Ein nach § 6 Abs. 1 AufenthG erteiltes Schengen-Visum kann gem. § 6 Abs. 2 S. 1 AufenthG nach Maßgabe von Art. 33 der VO (EG) Nr. 810/2009 – Visakodex – bis zu einer Gesamtaufenthaltsdauer von 90 Tagen je Zeitraum von 180 Tagen, gerechnet ab dem Tag der ersten Einreise, verlängert werden. Dies kommt in Betracht, wenn die zuständige Behörde eines Mitgliedstaats der Ansicht ist, „dass ein Visuminhaber das Vorliegen höherer Gewalt oder humanitärer Gründe belegt hat, aufgrund deren er daran gehindert ist, das Hoheitsgebiet der Mitgliedstaaten vor Ablauf der Gültigkeitsdauer des Visums bzw. vor Ablauf der zulässigen Aufenthaltsdauer zu verlassen" (Art. 33 Abs. 1 S. 1 VO [EG] Nr. 810/2009). Die Eigenschaft als Schengen-Visum mit all seinen rechtlichen Vergünstigungen bleibt insoweit aufrechterhalten.

106     Darüber hinaus kann gem. § 6 Abs. 2 S. 2 AufenthG das Visum **für weitere 90 Tage** innerhalb des betreffenden Zeitraums von 180 Tagen aus den in Art. 33 VO (EG) Nr. 810/2009 genannten Gründen (höhere Gewalt, humanitäre Gründe, schwerwiegende persönliche Gründe), zur Wahrung politischer Interessen der Bundesrepublik Deutschland oder aus völkerrechtlichen Gründen als **nationales Visum** verlängert werden. In einem solchen Fall verliert das Visum seine Eigenschaft als Schengen-Visum (vgl. auch Nr. 6.3.2 AVV-AufenthG). Dessen Gültigkeit ist dann auf den räumlichen Geltungsbereich des Bundesgebiets beschränkt (Nr. 6.3.2 AVV-AufenthG). Im Falle einer beabsichtigten Rückreise berechtigt das nationale Visum nicht dazu, durch andere Schengen-Staaten zu reisen.

---

[222] NVwZ 2016, 161 Rn. 21 unter Verweis auf die stRspr des EuGH.
[223] NVwZ 2016, 161 Rn. 21 mwN.
[224] Vgl. auch BVerwG NVwZ 2011, 1201 Rn. 29 und NVwZ 2012, 979 Rn. 22 ff.

Ein Antrag, ein Schengen-Visum zu verlängern, löst nach § 81 Abs. 4 S. 2 AufenthG 107
nicht die Fortgeltungsfiktion des § 81 Abs. 1 S. 4 AufenthG aus[225]. Die ursprünglich
gegebene Fiktionswirkung wurde vom Gesetzgeber mit Art. 1 Nr. 27a des Gesetzes zur
Verbesserung der Rechte von international Schutzberechtigten und ausländischen Arbeitnehmern vom 29.8.2013[226] aufgehoben. § 81 Abs. 4 S. 2 AufenthG bestimmt in der
nunmehr gültigen Fassung, dass die Fortgeltungsfiktion nicht für ein Schengen-Visum
nach § 6 Abs. 1 AufenthG gilt.

### c) Nationales Visum (§ 6 Abs. 3 AufenthG)

§ 6 Abs. 3 S. 1 AufenthG bestimmt, dass für **längerfristige,** also für von vornherein 108
mehr als drei Monate beabsichtigte **Aufenthalte** ein Visum für das Bundesgebiet
erforderlich ist, das vor der Einreise erteilt wird. Hierbei handelt es sich um ein
nationales Visum. Dessen Erteilung richtet sich nach den für die Aufenthalts- und
Niederlassungserlaubnis, die Blaue Karte EU, die ICT-Karte oder die Erlaubnis zum
Daueraufenthalt-EU geltenden Vorschriften (§ 6 Abs. 3 S. 2 AufenthG)[227]. Anders als
das Schengen-Visum berechtigt es dessen Inhaber nur dazu, in das Hoheitsgebiet der
Schengen-Staaten einzureisen, um sich in das Hoheitsgebiet des Staates zu begeben, der
das Visum erteilt hat (Art. 6 Abs. 5 Buchst. a) VO (EU) 2016/399 – SchGKX). Die
Berechtigung zur Durchreise besteht jedoch nicht, wenn der Drittausländer auf der
nationalen Ausschreibungsliste des Vertragsstaats steht, an dessen Außengrenze er
einreisen will und die Einreise oder Durchreise zu verweigern ist. Visa für einen
längerfristigen Aufenthalt haben gem. Art. 18 Abs. 2 S. 1 SDÜ eine Gültigkeit von
höchstens einem Jahr. Sofern ein Mitgliedstaat einem Drittausländer einen Aufenthalt
von mehr als einem Jahr gestattet, wird das Visum für einen längerfristigen Aufenthalt
vor Ablauf seiner Gültigkeitsdauer durch einen Aufenthaltstitel ersetzt (Art. 18 Abs. 2
S. 2 SDÜ).

Die Erteilung eines nationalen Visums bedarf nach Maßgabe des § 31 Abs. 1 AufenthV 109
– vorbehaltlich der Ausnahmetatbestände der §§ 32 bis 37 AufenthV – der vorherigen
Zustimmung der für den vorgesehenen Aufenthaltsort zuständigen Ausländerbehörde
(Vorabzustimmung) ua in folgenden Fällen:

- Nr. 1: Der Ausländer will sich zu anderen Zwecken als zur Erwerbstätigkeit oder zur
  Arbeitsplatzsuche länger als drei Monate im Bundesgebiet aufhalten.
- Nr. 2: Der Ausländer will im Bundesgebiet eine selbstständige Tätigkeit ausüben (a),
  eine Beschäftigung nach § 18 Abs. 4 S. 2 AufenthG ausüben (b) oder eine sonstige
  Beschäftigung ausüben und wenn er sich entweder bereits zuvor auf der Grundlage
  einer Aufenthaltserlaubnis, einer Blauen Karte EU, einer Niederlassungserlaubnis,,
  einer Erlaubnis zum Daueraufenthalt-EU, einer Duldung nach § 60a AufenthG oder
  einer Aufenthaltsgestattung nach § 55 AsylG im Bundesgebiet aufgehalten hat oder
  wenn gegen ihn aufenthaltsbeendende Maßnahmen erfolgt sind (c).

Die Zustimmung kann insbesondere in dringenden Fällen, im Falle eines Anspruchs 110
auf Erteilung eines Aufenthaltstitels, eines öffentlichen Interesses oder in den Fällen des
§ 18 AufenthG (Zulassung zur Beschäftigung), des § 19 AufenthG (Niederlassungserlaubnis für Hochqualifizierte), des § 19a AufenthG (Blaue Karte EU) oder des § 21
AufenthG bereits vor der Beantragung des Visums bei der Auslandsvertretung erteilt

---

[225] Vgl. VGH München Beschl. v. 12.8.2014 – 10 CS 14.1315, 10 C 14.1317 BeckRS 2014, 55848;
Beschl. v. 28.5.2015 – 10 CE 14.2123 BeckRS 2015, 47040 Rn. 2
[226] BGBl. I S. 3484.
[227] Aus dem Deutsch-Türkischen Investitionsschutzabkommen vom 20.6.1962 (vgl. BGBl. 1965 II
S. 1193) ergeben sich keine aufenthaltsrechtlichen Vergünstigungen; vgl. OVG Berlin-Brandenburg
Beschl. v. 5.1.2017 – OVG 11 N 34/14 BeckRS 2017, 100121.

werden (vgl. § 31 Abs. 3 AufenthV). Das Zustimmungsverfahren ist behördenintern. Die Verweigerung der Zustimmung selbst ist kein eigenständiger und mit Rechtsbehelfen unmittelbar angreifbarer Verwaltungsakt. Ist diese jedoch Grundlage, um ein beantragtes Visum abzulehnen, wird in einem hiergegen gerichteten Klageverfahren, in dem die Bundesrepublik Deutschland, vertreten durch das Auswärtige Amt, passivlegitimiert ist (vgl. § 71 Abs. 2 AufenthG), auch die negative Entscheidung der Ausländerbehörde materiell-rechtlicher Prüfungsgegenstand.

111    Das Aufenthaltsgesetz enthält keine rechtlichen Vorgaben über die Geltungsdauer des nationalen Visums. In der Praxis wird es, sofern nicht besondere Umstände eine Abweichung rechtfertigen, idR für drei Monate ausgestellt (Nr. 6.4.2.1, S. 1 AAV-AufenthG). Ansonsten ist die Dauer des beabsichtigten Aufenthalts im Bundesgebiet maßgebend, dann erfolgt die Erteilung des Visums regelmäßig für höchstens ein Jahr (→ Rn. 108).

112    Anders als bei einem Schengen-Visum ist eine Verlängerung des nationalen Visums in § 6 Abs. 3 AufenthG nicht vorgesehen. Allerdings erteilt § 39 Nr. 1 AufenthV einer Ausländerbehörde die Befugnis, auch ein nationales Visum zu verlängern. Um den weiteren Aufenthalt eines mit einem nationalen Visum eingereisten Ausländers abzusichern, bedarf es aber idR eines an die örtlich zuständige Ausländerbehörde (vgl. § 71 Abs. 1 AufenthG) gerichteten Antrags, je nach beabsichtigtem Aufenthaltszweck eine Aufenthalts- oder Niederlassungserlaubnis oder Blaue Karte EU zu erteilen. Einem Antrag, eine Erlaubnis zum Daueraufenthalt-EU zu erteilen, kommen in diesem Zusammenhang jedoch keine Erfolgsaussichten zu, da diese die Erfüllung der Anwartschaftsfrist nach § 9a Abs. 2 S. 1 Nr. 1 AufenthG voraussetzt. Beantragt ein Ausländer, das ihm erteilte nationale Visum gem. § 39 Nr. 1 AufenthV zu verlängern oder ihm einen anderen Aufenthaltstitel, zu erteilen, gilt der bisherige Aufenthaltstitel, also das Visum, vom Zeitpunkt seines Ablaufs bis zur Entscheidung der Ausländerbehörde als fortbestehend (§ 81 Abs. 4 AufenthG). Ob diese Fiktionswirkung auch eintritt, wenn der entsprechende Antrag verspätet gestellt worden ist, war umstritten, ist inzwischen aber durch das BVerwG dahingehend geklärt worden, dass sie grundsätzlich nur im Falle einer Antragstellung vor Ablauf der Geltungsdauer des zu verlängernden Aufenthaltstitels eintritt[228]. Um Rechtsverluste zu vermeiden und der Gefahr eines zeitweise unerlaubten Aufenthalts zu entgehen (vgl. dazu Nr. 81.4.2.1 AAV-AufenthG), ist es daher dringend anzuraten, auf eine rechtzeitige Antragstellung vor Ablauf der Gültigkeitsdauer eines nationalen Visums (oder eines anderen Aufenthaltstitels) zu achten.

113    § 6 Abs. 3 S. 3 AufenthG stellt klar, dass die Dauer des rechtmäßigen Aufenthalts mit einem nationalen Visum auf die Zeiten des Besitzes einer Aufenthalts- oder Niederlassungserlaubnis, einer Blauen Karte EU oder einer Erlaubnis zum Daueraufenthalt-EU angerechnet wird. Im Umkehrschluss heißt dies, dass die Zeiten des Aufenthalts mit einem Schengen-Visum für einen kurzfristigen Aufenthalt nicht anwartschaftsbegründend sind.

114    Das nationale Visum wird für das Bundesgebiet erteilt (§ 12 Abs. 1 S. 1 AufenthG). Hingegen gilt ein „einheitliches Visum" iSd Visakodex (Schengen-Visum) für das gesamte Hoheitsgebiet der Mitgliedstaaten (Art. 2 Nr. 3 Verordnung [EG] Nr. 810/2009). Zudem kann das Visum mit Bedingungen erteilt und verlängert werden (§ 12 Abs. 2 S. 1 AufenthG) und, auch nachträglich, mit Auflagen, insbesondere einer räumlichen Beschränkung, versehen werden (12 Abs. 2 S. 2 AufenthG).

### d) Ausnahme-Visum (§ 6 Abs. 4 AufenthG)

115    Nach § 6 Abs. 4 AufenthG wird ein Ausnahme-Visum iSd § 14 Abs. 2 AufenthG als Visum iSd § 6 Abs. 1 Nr. 1 (Schengen-Visum) oder des Abs. 3 (Nationales Visum) erteilt.

---

[228] Vgl. nur BVerwG NVwZ 2011, 1340; vgl. auch Nr. 6.4.1, S. 5 AVV-AufenthG.

## 3. Erteilung einer Aufenthaltserlaubnis (§ 7 AufenthG)

Die **Aufenthaltserlaubnis** nach § 7 AufenthG ist ein **befristeter Aufenthaltstitel**   **116** (Abs. 1 S. 1)[229]. Sie wird zu den in den Abschnitten 3–7 des Aufenthaltsgesetzes genannten Aufenthaltszwecken erteilt (Abs. 1 S. 2) und ggf. auch verlängert (§ 8 Abs. 1 AufenthG, → 117). Zu beachten ist jedoch, dass in den nachfolgenden Vorschriften für die Verlängerung einer Aufenthaltserlaubnis je nach Zweck nähere Voraussetzungen aufgestellt werden.

Für folgende **Aufenthaltszwecke** ist die Erteilung oder Verlängerung einer Aufenthaltserlaubnis gesetzlich vorgesehen[230]:   **117**

- Aufenthaltserlaubnis zum Zweck der **Ausbildung** mit strenger Zweckbindung (Kapitel 2, Abschnitt 3: §§ 16, 16b, 17, 17a und 17b AufenthG, → Rn. 203 ff.).
- Aufenthalt zum Zweck der selbstständigen oder unselbstständigen **Erwerbstätigkeit** (Kapitel 2, Abschnitt 4: §§ 18, 18a, 18c, 20 und 21 AufenthG). § 18 AufenthG regelt die Aufenthaltserlaubnis für die **Aufnahme einer unselbstständigen Erwerbstätigkeit** und fordert vorbehaltlich speziellerer Regelungen die interne Zustimmung der Bundesagentur für Arbeit nach § 39 AufenthG (→ Rn. 269 ff.). Eine eigenständige Arbeitsgenehmigung ist danach nicht mehr erforderlich. § 18a AufenthG befasst sich mit der Aufenthaltserlaubnis für qualifizierte Geduldete zum Zweck der Beschäftigung (→ Rn. 297 ff.) und § 18c AufenthG mit der Aufenthaltserlaubnis zur Arbeitsplatzsuche für qualifizierte Fachkräfte (→ Rn. 312 ff.). § 18d AufenthG regelt die Erteilung einer Aufenthaltserlaubnis zwecks Teilnahme am europäischen Freiwilligendienst (→ Rn. 315 ff.). § 20 AufenthG normiert die Einzelheiten für das Erteilen und Verlängern einer Aufenthaltserlaubnis zum Zweck der Forschung (→ Rn. 353 ff.) und § 20b AufenthG die der Aufenthaltserlaubnis für mobile Forscher (→ Rn. 377 ff.). § 21 AufenthG bestimmt schließlich, unter welchen Voraussetzungen eine Aufenthaltserlaubnis für die Aufnahme einer **selbstständigen Erwerbstätigkeit** erteilt und verlängert wird (→ Rn. 385 ff.).
- Aufenthalt aus **völkerrechtlichen, humanitären oder politischen Gründen** (Kapitel 2, Abschnitt 5: §§ 22–26 AufenthG). § 22 AufenthG regelt die Aufnahme ausländischer Staatsangehöriger aus dem Ausland aus völkerrechtlichen oder humanitären Gründen (→ Rn. 443 ff.) und § 23 AufenthG die Gewährung eines Aufenthaltsrechts durch die obersten Landesbehörden aus denselben Gründen bzw. um politische Interessen der Bundesrepublik Deutschland zu wahren (→ Rn. 455 ff.). Nach § 23 Abs. 4 S. 1 AufenthG kann das BMI im Rahmen der Neuansiedlung von Schutzsuchenden im Benehmen mit den obersten Landesbehörden anordnen, dass das BAMF bestimmten, für eine Neuansiedlung ausgewählten Schutzsuchenden **(Resettlement-Flüchtlinge)** eine Aufnahmezusage erteilt (→ Rn. 479 ff.). Die Aufenthaltsgewährung in Härtefällen ist Gegenstand von § 23a AufenthG (→ Rn. 486 ff.). § 24 AufenthG normiert die Einzelheiten, um einem Ausländer eine Aufenthaltserlaubnis zum vorübergehenden Schutz iSd RL 2001/55/EG des Rates der Europäischen Union zu erteilen und zu verlängern (→ Rn. 500 ff.). § 25 AufenthG regelt den Aufenthalt aus humanitären Gründen und betrifft unanfechtbar anerkannte **Asylberechtigte** (Abs. 1; → Rn. 512 ff.) bzw. **Flüchtlinge iSd § 3 Abs. 1 AsylG** sowie **subsidiär Schutzberechtigte iSd § 4 Abs. 1 AsylG** (Abs. 2; → Rn. 523 ff.). § 25 Abs. 3 AufenthG befasst sich mit Personen, bei denen ein **Abschiebungsverbot nach § 60 Abs. 5 oder 7 AufenthG** vorliegt (→ Rn. 537 ff.). § 25 Abs. 4a AufenthG sieht eine Aufenthaltserlaubnis für einen vorü-

---

[229] Die Erlaubnis zum Daueraufenthalt-EU nach §§ 9a bis 9c AufenthG ist kein befristeter, sondern ein unbefristeter Aufenthaltstitel.

[230] Vgl. auch Nr. 7.1.1.1 AVV-AufenthG.

bergehenden Aufenthalt von **Opfern einer Straftat nach §§ 232, 233 oder § 233a StGB** vor (→ Rn. 559 ff.) und § 25 Abs. 4b für **Opfer einer Straftat nach § 10 Abs. 1 oder § 11 Abs. 1 Nr. 3 des Schwarzarbeitsbekämpfungsgesetzes oder einer Straftat nach § 15a AÜG** vor (→ Rn. 571 ff.). Nach Abs. 5 S. 1 kann einem Ausländer, der vollziehbar ausreisepflichtig ist, eine Aufenthaltserlaubnis erteilt werden, wenn seine Ausreise aus rechtlichen oder tatsächlichen Gründen unmöglich ist (→ Rn. 579 ff.). Jedoch ist nach Abs. 5 S. 3 und 4 diese Möglichkeit ausgeschlossen, wenn der Ausländer die Ausreisehindernisse selbst zu vertreten hat, insbesondere wenn er falsche Angaben macht oder über seine Identität oder Staatsangehörigkeit täuscht oder zumutbare Anforderungen nicht erfüllt, um Ausreisehindernisse zu beseitigen. Schließlich bestimmt § 25a AufenthG die Voraussetzungen für eine Aufenthaltsgewährung bei gut integrierten Jugendlichen und Heranwachsenden (→ Rn. 603 ff.) und § 25b AufenthG für eine Aufenthaltsgewährung bei nachhaltiger Integration (→ Rn. 621 ff.). **§ 26 AufenthG** enthält Regelungen über die ausländerrechtliche Relevanz der jeweiligen **Dauer des Aufenthalts** (→ Rn. 638 ff.).

- **Aufenthalt aus familiären Gründen** (Kapitel 2, Abschnitt 6: §§ 27–36 AufenthG). Die Aufenthaltserlaubnis zur Herstellung und Wahrung der familiären Lebensgemeinschaft im Bundesgebiet für ausländische Staatsangehörige **(Familiennachzug)** wird zum Schutz von Ehe und Familie gem. Art. 6 GG erteilt und verlängert (§ 27 Abs. 1 AufenthG; → Rn. 727 ff.). § 28 AufenthG regelt die Grundsätze des Familiennachzugs zu Deutschen (→ Rn. 771 ff.) und § 29 AufenthG jene des Nachzugs zu Ausländern (→ Rn. 795 ff.). Weitere Voraussetzungen für den Ehegattennachzug und den Kindernachzug werden in §§ 30 und 32 AufenthG aufgestellt (→ Rn. 807 ff. und 852 ff.). § 31 AufenthG befasst sich mit dem **eigenständigen Aufenthaltsrecht,** das im Falle der Aufhebung einer ehelichen Lebensgemeinschaft durch Tod oder durch Trennung nach einem mindestens zweijährigen rechtmäßigen Bestand im Bundesgebiet als vom Zweck des Familiennachzugs unabhängiges Recht zum zunächst befristeten weiteren Verbleib im Inland berechtigt (→ Rn. 834 ff.). Ua die §§ 28–31 AufenthG gelten entsprechend, um eine **lebenspartnerschaftliche Gemeinschaft** im Bundesgebiet herzustellen oder zu wahren (§ 27 Abs. 2 AufenthG). Die Erteilung einer **Aufenthaltserlaubnis** zum Zweck des Familiennachzugs **kann versagt werden,** wenn derjenige, zu dem der Familiennachzug stattfindet, für den Unterhalt von anderen ausländischen Familienangehörigen oder anderen Haushaltsangehörigen auf **Sozialhilfe** angewiesen ist (§ 27 Abs. 3 AufenthG). § 33 AufenthG regelt die aufenthaltsrechtlichen Folgen der **Geburt eines ausländischen Kindes** im Bundesgebiet (→ Rn. 866 ff.) und § 34 AufenthG das **Aufenthaltsrecht der Kinder,** denen eine Aufenthaltserlaubnis erteilt worden ist (→ Rn. 870 f.). Schließlich befasst sich § 35 AufenthG mit dem eigenständigen, unbefristeten Aufenthaltsrecht der Kinder (→ Rn. 872 ff.). Der auf die Fälle einer außergewöhnlichen Härte beschränkte **Nachzug sonstiger Familienangehöriger,** insbesondere der Verwandten in aufsteigender Linie oder in der Seitenlinie, ist in § 36 AufenthG normiert (→ Rn. 877 ff.).
- **Besondere Aufenthaltsrechte** (Kapitel 2, Abschnitt 7: §§ 37 bis 38a AufenthG). § 37 AufenthG befasst sich mit dem **Recht auf Wiederkehr** eines Ausländers, der als Minderjähriger rechtmäßig seinen gewöhnlichen Aufenthalt im Bundesgebiet hatte und ins Ausland verzogen ist (Abs. 1 bis 4; → Rn. 886 ff.). Eine entsprechende Regelung enthält § 37 Abs. 5 AufenthG für einen ausgereisten Ausländer, der von einem Träger im Bundesgebiet Rente bezieht (Rn. → 906 f.). § 38 AufenthG benennt die Möglichkeiten, **ehemaligen Deutschen** einen Aufenthaltstitel zu erteilen (→ Rn. 908 ff.). § 38a AufenthG normiert die Voraussetzungen der Aufenthaltserlaubnis für in anderen Mitgliedstaaten der Europäischen Union langfristig Aufenthaltsberechtigte (→ Rn. 921 ff.).

- **Aufenthaltsrechte nach der Altfallregelung:** Mit dem Richtlinienumsetzungsgesetz vom 19.8.2007 ist in § 104a AufenthG eine Altfallregelung und in § 104b AufenthG ein Aufenthaltsrecht für integrierte Kinder von geduldeten Ausländern eingeführt worden (Rn. → 683 ff.).

Ein Wechsel des durch die Erteilung einer bestimmten Aufenthaltserlaubnis festgeleg-  **118**
ten Aufenthaltszwecks ist gesetzlich nicht ausgeschlossen, sofern das Aufenthaltsgesetz keine speziellen Ausschlussgründe benennt (Nr. 7.1.2 AVV-AufenthG). Zu bedenken ist jedoch, dass während eines Aufenthalt zum Zweck der Ausbildung (→ Rn. 203 ff.) idR keine Aufenthaltserlaubnis für einen anderen Aufenthaltszweck erteilt oder verlängert werden soll, es sei denn, dass hierauf ein gesetzlicher Anspruch (zB wegen Eheschließung) besteht (§§ 16 Abs. 2 und 5 S. 2, 17 S. 3 AufenthG). Ist ein Ausländer im Besitz eines Touristenvisums, kann er ohne vorherige Ausreise aus dem Bundesgebiet ebenfalls nur dann in einen längerfristigen Aufenthaltszweck überwechseln, wenn ein Rechtsanspruch auf Erteilung eines Aufenthaltstitels besteht (§ 39 Nr. 3 AufenthV[231].

Beantragt ein Ausländer, ihm eine Aufenthaltserlaubnis für einen anderen Aufent  **119**
haltszweck zu erteilen, prüft die Ausländerbehörde, ob die gesetzlichen Voraussetzungen hierfür vorliegen und Versagungsgründe der Erteilung nicht entgegenstehen. Ist dies der Fall, trifft sie, sofern kein Rechtsanspruch besteht, eine eigenständige Ermessensentscheidung und erteilt gegebenenfalls die beantragte neue Aufenthaltserlaubnis[232]. Zugleich ist in diesem Zusammenhang auch über die Geltungsdauer dieses Titels zu befinden. Zudem ist es nicht ausgeschlossen, dass auch der alte Aufenthaltstitel aufrecht erhalten bleibt.

Wird ein Antrag, eine Aufenthaltserlaubnis zu einem neuen Aufenthaltszweck zu  **120**
erteilen, von der Ausländerbehörde abgelehnt, gilt der alte Aufenthaltstitel bis zum Ablauf seiner Gültigkeitsdauer weiter (Nr. 7.1.2.2, S. 3 AVV-AufenthG).

In begründeten Fällen kann eine Aufenthaltserlaubnis auch für einen von dem Auf  **121**
enthaltsgesetz nicht vorgesehenen, dh von Kapitel 2 Abschnitte 3 bis 7 nicht erfassten Aufenthaltszweck erteilt werden (§ 7 Abs. 1 S. 3 AufenthG)[233]. Erforderlich ist, dass die allgemeinen Erteilungsvoraussetzungen des § 5 AufenthG (→ Rn. 62 ff.) erfüllt sind.

Die Aufenthaltserlaubnis ist unter Berücksichtigung des beabsichtigten Aufenthalts  **122**
zwecks zu **befristen** (§ 7 Abs. 2 S. 1 AufenthG). Sofern eine für die Erteilung, Verlängerung oder die Bestimmung der Geltungsdauer **wesentliche,** dh entscheidungserhebliche, Voraussetzung entfallen ist, kann die Gültigkeitsdauer auch nachträglich verkürzt werden (§ 7 Abs. 2 S. 2 AufenthG)[234]. Eine solche nachträgliche Befristung der Geltungsdauer kommt nicht in Betracht, wenn **von vornherein** die Voraussetzungen für die Erteilung oder Verlängerung der Aufenthaltserlaubnis nicht vorgelegen haben. Dann steht der Ausländerbehörde die Möglichkeit zu, die Aufenthaltserlaubnis nach § 48 VwVfG zurückzunehmen[235].

Die Aufenthaltserlaubnis kann mit **Bedingungen** erteilt und verlängert werden (§ 12  **123**
Abs. 2 S. 1 AufenthG) (→ Rn. 187 ff.) und, auch nachträglich, mit **Auflagen,** insbesondere einer räumlichen Beschränkung, versehen werden (§ 12 Abs. 2 AufenthG, → Rn. 191 ff.).

---

[231] Zum Aufenthaltstitel bei einem Asylantrag → Rn. 133 ff.
[232] Hierfür fällt eine Gebühr nach § 45 Nr. 3 AufenthV an.
[233] Zu möglichen Fallkonstellationen vgl. Nr. 7.1.3 AVV-AufenthG.
[234] Widerspruch und Klage haben vorbehaltlich einer Anordnung des Sofortvollzugs aufschiebende Wirkung (vgl. § 84 Abs. 1 AufenthG; → Rn. 1399). Für die Anordnung des Sofortvollzugs bedarf es eines besonderen öffentlichen Interesses an der sofortigen Beendigung des Aufenthalts der betroffenen Person; vgl. OVG Koblenz Beschl. v. 18.1.2017 – 7 B 10722/16.OVG BeckRS 2017, 105580.
[235] Vgl. nur BVerwGE 98, 298 = NVwZ 1995, 1119.

### 4. Verlängerung der Aufenthaltserlaubnis (§ 8 AufenthG)

124     Auf die Verlängerung einer Aufenthaltserlaubnis finden dieselben Vorschriften Anwendung, die für die Erteilung eines solchen Aufenthaltstitels gelten. Diese in § 8 Abs. 1
AufenthG enthaltene Regelung wird jedoch durch speziellere Vorschriften der §§ 16 bis
38a AufenthG modifiziert.

125     Eine Aufenthaltserlaubnis kann idR nicht verlängert werden, wenn die zuständige
Behörde dies bei einem seiner Zweckbestimmung nach nur vorübergehenden Aufenthalt
(zB Beschäftigung als Saison- oder Werkvertragsarbeitnehmer; vgl. Nr. 8.2.1 AVV-AufenthG) bei der Erteilung oder der zuletzt erfolgten Verlängerung der Aufenthaltserlaubnis ausdrücklich ausgeschlossen hat (§ 8 Abs. 2 AufenthG)[236]. In Ausnahmefällen kann
diese jedoch verlängert werden (Nr. 8.2.1.2 AVV-AufenthG). Ob die Verlängerungsvoraussetzungen erfüllt sind, bestimmt sich auch dann, wenn der Behörde von Gesetzes
wegen ein Ermessen eingeräumt ist, nach dem Zeitpunkt der letzten mündlichen Verhandlung oder Entscheidung des Tatsachengerichts[237].

126     Nach § 8 Abs. 3 AufenthG **ist** bei einer Entscheidung, ob eine Aufenthaltserlaubnis
verlängert wird, der Umstand zu berücksichtigen, dass ein Ausländer seine nach § 44a
AufenthG bestehende Verpflichtung verletzt, ordnungsgemäß. an einem **Integrationskurs** teilzunehmen (S. 1)[238]. Sofern ein Rechtsanspruch auf die Erteilung einer Aufenthaltserlaubnis nicht besteht, **soll** bei **wiederholter und gröblicher** Verletzung der Pflichten nach § 44a Abs. 1 S. 1 AufenthG, an einem Integrationskurs teilzunehmen, ein
Antrag, eine Aufenthaltserlaubnis zu verlängern, abgelehnt werden (§ 8 Abs. 3 S. 2 AufenthG). Dies gilt jedoch nicht, wenn ein Ausländer nachweisen kann, dass seine Integration in das gesellschaftliche und soziale Leben anderweitig erfolgt ist. Im Übrigen sind
bei den Entscheidungen nach den Sätzen 1 und 2 die Dauer des rechtmäßigen Aufenthalts, schutzwürdige Bindungen des Ausländers an das Bundesgebiet und die Folgen für
die rechtmäßig im Bundesgebiet lebenden Familienangehörigen des Ausländers zu berücksichtigen (§ 8 Abs. 3 S. 4 AufenthG).

127     § 8 Abs. 3 AufenthG gilt nicht für Staatsangehörige der EU- und EWR-Staaten sowie
deren gegebenenfalls aus einem Drittstaat stammenden Familienangehörigen. Auf diesen
Personenkreis ist dem Grundsatz nach das Aufenthaltsgesetz nicht anwendbar (§ 1 Abs. 2
Nr. 1 AufenthG iVm §§ 1 und 12 FreizügG/EU). Darüber hinaus stellt die unterlassene
Teilnahme an einem Integrationskurs keinen Grund dar, die einem nach Maßgabe der
Art. 6 oder 7 ARB 1/80 assoziationsrechtlich begünstigten türkischen Staatsangehörigen
erteilte **deklaratorische** Aufenthaltserlaubnis (§ 4 Abs. S. 1 AufenthG) nicht zu verlän-
gern[239]. § 8 Abs. 4 AufenthG schließt die Anwendung von § 8 Abs. 3 AufenthG für die
Fälle einer Verlängerung einer nach § 25 Abs. 1, 2 oder 3 erteilten Aufenthaltserlaubnis
aus.

### 5. Blaue Karte EU (§ 19a AufenthG)

128     Die Blaue Karte EU ist ein von der RL 2009/50/EG vorgesehener Aufenthaltstitel, der
der Einreise und dem Aufenthalt von Drittstaatsangehörigen zur Ausübung einer hochqualifizierten Beschäftigung dient. Die näheren Einzelheiten sind in § 19a AufenthG

---

[236] Vgl. VGH München Beschl. v. 26.1.2007 – 24 C 06.3378 BeckRS 2007, 29076.

[237] Vgl. nur BVerwG NVwZ 2010, 262 Rn. 37 ff.; OVG Münster Beschl. v. 9.12.2013 – 18 B 267/
13 BeckRS 2014, 45981.

[238] Vgl. dazu auch *Huber* ZAR 2004, 86 bzw. *ders.* in: Barwig/Davy, Auf dem Weg zur Rechtsgleichheit?, 2004, S. 250 ff.

[239] Vgl. ebda. sowie Nr. 44 a.3.2, S. 5 und 6 VAH-AufenthG, anders aber Nr. 44a 3.3 AVV-
AufenthG..

geregelt (→ Rn. 329 ff.). Die Blaue Karte EU wird bei ihrer erstmaligen Erteilung idR auf höchstens vier Jahre befristet.

## 6. ICT-Karte (§ 19b AufenthG)

Mit dem Gesetz zur Umsetzung aufenthaltsrechtlicher Richtlinien der EU zur Arbeits- **129** migration vom 12.5.2017[240] wurde die ICT-Karte für unternehmensintern transferierte Arbeitnehmer als neuer Aufenthaltstitel in das Aufenthaltsgesetz aufgenommen. Es handelt sich um einen befristeten Aufenthaltstitel. Die näheren Einzelheiten regelt § 19b AufenthG (→ Rn. 341 ff.).

## 7. Mobiler-ICT-Karte (§ 19d AufenthG)

Gleichfalls wurde mit dem Gesetz zur Umsetzung aufenthaltsrechtlicher Richtlinien **130** der EU zur Arbeitsmigration vom 12.5.2017[241] die Mobiler-ICT-Karte für unternehmens- intern transferierte Arbeitnehmer als neuer Aufenthaltstitel in das Aufenthaltsgesetz auf- genommen. Auch bei diesem handelt es sich um einen befristeten Aufenthaltstitel. Die näheren Einzelheiten regelt § 19d AufenthG (→ Rn. 349 ff.).

## 8. Niederlassungserlaubnis (§ 9 AufenthG)

Die Niederlassungserlaubnis ist ein **unbefristeter** Aufenthaltstitel (§ 9 Abs. 1 S. 1 Auf- **131** enthG). Sie berechtigt dazu, eine Erwerbstätigkeit auszuüben, ist zeitlich und räumlich unbeschränkt und kann nur in den durch das Aufenthaltsgesetz ausdrücklich zugelasse- nen Fällen mit einer Nebenbestimmung versehen werden (§ 9 Abs. 1 S. 2 AufenthG). Gem. § 9 Abs. 1 S. 3 AufenthG ist es jedoch möglich, das Verbot und die Beschränkung die politische Betätigung eines Ausländers nach § 47 AufenthG zu verbieten oder zu beschränken (→ Rn. 929 ff.). Die Anspruchsvoraussetzungen für eine Niederlassungs- erlaubnis sind in § 9 Abs. 2 bis 4 AufenthG geregelt (zu den Einzelheiten → Rn. 934 ff.).

## 9. Die Erlaubnis zum Daueraufenthalt-EU (§§ 9a bis 9c AufenthG)

Die Erlaubnis zum Daueraufenthalt-EU ist mit dem Richtlinienumsetzungsgesetz vom **132** 19.8.2007[242] in das Aufenthaltsgesetz aufgenommen worden. Es handelt sich bei ihr um einen unbefristeten Aufenthaltstitel (zu den Einzelheiten → Rn. 958 ff.). Die Bestimmun- gen des § 9 Abs. 1 S. 2 und 3 des Aufenthaltsgesetzes für die Niederlassungserlaubnis gelten entsprechend (§ 9a Abs. 1 S. 2 AufenthG). Vorbehaltlich besonderer Regelungen in dem Aufenthaltsgesetz ist die Erlaubnis zum Daueraufenthalt-EU der Niederlassungs- erlaubnis gleichgestellt (§ 9a Abs. 1 S. 3 AufenthG).

## 10. Aufenthaltstitel bei Asylantrag (§ 10 AufenthG)

### a) § 10 Abs. 1 AufenthG

§ 10 Abs. 1 AufenthG bestimmt, dass einem Ausländer, der einen Asylantrag[243] gestellt **133** hat, **vor** dem bestandskräftigen Abschluss des Asylverfahrens grundsätzlich ein Aufent- haltstitel nicht erteilt werden darf. Eine Ausnahme hiervon besteht außer in den Fällen eines gesetzlichen Anspruchs auf einen entsprechenden Titel (→ Rn. 71) nur dann, wenn

---

[240] BGBl. I S. 1106.
[241] BGBl. I S. 1106.
[242] BGBl. I S. 1970.
[243] Zum Begriff des Asylantrags vgl. § 13 AsylG.

die oberste Landesbehörde der Erteilung eines Aufenthaltstitels zugestimmt hat und wichtige Interessen der Bundesrepublik Deutschland dies erfordern.

**134**  Ein **bestandskräftiger Abschluss des Asylverfahrens** liegt vor, wenn gegen den Bescheid des BAMF keine Klage erhoben worden oder das Klageverfahren unanfechtbar abgeschlossen worden ist. Hat das BAMF in seinem Bescheid dem Asylantrag **nur teilweise stattgegeben** (und wird der Rechtsweg gegen den **ablehnenden Teil** des Bescheides beschritten, ist das Asylverfahren noch nicht abgeschlossen[244]. Im Falle der Rücknahme eines Asylantrags oder des Verzichts auf die Durchführung eines Asylverfahrens nach § 14a Abs. 3 AsylG aufgrund eines **fiktiv** gestellten Asylantrags für ein minderjähriges Kind ist das Asylverfahren noch nicht mit Zugang einer entsprechenden Erklärung beim BAMF abgeschlossen. Vielmehr bedarf es sodann noch einer behördlichen Entscheidung von Amts wegen gem. § 32 AsylG, ob die in § 60 Abs. 5 oder 7 AufenthG bezeichneten Voraussetzungen für die Aussetzung der Abschiebung vorliegen. Erst wenn ein solcher Bescheid ergangen ist und in Bestandskraft erwächst, ist die Sperrwirkung des § 10 Abs. 1 AufenthG beseitigt (Nr. 10.1.1 AVV-AufenthG). Dasselbe gilt, wenn ein Asylfolgeantrag gem. § 71 Abs. 1 S. 1 AsylG oder ein Zweitantrag gem. § 71a AsylG gestellt worden ist (Nr. 10.1.2 AVV-AufenthG).

**135**  Ob ausnahmsweise trotz eines laufenden Asylverfahrens nach Maßgabe des § 10 Abs. 1 AufenthG ein Aufenthaltstitel erteilt werden kann, entscheidet die Ausländerbehörde. Da der Gesetzgeber schützenswerten privaten Interessen bereits dadurch Rechnung getragen hat, dass für bestimmte Fallkonstellationen trotz laufenden Asylverfahrens ein gesetzlicher Rechtsanspruch auf Erteilung eines Aufenthaltstitels vorgesehen ist, dürfte es sich bei den in der Vorschrift benannten wichtigen Interessen der Bundesrepublik Deutschland nur um solche des öffentlichen Interesses handeln. Nach Nr. 10.1.4, S. 3 AAV-AufenthG kommt ein solcher Ausnahmefall in Betracht, wenn es sich um einen Wissenschaftler von internationalem Rang oder eine international geachtete Persönlichkeit handelt. Auch erhebliche außenpolitische Interessen der Bundesrepublik Deutschland können gegebenenfalls zur Erteilung eines Aufenthaltstitels führen (Nr. 10.1.4, S. 4 AVV-AufenthG). Ist die Ausländerbehörde der Ansicht, dass ein Ausnahmefall iSd § 10 Abs. 1 AufenthG vorliegt, ist es notwendig, dass die oberste Landesbehörde der Erteilung eines Aufenthaltstitels zustimmt. Die Verlängerung eines entsprechenden Aufenthaltstitels setzt voraus, dass das für dessen Erteilung erforderliche wichtige öffentliche Interesse fortbesteht.

### b) § 10 Abs. 2 AufenthG

**136**  Hält sich ein Ausländer mit einem **nach** seiner Einreise erteilten oder verlängerten Aufenthaltstitel rechtmäßig im Bundesgebiet auf, so kann gem. § 10 Abs. 2 AufenthG dieser auch dann verlängert werden, wenn der Ausländer in der Zwischenzeit einen Asylantrag gestellt hat. In diesem Zusammenhang ist die spezifische Zweckbindung des erteilten oder verlängerten Aufenthaltstitels zu beachten (vgl. § 7 Abs. 1 S. 2 AufenthG → Rn. 116 f.). Wird hingegen beantragt, einen Aufenthaltstitel zu einem anderen als dem bisherigen Aufenthaltszweck zu erteilen, kommt § 10 Abs. 1 AufenthG zur Anwendung (Nr. 10.2.2 AVV-AufenthG).

**137**  In diesem Zusammenhang sind die Wirkungen, die mit dem Stellen eines Asylantrags einhergehen, zu beachten. Nach § 55 Abs. 2 S. 2 AsylG erlöschen nämlich mit der Antragstellung eine Befreiung vom Erfordernis eines Aufenthaltstitels und ein Aufenthaltstitel mit einer Gesamtgeltungsdauer bis zu sechs Monaten sowie die in § 81 Abs. 3 und 4 AufenthG bezeichneten Wirkungen eines Antrags auf Erteilung eines Aufenthaltstitels (→ Rn. 1385 f.). Demgegenüber bleibt § 81 Abs. 4 AufenthG unberührt, wenn der

---

[244] BVerwG NVwZ 2016, 458 Rn. 12 ff. und NVwZ 2016, 1498.

Ausländer einen Aufenthaltstitel mit einer Gesamtgeltungsdauer von mehr als sechs Monaten besessen und dessen Verlängerung beantragt hat. Im Übrigen wird bei einem solchen Sachverhalt eine nach dem Asylgesetz erlassene Abschiebungsandrohung erst mit der Ablehnung des Verlängerungsantrags vollziehbar (§ 43 Abs. 2 S. 1 AsylG).

### c) § 10 Abs. 3 AufenthG

Einem Ausländer, dessen Asylantrag unanfechtbar abgelehnt worden ist oder der seinen Asylantrag zurückgenommen hat, darf **vor** der Ausreise ein Aufenthaltstitel nur nach Maßgabe des Kap. 2, Abschn. 5, des Aufenthaltsgesetzes zum Aufenthalt aus völkerrechtlichen, humanitären oder politischen Gründen (→ 404 Rn. ff.) erteilt werden (§ 10 Abs. 3 S. 1 AufenthG). Im Falle des gem. § 14a Abs. 3 AsylG erklärten Verzichts des Vertreters eines Kindes, für dieses ein Asylverfahren durchzuführen, gilt jedoch die Ausschlussregelung des § 10 Abs. 3 S. 1 AufentG nicht (Nr. 10.3.0 AVV-AufenthG). **138**

Sofern ein **Asylantrag** vom BAMF nach **§ 30 Abs. 3 AsylG** ua wegen Täuschung, Falschangaben, Abwenden einer drohenden Aufenthaltsbeendigung, unterlassener Mitwirkung, vollziehbare Ausweisung nach §§ 53, 54 AufenthG oder Asylantrag für handlungsunfähigen Ausländer als **offensichtlich unbegründet** abgelehnt worden ist, verbietet § 10 Abs. 3 S. 2 AufenthG, vor der Ausreise des Betroffenen diesem einen Aufenthaltstitel zu erteilen. Diese Norm schließt die Erteilung eines Aufenthaltstitels nach Ablehnung eines Asylantrages als offensichtlich unbegründet jedoch nur dann aus, wenn das BAMF die Ablehnung sowohl hinsichtlich der Asylanerkennung als auch hinsichtlich der Voraussetzungen des § 60 Abs. 1 AufenthG aF/§§ 3 und 4 AsylG auf § 30 Abs. 3 Nr. 1 bis 6 AsylG gestützt hat[245]. Wird hingegen der Asylantrag nach § 30 Abs. 1 (offensichtliches Fehlen der Voraussetzungen des Art. 16a Abs. 1 GG und/oder der Voraussetzungen des § 60 Abs. 1 AufenthG aF/§ 3 AsylG), Abs. 2 (wirtschaftliche Gründe, allgemeine Notsituation, kriegerische Auseinandersetzungen), Abs. 4 (Vorliegen der Ausschlussgründe nach § 60 Abs. 8 AufenthG) oder Abs. 5 AsylG (Asylantrag ist seinem Inhalt nach kein Asylantrag iSd § 13 Abs. 1 AsylG) als offensichtlich unbegründet abgelehnt, kommt § 10 Abs. 3 S. 2 AufenthG nicht zum Zuge[246]. **139**

Im Hinblick auf die weitreichenden Rechtsfolgen des § 10 Abs. 3 S. 2 AufenthG steht dem BVerwG zufolge einem Asylbewerber, dessen Asylantrag nach § 30 Abs. 3 AsylVfG als offensichtlich unbegründet abgelehnt worden ist, ein Rechtsschutzinteresse zu, im Wege der Anfechtungsklage eine isolierte Aufhebung des Offensichtlichkeitsurteils in dem Bescheid des BAMF zu erstreiten[247]. Die Sperrwirkung aus § 10 Abs. 3 AufenthG entfalle jedoch nicht bereits dann, wenn auf einen erfolgreichen Eilantrag des Ausländers hin die aufschiebende Wirkung der Klage gegen eine Ablehnung des Asylantrags als offensichtlich unbegründet angeordnet worden ist[248]. **140**

Nach § 10 Abs. 3 S. 3 AufenthG sind die S. 1 und 2 der Vorschrift nicht anzuwenden, wenn ein Anspruch auf Erteilung eines Aufenthaltstitels gegeben ist. Erforderlich ist nach überwiegender Ansicht ein gesetzlicher, sich unmittelbar aus einer Rechtsvorschrift ergebender Anspruch[249]. Ein Regelanspruch genügt danach nicht,[250] erst recht nicht eine Ermessensreduzierung auf Null[251]. Nach § 10 Abs. 3 S. 3 Hs. 2 AufenthG ist Abs. 3 S. 2 **141**

---

[245] So zutr. OVG Greifswald Beschl. v. 31.1.2007 – 2 O 109/06 BeckRS 2008, 32106.
[246] Zu § 30 Abs. 2 AsylG VGH München Beschl. v. 19.3.2013 – 10 C 13.334 BeckRS 2013, 50080 Rn. 27.
[247] BVerwG NVwZ 2007, 465 Rn. 16 ff.; vgl. auch BVerwG NVwZ 2009, 789 und NVwZ 2010, 386.
[248] BVerwG NVwZ 2007, 465 Rn. 22.
[249] Vgl. nur BVerwG NVwZ 2016, 458 Rn. 20 ff.
[250] Noch offen gelassen von BVerwG NVwZ 2009, 789 Rn. 24.
[251] BVerwG NVwZ 2009, 789 Rn. 21 ff.

ferner nicht anzuwenden, wenn der Ausländer die Voraussetzungen für die Erteilung einer Aufenthaltserlaubnis nach § 25 Abs. 3 AufenthG erfüllt.

142     § 18a Abs. 3 AufenthG bestimmt, dass einem Ausländer gem. § 18a Abs. 1 AufenthG eine **„Aufenthaltserlaubnis für qualifizierte Geduldete zum Zweck der Beschäftigung"** abweichend von § 10 Abs. 3 S. 1 AufenthG und in den Fällen des § 30 Abs. 3 Nr. 7 AsylG (Ablehnung eines Asylantrags als offensichtlich unbegründet, der für einen nach dem AsylG handlungsunfähige ausländische Person gestellt wird oder nach § 14a AsylG als gestellt gilt, nachdem zuvor Asylanträge der Eltern oder des allein personensorgeberechtigten Elternteils unanfechtbar abgelehnt worden sind) auch abweichend von § 10 Abs. 3 S. 2 AufenthG erteilt werden kann.

## 11. Einreise- und Aufenthaltsverbot (§ 11 AufenthG)

143     § 11 AufenthG regelt die Einzelheiten eines Einreise- und Aufenthaltsverbots für drittstaatsangehörige Ausländer.

### a) Einreise- und Aufenthaltsverbot (§ 11 Abs. 1 AufenthG)

144     Gem. § 11 Abs. 1 S. 1 AufenthG darf ein Ausländer, der ausgewiesen (→ Rn. 1079 ff.), zurückgeschoben (→ Rn. 1134 ff.) oder abgeschoben (→ Rn. 1143 ff.) worden ist, nicht erneut in das Bundesgebiet einreisen und sich darin aufhalten. Zugleich bewirkt der Vollzug dieser Maßnahmen, dass der Betroffene zum Zweck der Einreiseverweigerung und für den Fall des Antreffens im Bundesgebiet zur Festnahme gem. § 50 Abs. 6 S. 2 AufenthG im nationalen polizeilichen Informationssystem INPOL bzw. gem. Art. 96 im Schengener Informationssystem (SIS) mit schengenweiter Geltung ausgeschrieben wird (vgl. auch Nr. 11.1.0 AVV-AufenthG). Die Titelerteilungssperre ist absolut, da auch bei Vorliegen der Voraussetzungen eines Anspruchs nach dem Aufenthaltsgesetz kein Aufenthaltstitel erteilt werden darf (§ 11 Abs. 1 AufenthG)[252].

145     Für Unionsbürger und EWR-Bürger sowie deren Familienangehörige und für freizügigkeitsberechtigte schweizerische Staatsangehörige gilt § 11 Abs. 1 AufenthG mit Ausnahme des Abs. 8 (vgl. § 11 Abs. 1 S. 1 FreizügG/EU) nicht. Hat ein zu diesem Personenkreis zählender Ausländer sein Freizügigkeitsrecht nach § 6 Abs. 1 oder 3 FreizügG/EU verloren, darf er gem. § 7 Abs. 2 S. 1 FreizügG/EU nicht erneut in das Bundesgebiet einreisen und sich darin aufhalten (→ Rn. 1569 ff.). Dieses Verbot ist gem. § 7 Abs. 2 S. 5 FreizügG/EU von Amtswegen zu befristen. Dies gilt auch für eine so genannte „Altausweisung", die gegenüber einem Unionsbürger zu Zeiten vor dem Beitritt seines Herkunftsstaates zur EU ausgesprochen worden war[253].

146     Auf assoziationsrechtlich begünstigte türkische Arbeitnehmer und ihre Familienangehörigen ist hingegen § 11 Abs. 1 AufenthG anwendbar, jedoch nur unter Beachtung der Vorgaben des vorrangigen Assoziationsrechts (→ Rn. 1587 ff.). Daher steht einem türkischen Staatsangehörigen ein Anspruch auf nachträgliche Befristung der Wirkungen seiner Abschiebung zu, wenn seinerzeit sein assoziationsrechtliches Aufenthaltsrecht nicht gesehen oder verkannt wurde[254].

147     Die gesetzliche Sperrwirkung des § 11 Abs. 1 S. 1 AufenthG greift jedoch nicht ein, wenn lediglich ein Antrag, eine Aufenthaltserlaubnis zu erteilen oder zu verlängern, abgelehnt worden ist und der Betroffene innerhalb der ihm gesetzten Ausreisefrist das Bundesgebiet freiwillig verlassen hat. Ist jedoch die Versagung des Aufenthaltstitels mit

---

[252] Vgl. in diesem Zusammenhang auch § 11 Abs. 4 S. 2 AufenthG (→ Rn. 168 f.).
[253] BVerwG NVwZ 2015, 1210 Rn. 22; vgl. auch BVerwG InfAuslR 2017, 228 = BeckRS 2016, 11213.
[254] VG Frankfurt a. M. Urt. v. 22.1.2007 – 7 E 631/06 BeckRS 2007, 23005.

einer Ausweisungsverfügung verbunden worden, kommt die Sperre wieder zum Zuge[255]. Dies gilt unabhängig davon, ob hinsichtlich der **Ausweisung** Sofortvollzug angeordnet worden ist oder nicht (Nr. 11.1.2.2 AVV-AufenthG)[256]. Schließlich vermag danach auch ein erfolgreicher Eilantrag gem. § 80 Abs. 5 VwGO gegen eine für sofort vollziehbar erklärte Ausweisung die gesetzlichen Folgen des § 11 Abs. 1 S. 1 AufenthG nicht zu beseitigen. Eine Ausnahme von diesem Grundsatz wird jedoch angenommen, wenn im Falle der Ablehnung eines Antrags auf Erteilung oder Verlängerung eines Aufenthaltstitels, die mit einer gleichzeitig verfügten Ausweisung verbunden worden ist, eine gem. Art. 19 Abs. 4 GG auch im einstweiligen Rechtsschutzverfahren zwingend gebotene inzidente, wenn auch nur summarische Prüfung[257] ergibt, dass die Ausweisung sich in einem Hauptsacheverfahren aller Wahrscheinlichkeit nach als rechtswidrig erweisen wird. Eine Sperrwirkung tritt dann nicht ein[258]. Dies entspricht im Übrigen der Rechtsprechung des BVerwG, nach der Zweifel an der Rechtmäßigkeit einer die Abschiebung gestattenden Verfügung den Eintritt der Sperrwirkung verhindern können[259].

## b) Befristung des Einreise- und Aufenthaltsverbots (§ 11 Abs. 2 AufenthG)

Das in § 11 Abs. 1 AufenthG geregelte Einreise- und Aufenthaltsverbot ist nunmehr **148** **von Amts wegen** zu befristen (§ 11 Abs. 2 S. 1 AufenthG). Es bedarf daher keines diesbezüglichen Antrags eines Ausreisepflichtigen. Der Gesetzgeber hat mit dieser Neuregelung den Vorgaben der Rückführungs-RL 2008/115/EG vom 16.12.2008 und der hierauf bezogenen Rechtsprechung des EuGH[260] entsprochen[261]. Das Gesetz zur Neubestimmung des Bleiberechts und der Aufenthaltsbeendigung vom 27.7.2015 hat den Verpflichtungen nach § 11 Abs. 2 S. 1 AufenthG zur Befristung von Amts wegen **keine Rückwirkung** für vor Inkrafttreten dieser Novelle verfügte aufenthaltsbeendende Maßnahmen beigemessen. Daher bedurfte es für entsprechende Altfälle noch eines Befristungs**antrags** (vgl. Nr. 11.1.3 AVV-AufenthG).

Die Begleichung angefallener Abschiebungskosten darf **nicht** vorausgesetzt werden, **149** um eine Befristung der Wirkungen einer entsprechenden aufenthaltsbeendenden Maßnahme gem. § 11 Abs. 1 S. 1 AufenthG vorzunehmen[262].

Die Frist beginnt mit der Ausreise (§ 11 Abs. 2 S. 2 AufenthG). Insoweit ist es unbe- **150** achtlich, ob die Ausreise freiwillig erfolgte oder zwangsweise vollzogen wurde[263]. Mit dem Anknüpfen des Fristbeginns an die Ausreise soll ein Abwarten des Ablaufs der Frist im Inland vermieden werden[264]. Die Befristung eines Einreise- und Aufenthaltsverbots setzte bereits nach § 11 AufenthG aF grundsätzlich die vorherige Ausreise des Ausländers voraus[265]. Zu beachten ist, dass ein Drittstaatsangehöriger durch die Einreise in einen

---

[255] Im Falle einer Ausweisung, die nach dem Erteilen oder Verlängern eines Aufenthaltstitels ausgesprochen wird, erlischt der Titel gem. § 51 Abs. 1 Nr. 5 AufenthG.

[256] So auch OVG Lüneburg NVwZ-RR 2007, 417.

[257] Vgl. dazu nur VGH Mannheim EZAR 622 Nr. 13; VGH Kassel, EZAR 622 Nr. 44 = AuAS 2004, 230.

[258] VGH Mannheim, NVwZ-RR 2007, 419; OVG Münster, NVwZ-RR 2007, 492; vgl. in diesem Zusammenhang auch OVG Lüneburg Beschl. v. 2.2.2007 – 13 ME 362/06.

[259] BVerwGE 116, 38 = NVwZ 2003, 217 = InfAuslR 2003, 50; ebenso zB VGH Mannheim InfAuslR 2005, 313; NVwZ-RR 2007, 419; OVG Bremen NVwZ-RR 2006, 643 = ZAR 2006, 110.

[260] Vgl. nur EuGH NVwZ 2014, 361; vgl. auch schon BVerwG NVwZ 2013, 365 Rn. 33 ff.

[261] BT-Drs. 18/4097, S. 35.

[262] BVerwG NVwZ 2008, 326.

[263] BT-Drs. 18/4097, S. 35.

[264] BT-Drs. 18/4097, S. 35. – Nach VGH Mannheim (Urt. v. 21.11.2016 – 11 S 1656/16 BeckRS 2016, 55431) ist eine Befristung auf den Tag der Ausreise nicht zulässig, wenn zugleich die das Einreise- und Aufenthaltsverbot tragenden Gründe noch nicht entfallen sind.

[265] BVerwG NVwZ 2000, 688; NVwZ 2013, 365 Rn. 32.

anderen Mitgliedstaat der Europäischen Union oder einen anderen Schengen-Staat nur dann seiner Ausreisepflicht genügt, wenn ihm dort Einreise und Aufenthalt erlaubt sind (§ 50 Abs. 3 S. 1 AufenthG).

151    Sofern einer zwangsweisen Abschiebung oder freiwilligen Ausreise des ausgewiesenen Ausländers rechtliche oder tatsächliche Hindernisse entgegenstehen, kann diesen Umständen nach Maßgabe der § 11 Abs. 4 AufenthG Rechnung getragen werden (→ Rn. 165 ff.). Aufgrund höherrangigen Rechts, insbesondere des Grundsatzes der Verhältnismäßigkeit, kann sich ausnahmsweise ein Anspruch einer Befristung „auf Null" ergeben, ohne dass der Ausländer der Ausreisepflicht nachgekommen ist[266].

152    Im Falle einer Ausweisung **ist** die Frist für die Dauer eines Einreise- und Aufenthaltsverbots gemeinsam mit der Ausweisungsverfügung festzusetzen (§ 11 Abs. 2 S. 3 AufenthG). Fehlt eine entsprechende Befristungsentscheidung, führt dies nicht zur Rechtswidrigkeit der die Ausreisepflicht begründenden Ausweisungsverfügung. Bei der Entscheidung über die Befristung des Einreise- und Aufenthaltsverbots handelt es sich nämlich auch nach neuem Recht um einen eigenständigen Verwaltungsakt, der unabhängig von der dem Einreise- und Aufenthaltsverbot zugrundeliegenden ausländerrechtlichen Entscheidung oder Maßnahme existiert und mit eigenen Rechtsmitteln angegriffen werden kann[267].

153    Sofern keine Ausweisungsverfügung ergeht, **soll** die Frist gem. § 11 Abs. 2 S. 4 AufenthG mit der gegenüber einem ausreisepflichtigen Ausländer nach § 59 AufenthG zu erlassenden Abschiebungsandrohung, spätestens aber bei der Ab- oder Zurückschiebung festgesetzt werden. Diese **Soll-Regelung** ist **unklar** abgefasst. Zudem wird sie den unionsrechtlichen Vorgaben des Art. 11 Rückführungs-RL 2008/115/EG nicht in vollem Umfang gerecht.

154    Der Erlass einer (isolierten) Abschiebungsandrohung nach § 59 AufenthG oder einer Abschiebungsanordnung nach § 58a AufenthG löst das Einreise- und Aufenthaltsverbot nach § 11 Abs. 1 AufenthG noch nicht aus. Daher kann die gem. § 11 Abs. 2 S. 1 AufenthG von Amts wegen vorzunehmende Befristung dieses Verbots nur unter dem Vorbehalt einer vollzogenen Ab- oder Zurückschiebung erfolgen[268]. Die Zweifel an der Vereinbarkeit der für den Fall einer Ab- oder Zurückschiebung vorgesehenen Soll-Regelung des § 11 Abs. 2 S. 4 AufenthG mit Art. 11 RL 2008/115/EG gründen sich darauf, dass nach dessen Abs. 2 S. 1 die Dauer des Einreiseverbots festgesetzt **wird**. Somit besteht eine zwingende Verpflichtung zur Befristung. Davon geht auch die amtliche Begründung des Gesetzentwurfs aus[269]: „Die Frist ist spätestens bei der Ab- oder Zurückschiebung festzusetzen, ..." Fehlt eine solche, sind die tatbestandlichen Voraussetzungen für den Eintritt des Einreise- und Aufenthaltsverbots nicht erfüllt. Die Rechtmäßigkeit des Vollzugsaktes selbst wird hiervon jedoch nicht berührt.

155    Nach § 11 Abs. 2 S. 5 AufenthG kann die Befristung zur **Abwehr einer Gefahr für die öffentliche Sicherheit und Ordnung** mit einer **Bedingung** versehen werden. Dies gelte – so die amtliche Begründung – insbesondere für den geforderten Nachweis einer Straf- oder Drogenfreiheit. Da diese Regelung der Gefahrenabwehr dienen soll, kommt das Auferlegen einer entsprechenden auflösenden Bedingung nur in Betracht, wenn unter Heranziehung polizeirechtlicher Grundsätze davon auszugehen ist, dass von dem Betroffenen (weiterhin) eine konkrete Gefahr ausgeht[270]. Zudem ist vorauszusetzen, dass die Bedingung auch tatsächlich geeignet ist, der Gefahr zu begegnen. Ferner muss es dem Betroffenen „möglich und zumutbar" sein, den geforderten Nachweis auch tatsächlich zu

[266] BVerwG NVwZ 2014, 1107 Rn. 11 ff.; NVwZ 2013, 365 Rn. 30 ff.
[267] BT-Drs. 18/4097, S. 35 f.; vgl. zu § 11 AufenthG aF BVerwG NVwZ 2013, 365 Rn. 39.
[268] BT-Drs. 18/4097, S. 36.
[269] BT-Drs. 18/4097, S. 36.
[270] BT-Drs. 18/4097, S. 36: „... insbesondere bei Wiederholungsgefahr ...".

erbringen In diesem Zusammenhang weisen die Gesetzgebungsmaterialien ausdrücklich darauf hin, dass in einzelnen Staaten ein Nachweis der Straffreiheit anhand eines Führungszeugnisses nicht möglich oder nicht zumutbar ist[271]. Anerkannt ist auch, dass im Rahmen des § 11 AufenthG der Ablauf einer Befristung beispielsweise im Falle von Drogendelikten von der Bedingung abhängig gemacht werden darf, den Nachweis einer Drogenfreiheit zu erbringen[272].

Sofern die auferlegte Bedingung bis zum Ablauf der festgesetzten Frist nicht eintritt, gilt nach § 11 Abs. 2 S. 6 AufenthG eine von Amts wegen bereits mit der Befristung nach Satz 5 angeordnete längere Befristung („Vorratsbefristung"). Diese Befristung kann den Gesetzgebungsmaterialien zufolge nicht erneut mit einer Bedingung verknüpft werden[273]. In diesem Zusammenhang wird auf die nach Abs. 4 vorgesehene Möglichkeit verwiesen, das Einreise- und Aufenthaltsverbot aufzuheben bzw. die verfügte Frist zu verkürzen. **156**

### c) Länge der Frist (§ 11 Abs. 3 AufenthG)

Nach § 11 Abs. 3 S. 1 AufenthG wird über die Frist nach **Ermessen** entschieden[274]. **157** Das BVerwG hatte allerdings unter Geltung der Rückführungs-RL 2008/115/EG entschieden, dass die Entscheidung über die Länge der Frist eine **rechtlich gebundene Entscheidung** ist, die **nicht** im **Ermessen** der Ausländerbehörde steht[275]. Sofern sich im Rahmen eines verwaltungsgerichtlichen Streitverfahrens ergab, dass eine Ausländerbehörde eine zu lange Frist festgesetzt hatte oder – was nach altem Recht häufig vorgekommen ist – eine behördliche Befristungsentscheidung fehlte, hatte das Gericht über die konkrete Dauer einer angemessenen Frist selbst zu befinden und die zuständige Behörde zu einer entsprechenden Befristung der Wirkungen einer Ausweisung, Abschiebung oder Zurückschiebung zu verpflichten[276]. Mit Urteil vom 22.2.2017[277] entschied das BVerwG jedoch, dass die Ausländerbehörde bei der Befristung des mit einer Ausweisung verbundenen gesetzlichen Einreise- und Aufenthaltsverbots seit Inkrafttreten des § 11 Abs. 3 S. 1 AufenthG durch das Gesetz zur Neubestimmung des Bleiberechts und der Aufenthaltsbeendigung vom 27.7.2015[278] über die Länge der Frist nach Ermessen zu entscheiden hat. Aus der RL 2008/115/EU folge keineswegs, eine gebundene Entscheidung zu treffen; im Übrigen sei auch bei einer Ermessensentscheidung die Frage der Verhältnismäßigkeit auf der Rechtsfolgenseite zu beachten[279]. Demgegenüber hatte der VGH Mannheim zutreffend entschieden, dass es im Zusammenhang mit der Neugestaltung des Ausweisungsrechts durch das Gesetz vom 27.7.2015, die ein Ausweisungsermessen nicht mehr vorsieht, aus strukturellen Gründen geboten sei, auch die Entscheidung über die Befristung der Wirkung einer Ausweisung als eine gebundene zu treffen[280].

Noch zur alten Rechtslage hat das OVG Hamburg befunden, dass bei einer Entscheidung über die Befristung der Wirkungen einer Abschiebung auch solche strafrechtlichen **158**

---

[271] BT-Drs. 18/4097, S. 36.

[272] Vgl. schon VGH München NVwZ-RR 2014, 439 Rn. 11 ff. mwN; vgl. in diesem Zusammenhang auch BVerwG NVwZ-RR 2013, 778 Rn. 34.

[273] BT-Drs. 18/4097, S. 36.

[274] Zur Verlängerung der Frist vgl. auch § 11 Abs. 4 S. 3 AufenthG → Rn. 169.

[275] BVerwG Beschl. v. 6.3.2014 – 1 C 5/13 BeckRS 2014, 50805 Rn. 12 unter Verweis auf BVerwG NVwZ 2012, 1558 Rn. 32 f. und NVwZ 2013, 365 Rn. 34.

[276] BVerwG NVwZ-RR 2013, 778 Rn. 27.

[277] 1 C 27/16 BeckRS 2017, 107083 = DÖV 2017, 647 (Ls.).

[278] BGBl I S. 1386.

[279] BVerwG BeckRS 2017, 107083 = DÖV 2017, 647 (Ls.).

[280] InfAuslR 2016, 138 = BeckRS 2016, 40747; wie BVerwG allerdings schon vorher ua VGH München Urt. v. 28.6.2016 – 10 B 15.1854 BeckRS 2016, 50099; OVG Koblenz Urt. v. 8.11.2016 – 7 A 11058/15 BeckRS 2016, 55436.

Verurteilungen berücksichtigt werden können, die nicht zum Anlass genommen wurden, eine Ausweisung auszusprechen[281].

159     Die festgesetzte Frist darf – wie schon nach § 11 Abs. 1 S. 4 AufenthG aF – fünf Jahre nur überschreiten, wenn der Ausländer auf Grund einer strafrechtlichen Verurteilung ausgewiesen worden ist oder wenn von ihm eine schwerwiegende Gefahr für die öffentliche Sicherheit und Ordnung ausgeht (§ 11 Abs. 3 S. 2 AufenthG). Sofern diese Voraussetzungen erfüllt sind, **soll** die Frist zehn Jahre nicht überschreiten (§ 11 Abs. 3 S. 3 AufenthG)[282]. In diesem Zusammenhang ist darauf hinzuweisen, dass der Begriff Gefahr für die öffentliche Ordnung jedenfalls voraussetzt, dass außer der sozialen Störung, die jeder Gesetzesverstoß darstellt, eine tatsächliche, gegenwärtige und erhebliche Gefahr vorliegt, die ein Grundinteresse der Gesellschaft berührt[283]. Diese konkrete Gefahr muss im Falle einer beabsichtigten Überschreitung der Fünfjahresfrist schwerwiegend sein. Insoweit obliegt der Ausländerbehörde eine gesteigerte Darlegungs- und Begründungslast, warum eine Ausnahme vom Regelfall gegeben sein soll.

160     § 11 Abs. 3 S. 2 AufenthG verstößt zumindest partiell gegen die Rückführungs-RL 2008/115/EG, soweit ein Überschreiten der Fünfjahresfrist auch im Falle einer Ausweisung auf Grund einer strafrechtlichen Verurteilung vorgesehen ist. Art. 11 Abs. 2 der RL 2008/115/EG sieht eine solche über fünf Jahre hinausreichende Erstreckung des Einreise- und Aufenthaltsverbots allein für den Fall vor, dass der Drittstaatsangehörige eine schwerwiegende Gefahr für die öffentliche Ordnung, die öffentliche Sicherheit oder die nationale Sicherheit darstellt[284]. Erforderlich ist daher eine nach polizeirechtlichen Maßstäben zu beurteilende konkrete Gefahr für die genannten Schutzgüter. Allein der Umstand einer strafrechtlichen Verurteilung, wie ihn § 11 Abs. 3 S. 1 AufenthG für die Bemessung einer über fünf Jahre hinausgehenden Sperrfrist vorsieht, rechtfertigt eine solche Fristfestsetzung nicht. Der Gesetzgeber hat bei der konkreten Ausgestaltung dieser Norm auch nicht bedacht, dass die Dauer des Einreiseverbots „im Regelfall fünf Jahre nicht überschreiten darf" (RL 2008/115/EG, Erwägungsgrund Nr. 14). Daher ist die vom nationalen Gesetz vorgesehene Überschreitung der Fünfjahresfrist im Falle der strafgerichtlichen Verurteilung mit vorrangigem Unionsrecht nicht vereinbar. In diesem Zusammenhang ist auch zu beachten, dass der Bundesgesetzgeber das Vorliegen bestimmter strafrechtlicher Verurteilungen für aufenthaltsrechtlich unerheblich bewertet hat (vgl. nur § 25a Abs. 3 AufenthG und § 104a Abs. 1 S. 1 Nr. 6 AufenthG). Zudem hat der EuGH bezogen auf Art. 7 Abs. 4 RL 2008/115/EG darauf hingewiesen, dass ein Drittstaatsangehöriger, der sich illegal im Hoheitsgebiet eines Mitgliedstaats aufhält, nicht allein deshalb bereits eine Gefahr für die öffentliche Ordnung iSd Vorschrift darstellt, weil er der Begehung einer nach nationalem Recht als Straftat geahndeten Handlung verdächtigt wird oder wegen einer solchen Tat strafrechtlich verurteilt wurde[285]. Diese Aussage ist verallgemeinerungsfähig und daher auch bei der Überprüfung der Rechtmäßigkeit einer Befristungsentscheidung zu beachten.

161     Die gesetzlichen Vorgaben des § 11 Abs. 3 S. 1 AufenthG stehen auch nicht im Einklang mit der die Befristungsentscheidungen betreffenden Rechtsprechung des BVerwG, die nach Inkrafttreten der Rückführungs-RL 2008/115/EG ergangen ist. So hat das Gericht noch unter Geltung des § 11 AufenthG aF entschieden, dass die **Befristung** der Wirkungen einer Ausweisung **allein spezialpräventiven Zwecken dient**. Sie beruhe auf der Prognose, wie lange das Verhalten des Ausländers, das der Ausweisung zu Grunde

---

[281] InfAuslR 2015, 50 = NVwZ-RR 2014, 982 L = BeckRS 2014, 56858.
[282] Vgl. dazu auch BVerwG NVwZ-RR 2013, 778 Rn. 32.
[283] Vgl. EuGH NVwZ 2015, 1200 Rn. 60 unter Verweis auf EuGH EuZW 2012, 72 Rn. 33 und die dort angeführte Rspr. – Gaydarov
[284] Vgl. auch BVerwG NVwZ 2013, 365 Rn. 35.
[285] NVwZ 2015, 1200 Rn. 54.

liegt, das öffentliche Interesse an der Gefahrenabwehr zu tragen geeignet ist[286]. Somit vermag allein der Umstand einer strafgerichtlichen Verurteilung ein Überschreiten der Fünfjahresfrist nicht zu rechtfertigen. Dasselbe gilt – vorbehaltlich des Vorliegens einer schwerwiegenden Gefahr für die öffentliche Ordnung, die öffentliche Sicherheit oder die nationale Sicherheit – im Falle einer allein aus generalpräventiven Gründen ausgesprochenen Ausweisung. Ausnahmslos sind generalpräventive Erwägungen im Rahmen einer Entscheidung über die Befristung der Wirkungen einer Rückkehrentscheidung unionsrechtlich ausgeschlossen.

Fraglich ist, ob sich die in § 11 Abs. 3 S. 2 und 3 AufenthG aufgenommenen zeitlichen **162** Kriterien auch auf den Bestand der vor Erlass bzw. unmittelbarer Anwendbarkeit der Rückführungs-RL 2008/115/EG ergangenen und eine Sperrwirkung auslösenden aufenthaltsbeendenden Maßnahmen auszuwirken vermögen. Dies beträfe in erster Linie **nach altem Recht erlassene Ausweisungsverfügungen**, die mit einem unbefristeten Einreise- und Aufenthaltsverbot einhergingen. Insoweit könnte sich uU aus den unionsrechtlichen Vorgaben der RL 2008/115/EG ein Rechtsanspruch auf nachträgliche Verkürzung der Frist ergeben. In diesem Zusammenhang ist aber auf die Rechtsprechung des BVerwG zu verweisen, wonach die Rückführungsrichtlinie, die von den Mitgliedstaaten gem. Art. 20 Abs. 1 der RL 2008/115/EG bis zum 24.12.2010 umzusetzen war, für davor erlassene und mit einer Klage angegriffene aufenthaltsbeendende Maßnahmen keine Geltung beansprucht[287]. Allerdings hatte der EuGH im Hinblick auf die Dauer einer angeordneten Abschiebungshaft entschieden, dass die Regelungen des einschlägigen Art. 15 Abs. 5 und 6 der RL 2008/115/EG auch auf bereits vor der Umsetzung dieses Rechtsakts begonnene und darüber hinaus andauernde Inhaftierungen Anwendung finden[288]. Hierzu hat das BVerwG bemerkt, dass die genannten Regelungen zur Dauer der Abschiebungshaft zukünftige Auswirkungen eines noch andauernden Sachverhalts betrafen und nicht die gerichtliche Kontrolle einer Behördenentscheidung, die vor Ablauf der Umsetzungsfrist getroffen worden war[289].

Bis auf die zeitlichen Vorgaben des § 11 Abs. 3 S. 2 und 3 AufenthG benennt die **163** Vorschrift keine weiteren Kriterien, die bei einer vom Gesetz vorgesehenen **Ermessensbetätigung** (→ Rn. 187) nach S. 1 heranzuziehen sind[290]. Denkbar wäre, die bereits im Rahmen einer gebundenen (→ Rn. 1079 ff.) Ausweisungsentscheidung zu berücksichtigenden Kriterien nach § 53 ff. AufenthG auch für die Beurteilung der Rechtmäßigkeit einer Befristungsentscheidung nach § 11 AufenthG heranzuziehen, also auf den Grad der potenziellen und aktuell gegebenen Gefährlichkeit eines Ausländers abzustellen. Dies mag im Falle einer Ausweisung noch sachgerecht sein, nicht aber ohne Weiteres etwa im Falle einer Zurückschiebung eines Ausländers[291].

Da über die Befristung der Wirkungen eines nach § 11 Abs. 1 AufenthG einsetzenden **164** Einreise- und Aufenthaltsverbots von Amts wegen zu entscheiden ist, sind die zuständigen Behörden unbeschadet der Regelungen des Abs. 4 gleichsam spiegelbildlich verpflichtet, in regelmäßigen Abständen zu überprüfen, ob die vorgenommene Befristung unter Berücksichtigung aktueller Umstände des konkreten Einzelfalles noch Bestand haben

---

[286] BVerwG NVwZ-RR 2013, 778 Rn. 32; NVwZ 2013, 733 Rn. 40; vgl. aber auch VGH München Beschl. v. 14.3.2017 – 10 C 17.260 BeckRS 2017, 105415.

[287] NVwZ 2012, 1558 Rn. 35; NVwZ-RR 2012, 529 Rn. 15; NVwZ 2013, 365 Rn. 45.

[288] EuGH NVwZ 2010, 693 Rn. 34 ff. – Kadzoev.

[289] NVwZ 2012, 1558 Rn. 35; NVwZ-RR 2012, 529 Rn. 15; partiell aA VGH Mannheim Urt. v. 12.4.2012 – 11 S 4/12 BeckRS 2012, 50160.

[290] Vgl. nun aber BVerwG Urt. v. 22.2.2017 – 1 C 27/16 BeckRS 2017, 107083 = DÖV 2017, 647 (Ls.).

[291] Vgl. in diesem Zusammenhang zu einer Rückkehrentscheidung im Zusammenhang mit einer unerlaubten Einreise EuGH NVwZ 2015, 1200.

kann[292]. Dies betrifft insbesondere die Fallkonstellationen, in denen ein ausgewiesener Ausländer fristgerecht seiner Ausreisepflicht nachgekommen ist (vgl. Art. 11 Abs. 3 RL 2008/115/EG). Eines förmlichen Antrags des Betroffenen auf Verkürzung oder Aufhebung der Frist bedarf es insoweit nicht (→ Rn. 148). Spätestens wenn sich ein Ausländer, der Adressat einer Befristungsentscheidung nach § 11 AufenthG gewesen ist, an die zuständigen Behörden (Auslandsvertretung, Ausländerbehörde, Bundespolizei) wendet, um die Modalitäten einer möglichen Wiedereinreise ins Bundesgebiet abzuklären, sind diese von Amts wegen verpflichtet, darüber zu entscheiden, ob die konkrete Befristungsentscheidung aufrecht zu halten oder aber aufzuheben ist.

### d) Aufhebung, Verkürzung oder Verlängerung der Frist (§ 11 Abs. 4 AufenthG)

165    § 11 Abs. 4 AufenthG regelt die Voraussetzungen, um die Dauer eines nach Abs. 2 angeordneten Einreise- und Aufenthaltsverbots aufzuheben, zu verkürzen oder aber auch zu verlängern. Mit dieser Vorschrift hat der Gesetzgeber eine spezielle Rechtsgrundlage zur nachträglichen Abänderung einer nach § 11 AufenthG getroffenen Befristungsentscheidung geschaffen, die einen Rückgriff auf allgemeine Regelungen der Verwaltungsverfahrensgesetze überflüssig machen und das Verfahren für die Behörden vereinfachen soll[293].

166    Nach Satz 1 „kann" das Einreise- und Aufenthaltsverbot zum einen „zur Wahrung schutzwürdiger Belange des Ausländers" oder zum anderen, soweit es der Zweck des Einreise- und Aufenthaltsverbots nicht mehr erfordert, aufgehoben oder die nach Abs. 2 festgesetzte Frist der Sperrwirkung verkürzt werden[294]. Dies kommt den Gesetzgebungsmaterialien zufolge in Betracht, „wenn Umstände eintreten, die das Gewicht des öffentlichen Interesses, den betroffenen Ausländer aus dem Bundesgebiet fernzuhalten oder ihm einen Aufenthaltstitel vorzuenthalten, verringern"[295]. Dies könne zB der Fall sein, wenn der auferlegten Ausreisepflicht innerhalb der gesetzten Ausreisefrist freiwillig nachgekommen worden ist. Sofern der Zweck der Befristungsentscheidung jedoch entfallen ist, **muss** zwingend eine Entscheidung nach § 11 Abs. 4 S. 1 AufenthG getroffen werden.

167    Zur Beurteilung der Frage, ob schutzwürdige Belange des Ausländers iSd § 11 Abs. 4 S. 1 AufenthG eine entsprechende nachträgliche Befristungs- oder Aufhebungsentscheidung gebieten, können auch die in § 55 AufenthG benannten Bleibeinteressen als Kriterien herangezogen werden. Dies gilt unbeschadet des Umstandes, dass die betroffene Person sich zwischenzeitlich auf Grund der verfügten aufenthaltsbeendenden Maßnahmen außerhalb des Bundesgebietes aufgehalten hat bzw. aufhalten musste.

168    Nach § 11 Abs. 4 S. 2 AufenthG **soll** ein Einreise- und Aufenthaltsverbot aufgehoben werden, wenn die Voraussetzungen für die Erteilung eines humanitären Aufenthaltstitels nach Kap. 2 Abschn. 5 des AufenthG vorliegen. Die Gesetzgebungsmaterialien verweisen in diesem Zusammenhang „insbesondere" auf die Aufenthaltserlaubnisse nach § 25 Abs. 4a, 4b und 5 sowie nach § 25a und § 25b AufenthG[296]. Zugleich wird klargestellt, dass mit der neuen Regelung des § 11 Abs. 4 AufenthG keine Erhöhung der Anforderungen an die Erteilung einer humanitären Aufenthaltserlaubnis verbunden ist[297]. Die einer entsprechenden nachträglichen Befristungsentscheidung entgegenstehenden schwerwiegenden Belange der öffentlichen Sicherheit und Ordnung ergeben sich aus § 25 Abs. 1

---

[292] BVerwG Urt. v. 22.2.2017 – 1 C 27/16 BeckRS 2017, 107083 = DÖV 2017, 647 (Ls.), unter Verweis auf BVerwG NVwZ 2008, 434.
[293] BT-Drs. 18/4097, S. 36.
[294] Vgl. auch OVG Berlin-Brandenburg Beschl. v. 28.4.2017 – OVG 11 N 163/16 BeckRS 2017, 109028.
[295] BT-Drs. 18/4097, S. 36.
[296] BT-Drs. 18/4097, S. 36.
[297] BT-Drs. 18/4097, S. 37.

S. 2, Abs. 2 S. 2 Abs. 3 S. 3 AufenthG[298] sowie nicht zuletzt auch aus § 11 Abs. 5 AufenthG (→ Rn. 171). Nach der Rechtsprechung zur alten Rechtlage war etwa wegen der
weiteren Anwesenheit eines betreuungsbedürftigen deutschen Kleinkindes im Bundesgebiet zu prüfen, ob eine entsprechende Aufhebungsentscheidung in Betracht zu ziehen
war[299]. In einem solchen Falle ist abzuklären, ob die Erteilung eines humanitären Aufenthaltsrechts nach § 25 Abs. 5 AufenthG in Betracht kommt.

Die nach § 11 Abs. 2 und 3 AufenthG festgesetzte Frist für ein Einreise- und Auf-            **169**
enthaltsverbot **kann** aus Gründen der öffentlichen Sicherheit und Ordnung verlängert
werden (§ 11 Abs. 4 S. 3 AufenthG). Diese Kann-Regelung ist mit Unionsrecht nicht zu
vereinbaren. Der Wortlaut suggeriert ein der zuständigen Behörde eingeräumtes Ermessen, das nicht gegeben ist. Entweder liegt eine nach wie vor bestehende konkrete Gefährdungssituation vor, die eine entsprechende Maßnahme rechtfertigen würde, oder die
geforderten Voraussetzungen sind nicht erfüllt, so dass das Verbot auf keinen Fall verlängert werden kann. Sofern die in § 11 Abs. 3 S. 2 AufenthG genannte Fünfjahresfrist
überschritten werden soll, bedarf es zwingend einer (fortbestehenden) schwerwiegenden
Gefahr, die von dem Betroffenen ausgeht (→ Rn. 159).

§ 11 Abs. 4 S. 4 AufenthG erklärt im Falle von Sachverhalten, die unter Abs. 4 fallen,        **170**
§ 11 Abs. 3 AufenthG für entsprechend anwendbar (→ Rn. 157 ff.).

### e) Ausschluss einer nachträglichen Befristung oder Aufhebung einer Entscheidung nach § 11 AufenthG (§ 11 Abs. 5 AufenthG)

Eine Befristung der Wirkungen einer Ausweisung, Zurück- oder Abschiebung ist            **171**
gesetzlich ausgeschlossen, wenn ein Ausländer wegen eines Verbrechens gegen den Frieden, eines Kriegsverbrechens oder eines Verbrechens gegen die Menschlichkeit ausgewiesen oder auf Grund einer Abschiebungsanordnung nach § 58a AufenthG aus dem Bundesgebiet abgeschoben wurde (§ 11 Abs. 5 S. 1 AufenthG). Mit Ausnahme des Falles des
§ 58a AufenthG (→ Rn. 1163 ff.) handelt es sich bei den anderen in Norm genannten
Sachverhalten um solche, die im Rahmen des § 60 Abs. 8 AufenthG oder des § 3 Abs. 2
AsylG dazu führen, einen Schutzstatus zu verwehren.

### f) Einreise- und Aufenthaltsverbot wegen unterlassener fristgerechter Ausreise (§ 11 Abs. 6 AufenthG)

Erstmals sieht § 11 AufenthG auf Grund der Novellierungen durch das Gesetz zur            **172**
Neubestimmung des Bleiberechts und der Aufenthaltsbeendigung vom 27.7.2015 die
Möglichkeit vor, dass auch im Falle einer bestehenden Ausreisepflicht, der nicht fristgerecht nachgekommen worden ist, ein Einreise- und Aufenthaltsverbot angeordnet
werden **kann** (§ 11 Abs. 6 S. 1 AufenthG). Hiervon ist abzusehen, wenn der ausreisepflichtige Ausländer **unverschuldet** an der Ausreise gehindert oder wenn die Überschreitung der Ausreisepflicht nicht erheblich ist. Den Gesetzgebungsmaterialien zufolge[300]
steht die Regelung des Satzes 1 mit der Rückführungs-RL 2008/115/EG in Einklang.
Diese sehe in Art. 11 Abs. 1 Buchst. b die Möglichkeit vor, ein Einreiseverbot anzuordnen, falls der Rückkehrverpflichtung nicht nachgekommen wurde.

Ein einem Betroffenen nicht anzulastendes unverschuldetes Ausreisehindernis liegt der            **173**
zB vor, wenn über einen Antrag auf einstweiligen Rechtsschutz noch nicht innerhalb der
Ausreisefrist entschieden worden ist[301]. Auch kann im Einzelfall eine Krankheit dazu

---

[298] Zum Verhältnis von § 11 AufenthG aF zu § 25 AufenthG vgl. BVerwG Urt. v. 6.3.2014 – 1 C
5/13 BeckRS 2014, 50805 Rn. 9 ff.
[299] OVG Hamburg NVwZ-RR 2007, 712.
[300] BT-Drs. 18/4097, S. 37.
[301] BT-Drs. 18/4097, S. 37.

führen, dass der Verlassenspflicht nicht fristgerecht nachgekommen wurde. Insoweit ist der Betroffene jedoch darlegungspflichtig. Auch die Frage, ob die Überschreitung der Ausreisefrist nicht erheblich ist, beurteilt sich nach den konkreten Umständen des jeweiligen Einzelfalles. Der Gesetzgeber ist davon ausgegangen, dass zB bei einer angeordneten Ausreisefrist von 30 Tagen eine Überschreitung um ein Drittel (= 10 Tage) als erheblich zu bewerten ist[302].

174 § 11 Abs. 6 AufenthG ist als **Ermessensvorschrift** ausgestaltet[303]. Nach § 11 Abs. 6 S. 3 AufenthG ist das Einreise- und Aufenthaltsverbot (zeitgleich) mit seiner Anordnung nach Satz 1 zu befristen. Bei der ersten Anordnung soll die Frist ein Jahr nicht überschreiten (S. 4) und im Übrigen soll die Frist drei Jahre nicht überschreiten (S. 5). § 11 Abs. 6 S. 6 AufenthG bestimmt, dass ein Einreise- und Aufenthaltsverbot (nach Satz 1) nicht angeordnet wird, wenn Gründe für eine vorübergehende Aussetzung der Abschiebung nach § 60a AufenthG vorliegen, die der Ausländer nicht zu vertreten hat.

### g) Einreise- und Aufenthaltsverbot nach Ablehnung eines Asylantrags (§ 11 Abs. 7 AufenthG)

175 § 11 Abs. 7 AufenthG sieht vor, dass das BAMF im Falle bestimmter erfolgloser Asylanträge ein Einreise- und Aufenthaltsverbot anordnen kann. Diese Möglichkeit kommt nach Satz 1 Nr. 1 in Betracht,

- wenn ein Asylantrag nach § 29a AsylG wegen der Herkunft aus einem sicheren Herkunftsstaat bestandskräftig als offensichtlich unbegründet abgelehnt wurde,
- kein subsidiärer Schutz zuerkannt wurde,
- das Vorliegen der Voraussetzungen für ein Abschiebungsverbot nach § 60 Abs. 5 oder 7 AufenthG nicht festgestellt wurde **und**
- der abgelehnte Asylbewerber keinen Aufenthaltstitel besitzt.

176 Darüber hinaus bestimmt § 11 Abs. 7 S. 1 Nr. 2 AufenthG, dass auch gegenüber einem Ausländer, dessen Asylantrag nach § 71 AsylG (Folgeantrag) oder § 71a AsylG (Zweitantrag) bestandskräftig **wiederholt** nicht dazu geführt hat, ein weiteres Asylverfahren durchzuführen, ein Einreise- und Aufenthaltsverbot angeordnet werden kann. § 11 Abs. 7 S. 2 AufenthG erklärt die Abs. 1 bis 5 für entsprechend anwendbar. Satz 3 der Vorschrift stellt zudem klar, dass das Einreise- und Aufenthaltsverbot mit seiner ersten Anordnung nach Satz 1 zu befristen ist. Bei der ersten Anordnung soll die Frist ein Jahr nicht überschreiten (S. 4) und im Übrigen soll die Frist drei Jahre nicht überschreiten (S. 5). Nach – nicht überzeugender Ansicht des – VG Regensburg kann sich das BAMF bei der Ausübung des Befristungsermessens von der generalpräventiven Erwägung einer Überlastung des Asylverfahrens durch nicht schutzbedürftige Personen leiten lassen[304]. Bei der Befristungsentscheidung des BAMF handelt es sich um eine Streitigkeit nach dem Asylgesetz, so dass sich die örtliche Zuständigkeit für ein Klage- oder Eilverfahren nach § 52 Nr. 2 S. 3 VwGO bestimmt[305]. Vom Verwaltungsgericht erlassene Beschlüsse sind unanfechtbar (§ 80 AsylG).

### h) Betretenserlaubnis (§ 11 Abs. 8 AufenthG)

177 Vor Ablauf eines Einreise- und Aufenthaltsverbots kann gem. § 11 Abs. 8 S. 1 AufenthG außer in den Fällen des § 11 Abs. 5 S. 1 AufenthG (Abschiebung wegen eines

---

[302] BT-Drs. 18/4097, S. 37.
[303] Vgl. auch BT-Drs. 18/4097, S. 37.
[304] Beschl. v. 13.5.2016 – RN 5 S 16.30756 BeckRS 2016, 46076.
[305] Vgl. zB VG Oldenburg Beschl. v. 2.10.2015 – 5 B 3636/15 BeckRS 2015, 52761; aA VG Regensburg Beschl. v. 10.9.2015 – RO 9 K 15.1357 BeckRS 2015, 51722.

Verbrechens gegen den Frieden, eines Kriegsverbrechens oder eines Verbrechens gegen die Menschlichkeit oder Abschiebungsanordnung nach § 58a AufenthG) einem Ausländer ausnahmsweise erlaubt werden, das Bundesgebiet kurzfristig zu betreten, wenn **zwingende Gründe** seine Anwesenheit erfordern oder die Versagung der Erlaubnis eine **unbillige Härte** bedeuten würde. War eine Abschiebung wegen eines der oben genannten Verbrechen oder eine Abschiebungsanordnung nach § 58a AufenthG vollzogen worden, kann die oberste Landesbehörde nach § 11 Abs. 8 S. 2 iVm Abs. 5 2 AufenthG im Einzelfall Ausnahmen zulassen.

Die Betretenserlaubnis ist kein Aufenthaltstitel iSd § 4 Abs. 1 S. 2 AufenthG. Sie **178** bewirkt die zeitweise Aussetzung des Einreise- und Aufenthaltsverbots nach § 11 Abs. 1 AufenthG (Nr. 11.2.2 AVV-AufenthG). Anders als eine Duldung (§ 60a AufenthG) vermittelt sie einen rechtmäßigen vorübergehenden und zweckgebundenen Aufenthalt. Trotz ggf. an sich bestehender Visumpflicht bedarf es für die Einreise eines **Drittstaatsangehörigen** aus einem anderen EU-Staat neben der Betretenserlaubnis keines Visums, da diese unmittelbar zur Einreise in das Bundesgebiet und dem anschließenden Aufenthalt dort berechtigt[306]. Für eine erlaubte Einreise ins Bundesgebiet über eine EU-Außengrenze benötigen jedoch „Negativstaater" zwingend ein Schengen-Visum, dessen Geltung ggf. räumlich auf das Gebiet der Bundesrepublik Deutschland beschränkt werden kann[307]. Die Einreise in einen anderen Schengen-Staat ist mit einer Betretenserlaubnis nicht erlaubt.

Die Betretenserlaubnis kann ausweislich des eindeutigen Gesetzeswortlauts **ausnahms-** **179** **weise** und nur für einen **kurzfristigen** Aufenthalt, orientiert an dem konkreten Aufenthaltszweck und dessen voraussichtlicher Erfüllung, erteilt werden[308]. **Zwingende Gründe,** die die Anwesenheit eines Ausländers im Bundesgebiet erfordern, können in einer Wahrnehmung von Terminen bei Gerichten und/oder Behörden liegen, etwa als Angeklagter[309] oder als geladener Zeuge, Vorsprache bei Behörden, Regelung von Erbschafts- oder sonstigen Geschäftsangelegenheiten, die die Anwesenheit erfordern (vgl. Nr. 11.2.5, S. 1 AVV-AufenthG). Die zwingenden Gründe können im öffentlichen Interesse der Bundesrepublik, aber auch im privaten Interesse des Ausländers begründet sein[310]. Ist von einem Gericht das persönliche Erscheinen eines Ausländers angeordnet worden oder geht es in einem behördlichen oder gerichtlichen Verfahren um für ihn existenzielle Fragen, liegt idR ein zwingender Grund nach § 11 Abs. 8 S. 1 AufenthG vor[311]. Zudem ist es dem BVerfG zufolge von Verfassungswegen geboten, dem Interesse eines Ausländers an der Ausübung des ihm eingeräumten **Sorge-** oder **Umgangsrechts** mit seinem im Bundesgebiet lebenden deutschen Kind als Aufenthaltszweck eine Bedeutung beizumessen, die von der Ausländerbehörde im Rahmen ihrer Entscheidung über eine Befristung der Sperrwirkung und der in diesem Zusammenhang zu erfolgenden Abwägung der privaten Interessen eines abgeschobenen Ausländers mit den gegen die Gestattung der Wiedereinreise sprechenden öffentlichen Belange zwingend zu beachten ist[312]. Diese Grundsätze sind auch im Rahmen einer Entscheidung über eine Betretenserlaub-

---

[306] *Westphal/Stoppa* S. 178; aA Nr. 11.2.2 AVV-AufenthG.

[307] Vgl. *Westphal/Stoppa* S. 178 f.

[308] Vgl. dazu OVG Lüneburg NVwZ-RR 2007, 417.

[309] Vgl. VGH München NVwZ-Beil. I 2000, 51 – Fall Mehmet; OVG Berlin NVwZ-Beil. I 2001, 115; nach OVG Berlin kann die Erteilung einer Betretenserlaubnis von der aufschiebenden Bedingung abhängig gemacht werden, dass der Ausländer eine Kaution für Abschiebungskosten hinterlegt, die im Falle der Nichterfüllung der ihm nach Ablaufen der Betretenserlaubnis obliegenden Ausreisepflicht anfallen.

[310] Vgl. zB OVG Berlin InfAuslR 2001, 169; OVG Lüneburg NVwZ-RR 2007, 417.

[311] OVG Weimar Beschl. v. 2.12.2014 – 3 EO 757/14 BeckRS 2015, 41410 = InfAuslR 2015, 141.

[312] BVerfG NJW 2003, 3547 zur Bedeutung des Umgangsrechts im Rahmen einer Befristungsentscheidung.

nis nach § 11 Abs. 8 AufenthG zu beachten. Entsprechendes hat zu gelten, wenn es sich um die Wahrnehmung eines für ein ausländisches Kind eingerichteten Sorge- oder Umgangsrechts geht, sofern sich der Abkömmling gegebenenfalls gemeinsam mit dem anderen Elternteil rechtmäßig im Bundesgebiet aufhält[313],, so dass diese Belange noch zusätzlich an Gewicht gewinnen. Nach OVG Bremen kann jedoch von einem ausgewiesenen Ausländer, der eine Betretenserlaubnis erstrebt, verlangt werden, dass dieser zunächst eine Umgangsregelung trifft, die ihm die Kontaktaufnahme mit seinem Kind überhaupt erst ermöglicht[314]. Dem OVG Hamburg zufolge kann ein ausgewiesener Ausländer nicht die Erteilung einer Betretenserlaubnis zum Zweck des Besuchs seiner im Bundesgebiet lebenden minderjährigen Tochter beanspruchen, wenn sich dieser Zweck aller Voraussicht nach deshalb nicht erreichen lässt, weil der Ausländer damit rechnen muss, wegen einer Anordnung der Staatsanwaltschaft nach § 456a Abs. 2 StPO zur Verbüßung der Restfreiheitsstrafe aus einer früheren Verurteilung längerfristig inhaftiert zu werden[315].

**180**    Eine **unbillige Härte** kann gegeben sein, wenn humanitäre oder zwingende persönliche Gründe den Aufenthalt im Bundesgebiet erfordern (Nr. 11.2.5, S. 2 AVV-AufenthG). In Betracht kommt insoweit zB eine zu behandelnde schwere Krankheit oder eine erforderliche Operation des Ausländers, eine schwere Erkrankung eines im Bundesgebiet lebenden Familienangehörigen oder Lebenspartners, ein Todesfall im engeren Verwandten- oder Bekanntenkreis, uU auch eine Familienfeier, zB Hochzeit eines Kindes des Ausländers etc[316].

**181**    Die Erteilung einer Betretenserlaubnis steht unter dem Vorbehalt, dass mit der Anwesenheit des Ausländers keine erneute Gefährdung der öffentlichen Sicherheit oder Ordnung oder der öffentlichen Gesundheit einhergeht (Nr. 11.2.6, S. 1 AVV-AufenthG). Dies ist zwar nicht ausdrücklich in § 11 Abs. 8 AufenthG geregelt, ergibt sich aber letzten Endes daraus, dass selbst die Erteilung eines Aufenthaltstitels gem. § 5 Abs. 1 AufenthG idR das Fehlen eines Ausweisungsinteresses und einer Beeinträchtigung oder Gefährdung der Interessen der Bundesrepublik Deutschland voraussetzt. Ist eine Gefährdung öffentlicher Interessen durch die vorübergehende Anwesenheit des Ausländers im Bundesgebiet nicht gänzlich ausgeschlossen, sind aber die für eine Gestattung der Einreise sprechenden Gründe von durchschlagendem Gewicht, ist den öffentlichen Belangen entsprechend § 12 AufenthG durch Nebenbestimmungen zur Betretenserlaubnis (zB Festlegung des Reisewegs und/oder des Aufenthaltsorts, Meldeauflagen) oder durch die Beschränkung ihres räumlichen Geltungsbereichs Rechnung zu tragen[317].

**182**    Die Erteilung einer Betretenserlaubnis steht im **Ermessen** der zuständigen Ausländerbehörde. Da § 11 Abs. 8 S. 1 AufenthG nicht nur öffentlichen Interessen, sondern auch gewichtigen privaten Belangen eines ausgewiesenen, ab- oder zurückgeschobenen Ausländers zu dienen bestimmt ist, hat eine umfassende Abwägung der gegebenenfalls wider-

---

[313] Die angestrebte Wahrnehmung eines Umgangsrechts ist nicht nur im privaten Interesse eines Elternteils begründet, sondern auch im öffentlichen Interesse; vgl. nur § 6 Abs. 1 S. 2 SGB VIII; zur aufenthaltsrechtlichen Relevanz vgl. auch VG Frankfurt a. M. Urt. v. 22.1.2007 – 7 E 631/06 BeckRS 2007, 23005.

[314] OVG Bremen Beschl. v. 23.2.2007 – 1 A 130/06 FuR 2007, 335; zum verneinten Anspruch auf eine Betretenserlaubnis wegen familiärer Bindungen im Bundesgebiet vgl. auch OVG Lüneburg InfAuslR 2014, 275 = BeckRS 2014, 51352.

[315] OVG Hamburg NordÖR 2005, 442 Ls.; VG Oldenburg Beschl. v. 25.10.2013 – 11 B 5819/13 BeckRS 2013, 57493.

[316] Vgl. zB OVG Berlin InfAuslR 2001, 169; OVG Hamburg Beschl. v. 27.1.2005 – 3 Bs 458/04 BeckRS 2005, 27178; OVG Lüneburg InfAuslR 2007, 106 sowie NVwZ-RR 2007, 417 mwN aus der Lit.

[317] Vgl. auch OVG Lüneburg NVwZ-RR 2007, 417..

streitenden Interessen zu erfolgen. Im Einzelfall kann sich bei entsprechender Sachverhaltskonstellation das zu betätigende Ermessen auf Null reduzieren[318].

Stellt ein Ausländer bei einem Verwaltungsgericht einen Antrag, die für ihn zuständige **183** Ausländerbehörde **im Wege einer einstweiligen Anordnung nach § 123 VwGO** zu verpflichten, ihm eine vorläufige Betretenserlaubnis nach § 11 Abs. 8 AufenthG zu erteilen, so vermag ein solches Begehren nur dann Erfolg zu haben, wenn der Antragsteller überzeugend darlegt, dass der Erlass einer entsprechenden Anordnung unabdingbar ist, um unzumutbare oder irreparable Nachteile für ihn abzuwenden und dass seine Anwesenheit gerade in dem Zeitraum, für den die Erlaubnis begehrt wird, zwingend erforderlich ist. Andernfalls scheitert er mit seinem Begehren am Verbot der Vorwegnahme der Hauptsache[319].

Sofern die Ausländerbehörde eine Betretenserlaubnis mit einschränkenden Regelungen **184** versieht, die die Ausreise des Ausländers nach Ablauf der Geltungsdauer der Erlaubnis sicherstellen sollen, können diese nach OVG Bremen[320] nicht isoliert angefochten werden. Rechtsschutz kann ein betroffener Ausländer in einem solchen Fall nur mit einem Verpflichtungsbegehren erlangen, gerichtet darauf, ihm eine Betretenserlaubnis ohne die betreffenden einschränkenden Regelungen zu erteilen.

### i) Folgen einer Einreise trotz Einreise- und Aufenthaltsverbots (§ 11 Abs. 9 AufenthG)

§ 11 Abs. 9 AufenthG regelt die Folgen, wenn ein Ausländer trotz eines gegen ihn **185** angeordneten Einreise- und Aufenthaltsverbots in das Bundesgebiet einreist. § 11 Abs. 9 S. 1 AufenthG bestimmt diesbezüglich, dass der Ablauf einer festgesetzten Frist für die Dauer des Aufenthalts im Bundesgebiet gehemmt wird. Die Frist kann nach Satz 2 in einem solchen Fall verlängert werden, längstens jedoch um die Dauer der ursprünglichen Befristung. Um eine solche Maßnahme in rechtmäßiger Weise ergreifen zu können, muss der Betroffene jedoch bereits bei der erstmaligen Befristung auf diese Möglichkeit hingewiesen werden (S. 3). Schließlich bestimmt Satz 4, dass für eine nach Satz 2 verlängerte Frist die Abs. 3 und 4 S. 1 des § 11 AufenthG entsprechend gelten.

## 12. Geltungsbereich eines Aufenthaltstitels und Nebenbestimmungen (§ 12 AufenthG)

### a) Geltungsbereich eines Aufenthaltstitels

Ein Aufenthaltstitel wird gem. § 12 Abs. 1 S. 1 AufenthG für das Bundesgebiet erteilt. **186** Seine Gültigkeit nach den Vorschriften des Schengener Durchführungsübereinkommens für den Aufenthalt im Hoheitsgebiet der Vertragsparteien bleibt unberührt (§ 12 Abs. 1 S. 2 AufenthG). Handelt es sich bei dem Aufenthaltstitel um ein Schengen-Visum (Art. 10 SDÜ iVm § 6 Abs. 1 AufenthG → Rn. 97 ff.), bleibt es daher grundsätzlich bei der schengen-weiten Gültigkeit des Visums, es sei denn, dass einer der Fälle der Art. 10 Abs. 3, 11 Abs. 2, 14 Abs. 1 S. 2 und 16 SDÜ gegeben ist, in denen dessen Gültigkeit räumlich beschränkt wird (Nr. 12.1.2 AVV-AufenthG). Liegt hingegen ein nationales Visum oder ein Aufenthaltstitel in Form der Aufenthalts- oder Niederlassungserlaubnis vor, bleibt es bei der räumlichen Beschränkung auf das Bundesgebiet unbeschadet des in Art. 21 Abs. 1 SDÜ sichtvermerksfreien Drittausländern verbürgten Rechts, sich auf Grund eines solchen Titels im Hoheitsgebiet der anderen Vertragsparteien bis zu höchs-

---

[318] Vgl. zB VGH München NVwZ-Beil. I 2000, 51 – Mehmet.

[319] Vgl. VGH München Beschl. v. 29.3.2007 – 24 CE 07.387, 24 C 07.505 BeckRS 2007, 29581; Beschl. v. 24.10.2005 – 24 CE 05.2292 BeckRS 2005, 17480.

[320] Beschl. v. 12.1.2011 – 1 B 14/11 BeckRS 2011, 45751.

tens drei Monaten innerhalb einer Frist von sechs Monaten aufhalten zu dürfen. Der Aufenthalt eines Ausländers, der keines Aufenthaltstitels bedarf, kann zudem zeitlich beschränkt, also befristet werden (§ 12 Abs. 4 AufenthG).

### b) Bedingungen

187    Das **Visum** und die Aufenthaltserlaubnis können mit Bedingungen erteilt und verlängert werden (§ 12 Abs. 2 S. 1 AufenthG). Auch der Aufenthalt eines Ausländers, der keines Aufenthaltstitels bedarf, kann von Bedingungen abhängig gemacht werden (§ 12 Abs. 4 AufenthG). Sofern ein gesetzlicher Rechtsanspruch auf einen bestimmten Aufenthaltstitel besteht, ist es nicht zulässig, dessen Erhalt durch eine Bedingung zu erschweren, da die Erteilungsvoraussetzungen spezialgesetzlich abschließend geregelt sind (vgl. zB §§ 27 ff. zum Familiennachzug).

188    Insbesondere kann eine **aufschiebende Bedingung** in Betracht kommen, um die Erfüllung der Erteilungsvoraussetzungen eines Visums oder Aufenthaltstitels (vgl. § 5 Abs. 1 AufenthG; vgl. dazu → Rn. 62 ff.) zu sichern. In Betracht kommt insoweit der noch zu erbringende Nachweis, dass für die beabsichtigte Zeit des Aufenthalts im Bundesgebiet der Lebensunterhalt gesichert ist, sei es durch eigene Mittel oder durch Vorlage einer Verpflichtungserklärung nach § 68 Abs. 1 AufenthG (vgl. dazu → Rn. 1350 ff.) oder einer Sicherheit iSd § 66 Abs. 5 AufenthG (→ Rn. 1346). IdR wird aber die Auslandsvertretung oder die Ausländerbehörde das Erteilen eines Aufenthaltstitels davon abhängig machen, ob sämtliche Erteilungsvoraussetzungen erfüllt sind.

189    Die Entscheidung, einem Aufenthaltstitel eine aufschiebende Bedingung beizufügen, steht im Ermessen der Behörde, das unter Berücksichtigung der besonderen Umstände des Einzelfalles auszuüben ist. Handelt es sich um einen Fall, der es gestattet, von den idR zu erfüllenden Erteilungsvoraussetzungen des § 5 Abs. 1 AufenthG **ausnahmsweise** abzusehen (→ Rn. 76 f.), kommt eine der Sicherung der Erteilungsvoraussetzungen dienende aufschiebende Bedingung nicht in Betracht. Dies kann insbesondere im Visumverfahren eine Rolle spielen, wenn aus dringenden persönlichen oder humanitären Gründen (zB akute medizinische Behandlungsbedürftigkeit[321], Todesfall in der Familie) es geboten ist, einem Ausländer unverzüglich die Einreise in das Bundesgebiet zu ermöglichen. Öffentliche Interessen können gewahrt werden, indem der Aufenthaltstitel mit einer kurzen Geltungsdauer versehen wird.

190    Ein Aufenthaltstitel kann auch mit einer – allerdings einer besonderen Rechtfertigung bedürftigen[322] – **auflösenden Bedingung** versehen werden. Mit deren Eintritt erlischt gem. § 51 Abs. 1 Nr. 2 AufenthG der erteilte Aufenthaltstitel kraft Gesetzes (→ Rn. 1051).[323] Denkbar ist es beispielsweise, den Titel mit einer auflösenden Bedingung zu versehen, dass dieser im Falle des Wegfalls einer Erteilungsvoraussetzung, zB bei nachträglich eingetretenem Verlust der Sicherung des Lebensunterhalts, bei Aufgabe der ehelichen Lebensgemeinschaft oder Exmatrikulation erlischt. Zwar berechtigt ein nachträglich eingetretener Umstand gegebenenfalls auch dazu, unter den Voraussetzungen des § 52 AufenthG einen Widerruf des Aufenthaltstitels auszusprechen (→ Rn. 1064 ff.). Im Falle der Täuschung der Auslandsvertretung oder der Ausländerbehörde über die wahren Gründe des Aufenthalts kann zudem eine Rücknahme nach § 48 VwVfG in Betracht

---

[321] Vgl. in diesem Zusammenhang auch die in § 22 AufenthG vorgesehene Möglichkeit, einem Ausländer für die Aufnahme aus dem Ausland eine Aufenthaltserlaubnis zu erteilen. In einem solchen Fall *kann* gem. § 5 Abs. 3 Hs. 2 AufenthG von den Erteilungsvoraussetzungen des § 5 Abs. 1 und 2 AufenthG abgesehen werde.
[322] VGH Mannheim InfAuslR 2014, 42 = BeckRS 2014, 46012.
[323] Zur Vollziehbarkeit der Ausreisepflicht eines Ausländers nach Eintritt einer der Aufenthaltserlaubnis beigegebenen auflösenden Bedingung vgl. OVG Saarlouis Beschl. v. 16.1.2017 – 2 B 354/16 BeckRS 2017, 100583.

kommen (→ Rn. 1078)[324]. Der Eintritt einer auflösenden Bedingung gem. § 51 Abs. 1 Nr. 2 AufenthG führt jedoch automatisch und somit schneller zum Verlust des Aufenthaltsrechts. Demgegenüber ergehen Widerruf und Rücknahme eines Aufenthaltstitels durch Erlass eines eigenständigen Verwaltungsakts; Widerspruch und Klage hiergegen haben unbeschadet der Wirksamkeit der Maßnahme nach Maßgabe des § 84 AufenthG aufschiebende Wirkung (→ Rn. 1394).

## c) Auflagen

Ein Visum und eine Aufenthaltserlaubnis können gem. § 12 Abs. 2 S. 2 AufenthG – gegebenenfalls auch nachträglich – mit Auflagen, insbesondere einer räumlichen Beschränkung, verbunden werden. Auch gegenüber einem Ausländer, der keines Aufenthaltstitels bedarf, sind Auflagen zulässig (§ 12 Abs. 4 AufenthG). Die Beifügung einer Auflage kann im Einzelfall in Betracht kommen, wenn dies im öffentlichen Interesse angezeigt ist. In diesem Zusammenhang ist zu beachten, dass eine solche insbesondere im Falle eines Rechtsanspruchs auf einen Aufenthaltstitel nicht in Widerstreit mit dessen Regelungsgehalt geraten darf. Der Verstoß gegen eine vollziehbare Auflage nach § 12 Abs. 2 S. 2 oder Abs. 4 AufenthG kann als Ordnungswidrigkeit geahndet werden (§ 98 Abs. 3 Nr. 3 AufenthG). **191**

Für die Niederlassungserlaubnis nach § 9 AufenthG und auch die Erlaubnis zum Daueraufenthalt-EU nach §§ 9a bis 9c AufenthG ist die Erteilung einer der vorstehend genannten Nebenbestimmungen nur in den durch das Aufenthaltsgesetz ausdrücklich bestimmten Fällen möglich (§ 9 Abs. 1 S. 2 bzw. § 9a Abs. 1 S. 2 AufenthG). Hiervon unberührt bleibt nach § 9 Abs. 1 S. 3 bzw. § 9a Abs. 1 S. 2 AufenthG § 47 AufenthG, der die Möglichkeit des Verbots oder der Beschränkung der politischen Betätigung eines Ausländers vorsieht (→ Rn. 1010 ff.). Für die Blaue Karte EU iSd § 19a AufenthG (→ Rn. 329 ff.), die ICT-Karte für unternehmensintern transferierte Arbeitnehmer nach § 19b AufenthG (→ Rn. 341 ff.) und die Mobiler-ICT-Karte nach § 19d AufenthG (→ Rn. 349 ff.) sind keine Nebenbestimmungen iSd § 12 AufenthG vorgesehen. **192**

Eine **räumliche Beschränkung** eines Visums oder einer Aufenthaltserlaubnis ist dergestalt möglich, dass der Geltungsbereich des Aufenthaltstitels auf ein Bundesland, mehrere Bundesländer oder Teile von diesen beschränkt werden kann (§ 12 Abs. 2 S. 2 AufenthG). Entsprechendes gilt, wenn ein Ausländer eines Aufenthaltstitels nicht bedarf (§ 12 Abs. 4 AufenthG). Es ist auch möglich, ein Visum oder eine Aufenthaltserlaubnis zur Abwehr einer von einem Ausländer ausgehenden regional begrenzten Gefahr räumlich zu beschränken, etwa um ihn von bestimmten Gebieten fernzuhalten, in denen mit einem Straffälligwerden des Betroffenen zu rechnen ist (vgl. Nr. 12.1.1.1, S. 3 AVV-AufenthG). Die Maßnahme ähnelt dann den nach Polizeirecht zulässigen Aufenthaltsverboten. Die Ausländerbehörde hat bei ihrer Entscheidung zu bedenken, dass § 12 Abs. 1 S. 1 AufenthG von dem Grundsatz einer bundesweiten Gültigkeit eines Aufenthaltstitels ausgeht und eine räumliche Beschränkung daher nur in begründeten Ausnahmefällen in Betracht kommen kann (Nr. 12.1.1.1, S. 1 AVV-AufenthG). Ausgeschlossen ist es, dass eine Ausländerbehörde einen Aufenthaltstitel unter Ausschluss ihres eigenen Zuständigkeitsbereichs erteilt, es sei denn, dass das Benehmen mit den obersten Landesbehörden der betreffenden Ausländerbehörden hergestellt worden ist (Nr. 12.1.1.2 AVV-AufenthG). Dementsprechend sind die Ausländerbehörden ohne ausdrückliche Regelung durch Gesetz auch nicht befugt, die Wohnsitznahme eines Ausländers, der (Anspruch auf) eine Aufenthaltserlaubnis hat, auf das Gebiet eines anderen Bundeslandes zu beschränken[325]. **193**

---

[324] Vgl. dazu nur BVerwGE 98, 298 = NVwZ 1995, 1119.
[325] Vgl. VGH München InfAuslR 2000, 223; VG Hamburg Urt. v. 22.8.2006 – 10 K 2384/06.

**194**    Von § 12 Abs. 2 S. 2 AufenthG war es nach bisheriger Rechtsprechung nicht gedeckt, einem anerkannten Flüchtling allein wegen des Bezugs von Fürsorgeleistungen zum Zwecke einer „gerechten" Lastenverteilung zwischen den Bundesländern, somit in erster Linie aus fiskalischen Zwecken, durch entsprechende Auflage aufzugeben, nur in einem bestimmten Bundesland seinen Wohnsitz zu nehmen[326]. Hierin wurde ein Verstoß gegen Art. 1 EFA und zudem gegen Art. 23 und 26 GFK gesehen[327]. Mit dem Integrationsgesetz vom 31.7.2016[328] sind für bestimmte Personengruppen ausländerrechtliche Wohnsitzauflagen nach Maßgabe des § 12a AufenthG eingeführt worden (→ Rn. 201 f.).

**195**    Sofern sich ein nachweisbar erheblich erkrankter Ausländer gegen die ihm auferlegte räumliche Beschränkung seiner Aufenthaltserlaubnis wendet und zugleich beantragt, ihn an den Wohnsitz eines Verwandten umzuverteilen, der bereit ist, die benötigte Pflege sicherzustellen, die aus medizinischer Sicht für unabweisbar gehalten wird, kann die Behörde nicht ohne eigene medizinische Begutachtung zu einer anderen Bewertung der krankheitsbedingten Situation gelangen[329].

**196**    Ein Ausländer hat den Teil des Bundesgebiets, in dem er sich ohne Erlaubnis der Ausländerbehörde einer räumlichen Beschränkung zuwider aufhält, unverzüglich zu verlassen (§ 12 Abs. 3 AufenthG). Diese Verpflichtung besteht unabhängig davon, ob sie auf Grund eines Verwaltungsakts oder kraft Gesetzes (vgl. §§ 56, 59 AsylG) gegeben ist oder gem. § 51 Abs. 6 AufenthG fortgilt (Nr. 12.3.1 AVV-AufenthG). Diese Pflicht kann ggf. durch unmittelbaren Zwang nach § 59 AsylG oder entsprechender landesrechtlicher Vorschriften durchgesetzt werden (Nr. 12.3.2 AVV-AufenthG)[330].

**197**    Gem. § 12 Abs. 5 S. 1 AufenthG **kann** die Ausländerbehörde einem Ausländer erlauben, den auf der Grundlage des Aufenthaltsgesetzes beschränkten Aufenthaltsbereich zu verlassen[331]. Diese Vorschrift ermöglicht jedoch nur, eine Erlaubnis zum **vorübergehenden** Verlassen des beschränkten Aufenthaltsbereichs zu erteilen[332]. Für Asylbewerber enthalten die §§ 57 und 58 AsylG entsprechende Möglichkeiten. Die Erlaubnis **ist** gem. § 12 Abs. 5 S. 2 AufenthG zu erteilen, wenn hieran ein dringendes öffentliches Interesse besteht, etwa bei einer Ladung als Zeuge in einem Straf- oder sonstigen Verfahren, oder wenn zwingende Gründe, die familiärer, religiöser, gesundheitlicher oder politischer Natur sind, dies erfordern, oder wenn eine Versagung der Erlaubnis eine unbillige Härte bedeuten würde (vgl. auch Nr. 12.5.2.2 AVV-AufenthG). Auch diese Norm ist nur einschlägig für eine Erlaubnis zum **vorübergehenden** Verlassen des beschränkten Aufenthaltsbereichs[333].

**198**    Gem. § 12 Abs. 5 S. 3 AufenthG ist es einem Ausländer gestattet, Termine bei Behörden und Gerichten, bei denen sein persönliches Erscheinen erforderlich ist, **ohne** Erlaub-

[326] Allein das fiskalische Interesse einer gleichmäßigen Belastung der Kommunen vermag die Anordnung der sofortigen Vollziehbarkeit einer wohnsitzbeschränkenden Auflage nicht zu rechtfertigen; vgl. OVG Lüneburg InfAuslR 2014, 436 = BeckRS 2014, 56254.

[327] BVerwGE 130, 148 = NVwZ 2008, 796; OVG Koblenz InfAuslR 2006, 492. Zur Vereinbarkeit einer Wohnsitzauflage gegenüber subsidiär Schutzberechtigten vgl. den Vorlagebeschluss des BVerwG v. 19.8.2014, NVwZ-RR 2015, 61 sowie EuGH NVwZ 2016. 445.

[328] BGBl. I S. 1939.

[329] Vgl. VG Lüneburg Beschl. v. 7.6.2006 – 1 B 23/06 BeckRS 2007, 20960. Zur idR fehlenden medizinischen Fachkompetenz von Richtern vgl. nur BVerwG NVwZ 2007, 345 und 346; zu den Anforderungen an die Darlegung medizinischer Gründe, um eine Duldung nach § 60a AufenthG zu erhalten, vgl. → Rn. 1221 ff. Vgl. ferner Huber, NVwZ 2017, 1228.

[330] Vgl. zur örtlichen Zuständigkeit der für den Ort des tatsächlich beschränkungswidrigen Aufenthalts zuständigen Ausländerbehörde OVG Münster InfAuslR 2006, 64. Vgl. zu § 12 Abs. 3 AufenthG ferner VG Lüneburg Beschl. v. 7.6.2006 – 1 B 23/06.

[331] Zum Verhältnis von § 12 Abs. 5 S. 1 AufenthG und § 61 Abs. 1 S. 1 AufenthG vgl. OVG Hamburg NVwZ-RR 2006, 827.

[332] OVG Hamburg NVwZ-RR 2006, 827; OVG Magdeburg Beschl. v. 5.4.2006 – 2 M 133/06.

[333] OVG Magdeburg Beschl. v. 5.4.2006 – 2 M 126/06.

nis wahrzunehmen. Ein persönliches Erscheinen in diesem Sinne ist zB dann notwendig, wenn ein Gericht das persönliche Erscheinen des Ausländers angeordnet hat, aber auch, wenn die Anwesenheit bei objektiver Betrachtung geboten erscheint (Nr. 12.5.3, S. 1 AVV-AufenthG). Dies ist stets anzunehmen bei der Wahrnehmung von Gerichts- und Behördenterminen unabhängig davon, ob zudem ein Bevollmächtigter bestellt worden ist. Ein Ausländer kann nicht darauf verwiesen werden, die Wahrnehmung seiner rechtlichen Interessen ausschließlich einem Dritten zu überlassen[334].

Behörden iSd § 12 Abs. 5 S. 2 AufenthG sind auch Botschaften und Konsulate auslän- **199** discher Staaten (Nr. 12.5.3, S. 2 AVV-AufenthG). Es wäre nämlich mit dem Gesetz nicht zu vereinbaren, die im Rahmen der Mitwirkungspflichten gebotene Vorsprache bei einer Auslandsvertretung von der Erlaubnis einer Ausländerbehörde abhängig zu machen.

### d) Verfahrensrecht

Gegen die einer Aufenthaltserlaubnis beigefügten Bedingung, sei es eine aufschiebende **200** oder auflösende, ist im Wege der Verpflichtungsklage vorzugehen mit dem Ziel, eine bedingungsfreie Aufenthaltserlaubnis erteilt zu bekommen. Um Eilrechtsschutz zu erhalten, ist gegebenenfalls beim zuständigen Verwaltungsgericht ein Antrag auf Erlass einer einstweiligen Anordnung nach § 123 VwGO zu stellen. Eine einer Aufenthalts-erlaubnis beigefügte Auflage, zB eine räumliche Beschränkung des Geltungsbereichs, kann isoliert mit der Anfechtungsklage angefochten werden, so dass um einstweiligen Rechtsschutz im Wege eines Aussetzungsantrags nach § 80 Abs. 5 VwGO nachzusuchen ist[335].

## 13. Wohnsitzauflagen (§ 12a AufenthG)

Mit dem Integrationsgesetz vom 31.7.2016[336] ist § 12a AufenthG in das Aufenthalts- **201** gesetz eingefügt worden. Nach Abs. 1 dieser Vorschrift unterliegen international Schutz-berechtigte, dh Flüchtlinge und subsidiär Schutzberechtigte, Personen mit einer Aufent-haltserlaubnis wegen eines vom BAMF festgestellten Abschiebehindernisses, sowie aus dem Ausland aufgenommene Personen oder Personen, die unter eine Gruppenregelung nach § 23 Abs. 1 AufenthG fallen, für die Dauer von drei Jahren einer Beschränkung der Wohnsitznahme auf das Bundesland, dem sie im vorangegangenen Asylverfahren zuge-wiesen waren[337]. Die näheren Einzelheiten sind in den Abs. 1 S. 2 bis 9 der Vorschrift geregelt.

Ob die Vorschrift in vollem Umfang mit dem unionsrechtlichen Schutzrecht vereinbar **202** ist, wird kontrovers diskutiert. Das EuGH-Urteil in der Rechtssache Alo und Osso[338] kann nicht ohne weiteres als Beleg für die vollständige Unionsrechtskonformität der neuen Regelung herangezogen werden[339].

---

[334] Zur Zulässigkeit einer gegebenenfalls mit einem Ortswechsel verbundenen Nachbesprechung zwischen Anwalt und Mandant vgl. VGH München Beschl. v. 9.12.2014 – 19 C 14.442 BeckRS 2014, 59694.

[335] Vgl. nur BVerwGE 100, 335 = NVwZ-RR 1997, 317; VG Düsseldorf Beschl. v. 6.9.2007 – 7 L 1089/07 BeckRS 2007, 27955.

[336] BGBl. I S. 1939.

[337] Vgl. auch *Schlotheuber/Röder* Asylmagazin 2016, 364; *von Harbou* NVwZ 2016, 1193 (1196); *Thym* ZAR 2016, 241 (245 f.).

[338] NJW 2016, 1077 = NVwZ 2016, 445.

[339] Vgl. nur *Pelzer* NVwZ 2016, 448 sowie → Rn. 662 ff.

## IV. Die Aufenthaltserlaubnis zum Zweck der Ausbildung
## (§§ 16, 17 und 17a AufenthG)

203    In Kap. 2 Abschn. 3 des Aufenthaltsgesetzes ist der Aufenthalt zum Zweck der Ausbildung geregelt[340].

204    Mit dem Gesetz zur Umsetzung aufenthaltsrechtlicher Richtlinien der EU zur Arbeitsmigration vom 12.5.2015 ist dieser Regelungsgegenstand grundlegend verändert worden. Dieses Gesetz dient ua der Umsetzung der RL 2016/801/EU vom 11.5.2016 über die Bedingungen für die Einreise und den Aufenthalt von Drittstaatsangehörigen zu Forschungs- und Studienzwecken, zur Absolvierung eines Praktikums, zur Teilnahme an einem Freiwilligendienst, Schüleraustauschprogrammen oder Bildungsvorhaben und zur Ausübung einer Au-pair-Tätigkeit (REST-Richtlinie)[341].

205    Das Gesetz unterscheidet zwischen dem Aufenthaltszweck des Studiums bzw. des Besuchs einer Schule oder eines Sprachkurses auf der einen und sonstigen Aufenthaltszwecken auf der anderen Seite. Die Entscheidung, ob ein entsprechender Aufenthaltstitel nach § 16 Abs. 1 AufenthG erteilt oder verlängert wird, steht anders als nach der alten Rechtslage nicht mehr im Ermessen der Ausländerbehörde. Vielmehr besteht ein Rechtsanspruch darauf, einen entsprechenden Aufenthaltstitel erteilt und verlängert zu bekommen, wenn die tatbestandlichen Voraussetzungen erfüllt sind[342].

206    Der in Umsetzung der REST-RL 2016/801/EU neu eingefügte § 16a AufenthG befasst sich mit der Mobilität im Rahmen des Studiums (→ Rn. 231 ff.). Der neue § 16b AufenthG regelt die rechtlichen Voraussetzungen für eine Teilnahme an Sprachkursen und an einem Schulbesuch (→ Rn. 240 ff.). Der im Wesentlichen unverändert gebliebene § 17 AufenthG hat „Sonstige Ausbildungszwecke" zum Regelungsgegenstand (→ Rn. 248 ff.). Darüber hinaus befasst sich § 17a AufenthG mit der Anerkennung ausländischer Berufsqualifikationen (→ Rn. 253 ff.). Regelungsgegenstand des § 17b AufenthG ist das Studienbezogene Praktikum EU (→ Rn. 261 ff.).

### 1. Studium, Sprachkurs, Schulbesuch (§ 16 AufenthG)

#### a) Unionsrechtlicher Rechtsanspruch

207    Gem. § 16 Abs. 1 S. 1 AufenthG **wird** (= Rechtsanspruch)[343] einem Ausländer zum Zwecke des Vollzeitstudiums an einer staatlich anerkannten Hochschule oder an einer vergleichbaren Ausbildungseinrichtung eine Aufenthaltserlaubnis nach der RL 2016/801/EU vom 11.5.2016 erteilt, wenn der Ausländer von der Ausbildungseinrichtung zugelassen worden ist[344]. Der Aufenthaltszweck des Studiums umfasst auch studienvorbereitende Maßnahmen und das Absolvieren eines Pflichtpraktikums (§ 16 Abs. 1 S. 2)[345]. Studienvorbereitende Maßnahmen sind nach § 16 Abs. 1 S. 3 AufenthG

- der Besuch eines studienvorbereitenden Sprachkurses, wenn der Ausländer zu einem Vollzeitstudium zugelassen worden ist und die Zulassung an den Besuch eines studienvorbereitenden Sprachkurses gebunden ist (Nr. 1), und

---

[340] Vgl. dazu auch *Walther* ZAR 2006, 254 ff.; zur Frage des Zugangs zum Arbeitsmarkt vgl. auch *Feldgen* ZAR 2006, 168 ff.

[341] ABl. Nr. L 132 S. 21.

[342] BT-Drs. 18/11136, S. 39.

[343] Vgl. auch BT-Drs. 18/11136, S. 39.

[344] Vgl. in diesem Zusammenhang auch das Vorabentscheidungsersuchen des VG Berlin vom 5.9.2013 – 14 K 350/11 BeckRS 2013, 55609 und EuGH NVwZ 2014, 1446: unbedingter Rechtsanspruch.

[345] Vgl. dazu auch OVG Magdeburg Beschl. v. 7.9.2006 – 2 M 275/06 BeckRS 2008, 32715.

- der Besuch eines Studienkollegs oder einer vergleichbaren Einrichtung, wenn die Annahme zu einem Studienkolleg oder einer vergleichbaren Einrichtung nachgewiesen ist (Nr. 2).

Ein Nachweis hinreichender Kenntnisse der Ausbildungssprache – dies muss nicht **208** zwingend Deutsch sein, sondern kann auch eine andere Sprache sein, zB Englisch, – wird verlangt, wenn die Sprachkenntnisse weder bei der Zulassungsentscheidung geprüft worden sind noch durch die studienvorbereitende Maßnahme erworben werden sollen.

Soweit im Rahmen des § 16 AufenthG dem Auswärtigen Amt (im Visumverfahren) **209** oder der Ausländerbehörde noch ein Ermessen zustehen sollte, ist zu beachten, dass nach der neueren maßgeblich durch den EuGH mitgeprägten Rechtsprechung des BVerwG auch bei Klagen auf Erteilung bzw. Verlängerung eines Aufenthaltstitels für die Überprüfung der behördlichen Entscheidung auf den Zeitpunkt abzustellen ist, der für die gerichtliche Beurteilung der Anspruchsvoraussetzungen maßgeblich ist.[346]

## b) Begriff des Studiums (§ 16 Abs. 1 AufenthG)

Gem. § 16 Abs. 1 S. 1 AufenthG wird einem Ausländer zum Zweck des **Vollzeitstudi-** **210** **ums**[347] an einer staatlichen oder staatlich anerkannten Hochschule (Universität, Pädagogische Hochschule, Kunsthochschule oder Fachhochschule) oder vergleichbaren Ausbildungseinrichtung eine Aufenthaltserlaubnis erteilt. Vergleichbare Ausbildungseinrichtungen sind ua Berufsakademien sowie staatliche bzw. staatlich anerkannte Studienkollegs, aber auch Einrichtungen, die eine staatliche Anerkennung beantragt haben oder einzelne akkreditierte Studiengänge anbieten (Nr. 16.0.3, S. 1 und 2 AVV-AufenthG). Der Aufenthaltszweck des Studiums umfasst auch studienvorbereitende Sprachkurse sowie das Absolvieren eines Pflichtpraktikums (§ 16 Abs. 1 S. 2 AufenthG). Darüber hinaus erstreckt sich der Aufenthaltszweck Studium auch auf ein anschließendes Aufbau-, Zusatz- oder Ergänzungsstudium (Postgraduiertenstudium), eine Promotion sowie anschließende praktische Tätigkeiten, die zu dem vorgeschriebenen Ausbildungsgang gehören oder zur umfassenden Erreichung des Ausbildungsziels dienen (Nr. 16.0.5 AVV-AufenthG; vgl. auch Art. 3 Nr. 3 REST-RL 2016/801/EU).

Die Studienbewerbung und das Studium selbst müssen den **Hauptzweck** des Aufent- **211** halts darstellen (Nr. 16.0.4, S. 1 AVV-AufenthG). Daher soll gem. § 16 Abs. 4 S. 1 AufenthG während des Studienaufenthalts nach Abs. 1 idR keine Aufenthaltserlaubnis für einen anderen Aufenthaltszweck erteilt oder verlängert werden (→ Rn. 218). Dies gilt lediglich dann nicht, wenn ein gesetzlicher Anspruch auf eine andere Aufenthaltserlaubnis besteht, etwa wegen zwischenzeitlich erfolgter Eheschließung, die einen Anspruch nach § 28 oder § 30 Abs. 1 S. 1 AufenthG begründen kann (→ Rn. 771 und 808).

Die Allgemeine Verwaltungsvorschrift geht davon aus, dass zB die beabsichtigte Auf- **212** nahme eines Abend-, Wochenend- oder Fernstudiums nicht geeignet ist, den Hauptzweck des Aufenthalts zu einem Studium zu begründen (Nr. 16.0.4, S. 2 AVV-AufenthG)[348]. Dies ist jedoch in dieser Pauschalität mit § 16 Abs. 1 AufenthG nicht zu vereinbaren. Stets ist darauf abzustellen, wie viel Zeit das konkrete Studium bei ordnungsgemäßer Durchführung beansprucht. Da sich zumindest teilweise Fernstudiengänge, zB an der Fernuniversität Hagen, vom Studienplan her am Präsenz- und

---

[346] NVwZ 2010, 262 Rn. 37; vgl. auch BVerwG Urt. v. 7.4.2009 – 1 C 28/08 BeckRS 2009, 33019 Rn. 23 und 1 C 29/08 BeckRS 2009, 33020 Rn. 21.
[347] Vgl. auch Art. 3 Nr. 3 REST-RL 2016/801/EU: Vollzeitstudienprogramm als Haupttätigkeit.
[348] Vgl. auch VG München Urt. v. 9.6.2005 – M 10 K 05.753 BeckRS 2005, 38297.

Vollzeitstudium an einer Universität orientieren[349], kann auch die Aufnahme eines entsprechenden Studiums den Hauptzweck einer Aufenthaltserlaubnis nach § 16 Abs. 1 AufenthG bilden. Zudem werden auch im Rahmen eines Fernstudiums idR Kompaktseminare im Bundesgebiet angeboten, die zu besuchen sind. Daher ist ein Verweis auf die Durchführung des Studiums vom Ausland her nicht zulässig. Weigert sich gleichwohl eine Auslandsvertretung oder eine Ausländerbehörde, einen entsprechenden Aufenthaltstitel zu erteilen, muss jedenfalls für die Teilnahme an Kompaktseminaren und für im Bundesgebiet durchzuführenden Präsenzprüfungen ein Schengen-Visum gem. § 6 Abs. 1 Nr. 2 AufenthG erteilt werden (vgl. auch Nr. 16.0.4, S. 3 AVV-AufenthG).

213    Der Inhalt des Aufenthaltszwecks Studium wird grundsätzlich durch die gewählte Fachrichtung bestimmt (vgl. auch §§ 7 und 9 HRG), die in der Aufenthaltserlaubnis konkret durch Angabe des Studiengangs bzw. der Studienfächer zu bezeichnen ist (Nr. 16.2.4 AVV-AufenthG)[350]. Wird die Fachrichtung während des Studiums geändert, liegt grundsätzlich ein Wechsel des Aufenthaltszwecks vor[351] mit der Folge, dass eine neue – gebührenpflichtige (vgl. § 45 Nr. 3 AufenthV) – Aufenthaltserlaubnis zu einem anderen Zweck beantragt werden muss. Ohne dass dies im Aufenthaltsgesetz selbst zum Ausdruck kommt, stellt ein Wechsel des Studiengangs oder des Studienfachs innerhalb **desselben** Studiengangs nicht zugleich ein Auswechseln des Aufenthaltszwecks dar, sofern dieser Schritt innerhalb der ersten achtzehn Monate nach Beginn des Studiums vollzogen wird (Nr. 16.2.5, S. 1 AVV-AufenthG). Bei einem nach dem einschlägigen Hochschulrecht zulässigen späteren Studiengang- oder Studienfachwechsel ist der bisherige Aufenthaltszweck nicht berührt, wenn die bereits erzielten Studienleistungen ausweislich einer vorzulegenden Bestätigung der Hochschule soweit angerechnet werden, dass sich die Gesamtstudiendauer um nicht mehr als achtzehn Monate verlängert (Nr. 16.2.5, S. 2 bis 4 AVV-AufenthG). Fehlen diese Voraussetzungen **oder** wird ein weiterer, also zweiter Studiengang- oder Studienfachwechsel angestrebt, kann dieser nur zugelassen werden, wenn das Studium innerhalb einer Gesamtaufenthaltsdauer von zehn Jahren abgeschlossen werden kann (Nr. 16.2.5, S. 5 AVV-AufenthG). Dies gilt entsprechend bei einem Wechsel zu einer anderen Hochschulart, also zB von einer Universität zu einer Fachhochschule (Nr. 16.2.5, S. 6 AVV-AufenthG). Ein Fachrichtungswechsel liegt hingegen ua nicht vor bei einer (weitgehenden) curricularen Identität des bisher beschrittenen und des in Aussicht genommenen Studiengangs, bei Bestätigung durch die Ausbildungsstelle, dass die bisher absolvierten Semester auf den neuen Studiengang überwiegend angerechnet werden oder wenn aus organisatorischen studiumsbezogenen Gründen der angestrebte Studiengang nicht sofort nach der Studienvorbereitungsphase angetreten werden kann, etwa weil die Aufnahme nur zu einem bestimmten Semester erfolgt und die Zeit bis dahin sinnvoll zu überbrücken ist (Nr. 16.2.6 AVV-AufenthG). Dasselbe gilt bei einer bloßen Schwerpunktverlagerung innerhalb des Studiengangs[352].

### c) Geltungsdauer der Aufenthaltserlaubnis (§ 16 Abs. 2 AufenthG)

214    Die Geltungsdauer der Aufenthaltserlaubnis beträgt bei der Ersterteilung und der Verlängerung (zwingend) **mindestens** ein Jahr und soll zwei Jahre nicht überschreiten (§ 16 Abs. 2 S. 1 AufenthG; Art. 18 Abs. 2 REST-RL 2016/801/EU). Sie beträgt mindestens

---

[349] Vgl. auch § 13 Abs. 1 S. 1 HRG, demzufolge bei der Reform von Studium und Lehre und bei der Bereitstellung des Lehrangebots die Möglichkeiten eines Fernstudiums genutzt werden sollen. Zur Anrechenbarkeit der erbrachten Leistungen vgl. § 13 Abs. 2 HRG.

[350] Zur Bindung an den Aufenthaltszweck vgl. auch BVerwG NVwZ 1995, 1125 (zu § 28 AuslG 1990).

[351] Vgl. zB VGH München Beschl. v. 1.8.2005 – 24 CE 05.1015 BeckRS 2005, 16980 und Beschl. v. 21.6.2007 – 24 CS 06.3454 BeckRS 2007, 29952; OVG Koblenz NVwZ-RR 2009, 305.

[352] OVG Koblenz NVwZ-RR 2009, 305.

zwei Jahre, wenn der Ausländer an einem Unions- oder multilateralen Programm mit Mobilitätsmaßnahmen teilnimmt oder wenn für ihn eine Vereinbarung zwischen zwei oder mehr Hochschuleinrichtungen gilt (§ 16 Abs. 2 S. 2 AufenthG). Sofern das Studium weniger als zwei Jahre dauert, wird die Aufenthaltserlaubnis nur für die Dauer des Studiums erteilt (§ 16 Abs. 2 S. 3 AufenthG). Nach § 16 Abs. 2 S. 4 AufenthG wird die Aufenthaltserlaubnis verlängert, wenn der Aufenthaltszweck[353] noch nicht erreicht ist und in einem angemessenen Zeitraum noch erreicht werden kann[354]. In diesem Zusammenhang kann die aufnehmende Ausbildungseinrichtung beteiligt werden, um zu klären, ob der Aufenthaltszweck noch erreicht werden kann (§ 16 Abs. 2 S. 5 AufenthG).

Im Rahmen der **Verlängerung** einer zu Studienzwecken erteilten Aufenthaltserlaubnis **215** ist auch zu prüfen, ob der betroffene Ausländer ein ordnungsgemäßes Studium betreibt. Von einem **ordnungsgemäßen Studium** kann idR ausgegangen werden, solange ein Ausländer die durchschnittliche Studiendauer an der betreffenden Hochschule in dem jeweiligen Studiengang nicht um mehr als drei Semester überschreitet[355], wobei die Zeit studienvorbereitender Maßnahmen nicht berücksichtigt wird (Nr. 16.1.1.6.2 AVV-AufenthG). Von Gesetzes wegen ist es nicht ausgeschlossen, dass die Ausländerbehörde einem Ausländer im Rahmen des Verlängerungsverfahrens zur Vorbereitung ihrer Entscheidung und unter Verweis auf die ihm gem. § 82 Abs. 1 AufenthG obliegenden Mitwirkungspflichten (→ Rn. 1387 ff.) aufgibt, einen Nachweis über bisher erbrachte Leistungen vorzulegen. Sofern die zulässige Studiendauer (durchschnittliche Studiendauer – nicht Regelstudienzeit – plus drei Semester) überschritten wird, ist der Studierende von der Ausländerbehörde schriftlich darauf hinzuweisen, dass eine Verlängerung der Aufenthaltserlaubnis nur erfolgt, wenn die Ausbildungsstelle unter Berücksichtigung der individuellen Situation des Betroffenen einen ordnungsgemäßen Verlauf des Studiums bescheinigt, die weitere Dauer des Studiums angibt und zu den Erfolgsaussichten Stellung nimmt (Nr. 16.1.1.7 AVV-AufenthG). Werden in diesem Zusammenhang dem oder der Studierenden hinreichende Erfolgsaussichten zugesprochen, ist die Ausländerbehörde grundsätzlich nicht berechtigt, von einer solchen von einer fachkompetenten Stelle abgegebenen prognostischen Einschätzung abzuweichen. Allerdings muss dann jedoch mit hinreichender Sicherheit gewährleistet sein, dass der Studienabschluss noch in einem angemessenen Zeitraum iSd § 16 Abs. 2 S. 4 AufenthG erfolgen kann[356]. Das Aufenthaltsgesetz selbst gibt insoweit nicht vor, wann von einem angemessenen Zeitraum nicht mehr gesprochen werden kann. Der Allgemeinen Verwaltungsvorschrift zufolge ist jedoch eine beantragte Verlängerung der Aufenthaltserlaubnis abzulehnen, wenn sich aus der Mitteilung der Ausbildungsstelle ergibt, dass das Studium nicht innerhalb einer Frist von insgesamt zehn Jahren, berechnet ab dem Beginn des eigentlichen Studiums, abgeschlossen werden kann (Nr. 16.1.17. S. 2 AVV-AufenthG)[357]. Der Umstand, dass der Lebensunterhalt oder ein Teil davon durch eine von § 16 Abs. 3 AufenthG gestattete Erwerbstätigkeit (→ Rn. 216) des Studierenden bestritten wird, ist danach darüber hinaus kein Grund, um die Zehnjahresfrist zu überschreiten (Nr. 16.1.1.8 AVV-AufenthG).

---

[353] Zum Aufenthaltszweck „Studium" vgl. OVG Lüneburg Beschl. v. 27.4.2017 – 8 LA 60/17 BeckRS 2017, 109311.

[354] Vgl. auch VG Düsseldorf Beschl. v. 25.6.2015 – 24 L 438/15 BeckRS 2015, 48193; VG Freiburg Beschl. v. 21.2.2017 – 6 K 977/17 BeckRS 2017, 103434: Großzügige Praxis angezeigt.

[355] Zur weiträumigen Überschreitung der Regelstudienzeit vgl. OVG Lüneburg Beschl. v. 7.4.2006 – 9 ME 257/05 BeckRS 2006, 22479; vgl. auch OVG Berlin-Brandenburg Beschl. v. 15.12.2016 – OVG 6 S 26/16 BeckRS 2016, 56005.

[356] Zur Prognose vgl. VGH Kassel EZAR 014 Nr. 2 = ZAR 1992, 38 Ls.; OVG Magdeburg Beschl. v. 5.11.2014 – 2 M 109/14 BeckRS 2015, 40794; OVG Bremen Urt. v. 1.4.2014 – 1 B 47/14 BeckRS 2014, 49853.

[357] Zur Zehnjahresfrist vgl. nur OVG Magdeburg Beschl. v. 5.11.2014 – 2 M 109/14 BeckRS 2015, 40794; VG Ansbach Beschl. v. 3.3.2005 – AN 5 E 04.03 159 BeckRS 2005,34127.

Diese an die Ausländerbehörden gerichteten Vorgaben bzw. Empfehlungen sind grundsätzlich mit dem in § 16 Abs. 1 AufenthG gesetzlich festgeschriebenen Aufenthaltszweck der Ausbildung bzw. des Studiums zu vereinbaren, dürfen jedoch nicht zugleich als absolute zeitliche Vorgabe verstanden werden[358]. Insbesondere in der Person des Ausländers liegende schwerwiegende individuelle Gründe können es im Einzelfall rechtfertigen, eine Verlängerung der Aufenthaltserlaubnis über den Zehnjahreszeitraum hinaus vorzunehmen, sofern ein baldiger erfolgreicher Abschluss des Studiums absehbar ist. Eine Ausnahme in diesem Sinne kann daher bei einer im Verlauf des Studiums aufgetretenen langwierigen schwerwiegenden Krankheit[359] oder bei einem erlittenen schweren Unfall mit Folgeschäden angezeigt sein, aber mit Blick auf das Diskriminierungsverbot des Art. 3 Abs. 3 S. 2 GG unter Umständen auch, wenn der Studierende schwerbehindert ist und dies seine Lern- und Arbeitsfähigkeit nachhaltig beeinträchtigt. Schließlich kann nicht von vornherein der Umstand, dass eine Studentin mehrfach schwanger und Mutter geworden ist, unberücksichtigt bleiben.

### d) Ausübung einer Beschäftigung (§ 16 Abs. 3 AufenthG)

216　　Die gem. § 16 Abs. 1 AufenthG erteilte (und verlängerte) Aufenthaltserlaubnis berechtigt zum einen dazu, eine Beschäftigung auszuüben, die insgesamt 120 Tage oder 240 halbe Tage im Jahr nicht überschreiten darf, (§ 16 Abs. 3 S. 1 AufenthG; vgl. auch Art. 24 REST-RL 2016/801/EU). Es ist unerheblich, wie die entsprechende Beschäftigung innerhalb des zulässigen Zeitrahmens ausgeübt wird (zB Tätigkeit einmalig im Umfang von 120 Tagen oder stärkere zeitliche Ausdifferenzierung innerhalb eines Beschäftigungsjahres; vgl. Nr. 16.3.2 AVV-AufenthG). Zum anderen erlaubt die Vorschrift das Ausüben studentischer Nebentätigkeiten. Insoweit gibt es keine zeitlichen Beschränkungen, so dass diese auch über das Jahr dauerhaft ausgeübt werden können[360]. Begünstigt werden auch solche Beschäftigungen, die sich auf hochschulbezogene Tätigkeiten im fachlichen Zusammenhang mit dem Studium in hochschulnahen Organisationen beschränken, zB Tutorentätigkeit in Wohnheimen (Nr. 16.3.3, S. 2 AVV-AufenthG). Für die in § 16 Abs. 3 S. 1 AufenthG genannten Tätigkeiten bedarf es keiner Genehmigung oder Zustimmung der Bundesagentur für Arbeit, da im Rahmen des durch § 16 Abs. 3 S. 1 AufenthG vorgesehenen Rahmens bereits kraft Gesetzes die Berechtigung besteht, eine Beschäftigung auszuüben (vgl. Nr. 16.3.1 AVV-AufenthG)[361]. Eine immanente Grenze ergibt sich daraus, dass die Aufnahme der Beschäftigung neben der Ausbildung den eigentlichen Aufenthaltszweck, nämlich erfolgreicher Abschluss eines Studiums oder einer sonstigen Ausbildung, nicht ernsthaft gefährden darf (Nr. 16.3.1, S. 4 AVV-AufenthG).

217　　Hingegen ist ein Ausländer nicht berechtigt, eine Beschäftigung während eines Aufenthalts zu studienvorbereitenden Maßnahmen im ersten Jahr des Aufenthalts auszuüben (§ 16 Abs. 3 S. 2 AufenthG). Ausgenommen hiervon sind Beschäftigungen in der Ferienzeit. Bei einem Aufenthalt nach Abs. 1a zum Zwecke der Studienbewerbung ist die Aufnahme einer Beschäftigung generell ausgeschlossen[362].

---

[358] OVG Koblenz NVwZ 2009, 305.

[359] Zur krankheitsbedingten Verzögerung des Studiums vgl. auch OVG Lüneburg Beschl. v. 7.4.2006 – 9 ME 257/05 BeckRS 2006, 22479. Abl. VGH München Beschl. v. 27.6.2016 – 10 ZB 14.2178 BeckRS 2016, 48796 bei 19 statt vier vorgesehenen Semester für einen Studienabschnitt.

[360] Zur assoziationsrechtlichen Relevanz einer solchen dauerhaften Beschäftigung nach dem ARB 1/80 vgl. EuGH NVwZ 2008, 404 – Payir ua.

[361] Vgl. auch BT-Drs. 18/11136, S. 40.

[362] Vgl. BT-Drs. 16/5065, S. 165, sowie Nr. 16.3.10 AVV-AufenthG.

### e) Anderer Aufenthaltszweck (16 Abs. 4 AufenthG)

Nach § 16 Abs. 4 S. 1 AufenthG darf die Aufenthaltserlaubnis zu einem anderen Auf- **218** enthaltszweck als dem in Abs. 1 genannten Aufenthaltszweck erteilt oder verlängert werden, wenn das Studium erfolgreich abgeschlossen wurde. Ist hingegen das Studium ohne Abschluss beendet worden, darf gem. § 16 Abs. 4 S. 2 AufenthG eine Aufenthaltserlaubnis zu einem anderen als den in Abs. 1 genannten Zweck erteilt oder verlängert werden, wenn die Voraussetzungen für die Erteilung einer Aufenthaltserlaubnis für die in § 16b Abs. 2 AufenthG (Schulbesuch zum Zweck einer qualifizierten Berufsausbildung → Rn. 244) oder nach § 17 AufenthG (Sonstige Ausbildungszwecke → Rn. 248 ff.) vorliegen **und** die Berufsausbildung in einem Beruf erfolgt, für den die Bundesagentur für Arbeit die Feststellung nach § 39 Abs. 2 S. 1 Nr. 2 AufenthG getroffen hat, dass die Besetzung der Stelle mit ausländischen Bewerbern arbeitsmarkt- und integrationspolitisch verantwortbar ist. Mit dieser Regelung soll die Berufsausbildung in so genannten Engpassberufen erleichtert werden[363].

Darüber hinaus kommt nach § 16 Abs. 4 S. 2 AufenthG ein Wechsel des Aufenthalts- **219** zwecks dann in Betracht, wenn ein gesetzlicher Anspruch auf eine andere Aufenthaltserlaubnis besteht, etwa wegen zwischenzeitlich erfolgter Eheschließung, die einen Anspruch nach § 28 oder § 30 Abs. 1 S. 1 AufenthG begründen kann (→ Rn. 771 und 808). Schließlich bestimmt § 16 Abs. 4 S. 3 AufenthG, dass **während** des Studiums idR eine Aufenthaltserlaubnis zu einem anderen Aufenthaltszweck als dem in Abs. 1 genannten Aufenthaltszweck nur erteilt oder verlängert werden soll, sofern ein gesetzlicher Anspruch besteht. Dies schließt es nicht aus, ausnahmsweise auch bei einem fehlenden gesetzlichen Anspruch eine Aufenthaltserlaubnis für einen anderen Zweck zu erteilen oder zu verlängern. So können **außergewöhnliche Umstände** oder das Vorliegen einer atypischen Fallgestaltung es rechtfertigen, eine Ausnahme zu machen (Nr. 16.2.1 AVV-AufenthG)[364]. Die Allgemeine Verwaltungsvorschrift verweist in diesem Zusammenhang ua auf vorrangige verfassungsrechtliche Wertentscheidungen (Nr. 16.2.1 AVV-AufenthG). Dies kann zB für die Erteilung einer Aufenthaltserlaubnis nach einer Eheschließung gelten, wenn die Voraussetzungen für einen Anspruch auf eine Aufenthaltserlaubnis etwa nach § 30 Abs. 1 AufenthG nicht gegeben, sondern nur die für eine Ermessensentscheidung nach § 30 Abs. 2 AufenthG erfüllt sind.

Ferner bestimmt § 16 Abs. 4 S. 4 AufenthG, dass § 9 AufenthG keine Anwendung **220** findet. Somit ist während eines Studienaufenthalts der Wechsel zu einer Niederlassungserlaubnis oder einer Erlaubnis zum Daueraufenthalt-EU (vgl. § 9a Abs. 3 Nr. 4 AufenthG) verwehrt.

### f) Aufenthaltserlaubnis für Arbeitssuche nach Studienabschluss (§ 16 Abs. 5 AufenthG)

Gem. § 16 Abs. 5 S. 1 AufenthG **wird** (= Rechtsanspruch)[365] nach einem erfolgreichen **221** Abschluss des Studiums die Aufenthaltserlaubnis bis zu 18 Monate verlängert, um dem Ausländer die Möglichkeit zu geben, einen diesem Abschluss angemessenen Erwerbstätigkeit (vgl. § 2 Nr. 2 AufenthG → Rn. 11) zu suchen, sofern diese nach den Bestimmungen der §§ 18, 19, 19a, 20 und 21 AufenthG von Ausländern aufgenommen werden darf. Die Aufenthaltserlaubnis berechtigt während dieses Zeitraums dazu, eine Erwerbstätigkeit auszuüben (§ 16 Abs. 5 S. 2 AufenthG). Findet ein Ausländer in diesem Zeitrahmen eine entsprechende Arbeitsstelle oder liegen die Voraussetzungen vor, um eine

---

[363] BT-Drs. 18/111136, S. 40.
[364] Vgl. auch OVG Münster Beschl. v. 21.8.2006 – 18 B 1472/06 BeckRS 2006, 25874.
[365] BT-Drs. 18/11136, S. 40.

selbstständige Erwerbstätigkeit auszuüben, und wird ihm für eine solche neue Tätigkeit ein Aufenthaltstitel erteilt, tritt ein Wechsel des Aufenthaltszwecks ein (Nr. 16.4.4 AVV-AufenthG). In diesem Zusammenhang bestimmt S. 3 der Vorschrift, dass § 9 AufenthG keine Anwendung findet. Sinn und Zweck dieser Vorschrift bestehen darin, die durch die Arbeitssuche angefallenen Zeiten eines rechtmäßigen Aufenthalts im Bundesgebiet als Anwartschaftszeiten iSd § 9 Abs. 2 S. 1 Nr. 1 AufenthG nicht zu berücksichtigen. Mit einer auf der Grundlage des § 16 Abs. 5 S. 1 AufenthG erteilten Aufenthaltserlaubnis beginnt die Berechnung der für eine Niederlassungserlaubnis nachzuweisenden Aufenthaltszeiten neu zu laufen. Entsprechendes gilt für die Erlaubnis zum Daueraufenthalt-EU (§§ 9a bis 9c AufenthG).

### g) Aufenthaltserlaubnis nach Zulassung zum Studium oder einer studienvorbereitenden Maßnahme (§ 16 Abs. 6 AufenthG)

**222**    Nach § 16 Abs. 6 AufenthG **kann** einem Ausländer eine Aufenthaltserlaubnis erteilt werden, wenn

1. er von einer staatlichen Hochschule, einer staatlich anerkannten Hochschule oder einer vergleichbaren Ausbildungseinrichtung
   a) zum Zweck des Vollzeitstudiums zugelassen worden ist und die Zulassung mit einer Bedingung verbunden ist, die nicht auf den Besuch einer studienvorbereitenden Maßnahme gerichtet ist[366],
   b) zum Zweck des Vollzeitstudiums zugelassen worden ist und die Zulassung mit der Bedingung des Besuchs eines Studienkollegs oder einer vergleichbaren Einrichtung verbunden ist, der Ausländer aber den Nachweis über die Annahme zu einem Studienkolleg oder einer vergleichbaren Einrichtung nach § 16 Abs. 1 S. 3 Nr. 2 AufenthG (→ Rn. 210) nicht erbringen kann oder
   c) zum Zweck des Teilzeitstudiums[367] zugelassen worden ist,
2. er zur Teilnahme an einem studienvorbereitenden Sprachkurs angenommen worden ist, ohne dass eine Zulassung zum Zweck eines Studiums an einer staatlichen Hochschule, einer staatlich anerkannten Hochschule oder einer vergleichbaren Ausbildungseinrichtung vorliegt, oder
3. ihm die Zusage eines Betriebes für das Absolvieren eines studienvorbereitenden Praktikums vorliegt.

**223**    In den Fällen des S. 1 Nr. 1 sind gem. § 16 Abs. 6 S. 2 AufenthG Abs. 1 S. 2 bis 4 (→ Rn. 210) und die Abs. 2 bis 5 (→ Rn. 214 ff.) entsprechend anzuwenden. In den Fällen des S. 1 Nr. 2 und 3 sind die Abs. 2, 4 und 5 entsprechend anzuwenden (S. 3 Hs. 1). § 16 Abs. 6 S. 3 Hs. 2 AufenthG bestimmt schließlich, dass in den Fällen des Hs. 1 die Aufenthaltserlaubnis zur Beschäftigung nur in der Ferienzeit sowie zur Ausübung des Praktikums berechtigt.

### h) Aufenthaltserlaubnis zum Zweck der Studienbewerbung (§ 16 Abs. 7 AufenthG)

**224**    Nach § 16 Abs. 7 S. 1 AufenthG kann einem Ausländer auch zum Zweck der Studienbewerbung[368] eine Aufenthaltserlaubnis erteilt werden. Der Aufenthalt als Studienbewerber darf höchstens neun Monate betragen (§ 16 Abs. 1a S. 2 AufenthG). Die Aufenthaltserlaubnis berechtigt nicht dazu, eine Beschäftigung oder eine studentische Nebentätigkeit

---

[366] Zulassung zu einem Masterstudium unter der Bedingung, dass die Urkunde über den Bachelorabschluss nachgereicht wird; BT-Drs. 18/11136, S. 40.

[367] Vgl. dazu BT-Drs. 18/11136, S. 41.

[368] Zum Begriff der Studienbewerbung vgl. auch OVG Magdeburg Beschl. v. 7.9.2006 – 2 M 275/06 BeckRS 2008, 23715.

auszuüben (§ 16 Abs. 7 S. 2 AufenthG). Schließlich bestimmt § 16 Abs. 7 S. 3, dass § 16 Abs. 4 S. 3 AufenthG entsprechend anzuwenden ist. Dementsprechend soll während des Aufenthalts als Studienbewerber idR keine Aufenthaltserlaubnis für einen anderen Aufenthaltszweck erteilt oder verlängert werden. Dies gilt lediglich dann nicht, wenn ein gesetzlicher Anspruch auf eine andere Aufenthaltserlaubnis besteht, etwa wegen zwischenzeitlich erfolgter Eheschließung, die einen Anspruch nach § 28 oder § 30 Abs. 1 S. 1 AufenthG begründen kann (→ Rn. 771 und 808).

### i) Rücknahme, Widerruf oder nachträgliche Befristung der Aufenthaltserlaubnis (§ 16 Abs. 8 AufenthG)

Bevor eine nach Abs. 1 oder Abs. 6 erteilte Aufenthaltserlaubnis aus Gründen, die in 225 der Verantwortung der Ausbildungseinrichtung liegen[369] und die der Ausländer nicht zu vertreten hat, zurückgenommen, widerrufen oder gem. § 7 Abs. 2 S. 2 AufenthG nachträglich befristet wird, **ist** es dem Ausländer zu ermöglichen, bei einer anderen Ausbildungseinrichtung die Zulassung zu beantragen (§ 16 Abs. 8 AufenthG).

### j) International Schutzberechtigte (§ 16 Abs. 9 AufenthG)

Nach § 16 Abs. 9 S. 1 AufenthG **kann** einem Ausländer, der in einem Mitgliedstaat der 226 EU internationalen Schutz iSd RL 2011/95/EU genießt, eine Aufenthaltserlaubnis zum Zweck des Studiums erteilt werden, wenn er

1. in einem anderen Mitgliedstaat der EU ein Studium begonnen hat,
2 von einer staatlichen Hochschule, einer staatlich anerkannten Hochschule oder einer vergleichbaren Ausbildungseinrichtung im Bundesgebiet zum Zweck des Studiums zugelassen worden ist und
3. einen Teil seines Studiums an dieser Ausbildungseinrichtung durchführen möchte, und er
   a) im Rahmen seines Studienprogramms verpflichtet ist, einen Teil seines Studiums an einer Bildungseinrichtung eines anderen Mitgliedstaates der EU durchzuführen,
   b) an einem Austauschprogramm zwischen den Mitgliedstaaten der EU oder an einem Austauschprogramm der EU teilnimmt oder
   c) vor seinem Wechsel an die Ausbildungseinrichtung im Bundesgebiet das nach Nr. 1 begonnene Studium mindestens zwei Jahre in dem anderen Mitgliedstaat der EU betrieben hat sowie der Aufenthalt zum Zweck des Studiums im Bundesgebiet 360 Tage nicht überschreiten wird[370].

§ 16 Abs. 9 S. 2 AufenthG bestimmt, dass ein Ausländer, der einen Aufenthaltstitel 227 nach S. 1 beantragt, der zuständigen Behörde Unterlagen zu seiner akademischen Vorbildung und zum beabsichtigten Studium in Deutschland vorzulegen hat, die die Fortführung des bisherigen Studiums durch das Studium im Bundesgebiet belegen. Nach S. 3 gilt Abs. 3 (Ausübung einer Beschäftigung → Rn. 216 f.) entsprechend. S. 4 schließt die Anwendung des § 9 AufenthG (Niederlassungserlaubnis → Rn. 929 ff.) aus.

### k) Minderjährige Ausländer (§ 16 Abs. 10 AufenthG)

Sofern ein Ausländer eine Aufenthaltserlaubnis zu Ausbildungszwecken iSd § 16 Auf- 228 enthG begehrt und er das 18. Lebensjahr noch nicht vollendet hat, müssen die zur Personensorge berechtigten Personen dem geplanten Aufenthalt zustimmen (§ 16 Abs. 10 AufenthG; Art. 6 Abs. 1 RL 2004/114/EG).

---

[369] Vgl. dazu BT-Drs. 18/11136, S. 41.
[370] Vgl. auch BT-Drs. 18/11136, S. 42.

**l) Ausschluss von der Aufenthaltserlaubnis zum Zweck des Studiums oder der Studienbewerbung (§ 16 Abs. 11 AufenthG)**

229    Nach § 16 Abs. 11 AufenthG wird eine Aufenthaltserlaubnis zum Zweck des Studiums oder der Studienbewerbung nach den Abs. 1, 6 und 7 nicht erteilt, wenn eine der in § 20 Abs. 6 Nr. 1 bis 3 und 6 bis 8 AufenthG genannten Voraussetzungen vorliegt. Von dieser Ausschlussregelung sind betroffen[371]:

- Drittstaatsangehörige, die sich in einem anderen Mitgliedstaat der EU aufhalten und dort einen Antrag auf internationalen Schutz iSd RL 2004/83/EG oder der RL 2011/95/EU (Qualifikations-RL) gestellt haben oder die in einem Mitgliedstaat internationalen Schutz iSd RL 2011/95/EG genießen (§ 20 Abs. 6 Nr. 1).
- Drittstaatsangehörige, die sich im Rahmen einer Regelung zum vorübergehenden Schutz (iSd RL 2001/55/EG[372]) in einem Mitgliedstaat der EU aufhalten (§ 20 Abs. 6 Nr. 2).
- Drittstaatsangehörige, deren Abschiebung in einem Mitgliedstaat der EU aus tatsächlichen oder rechtlichen Gründen ausgesetzt wurde (§ 20 Abs. 6 Nr. 3).
- Drittstaatsangehörige, die eine Erlaubnis zum Daueraufenthalt-EU oder einen Aufenthaltstitel, der durch einen anderen Mitgliedstaat der EU auf der Grundlage der RL 2003/109/EG (Daueraufenthalt-RL) erteilt wurde, besitzen (§ 20 Abs. 6 Nr. 6).
- Drittstaatsangehörige, die auf Grund von Übereinkommen zwischen der EU und ihren Mitgliedstaaten einerseits und Drittstaaten andererseits ein Recht auf freien Personenverkehr genießen, das dem der Unionsbürger gleichwertig ist (§ 20 Abs. 6 Nr. 7 AufenthG)[373].

230    Drittstaatsangehörige, die eine Blaue Karte EU nach § 19a AufenthG (→ Rn. 329 ff.) oder einen Aufenthaltstitel, der durch einen anderen Mitgliedstaat der EU auf Grundlage der RL 2009/50/EG (Hochqualifizierten-RL) erteilt wurde, besitzen (§ 20 Abs. 6 Nr. 8 AufenthG).

## 2. Mobilität im Rahmen des Studiums (§ 16a AufenthG)

231    Mit dem Gesetz zur Umsetzung aufenthaltsrechtlicher Richtlinien der Europäischen Union zur Arbeitsmigration vom 12.5.2017[374] ist in das Aufenthaltsgesetz ein neuer § 16a AufenthG eingefügt worden. Dieser befasst sich mit der Mobilität im Rahmen des Studiums. Die Neuregelung ersetzt inhaltlich § 16 Abs. 6 AufenthG aF und dient der Umsetzung der Vorgaben der REST-Richtlinie 2016/801/EU, insbesondere deren Art. 31[375].

**a) Rechtmäßiger Aufenthalt ohne Aufenthaltstitel (§ 16a Abs. 1 AufenthG)**

232    Nach § 16a Abs. 1 S. 1 AufenthG, bedarf ein Ausländer für einen Aufenthalt zum Zweck des Studiums, der 360 Tage nicht überschreitet, abweichend von § 4 Abs. 1 AufenthG **keines** Aufenthaltstitels. Voraussetzung hierfür ist jedoch, dass die aufnehmende Ausbildungseinrichtung im Bundesgebiet dem BAMF mitgeteilt hat, dass der Ausländer beabsichtigt, einen Teil seines Studiums im Bundesgebiet durchzuführen, und mit der Mitteilung folgende Unterlagen vorlegt:

1. Nachweis eines studienbezogenen Aufenthaltstitels in einem anderen Mitgliedstaat der EU.
2. Nachweis der Teilnahme an einem Unions- oder multilateralen Programm mit Mobilitätsmaßnahmen oder Durchführung eines Teils des Studiums im Bundesgebiet auf Grund einer Vereinbarung zwischen zwei oder mehr Hochschulen.

---

[371] Vgl. auch Art. 2 Abs. 2 REST-RL 2016/801/EU.
[372] Vgl. auch § 24 AufenthG Rn. 2.
[373] Dies betrifft die EWR-Staaten Liechtenstein, Island und Norwegen sowie die Schweiz.
[374] BGBl. I S. 1106.
[375] BT-Drs. 18/11136, S. 42.

3. Nachweis der Zulassung von der aufnehmenden Ausbildungseinrichtung.

4. Kopie eines anerkannten oder gültigen Pass(ersatzes) des Ausländers.

5. Nachweis der Sicherung des Lebensunterhalts.

Weitere Einzelheiten der Mitteilung regelt § 16a Abs. 1 S. 2 AufenthG. **233**

### b) Recht auf Einreise und Aufenthalt (§ 16a Abs. 2 und 6 AufenthG)

Sofern die Mitteilung der Aufnahmeeinrichtung nach Maßgabe des Abs. 1 S. 2 erfolgt **234** ist und seitens des BAMF die Einreise und der Aufenthalt nicht nach § 20c Abs. 3 AufenthG (ua Insolvenz der aufnehmenden Ausbildungseinrichtung; Vorliegen eines Ausweisungsinteresses) abgelehnt worden ist (→ Rn. 383), darf der Ausländer in das Bundesgebiet einreisen und sich dort zum Zweck des Studiums aufhalten (§ 16a Abs. 2 S. 1 und 2 AufenthG).

Erfolgt seitens des BAMF innerhalb von 30 Tagen nach Zugang der in Abs. 1 S. 1 **235** genannten Mitteilung keine Ablehnung der Einreise und des Aufenthalts des Ausländers nach § 20c Abs. 3 AufenthG, ist dem Ausländer durch das Bundesamt für Migration und Flüchtlinge eine Bescheinigung über die Berechtigung zur Einreise und zum Aufenthalt zum Zweck des Studiums im Rahmen der kurzfristigen Mobilität auszustellen (§ 16a Abs. 6 AufenthG).

Der Ausländer und die aufnehmende Ausbildungseinrichtung sind nach § 16a Abs. 3 **236** AufenthG verpflichtet, Änderungen in Bezug auf die in Abs. 1 der Vorschrift genannten Voraussetzungen anzuzeigen.

### c) Ausübung einer Beschäftigung (§ 16a Abs. 2 S. 3 AufenthG)

Der Drittstaatsangehörige ist berechtigt, eine Beschäftigung, die insgesamt ein Drittel **237** der Aufenthaltsdauer nicht überschreiten darf, sowie studentische Nebentätigkeiten aus-zuüben (§ 16a Abs. 2 S. 3 AufenthG).

### d) Wechsel des Aufenthaltszwecks und Arbeitsplatzsuche nach Studienabschluss (§ 16a Abs. 4 AufenthG)

Wird im Rahmen des Aufenthalts nach § 16a AufenthG ein Abschluss an einer deut- **238** schen Hochschule erworben, gilt nach § 16a Abs. 4 AufenthG für die Erteilung einer Aufenthaltserlaubnis § 16 Abs. 4 S. 1 und Abs. 5 AufenthG (anderer Aufenthaltszweck; Arbeitsplatzsuche → Rn. 218 ff.) entsprechend.

### e) Unverzügliche Einstellung des Studiums und Verlust der Befreiung vom Erfordernis eines Aufenthaltstitels (§ 16a Abs. 5 AufenthG)

Sofern nach § 20c Abs. 3 AufenthG die Einreise und der Aufenthalt abgelehnt werden, **239** hat der Ausländer das (im Bundesgebiet aufgenommene) Studium unverzüglich einzustel-len (§ 20 Abs. 5 S. 1 AufenthG). Nach S. 2 entfällt die bis dahin nach Abs. 1 S. 1 bestehende Befreiung vom Erfordernis eines Aufenthaltstitels.

## 3. Teilnahme an Sprachkursen, Schüleraustausch und Schulbesuch (§ 16b AufenthG)

§ 16b AufenthG übernimmt die bislang in § 16 Abs. 5 bis 5b AufenthG aF enthaltenen **240** Regelungen[376]. Von der Norm werden wie bisher auch Ausbildungen in überwiegend

---

[376] BT-Drs. 18/11136, S. 43.

fachtheoretischer Form erfasst[377]. Gem. § 16b Abs. 5 S. 1 AufenthG **kann** einem Ausländer eine Aufenthaltserlaubnis zur **Teilnahme an Sprachkursen**, die **nicht der Studienvorbereitung** (zu studienvorbereitenden Maßnahmen → Rn. 222) dienen, oder an einem Schüleraustausch sowie in Ausnahmefällen für den Schulbesuch erteilt werden. Sofern der Ausländer das 18. Lebensjahr noch nicht vollendet hat, müssen die zur Personensorge berechtigten Personen dem geplanten Aufenthalt zustimmen (§ 16b Abs. 1 S. 3 AufenthG).

### a) Sprachkurs

241    Nach Nr. 16.5.1.1 AVV-AufenthG wird eine entsprechende Aufenthaltserlaubnis nur für die Teilnahme an einem von vornherein zeitlich begrenzten **Intensivsprachkurs** erteilt, der idR täglichen Unterricht und mindestens achtzehn Unterrichtsstunden pro Woche umfasst, so dass Abend- und Wochenendkurse diese Voraussetzungen nicht erfüllen sollen. Diese Vorgabe ist so mit dem Gesetzeswortlaut des § 16b Abs. 1 S. 1 AufenthG jedoch nicht vereinbar. Es ist durchaus möglich, die von der Verwaltungsvorschrift geforderte Intensität eines Sprachkurses auch im Rahmen eines Abend- oder Wochenendkurses zu erfüllen, **sofern** die zeitlichen Vorgaben von mindestens achtzehn Unterrichtsstunden eingehalten werden. Zum Vergleich ist in diesem Zusammenhang darauf zu verweisen, dass beispielsweise auch mit dem Besuch eines Abendgymnasiums die Reifeprüfung erlangt werden kann. Auch didaktisch gut aufbereitete Kompaktveranstaltungen von Freitagnachmittag bis Sonntag können die geforderte intensive Sprachausbildung gewährleisten.

### b) Schüleraustausch

242    § 16b Abs. 1 S. 1 AufenthG ermöglicht es, eine Aufenthaltserlaubnis zu erteilen, um an einem Schüleraustausch teilzunehmen. Es ist nicht erforderlich, dass ein unmittelbarer Austausch („Eins-zu-Eins"-Austausch) erfolgt (S. 2). Mit der Vorschrift wird die Grundlage geschaffen, „dass langfristig und global ein Austausch erfolgt"[378].

### c) Schulbesuch

243    Für den **Besuch einer Schule** kann eine Aufenthaltserlaubnis nur erteilt werden, wenn ein Ausnahmefall vorliegt (§ 16b Abs. 1 S. 1 AufenthG)[379]. Umfasst ist von dieser Möglichkeit auch ein Schulbesuch, der einer qualifizierten Berufsausbildung dient (vgl. auch § 16b Abs. 2 AufenthG → Rn. 244). Unter welchen Voraussetzungen ein solcher Ausnahmefall angenommen werden kann, lässt sich weder dem Gesetzeswortlaut noch der Amtlichen Begründung zum Gesetz vom 12.5.2017 entnehmen. Es dürfte aber mit der Systematik des Aufenthaltsgesetzes übereinstimmen, dass diese Möglichkeit nicht dazu dienen soll, eine auf andere Weise nicht zu erlangende Aufenthaltserlaubnis, zB zum restriktiv gehandhabten Nachzug zu sonstigen Familienangehörigen (vgl. § 36 AufenthG), zu ersetzen (vgl. auch Nr. 16.5.2.1 AVV-AufenthG). Nach der Allgemeinen Verwaltungsvorschrift können – vorbehaltlich der Sicherung des Lebensunterhalts und der Gewährleistung der Rückkehrbereitschaft des ausländischen Schülers (Nr. 16.5.2.2 AVV-AufenthG) – Ausnahmen nur in folgenden Fällen in Betracht kommen:

- Wenn es sich um Schüler handelt, die die Staatsangehörigkeit von Andorra, Australien, Israel, Japan, Kanada, der Republik Korea, Monaco, Neuseeland, San Marino, der

---

[377] BT-Drs. 18/11136, S. 43.
[378] BT-Drs. 18/11136, S. 43.
[379] Vgl. auch VG München Urt. v. 9.6.2005 – M 10 K 05.753 BeckRS 2005, 38297.

Schweiz oder der USA besitzen[380] oder die als deutsche Volkszugehörige einen Aufnahmebescheid nach dem Bundesvertriebenengesetz besitzen und wenn eine Aufnahmezusage der Schule vorliegt (Nr. 16.5.2.2.1 AVV-AufenthG).

- Im Rahmen eines zeitlich begrenzten Schüleraustauschs, wenn der Austausch mit einer deutschen Schule oder einer sonstigen öffentlichen Stelle in Zusammenarbeit mit einer öffentlichen Stelle in einem anderen Staat oder einer in Deutschland anerkannten Schüleraustauschorganisation vereinbart worden ist (Nr. 16.5.2.2.2 AVV-AufenthG).

- Wenn es sich bei der Schule um eine staatliche oder staatlich anerkannte mit internationaler Ausrichtung handelt (Nr. 16.5.2.2.3 AVV-AufenthG). Dies ist der Fall bei bilingualen Bildungsgängen oder wenn sowohl ein deutscher als auch ein ausländischer Abschluss angeboten wird (Nr. 16.5.2.4 AVV-AufenthG). Die Erteilung kommt den Vorläufigen Anwendungshinweisen zufolge idR nur für die Teilnahme an der Sekundarstufe 2 in Betracht (Nr. 16.5.2.4, S. 2 VAH-AufenthG). Überzeugende Gründe für eine solche Einschränkung sind jedoch nicht ersichtlich.

- Wenn es sich um eine Schule handelt, die ganz oder überwiegend nicht aus öffentlichen Mitteln finanziert wird, die Schüler auf internationale Abschlüsse, Abschlüsse anderer Staaten oder staatlich anerkannte Abschlüsse vorbereitet und insbesondere bei Internatsschulen eine Zusammensetzung mit Schülern verschiedener Staatsangehörigkeit gewährleistet ist (Nr. 16.5.2.2.4 AVV-AufenthG).

Dient der Schulbesuch nach Abs. 1 S. 1 einer qualifizierten Berufsausbildung, so **244** berechtigt die Aufenthaltserlaubnis dazu, eine von dieser Ausbildung unabhängige Beschäftigung bis zu zehn Stunden je Woche auszuüben (§ 16b Abs. 2 AufenthG).

Wird die qualifizierte Berufsausbildung erfolgreich abgeschlossen, kann die Aufent- **245** haltserlaubnis bis zu zwölf Monate zur Suche eines diesem Abschluss angemessenen Arbeitsplatz verlängert werden, sofern dieser Arbeitsplatz nach den Bestimmungen der §§ 18 und 21 AufenthG (→ Rn. 264 ff.) von einem Ausländer besetzt werden darf (§ 16b Abs. 3 S. 1 AufenthG). Die Aufenthaltserlaubnis berechtigt nach S. 2 während dieses Zeitraums, dazu eine Erwerbstätigkeit auszuüben.

§ 16b Abs. 3 S. 3 AufenthG erklärt § 9 AufenthG, der die Einzelheiten der Erteilung **246** einer Niederlassungserlaubnis regelt, für nicht anwendbar. Sinn und Zweck dieser Vorschrift bestehen darin, die durch die Arbeitssuche angefallenen Zeiten eines rechtmäßigen Aufenthalts im Bundesgebiet als Anwartschaftszeiten iSd § 9 Abs. 2 S. 1 Nr. 1 AufenthG nicht zu berücksichtigen. Mit einer auf der Grundlage des § 16b Abs. 3 S. 1 AufenthG erteilten Aufenthaltserlaubnis beginnt die Berechnung der für eine Niederlassungserlaubnis nachzuweisenden Aufenthaltszeiten neu zu laufen. Entsprechendes gilt für die Erlaubnis zum Daueraufenthalt-EU (§§ 9a bis 9c AufenthG).

### d) Allgemeine Zweckbindung des Aufenthalts (§ 16b Abs. 4 AufenthG)

In den Fällen, in denen die Aufenthaltserlaubnis zur Teilnahme an einem Sprachkurs, **247** der nicht der Studienvorbereitung dient, oder für den Schulbesuch erteilt wurde, gilt § 16 Abs. 4 S. 1 und 3 AufenthG (→ Rn. 218 f.) entsprechend (§ 16b Abs. 4 S. 1 AufenthG). Wurde die Aufenthaltserlaubnis zur Teilnahme an einem Schüleraustausch erteilt gilt § 16 Abs. 4 S. 3 AufenthG (→ Rn. 219) entsprechend (§ 16b Abs. 4 S. 2 AufenthG). Dies bedeutet, dass in den genannten Fällen – vorbehaltlich eines gesetzlichen Anspruchs – die Erteilung oder Verlängerung einer Aufenthaltserlaubnis für einen anderen Aufenthaltszweck idR ausgeschlossen ist.

---

[380] Vgl. auch die aufenthaltsrechtliche Vergünstigung nach § 41 AufenthV für Angehörige einiger dieser Staaten, die dazu berechtigt, einen erforderlichen Aufenthaltstitel vom Bundesgebiet aus zu beantragen.

## 4. Sonstige Aufenthaltszwecke (§ 17 AufenthG)

248     § 17 AufenthG regelt die Voraussetzungen, um eine Aufenthaltserlaubnis für sonstige aus- oder weiterbildungsbedingte Aufenthaltszwecke zu erteilen.

### a) Voraussetzungen

249     Gem. § 17 Abs. 1 S. 1 AufenthG **kann** einem Ausländer eine Aufenthaltserlaubnis zum Zwecke der betrieblichen Aus- und Weiterbildung erteilt werden, wenn die Bundesagentur für Arbeit nach § 39 AufenthG zugestimmt hat (→ Rn. 266 ff.) oder durch Rechtsverordnung nach § 42 AufenthG bestimmt ist, dass die Aus- und Weiterbildung ohne Zustimmung der Bundesagentur für Arbeit zulässig ist.[381] Bei der genannten Rechtsverordnung handelt es sich um die Verordnung über die Beschäftigung von Ausländerinnen und Ausländern (Beschäftigungsverordnung – BeschV) vom 6.3.2013[382] idF vom 31.7.2016.[383] Darüber hinaus bedarf die Aufnahme einer betrieblichen Aus- und Weiterbildung keiner Zustimmung der Bundesagentur, wenn dies durch zwischenstaatliche Vereinbarung vorgesehen ist. Eine Zustimmungsfreiheit idS ist in § 7 Nr. 2 und 3 BeschV für Absolventinnen und Absolventen deutscher Auslandsschulen vorgesehen, die in einem Ausbildungsberuf tätig werden wollen. Ist hingegen eine Zustimmung der Bundesagentur erforderlich, sind ggf. bei Erteilung der Zustimmung vorgenommene Beschränkungen in die Aufenthaltserlaubnis zu übernehmen (§ 17 Abs. 1 S. 2 AufenthG). Nach § 17 Abs. 1 S. 3 AufenthG ist § 16 Abs. 4 S. 1 und 3 AufenthG (→ Rn. 218 f.) entsprechend anwendbar, so dass – vorbehaltlich eines gesetzlichen Anspruchs – die Erteilung oder Verlängerung einer Aufenthaltserlaubnis für einen anderen Aufenthaltszweck idR ausgeschlossen ist.

250     § 17 AufenthG enthält keine Vorgaben für die Geltungsdauer einer nach dieser Vorschrift erteilten oder verlängerten Aufenthaltserlaubnis. Nach Nr. 17.1.1.2 AVV-AufenthG wird diese für zwei Jahre erteilt und kann bis zum Abschluss der Ausbildung jeweils um zwei Jahre verlängert werden. Erfolgt die Aus- oder Weiterbildung beispielsweise im Rahmen eines von der Europäischen Union geförderten Programms, zB SOKRATES, PHARE, TACIS, LEONARDO oder MARIE CURIE, (Nr. 17.1.2.1.2 AVV-AufenthG[384]), wird die Aufenthaltserlaubnis auf die konkrete Laufzeit des Programms befristet. Die Aufenthaltserlaubnis für Regierungspraktikanten, dh für Fach- und Führungskräfte, die ein Stipendium aus öffentlichen deutschen Mitteln, Mitteln der EU oder Internationaler Organisationen (zB WHO, Weltbank) erhalten (Nr. 17.1.2.1.4 AVV-AufenthG), wird auf die Laufzeit des Stipendiums befristet. Nach Nr. 17.2 AVV-AufenthG ist eine Verlängerung der Aufenthaltserlaubnis im Rahmen des § 17 AufenthG über den Zeitraum der Aus- oder Weiterbildung hinaus bei der Erteilung bzw. letzten Verlängerung der Aufenthaltserlaubnis auszuschließen. Damit soll der gesetzlichen Vorgabe des § 8 Abs. 2 AufenthG (→ Rn. 125) entsprochen werden.

### b) Erleichterung für den Zugang zum Arbeitsmarkt

251     § 17 Abs. 2 AufenthG enthält Erleichterungen für den Zugang zum Arbeitsmarkt. Sofern es sich bei der angestrebten Ausbildung um eine qualifizierte Berufsausbildung handelt, berechtigt die nach § 17 AufenthG erteilte Aufenthaltserlaubnis dazu, eine von

---

[381] Zur Ausbildungsduldung nach § 60a Abs. 2 S. 4 AufenthG (→ Rn. 1210 ff.) vgl. zB OVG Lüneburg Beschl. v. 9.12.2016 – 8 ME 184/16, BeckRS 2016, 111344; VGH Mannheim Beschl. v. 4.1.2017 – 11 S 2301/16 BeckRS 2017, 100160.
[382] BGBl. I S. 1499.
[383] BGBl. I S. 1953.
[384] Zu anderen Programmen vgl. Nr. 17.1.2.1.2 VAH-AufenthG.

der Berufsausbildung unabhängige Beschäftigung bis zu zehn Stunden je Woche auszuüben.

### c) Verlängerungsoption

Nach dem erfolgreichen Abschluss der qualifizierten Berufsausbildung kann die nach **252**
§ 17 Abs. 1 AufenthG erteilte Aufenthaltserlaubnis zur Suche eines diesem Abschluss
angemessenen Arbeitsplatzes bis zu einem Jahr verlängert werden, sofern dieser nach den
Bestimmungen der §§ 18 und 21 AufenthG von Ausländern besetzt werden darf (§ 17
Abs. 3 S. 1 AufenthG). Die Aufenthaltserlaubnis berechtigt während dieser Zeit der
Arbeitssuche dazu, eine Erwerbstätigkeit auszuüben (§ 17 Abs. 3 S. 2 AufenthG). Gem.
§ 17 Abs. 3 S. 3 AufenthG findet § 9 AufenthG keine Anwendung. Demnach ist es
ausgeschlossen, mit einem zum Zweck der Ausbildung erteilten Aufenthaltstitel die fünf-
jährige Anwartschaftszeit für eine Niederlassungserlaubnis nach § 9 AufenthG oder eine
Erlaubnis zum Daueraufenthalt-EU nach §§ 9a bis 9c AufenthG zu erfüllen.

## 5. Anerkennung ausländischer Berufsqualifikationen (§ 17a AufenthG)

§ 17a AufenthG regelt die Anerkennung ausländischer Berufsqualifikationen. Die Vor- **253**
schrift wurde mit dem Gesetz zur Neubestimmung des Bleiberechts und der Aufenthaltsbeendigung vom 27.7.2015[385] in das Gesetz aufgenommen und gilt seit dem 1.8.2015. Die
Norm dient dazu, die Zuwanderung von Fachkräften in den Engpassberufen, insbesondere in der Krankenpflege, zu erleichtern[386].

### a) Aufenthaltserlaubnis zum Zweck der Anerkennung einer ausländischen Berufsqualifikation

Nach §§ 17a Abs. 1 S. 1 AufenthG **kann** einem Ausländer zum Zwecke der Anerken- **254**
nung seiner im Ausland erworbenen Berufsqualifikation eine Aufenthaltserlaubnis für die
Dauer von bis zu 18 Monaten erteilt werden, um eine Bildungsmaßnahme durchzuführen
und sich einer anschließenden Prüfung zu stellen. Voraussetzung ist, dass von einer nach
den Regelungen des Bundes oder der Länder für die berufliche Anerkennung zuständigen
Stelle die Notwendigkeit
von geeigneten Anpassungsmaßnahmen oder weiteren Qualifikationen festgestellt wur- **255**
de. Darüber hinaus muss die Bildungsmaßnahme geeignet sein, dem Ausländer die Anerkennung der Berufsqualifikation oder den Berufszugang zu ermöglichen (§ 17a Abs. 1
S. 2 AufenthG). Sofern die Bildungsmaßnahme überwiegend betrieblich durchgeführt
wird, setzt die Erteilung des Aufenthaltstitels voraus, dass die Bundesagentur für Arbeit
nach § 39 AufenthG zugestimmt hat oder durch Rechtsverordnung nach § 42 AufenthG
oder zwischenstaatliche Vereinbarung bestimmt ist, dass an der Bildungsmaßnahme ohne
Zustimmung der Bundesagentur teilgenommen werden kann (§ 17a Abs. 1 S. 3 AufenthG). Nach § 17a Abs. 1 S. 4 AufenthG sind Beschränkungen bei der Erteilung der
Zustimmung durch die Bundesagentur für Arbeit in die Aufenthaltserlaubnis zu übernehmen.
Die Aufenthaltserlaubnis berechtigt dazu, eine von der Bildungsmaßnahme unabhängi- **256**
ge Beschäftigung bis zu zehn Stunden je Woche auszuüben (§ 17a Abs. 2 AufenthG)
sowie eine zeitlich nicht eingeschränkte Beschäftigung auszuüben, deren Anforderungen
in einem engen Zusammenhang mit den in der späteren Beschäftigung verlangten berufs-
fachlichen Kenntnissen stehen, wenn ein konkretes Arbeitsplatzangebot für eine spätere
Beschäftigung oder Berufsausübung in dem anzuerkennenden Beruf besteht (§ 17a Abs. 3

---

[385] BGBl. I S. 1386.
[386] BT-Drs. 18/4097, 39.

S. 1 AufenthG). Weitere Voraussetzung ist jedoch, dass der konkrete Arbeitsplatz nach den Bestimmungen des §§ 18 bis 20 AufenthG von Ausländern besetzt werden darf und die Bundesagentur für Arbeit nach § 39 AufenthG zugestimmt hat oder durch Rechtsverordnung bzw. zwischenstaatliche Vereinbarung bestimmt ist, dass die Beschäftigung ohne Zustimmung der Bundesagentur für Arbeit zulässig ist. Nach § 17a Abs. 3 S. 2 AufenthG sind Beschränkungen bei der Erteilung der Zustimmung durch die Bundesagentur für Arbeit in die Aufenthaltserlaubnis zu übernehmen.

257     Nach Abschluss einer erfolgreichen Berufsqualifikation kann die Aufenthaltserlaubnis gem. § 17a Abs. 4 S. 1 AufenthG für bis zu einem Jahr verlängert werden, um einen geeigneten Arbeitsplatz suchen zu können. Erforderlich ist jedoch, dass dieser Arbeitsplatz nach den Bestimmungen der §§ 18 bis 20 AufenthG von (drittstaatsangehörigen) Ausländern besetzt werden darf. Der Titel berechtigt nach § 17a Abs. 4 S. 2 AufenthG dazu, während dieser Zeit eine Erwerbstätigkeit (§ 2 Abs. 2 AufenthG) auszuüben. Schließlich bestimmt § 17a Abs. 4 S. 3 AufenthG, dass § 9 AufenthG keine Anwendung findet. Somit werden die Zeiten eines auf Grund eines solchen Aufenthaltstitels zurückgelegten Aufenthalts im Bundesgebiet nicht auf die Anwartschaftszeit für eine Niederlassungserlaubnis angerechnet.

258     Die Gesetzgebungsmaterialien stellen klar, dass ein Ausländer, der eine schulische oder betriebliche Ausbildung anstrebt, um einen inländischen Berufsabschluss zu erlangen, weiterhin eine Aufenthaltserlaubnis nach § 16 Abs. 5 AufenthG oder nach § 17 Abs. 1 AufenthG erhalten kann.[387]

**b) Aufenthaltserlaubnis zur Ablegung einer Prüfung**

259     Ferner kann einem Ausländer nach Maßgabe des § 17a Abs. 5 S. 1 AufenthG eine Aufenthaltserlaubnis erteilt werden, um eine Prüfung zur Anerkennung seiner ausländischen Berufsqualifikation abzulegen, **sofern** ein konkretes Arbeitsplatzangebot für eine spätere Beschäftigung in dem anzuerkennenden Beruf vorliegt, dieser konkrete Arbeitsplatz nach den §§ 18 bis 20 AufenthG von Ausländern besetzt werden darf und die Bundesagentur für Arbeit nach § 39 AufenthG zugestimmt hat oder durch Rechtsverordnung nach § 39 AufenthG bzw. durch zwischenstaatliche Vereinbarung bestimmt ist, dass die Beschäftigung zustimmungsfrei zulässig ist. Für die Aufnahme einer Beschäftigung auf dem avisierten Arbeitsplatz bedarf es jedoch eines neuen Aufenthaltstitels.

260     Nach § 17a Abs. 5 S. 2 AufenthG sind Beschränkungen bei der Erteilung der Zustimmung durch die Bundesagentur für Arbeit in die Aufenthaltserlaubnis zu übernehmen. § 17a Abs. 4 S. 3 AufenthG bestimmt schließlich, dass die Vergünstigungen, die die Abs. 2 bis 4 vorsehen, keine Anwendung finden. Insbesondere berechtigt daher der die nach § 17a Abs. 5 AufenthG erteilte Aufenthaltserlaubnis nicht dazu, eine Erwerbstätigkeit aufzunehmen und einen Arbeitsplatz zu suchen.[388]

## 6. Studienbezogenes Praktikum EU (§ 17b AufenthG)

261     Nach § 17b Abs. 1 wird einem drittstaatsangehörigen Ausländer eine Aufenthaltserlaubnis zum Zweck eines Praktikums nach Art. 13 REST-RL 2016/801/EU erteilt, wenn die Bundesagentur für Arbeit nach § 39 AufenthG zugestimmt hat (→ Rn. 266) oder durch Rechtsverordnung nach § 42 Abs. 1 Nr. 1 AufenthG (= BeschV → Rn. 276) oder durch zwischenstaatliche Vereinbarung bestimmt ist, dass das Praktikum zulässig ist, ohne dass es der Zustimmung der Bundesagentur für Arbeit bedarf.

---

[387] BT-Drs. 18/4097, 39.
[388] BT-Drs. 18/4097, 40.

Weitere Voraussetzungen, um einen entsprechenden Aufenthaltstitel zu erteilen, sind:  **262**

- Das Praktikum muss dazu dienen, dass sich der Antragsteller Wissen, praktische Kenntnisse und Erfahrungen in einem bestimmten beruflichen Umfeld aneignet (Nr. 1).
- Der Ausländer muss eine Vereinbarung mit einer aufnehmenden Einrichtung über die Teilnahme an einem Praktikum vorlegen, die theoretische und praktische Schulungsmaßnahmen vorsieht und nähere Einzelheiten des konkreten Praktikums beinhaltet (Nr. 2).
- Nachweis des Ausländers, dass er in den letzten zwei Jahren vor der Antragstellung einen Hochschulabschluss erlangt hat oder dass er ein Studium absolviert, das zu einem Hochschulabschluss führt (Nr. 3).
- Das Praktikum muss fachlich und im Niveau dem in Nr. 3 genannten Hochschulabschluss oder Studium entsprechen (Nr. 4).
- Die aufnehmende Einrichtung hat sich schriftlich zur Übernahme der Kosten verpflichtet, die öffentlichen Stellen bis zu sechs Monate nach der Beendigung der Praktikumsvereinbarung entstehen für den Lebensunterhalt des Ausländers während eines unerlaubten Aufenthalts im Bundesgebiet und für eine Abschiebung des Ausländers (Nr. 5).

Die Aufenthaltserlaubnis wird für die vereinbarte Dauer des Praktikums, höchstens  **263** jedoch für sechs Monate erteilt (§ 17b Abs. 2 AufenthG). Eine Aufenthaltserlaubnis zum Zweck eines Praktikums wird jedoch nicht erteilt, wenn eine der in § 20 Abs. 6 Nr. 1 bis 3 und 6 bis 8 AufenthG (→ Rn. 369) genannten Voraussetzungen vorliegt. Schließlich müssen die zur Personensorge berechtigten Aufenthalt zustimmen, sofern der Ausländer das 18. Lebensjahr noch nicht vollendet hat (§ 17b Abs. 3 AufenthG).

# V. Aufenthalt zum Zweck der Erwerbstätigkeit

Die §§ 18 bis 21 AufenthG regeln die Einzelheiten eines Aufenthaltes von Drittstaats-  **264** angehörigen zum Zweck der Erwerbstätigkeit, dh der abhängigen Beschäftigung und der selbstständigen Erwerbstätigkeit. Soweit eine Arbeitnehmertätigkeit ausgeübt werden soll, ist unter bestimmten Voraussetzungen die Bundesagentur für Arbeit zu beteiligen, bevor eine entsprechende Aufenthaltserlaubnis, ICT-Karte oder Mobiler-ICT-Karte erteilt oder verlängert werden soll (sogenanntes „One-Stop-Government"). Die näheren Einzelheiten sind in § 39 bis 42 AufenthG bzw. in der Beschäftigungsverordnung geregelt (→ Rn. 266 ff.).

Unionsbürger und ihre Familienangehörigen genießen hingegen Arbeitnehmerfreizü-  **265** gigkeit nach Art. 45 AEUV, das Recht zur Niederlassung nach Art. 49 AEUV bzw. zum Erbringen oder Empfangen von Dienstleistungen nach Art. 56 f. AEUV und damit verbundene Inländergleichbehandlung, so dass insoweit die unionsrechtlichen Regelungen vorgehen (→ Rn. 1484 ff.). Dies gilt seit dem 1.7.2015 uneingeschränkt auch für **kroatische Staatsangehörige** und ihre Familienangehörigen. Darüber hinaus sind Staatsangehörige der EWR-Staaten Norwegen, Island und Liechtenstein (Art. 4, 28 Abs. 3 EWR-Abkommen) freizügigkeitsberechtigt (vgl. § 12 FreizügG/EU) sowie Schweizer Staatsangehörige aufgrund des Abkommens zwischen der EG und der Schweiz über die Freizügigkeit vom 21.6.1999.[389] Auch die aufenthalts- und beschäftigungsrechtliche Stellung **türkischer Staatsangehöriger** ist unionsrechtlich vorgeprägt, insbesondere durch den Assoziationsratsbeschluss Nr. 1/80 (ARB 1/80). Personen, die durch diesen Beschluss privilegiert sind und denen kein stärkeres Aufenthaltsrecht nach nationalem Recht

---

[389] ABl. 2002, L 212 = BGBl. 2001 II, 810.

zusteht, ist eine Aufenthaltserlaubnis auf der Grundlage von § 4 Abs. 5 AufenthG zu erteilen (→ Rn. 37). Die Regelung ist allerdings nur anwendbar auf solche türkische Staatsangehörige und ihre Familienangehörigen, die bereits ein assoziationsrechtliches Aufenthaltsrecht besitzen. Die erstmalige Gestattung der Einreise eines türkischen Arbeitnehmers zum Zweck der Arbeitsaufnahme ist durch das Assoziationsrecht nicht geregelt, sondern bestimmt sich ausschließlich nach nationalem Recht.

## 1. Beteiligung der Bundesagentur für Arbeit bei beabsichtigter Aufnahme einer Beschäftigung (§§ 39 bis 42 AufenthG)

### a) Zustimmungserfordernis zur Beschäftigung (§ 39 AufenthG)

**266**  Sofern ein Aufenthaltstitel begehrt wird, der einem drittstaatsangehörigen Ausländer erlaubt, eine abhängige Beschäftigung aufzunehmen, ist unter den in § 39 AufenthG genannten Voraussetzungen die Zustimmung der Bundesagentur für Arbeit erforderlich. Nach § 39 Abs. 2 S. 1 Nr. 1 AufenthG kann diese der Erteilung einer Aufenthaltserlaubnis zur Ausübung einer Beschäftigung nach § 18 AufenthG oder einer Blauen Karte EU nach § 19a AufenthG zustimmen, wenn sich die Beschäftigung von (Drittstaats-)Angehörigen nicht nachteilig auf den Arbeitsmarkt auswirkt (Buchst. a) und vorrangig zu berücksichtigende deutsche oder ausländische Arbeitnehmer nicht zur Verfügung stehen (Buchst. b) oder dass die Besetzung der offenen Stellen mit ausländischen Bewerbern arbeitsmarkt- und integrationspolitisch verantwortbar ist (§ 39 Abs. 2 S. 1 Nr. 2 AufenthG). Erforderlich ist in all diesen Fällen, dass der Ausländer nicht zu ungünstigeren Arbeitsbedingungen als vergleichbare deutsche Arbeitnehmer beschäftigt wird.

### b) Versagungsgründe (§ 40 AufenthG)

**267**  § 40 AufenthG regelt, unter welchen Voraussetzungen die Zustimmung zu einer unselbstständigen Beschäftigung von der Bundesagentur zu versagen ist bzw. versagt werden kann. Dies betrifft ua Fälle einer unerlaubten Arbeitsvermittlung oder Anwerbung sowie der Absicht als Leiharbeitnehmer tätig werden zu wollen, ferner ua Verstöße gegen das Schwarzarbeitsbekämpfungsgesetz.

### c) Widerruf der Zustimmung (§ 41 AufenthG)

**268**  Die Bundesagentur für Arbeit kann ihre Zustimmung zur Ausübung einer Arbeitnehmertätigkeit gem. § 41 AufenthG widerrufen, wenn der drittstaatsangehörige Ausländer zu ungünstigeren Arbeitsbedingungen als vergleichbare deutsche Arbeitnehmer beschäftigt wird oder wenn der Tatbestand des § 40 Abs. 1 oder 2 AufenthG erfüllt ist.

## 2. Allgemeine Bestimmungen zur Zulassung zum Arbeitsmarkt im "Regelverfahren" (§ 18 AufenthG)

### a) Systematik des § 18 AufenthG

**269**  Nach § 18 Abs. 1 AufenthG orientiert sich die Erlaubnis zum Aufenthalt im Bundesgebiet zum Zweck der Erwerbstätigkeit und damit die Zulassung ausländischer Beschäftigter in Anlehnung an den Gesetzeszweck in § 1 AufenthG an den Erfordernissen des Wirtschaftsstandortes Deutschland unter Berücksichtigung der Verhältnisse auf dem Arbeitsmarkt und dem Erfordernis, die Arbeitslosigkeit wirksam zu bekämpfen.

Nicht anwendbar ist § 18 AufenthG auf jene Personen, deren Aufenthaltstitel die  270
Erwerbstätigkeit bereits kraft Gesetzes und ohne Beteiligung der Bundesagentur für
Arbeit ausdrücklich erlaubt. Dies sind:

- Niederlassungserlaubnis (§ 9 Abs. 1 S. 2 AufenthG),  271
- Erlaubnis zum Daueraufenthalt-EU (§ 9a Abs. 1 S. 1 AufenthG),
- Aufenthaltserlaubnis zwecks Anerkennung ausländischer Berufsqualifikationen nach
  Maßgabe des § 17a AufenthG,
- Aufenthaltserlaubnis nach Aufnahme aus dem Ausland (§ 22 S. 3 AufenthG),
- Aufenthaltserlaubnis aus humanitären Gründen nach § 25 Abs. 1 oder 2 AufenthG,
- Aufenthaltserlaubnis für gut integrierte Jugendliche und Heranwachsende (§ 25a
  Abs. 4 AufenthG),
- Aufenthaltserlaubnis aus familiären Gründen (§ 27 Abs. 5 AufenthG),
- Aufenthaltserlaubnis wegen eines Rechts auf Wiederkehr (§ 37 Abs. 1 S. 2 AufenthG),
- Aufenthaltstitel für ehemalige Deutsche (§ 38 Abs. 4 und 5 AufenthG) und
- Aufenthaltserlaubnis nach § 104a AufenthG.

Demgegenüber berechtigt die Aufenthaltserlaubnis für in anderen EU-Mitgliedstaaten  272
langfristig Aufenthaltsberechtigte nach § 38a AufenthG nicht ohne weiteres kraft Gesetzes dazu, eine Erwerbstätigkeit auszuüben; vielmehr müssen die in §§ 18 Abs. 2,19,
19a, 20 oder § 21 AufenthG genannten Voraussetzungen erfüllt sein. Wird der Aufenthaltstitel für ein Studium oder für sonstige Ausbildungszwecke erteilt, sind die §§ 16 und
17 AufenthG entsprechend anzuwenden (§ 38a Abs. 3 S. 3 AufenthG). In Fällen des § 17
AufenthG kann der Aufenthaltstitel ohne Zustimmung der Bundesagentur erteilt werden
(§ 38a Abs. 3 S. 4 AufenthG).

Die Berechtigung zur Ausübung einer Erwerbstätigkeit besteht zudem nach Maßgabe  273
der einschlägigen Vorschriften für bestimmte Personen in den nachfolgenden Fällen eines
Aufenthalts **aus anderen Zwecken** als der Ausübung einer Erwerbstätigkeit. Begünstigt
sind:

- Qualifiziert Geduldete (§ 18a AufenthG) und
- Absolventen deutscher Hochschulen mit Anspruch auf Niederlassungserlaubnis (§ 18b
  AufenthG).

### b) Abs. 1: Grundsätze für die Zulassung ausländischer Arbeitnehmer

Nach dem „**Programmsatz**" in § 18 Abs. 1 AufenthG orientiert sich die Zulassung  274
von Ausländern zu einer (unselbstständigen) Beschäftigung (vgl. § 2 Abs. 2 AufenthG) in
Anlehnung an den Gesetzeszweck in § 1 Abs. 1 AufenthG an den Erfordernissen des
Wirtschaftsstandortes Deutschland unter Berücksichtigung der Verhältnisse auf dem
Arbeitsmarkt und dem Erfordernis, die Arbeitslosigkeit wirksam zu bekämpfen. Im
Gegensatz zu § 1 AufenthG steht allerdings die flexible Arbeitsmarktsteuerung und nicht
etwa zusätzlich die Aufnahme- und Integrationsfähigkeit im Vordergrund. Ob eine
Beschäftigung vorliegt, richtet sich nach § 7 SGB IV (vgl. auch § 2 Abs. 2 AufenthG
→ Rn. 11). Eine solche liegt nur dann vor, wenn ein zumindest in etwa leistungsgerechtes
Entgelt gezahlt wird. So muss auch bei der Beschäftigung naher Verwandter dieses
Entgelt über bloße Unterhaltsleistungen deutlich hinausgehen.

### c) Abs. 2: Grundnorm für die Erteilung eines Aufenthaltstitels

**aa) Erteilungsvoraussetzungen.** Nach § 18 Abs. 2 S. 1 AufenthG **kann** einem Aus-  275
länder ein Aufenthaltstitel zur Ausübung einer Beschäftigung ua dann erteilt werden,
wenn ein **konkretes** Arbeitsplatzangebot vorliegt (§ 18 Abs. 5 AufenthG) und die Bundesagentur für Arbeit nach § 39 AufenthG **zugestimmt** hat (§ 18 Abs. 2 AufenthG).

Nach § 39 Abs. 1 AufenthG kann ein Aufenthaltstitel, der einem Ausländer die Ausübung einer Beschäftigung erlaubt, **idR** nur mit Zustimmung der Bundesagentur für Arbeit erteilt werden. Die Erteilung eines Aufenthaltstitels kann **ohne die Zustimmung** der Bundesagentur erfolgen, wenn **durch Rechtsverordnung,** dh durch die Beschäftigungsverordnung[390], **oder zwischenstaatliche Vereinbarung** (zB Freundschafts-, Handels- und Schifffahrtsverträge bzw. Niederlassungsabkommen) bestimmt ist, dass die Beschäftigung ohne Zustimmung der Bundesagentur zulässig ist. In diesen Fällen bedarf es keiner Beteiligung der Bundesagentur. Die Art der zustimmungsfreien Beschäftigung ist ggf. mit weiteren Beschränkungen in den Nebenbestimmungen zur Aufenthaltserlaubnis (zB hinsichtlich des Arbeitgebers) aufzunehmen (Nr. 18.2.8 AVV-AufenthG).

**276**   **bb) Zustimmungsfreie Beschäftigungen nach der Beschäftigungsverordnung.** Zustimmungsfrei ist die Erteilung eines Aufenthaltstitels zum Zwecke der Beschäftigung nach Maßgabe der einschlägigen Vorschriften insbesondere in folgenden Fällen:

- Erteilung einer Niederlassungserlaubnis an Hochqualifizierte (§ 2 Abs. 1 Nr. 1 BeschV).
- Erteilung einer Blauen Karte EU nach § 19a AufenthG (§ 2 Abs. 1 Nr. 2 BeschV).
- Erteilung eines Aufenthaltstitels an Führungskräfte (§ 3 BeschV),
- Erteilung eines Aufenthaltstitels an in der Wissenschaft, Forschung und Entwicklung tätige Ausländerinnen und Ausländer (§ 5 BeschV).
- Erteilung eines Aufenthaltstitels an Absolventinnen und Absolventen deutscher Auslandsschulen zur Ausübung einer der beruflichen Qualifikation entsprechenden Beschäftigung bzw. zur Ausübung einer Beschäftigung in einem staatlich anerkannten oder vergleichbar geregelten Ausbildungsberuf bzw. zum Zweck einer qualifizierten betrieblichen Ausbildung in einem staatlich anerkannten oder vergleichbar geregelten Ausbildungsberuf (§ 7 BeschV).
- Erteilung eines Aufenthaltstitels an Personen, die im Rahmen eines gesetzlich geregelten oder auf einem Programm der EU beruhenden Freiwilligendienst beschäftigt werden oder vorwiegend aus karitativen oder religiösen Gründen Beschäftigte (§ 14 Abs. 1 BeschV).
- Erteilung eines Aufenthaltstitels an Studierende sowie Schülerinnen und Schüler ausländischer Hochschulen und Fachschulen zur Ausübung einer Ferienbeschäftigung von bis zu drei Monaten innerhalb eines Zeitraums von zwölf Monaten, sofern die Beschäftigungsmöglichkeit von der Bundesagentur für Arbeit vermittelt worden ist (§ 14 Abs. 2 BeschV).
- Erteilung eines Aufenthaltstitels für die Durchführung von Praktika zu Weiterbildungszwecken (§ 15 BeschV).
- Erteilung eines Aufenthaltstitels an ausländische Geschäftsreisende (§ 16 BeschV).
- Erteilung eines Aufenthaltstitels an im Ausland beschäftigte Fachkräfte eines international tätigen Konzerns oder Unternehmens zum Zwecke der betrieblichen Weiterbildung (§ 17 BeschV).
- Erteilung eines Aufenthaltstitels an Journalistinnen und Journalisten (§ 18 BeschV).
- Erteilung eines Aufenthaltstitels an entsandte Arbeitnehmerinnen und Arbeitnehmer zur Erfüllung eines Werklieferungsvertrags (§ 19 BeschV).
- Erteilung eines Aufenthaltstitels an das Fahrpersonal im internationalen Straßen- und Schienenverkehr (§ 20 BeschV).
- Erteilung eines Aufenthaltstitels an Erbringer von Dienstleistungen für ein Unternehmen aus einem Mitgliedstaat der EU oder des EWR (§ 21 BeschV).
- Erteilung eines Aufenthaltstitels an Teilnehmerinnen oder Teilnehmern an bestimmten kulturellen oder sportlichen Veranstaltungen sowie Fotomodelle, Werbetypen, Manne-

---

[390] Vgl. ausf. *Offer/Mävers* BeschV 2016.

quins oder Dressmen und Reiseleiterinnen und -leiter wie Dolmetscherinnen und
Dolmetscher (§ 22 BeschV).
- Erteilung eines Aufenthaltstitels im Zusammenhang mit der Vorbereitung, Durchführung oder Teilnahme an internationalen Sportveranstaltungen (§ 23 BeschV).
- Erteilung eines Aufenthaltstitels an Besatzungs- und technisches Personal im Schifffahrt- und Luftverkehr (§ 24 BeschV[391]).
- Erteilung der Erlaubnis zur Beschäftigung von Ausländerinnen und Ausländern mit einer Aufenthaltserlaubnis aus völkerrechtlichen, humanitären oder politischen Gründen nach Abschn. 5 des Aufenthaltsgesetzes (§ 31 BeschV).
- Beschäftigung von Personen mit **Duldung nach § 60a AufenthG** unter den konkreten Voraussetzungen des § 32 Abs. 2 und 3 BeschV (ua zum Zweck eines Praktikums oder einer Berufsausbildung, Beschäftigung von Ehegatten, Lebenspartnern, Verwandten, Beschäftigung nach einem ununterbrochen vierjährigen erlaubten, geduldeten oder gestatteten Aufenthalt im Bundesgebiet).

**cc) Zustimmungsbedürftige Beschäftigungen nach der Beschäftigungsverordnung.**   277
Für folgende Beschäftigungen kann die Bundesagentur für Arbeit nach Maßgabe der einschlägigen Vorschriften der Erteilung eines Aufenthaltstitels zustimmen:
- Blaue Karte EU für Ausländerinnen und Ausländer, die in einem Mangelberuf tätig werden wollen (§ 2 Abs. 2 BeschV).
- Aufenthaltstitel im Falle der Gleichwertigkeit eines ausländischen Hochschulabschlusses (§ 2 Abs. 3 BeschV).
- Aufenthaltstitel für die Tätigkeit als leitender Angestellter oder Spezialist (§ 4 BeschV).
- Aufenthaltstitels für die Tätigkeit in einem Ausbildungsberuf (§ 6 BeschV).
- Aufenthaltstitel für praktische Tätigkeiten als Voraussetzung für die Anerkennung ausländischer Berufsqualifikationen (§ 8 BeschV).
- Aufenthaltstitel für Tätigkeiten im Rahmen eines internationalen Personalaustauschs oder eines Auslandsprojekts (§ 10 BeschV).
- Aufenthaltstitel für Sprachlehrerinnen und Sprachlehrer sowie Spezialitätenköchinnen und -köche (§ 11 BeschV).
- Aufenthaltstitel für Au-pair-Beschäftigungen (§ 12 BeschV).
- Aufenthaltstitel für Hausangestellte von Entsandten (§ 13 BeschV).
- Aufenthaltstitel für Saisonbeschäftigungen (§ 15a BeschV).
- Aufenthaltstitel für Schaustellergehilfen (§ 15b BeschV).
- Aufenthaltstitel an Haushaltshilfen (§ 15c BeschV).
- Beschäftigung von im Kultur- und Unterhaltungsbereich Tätige (§ 25 BeschV).
- Beschäftigung von Personen mit Duldung (§ 32 Abs. 1 BeschV[392]). Die Zustimmung zur Ausübung einer Beschäftigung wird Ausländerinnen und Ausländern mit einer Duldung oder Aufenthaltsgestattung nach § 32 Abs. 5 BeschV **ohne Vorrangprüfung** erteilt, wenn sie eine Beschäftigung nach § 2 Abs. 2, § 6 oder § 8 BeschV aufnehmen – dies sind bestimmte hochqualifizierte Berufe, Ausbildungsberufe, betriebliche Aus- und Weiterbildung – (Nr. 1) oder sich seit 15 Monaten ununterbrochen erlaubt, geduldet oder mit einer Aufenthaltsgestattung im Bundesgebiet aufhalten (Nr. 2) oder eine Beschäftigung in dem Bezirk einer der in der Anl. zu § 32 BeschV aufgeführten Agenturen für Arbeit ausüben (Nr. 3).

---

[391] Vgl. dazu auch die Befreiung vom Erfordernis eines Aufenthaltstitels nach §§ 23, 25 AufenthV.
[392] Vgl. VGH München Beschl. v. 15.12.2016 – 19 CE 16.2025 BeckRS 2016, 56088 zur Annahme einer Befugnis, eine Ermessensentscheidung bzgl. der beabsichtigten Erwerbstätigkeit zu treffen. – Vgl. ferner die Versagungsgründe nach § 60a Abs. 6 AufenthG → Rn. 1238 f.

**278**　Für Staatsangehörige von Andorra, Australien, Israel, Japan, Kanada, der Republik Korea, von Monaco, Neuseeland, San Marino sowie den USA kann die Zustimmung zur Ausübung **jeder Beschäftigung** unabhängig vom Sitz des Arbeitgebers erteilt werden (§ 26 Abs. 1 BeschV). Mit dem **Asylverfahrensbeschleunigungsgesetz vom 20.10.2015**[393] wurde **§ 26 BeschV** um Abs. 2 ergänzt. Nach dieser Vorschrift können für Staatsangehörige von **Albanien, Bosnien und Herzegowina, Kosovo, Mazedonien, Montenegro** und **Serbien** in den Jahren 2016 bis einschließlich 2020 **Zustimmungen** zur Ausübung jeder Beschäftigung erteilt werden (S. 1). Die Zustimmung darf nach Satz 2 nur erteilt werden, wenn der **Antrag** auf Erteilung des Aufenthaltstitels bei der jeweils zuständigen deutschen **Auslandsvertretung** im Herkunftsstaat gestellt wurde. Die Zustimmung darf jedoch nicht erteilt werden, wenn der Antragsteller in den letzten 24 Monaten vor Antragstellung Leistungen nach dem Asylbewerberleistungsgesetz bezogen hat (S. 3). Diese **Ausschlussregelung** gilt jedoch nicht für Antragsteller, die nach dem 1.1.2015 und vor dem 24.10.2015 einen Asylantrag gestellt, sich am 24.10.2015 gestattet, mit einer Duldung oder als Ausreisepflichtige im Bundesgebiet aufgehalten hatten und unverzüglich ausreisen (S. 4)[394].

**279**　Nach § 27 BeschV kann die Zustimmung der Bundesagentur zur Erteilung einer **Grenzgängerkarte** nach § 12 Abs. 1 AufenthV erteilt werden. Darüber hinaus bestimmt § 28 BeschV, dass deutschen Volkszugehörigen, die einen Aufnahmebescheid nach dem Bundesvertriebenengesetz besitzen, die Zustimmung zu einem Aufenthaltstitel erteilt werden kann, um eine vorübergehende Beschäftigung auszuüben.

**280**　§ 29 BeschV regelt, unter welchen Voraussetzungen die Bundesagentur fürArbeit Beschäftigungen im Rahmen der mit den Staaten Türkei, Serbien, Bosnien-Herzegowina und Mazedonien bestehenden **Werkvertragsarbeitnehmerabkommen** zustimmen kann.

**281**　§ 34 Abs. 1 BeschV ermöglicht der Bundesagentur, eine von ihr erteilte Zustimmung zur Ausübung einer Beschäftigung zu beschränken hinsichtlich

- der beruflichen Tätigkeit (Nr. 1),
- des Arbeitgebers (Nr. 2),
- der Region, in der die Beschäftigung ausgeübt werden kann (Nr. 3), und
- der Lage und Verteilung der Arbeitszeit (Nr. 4).

**282**　Die Zustimmung wird für die Dauer der Beschäftigung, längstens jedoch für drei Jahre erteilt (§ 34 Abs. 2 BeschV).

**283**　Bei Beschäftigungen zur **beruflichen Aus- und Weiterbildung** nach § 17 AufenthG ist gem. § 34 Abs. 3 BeschV die Zustimmung wie folgt zu erteilen:

- Bei der Ausbildung für die nach der der Ausbildungsordnung festgelegte Ausbildungsdauer (Nr. 1) und
- bei der Weiterbildung für die Dauer, die ausweislich eines von der Bundesagentur für Arbeit geprüften Weiterbildungsplanes zur Erreichung des Weiterbildungszieles erforderlich ist (Nr. 2).

**284**　Nach § 35 Abs. 1 BeschV wird die Zustimmung zur Ausübung einer Beschäftigung jeweils zu einem bestimmten Aufenthaltstitel erteilt. Sofern die Zustimmung zu einem Aufenthaltstitel erteilt worden ist, gilt sie im Rahmen ihrer zeitlichen Begrenzung auch für jeden weiteren Aufenthaltstitel fort (§ 35 Abs. 2 BeschV).

**285**　Die Abs. 1 und 2 der Vorschrift gelten entsprechend für die Zustimmung zur Ausübung einer Beschäftigung an Personen, die eine Aufenthaltsgestattung nach § 55 AsylG

---

[393] BGBl. I S. 1722.
[394] Vgl. in diesem Zusammenhang VGH München Beschl. v. 7.12.2016 – 10 ZB 16.631, BeckRS 2016, 110043. Zu den Erfahrungen mit dieser Westbalkanregelung und deren Inanspruchnahme vgl. *Burkert/Haase*, WISO DIREKT 2/2017.

oder eine Duldung nach § 60a AufenthG besitzen (§ 35 Abs. 3 BeschV).[395] Sofern die Zustimmung für ein bestimmtes Beschäftigungsverhältnis erteilt worden ist, erlischt sie mit der Beendigung des Arbeitsverhältnisses (§ 35 Abs. 4 BeschV).

Schließlich bestimmt § 35 Abs. 5 S. 1 BeschV, dass die Zustimmung zur Ausübung einer Beschäftigung **ohne Vorrangprüfung** erteilt werden kann, wenn die Beschäftigung nach Ablauf der Geltungsdauer einer für mindestens ein Jahr erteilten Zustimmung bei demselben Arbeitgeber fortgesetzt wird. Dies gilt nach Satz 2 allerdings nicht für Beschäftigungen, die nach der Beschäftigungsverordnung oder nach einer zwischenstaatlichen Vereinbarung zeitlich begrenzt sind. **286**

Nach § 36 Abs. 1 BeschV teilt die Bundesagentur für Arbeit der zuständigen Stelle, dh idR der Ausländerbehörde oder der Konsularabteilung des Auswärtigen Amtes, mit, dass sie der Erteilung eines Aufenthaltstitels nach § 39 AufenthG oder einer Grenzgängerkarte zustimmt. Diese Unterrichtungspflicht besteht auch dann, wenn die Zustimmung versagt, widerrufen oder zurückgenommen wird. **287**

Die Zustimmung zur Ausübung einer Beschäftigung gilt nach § 36 Abs. 2 BeschV als erteilt, wenn die Bundesagentur für Arbeit der zuständigen Stelle nicht innerhalb von zwei Wochen nach Übermittlung der Zustimmungsanfrage mitteilt, dass die übermittelten Informationen für die Entscheidung über die Zustimmung nicht ausreichen oder dass der Arbeitgeber die erforderlichen Auskünfte nicht oder nicht rechtzeitig erteilt hat **(Zustimmungsfiktion)**. **288**

Nach § 36 Abs. 3 BeschV soll die Bundesagentur für Arbeit bereits vor der Übermittlung der Zustimmungsanfrage der Ausübung der Beschäftigung gegenüber der zuständigen Stelle zustimmen oder prüfen, ob die arbeitsmarktbezogenen Voraussetzungen für eine spätere Zustimmung vorliegen, wenn der Arbeitgeber die hierzu erforderlichen Auskünfte erteilt hat und das Verfahren dazu beschleunigt wird. **289**

Schließlich bestimmt § 37 BeschV, dass Ausländerinnen und Ausländern die Zustimmung zur Ausübung einer Beschäftigung ohne Vorrangprüfung erteilt werden kann, wenn deren Versagung eine besondere Härte bedeuten würde. **290**

### d) Abs. 3: Aufenthaltsrecht für Beschäftigte ohne qualifizierte Berufsausbildung

Einem Ausländer, der eine Tätigkeit ausüben will, die **keine qualifizierte** Berufsausbildung voraussetzt, **kann** eine Aufenthaltserlaubnis zum Zweck der Erwerbstätigkeit nach § 18 Abs. 3 AufenthG nur erteilt werden, wenn dies durch zwischenstaatliche Vereinbarungen bestimmt ist oder die Bundesagentur nach § 42 AufenthG aufgrund der **Beschäftigungsverordnung** die Zustimmung erteilen darf. **291**

### e) Abs. 4: Aufenthaltsrecht für Beschäftigte mit qualifizierter Berufsausbildung

Sofern ein Ausländer eine **qualifizierte Tätigkeit** auszuüben beabsichtigt, setzt ein entsprechendes Aufenthaltsrecht voraus, dass die angestrebte Beschäftigung zu einer Berufsgruppe gehört, die nach § 42 AufenthG **durch die Beschäftigungsverordnung** zugelassen worden ist (§ 18 Abs. 4 S. 1 AufenthG). Begünstigt sind insoweit insbesondere die in Teil 2 der Beschäftigungsverordnung (§§ 2 – 9 BeschV) benannten Fachkräfte. **292**

Nach § 18 Abs. 4 S. 2 AufenthG kann ein entsprechender Aufenthaltstitel (ausnahmsweise) „im begründeten Einzelfall" erteilt werden, wenn an der Beschäftigung ein öffentliches, insbesondere ein regionales, wirtschaftliches oder arbeitsmarktpolitisches Interesse besteht. Nr. 18.4.2, S. 3 AVV-AufenthG verweist darauf, dass diese Regelung eine Ergänzung zu § 18 Abs. 4 S. 1 AufenthG darstelle und sich daher die Beschäfti- **293**

---

[395] Zum Verbot, einem geduldeten Ausländer unter bestimmten Voraussetzungen die Ausübung einer Erwerbstätigkeit zu erlauben, vgl. § 60a Abs. 6 AufenthG → Rn. 1238 f.

gungsmöglichkeiten auf solche beschränken, die eine qualifizierte Berufsausbildung voraussetzen[396]. Allein das betriebliche Interesse eines Arbeitgebers, eine ausländische Fachkraft einzustellen, dürfte jedoch grundsätzlich **kein öffentliches Interesse** an der Beschäftigung eines Ausländers begründen[397].

### f) Abs. 4a: Ausländische Beamte

**294**    Mit Gesetz vom 12.5.2017[398] ist § 18 AufenthG um Abs. 4a ergänzt worden. Danach **wird** einem Ausländer, der in einem Beamtenverhältnis zu einem deutschen Dienstherrn steht[399], eine Aufenthaltserlaubnis zur Erfüllung seiner Dienstpflichten im Bundesgebiet erteilt (S. 1). Dies betrifft in erster Linie Hochschullehrerinnen und Hochschullehrer sowie andere Mitarbeiterinnen und Mitarbeiter des wissenschaftlichen und künstlerischen Personals[400]. Die Aufenthaltserlaubnis wird für die Dauer von drei Jahren erteilt, wenn das Dienstverhältnis nicht auf einen kürzeren Zeitraum befristet ist (§ 18 Abs. 4a S. 2 AufenthG). Nach drei Jahren wird abweichend von § 9 Abs. 1 S. 1 Nr. 1 und 3 AufenthG eine Niederlassungserlaubnis erteilt (§ 18 Abs. 4a S. 3 AufenthG).

### g) Abs. 5: Nachweis eines konkreten Arbeitsplatzangebotes

**295**    Nach § 18 Abs. 5 AufenthG darf ein Aufenthaltstitel nach §§ 18 Abs. 2, 19, 19a, 19b oder 19d AufenthG nur erteilt werden, wenn ein konkretes Arbeitsplatzangebot vorliegt und eine Berufsausübungserlaubnis, soweit diese vorgeschrieben ist, erteilt wurde oder ihre Erteilung zugesagt ist. Ein Arbeitsplatzangebot ist konkret, wenn die Kriterien des § 39 Abs. 2 S. 3 AufenthG erfüllt sind[401]. Der Antragsteller hat der Ausländerbehörde das Angebot eines Beschäftigungsverhältnisses durch entsprechende Unterlagen (zB Entwurf eines Arbeitsvertrages) nachzuweisen.

### h) Abs. 6: Versagung der Erteilung oder Verlängerung eines Aufenthaltstitels

**296**    Die Erteilung oder Verlängerung eines Aufenthaltstitels nach den §§ 17b, 18d, 19, 19a, 19b, 19d, 20 oder 20b AufenthG, der auf Grund des Aufenthaltsgesetzes, der Beschäftigungsverordnung oder einer zwischenstaatlichen Vereinbarung nicht der Zustimmung der Bundesagentur für Arbeit bedarf, kann versagt werden, wenn ein Sachverhalt vorliegt, der bei einer zustimmungspflichtigen Beschäftigungen nach § 40 Abs. 2 Nr. 3 (wegen Verstoßes gegen das Schwarzarbeitsbekämpfungsgesetz oder das Arbeitnehmerüberlassungsgesetz) oder Abs. 3 (ua unzulässiger Unternehmer, Insolvenz) AufenthG dazu berechtigen würde, die Zustimmung zu versagen.

## 3. Aufenthaltserlaubnis für qualifizierte Geduldete zum Zweck der Beschäftigung (§ 18a AufenthG)

### a) Abs. 1: Erteilungsvoraussetzungen

**297**    Gem. § 18a Abs. 1 S. 1 AufenthG kann einem geduldeten Ausländer eine Aufenthaltserlaubnis zur Ausübung einer der beruflichen Qualifikation entsprechenden Beschäftigung erteilt werden, sofern die nachstehenden Voraussetzungen erfüllt sind. Es ist nicht

---

[396] Vgl. auch Hofmann/*Stiegeler* § 18 AufenthG Rn. 21 mwN.
[397] Vgl. hierzu schon BVerwG NVwZ 1992, 268 = InfAuslR 1992, 4 und InfAuslR 1999, 331.
[398] BGBl. I S. 1106.
[399] Vgl. § 7 Abs. 3 BBG oder § 7 Abs. 3 BeamtStG.
[400] BT-Drs. 18/11136, S. 38.
[401] Nach dieser Vorschrift hat der Arbeitgeber, bei dem ein Ausländer beschäftigt werden soll und der dafür eine Zustimmung benötigt, Auskunft über Arbeitsentgelt, Arbeitszeiten und sonstige Arbeitsbedingungen zu erteilen.

erforderlich, dass der Antragsteller im Besitz einer Duldungsbescheinigung iSd § 60a Abs. 4 AufenthG ist. Vielmehr gilt die Regelung des § 18a AufenthG auch für Personen, die zunächst einen rechtmäßigen Aufenthalt im Bundesgebiet hatten, diesen Status aber aus welchen Gründen auch immer verloren haben und nun dem Grunde nach ausreisepflichtig sind.[402] Die Erteilung der Aufenthaltserlaubnis für **qualifiziert Geduldete** bedarf der Zustimmung der Bundesagentur für Arbeit nach § 39 AufenthG.

Hinsichtlich der beruflichen Tätigkeit wird nicht allein darauf abgestellt, dass der Ausländer seinen Lebensunterhalt bestreiten kann, sondern auch auf ein Qualifikationsprofil des Ausländers, mit dem das im Fokus dieser Regelung stehende Ziel, den steigenden Bedarf an gut ausgebildeten Fachkräften, insbesondere durch Nutzung inländischer Potenziale, zu befriedigen, unterstützt werden kann (Nr. 18a AVV-AufenthG). **298**

**aa) Satz 1 Nr. 1 Buchst. a.** Danach wird Ausländern mit **Hochschulabschluss** die Perspektive eines gesicherten Aufenthalts geboten. Als abgeschlossenes Studium gelten auch Ausbildungen, deren Abschluss durch das Landesrecht einem Hochschulabschluss gleichgestellt sind, wie dies zB bei einem Studium an einer Berufsakademie auf Grund spezieller landesrechtlicher Regelungen der Fall sein kann (DA 1.18a.1.05). Begünstigt sind nach dieser Vorschrift zudem diejenigen, die über eine **qualifizierte Berufsausbildung** (vgl. § 6 BeschV) verfügen. Dies setzt idR eine Ausbildungsdauer von mindestens zwei Jahren voraus (→ § 18 AufenthG → Rn. 6).[403] Die Voraussetzungen sind jedoch auch dann erfüllt, wenn zwar regulär eine zweijährige Ausbildungszeit zu absolvieren ist, im Einzelfall jedoch der Berufsabschluss nach einer verkürzten Ausbildungszeit zugelassen wurde (DA 1.18a.1.04). **299**

**bb) Satz 1 Nr. 1 Buchst. b.** Diese Vorschrift befasst sich mit der aufenthaltsrechtlichen Relevanz eines im Ausland erworbenen Hochschulabschlusses. Studienabschlüsse, die im Ausland erworben wurden, müssen in Deutschland rechtlich oder faktisch anerkannt sein[404]. Entscheidend ist auch, dass der Ausländer unmittelbar bevor die Aufenthaltserlaubnis erteilt wird mindestens zwei Jahre ununterbrochen in einer angemessenen, seiner beruflichen Qualifikation entsprechenden Beschäftigung tätig war oder ist und diese Beschäftigung üblicherweise einen akademischen Abschluss voraussetzt. Zum Zeitpunkt der Antragstellung muss dieses Beschäftigungsverhältnis fortbestehen oder ein Arbeitsplatzangebot für eine weitere entsprechende Beschäftigung vorliegen.[405] Kürzere Unterbrechungen der Beschäftigung, die idR eine Gesamtdauer von drei Monaten nicht übersteigen sollen, sind unschädlich, werden allerdings nicht angerechnet (DA 1.18a.1.06; Nr. 18a.11.2 AVV-AufenthG). **300**

**cc) Satz 1 Nr. 1 Buchst. c.** Eine Aufenthaltserlaubnis nach § 18a AufenthG für qualifiziert Geduldete zum Zweck der Beschäftigung kommt nach § 18a Abs. 1 Nr. 3 AufenthG auch für ausländische Fachkräfte in Betracht. **Fachkraft** ist eine Person, die entweder über eine abgeschlossene Lehre oder vergleichbare Berufsausbildung verfügt, einen Abschluss als Meister bzw. Meisterin, Techniker bzw. Technikerin oder Fachwirt bzw. Fachwirtin vorweisen kann oder über einen Hochschulabschluss (→ Rn. 299) verfügt (DA 1.18.a.1.03). Die Beschäftigung als Fachkraft muss **seit drei Jahren ununterbrochen** erfolgt sein und die weitere Beschäftigung muss der beruflichen Qualifikation entsprechen.[406] Eine Unterbrechung der Beschäftigungszeit ist idR bis zu drei Monaten. **301**

---

[402] VG Frankfurt a. M. Beschl. v. 6.1.2011 – 7 L 3783/10 BeckRS 2011, 47779; Hofmann/*Stiegeler* § 18a AufenthG Rn. 5 mwN. Vgl. auch BVerwG NVwZ-RR 2014, 601 Rn. 14 ff.

[403] VGH Mannheim Beschl. v. 20.12.2016 – 11 S 2516/16 BeckRS 2016, 111609.

[404] Vgl. die Bewertungsvorschläge der Zentralstelle für ausländisches Bildungswesen bei der KMK, www.anabin.de.

[405] Vgl. Begr. zu Art. 1 Nr. 2 (§ 18a AufenthG), BT-Drs. 16/10288, 9.

[406] Vgl. Begr. zu Art. 1 Nr. 2 (§ 18a AufenthG), BT-Drs. 10288, 9.

Diese Zeiten werden jedoch nicht auf die Anwartschaftszeit angerechnet (DA 1.18a.1.07 und Nr. 18a.1.1.3 AVV-AufenthG).

302 § 18a Abs. 1 S. 1 Nr. 1 Buchst. c AufenthG fordert ferner, dass der Ausländer innerhalb des letzten Jahres vor Beantragen der Aufenthaltserlaubnis für seinen Lebensunterhalt und den seiner Familien- oder anderen Haushaltsangehörigen nicht auf öffentliche Mittel mit Ausnahme von Leistungen zur Deckung von notwendigen Kosten für Unterkunft und Heizung angewiesen war.

303 **dd) Kriterien der Nr. 2 bis 7.** Die Kriterien der Nr. 2 und 4 bis 7 entsprechen inhaltlich § 104a Abs. 1 Satz 1 Nr. 1 und 4 bis 6 (→ Rn. 683 ff.). So besteht eine Ausnahme von der Erteilungsvoraussetzung des § 5 Abs. 1 Nr. 2 AufenthG (Nichtvorliegen eines Ausweisungsinteresses), wenn das verhängte Strafmaß die Grenzen des § 18 Abs. 1 Nr. 7 AufenthG nicht überschreitet[407]. Im Übrigen werden das Vorhandensein ausreichenden Wohnraums (Nr. 2) und ausreichende Kenntnisse der deutschen Sprache gefordert (Nr. 3). Ferner darf der Ausländer die Ausländerbehörde nicht vorsätzlich über aufenthaltsrechtlich relevante Umstände getäuscht (Nr. 4) und behördliche Maßnahmen zur Aufenthaltsbeendigung nicht vorsätzlich hinausgezögert oder behindert haben (Nr. 5). Schließlich darf der Ausländer keine Bezüge zu extremistischen oder terroristischen Organisationen und diese auch nicht unterstützt haben (Nr. 6).

**b) Abs. 1a: Duldung nach § 60a Abs. 2 S. 4 AufenthG**

304 Sofern die Duldung nach § 60a Abs. 2 S. 4 AufenthG für die Aufnahme einer qualifizierten Berufsausbildung erteilt wurde, ist gem. § 18a Abs. 1a AufenthG[408] nach erfolgreichem Abschluss dieser Berufsausbildung für eine der erworbenen beruflichen Qualifikation entsprechenden Beschäftigung eine Aufenthaltserlaubnis für die Dauer von zwei Jahren zu erteilen, wenn die Voraussetzungen des Abs. 1 Nr. 2 bis 7 vorliegen und die Bundesagentur für Arbeit nach § 39 AufenthG zugestimmt hat.

**c) Abs. 1b: Widerruf einer Aufenthaltserlaubnis nach § 18a Abs. 1a AufenthG**

305 § 18a Abs. 1b AufenthG bestimmt, dass eine nach Abs. 1a erteilte Aufenthaltserlaubnis (zwingend) widerrufen **wird**, wenn das der Erteilung dieser Aufenthaltserlaubnis zugrundeliegende Arbeitsverhältnis aus Gründen, die in der Person des Ausländers liegen, aufgelöst wird. Dieselbe Rechtsfolge tritt ein, sofern der Ausländer wegen einer im Bundesgebiet begangenen vorsätzlichen Straftat verurteil wurde. In diesem Zusammenhang bleiben jedoch Geldstrafen von insgesamt bis zu 50 Tagessätzen oder bis zu 90 Tagessätzen wegen Straftaten, die nach dem Aufenthaltsgesetz oder dem Asylgesetz nur von Ausländern begangen werden können, **grundsätzlich** außer Betracht.

**d) Abs. 2: Zustimmung ohne Vorrangprüfung**

306 Nach § 18a Abs. 2 S. 1 AufenthG wird über die Zustimmung der Bundesagentur für Arbeit nach den Absätzen 1 und 1a **ohne Vorrangprüfung** iSd § 39 Abs. 2 S. 1 Nr. 1 AufenthG entschieden. Gem. § 18a Abs. 2 S. 2 AufenthG gilt § 18 Abs. 2 S. 2 und Abs. 5 AufenthG entsprechend (→ Rn. 275). Das Zustimmungserfordernis durch die Bundesagentur hat seinen Grund insbesondere darin, dass die Ausländerbehörden nicht über die fachliche Kompetenz verfügen, um zu beurteilen, ob die Ausbildung zu einer Qualifikation als Fachkraft geführt hat oder ob die nach Abs. 1 Nr. 1 Buchst. b vorausgesetzte und

---

[407] So zB VGH München Beschl. v. 12.3.2009 – 10 CS 09.10, BeckRS 2009, 42992.
[408] § 18a Abs. 1a und 1b AufenthG wurde mWv 6.8.2016 durch das Integrationsgesetz vom 31.7.2016 (BGBl I, 1939) in das Aufenthaltsgesetz aufgenommen.

der Qualifikation entsprechende Beschäftigung ausgeübt wurde und weiter ausgeübt werden soll. Darüber hinaus ist durch die Bundesagentur zu prüfen, ob die Arbeitsbedingungen denen deutscher Fachkräfte oder Unionsbürgern entsprechen (DA 18a.2.01). Dagegen wird auf die Vorrangprüfung nach § 39 Abs. 2 Nr. 1 AufenthG verzichtet, da der von § 18a AufenthG begünstigte Personenkreis sich bereits über einen längeren Zeitraum in Deutschland aufgehalten hat und dadurch dessen Arbeitsmarktzugang idR einer Zustimmung der Bundesagentur für Arbeit nach § 32 Abs. 3 und 4 BeschV nicht bedarf (so Nr. 18a.2.1 AVV-AufenthG). Bei den Geduldeten nach Satz 1 Nr. 1 Buchst. b wird vorausgesetzt, dass diese Personen bereits einer qualifizierten Beschäftigung nachgegangen sind und weiterhin nachgehen. Insbesondere in den Fällen der Fortsetzung einer mehrjährigen Beschäftigung bei dem gleichen Arbeitgeber ist eine erneute Vorrangprüfung nicht angezeigt.

Nach § 18a Abs. 1 S. 1 und Abs. 2 S. 1 AufenthG ist die Zustimmung der Bundes- **307** agentur der Arbeit für die Aufnahme einer Beschäftigung **zwingend** erforderlich. Daher ist bei Fallkonstellationen nach § 18a AufenthG eine zustimmungsfreie Beschäftigung nach der Beschäftigungsverordnung nicht möglich (DA 1.18a.2.02). Dies ergibt sich daraus, dass § 18a Abs. 2 S. 2 AufenthG die entsprechende Anwendung des § 18 Abs. 2 S. 1 AufenthG (zustimmungsfreie Beschäftigung nach der BeschV) nicht vorsieht (DA 1.18a.2.02). Mit dieser Regelung soll ua verhindert werden, dass insbesondere Geduldete nur zum Zweck der Erteilung der Aufenthaltserlaubnis einen entsprechenden Arbeitsvertrag abschließen, der nach Erteilung der Aufenthaltserlaubnis nach § 18a AufenthG wieder aufgelöst wird.

§ 18a Abs. 2 S. 3 AufenthG stellt klar, dass die Aufenthaltserlaubnis nach § 18a Abs. 1 **308** AufenthG einen uneingeschränkten Arbeitsmarktzugang eröffnet, wenn der Antragsteller eine seiner beruflichen Qualifikation entsprechende Beschäftigung (mindestens) zwei Jahre ausgeübt hat.

### e) Abs. 3: Ausnahmen von den allgemeinen Erteilungsvoraussetzungen

Nach § 18a Abs. 3 AufenthG kann die Aufenthaltserlaubnis für qualifizierte Geduldete **309** zum Zwecke der Beschäftigung abweichend von § 5 Abs. 2 AufenthG (Erfordernis eines Visums) erteilt werden. Darüber hinaus bestimmt § 18a Abs. 3 AufenthG, dass die Aufenthaltserlaubnis abweichend von § 10 Abs. 3 S. 1 AufenthG erteilt werden kann. Dies betrifft Ausländer, deren Asylantrag unanfechtbar abgelehnt worden ist, oder die ihren Asylantrag zurückgenommen haben.

## 4. Niederlassungserlaubnis für Absolventen deutscher Hochschulen (§ 18b AufenthG)

§ 18b AufenthG **verbürgt** einem Drittstaatsangehörigen, der sein Studium an einer **310** staatlichen oder staatlich anerkannten Hochschule oder vergleichbaren Ausbildungseinrichtung im Bundesgebiet erfolgreich abgeschlossen hat, einen Rechtsanspruch („wird"), eine Niederlassungserlaubnis erteilt zu bekommen, wenn er

- seit zwei Jahren einen Aufenthaltstitel nach den §§ 18, 18a, 19a oder 21 AufenthG besitzt (Nr. 1),[409]
- einen seinem Abschluss angemessenen Arbeitsplatz innehat (Nr. 2),

---

[409] § 18b AufenthG kann zu einer Verschlechterung der Rechtsposition führen, wenn im Verlauf des zweijährigen Aufenthalts eine Ehe mit einem oder einer Deutschen geschlossen wird und die Ehe als neuer alleiniger Aufenthaltszweck gilt. Dann setzt nämlich § 28 Abs. 2 AufenthG für den Erwerb eine *dreijährige* Anwartschaftsfrist ein (→ Rn. 787 ff.). Daher empfiehlt es sich, im Falle eines solchen neuen Aufenthaltszwecks auch weiterhin einen Aufenthaltstitel nach den §§ 18, 18a, 19a oder 21 AufenthG verlängern zu lassen; vgl. auch Hofmann/*Stahmann* § 18b AufenthG Rn. 4.

- er mindestens 24 Monate Pflichtbeiträge oder freiwillige Beiträge zur gesetzlichen Rentenversicherung geleistet hat oder Aufwendungen für einen Anspruch auf vergleichbare Leistungen einer Versicherungs- oder Versorgungseinrichtung oder eines Versicherungsunternehmens nachweist (Nr. 3) **und**
- die Voraussetzungen des § 9 Abs. 2 S. 1 Nr. 2 und 4 bis 9 AufenthG (→ 936 ff.) vorliegen (Nr. 4).

311      Nach § 18b Nr. 4 Hs. 2 AufenthG gilt § 9 Abs. 2 S. 2 – 6 AufenthG (→ 933) entsprechend.

## 5. Aufenthaltserlaubnis zur Arbeitsplatzsuche für qualifizierte Fachkräfte (§ 18c AufenthG)

312      Die Vorschrift begünstigt Drittstaatsangehörige, die als Fachkräfte qualifiziert sind und einen Arbeitsplatz im Bundesgebiet suchen. Erforderlich ist, dass der Betroffene über einen deutschen oder anerkannten oder einem deutschen Hochschulabschluss vergleichbaren ausländischen Hochschulabschluss verfügt. Darüber hinaus muss der Lebensunterhalt des Antragstellers gesichert sein. Sind diese Voraussetzungen erfüllt, **kann** nach § 18c Abs. 1 S. 1 AufenthG eine Aufenthaltserlaubnis erteilt werden, um innerhalb von sechs Monaten einen der Qualifikation angemessenen Arbeitsplatz zu finden. Die Aufenthaltserlaubnis berechtigt allerdings nicht zur Erwerbstätigkeit (§ 18c Abs. 1 S. 2 AufenthG).

313      Nach Abs. 2 ist eine Verlängerung der Aufenthaltserlaubnis über den in Abs. 1 genannten Höchstzeitraum (= 6 Monate) hinaus ausgeschlossen. Eine nach § 18c Abs. 1 AufenthG erteilte Aufenthaltserlaubnis kann nach Abs. 2 S. 2 nur erteilt werden, wenn sich der Ausländer nach seiner Ausreise mindestens so lange im Ausland aufgehalten hat, wie er sich zuvor auf der Grundlage einer Aufenthaltserlaubnis nach Abs. 1 im Bundesgebiet aufgehalten hat.

314      Nach § 18c Abs. 3 AufenthG ist Abs. 1 auf Ausländer, die sich bereits im Bundesgebiet aufhalten, nur anwendbar, wenn diese unmittelbar vor der Erteilung der Aufenthaltserlaubnis nach Abs. 1 im Besitz eines Aufenthaltstitels zum Zweck der Erwerbstätigkeit waren.

## 6. Teilnahme am europäischen Freiwilligendienst (§ 18d AufenthG)

315      Nach § 18d Abs. 1 AufenthG wird einem drittstaatsangehörigen Ausländer eine Aufenthaltserlaubnis zum Zweck der Teilnahme an einem europäischen Freiwilligendienst nach Art. 14 REST-RL 2016/801/EU[410] erteilt, wenn die Bundesagentur nach § 39 AufenthG zugestimmt hat (→ Rn. 266) oder durch Rechtsverordnung nach § 42 Abs. 1 Nr. 1 AufenthG (= BeschV; → Rn. 276) bzw. durch zwischenstaatliche Vereinbarung bestimmt ist, dass das Praktikum zulässig ist, ohne dass es der Zustimmung der Bundesagentur bedarf.

316      Weitere Voraussetzungen, um einen entsprechenden Aufenthaltstitel zu erteilen, sind:
- Beschreibung des Freiwilligendienstes (Nr. 1).
- Angaben über die Dauer des Freiwilligendienstes und über die Dienstzeiten des Ausländers (Nr. 2).
- Angaben über die Bedingungen der Tätigkeit und der Betreuung des Ausländers (Nr. 3).
- Angaben über die dem Ausländer zur Verfügung stehenden Mittel für Lebensunterhalt und Unterkunft sowie Angaben über Taschengeld, das ihm für die Dauer des Aufenthalts mindestens zur Verfügung steht (Nr. 4), und
- Angaben über die Ausbildung, die der Ausländer ggf. erhält, damit er die Aufgaben des Freiwilligendienstes ordnungsgemäß durchführen kann (Nr. 5).

---

[410] Zur Begriffsbestimmung „Freiwilligendienst" vgl. Art. 3 Buchst. 7 RL 2016/801/EU.

Die Aufenthaltserlaubnis wird für die vereinbarte Dauer der Teilnahme am europäischen Freiwilligendienst, höchstens jedoch für ein Jahr erteilt (§ 18d Abs. 2 AufenthG). Eine Aufenthaltserlaubnis zum Zweck eines Praktikums wird jedoch nicht erteilt, wenn eine der in § 20 Abs. 6 Nr. 1 bis 3 und 6 bis 8 AufenthG (→ Rn. 369) genannten Voraussetzungen vorliegt (§ 18d Abs. 4 AufenthG). Schließlich müssen die zur Personensorge Berechtigten dem Aufenthalt zustimmen, sofern der Ausländer das 18. Lebensjahr noch nicht vollendet hat (§ 18d Abs. 3 AufenthG).     **317**

## 7. Niederlassungserlaubnis für Hochqualifizierte (§ 19 AufenthG)

### a) Zweck der Vorschrift

§ 19 AufenthG ermöglicht es, insbesondere hoch qualifizierten Arbeitskräften aus Wissenschaft und Lehre, an deren Aufenthalt im Bundesgebiet ein besonderes wirtschaftliches und gesellschaftliches Interesse besteht, **von vornherein** einen Daueraufenthaltstitel zu erteilen. Die Regelung soll zur Stärkung und Förderung des Wissenschafts- und Forschungsstandorts Deutschland beitragen. Wegen des immer stärker werdenden globalen Wettbewerbs um die „besten Köpfe" ist es von zentraler Bedeutung, diesen im Rahmen des Aufenthaltsrechts eine verlässliche und dauerhafte Aufenthaltsperspektive zu eröffnen.     **318**

Neben § 19 AufenthG wenden sich auch die § 19a AufenthG (Blaue Karte EU) und § 20 AufenthG (Aufenthalt zu Forschungszwecken) ua an Hochqualifizierte. Wer nicht hochqualifiziert iSd § 19 AufenthG ist, kann bei Vorliegen der tatbestandlichen Voraussetzungen einen Aufenthaltstitel zum Zwecke der Erwerbstätigkeit nach §§ 18, 18a, 18b oder 18c AufenthG, ggf. iVm den einschlägigen Vorschriften der Beschäftigungsverordnung erhalten.     **319**

### b) Abs. 1: Voraussetzungen für die Erteilung eines Aufenthaltstitels nach § 19 AufenthG

Einem hochqualifizierten (→ Rn. 327 f.) Ausländer **kann** nach § 19 Abs. 1 S. 1 AufenthG in **besonderen Fällen** eine **Niederlassungserlaubnis** erteilt werden. Erforderlich ist, dass die Bundesagentur für Arbeit hierzu nach § 39 AufenthG zugestimmt hat oder wenn durch die Beschäftigungsverordnung oder durch eine zwischenstaatliche Vereinbarung bestimmt ist, dass die Niederlassungserlaubnis ohne Zustimmung der Bundesagentur für Arbeit nach § 39 AufenthG erteilt werden kann. Erforderlich ist zudem die gerechtfertigte Annahme, dass die Integration des Antragstellers in die Lebensverhältnisse der Bundesrepublik Deutschland und die Sicherung des Lebensunterhalts ohne staatliche Hilfe gewährleistet sind.     **320**

§ 2 Abs. 1 BeschV bestimmt vorbehaltlos, dass die Erteilung einer Niederlassungserlaubnis an Hochqualifizierte nach § 19 AufenthG **keiner Zustimmung** der Bundesagentur bedarf. Allerdings kann nach § 19 Abs. 1 S. 2 AufenthG die (zuständige) Landesregierung bestimmen, dass die Erteilung einer Niederlassungserlaubnis nach § 19 Abs. 1 S. 1 AufenthG der Zustimmung der obersten Landesbehörde oder einer von ihr bestimmten Stelle bedarf. Arbeitsmarktpolitische Überlegungen dürfen hierbei jedoch angesichts der eindeutigen Regelung des § 2 Abs. 1 BeschV keine Rolle spielen.     **321**

Aus § 18 Abs. 5 AufenthG folgt, dass auch im Falle des § 19 AufenthG ein Aufenthaltstitel nur erteilt werden darf, wenn ein konkretes Arbeitsplatzangebot vorliegt **und** eine Berufsausübungserlaubnis, soweit diese rechtlich vorgeschrieben ist, erteilt wurde oder ihre Erteilung zugesagt ist.     **322**

323 Zudem setzt die Erteilung einer Niederlassungserlaubnis nach § 19 Abs. 1 S. 1 AufenthG voraus, dass ein **besonderer Fall** vorliegt. Wann ein solcher vorliegt, lässt sich nach der gesetzlichen Systematik nur schwer erschließen.[411]

324 Werden doch bei der Umschreibung einer „Hochqualifizierung" in § 19 Abs. 2 AufenthG (→ Rn. 327 ff.) bereits spezifische Anforderungen wie die besonderen fachlichen Kenntnisse oder Ausübung einer Beschäftigung in herausgehobener Funktion gefordert. Jedenfalls ist davon auszugehen, dass nicht bereits bei einem „normalen" Bedarf an einer hochqualifizierten Arbeitskraft die Erteilung einer Niederlassungserlaubnis nach § 19 AufenthG in Betracht kommt, sondern nur bei Vorliegen besonderer Umstände.

325 Ob ein besonderer Fall iSd § 19 Abs. 1 AufenthG vorliegt, unterliegt der vollen richterlichen Überprüfung. Handelt es sich doch um einen **unbestimmten Rechtsbegriff** und nicht um ein Kriterium für das Ausüben des in der Vorschrift vorgesehenen Ermessens.[412]

326 Im Rahmen ihrer **Ermessensausübung** hat die Ausländerbehörde nicht nur zu beachten, dass § 19 AufenthG der Charakter einer „Ausnahmevorschrift" innewohnt, sondern dass auch das gestiegene öffentliche Interesse an der Beschäftigung ausländischer Hochqualifizierter entscheidungserheblich ist. Eine besonders lange Vakanz einer Stelle, das Fehlen von Ersatzpersonal oder aber das Angewiesensein eines Unternehmens auf die Besetzung der Stelle sind daher zu berücksichtigen.[413]

### c) Abs. 2: Regelbeispiele für das Merkmal „hochqualifiziert"

327 § 19 Abs. 2 AufenthG umschreibt, unter welchen Voraussetzungen ein Ausländer hochqualifiziert iSd § 19 Abs. 1 AufenthG ist. Die Vorschrift enthält bestimmte Regelbeispiele. Sofern ein Fall vorliegt, der nicht unter die Definitionen des Abs. 2 fällt, ist die Erteilung einer Niederlassungserlaubnis nach § 19 Abs. 1 AufenthG gleichwohl nicht von vornherein ausgeschlossen. Auf der anderen Seite ist jedoch zu beachten, dass mit der Einführung der Blauen Karte EU nach § 19a AufenthG (→ Rn. 329 ff.) eine weitere Möglichkeit geschaffen worden ist, bei entsprechender beruflicher Qualifikation einen Aufenthaltstitel zum Arbeitsmarktzugang zu erlangen.

328 **Hochqualifiziert** sind **insbesondere** Wissenschaftler mit **besonderen fachlichen Kenntnissen** (Nr. 1) und Lehrpersonen in herausgehobener Funktion oder wissenschaftliche Mitarbeiter in herausgehobener Funktion (Nr. 2).[414] **Besondere fachliche Kenntnisse iSd Nr. 1** liegen insbesondere vor, wenn der Wissenschaftler über eine besonders hohe Qualifikation oder über Kenntnisse in einem speziellen Fachgebiet von überdurchschnittlicher Bedeutung (Auszeichnungen, internationaler Bekanntheitsgrad, Reputationen, besondere Funktionen in wissenschaftlichen Gremien etc) verfügt (Nr. 19.2.1 AVV-AufenthG). Ein Spezialitätenkoch ist zB kein hochqualifizierter Spezialist iSd § 19 AufenthG.[415] Eine **herausgehobene Funktion** von Lehrpersonen iSd **Nr. 2** ist insbesondere bei Lehrstuhlinhabern und Institutsdirektoren gegeben. Bei wissenschaftlichen Mitarbeitern liegt diese vor, wenn sie eigenständig und verantwortlich wissenschaftliche Projekt- oder Arbeitsgruppen leiten (Nr. 19.2.2 AVV-AufenthG).[416] Ob diese Voraussetzungen erfüllt sind, ist durch geeignete Qualifikationsnachweise (Diplome, Zeugnisse, Lebenslauf usw.) wie auch Veröffentlichungen sowie durch den Arbeitsvertrag, der mit der inländischen Hochschule oder Forschungseinrichtung unmittelbar geschlossen ist, zu belegen.

---

[411] Vgl. auch VGH Mannheim ZAR 2007, 329 = BeckRS 2007, 25060.

[412] VG Stuttgart Urt. v. 8.11.2006 – 17 K 2196/05 BeckRS 2006, 27378.

[413] VG Stuttgart Urt. v. 8.11.2006 – 17 K 2196/05 BeckRS 2006, 27378.

[414] Zum Begriff des „Hochqualifizierten" vgl. auch VGH Mannheim ZAR 2007, 329 = BeckRS 2007, 25060 betr. einen Oberarzt mit Zusatzqualifikation.

[415] OVG Bremen Beschl. v. 19.10.2010 – 1 B 215/10 BeckRS 2010, 55136.

[416] VG Stuttgart Urt. v. 8.11.2006 – 17 K 2196/05 BeckRS 2006, 27378.

In Zweifelsfällen ist eine Expertise der Deutschen Forschungsgemeinschaft oder sonstiger fachkundiger wissenschaftlicher Einrichtungen oder Organisationen einzuholen.

## 8. Blaue Karte EU (§ 19a AufenthG)

### a) Zweck der Vorschrift

§ 19a AufenthG wurde durch Gesetz vom 1.6.2012 mWv 1.8.2012 in das Aufenthalts- **329** gesetz eingefügt. Die Vorschrift dient der Umsetzung der RL 2009/50/EG vom 25.5.2009 über die Bedingungen für die Einreise und den Aufenthalt von Drittstaatsangehörigen zur Ausübung einer hochqualifizierten Beschäftigung.[417] In der Praxis hat dieser Aufenthaltstitel bislang keine große Rolle gespielt.

### b) Abs. 1: Voraussetzungen für die Erteilung eines Aufenthaltstitels nach § 19a AufenthG

§ 19a Abs. 1 AufenthG gewährt einen **Rechtsanspruch** auf eine Blaue Karte EU, **330** sofern die in der RL 2009/50/EG bzw. in der nationalen Vorschrift genannten Erteilungsvoraussetzungen erfüllt sind. Adressaten der Norm sind Drittstaatsangehörige, die einen Aufenthaltstitel anstreben, um eine ihrer Qualifikation angemessene Beschäftigung im Bundesgebiet ausüben zu können.

**aa) Nr. 1: Berufliche Qualifikation.** Erforderlich ist, dass der den Aufenthaltstitel **331** nach § 19a AufenthG beantragende Ausländer einen deutschen oder einen anerkannten ausländischen oder einen einem deutschen Hochschulabschluss vergleichbaren Hochschulabschluss besitzt (Buchst. a) oder, soweit durch eine Rechtsverordnung nach § 19a Abs. 2 AufenthG bestimmt (→ Rn. 335), eine durch eine mindestens fünfjährige Berufserfahrung nachgewiesene vergleichbare Qualifikation besitzt (Buchst. b). Hinsichtlich der letztgenannten Alternative ist festzustellen, dass von der entsprechenden Verordnungsermächtigung bislang kein Gebrauch gemacht worden ist, weil dem BMI zufolge (noch) kein Verfahren existiert, mit dem die vergleichbare Qualifikation festgestellt werden könnte (http://www.bmi.bund.de/SharedDocs/Downloads/DE/Themen/MigrationIntegration/Auslaender/hochqualifiziertenRL.pdf?__blob=publicationFile).[418]

**bb) Nr. 2: Zustimmung der Bundesagentur für Arbeit.** Ferner ist erforderlich, dass **332** die Bundesagentur für Arbeit der Aufnahme der Beschäftigung nach § 39 AufenthG zugestimmt hat oder durch die Beschäftigungsverordnung bzw. durch zwischenstaatliche Vereinbarung bestimmt ist, dass die Blaue Karte EU ohne Zustimmung der Bundesagentur für Arbeit erteilt werden kann. Nach § 2 Abs. 1 Nr. 2 BeschV bedarf die Erteilung einer Blauen Karte EU nach § 19a AufenthG **keiner Zustimmung** der Bundesagentur für Arbeit, wenn die antragstellende Person ein Gehalt von mindestens zwei Dritteln der jährlichen Beitragsbemessungsgrenze in der allgemeinen Rentenversicherung erhält (a) oder einen inländischen Hochschulabschluss besitzt und die Voraussetzungen nach § 2 Abs. 2 S. 1 BeschV (Beschäftigung in einem bestimmten Mangelberuf und Mindestgehalt) erfüllt (b).

Nach § 2 Abs. 2 S. 1 BeschV kann Ausländerinnen und Ausländern, die einen Beruf **333** ausüben, der zu den Gruppen 21, 221 und 25 nach der Empfehlung der Kommission vom 29.10.2009 über die Verwendung der Internationalen Standardklassifikation der Berufe[419] die **Zustimmung zu einer Blauen Karte EU** erteilt werden, wenn die Höhe des Gehalts mindestens 52 Prozent der jährlichen Beitragsbemessungsgrenze in der allgemeinen Rentenversicherung beträgt. Im Jahre 2015 waren daher durch die Beschäftigung mindestens

---

[417] ABl. Nr. L 155 v. 18.6.2009, S. 17.
[418] Vgl. auch VG Düsseldorf Beschl. v. 14.4.2013 – 7 L 488/13 BeckRS 2013, 50419.
[419] ABl. L Nr. 292 v. 10.11.2009, S. 31.

EUR 37.752 zu erzielen. Die Vorschrift begünstigt Naturwissenschaftler, Mathematiker und Ingenieure (Gruppe 21), Allgemein- und Fachärzte (Gruppe 221) sowie Akademische und vergleichbare Fachkräfte in der Informations- und Kommunikationstechnologie (Gruppe 25). § 2 Abs. 2 S. 2 BeschV stellt klar, dass die erforderliche Zustimmung der Bundesagentur für Arbeit **ohne Vorrangprüfung** erteilt wird.

**334**     **cc) Nr. 3: Angemessenes Gehalt.** Schließlich setzt die Erteilung einer Aufenthaltserlaubnis nach § 19a Abs. 1 AufenthG voraus, dass die antragstellende Person ein Gehalt erhält, das mindestens dem Betrag entspricht, der durch Rechtsverordnung nach § 19a Abs. 2 AufenthG bestimmt ist. Das Mindestbruttogehalt, das im Regelfall für die Erteilung der Blauen Karte EU zu berücksichtigen ist, betrug im Jahre 2015 48.400 Euro.[420] Wird der entsprechende Betrag erreicht, bedarf die Aufnahme einer Beschäftigung als Hochqualifizierter nach § 19a AufenthG keiner Zustimmung der Bundesagentur für Arbeit (vgl. § 2 Abs. 1 Nr. 2 BeschV).

**c) Abs. 2: Ermächtigung zum Erlass einer Rechtsverordnung**

**335**     Nach § 19a Abs. 2 S. 1 AufenthG kann das Bundesministerium für Arbeit und Soziales durch – bislang noch nicht erlassene – Rechtsverordnung[421] über die Höhe des Gehalts nach Abs. 1 Nr. 3 bestimmen (Nr. 1) sowie die Berufe bezeichnen, in denen die einem Hochschulabschluss vergleichbare Qualifikation durch eine mindestens fünfjährige Berufserfahrung nachgewiesen werden kann (Nr. 2). Ferner können Berufe benannt werden, in denen für Angehörige bestimmter Staaten die Erteilung einer Blauen Karte EU zu versagen **ist**, weil im Herkunftsland ein Mangel an qualifizierten Arbeitnehmern in diesen Berufsgruppen besteht (Nr. 3). Rechtsverordnungen nach § 19a Abs. 2 S. 1 Nrn. 1 und 2 AufenthG bedürfen nach § 19a Abs. 2 S. 2 AufenthG der Zustimmung des Bundesrates.

**d) Abs. 3: Geltungsdauer**

**336**     Nach § 19 Abs. 3 S. 1 AufenthG wird die Blaue Karte EU bei ihrer erstmaligen Erteilung auf höchstens vier Jahre befristet. Sofern die Dauer des Arbeitsvertrages weniger als vier Jahre beträgt, wird der Aufenthaltstitel nach S. 2 für die konkrete Dauer des Arbeitsvertrages zuzüglich dreier Monate ausgestellt oder verlängert. Nach VG Oldenburg[422] kann eine Blaue Karte EU bei Wegfall der Voraussetzungen (insbesondere Verlust des Arbeitsplatzes) **nachträglich befristet** werden. Darüber hinaus darf die sofortige Vollziehung der nachträglichen Befristung angeordnet werden, wenn der Ausländer Leistungen nach dem SGB II bezieht. Eine nachtägliche Befristung darf jedoch nicht auf einen Zeitpunkt vor Zugang des Bescheides erfolgen.

**e) Abs. 4: Arbeitsplatzwechsel**

**337**     Nach § 19a Abs. 4 Hs. 1 AufenthG ist für jeden Arbeitsplatzwechsel eines Inhabers einer Blauen Karte EU in den ersten zwei Jahren der Beschäftigung die Erlaubnis durch die Ausländerbehörde erforderlich. Arbeitsmarktpolitische Gründe sind insoweit irrelevant, weil die Erteilung der Blauen Karte EU grundsätzlich keiner Zustimmung der Bundesagentur für Arbeit bedarf (§ 2 Abs. 1 Nr. 2 BeschV) bzw. im Falle einer Beschäftigung in so genannten Mangelberufen nach § 2 Abs. 2 BeschV zwar zustimmungsbedürftig ist, jedoch keine Vorrangprüfung stattfinden darf (→ Rn. 266). Nach § 19a

---

[420] Vgl. Hinweise des BMI zu § 19a AufenthG http://www.bmi.bund.de/SharedDocs/Downloads/DE/Themen/MigrationInte gration/Auslaender/hochqualifiziertenRL.pdf?__blob=publicationFile, S. 8.
[421] Krit. zu dieser Verordnungsermächtigung Hofmann/*Stiegeler* § 19a AufenthG Rn. 15 ff.
[422] Beschl. v. 20.10.2014 – 11 B 2932/14 BeckRS 2014, 57745.

Abs. 4 Hs. 2 AufenthG wird die Erlaubnis (zum Arbeitsplatzwechsel) erteilt, wenn die Voraussetzungen des § 19a Abs. 1 AufenthG vorliegen.

## f) Abs. 5: Ausgeschlossene Personen

§ 19a Abs. 5 AufenthG bestimmt, welche Personen vom Erhalt einer Blauen Karte EU **338** ausgeschlossen sind. Danach wird dieser Aufenthaltstitel nicht erteilt an:

- Ausländer, die die Voraussetzungen nach § 9a Abs. 3 Nr. 1 oder 2 AufenthG erfüllen (Nr. 1). Dies sind ua Personen mit einem humanitären Aufenthaltstitel nach dem Abschn. 5 des Aufenthaltsgesetzes oder die eine vergleichbare Rechtsstellung in einem anderen EU-Staat innehaben und weder in der BRD noch in einem anderen Mitgliedstaat der EU als international Schutzberechtigte anerkannt sind. Gleiches gilt, wenn ein solcher Aufenthaltstitel oder eine solche Rechtsstellung beantragt und über den Antrag noch nicht entschieden ist. Betroffen sind ferner Ausländer, die in einem Mitgliedstaat der EU die Anerkennung als international Schutzberechtigter oder vorübergehenden Schutz iSd § 24 AufenthG beantragt haben und über einen solchen Antrag noch nicht abschließend entschieden worden ist.
- Ausländer, die einen Antrag gestellt haben, das Vorliegen eines sich aus der EMRK ergebenden Abschiebungsverbotes nach § 60 Abs. 5 AufenthG oder eines Abschiebungsverbotes nach § 60 Abs. 7 S. 1 AufenthG wegen einer erheblichen konkreten Gefahr für Leib, Leben oder Freiheit oder aber das Vorliegen der Voraussetzungen für eine Duldung nach § 60a Abs. 2 S. 1 AufenthG festzustellen (Nr. 2).
- Ausländer, deren Einreise in einen Mitgliedstaat der EU Verpflichtungen unterliegt, die sich aus internationalen Abkommen zur Erleichterung der Einreise und des vorübergehenden Aufenthalts bestimmter Kategorien von natürlichen Personen, die handels- und investitionsbezogene Tätigkeiten ausüben, herleiten (Nr. 3).
- Ausländer, die in einem EU-Staat als Saisonarbeitnehmer zugelassen wurden (Nr. 4).
- Ausländer, die im Besitz einer Duldung nach § 60a AufenthG sind (Nr. 5).
- Ausländer, die unter die RL 96/71/EG vom 16.12.1996 über die Entsendung von Arbeitnehmern im Rahmen der Erbringung von Dienstleistungen (ABl. L 18,1 v. 21.1.1997) fallen, für die Dauer ihrer Entsendung nach Deutschland (Nr. 6).
- Ausländer, die auf Grund von Übereinkommen zwischen der EU und ihren Mitgliedstaaten einerseits und Drittstaaten andererseits ein Recht auf freien Personenverkehr genießen, das dem der Unionsbürger gleichwertig ist (Nr. 7). Dies betrifft EWR-Staater und schweizerische Staatsangehörige.

## g) Abs. 6: Erteilung einer Niederlassungserlaubnis

Nach § 19a Abs. 6 S. 1 AufenthG ist dem Inhaber einer Blauen Karte EU eine **Nieder-** **339** **lassungserlaubnis** zu erteilen, wenn er mindestens 33 Monate eine Beschäftigung nach § 19a Abs. 1 AufenthG ausgeübt **und** für diesen Zeitraum Pflichtbeiträge oder freiwillige Beiträge zur gesetzlichen Rentenversicherung geleistet hat oder Aufwendungen für einen Anspruch auf vergleichbare Leistungen einer Versicherungs- oder Versorgungseinrichtung oder eines Versicherungsunternehmens nachweist. Erforderlich ist darüber hinaus, dass die Erteilungsvoraussetzungen des § 9 Abs. 2 S. 1 Nr. 2, 4 bis 6, 8 und 9 AufenthG (Sicherung des Lebensunterhalts, keine entgegenstehenden Gründe der öffentlichen Sicherheit oder Ordnung, Erlaubnis zur Beschäftigung, Vorliegen sonstiger erforderlicher Berufsausübungserlaubnisse, Grundkenntnisse der Rechts- und Gesellschaftsordnung und der Lebensverhältnisse im Bundesgebiet, ausreichender Wohnraum) vorliegen. Ferner muss der Betroffene über einfache Kenntnisse der deutschen Sprache (→ § 2 Abs. 9 AufenthG) verfügen. § 19a Abs. 6 S. 2 AufenthG erklärt § 9 Abs. 2 S. 2 bis 6 AufenthG für entsprechend anwendbar. Die in Satz 1 enthaltene Frist von 33 Monaten verkürzt sich nach § 19a Abs. 6 S. 3 AufenthG auf 21 Monate, wenn der Ausländer über ausreichende Kenntnisse der deutschen Sprache (vgl. § 2 Abs. 11 AufenthG) verfügt.

### 9. ICT-Karte (§ 19b, § 19c und § 19d AufenthG)

340     Mit dem Gesetz zur Umsetzung aufenthaltsrechtlicher Richtlinien der EU zur Arbeitsmigration vom 15.5.2017 ist die RL 2014/66/EU vom 15.5.2014 über die Bedingungen für die Einreise und den Aufenthalt von Drittstaatsangehörigen im Rahmen eines unternehmensinternen Transfers (ICT-Richtlinie)[423] in nationales Recht umgesetzt worden. Es sind zwei neue Aufenthaltstitel iSd § 4 Abs. 1 AufenthG eingeführt worden: Die ICT-Karte (§ 19b AufenthG) und die Mobiler-ICT-Karte (§ 19d AufenthG). Darüber hinaus regelt § 19c AufenthG Fragen der kurzfristigen Mobilität für unternehmensintern transferierte Arbeitnehmer.

### a) ICT-Karte für unternehmensintern transferierte Arbeitnehmer (§ 19b AufenthG)

341     Eine ICT-Karte ist ein Aufenthaltstitel nach der RL 2014/66/EU über die Bedingungen für die Einreise und den Aufenthalt von Drittstaatsangehörigen im Rahmen eines unternehmensinternen Transfers (§ 19b Abs. 1 S. 1 AufenthG). Ein solcher ist nach § 19b Abs. 1 S. 2 AufenthG die **vorübergehende Abordnung** eines Ausländers in eine inländische Niederlassung des Unternehmens, dem der Ausländer angehört, wenn das Unternehmen seinen Sitz außerhalb der EU hat (Nr. 1) oder in eine inländische Niederlassung des Unternehmens der Unternehmensgruppe, zu der auch dasjenige Unternehmen mit Sitz außerhalb der EU gehört, dem der Ausländer angehört (Nr. 2). Die Regelung dient insbesondere der Umsetzung von Art. 1 Buchst. a), Art. 3 Buchst. b) und f) sowie Art. 5 Abs. 1 Buchst. a) bis d) ICT-RL 2014/66/EU[424].

342     **aa) Anspruchsberechtigung.** Anspruchsberechtigt ist nach § 19b Abs. 2 S. 1 AufenthG ein drittstaatsangehöriger Ausländer unter folgenden Voraussetzungen:

* Er wird in der aufnehmenden Niederlassung als Führungskraft oder Spezialist[425] tätig (Nr. 1).
* Er gehört dem Unternehmen oder der Unternehmensgruppe unmittelbar vor Beginn des unternehmensinternen Transfers seit mindestens sechs Monaten und für die Zeit des Transfers ununterbrochen an (Nr. 2).
* Der unternehmensinterne Transfer dauert mehr als 90 Tage (Nr. 3).
* Die Bundesagentur für Arbeit hat der Aufnahme der Beschäftigung nach § 39 AufenthG zugestimmt oder es ist durch die Beschäftigungsverordnung oder durch zwischenstaatliche Vereinbarung bestimmt, dass die ICT-Karte für unternehmensintern transferierte Arbeitnehmer ohne Zustimmung der Bundesagentur für Arbeit erteilt werden kann (Nr. 4).
* Der Ausländer weist einen für die Dauer des Transfers gültigen Arbeitsvertrag und erforderlichenfalls auch ein Abordnungsschreiben vor, die die näheren Einzelheiten der Abordnung beschreiben und den Nachweis enthalten, dass der Ausländer nach Beendigung des unternehmensinternen Transfers in eine außerhalb der EU ansässige Niederlassung des gleichen Unternehmens oder der gleichen Unternehmensgruppe zurückkehren kann (Nr. 5).
* Nachweis seiner beruflichen Qualifikation (Nr. 6).

---

[423] ABl. Nr. L 157 v. 27.5.2014, S. 1.
[424] BT-Drs. 18/11136, S. 45.
[425] Zur Definition der Begriffe „Führungskraft" und „Spezialist" vgl. § 19b Abs. 2 S. 2 bis 4 AufenthG.

Darüber hinaus wird nach § 19b Abs. 3 S. 1 AufenthG einem Ausländer eine ICT-   343
Karte auch erteilt, wenn er als Trainee[426] im Rahmen eines unternehmensinternen Transfers tätig wird (Nr. 1) und die in Abs. 2 S. 1 Nr. 2 bis 5 genannten Voraussetzungen
vorliegen (Nr. 2).

**bb) Geltungsdauer.** Die ICT-Karte ist bei Führungskräften und bei Spezialisten für   344
die Dauer des Transfers gültig, höchstens jedoch für drei Jahre, und bei Trainees für die
Dauer des Transfers, höchstens jedoch für ein Jahr (§ 19b Abs. 4 S. 1 AufenthG). Durch
eine Verlängerung der ICT-Karte dürfen die in S. 1 genannten Höchstfristen nicht überschritten werden (§ 19b Abs. 4 S. 2 AufenthG).

**cc) Ausgeschlossene Personen.** Nach § 19b Abs. 5 AufenthG wird die ICT-Karte   345
nicht erteilt, wenn der Ausländer

- auf Grund von Übereinkommen zwischen der EU und ihren Mitgliedstaaten einerseits
  und Drittstaaten andererseits ein Recht auf freien Personenverkehr genießt, das dem
  der Unionsbürger gleichwertig ist (Nr. 1)[427],
- in einem Unternehmen mit Sitz in einem dieser Drittstaaten beschäftigt ist (Nr. 2) oder
- im Rahmen seines Studiums ein Praktikum absolviert (Nr. 3).

**dd) Sonstige Ausschlussgründe.** Ferner wird nach § 19b AufenthG die ICT-Karte   346
nicht erteilt, wenn

- die aufnehmende Niederlassung hauptsächlich zu dem Zweck gegründet wurde, die
  Einreise von unternehmensintern transferierten Arbeitnehmern zu erleichtern (Nr. 1),
- sich der Ausländer im Rahmen der RL 2014/66/EU vorgesehenen Möglichkeiten der
  Einreise und des Aufenthalts in mehreren Mitgliedstaaten der EU im Rahmen des
  Transfers länger in einem anderen Mitgliedstaat aufhalten wird als im Bundesgebiet
  (Nr. 2) oder
- der Antrag vor Ablauf von sechs Monaten seit dem Ende des letzten Aufenthalts des
  Ausländers zum Zweck des unternehmensinternen Transfers gestellt wird (Nr. 3).

## b) Kurzfristige Mobilität für unternehmensintern transferierte Arbeitnehmer (§ 19c AufenthG)

§ 19c AufenthG enthält eine durch Art. 21 ICT-RL 2014/66/EU vorgegebene Rege-   347
lung, nach der ein drittstaatsangehöriger Ausländer keines Aufenthaltstitels nach § 4
Abs. 1 AufenthG bedarf. Begünstigt sind diejenigen Personen, die für einen Aufenthalt
zum Zweck eines **unternehmensinternen Transfers**, der eine Dauer von bis zu 90 Tagen
innerhalb eines Zeitraums von 180 Tagen nicht überschreitet (§ 19c Abs. 1 S. 1 AufenthG)[428]. Voraussetzung ist, dass die ihn aufnehmende Niederlassung in dem anderen
Mitgliedstaat dem Bundesamt für Migration und Flüchtlinge mitgeteilt hat, dass der
Ausländer beabsichtigt, eine Beschäftigung im Bundesgebiet auszuüben. Es muss ua
nachgewiesen werden, dass der Ausländer einen gültigen nach der RL 2014/66/EU
erteilten Aufenthaltstitel eines Mitgliedstaats der EU besitzt und dass ein entsprechender
Arbeitsvertrag vorliegt. Weitere Voraussetzungen, insbesondere Mitteilungspflichten der
aufnehmenden Niederlassung in dem anderen Mitgliedstaat der EU regeln § 19c Abs. 1
S. 2 bis 4, Abs. 2 und 5 AufenthG. § 19c Abs. 4 AufenthG bestimmt, unter welchen
Voraussetzungen die Einreise und der Aufenthalt des Ausländers abgelehnt werden. Dies
sind ua im Vergleich zu inländischen Arbeitnehmern ein niedrigeres Arbeitsentgelt, der
Erwerb der nach Abs. 1 vorgelegten Unterlagen in betrügerischer Weise oder die Vorlage

---

[426] Zum Begriff des Trainees vgl. § 19b Abs. 3 S. 2 AufenthG.
[427] EWR-Staater, schweizerische Staatsangehörige.
[428] Vgl. im Einzelnen BT-Drs. 18/11136, S. 47 f.

gefälschter oder manipulierter Unterlagen und das Bestehen eines Ausweisungsinteresses. Weitere Einzelheiten regelt § 19c Abs. 4 S. 2 und 3 AufenthG.

348 Sofern innerhalb von 20 Tagen nach Zugang der in § 19c Abs. 1 AufenthG genannten Mitteilung keine Ablehnung der Einreise und des Aufenthalts des Ausländers nach Abs. 4 erfolgt, ist dem Ausländer durch das Bundesamt für Migration und Flüchtlinge zu bescheinigen, dass er zur Einreise und zum Aufenthalt zum Zweck des unternehmens-internen Transfers im Rahmen der kurzfristigen Mobilität berechtigt ist (§ 19c Abs. 5 AufenthG).

### c) Mobiler-ICT-Karte (§ 19d AufenthG)

349 Eine Mobiler-ICT-Karte ist nach § 19d Abs. 1 AufenthG ein Aufenthaltstitel nach der RL 2014/66/EU zum Zweck eines unternehmensinternen Transfers iSd § 19b Abs. 1 S. 2 AufenthG (→ Rn. 341 ff.), wenn der Ausländer einen für die Dauer des Antragsverfahrens gültigen nach der RL 2014/66/EU erteilten Aufenthaltstitel eines anderen Mitgliedstaats besitzt. Die Norm dient der Umsetzung von Art. 22 RL 2014/66/EU, der für drittstaats-angehörige Ausländer die Möglichkeit vorsieht, sich im Rahmen des unternehmensinter-nen Transfers nicht nur in einem Mitgliedstaat der EU aufzuhalten, sondern Teile des Transfers auch in einem anderen Mitgliedstaat durchzuführen[429]. Die Vorschrift erfasst diejenigen Fälle, die wegen eines mehr als 90tägigen Aufenthalts nicht mehr von der Befreiung eines Aufenthaltstitels nach § 19c Abs. 1 AufenthG (→ Rn. 347) erfasst wer-den[430].

350 Begünstigt sind Führungskräfte, Spezialisten oder Trainees, deren unternehmensinter-ner Transfer mehr als 90 Tage dauert und die einen gültigen Arbeitsvertrag und ein Abordnungsschreiben über die Modalitäten des Aufenthalts nachweisen (§ 19d Abs. 2 Nr. 1 bis 3 AufenthG). Unter bestimmten Voraussetzungen ist die Beteiligung der Bundesagentur für Arbeit erforderlich (§ 19d Abs. 2 Nr. 4 AufenthG).

351 Sofern der Antrag, eine Mobiler-ICT-Karte zu erteilen, mindestens 20 Tage vor Beginn des Aufenthalts im Bundesgebiet gestellt wird und der Aufenthaltstitel des anderen Mit-gliedstaats weiterhin gültig ist, gelten bis zur Entscheidung der Ausländerbehörde der Aufenthalt und die Beschäftigung des Ausländers für bis zu 90 Tage innerhalb eines Zeitraums von 180 Tagen als erlaubt (§ 19d Abs. 3 AufenthG).

352 Bestimmte Gründe, die Mobiler-ICT-Karte abzulehnen, sind in § 19d Abs. 4 bis 6 enthalten; Mitwirkungspflichten der aufnehmenden inländischen Niederlassung enthält § 19d Abs. 7 AufenthG.

## 10. Aufenthaltserlaubnis zum Zweck der Forschung (§ 20 AufenthG)

### a) Zweck der Vorschrift

353 § 20 AufenthG regelt die Erteilung einer Aufenthaltserlaubnis zum Zweck der For-schung. Mit dieser Vorschrift wurde ursprünglich die RL 2005/71/EG des Rates über ein besonderes Zulassungsverfahren für Drittstaatsangehörige zum Zwecke der wissenschaft-lichen Forschung vom 12.10.2005[431] in nationales Recht umgesetzt. In diesem Zusammen-hang war zudem eine Empfehlung des Rates der Europäischen Union zur Erleichterung der Zulassung von Drittstaatsangehörigen in die Europäische Gemeinschaft zum Zweck der wissenschaftlichen Forschung vom 12.10.2005[432] verabschiedet worden. Darüber hinaus hatten das Europäische Parlament und der Rat der Europäischen Union bereits am

---

[429] BT-Drs. 18/111136, S. 48.
[430] Vgl. BT-Drs. 18/111136, S. 48, und Art. 22 ICT-RL 2014/66/EU.
[431] ABl. Nr. L 289, 15.
[432] ABl. Nr. L 289, 26.

28.9.2005 eine Empfehlung zur Erleichterung der Ausstellung einheitlicher Visa durch die Mitgliedstaaten für den kurzfristigen Aufenthalt an Forscher aus Drittstaaten, die sich zu Forschungszwecken innerhalb der Gemeinschaft aufhalten wollen[433], beschlossen.

Die RL 2005/71/EG ist von der REST-Richtlinie 2016/801/EU abgelöst worden und **354** wird mit Wirkung zum 24.5.2018 aufgehoben (Art. 41 RL 2016/801/EU). Mit dem Gesetz zur Umsetzung aufenthaltsrechtlicher Richtlinien der EU zur Arbeitsmigration vom 12.5.2017[434] ist § 20 AufenthG novelliert worden. Dies dient insbesondere der Umsetzung von Art. 8 REST-RL 2016/801/EU.

Die Einzelheiten der in Art. 9 RL 2016/801/EU (vormals Art. 5 RL 2005/71/EG) **355** vorgesehenen Zulassung von Forschungseinrichtungen, die einen Forscher im Rahmen des in der Richtlinie vorgesehenen Zulassungsverfahrens aufnehmen möchten, und der in Art. 10 RL 2016/801/EU (vormals Art. 6 RL 2005/71/EG) vorgesehenen Aufnahmevereinbarung, die zwischen einer anerkannten Forschungseinrichtung und einem Forscher abzuschließen ist, sind in den §§ 38a bis 38 f AufenthV geregelt.

Die Liste der Bezeichnungen und Anschriften anerkannter Forschungseinrichtungen **356** einschließlich der Dauer der Gültigkeit der Anerkennung für mindestens fünf Jahre wird im Internet (www.bamf.de/forschungsaufenthalte) veröffentlicht.

In § 38d AufenthG wird Näheres zum **Beirat für Forschungsmigration** bestimmt, der **357** das Bundesamt für Migration und Flüchtlinge, dem zentralen Koordinierungs- und Kompetenzzentrum für die Zulassung von Forschern, unterstützt. Schließlich wird in § 38e AufenthV geregelt, welche regelmäßigen Veröffentlichungen zu Zulassungen von Forschungseinrichtungen das Bundesamt vorzunehmen hat (Art. 35 Abs. 2 RL 2016/801/EU). In § 38 f Abs. 1 AufenthV werden Inhalt und Vorrausetzungen der Unterzeichnung der Aufnahmevereinbarung benannt, die in Art. 7 RL 2016/801/EU festgelegt sind.

## b) Begriff des „Forschers" und der „Forschung"

„**Forscher**" iSd RL 2016/801/EU ist ein Drittstaatsangehöriger, der über einen Doktor- **358** grad oder einen geeigneten Hochschulabschluss verfügt, der diesem Drittstaatsangehörigen den Zugang zu Doktoratsprogrammen ermöglicht, verfügt und der von einer Forschungseinrichtung ausgewählt und in das Hoheitsgebiet eines Mitgliedstaats zugelassen wird, um eine Forschungstätigkeit, auszuüben (Art. 3 Nr. 4 RL 2016/801/EU). Die Richtlinie versteht unter dem Begriff „**Forschung**" eine systematisch betriebene, schöpferische Arbeit mit dem Zweck der Erweiterung des Wissensstands, einschließlich der Erkenntnisse über den Menschen, die Kultur und die Gesellschaft, sowie der Einsatz dieses Wissens mit dem Ziel, neue Anwendungsmöglichkeiten zu finden (Art. 3 Nr. 9 RL 2016/801/EU).

## c) Erteilungsvoraussetzungen (§ 20 Abs. 1 AufenthG)

Nach § 20 Abs. 1 S. 1 AufenthG **wird** (= Rechtsanspruch) einem drittstaatsangehöri- **359** gen Ausländer eine Aufenthaltserlaubnis zum Zweck der Forschung, wenn

1. er
   a) eine wirksame Aufnahmevereinbarung[435] oder einen entsprechenden Vertrag zur Durchführung eines Forschungsvorhabens mit einer Forschungseinrichtung abge-

---

[433] ABl. Nr. L 289, 23.
[434] BGBl. I, 1106.
[435] Das BAMF stellt eine deutsch-englische Version des unverbindlichen Musters einer Aufnahmevereinbarung auf seiner Website (www.bamf.de/forschungsaufenthalte) mit den nach § 38f Abs. 1 AufenthV vorgegebenen Mindestinhalten samt Merkblatt zum Download zur Verfügung. Forschungseinrichtungen iSd RL können auch Unternehmen sein, die Forschung betreiben.

schlossen hat, die für die Durchführung des besonderen Zulassungsverfahrens für
Forscher im Bundesgebiet anerkannt ist, oder

b) eine wirksame Aufnahmevereinbarung oder einen entsprechenden Vertrag mit einer
Forschungseinrichtung abgeschlossen hat, und

2. die Forschungseinrichtung sich schriftlich zur Übernahme der Kosten verpflichtet hat,
die öffentlichen Stellen bis zu sechs Monate nach der Beendigung der Aufnahmevereinbarung entstehen für

a) den Lebensunterhalt des Ausländers während eines unerlaubten Aufenthalts in
einem Mitgliedstaat der EU und

b) eine Abschiebung des Ausländers.

**360**     In den Fällen des § 20 Abs. 1 Nr. 1 Buchst. a) ist die Aufenthaltserlaubnis gem. § 20
Abs. 1 S. 2 AufenthG innerhalb von 60 Tagen nach Antragstellung zu erteilen.

**361**     Die Forschungseinrichtung muss sich nach § 20 Abs. 1 S. 1 Nr. 2 Buchst. a) AufenthG
schriftlich verpflichtet haben, diejenigen Kosten zu übernehmen, die öffentlichen Stellen
bis zu sechs Monaten **nach Ablauf** der Aufnahmevereinbarung für den Lebensunterhalt
des Ausländers während eines unerlaubten Aufenthalts in der EU, also nicht nur in
Deutschland, und ggf. durch eine Abschiebung entstehen. Die Regelung entspricht im
Wesentlichen Art. 7 Abs. 3 RL 2016/801/EU. In diesem Zusammenhang gilt ein Betrag
in Höhe von zwei Dritteln der Bezugsgröße iSd § 18 SGB IV als ausreichend zur
Deckung der Kosten der Lebenshaltung. Das Bundesministerium für Arbeit und Soziales
gibt die Mindestbeträge für jedes Kalenderjahr jeweils bis zum 31. 12. des Vorjahres
bekannt. Für das Jahr 2017 gelten folgende Mindestbeträge: Alte Bundesländer jährlich
35.700 EUR, neue Bundesländer jährlich 31.920 EUR.[436]

**362**     Der Lebensunterhalt des Forschers kann nicht nur durch ein für die Forschungstätigkeit gezahltes Entgelt und Einkommen aus selbständiger Tätigkeit in der Lehre gesichert
werden, sondern auch durch ein Stipendium.

### d) Verzicht auf die Vorlage einer Kostenübernahmeerklärung (§ 20 Abs. 2 AufenthG)

**363**     Von dem Erfordernis einer Kostenübernahmeerklärung **soll** gem. § 20 Abs. 2 S. 1 AufenthG abgesehen werden, wenn die Tätigkeit der Forschungseinrichtung überwiegend
aus öffentlichen Mitteln finanziert wird. Darüber hinaus **kann** auf dieses verzichtet
werden, sofern an dem Forschungsvorhaben ein besonderes (nationales oder europäisches) öffentliches Interesse besteht (§ 20 Abs. 2 S. 2 AufenthG). Für die Kostenüber-
nahmeerklärungen werden mit § 20 Abs. 2 S. 3 AufenthG die § 66 Abs. 5 AufenthG
(Verlangen einer Sicherheitsleistung), § 67 Abs. 3 AufenthG (Erheben der erstattungs-
fähigen Kosten durch Leistungsbescheid) sowie § 68 Abs. 2 S. 2 und 3 AufenthG (ua
Vollstreckbarkeit der Verpflichtungserklärung) und Abs. 4 (Unterrichtung der für den
Kostenerstattungsanspruch zuständigen öffentlichen Stelle) für entsprechend anwendbar
erklärt.

### e) Abgabe einer allgemeinen Übernahmeerklärung (§ 20 Abs. 3 AufenthG)

**364**     Eine Erklärung iSd § 20 Abs. 1 Nr. 2 AufenthG kann von einer Forschungseinrichtung
auch gegenüber der für ihre Anerkennung zuständigen Stelle, dem Bundesamt für Migration und Flüchtlinge (§ 38a AufenthV), **allgemein** für sämtliche Ausländer abgegeben
werden, denen auf Grund einer mit ihr geschlossenen Aufnahmevereinbarung eine Aufenthaltserlaubnis erteilt wird (§ 20 Abs. 3 AufenthG).

---

[436] § 2 VO über maßgebende Rechengrößen der Sozialversicherung für 2017 v. 28.11.2016,
BGBl. I, 2665.

Andere als die in Abs. 1 genannten Voraussetzungen enthält § 20 AufenthG nicht. **365** Jedoch kann eine Aufenthaltserlaubnis zum Zweck der Forschung nur dann ausgestellt werden, wenn die allgemeinen Erteilungsvoraussetzungen des § 5 Abs. 1Nr. 1 AufenthG (Sicherung des Lebensunterhalts), Nr. 1a (geklärte Identität und ggf. der Staatsangehörigkeit des Ausländers), Nr. 2 (Nichtvorliegen eines Ausweisungsinteresses) und Nr. 4 (Erfüllung der Passpflicht) vorliegen. Die Sicherung des Lebensunterhalts eines Ausländers, der als Forscher beschäftigt werden soll, ist zudem gem. § 38f Abs. 2 Nr. 3 AufenthV zwingend erforderlich, um eine wirksame Aufnahmevereinbarung abschließen zu können.

### f) Geltungsdauer der Aufenthaltserlaubnis (§ 20 Abs. 4 AufenthG)

Die Aufenthaltserlaubnis zum Zweck der Forschung wird für mindestens ein Jahr **366** erteilt (§ 20 Abs. 4 S. 1 AufenthG). Sofern der Ausländer an einem Unions- oder multilateralen Programm mit Mobilitätsmaßnahmen teilnimmt, wird die Aufenthaltserlaubnis für mindestens zwei Jahre erteilt (§ 20 Abs. 4 S. 2 AufenthG). Sofern ein Forschungsvorhaben jedoch eine kürzere Laufzeit hat, wird die Aufenthaltserlaubnis abweichend von der Regelung in S. 1 auf die Dauer des Forschungsvorhabens befristet; die Frist beträgt in den Fällen des S. 2 mindestens ein Jahr (§ 20 Abs. 4 S. 3 AufenthG).

§ 20 AufenthG enthält keine Bestimmung darüber, unter welchen Voraussetzungen **367** eine Aufenthaltserlaubnis zum Zweck der Forschung verlängert wird[437]. Daher greift § 8 Abs. 1 AufenthG ein, wonach auf die Verlängerung einer Aufenthaltserlaubnis dieselben Vorschriften Anwendung finden wie auf die Erteilung. Dies entspricht der Vorgabe in Art. 18 Abs. 1 S. 2 RL 2016/801/EU, der die Verlängerung des Aufenthaltstitels vorsieht, sofern keine Versagungsgründe iSd Art. 21 RL 2016/801/EU gegeben sind.

### g) Berechtigung zur Ausübung einer Erwerbstätigkeit (§ 20 Abs. 5 AufenthG)

Eine Aufenthaltserlaubnis nach § 20 Abs. 1 AufenthG berechtigt dazu, eine Erwerbs- **368** tätigkeit iSd § 2 Abs. 2 AufenthG für das in der Aufnahmevereinbarung bezeichnete Forschungsvorhaben und eine Tätigkeit in der Lehre aufzunehmen (§ 20 Abs. 5 S. 1 AufenthG und Art. 23 RL 2016/801/EU). Eine Veränderung von Projektinhalten oder die Änderung der Zielrichtung eines Forschungsprojektes führt nicht zum Verlust der Aufenthaltserlaubnis nach § 20 AufenthG oder dazu, dass stets neue Aufnahmevereinbarungen mit demselben Forscher abgeschlossen werden müssten, sofern die dann zugrunde zu legende Tätigkeit dem in der Forscher-Richtlinie und in der Aufenthaltsverordnung definierten Begriff der Forschung entspricht.

### h) Ausschlussgründe (§ 20 Abs. 6 AufenthG)

Ausgenommen von dem Rechtsanspruch auf eine Aufenthaltserlaubnis zum Zweck der **369** Forschung sind gem. § 20 Abs. 6 AufenthG (vgl. Art. 2 Abs. 2 RL 2016/801/EU) folgende Personengruppen:

- Ausländer, die sich in einem Mitgliedstaat der EU aufhalten, weil sie einen Antrag auf Zuerkennung der Flüchtlingseigenschaft oder auf Gewähren subsidiären Schutzes iSd RL 2004/83/EG oder auf Zuerkennung internationalen Schutzes iSd RL 2011/95/EU gestellt haben oder die in einem Mitgliedstaat internationalen Schutz iSd RL 2011/95/EU genießen (Nr. 1).
- Ausländer, die sich im Rahmen einer Regelung zum vorübergehenden Schutz (vgl. § 24 AufenthG) in einem Mitgliedstaat der EU aufhalten (Nr. 2).

---

[437] Vgl. aber auch § 20 Abs. 7 AufenthG (→ Rn. 371).

- Ausländer, deren Abschiebung in einem Mitgliedstaat der EU aus tatsächlichen oder rechtlichen Gründen ausgesetzt wurde (Nr. 3).
- Ausländer, deren Forschungstätigkeit Bestandteil eines Promotionsstudiums ist (Nr. 4).
- Ausländer, die von einer Forschungseinrichtung in einem anderen Mitgliedstaat der EU an eine deutsche Forschungseinrichtung als Arbeitnehmer entsandt werden (Nr. 5).
- Ausländer, die eine Erlaubnis zum Daueraufenthalt-EU oder einen Aufenthaltstitel, der durch einen anderen Mitgliedstaat der EU auf der Grundlage der Daueraufenthalt-RL 2003/109/EG erteilt wurde, besitzen (Nr. 6).
- Ausländer, die auf Grund von Übereinkommen zwischen der EU und ihren Mitgliedstaaten einerseits und Drittstaaten andererseits ein Recht auf freien Personenverkehr genießen, das dem der Unionsbürger gleichwertig ist, (Nr. 7)[438].

370　- Ausländer, die eine Blaue Karte EU nach § 19a AufenthG (→ Rn. 329 ff.) oder einen Aufenthaltstitel, der durch einen anderen Mitgliedstaat der EU auf Grundlage der BlueCard-RL 2009/50/EG erteilt wurde, besitzen (Nr. 8).

### i) Verlängerung der Aufenthaltserlaubnis nach Abschluss der Forschungstätigkeit (§ 20 Abs. 7 AufenthG)

371　Nach § 20 Abs. 7 S. 1 AufenthG **wird** die Aufenthaltserlaubnis nach Abschluss der Forschungstätigkeit um bis zu neun Monate verlängert, um dem betroffenen Forscher zu ermöglichen, eine seiner Qualifikation entsprechende Erwerbstätigkeit zu suchen. Erforderlich ist jedoch, dass der Abschluss von der aufnehmenden Einrichtung bestätigt wurde und dass die konkrete Erwerbstätigkeit nach den Bestimmungen der §§ 18, 19, 19a, 20 und 21 AufenthG von einem Ausländer aufgenommen werden darf. Die Aufenthaltserlaubnis berechtigt während dieses Zeitraums (nach Abschluss der Forschungstätigkeit) dazu, eine Erwerbstätigkeit auszuüben (§ 20 Abs. 7 S. 2 AufenthG).

### j) International Schutzberechtigte (§ 20 Abs. 8 AufenthG)

372　Einem Ausländer, der in einem Mitgliedstaat der EU internationalen Schutz iSd RL 2011/95/EU genießt, **kann** gem. § 20 Abs. 8 AufenthG eine Aufenthaltserlaubnis zum Zweck der Forschung erteilt werden, wenn die Voraussetzungen des Abs. 1 erfüllt sind und er sich mindestens zwei Jahre nach Erteilung der Schutzberechtigung in diesem Mitgliedstaat aufgehalten hat. Nach § 20 Abs. 8 S. 2 AufenthG gilt Abs. 5 der Norm (→ Rn. 37) entsprechend.

373　Diese Aufenthaltserlaubnis ist nicht unionsrechtlich determiniert, fällt also auch nicht in den Anwendungsbereich der REST-RL 2016/801/EU[439]. Es handelt sich somit um einen nationalen Aufenthaltstitel.

### 11. Kurzfristige Mobilität für Forscher (§ 20a AufenthG)

374　Nach § 20 Abs. 1 S. 1 AufenthG[440] bedarf ein drittstaatsangehöriger Ausländer für einen Aufenthalt zum Zweck der Forschung (→ Rn. 358), der eine **Dauer von 180 Tagen innerhalb eines Zeitraums von 360 Tagen nicht überschreitet**, abweichend von § 4 Abs. 1 AufenthG (→ Rn. 37) **keines** Aufenthaltstitels, wenn die aufnehmende Forschungseinrichtung im Bundesgebiet dem Bundesamt für Migration und Flüchtlinge mit-

---

[438] Dies betrifft EWR-Staater (Island, Liechtenstein, Norwegen) und schweizerische Staatsangehörige.

[439] BT-Drs. 18/11136, S. 51.

[440] Vgl. auch Art. 28 REST-RL 2016/801/EU.

geteilt hat[441], dass der Ausländer beabsichtigt, einen Teil seiner Forschungstätigkeit im Bundesgebiet durchzuführen[442]. Mit der entsprechenden Mitteilung hat die Forschungseinrichtung folgende Unterlagen vorzulegen:

1. Den Nachweis, dass der Ausländer einen gültigen nach der RL 2016/801/EU erteilten Aufenthaltstitel eines anderen Mitgliedstaats zum Zweck der Forschung besitzt.
2. Die Aufnahmevereinbarung oder den entsprechenden Vertrag, die oder der mit der aufnehmenden Forschungseinrichtung im Bundesgebiet geschlossen wurde.
3. Die Kopie eines anerkannten und gültigen Passes oder Passersatzes des Ausländers.
4. Den Nachweis, dass der Lebensunterhalt des Ausländers gesichert ist.

Die aufnehmende Forschungseinrichtung hat die Mitteilung zu dem Zeitpunkt zu machen, zu dem der Ausländer **in einem anderen Mitgliedstaat der EU** beantragt hat, ihm eine Aufenthaltserlaubnis im Anwendungsbereich der RL 2016/801/EU zu erteilen (§ 20a Abs. 1 S. 2 AufenthG). Sofern der aufnehmenden Forschungseinrichtung zu diesem Zeitpunkt der Antragstellung in einem anderen EU-Staat die Absicht eines Ausländers, einen Teil der Forschungstätigkeit im Bundesgebiet durchzuführen, noch nicht bekannt ist, hat sie die Mitteilung zu dem Zeitpunkt zu machen, zu dem ihr die entsprechende Absicht des Ausländers bekannt wird (§ 20 Abs. 1 S. 3 AufenthG). **375**

Sofern die entsprechende Mitteilung rechtzeitig erfolgt und die Einreise sowie der Aufenthalt nicht nach § 20c Abs. 3 AufenthG (→ Rn. 381 ff.) abgelehnt worden ist, darf der Ausländer jederzeit innerhalb der Gültigkeit des Aufenthaltstitels in das Bundesgebiet einreisen und sich dort zum Zweck der Forschung aufhalten (§ 20a Abs. 2 S. 1 AufenthG). Dies beinhaltet auch die Berechtigung, in der aufnehmenden Forschungseinrichtung die Forschungstätigkeit und Tätigkeiten in der Lehre aufzunehmen (§ 20a Abs. 3 AufenthG). Werden hingegen die Einreise und der Aufenthalt nach § 20c Abs. 3 AufenthG abgelehnt (→ Rn. 383), hat der Ausländer die Forschungstätigkeit unverzüglich einzustellen mit der Folge, dass die bis dahin nach § 20a Abs. 1 S. 1 AufenthG bestehende Befreiung vom Erfordernis eines Aufenthaltstitels entfällt (§ 20a Abs. 5 AufenthG). Liegen jedoch keine Ablehnungsgründe iSd § 20c Abs. 3 AufenthG vor, hat das Bundesamt für Migration und Flüchtlinge dem Ausländer eine Bescheinigung über die Berechtigung zur Einreise und zum Aufenthalt zum Zweck der Forschung im Rahmen der kurzfristigen Mobilität auszustellen (§ 20a Abs. 6 AufenthG). **376**

## 12. Aufenthaltserlaubnis für mobile Forscher (§ 20b AufenthG)

§ 20b AufenthG regelt die Voraussetzungen für eine Aufenthaltserlaubnis, die „mobilen Forschern" erteilt wird. Die Vorschrift dient der Umsetzung des Art. 29 REST-RL 2016/801/EU. Begünstigt sind drittstaatsangehörige Ausländer, die einen Aufenthalt zum Zweck der Forschung anstreben, **der mehr als 180 Tage und höchstens ein Jahr dauert.** Bei Vorliegen der sonstigen Erteilungsvoraussetzungen besteht ein Rechtsanspruch auf den Aufenthaltstitel (§ 20b Abs. 1 S. 1 AufenthG). Erforderlich ist, dass der Ausländer **377**

1. einen für die Dauer des Verfahrens[443] gültigen nach der RL 2016/801/EU erteilten Aufenthaltstitel eines anderen Mitgliedstaats der EU besitzt,
2. die Kopie eines anerkannten und gültigen Passes oder Passersatzes vorlegt und
3. die Aufnahmevereinbarung oder der entsprechende Vertrag, die oder der mit der aufnehmenden Forschungseinrichtung im Bundesgebiet geschlossen wurde, vorgelegt wird.

---

[441] Zum Zeitpunkt der Mitteilung vgl. § 20a Abs. 1 S. 2 und 3 AufenthG.

[442] Zur Verpflichtung des Ausländers und der aufnehmenden Forschungseinrichtung, der zuständigen Ausländerbehörde Änderungen in Bezug auf die in Abs. 1 genannten Voraussetzungen anzuzeigen, vgl. § 20a Abs. 4 AufenthG.

[443] Gemeint ist das Verfahren auf Erteilung einer entsprechenden Aufenthaltserlaubnis; vgl. Art. 29 REST-RL 2016/801/EU.

378    Sofern der Antrag, eine entsprechende Aufenthaltserlaubnis zu erteilen, mindestens 30 Tage vor Beginn des Aufenthalts im Bundesgebiet gestellt wird und der Aufenthaltstitel des anderen Mitgliedstaats weiterhin gültig ist, so gelten, bevor über den Antrag entschieden wird, der Aufenthalt und die Erwerbstätigkeit des Ausländers für bis zu 180 Tage innerhalb eines Zeitraums von 360 Tagen als erlaubt (§ 20b Abs. 2 AufenthG; vgl. auch Art. 29 Abs. 2 Buchst. c) REST-RL 2016/801/EU).

379    Der Antrag wird jedoch abgelehnt, wenn er parallel zu einer Mitteilung nach § 20a Abs. 1 S. 1 AufenthG (→ Rn. 374) gestellt wurde (§ 20b Abs. 6 S. 1 AufenthG). Darüber hinaus wird ein Antrag nach § 20b Abs. 6 S. 2 AufenthG abgelehnt, wenn er zwar während eines Aufenthalts nach § 20a Abs. 1 AufenthG (→ Rn. 374), aber nicht mindestens 30 Tage vor Ablauf der dieses Aufenthalts vollständig gestellt wurde (vgl. Art. 29 Abs. 2 Buchst. e) REST-RL 2016/801/EU).

380    § 20b Abs. 3 AufenthG verweist für die Berechtigung, eine Forschungstätigkeit oder eine Tätigkeit in der Lehre auszuüben, auf § 20 Abs. 5 AufenthG (→ Rn. 368). § 20b Abs. 4 AufenthG sieht bestimmte Anzeigepflichten für den Fall einer Änderung der Erteilungsvoraussetzungen vor. Schließlich verweist § 20b Abs. 5 AufenthG für die Verlängerung der Aufenthaltserlaubnis **nach** Abschluss der Forschungstätigkeit auf § 20 Abs. 7 AufenthG (→ Rn. 371).

## 13. Ablehnungsgründe bei Forschern, Studenten, Schülern, Praktikanten, Teilnehmern an Sprachkursen und Teilnehmern am europäischen Freiwilligendienst (§ 20c AufenthG)

381    § 20c AufenthG dient insbesondere dazu, Art. 20 REST-RL 2016/801/EU in nationales Recht umzusetzen[444]. Nach § 20c Abs. 1 AufenthG **wird** eine Aufenthaltserlaubnis nach den §§ 16, 16b, 17b, 18d, 20 oder 20b AufenthG nicht erteilt, wenn die aufnehmende Einrichtung hauptsächlich zu dem Zweck gegründet wurde, die Einreise und den Aufenthalt von Ausländern zu dem in der jeweiligen Vorschrift genannten Zweck zu erleichtern. Diese gesetzliche Vorgabe ist angesichts ihrer Stringenz nicht richtlinienkonform. Der insoweit einschlägige Art. 20 Abs. 2 Buchst. d) REST-RL 2016/801/EU räumt den Mitgliedstaaten allein eine Befugnis ein, einen entsprechenden Antrag ablehnen zu **können**, wenn die oben genannte Voraussetzung erfüllt ist. Zudem verpflichtet Art. 20 Abs. 4 REST-RL 2016/801/EU dazu, dass jede Entscheidung, einen Antrag abzulehnen, die konkreten Umstände des Einzelfalles berücksichtigen und den Grundsatz der Verhältnismäßigkeit einhalten muss. Die in § 20c Abs. 1 AufenthG enthaltene zwingende Versagung ist mit diesen unionsrechtlichen Anforderungen nicht zu vereinbaren.

382    § 20c Abs. 2 AufenthG bestimmt, dass der Antrag, eine Aufenthaltserlaubnis nach den §§ 16, 16b, 17b, 18d, 20 oder 20b AufenthG ua dann abgelehnt werden **kann**, wenn die aufnehmende Einrichtung insolvent ist, keine Geschäftstätigkeit mehr ausübt oder Beweise bzw. konkrete Anhaltspunkte dafür vorliegen, dass er Ausländer den Aufenthalt zu anderen Zwecken nutzen wird als zu jenen, für die er die Erteilung der Aufenthaltserlaubnis beantragt. Zwar spricht auch Art. 20 Abs. 2 REST-RL 2016/801/EU davon, dass die Mitgliedstaaten bei Vorliegen der in dieser Norm genannten Voraussetzungen einen Antrag ablehnen **können**. Damit wird jedoch kein Ermessen iSd des deutschen Verwaltungsverfahrensrechts eingeräumt, sondern allein eine Befugnis zu einer gerichtlich voll überprüfbaren Einzelfallentscheidung unter Wahrung des Grundsatzes der Verhältnismäßigkeit. Zu berücksichtigen ist in diesem Zusammenhang jedoch, dass der EuGH in diesem Zusammenhang den nationalen Behörden einen weiten – allerdings

---

[444] BT-Drs. 18/11136, S. 53.

uneingeschränkter gerichtlicher Kontrolle unterliegender – Beurteilungsspielraum zugesteht[445].

Nach § 20c Abs. 3 S. 1 AufenthG werden die Einreise und der Aufenthalt nach § 16a AufenthG (Mobilität während des Studiums) oder § 20a AufenthG (kurzfristige Mobilität von Forschern) durch die Ausländerbehörde abgelehnt, wenn die Erteilungsvoraussetzungen der genannten Vorschriften (→ Rn. 231 ff. und 374) nicht vorliegen oder die aufnehmende Einrichtung insolvent ist bzw. keine Geschäftstätigkeit ausübt, die von dem Ausländer vorgelegten Unterlagen in betrügerischer Weise erworben, gefälscht oder manipuliert wurden, die aufnehmende Einrichtung hauptsächlich zu dem Zweck gegründet wurde oder betrieben wird, die Einreise und den Aufenthalt von Ausländern zu erleichtern oder Beweise bzw. konkrete Anhaltspunkte dafür vorliegen, dass der Ausländer seinen Aufenthalt zu andern Zwecken nutzt oder nutzen wird als zu jenen, die in der Mitteilung nach § 16a Abs. 1 AufenthG oder § 20a Abs. 1 AufenthG angegeben wurden. Ferner werden Einreise und Aufenthalt abgelehnt, wenn ein Ausweisungsinteresse besteht[446]. Zur Klärung der Frage, ob ein solches vorliegt, können die in § 73 Abs. 2 und 3 AufenthG (→ Rn. 1377) genannten Sicherheitsbehörden einbezogen werden. **383**

Der entsprechende Antrag des Ausländers ist, sofern die Voraussetzungen nach § 20c Abs. 3 S. 1 Nr 1 bis 8 AufenthG vorliegen, innerhalb von 30 Tagen nach Zugang der vollständigen Mitteilung beim Bundesamt für Migration und Flüchtlinge abzulehnen (§ 20c Abs. 3 S. 2 AufenthG). Bei einem eintretenden Ausweisungsinteresse im Verlauf des Aufenthalts ist eine Ablehnung jederzeit während des Aufenthalts des Ausländers möglich (§ 20c Abs. 3 S. 3 AufenthG). Werden die Einreise und/oder der Aufenthalt abgelehnt, ist dies auch der zuständigen Behörde des anderen Mitgliedstaats und der mitteilenden Einrichtung schriftlich bekannt zu geben (§ 20c Abs. 3 S. 4 AufenthG). **384**

## 14. Selbstständige Erwerbstätigkeit (§ 21 AufenthG)

### a) Zweck der Vorschrift

§ 21 AufenthG regelt die Zuwanderung von Ausländern, um im Bundesgebiet eine selbstständige Arbeit auszuüben. Hinsichtlich kurzfristiger Aufenthalte, die dem Ausüben einer selbstständigen Tätigkeit dienen, sind die §§ 17 und 17a AufenthV zu beachten. § 21 AufenthG dient dazu, insbesondere die dauerhafte Investition ausländischer Unternehmer im Bundesgebiet anzuregen und ihnen zu ermöglichen, vor allem gute Geschäftsideen bei gesicherter Finanzierung im Bundesgebiet zu realisieren[447]. Dies gilt gleichermaßen für Ausländer, die im Ausland bereits ein Unternehmen betreiben und nach Deutschland übersiedeln wollen, wie auch für Existenzgründer. Begünstigt sind nicht nur Unternehmensgründer oder Einzelunternehmer, sondern auch Geschäftsführer und gesetzliche Vertreter von Personen- und Kapitalgesellschaften[448]. **385**

§ 21 AufenthG regelt – vorbehaltlich verordnungsrechtlicher Vergünstigungen abschließend die Erteilung einer Aufenthaltserlaubnis, um eine selbstständige Tätigkeit im Bundesgebiet ausüben zu können. Ein Rückgriff auf die allgemeine Vorschrift des § 7 AufenthG ist insoweit nicht möglich.[449] Hingegen ist § 21 AufenthG nicht anwendbar, wenn einem Ausländer bereits von Gesetzes wegen das Ausüben einer Erwerbstätigkeit und damit auch eine selbstständige Tätigkeit erlaubt ist (Nr. 21.0.2 AVV-AufenthG). **386**

[445] Vgl. zuletzt EuGH NVwZ 2017, 1193 = BeckRS 2017, 105674.
[446] Vgl. EuGH NVwZ 2017, 1193 = BeckRS 2017, 105674.
[447] Nr. 21.0.1 AVV-AufenthG und Begr. zu § 21 AufenthG, BT-Drs. 15/420, 76.
[448] Begr. zu § 21 AufenthG, BT-Drs. 15/420, 76.
[449] OVG Hamburg Beschl. v. 20.12.2010 – 3 Bs 235/10 BeckRS 2011, 45983.

387 § 21 AufenthG lässt das Niederlassungsrecht von Unionsbürgern und ihnen gleichgestellten Ausländern (sonstige **EWR-Angehörige, Staatsangehörig der Schweiz**) allerdings unberührt. Nach Art. 26 Abs. 1 der RL 2011/95/EU ist **international Schutzberechtigten** die Aufnahme einer unselbstständigen oder selbstständigen Erwerbstätigkeit nach den Vorschriften, die für den betreffenden Beruf oder für die öffentliche Verwaltung allgemein gelten, gestattet. Aus dem „Deutsch-Türkischen Investitionsschutzabkommen vom 20.6.1962[450] lassen sich keine aufenthaltsrechtlichen Vergünstigungen zum Erlangen einer Aufenthaltserlaubnis nach § 21 AufenthG herleiten[451].

## b) Abs. 1: Erteilungsvoraussetzungen

388 Einem Ausländer **kann** nach Maßgabe der Tatbestandsvoraussetzungen des § 21 Abs. 1 S. 1 AufenthG eine Aufenthaltserlaubnis zur Ausübung einer selbstständigen Tätigkeit erteilt werden. Der **Begriff der Selbstständigkeit** ist gesetzlich nicht definiert, bestimmt sich jedoch im Umkehrschluss aus den Merkmalen einer abhängigen Beschäftigung gem. § 7 Abs. 4 SGB IV (→ § 2 Abs. 2 AufenthG → Rn. 11). Als Selbstständige werden auch die Geschäftsführer oder gesetzlichen Vertreter von Personen- und Kapitalgesellschaften verstanden (Nr. 21.1.0 AVV-AufenthG), soweit sie nicht als Beschäftigte nach § 18 AufenthG iVm § 4 BeschV (Leitende Angestellte und Spezialisten) anzusehen sind (Nr. 21.1.0 AVV-AufenthG). In diesem Zusammenhang ist jedoch auch zu beachten, dass § 3 BeschV bestimmte Führungskräfte als Arbeitnehmer ansieht. Dies gilt für leitende Angestellte mit Generalvollmacht oder Prokura (Nr. 1), Mitglieder des Organs einer juristischen Person, die zur gesetzlichen Vertretung berechtigt sind (Nr. 2), Gesellschafterinnen und Gesellschafter einer offenen Handelsgesellschaft oder Mitglieder einer anderen Personengesamtheit, soweit sie durch Gesetz, Satzung oder Gesellschaftsvertrag zur Vertretung der Personengesamtheit oder zur Geschäftsführung berufen sind (Nr. 3), oder leitende Angestellte eines auch außerhalb Deutschlands tätigen Unternehmens für eine Beschäftigung auf Vorstands-, Direktions- oder Geschäftsleitungsebene oder

389 für eine Tätigkeit in sonstiger leitender Position, die für die Entwicklung des
390 Unternehmens von entscheidender Bedeutung ist (Nr. 4).

391 Im Einzelfall kann es insoweit Abgrenzungsschwierigkeiten geben[452]. Nach Nr. 21.0.5 AVV-AufenthG kann zur Lösung von im Einzelfall auftretenden Abgrenzungsproblemen zwischen selbstständiger Erwerbstätigkeit und abhängiger Beschäftigung die Bundesagentur für Arbeit beteiligt werden.

392 Die Erteilung einer Aufenthaltserlaubnis nach § 21 Abs. 1 AufenthG setzt voraus,
* dass ein wirtschaftliches Interesse oder ein regionales Bedürfnis besteht (**Nr. 1**),
* die Tätigkeit positive Auswirkungen auf die Wirtschaft erwarten lässt (**Nr. 2**) und
* die Finanzierung der Umsetzung durch Eigenkapital oder durch eine Kreditzusage gesichert ist (**Nr. 3**).

393 Ob die tatbestandlichen Anforderungen des Abs. 1 S. 1 erfüllt sind, richtet sich gem. S. 2 insbesondere nach
* der Tragfähigkeit der zu Grunde liegenden Geschäftsidee,
* den unternehmerischen Erfahrungen des Ausländers,
* der Höhe des Kapitaleinsatzes,
* der Auswirkungen auf die Beschäftigungs- und Ausbildungssituation und
* dem Beitrag für Innovation und Forschung.

---

[450] BGBl. 1965 II S. 1193.
[451] OVG Berlin-Brandenburg Beschl. v. 5.1.2017 – OVG 11 N 34/14 BeckRS 2017, 100121.
[452] Vgl. in diesem Zusammenhang die Zuordnung von so genanntem Schlüsselpersonal (zB Angehörige des Managements) zur Niederlassungsfreiheit nach Unionsrecht VGH Kassel NVwZ-RR 2014, 698.

Das VG Berlin hat die geplante Tätigkeit einer Ausländerin als „Gasttätowiererin" für **394** gesamtstaatlich und volkswirtschaftlich betrachtet unbedeutend erklärt.[453] Die Tätigkeit bleibe weit hinter den gesetzgeberischen Vorstellungen zurück.

Nach § 21 Abs. 1 S. 3 AufenthG hat die Ausländerbehörde bei ihrer Prüfung, ob die **395** Erteilungsvoraussetzungen vorliegen, die für den Ort der geplanten Tätigkeit fachkundigen Körperschaften wie zB die Industrie- und Handelskammer sowie die Handwerkskammer, die zuständigen Gewerbebehörden, die öffentlich-rechtlichen Berufsvertretungen, und die für die Berufszulassung zuständigen Behörden zu beteiligen.

Die in § 21 Abs. 1 S. 1 AufenthG enthaltenen Tatbestandsmerkmale sind unbestimmte **396** Rechtsbegriffe, die einer vollständigen gerichtlichen Überprüfung unterliegen.[454] Hierbei ist jedoch zu beachten, dass eine Bewertung der in Satz 2 aufgeführten Kriterien zumindest teilweise auch prognostischen Charakter hat. Sind die Voraussetzungen des Abs. 1 (wie auch die allgemeinen Erteilungsvoraussetzungen des § 5 AufenthG) erfüllt, steht die Entscheidung über den beantragten Aufenthaltstitel im pflichtgem. en **Ermessen** der Ausländerbehörde. In diesem Zusammenhang dürfte jedoch als ein gewichtiger Gesichtspunkt zu berücksichtigen sein, dass mit der Vorschrift des § 21 AufenthG ua Investitionsanreize geschaffen werden sollten.

### c) Abs. 2: Erteilung aufgrund besonderer völkerrechtlicher Vereinbarungen

Nach § 21 Abs. 2 AufenthG kann eine Aufenthaltserlaubnis zur Ausübung einer **397** selbstständigen Tätigkeit auch erteilt werden, wenn völkerrechtliche Vergünstigungen auf der Grundlage der Gegenseitigkeit bestehen. Sofern die entsprechenden Verträge Meistbegünstigungs- oder Wohlwollensklauseln enthalten, wird durch diese das behördliche Ermessen eingeschränkt. Nr. 21.2.1 AVV-AufenthG verweist in diesem Zusammenhang auf folgende Abkommen:

- Dominikanische Republik: Freundschafts-, Handels- und Schifffahrtsvertrag vom 23.12.1957 (BGBl. 1959 II 1468): Wohlwollensklausel.
- Indonesien: Handelsabkommen vom 22.4.1953 (BAnz. Nr. 163): Meistbegünstigungsklausel zur Förderung des Handels zwischen den Vertragsstaaten.
- Iran: Niederlassungsabkommen vom 17.2.1929 (RGBl. 1930 II 1002): Meistbegünstigungsklausel.
- Japan: Handels- und Schifffahrtsvertrag vom 20.7.1927 (RGBl. II 1097): Meistbegünstigungsklausel.
- Philippinen: Übereinkunft über Einwanderungs- und Visafragen vom 3.3.1964 (BAnz. Nr. 89): Wohlwollensklausel.
- Sri Lanka: Protokoll über den Handel betreffende allgemeine Fragen vom 22.11.1972 (BGBl. 1955 II 189): Meistbegünstigungsklausel.
- Türkei: Niederlassungsabkommen vom 12.1.1927 (RGBl. II 76; BGBl. 1952, 608): Meistbegünstigungsklausel[455] (vgl. hierzu nur BVerwG NVwZ 1995, 1110 mwN; VG Gelsenkirchen Beschl. v. 14.6.2012 – 16 L 322/12, BeckRS 2012, 55498).
- USA: Freundschafts-, Handels- und Schifffahrtsvertrag vom 29.10.1954 (BGBl. II 487): Meistbegünstigungsklausel.

---

[453] Urt. v. 25.4.2014 – 33 K 426/13 BeckRS 2014, 51577.

[454] OVG Hamburg Beschl. v. 29.1.2008 – 3 Bs 196/07, BeckRS 2008, 33588; VGH Mannheim Beschl. v. 17.3.2009 – 11 S 448/09, BeckRS 2009, 33091.

[455] Vgl. hierzu nur BVerwG NVwZ 1995, 1110 mwN; VG Gelsenkirchen Beschl. v. 14.6.2012 – 16 L 322/12 BeckRS 2012, 55498. – Zur aufenthaltsrechtlichen Irrelevanz des deutsch-türkischen Investitionsschutzabkommens vgl. OVG Berlin-Brandenburg Beschl. v. 5.1.2017 – OVG 11 N 34/14 BeckRS 2017, 100121.

#### d) Abs. 2a: Hochschulabsolventen, Wissenschaftler und Forscher

398    Nach § 21 Abs. 2a S. 1 AufenthG **kann** einem Ausländer, der sein Studium an einer staatlichen oder staatlich anerkannten Hochschule oder vergleichbaren Ausbildungseinrichtung **im Bundesgebiet** erfolgreich abgeschlossen hat oder der als Forscher oder Wissenschaftler eine Aufenthaltserlaubnis nach § 18 oder § 20 AufenthG besitzt, eine Aufenthaltserlaubnis zur Ausübung einer selbstständigen Tätigkeit erteilt werden, **ohne** dass die **Erteilungsvoraussetzungen des § 21 Abs. 1 AufenthG** erfüllt sein müssen. Allerdings muss nach Satz 2 der Vorschrift die beabsichtigte selbstständige Tätigkeit einen Zusammenhang mit den in der Hochschulausbildung erworbenen Kenntnissen oder der Tätigkeit als Forscher oder Wissenschaftler erkennen lassen.

#### e) Abs. 3: Erfordernis angemessener Altersversorgung

399    Nach § 21 Abs. 3 AufenthG soll Ausländern, die älter als 45 Jahre sind, eine Aufenthaltserlaubnis zum Ausüben einer selbstständigen Tätigkeit nur erteilt werden, wenn sie über eine **angemessene** Altersversorgung verfügen. Es handelt sich nur um eine Soll-Regelung, so dass Abweichungen zulässig sind, wenn besondere Umstände vorliegen, aus denen sich ableiten lässt, dass eine Gefährdung der Belastung des Sozialversicherungssystems nicht hinreichend wahrscheinlich ist. Gem. Nr. 21.3 AVV-AufenthG ist bei der zu treffenden Prognoseentscheidung zu berücksichtigen, ob eigenes Vermögen vorliegt, im In- und/oder Ausland erworbene Rentenanwartschaften gegeben sind und ob Betriebs- bzw. Investitionsvermögen vorliegt.[456]

#### f) Abs. 4: Geltungsdauer

400    Obwohl die Zulassung Selbstständiger zum deutschen Arbeitsmarkt idR auf Dauer angelegt sein dürfte, erhalten diese nach § 21 Abs. 4 S. 1 AufenthG zunächst eine **auf 3 Jahre befristete Aufenthaltserlaubnis**. Nach Ablauf dieser Frist kann sodann abweichend von § 9 Abs. 2 AufenthG eine **Niederlassungserlaubnis** erteilt werden, wenn der Ausländer die geplante Tätigkeit erfolgreich verwirklicht hat und sein Lebensunterhalt sowie der mit ihm in familiärer Gemeinschaft lebenden Angehörigen, denen er Unterhalt zu leisten hat, gesichert ist (§ 21 Abs. 4 S. 2 AufenthG). Hierbei ist jedoch den Verwaltungsvorschriften zufolge zu berücksichtigen, dass bei Unternehmern auf Grund der Besonderheiten unternehmerischen Handelns größere Einkommensschwankungen denkbar sind als bei Arbeitnehmern (Nr. 21.4 AVV-AufenthG).

#### g) Abs. 5: Erteilung einer Aufenthaltserlaubnis an Freiberufler

401    Nach § 21 Abs. 5 S. 1 AufenthG kann eine Aufenthaltserlaubnis zur Ausübung einer freiberuflichen Tätigkeit abweichend von § 21 Abs. 1 AufenthG erteilt werden. Der Personenkreis der Freiberufler orientiert sich dabei an den Katalogberufen von § 18 Abs. 1 Nr. 1 S. 2 EStG. Danach gelten als freiberufliche Tätigkeit die selbstständig ausgeübte wissenschaftliche, künstlerische, schriftstellerische, unterrichtende oder erzieherische Tätigkeit, die selbständige Berufstätigkeit der Ärzte, Zahnärzte, Tierärzte, Rechtsanwälte, Notare, Patentanwälte, Vermessungsingenieure, Ingenieure, Architekten, Handelschemiker, Wirtschaftsprüfer, Steuerberater, beratenden Volks- und Betriebswirte, vereidigten Buchprüfer, Steuerbevollmächtigten, Heilpraktiker, Dentisten, Krankengymnasten, Jour-

---

[456] Vgl. auch Nr. 21.3 der Verfahrenshinweise der Ausländerbehörde Berlin (Stand: 8.10.2014).

nalisten, Bildberichterstatter, Dolmetscher, Übersetzer, Lotsen und ähnlicher Berufe (vgl. auch § 1 Abs. 2 PartGG)[457].

§ 21 Abs. 5 S. 2 AufenthG setzt zwingend voraus, dass die erforderliche Erlaubnis zur **402** Ausübung des freien Berufes erteilt worden oder ihre Erteilung zugesagt ist. Die in § 21 Abs. 1 S. 3 AufenthG genannten Stellen sind gem. § 21 Abs. 5 S. 3 AufenthG zu beteiligen. Hingegen ist nach § 21 Abs. 5 S. 4 AufenthG Abs. 4 der Vorschrift nicht anzuwenden. Dies bezieht sich jedoch allein auf § 21 Abs. 4 S. 2 AufenthG. Die dort enthaltene privilegierte Erteilung einer Niederlassungserlaubnis nach drei Jahren ist für Freiberufler ausgeschlossen (Nr. 21.5 aE AVV-AufenthG).

### h) Abs. 6: Erlaubnis der selbstständigen Tätigkeit an Inhaber anderer Aufenthaltserlaubnisse

§ 21 Abs. 6 AufenthG bestimmt, dass einem Ausländer, dem eine **Aufenthaltserlaub-** **403** **nis zu einem anderen Zweck** erteilt wird oder erteilt worden ist, unter Beibehaltung des bisherigen Aufenthaltszwecks erlaubt werden kann, eine selbstständige Tätigkeit auszuüben, wenn die nach sonstigen Vorschriften erforderlichen Erlaubnisse erteilt wurden oder ihre Erteilung zugesagt ist. Die Kriterien des § 21 Abs. 1 AufenthG sind nicht anzuwenden. Die Erlaubnis nach Abs. 6 führt auch nicht zu einer Änderung des eigentlichen Aufenthaltszwecks (Nr. 21.6 AVVAufenthG sowie BT-Drs. 16/5065, S. 168).

## VI. Aufenthalt aus völkerrechtlichen, humanitären oder politischen Gründen

### 1. Überblick

Abschnitt fünf des zweiten Kapitels des Aufenthaltsgesetzes regelt mit den §§ 22 bis 26 **404** AufenthG das Aufenthaltsrecht von Personen, die aus völkerrechtlichen, humanitären oder politischen Gründen Aufnahme in Deutschland finden. Diese Regelungen entstanden mit dem ZuwG[458] in teilweiser Anlehnung an die §§ 30 bis 35 AuslG 1990. Das zuvor geltende sog. Kontingentflüchtlingsgesetz (HumHAG)[459] wurde mit Ausnahme der §§ 2a und 2b HumHAG (vgl. § 103 AufenthG) aufgehoben, da für dieses Gesetz in seiner ursprünglich konzipierten Form kein Anwendungsbedarf mehr bestand. Der einzige größere Anwendungsfall des HumHAG betraf die Aufnahme der vietnamesischen „boat people" Anfang der 80er Jahre; in einigen Fällen wurden zudem Personen aus Chile, Argentinien, Kuba und dem Irak aufgenommen. Die Aufnahme jüdischer Emigranten aus der ehemaligen Sowjetunion seit 1991 erfolgte bis 2005 lediglich in entsprechender Anwendung des HumHAG. Die Aufnahme dieser Personen erfolgt nunmehr nach § 23 Abs. 2 AufenthG. Die Jahre 2015 und 2016 brachten mit dem NeuBestG[460], dem Asylpa-

---

[457] Zur Tätigkeit eines IT-Spezialisten als Freiberufler vgl. auch VG Düsseldorf Beschl. v. 24.4.2013 – 7 L 488/13 BeckRS 2013, 50419 zur einschlägigen Rechtsprechung des BFH.

[458] Gesetz zur Steuerung und Begrenzung der Zuwanderung und zur Regelung des Aufenthalts und der Integration von Unionsbürgern und Ausländern vom 30. Juli 2004 (BGBl. I 1950).

[459] Gesetz über Maßnahmen für im Rahmen humanitärer Hilfsaktionen aufgenommene Flüchtlinge vom 22.7.1980 (BGBl. I 1057).

[460] Gesetz zur Neubestimmung des Bleiberechts und der Aufenthaltsbeendigung vom 27.10.2015 (BGBl. I 1386).

ket I[461] und dem Asylpaket II[462], dem sog. AuswErlG[463] sowie dem IntG[464] zahlreiche Änderungen dieses Abschnitts mit sich.

405     § 22 AufenthG regelt die **Aufnahme aus dem Ausland** aus völkerrechtlichen oder dringenden humanitären Gründen in **Einzelfällen** (→ Rn. 443 ff.).

406     § 23 Abs. 1 AufenthG betrifft die Gewährung eines Aufenthaltsrechts an **Einzelpersonen oder Gruppen durch Anordnung der obersten Landesbehörden** aus völkerrechtlichen oder humanitären Gründen oder zur Wahrung politischer Interessen der Bundesrepublik Deutschland (→ Rn. 456 ff.), während § 23 Abs. 2 AufenthG die **Aufnahmezusage aufgrund einer Anordnung des Bundesministeriums des Innern** zur Wahrung besonders gelagerter politischer Interessen regelt (→ Rn. 470 ff.).

407     Die Aufnahme im Rahmen der Neuansiedlung von Schutzsuchenden (**Resettlement**) ist in § 23 Abs. 4 AufenthG geregelt (→ Rn. 479 ff.).

408     § 23a AufenthG betrifft die Aufenthaltsgewährung in **Härtefällen** auf Grundlage der Entscheidung einer Härtefallkommission der Länder (→ Rn. 486 ff.).

409     § 24 AufenthG regelt die Aufenthaltserlaubnis zum vorübergehenden Schutz iSd RL 2001/55/EG, sog. **Massenzustrom-RL** (→ Rn. 500 ff.). Diese Regelung wurde bisher aber nicht angewendet.

410     § 25 AufenthG normiert den Aufenthalt aus **humanitären Gründen** und umfasst unter anderem jene Personen, die im Rahmen eines Asylverfahrens (→ Rn. 511) entweder einen Schutzstatus erhalten haben, oder bei denen Abschiebungsverbote festgestellt wurden.

411     So betrifft § 25 Abs. 1 AufenthG die Aufenthaltsgewährung unanfechtbar anerkannter **Asylberechtigter** iSd Artikels 16a Abs. 1 Grundgesetz (→ Rn. 512).

412     § 25 Abs. 2 S. 1 Alt. 1 AufenthG regelt die Aufenthaltserlaubnis für **Flüchtlinge** iSd § 3 Abs. 1 AsylG (→ Rn. 523 ff.). § 3 AsylG bezieht sich auf die Genfer Flüchtlingskonvention (GFK)[465], weshalb die betroffenen Personen nachfolgend als **anerkannte Flüchtlinge** bzw. **Konventionsflüchtlinge** bezeichnet werden. § 25 Abs. 2 S. 1 Alt. 2 AufenthG erfasst den europarechtlich vorgegebenen **subsidiären Schutz** iSd § 4 Abs. 1 AsylG (→ Rn. 529 ff.).

413     § 25 Abs. 3 AufenthG normiert die Aufenthaltserlaubnis für Personen, bei denen **nationale Abschiebungsverbote** iSd § 60 Abs. 5 bis 7 AufenthG festgestellt wurden (→ Rn. 537 ff.).

414     § 25 Abs. 4 AufenthG betrifft den vorübergehenden Aufenthalt aus **dringenden humanitären oder persönlichen Gründen** oder **erheblichen öffentlichen Interessen** (→ Rn. 548 ff.) sowie die Aufenthaltsverlängerung in **außergewöhnlichen Härtefällen** (→ Rn. 555 ff.).

415     § 25 Abs. 4a AufenthG regelt die Aufenthaltserlaubnis zum **Schutz von Opfern von Menschenhandel** (→ Rn. 559 ff.) und § 25 Abs. 4b AufenthG die Aufenthaltserlaubnis zum **Schutz illegal Beschäftigter** (→ Rn. 571 ff.), die jeweils auch Fälle vollziehbar ausreisepflichtiger Personen erfassen.

416     § 25 Abs. 5 AufenthG betrifft die Aufenthaltserlaubnis von Personen, die vollziehbar ausreisepflichtig sind, deren **Ausreise aber aus rechtlichen oder tatsächlichen Gründen unmöglich** ist (→ Rn. 579 ff.).

417     § 25a AufenthG betrifft die Aufenthaltsgewährung für **gut integrierte Jugendliche und Heranwachsende** (→ Rn. 603 ff.), während § 25b AufenthG die Aufenthaltsgewährung bei **nachhaltiger Integration** regelt (→ Rn. 621 ff.).

---

[461] Asylverfahrensbeschleunigungsgesetz vom 20.10.2015 (BGBl. I 1722).
[462] Gesetz zur Einführung beschleunigter Asylverfahren vom 11.3.2016 (BGBl. I 390).
[463] Gesetz zur erleichterten Ausweisung von straffälligen Ausländern und zum erweiterten Ausschluss der Flüchtlingsanerkennung bei straffälligen Asylbewerbern vom 11.3.2016 (BGBl. I 394).
[464] Integrationsgesetz vom 31.7.2016 (BGBl. I 1939).
[465] Abkommen über die Rechtsstellung der Flüchtlinge vom 28. Juli 1951 (BGBl. 1953 II 560).

§ 26 AufenthG enthält schließlich Einzelheiten zur jeweiligen **Dauer** des Aufenthalts- **418** titels sowie zu den Voraussetzungen der Erteilung einer **Niederlassungserlaubnis** bei Aufenthalten nach diesem Abschnitt (→ Rn. 638 ff.).

Zu beachten sind zudem die gesetzlichen Übergangs- und Altfallregelungen der §§ 104, **419** 104a und 104b AufenthG (→ Rn. 683 ff.).

Sowohl die zuständige Behörde als auch das Verwaltungsgericht im Rahmen eines **420** Rechtsmittelverfahrens haben bei einem Antrag auf Erteilung einer humanitären Aufent- haltserlaubnis **alle in Betracht kommenden Vorschriften** zu prüfen.[466]

Den Abschnitten zu den einzelnen Normen werden Erläuterungen zu den allgemeinen **421** Erteilungsvoraussetzungen vorangestellt. Ausführungen zur **Rechtsstellung** der Betrof- fenen finden sich jeweils am Ende jedes Abschnitts. Im Bereich des humanitären Auf- enthalts berechtigen die Aufenthaltserlaubnisse nach § 22 S. 2, § 23 Abs. 2, § 23 Abs. 4, sowie § 25 Abs. 1 und 2 AufenthG ausdrücklich zur Ausübung einer **Erwerbstätigkeit**, wobei davon nicht nur die **Beschäftigung**, sondern auch die **selbstständige Tätigkeit** erfasst wird. In allen übrigen Fällen gelten die allgemeinen Regelungen nach § 4 Abs. 2 S. 3 AufenthG iVm § 39 AufenthG sowie den Bestimmungen der Beschäftigungsverord- nung. Hier ist zu beachten, dass die Erteilung einer Erlaubnis zur Beschäftigung an Personen mit einer Aufenthaltserlaubnis nach dem 5. Abschnitt des AufenthG seit dem 1.7.2013 keiner Zustimmung der Bundesagentur für Arbeit mehr bedarf und somit **keiner Vorrangprüfung** mehr unterliegt (s. § 31 BeschV). Am Ende dieses Kapitels wird die Frage der Rechtmäßigkeit einer **Wohnsitznahmepflicht** für Personen mit humanitären Aufenthaltstiteln nach § 12a AufenthG behandelt (→ Rn. 662).

## 2. Allgemeine Erteilungsvoraussetzungen eines Aufenthalts aus völkerrechtlichen, humanitären oder politischen Gründen

### a) Die allgemeinen Erteilungsvoraussetzungen nach § 5 AufenthG

Die Erteilung eines Aufenthaltstitels erfordert grundsätzlich das Vorliegen der **Rege-** **422** **lerteilungsvoraussetzungen** nach **§ 5 Absatz 1 AufenthG (Sicherung des Lebens- unterhalts, geklärte Identität, kein Ausweisungsinteresse, keine Beeinträchtigung oder Gefährdung der Interessen der Bundesrepublik, Erfüllung der Passpflicht, Ein- reise mit dem erforderlichen Visum)** sowie der **zwingenden Voraussetzungen** nach **§ 5 Abs. 2 S. 1 AufenthG (Einreise mit dem erforderlichen Visum sowie Vorliegen der erforderlichen Angaben im Visumsantrag)**. Fiskalischen Interessen wird durch die Regelerteilungsvoraussetzung in § 5 Abs. 1 Nr. 1 AufenthG besonderes Gewicht bei- gemessen, womit in der Regel eine wirtschaftliche Integration vorausgesetzt wird.[467] Während von den Voraussetzungen des § 5 Abs. 2 S. 1 AufenthG nach S. 2 in bestimm- ten Fällen abgesehen werden kann, muss für das Abweichen von einer Regelerteilungs- voraussetzung nach § 5 Abs. 1 AufenthG ein **atypischer** Fall vorliegen.[468]

In der Vergangenheit stand das Nichtvorliegen allgemeiner Erteilungsgründe regel- **423** mäßig auch der Erteilung eines humanitären Aufenthaltstitels entgegen. Nach dem Willen des Gesetzgebers trifft **§ 5 Abs. 3 AufenthG** nun eine **Sonderregelung**, da die Aufent- haltsgewährung aus völkerrechtlichen, humanitären oder politischen Gründen in vielen Fällen nicht von der Einhaltung aller Voraussetzungen des § 5 AufenthG abhängig gemacht werden kann und idR nicht die Möglichkeit besteht den Aufenthalt zu been-

---

[466] BVerwG Urt. v. 27.6.2006 – 1 C 14.05, InfAuslR 2007, 4.
[467] Siehe kritisch hierzu Hofmann/*Bender*/*Leuschner* AufenthG § 5 Rn. 11.
[468] Vgl. Nr. 5.0.2 AVV-AufenthG; dazu BVerwG NVwZ 2013, 1493 Rn. 16; BVerwG Urt. v. 16.8.2011 – 1 C 12.10, Rn. 18, juris; BVerwGE 131, 370; OVG Hamburg ZAR 2012, 400.

den.[469] Aufgrund der besonderen Umstände überwiegen die Interessen der Betroffenen an einer Legalisierung des Aufenthaltes regelmäßig gegenüber den in § 5 Abs. 1 und 2 AufenthG festgeschriebenen öffentlichen Belangen.[470]

424      So bestimmt **§ 5 Abs. 3 S. 1 AufenthG**, dass in den Fällen der Erteilung einer Aufenthaltserlaubnis nach den § 24 oder § 25 Abs. 1 bis 3 AufenthG von den Erteilungsvoraussetzungen nach § 5 Abs. 1 und 2 AufenthG abzusehen **ist**. Im Falle des § 25 Abs. 4a und 4b AufenthG **ist** von der Anwendung des § 5 Abs. 1 Nr. 1 bis 2 und 4 sowie des Abs. 2 abzusehen. Im Falle der Erteilung einer Niederlassungserlaubnis nach § 26 Abs. 3 AufenthG **ist** von der Anwendung von § 5 Absatz 2 AufenthG abzusehen.[471]

425      In den übrigen Fällen des humanitären Aufenthalts **kann** nach § 5 Abs. 3 S. 2 AufenthG von den allgemeinen Erteilungsvoraussetzungen des § 5 Abs. 1 und 2 AufenthG nach Ermessen abgesehen werden. Dieser Anwendungsausschluss nach Ermessen gilt somit für die §§ 22, 23, 23a, 25 Abs. 4 S. 1, 25 Abs. 4 S. 2, 25 Abs. 5 sowie bei § 26 Abs. 4 AufenthG. Dabei ist allerdings zu beachten, dass § 26 Abs. 4 S. 1 AufenthG (Erteilung einer Niederlassungserlaubnis) auf die besonderen und damit vorrangigen Erteilungsvoraussetzungen des § 9 Abs. 2 S. 1 Nr. 2 bis 9 AufenthG verweist. Da die Nr. 2 das Erfordernis der Lebensunterhaltsicherung normiert, wird die Anwendbarkeit von § 5 Abs. 3 S. 2 AufenthG im Falle eines Antrags auf Niederlassungserlaubnis nach § 26 Abs. 4 S. 1 AufenthG bei fehlender Lebensunterhaltssicherung verneint.[472]

426      Bei der nach § 5 Abs. 3 S. 2 AufenthG vorzunehmenden Ermessensausübung muss – unabhängig vom Vorliegen eines Ausnahmefalls – eine Einzelfallabwägung erfolgen.[473] Dabei stellt die Verantwortlichkeit für die Nichterfüllung der allgemeinen Erteilungsvoraussetzungen nur einen Aspekt dar. Darüber hinaus ist ua der Bedeutung der jeweils nicht erfüllten allgemeinen Erteilungsvoraussetzung für das öffentliche Interesse, der Nähe zu den Fällen des § 25 Abs. 1 bis 3 AufenthG, der mit § 25 Abs. 5 AufenthG verbundenen gesetzgeberischen Intention, Kettenduldungen zu vermeiden, sowie höherrangigen verfassungsrechtlichen Wertentscheidungen Rechnung zu tragen.[474] Hierbei ist je nach Erteilungsvoraussetzung zu differenzieren.

427      **aa) Absehen vom Erfordernis der Lebensunterhaltssicherung.** Bei erstmaliger Erteilung einer Aufenthaltserlaubnis kommt ein Absehen vom Erfordernis der Lebensunterhaltssicherung (§ 5 Abs. 1 Nr. 1 AufenthG) zumindest immer dann in Betracht, wenn die Beschäftigung zuvor **nicht erlaubt** war.[475] Im Übrigen sind sowohl **subjektive als auch objektive Hinderungsgründe** für die Sicherung des Lebensunterhalts zu berücksichtigen, wie beispielsweise Krankheiten, notwendige Kinderbetreuung oder etwa Schwierigkeiten aufgrund nachrangigen Zugangs zum Arbeitsmarkt. War der betreffenden Person eine (Weiter-)Beschäftigung nachweislich lediglich mangels Aufenthaltstitels nicht möglich, muss vom Erfordernis der Lebensunterhaltssicherung zum Zeitpunkt der Erteilung der Aufenthaltserlaubnis abgesehen werden.

428      Es ist zudem zu prüfen, ob die Annahme gerechtfertigt ist, dass die betroffene Person in absehbarer Zeit in der Lage sein wird, den Lebensunterhalt eigenständig zu sichern.[476]

---

[469] Vgl. BT-Drs. 15/420, 70; sowie Nr. 5.3.0.1 AVV-AufenthG; s. auch BVerwG Urt. v. 14.5.2013 – 1 C 17.12 Rn. 22.

[470] So auch Hofmann/*Bender/Leuschner* AufenthG § 5 Rn. 45.

[471] Vor Inkrafttreten des IntG und der damit einhergehenden Änderung des § 26 Abs. 3 war in diesem Fall von § 5 Abs. 1 und 2 abzusehen.

[472] Vgl. BVerwG NVwZ 2009, 246.

[473] Dazu Huber/*Huber* AufenthG § 5 Rn. 21.

[474] Siehe ua OVG Magdeburg Urt. v. 14.4.2011 – 2 L238/09; sowie BVerwG InfAuslR 1999, 332 (333).

[475] Vgl. Nr. 5.3.2.1 AVV-AufenthG.

[476] Vgl. Nr. 5.3.2.1 AVV-AufenthG.

Hierbei ist zu berücksichtigen, dass ein Arbeitsplatz mit einer Aufenthaltserlaubnis leichter zu finden sein dürfte als mit einer **Duldung** (→ Rn. 1191 ff.).[477]

Da es mangels realistischer Perspektiven für eine Aufenthaltsbeendigung nicht um eine **429** Entscheidung für oder gegen den weiteren Verbleib im Bundesgebiet geht, kann jedenfalls dann, wenn zumutbare Anstrengungen zur Aufnahme einer Erwerbstätigkeit dargelegt werden, dem öffentlichen Interesse nicht der Vorrang eingeräumt werden. Schließlich würde sich im Falle der Unmöglichkeit einer Ausreise bei Versagung einer Aufenthaltserlaubnis (und Erteilung einer Duldung, → Rn. 1191 ff.) an der Inanspruchnahme öffentlicher Mittel voraussichtlich nichts ändern, womit der Zweck von § 5 Abs. 1 Nr. 1 AufenthG auch durch Versagung der Aufenthaltserlaubnis nicht erreicht werden könnte.[478]

**bb) Identitätsklärung, kein Ausweisungsinteresse und keine Beeinträchtigung oder** **430** **Gefährdung der Interessen der Bundesrepublik.** Der hinter der Aufenthaltsgewährung aus völkerrechtlichen, humanitären oder politischen Gründen liegende Zweck steht grundsätzlich auch einem starren Festhalten am Erfordernis der **Klärung der Identität** (§ 5 Abs. 1 Nr. 1a AufenthG) und des **Nichtvorliegens eines Ausweisungsinteresses**[479] (§ 5 Abs. 1 Nr. 2 AufenthG) entgegen. Zu beachten ist in diesem Zusammenhang der nach § 5 Abs. 3 S. 2 AufenthG mögliche **Ausweisungsvorbehalt**, wonach die Ausländerbehörde bei Absehen der Erteilungsvoraussetzung nach § 5 Abs. 1 Nr. 2 AufenthG ("kein Ausweisungsinteresse") und Titelerteilung darauf hinweisen kann, „dass eine Ausweisung wegen einzeln zu bezeichnender Ausweisungsinteressen, die Gegenstand eines noch nicht abgeschlossenen Straf- oder anderen Verfahrens sind, möglich ist."[480] Der Vorbehalt darf sich dabei lediglich auf ganz konkrete Ausweisungsinteressen beziehen, die **vor der Titelerteilung** entstanden sind, und ist nicht in den Aufenthaltstitel einzutragen.[481] Erfolgt ein solcher Hinweis gegenüber der betroffenen Person, begründet die Erteilung des Aufenthaltstitels keinen Vertrauenstatbestand, auf den sie sich bei nachträglich festgestelltem Ausweisungsinteresse berufen könnte. Um den Vertrauenstatbestand aufgrund Kenntnis der Person nachweislich ausschließen zu können, sollte der Hinweis allerdings förmlich zugestellt, oder dessen Empfang bestätigt worden sein.[482]

Die Frage der **Beeinträchtigung oder Gefährdung der Interessen der Bundesrepu-** **431** **blik** (§ 5 Abs. 1 Nr. 3 AufenthG) dürfte regelmäßig ebenso keinen Versagungsgrund im Rahmen der Prüfung der allgemeinen Erteilungsvoraussetzungen darstellen, da eine entsprechende Prüfung bereits im Rahmen der besonderen Voraussetzungen der humanitären Aufenthaltstitel eingeflossen sein müsste.[483]

**cc) Absehen vom Erfordernis der Passpflicht.** Von der Regelvoraussetzung der Er- **432** füllung der Passpflicht nach § 3 AufenthG (§ 5 Abs. 1 Nr. 4 AufenthG) ist gem. § 5 Abs. 3 S. 1 AufenthG in den Fällen einer Aufenthaltserlaubnis nach § 24, § 25 Abs. 1-3, § 25 Abs. 4a und Abs. 4b AufenthG abzusehen. In den übrigen Fällen eines Titels nach Kapitel 2 Abschnitt 5 kann davon abgesehen werden (§ 5 Abs. 3 S. 2 AufenthG). Da-

---

[477] Vgl. OVG Koblenz Beschl. v. 24.2.2006 – 7 B 10020/06, Rn. 10, juris; *Göbel-Zimmermann* ZAR 2005, 275 (281).

[478] So auch Bergmann/Dienelt/*Samel* AufenthG § 5 Rn. 145.

[479] Bei dem Begriff Ausweisung**interesse** (statt Ausweisungs**grund**) handelt es sich um eine terminologische Anpassung aufgrund des NeuBestG.

[480] Siehe BT-Drs. 16/5065, 159.

[481] Dazu Huber/*Huber* AufenthG § 5 Rn. 22.

[482] So auch Huber/*Huber* AufenthG § 5 Rn. 22.

[483] So auch Hofmann/*Bender/Leuschner* AufenthG § 5 Rn. 48, wobei dies nicht für § 26 Abs. 4 AufenthG gelten kann.

runter werden Fälle der Unzumutbarkeit oder Unmöglichkeit gefasst. Während **Un-möglichkeit** beispielsweise dann vorliegt, wenn der Herkunftsstaat den Zutritt zur Auslandsvertretung oder Ausstellung von Dokumenten verweigert, kann die Pass-beschaffung **unzumutbar** sein, wenn die betroffene Person oder Familienangehörige durch Übermittlung von Daten an die Auslandsvertretung konkret gefährdet werden könnten.[484] Die Passbeschaffung kann auch unzumutbar sein, wenn die hierfür erforder-liche Reise ins Heimatland nicht zumutbar ist, weil damit beispielsweise der Verlust des Arbeitsplatzes einhergehen würde.[485] Bei der Ermessensausübung kommt es insbesonde-re darauf an, ob die Identität der betroffenen Person geklärt ist, da das öffentliche Interesse an der Passbeschaffung im Rahmen der Erteilung einer Aufenthaltserlaubnis aus humanitären Gründen dann eher als gering anzusehen ist.[486] Zudem sind auch alle für und gegen eine Aufenthaltslegalisierung sprechenden Umstände zu berücksichti-gen.[487]

**433**　　Wird von der Voraussetzung der Erfüllung der Passpflicht nach § 5 Abs. 3 S. 1 oder 2 AufenthG abgesehen, wird ein **Ausweisersatz** ausgestellt (§ 48 Abs. 4 S. 1 AufenthG). Die Pflicht zur Mitwirkung an der Beschaffung von Identitätspapieren nach § 48 Abs. 3 AufenthG bleibt hiervon jedoch unberührt.

**434**　　Bei Asylberechtigten oder anerkannten Flüchtlingen kommt es nicht auf die Befreiung von der Passpflicht an. Gem. Art. 28 GFK haben Flüchtlinge einen Anspruch auf Ertei-lung eines Reiseausweises, bei dem es sich um ein Passersatzpapier handelt (§ 4 Abs. 1 Nr. 3 AufenthV). In den anderen Fällen besteht, auch wenn die Aufenthaltserlaubnis unter Absehen von der Passpflicht erteilt wurde, nicht unbedingt ein Anspruch auf Erteilung eines Ausweisersatzes.[488]

**435**　　**dd) Absehen von der Visumspflicht.** Im Hinblick auf das Erfordernis der Visums-pflicht (§ 5 Abs. 2 S. 1 AufenthG) ist in Bezug auf humanitäre Aufenthaltstitel die Ermessensprüfung nach § 5 Abs. 3 S. 2 AufenthG als weitreichendere Vorschrift vor-rangig gegenüber § 5 Abs. 2 S. 2 AufenthG. Eine Ausreise zur Durchführung eines Visumsverfahrens dürfte im Falle humanitärer Gründe in der Regel unmöglich oder unzumutbar sein – sofern die betreffende Person sich nicht schon wie bei § 22 AufenthG (**Aufnahme aus dem Ausland**) nach den gesetzlichen Voraussetzungen im Ausland befinden muss.

### b) Der Versagungsgrund des § 5 Abs. 4 AufenthG

**436**　　Nach § 5 Abs. 4 AufenG ist der Aufenthaltstitel aufgrund von Ausweisungsinteressen im Sinne von § 54 Abs. 1 Nr. 2 oder 4 AufenthG zu versagen.[489] Die Norm findet ihrem Wortlaut nach auf **alle** Aufenthaltstitel Anwendung. Umstritten ist jedoch das Verhältnis zu § 25 Abs. 1 S. 2 iVm Abs. 2 S. 2 AufenthG. Danach kann Asylberechtigten, anerkann-ten Flüchtlingen und subsidiär Schutzberechtigten die Aufenthaltserlaubnis nur bei Vor-liegen **schwerwiegender Gründe der öffentlichen Sicherheit und Ordnung** versagt

---

[484] Vgl. Landesregierung Bbg, Erlass Nr. 02/2013 vom 4. März 2013.

[485] Vgl. OVG Lüneburg Beschl. v. 28.10.2010 – 8 LA 229/09, asyl.net (M17792), zum Absehen von der Passpflicht bei einer Aufenthaltserlaubnis nach § 104a Abs. 1 S. 1 AufenthG.

[486] Vgl. OVG Lüneburg Beschl. v. 6.9.2016 – 8 LA 47/16, asyl.net (M24261), mit Verweis auf OVG Lüneburg Beschl. v. 28.10.2010 – 8 LA 229/09, asyl.net (M17792).

[487] Siehe BVerwGE 146, 281, zum Absehen vom Erfordernis der Passpflicht bei einer Aufenthalts-erlaubnis nach § 25a AufenthG.

[488] Vgl. Nr. 5.3.2.4 AVV-AufenthG.

[489] Diese Regelung wurde durch das NeuBestG geändert, s. dazu BGBl. I 1386 (1387).

werden. Nach überzeugender Ansicht ist die Regelung **lex specialis** zu § 5 Abs. 4 AufenthG.[490]

Im Hinblick auf **international Schutzberechtigte** gelten die europarechtlichen Vorgaben der Qualifikations-RL 2011.[491] Nach Art. 24 Abs. 1 RL 2011/95/EU ist **anerkannten Flüchtlingen** so bald wie möglich eine Aufenthaltserlaubnis zu erteilen, es sei denn, einer Erteilung stehen **zwingende Gründe** der nationalen Sicherheit oder öffentlichen Ordnung entgegen **oder** es liegt ein Fall des Art. 21 Abs. 3 iVm Abs. 2 RL 2011/95/EU vor. Danach kann die Erteilung einer Aufenthaltserlaubnis versagt werden, wenn **stichhaltige Gründe** für die Annahme vorliegen, dass die betreffende Person eine **Gefahr für die öffentliche Sicherheit und Ordnung** darstellt oder eine **Gefahr für die Allgemeinheit** ist, weil sie **rechtskräftig aufgrund einer besonders schweren Straftat verurteilt** wurde. Bei Personen, denen **subsidiärer Schutz** zuerkannt wurde, kann von einer Erteilung der Aufenthaltserlaubnis aus **zwingenden Gründen** der nationalen Sicherheit oder öffentlichen Ordnung abgesehen werden (Art. 24 Abs. 2 RL 2011/95/EU). **437**

### c) Möglichkeit der Titelerteilung nach Asylverfahren (§ 10 Abs. 3 AufenthG)

Bei der Frage nach der Erteilung einer Aufenthaltserlaubnis kommt es zudem auf den Ausgang eines vorangegangenen Asylverfahrens an. Nach **§ 10 Abs. 3 S. 1 AufenthG** darf einer Person **bei unanfechtbarer Ablehnung oder Rücknahme** eines Asylantrags ein Aufenthaltstitel nur nach Maßgabe des fünften Abschnitts des AufenthG erteilt werden (humanitäre Titel). Wird der **Asylantrag** in qualifizierter Form nach § 30 Abs. 3 Nr. 1 bis 6 AsylG („**offensichtlich unbegründet**") abgelehnt, darf vor der Ausreise gar kein Titel erteilt werden (§ 10 Abs. 3 S. 2 AufenthG). **438**

Ausgenommen von dieser Regel sind aber wiederum Titel, auf deren Erteilung **ein Anspruch** besteht (§ 10 Abs. 3 S. 3 Hs. 1 AufenthG). Im Falle der humanitären Aufenthaltstitel bedeutet das, dass die Aufenthaltserlaubnis an **Asylberechtigte** (§ 25 Abs. 1 AufenthG), **Flüchtlinge** (§ 25 Abs. 2 S. 1 Alt. 1 AufenthG) und **subsidiär Schutzberechtigte** (§ 25 Abs. 2 S. 2 Alt. 2 AufenthG) sowie die Aufenthaltserlaubnis aufgrund einer **Aufnahmeerklärung** nach § 22 S. 2 AufenthG trotz der vorangegangenen Ablehnung eines Asylantrags als **offensichtlich unbegründet** weiterhin erteilt werden kann. Wurde der Asylantrag beispielsweise im Hinblick auf die Asylanerkennung und die Flüchtlingseigenschaft nach § 30 Abs. 3 AsylG zurückgewiesen, aber der subsidiäre Schutz zuerkannt, hat die Erteilung einer Aufenthaltserlaubnis nach § 25 Abs. 2 S. 1 Alt. 2 AufenthG zu erfolgen. Dies gilt auch, wenn die Ablehnung der Zuerkennung der Flüchtlingseigenschaft mittels Klage angefochten wird.[492] Möglich ist nach § 10 Abs. 3 S. 3 Hs. 2 AufenthG zudem die Erteilung einer Aufenthaltserlaubnis aufgrund **nationaler Abschiebungsverbote** (§ 25 Abs. 3 AufenthG). Bei der Erteilung einer Aufenthaltserlaubnis nach **§ 25b AufenthG kann** die Ausländerbehörde gem. § 25b Abs. 5 S. 2 AufenthG von der Titelerteilungssperre absehen. **439**

Obgleich § 10 Abs. 3 S. 3 Hs. 1 AufenthG im Gegensatz zu § 10 Abs. 1 AufenthG seinem Wortlaut nach keinen „gesetzlichen Anspruch" fordert, erfasst die Norm nach der **440**

---

[490] So Hofmann/*Bender/Leuschner* AufenthG § 5 Rn. 56; aM Bergmann/Dienelt/*Samel* AufenthG § 5 Rn. 151 ff.; s. zu § 5 Abs. 4 AufenthG aF BVerwG NVwZ 2012, 16251, Rn. 16 ff., wonach § 5 Abs. 4 iVm § 54 Nr. 5 AufenthG auch bei Erteilung einer humanitären Aufenthaltserlaubnis nach § 25 Abs. 2 AufenthG gelte, jedoch europarechtskonform dahingehend auszulegen sei, dass ein anerkannter Flüchtling aus *schwerwiegenden Gründen* als Gefahr für die Sicherheit der Bundesrepublik angesehen werden müsse.

[491] Zur Anwendbarkeit dieser Vorgaben auf die Asylberechtigung s. Hofmann/*Fränkel* AufenthG § 25 Rn. 6; aM Bergmann/Dienelt/*Dienelt/Bergmann* AufenthG § 25 Rn. 11.

[492] Siehe hierzu auch die Antwort der Bundesregierung vom 19.8.2016 auf die schriftliche Frage der Abgeordneten Ulla Jelpke, BT-Drs. 18/9423, 12.

Rechtsprechung des BVerwG nur strikte Rechtsansprüche, die sich unmittelbar aus dem Gesetz ergeben, und nicht etwa einen Anspruch aufgrund einer Ermessensreduzierung „auf Null".[493] Während bisher umstritten war, ob § 10 Abs. 3 S. 3 AufenthG auch gesetzliche Sollvorschriften wie zB §§ 25 Abs. 5 S. 2, 104a Abs. 1 AufenthG erfasst, hat das BVerwG diese Frage mittlerweile verneint.[494] Im Hinblick auf die Rechtsfolge des § 10 Abs. 3 S. 2 AufenthG besteht im asylgerichtlichen Verfahren daher regelmäßig ein berechtigtes Interesse an der isolierten Feststellung, dass der Asylantrag jedenfalls nicht als offensichtlich unbegründet nach § 30 Abs. 3 AsylG hätte abgelehnt werden dürfen. Aus Gründen des Vertrauensschutzes ist § 10 Abs. 3 S. 2 AufenthG nicht anzuwenden, wenn die Entscheidung über die Ablehnung des Asylantrags als offensichtlich unbegründet nach § 30 Abs. 3 AsylG vor Inkrafttreten des Aufenthaltsgesetzes am 1.1.2005 bestandskräftig geworden ist.[495] Unerheblich ist auch, ob das Verwaltungsgericht eine Klage als offensichtlich unbegründet abgewiesen hat (§ 78 Abs. 1 AsylG), da das Gericht nicht den Asylantrag im Sinne von § 10 Abs. 3 S. 2 AufenthG ablehnt, sondern die Klage abweist.

### d) Besonderheiten bei Einreise- und Aufenthaltsverboten (§ 11 AufenthG)

441     Im Rahmen der Prüfung der Einreise- und Aufenthaltsverbote nach **§ 11 Abs. 1 AufenthG** im Falle einer **Ausweisung, Zurückschiebung oder Abschiebung** gelten in Bezug auf die Aufenthaltstitel aus völkerrechtlichen, humanitären oder politischen Gründen Ausnahmen. So sind die aufgrund der Qualifikations-RL 2011 geltenden Besonderheiten im Hinblick auf Asylberechtigte und international Schutzberechtigte zu beachten, wonach für eine Ausweisung und die entsprechende Versagung einer Aufenthaltserlaubnis **schwerwiegende Gründe der öffentlichen Sicherheit und Ordnung** vorliegen müssen (vgl. § 53 Abs. 3, § 25 Abs. 1 S. 2 und Abs. 2 S. 2 AufenthG). Die in § 25 Abs. 1 S. 2 AufenthG enthaltene Titelerteilungssperre für Asylberechtigte, die über den Verweis in § 25 Abs. 2 S. 2 AufenthG auch für anerkannte Flüchtlinge und subsidiär Schutzberechtigte gilt, verdrängt insoweit § 11 Abs. 1 AufenthG.[496]

442     Nach § 23a Abs. 1 S. 1 AufenthG können die obersten Landesbehörden anordnen, dass die Aufenthaltserlaubnis in Härtefällen abweichend von den §§ 10 und 11 AufenthG erteilt wird. Während ähnlich lautende Regelungen mit dem NeuBestG aus dem Wortlaut der §§ 25 Abs. 4a, 4b und 5 AufenthG gestrichen wurden, ist nun **§ 11 Abs. 4 S. 2 AufenthG** zu beachten, wonach das Einreise- und Aufenthaltsverbot aufgehoben werden **soll**, wenn die Voraussetzungen für die Erteilung eines Aufenthaltstitels nach Kapitel 2 Abschnitt 5 vorliegen.[497] Aufgrund des Regelanspruchs in § 11 Abs. 4 S. 2 AufenthG ist es nur in **atypischen Fällen** möglich, von der Aufhebung des Einreise- und Aufenthaltsverbots abzusehen, wobei schwerwiegende Gründe die Aufrechterhaltung der Verbote gebieten müssen.[498]

---

[493] BVerwG Beschl. v. 16.2.2012 – 1 B 22/11, Rn. 4, juris; BVerwG Beschl. v. 13.1.2012 – 1 B 24.11, Rn. 5 f., juris; BVerwG Urt. v. 16.12.2008 – 1 C 37.07, Rn. 20, juris; kritisch dazu Hofmann/*Müller* AufenthG § 10 Rn. 28.

[494] Siehe BVerwG NVwZ 2016, 458, Rn. 20 ff.; zustimmend Bergmann/Dienelt/*Dienelt* AufenthG § 10 Rn. 20; aM Hofmann/*Müller* AufenthG § 10 Rn. 27 mwN.

[495] Vgl. BVerwG Urt. v. 25.8.2009, 1 C 30.08, Rn. 13, juris.

[496] BVerwG Urt. v. 6.3.2014 – 1 C 2.13, Rn. 10, juris; dazu Bergmann/Dienelt/*Bauer* AufenthG § 11 Rn. 10; kritisch Hofmann/*Oberhäuser* AufenthG § 11 Rn. 61 f., der darauf abstellt, dass die Aufhebung eines Verbots nach § 11 Abs. 1 AufenthG im Falle hum. Titel aufgrund der neuen Regelung des § 11 Abs. 4 S. 2 AufenthG nur in *atypischen Ausnahmefällen* versagt werden könne und die Rspr. insoweit überholt sei.

[497] In der Gesetzesbegründung wird insbesondere auf die § 25 Abs. 4a bis 5, § 25a und § 25b AufenthG verwiesen, vgl. BT-Drs. 18/4097, 37.

[498] Dazu Hofmann/*Oberhäuser* AufenthG § 11 Rn. 36.

## 3. Aufnahme aus dem Ausland (§ 22 AufenthG)

§ 22 AufenthG regelt die Erteilung einer Aufenthaltserlaubnis an Personen, die sich **443** zum Zeitpunkt der ersten Entscheidung über die Erteilung einer Aufenthaltserlaubnis noch nicht im Bundesgebiet aufhalten.[499] Die Regelung betrifft die humanitäre Aufnahme in **Einzelfällen**, wovon nicht unbedingt nur Einzelpersonen, sondern auch ganze Familien erfasst werden.[500] Die Aufnahme von sonstigen Personengruppen richtet sich nach den Vorschriften der §§ 23 und 24 AufenthG. Die Entscheidung über die Aufnahme ist Ausdruck autonomer Ausübung staatlicher Souveränität. Die Vorschrift gewährt deshalb keinen Anspruch auf die Erklärung der Aufnahme.[501] Die einer Aufnahme zugrundeliegende Ermessensausübung unterliegt jedoch der vollumfänglichen **gerichtlichen Kontrolle** – der entsprechende Bescheid kann daher mit Widerspruch und Klage angegriffen werden.

Die Möglichkeit der Aufnahme aus dem Ausland nach den Regelungen der §§ 22 und **444** 23 AufenthG bilden die einzigen nationalen Rechtsgrundlagen für einen **legalen Zugang**[502] **von Schutzsuchenden**. Da ein Asylantrag nur im Inland – und nicht etwa an einer Botschaft – gestellt werden kann,[503] sind diese Zugangsregelungen besonders in Zeiten humanitärer Krisen relevant. So konnten zahlreiche syrische Flüchtlinge oder deren Familienangehörige insbesondere über staatliche Aufnahmeprogramme nach § 23 Abs. 1 AufenthG (→ Rn. 456) oder § 23 Abs. 2 AufenthG (→ Rn. 470) Aufnahme in Deutschland finden. Auch die Möglichkeit über das sog. **Resettlement**-Programm nach § 23 Abs. 4 AufenthG (→ Rn. 479) aufgenommen zu werden ist eine wichtige Form des legalen Zugangs für Schutzsuchende. Neben diesen Regelungen bleibt die Aufnahme über § 22 S. 1 oder S. 2 AufenthG einzelnen Ausnahmefällen vorbehalten.

### a) Besondere Erteilungsvoraussetzungen

Nach **§ 22 S. 1 AufenthG kann** eine Aufenthaltserlaubnis für die Aufnahme aus dem **445** Ausland aus **völkerrechtlichen oder dringenden humanitären Gründen** erteilt werden. Die Aufenthaltserlaubnis **ist** nach **§ 22 S. 2 AufenthG** zu erteilen, wenn das Bundesministerium des Inneren oder eine andere von ihm bestimmte Stelle die Aufnahme zur Wahrung politischer Interessen der Bundesrepublik erklärt hat.

#### aa) Die Aufnahme aus völkerrechtlichen oder dringenden humanitären Gründen **446** (§ 22 S. 1 AufenthG). Völkerrechtliche Gründe (§ 22 S. 1 Alt. 1 AufenthG) für die Erteilung einer Aufenthaltserlaubnis liegen insbesondere dann vor, wenn die Aufnahme auf Grund **internationaler Verpflichtungen** erfolgt. Ausgenommen sind vertragliche Verpflichtungen aus einem **zwischenstaatlichen Übernahmeabkommen** und die darin geregelten besonderen Voraussetzungen. Völkerrechtliche Gründe können sich aus der Rücksichtnahme auf die Interessen anderer Staaten oder internationaler Organisationen im Rahmen des geltenden Völkervertrags- und Völkergewohnheitsrechts ergeben. Nicht erforderlich ist, dass die jeweiligen Verpflichtungen selbst unmittelbar zugunsten der Betroffenen wirken. Entscheidend ist nur, ob die Bundesrepublik Deutschland rechtlich

---

[499] Vgl. Nr. 22.0.2 AVV-AufenthG; s. BT-Drs. 11/6321, 66 f. zur Vorgängerregelung des § 30 Abs. 1 AuslG 1990; dazu auch BVerwG NVwZ 1998, 185.

[500] Vgl. Nr. 22.0.3 AVV-AufenthG; s. auch BVerwG InfAuslR 2012, 129.

[501] Vgl. BVerwG Urt. v. 15.11.2011 – 1 C 21.10, Rn. 10, juris; s. auch BT-Drs. 15/420, 77.

[502] Siehe zu der gesamten Thematik des legalen Zugangs für Schutzsuchende *Endres de Oliveira* KJ 2016/2, 167 mwN.

[503] Ablehnend bezüglich eines europarechtlichen Anspruchs auf ein humanitäres Visum zur Asylantragstellung EuGH NVwZ 2017, 611 (*X. und X. gegen Belgien*) m. Anm. *Endres de Oliveira*.

zur Beachtung gehalten ist.[504] Die Erteilung einer Aufenthaltserlaubnis kommt allerdings nur dann in Betracht, wenn kein anderer Aufenthaltsgrund oder -zweck für eine andere Aufenthaltserlaubnis vorliegt. Es handelt sich daher um einen **Auffangtatbestand.**[505]

447    **Dringende humanitäre Gründe** (§ 22 S. 1 Alt. 2 AufenthG) liegen vor, wenn die Aufnahme im Hinblick auf eine Sondersituation gegenüber anderen Personen in vergleichbarer Lage gerechtfertigt und im konkreten Einzelfall humanitär geboten ist. Darunter fallen beispielsweise zwingende humanitäre Hilfeleistungen in einer konkreten **Notsituation, schwere Krankheitsfälle** oder besondere Fälle des Familiennachzugs, wie der **Nachzug erwachsener Kinder aus Kriegsgebieten.** Dabei sind neben einer bestehenden erheblichen und konkreten Gefahr für Leib und Leben der betroffenen Person auch Aspekte wie ein enger Bezug zu Deutschland, einem bestimmten Bundesland, bestimmten Personen oder Organisationen sowie ggf. andere aufnahmebereite Staaten zu berücksichtigen.[506] So kann eine Aufenthaltserlaubnis nach § 22 S. 1 AufenthG bspw. für den vorrübergehenden Aufenthalt zu **familiären Hilfeleistungen** erteilt werden.[507] Auch der Nachzug zu Familienmitgliedern, zu denen ansonsten kein Nachzugsrecht besteht ist in dringenden humanitären Einzelfällen über § 22 AufenthG möglich.[508]

448    Ein Hinweis auf die **allgemeinen Verhältnisse** im Heimatstaat begründet hingegen keinen dringenden humanitären Grund iSd Vorschrift. Auch der Umstand, dass eine Person im Bundesgebiet arbeiten will, weil es ihr unmöglich ist, im Ausland eine zur Bestreitung des Lebensunterhalts erforderliche Arbeit zu finden, ist für § 22 S. 1 AufenthG nicht relevant.[509] Die Dauer eines früheren Aufenthalts ist ebenfalls nicht maßgeblich für die Aufenthaltsgewährung.

449    **bb) Die Aufnahme zur Wahrung politischer Interessen (§ 22 S. 2 AufenthG).** Die Regelung in S. 2 dient insbesondere der Wahrung des **außenpolitischen Handlungsspielraums** der Bundesrepublik. Die Entscheidung über das Vorliegen politischer Interessen ist deshalb dem Bund vorbehalten.[510] Die fast grenzenlose Weite des Begriffs der Politik ermöglicht praktisch jedes politisch motivierte Handeln, wird damit aber auch weitgehend der verwaltungsgerichtlichen Kontrolle entzogen.[511]

450    Die Regelung diente in den Jahren 2013 – 2015 als Rechtsgrundlage für die Aufnahme von afghanischen Ortskräften und deren Familienangehörigen (insges. über 2000 Personen).[512]

---

[504] Vgl. Huber/*Göbel-Zimmermann* AufenthG § 22 Rn. 4.

[505] Vgl. Nr. 22.1.1.1 AVV-AufenthG.

[506] Vgl. Nr. 22.1.1.2 AVV-AufenthG.

[507] Siehe Ziff. A 22.1. VAB (Stand 1.6.2017), mit dem Hinweis, dass bei Anträgen im Inland § 25 Abs. 4 S. 1 AufenthG einschlägig sei und § 36 AufenthG nicht in Frage komme, sofern kein dauerhafter Nachzug begehrt werde.

[508] Siehe hierzu den Runderlass des Auswärtigen Amtes vom 20.3.2017 zum Geschwisternachzug zu in Deutschland als subsidiär Schutzberechtigte anerkannte Minderjährige während der Aussetzung des Familiennachzugs nach § 104 Abs. 13 AufenthG, abrufbar unter www.proasyl.de/wp-content/uploads/2015/12/2017-03-20-Runderlass-Auswärtiges-Amt-Geschwisternachzug.pdf; siehe auch *Schmitt/May* Asylmagazin 6/2017, 217, zur Anwendung des § 22 AufenthG beim Familiennachzug.

[509] Vgl. Nr. 22.1.5 AVV-AufenthG.

[510] Vgl. Nr. 22.2.3.1 AVV-AufenthG.

[511] So Huber/*Göbel-Zimmermann* AufenthG § 22 Rn. 6; zur Möglichkeit der Anwendung von § 22 AufenthG im Falle des Whisleblowers Edward Snowden für seine Aussage vor dem NSA-Untersuchungsausschuss s. *Huber/de With* NJW 2014, 2698.

[512] Dazu ausf. *Grote/Bitterwolf/Baraulina*, Resettlement und humanitäre Aufnahme in Deutschland. Studie für das Europäische Migrationsnetzwerk – Working Paper 68 (BAMF 2016), S. 17 ff.

## b) Zuständigkeit und Verfahren

Bei der Entscheidung der deutschen Auslandsvertretung über einen Antrag nach § 22 **451**
S. 1 AufenthG wirkt die Ausländerbehörde im **Visumverfahren** gem. § 31 Abs. 1 AufenthV mit. Zu empfehlen ist daher die Einholung einer **Vorabzustimmung der Ausländerbehörde**. Im Falle der Aufnahme nach § 22 S. 2 AufenthG soll die positive Entscheidung des BMI die Zustimmung der Ausländerbehörde allerdings ersetzen, sodass
diese regelmäßig nicht beteiligt wird.[513] In Bezug auf die ggf. notwendige Ausstellung
eines Reisedokuments vor Einreise sind die §§ 5 bis 7 AufenthV einschlägig. Für die
**Verlängerung** einer nach § 22 S. 1 oder 2 AufenthG erteilten Aufenthaltserlaubnis ist die
Ausländerbehörde zuständig. Liegen konkrete Anhaltspunkte dafür vor, dass die für die
Erteilung eines Visums maßgebenden Gründe entfallen sind, hat sie vor der Verlängerung
der Aufenthaltserlaubnis eine entsprechende Auskunft bei der deutschen Auslandsvertretung einzuholen.

Auch wenn kein Anspruch auf die Übernahmeentscheidung selbst besteht, haben die **452**
aufgrund einer Aufnahmeerklärung des BMI in das Bundesgebiet eingereisten Personen
einen **Rechtsanspruch auf Erteilung** einer Aufenthaltserlaubnis nach § 22 S. 2 AufenthG. In diesen Fällen hat die Ausländerbehörde bei der Anwendung des § 22 S. 2
AufenthG nach der Feststellung, dass die Einreise tatsächlich aufgrund einer Übernahmeerklärung des BMI erfolgt ist, nur die **allgemeinen Erteilungsvoraussetzungen** nach § 5
Abs. 1 Nr. 1a und Nr. 4 AufenthG zu prüfen.[514] Auch von diesen Voraussetzungen **kann**
nach Maßgabe des § 5 Abs. 3 S. 2 AufenthG abgesehen werden.[515]

## c) Rechtsstellung

Die Aufenthaltserlaubnis nach § 22 S. 1 oder 2 AufenthG wird nach § 26 Abs. 1 S. 1 **453**
AufenthG jeweils für längstens drei Jahre erteilt und verlängert.[516] Unter den Voraussetzungen des § 26 Abs. 4 AufenthG **kann** eine **Niederlassungserlaubnis** erteilt werden.
Für den **Familiennachzug** ist § 29 Abs. 3 S. 1 AufenthG zu beachten. Ein Nachzug der
Kernfamilie (Ehegatten und minderjährige Kinder) ist danach nur aus völkerrechtlichen
oder humanitären Gründen oder zur Wahrung politischer Interessen der Bundesrepublik
möglich.

Im Hinblick auf das Recht zur Erwerbstätigkeit ist zwischen einer Aufenthaltserlaub- **454**
nis nach § 22 S. 1 oder nach S. 2 AufenthG zu unterscheiden. Die Zweckbindung gemäß
§ 22 S. 1 AufenthG schließt es aus, dass eine Aufenthaltserlaubnis **zu Erwerbszwecken**
erteilt wird. Es kann aber grundsätzlich jede Form der Erwerbstätigkeit erlaubt werden.[517] Eine nach § 22 S. 2 AufenthG erteilte Aufenthaltserlaubnis berechtigt allerdings
bereits **kraft Gesetzes** zur Ausübung einer **selbständigen und unselbständigen Erwerbstätigkeit** (§ 22 S. 3 AufenthG). Der Leistungsanspruch richtet sich sowohl im Falle
einer Aufenthaltserlaubnis nach § 22 S. 1 als auch § 22 S. 2 AufenthG nach dem SGB II
bzw. SGB XII. Die Verpflichtung zur Teilnahme an einem Integrationskurs gem. § 44a

---

[513] Vgl. Nr. 22.2.0.2 AVV-AufenthG.
[514] Vgl. Nr. 2.2.2.1 AVV-AufenthG. Aufgrund der Übernahmeentscheidung des BMI erübrigt sich
eine Prüfung der § 5 Nr. 2 und 3 AufenthG. Die einschlägige Kommentierung hierzu ist insoweit
ungenau.
[515] Siehe Ziff. A 22.1. VAB (Stand 12.9.2016), wonach auch bei erstmaliger Erteilung einer Aufenthaltserlaubnis nach § 22 S. 1 AufenthG stets vom Erfordernis der Sicherung des Lebensunterhaltes
abzusehen *ist*.
[516] Siehe aber zB Ziff. A 22.1. VAB (Stand 1.6.2017), wonach die Aufenthaltserlaubnis nach § 22
S. 1 AufenthG in der Regel nur bis zu ein Jahr erteilt wird.
[517] So auch Hofmann/*Stiegeler* AufenthG § 22 Rn. 8; aM Bergmann/Dienelt/*Dienelt/Bergmann*
AufenthG § 22 Rn. 13, wonach eine selbstständige Tätigkeit grundsätzlich nicht gestattet sein soll.

Abs. 1 Nr. 3 AufenthG kommt in Betracht, wenn die Aufenthaltsdauer sich nicht sicher absehen lässt.[518]

## 4. Aufenthaltsgewährung durch die oberste Landesbehörde, Aufnahme bei besonders gelagerten politischen Interessen und Neuansiedlung von Schutzsuchenden (§ 23 AufenthG)

### a) Allgemeines

**455**  § 23 AufenthG enthält mit den Abs. 1, 2 und 4 **drei verschiedene Grundlagen** für die Gewährung einer Aufenthaltserlaubnis an bestimmte Personen(-gruppen). In der Vorschrift werden Sachverhalte gebündelt, die in der Vergangenheit teilweise in Normen des AuslG 1990 (§§ 32, 32a und 54 AuslG 1990) sowie im Kontingentflüchtlingsgesetz geregelt waren. In § 23 Abs. 4 AufenthG hat im Zuge des NeuBestG nun auch die Aufenthaltsgewährung aufgrund der Neuansiedlung von Schutzsuchenden (sog. **Resettlement**) eine gesetzliche Verankerung gefunden. Für die Gewährung vorübergehenden Schutzes durch eine vorhergehende Entscheidung auf EU-Ebene ist § 24 AufenthG (→ Rn. 500) einschlägig.

### b) Die Aufnahmeanordnung durch die oberste Landesbehörde nach § 23 Abs. 1 AufenthG

**456**  Diese Vorschrift eröffnet die Möglichkeit **bestimmten Gruppen** von Personen einen rechtmäßigen Aufenthalt im Bundesgebiet zu ermöglichen, der auf andere Weise nicht gestattet werden könnte. In der Möglichkeit der Gruppenaufnahme liegt ein wesentlicher Unterschied zur Aufnahme nach § 22 AufenthG. Bei der Anordnung selbst handelt es sich nach der Rechtsprechung des BVerwG um eine Regelung, die wie eine **Verwaltungsvorschrift** wirkt.[519] Aus Gründen der Rechtssicherheit erscheint es geboten, die Anordnungen zu veröffentlichen. Die Veröffentlichung ist allerdings keine Wirksamkeitsvoraussetzung wie etwa bei Rechtsverordnungen.[520]

**457**  Die Anordnung nach § 23 Abs. 1 AufenthG kann aus **völkerrechtlichen** oder **humanitären Gründen** oder zur **Wahrung politischer Interessen** der Bundesrepublik Deutschland ergehen (S. 1) und unter der Maßgabe erfolgen, dass eine **Verpflichtungserklärung** nach § 68 AufenthG abgegeben wird (S. 2). Zur Wahrung der Bundeseinheitlichkeit bedarf es des **Einvernehmens mit dem BMI** (S. 3). Letzteres ist idR dann gegeben, wenn der Anordnung ein Beschluss der Innenministerkonferenz zugrunde liegt, der im Einvernehmen mit dem Bundesinnenminister gefasst wurde.[521] Anders als bei § 22 AufenthG können die begünstigten Personen auch bereits eingereist sein.[522] Zudem **ist** eine Aufenthaltserlaubnis nach § 23 Abs. 1 S. 1 AufenthG anstelle einer Duldung zu erteilen, wenn ein Abschiebungsstopp nach § 60a Abs. 1 S. 1 AufenthG länger als sechs Monaten andauert (§ 60a Abs. 1 S. 2 AufenthG).[523]

---

[518] Vgl Ziff. A 22.1. und 22.2. VAB (Stand 1.6.2017).

[519] BVerwG InfAuslR 2001, 70 (71); s. zum hier herrschenden Meinungsstreit Huber/*Göbel-Zimmermann* AufenthG § 23 Rn. 9 und 10.

[520] So auch OVG Bremen NVwZ-Beil. 2000, 127 = InfAuslR 2000, 187 m. Anm. *Rittstieg* InfAuslR 2000, 312.

[521] Siehe Huber/*Göbel-Zimmermann* AufenthG § 23 Rn. 5 zur verfassungsrechtlich bedenklichen Problematik, dass bereits ein Bundesland mit seinem Veto bei der IMK eine bundeseinheitliche Bleiberegelung blockieren kann.

[522] Vgl. BT-Drs. 15/420, 77.

[523] Dies gilt nicht für die Fälle der Duldung nach § 60a Abs. 2 AufenthG, dazu Huber/*Göbel-Zimmermann* AufenthG § 23 Rn. 4.

Zu beachten ist schließlich der Verweis in **§ 23 Abs. 3 AufenthG.** Danach kann auch 458
ohne das Vorliegen der Voraussetzungen des § 24 AufenthG (→ Rn. 500) eine Anordnung ergehen, die eine **entsprechende Anwendung** von § 24 AufenthG vorsieht. Damit
wird Art. 7 RL 2001/55/EG[524] umgesetzt, wonach es den EU-Mitgliedsstaaten unbenommen bleibt, Kriegs- und Bürgerkriegsflüchtlinge auf der Basis nationaler Anordnungen temporär aufzunehmen und damit vorübergehenden Schutz zu gewähren.

**aa) Besondere Erteilungsvoraussetzungen. Völkerrechtliche Gründe** nach § 23 459
Abs. 1 S. 1 AufenthG sind gegeben, wenn entsprechende Verpflichtungen aus bi- oder
multilateralen Verträgen existieren. Bei den **humanitären Gründen** darf nicht bereits aus
Rechtsgründen ein Aufnahmeanspruch bestehen. Anders als im Falle des § 22 S. 1 AufenthG sind keine **dringenden** humanitären Gründe erforderlich. Es ist ausreichend, wenn
der Einsatz zugunsten anderer Menschen, die sich in Not oder Bedrängnis befinden, auf
moralischen oder sittlichen Überlegungen beruht. Worin die Not ihre Ursache hat, ist
unerheblich, sofern sie nicht lediglich als Einzelschicksal zu verstehen ist (zB. Bürger-
kriege, Naturkatastrophen, Hungersnöte etc). Zu den **politischen Interessen** zählen ua
auch außen-, wirtschafts- und arbeitsmarktpolitische Interessen. Die Entscheidung über
die Aufnahme ist grundsätzlich dem Bereich autonomer Ausübung staatlicher Souveränität zuzurechnen.[525] Die Möglichkeit der Anordnung zur **Wahrung politischer Interessen**
ist – wie im Rahmen des § 22 S. 2 AufenthG – so weit gespannt, dass die Entscheidung
gerichtlich kaum überprüfbar ist. Die gesetzlichen Entscheidungskriterien dienen lediglich als Leitlinien für die behördliche Anordnung, ohne dass sich daraus ein Maßstab zur
materiellen Überprüfung ergibt.[526]

**bb) Zuständigkeit und Verfahren.** In der Regel ergeben sich folgende (grobe) Ver- 460
fahrensschritte für eine Aufnahme nach § 23 Abs. 1 AufenthG:

1. Aufnahmeanordnung durch die oberste Landesbehörde (im Einvernehmen mit dem
   BMI),
2. Antragsverfahren bei der Ausländerbehörde (ggf. eingeleitet durch Familienangehörige) in Verbindung mit Visumverfahren bei einer deutschen Auslandsvertretung (sofern
   die Person sich im Ausland befindet),
3. Erteilung der Aufenthaltserlaubnis durch die Ausländerbehörde (ggf. **nach** Einreise).

Es steht im **Ermessen der obersten Landesbehörde** ob und in welchem Umfang eine 461
Aufnahme erfolgen soll und nach welchen Kriterien sie die jeweiligen Personengruppen
gegeneinander abgrenzen will.[527] Die jeweilige Landesbehörde kann den von der Anordnung erfassten Personenkreis festlegen und dabei bestimmte **Erteilungsvoraussetzungen**
und **Ausschlussgründe** bestimmen. Allerdings werden diesem Ermessen durch das
Rechtsstaats- und Willkürverbot Grenzen gesetzt.[528] Das **Einvernehmenserfordernis** aus
§ 23 Abs. 1 S. 3 AufenthG soll sicherstellen, dass die Aufnahme von bestimmten Personengruppen im Wesentlichen einheitlichen Grundsätzen folgt.[529] Dies schließt aber
nicht aus, dass die einzelnen Bundesländer hinsichtlich der genauen Ausgestaltung und
den Anforderungen an die Aufnahme (zB hinsichtlich des Erfordernisses der Lebensunterhaltssicherung) abweichende Regelungen treffen.

Ebenso wie die Auslandsvertretung im Falle der Erteilung eines entsprechenden Vi- 462
sums vor der Einreise ist auch die Ausländerbehörde bei der Erteilung einer Aufenthalts-

---

[524] ABl. EG L 212 v. 7.8.2001, 12.
[525] OVG Hamburg NVwZ-Beil. 1997, 26 = InfAuslR 1997, 72.
[526] Vgl. BVerwG Urt. v. 15.11.2011 – 1 C 29.10; dazu Huber/*Göbel-Zimmermann* AufenthG § 23
Rn. 12.
[527] Vgl. VGH BW NVwZ 1994, 400 (401); OVG Hamburg NVwZ-Beil. 1997, 26 (27).
[528] Vgl. OVG Münster Beschl. v. 14.3.2011, 17 A 55/11, juris.
[529] Zur Reichweite des Einvernehmenserfordernisses *Hertel/Karpenstein* ZAR 2015, 373.

erlaubnis nach § 23 Abs. 1 AufenthG an die in der Anordnung enthaltene **verbindliche Weisung der obersten Landesbehörde** gebunden.[530] Aufgrund der primär **humanitär-politischen Zwecksetzung** der Anordnung, die nicht in erster Linie dem Grundrechts-schutz der individuell Betroffenen dient, kann ihr Anwendungsbereich im Einzelfall weder in sachlicher noch personeller Hinsicht erweitert werden.[531]

463    Erfolgt die Anordnung gem. § 23 Abs. 1 S. 2 AufenthG unter der Maßgabe einer **Verpflichtungserklärung nach § 68 AufenthG** (→ Rn. 1350), gilt die Verpflichtungs-erklärung für die Dauer von fünf Jahren ab dem Zeitpunkt der Einreise und erlischt **nicht** durch Erteilung eines anderen humanitären Aufenthaltstitels (§ 68 Abs. 1 S. 4 AufenthG). Für vor dem 6. August 2016 abgegebene Verpflichtungserklärung gilt ein Zeitraum von drei Jahren (s. § 68a AufenthG), wobei auch diese Verpflichtungserklärungen nach Auf-fassung des BVerwG nicht mit Erteilung eines anderen humanitären Titels erlöschen.[532]

464    Die Erteilung der Aufenthaltserlaubnis erfolgt durch die zuständige Ausländerbehörde im Wege eines Bescheides. Sofern die Anordnung der obersten Landesbehörde keine konkreten Regelungen enthält, gelten die **allgemeinen Erteilungsvoraussetzungen** (§ 5 Abs. 1 und 2 AufenthG). Von diesen **kann** gem. § 5 Abs. 3 S. 2 AufenthG abgesehen werden. Im Hinblick auf die **Identitätsfeststellung** gilt § 49 Abs. 5 Nr. 6 AufenthG.

465    Auf die Erteilung der Anordnung selbst besteht **kein Rechtsanspruch**. Ihre landes-interne Umsetzung kann jedoch im Hinblick auf die Beachtung des Gleichbehandlungs-grundsatzes nach Art. 3 Abs. 1 GG überprüft werden. Die Ausübung des behördlichen Ermessens unterliegt im Übrigen der Rechtmäßigkeitsprüfung gem. § 114 VwGO.[533]

466    **cc) Rechtsstellung.** Sofern die Anordnung keine gesonderten Bestimmungen diesbe-züglich vorsieht, gelten hinsichtlich der **Dauer des Aufenthaltes**, der **Aufenthaltsver-festigung** und der Zulässigkeit der Ausübung einer **Erwerbstätigkeit** die allgemeinen Regeln (§ 26 Abs. 1 und Abs. 4 AufenthG sowie § 4 Abs. 2 AufenthG). Der **Familien-nachzug** richtet sich nach § 29 Abs. 3 AufenthG. Begünstigte einer Aufenthaltserlaubnis nach § 23 Abs. 1 AufenthG unterfallen dem **AsylbLG** (§ 1 Abs. 1 Nr. 3 Buchst. a AsylbLG). Gem. § 2 Abs. 1 AsylbLG haben sie nach 15 Monaten einen Anspruch auf Leistungen entsprechend dem SGB XII.

467    **dd) Praktische Anwendungsfälle[534].** Ein wichtiger Anwendungsfall von § 23 Abs. 1 AufenthG liegt in der **Aufnahme von bisher über 20.000 Schutzsuchenden aus Syrien** (Stand Oktober 2016) durch Aufnahmeanordnungen der obersten Landesbehörden in insgesamt 15 Bundesländern (mit Ausnahme Bayerns). Die Betroffenen müssen eine Ver-pflichtungserklärung nach § 68 AufenthG vorlegen.[535]

---

[530] BVerwGE 100, 335, 341 = NVwZ-RR 19997, 317.

[531] Siehe *Göbel-Zimmermann* in Huber AufenthG § 23 Rn. 12, mit Verweis auf Rechtsprechung zu § 23 Abs. 1 und 2 AufenthG.

[532] Vgl. BVerwG Urt. v. 26.1.2017 – 1 C 10.16, juris; dazu *Riebau/Hörich* Asylmagazin 7-8/2017, 272; s. zum lange herrschenden Streit über die Geltungsdauer *Riebau/Hörich* ZAR 2015, 253.

[533] Dazu Bergmann/Dienelt/*Dienelt/Bergmann* AufenthG § 23 Rn. 30 mit dem Hinweis, dass ein Verstoß gegen Art. 3 Abs. 1 GG im Wege einer Feststellungsklage, nicht einer Verpflichtungsklage, geltend zu machen ist.

[534] Zur Altfallregelung für ehemalige „unechte" Ortskräfte an diplomatischen und berufskonsula-rischen Vertretungen in Deutschland s. Ziff. A 23.s.2. VAB (Stand 12.9.2016).

[535] Dazu *Grote/Bitterwolf/Baraulina*, Resettlement und humanitäre Aufnahme in Deutschland. Studie für das Europäische Migrationsnetzwerk – Working Paper 68 (BAMF 2016), S. 40ff.; SVR Migration, Sicherer Zugang. Die humanitären Aufnahmeprogramme für syrische Flüchtlinge in Deutschland, Policy Brief 2015, 17; *Endres de Oliveira* Asylmagazin 9/2014, 284 (291) mwN; Informationen zum Stand der Landesaufnahmeprogramme finden sich unter www.proasyl.de/syrien-aufnahmeprogramme.

Zudem wurde im März 2013 über die Anwendung von § 23 Abs. 1 AufenthG eine **468** besondere aufenthaltsrechtliche Lösung für in Deutschland mit einer Aufenthaltserlaubnis nach § 16 AufenthG lebende **syrische Studierende** geschaffen, denen aufgrund des Konflikts in Syrien die Finanzierung ihres Lebensunterhaltes nicht mehr möglich war. Von dieser Regelung wurden auch die Ehepartner und minderjährigen Kinder der Studierenden erfasst. Ermöglicht wurde den Betroffenen dadurch die Beantragung von BAföG, Kindergeld und Sozialleistungen für Familienangehörige.[536]

Auch den **Familienangehörigen von Spätaussiedlern bzw. Spätaussiedlern**, die ihr **469** Verfahren im Bundesgebiet betreiben, wird eine Aufenthaltserlaubnis auf der Grundlage von § 23 Abs. 1 AufenthG erteilt, sofern sie selbst nicht auch die Aufnahmevoraussetzungen nach Abs. 2 erfüllen.[537]

### c) Die Aufnahmeanordnung durch das BMI bei besonders gelagerten politischen Interessen nach § 23 Abs. 2 AufenthG

Mit § 23 Abs. 2 AufenthG wurde eine dem § 23 Abs. 1 AufenthG nachgebildete **470** Anordnungsbefugnis zur Aufenthaltsgewährung von noch nicht eingereisten Personen bei **besonders gelagerten politischen Interessen für den Bund** geschaffen. Die Vorschrift sollte die mit dem ZuwG erfolgte Aufhebung des HumHAG kompensieren und in vergleichbarer Weise ein Aufenthaltsrecht ermöglichen, ohne den betroffenen Personen gleichzeitig die Rechtsstellung als Konventionsflüchtling nach der GFK zu gewähren.[538]

**aa) Zuständigkeit und Verfahren.** Nach einer entsprechenden **Anordnung des BMI**, **471** die im Benehmen mit den obersten Landesbehörden erfolgt, wird eine konkrete **Aufnahmezusage durch das BAMF** (nach einer Erstauswahl) erteilt. Vorschläge für die konkrete Aufnahme können dabei von unterschiedlichen Behörden und Institutionen gemacht werden. So haben beispielsweise UNHCR, Caritas Libanon, die deutschen Auslandsvertretungen und die Ausländerbehörden entsprechende Vorschläge für die Aufnahme von syrischen Schutzsuchenden im Rahmen der Bundesaufnahmeprogramme in den Jahren 2013 – 2015 unterbreitet.[539] Die Aufnahmezusage berechtigt die Betroffenen innerhalb eines Jahres ein entsprechendes **Visum bei der Auslandsvertretung** für die Einreise zu beantragen. Die **Aufenthaltserlaubnis** wird schließlich nach Einreise durch die zuständige **Ausländerbehörde** erteilt. Nach § 23 Abs. 2 S. 3 AufenthG kann mit der Aufnahmeanordnung auch die Erteilung einer Niederlassungserlaubnis verbunden werden, die gem. S. 4 wiederum mit einer wohnsitzbeschränkenden Auflage versehen werden kann. Zusammenfassend ergeben sich daraus in der Regel folgende Verfahrensschritte:[540]

1. Aufnahmeanordnung durch das BMI (im Benehmen mit obersten Landesbehörden),
2. Auswahl und Aufnahmezusage durch das BAMF,
3. Visumverfahren bei einer deutschen Auslandsvertretung,
4. Erteilung einer Aufenthaltserlaubnis durch die Ausländerbehörde **nach** Einreise.

Auf die Anordnung besteht kein Rechtsanspruch, da dem BMI hier sowohl ein Ent- **472** schließungs- als auch ein Auswahlermessen zusteht.[541] Wie die Anordnung nach § 23

---

[536] Dazu *Endres de Oliveira* Asylmagazin 9/2014, 284 (288).

[537] Dazu Huber/*Göbel-Zimmermann* AufenthG § 23 Rn. 16.

[538] Vgl. BT-Drs. 14/420, 77 f.; s. auch BVerwG Urt. v. 15.11.2011 – 1 C 21.10, Rn. 11, juris.

[539] Vgl. *Grote/Bitterwolf/Baraulina*, Resettlement und humanitäre Aufnahme in Deutschland. Studie für das Europäische Migrationsnetzwerk – Working Paper 68 (BAMF 2016), S. 20.

[540] Ausf. zu den einzelnen Verfahrensschritten s. *Grote/Bitterwolf/Baraulina*, Resettlement und humanitäre Aufnahme in Deutschland. Studie für das Europäische Migrationsnetzwerk – Working Paper 68 (BAMF 2016), S. 20.

[541] Siehe BVerwG Urt. v. 15.11.2011 – 1 C 21.10, Rn. 12, juris.

Abs. 1 AufenthG, wird auch die Anordnung nach § 23 Abs. 2 AufenthG vom BVerwG als **politische Leitentscheidung** und somit **innerdienstliche Richtlinie** angesehen, die nur insoweit Außenwirkung entfalte, als dass ihre behördliche Anwendung eine Verletzung von Art. 3 Abs. 1 GG darstellen könne.[542] Bei der auf die Anordnung ergehende Aufnahmezusage des BAMF handelt es sich hingegen um eine Ermessensentscheidung, die im Rahmen des möglichen Rechtsschutzes somit der gerichtlichen Kontrolle nach § 114 VwGO unterliegt.[543]

473    ' Schließlich gelten besondere Regelungen im Hinblick auf die Identitätsfeststellung nach § 49 Abs. 5 Nr. 6 AufenthG. Zu beachten ist zudem auch hier der Verweis in **§ 23 Abs. 3 AufenthG,** wonach die Anordnung bestimmen kann, dass § 24 AufenthG ganz oder teilweise entsprechende Anwendung findet. So erfolgten die drei **Bundesaufnahmeprogramme für Schutzsuchende aus Syrien** auf der Grundlage von § 23 Abs. 2, Abs. 3 iVm § 24 AufenthG.

474    **bb) Rechtsstellung.** Die Aufenthaltserlaubnis wird gem. § 26 Abs. 1 AufenthG für drei Jahre erteilt und verlängert, sofern die Aufnahmeanordnung keine gesonderte Regelung trifft. Falls nicht bereits aufgrund der Aufnahmeanordnung eine **Niederlassungserlaubnis** nach § 23 Abs. 2 AufenthG zu erteilen war, richtet sich deren Erteilung nach § 26 Abs. 4 AufenthG. Im Falle der Erteilung einer Niederlassungserlaubnis nach § 23 Abs. 2 AufenthG kann diese mit einer wohnsitzbeschränkenden Auflage versehen werden.[544] Hier ist zudem § 12a AufenthG zu beachten. Die **Einbürgerung** ist ohne vorherigen Besitz einer Niederlassungserlaubnis möglich, vgl. § 10 Abs. 1 Nr. 2 StAG.

475    Im Gegensatz zu § 23 Abs. 1 AufenthG, berechtigt die Aufenthaltserlaubnis nach § 23 Abs. 2 AufenthG kraft Gesetzes zur Ausübung (jeder) **Erwerbstätigkeit** (§ 23 Abs. 2 S. 5 AufenthG). Sofern eine Niederlassungserlaubnis erteilt wurde, ergibt sich das Recht auf Erwerbstätigkeit aus § 9 Abs. 1 S. 2 AufenthG. Der **Familiennachzug** ist jedoch wie bei § 23 Abs. 1 AufenthG nur unter den eingeschränkten Voraussetzungen des § 29 Abs. 3 S. 1 AufenthG möglich. Es besteht ein Anspruch auf Teilnahme an einem **Integrationskurs** (§ 44 Abs. 1 S. 1 Nr. 2 AufenthG). Dieser kann auch mit einer Teilnahmeverpflichtung einhergehen, wenn die betreffende Person bei Erteilung des Titels nicht über ausreichende Sprachkenntnisse verfügt (§ 44a Abs. 1 Nr. 1a AufenthG). Der **Leistungsanspruch** richtet sich nach dem SGB II bzw. SGB XII.

476    Für Personen, die bis zum Ablauf des 31. Juli 2015 im Rahmen des Programms zur dauerhaften Neuansiedlung von Schutzsuchenden einen Aufenthaltstitel nach § 23 Abs. 2 AufenthG erhalten haben, sind nach der **Übergangsregelung des § 104 Abs. 5 AufenthG** die Regelungen zum Familiennachzug, Bleibeinteresse, zur Teilnahme an Integrationskursen und zur Aufenthaltsverfestigung auf Grund des § 23 Abs. 4 AufenthG entsprechend anzuwenden. Zudem ist die Übergangsregelung des § 104 Abs. 6 AufenthG zu beachten.

477    **cc) Praktische Anwendungsfälle**[545]. § 23 Abs. 2 AufenthG bildet die Rechtsgrundlage für die weitere **Aufnahme jüdischer Zuwanderer** aus der ehemaligen Sowjetunion, die zuvor in analoger Anwendung des HumHAG auf der Basis einer Übereinkunft zwi-

---

[542] Vgl. BVerwG Urt. v. 15.11.2011 – 1 C 21.10, Rn. 15, juris.
[543] Siehe BVerwG Urt. v. 15.11.2011 – 1 C 21.10, Rn. 13, juris.
[544] Siehe OVG Magdeburg Urt. v. 12.2.2012 – 2 L 104/10, Rn. 31 ff., juris, wonach keine wohnsitzbeschränkenden Auflagen an jüdische Emigranten aus der ehemaligen Sowjetunion erteilt werden können, die in entspr. Anwendung von § 1 Abs. 3 HumHAG eine unbefristete AE erhalten haben.
[545] Für einen Überblick der in der Praxis bedeutsamen Aufnahmeanordnungen nach 32 AuslG und § 23 AufenthG s. Bergmann/Dienelt/*Dienelt/Bergmann* AufenthG § 23 Rn. 13.

schen dem Bundeskanzler und den Regierungschefs der Länder vom 9.1.1991 erfolgte.[546] Durch den EU-Beitritt der baltischen Staaten Estland, Lettland und Litauen am 1.5.2004 besteht allerdings für deren Staatsangehörige jüdischen Glaubens seitdem nicht mehr die Aufnahmemöglichkeit im geregelten Verfahren.[547] Die Zahl der jüdischen Zuwanderer ist in den vergangenen Jahren aber unter anderem auch aufgrund von Schwierigkeiten beim Nachweis der „jüdischen Nationalität" gesunken.[548] Nach der Einreise erhalten jüdische Zuwanderer eine Niederlassungserlaubnis nach § 23 Abs. 2 S. 3 Alt. 2 AufenthG. Mitreisende Familienangehörige erhalten eine Aufenthaltserlaubnis nach § 23 Abs. 1 AufenthG, sofern sie nicht selbst die Voraussetzungen der Aufnahmeanordnung erfüllen.

Über § 23 Abs. 2 AufenthG erfolgte im Jahr 2008 die Aufnahme von 2500 **irakischen**   **478** **Staatsangehörigen aus Jordanien und Syrien**. Die Vorschrift bildete auch die Grundlage für die Aufnahme von insgesamt 100 Personen, die seit dem 28.3.2011 nach Malta geflüchtet waren.[549] Zudem ermöglichte die Norm die bundesweite Aufnahme von nahezu 20.000 **Schutzsuchenden aus Syrien** in den Jahren 2013 bis 2015.[550] Die Norm bietet auch die Grundlage für die am 11. Januar 2017 begonnene Aufnahme von Schutzsuchenden aus Syrien, die sich in der Türkei aufhalten. Dabei handelt es sich um Aufnahmeplätze, die Deutschland aufgrund seiner Verpflichtungen im Rahmen des europäischen Umsiedlungs-Programms (sog. **Relocation**, also der Umverteilung von Asylsuchenden innerhalb der EU)[551] zur Verfügung stellt und die für den Zweck der Aufnahme von Schutzsuchenden aus der Türkei umgewidmet wurden.[552]

### d) Die Neuansiedlung von Schutzsuchenden (§ 23 Abs. 4 AufenthG)

Nach § 23 Abs. 4 AufenthG kann das BMI im Rahmen der Neuansiedlung von Schutz-   **479** suchenden im Benehmen mit den obersten Landesbehörden anordnen, dass das BAMF den ausgewählten Personen („**Resettlement-Flüchtlingen**") eine Aufnahmezusage erteilt. Damit wurde ein eigenständiger Rechtsrahmen für das sog. „**Resettlement**" (dt. Neuansiedlung) geschaffen. Resettlement ist eine der „drei dauerhaften Lösungen" für den Flüchtlingsschutz, die in der GFK verankert sind und von UNHCR koordiniert werden.[553] Dabei handelt es sich um die Aufnahme von besonders schutzbedürftigen Personen, die sich häufig bereits in einem Erstzufluchtsland befinden, dort aber nicht dauerhaft bleiben können. Durch die Neuansiedlung soll ihnen eine dauerhafte Perspektive in aufnahmebereiten Staaten eröffnet werden. Dabei werden die Betroffenen in der Regel

---

[546] Die Aufnahmeanordnung des BMI vom 24. Mai 2007 in der Fassung vom 21. Mai 2015 ist abrufbar unter www.minsk.diplo.de/contentblob/4801194/Daten/6630125/emigration_jdische_zuwanderer_anordnung_bmid.pdf.

[547] Siehe hierzu die Informationen des BAMF, abrufbar unter www.bamf.de/DE/Migration/JuedischeZuwanderer/AktuelleInfo/aktuelleinfo.

[548] Vgl. BVerwG InfAuslR 2012, 129; s. zur Entwicklung der Zugangszahlen BAMF, Migrationsbericht 2014, S. 37.

[549] Siehe Aufnahmeanordnung des BMI vom 18.5.2011; dazu ausf. Ziff. A 23.s.3 VAB (Stand 1.6.2017).

[550] Dazu *Grote/Bitterwolf/Baraulina*, Resettlement und humanitäre Aufnahme in Deutschland. Studie für das Europäische Migrationsnetzwerk – Working Paper 68 (BAMF 2016), S. 15; SVR Migration, Sicherer Zugang. Die humanitären Aufnahmeprogramme für syrische Flüchtlinge in Deutschland, Policy Brief 2015, 13 ff.; s. auch *Endres de Oliveira* Asylmagazin 9/2014, 284 (290).

[551] Siehe Beschluss (EU) 2015/1523 des Rates vom 14. September 2015, ABl. L 239/14 vom 15.9.2015; Beschluss (EU) 2015/1601 des Rates vom 22. September 2015, ABl. L 248/80 vom 24.9.2015; Beschluss (EU) 2016/1754 des Rates vom 29. September 2016, ABl. L 268/82 vom 1.10.2016.

[552] Siehe http://resettlement.de/neue-humanitaere-aufnahme-fuer-syrische-fluechtlinge/.

[553] Siehe hierzu www.unhcr.de/mandat/dauerhafte-loesungen/resettlement.

(unter Beteiligung) von UNHCR ausgewählt und Staaten für die Aufnahme vorgeschlagen.[554]

480    Nachdem Deutschland sich aufgrund eines Beschlusses der Innenministerkonferenz im Herbst 2011 zunächst mit einem Pilotprojekt am Resettlement-Programm von UNHCR beteiligt und sich in diesem Rahmen zur Aufnahme von 300 Schutzsuchenden pro Jahr verpflichtete hatte, beschlossen die Innenminister und Senatoren der Länder im Jahr 2013, das Programm ab 2015 zu verstetigen, wobei die Aufnahmequote auf 500 Personen pro Jahr erhöht wurde.[555] Nach der Aufnahmeanordnung vom 4. April 2016 werden in den Jahren 2016 und 2017 insgesamt 1600 Personen aufgenommen.[556] Auf eine Aufnahme im Rahmen des Programms besteht kein Rechtsanspruch. Bei der Aufnahmeanordnung handelt sich um eine politisch motivierte Ermessensentscheidung, die nur sehr eingeschränkt gerichtlich überprüfbar ist.[557]

481    **aa) Zuständigkeit und Verfahren.** Aufgrund des Verweises in § 23 Abs. 4 S. 2 AufenthG richtet sich das **Aufnahmeverfahren** nach der Aufnahme gem. § 23 Abs. 2 AufenthG, womit kein Vorverfahren stattfindet und entsprechend der Aufnahmezusage eine Aufenthaltserlaubnis oder Niederlassungserlaubnis zu erteilen **ist.** Das BMI legt in der jeweiligen **Aufnahmeanordnung** auch die weiteren Details fest, wie die Staatsangehörigkeit der aufzunehmenden Personen, humanitäre Kriterien und Regelung zur Familieneinheit. Das **BAMF erteilt die konkrete Aufnahmezusage** in der Regel nach individuellen Interviews sowie Sicherheitsüberprüfungen durch das Auswärtige Amt und Gesundheitsüberprüfungen durch IOM. Nach einem **Visumverfahren** können die Schutzsuchenden dann nach Deutschland einreisen. Unterstützung erfahren sie im Vorfeld durch verschiedene Organisationen wie IOM, die Diakonie oder auch das Goethe-Institut. Anschließend wird durch die zuständige **Ausländerbehörde** eine **Aufenthaltserlaubnis** (oder Niederlassungserlaubnis) erteilt. Zusammenfassend ergeben sich daraus in der Regel folgende (grobe) Verfahrensschritte:[558]

1. Aufnahmeanordnung durch das BMI
2. Auswahl der (von UNHCR vorgeschlagenen) Personen und Aufnahmezusage durch BAMF
3. Visumsverfahren bei einer deutschen Auslandsvertretung
4. Erteilung einer Aufenthaltserlaubnis durch die Ausländerbehörde **nach** Einreise

482    Von den allgemeinen Erteilungsvoraussetzungen nach § 5 Abs. 1 und 2 AufenthG **kann** nach § 5 Abs. 3 S. 2 AufenthG abgesehen werden. Kommt eine **Ausweisung** in Frage, wiegt das **Bleibeinteresse** im Sinne von § 53 Abs. 1 AufenthG zu Gunsten der Betroffenen besonders schwer, vgl. § 55 Abs. 1 Nr. 6 AufenthG.

483    **bb) Rechtsstellung.** Da Resettlement dem Zweck nach keine lediglich temporäre Aufnahme, sondern eine dauerhafte Perspektive bieten soll, sind die Betroffenen im Hinblick auf die Aufenthaltsverfestigung und den Familiennachzug Asylberechtigten (nach

---

[554] Für ausf. Informationen zu Resettlement in Deutschland s. www.resettlement.de; zu den bisher aufgenommenen Personen sowie beteiligten Akteuren in Deutschland s. *Grote/Bitterwolf/Baraulina,* Resettlement und humanitäre Aufnahme in Deutschland. Studie für das Europäische Migrationsnetzwerk – Working Paper 68 (BAMF 2016), S. 13 f. und 18.

[555] Vgl. BT-Drs. 18/4097, 40; ausf. zu den von 2012 bis 2016/2017 aufgenommenen bzw. aufzunehmenden Personen s. Ziff. A 23.s.4. VAB (Stand 12.9.2016).

[556] Die Anordnung ist abrufbar unter www.bmi.bund.de/DE/Themen/Migration-Integration/Asyl-Fluechtlingsschutz/Humanitaere-aufnahmeprogramme/humanitaere-aufnahmeprogramme.

[557] So auch Bergmann/Dienelt/*Dienelt/Bergmann* AufenthG § 23 Rn. 34 und 18.

[558] Zu den einzelnen Verfahrensschritten s. Huber/*Göbel-Zimmermann* AufenthG § 23 Rn. 27; s. auch *Grote/Bitterwolf/Baraulina,* Resettlement und humanitäre Aufnahme in Deutschland. Studie für das Europäische Migrationsnetzwerk – Working Paper 68 (BAMF 2016), S. 19.

Art. 16a GG) und anerkannten Flüchtlingen (iSv § 3 Abs. 1 AsylG, → Rn. 1803 ff.) weitgehend gleichgestellt. Die **Aufenthaltsverfestigung** richtet sich daher nach § 26 Abs. 3 AufenthG. Die **Einbürgerung** ist ohne vorherigen Besitz einer Niederlassungserlaubnis möglich, vgl. § 10 Abs. 1 Nr. 2 StAG. Die Aufenthaltserlaubnis nach § 23 Abs. 4 AufenthG berechtigt über den Verweis auf § 23 Abs. 2 S. 5 AufenthG kraft Gesetzes zu jeder Form der **Erwerbstätigkeit**. Gem. § 23 Abs. 4 S. 2 AufenthG findet zudem die in § 24 Abs. 3 – 5 AufenthG geregelte **Verteilung** auf die Länder sowie die **Wohnsitznahmepflicht** am jeweils zugewiesenen Ort entsprechende Anwendung. Zu beachten ist auch § 12a AufenthG, wonach die Verpflichtung zur Wohnsitznahme am zugewiesenen Ort grundsätzlich für einen Zeitraum von drei Jahren gilt. Ebenso wie Begünstigte nach § 23 Abs. 2 AufenthG haben Resettlement-Flüchtlinge das Recht auf Teilnahme an einem **Integrationskurs** gem. § 44 Abs. 1 S. 1 Nr. 2 AufenthG. Der **Leistungsanspruch** richtet sich nach dem SGB II bzw. XII. Im Gegensatz zu Personen, die aufgrund einer Anordnung nach § 23 Abs. 2 AufenthG oder über § 24 AufenthG aufgenommen wurden, haben Resettlement-Flüchtlinge nicht nur weitreichendere Rechte im Hinblick auf die Möglichkeiten der Aufenthaltsverfestigung sondern auch in Bezug auf den Familiennachzug, da sie hier Asylberechtigten und Konventionsflüchtlingen gleichgestellt werden.

Grundsätzlich ist bereits bei der Aufnahme von Resettlement-Flüchtlingen auf die **484** Wahrung der familiären Einheit zu achten, sodass Familien in der Regel gemeinsam aufzunehmen sind. Sollte dies nicht der Fall gewesen sein, richtet sich der **Familiennachzug** nach den §§ 27 ff. AufenthG.

Resettlement-Flüchtlinge haben im Gegensatz zu Asylberechtigten und anerkannten **485** Flüchtlingen keinen Anspruch auf den **Reiseausweis** für Flüchtlinge nach Art. 28 GFK. Sie unterliegen den allgemeinen Voraussetzungen für die Ausstellung eines Reiseausweises an Ausländer nach den §§ 5 und 6 AufenthV.[559]

## 5. Aufenthaltsgewährung in Härtefällen (§ 23a AufenthG)

Nach § 23a Abs. 1 S. 1 AufenthG **darf** die oberste Landesbehörde bei Härtefällen die **486** Erteilung einer Aufenthaltserlaubnis an eine **vollziehbar ausreisepflichtige** Person anordnen, wenn eine von der Landesregierung durch Rechtsverordnung eingerichtete Härtefallkommission darum ersucht (Härtefallersuchen).[560] Die Anordnung ergeht abweichend von den im Aufenthaltsgesetz festgelegten Erteilungs- und Verlängerungsvoraussetzungen sowie von den §§ 10 und 11 AufenthG.

### a) Allgemeines

Ein Antrag bei einer Härtefallkommission dient nicht dazu, diese als „Superrevisions- **487** instanz" oder „letzte Instanz" neben oder nach dem Verwaltungsverfahren und einem möglichen Gerichtsverfahren zu nutzen. Vielmehr besteht die Funktion der Härtefallkommission darin, einen aufenthaltsrechtlichen Handlungsspielraum zugunsten von Personen zu schaffen, denen nach den allgemeinen Regeln des Aufenthaltsgesetzes keine Aufenthaltserlaubnis erteilt werden kann – Letzteres muss für die Betroffenen eine besondere humanitäre Härte darstellen.[561] § 23a AufenthG stellt daher eine subsidiäre

---

559 Krit. hierzu *Tometten* ZAR 2015, 299 (301).
560 Die frühere Bestimmung gem. Art. 15 Abs. 4 ZuwG, wonach § 23a AufenthG am 31.12.2009 außer Kraft treten sollte, wurde durch Art. 2 ArbMigrStG 2009 aufgehoben. Die Möglichkeit der Abweichung von § 10 und § 11 AufenthG wurde mit dem 2. RiLiUmsG 2011 eingefügt.
561 Vgl. Nr. 23a.0.1 AVV-AufenthG; s. zur Funktion der Vorschrift *Keßler* in NK-AuslR § 23a AufenthG Rn. 2.

Regelung mit Ausnahmecharakter für besonders gelagerte und außerordentliche Einzelfälle dar („**Ultima-Ratio-Funktion**").[562]

488    Die Anwendbarkeit des § 23a AufenthG setzt voraus, dass die jeweilige Landesregierung durch Rechtsverordnung eine Härtefallkommission errichtet hat, was jedoch in allen Bundesländern mittlerweile der Fall ist.[563] Hierzu sind die Landesregierungen durch § 23a Abs. 2 S. 1 AufenthG ermächtigt, aber nicht verpflichtet. Sie können durch Rechtsverordnung auch bestimmen, dass andere als **oberste** Landesbehörden die Anordnung über die Aufenthaltsgewährung in Härtefällen treffen.

489    Ebenfalls durch Rechtsverordnung wird auch die Zusammensetzung der Härtefallkommission bestimmt. Zu den Mitgliedern zählen typischerweise Vertreter und Vertreterinnen der Zivilgesellschaft (Kirchen, Wohlfahrtsverbände und Nichtregierungsorganisationen), bestimmter Fachrichtungen (wie zB Ärzte) und öffentlicher Ämter. Die einzelnen Mitglieder werden von dazu berechtigten Institutionen entsandt oder von den zuständigen Landesministern für eine Amtszeit von idR zwei bis drei Jahren berufen. Sie arbeiten ehrenamtlich und sind dabei keinen Weisungen unterworfen. Dabei wird die Arbeit der Kommission von einer Geschäftsstelle unterstützt, die auch als öffentliche Anlaufstelle dient. Ein möglichst pluralistisch zusammengesetztes Gremium soll eine bessere Einschätzung des Falles gewährleisten und zu einer stärkeren gesellschaftlichen Akzeptanz der Entscheidungen führen.[564] Bestimmte gesetzliche Vorgaben bestehen insoweit nicht. Dies gilt auch für eine mögliche Geschäfts- oder Verfahrensordnung.

490    Das Gesetz verwendet den Begriff „Härtefallkommission", der bereits in einigen Ländern existierte, um eigenständige Gremien zur Behandlung ausländerrechtlicher Problemfälle zu bezeichnen. Gegen eine „Petitionsausschusslösung"[565] bestehen nicht unerhebliche verfassungsrechtliche Bedenken. Die Berufung eines Parlamentsausschusses als exekutives Empfehlungsgremium durch eine Rechtsverordnung widerspricht dem Gewaltenteilungsprinzip, da durch eine bundesrechtliche Rechtverordnungsermächtigung ein Gremium **des Landtags** verpflichtet wird und ein Organ der Exekutive einem Teilorgan der Legislative eine Verwaltungsaufgabe überträgt. Ausschüsse dienen der Aufgabenerfüllung des Gesamtparlaments und können dementsprechend nur von diesem beauftragt werden. Zudem befassen sich Ausschüsse im Gegensatz zu eigens dafür eingesetzten Kommissionen nicht nur mit aufenthaltsrechtlichen Fällen, sodass davon ausgegangen werden kann, dass spezialisierte Härtefallkommissionen eine größere Fachkompetenz für die Beurteilung der Fälle haben.[566]

### b) Besondere Erteilungsvoraussetzungen

491    § 23a AufenthG findet auf Personen Anwendung, die **vollziehbar ausreisepflichtig** sind. Begünstigt werden allerdings nur Personen, die sich bereits im Bundesgebiet aufhalten.[567] Die Regelung betrifft dabei auch Personen, deren bisherige Aufenthaltserlaubnis nach dem Gesetz nicht verlängert werden kann. Asylsuchende, die ein sog. Dublin-Verfahren (→ Rn. 1774 ff.) durchlaufen, sind von der Regelung ausgeschlossen.[568] Für Personen, bei denen die tatbestandlichen Voraussetzungen vorliegen, die aber **nicht voll-**

---

[562] Vgl. Huber/*Göbel-Zimmermann* AufenthG § 23a Rn. 1; *Groß* ZAR 2005, 65.
[563] Für einen Überblick s. Hofmann/*Keßler* AufenthG § 23a Rn. 3; s. auch *Schwantner*, Synopsen zur Arbeit der Härtefallkommissionen (Stand 31. Dezember 2015), verfügbar unter asyl.net bei Arbeitshilfen zum Aufenthalts- und Flüchtlingsrecht; s. auch *Schantner* Asylmagazin 3/2016, 63.
[564] Dazu Huber/*Göbel-Zimmermann* AufenthG § 23a Rn. 4.
[565] Siehe zB die Rechtslage in Hamburg, vgl. Gesetz v. 4.5.2005 (HmbGVBl. S. 190), zuletzt geändert durch Gesetz v. 26.5.2009 (HmbGVBl. S. 160).
[566] So auch Hofmann/*Keßler* AufenthG § 23a Rn. 5.
[567] Vgl. Nr. 23a.0.1 AVV-AufenthG.
[568] Siehe dazu *Schwantner* Asylmagazin 3/2016, 63 (64).

ziehbar ausreisepflichtig sind, kommt die Erteilung einer Aufenthaltserlaubnis nach § 25 Abs. 4 S. 1 AufenthG (→ Rn. 547 ff.) in Betracht, gegen deren Ablehnung der übliche Rechtsweg offensteht.[569]

Nach § 23a Abs. 2 S. 4 AufenthG müssen **dringende**[570] **humanitäre oder persönliche Gründe** die „weitere Anwesenheit der Betreffenden im Bundesgebiet rechtfertigen". Diese beiden Voraussetzungen sind nicht gesetzlich definiert, tauchen jedoch auch in anderen aufenthaltsrechtlichen Vorschriften auf, wie etwa in § 22 S. 1 AufenthG und § 25 Abs. 4 AufenthG. Für die Annahme eines Härtefalls muss eine **Sondersituation** gegenüber Fällen vorliegen, die unter die übrigen Gesetzesvorschriften subsumiert werden können. Nicht jede menschliche Schwierigkeit oder Härte erlangt bereits das Gewicht eines dringenden humanitären Grundes. Vielmehr muss ein vorübergehender oder dauerhafter Zustand die Person oder ihre Lebenssituation unmittelbar prägen.[571] Dringende humanitäre oder persönliche Gründe sind im Wege einer Gesamtschau aller für und gegen eine Aufenthaltsgewährung sprechenden Gründe zu berücksichtigen. Dabei kann es sich um inlandsbezogene und zielstaatsbezogene Gründe handeln. 492

### c) Zuständigkeit und Verfahren

Das Verfahren zur Aufenthaltsgewährung ist mehrstufig.[572] Zunächst befasst sich die Härtefallkommission mit einem an sie herangetragenen Fall. Dies erfolgt nach § 23a Abs. 2 S. 2 und 3 AufenthG ausschließlich durch „Selbstbefassung". Ein Antragsrecht für Betroffene gibt es nicht. „Selbstbefassung" kann entweder bedeuten, dass Mitglieder der Kommission einen Antrag im Gremium stellen, weil ein Fall direkt an sie herangetragen wurde, oder dass die Kommission sich mit einem Fall befasst, weil dieser an sie als Organ herangetragen wurde. Die Befassung erfolgt in der Regel ohne mündliche Anhörung der betroffenen Person im Rahmen der regelmäßigen (nicht öffentlichen) Sitzungen der Kommission. 493

Ist die Härtefallkommission der Auffassung[573], dass in einem Fall dringende humanitäre oder persönliche Gründe die weitere Anwesenheit der betreffenden Person in Deutschland rechtfertigen, richtet sie gem. § 23a Abs. 1 S. 1 und Abs. 2 S. 4 AufenthG ein **Härtefallersuchen an die oberste Landesbehörde** (üblicherweise das Landesinnenministerium) oder die landesrechtlich zuständige Stelle. Ein positives Härtefallersuchen hat allerdings nur **empfehlenden Charakter**, während die abschließende Entscheidung von der obersten Landesbehörde getroffen wird. 494

Ein Härtefallersuchen entfaltet **keine subjektiven Rechte** und lässt dem Gesetz nach auch nicht die **Vollziehbarkeit** der Ausreisepflicht entfallen. Zur Sicherung des Härtefallverfahrens ist es jedoch geboten, **aufenthaltsbeendende Maßnahmen zurückzustellen** sobald sich die Kommission mit einem Fall befasst.[574] In der Regel wird der Vollzug der Abschiebung daher entweder aufgrund einer ausdrücklichen Regelung in der entsprechenden Härtefallverordnung ausgesetzt oder aufgrund einer bestehenden Verwaltungspraxis gestoppt, nach der mit Anforderung der Ausländerakte durch die Härtefallkommission keine aufenthaltsbeendenden Maßnahmen für die Zeit des Härtefallverfahrens 495

---

[569] Zur Abgrenzung zu § 25 Abs. 4 AufenthG s. Huber/*Göbel-Zimmermann* AufenthG § 23a Rn. 6.

[570] Zur „Dringlichkeit" s. Bergmann/Dienelt/*Dienelt/Bergmann* AufenthG § 23a Rn. 12 mwN.

[571] BVerwG NVwZ 2004, 491.

[572] Siehe Hofmann/*Keßler* AufenthG § 23a Rn. 22 für praktische Hinweise zum Verfahren.

[573] Siehe Hofmann/*Keßler* AufenthG § 23a Rn. 18 mwN zu den erforderlichen Mehrheitsverhältnissen für eine Entscheidung der Härtefallkommission.

[574] So auch Bergmann/Dienelt/*Dienelt/Bergmann* AufenthG § 23a Rn. 19; Hofmann/*Keßler* AufenthG § 23a Rn. 17; aM Nr. 23 a.1.3 AVV-AufenthG.

ergehen. Insbesondere in Fällen, in denen die Härtefallkommission bereits ein positives Votum abgegeben hat und (nur) die Entscheidung der obersten Landesbehörde noch aussteht, würde eine Abschiebung gegen das Willkürverbot verstoßen. Den betroffenen Personen ist in diesen Fällen eine **Duldung** (→ Rn. 1191 ff.) zu erteilen. Die in den Allgemeinen Anwendungshinweisen vertretene gegenteilige Ansicht[575] ist mit diesen rechtsstaatlichen Grundsätzen nicht vereinbar.

496    Die oberste Landesbehörde entscheidet nach einem positiven Votum der Kommission im nächsten Verfahrensschritt **nach eigenem Ermessen,** ob aufgrund des Härtefallersuchens die **Erteilung einer Aufenthaltserlaubnis angeordnet** wird. Bei der Ermessensausübung sind die für und gegen die Anordnung sprechenden öffentlichen und privaten Interessen zu berücksichtigen und abzuwägen. Eine Einschränkung der außerordentlichen Befugnis der Behörde findet sich lediglich in § 23a Abs. 1 S. 3 AufenthG, wonach die Annahme eines Härtefalls im Sinne der Vorschrift in **der Regel** ausgeschlossen ist, wenn die betreffende Person mehrere Straftaten[576] von erheblichem Gewicht begangen hat oder ein Rückführungstermin bereits konkret feststeht. Letzteres ist problematisch im Hinblick auf die Neuregelung des § 59 Abs. 1 S. 7 AufenthG, nach der ein Abschiebungstermin nicht mehr angekündigt werden soll.[577] Die Betroffenen sollten sich daher möglichst frühzeitig an die Kommission wenden.

497    Bei der Ermessensentscheidung der obersten Landesbehörde **kann** gem. § 23a Abs. 1 S. 2 AufenthG im Einzelfall ua berücksichtigt werden, ob der **Lebensunterhalt gesichert** ist oder eine Verpflichtungserklärung nach § 68 AufenthG vorliegt. Sofern keine sonstigen Ausschlussgründe gegeben sind, kann die oberste Landesbehörde schließlich gegenüber der Ausländerbehörde anordnen, dass ein Aufenthaltstitel nach § 23a Abs. 1 AufenthG erteilt wird. Zusammenfassend ergeben sich demnach folgende Schritte im Falle eines positiven Verfahrensverlaufs:

1. Selbstbefassung der Härtefallkommission mit einem Fall,
2. Härtefallersuchen der Kommission an die oberste Landesbehörde,
3. Anordnung der obersten Landesbehörde an die zuständige Ausländerbehörde, eine Aufenthaltserlaubnis zu erteilen,
4. Erteilung einer Aufenthaltserlaubnis durch die zuständige Ausländerbehörde.

### d) Rechtsstellung

498    Inhabern einer Aufenthaltserlaubnis nach § 23a Abs. 1 AufenthG **kann** nach Maßgabe des § 26 Abs. 4 AufenthG eine **Niederlassungserlaubnis** erteilt werden. Die Zeiten eines vorangegangenen Asylverfahrens werden abweichend von § 55 Abs. 3 AsylG auf auf die fünfjährige Frist zur Erlangung der Niederlassungserlaubnis angerechnet. Der **Familiennachzug** richtet sich nach § 29 Abs. 1 AufenthG und ist nicht durch § 29 Abs. 3 AufenthG beschränkt. Das Recht auf **Erwerbstätigkeit** richtet sich nach den allgemeinen Regelungen des § 4 Abs. 2 S. 3 iVm § 39 AufenthG (unter Berücksichtigung von § 31 BeschV). Die betreffenden Personen sind **leistungsberechtigt** nach dem SGB II bzw. SGB XII. In diesem Zusammenhang ist die Regelung hinsichtlich der Kostenerstattung nach § 23a Abs. 3 AufenthG zu beachten.

---

[575] AAH zu § 60a AufenthG v. 30.5.2017, S. 7.

[576] Dazu Hofmann/*Keßler* AufenthG § 23a Rn. 12 mit dem zutreffenden Hinweis, dass dieser Ausschlussgrund aufgrund des humanitären Charakters der Vorschrift eng auszulegen ist; nach der Gegenansicht reicht bereites eine einzelne Straftat aus, s. Bergmann/Dienelt/*Dienelt/Bergmann* AufenthG § 23a Rn. 13.

[577] Siehe hierzu *Schantner* Asylmagazin 3/2016, 63.

### e) Rechtsschutz

Da das Härtefallverfahren nach § 23a AufenthG seiner Zielsetzung entsprechend **aus-** **499**
**schließlich im öffentlichen Interesse** erfolgt und keine anspruchsbegründenden subjektiv-öffentlichen Rechte vermittelt, sind weder die Nichtbefassung der Kommission mit einem Einzelfall noch das wegen Nichtvorliegens eines Härtefalls unterlassene Härtefallersuchen gegenüber der zuständigen obersten Landesbehörde einer gerichtlichen Überprüfung zugänglich.[578] Ein Recht auf eine Feststellungsklage nach § 43 VwGO wird zum Teil jedoch dann angenommen, wenn die Härtefallkommission sich aufgrund der Regelung des § 23a Abs. 1 S. 3 AufenthG an einer Prüfung gehindert sieht.[579] Auch einer negativen Entscheidung der zuständigen Landesbehörde kommt (trotz positiven Votums der Kommission) keine die Justiziabilität begründende Außenwirkung zu.[580] Der Ausschluss jeglichen Rechtsschutzes ist hier nach hM mit der Rechtsweggarantie des Art. 19 Abs. 4 GG vereinbar.[581]

## 6. Aufenthaltsgewährung zum vorübergehenden Schutz (§ 24 AufenthG)

### a) Allgemeines

Nach § 24 AufenthG kann Personen eine Aufenthaltserlaubnis zum vorübergehenden **500**
Schutz aufgrund eines Beschlusses des Rates der EU gewährt werden. Die Vorschrift setzt die RL 2001/55/EG (sog. Massenzustrom-RL) um, nach der die Mitgliedstaaten Personen aufgrund eines Beschlusses des Rates der Europäischen Union **temporäre Aufnahme** im Falle eines „Massenzustroms" gewähren können.[582] So soll sofortiger, vorübergehender Schutz unabhängig von einem Asylverfahren ermöglicht werden, insbesondere wenn die Gefahr besteht, dass das nationale Asylsystem einen bevorstehenden oder aktuellen „massenhaften Zugang" von Schutzsuchenden nicht ohne Beeinträchtigung seiner Funktionsweise sowie der Rechte der Betroffenen wird bewältigen können.[583] Dabei verfolgt die Richtlinie **drei Ziele**: Die Schaffung von **Mindeststandards** für den Umgang mit den Betroffenen, die Ingangsetzung eines **Solidaritätsmechanismus** zwischen den Mitgliedstaaten zur ausgewogenen Verteilung der Personen sowie die Ermöglichung eines **temporären Aufenthaltsstatus**.[584] Der vorgesehene Solidaritätsmechanismus ermöglicht den Zugang zu finanziellen Ressourcen des Europäischen Flüchtlingsfonds. Die Mechanismen der Massenzustrom-RL sind bisher jedoch noch nie zur Anwendung gelangt.[585]

### b) Besondere Erteilungsvoraussetzungen

Grundlage für die Erteilung einer Aufenthaltserlaubnis nach § 24 AufenthG ist ein **501**
EU-Ratsbeschluss gem. der Massenzustrom-RL. Die Richtlinie definiert den Anwendungsfall des „Massenzustroms" als „den Zustrom einer großen Zahl Vertriebener, die aus einem bestimmten Land oder einem bestimmten Gebiet kommen, unabhängig davon, ob der Zustrom in die Gemeinschaft spontan erfolgte oder beispielsweise durch ein Evakuierungsprogramm unterstützt wurde" (vgl. Art. 2 Buchst. d RL 2001/55/EG). Er-

---

[578] So auch Hofmann/*Keßler* AufenthG § 23a Rn. 20.
[579] So etwa Bergmann/Dienelt/*Dienelt/Bergmann* AufenthG § 23a Rn. 24.
[580] OVG Münster Beschl. v. 26.9.2005 – 18 B 1476/05; OVG Schleswig Beschl. v. 27.7.2005 – 4 MB 72/05.
[581] Dazu Huber/*Göbel-Zimmermann* AufenthG § 23a Rn. 13.
[582] Die Vorschrift ist an die Stelle der Regelung für die temporäre Aufnahme von Bürgerkriegsflüchtlingen in § 32a AuslG 1990 getreten.
[583] Vgl. Nr. 24.0.2 AVV-AufenthG.
[584] Siehe hierzu die Informationen des BAMF, unter www.bamf.de/DE/DasBAMF/Aufgaben/EuropaZusammenarbeit/VoruebergehenderSchutz/voruebergehenderschutz.
[585] Siehe umfassend zur Richtlinie und einem möglichen Anwendungsfall *Schmidt* ZAR 2015, 205.

fasst werden „Vertriebene", darunter insbesondere Staatsangehörige von Drittländern oder Staatenlose, die aus Gebieten geflohen sind, in denen ein bewaffneter Konflikt herrscht, oder die von systematischen oder weitverbreiteten Menschenrechtsverletzungen bedroht waren (vgl. Art. 2 Buchst. c RL 2001/55/EG). Eine individuelle Gefährdung wird dabei nicht vorausgesetzt.

502     Die Festlegung des konkreten Personenkreises, dem vorübergehender Schutz gewährt werden soll, und die korrespondierenden Entscheidungen zur nationalen Aufnahmekapazität sind Teil des Ratsbeschlusses nach Art. 5 RL 2001/55/EG und entziehen sich als politische Leitentscheidungen einer gerichtlichen Überprüfung.

### c) Ausschlussgründe

503     Im Falle einer Sicherheitsgefährdung iSv § 60 Abs. 8 S. 1 AufenthG bzw. § 3 Abs. 2 AsylG ist die Schutzgewährung ausgeschlossen (§ 24 Abs. 2 AufenthG). Diese Regelung ist jedoch europarechtskonform dahingehend auszulegen, dass für einen Ausschluss die strengen Voraussetzungen der Richtlinie vorliegen müssen. So ist die Versagung der Aufenthaltserlaubnis nur möglich, wenn die Person zB ein **Kriegsverbrechen, ein Verbrechen gegen den Frieden oder die Menschlichkeit** begangen hat, wenn sie aus triftigen Gründen eine **Gefahr für die nationale Sicherheit** darstellt oder aufgrund einer **rechtskräftigen Verurteilung** wegen eines **besonders schweren Verbrechens** eine **Gefahr für die Allgemeinheit** darstellt (Art. 28 Abs. 1 Buchst. a und b RL 2001/55/EG). Ein vor der Aufnahme begangenes schweres Verbrechen kann nach den Vorgaben der Richtlinie ebenso nicht automatisch zu einer Versagung der Aufenthaltserlaubnis führen. Vielmehr ist eine Einzelfallabwägung durchzuführen (Art. 28 Abs. 1 Buchst. a ii) RL 2001/55/EG), bei der der Grundsatz der Verhältnismäßigkeit zu beachten ist.

### d) Zuständigkeit und Verfahren

504     § 24 Abs. 3 bis 4 AufenthG regelt die **Verteilung** der aufgenommenen Personen auf die und innerhalb der Bundesländer. Der Verteilungsmodus sowie die jeweiligen Aufnahmekontingente können unter den Ländern vereinbart werden. Der Verteilungsschlüssel richtet sich nach dem für die Verteilung von Asylsuchenden festgelegten sog. „Königsteiner Schlüssel" nach § 45 Abs. 1 S. 2 AsylG, solange unter den Ländern nichts Abweichendes vereinbart worden ist (§ 24 Abs. 3 S. 4 AufenthG).[586] Zuständig für die Durchführung der Verteilung ist das **BAMF** (vgl. § 24 Abs. 3 S. 3 AufenthG). Es führt ein **Register** über alle von § 24 Abs. 1 AufenthG erfassten Personen (§ 91a AufenthG) und hat als **nationale Kontaktstelle** iSv Art. 27 Abs. 1 RL 2001/55/EG das Recht zur Übermittlung dieser Daten an bestimmte Stellen (§ 91b AufenthG). Die Zuweisungsentscheidung ist kraft Gesetzes vollziehbar, da die Klage keine aufschiebende Wirkung hat (§ 24 Abs. 4 S. 4 AufenthG, § 80 Abs. 2 S. 1 Nr. 3 VwGO). Es besteht eine **Pflicht zur Wohnsitznahme** am zugewiesenen Ort (§ 24 Abs. 5 S. 2 AufenthG).

505     Bei der Erteilung der Aufenthaltserlaubnis durch die zuständige Ausländerbehörde gelten einige Besonderheiten. Zunächst **ist von den allgemeinen Erteilungsvoraussetzungen** nach § 5 Abs. 1 und 2 AufenthG abzusehen (vgl. § 5 Abs. 3 S. 1 AufenthG). Kommt eine **Ausweisung** in Frage, wiegt das **Bleibeinteresse** im Sinne von § 53 Abs. 1 AufenthG zu Gunsten der Betroffenen besonders schwer, § 55 Abs. 1 Nr. 6 AufenthG. Schließlich sind auch die besonderen Regelungen im Hinblick auf die **Identitätsfeststellung** nach § 49 Abs. 5 Nr. 6 AufenthG sowie die **Datenspeicherung** nach § 91a AufenthG zu beachten.

---

[586] Zur Umverteilung s. Hofmann/*Fränkel* AufenthG § 24 Rn. 13 f.

### e) Rechtsstellung

Die Massenzustrom-RL regelt **Mindeststandards** im Hinblick auf die Aufnahme, wie **506** etwa zur Unterbringung (Art. 13 Abs. 1 RL 2001/55/EG), dem Anspruch auf öffentliche Leitungen einschließlich der Krankenversorgung (Art. 13 Abs. 1 bis 3 RL 2001/55/EG) und der Behandlung Minderjähriger (Art. 16 RL 2001/55/EG). Zudem werden Pflichten der Mitgliedstaaten festgelegt. So müssen die Betroffenen gem. Art. 17 Abs. 1 RL 2001/55/EG jederzeit **Zugang zum nationalen Asylverfahren** erhalten.

Die Schutzgewährung im Rahmen der Aufnahme ist nur temporär („vorübergehend", **507** vgl. Art. 2 Buchst. a RL 2001/55/EG), und nicht auf eine dauerhafte Einwanderung angelegt. Die **Mindestaufnahmezeit** beträgt nach Art. 4 Abs. 1 RL 2001/55/EG **ein Jahr**. Der Schutzstatus verlängert sich automatisch um jeweils sechs Monate bis höchstens ein Jahr, sofern er nicht beendet wird. Schließlich kann der Schutzstatus unter bestimmten Voraussetzungen noch um ein weiteres Jahr verlängert werden (Art. 4 Abs. 2 RL 2001/55/EG), womit die Höchstdauer drei Jahre beträgt.

Begünstigte einer Aufenthaltserlaubnis nach § 24 Abs. 1 AufenthG unterfallen dem **508** **Asylbewerberleistungsgesetz** (vgl. § 1 Abs. 1 Nr. 3 Buchst. a AsylbLG), wobei sie gem. § 2 Ab. 1 AsylbLG **nach 15 Monaten** einen Anspruch auf **Leistungen entsprechend dem SGB XII** haben. Sofern besondere Bedürfnisse bestehen, wird den betroffen Personen gem. § 6 Abs. 2 AsylbLG die **erforderliche Hilfe** gewährt (vgl. Art. 13 Abs. 4 RL 2001/55/EG). Unbegleitete Minderjährige müssen zudem sobald wie möglich eine Unterbringung und Vertretung erhalten (vgl. Art. 16 RL 2001/55/EG).

Das Recht auf **Beschäftigung** richtet sich gem. § 24 Abs. 6 S. 2 AufenthG nach den **509** allgemeinen Regelungen des § 4 Abs. 2 AufenthG. Die Ausübung einer **selbstständigen Tätigkeit** darf gem. § 24 Abs. 6 S. 1 AufenthG „nicht ausgeschlossen" werden. Da diese Formulierung nicht den Vorgaben des Art. 12 RL 2001/55/EG entspricht, wonach die Mitgliedstaaten Personen, die vorübergehenden Schutz genießen, die Ausübung sowohl einer abhängigen als auch einer selbstständigen Erwerbstätigkeit unter bestimmten Bedingungen **gestatten**, ist sie europarechtskonform weit auszulegen.

Der **Zugang zu Bildung und Ausbildung** ist nach Art. 14 RL 2001/55/EG beschränk- **510** bar. Im Hinblick auf den **Familiennachzug** ist die Regelung des § 29 Abs. 4 AufenthG zu beachten.

## 7. Aufenthalt aus humanitären Gründen (§ 25 AufenthG)

§ 25 AufenthG ist die zentrale Vorschrift für einen Aufenthalt aus humanitären Grün- **511** den, da sie insbesondere den aufenthaltsrechtlichen Status nach dem Asylverfahren (§ 25 Abs. 1–3 AufenthG) sowie weitere Fälle des humanitären Aufenthaltes regelt (§ 25 Abs. 4–5 AufenthG).[587]

### a) Die Aufenthaltserlaubnis für Asylberechtigte (§ 25 Abs. 1 AufenthG)

§ 25 Abs. 1 S. 1 AufenthG regelt den **Anspruch** auf Aufenthaltserlaubnis für im Asyl- **512** verfahren nach Art. 16a Abs. 1 GG **anerkannte Asylberechtigte** (→ Rn. 1818 ff.).[588] Die Vorschrift erfasst dabei auch Personen, denen im Asylverfahren **Familienasyl** nach § 26 AsylG und somit ein **abgeleiteter Schutzstatus** gewährt wurde.

Die Aufenthaltserlaubnis nach § 25 Abs. 1 S. 1 AufenthG wird in der Praxis weitaus **513** seltener erteilt als die Aufenthaltserlaubnis an anerkannte Flüchtlinge nach § 25 Abs. 2

---

[587] Zur Entstehungsgeschichte s. Bergmann/Dienelt/*Dienelt/Bergmann* AufenthG § 25 Rn. 1 f.
[588] Nach § 68 AsylVfG aF hatten diese Personen einen Anspruch auf einen unbefristeten Aufenthaltstitel.

Alt. 1 AufenthG (→ Rn. 523 ff.), da die Anerkennungsquote im Asylverfahren sehr gering ist.[589] Dies liegt insbesondere an der sog. Drittstaatenregelung nach Art. 16a Abs. 2 GG. Diese besagt, dass sich auf das Grundrecht auf Asyl von vornherein nicht berufen kann, wer aus einem EU-Mitgliedstaat oder aus einem anderen Drittstaat einreist, in dem die Anwendung der GFK und der EMRK sichergestellt ist. Zum anderen werden einige Verfolgungsgründe, wie die nichtstaatliche Verfolgung, nicht unmittelbar vom asylrechtlichen Schutz nach Art. 16a Abs. 1 GG erfasst. Für Personen, denen im Asylverfahren „nur" der Flüchtlingsstatus zuerkannt wird (s. § 3 AsylG, → Rn. 1803 ff.), besteht jedoch in ihrer Rechtsstellung **kein Unterschied** zu Asylberechtigten.

514 **aa) Zuständigkeit und Verfahren.** Wird das Asylverfahren mit Anerkennung der Asylberechtigung abgeschlossen, können die Betroffenen eine Aufenthaltserlaubnis nach § 25 Abs. 1 AufenthG bei der für sie zuständigen Ausländerbehörde beantragen.

515 Die Ausländerbehörden sind bei der Erteilung der Aufenthaltserlaubnis an die Entscheidung des BAMF gebunden, da die Entscheidung über den Asylantrag verbindlich ist (vgl. § 6 AsylG). Es besteht ein Rechtsanspruch auf Erteilung des Titels. Die **allgemeinen Erteilungsvoraussetzungen** des § 5 Abs. 1 und 2 AufenthG finden **keine** Anwendung (vgl. § 5 Abs. 3 S. 1 AufenthG). Im Übrigen wird auf die Ausführungen zu § 5 Abs. 4 AufenthG verwiesen (→ Rn. 436 ff.).

516 **bb) Ausschluss- und Versagungsgründe.** Nach § 25 Abs. 1 S. 2 AufenthG wird die Aufenthaltserlaubnis nicht erteilt, wenn die betreffende Person aus **schwerwiegenden Gründen** der öffentlichen Sicherheit und Ordnung **ausgewiesen** worden ist. Die Ausweisung muss jedoch den europarechtlichen Vorgaben der Qualifikations-RL 2011 entsprechen.[590] Zudem ist zu berücksichtigen, dass die Versagung der Aufenthaltserlaubnis bei den betroffenen Personen regelmäßig nicht zur Aufenthaltsbeendigung führt.

517 Eine vor der Asylanerkennung verfügte **qualifizierte Ausweisung** kann gem. § 11 Abs. 4 S. 1 AufenthG nach der Anerkennung ohne das Erfordernis einer vorherigen Ausreise aufgehoben oder verkürzt werden. Eine sonstige (vor Anerkennung verfügte) Ausweisung verliert mit Inkrafttreten der Fiktionswirkung des § 25 Abs. 1 S. 3 AufenthG ihre Sperrwirkung, da § 25 Abs. 1 S. 2 AufenthG **lex specialis** gegenüber § 11 Abs. 1, 6 und 7 AufenthG ist.[591] Im Übrigen gilt § 11 Abs. 4 S. 2 AufenthG.

518 **cc) Rechtsstellung.** § 25 Abs. 1 S. 3 AufenthG enthält eine **gesetzliche Aufenthaltsfiktion**, wonach der Aufenthalt abweichend von der generellen Regelung des § 81 Abs. 3 S. 1 AufenthG (Fiktionswirkung ab Antragstellung) bis zur Erteilung der Aufenthaltserlaubnis als erlaubt gilt. Dadurch wird ein durchgängiger **rechtmäßiger** Aufenthalt unabhängig vom Erlöschen der Aufenthaltsgestattung (§ 67 Abs. 1 Nr. 6 AsylG) gewährleistet, selbst wenn der Antrag auf Aufenthaltserlaubnis nicht umgehend gestellt wird.

519 Die Aufenthaltserlaubnis wird gem. § 26 Abs. 1 S. 2 AufenthG für **drei Jahre** erteilt. Sie darf nicht von einer Bedingung (§ 12 Abs. 1 AufenthG) abhängig gemacht werden. Auflagen nach § 12 Abs. 2 AufenthG sind nur zulässig, sofern sie nicht gegen Asylberechtigten zustehende Garantien verstoßen. Zudem ist die Wohnsitzregelung nach § 12a AufenthG zu beachten.

520 Der Anspruch auf Erteilung einer **Niederlassungserlaubnis** richtet sich nach § 26 Abs. 3 AufenthG. Die **Einbürgerung** ist jedoch auch ohne vorherigen Besitz einer Niederlassungserlaubnis möglich, vgl. § 10 Abs. 1 Nr. 2 StAG.

---

[589] Siehe hierzu die monatliche Asylgeschäftsstatistik des BAMF, abrufbar unter www.bamf.de/Infothek/Statistiken/Asylzahlen.

[590] So auch Hofmann/*Fränkel* AufenthG § 25 Rn. 6; aM Bergmann/Dienelt/*Dienelt/Bergmann* AufenthG § 25 Rn. 11.

[591] BVerwG Urt. v. 6.3.2014, 1 C 2.13, Rn. 10, juris.

Die Inhaber eines Titels nach § 25 Abs. 1 S. 1 AufenthG sind kraft Gesetzes zur **521**
Ausübung einer **Erwerbstätigkeit** berechtigt (§ 25 Abs. 1 S. 4 AufenthG). Der **Leis-**
**tungsanspruch** richtet sich nach dem SGB II bzw. SGB XII. Dieser gilt ab Eintritt der
gesetzlichen Fiktion des § 25 Abs. 1 S. 3 AufenthG. Asylberechtigte haben zudem Anspruch auf Teilnahme an einem **Integrationskurs** (vgl. § 44 Abs. 1 S. 1 Nr. 1 Buchst. c
AufenthG). Darüber hinaus können die Ausländerbehörden eine Person bei der Erteilung
eines Aufenthaltstitels nach § 25 Abs. 1 AufenthG auch zur Teilnahme an einem Integrationskurs **verpflichten**, wenn sie sich lediglich auf einfache Art in deutscher Sprache
verständigen kann (§ 44a Abs. 1 S. 7 AufenthG).

Der **Familiennachzug** ist unter erleichterten Bedingungen möglich (vgl. § 29 Abs. 2, **522**
§ 30 Abs. 1 S. 3 Nr. 1, § 32 Abs. 2 S. 2 Nr. 1 und § 36 Abs. 1 AufenthG). Es besteht ein
Anspruch auf Erteilung eines **Reiseausweises für Flüchtlinge**. Solange die betreffende
Person über diesen Reiseausweis verfügt, erlischt die Aufenthaltserlaubnis abweichend
von § 51 Abs. 1 Nr. 6 und 7 AufenthG bei einer Ausreise von über sechs Monaten nicht
(§ 51 Abs. 7 AufenthG).

### b) Die Aufenthaltserlaubnis für anerkannte Flüchtlinge (§ 25 Abs. 2 S. 1 Alt. 1 AufenthG)

Nach § 25 Abs. 2 S. 1 Alt. 1 AufenthG **ist** eine Aufenthaltserlaubnis **nach unanfecht-** **523**
**barer Zuerkennung der Flüchtlingseigenschaft durch das BAMF** (§ 3 Abs. 4 AsylG)
zu erteilen. Die Zuerkennung der Flüchtlingseigenschaft durch das BAMF im Rahmen
eines Asylverfahrens (→ Rn. 1803 ff.) richtet sich dabei nach den Bestimmungen der
Genfer Flüchtlingskonvention (s. § 3 Abs. 1 AsylG), weswegen die Betroffenen auch
**Konventionsflüchtlinge** genannt werden.

**aa) Zuständigkeit und Verfahren.** Die Aufenthaltserlaubnis wird von der Ausländer- **524**
behörde **auf Antrag** erteilt. Bei Vorliegen eines entsprechenden Bescheides des BAMF
besteht ein **Rechtsanspruch auf Erteilung**. Ein Rechtsanspruch besteht auch für Ehegatten und minderjährige Kinder, denen jeweils **Familienflüchtlingsschutz** nach § 26 Abs. 4
AsylG zuerkannt wurde.

Von den **allgemeinen Erteilungsvoraussetzungen** nach § 5 Abs. 1 und 2 AufenthG **525**
ist gem. § 5 Abs. 3 S. 1 AufenthG abzusehen. Im Übrigen wird auf die Ausführungen zu
§ 5 Abs. 4 AufenthG verwiesen (→ Rn. 436 ff.).

Sofern einer Person der Flüchtlingsstatus **nicht vom BAMF**, sondern von einem **526**
**anderen Vertragsstaat der GFK** zuerkannt wurde, genießt sie gem. § 60 Abs. 1 Satz 2
AufenthG (→ Rn. 1839 ff.) Schutz vor Abschiebung in den Verfolgerstaat, ohne dass es
einer erneuten Prüfung der Flüchtlingseigenschaft bedarf. Nach der GFK sind bestimmte
Rechte allen Konventionsflüchtlingen zu gewähren. Dabei ist die Statuszuerkennung
nicht von konstitutiver, sondern rein deklaratorischer Bedeutung. Die Betroffenen sind
vom BAMF anerkannten Flüchtlingen jedoch nicht unmittelbar aufenthaltsrechtlich
gleichgestellt. Für die Erteilung einer Aufenthaltserlaubnis nach § 25 Abs. 2 S. 1 Alt. 1
AufenthG kommt es vielmehr darauf an, ob die völkerrechtliche Verantwortung nach der
GFK auf Deutschland übergegangen ist. In diesem Zusammenhang sind die Voraussetzungen des Europäischen Übereinkommens über den Übergang der Verantwortung für
Flüchtlinge vom 16.10.1980 zu beachten.[592]

**bb) Rechtsstellung.** Die Aufenthaltserlaubnis wird gem. § 26 Abs. 1 S. 2 AufenthG **527**
für **drei Jahre** erteilt.[593] Der Anspruch auf Erteilung einer **Niederlassungserlaubnis**
richtet sich nach § 26 Abs. 3 AufenthG. Die **Einbürgerung** ist wie bei Asylberechtigten

---

[592] Dazu *Lehmann* Asylmagazin 1–2/2014, 4.
[593] Dies entspricht der Vorgabe von Art. 24 Abs. 1 RL 2011/95/EU.

ohne vorherigen Besitz einer Niederlassungserlaubnis möglich, vgl. § 10 Abs. 1 Nr. 2 StAG. Gem. Art. 28 GFK haben Flüchtlinge einen Anspruch auf Erteilung eines **Reiseausweises**, bei dem es sich um ein Passersatzpapier handelt (§ 4 Abs. 1 Nr. 3 AufenthV). Der **Familiennachzug** ist unter erleichterten Bedingungen möglich (vgl. § 29 Abs. 2, § 30 Abs. 1 S. 3 Nr. 1, § 32 Abs. 2 S. 2 Nr. 1, § 36 Abs. 1 AufenthG).

**528**    Nach § 25 Abs. 2 S. 2 AufenthG ist § 25 Abs. 1 S. 2 bis 4 AufenthG (**spezieller Ausschlussgrund, Aufenthaltsfiktion, Recht auf Erwerbstätigkeit**) entsprechend anzuwenden. Der **Leistungsanspruch** für anerkannte Flüchtlinge richtet sich wie bei Asylberechtigten nach dem SGB II bzw. SGB XII. Familienmitglieder sind sozialrechtlich gleichgestellt.[594] Der Anspruch entsteht mit Eintritt der gesetzlichen Fiktion des § 25 Abs. 2 S. 2 iVm Abs. 1 S. 3 AufenthG. Konventionsflüchtlinge haben zudem Anspruch auf Teilnahme an einem **Integrationskurs** (vgl. § 44 Abs. 1 S. 1 Nr. 1 Buchst. c AufenthG). Darüber hinaus können die Ausländerbehörden eine Person bei der Erteilung eines Aufenthaltstitels nach § 25 Abs. 2 AufenthG auch zur Teilnahme an einem Integrationskurs **verpflichten**, wenn sie sich lediglich auf einfache Art in deutscher Sprache verständigen kann (§ 44a Abs. 1 S. 7 AufenthG).

## c) Die Aufenthaltserlaubnis für subsidiär Schutzberechtigte (§ 25 Abs. 2 S. 1 Alt. 2 AufenthG)

**529**    Die Rechtsgrundlage für die Erteilung einer Aufenthaltserlaubnis an subsidiär Schutzberechtigte findet sich seit der Änderung durch das QRL-UmsG[595] im Jahr 2013 in § 25 Abs. 2 AufenthG.[596] Gemeinsam mit dem Flüchtlingsschutz nach der GFK ist der subsidiäre Schutz Teil des europarechtlich geprägten Konzepts des „internationalen Schutzes" (s. Art. 2 Buchst. a RL 2011/95/EU).

**530**    **aa) Zuständigkeit und Verfahren.** Wird das Asylverfahren (→ Rn. 1729 ff.) mit der Zuerkennung von subsidiärem Schutz durch das BAMF abgeschlossen, haben die Betroffenen einen Anspruch auf Erteilung einer Aufenthaltserlaubnis nach § 25 Abs. 2 S. 1 Alt. 2 AufenthG durch die für sie zuständige Ausländerbehörde.[597] Die Erteilung erfolgt auf Antrag. Dabei ist von den **allgemeinen Erteilungsvoraussetzungen** nach § 5 Abs. 1 und 2 AufenthG gem. § 5 Abs. 3 S. 1 AufenthG abzusehen. Im Übrigen wird auf die Ausführungen zu § 5 Abs. 4 AufenthG verwiesen (→ Rn. 436 ff.).

**531**    Auch wenn die Zuerkennung von subsidiärem Schutz **durch einen anderen EU-Staat** kein Recht auf Niederlassung in Deutschland begründet, wird teilweise eine umfassende **Bindungswirkung der Entscheidung** eines anderen EU-Staats bejaht, sofern die Person sich (aus anderen Gründen) rechtmäßig in Deutschland aufhält, da eine Ungleichbehandlung mit im Inland als subsidiär schutzberechtigt Anerkannten sich nicht rechtfertigen lasse und europarechtlich auch nicht vorgesehen sei.[598]

**532**    **bb) Rechtsstellung.** Für subsidiär Schutzberechtigte gelten nach § 25 Abs. 2 S. 2 AufenthG die Bestimmungen des § 25 Abs. 1 S. 2 bis 4 AufenthG (**spezieller Ausschlussgrund, Aufenthaltsfiktion, Recht auf Erwerbstätigkeit**). Die Aufenthaltserlaubnis wird gem. § 26 Abs. 1 S. 3 AufenthG grundsätzlich für einen Zeitraum von einem Jahr erteilt

---

[594] Dies entspricht den Art. 23 Abs. 2 und Art. 29 RL 2011/95/EU.

[595] Gesetz zur Umsetzung der Richtlinie 2011/95/EU v. 28.8.2013 (BGBl. I 3474).

[596] Zuvor erhielten die Betroffenen eine Aufenthaltserlaubnis nach § 25 Abs. 3 AufenthG, was mit (europarechtswidrigen) Einschränkungen ihres Rechtsstatus verbunden war.

[597] Vor der Rechtsänderung durch das QRL-UmsG 2013 konnte die Ausländerbehörde unter Mitwirkung des BAMF den Status prüfen, sofern kein Asylantrag gestellt worden war.

[598] So Hofmann/*Fränkel* AufenthG § 25 Rn. 17; aM BVerwG Urt. v. 17.6.2014 – 10 C 7.13, Rn. 29, juris, siehe zu den Folgen eines bereits durch einen EU-Staat gewährten internationalen Schutzstatus für ein Asylverfahren in Deutschland Rn. 1777 ff.

(dies entspricht Art. 24 Abs. 2 RL 2011/95/EU). Der **Leistungsanspruch** richtet sich nach dem SGB II bzw. SGB XII. Familienmitglieder sind sozialrechtlich gleichgestellt.[599] Der Anspruch gilt ab Eintritt der gesetzlichen Fiktion des § 25 Abs. 2 S. 2 iVm Abs. 1 S. 3 AufenthG. Im Hinblick auf die **Wohnsitznahmepflicht** ist § 12a AufenthG zu beachten. Subsidiär Schutzberechtigte haben einen **Anspruch** auf Teilnahme an einem **Integrationskurs** (vgl. § 44 Abs. 1 S. 1 Nr. 1 Buchst. c AufenthG).

Auch wenn die Qualifikations-RL 2011 nach einer einheitlichen Behandlung von international Schutzberechtigten strebt, wurde der Aufenthalt von subsidiär Schutzberechtigten dem von anerkannten Flüchtlingen noch nicht vollständig angeglichen. So unterliegen subsidiär Schutzberechtigte im Hinblick auf Möglichkeiten der **Aufenthaltsverfestigung** strengeren Voraussetzungen, da sie im Hinblick auf die Erlangungen einer Niederlassungserlaubnis nicht § 26 Abs. 3 AufenthG unterfallen, sondern § 26 Abs. 4 AufenthG. Die **Einbürgerung** ist jedoch wie bei Asylberechtigten und Konventionsflüchtlingen ohne vorherigen Besitz einer Niederlassungserlaubnis möglich, vgl. § 10 Abs. 1 Nr. 2 StAG. 533

Das Recht auf **Familiennachzug** wurde im Zuge des NeuBestG dem Recht Asylberechtigter und anerkannter Flüchtlinge angeglichen, sodass auch subsidiär Schutzberechtigte grundsätzlich unter die Ermessensprivilegierung des § 29 Abs. 2 S. 2 AufenthG fallen und beim Ehegatten-, Kinder- und Elternnachzug die Erleichterungen der §§ 30 Abs. 1 S. 3 Nr. 3, § 32 Abs. 2 S. 2 Nr. 1 und § 36 Abs. 1 AufenthG geltend machen können. Mit dem sog. Asylpaket II wurde das Nachzugsrecht für subsidiär Schutzberechtigte jedoch für zwei Jahre **ausgesetzt**. Gem. **§ 104 Abs. 13 AufenthG** wird Personen, denen nach dem 17. März 2016 eine Aufenthaltserlaubnis nach § 25 Abs. 2 S. 1 Alt. 2 AufenthG erteilt wurde, der **Familiennachzug bis zum 16. März 2018 nicht gewährt**. 534

Zwar haben subsidiär Schutzberechtigte keinen Anspruch auf den Reiseausweis für Flüchtlinge nach Art. 28 GFK. Ihnen **ist** jedoch ein **Reiseausweis für Ausländer** nach § 5 und § 6 AufenthV zu erteilen, da das behördliche Ermessen im Lichte von Art. 25 Abs. 2 RL 2011/95/EU auf Null reduziert ist.[600] 535

Zu beachten ist schließlich die **Übergangsregelung** des § 104 Abs. 9 AufenthG, wonach Personen, die eine Aufenthaltserlaubnis nach § 25 Abs. 3 AufenthG besitzen, weil das BAMF oder die Ausländerbehörde Abschiebungsverbote nach § 60 Abs. 2, 3 oder 7 S. 2 AufenthG in der vor dem 1. Dezember 2013 gültigen Fassung festgestellt hat, als subsidiär Schutzberechtigte iSd § 4 Abs. 1 AsylG gelten. Sie erhalten von Amts wegen eine Aufenthaltserlaubnis nach § 25 Abs. 2 S. 1 Alt. 2 AufenthG, sofern das BAMF die Ausländerbehörde nicht über das Vorliegen von Ausschlusstatbeständen unterrichtet.[601] 536

### d) Aufenthaltserlaubnis bei Vorliegen von Abschiebungsverboten nach § 60 Abs. 5 und 7 AufenthG (§ 25 Abs. 3 AufenthG)

Die Aufenthaltserlaubnis nach § 25 Abs. 3 AufenthG erfasst Personen, für die Abschiebungsverbote nach § 60 Abs. 5 oder § 60 Abs. 7 AufenthG festgestellt wurden. Diesen Personen soll ein (vorrübergehender) **rechtmäßiger** Aufenthalt in Deutschland ermöglicht werden, anstatt ihnen – wie nach früherem Recht – lediglich eine **Duldung** (→ Rn. 1191 ff.) zu erteilen. 537

**aa) Besondere Erteilungsvoraussetzungen.** Liegt ein zielstaatsbezogenes Abschiebungsverbot nach § 60 Abs. 5 oder 7 AufenthG (→ Rn. 1853 ff.) vor, **soll** eine Aufent- 538

---

[599] Dies entspricht den Art. 23 Abs. 2 und Art. 29 RL 2011/95/EU.
[600] Siehe dazu VGH München Beschl. v. 10.2.2016 – 19 ZB 14.2708, Rn. 3, juris.
[601] Siehe zum Verhältnis von § 25 Abs. 3 aF und § 25 Abs. 2 S. 1 Alt. 2 nF AufenthG bzw. § 60 Abs. 2 AufenthG zu § 4 AsylG sowie zu den entsprechenden Ausschluss- oder Versagungsgründen, BVerwG Urt. v. 25.3.2015 – 1 C 16.14, juris.

haltserlaubnis erteilt werden, sofern kein Ausschlussgrund greift (§ 25 Abs. 3 S. 2 und S. 3 AufenthG). Dieser Soll-Anspruch steht nur in **atypischen Fällen** im Ermessen der Ausländerbehörde.[602]

539    **bb) Ausschlussgründe.** Der Ausschlussgrund des § 25 Abs. 3 S. 2 Alt. 1 AufenthG bezieht sich auf einen anderen Staat als denjenigen, für den das Vorliegen eines Abschiebungsverbotes festgestellt wurde. Erforderlich für einen solchen Ausschluss ist, dass die Einreise und der (nicht nur kurzfristige) Verbleib in diesem anderen Staat **möglich** ist. Hierfür trägt die Ausländerbehörde die Darlegungs- und Beweislast.[603] Maßgeblich ist dabei die **Aufnahmebereitschaft** des Drittstaates sowie die **Beziehungen**, die der oder die Betroffene zu diesem Staat hat.[604] Die Ausreise muss auch **zumutbar** sein. Unzumutbar ist die Ausreise insbesondere im Falle einer drohenden „Kettenabschiebung" in den Heimatstaat oder wenn vor Ort Lebensbedingungen drohen, die ähnlich unzumutbar sind.[605] Nach der Gesetzesbegründung wird die Zumutbarkeit vermutet, sofern der Ausländerbehörde keine anderweitigen Hinweise vorliegen.[606]

540    Im Hinblick auf einen möglichen **Verstoß gegen Mitwirkungspflichten** iSd § 25 Abs. 3 S. 2 Alt. 2 AufenthG, muss es sich um „entsprechende" Pflichten handeln, also solche die zur (vorliegenden) Unmöglichkeit oder Unzumutbarkeit der Ausreise beigetragen haben.[607] Hierzu zählen etwa die gesetzlichen Mitwirkungspflichten zur Identitätsfeststellung (§ 49 Abs. 1 AufenthG) sowie die Vorlage und Beschaffung von Ausweisdokumenten (§ 48 Abs. 1 und 3 AufenthG). Auch die Mitwirkungshandlung selbst muss möglich und zumutbar sein.

541    Die Ausschlussgründe in § 25 Abs. 3 S. 3 Nr. 1 bis 4 AufenthG sind aufgrund des bis zum NeuBestG auch unter diese Norm fallenden subsidiären Schutzstatus durch die strengen europäischen Vorgaben des Art. 17 RL 2011/95/EU geprägt und entsprechen diesem wortgleich.[608] Der Ausschlussgrund des Vorliegens einer **Straftat von erheblicher Bedeutung** (Nr. 2) setzt das Vorliegen eines Kapitalverbrechens voraus.[609] Dabei muss die von der betroffenen Person ausgehende Gefahr grundsätzlich **gegenwärtig** sein, da eine generalpräventive Ausweisung bei Personen, die besonderen Ausweisungsschutz genießen, nur in begründeten Ausnahmefällen zulässig ist.[610]

542    **cc) Zuständigkeit und Verfahren.** Die Prüfung der Abschiebungsverbote nach § 60 Abs. 5 oder 7 AufenthG (→ Rn. 1853 ff.) erfolgt im Rahmen eines **Asylverfahrens** (→ Rn. 1729 ff.) durch das BAMF. Dessen Zuständigkeit für diese Prüfung bleibt nach einmaliger Stellung eines Asylantrags auch für die Zukunft bestehen (vgl. § 24 Abs. 2 AsylG). Die Ausländerbehörde ist an die Entscheidung des BAMF gebunden (vgl. § 42 AsylG).

543    Gem. § 10 Abs. 1 AufenthG kann einer Person, die einen Asylantrag gestellt hat, vor **bestandskräftigem Abschluss** des Asylverfahrens ein Aufenthaltstitel nur in Fällen eines gesetzlichen Anspruchs oder (sofern wichtige Interessen der Bundesrepublik es erfor-

---

[602] Siehe hierzu BVerwGE 124, 326 (331).

[603] OVG Saarlouis Beschl. v. 11.11.2014 – 2 B 362/14, Rn. 2, juris; so auch Nr. 25.3.5.5 AVV-AufenthG.

[604] OVG Saarlouis Beschl. v. 11.11.2014 – 2 B 362/14, Rn. 2, juris.

[605] BT-Drs. 15/420, 79; Nr. 25.3.5.6 AVV-AufenthG.

[606] BT-Drs. 15/420, 79; Nr. 25.3.5.6 AVV-AufenthG; aM Hofmann/*Fränkel* AufenthG § 25 Rn. 26.

[607] OVG Berlin-Brandenburg Beschl. v. 28.3.2014 – OVG 6 N 27.14, juris; Nr. 25.3.6.1 S. 4 AVV-AufenthG.

[608] Dazu OVG Bremen Urt. v. 10.5.2011 – 1 A 306/10, 1 A 307/10.

[609] BVerwG Urt. v. 25.3.2015 – 1 C 16.14, Rn. 27, juris.

[610] Vgl. OVG Bremen Urt. v. 10.5.2011 – 1 A 306/10, 1 A 307/10, Rn. 86, juris; s. auch BVerfG Beschl. v. 10.8.2007 – 2 BvR 535/06, NVwZ 2007, 1300 = InfAuslR 2007, 443.

dern) mit Zustimmung der obersten Landesbehörde **erteilt** werden. Sofern nur die Feststellung über das Vorliegen eines Abschiebungsverbotes nach § 60 Abs. 5 oder 7 AufenthG (nicht aber die Entscheidung über einen internationalen Schutzstatus) bestandskräftig sind, ist das Asylverfahren noch nicht bestandskräftig abgeschlossen, sodass die Sperre des § 10 Abs. 1 AufenthG während des gerichtlichen Verfahrens fortwirkt.[611]

Zu beachten ist zudem § 10 Abs. 3 S. 2 AufenthG, wonach bei Ablehnung eines Asyl- 544 antrags nach § 30 Abs. 3 Nr. 1 bis 6 AsylG (als „offensichtlich unbegründet") vor der Ausreise kein Aufenthaltstitel erteilt werden darf. Die in § 10 Abs. 3 S. 3 AufenthG geregelte Ausnahme im Falle eines Anspruchs auf Erteilung eines Titels erfasst nach der Rechtsprechung des BVerwG nur strikte Rechtsansprüche.[612]

Sofern **kein Asylantrag** gestellt wird – oder in der Vergangenheit gestellt worden ist – 545 obliegt der **Ausländerbehörde** die Zuständigkeit für die Prüfung, wobei sie das BAMF zu beteiligen hat (vgl. § 72 Abs. 2 AufenthG). Von den allgemeinen Erteilungsvoraussetzungen gem. § 5 Abs. 1 und 2 AufenthG **ist** nach § 5 Abs. 3 S. 1 AufenthG abzusehen.

**dd) Rechtsstellung.** Die Erteilung einer Aufenthaltserlaubnis erfolgt gem. § 26 Abs. 1 546 S. 4 AufenthG für **mindestens ein Jahr**. Die Erteilung einer **Niederlassungserlaubnis** richtet sich nach § 26 Abs. 4 AufenthG. Im Hinblick auf die **Erwerbstätigkeit** gelten die allgemeinen Regelungen des § 4 Abs. 2 S. 3 iVm § 39 AufenthG. Hier ist zu beachten, dass die Erteilung einer Erlaubnis zur Beschäftigung an Personen mit einer Aufenthaltserlaubnis nach dem 5. Abschnitt des AufenthG seit dem 1.7.2013 keiner Zustimmung der Bundesagentur für Arbeit mehr bedarf und somit **keiner Vorrangprüfung** mehr unterliegt (s. § 31 BeschV). Der **Leistungsanspruch** richtet sich nach dem SGB II bzw. SGB XII. Im Hinblick auf die **Wohnsitznahmepflicht** ist § 12a AufenthG zu beachten. Der **Familiennachzug** ist nach § 29 Abs. 3 S. 1 AufenthG nur aus völkerrechtlichen oder humanitären Gründen oder zur Wahrung politischer Interessen der Bundesrepublik möglich. Es besteht **kein** Anspruch auf einen Integrationskurs.

## e) Aufenthaltserlaubnis für einen vorübergehenden Aufenthalt aus dringenden humanitären oder persönlichen Gründen oder erheblichen öffentlichen Interessen (§ 25 Abs. 4 S. 1 AufenthG) und Aufenthaltsverlängerung in außergewöhnlichen Härtefällen (§ 25 Abs. 4 S. 2 AufenthG)

§ 25 Abs. 4 AufenthG enthält zwei Regelungen für besondere Fallkonstellationen, in 547 denen ausnahmsweise die Gewährung eines (vorübergehenden) Aufenthalts in Deutschland geboten ist. § 25 Abs. 4 S. 1 AufenthG ermöglicht die Erteilung einer Aufenthaltserlaubnis für einen **vorübergehenden** Aufenthalt aus **dringenden humanitären oder persönlichen Gründen** oder **erheblichen öffentlichen Interessen.** Nach § 25 Abs. 4 S. 2 AufenthG kann eine Aufenthaltserlaubnis abweichend von § 8 Abs. 1 und 2 AufenthG **verlängert** werden, wenn eine Aufenthaltsbeendigung aufgrund besonderer Einzelfallumstände eine **außergewöhnliche Härte** bedeuten würde.

**aa) Die Aufenthaltserlaubnis für einen vorübergehenden Aufenthalt (§ 25 Abs. 4** 548 **S. 1 AufenthG).** Die Erteilung einer Aufenthaltserlaubnis nach § 25 Abs. 4 S. 1 AufenthG kommt nur in Betracht, sofern die betroffene Person **nicht vollziehbar ausreisepflichtig** im Sinne des § 58 Abs. 2 AufenthG ist, wobei kein **rechtmäßiger** Aufenthalt vorliegen muss. Sofern die Beendigung eines vorherigen Aufenthaltes droht, sollte die Aufenthaltserlaubnis möglichst frühzeitig beantragt werden. Die Aufenthaltserlaubnis

---

[611] BVerwG, Urtl. v. 17.12.2015 – 1 C 31/14, NVwZ 2016, 458; s. zum Folge- und Zweitverfahren BVerwG, Urt. v. 12.7.2016 – 1 C 23/15, NVwZ 2016, 1498.
[612] BVerwG NVwZ 2016, 458, Rn. 20 ff.; so auch Bergmann/Dienelt/*Dienelt* AufenthG § 10 Rn. 20; aM Hofmann/*Müller* AufenthG § 10 Rn. 27 mwN.

**kann** unabhängig von den **allgemeinen Erteilungsvoraussetzungen** des § 5 Abs. 1 und 2 AufenthG erteilt werden (vgl. § 5 Abs. 3 S. 2 AufenthG).

549    Ein (vorübergehender) **dringender humanitärer oder persönlicher Grund** iSd § 25 Abs. 4 S. 1 AufenthG ist gegeben, wenn das persönliche Interesse an einer sofortigen vorübergehenden Legalisierung des Aufenthaltes im Rahmen einer umfassenden Einzelfallabwägung das öffentliche Interesse an einer Aufenthaltsbeendigung deutlich überwiegt.[613] Maßgeblich sind **inlandsbezogene** Gründe, sodass beispielsweise Schwierigkeiten in der Bestreitung des Lebensunterhaltes im Herkunftsland nicht berücksichtigt werden können.[614] Erfasst werden jedoch zB die Durchführung einer notwendigen medizinischen Operation oder ärztlichen Behandlung, der Abschluss einer Schulausbildung in Deutschland, eine Eheschließung oder die vorübergehende Betreuung eines erkrankten Angehörigen.[615]

550    **Erhebliche öffentliche Interessen** können beispielsweise in der Notwendigkeit einer Zeugenaussage im Rahmen eines gerichtlichen oder behördlichen Verfahrens oder der Zusammenarbeit mit deutschen Behörden bei der Ermittlung von Straftaten gesehen werden.[616] Hier ist jedoch zu beachten, dass die §§ 25 Abs. 4a und 4b AufenthG eigene aufenthaltsrechtliche Grundlagen für Opfer von Menschenhandels- und Schwarzarbeitsdelikten enthalten, die im Gegensatz zu § 25 Abs. 4 S. 1 AufenthG auch greifen können, wenn die betreffende Person **vollziehbar ausreisepflichtig** ist.

551    Da der Zweck von § 25 Abs. 4 S. 1 AufenthG die Erteilung eines **kurzfristigen** Aufenthaltes ist, handelt es sich in der Regel um Zeiträume von längstens sechs Monaten (vgl. § 26 Abs. 1 S. 1 AufenthG). Sowohl eine Verlängerung als auch eine Aufenthaltsverfestigung sind aufgrund des vorübergehenden Charakters der Aufenthaltsgewährung grundsätzlich (außer in den Fällen des § 25 Abs. 4 S. 2 AufenthG) nicht möglich (vgl. § 8 Abs. 2 AufenthG).

552    Die Möglichkeit der **Erwerbstätigkeit** richtet sich nach den den allgemeinen Regelungen des § 4 Abs. 2 S. 3 iVm § 39 AufenthG. Hier ist zu beachten, dass die Erteilung einer Erlaubnis zur Beschäftigung an Personen mit einer Aufenthaltserlaubnis nach dem 5. Abschnitt des AufenthG seit dem 1.7.2013 keiner Zustimmung der Bundesagentur für Arbeit mehr bedarf und somit **keiner Vorrangprüfung** mehr unterliegt (s. § 31 BeschV).

553    Die Betroffenen sind nach § 1 Nr. 3 Buchst. b **AsylbLG** leistungsberechtigt. Gem. § 2 Abs. 1 AsylbLG haben sie nach 15 Monaten einen Anspruch auf Leistungen entsprechend dem SGB XII. Ein Recht auf **Familiennachzug** ist aufgrund des vorübergehenden Zweckes des Aufenthaltes nicht vorgesehen, vgl. § 29 Abs. 3 S. 3 AufenthG.

554    Zu beachten ist auch § 10 Abs. 3 S. 2 AufenthG, wonach bei Ablehnung eines Asylantrags nach § 30 Abs. 3 Nr. 1 bis 6 AsylG (als „offensichtlich unbegründet") vor der Ausreise kein Aufenthaltstitel erteilt werden darf. Die in § 10 Abs. 3 S. 3 AufenthG geregelte Ausnahme im Falle eines Anspruchs auf Erteilung eines Titels erfasst nach der Rechtsprechung des BVerwG nur strikte Rechtsansprüche.[617]

555    **bb) Die Aufenthaltsverlängerung in außergewöhnlichen Härtefällen (§ 25 Abs. 4 S. 2 AufenthG).** Der **eigenständige Verlängerungsgrund** in § 25 Abs. 4 S. 2 AufenthG bezieht sich nicht nur auf § 25 Abs. 4 S. 1 AufenthG.[618] Eine Verlängerungsmöglichkeit besteht, sofern die betroffene Person im Besitz einer **Aufenthaltserlaubnis** oder einer

---

[613] Dazu OVG Lüneburg Beschl. v. 12.7.2012 – 8 ME 94/12, Rn. 13, juris.

[614] Nr. 25.4.1.4 AVV-AufenthG; aM Hofmann/*Fränkel* AufenthG § 25 Rn. 47.

[615] BT-Drs. 15/420, 79 f.; Nr. 25.4.1.6.2 AVV-AufenthG.

[616] BT-Drs. 15/420, 79 f.; Nr. 25.4.1.6.3 AVV-AufenthG.

[617] BVerwG NVwZ 2016, 458, Rn. 20 ff.; so auch Bergmann/Dienelt/*Dienelt* AufenthG § 10 Rn. 20; aM Hofmann/*Müller* AufenthG § 10 Rn. 27 mwN.

[618] Die Vorschrift wurde der Vorgängerregelung des § 30 Abs. 2 AuslG nachgebildet, s. BT-Drs. 15/420, 80.

entsprechenden Fiktionsbescheinigung (§ 81 Abs. 4 AufenthG) ist und eine **außergewöhnliche Härte** vorliegt. Anders als bei § 25 Abs. 4 S. 1 AufenthG, ist hier ein **rechtmäßiger Aufenthalt** erforderlich. Da es sich bei einem Visum zwar um einen Aufenthaltstitel, aber gerade nicht um eine Aufenthaltserlaubnis handelt (§ 4 Abs. 1 Nr. 1 AufenthG), kann das Visum nicht als Grundlage für eine Verlängerung nach § 25 Abs. 4 S. 2 AufenthG dienen.[619]

Die von der Rechtsprechung zur Vorgängerregelung des § 30 Abs. 2 AuslG 1990   **556** entwickelten Anforderungen an das Vorliegen einer **außergewöhnlichen Härte** gelten auch hier.[620] Darunter wird eine **individuelle Sondersituation** verstanden, durch die eine Aufenthaltsbeendigung die betroffene Person wesentlich härter treffen würde als andere ausreisepflichtige Personen.[621] Bei einer in Deutschland aufgewachsenen Person ist bspw. im Sinne des Art. 2 Abs. 1 GG zu berücksichtigen, inwieweit sie in Deutschland „verwurzelt" ist und wie schwer die Folgen einer „Entwurzelung" wiegen.[622] Auch etwaige familiäre Bindungen sind im Lichte der Rechte aus Art. 6 Abs. 1 GG sowie Art. 7 GRC und Art. 8 EMRK zu beachten. Die Möglichkeit einer Aufenthaltsverlängerung nach Beendigung einer ehelichen Lebensgemeinschaft ist jedoch durch § 31 AufenthG, der selbst eine eigene Härteklausel enthält, abschließend geregelt.

Die Möglichkeit der **Erwerbstätigkeit** richtet sich nach den allgemeinen Regelungen   **557** des § 4 Abs. 2 S. 3 iVm § 39 AufenthG. Hier ist zu beachten, dass die Erteilung einer Erlaubnis zur Beschäftigung an Personen mit einer Aufenthaltserlaubnis nach dem 5. Abschnitt des AufenthG seit dem 1.7.2013 keiner Zustimmung der Bundesagentur für Arbeit mehr bedarf und somit **keiner Vorrangprüfung** mehr unterliegt (s. § 31 BeschV).

Im Gegensatz zur Aufenthaltserlaubnis nach § 25 Abs. 4 S. 1 AufenthG unterliegen   **558** die Begünstigten einem Leistungsanspruch nach dem SGB II bzw SGB XII. Ein Recht auf **Familiennachzug** ist auch hier grundsätzlich nicht vorgesehen, vgl. § 29 Abs. 3 S. 3 AufenthG. Dies wird teilweise als europarechtswidrig angesehen, sofern eine begründete Aussicht auf einen dauerhaften Aufenthalt besteht.[623]

### f) Aufenthaltserlaubnis für die Opfer von Menschenhandel (§ 25 Abs. 4a AufenthG)

**aa) Allgemeines.** Durch § 25 Abs. 4a AufenthG wurde eine humanitäre Sonderrege-   **559** lung zum Schutz von Personen geschaffen, die Opfer von Menschenhandel (§§ 232 – 233a StGB) geworden sind. Die Norm setzt die Richtlinie 2004/81/EG[624] (sog. OpfSch-RL) um. Zweck der Richtlinie ist es, die Zusammenarbeit der jeweiligen Opfer mit staatlichen Ermittlungsbehörden zu fördern, um irreguläre Einwanderung zu bekämpfen und den Betroffenen zugleich angemessenen Schutz zu bieten. Von der nach der Richtlinie möglichen Beschränkung auf volljährige Personen hat der deutsche Gesetzgeber zu Recht keinen Gebrauch gemacht.

Ursprünglich diente die Regelung vorrangig der erleichterten Durchführung eines   **560** Strafverfahrens, weshalb Betroffenen nur ein vorrübergehender Aufenthalt zur Zusammenarbeit mit den Ermittlungsbehörden bzw. Aussagen im Straffverfahren gewährt

---

[619] So VGH Kassel Urt. v. 25.2.2011 – 7 B 139/11, Rn. 16, juris; dazu Bergmann/Dienelt/*Dienelt/ Bergmann* AufenthG § 25 Rn. 70; aM Hofmann/*Fränkel* AufenthG § 25 Rn. 54.

[620] BVerwG Beschl. v. 8.2.2007 – 1 B 69.06, Rn. 8, juris.

[621] Nr. 25.4.2.4.1 AVV-AufenthG; s. OVG Saarlouis Beschl. v. 26.8.2015 – 2 A 76/15, Rn. 6 ff., juris, verneinend im Hinblick auf eine außergewöhnliche Härte aufgrund des besonderen schulischen Förderbedarfs eines Minderjährigen, dem das Schulsystem im Kosovo nicht gerecht werde.

[622] Dazu BVerwG Urt. v. 27.1.2009 – 1 C 40.07 = BVerwGE 133, 73; OVG Saarlouis Beschl. v. 3.9.2012 – 2 B 199/12, Rn. 8, juris.

[623] So etwa Hofmann/*Fränkel* AufenthG § 25 Rn. 57.

[624] ABl. EG L 261 v. 6.8.2004, 19 ff.

wurde. Heute steht der Opferschutz stärker im Vordergrund. So wurde mit dem Neu-BestG der Zusatz „vorübergehend" in S. 1 gestrichen, ein den Richtlinienvorgaben entsprechender Regelanspruch („soll" statt „kann") etabliert und zudem die Möglichkeit der Aufenthaltsverlängerung in S. 3 eingefügt. Die Betroffenen können nun auch unabhängig von der Mitwirkung an der Durchführung eines Strafverfahrens einen (dauerhaften) Aufenthaltsstatus erhalten.[625]

561    **bb) Besondere Erteilungsvoraussetzungen.** Opfern von Menschenhandel (§§ 232 – 233a StGB) **soll**, selbst wenn sie **vollziehbar ausreisepflichtig** sind, eine Aufenthaltserlaubnis gem. **§ 25 Abs. 4a S. 1 AufenthG** erteilt werden, sofern ihre Anwesenheit im Hinblick auf ein **Strafverfahren** sachgerecht ist, sie **keinen Kontakt zu den Beschuldigten** haben und bereit für **Zeugenaussagen** sind.

562    Voraussetzung für eine **Verlängerung nach § 25 Abs. 4a S. 3 AufenthG** ist, dass humanitäre oder persönliche Gründe oder auch öffentliche Interessen eine weitere Anwesenheit im Bundesgebiet erfordern. In Bezug auf die humanitären und politischen Gründe kann auf die Ausführungen zu § 25 Abs. 4 S. 1 AufenthG verwiesen werden (→ Rn. 547), wobei die Gründe hier nicht „dringend" sein müssen. Auch handelt es sich hier gerade nicht nur um eine **vorübergehende** Aufenthaltsgewährung wie bei § 25 Abs. 4 AufenthG.

563    **cc) Zuständigkeit und Verfahren.** Sofern die Voraussetzungen vorliegen, **soll** die Aufenthaltserlaubnis erteilt werden. Eine Ablehnung ist daher nur in **atypischen Fällen** möglich. Im Hinblick auf bestehende Einreise- und Aufenthaltsverbote gilt § 11 Abs. 4 S. 2 AufenthG.[626] Während von den **allgemeinen Erteilungsvoraussetzungen** des § 5 Abs. 1 Nr. 1 bis 2 und 4 sowie Abs. 2 gem. § 5 Abs. 3 S. 1 AufenthG abzusehen **ist, kann** von den **übrigen** allgemeinen Voraussetzungen nach Ermessen abgesehen werden (§ 5 Abs. 3 S. 2 AufenthG).

564    Gem. § 72 Abs. 6 AufenthG ist bei einer Entscheidung über die Erteilung, die Verlängerung oder den Widerruf eines Aufenthaltstitels nach § 25 Abs. 4a AufenthG und die Festlegung, Aufhebung oder Verkürzung einer Ausreisefrist nach § 59 Absatz 7 AufenthG, die für das in Bezug genommene Strafverfahren zuständige **Staatsanwaltschaft** oder das mit ihm befasste **Strafgericht** zu **beteiligen**, es sei denn es liegt ein Fall des § 87 Abs. 5 Nr. 1 AufenthG vor.

565    Nach den Vorgaben der Opfsch-RL (Art. 5 RL 2004/81/EG) sind Opfer von entsprechenden Straftaten über die Möglichkeit der Aufenthaltsgewährung zu **informieren**. Dabei ist ihnen im Hinblick auf eine Antragstellung eine angemessene Bedenkzeit einzuräumen (Art. 6 Abs. 1 5 RL 2004/81/EG). Im Hinblick auf diese Vorgabe informiert die Ausländerbehörde (oder eine von ihr bestimmte Stelle) die Betroffenen über die geltenden Regelungen, Programme und Maßnahmen (§ 59 Abs. 7 S. 3 AufenthG). Dabei setzt sie ihnen eine **Ausreisefrist von mindestens drei Monaten** (vgl. § 59 Abs. 7 AufenthG).

566    Da den Betroffenen während dieser **Bedenkzeit** sowohl Unterhalt als auch medizinische Versorgung gewährt und von aufenthaltsbeendenden Maßnahmen abgesehen werden muss, ist ihnen eine **Duldung** (→ Rn. 1191 ff.) zu erteilen. Unterstützung und Betreuung ist Opfern von Menschenhandel zudem unabhängig von einer Kooperation mit Strafverfolgungsbehörden zu gewähren. Dies entspricht auch den europäischen Vorgaben der staatlichen Fürsorge- und Schutzpflichten für Opfer von Menschenhandel nach der

---

[625] Dazu BT-Drs. 642/14, 45.

[626] Die bisherige Formulierung „abweichend von § 11 Abs. 1" wurde aus § 25 Abs. 4a AufenthG gestrichen; dazu BT-Drs. 642/14, 45 f.; s. zu Übergangsfällen, in denen vor Inkrafttreten der Neuordnung der Sperrwirkung eine AE erteilt worden ist OVG Berlin-Brandenburg, Beschl. v. 8.11.2016 – OVG 3 S 84/16, in Fortführung von BVerwG, Urt. v. 6.3.2014 – 1 C 2/13, NVwZ 2014, 1107.

Richtlinie 2011/36/EU (sog. Menschenhandelsbekämpfungs-RL), deren Umsetzungsfrist bereits abgelaufen ist. Zu den gebotenen Maßnahmen zählen Zugang zu (rechtlicher) Beratung, Hilfe bei Übersetzungen, Lebensunterhaltssicherung, Unterbringung sowie psychologische und medizinische Betreuung (s. Art. 11 Abs. 5 und 12 Abs. 2 Richtlinie 2011/36/EU, s. auch Art. 7 und 9 RL 2004/81/EG).

Auch über die **Möglichkeit einer Asylantragstellung** sollten die Betroffenen auf- **567** geklärt werden, wenn beispielsweise aufgrund einer Zusammenarbeit mit den Strafverfolgungsbehörden wiederum die Gefahr einer Verfolgung im Herkunftsland droht. Bei Opfern von Menschenhandel ist zudem zu prüfen, ob die Voraussetzungen für eine Aufenthaltserlaubnis nach § 25 Abs. 3 AufenthG vorliegen.[627]

**dd) Rechtsstellung.** Die Aufenthaltserlaubnis nach **§ 25 Abs. 4a S. 1 AufenthG** wird **568** gem. § 26 Abs. 1 S. 5 AufenthG jeweils für **ein Jahr** erteilt und verlängert, die Aufenthaltserlaubnis nach **§ 25 Abs. 4a S. 3 AufenthG** jeweils für **zwei Jahre.** In begründeten Fällen ist auch eine längere Geltung zulässig. Die Möglichkeit einer **Aufenthaltsverfestigung** richtet sich nach § 26 Abs. 4 AufenthG. Eine Aufenthaltserlaubnis nach 25 Abs. 4a S. 3 AufenthG begründet ein besonderes Bleibeinteresse nach § 55 Abs. 1 Nr. 6 AufenthG.

Das Recht auf **Erwerbstätigkeit** richtet sich nach den allgemeinen Vorschriften gem. **569** § 4 Abs. 2 AufenthG. Die Betroffenen sind leistungsberechtigt nach dem **SGB II bzw. SGB XII.** Personen mit einer Aufenthaltserlaubnis nach **§ 25 Abs. 4a S. 3 AufenthG** haben zudem Anspruch auf Teilnahme an einem **Integrationskurs** (vgl. § 44 Abs. 1 S. 1 Nr. 1 Buchst. c AufenthG). Der **Familiennachzug** ist bei einer Aufenthaltserlaubnis zum Zwecke eines Strafverfahrens nach **§ 25 Abs. 4a S. 1 AufenthG** gem. § 29 Abs. 3 S. 1 AufenthG unter eingeschränkten Voraussetzungen möglich. Personen, denen die Aufenthaltserlaubnis unabhängig von einem Strafverfahren gem. **§ 25 Abs. 4a S. 3 AufenthG** verlängert wurde, unterliegen den allgemeinen Regelungen der §§ 27 ff. AufenthG.

Nach § 52 Abs. 5 S. 1 Nr. 1 und 2 und S. 2 AufenthG gelten **besondere Widerrufs-** **570** **gründe** im Hinblick auf § 25 Abs. 4a S. 1 AufenthG, sofern die betreffende Person nicht mehr bereit ist im Strafverfahren auszusagen, Falschangaben macht, oder Kontakt zu den Beschuldigten aufnimmt. Im Übrigen kann die Aufenthaltserlaubnis widerrufen werden, wenn die Voraussetzungen für die Erteilung nicht mehr vorliegen.

**g) Aufenthaltserlaubnis für die Opfer illegaler Beschäftigung (§ 25 Abs. 4b AufenthG)**

**aa) Allgemeines.** § 25 Abs. 4b S. 1 AufenthG setzt Art. 13 Abs. 4 RL 2009/52/EG **571** (sog. Sanktions-RL)[628] um, die der Bekämpfung irregulärer Einwanderung durch das Verbot der Beschäftigung von Drittstaatsangehörigen ohne rechtmäßigen Aufenthalt dient. Die Richtlinie regelt gemeinsame Mindeststandards für entsprechende Sanktionen und Maßnahmen für die Arbeitgeberseite sowie nach Art. 13 Abs. 4 die Möglichkeit einer Aufenthaltsgewährung für **illegal Beschäftigte** unter vergleichbaren Bedingungen wie für Personen, die unter die OpfSch-RL fallen. Dennoch weist die mit dem 2. RiLiUmsG[629] eingeführte Aufenthaltserlaubnis nach § 25 Abs. 4b AufenthG einige Unterschiede zur Aufenthaltserlaubnis nach § 25 Abs. 4a AufenthG auf.

---

[627] BT-Drs. 16/5065, 170.
[628] ABl. L 168 v. 30.6.2009, 24.
[629] Gesetz zur Umsetzung aufenthaltsrechtlicher Richtlinien der Europäischen Union und zur Anpassung nationaler Rechtsvorschriften an den EU-Visakodex vom 22.11.2011 (BGBl. I 2258).

572　**bb) Besondere Erteilungsvoraussetzungen.** Nach § 25 Abs. 4b S. 1 AufenthG **kann** einer Person, die **Opfer einer Straftat** nach § 10 Abs. 1 oder § 11 Abs. 1 Nr. 3 des Schwarzarbeitsbekämpfungsgesetzes (SchwarzArbG) oder nach § 15a des Arbeitnehmerüberlassungsgesetzes (AÜG) wurde, für einen vorrübergehenden Aufenthalt eine Aufenthaltserlaubnis erteilt werden, auch wenn sie **vollziehbar ausreisepflichtig** ist.

573　Opfer eines Schwarzarbeitsdelikts ist eine Person, die ohne die erforderliche Beschäftigungserlaubnis einer Beschäftigung unter Arbeitsbedingungen nachgegangen ist, die in einem auffälligen Missverhältnis zu den Bedingungen für deutsche Arbeitsnehmende in vergleichbarer Position stehen (§ 10 Abs. 1 SchwarzArbG). Bei Minderjährigen kommt es auf Letzteres hingegen nicht an (§ 11 Abs. 1 Nr. 3 SchwarzArbG). Dies gilt ebenso im Falle einer **Arbeitnehmerüberlassung** (§ 15a AÜG).

574　Die Aufenthaltserlaubnis darf – ähnlich wie im Falle von § 25 Abs. 4a S. 1 AufenthG – nur erteilt werden, wenn die Anwesenheit der betroffenen Person für das jeweilige **Strafverfahren** von der Staatsanwaltschaft oder dem Strafgericht als sachgerecht erachtet wird und die Person bereit ist eine **Zeugenaussage** zu machen. Im Gegensatz zu § 25 Abs. 4a S. 1 AufenthG muss die Person nicht jede Verbindung zu den Beschuldigten abbrechen, da insbesondere noch **Vergütungsansprüche** im Raum stehen können.[630] Im Hinblick darauf besteht sogar eine vom Strafverfahren unabhängige **Verlängerungsmöglichkeit** gem. § 25 Abs. 4b S. 2 AufenthG sofern die Vergütung noch nicht vollständig geleistet wurde und die Geltendmachung der Ansprüche aus dem Ausland eine besondere Härte darstellen würde.

575　**cc) Zuständigkeit und Verfahren.** Bei Vorliegen der Voraussetzungen kann die Aufenthaltserlaubnis auf Antrag erteilt werden. Ebenso wie bei der Aufenthaltserlaubnis nach § 25 Abs. 4a AufenthG gelten im Hinblick auf die Staatsanwaltschaft und das Strafgericht die besonderen Beteiligungserfordernisse nach § 72 Abs. 6 AufenthG.

576　Während von den **allgemeinen Erteilungsvoraussetzungen** nach § 5 Abs. 1 Nr. 1 bis 2 und 4 sowie Abs. 2 AufenthG gem. § 5 Abs. 3 S. 1 AufenthG abzusehen **ist, kann** von den übrigen allgemeinen Voraussetzungen nach Ermessen abgesehen werden (§ 5 Abs. 3 S. 2 AufenthG). Im Hinblick auf bestehende Einreise- und Aufenthaltsverbote gilt § 11 Abs. 4 S. 2 AufenthG.[631] Nach § 52 Abs. 5 S. 1 AufenthG gelten zudem **besondere Widerrufsgründe**.

577　Personen, die ohne die nach § 4 Abs. 3 AufenthG erforderliche Berechtigung zur Erwerbstätigkeit beschäftigt waren, sind vor der Abschiebung über die Rechte nach Art. 6 Abs. 2 und Art. 13 Richtlinie 2009/52/EG zu unterrichten (§ 59 Abs. 8 AufenthG). Um den Betroffenen eine angemessene **Bedenkzeit** über die Aussagebereitschaft in einem etwaigen Strafverfahren zu geben, setzt die Ausländerbehörde auch hier eine **Ausreisefrist von mindestens drei Monaten** (vgl. § 59 Abs. 7 AufenthG).

578　**dd) Rechtsstellung.** Die Aufenthaltserlaubnis wird gem. § 26 Abs. 1 S. 5 AufenthG in der Regel jeweils für **ein Jahr** erteilt und verlängert. Das Recht auf **Erwerbstätigkeit** richtet sich nach den allgemeinen Vorschriften nach § 4 Abs. 2 AufenthG. Die Betroffenen sind leistungsberechtigt nach dem **SGB II bzw. SGB XII**. Die Möglichkeit einer **Aufenthaltsverfestigung** richtet sich nach § 26 Abs. 4 AufenthG. Der **Familiennachzug** ist gem. § 29 Abs. 3 S. 3 AufenthG **nicht möglich**.

---

[630] Dazu BT-Drs. 17/5470, 21.

[631] Die bisherige Formulierung „abweichend von § 11 Abs. 1" wurde aus § 25 Abs. 4b gestrichen; s. dazu BT-Drs. 642/14, 46; s. zu Übergangsfällen, in denen vor Inkrafttreten der Neuordnung der Sperrwirkung eine AE erteilt worden ist OVG Berlin-Brandenburg, Beschl. v. 8.11.2016 – OVG 3 S 84/16, in Fortführung von BVerwG, Urt. v. 6.3.2014 – 1 C 2/13, NVwZ 2014, 1107.

## h) Aufenthaltserlaubnis bei sonstigen Ausreisehindernissen (§ 25 Abs. 5 AufenthG)

**aa) Allgemeines.** Eine Aufenthaltserlaubnis kann (auch) einer **vollziehbar ausreise-** 579
**pflichtigen** Person (vgl. § 50 Abs. 1, § 58 Abs. 2 AufenthG) nach § 25 Abs. 5 S. 1 AufenthG
erteilt werden, wenn die Ausreise aus **rechtlichen oder tatsächlichen Gründen unmöglich**
ist und mit dem Wegfall des Ausreisehindernisses **in absehbarer Zeit** nicht zu rechnen ist.[632]
Der Begriff der **Ausreise** umfasst sowohl die **zwangsweise Rückführung** als auch die 580
**freiwillige Rückkehr.** Kein Ausreisehindernis liegt nach der Amtlichen Begründung[633]
vor, wenn zwar eine Abschiebung unmöglich ist, bspw. weil eine Begleitung durch
Sicherheitsbeamte nicht durchführbar ist, eine freiwillige Ausreise aber möglich und
zumutbar wäre. Mit dem Wegfall des Ausreisehindernisses ist in absehbarer Zeit nicht zu
rechnen, wenn es seiner Natur nach **nicht nur vorübergehend** ist bzw. wenn es erkennbar länger als sechs Monate bestehen wird (vgl. § 26 Abs. 1 AufenthG).[634] Das Vorliegen
einer **vollziehbaren** Ausreisepflicht ist jedoch **keine** zwingende Erteilungsvoraussetzung.

**bb) Unmöglichkeit der Ausreise. Tatsächliche Unmöglichkeit** ist gegeben, wenn die 581
Abschiebung faktisch nicht bzw. nur mit unverhältnismäßigem Aufwand oder erheblichen Verzögerungen durchführbar ist. Dies kann bspw. der Fall sein, wenn die betreffende Person **reise-** bzw. **transportunfähig** ist oder **keinen Pass** besitzt.[635] **Rechtliche
Unmöglichkeit** liegt vor, wenn der Abschiebung Verfassungs-, Europa- oder Völkerrecht
entgegenstehen würde. Dies kann sowohl Gründe, die in der Person selbst liegen, als auch
solche, die den Reiseweg oder Umstände im Zielland betreffen. Somit sind sowohl
**inlands- als auch zielstaatsbezogene** Gründe zu berücksichtigen.[636] Es werden insbesondere auch Fälle von **Unverhältnismäßigkeit** bzw. **Unzumutbarkeit** der Ausreise aufgrund entgegenstehender Rechtspositionen aus Grund- und Menschenrechten erfasst.[637]
Ob Unmöglichkeit aus tatsächlichen oder rechtlichen Gründen vorliegt ist nicht immer 582
eindeutig abgrenzbar. So kann beispielsweise eine Krankheit sowohl eine tatsächliche
Reise- bzw. Transportunfähigkeit begründen, als auch eine rechtliche Unmöglichkeit
wegen der einer Abschiebung entgegenstehenden Rechte (zu typischen **Fallgruppe**n aus
der Praxis s. auch die Ausführungen zur Duldung, → Rn. 1191 ff.).
So liegt **rechtliche Unmöglichkeit** bspw. bei **inlandsbezogenen Vollstreckungshin-** 583
**dernissen** wie Suizidgefahr[638], einer psychischen oder körperlichen Erkrankung[639] (sofern
nicht bereits ein Fall **tatsächlicher** Unmöglichkeit) oder Schwangerschaft[640] vor. Einer
Ausreise kann ebenso ein in Deutschland stattfindendes Gerichtsverfahren entgegenste-
hen, sofern durch die Ausreise eine Verletzung von Art. 19 Abs. 4 GG droht.
Häufige Anwendungsfälle der rechtlichen Unmöglichkeit betreffen den **Schutz von** 584
**Ehe und Familie** nach Art. 6 GG, Art. 7 GRCh und Art. 8 Abs. 1 EMRK sowie den
**Schutz des Privatlebens** nach Art. 2 Abs. 1 GG, Art. 7 GRCh sowie Art. 8 Abs. 1

---

[632] Die Vorschrift ist angelehnt an § 30 Abs. 3 und 4 sowie § 55 Abs. 2 AuslG.
[633] Begr. zu § 25 AufenthG BT-Drs. 15/420, 80; s. auch BVerwGE 126, 192.
[634] Vgl. Nr. 25.5.1.4 AVV-AufenthG.
[635] Siehe BT-Drs. 15/420, 80; Nr. 25.5.1.2 AVV-AufenthG.
[636] BVerwGE 126, 192 = NVwZ 2006, 1418.
[637] Vgl. BT-Drs. 15/420, 80.
[638] Siehe EGMR Urt. v. 7.10.2004 – 33743/03 (*Dragan* gegen Deutschland), NVwZ 2005, 1043,
wonach Suizidgefahr einer Abschiebung nicht zwangsläufig entgegensteht, wenn die Gefahr sich
durch entsprechende Sicherheitsvorkehrungen während des Abschiebungsvorgangs nicht realisieren
kann; ebenso OVG Saarlouis Beschl. v. 19.2.2015 – 2 B 400/14, Rn. 6, juris; aM OVG Hamburg
Beschl. v. 13.1.2015 – 1 BS 211/14, Rn. 14 und 19, juris, wonach es nicht ausreichend sei, die Person
unter ärztlicher Begleitung abzuschieben und im Zielland in ärztliche Obhut zu geben.
[639] Siehe zu den Anforderungen an die Darlegung einer Reiseunfähigkeit VGH München Beschl. v.
8.6.2016 – 10 ZB 16.367, Rn. 6, juris; VGH München Beschl. v. 23.10.2015 – 10 CS 15.2330, Rn. 9, juris.
[640] Siehe BT-Drs. 15/420, 80; Nr. 25.5.1.3.1 AVV-AufenthG.

EMRK. Dabei ist die Rechtsprechung des EGMR bei der verfassungsrechtlich gebotenen Verhältnismäßigkeitsprüfung als Auslegungshilfe zu berücksichtigen.[641] Der Schutz von Art. 8 EMRK führt dabei allerdings nicht zu einem Rechtsanspruch in ein **bestimmtes** Land einzureisen und eine Aufenthaltserlaubnis zu erhalten. Ebenso wenig verbietet die Norm die Abschiebung einer Person allein deshalb, weil sie sich schon eine bestimmte Zeit auf dem Gebiet eines Vertragsstaates der EMRK aufgehalten hat.[642] Vielmehr ist auf die **tatsächliche** Betroffenheit des Privat- und Familienlebens abzustellen.[643] Das durch Art. 8 EMRK geschützte **Recht auf familiäre Einheit** erfasst dabei auch Fälle, in denen es um die **Trennung von Eltern und minderjährigen Kindern** geht. Kinder teilen zwar grundsätzlich das aufenthaltsrechtliche Schicksal ihrer Eltern, die gebotene vorrangige Berücksichtigung des **Kindeswohls** kann jedoch im Hinblick auf ein Aufenthaltsrecht entscheidend sein, wenn sich die familiäre Einheit nur in Deutschland (zumutbar) herstellen lässt.[644] Sofern keine über eine emotionale Bindung hinausgehende Abhängigkeit dargelegt wird, genießen Beziehung zwischen (nicht zur Kernfamilie gehörenden) Erwachsenen nicht ohne weiteres den Schutz nach Art. 8 Abs. 1 EMRK.[645]

585    Das Recht auf **Schutz des Privatlebens** wird von Art. 2 Abs. 1 GG, Art. 7 GRCh und Art. 8 Abs. 1 EMRK geschützt. Es erfasst die Summe der persönlichen, gesellschaftlichen und wirtschaftlichen Beziehungen, die für die Persönlichkeitsentfaltung konstitutiv sind. Diesen Bindungen kommt bei fortschreitender Aufenthaltsdauer wachsende Bedeutung zu.[646] So kann ein Aufenthaltsrecht dann bestehen, wenn die betroffene Person über **starke persönliche, soziale und wirtschaftliche Bindungen** zu Deutschland verfügt und ihr Privat- und Familienleben in Deutschland so fest verankert ist, dass ihr eine Ausreise nicht mehr zumutbar ist.[647] Dies betrifft die Gruppe der sog. **fak-**

---

[641] BVerfG, Beschl. v. 1.3.2004 – 2 BvR 1570/03, NVwZ 2004, 852; s. umfassend zur Rspr. des EGMR im Hinblick auf Art. 8 EMRK, Rn. 706 ff. in diesem Band.

[642] Vgl. EGMR Urt. v. 16.6.2005 – InfAuslR 2005, 349, sowie EGMR NVwZ 2005, 1043 (1045) und NVwZ 2005, 1046; vgl. ferner BVerwG NVwZ 1989, 189 mwN.

[643] Vgl. EGMR Urt. v. 15.1.2007 – 60654/00 (*Sisojewa gegen Lettland*), NVwZ 2008, 979, wonach eine Verletzung von Art. 8 EMRK ausscheide, solange eine Abschiebung nicht vollzogen und eine behördliche Entscheidung vor den Gerichten angefochten werden könne.

[644] Siehe hierzu EGMR Urt. v. 6.7.2010 –41615/07 (*Neulinger u. Shuruk gegen die Schweiz*), BeckRS 2013, 03966; EGMR Urt. v. 21.12.2001 – 31465/96 (*Sen gegen die Niederlande*); s. auch BVerwG Urt. v. 26.10.2010 – 1 C 18.09, Rn. 15, NVwZ-RR 2011, 210; VGH München Urt. v. 11.3.2014 – 10 B 11.978, Rn. 41, juris; OVG Saarlouis Beschl. v. 20.4.2011 – 2 B 208/11, BeckRS 2011, 50106.

[645] Vgl. EGMR Urt. v. 17.4.2003 – 52853/99 (*Yilmaz gegen Deutschland*), NJW 2004, 2147; s. auch OVG Magdeburg Urt. v. 15.5.2014 – 2 L 136/12, Rn. 35, juris.

[646] Siehe EGMR Urt. v. 9.10.2003 – 48321/99 (*Slivenko gegen Lettland*), zur Ausweisung von Angehörigen der russischsprachigen Minderheit in Lettland; s. auch EGMR Urt. v. 15.1.2007 – 60654/00 (*Sisojewa gegen Lettland*), NVwZ 2008, 979; für eine Urteilsbesprechung s. *Thym* InfAuslR 2007, 133 ff.; s. auch BVerfGK 11, 153 (159 f.); BVerwGE 133, 72, (82 f.) mwN.

[647] Siehe EGMR Urt. v. 17.1.2006 – 51431/99 (*Mendizabal gegen Frankreich*), juris, zur Nichtausstellung einer Aufenthaltserlaubnis für einen Unionsbürger mit mehrjährigem gewöhnlichen Aufenthalt in einem EU-Mitgliedstaat; EGMR Urt. v. 12.1.2010 – 47486/06 (*Khan gegen das Vereinigte Königreich*), juris, zur Unverhältnismäßigkeit einer Ausweisung wegen eines schweren Drogendelikts; BVerfG Beschl. v. 10.5.2007 – 2 BvR 304/07, NVwZ 2007, 946, zur Verhältnismäßigkeit einer Ausweisung im Hinblick auf Art. 8 EMRK; BVerfG Beschl. 21.2.2011, 2 BvR 1392/19, Rn. 21, zur erforderlichen Abwägung der privaten und öffentlichen Interessen; OVG Berlin-Brandenburg Beschl. v. 25.2.2016 – OVG 11 M 18.15, juris, zum Fall eines sich seit 1980 in Deutschland aufhaltenden türkischen Staatsangehörigen mit psychischer Erkrankung, die in der Türkei nicht wie in Deutschland behandelt werden kann; s. OVG Saarlouis Urt. v. 28.8.2014 – 2 A 223/14 (2 A 269/12), Rn. 32, juris, zum Fall eines wegen sexuellen Missbrauchs verurteilten ausländischen Vaters minderjähriger deutscher Kinder; s. auch OVG Magdeburg Beschl. v. 16.9.2014, 2081/14 Rn. 8; OVG Koblenz Urt. v. 15.3.2012 – 7 A 11268/11, juris; s. umfassend zur Rechtsprechung des EGMR zu Art. 8 Abs. 1 EMRK Huber/*Göbel-Zimmermann* AufenthG § 25 Rn. 62 ff. mwN.

tischen Inländer[648], bei denen aufgrund ihrer Integration in die hiesigen Lebensverhältnisse von einer umfassenden **Verwurzelung** in Deutschland und **Entwurzelung** aus ihrem jeweiligen Heimatland ausgegangen werden kann.

Auch wenn diese Personengruppe nunmehr weitgehend von den stichtagsunabhängigen Bleiberechtsregelungen der §§ 25a und 25b AufenthG (→ Rn. 603 ff. und Rn. 621 ff.) erfasst wird, kann eine Aufenthaltserlaubnis nach § 25 Abs. 5 AufenthG dennoch in Betracht kommen.[649] Allerdings kann das Nichtvorliegen der Voraussetzungen für eine Bleiberechtsregelung ein Indiz für das Nichtvorliegen einer für § 25 Abs. 5 AufenthG ausreichenden „Verwurzelung" sein.[650]   **586**

Bei der Ermessensentscheidung sind sämtliche individuelle und familiäre Gründe gegenüber dem öffentlichen Interesse an der Beendigung des Aufenthalts abzuwägen. Dabei sind Umstände wie ein **rechtmäßiger**[651] Aufenthalt, die jeweilige Aufenthaltsdauer, gute Sprachkenntnisse, familiäre und soziale Eingebundenheit, das Innehaben einer Ausbildungs- oder Arbeitsstelle, die Sicherung des Lebensunterhaltes, fester Wohnsitz sowie Straffreiheit in die umfassende Abwägung und Entscheidung mit einzubeziehen.   **587**

Andererseits ist zu berücksichtigen, inwieweit die Person aufgrund von Faktoren wie einer langjährigen Abwesenheit, mangelnden Sprachkenntnissen oder sozialen Kontakten im Hinblick auf ihr jeweiliges Herkunftsland derart **entwurzelt** ist, dass ihr eine Reintegration und somit eine Rückkehr in ihr Herkunftsland nicht zumutbar ist.[652] Zugunsten der jeweils Betroffenen ist zudem die gesetzgeberische Intention zu berücksichtigen, den Aufenthalt langjährig Geduldeter zu legalisieren und die Praxis der Kettenduldungen zu beenden.[653]   **588**

Da es sich um eine umfassende **Gesamtabwägung** handelt, kann bspw. eine Ausreisepflicht selbst bei fehlendem Schulabschluss[654], mangelnder wirtschaftlicher Integration[655] oder vorliegender Straffälligkeit und entsprechender Ausweisung[656] einen nicht gerechtfertigten Eingriff in das Recht auf Achtung des Familien- oder Privatlebens darstellen.   **589**

---

[648] Dazu BVerwG Urt. v. 29.9.1998 – 1 C 8/96, NVwZ 1999, 303 sowie Urt. v. 27.1.2009 – 1 C 40/07, NVwZ 2009, 979.

[649] Siehe zum Verhältnis der Altfall-/Bleiberechtsregelungen zu § 25 Abs. 5 AufenthG, VGH Mannheim Urt. v. 5.9.2016 – 11 S 1512/16, juris, wonach die §§ 25a, 25b und 25 Abs. 5 AufenthG nicht in Anspruchskonkurrenz zu einander stehen; s. auch OVG Lüneburg Beschl. v. 12.3.2013 – 8 LA 13/13, Rn. 13, juris; sowie OVG Magdeburg Beschl. v. 16.9.2014 – 2 O 81/14, Rn. 4, juris, mit Bezug auf OVG Magdeburg Beschl. v. 28.11.2013 – M 147/13, wonach sich keine allgemeine Sperrwirkung aus der Versagung einer Aufenthaltserlaubnis nach § 25a AufenthG ergebe; aM OVG Lüneburg Beschl. v. 31.10.2012 – 11 ME 275/12, Rn. 6, juris, wonach schon aus systematischen Gründen keine Aufenthaltserlaubnis nach § 25 Abs. 5 AufenthG iVm Art. 8 EMRK erteilt werden könne, wenn die Voraussetzungen für eine Bleiberechtsregelung nicht erfüllt seien.

[650] Siehe dazu VG Oldenburg Urt. v. 23.1.2013 – 11 A 3709/12 und VG Oldenburg Urt. v. 26.3.2014 – 11 A 5010/13.

[651] Siehe dazu BVerwG Beschl. v. 1.3.2011 – 1 B 2/11, Urt. v. 26.10.2010 – 1 C 18/09, Urt. v. 30.4.2009 – 1 C 3/08, jeweils juris, wonach eine schützenswerte Verwurzelung grundsätzlich nur auf Grundlage eines rechtmäßigen Aufenthalts und eines Vertrauens auf dessen Fortbestand in Frage komme; aM OVG OVG Hamburg Urt. v. 25.8.2016 – 2 Bf 153/13, asyl.net (M24289); VGH Mannheim Urt. v. 13.2.2010 – 10 S 2359/10, NVwZ-RR 2011, 459.

[652] Vgl. hierzu OVG Koblenz Beschl. v. 24.2.2006, asyl.net (M7963); VGH Mannheim Urt. v. 18.1.2006 – 13 S 2220/05, asyl.net (M7951); VGH Kassel Urt. v. 7.7.2006 – 7 UE 509/06, asyl.net (M8465).

[653] Dazu BT-Drs. 15/420, 80.

[654] Vgl. BVerwG Beschl. v. 19.1.2010 – 1 B 25/09, NVwZ 2010, 707, Rn. 4; s. auch OVG Magdeburg Beschl. v. 16.9.2014 – 2 O 81/14, Rn. 3 f., juris.

[655] Siehe BVerfG Beschl. v. 21.2.2011 – 2 BvR 1329, NVwZ-RR 2011, 420, Rn. 18.

[656] Dazu VGH München Urt. v. 8.12.2015 – 10 B 15.1229, Rn. 53 ff., juris; s. auch OVG Berlin-Brandenburg Beschl. v. 28.5.2015 – OVG 7 S 10.15, Rn. 11 ff., juris, zum Erfordernis der Beiziehung von Strafakten für die Berücksichtigung eingestellter Strafverfahren.

Nach dem Willen des Gesetzgebers[657] ist jedenfalls bei Minderjährigen und seit längerem in Deutschland lebenden Personen von einem intendierten Ermessen zu deren Gunsten auszugehen.

590 Auch **zielstaatsbezogene Abschiebungsverbote** nach § 60 Abs. 5 und 7 AufenthG können eine rechtliche Unmöglichkeit gem. § 25 Abs. 5 AufenthG begründen, sofern dadurch nicht bereits die Voraussetzungen für eine Aufenthaltserlaubnis nach § 25 Abs. 3 AufenthG vorliegen. Letztere ist aufgrund der weitergehenden Rechtsstellung vorrangig zu erteilen. Die Erteilung einer Aufenthaltserlaubnis nach § 25 Abs. 5 AufenthG kommt bei Vorliegen zielstaatsbezogener Abschiebungsverbote aber dann in Betracht, wenn beispielsweise Ausschlussgründe nach § 25 Abs. 3 S. 2 AufenthG greifen.

591 **cc) Kein Verschulden.** Erforderlich für die Erteilung einer Aufenthaltserlaubnis ist zudem, dass die betreffende Person **unverschuldet** an der Ausreise gehindert ist (§ 25 Abs. 5 S. 3 AufenthG). Sie darf die Unmöglichkeit der Ausreise demnach nicht **zurechenbar zu vertreten** haben. Dabei finden sich in § 25 Abs. 5 S. 4 AufenthG Regelbeispiele, bei deren Vorliegen regelmäßig von einem Verschulden auszugehen ist (Falschangaben, Täuschung über die Identität oder Staatsangehörigkeit oder Nichterfüllung zumutbarer Anforderungen an die Beseitigung eines Ausreisehindernisses).[658] Hierbei kann es also sowohl um **schuldhaftes Tun** als auch **Unterlassen gebotener und zumutbarer Anforderungen an die Beseitigung des Ausreisehindernisses** gehen.[659] Während die Ausländerbehörde prinzipiell die Feststellungslast für das Vertretenmüssen trägt, gehen Zweifel in Bezug auf die Identitätsaufklärung und die Unmöglichkeit einer Passbeschaffung nach Ansicht des OVG Münster regelmäßig zulasten der betroffenen Person, da diese Tatsachen in deren Einflussbereich liegen.[660] Auch hier wird aber eine Einzelfallabwägung zu erfolgen haben.

592 Ein Verstoß gegen die **Mitwirkungspflicht zur Passbeschaffung** nach § 48 Abs. 1 AufenthG begründet zudem ein schwerwiegendes Ausweisungsinteresse gem. § 54 Abs. 2 Nr. 8 Buchst. b AufenthG, auf das eine Ausweisung allerdings nur nach entsprechendem Hinweis auf die Rechtsfolgen einer solchen Handlung gestützt werden kann.[661]

593 In der behördlichen Praxis wird meist mehr als nur die **Erfüllung gesetzlicher Mitwirkungspflichten** gefordert. So wird bspw. die Unterzeichnung einer sog. **Freiwilligkeitserklärung** betreffend die Rückkehr in das Herkunftsland verlangt. Die Abgabe einer wahrheitswidrigen Erklärung dürfte grundsätzlich unzumutbar sein.[662] Den Betroffenen steht es zudem frei, welche Informationen sie der jeweiligen Vertretung ihres Heimat-

---

[657] Vgl. BT-Drs. 15/420, 80 („positiver Ermessensgebrauch").

[658] Siehe zu den einzelnen Regelbeispielen Hofmann/*Fränkel* AufenthG § 25 Rn. 83 ff. mwN.

[659] Vgl. Nr. 25.5.4.1 ff. AVV-AufenthG; zu zumutbaren Anstrengungen zur Aufklärung der Identität und Passbeschaffung s. BVerwG Urt. v. 26.10.2010 – 1 C 18.09, NVwZ-RR 2011, 210; OVG Münster Urt. v. 14.3.2006 – 18 E 924/04, juris; s. OVG Greifswald Urt. v. 24.6.2014 – 2 L 192/10, Rn. 33, juris (stRspr des Senats, vgl. Beschl. v. 23.10.2008 – 2 L 222/97, bestätigt durch BVerwG Beschl. v. 10.3.2009 – 1 B 4/09), wonach die Beauftragung eines Rechtsanwalts im Herkunftsland zumutbar sei; s. auch OVG Berlin-Brandenburg Beschl. v. 5.8.2014 – OVG 7 M 19.14, Rn. 4, juris, wonach es für staatenlose Palästinenser aus dem Libanon nicht mit überwiegender Wahrscheinlichkeit von vornherein erkennbar aussichtslos sei, ein Laissez-Passer als Heimreisedokument zu erlangen (Fortführung: OVG Berlin-Brandenburg Beschl. v. 16.12.2013 – OVG 7 M 56.13, Urt. v. 8.12.2010 – OVG 3 B 12.09, Urt. v. 14.9.2010 – OVG 3 B 2.08.

[660] OVG Münster Urt. v. 14.3.2006 – 18 E 924/04, juris.

[661] Vgl. OVG Berlin-Brandenburg Beschl. v. 5.4.2016 – OVG 11 S 14.16, Rn. 11, juris.

[662] So auch Hofmann/*Fränkel* AufenthG § 25 Rn. 85 mit Verweis auf Strafrechtsprechung, in der von einer Unzumutbarkeit ausgegangen wird, s. OLG München Urt. v. 9.3.2010 – 4 St RR 102/09, asyl.net (M16740), Rn. 20; OLG Nürnberg Urt. v. 16.1.2007 – 2 St OLG Ss 242/06, asyl.net (M9527); aM BVerwGE 135, 219; Rn. 14, siehe auch OVG Berlin-Brandenburg Urt. v. 15.2.2017 – OVG 3 B 9.16.

staates über die an sie gestellten Forderungen und den Stand ihres aufenthaltsrechtlichen Verfahrens in Deutschland geben.

Erforderlich ist, dass das **Verhalten gegenwärtig und (zumindest auch) kausal für die Unmöglichkeit** der Ausreise ist. Aufgrund der Präsensformulierung der Norm ist ein in der Vergangenheit liegendes Fehlverhalten nur dann relevant, wenn es nach wie vor kausal für das Ausreisehindernis ist.[663] Zulasten der betroffenen Person besteht zwar zunächst eine (widerlegbare) Kausalitätsvermutung zwischen dem schuldhaften Tun oder Unterlassen und der Unmöglichkeit der Ausreise.[664] Sofern ein **rechtliches** Ausreisehindernis vorliegt, kommt es jedoch nicht mehr darauf an, ob die Person zudem ihre gesetzlichen Mitwirkungspflichten schuldhaft nicht erfüllt.[665] Ist die Ausreise also bspw. bereits aufgrund einer drohenden Verschlechterung des Gesundheitszustands **rechtlich unmöglich**, kommt es nicht mehr darauf an, ob die Person zudem nicht an der Passbeschaffung mitwirkt. **594**

Über die **Zumutbarkeit** der obliegenden Handlungen ist immer unter Berücksichtigung aller Umstände und Besonderheiten des Einzelfalles zu entscheiden. Dabei kann auch den individuellen intellektuellen Fähigkeiten der betreffenden Person Rechnung getragen werden.[666] **595**

Schließlich muss es einer Einzelfallprüfung (durch das BAMF) vorbehalten bleiben, ob etwa die Vorsprache bei der Auslandsvertretung des Herkunftsstaates unter asylrechtlichen Gesichtspunkten zumutbar ist. Die Mitwirkungspflichten von Asylsuchenden bei der Passbeschaffung beginnen daher erst mit vollziehbarer Ausreisepflicht. Im Hinblick auf die gegenseitigen Pflichten zur Beseitigung des Ausreisehindernisses, muss die Ausländerbehörde ihren Hinweis- und Anstoßpflichten nachkommen.[667] **596**

**dd) Regelerteilung nach 18 Monaten.** Die Aufenthaltserlaubnis **soll** – vorbehaltlich atypischer Fallkonstellationen – bei Aussetzung der Abschiebung seit 18 Monaten (und Vorliegen der sonstigen Tatbestandsvoraussetzungen) erteilt werden. Zeiten einer Duldung werden im Gegensatz zu Voraufenthaltszeiten mit einem Aufenthaltstitel oder einer Aufenthaltsgestattung auf die 18-Monatsfrist angerechnet.[668] Durch diese Regelerteilung sollte die Praxis der sog. „Kettenduldungen" beendet werden. Dieses Ziel wird jedoch in der Praxis häufig durch den Ausschluss wegen Verschuldens nach § 25 Abs. 5 S. 3 und 4 AufenthG konterkariert. **597**

**ee) Zuständigkeit und Verfahren.** Die Aufenthaltserlaubnis wird auf Antrag durch die zuständige Ausländerbehörde erteilt. § 25 Abs. 5 AufenthG wird nicht durch die Altfallregelungen der §§ 104a und 104b AufenthG (→ Rn. 683 ff.) verdrängt, sondern geht diesen sogar vor, da § 25 Abs. 5 AufenthG einer Verfestigung nach § 26 Abs. 4 AufenthG zugänglich ist.[669] **598**

Von den **allgemeinen Erteilungsvoraussetzungen** nach § 5 Abs. 1 und 2 AufenthG **kann** gem. § 5 Abs. 3 S. 2 AufenthG abgesehen werden. Im Hinblick auf **Einreise- und** **599**

---

[663] Siehe zur Relevanz eines in der Vergangenheit liegenden Fehlverhaltens BVerwG Urt. v. 19.4.2011 – 1 C 3/10, NVwZ 2011, 1277; OVG Schleswig Urt. v. 23.6.2011 – 4 LB 10/10, Rn. 32, juris.

[664] Siehe BVerwG Urt. v. 26.10.2010 – 1 C 18.09, NVwZ-RR 2011, 210, zur zumutbaren Mitwirkung bei der Passbeschaffung.

[665] Vgl. BVerwG Beschl. v. 10.3.2009 – 1 B 4/09, asyl.net (M15603), Rn. 6.

[666] BVerwG Beschl. v. 15.6.2006 – 1 B 54/06 Buchholz 402.242 § 25 AufenthG Nr. 4 unter Hinweis auf den Beschl. v. 16.12.1998 – 1 B 105.98 Buchholz 402.240 § 30 AuslG 1990 Nr. 10.

[667] Vgl. OVG Bautzen Urt. v. 7.5.2015 – 3 A 210/13, Rn. 38, juris.

[668] Vgl. Nr. 25.5.2 AVV-AufenthG; s. dazu auch BVerwG NVwZ 2006, 1418.

[669] Bergmann/Dienelt/*Dienelt/Bergmann* AufenthG § 25 Rn. 111 f.

**Aufenthaltsverbote** bedarf es seit dem NeuBestG zwar einer Aufhebungsentscheidung, dabei ist jedoch der Regelanspruch aus § 11 Abs. 4 S. 2 AufenthG zu beachten.[670]

600    Da die Prüfung zielstaatsbezogener Abschiebungsverbote **nach Stellung eines Asylantrags** in die ausschließliche Entscheidungskompetenz des BAMF fällt (vgl. § 24 Abs. 2 AsylG), ist die Ausländerbehörde an die jeweilige Statusfeststellung gebunden (vgl. § 42 S. 1 AsylG),[671] zumindest bis eine Aufenthaltserlaubnis erteilt wird.[672] Es erscheint jedoch denkbar, dass ausnahmsweise eine eigene Prüfungskompetenz der Ausländerbehörde im Falle einer vom BAMF nicht geprüften extremen **allgemeinen Gefahr** besteht.[673] Hier ist zu beachten, dass allgemeine Gefahren gem. § 60 Abs. 7 S. 5 AufenthG bei Anordnungen nach § 60a Abs. 1 S. 2 AufenthG (→ Rn. 1191 ff.) zu berücksichtigen sind, sodass in diesen Fällen regelmäßig eine Duldung erteilt wird. Diese wird im Falle eines allgemeinen Abschiebungsstopps aus humanitären Gründen allerdings längstens für sechs Monate erteilt; danach gilt § 23 Abs. 1 AufenthG.

601    **ff) Rechtsstellung.** Sofern die Person sich noch nicht mindestens 18 Monate rechtmäßig im Bundesgebiet aufgehalten hat, erhält sie eine Aufenthaltserlaubnis für **längstens sechs Monate** (vgl. § 26 Abs. 1 S. 1 AufenthG). Die Möglichkeit der **Aufenthaltsverfestigung** richtet sich nach § 26 Abs. 4 AufenthG. Das Recht auf **Erwerbstätigkeit** richtet sich nach den allgemeinen Regelungen des § 4 Abs. 2 AufenthG. Ein **Leistungsanspruch** besteht in den ersten 15 Monaten des Aufenthaltes nach dem Asylbewerberleistungsgesetz (vgl. § 1 Abs. 1 Nr. 3 Buchst. c AsylbLG), danach ist das SGB XII entsprechend anzuwenden (vgl. § 2 Abs. 1 AsylbLG). Sofern auch die Voraussetzung des § 25 Abs. 5 S. 3 AufenthG vorliegt, die Entscheidung über die Aussetzung der Abschiebung also bereits 18 Monate zurück liegt, gelten SGB II und SGB XII unmittelbar.[674]

602    Im Rahmen verfügbarer Plätze kann die Zulassung zu einem **Integrationskurs** erfolgen (vgl. § 44 Abs. 4 S. 2 Nr. 3 AufenthG). Der **Familiennachzug** ist ausgeschlossen, vgl. § 29 Abs. 3 S. 3 AufenthG.

## 8. Die Aufenthaltserlaubnis für gut integrierte Jugendliche und Heranwachsende (§ 25a AufenthG)

### a) Allgemeines

603    § 25a AufenthG enthält eine stichtagsunabhängige Bleiberechtsregelung für **gut integrierte** Jugendliche und Heranwachsende (Abs. 1) sowie deren Familienangehörige (Abs. 2). Die Regelung wurde durch das ZwHeiratBG[675] eingeführt und durch das NeuBestG einigen Änderungen unterzogen, die zu einer erleichterten Erteilung führen sollen.[676] So wurde das Ermessen der Behörde durch die Schaffung eines Regelanspruchs

---

[670] Mit dem NeuBestG wurde der Zusatz, wonach die Aufenthaltserlaubnis „abweichend von § 11 Abs. 1" erteilt werden kann, gestrichen; s. dazu BR-Drs. 642/14, 45.

[671] Siehe dazu OVG Berlin-Brandenburg Beschl. v. 18.3.2015 – OVG 11 S 20.15, OVG 11 M 7.15, Rn. 3, juris; VGH München Beschl. v. 5.2.1014 – 19 CE 13.2625, Rn. 24, juris.

[672] Mit Ausnahme der Aufenthaltserlaubnis nach § 25 Abs. 3 AufenthG, s. dazu Bergmann/Dienelt*Dienelt/Bergmann* AufenthG § 25 Rn. 109 mwN.

[673] Dazu, aber im Ergebnis offengelassen, BVerwGE 126, 192.

[674] Ausf. zu den Leistungs- und Teilhabeansprüchen von Personen mit einer Aufenthaltserlaubnis nach § 25 Abs. 5 AufenthG *Voigt* Asylmagazin 5/2015, 152.

[675] Gesetz zur Bekämpfung der Zwangsheirat und zum besseren Schutz der Opfer von Zwangsheirat sowie zur Änderung weiterer aufenthalts- und asylrechtlicher Vorschriften vom 23. Juni 2011 (BGBl. I 1266).

[676] Zum Gesetzgebungsprozess s. Huber/*Göbel-Zimmermann* AufenthG § 25a Rn. 1 ff.; zu den Änderungen durch das NeuBestG s. *Huber* NVwZ 2015, 1178; s. auch *Röder* Asylmagazin 4–5/2016, 108 (115 f.); eine Übersicht zu konkretisierenden Ländererlassen und Dienstanweisungen findet sich unter www.fluechtlingsinfo-berlin.der/fr/zuwg/25a_AufenthG.html.

(„soll") reduziert. Auch wurden die erforderlichen Zeiten für Aufenthalt und Schulbesuch von sechs auf vier Jahre gekürzt, da viele Personen trotz anerkennenswerter Integrationsleistungen an den zeitlichen Voraussetzungen gescheitert sind.[677]

Die Aufenthaltserlaubnis nach § 25a AufenthG erfasst viele Fälle von Personen, die **604** bislang eine Aufenthaltserlaubnis nach § 25 Abs. 5 AufenthG aufgrund einer Verwurzelung in Deutschland erhalten konnten (sog. „faktische Inländer"). Die Anforderungen an die Integration sind im Rahmen von § 25a AufenthG allerdings konkreter und nicht so hoch wie im Rahmen von § 25 Abs. 5 AufenthG, sodass diesem neben § 25a AufenthG wenig Raum bleibt.[678] Die betreffenden Fälle werden nun nach einheitlichen gesetzlichen Kriterien gehandhabt, anstatt diese allein der Rechtsprechung zu überlassen. Die Anwendung von § 25 Abs. 5 AufenthG bleibt allerdings weiterhin möglich.[679]

## b) Besondere Erteilungsvoraussetzungen

Die Aufenthaltserlaubnis nach § 25a Abs. 1 AufenthG **soll** Jugendlichen oder Heran- **605** wachsenden (s. § 1 Abs. 2 JGG) erteilt werden, sofern diese (mindestens) **geduldet**[680] sind und die übrigen Tatbestandsvoraussetzungen **kumulativ** vorliegen. Der Regelanspruch ist nur in **atypischen Fällen** zu versagen. Hierfür trägt die Ausländerbehörde die Beweislast.

Die Erteilung einer Aufenthaltserlaubnis nach § 25a Abs. 1 AufenthG kommt nicht **606** nur bei Geduldeten in Betracht.[681] Eine andere Lesart würde zur Schlechterstellung von Personen mit einer Aufenthaltserlaubnis sowie zu Zufallsergebnissen führen, insb. im Hinblick darauf, dass die Voraufenthaltszeiten sowohl **geduldet,** als auch **gestattet oder erlaubt** erfolgt sein können. Auch wenn durch die Regelung des § 25a AufenthG (ebenso wie § 25b AufenthG) vor allem Integrationsleistungen honoriert werden sollen, die trotz unsicheren Aufenthaltsstatus erbracht worden sind, beinhaltet dies gerade nicht, dass diese nur im Stadium der Duldung erbracht worden sein müssen. Das notwendige Vorliegen einer Duldung im Zeitpunkt der Erteilung des Titels entspricht demnach auch nicht dem Sinn und Zweck der Vorschrift.

**aa) Ununterbrochener vierjähriger Aufenthalt (Abs. 1 Nr. 1).** Beim Erfordernis **607** eines vierjährigen **ununterbrochenen** Aufenthaltes kommt es darauf an, dass der Aufenthalt durchgängig geduldet, gestattet oder erlaubt war oder zumindest ein entsprechender Anspruch bestand.[682] Selbst eine zwischenzeitlich erteilte **Grenzübertrittsbescheini-**

---

[677] Vgl. BT-Drs. 18/4097, 42.

[678] Siehe zum Verhältnis der Altfall-/Bleiberechtsregelungen zu § 25 Abs. 5 AufenthG, OVG Lüneburg Beschl. v. 12.3.2013 – 8 LA 13/13, Rn. 13, juris; OVG Lüneburg Beschl. v. 31.10.2012 – 11 ME 275/12, Rn. 6, juris, wonach schon aus systematischen Gründen keine Aufenthaltserlaubnis nach § 25 Abs. 5 AufenthG iVm Art. 8 EMRK erteilt werden könne, wenn die Voraussetzungen für eine Bleiberechtsregelung nicht erfüllt seien; s. auch OVG Magdeburg Beschl. v. 16.9.2014 – 2 O 81/14, Rn. 4, juris, mit Bezug auf OVG Magdeburg Beschl. v. 28.11.2013 – M 147/13, wonach sich keine allgemeine Sperrwirkung aus der Versagung einer AE nach § 25a AufenthG ergebe.

[679] Vgl. OVG Magdeburg Beschl. v. 16.9.2014 – 2 O 81/14, Rn. 4, juris.

[680] Nicht erforderlich ist eine Duldungsbescheinigung nach § 60a Abs. 4 AufenthG, da diese nur deklaratorisch ist, dazu OVG Lüneburg Urt. v. 19.3.2012 – 8 LB 5/11, Rn. 71, juris; aM OVG Münster Beschl. v. 17.8.2016 – 18 B 696/16, Rn. 4, juris, wonach Zeiten einer rein verfahrensbezogenen Duldung nicht zu einem „geduldeten Aufenthalt" führen; s. auch VGH Kassel Urt. v. 6.7.2012 – 7 A 473, Rn. 48, juris, wonach die behördliche Aussetzung der Abschiebung nach § 80 Abs. 4 S. 1 VwGO einer Duldung nicht gleichsteht; aM Hofmann/*Fränkel* AufenthG § 25a Rn. 5 mwN.

[681] So auch Hofmann/*Fränkel* AufenthG § 25a Rn. 4; aM Bergmann/Dienelt/*Wunderle* AufenthG § 25a Rn. 10.

[682] Siehe BVerwG Urt. v. 10.11.2009 – 1 C 24/08, NVwZ 2010, 914, Rn. 15, zu § 26 Abs. 4 AufenthG.

**gung** ist ausreichend.[683] Nicht ausreichend soll aber eine rein verfahrensbezogene Duldung sein, wenn diese den Aufenthalt nur für die Dauer des Verfahrens ermöglichen soll, in dem gerade geprüft wird, ob ein Anspruch auf Aussetzung der Abschiebung (Duldung) oder eine Aufenthaltserlaubnis vorliegt.[684]

608        Bei der Berechnung der Voraufenthaltszeiten können Unterbrechungen von bis zu einem Jahr außer Betracht bleiben (vgl. § 85 AufenthG). Dies gilt sowohl für Unterbrechungen eines rechtmäßigen Aufenthaltes als auch geduldeter Aufenthaltszeiten.[685] Kurzzeitige **tatsächliche** Unterbrechungen im Sinne einer Ausreise aus besonderem Grund ohne Aufgabe des Lebensmittelpunktes stehen der Erteilung nicht entgegen, solange es sich der Natur nach nur um eine zeitlich begrenzte Unterbrechung handelt (vgl. § 51 Abs. 1 Nr. 6 und 7 AufenthG zum Erlöschen eines Aufenthaltstitels bei Ausreise).[686] Die grundsätzliche Außerachtlassung von Unterbrechungen von bis zu einem Jahr ist hier nicht möglich, da sich § 85 AufenthG nicht auf **tatsächliche** Unterbrechungen wie etwa durch eine Ausreise bezieht.[687]

609        **bb) Erfolgreicher Schulbesuch oder Schulabschluss (Abs. 1 Nr. 2).** Ein „erfolgreicher" Schulbesuch liegt grundsätzlich dann vor, wenn ein **regelmäßiger Besuch** einer beliebigen (nicht spezifisch zweckgebundenen) Schule vorliegt und eine Versetzung in die nächste Klassenstufe (wahrscheinlich) erfolgt.[688] Dies kann ggf. durch Zeugnisse oder Stellungnahmen überprüft werden, die ggf. entsprechend der Mitwirkungspflichten nach § 82 Abs. 1 AufenthG vorzuzeigen sind. Sofern es in der Vergangenheit zu Fehlverhalten oder auch einer Nichtversetzung gekommen ist, kommt es im Einzelfall auf eine positive Gesamtprognose für die Zukunft an, die sich ua danach richtet, ob eine Einstellungsänderung erfolgt ist.[689]

610        Liegt bereits ein **Schul- oder Berufsabschluss** vor, so kommt es nicht mehr auf die vorherigen Zeiten eines Schulbesuchs an. Bei entsprechender beruflicher Qualifikation ist zudem die Erteilung einer Aufenthaltserlaubnis nach § 18a AufenthG in Betracht zu ziehen. Im Übrigen kann entsprechend der Regelung des § 9 Abs. 2 S. 3 AufenthG von diesen Voraussetzungen abgesehen werden, wenn sie wegen körperlicher, geistiger oder seelischer Krankheit oder Behinderung nicht erfüllt werden können.

611        **cc) Altersgrenze (Abs. 1 Nr. 3).** Da § 25a AufenthG sich auf Personen bezieht, die ihren Antrag vor Vollendung des 21. Lebensjahres stellen, ist bei Überschreitung dieser Altersgrenze während eines andauernden Verfahrens zu prüfen, ob die Voraussetzungen zum Zeitpunkt der Vollendung des 21. Lebensjahres vorlagen. Die Aufenthaltserlaubnis ist dann rückwirkend zu erteilen.[690] Die Altersgrenze schließt allerdings Personen aus, die nach Vollendung ihres 17. Lebensjahres eingereist sind, darunter insbesondere die Gruppe der unbegleiteten minderjährigen Flüchtlinge zwischen 16 und 18 Jahren.

612        **dd) Positive Integrationsprognose und Verfassungstreue (Abs. 1 Nr. 4 und 5).** Bei der Frage, ob es gewährleistet erscheint, dass sich die betreffende Person entsprechend der Voraussetzung von § 25a Abs. 1 Nr. 4 AufenthG in die Lebensverhältnisse in

---

[683] Vgl. Ziff. A 25a.1.1.1 VAB (Stand 12.9.2016).
[684] So OVG Münster Urt. v. 17.8.2016 – 18 B 696/16, Rn. 3 f, juris.
[685] Siehe dazu BVerwG Urt. v. 10.11.2009 – 1 C 24/08, NVwZ 2010, 914, Rn. 20.
[686] Siehe OVG Lüneburg Beschl. v. 29.3.2012 – 8 LA 26/12, Rn. 8, juris.
[687] Dazu Bergmann/Dienelt/*Wunderle* AufenthG § 25a Rn. 11 mwN.
[688] Vgl. BT-Dr. 18/4097, 42; s. hierzu VGH München Beschl. v. 12.3.2013 – 10 CE 12.2697 / 10 C 12.2700, juris, wonach es nicht darauf ankommt, ob im Falle der „Erfolglosigkeit" Verschulden vorliegt oder nicht.
[689] Dazu OVG Lüneburg Urt. v. 19.3.2012 – 8 LB 5/11, juris.
[690] Vgl. OVG Lüneburg Beschl. v. 24.7.2012 – 2 LB 278/11, Rn. 30, juris.

Deutschland einfügen kann, ist im Einzelfall eine wertende **Gesamtbetrachtung** vorzunehmen. Dabei sind neben der Schul- oder Berufsausbildung alle weiteren individuellen Umstände wie Sprachkenntnisse, familiäres und soziales Umfeld, persönliche Beziehungen, soziales Engagement, fester Wohnsitz, Rechtstreue und Aufenthaltsdauer in diese Bewertung miteinzubeziehen, ohne dass an diese Prognose zu hohe Anforderungen zu stellen sind.[691] Ein Schul- oder Berufsabschluss ist in der Regel bereits ein ausreichendes Indiz für eine erfolgreiche Integration. Strafrechtliche Verurteilungen stehen der Erteilung einer Aufenthaltserlaubnis nach § 25a Abs. 1 AufenthG – im Gegensatz zu § 25a Abs. 2 AufenthG – nicht prinzipiell entgegen, fließen aber mit in die Prognoseentscheidung ein.[692] Zudem dürfen keine konkreten Anhaltspunkte dafür bestehen, dass sich die Person **nicht** zur freiheitlich demokratischen Grundordnung bekennt (Nr. 5). Solche Anhaltspunkte können bspw. aufgrund der Mitgliedschaft in einer extremistischen Organisation bestehen, wobei in einem solchen Fall in der Regel bereits die Integrationsprognose negativ ausfallen dürfte.

### c) Versagungsgründe

Die **zwingenden** Versagungsgründe nach Abs. 1 S. 3 beziehen sich auf **Falschangaben** **613** **und Täuschungshandlungen** gegenüber einer zuständigen Stelle, die **direkt kausal**[693] („aufgrund") für die Aussetzung der Abschiebung gewesen sein müssen. Diese können nur **selbst** und nur durch **aktives Tun** verwirklicht werden. Somit scheidet sowohl die direkte Zurechnung eines **Fehlverhaltens Dritter** (zB der Eltern) aus, als auch eine Verpflichtung zur Aufdeckung eines solchen Verhaltens.[694] Falschangaben oder Täuschungshandlungen, die nicht allein ursächlich für die Aussetzung der Abschiebung sind, können jedoch im Rahmen der allgemeinen Erteilungsvoraussetzungen berücksichtigt werden.[695]

### d) Zuständigkeit und Verfahren

Die Aufenthaltserlaubnis wird auf Antrag von der zuständigen Ausländerbehörde **614** erteilt. Im Hinblick auf § 5 Abs. 1 AufenthG gelten für § 25a AufenthG einige Sonderregelungen.[696] So ist die Inanspruchnahme öffentlicher Leistungen zur Sicherstellung des Lebensunterhaltes während der Dauer einer Ausbildung für die Erteilung der Aufenthaltserlaubnis unschädlich (§ 25a Abs. 1 S. 2 AufenthG).[697] Im Übrigen **kann** von der Voraussetzung der Lebensunterhaltssicherung abgesehen werden (vgl. § 5 Abs. 3 S. 2 AufenthG). Dabei dürfte das Ermessen im Hinblick auf den Sinn und Zweck der Aufenthaltserlaubnis und den mit der vorherigen aufenthaltsrechtlichen Stellung regelmäßig verbundenen Schwierigkeiten der Arbeitsmarktintegration in der Regel auf Null reduziert sein.

---

[691] Bergmann/Dienelt/*Wunderle* AufenthG § 25a Rn. 14.

[692] Vgl. OVG Lüneburg Urt. v. 19.3.2012 – 8 LB 5/11, Rn. 77.

[693] Zur Kausalität s. OVG Magdeburg Beschl. v. 11.10.2011 – 2 M 92/11, Rn. 10, juris.

[694] Vgl. BT-Drs. 17/5093, 16; s. auch BVerwG Urt. v. 14.5.2013 – 1 C 17/12, Rn. 16, juris.

[695] BVerwG Urt. v. 19.4.2011 – 1 C 3.10, juris.

[696] Siehe BVerwGE 146, 281, zum Absehen vom Erfordernis nach § 5 Abs. 1 Nr. 1 AufenthG sowie zur Geltung der sonstigen allgemeinen Erteilungsvoraussetzungen, insb. Klärung der Identität und Staatsangehörigkeit (§ 5 Abs. 1 Nr. 1a AufenthG) sowie der Erfüllung der Passpflicht (§ 5 Abs. 1 Nr. 4 AufenthG).

[697] Dazu BT-Drs. 17/5093, 15; s. auch BVerwGE 146, 281, Rn. 19.

**e) Die Aufenthaltserlaubnis für Familienangehörige (§ 25a Abs. 2 AufenthG)**

615    Über § 25a Abs. 2 S. 1 AufenthG kann auch den Eltern oder einem personensorgeberechtigten bzw. umgangsberechtigten[698] Elternteil von Minderjährigen, die eine Aufenthaltserlaubnis nach Abs. 1 haben, eine Aufenthaltserlaubnis erteilt werden. Hierfür darf deren Abschiebung nicht aufgrund von Falschangaben, Täuschungshandlungen oder Unterlassen zumutbarer Anforderungen an die Beseitigung von Ausreisehindernissen verhindert oder verzögert worden sein (§ 25a Abs. 2 S. 1. Nr. 1 AufenthG ist **lex specialis** zu § 5 Abs. 1 Nr. 1a AufenthG). Zudem stehen bestimmte strafrechtliche Verurteilungen – anders als bei Abs. 1 – einer Erteilung grundsätzlich entgegen (§ 25a Abs. 3 AufenthG). In atypischen Fällen kann eine Ausnahme gemacht werden.[699] Straftaten werden den in häuslicher Gemeinschaft lebenden Familienmitgliedern nicht gegenseitig zugerechnet. Sofern ein Strafverfahren noch anhängig ist und ohne Rücksicht auf dessen Ausgang nicht entschieden werden kann, ist das aufenthaltsrechtliche Verfahren gem. § 79 Abs. 2 Nr. 1 AufenthG auszusetzen.

616    Bei der Berechnung der erforderlichen Sicherung des Lebensunterhaltes sind die nach Abs. 1 Begünstigten nicht miteinzubeziehen, sofern sie sich noch in einer Schul- oder Ausbildung befinden, da ansonsten deren Privilegierung im Hinblick auf die Unterhaltssicherung leer liefe (§ 25a Abs. 2 S. 1. Nr. 2 AufenthG ist **lex specialis** zu § 5 Abs. 1 Nr. 1 AufenthG).[700]

617    Diese Voraussetzungen gelten auch für die Ehegatten oder Lebenspartner von Begünstigten nach Abs. 1, denen über § 25a Abs. 2 S. 3 AufenthG eine Aufenthaltserlaubnis erteilt werden **soll**, sofern sie in einer **familiären** (nicht unbedingt häuslichen)[701] Lebensgemeinschaft mit den Begünstigten leben. Die Verlängerung der Aufenthaltserlaubnis ist auch möglich, nachdem das Kind, von dem die Eltern ihr Aufenthaltsrecht ableiten, volljährig geworden ist.[702] Zudem können sie über den Verweis auf eine entsprechende Anwendung des § 31 AufenthG auch ein eigenes, von den Stammberechtigten unabhängiges, Aufenthaltsrecht erwerben.

618    Minderjährigen Kindern von Begünstigten nach § 25a Abs. 1 AufenthG **soll** eine Aufenthaltserlaubnis nach Abs. 2 S. 5 erteilt werden, sofern sie mit diesen in einer familiären Lebensgemeinschaft leben. Minderjährigen ledigen Geschwistern **kann** unter diesen Voraussetzungen ebenso eine Aufenthaltserlaubnis erteilt werden (Abs. 2 S. 2). Bei Kindern wird die Aufenthaltserlaubnis nach Erlangung der Volljährigkeit zu einem eigenständigen Aufenthaltsrecht (vgl. § 34 Abs. 2 AufenthG).

**f) Rechtsstellung**

619    Die Aufenthaltserlaubnis wird gem. § 26 Abs. 1 S. 1 AufenthG für jeweils längstens **drei Jahre** erteilt und verlängert. Die Möglichkeit der **Aufenthaltsverfestigung** durch Niederlassungserlaubnis besteht nach 5 Jahren und richtet sich nach § 26 Abs. 4 AufenthG oder im günstigeren Fall direkt nach § 9 AufenthG.[703] Eine **Einbürgerung** ist auch ohne vorherigen Erwerb einer Niederlassungserlaubnis möglich (vgl. § 10 Abs. 1 S. 1

---

[698] Vgl. BT-Drs. 17/5093, 16.

[699] Dazu Huber/*Göbel-Zimmermann* AufenthG § 25a Rn. 24, mit dem Hinweis auf die Möglichkeit der vorzeitigen Tilgung nach § 49 Abs. 1 BZRG.

[700] Vgl. OVG Lüneburg Beschl. v. 24.7.2012 – 2 LB 278/11; Rn. 51, juris; s. auch Ziff. A 25a.2.1.2 VAB (Stand 12.9.2016).

[701] Siehe hierzu VG Saarl Beschl. v. 24.11.2005 – 6 L 429/15, Rn. 13, wonach ein eigenständiger Wohnsitz des Familienvaters einer schützenswerten familiären Lebensgemeinschaft nicht entgegenstehe.

[702] Vgl. BT-Drs. 17/5093, 16.

[703] Vgl. OVG Münster Urt. v. 15.10.2014 – 17 A 1150/13 Rn. 56, juris, zu § 35 AufenthG.

Nr. 2 StAG). Die Aufenthaltserlaubnis berechtigt kraft Gesetzes zur Ausübung einer **Erwerbstätigkeit** (§ 25a Abs. 4 AufenthG). Die Betroffenen sind nach dem SGB II und SGB XII leistungsberechtigt.

Während der **Familiennachzug** zu Jugendlichen und Heranwachsenden mit einer Auf-  620
enthaltserlaubnis nach § 25a Abs. 1 AufenthG nur aus völkerrechtlichen oder humanitären Gründen oder zur Wahrung politischer Interessen der Bundesrepublik möglich ist (vgl. 29 Abs. 3 S. 1 AufenthG), ist er bei Familienangehörigen, die über eine Aufenthaltserlaubnis nach § 25a Abs. 2 AufenthG verfügen ausgeschlossen (vgl. § 29 Abs. 3 S. 3 AufenthG).[704]

## 9. Die Aufenthaltsgewährung bei nachhaltiger Integration (§ 25b AufenthG)

### a) Allgemeines

Nahhaltig integrierte Erwachsene sowie deren Familienmitglieder können über § 25b  621
AufenthG eine Aufenthaltserlaubnis erhalten.[705]Diese **stichtagsunabhängige** Bleiberechtsregelung wurde im Zuge des NeuBestG eingeführt, wodurch die Regelungen der §§ 104a und 104b AufenthG (→ Rn. 683 ff.) weniger relevant geworden sind. Durch diese Regularisierung sollen – über die Fälle der §§ 18a und 25a AufenthG hinaus – Integrationsleistungen honoriert werden, die trotz eines fehlenden rechtmäßigen Aufenthaltes erbracht wurden.[706] Den Ehe- und Lebenspartnern sowie minderjährige Kindern **soll** bei Vorliegen der Voraussetzungen ebenso ein Aufenthalt gewährt werden (Abs. 4).

Die **allgemeinen Erteilungsvoraussetzungen** nach § 5 Abs. 1 Nr. 1 AufenthG (Le-  622
bensunterhaltssicherung) und § 5 Abs. 2 AufenthG (Visum mit maßgeblichen Angaben) finden keine Anwendung (§ 25b Abs. 1 S. 1 AufenthG).

### b) Besondere Erteilungsvoraussetzungen

Bei Vorliegen der nachfolgenden Voraussetzungen **soll** die Aufenthaltserlaubnis grund-  623
sätzlich erteilt werden.[707] Dabei ist in jedem **Einzelfall** eine **Gesamtschau** vorzunehmen. So können besondere Integrationsleistungen, die keine gesetzliche Voraussetzung sind (wie herausragendes soziales Engagement) ebenfalls zur Erteilung einer Aufenthaltserlaubnis führen, solange insgesamt von einer **nachhaltigen Integration** ausgegangen werden kann.[708] Im Gegensatz zu § 25 Abs. 5 AufenthG (iVm Art. 8 EMRK) kommt es hier nicht auf eine „Entwurzelung" im Heimatland an. Der Gesetzgeber hat den Ermessensspielraum hier eingeschränkt („soll") und die Ausschlussgründe abschließend in Abs. 3 geregelt. Daher kann die Aufenthaltserlaubnis bei Vorliegen der sonstigen Voraussetzungen nur in **atypischen Ausnahmefällen** versagt werden.[709] Da es für das Vorliegen der Vorausset-

---

[704] Zur Europarechtswidrigkeit aufgrund eines Widerspruches zu Art. 3 Abs. 1 RL 2003/86/EG s. Hofmann/*Fränkel* AufenthG § 25a Rn. 21.

[705] Ausf. zu § 25b AufenthG *Huber* NVwZ 2015, 1178; *Welte* ZAR 2015, 376; *Röder* Asylmagazin 4–5/2016, 108.

[706] BT-Drs. 18/4097, 23; vgl. *Huber* NVwZ 2015, 1178 f.; s. auch Bergmann/Dienelt/*Samel* AufenthG § 25b Rn. 3, wonach die Regelung etwa ein Viertel der derzeit Geduldeten potentiell begünstigt; kritisch Hofmann/*Fränkel* AufenthG § 25b Rn. 2, wonach die bisherige Tradition gesetzlicher Bleiberechtsregelungen fortgeführt wird, die aufgrund ihrer Erteilungsvoraussetzungen einen erheblichen Teil der Betroffenen ausschließen.

[707] Vgl. BT-Drs. 18/4097, 42; OVG Münster Beschl. v. 21.7.2015 – 18 B 486/14, Rn. 8, juris.

[708] Siehe BT-Drs. 18/4097, 42.

[709] So auch *Röder* Asylmagazin 4–5/2016, 108 (109); s. zur Möglichkeit der Versagung aufgrund von Täuschungshandlungen OVG Münster Beschl. v. 21.7.2015 – 18 B 486/14, Rn. 9, juris; OVG Magdeburg Beschl. v. 23.9.2015 – 2 M 121/15, Rn. 10, juris.

zungen auf den Zeitpunkt der Entscheidung ankommt, gelten die Maßstäbe von § 25b AufenthG auch in laufenden Verfahren, die auf andere humanitäre Titel gerichtet sind.[710]

**624**     **aa) Sechs bis achtjähriger Aufenthalt (§ 25b Abs. 1 S. 2 Nr. 1).** Die Erteilung setzt voraus, dass sich die betreffende Person seit **mindestens acht Jahren** – oder, im Falle des häuslichen Zusammenlebens mit (nicht unbedingt leiblichen)[711] minderjährigen ledigen Kindern, seit **mindestens sechs Jahren** – **ununterbrochen geduldet, gestattet oder erlaubt** in Deutschland aufhält. Im Falle der Anrechnung von Zeiten mit Aufenthaltsgestattung ist grundsätzlich auf den frühestmöglichen Zeitpunkt, nämlich den des **Asylgesuchs**, abzustellen, da kapazitätsbedingte Verzögerungen des BAMF bei der Ausstellung einer förmlichen Aufenthaltsgestattung bei Asylantragstellung statusrechtlich nicht zu Lasten der Betroffenen gehen dürfen.[712] Sofern sich die erforderliche Voraufenthaltszeit aufgrund des Zusammenlebens mit minderjährigen Kindern verkürzt, kommt es nicht auf ein sechsjähriges **Zusammenleben**, sondern darauf an, ob das Zusammenleben zum **Zeitpunkt der Antragstellung** vorlag und die Kinder zu diesem Zeitpunkt minderjährig waren.[713]

**625**     Ebenso wie bei § 25a AufenthG ist auch bei § 25b AufenthG im Wege eines Erst-Recht-Schlusses davon auszugehen, dass die Aufenthaltserlaubnis nicht nur Personen mit einer (faktischen)[714] Duldung erfasst, sondern auch Personen, die bspw. über eine Aufenthaltserlaubnis aus humanitären Gründen verfügen.[715] Auch im Hinblick auf die Anforderungen an einen **ununterbrochenen** Aufenthalt kann auf die Ausführungen zu § 25a AufenthG verwiesen werden (→ Rn. 607). Während tatsächliche Unterbrechungen von bis zu drei Monaten unschädlich für die Erteilung sind, sollen die Voraufenthaltszeiten bei längeren Unterbrechungen, die nicht mit der Ausländerbehörde abgestimmt sind, nach der Gesetzesbegründung nicht mehr berücksichtigt werden.[716] Im Hinblick auf den erheblichen Umfang von acht Jahren „Wartezeit" sollte aber in analoger Anwendung von § 85 AufenthG eine Aufenthaltsunterbrechung von bis zu einem Jahr unschädlich sein.[717] Da das Erfordernis der Voraufenthaltszeit im Gegensatz zu den anderen Voraussetzungen nicht im Machtbereich der Betreffenden liegt, ist von diesem Erfordernis regelmäßig eine Ausnahme zu machen, sofern die Gesamtumstände auf eine nachhaltige Integration schließen lassen.[718]

**626**     **bb) Verfassungsbekenntnis und gesellschaftliche Grundkenntnisse (§ 25b Abs. 1 S. 2 Nr. 2).** Im Gegensatz zu § 25a AufenthG ist hier dem Wortlaut nach ein **positives Verfassungsbekenntnis** erforderlich. Da nicht geregelt ist, wie ein solches Bekenntnis abzugeben ist, kann es sowohl mündlich als auch schriftlich erfolgen.[719] Sinnvoll erscheint

---

[710] Vgl. VGH Mannheim Beschl. v. 7.12.2015 – 11 S 1998/15, Rn. 3 f., juris.

[711] Zur grundsätzlichen Gleichbehandlung von Stiefkindern s. EuGH Urt. v. 30.9.2004 – C-275/02, InfAusR 2004, 416.

[712] So auch *Röder* Asylmagazin 4–5/2016, 108 (110).

[713] So auch Hofmann/*Fränkel* AufenthG § 25b Rn. 8.

[714] AM OVG Münster Beschl. v. 17.8.2016 – 18 B 696/16, Rn. 4, juris, wonach Zeiten einer rein verfahrensbezogenen Duldung nicht zu einem „geduldeten Aufenthalt" führen.

[715] Dazu ausf. Hofmann/*Fränkel* AufenthG § 25b Rn. 5 mwN; aM Bergmann/Dienelt/*Samel* AufenthG § 25b Rn. 9; s. auch VG Aachen Beschl. v. 24.5.2016 – 8 L 1025/15, Rn. 14, juris, wonach auf den eindeutigen Wortlaut abzustellen sei.

[716] Vgl. BT-Drs. 18/4097, 43.

[717] So *Röder* Asylmagazin 4–5/2016, 108 (110), mit Verweis auf OVG Koblenz Beschl. v. 14.9.2015 – 7 B 10780/15, Rn. 8, juris, wonach eine Unterbrechung von *über* einem Jahr jedenfalls *nicht* als unschädlich angesehen werden kann.

[718] So auch *Röder* Asylmagazin 4–5/2016, 108 (109).

[719] Dazu VG Saarland Beschl. v. 18.8.2016 – 6 L 966/16, juris, wonach die Abgabe einer eidesstattlichen Versicherung geboten sein mag.

jedoch ebenso eine Handhabung entsprechend § 25a AufenthG, wonach eine Verfassungstreue angenommen wird, sofern keine gegenteiligen Anhaltspunkte vorliegen.[720] Der zusätzliche Nachweis von Grundkenntnissen der Rechts- und Gesellschaftsordnung und der Lebensverhältnisse im Bundesgebiet könnte bspw. durch den erfolgreichen Abschluss eines Integrationskurses oder Einbürgerungstests erbracht werden, sofern die betreffende Person die Möglichkeit dazu hatte.[721] Da dies regelmäßig nicht der Fall sein dürfte,[722] erscheint es sinnvoller, den Nachweis durch Vorlage von Schulzeugnissen erbringen zu können. Problematisch ist, dass es keine gesetzlich geregelte Möglichkeit der Ausnahme von diesem Erfordernis im Falle von Krankheit, Behinderung oder aus Altersgründen gibt.[723]

**cc) Lebensunterhaltssicherung (§ 25b Abs. 1 S. 2 Nr. 3).** Des Weiteren ist die **überwiegende Sicherung des Lebensunterhaltes** erforderlich (Nr. 3), um das Vorliegen einer nachhaltigen Integration auch in wirtschaftlicher Hinsicht zu gewährleisten. Allerdings ist es gerade für Personen mit unsicherem Aufenthaltsstatus schwierig, einen Arbeitsplatz zu finden und diese Voraussetzung zu erfüllen. Es reicht daher aus, dass der Lebensunterhalt **überwiegend gesichert** ist (somit über 51 Prozent des zu berücksichtigenden Bedarfs beträgt) oder zum Zeitpunkt der Titelerteilung aufgrund einer Zukunftsprognose zumindest erwartet werden kann, dass die betreffende Person ihren Lebensunterhalt wird sichern können (der Bezug von Wohngeld ist dabei unschädlich).[724]  **627**

Ein **vorübergehender Bezug von Sozialleistungen** ist in der Regel bei Personen unschädlich, die sich im **Studium oder Ausbildung** befinden, bei **Familien mit minderjährigen Kindern**, die ergänzenden Sozialleistungsbedarf haben, Personen, denen eine Arbeitsaufnahme nicht zumutbar[725] ist, darunter bspw. Personen, die für **pflegebedürftige nahe Angehörige sorgen**[726].  **628**

Vom Erfordernis der Lebensunterhaltssicherung **ist ganz abzusehen,** sofern eine Person sie **wegen** einer **körperlichen, geistigen oder seelischen Krankheit oder Behinderung oder aus Altersgründen** nicht erfüllen kann (Abs. 3). Es kann nicht darauf abgestellt werden, dass ein anderes Mitglied der Bedarfsgemeinschaft diese Voraussetzung (stellvertretend) erfüllen könne.[727]  **629**

**dd) Deutschkenntnisse (§ 25b Abs. 1 S. 2 Nr. 4).** Das Erfordernis hinreichender Deutschkenntnisse bezieht sich auf Kenntnisse entsprechend dem Niveau A2 des Gemeinsamen Europäischen Referenzrahmens für Sprachen (GER). Diese sind in der Regel nachgewiesen, wenn ein entsprechendes Sprachzeugnis eines standardisierten Instituts vorgelegt wird.[728] Im Übrigen ist es ausreichend, wenn die betreffende Person bisher  **630**

---

[720] So auch Bergmann/Dienelt/*Samel* AufenthG § 25b Rn. 14.

[721] Dazu VG Saarland Beschl. v. 18.8.2016 – 6 L 966/16, juris, wonach außer der Teilnahme an einem Integrationskurs auch andere Möglichkeiten eingeräumt werden müssen, damit die Person diese Voraussetzung erfüllen kann.

[722] Nach § 44 Abs. 4 S. 2 Nr. 2 AufenthG haben zB Geduldete nur eingeschränkt Zugang zu Integrationskursen.

[723] Siehe hierzu *Röder* Asylmagazin 4–5/2016, 108 (111), der von einem Redaktionsversehen und demnach systemwidrige Regelungslücke ausgeht, die durch eine analoge Anwendung des § 25b Abs. 3 oder § 9 Abs. 2 S. 3 AufenthG geschlossen werden könne.

[724] Vgl. BT-Drs. 18/4097, 42.

[725] Siehe dazu § 10 Abs. 1 SGB II.

[726] Vgl. § 7 Abs. 3 PflegeZG; s. auch § 10 Abs. 1 Nr. 4 SGB II.

[727] Siehe dazu OVG Mannheim Beschl. v. 15.10.2014 – 17 A 1150/13, juris Rn. 74 ff.

[728] Vgl. BT-Drs. 18/4097, 43 f.; aktuell gibt es drei deutsche und ein österreichisches standardisiertes Institut (Goethe-Institut, TestDaF-Institut, telcGmbH und das Österreichische Sprachdiplom Deutsch (ÖSD)), s. Association of Language Testers in Europe (ALTE), www.alte.org.

- in einfacher deutscher Sprache ohne Hilfe eines Dolmetschers Gespräche mit der Ausländerbehörde führen konnte, oder
- vier Jahre eine deutschsprachige Schule erfolgreich besucht, oder (mindestens) einen Hauptschulabschluss bzw. gleichwertigen Abschluss erworben oder eine Berufsausbildung abgeschlossen hat, oder auch eine Versetzung in die zehnte Klasse einer weiterführenden deutschsprachigen Schule erfolgt ist.

631     Bei Kindern und Jugendlichen bis zur Vollendung des 16. Lebensjahres genügt die Vorlage des letzten Schulzeugnisses oder der Nachweis eines Kindertagesstättenbesuchs.[729] Da Kinder im schulpflichtigen Alter zudem den tatsächlichen Schulbesuch nachzuweisen haben (Abs. 1 S. 2. Nr. 5), erfüllt die Vorlage der Zeugnisse in diesem Fall beide Voraussetzungen. Auch vom Erfordernis hinreichender Deutschkenntnisse **wird** gem. Abs. 3 **abgesehen**, sofern eine Person sie wegen einer körperlichen, geistigen oder seelischen Krankheit oder Behinderung oder aus Altersgründen nicht erfüllen kann.

### c) Versagungsgründe (§ 25b Abs. 2 AufenthG)

632     Die Erteilung der Aufenthaltserlaubnis **ist** zu versagen, sofern die Aufenthaltsbeendigung durch vorsätzliche **Falschangaben, Täuschungshandlungen oder Nichterfüllung zumutbarer Mitwirkungshandlungen** der betreffenden Person **gegenwärtig** verhindert oder verzögert wird. Auch wenn die Regelung auf aktuelles Fehlverhalten abstellt, ist sie keine Amnestie für jedes Fehlverhalten in der Vergangenheit.[730] Es kommt darauf an, ob das jeweilige Verhalten **allein kausal** für die lange Aufenthaltsdauer ist.[731] Bei „tätiger Reue" (zB durch freiwillige Offenbarung der wahren Identität) sollen in der Vergangenheit liegende Falschangaben außer Betracht bleiben.[732]

633     Ein Versagungsgrund besteht zudem im Falle eines **besonders schweren** Ausweisungsinteresses im Sinne von § 54 Abs. 1 AufenthG oder eines (lediglich) **schweren** Ausweisungsinteresses im Sinne von § 54 Abs. 2 Nr. 1 und 2 AufenthG (bei Verurteilung zu einer Freiheitsstrafe von mindestens einem Jahr wegen vorsätzlicher Straftat(en) oder Verurteilung zu einer Jugendstrafe in gleicher Höhe ohne Bewährung).[733] Im Übrigen steht die Erteilung bei Vorliegen eines Ausweisungsinteresses im Ermessen der Ausländerbehörde (§ 5 Abs. 1 Nr. 2 iVm Abs. 3 S. 2 AufenthG), wobei die Erfüllung der Integrationsvoraussetzungen nach Abs. 1 ein Bleibeinteresse begründet.

### d) Aufenthaltserlaubnis für Familienmitglieder (Abs. 4)

634     Ehegatten, Lebenspartnern und minderjährigen ledigen Kindern, die mit den Begünstigten nach Abs. 1 in **familiärer Gemeinschaft** leben, **soll** nach den gleichen Bedingungen eine Aufenthaltserlaubnis erteilt werden (§ 25b Abs. 4 AufenthG). Die zeitlichen Voraussetzungen des Abs. 1 S. 2 Nr. 1 (acht bzw. sechs Jahre) gelten hier **nicht** (§ 25b Abs. 4 S. 1 AufenthG).

635     Der Lebensunterhalt ist auch dann (überwiegend) gesichert, wenn nur ein Mitglied der Bedarfsgemeinschaft ein entsprechendes Einkommen aus Erwerbstätigkeit erzielt.[734] Für

---

[729] BT-Drs. 18/4097, 44.
[730] Siehe dazu OVG Magdeburg Beschl. v. 23.9.2015 – 2 M 121/15, BeckRS 2015, 54266; OVG Münster Beschl. v. 21.7.2015 – 18 B 486/14, BeckRS 2015, 49235; OVG Bautzen Beschl. v. 2.9.2016 – 3 B 168/16, BeckRS 2016, 53660.
[731] BT-Drs. 18/4097, 44.
[732] Vgl. BT-Drs. 18/4097, 44 mit Verweis auf BT-Drs. 505/12; s. auch VG Saarl. Beschl. v. 18.8.2016 – 6 L 966/16, juris, wonach das Vorliegen tätiger Reue von erheblichem Gewicht sei.
[733] Siehe *Röder* Asylmagazin 4–5/2016, 108 (113) zur Frage, ob es sich bei § 25b Abs. 2 Nr. 2 AufenthG um einen dynamischen Verweis handelt.
[734] Vgl. BT-Drs. 18/4097, 45.

Ehe- und Lebenspartner ist die Erlangung eines eigenständigen Aufenthaltsrechts entsprechend § 31 AufenthG möglich (§ 25b Abs. 4 S. 2 AufenthG). Bei Kindern wird die Aufenthaltserlaubnis nach Erlangung der Volljährigkeit zu einem eigenständigen Aufenthaltsrecht (vgl. § 34 Abs. 2 AufenthG).

### e) Rechtsstellung

Die Aufenthaltserlaubnis wird für **längstens zwei Jahre** erteilt und verlängert (§ 25b **636** Abs. 5 S. 1 AufenthG). Diese von § 26 Abs. 1 S. 1 AufenthG abweichende Regelung ist im Hinblick auf den Sinn und Zweck der Vorschrift zweifelhaft, da es gerade darum gehen soll, besondere Integrationsleistungen mit der Erteilung eines Titels zu honorieren, der eine sichere (und dauerhafte) Bleibeperspektive eröffnet. Die Möglichkeiten der **Aufenthaltsverfestigung** durch Niederlassungserlaubnis richten sich nach § 26 Abs. 4 AufenthG oder im günstigeren Fall direkt nach § 9 AufenthG.[735] Eine **Einbürgerung** ist aber auch ohne vorherigen Erwerb einer Niederlassungserlaubnis möglich (vgl. § 10 Abs. 1 S. 1 Nr. 2 StAG). Begünstigte sind kraft Gesetzes zur Ausübung jeder Art von **Erwerbstätigkeit** berechtigt (§ 25b Abs. 5 S. 2 AufenthG). **Leistungsansprüche** richten sich nach dem SGB II bzw. SGB XII. Es besteht zudem ein Anspruch auf Teilnahme an einem **Integrationskurs** gem. § 44 Abs. 1 S. 1 Nr. 1 Buchst. c AufenthG.

Zu Personen mit einer Aufenthaltserlaubnis nach § 25b Abs. 1 AufenthG ist der **637** **Familiennachzug** nur aus völkerrechtlichen oder humanitären Gründen oder zur Wahrung politischer Interessen der Bundesrepublik möglich (vgl. 29 Abs. 3 S. 1 AufenthG). Bei Familienangehörigen, die über eine Aufenthaltserlaubnis nach § 25b Abs. 4 AufenthG verfügen, ist der Familiennachzug gänzlich ausgeschlossen (vgl. § 29 Abs. 3 S. 3 AufenthG).[736]

## 10. Dauer und Verfestigung des Aufenthalts (§ 26 AufenthG)

§ 26 AufenthG regelt die Dauer (Abs. 1), den Verlängerungsausschluss (Abs. 2) sowie **638** Möglichkeiten der Verfestigung des Aufenthaltes (Abs. 3 und 4) im Falle von Aufenthaltserlaubnissen nach Kapitel 2 Abschnitt 5. Obgleich die Regelungen der § 104a und § 104b AufenthG diesem Abschnitt ebenso zugerechnet werden, gelten für diese teilweise besondere Bestimmungen (→ Rn. 683 ff.). Auch die Erteilung und Verlängerung einer Aufenthaltserlaubnis nach § 25b AufenthG erfolgt abweichend von § 26 Abs. 1 S. 1 AufenthG längstens für zwei Jahre (§ 25b Abs. 5 S. 1 AufenthG).

Nach § 26 Abs. 1 S. 1 AufenthG **kann** die Aufenthaltserlaubnis längstens für drei Jahre **639** erteilt werden. Die Geltungsdauer liegt zwar grundsätzlich im behördlichen Ermessen, sollte in der Regel aber ausgeschöpft werden, um den Betroffenen Planungssicherheit zu geben und die Behörden zu entlasten.[737] Im Übrigen gelten in Bezug auf die einzelnen Aufenthaltserlaubnisse zahlreiche Besonderheiten.

### a) Die Dauer je nach Aufenthaltserlaubnis (§ 26 Abs. 1 AufenthG)

Kommt eine Aufenthaltserlaubnis nach **§ 25 Abs. 4 S. 2 und Abs. 5 AufenthG** in **640** Betracht, erfolgt die Erteilung längstens für sechs Monate, solange sich die betreffende Person noch nicht **mindestens 18 Monate rechtmäßig** im Bundesgebiet aufgehalten hat

---

[735] Vgl. OVG Münster Urt. v. 15.10.2014 – 17 A 1150/13 Rn. 56, juris.

[736] Zur Europarechtswidrigkeit aufgrund eines Widerspruches zu Art. 3 Abs. 1 RL 2003/86/EG s. Hofmann/*Fränkel* AufenthG § 25b Rn. 28.

[737] So auch Ziff. A 26.1. VAB (Stand 12.9.2016); dazu Hofmann/*Fränkel* AufenthG § 26 Rn. 5, wonach Umstände wie ein gesicherter Lebensunterhalt hier keine Berücksichtigung mehr finden sollten, aM Bergmann/Dienelt/*Dienelt* AufenthG § 26 Rn. 7.

(§ 26 Abs. 1 S. 1 HS. 2 AufenthG). Dabei werden Zeiten mit Duldung oder Aufenthaltsgestattung angerechnet. Da der Zeitraum von 18 Monaten jedoch nicht **ununterbrochen**
sein muss, ist eine zwischenzeitliche Unterbrechung der Rechtmäßigkeit unschädlich.[738]

641    In den Fällen des **§ 25 Abs. 1 und 2 Alt. 1 AufenthG** (Aufenthaltserlaubnis für
Asylberechtigte und anerkannte Flüchtlinge) wird die Aufenthaltserlaubnis für **drei Jahre**
erteilt (vgl. § 26 Abs. 1 S. 2 AufenthG). Im Anschluss ist die Möglichkeit der Erteilung
einer Niederlassungserlaubnis zu prüfen.

642    Subsidiär Schutzberechtigte erhalten eine Aufenthaltserlaubnis nach **§ 25 Abs. 2 Alt. 2
AufenthG** für **ein Jahr**, bei Verlängerung bis zu zwei weitere Jahre (Abs. 1 S. 3). Dies
entspricht zwar jeweils den europarechtlichen Vorgaben für die Aufenthaltsgewährung
**international Schutzberechtigter** (Art. 24 Abs. 1 und 2 RL 2011/95/EU).[739] Die Annahme, dass sich die Umstände, die zur Zuerkennung des subsidiären Schutzes geführt
haben, nach einem Jahr bereits wieder geändert haben könnten, wird der Realität meist
jedoch nicht gerecht. Dies ist problematisch, da die lediglich einjährige Geltung des Titels
die Planungssicherheit der Betroffenen einschränkt und den Verwaltungsaufwand der
Behörden erhöht.

643    Personen, die aufgrund nationaler Abschiebungsverbote eine Aufenthaltserlaubnis
(**§ 25 Abs. 3 AufenthG**) erhalten haben, wird diese für **mindestens** ein Jahr erteilt. Die
Aufenthaltserlaubnisse nach **§ 25 Abs. 4a S. 1 und Abs. 4b AufenthG** werden für jeweils
ein Jahr und die Erlaubnis nach **§ 25 Abs. 4a S. 3 AufenthG** für zwei Jahre erteilt und
verlängert. Die Möglichkeit, hier in begründeten Einzelfällen eine längere Geltungsdauer
zuzulassen, liegt insbesondere dann nahe, wenn mit einer längeren Inanspruchnahme als
Zeuge zu rechnen ist, geplante Förderungsmaßnahmen länger dauern, oder ein dauerhafter Aufenthalt zu erwarten ist.

### b) Verlängerungsausschluss (§ 26 Abs. 2 AufenthG)

644    Der in Abs. 2 geregelte **Verlängerungsausschluss** verdeutlicht den nach der Vorstel-
lung des Gesetzgebers grundsätzlich temporären Charakter humanitärer Aufenthalte.[740]
Da die Aufenthaltserlaubnisse nach § 25 Abs. 4 S. 2, § 25 Abs. 4a S. 3, §§ 25a, 25b, 104a,
104b AufenthG eine langfristige Aufenthaltsperspektive eröffnen sollen, ist der Verlängerungsausschluss nach § 26 Abs. 2 AufenthG hier grundsätzlich nicht anzuwenden.

645    Sofern das BAMF **Abschiebungsverbote** festgestellt hat, kann eine Verlängerung nur
nach bestandskräftigem Widerruf oder Rücknahme durch das BAMF versagt werden.
Falls die Feststellung der Abschiebungsverbote in eigener Zuständigkeit durch die Ausländerbehörde erfolgt ist, muss das BAMF – wie bei der Erteilung – an einer Entscheidung über die Versagung beteiligt werden (§ 72 Abs. 2 AufenthG). Im Hinblick auf Fälle,
in denen subsidiär Schutzberechtigten nach altem Recht eine Aufenthaltserlaubnis nach
§ 25 Abs. 3 AufenthG erteilt wurde, ist die Übergangsregelung des § 104 Abs. 9 AufenthG zu beachten.

### c) Die Niederlassungserlaubnis nach § 26 Abs. 3 AufenthG

646    Die Möglichkeit der Erteilung einer **Niederlassungserlaubnis** eröffnet eine dauerhafte
Aufenthaltsperspektive und ist bei **Asylberechtigten, anerkannten Flüchtlingen und**

---

[738] So Hofmann/*Fränkel* AufenthG § 26 Rn. 6; aM Nr. 26.1.1 S. 3 AVV-AufenthG, wonach § 85
AufenthG anzuwenden sei und somit allenfalls Unterbrechungen von bis zu einem Jahr außer
Betracht bleiben können.
[739] Zu den europarechtlichen Anpassungen der Vorschrift Hofmann/*Fränkel* AufenthG § 26
Rn. 1.
[740] Siehe Nr. 26.2 AVV-AufenthG.

Resettlement-Flüchtlingen[741] nach **drei oder fünf Jahren** möglich, je nachdem, ob **besondere Integrationsleistungen** vorliegen. Hier ist durch das IntG im Jahr 2016 eine Verschlechterung der individuellen Rechtsposition erfolgt, da diesem Personenkreis zuvor in der Regel nach drei Jahren ohne weitere Voraussetzungen eine Niederlassungserlaubnis erteilt wurde, sofern (für Asylberechtigte und anerkannte Flüchtlinge) keine **Positivmitteilung** des BAMF gem. § 73 Abs. 2a AsylG über Gründe für einen Widerruf oder eine Rücknahme der Aufenthaltserlaubnis vorlag.[742]

Die Neuregelung durch das IntG sieht eine weitgehende Anpassung an die allgemeinen   **647** Regelungen zur Erlangung einer Niederlassungserlaubnis vor und soll so einen „Integrationsanreiz" schaffen.[743] Die besondere Situation der betreffenden Personengruppe soll durch geringere Anforderungen an die Sprachkenntnisse und die Lebensunterhaltssicherung („überwiegend" und „hinreichend"), ein Absehen von von Pflichtbeiträgen zur Rentenversicherung sowie eine explizite Anrechnung der Asylverfahrenszeiten auf den Zeitraum bis zur Erteilung[744] berücksichtigt werden. Zudem handelt es sich bei § 26 Abs. 3 AufenthG (im Gegensatz zu Abs. 4) nach wie vor um eine Anspruchsnorm. Die Neuregelung verkennt jedoch, dass die erleichterte Erteilung einer Niederlassungserlaubnis an Asylberechtigte, anerkannte Flüchtlinge und Resettlement-Flüchtlinge diesem besonderen Personenkreis möglichst frühzeitig eine dauerhafte Bleibeperspektive und damit verbundene erleichterte Integrationsbedingungen eröffnete.

Die Niederlassungserlaubnis wird nun nach **fünf Jahren** erteilt, sofern keine Mitteilung   **648** des BAMF vorliegt oder (im Hinblick auf Resettlement-Flüchtlinge) Anhaltspunkte für eine Rücknahme gegeben sind, der **Lebensunterhalt überwiegend gesichert** ist und **hinreichende Deutschkenntnisse** vorliegen. Nach den Verfahrenshinweisen der Ausländerbehörde Berlin ist der Lebensunterhalt **überwiegend** gesichert, wenn ein Einkommen von mindestens 51 Prozent des zu berücksichtigenden Bedarfs der Bedarfsgemeinschaft (unter Berücksichtigung des Arbeitnehmerfreibetrages) zzgl. Miete dauerhaft erwirtschaftet wird.[745] Das Erfordernis der **hinreichenden Sprachkenntnisse** entspricht dem Niveau A2 des Gemeinsamen Europäischen Referenzrahmens. Ein Nachweis kann durch einen bestandenen Sprachtest oder Integrationskurs oder auch durch ein Alltagsgespräch bei Vorsprache erbracht werden.[746] Die Ausnahmeregelungen des § 9 Abs. 2 S. 2 bis 6 AufenthG finden hier über den Verweis in § 26 Abs. 3 S. 2 AufenthG Anwendung.

Über den Verweis auf § 9 AufenthG erfolgt eine weitgehende Angleichung an die   **649** allgemeinen Erfordernisse an die Erteilung einer Niederlassungserlaubnis. So sind zusätzlich Grundkenntnisse der **Recht- und Gesellschaftsordnung und der Lebensverhältnisse** im Bundesgebiet sowie **ausreichender Wohnraum** erforderlich.

Fälle einer **herausragenden Integration,** die sich nach Ansicht des Gesetzgebers darin   **650** zeigt, dass eine Person ihren **Lebensunterhalt weit überwiegend sichert** und die deutsche **Sprache beherrscht** (was nach § 2 Abs. 12 AufenthG dem Niveau C1 des Gemeinsamen Europäischen Referenzrahmens entspricht), werden mit der Erteilung einer Nie-

---

[741] Resettlement-Flüchtlinge werden seit dem NeuBestG von der Regel erfasst und damit Asylberechtigten und anerkannten Flüchtlingen in diesem Punkt gleichgestellt. Soweit noch eine Aufenthaltserlaubnis nach § 23 Abs. 2 erteilt wurde kommt im Hinblick auf die Übergangsregelung nach § 104 Abs. 5 ebenso die Erteilung einer Niederlassungserlaubnis nach § 26 Abs. 3 in Betracht, s. auch Ziff. A 26.3.0. VAB (Stand 1.6.2017).

[742] Bis zum Inkrafttreten des NeuBestG musste noch eine *Negativmitteilung* vorliegen, wodurch es regelmäßig zu erheblichen Verfahrensverzögerungen kam.

[743] BT-Drs. 18/8829, 3.

[744] Zuvor war eine solche Anrechnung strittig, s. Hofmann/*Fränkel* AufenthG § 26 Rn. 14; aM Bergmann/Dienelt/*Dienelt* AufenthG § 26 Rn. 17.

[745] Vgl. Ziff. A 26.3.1.3. VAB (Stand 1.7.2017).

[746] Vgl. Ziff. A 26.3.1.4. VAB (Stand 1.6.2017).

derlassungserlaubnis nach bereits **drei Jahren** „honoriert" (vgl. § 26 Abs. 3 S. 3).[747] Nach den Verfahrenshinweisen der Ausländerbehörde Berlin ist der Lebensunterhalt **weit überwiegend** gesichert, wenn durch die bereits ausgeübte Erwerbstätigkeit ein Einkommen von mindestens 76 Prozent des zu berücksichtigenden Bedarfs der Bedarfsgemeinschaft (unter Berücksichtigung des Arbeitnehmerfreibetrages) zzgl. Miete dauerhaft erwirtschaftet wird.[748] Die Sprachkenntnisse können durch Vorlage eines Sprachzertifikats oder durch ein Alltagsgespräch bei Vorsprache nachgewiesen werden. Die Ausnahmeregelungen gem. § 26 Abs. 3 S. 2 iVm § 9 Abs. 2 S. 2 bis 6 AufenthG gelten hier allerdings nicht.

651     Auf die notwendigen **Voraufenthaltszeiten** von drei bzw. fünf Jahren sind nicht nur die Zeiten eines vorangegangenen Asylverfahrens – unabhängig von einem unmittelbaren zeitlichen Zusammenhang zwischen dem Abschluss des Asylverfahrens und der Erteilung der Aufenthaltserlaubnis – anzurechnen (§ 26 Abs. 3 S. 1 Nr. 1 und S. 3 Nr. 1 AufenthG).[749] Berücksichtigt werden auch die Zeiten des Besitzes einer Aufenthaltserlaubnis (vgl. § 26 Abs. 3 S. 2 iVm § 9 Abs. 4 AufenthG).[750] Mit dem Erlöschen der Flüchtlingseigenschaft ist nicht zugleich auch der Verlust der Niederlassungserlaubnis nach § 26 Abs. 3 AufenthG verbunden, da diese nur nach § 52 Abs. 1 S. 1 Nr. 4 AufenthG widerrufen werden kann.[751]

### d) Die Niederlassungserlaubnis nach § 26 Abs. 4 AufenthG

652     Im Übrigen **kann** Personen, die eine Aufenthaltserlaubnis nach Abschnitt 5 besitzen gem. § 26 Abs. 4 AufenthG nach **fünf Jahren** eine Niederlassungserlaubnis erteilt werden, wenn die Voraussetzungen des § 9 Abs. 2 S. 1 AufenthG vorliegen. Die Ausnahmeregelungen des § 9 Abs. 2 S. 2 bis 6 AufenthG gelten entsprechend (vgl. § 26 Abs. 4 S. 2 AufenthG), ebenso die des § 9 Abs. 3 S. 1 AufenthG (vgl. § 9 Abs. 3 S. 3 AufenthG). Eine entsprechende Anwendung der Regelung des § 9 Abs. 3 S. 2 AufenthG (Erleichterung bei Schul- oder Berufsausbildung) ist zwar nicht ausdrücklich vorgesehen. Eine Erleichterung kommt jedoch im Rahmen der Ermessensausübung nach § 5 Abs. 3 S. 2 AufenthG in Betracht.[752]

653     Da § 26 Abs. 4 AufenthG eine eigenständige Erteilungsgrundlage bildet, kommt es für die Geltung der Niederlassungserlaubnis nicht unbedingt auf das Fortbestehen der Gründe für die bisherige Erteilung oder Verlängerung an.[753] Es ist ausreichend, wenn bei Erteilung ein humanitärer Titel vorliegt. Auf das Vorliegen der Erteilungsvoraussetzungen kommt es allerdings an, wenn der jeweilige Titel ein anderer (höherwertigerer) ist, durch den eine (mögliche) Aufenthaltserlaubnis aus humanitären Gründen „überlagert" wird.[754] Der Verlängerungsausschluss des § 26 Abs. 2 AufenthG gilt hier nicht.

654     Auf die Aufenthaltserlaubnis nach § 104a Abs. 1 S. 1 AufenthG findet § 26 Abs. 4 AufenthG ausdrücklich **keine** Anwendung (vgl. § 104a Abs. 1 S. 3 AufenthG). Zu beachten ist schließlich die Übergangsregelung in § 104 Abs. 7 AufenthG.

---

[747] BT-Drs. 18/8829, 3.

[748] Vgl. Ziff. A 26.3.3.4. VAB (Stand 1.6.2017); s. auch Kluth/Heusch/*Maaßen/Kluth* AufenthG § 26 Rn. 16b, wonach eine weit überwiegende Lebensunterhaltssicherung angenommen werden könne, wenn das Verhältnis der Erwerbseinnahmen zu staatlichen Leistungen bei etwa 3:1 stehe.

[749] Siehe BVerwG Urt. v. 13.9.2011 – 1 C 17.10, Rn. 14, juris, zu § 26 Abs. 4.

[750] Siehe hierzu Ziff. A 26.3.1.1 VAB (Stand 1.6.2017).

[751] OVG Berlin-Brandenburg Beschl. v. 5.12.2013 – 7 S 106.13, Rn. 3, juris.

[752] So auch Hofmann/*Fränkel* AufenthG § 26 Rn. 21, wonach trotz fehlenden Verweises sogar von einer entsprechenden Anwendung des § 9 Abs. 3 S. 2 auszugehen ist.

[753] Siehe VGH München Urt. v. 4.2.2009 – 19 B 08.2774, EZAR NF 24 Nr. 11; VGH BW Beschl. v. 29.5.2007 – 11 S 2093/06, EZAR NF 24 Nr. 5.

[754] Dazu Hofmann/*Fränkel* AufenthG § 26 Rn. 24 mwN.

**aa) Anrechenbare Voraufenthaltszeiten.** Während die notwendige Voraufenthaltszeit 655
mit dem ZuwG 2005 zunächst von acht auf sieben Jahre verkürzt worden war, wurde sie
im Zuge des NeuBestG der Voraufenthaltszeit von § 9 AufenthG angeglichen. Auf die
Voraufenthaltszeiten von nun **fünf Jahren** sind, abweichend von § 55 Abs. 3 AsylG,
neben den Zeiten mit einer Aufenthaltserlaubnis auch die Zeiten eines **vorangegangenen
Asylverfahrens** anzurechnen (§ 26 Abs. 4 S. 3 AufenthG), unabhängig von einem unmittelbaren zeitlichen Zusammenhang zur Erteilung.[755] Die Ausländerbehörde kann im
Rahmen ihrer Ermessensausübung jedoch eine gewisse Mindestzeit des Besitzes eines
Aufenthaltstitels verlangen.[756] Wurden in der Vergangenheit mehrere Asylverfahren geführt, so kann neben der Zeit des Erstverfahrens auch die des Folgeverfahrens angerechnet werden, sofern dieses tatsächlich durchgeführt wurde (§ 71 Abs. 1 AsylG).[757]

Fiktionszeiträume nach § 81 Abs. 4 AufenthG sind anrechenbar, sofern anschließend 656
jeweils eine (humanitäre) Aufenthaltserlaubnis erteilt wurde.[758] Zeiten mit einer Aufenthaltsbefugnis oder einer Duldung **vor dem 1. Januar 2005** werden ebenso angerechnet
(vgl. § 102 Abs. 2 AufenthG), sofern sich daran nahtlos die Erteilung der Aufenthaltserlaubnis angeschlossen hat.[759] Unterbrechungen des rechtmäßigen Aufenthaltes bis zu
einem Jahr können nach § 85 AufenthG außer Betracht bleiben, wobei dies auch für
Unterbrechungen in Zeiten des Titelbesitzes sowie Zeiten des Besitzes einer Aufenthaltsbefugnis oder Duldung nach § 102 Abs. 2 AufenthG gilt.[760]

**bb) Entsprechende Anwendung von § 35 AufenthG.** Für Kinder, die vor Vollendung 657
des 18. Lebensjahres nach Deutschland **eingereist** sind, kann § 35 AufenthG **entsprechend** angewandt werden (Abs. 4 S. 4). Somit werden diese von den Voraussetzungen
des § 9 Abs. 2 AufenthG befreit, sofern sie bei Vollendung des 16. Lebensjahres seit fünf
Jahren im Besitz einer humanitären Aufenthaltserlaubnis sind (§ 35 Abs. 1 S. 1 AufenthG).[761]

Nach dem eindeutigen Wortlaut kommt es nur auf die Minderjährigkeit **zum Zeitpunkt** 658
**der Einreise** an, nicht etwa bei Antragstellung oder Erteilung. Eine entsprechende Anwendung von § 35 Abs. 1 S. 2 AufenthG lässt die Erteilung einer Niederlassungserlaubnis
demnach auch an Volljährige zu, sofern diese sich seit fünf Jahren im Besitz der Aufenthaltserlaubnis befinden, über ausreichende Deutschkenntnisse verfügen und entweder der
Lebensunterhalt gesichert ist oder ein Ausbildungsverhältnis besteht.[762] Die Zeiten eines
vorangegangenen Asylverfahrens können hier jedoch nicht angerechnet werden.[763]

Im Wege eines Erst-Recht-Schlusses muss die Regelung auch für in Deutschland 659
geborene Kinder gelten. Da der Verweis auf § 35 AufenthG ausschließlich der Privilegierung dient, kommt zudem eine unmittelbare Anwendung von § 9 und § 26 Abs. 4 S. 1 –

---

[755] Dazu BVerwG Urt. v. 13.9.2011 – 1 C 17.10, Rn. 14, juris.

[756] Dazu BVerwG Urt. v. 13.9.2011 – 1 C 17.10, Rn. 18, juris.

[757] Siehe VGH München Urt. vom 4.2.2009 – 19 B 08.2774, EZAR NF 24 Nr. 11; VGH BW
Beschl. v. 29.5.2007 – 11 S 2093/06, EZAR NF 24 Nr. 5.

[758] Siehe BVerwG, Beschl. v. 6.3.2014 – 1 B 17.13, Rn. 6, juris, mit Verweis auf Urt. v. 30. März
2010 – 1 C 6.09, BVerwGE 136, 210.

[759] VGH BW Beschl. v. 19.5.2008 – 11 S 942, Rn. 7, juris; VGH München Beschl. v. 7.12.2015 – 10
C 15.1129, Rn. 9, juris; s. auch Bergmann/Dienelt/*Dienelt* AufenthG § 26 Rn. 33 mwN, wonach es
darauf ankomme, dass die Erteilungsvoraussetzungen für eine Aufenthaltserlaubnis bereits am
1.1.2005 vorlagen.

[760] Dazu BVerwG Urt. v. 13.9.2011 – 1 C 17.10, Rn. 16, juris; Urt. v. 10.11.2009 – 1 C 24.08,
BVerwGE 135, 225, Rn. 18.

[761] Siehe dazu *Schwarze-Müller* NVwZ Beilage 2/2016, 18 (40).

[762] Der Ablauf des Fünf-Jahres-Zeitraums kann dabei auch noch nach Eintritt der Volljährigkeit
liegen, vgl. BVerwG Urt. v. 13.9.2011 – 1 C 17.10, Rn. 22, juris.

[763] So VG Gießen Urt. v. 10.6.2013 – 7 K 3180/12.GI, Beck 2013, 52679; ebenso Bergmann/
Dienelt/*Dienelt* AufenthG § 26 Rn. 50.

3 AufenthG in Betracht, sodass die Erteilung einer Niederlassungserlaubnis auch schon vor Vollendung des 16. Lebensjahres möglich ist.[764]

### e) Verhältnis zu § 9 AufenthG (Niederlassungserlaubnis) und § 9a (Daueraufenthalt-EU)

**660**  Grundsätzlich steht es den Betroffenen frei, sich direkt auf § 9 AufenthG (→ Rn. 929) zu berufen, da dies insb. aufgrund des dort geregelten Rechtsanspruchs günstiger sein könnte.[765] Allerdings ist bei Erfüllung der hohen Anforderungen des § 26 Abs. 4 AufenthG von einer Ermessensreduzierung auf Null und damit auch hier von einem Rechtsanspruch auszugehen.[766]

**661**  Ein Rückgriff auf § 9a AufenthG (→ Rn. 962) ist nach dem Gesetzeswortlaut nur für Personen mit einer Aufenthaltserlaubnis nach § 23 Abs. 2, § 25 Abs. 1 und Abs. 2 AufenthG möglich (vgl. § 9a Abs. 2 iVm Abs. 3 Nr. 1 AufenthG). Dies entspricht jedoch nicht den Vorgaben der Daueraufenthalts-RL[767], von deren Anwendungsbereich nach Art. 3 Abs. 2 zwar Personen ausgeschlossen werden können, die eine andere Form als die des internationalen Schutzes erhalten haben. Einige Titel des Abschnitts 5 – wie etwa § 25 Abs. 4 S. 2 oder § 25a und § 25b AufenthG – lassen sich jedoch nicht darunter subsumieren, da sie bestimmte Aufenthaltszwecke verfolgen, die keine „andere Schutzform" darstellen. In diesen Fällen müsste daher im Wege einer europarechtskonformen Auslegung eine Inanspruchnahme von § 9a AufenthG möglich sein.[768]

## 11. Wohnsitzregelungen für Personen mit humanitären Aufenthaltstiteln

**662**  Eine **Aufenthaltserlaubnis** (nicht Niederlassungserlaubnis)[769] kann mit Bedingungen erteilt und verlängert werden. Sie kann ebenso – auch nachträglich – mit Auflagen, insb. **räumlichen Beschränkungen sowie Wohnsitzauflagen**, verbunden werden, vgl. § 12 Abs. 2 AufenthG. Im Gegensatz zur räumlichen Beschränkung, geht es bei der Wohnsitzauflage um die **Pflicht zur Wohnsitznahme** an einem bestimmten Ort, wobei die Betroffenen sich (erlaubnis-)frei im Bundesgebiet bewegen können.[770] Die Pflicht zur Wohnsitznahme an einem bestimmten Ort besteht in der Regel dann, wenn eine Person Leistungen nach dem SGB II, dem SGB XII oder dem AsylbLG **bezieht** (die bloße Möglichkeit des Leistungsbezuges reicht nicht aus).[771] Dementsprechend werden Wohnsitzauflagen nach § 12 Abs. 2 AufenthG vorrangig mit dem fiskalischen Argument einer gleichmäßigen Verteilung der Lasten für Sozialhilfeleistungen begründet.[772]

---

[764] Vgl. OVG Münster Urt. v. 15.10.2014 – 17 A 1150/13, BeckRS 2015 41365.

[765] So auch Hofmann/*Fränkel* AufenthG § 26 Rn. 18 mwN; aM Bergmann/Dienelt/*Dienelt* AufenthG § 26 Rn. 13, wonach § 26 Abs. 3 und 4 AufenthG nach den Änderungen durch das NeuBestG *leges speciales* gegenüber § 9 AufenthG sein dürften.

[766] So auch Hofmann/*Fränkel* AufenthG § 26 Rn. 20.

[767] RL 2003/109/EG, geändert durch RL 2011/51/EU.

[768] So auch Hofmann/*Fränkel* AufenthG § 26 Rn. 19.

[769] Siehe hierzu Ziff. A 12.2.2. VAB (Stand 1.6.2017), wonach eine wohnsitzbeschränkende Auflage auch dann nicht zu verfügen ist, wenn eine Niederlassungserlaubnis nach § 26 Abs. 4 iVm § 9 Abs. 2. S. 6 AufenthG oder § 35 AufenthG trotz des Bezugs von Sozialleistungen erteilt wird; s. aber § 23 Abs. 2 S. 4 AufenthG, der die Möglichkeit einer wohnsitzbeschränkenden Auflage bei Niederlassungserlaubnis vorsieht; zur Verhältnismäßigkeit einer Wohnsitzauflage bei Erteilung einer Niederlassungserlaubnis für jüdische Zuwanderer aus der ehemaligen Sowjetunion s. BVerwG Urt. v. 15.1.2013 – 1 C 7/12, Rn. 19, juris.

[770] Dazu OVG Münster Beschl. v. 21.6.2012 – 18 B 420/12, Rn. 4, juris.

[771] Vgl. Nr. 12.2.5.2.2 AVV-AufenthG.

[772] Dazu Bergmann/Dienelt/*Dienelt* AufenthG § 12 Rn. 34.

Der mit dem IntG im Jahr 2016 eingeführte **§ 12a AufenthG** sieht als **lex specialis**  663
eine **Wohnsitzregelung** für Asylberechtigte, anerkannte Flüchtlinge und subsidiär
Schutzberechtigte vor, sowie für Personen, denen nach § 22, § 23 oder § 25 Abs. 3
AufenthG **erstmalig** eine Aufenthaltserlaubnis erteilt worden ist.[773] Für **alle** humanitären Aufenthaltserlaubnisse, die vor dem 1.1.2016 **erstmalig** erteilt wurden sowie für
alle nicht in den Anwendungsbereich von § 12a AufenthG fallenden humanitären Aufenthaltstitel gilt weiterhin die Ermessensregelung in § 12 Abs. 2 AufenthG.[774] Die
Regelung des § 12a AufenthG soll am 6.8.2019 wieder außer Kraft treten. Bis dahin
erteilte Auflagen gelten maximal für drei Jahre ab Anerkennung (§ 104 Abs. 14 AufenthG). Die Neuregelung ist mit sozialrechtlichen Leistungseinschränkungen (§ 22
Abs. 1a SGB II, § 23 SGB XII) und neuen Sonderzuständigkeiten (§ 36 Abs. 2 SGB II)
verbunden.[775] Ein Verstoß gegen eine (gesetzliche oder angeordnete) Wohnsitzregelung
begründet eine Ordnungswidrigkeit (§ 98 Abs. 3 Nr. 2a und 2b AufenthG). Beim
**Rechtsschutz** ist zu beachten, dass Widerspruch und Klage gegen gegen Verpflichtungen nach § 12a Abs. 2 bis 4 AufenthG **keine aufschiebende Wirkung** haben (§ 12a
Abs. 8 AufenthG). Hier ist demnach ein Eilantrag nach § 80 Abs. 5 AufenthG erforderlich.[776]

Die Wohnsitzregelung nach § 12 Abs. 2 bzw. § 12a AufenthG, die auf Personen mit  664
Aufenthaltserlaubnis Anwendung findet, ist von der sog. **räumlichen Beschränkung** und
**Wohnsitzregelung** für Asylsuchende (→ Rn. 1752) und Geduldete (→ Rn. 1246) zu unterscheiden. Da vollziehbar Ausreisepflichtige einen unsicheren Aufenthaltsstatus haben
und Asylsuchende noch der Prüfung eines möglichen Schutzstatus und (damit verbundenen Aufenthaltsrechts) unterliegen, gelten für die Bewertung der Wohnsitzregelung für
diese Personengruppen gesonderte Maßstäbe.[777]

Wohnsitzregelungen werfen generell die Frage der Vereinbarkeit mit den Freiheits-  665
rechten der Betroffenen auf. Dabei sind verfassungs-, völker- und europarechtliche
Maßstäbe zu beachten, insbesondere im Hinblick auf Asylberechtigte und Personen,
denen internationaler Schutz (§ 2 Abs. 13 AufenthG, also Flüchtlingsschutz nach § 3
AbsylG oder subsidiärer Schutz nach § 4 AsylG) zuerkannt wurde.

### a) Vereinbarkeit von Wohnsitzregelungen mit Verfassungsrecht

Das BVerfG urteilte im Jahr 2004 in einem Fall, in dem es um Spätaussiedler und damit  666
deutsche Staatsangehörige ging, dass eine Wohnsitzregelung einen zulässigen Eingriff in
das Recht auf Freizügigkeit nach Art. 11 Abs. 1 GG darstelle, da der Allgemeinheit bei
Gewährung unbeschränkter Freizügigkeit besondere Lasten entstünden.[778] Da sich Drittstaatsangehörige nicht auf Art. 11 GG berufen können, gelten diese Erwägungen hier im
Hinblick auf Art. 2 Abs. 1 GG.

---

[773] Ausf. zu den Einzelheiten der Neuregelung s. Kluth/Heusch/*Maor* AufenthG § 12a Rn. 4 ff.

[774] Siehe Ziff. A 12.2.2. VAB (Stand 1.6.2017), S. 101 f., mit einer Übersichtstabelle zum jeweiligen
Anwendungsbereich von § 12 Abs. 2 und § 12a AufenthG; s. auch die Arbeitshilfe zur Wohnsitzregelung mit Praxistipps und Hintergründen des Paritätischen Gesamtverbandes (Stand 21.9.2016),
verfügbar unter www.paritaet-berlin.de.

[775] Siehe hierzu *Frings/Steffen*, Die neuen Wohnsitzauflagen und die sozialrechtlichen Auswirkungen (2016), S. 5 ff., verfügbar unter www.frnrw.de/themen-a-z/artikel.

[776] Ausf. zum Rechtsschutz s. Arbeitshilfe Paritätischer Gesamtverbands (Stand 21.9.2016), S. 7 ff.,
verfügbar unter www.paritaet-berlin.de.

[777] Dazu *Pelzer/Pichl* ZAR 2016, 96 (99 f.); *Ruge* ZAR 2016, 89 (94 f.).

[778] BVerfG Urt. v. 17.3.2004 – 1 BvR 1266/00, Rn. 37, juris.

## b) Vereinbarkeit von Wohnsitzregelungen mit Völkerrecht

667     Einer Wohnsitzregelung für **Konventionsflüchtlinge** steht auf völkerrechtlicher Ebene Art. 26 GFK entgegen. Danach haben Konventionsflüchtlinge, die sich **rechtmäßig** in dem Gebiet eines Staates aufhalten, das Recht auf freie Wahl des Aufenthaltsortes und Bewegungsfreiheit, vorbehaltlich der Bestimmungen, die allgemein auf Drittstaatsangehörige unter den „gleichen Umständen" Anwendung finden.[779] Eine Wohnsitzregelung ist also nur zulässig, wenn sie auch für andere Drittstaatsangehörige gilt, es sei denn, es gibt Gründe, die eine Ungleichbehandlung rechtfertigen können.

668     Erfolgt eine Beschränkung des Freizügigkeitsrechts aufgrund von **Fürsorgeleistungen**, verstößt sie zudem gegen den Gleichbehandlungsgrundsatz im Hinblick auf soziale Leistungen nach Art. 23 GFK. Danach gewähren die vertragsschließenden Staaten Konventionsflüchtlingen, die sich **rechtmäßig** in ihrem Staatsgebiet aufhalten, auf dem Gebiet der öffentlichen Fürsorge und sonstigen Hilfeleistungen „die gleiche Behandlung wie ihren eigenen Staatsangehörigen". „Die gleiche Behandlung" ist ein weit gefasster Begriff, der nicht nur die **gleichen Leistungen nach Art und Höhe** umfasst, sondern auch die **Leistungserbringung** gegenüber den Konventionsflüchtlingen unter den gleichen Bedingungen wie gegenüber den eigenen Staatsangehörigen.[780] Der Bezug von Sozialleistungen darf demnach nicht von der Wohnsitznahme an einem bestimmten Ort abhängig gemacht werden, solange dies nicht auch für nationale Staatsangehörigen geschieht.

669     Nicht überzeugend ist hier die Ansicht[781], dass eine Person sich erst dann „rechtmäßig" im Sinne von Art. 26 bzw. Art. 23 GFK in Deutschland aufhalte, wenn sie sich an die Wohnsitzregelung halte, da sie sich nur dann in den (rechtmäßigen) Grenzen des erteilten Titels bewege. Eine Wohnsitzauflage stellt einen eigenständigen und selbstständig anfechtbaren Verwaltungsakt dar.[782] Es handelt sich gerade nicht um eine Bedingung, von der der Verwaltungsakt der Erteilung einer Aufenthaltserlaubnis erst abhängig gemacht wird. Die Rechtmäßigkeit des Aufenthaltes steht und fällt somit nicht mit Erfüllung der Auflage und ist davon unabhängig.[783]

670     Die für Art. 23 GFK geltenden Erwägungen gelten auch im Hinblick auf Art. 1 des Europäischen Fürsorgeabkommens vom 11.12.1953 (EFA)[784], wonach Fürsorgeleistungen an Staatsangehörige der vertragsschließenden Staaten unter den **gleichen Bedingungen** wie nationalen Staatsangehörigen zu gewähren sind.[785] Eine Absenkung dieses Standards ist also nur durch Absenkung des Fürsorgestandards für Inländer möglich.[786]

671     Während bis zu einer Entscheidung des BVerwG im Jahr 2008 dennoch regelmäßig Wohnsitzauflagen für Personen mit Aufenthaltserlaubnissen aus humanitären Gründen verhängt wurden, kamen solche Auflagen zumindest gegenüber **anerkannten Flücht-**

---

[779] Dazu ausf. UNHCR Stellungnahme zu Maßnahmen zur Beschränkung der Wohnsitzfreiheit 2007, S. 2, abrufbar unter www.unhcr.de/recht/asyl-in-deutschland. Deutschland hat keinen (nach Art. 42 GFK möglichen) Vorbehalt gegen die *uneingeschränkte Geltung* dieses Freizügigkeitsrechts erklärt.

[780] Vgl. BVerwGE 111, 200 (205) = NVwZ 2000, 1414; OVG Koblenz InfAuslR 2006, 492.

[781] Bergmann/Dienelt/*Dienelt* AufenthG § 12 Rn. 50 mwN.

[782] Siehe BVerwG Urt. v. 15.1.2013 – 1 C 7/12, Rn. 8.

[783] So im Ergebnis auch UNHCR Stellungnahme zu Maßnahmen zur Beschränkung der Wohnsitzfreiheit von Flüchtlingen und subsidiär geschützten Personen vom Juli 2007, Asylmagazin 9/2007, 31.

[784] BGBl. II 564.

[785] Nach Art. 2 des Zusatzprotokolls v. 11.12.1953 (BGBl II 578) findet Art. 1 EFA auf die Flüchtlinge iSd GFK „unter den gleichen Voraussetzungen Anwendung wie auf die Staatsangehörigen der Vertragschließenden."

[786] Siehe dazu BVerwGE 111, 200 (204 f.) = NVwZ 2000, 1414.

lingen seither nicht mehr in Betracht.[787] Das BVerwG urteilte, dass eine Wohnsitzauflage bei anerkannten Flüchtlingen, die Sozialhilfe beziehen, gegen Art. 23 GFK verstoße, wenn sie zum **Zweck der angemessenen Verteilung öffentlicher Sozialhilfelasten** verfügt werde – eine Wohnsitzauflage aus integrationspolitischen Gründen könne hingegen zulässig sein.[788]

### c) Vereinbarkeit von Wohnsitzregelungen mit Europarecht

Wohnsitzregelungen sind europarechtlich an Art. 33 RL 2011/95/EU zu messen, wonach **international Schutzberechtigten** (also Konventionsflüchtlingen und subsidiär Schutzberechtigten, s. Art. 2 Buchst. a RL 2011/95/EU) **Bewegungsfreiheit** unter den gleichen Bedingungen wie anderen (rechtmäßig aufhältigen) Drittstaatsangehörigen gewährt werden muss. Von dieser Bewegungsfreiheit wird in Übereinstimmung mit Art. 26 GFK und Art. 2 Abs. 1 ZP 4/EMRK auch die freie Wahl des Aufenthaltsortes erfasst.[789]    672

Zudem kommt bei einer Wohnsitzregelung eine Verletzung des Diskriminierungsverbots im Hinblick auf Sozialleistungen nach Art. 29 RL 2011/95/EU in Betracht. Die Rechtslage entspricht hier demnach der für Konventionsflüchtlinge nach der GFK geltenden Wertung.    673

Dementsprechend entschied der EuGH auf Vorlagen[790] des BVerwG in den verbundenen Rechtssachen **Alo** und **Osso** im Jahr 2016, dass eine **Wohnsitzregelung für subsidiär Schutzberechtigte** nicht gegen die Qualifikations-RL 2011 verstoße, sofern sie dem **Ziel der erleichterten Integration** (und nicht etwa einer gerechten Verteilung der Soziallasten) diene. Des weiteren müsse sich die Situation der davon erfassten Personen objektiv von der Situation anderer Drittstaatsangehöriger unterscheide, die sich aus (anderen) humanitären, politischen oder völkerrechtlichen Gründen rechtmäßig im Hoheitsgebiet aufhalten und keiner Wohnsitzregelung unterliegen.[791]    674

### d) Bewertung der Neuregelung des § 12a AufenthG

Die von § 12a Abs. 1 AufenthG Betroffenen unterliegen der pauschalen gesetzlichen Pflicht zur Wohnsitznahme in dem Bundesland, das für die Durchführung des Asyl- oder Aufnahmeverfahrens zuständig war. Die Pflicht zur Wohnsitznahme gilt **für drei Jahre** ab Anerkennung oder Erteilung der Aufenthaltserlaubnis. § 12a AufenthG enthält zudem weitere Möglichkeiten der behördlichen **Anordnung** den Wohnsitz an einem bestimmten Ort (nicht) zu nehmen.[792]    675

Im Gegensatz zu den bisher vorrangig fiskalischen Erwägungen[793] für Wohnsitzregelungen, knüpft § 12a AufenthG nach dem Gesetzeswortlaut nun an den Zweck der **Förderung einer nachhaltigen Integration** in die hiesigen Lebensverhältnisse an (vgl.    676

---

[787] Siehe BVerwG Urt. v. 15.1.2008 – 1 C 17.07, juris.

[788] Siehe BVerwG Urt. v. 15.1.2008 – 1 C 17.07, Rn. 20, juris.

[789] Siehe Erwägungsgrund 9 RL 2011/95/EU.

[790] BVerwG EuGH-Vorlage v. 19.8.2014 – 1 C 7/14 und 1 C 1/14, Asylmagazin 11/2014, 397.

[791] EuGH Urt. v. 1.3.2016 – C-443/14 und C-444/14 (*Alo und Osso*); ausf. dazu *Lehner/Lippold* ZAR 2016, 81 (83 ff.); *Pelzer/Pichl* ZAR 2016, 96 (98 f.); *Zabel* NJW 2016, 1057 (1058 f.).

[792] Siehe *Schlotheuber/Röder* Asylmagazin 11/2016, 364 für eine Bestandsaufnahme der praktischen Auswirkungen der Neuregelung; s. auch VG Arnsberg Beschl. v. 9.2.2017 – 9 L 5/17, Asylmagazin 3/2017, S. 118 f. (M24678), wonach eine Wohnsitzzuweisung für Schutzberechtigte innerhalb des Bundeslands nach § 12a Abs. 2 oder Abs. 3 AufenthG ermessensfehlerhaft und damit rechtswidrig ist, wenn die Ausländerbehörde nicht begründet, warum die Integration am zugewiesenen Wohnort besser gelingen soll als an anderen Orten.

[793] Fiskalische Erwägungen sind weiterhin die vorrangige Motivation bei Wohnsitzauflagen für ausreisepflichtige Personen nach § 61 AufenthG.

§ 12a Abs. 1 S. 1 AufenthG). Nach der Gesetzesbegründung bedarf es „zur Vermeidung von integrationshemmender Segregation – insb. in den Ballungsräumen – von Personen, die keiner sozialversicherungspflichtigen Beschäftigung, keiner Ausbildung oder keinem Studium nachgehen und die aufgrund ihres Fluchthintergrundes vor besonderen Integrationsherausforderungen stehen" einer „verbesserten Steuerung der Wohnsitznahme von Schutzberechtigten".[794] Die Situation der von § 12a AufenthG erfassten Personengruppe unterscheide sich dabei aufgrund ihrer Fluchterlebnisse und Verfolgungsschicksale objektiv von der anderer Drittstaatsangehöriger, die sich aus anderen humanitären Gründen in Deutschland aufhalten. Die Regelung diene zudem der Möglichkeit, „die Potenziale ländlicher Regionen, insbesondere im Hinblick auf Wohnraum, Arbeitsplätze, Integrationsangebote und gesellschaftlichen Zusammenhalt" angemessen zu berücksichtigen.[795] Die Gesetzesbegründung zeigt deutlich den Versuch des Gesetzgebers, die durch das BVerwG und den EuGH für Wohnsitzregelungen gesetzten Vorgaben einzuhalten.

677    Dennoch begegnet § 12a AufenthG erheblichen Bedenken, sowohl in Bezug auf die tatsächliche Möglichkeit durch eine solche Regelung den vorgegebenen Zweck zu erreichen als auch im Hinblick auf eine Vereinbarkeit mit den dargelegten verfassungs-, völker- und europarechtlichen Vorgaben. Diese können nicht schlicht dadurch ausgeräumt werden, dass an die Stelle der bisherigen fiskalischen Gründe nun integrationspolitische Erwägungen getreten sind. Die Wohnsitzregelung bleibt an den Bezug von Sozialleistungen gekoppelt und stützt sich auf eine **pauschale** Unterscheidung der davon betroffenen Personengruppen zu anderen Drittstaatsangehörigen mit humanitärem Titel.

678    Aufgrund des mit einer Wohnsitzauflage verbundenen Eingriffs in die Rechte der Betroffenen ist dessen **Verhältnismäßigkeit** in jedem **Einzelfall** zu prüfen.[796] Die **pauschale** Festlegung einer Wohnsitzregelung widerspricht sowohl Art. 3 Abs. 1 GG, Art. 26 GFK, als auch den durch den EuGH konkretisierten Vorgaben von Art. 33 RL 2011/95/EU. Denn für eine Einschränkung des Freizügigkeitsrechts bestimmter Gruppen von Schutzberechtigten müsste mittels einer **individuellen Prüfung** zunächst festgestellt werden, ob eine Ungleichbehandlung der Betroffenen gerechtfertigt und die Auflage im **jeweiligen Einzelfall** verhältnismäßig, also geeignet, erforderlich und angemessen ist, das vorgegebene Ziel einer Integrationsförderung zu erreichen.

679    Dabei ist bereits fraglich, ob der Zweck der Integrationsförderung durch die Regelung überhaupt erreicht werden kann. Die gesetzliche Wohnsitznahmepflicht nach § 12a Abs. 1 AufenthG gilt für den **im Rahmen des Asylverfahrens zugewiesenen Ort**. Dieser bestimmt sich nach dem **Königssteiner Schlüssel**, der sich wiederum nach der Bevölkerungszahl und den Steuereinnahmen richtet (§ 45 Abs. 1 AsylG). So bestimmt sich auch die für Asylsuchende geltende Wohnsitzauflage nach § 60 Abs. 1 AsylG, die laut der Gesetzesbegründung einer angemessenen Verteilung der Soziallasten und somit fiskalischen (nicht integrationspolitischen) Gründen dient.[797] Weshalb die Zuweisung im Rahmen des Asylverfahrens für die von § 12a AufenthG betroffene Gruppe (von ehemaligen Asylsuchenden) nach Abschluss des Verfahrens plötzlich integrationspolitischen Gründen dienen sollte und in wie fern die Verteilungsentscheidung integrationspolitische Erwägungen berücksichtigt, geht aus der Gesetzesbegründung nicht hervor. Aufgrund dieser Inkonsistenz der Regelungszwecke bestehen bereits erhebliche Zweifel an der Ernsthaftigkeit des mit der Neuregelung vorgeblich verfolgten integrationspolitischen

---

[794] BT-Drs. 18/8615, 42.
[795] Vgl. BT-Drs. 18/8615, 44.
[796] Siehe dazu DIMR Stellungnahme: Wohnsitzauflagen für anerkannte Flüchtlinge? 2016, S. 9 f., abrufbar unter www.institut-fuer-menschenrechte.de/publikationen.
[797] Vgl. BT-Drs. 18/3144, 9.

Zweckes. Nicht ersichtlich ist vor allem, inwieweit eine an fiskalischen Kriterien orientierte Verteilung geeignet sein soll, integrationsfördernd zu wirken.

Unabhängig davon ist unklar, ob sich die Pflicht zur Wohnsitznahme an einem bestimmten Ort überhaupt integrationsfördernd auswirkt. Es erscheint sogar naheliegender, dass sich die mit einer Wohnsitznahmepflicht einhergehenden Schwierigkeiten bei der Arbeits- und Ausbildungsplatzsuche sowie fehlende soziale und familiäre Kontakte integrationshemmend auswirken.[798] Die Verhältnismäßigkeitsprüfung hat jedenfalls in jedem Einzelfall vor Erteilung der Auflage und nicht erst im Nachhinein auf Antrag zu erfolgen. Die in § 12a Abs. 5 AufenthG eingeräumte Möglichkeit einer Aufhebung der Wohnsitzregelung wird diesen Anforderungen an die Verhältnismäßigkeit demnach nicht ausreichend gerecht.[799]

Auch Art. 2 des 4. Zusatzprotokolls[800] zur EMRK sowie Art. 12 Abs. 1 des UN-Zivilpaktes[801] stehen § 12a AufenthG entgegen. Danach hat jede Person, die sich rechtmäßig im Hoheitsgebiet eines Staates aufhält, das Recht, sich dort frei zu bewegen und ihren Wohnsitz frei zu wählen. Das Recht auf Freizügigkeit nach dem UN-Zivilpakt darf nur „zum Schutz der nationalen Sicherheit, der öffentlichen Ordnung (ordre public), der Volksgesundheit, der öffentlichen Sittlichkeit oder der Rechte und Freiheiten anderer" eingeschränkt werden (Art. 12 Abs. 3 UN-Zivilpakt). Die Zielrichtung von § 12a AufenthG steht damit bereits nicht im Einklang. Nach der ständigen Rechtsprechung des EGMR bedürfen die in der Konvention und den Protokollen vorgesehenen Rechtfertigungsgründe zudem einer engen Auslegung, sodass Eingriffe grundsätzlich durch ein „zwingendes soziales Bedürfnis" **im Einzelfall** veranlasst sein müssen.[802]

Zusätzliche verfassungsrechtliche Bedenken ergeben sich im Hinblick auf Personen, die nach dem 1.1.2016 eine Aufenthaltserlaubnis erhalten haben und somit unter § 12a AufenthG fallen, jedoch vor dem Inkrafttreten der Regelung am 6.8.2016 bereit in ein anderes Bundesland verzogen waren. Dies wird teilweise als eine nach Art. 20 Abs. 3 GG iVm Art. 2 Abs. 1 GG unzulässige **echte Rückwirkung** betrachtet.[803] Selbst bei Annahme einer **unechten** (zulässigen) Rückwirkung ist es geboten, die Auflage aus Gründen des Vertrauensschutzes gem. § 12a Abs. 5 AufenthG (auf Antrag) aufzuheben.[804] Nach der Bund-Länder-Verständigung zum Umgang mit Rückwirkungsfällen vom 13.9.2016 wird dementsprechend pauschal ein Härtefall nach § 12a Abs. 5 Nr. 2 Buchst. c AufenthG angenommen, sofern eine Person, die zwischen dem 1.1.2016 und dem Inkrafttreten des IntG anerkannt wurde, entgegen ihrer Wohnsitzzuweisung nach § 12a AufenthG bereits in ein anderes Bundesland umgezogen ist.

680

681

682

---

[798] So auch die Einschätzung des SVR, der Diakonie und des DAV in ihren Stellungnahmen zum Gesetzesentwurf des IntG, Ausschuss-Drs. 18(11)681, 21, 43 ff. und 108; s. auch *Pelzer/Pichl* ZAR 2016, 96 (101); aM *Lehner/Lippold* ZAR 2016, 81 (88); *Thym* Schriftliche Stellungnahme zur öffentlichen Sachverständigenanhörung am 16. Juni 2016, Ausschuss-Drs. 18(11)681, 118 (123); sowie *Kluth/Heusch/Maor* AufenthG § 12a Rn. 3, wonach es sich bei § 12a AufenthG um eine ausreichend differenzierte und europarechtskonforme Regelung handele.

[799] Zweifelnd auch UNHCR, Stellungnahme zum Gesetzesentwurf der Bundesregierung – Entwurf eines Integrationsgesetzes, Ausschuss-Drs. 18(11)681, 157 (159).

[800] Protokoll Nr. 4 zur Konvention zum Schutze der Menschenrechte und Grundfreiheiten vom 16.9.1963 (BGBl 1968 II 423).

[801] Internationaler Pakt über bürgerliche und politische Rechte vom 19. Dezember 1966 (BGBl 1973 II 1533).

[802] Siehe EGMR Urt. v. 7.12.1976 – Nr. 5493/72 (*Handyside*); Urt. v. 16.12.1997 – Nr. 136/1996/7557954 (*Camenzind*).

[803] So *Frings/Steffen*, Die neuen Wohnsitzauflagen und die sozialrechtlichen Auswirkungen (2016), S. 5, verfügbar unter www.frnrw.de/themen-a-z/artikel; aM *Thym* Schriftliche Stellungnahme zur öffentlichen Sachverständigenanhörung am 16. Juni 2016, Ausschuss-Drs. 18(11)681, 118 (124).

[804] So auch *Thym* Schriftliche Stellungnahme zur öffentlichen Sachverständigenanhörung am 16. Juni 2016, Ausschuss-Drs. 18(11)681, 118 (124).

## VII. Altfallregelungen (§§ 104a und 104b AufenthG)

### 1. Die Altfallregelung nach § 104a AufenthG

**683**   Die Altfallregelung des § 104a AufenthG ist, ebenso wie § 104b AufenthG, mit dem 1. RiLiUmsG 2007 in das Aufenthaltsgesetz eingefügt worden. § 104a AufenthG lehnt sich eng an den Bleiberechtsbeschluss der Innenministerkonferenz vom 17.11.2006[805] an. Der Beschluss und die entsprechenden Ländererlasse dienten der Begünstigung von Personen, die sich am 17.11.2006 seit mindestens acht Jahren ununterbrochen in Deutschland aufhielten. Bei Familien oder Alleinerziehenden mit mindestens einem minderjährigen Kind genügte eine Aufenthaltsdauer von sechs Jahren. In den Jahren 2009 und 2011 folgten weitere IMK-Beschlüsse, die die Regelung modifizierten und die erleichterte Erteilung und Verlängerung einer Aufenthaltserlaubnis (ggf. „auf Probe") nach § 23 Abs. 1 AufenthG ermöglichten.[806] Die in § 104a AufenthG enthaltenen gesetzlichen Altfallregelungen sehen verschiedene Rechtsgrundlagen für ein Aufenthaltsrecht vor:[807]

- die Aufenthaltserlaubnis „auf Probe" (§ 104a Abs. 1 S. 1 und S. 3 AufenthG),
- die Altfallregelung bei eigenständiger Lebensunterhaltssicherung (§ 104a Abs. 1 S. 2 iVm § 23 Abs. 1 S. 1 AufenthG),
- die Altfallregelung für geduldete volljährige ledige[808] Kinder von Geduldeten (§ 104a Abs. 2 S. 1 iVm mit § 23 Abs. 1 S. 1 AufenthG), und
- die Altfallregelung für unbegleitete[809] Minderjährige (§ 104a Abs. 2 S. 2 iVm § 23 Abs. 1 S. 1 AufenthG).

**684**   Obgleich die Norm dem fünften Abschnitt des zweiten Kapitels des AufenthG zugeordnet wird und eigentlich eine Bleiberechtsregelung darstellt, ist die **Erteilung einer Niederlassungserlaubnis** nach § 26 Abs. 4 AufenthG für Personen, die nach § 104a Abs. 1 S. 1 AufenthG eine Aufenthaltserlaubnis „auf Probe" besitzen, nicht möglich (vgl. § 104a Abs. 1 S. 3 AufenthG). Auch der **Familiennachzug** ist in diesem Fall nicht gestattet (vgl. § 29 Abs. 3 S. 3 AufenthG). Wurde eine Aufenthaltserlaubnis nach § 104a Abs. 1 S. 2 iVm § 23 Abs. 1 AufenthG erteilt, so kann der Familiennachzug aus völkerrechtlichen oder humanitären Gründen oder zur Wahrung politischer Interessen der Bundesrepublik erfolgen (§ 29 Abs. 3 S. 1 AufenthG). Nach § 104 Abs. 4 S. 2 AufenthG ist jede Form der **Erwerbstätigkeit** erlaubt.

**685**   Wie sich aus der Amtlichen Begründung zu § 104a AufenthG[810] ergibt, ging es dem Gesetzgeber vor allem darum, Personen eine dauerhafte Perspektive zu geben, die seit Jahren – zum Teil mit sog. „Kettenduldungen" – im Bundesgebiet lebten, dabei wirtschaftlich und sozial integriert und rechtstreu waren und deren Ausreise bzw. Abschiebung aller Voraussicht nach auf absehbare Zeit nicht möglich war.[811] Dabei ist die in § 104a Abs. 3 AufenthG enthaltene Regelung, wonach Mitgliedern der Kernfamilie von bestimmten Straftätern eine Aufenthaltserlaubnis (außer in besonderen Härtefällen) trotz

---

[805] Ausf. zu diesem Bleiberechtsbeschluss *Marx* ZAR 2007, 43.

[806] Siehe IMK-Beschlüsse vom 4.12.2009 und vom 9.12.2011, abrufbar unter www.fluechtlingsrat-berlin.de/bleiberecht.php.

[807] Ausf. zu den einzelnen Erteilungsvoraussetzungen s. Nr. 104a.1 ff. AVV-AufenthG.

[808] Zur Unvereinbarkeit dieses Kriteriums mit Art. 3 Abs. 1 GG iVm Art. 6 Abs. 1 GG s. Hofmann/*Fränkel* AufenthG § 104a Rn. 22 mit Verweis auf OVG Bremen Beschl. v. 22.11.2010 – 1 B 154/10, asyl.net (M17882).

[809] Zu diesem Begriff s. VGH München Beschl. v. 22.12.2009 – 19 C 09.845, juris.

[810] BT-Drs. 16/5065, 201 f.

[811] Ausf. zu Entstehungsgeschichte und Zweck der Vorschrift Bergmann/Dienelt/*Samel* AufenthG § 104a Rn. 1 ff.

fehlender individueller Schuld versagt wird, verfassungsrechtlich äußerst bedenklich.[812] Während das BVerfG eine entsprechende Vorlage als unzulässig zurückgewiesen hat,[813] befand das BVerwG jedenfalls die (de facto) Zurechnung von Straftaten unter Ehegatten als verfassungskonform.[814]

§ 104a AufenthG ist aufgrund der Stichtagsgebundenheit weitgehend gegenstandslos **686** geworden – insbesondere im Hinblick die neuen **stichtagsunabhängigen Bleiberechtsregelungen** nach § 25a und § 25b AufenthG (→ Rn. 603 ff. und Rn. 621 ff.). Von einer Streichung der Vorschrift wurde bisher dennoch abgesehen, da aufgrund der Möglichkeit einer wiederholten Verlängerung der Aufenthaltserlaubnis auf Probe weiterhin von einer möglichen Anwendung auf einen beschränkten Personenkreis auszugehen ist. Zudem kommt die Erteilung einer Aufenthaltserlaubnis auch für einen in der Vergangenheit liegenden Zeitraum in Betracht, sofern es für die aufenthaltsrechtliche Stellung erheblich ist und ein schutzwürdiges Interesse begründet.[815]

## 2. Das Aufenthaltsrecht für integrierte Kinder von Geduldeten nach § 104b AufenthG

§ 104b AufenthG ermöglicht die Erteilung einer eigenständigen Aufenthaltserlaubnis **687** (nach § 23 Abs. 1 S. 1 AufenthG) an Jugendliche, bei denen der Aufenthaltsanspruch der Eltern daran gescheitert ist, dass ein Ausschlussgrund nach § 104a Abs. 1 S. 2 AufenthG vorlag. Sofern die Betroffenen sich nach langjährigem Aufenthalt in Deutschland bereits integriert haben, soll ihnen das „rechtsuntreue" Verhalten der Eltern nicht zugerechnet werden.[816]

Erforderlich ist ein mindestens sechsjähriger rechtmäßiger oder geduldeter Aufenthalt, **688** vgl. § 104b Nr. 2 AufenthG. Zur „guten Integration" zählt hier insbesondere das Beherrschen der deutschen Sprache (entspricht dem Niveau C1 des Gemeinsamen Europäischen Referenzrahmens), vgl. § 104b Nr. 3 AufenthG. Die Betroffenen müssen sich zudem auf Grund der bisherigen Schulausbildung und Lebensführung in die hiesigen Lebensverhältnisse eingefügt haben, wobei auch gewährleistet sein muss, dass dies in der Zukunft der Fall sein wird, vgl. § 104b Nr. 4 AufenthG. Letztendlich muss auch die Personensorge sichergestellt sein, § 104b Nr. 5 AufenthG.[817] Die Aufenthaltserlaubnis **kann** abweichend vom Unterhaltserfordernis (§ 5 Abs. 1 Nr. 1 AufenthG), vom Versagungsgrund des § 5 Abs. 2 AufenthG und der Sperrwirkung des § 10 Abs. 3 S. 1 AufenthG erteilt werden. Ein **Familiennachzug** ist grundsätzlich nicht möglich (vgl. § 29 Abs. 3 S. 3 AufenthG). Im Hinblick auf eine **Aufenthaltsverfestigung** gilt § 26 Abs. 4 AufenthG.

Da die Erteilung einer Aufenthaltserlaubnis erst nach einer Ausreise der Eltern in Frage **689** kommt und somit ein (aufenthaltsrechtliches) Auseinanderreißen von Familien voraussetzt, begegnet die Regelung erheblichen verfassungs- und menschenrechtlichen Bedenken im Hinblick auf Art. 6 Abs. 1 GG und Art. 8 Abs. 1 EMRK.[818] Allerdings findet die Regelung nur Anwendung, wenn das betreffende Kind am 1. Juli 2007 das 14. Lebensjahr vollendet hat und bei Antragstellung minderjährig ist. Die Norm dient seit dem 1.7.2011 daher nicht mehr als Erteilungsgrundlage, sondern ist allenfalls im Hinblick auf eine Verlängerung relevant. Diese richtet sich nach § 8 Abs. 1 AufenthG. Eine aufenthalts-

---

[812] Dazu ausf. Hofmann/*Fränkel* AufenthG § 104a Rn. 25 ff. mwN.
[813] Siehe BVerfG Beschl. v. 16.12.2010 – 2 BvL 16/09, NVwZ-RR 2011, 387; Vorlage von VGH BW Beschl. v. 24.6.2009 – 13 S 519/09, BeckRS 2009, 36055.
[814] BVerwG Urt. v. 11.1.2011 – 1 C 22.09, Rn. 34, juris.
[815] Vgl. OVG Lüneburg Beschl. v. 24.7.2012 – 2 LB 278/11, Rn. 30, juris.
[816] Vgl. BT-Drs. 16/5065, 204.
[817] Zu den einzelnen Erteilungsvoraussetzungen s. Hofmann/*Fränkel* AufenthG § 104a Rn. 2 ff.
[818] So auch Bergmann/Dienelt/*Samel* AufenthG § 104b Rn. 2.

rechtliche Perspektive für (gut integrierte) Geduldete bieten nun die Regelungen der §§ 25a, 25b oder § 18a AufenthG.

## VIII. Aufenthalt aus familiären Gründen (§§ 27 bis 36 AufenthG)

### 1. Übersicht

690    Die in den §§ 27 bis 36 AufenthG enthaltenen Regeln über den Aufenthalt aus familiären Gründen sind besonders praxisrelevant, da verhältnismäßig viele Aufenthaltserlaubnisse zu diesem Zweck erteilt werden.[819] Dieser Umstand ist nicht zuletzt auf den **besonderen Schutz von Ehe und Familie im Völker-, Europa- und Verfassungsrecht** zurückzuführen (2.). Aus diesem Grund will der vorliegende Abschnitt zunächst – und in gebotener Kürze – auf die maßgeblichen menschenrechtlichen Verbürgungen in GG (2.a.), EMRK (2.b.) und im EU-Recht (2.c.), sowie ihre aufenthaltsrechtlichen Implikationen eingehen.[820] Hieran schließt sich dann eine **systematische Darstellung der §§ 27–36 AufenthG** an (3–13). Die Regelung des Familiennachzuges – auch Familienzusammenführung genannt zum Unterschied Rn. 727 – ist insofern komplizierter als die Regelung der übrigen Aufenthaltszwecke, als es bei den §§ 27–36 AufenthG nicht nur auf die antragstellende (nachziehende) Person, sondern auch auf diejenige Person ankommt, zu welcher der Familiennachzug erfolgen soll (sog. **Zusammenführender** oder **Stammberechtigter**). So unterscheiden die §§ 27–36 AufenthG – obwohl von einem einheitlichen Grundsatz des Familiennachzugs ausgehend (vgl. § 27 AufenthG) – zwischen dem Familiennachzug zu Deutschen (§ 28 AufenthG) (4.) und zu „Ausländern" (§§ 29–36 AufenthG) (5.–13.). Während die in § 29 AufenthG normierten Voraussetzungen beim Familiennachzug zu Ausländern stets zu beachten sind, enthalten die §§ 30 f. AufenthG spezielle Voraussetzungen für den Ehegatten- und die §§ 32–35 AufenthG für den Kindernachzug. Der Nachzug „sonstiger Familienangehöriger" ist schließlich nur unter den Voraussetzungen des § 36 AufenthG möglich.

### 2. Der Schutz von Ehe und Familie im Verfassungs-, Völker- und Europarecht

#### a) Der Schutz von Ehe und Familie nach Art. 6 Abs. 1 und 2 GG

691    **aa) Zum Schutz der Ehe im Aufenthaltsrecht.** Nach Art. 6 Abs. 1 GG stehen Ehe und Familie unter dem besonderen Schutz staatlicher Ordnung. Zudem ist in Art. 6 Abs. 2 S. 1 GG das elterliche Erziehungsrecht besonders hervorgehoben. Da es sich bei beiden Bestimmungen um allgemeine Menschen- und nicht nur um Bürgerrechte[821] handelt, können sich sowohl deutsche als auch ausländische Staatsangehörige auf sie berufen.[822] Damit ist jedoch noch nichts über die aufenthaltsrechtlichen Wirkungen dieser Bestimmungen gesagt. Nach ständiger Rechtsprechung des BVerfG[823] gewähren Art. 6

---

[819] So lebten zum 31.12.2015 insgesamt 9.107.893 Personen mit ausländischer Staatsangehörigkeit in Deutschland, von denen 1.371.279 Personen eine Aufenthaltserlaubnis erteilt wurde. In 644.931 Fällen handelt es sich dabei um eine Aufenthaltserlaubnis aus familiären Gründen – vgl. https://www.destatis.de/DE/ZahlenFakten/GesellschaftStaat/Bevoelkerung/MigrationIntegration/AuslaendischeBevoelkerung/Tabellen/AufenthaltsrechtlicherStatus.html.

[820] Zur historischen Entwicklung der Regelung des Familiennachzugs: *Walter*, ZAR 2014, 52.

[821] Zur Unterscheidung etwa *Jarass/Pieroth* GG, 14. Aufl. 2016, Art. 19 Rn. 10 ff.

[822] Vgl. etwa *Jarass/Pieroth* GG, 14. Aufl. 2016, Art. 6 Rn. 12 mwN; speziell zur Eheschließungsfreiheit: BVerfG InfAuslR 2000, 67; BVerwG AuAS 2000, 43.

[823] Vgl. etwa BVerfGE 31, 58 (67); BVerfGE 76, 1 (49 ff.), BVerfGE 80, 81 (93); zuletzt bestätigt durch BVerfG NVwZ 2011, 870; vgl. zum Verfassungsrecht auch *Göbel-Zimmermann* ZAR 1995, 170 (171 ff.).

Abs. 1 und 2 GG ausländischen Personen zwar **keinen Anspruch auf Einreise in und Aufenthalt im Bundesgebiet.** Gleichwohl entfalten sie gewisse aufenthaltsrechtliche Schutzwirkungen. So verpflichten Art. 6 Abs. 1 und 2 GG als wertentscheidende Grundsatznormen die Ausländerbehörden, bei der Entscheidung über aufenthaltsrechtliche Maßnahmen die familiären Bindungen der Betroffenen **im Rahmen der Ermessenserwägungen angemessen zu berücksichtigen.** Ob die Interessen an einem Familiennachzug die öffentlichen Interessen an einer Versagung überwiegen, hängt – je nach den zu prüfenden Umständen des Einzelfalles – von der Intensität und der Dauer dieser Bindungen, sowie der tatsächlichen Verbundenheit der betroffenen Familienmitglieder ab. Überwiegen die Interessen an einem Familiennachzug, kann die Pflicht des Staates, die Familie zu schützen, einwanderungspolitische Gründe im Einzelfall zurückdrängen.[824]

Zum Schutz der Ehe nach Art. 6 Abs. 1 GG gehört auch die **Freiheit der Eheschließung.** Diese kann unter Umständen aufenthaltsrechtliche Relevanz erlangen, wenn die stammberechtigte und die nachziehende Person bereits verlobt sind und sie die ernsthafte Absicht der Eheschließung im Bundesgebiet verfolgen.[825] Diese Absicht kann etwa dadurch nachgewiesen werden, dass sich die Betroffenen ernsthaft um einen Termin zur Eheschließung bemühen[826] und ganz generell alle Möglichkeiten ausschöpfen, um in Kürze eine Ehe einzugehen.[827] Allerdings kann die Vermutung einer unmittelbar bevorstehenden Eheschließung durch Tatsachen widerlegt werden, welche die Annahme rechtfertigen, dass es sich bei der in Rede stehenden Ehe um eine sog. Schein- oder Zweckehe (→ Rn. 729, 741 ff.) handelt.[828] Die Eheschließungsfreiheit kann es auch erforderlich machen, bereits im Bundesgebiet lebenden Ausländern besonderen Abschiebeschutz nach § 60a Abs. 2 AufenthG (→ Rn. 1201 ff.) zu gewähren oder eine Erlaubnis zum vorübergehenden Aufenthalt nach § 25 Abs. 4 AufenthG mit der Maßgabe zu erteilen, diese nach erfolgter Eheschließung in eine solche zum Führen einer ehelichen Lebensgemeinschaft umzuwandeln.

**692**

Unter einer **„Ehe"** ist nach stRspr des BVerfG[829] die auf Dauer angelegte, auf freiem Entschluss beruhende Verbindung eines Mannes und einer Frau[830] (zur eingetragenen Lebenspartnerschaft gleichgeschlechtlicher Paare sogleich, → Rn. 698 f.) zu einer vom Prinzip der Gleichberechtigung, sowie der gegenseitigen und umfassenden rechtlichen Verantwortung und Achtung gekennzeichneten Lebensgemeinschaft zu verstehen. Dabei kommt es nicht darauf an, ob die Ehe im Inland oder im Ausland geschlossen wurde.[831] Unbeachtlich ist auch, ob die Ehepartner die Absicht oder auch nur den Willen haben,

**693**

---

[824] BVerfGE 80, 81 (95); BVerfG, InfAuslR 1993, 10 (11); BVerfG InfAuslR 1994, 394 (395); BVerfG InfAuslR 200, 67 (68).

[825] Vgl. OVG Saarlouis Beschl. v. 21.8.2000 – 3 W 3/00, v. 12.12.2005 – 2 W 27/05 und v. 13.1.2006 – 2 Q 71/05; OVG Lüneburg Beschl. v. 22.12.2005 – 11 ME 373/05 und VGH München Beschl. v. 1.2.2006 – 24 CE 06.265; BVerfG Beschl. v. 16.5.1979 – BvR 442/79.

[826] Vgl. OVG Hamburg AuAS 2007, 148; OVG Bautzen AuAS 2006, 242 und SächsVBl. 1996, 119.

[827] So OVG Saarlouis Beschl. v. 12.12.2005 – 2 W 27/05.

[828] Vgl. OVG Bautzen AuAS 2006, 242 f.

[829] Vgl. etwa BVerfG 10, 59 (66); E 62, 323 (330); E 103, 89 (101); E 105, 313 (345). Besonders plastisch: BVerfGE 76, 1 (51): „Die Ehe ist die rechtliche Form umfassender Bindung zwischen Mann und Frau. Sie ist die alleinige Grundlage einer vollständigen Familiengemeinschaft und als solche die Voraussetzung für die bestmögliche körperliche, geistige und seelische Entwicklung von Kindern. Ehe und Familie entsprechen der auf Dialog angelegten geistigen Natur des Menschen. Daneben ist die Lebenshilfe, die der Einzelne in Ehe und Familie erhalten kann von grundlegender Bedeutung für die Ordnung des Gemeinschaftslebens."

[830] Vgl. BVerfGE 105, 313 (345 f.); E 128, 109 (125); E 131, 239 (259).

[831] BVerfGE 76, 1 (41 f.).

die Ehe auf Lebenszeit zu führen[832] und ob diese aus einer im Sinne des jeweils maß-geblichen einfachen Rechts formal korrekten Weise hervorgegangen ist (→ Rn. 732 ff.).

**694**　　Auch sog. „hinkende Ehen" werden von Art. 6 Abs. 1 GG geschützt.[833] Diese zeich-nen sich dadurch aus, dass im Zeitpunkt der Eheschließung die entsprechenden Voraus-setzungen nach dem Heimatrecht eines oder beider Verlobten nicht vorlagen, wohingegen die Ehe nach deutschem Recht zulässig wäre. Für diesen Fall ist gemäß Art. 13 Abs. 2 EGBGB unter den dort genannten Voraussetzungen deutsches Recht anwendbar.

**695**　　Dagegen genießt die sog. **polygame** bzw. **„Mehrehe"** – die in den Rechtsordnungen diverser Staaten wirksam geschlossen werden kann – **nicht** den Schutz des Art. 6 Abs. 1 GG.[834] Zudem ist das Eingehen einer Mehrehe nach Maßgabe des einfachen Rechts (vgl. § 1306 BGB, Art. 13 Abs 3 EGBGB) nicht nur verboten, sondern zudem nach § 172 StGB unter Strafe gestellt. Die aufenthaltsrechtlichen Folgen der Mehrehe sind in § 30 Abs. 4 AufenthG geregelt (dazu unten, → Rn. 833).[835] Unabhängig von der Frage, ob die Mehrebene eine „Ehe" im verfassungsrechtlichen Sinne darstellt, kann jedenfalls die Beziehung der in polygamer Ehe verheirateten Personen zu ihren Kindern vom Schutzbereich der Familie aus Art. 6 Abs. 1 GG und Art. 8 Abs. 1 EMRK umfasst sein.[836]

**696**　　Zum Schutzbereich der Ehe gehört auch die **freie Wahl des gemeinsamen Lebens-mittelpunktes**.[837] Bei deutsch-ausländischen Ehepaaren ist der Wille des deutschen Staatsangehörigen, die Ehe in der Bundesrepublik Deutschland zu führen, in aller Regel zu beachten.[838] Dies folgt ua auch aus der Fürsorgepflicht der Bundesrepublik Deutsch-land gegenüber dem deutschen Ehegatten und dessen Grundrecht auf Freizügigkeit aus Art. 11 Abs. 1 GG.[839] Eine eheliche Lebensgemeinschaft erfordert auch nicht zwingend eine **häusliche** Gemeinschaft.[840] Vielmehr liegt eine Lebensgemeinschaft auch dann vor, wenn beide Ehegatten aus plausiblen – zB beruflichen oder sonstigen persönlichen Gründen – nicht ständig in einer gemeinsamen Wohnung leben,[841] solange dadurch ihre persönliche und emotionale Verbundenheit und ihr „Füreinander-Dasein" i. S. einer Bei-standsgemeinschaft nicht aufgegeben wird.[842] Auch führt nicht jeder Streit mit anschlie-ßendem „Auszug" eines Partners zur Beendigung der Lebensgemeinschaft in tatsäch-licher Hinsicht.[843] Solange also eine Versöhnung noch möglich ist, liegt hierin keine **Beendigung**, sondern lediglich eine **Unterbrechung**[844] **der ehelichen Lebensgemein-schaft**, was insbesondere auch für die zeitlichen Voraussetzungen für ein eigenständiges Aufenthaltsrecht nach § 31 AufenthG von Bedeutung ist (→ Rn. 834 ff.).

**697**　　Allerdings ist anerkannt, dass allein das formale Band der Ehe nicht ausreicht, um aufenthaltsrechtliche Wirkungen zu entfalten.[845] Erforderlich ist vielmehr das Bestehen

---

[832] BayObLG InfAuslR 2001, 210.

[833] Vgl. BVerfGE 31, 84; BVerfGE 62, 323 (331).

[834] *Jarass/Pieroth* GG, 14. Aufl. 2016, Art. 6 Rn. 4; Vormeier/Fritz/*Marx* GK-AufenthG, § 27 Rn. 24; a. A. *Robbers* in: von Mangoldt/Klein/Starck GG, 6. Aufl. 2010, Art. 6 Abs. 1 Rn. 42; offen gelassen in BVerwGE 71, 228 (231).

[835] Siehe hierzu auch *Marx*, Asyl-, Aufenthalts- und Flüchtlingsrecht, 6. Aufl. 2016, § 6 Rn. 10.

[836] Vgl. BVerwGE 71, 228 (231).

[837] Vgl. BVerfGE 51, 386 (397).

[838] Vgl. ua BVerfGE 42, 143 (147); BVerwGE 56, 246.

[839] Vgl. *Kabis* InfAuslR 1991, 11.

[840] Vgl. BVerwG NVwZ 1998, 745 = InfAuslR 1998, 279.

[841] Vgl. VGH Kassel AuAS 2007, 134 (135).

[842] Zur sog. Trennung „auf Probe" VGH München, Beschl. v. 27.6.2016, 19 ZB 15.737 – BeckRS 2016, 49253; VGH Kassel AuAS 2007, 134; *Weichert* NVwZ 1997, 1053.

[843] Vgl. BVerwG InfAuslR 1992, 305.

[844] Vgl. VG Augsburg Beschl. v. 8.2.2006 – Au 1 K 06.77.

[845] Vgl. etwa BVerwG NVwZ 2013, 1237; VGH München, Beschl. v. 18.1.2017, 10 CS 16.2308 – BeckRS 2017, 101012; VGH München. Urt. v. 29.11.2016, 10 B 14.2060 – BeckRS 2016, 112324.

einer tatsächlich gelebten ehelichen Lebensgemeinschaft. **Nachgewiesen** wird dies gegenüber den Ausländerbehörden durch die Vorlage einer Heiratsurkunde und einen geeigneten Nachweis der Eheleute, dass sie eine Wohnung gemeinsam nutzen und einen Haushalt gemeinsam führen bzw. einen sonstigen Nachweis darüber, dass beide Ehegatten trotz getrennter Haushalte eine eheliche Lebensgemeinschaft führen. Je mehr sich die individuelle Gestaltung einer Ehe nach dem äußeren Erscheinungsbild jedoch von diesem Regelfall entfernt, desto mehr bedarf es im Zweifelsfall zusätzlicher tatsächlicher Anhaltspunkte, um die Annahme zu rechtfertigen, dass die Beziehung der Ehegatten trotz der Zweifel auslösenden objektiven Umstände gleichwohl den inhaltlichen Kriterien entspricht, wie sie für eine eheliche Lebensgemeinschaft typisch sind.[846] Liegen folglich gar keine Anhaltspunkte für eine tatsächliche eheliche Lebensgemeinschaft (vgl. § 1353 Abs. 1 BGB) vor, ist der Schutzbereich des Art. 6 Abs. 1 GG nicht eröffnet.[847] Dies betrifft vor allem die sog. **Schein- bzw. Zweckehen** (→ Rn. 729, 741 ff.). Besteht eine eheliche Lebensgemeinschaft nicht (mehr), so kann die nach §§ 27 ff. AufenthG erteilte Aufenthaltserlaubnis zurückgenommen werden.[848]

**bb) Zum Schutz der eingetragenen Lebenspartnerschaft.** Gleichgeschlechtliche Lebensgemeinschaften wie die eingetragene Lebenspartnerschaft fallen verfassungsrechtlich nach (bislang) hM[849] nicht unter den Schutz der „Ehe" im Sinne von Art. 6 Abs. 1 GG, sondern unter den Schutz der allgemeinen Handlungsfreiheit nach Art. 2 Abs. 1 GG[850]. Gegenwärtig wird jedoch diskutiert, den verfassungsrechtlichen Begriff der „Ehe" in Art. 6 Abs. 1 GG für gleichgeschlechtliche Paare zu öffnen.[851] In jedem Fall sind zwei Personen gleichen Geschlechts, die gesetzlich als Elternteile eines Kindes anerkannt sind, auch im Sinne von Art. 6 Abs. 2 S. 1 GG Eltern[852], wobei Träger des Elternrechts jeder Elternteil für sich ist.[853] **698**

In aufenthaltsrechtlicher Hinsicht sind Ehegatten und Lebenspartner jedoch regelmäßig gleichgestellt (vgl. etwa § 12a Abs. 5 S. 1 Nr. 1 lit. a) und b), § 25a Abs. 2 S. 2, § 25b Abs. 4, § 27 Abs. 2, § 53 Abs. 2 AufenthG). Aus der Regelung des § 27 Abs. 2 AufenthG wird insbesondere gefolgert, dass die Regelung des Ehegattennachzuges in § 30 AufenthG zur Wahrung und Herstellung einer eingetragenen Lebenspartnerschaft entsprechend anwendbar ist (vgl. dazu noch unten, → Rn. 807 ff.).[854] **699**

**cc) Zum Schutz der Familie im Aufenthaltsrecht.** Art. 6 Abs. 1 GG erfasst neben der Freiheit der Eheschließung (s. o., → Rn. „692") auch die Freiheit der Familiengründung[855] und das Recht auf ein familiäres Zusammenleben. Geschützt wird also auch die **Familie** **700**

---

[846] VGH Kassel AuAS 2007, 134 (135), der davon ausgeht, dass die ausländische Person im „Vornahmefall" die objektive Beweislast (Feststellungslast) für das Bestehen einer ehelichen Lebensgemeinschaft trifft, während diese im Abwehrfall bei der Behörde liegt; vgl. auch VGH Kassel FamRZ 2005, 989; VGH Mannheim NVwZ 1995, 720.

[847] Vgl. BVerfGE 76, 1 (44 f.) = NJW 1988, 626 (628).

[848] Vgl. etwa VGH München. Urt. v. 29.11.2016, 10 B 14.2060 – BeckRS 2016, 112324; VGH München, Beschl. v. 5.7.2016, 10 ZB 14.1402 – BeckRS 48795.

[849] Vgl. etwa *Jarass/Pieroth* GG, 14. Aufl. 2016, Art. 6 Rn. 5; aA etwa: *Brosius-Gersdorf*, in: Dreier, GG, 3. Aufl. 2013, Art. 6 Rn. 81.

[850] Vgl. BVerfGE 82, 6 (16); E 87, 234 (267).

[851] Vgl. insbesondere das Gesetz zur Einführung des Rechts auf Eheschließung für Personen gleichen Geschlechts vom 20.7.2017, BGBl. I 2787. Eine entsprechende Gleichstellung von Ehe und eingetragener Lebenspartnerschaft im Hinblick auf den verfassungsrechtlichen Schutz ist etwa in Art. 21 Abs. 2 Verf. Brem. vorgesehen.

[852] BVerfGE 133, 59 (78 ff.).

[853] BVerfGE 99, 145 (164).

[854] Huber/*Göbel-Zimmermann/Eichhorn* AufenthG § 30 Rn. 3.

[855] Vgl. BVerfGE 31, 58 (67) = NJW 1971, 1509.

als „tatsächliche Lebens- und Erziehungsgemeinschaft von Eltern und Kindern"[856]. Der so beschriebene Charakter der Familie kann sich zwar mit zunehmendem Alter und zunehmender Eigenverantwortlichkeit des Kindes ändern. Maßgeblich ist jedoch die tatsächliche Verbundenheit, ohne dass es auf das Vorliegen einer Hausgemeinschaft ankommen muss.[857] Vor diesem Hintergrund kann auch die Beziehung zwischen Eltern und volljährigen Kindern unter den Schutz des Art. 6 Abs. 1 GG fallen, wenn etwa ein Familienangehöriger auf die Lebenshilfe des anderen Familienangehörigen angewiesen ist.[858] Nach der in Art. 6 Abs. 1 und 2 GG enthaltenen wertentscheidenden Grundsatznorm[859] hat der Staat den Bestand, die Einheit und Selbstverantwortlichkeit des Elternrechts und der Familie zu schützen und zu fördern. Dieser Schutzpflicht des Staates korrespondiert ein Recht des Kindes auf staatliche Gewährleistung elterliche Pflege und Erziehung aus Art. 6 Abs. 2 S. 1 in Verbindung mit Art. 2 Abs. 1 GG.[860] Dieses Grundrecht gilt unabhängig davon, welche Staatsangehörigkeit das Kind und seine Familienangehörigen haben (s. o., → Rn. 691). Vor diesem Hintergrund sind etwa im Bundesgebiet lebende ausländische Eltern in ihrem Recht aus Art. 6 Abs. 1 GG betroffen, wenn ihrem im Ausland lebenden Kind der Aufenthalt im Bundesgebiet zum Zweck des familiären Zusammenlebens versagt wird.[861]

**701**　　Der Begriff der „**Familie**" im Sinne des Art. 6 Abs. 1 GG umfasst zunächst die Beziehungen zwischen Eltern und Kindern einschließlich der Stief-, Adoptiv- und Pflegekinder, unabhängig davon, ob diese minderjährig oder volljährig sind[862], sowie jede andere von der staatlichen Rechtsordnung anerkannte Gemeinschaft von Eltern und Kindern.[863] In diesen Fällen darf das Bestehen einer Beistands- oder Betreuungsgemeinschaft vermutet werden.[864] Vor diesem Hintergrund kann eine **Pflegefamilie** den Schutz von Art. 6 Abs. 1 GG für sich in Anspruch nehmen, wenn die Beziehung zwischen Pflegeeltern und -kind eine gewisse Zeit andauert und familiäre Bindungen entstanden sind.[865] Das gleiche gilt für den Vormund, wenn eine über eine rein formale Vormundschaft hinausgehende enge Lebens- und Erziehungsgemeinschaft (sog. soziale Familie) besteht.[866]

**702**　　Eine **Adoption** unterliegt dem Schutz des Art. 6 Abs. 1 GG, soweit es sich nicht um eine „missverständliche" bzw. „Schein-Adoption" (vgl. dazu § 1597a BGB) handelt.[867] Ob eine solche vorliegt, ist unter Zugrundelegung aller Umstände des Einzelfalls danach zu beurteilen, ob und inwieweit sich durch das bisherige Zusammenleben zwischen Adoptiveltern und -kindern bereits eine geistig-seelische Beziehung entwickelt hat, die einem natürlichen Eltern-Kind-Verhältnis gleichkommt oder zumindest die Entstehung eines solchen erwarten lassen.[868] Eine nach ausländischem Recht erfolgte Adoption wird anerkannt, wenn sie von dem für das deutsche Adoptionsrecht maßgebenden Grundsatz

---

[856] Vgl. BVerfGE 127, 263 (287); E 115, 80 (81, 90); E 108, 82 (112).

[857] Vgl. BVerfG-K, NVwZ 2009, 388.

[858] Vgl. BVerfGE 80, 81 (95) = NJW 1989, 2195; BVerfG NJW 1990, 895.

[859] Vgl. BVerfGE 31, 58 (67) = NJW 1971, 1509.

[860] BVerfGE 133, 59 (73 ff.).

[861] Vgl. BVerfGE 76, 1 (45).

[862] Vgl. BVerfGE 57, 170 (78); a. M. BVerwGE 66, 268.

[863] Vgl. BVerfGE 18, 97; BVerfGE 80, 81 (90) = NJW 1989, 2195.

[864] Nr. 27.1.5. VAH-AufenthG.

[865] BVerfGE 68, 176 (87); 79, 51 (59); BVerfGE 75, 201 (217 ff.); BVerfGE 79, 51 (63 ff.).

[866] Vgl. BVerfGE 68, 176 (187); 79, 51 (59); 34, 165 (200); vgl. auch VG Frankfurt a. M. InfAuslR 1994, 314.

[867] Vgl. BVerfGE 80, 81 (90 f.) = NJW 1989, 2195.

[868] So OLG Zweibrücken FamRZ 1989, 537 (38); s. a. BVerfGE 80, 81(90); BayObLG NJW 1989, 1437; vgl. auch *Lemke* FuR 1990, 94.

des Kindeswohls getragen war.[869]Auch gleichgeschlechtlichen Paaren steht die Adoption im Wege der sog. Stiefkindadoption offen. Danach kann ein(e) Lebenspartner(in) das leibliche Kind des / der anderen Lebenspartners/-partnerin als Stiefkind annehmen. Daneben ist auch eine sog. Sukzessivadoption zulässig[870], wonach ein von einer / einem Lebenspartner(in) adoptiertes Kind „sukzessive" von dem / der anderen Lebenspartner (in) adoptiert werden darf. Alles andere wäre mit Art. 3 Abs. 1 GG unvereinbar.

Über die soeben beschriebenen Schutzwirkungen des Art. 6 Abs. 1 GG hinaus gewähr-          **703** leistet das **elterliche Erziehungsrecht** aus Art. 6 Abs. 2 S. 1 GG die Wahrnehmung der Elternverantwortung im Interesse des Kindeswohls.[871] Dieses Elternrecht umfasst die freie Entscheidung über die **Pflege,** dh die Sorge für das körperliche Wohl, um Ernährung, Gesundheit und Vermögen, und die **Erziehung,** dh die Sorge um die seelische und geistige Entwicklung, um die Vermittlung von Wissen und Wertorientierung.[872] Träger dieses Grundrechts sind die „Eltern", dh zunächst einmal die Personen, von denen das Kind abstammt – unabhängig davon, ob sie verheiratet sind oder nicht.[873] Aufenthaltsrechtlich geschützt ist auch die nichteheliche Vaterschaft eines noch ungeborenen Kindes.[874]

Generell kann sich der **biologische Vater,** auch neben dem rechtlichen und/oder          **704** sozialen Vater, auf den Schutzbereich aus Art. 6 Abs. 1 GG berufen[875] – und zwar unabhängig davon, ob er mit der Mutter des Kindes zusammen lebt und mit dieser gemeinsam die Erziehungsaufgaben wahrnimmt, ob ihm das (gemeinsame) **Sorgerecht** (§§ 1626 ff. BGB)[876] oder „lediglich" ein **Umgangsrecht** (§ 1684 BGB) zusteht. Rechtfertigen lässt sich dieses Ergebnis vor allem durch das Kindeswohl[877], dem der spezifische Erziehungsbeitrag des Vaters zugute kommen soll.[878] Denn es ist grundsätzlich im Interesse der Persönlichkeitsentwicklung jedes Kindes, persönliche Kontakt auch zu einem getrennt lebenden Elternteil zu haben und zu diesem persönliche und emotionale Bindungen aufzubauen.[879] Daher ist es für die Schutzwürdigkeit der Beziehung zwischen einem (biologischem) Vater und seinem Kind unter dem Gesichtspunkt des Art. 6 Abs. 2 S. 1 GG unerheblich, ob dieser sorgeberechtigt oder „lediglich" umgangsberechtigt ist.[880] Entscheidend ist vielmehr die tatsächliche Verbundenheit zwischen (biologischem) Vater und Kind, die sich etwa anhand der Kontinuität und Stabilität der Begegnungen feststellen lässt – wobei sich allerdings jegliche schematische Betrachtung verbietet. Positiv auswirken kann sich generell die Bereitschaft des (von Mutter und Kind getrennt lebenden) Vaters, trotz mangelnden gemeinsamen Sorgerechts an der Pflege und Erziehung des Kindes mitzuwirken (§ 1686a BGB). Andererseits kann sich auch ein unkooperatives Verhalten des (sorgeberechtigten) Vaters (zB das – von diesem nicht zu vertretende – unregelmäßige, unvollständige oder gänzlich unterbleibende Zahlen von Unterhaltsleis-

---

[869] Vgl. OVG Berlin InfAuslR 2004, 440; zur Gleichwertigkeit einer Auslandsadoption vgl. OVG Hamburg ZAR 2007, 156.

[870] Vgl. BVerfGE 133, 59 (73 ff.).

[871] Vgl. BVerfGE 51, 386 (398); 59, 360 (381).

[872] Vgl. BVerfGE 52, 223 (225 f.); 93, 1 (17); 108, 282 (301).

[873] Vgl. BVerfGE 92, 158 (171).

[874] Vgl. OVG Greifswald, NVwZ-RR 1995, 543 (544); a. M. OVG Weimar, EZAR 632, Nr. 30; VG Regensburg, InfAuslR 2002, 241 (242).

[875] Vgl. BVerfGE 92, 158 (176 ff.); offen gelassen noch in BVerfGE 84, 168 (179).

[876] So BVerfGE 92, 158 = NJW 1995, 2155; offen gelassen BVerfGE 56, 363 (384) = NJW 1981, 351 = FamRZ 1981, 429; BVerfG E 84, 168 (179).

[877] BVerfG InfAuslR 2006, 122 = FamRZ 2006, 187 und v. 23.1.2006 – 2 BvR 1935/05; s. hierzu auch *Cernota* ZAR 2006, 102; *Marx* InfAuslR 2006, 441; *Voler* JurisPR-FamRZ 5/2007 Anm. 1.

[878] Vgl. bereits BVerfG Beschl. v. 20.3.1997 – 2 BvR 260/97.

[879] BVerfG AuAS 2006, 26 = InfAuslR 2006, 122 = ZAR 2006, 28.

[880] *Eichenhofer* ZAR 2013, 89 (94 f.) mwN.

tungen) negativ auf die Schutzwürdigkeit seiner Beziehung zu seinem Kind unter dem Gesichtspunkt von Art. 6 Abs. 2 S. 1 GG auswirken.[881] Dabei darf die Feststellung eines solchen unkooperativen Verhaltens nicht allein auf Aussagen der Mutter gestützt werden.[882] Vielmehr ist sie unter Berücksichtigung aller Umstände des Einzelfalles festzustellen.

705      Für das Aufenthaltsrecht eines ausländischen (biologischen) Vaters bedeutet dies: die tatsächliche Verbundenheit zu seinem Kind ist bei der Auslegung und Anwendung des § 28 Abs. 1 S. 2 AufenthG[883] sowie bei einer drohenden Abschiebung[884] zu berücksichtigen. Dies gilt auch, wenn die betreffende Person vor Entstehung der zu schützenden Lebensgemeinschaft gegen aufenthaltsrechtliche Bestimmungen verstoßen hat.[885] Darüber hinaus ist der Gesetzgeber aus Gründen der aus Art. 6 Abs. 2 GG folgenden Schutzpflicht gehalten, für biologische Väter eine spezielle Aufenthaltserlaubnis zur Ausübung ihres Umgangsrechts zu schaffen.[886] Zudem wäre die Versagung der Erteilung einer Aufenthaltserlaubnis bereits nach geltendem Recht eine verfassungswidrige Anwendung des geltenden Gesetzesrechts, wenn dadurch eine nach Maßgabe des oben Gesagten bestehende schutzwürdige Beziehung zwischen Vater und Kind unmöglich gemacht oder wesentlich erschwert würde.[887] Dies gilt besonders für die Väter von Kleinkindern, da hier schon eine verhältnismäßig kurze Trennungszeit zu einer Entfremdung von Vater und Kind führen und daher im Lichte des Art. 6 Abs. 2 GG unzumutbar sein kann.[888]

## b) Achtung des Privat- und Familienlebens nach Art. 8 EMRK

706      Ehe, Lebenspartnerschaft und Familie werden auch in **Art. 8 EMRK** als Menschenrecht geschützt. Nach dessen Abs. 1 hat „jede Person ... das **Recht auf Achtung ihres Privat- und Familienlebens**". Ein Eingriff in dieses Recht muss gemäß Abs. 2 „gesetzlich vorgesehen und in einer demokratischen Gesellschaft notwendig ... für die nationale oder öffentliche Sicherheit, für das wirtschaftliche Wohl des Landes, zur Aufrechterhaltung der Ordnung, zur Verhütung von Straftaten, zum Schutz der Gesundheit oder der Moral oder zum Schutz der Rechte und Freiheiten anderer" sein. Die Bedeutung dieser Bestimmung und der hierzu ergangenen Rechtsprechung des EGMR für das nationale Aufenthaltsrecht ist kaum zu überschätzen. Zwar wirkt die EMRK als regionales Völkerrecht nach der im Völkerrecht herrschenden dualistischen Theorie im nationalen Recht nicht **ipsu iure**, sondern nur aufgrund eines entsprechenden Umsetzungsgesetzes (sog. Transformationslehre)[889]. Innerhalb der deutschen Rechtsordnung erlangt die EMRK daher

---

[881] VGH Mannheim Beschl. v. 4.6.2003 – 13 S 2685/02; OVG Hamburg NVwZ 2000, 105 (106).

[882] Vgl. VGH Kassel Beschl. V. 15.11.2002 – 9 TG 2990 und Beschl. v. 22.5.2003 – 12 ZU 2374/02; OVG Lüneburg Beschl. v. 19.4.2000 – 11 M 1343/00.

[883] Vgl. BVerfG InfAuslR 2002, 171 (174).

[884] Vgl. BVerfG InfAuslR 1993, 10; BVerfG InfAuslR 1994, 394 (395), BVerfGE 80, 81 (95) zur Erwachsenenadoption; *Zimmermann* DÖV 1991, 401 (402); VGH Kassel AuAS 1993, 170.

[885] Vgl. BVerfG-Kammer InfAuslR 1994, 394 (395), InfAuslR 2000, 67 (68 f.) = NVwZ 2000, 59; BVerfG NVwZ 2002, 849; BVerfG Beschl. v. 23.1.2006 – 2 BvR 1935/05 –.

[886] Vgl. *Eichenhofer* ZAR 2013, 89 (93 ff.); zust. Hofmann/*Oberhäuser* AufenthG § 28 Rn. 35.

[887] Vgl. BVerfG InfAuslR 2000, 67 (68).

[888] Vgl. BVerfG InfAuslR 2000, 67 = NVwZ 2000, 59; OVG Saarlouis InfAuslR 2003, 328; VGH Kassel Beschl. v. 8.7.2003 – 7 TG 1273/03 –; VG Gelsenkirchen InfAuslR 2003, 93; VG Hamburg InfAuslR 2001, 391 (393); a. M. OVG Lüneburg InfAuslR 2003, 332; OVG Berlin InfAuslR 1993, 366.

[889] Allgemein zum Verhältnis Völkerrecht und innerstaatliches Recht: *Herdegen*, § 22.

nur durch das entsprechende Umsetzungsgesetz Geltung, sodass sie hier auf der **Stufe einfachen Gesetzesrechts** steht.[890]

Auch folgt aus Art. 8 EMRK – wie schon aus Art. 6 Abs. 1 und 2 GG (s. o., → Rn. 691)    **707** – **kein unmittelbar geltendes und generelles Recht auf Einreise, Aufenthaltsgenehmigung bzw. -verlängerung**[891] **oder Familienzusammenführung.**[892] Darüber hinaus hat es der EGMR bislang abgelehnt, aufenthaltsrechtliche Regelungen unter dem Gesichtspunkt von Art. 8 Abs. 2 EMRK einer grundlegenden Prüfung zu unterziehen, wie sie etwa vom BVerfG aus Anlass einer Verfassungsbeschwerde vorgenommen wird.[893] Allerdings haben die an die EMRK gebundenen Staaten (im Folgenden: Konventionsstaaten) das Privat- und Familienleben **bei der Auslegung und Anwendung des nationalen (Aufenthalts-)Rechts umfassend zu beachten**[894] – sei es im Rahmen einer Entscheidung über die **Aufenthaltsbeendigung** (Ausweisung oder Abschiebung)[895] oder im Rahmen der **Versagung einer Aufenthaltserlaubnis**. Zu beachten ist insoweit nämlich, dass es für die Eröffnung des Schutzbereiches von Art. 8 EMRK weder erforderlich ist, dass sich die betroffene Person rechtmäßig oder für eine bestimmte Dauer im Aufnahmestaat aufhält.[896]

Zwar hat der EGMR insoweit anerkannt, dass jeder Konventionsstaat grundsätzlich    **708** das Recht hat, die Einreise und den Aufenthalt von fremden Staatsangehörigen in seinem Hoheitsgebiet einem Kontrollregime zu unterwerfen.[897] Andererseits hat der EGMR in unzähligen Entscheidungen festgestellt, dass die Konventionsstaaten durch eine Aufenthaltsbeendigung oder die Verweigerung der Erteilung eines Aufenthaltstitels in dem jeweiligen Fall gegen das Recht der Betroffenen auf Achtung ihres Privat- und Familienlebens verstoßen würden und deshalb – unmittelbar durch Art. 8 EMRK – verpflichtet wären, den Betroffenen eine Aufenthaltserlaubnis zu erteilen.[898] Dies gilt sogar für Fälle, in denen sich die Betroffenen zuvor – mitunter jahrelang – irregulär, dh ohne eine entsprechende Aufenthaltserlaubnis in dem jeweiligen Konventionsstaat aufgehalten hatten. Insofern verwundert es nicht, dass Art. 8 EMRK gar als „Menschenrecht auf Legalisierung des Aufenthalts"[899] bezeichnet worden ist.

---

[890] Vgl. BVerfGE 74, 358 (370) unter Hinweis auf BVerfGE 19, 342 (347); 22, 254 (265); 25, 327 (331); 35, 311 (320). Nach *Frowein*, Der europäische Grundrechtsschutz und die nationale Gerichtsbarkeit, 1983, 25 ist die EMRK aber bei der Auslegung des deutschen Verfassungsrechts heranzuziehen, weshalb sie „mittelbar Verfassungsrang" erhalte. Dagegen steht die EMRK in der Rechtsordnung folgender Staaten zwischen Verfassungs- und einfachem Recht: Belgien, Frankreich, Luxemburg, Niederlande, Portugal und Spanien – vgl. Kluth/Heusch/*Hofmann* EMRK Art. 8 Rn. 3.1.

[891] EGMR EuGRZ 1985, 567 – Abdulaziz, Cabales und Balkandali; *Wildhaber* IntKommEMRK, Art. 8 Rn. 416 mwN der Rspr.; *Frowein/Peukert* EMRK Art. 8 Rn. 25; zur EMRK als Rechtsquelle des deutschen Familienrechts vgl. *Börgers* FuR 1990, 141; VGH Kassel NVwZ-RR 1999, 343.

[892] EGMR EuGRZ 2006, 562 – Rodrigues da Silva und Hoogkamer.

[893] EGMR InfAuslR 1993, 84.

[894] BVerwG Urt. v. 9.12.1997 – 1 C 20/97; BVerwG Urt. v. 9.12.1997 – 1 C 19/96; *Eckertz-Höfer* ZAR 2008, 41 (42); sowie zur Beachtlichkeit der EMRK im Ausländerrecht und allgemein: BVerfG Beschl. v. 1.3.2004 – 2 BvR 1570/03; BVerfG NJW 2004, 3407.

[895] Vgl. hierzu etwa die Regelung des § 60 Abs. 5 AufenthG, wonach sich aus den Bestimmungen der EMRK ein Abschiebeverbot ergeben kann.

[896] Karpenstein/Mayer/*Pätzold* EMRK 2. Aufl. 2015, Art. 8 Rn. 22; aA *Fritzsch* ZAR 2010, 14 (16).

[897] EGMR EuGRZ 1985, 567 – Abdulaziz, Cabales und Balkandali; *Weichselbaum* ZAR 2003, 359; *Langenfeld/Mohsen* ZAR 2003, 398.

[898] EGMR EuGRZ 2006, 554 – Sisojeva ua/Lettland I (Rn. 104), EGMR Nr. 59643/00 – Kaftailova/Lettland (Rn. 47); EGMR EuGRZ 2006, 562 – da Silva und Hoogkammer/Niederlande; zurückhaltender dagegen: EGMR (GK) v. 15.1.2007, Nr. 60654/00, Sisojeva ua/Lettland (Rn. 91) II; dazu etwa: *Thym* InfAuslR 2007, 133 (135); *Eckertz-Höfer* ZAR 2008, 41 (43). Aus jüngerer Zeit: EGMR (GK), Urt. v. 3.10.2014, Nr. 12738/10 – Jeunesse / Niederlande.

[899] *Thym* EuGRZ 2006, 541 ff.; *Langenfeld* in: FS Herzog (2009), 247 ff.

**709**     In sachlicher Hinsicht schützt Art. 8 EMRK sowohl das Privat- als auch das Familienleben. Auch wenn sich beide Begriffe nicht auf eine abschließende Definition bringen
lassen,[900] haben sie aufgrund der umfangreichen Rechtsprechung des EGMR bereits
scharfe Konturen erhalten. Das gilt sowohl für ihren Inhalt, als auch für ihr Verhältnis
zueinander. Während das „**Privatleben**" nach Ansicht des EGMR als umfassendes Recht
auf Identität und Entwicklung der Person zu verstehen ist,[901] umfasst das „**Familienleben**" sämtliche soziale, moralische und kulturelle Beziehungen zwischen Familienmitgliedern.[902] Dazu zählen zunächst die Beziehungen zwischen Partnern – unabhängig
davon, ob sie in hetero- oder homosexueller Partnerschaft leben[903] und ob ihre Partnerschaft institutionell (zB als Ehe oder Lebenspartnerschaft) verfestigt ist oder nicht –,
sowie zwischen Eltern und ihren minder- oder volljährigen Kindern – und zwar unabhängig davon, ob Eltern und Kind im rechtlichen Sinne miteinander verwandt sind.[904]
Maßgeblich sind hier – in noch viel stärkerem Maße als bei Art. 6 GG – die tatsächlich
gelebten Verhältnisse. Der EGMR verlangt insoweit ein „**effektives Zusammenleben**".[905]
Daher ist etwa die Beziehung eines biologischen Vaters zu seinem Kind nur dann von
Art. 8 EMRK geschützt, wenn weitere Anhaltspunkte auf eine enge persönliche Beziehung hinweisen.[906]

**710**     Der Begriff der „**Familie**" im Sinne von Art. 8 EMRK ist also grundsätzlich **weit zu
verstehen** und **weniger an formaljuristischen Rechtsbeziehungen als an faktisch eng
gelebten persönlichen Beziehungen orientiert.** Geschützt sind daher neben der **Kernfamilie** – dh den Ehegatten bzw. Lebenspartnern und ihren **minderjährige** Kindern[907] –
auch die Beziehung zwischen **Pflegeeltern und –kind,**[908] sowie eine durch **rechtmäßige
Adoption** begründete Beziehung von Adoptiveltern und -kind.[909] Darüber hinaus kann
grundsätzlich auch die Beziehung zwischen **Großeltern und Enkeln,**[910] sowie unter
Umständen zwischen **Geschwistern** als „Familienleben" angesehen werden, wenn die
Betroffenen etwa in einem gemeinsamen Haushalt leben oder (zB aufgrund von Pflegebedürftigkeit) in besonderen Abhängigkeitsverhältnissen stehen.[911] Ebenfalls zum „Familienleben" zählen die Beziehungen zwischen Eltern und ihren **unehelichen**[912] **und volljährigen Kindern**, wobei im letztgenannten Fall erneut ein besonderes Abhängigkeits-
verhältnis erforderlich ist.[913] Grundsätzlich geschützt ist auch die Beziehung zwischen
einem Kind und einem von ihm **getrennt lebenden Elternteil** – und zwar selbst, wenn
dieser nicht sorgeberechtigt ist,[914] solange zwischen ihm und dem Kind in tatsächlicher

---

[900] Meyer-Ladewig/Nettesheim/von Raumer/*Meyer-Ladewig/Nettesheim* EMRK Art. 8 Rn. 7.
[901] EGMR NJW 2003, 2145 – Odièvre/Frankreich.
[902] EGMR v. 22.12.2004, Nr. 68864/01, Rn. 46 – Merger u. Cros/Frankreich.
[903] Vgl. EGMR v. 22.7.2010, 18984/02, Rn. 30 – P. B. und J. S./Österreich.
[904] Vgl. etwa EGMR v. 19.2.1996, Slg. 96-I, S. 173 Nr. 32 – Gül/Schweiz; EGMR v. 5.2.2004,
60457/00 Nr. 42 – Kosmopoulou/Griechenland.
[905] EGMR EuGRZ 1993, 552 – Moustaquim; BVerwGE 65, 188 = NJW 1982, 1958.
[906] EGMR v. 1.6.2004, 45582/99, Slg. 04-IV – Lebbink/Niederlande.
[907] Dies entspricht auch Art. 4 Abs. 1 der Richtlinie 2003/86/EG bzgl. der Familienzusammenführung und hinsichtlich der Rechtsstellung langfristig aufenthaltsberechtigter Drittstaatsangehöriger
Art. 2 Buchst. e der Richtlinie 2003/109/EG.
[908] EGMR v. 27.4.2010, 16318/07 Nr. 46 ff; VG Frankfurt a. M. NVwZ 1994, 1137.
[909] EGMR (GK) v. 12.1.2008, Nr. 43546/02, Rn. 41 – B. E./Frankreich; Zu den Einzelheiten etwa:
Meyer-Ladewig/Nettesheim/von Raumer/*Meyer-Ladewig/Nettesheim* EMRK Art. 8 Rn. 62 f..
[910] EGMR NJW 1979, 2449 Nr. 45 – Marckx/Belgien.
[911] Vgl. EGMR NJW 1979, 2449 (2452); EuGRZ 1979, 454.
[912] Vgl. EGMR EuGRZ 1993, 547 – Berrehab/Niederlande; EGMR NJW 1995, 2153 – Keegan/
Irland.
[913] EGMR NJW 2004, 2147 – Herz/Deutschland.
[914] EGMR EuGRZ 1993, 547 – Berrehab/Niederlande.

Hinsicht eine enge persönliche Beziehung besteht. Nach neuerer Rechtsprechung des EGMR[915] genügt sogar das ernsthafte Bemühen des Elternteils um eine solche Beziehung.[916]

Auch **nichteheliche Lebensgemeinschaften** können eine „Familie" im Sinne von 711 Art. 8 EMRK bilden.[917] Dies gilt insbesondere für Paare, die bereits verlobt sind.[918] Ob eine kinderlose nichteheliche Beziehung unter Art. 8 EMRK fällt, ist je nach Dauer, Stabilität, Intensität, finanzieller Verflochtenheit etc in jedem Einzelfall zu prüfen.[919] Sofern eine Prüfung ergeben hat, dass die Beziehung nicht über das für ein „Familienleben" erforderliche Ausmaß verfügt, kann sie immer noch dem Schutz des **Privatlebens** unterliegen.[920] Damit erfüllt das Privat- gegenüber dem Familienleben – ähnlich wie Art. 2 Abs. 1 GG gegenüber Art. 6 GG – eine **Auffangfunktion**.[921]

Ebenfalls vom „Familien-" und nicht bloß vom „Privatleben" erfasst sind grundsätzlich 712 auch zukünftige Gemeinschaften, wenn ausreichende Hinweise für die Annahme eines künftigen Zusammenlebens bestehen (zB in Kürze bevorstehende Heirat).[922] Allein der Umstand, dass die Betroffenen bereits verlobt sind, soll aber nicht ausreichen.[923] Über den soeben genannten weiten persönlichen Anwendungsbereich hinaus ist zu berücksichtigen, dass der Begriff des Familienlebens mit Blick auf die ständige Fortentwicklung von Gesellschaft und Recht flexibel auszulegen ist.[924] Besondere Bedeutung kommt dabei die Rechtsstellung des rechtlichen[925] und des biologischen[926] Vaters zu.

Ein **Eingriff** in die Rechte auf Achtung des Privat- und Familienlebens ist nach Art. 8 713 Abs. 2 EMRK nur zulässig, wenn er gesetzlich vorgesehen ist, in einer demokratischen Gesellschaft erforderlich ist, einem dringenden sozialen Bedürfnis dient (Schutz der nationalen Sicherheit, der öffentlichen Ruhe und Ordnung, des wirtschaftlichen Wohls des Landes, der Verteidigung der Ordnung, der Verhinderung strafbarer Handlungen, dem Schutz der Gesundheit, der Moral oder der Rechte und Freiheiten anderer) und im engeren Sinne verhältnismäßig ist.[927] Im Aufenthaltsrecht kann ein solcher Eingriff vor allem in der **Aufenthaltsbeendigung** (dh Ausweisung, Abschiebung oder Überstellung im Rahmen des Dublin-Verfahrens) oder in der **Versagung eines Aufenthaltstitels** bestehen. Zwar ist ein Konventionsstaat nach der Rechtsprechung des EGMR nicht automatisch verpflichtet, einem fremden Staatsangehörigen, der sich auf seinem Staatsgebiet aufhält und dort familiäre Beziehungen unterhält, einen Aufenthaltstitel zu erteilen.[928] Allerdings verpflichtet Art. 8 EMRK die Konventionsstaaten zu einer **Abwägung** der öffentlichen Interessen an einer Aufenthaltsbeendigung und den privaten bzw. familiären Bleibeinteressen der Betroffenen. Nach welchen Grundsätzen diese Abwägung im Kontext der Aufenthaltsbeendigung zu erfolgen hat, lässt sich der umfangreichen Rechtspre-

---

[915] EGMR v. 21.12.2010, Nr. 20578/07 – A../. Bundesrepublik Deutschland = DÖV 2011, 241; EGMR v. 15.9.2011, Nr. 17080/07 – S../. Bundesrepublik Deutschland = DÖV 2011. 937.
[916] Zu den aufenthaltsrechtlichen Konsequenzen: *Eichenhofer* ZAR 2013, 89 (93 f.).
[917] EGMR NJW 2010, 501 – Zaunegger/Deutschland.
[918] EGMR, Urt. v. 23.2.2010 – 1289/09 – Hofmann/Deutschland.
[919] Vgl. EGMR EuGRZ 1985, 567 (569); EuGRZ 1987, 313 ff.; EKMR EuGRZ 1977, 497.
[920] Vgl. etwa EGMR v. 2.6.2005, Nr. 7778/01 Nr. 27 – Znamenskaya/Russland.
[921] *Thym* EuGRZ 2006, 543; zur deutschen Rechtslage auch BVerfG EuGRZ 2004, 317.
[922] Vgl. EGMR EuGRZ 1985, 567 ff. – Abdulaziz/Vereinigtes Königreich.
[923] Vgl. EKMR Beschw. 15 817/89, v. 1.10.1990.
[924] EGMR EuGRZ 1987, 313 – Johnston; Schweizerisches Bundesgericht EuGRZ 1993, 562 ff.
[925] Vgl. etwa EGMR NJW 2013, 1937 – Kautzor.
[926] EGMR DÖV 2011, 241 – A../. Bundesrepublik Deutschland; EGMR DÖV 2011, 937 – S../. Bundesrepublik Deutschland.
[927] Vgl. dazu etwa EGMR EuGRZ 1988, 591; EGMR InfAuslR 1994, 84 (86); EGMR EuGRZ 1992, 477 (481); EGMR InfAuslR 1991, 149 (150); EuGRZ 1993, 552.
[928] EGMR v. 3.10.2014, Nr. 12738/10 – Jeunesse/Niederlande (Rn. 103, 107).

chung des EGMR entnehmen, wobei insbesondere die Urteile in den Individualbeschwerfahren Berrehab[929], Djeroud[930], Moustaquim[931], Beldjoudi[932], Nasri[933], Mehemi[934], Boujaidi[935], Boujlifa[936], Baghli[937], Boultif[938], Yildiz[939], Adam[940], Benhebba[941], Mokrani[942], Sezen[943], Sisojeva[944] Üner[945], Maslov[946], Abdul Waheed Khan[947], Mutlag[948], Osman[949], Omojudi[950], Udeh[951], M. P. E. V.[952], Jeunesse[953] und Sarközi[954] als Leitentscheidungen gelten dürften.

**714**   Auch wenn sich diese zahlreichen Entscheidungen nicht zu einem ganz einheitlichen Bild zusammenfügen,[955] lassen sich aus der Rechtsprechung des EGMR doch folgende **Grundsätze** ableiten: Grundsätzlich ist das Interesse eines Konventionsstaates, die Einreise und den Aufenthalt von ausländischen Personen auf seinem Gebiet zu kontrollieren, ein legitimes dringendes soziales Bedürfnis im Sinne von Art. 8 Abs. 2 EMRK.[956] Allerdings sind – unter dem Gesichtspunkt der **Verhältnismäßigkeit** – an die Rechtfertigung der in Rede stehenden aufenthaltsrechtlichen Maßnahme umso strengere Anforderungen zu stellen, je schwerwiegender und belastender sich die Maßnahme auf das Privatbzw. Familienleben des Einzelnen (und ggf. seiner Familienangehörigen) auswirkt.[957] So wiegt eine aufenthaltsbeendende Maßnahme umso schwerer, je länger sich die betroffene Person bereits im Aufenthaltsstaat aufhält und je besser sie in die dortige Gesellschaft und Kultur integriert bzw. „verwurzelt" ist.

**715**   Das Konzept der **Verwurzelung**[958] erfasst die im Aufnahmestaat gegründeten und tatsächlich gelebten (schutzwürdigen) familiären (zum Begriff des Familienlebens bereits oben, → Rn. 709 ff.) und privaten persönlichen Beziehungen der betroffenen Person. Zu berücksichtigen ist demnach, wo die durch die Aufenthaltsbeendigung adressierte Person (und etwaige Familienangehörige, insbesondere Kinder) geboren wurde, ob und ggf.

---

[929] EGMR EuGRZ 1992, 547.
[930] EGMR EuGRZ 1993, 541.
[931] EGMR EuGRZ 1993, 552.
[932] EGMR EuGRZ 1993, 556.
[933] EGMR InfAuslR 1996, 1.
[934] EGMR NVwZ 1998, 164.
[935] EGMR InfAuslR 1997, 43.
[936] EGMR InfAuslR 1998, 1.
[937] EGMR InfAuslR 2000, 53.
[938] EGMR InfAuslR 2001, 476.
[939] EGMR InfAuslR 2003, 126.
[940] EGMR NJW 2003, 2595.
[941] EGMR InfAuslR 2004, 182.
[942] EGMR InfAuslR 2004, 183.
[943] EGMR InfAuslR 2006, 255.
[944] EGMR InfAuslR 2005, 349; vgl. hierzu *Thym* InfAuslR 2007, 133.
[945] EGMR DVBl. 2006, 688.
[946] EGMR InfAuslR 2008, 333.
[947] EGMR InfAuslR 2010, 369.
[948] EGMR InfAuslR 2010, 325.
[949] EGMR NVwZ 2012, 947.
[950] EGMR InfAuslR 2010, 178.
[951] EGMR InfAuslR 2014, 179.
[952] EGMR InfAuslR 2015, 413 (414).
[953] EGMR InfAuslR 2015, 413.
[954] EGMR NVwZ 2016, 1235.
[955] Zusammenfassende Darstellungen der aufenthaltsrechtlich relevanten Rechtsprechung des EGMR finden sich etwa bei *Hailbronner* § 27 AufenthG Rn. 31 ff.; *Nußberger* NVwZ 2013, 1305; *Eichenhofer* InfAuslR 2015, 413 ff.; *Lehnert* NVwZ 2016, 896; *Gutmann* InfAuslR 2017, 89.
[956] Vgl. nur EGMR, Urt. v. 18.10.2006 – 46410/99 – NVwZ 2007, 1279.
[957] EGMR InfAuslR 1991, 149 (150).
[958] Zu ihm etwa: *Bergmann* ZAR 2007, 128 ff.; *Kluth* ZAR 2009, 381 ff.

welche schulische Ausbildung sie genossen hat, ob und ggf. welche berufliche Tätigkeit sie ausgeübt hat, ob sie (bereits) über Kenntnisse der Sprache des Aufenthaltsstaates und (noch) der Sprache des Herkunftsstaates verfügt, ob sie im Aufnahmestaat und im Zielstaat der Aufenthaltsbeendigung familiäre Beziehungen unterhält, wie lange diese andauern und wie intensiv sie sind und ob es den mit der betroffenen Person im Aufenthaltsstaat zusammenlebenden Familienangehörigen unter diesen Umständen zumutbar wäre, den Aufenthaltsstaat mit der durch die aufenthaltsbeendende Maßnahme adressierte Person gemeinsam zu verlassen und das Familienleben im Zielstaat der Aufenthaltsbeendigung fortzusetzen.[959]

Andererseits erweisen sich diese Beziehungen in der Regel nicht als schutzwürdig, **716** wenn sich die durch die aufenthaltsbeendende Maßnahme adressierte Person zum Zeitpunkt der Familiengründung nicht rechtmäßig im Aufenthaltsstaat aufgehalten hat.[960] Dies lässt sich damit erklären, dass sich das Konzept der Verwurzelung letztlich aus dem Gedanken des **Vertrauensschutzes** ableitet und auf diesen kann sich grundsätzlich nicht berufen, wer zum Zeitpunkt der Familiengründung – mangels Aufenthaltserlaubnis – nicht darauf vertrauen durfte, länger im Aufnahmestaat bleiben zu dürfen. Etwas anderes kann sich aber nach neuerer Rechtsprechung des EGMR[961] aus außergewöhnlichen Umständen ergeben, zu denen insbesondere der Schutz des Kindeswohls gehört. Dabei gilt: Das Kindewohl gebietet den Verbleib des von der Aufenthaltsbeendigung adressierten Elternteils und des Kindes im Aufenthaltsstaat umso eher, je jünger das Kind ist, je länger es im Aufenthaltsstaat gelebt hat (sowie, ob es dort geboren ist) und je weniger Beziehungen das Kind zum Herkunftsstaat des betroffenen Elternteils hat.

Dagegen finden sich nur wenige Entscheidungen des EGMR, in denen sich dieser **717** ausdrücklich mit dem **Recht auf Familiennachzug** bzw. der Versagung einer entsprechenden Aufenthaltserlaubnis beschäftigt hat. Im Fall **Abdulaziz, Cabales und Balkandali**[962], in dem Großbritannien den Nachzug für die jeweiligen Ehemänner (nicht aber für Ehefrauen) grundsätzlich ablehnte, sah der EGMR keinen Eingriff in Art. 8 EMRK, wohl dagegen in Art. 8 iVm Art. 14 EMRK (Diskriminierungsverbot). Ähnlich entschied der EGMR in der Sache **Gül**[963], dass es keine Verletzung von Art. 8 EMRK darstelle, wenn einem in der Türkei lebenden sechsjährigen Kind türkischer Staatsangehörigkeit der Zuzug zu seinen in der Schweiz lebenden, ebenfalls türkischen Eltern verwehrt würde. Schließlich könne die Familieneinheit auch in der Türkei hergestellt werden.[964] Zu diesem Ergebnis gelangte der EGMR auch im Fall **Ahmut**[965], bei dem es um den Nachzug eines minderjährigen Sohnes aus erster Ehe ging. Auch diese Entscheidung berücksichtigt zu wenig die Frage, wie sehr eine Trennung das Familienleben belastet und ob der Vater im neuen Heimatland für sein Kind sorgen kann und will.[966] Dagegen hat der EGMR im Fall **Sen**[967] in der Vorenthaltung eines Familiennachzugsrechts für ein in der Türkei aufgewachsenes Kind zu seinem in den Niederlanden lebenden türkischen Eltern und

---

[959] Vgl. etwa EGMR v. 3.10.2014, Nr. 12738/10 – Jeunesse/Niederlande (Rn. 107 f.).

[960] Vgl. etwa EGMR, Urt. v. 22.6.1999, Nr. 27633/95 – Ayavi/Vereinigtes Königreich; Urt. v. 31.7.2008, Nr. 256/07 – Darren Omoregie / Norwegen.

[961] Vgl. etwa EGMR Urt. v. 8.7.2014 – 3910/13 – M. P. E. V.; EGMR Urt. v. 3.10.2014 – 12738/10 – Jeunesse; vgl. zu beiden Entscheidungen: *Eichenhofer* InfAuslR 2015, 413 (414).

[962] EGMR NJW 1986, 3007.

[963] EGMR InfAuslR 1996, 245.

[964] Kritisch dazu die abweichende Meinung von Richter *Martens* InfAuslR 1996, 247 (250 f.), wonach es der Familie Gül nicht zugemutet werden könne, sich zwischen ihrer Arbeit bzw. einem Leben in der Schweiz und der Herstellung der Familieneinheit in der Türkei zu entscheiden.

[965] EGMR InfAuslR, 1997, 141.

[966] Kritisch dazu die abweichende Meinung der Richter *Martens und Lohmus* InfAuslR 1997, 141.

[967] EGMR InfAuslR 2002. 334 – Sen/Niederlande.

dort geborenen und aufgewachsenen Geschwistern erstmals einen Verstoß gegen Art. 8 EMRK gesehen. Denn in dieser Situation sei der Nachzug des in der Türkei zurückgelassenen neunjährigen Kindes das einzige adäquate Mittel, ein Familienleben herzustellen und die Integration in den Familienverband zu erreichen. In dem ähnlich gelagerten Fall **Tuquabo-Tekle** gestatte der EGMR auch den Nachzug einer Tochter aus Eritrea.[968]

**718**     Für den Familiennachzug gelten demnach folgende **Grundsätze**[969]: Die Ablehnung des Familiennachzugs eines Kindes stellt eine Verletzung von Art. 8 EMRK dar, wenn einer Rückkehr der Eltern in ihr Herkunftsland wesentliche Hindernisse entgegenstehen. Solche Hindernisse liegen etwa vor, wenn neben dem im Ausland befindlichen, nachzugswilligen Kind noch weitere Kinder im Aufenthaltsstaat der Eltern geboren wurden und mit diesen zusammenleben, und diese wenige oder keine anderen Beziehungen zum Herkunftsland der Eltern haben, sodass es ihnen nicht zuzumuten ist, im Herkunftsstaat der Eltern zu leben.[970] Da Art. 8 EMRK die Konventionsstaaten nicht nur zum Unterlassen von Eingriffen, sondern auch zum Ergreifen positiver Schutzmaßnahmen verpflichtet,[971] kann sich Art. 8 EMRK demnach zu einer Pflicht verdichten, den Familiennachzug zu gewähren.

### c) Der Schutz von Ehe und Familie im EU-Recht

**719**     **aa) Der Schutz von Ehe und Familie durch europäisches Primärrecht.** Ehe und Familie sind im europäischen Primärrecht sowohl als Grundrecht (Art. 7 GRC), als auch nach Maßgabe der europäischen Grundfreiheiten, insbesondere der Unionsbürgerschaft (Art. 18–21 AEUV) geschützt. Das in **Art. 7 GRC** normierte **Recht auf Privat- und Familienleben** steht den – beinahe wortgleichen – Gewährleistungen des Art. 8 EMRK und der Gestalt, die sie durch die Rechtsprechung des EGMR erfahren haben, in Inhalt und Tragweite gleich.[972] Ferner sind bei der Auslegung von Art. 7 GRC die in Art. 24 Abs. 2 und 3 GRC normierten Rechte von Kindern zu berücksichtigen.[973] Darüber hinaus ist die Rechtsstellung von Drittstaatsangehörigen, sofern sie Familienangehörige (Art. 2 Nr. 2 FreizügRL) von Unionsbürgern sind, in erheblichem Maße durch die Rechtsprechung des EuGH zur **Unionsbürgerschaft** aufgewertet worden. So kann ihnen aus Art. 20, 21 AEUV in bestimmten Konstellationen und unter bestimmten Voraussetzungen ein **abgeleitetes Aufenthaltsrecht** zustehen.[974]

**720**     **bb) Die Familienzusammenführungsrichtlinie 2003/86/EG.** Zu den bedeutendsten Sekundärrechtsakten für den Familiennachzug Drittstaatsangehöriger zählt – neben der Unionsbürger-RL 2004/38/EG[975] – die Familienzusammenführungsrichtlinie 2003/86/ EG.[976] Während erstere den Familiennachzug von Drittstaatsangehörigen zu in der EU

---

[968] EGMR Urt. v. 1.12.2005 – 60665/00 – Tuquabo-Tekle/Niederlande.

[969] Im Anschluss an Hofmann/*Müller* AufenthG § 27 Rn. 10.

[970] EGMR Urt. v. 1.12.2005 – 60665/00 – Tuquabo-Tekle/Niederlande.

[971] *Harris/O'Boyle/Warbrick,* Law of the European Convention on Human Rights, S. 316.

[972] EuGH BeckEuRS 2010, 548271– PPU; Hofmann/*Müller* AufenthG § 27 Rn. 3.

[973] EuGH NVwZ 2006, 1033 – EP/Rat (Familiennachzugsrichtlinie); zur Bedeutung im Rahmen des Dublin-Verfahrens etwa: EGMR DÖV 2015, 115 – Tarakhel.

[974] Vgl. dazu ausführlich den 2. Teil dieses Lehrbuches.

[975] Richtlinie 2004/38 des Europäischen Parlaments und des Rates vom 29.4.2004 über das Recht der Unionsbürger und ihrer Familienangehörigen – vgl. ABl. L 229 S. 35.

[976] Richtlinie 2003/86 des Rates vom 22.9.2003 betreffend das Recht auf Familienzusammenführung („Familiennachzugrichtlinie"), ABl. L 251 S. 12; vgl. hierzu allgemein *Hauschild* ZAR 2003, 266; *Langenfeld* ZAR 2003, 398; Kluth/Heusch/*Tewocht* AufenthG § 27 Rn. 24 ff.

lebenden Unionsbürgern[977] regelt, betrifft letztere die Familienzusammenführung[978] Drittstaatsangehöriger zu (rechtmäßig) in der EU lebenden Drittstaatsangehörigen. Auf den Familiennachzug zu Deutschen ist sie folglich nicht anwendbar.[979] Die Richtlinie 2003/86/EG ist in die folgenden acht Kapitel unterteilt: (I) Allgemeine Bestimmungen (Art. 1–3), (II) Familienangehörige (Art. 4), (III) Antragstellung und -prüfung (Art. 5), (IV) Voraussetzungen für die Ausübung des Rechts auf Familienzusammenführung (Art. 6–8), (V) Familienzusammenführung von Flüchtlingen (Art. 9–12), (VI) Einreise und Aufenthalt der Familienangehörigen (Art. 13–15), (VII) Sanktionen und Rechtsmittel (Art. 16–18), (VIII) Schlussbestimmungen (Art. 19–22). Kernanliegen der Richtlinie ist – zum Schutz der Wahrung oder Herstellung des Familienlebens (6. Erwägungsgrund) und damit der in Art. 8 Abs. 1 EMRK und der GRC normierten Grundrechte (2. Erwägungsgrund) – die **Harmonisierung der aufenthaltsrechtlichen Voraussetzungen** für die Erteilung, Versagung oder Entziehung eines Aufenthaltstitels **zum Zweck der Familienzusammenführung** zu denjenigen **Drittstaatsangehörigen, die sich rechtmäßig im Hoheitsgebiet der EU-Mitgliedstaaten aufhalten** (vgl. in diesem Sinne, 3. Erwägungsgrund iVm Art. 1). Gemäß ihres Art. 3 Abs. 1 ist die RL 2003/86/EG folglich nur anwendbar auf Zusammenführende[980], die „im Besitz eines von einem Mitgliedstaat ausgestellten Aufenthaltstitels mit mindestens einjähriger Gültigkeit" sind und die „begründete Aussicht darauf" haben, „ein dauerhaftes Aufenthaltsrecht zu erlangen ...". Darüber hinaus dürfen die Mitgliedstaaten nach Art. 8 Abs. 1 verlangen, dass sich der Zusammenführende bereits seit zwei Jahren rechtmäßig auf ihrem Hoheitsgebiet aufhält, bevor sie ihm die Familienzusammenführung gestatten.

Wie sich aus dem 9. EG der Richtlinie ergibt, schützt diese in jedem Fall die **Kernfamilie**, dh Ehegatten und minderjährige Kinder. Ob die Zusammenführung **weiterer Familienangehöriger** möglich sein soll, überlässt die Richtlinie den Mitgliedstaaten (10. EG). Der genaue Kreis der von der RL 2003/86/EG geschützten **Familienangehörigen** wird in **Art. 4** festgelegt. Danach „gestatten" die Mitgliedsaaten – vorbehaltlich der in Kapitel IV sowie in Art. 16 genannten Bedingungen – folgenden Personengruppen die Einreise und Aufenthalt zum Zweck der Familienzusammenführung: dem **Ehegatten**[981] des Zusammenführenden (Abs. 1 UAbs. 1 Buchst. a), den **gemeinsamen minderjährigen Kindern** einschließlich der adoptierten Kinder[982] (Abs. 1 UAbs. 1 Buchst. b), den **minderjährigen Kindern** einschließlich der adoptierten Kinder **des Zusammenführenden** (Abs. 1 UAbs. 1 Buchst. c) bzw. des **Ehegatten** (Abs. 1 UAbs. 1 Buchst. d), wenn der Zusammenführende bzw. Ehegatte das alleinige Sorgerecht besitzt und für den Unterhalt der Kinder aufkommt. Ist noch eine weitere Person (im Ausland) sorgeberechtigt, liegt es in der Hand der Mitgliedstaaten zu entscheiden, ob sie auch in diesem Fall den betreffenden Kindern die Einreise und den Aufenthalt in ihrem Hoheitsgebiet gestatten. Ob ein

**721**

---

[977] Unionsbürger ist nach Art. 20 Abs. 1 AEUV, wer die Staatsangehörigkeit eines Mitgliedstaates der EU hat.

[978] Nach Art. 2 lit. b) RL 2003/86/EG bezeichnet dieser Begriff „die Einreise und den Aufenthalt von Familienangehörigen eines sich rechtmäßig in einem Mitgliedstaat aufhaltenden Drittstaatsangehörigen in diesem Mitgliedstaat, mit dem Ziel, die Familiengemeinschaft aufrechtzuerhalten, unabhängig davon, ob die familiären Bindungen vor oder nach der Einreise des Zusammenführenden entstanden sind."

[979] BVerwG, Beschl. v. 9.11.2016, 1 B 110.16 – BeckRS 2016, 54825.

[980] Nach Art. 2 lit. c) RL 2003/86/EG bezeichnet dieser Begriff „den sich rechtmäßig in einem Mitgliedstaat aufhaltenden Drittstaatsangehörigen, der oder dessen Familienangehörige einen Antrag auf Familienzusammenführung mit ihm stellt bzw. stellen."

[981] Nach Art. 2 lit. d) RL 2003/86/EG ist unerheblich, ob die familiären Bindungen vor oder nach der Einreise der zusammenführenden Person entstanden sind.

[982] Nach EuGH NJW 2011, 39 – O. und S. sind auch minderjährige Stiefkinder von dieser Regelung erfasst.

Kind als minderjährig gilt, bemisst sich nach Abs. 1 UAbs. 2 nach dem Recht des Mitgliedstaates, in den die Familienzusammenführung erfolgen soll. Wie der EuGH in der Rechtssache „Chakroun"[983] festgestellt hat, gibt Art. 4 Abs. 1 der Richtlinie den Mitgliedstaaten präzise positive Vorgaben, welchen Familienangehörigen der Nachzug zu gewähren wäre, ohne dass sie dabei von einem Wertungsspielraum Gebrauch machen dürften.

722    Vorbehaltlich der in Kapitel IV der Richtlinie (dazu gleich, → Rn. 724) genannten Bedingungen „können" die Mitgliedstaaten auch folgenden Personengruppen die Einreise und den Aufenthalt zum Zweck der Familienzusammenführung gestatten: den **Eltern** des Zusammenführenden oder seines Ehegatten, wenn dieser für seinen Unterhalt aufkommt und die Eltern in ihrem Herkunftsland keinerlei sonstige familiäre Bindungen mehr haben (Abs. 2 Buchst. a), **volljährigen, unverheirateten Kindern** der zusammenführenden Person oder ihres Ehegatten, wenn sie aufgrund ihres Gesundheitszustandes nicht selbst für ihren Lebensunterhalt aufkommen können (Abs. 2 Buchst. b), dem **nichtehelichen Lebenspartner**, mit dem die zusammenführende Person nachweislich in einer auf Dauer angelegten Beziehung lebt (Abs. 3 S. 1), dem **Lebenspartner**, mit dem die zusammenführende Person eine **eingetragene Lebenspartnerschaft** führt (Abs. 3 S. 2) und nicht verheirateten, minderjährigen Kindern einschließlich der adoptierten Kinder, sowie den volljährigen unverheirateten Kindern von nichtehelichen Lebenspartnern oder eingetragenen Lebenspartnerschaften, wenn sie aufgrund ihres Gesundheitszustandes nicht selbst für ihren Lebensunterhalt aufkommen können (Abs. 3 S. 3).

723    Nach Art. 4 Abs. 1 UAbs. 3 können die Mitgliedstaaten den **Nachzug von Kindern über 12 Jahren** von besonderen **Integrationskriterien** abhängig machen. Nach Ansicht des EuGH[984] stellt diese Bestimmung weder einen Verstoß gegen das Grundrecht auf Achtung des Familienlebens (Art. 7 GRC), noch das Kindeswohl (Art. 24 Abs. 2 GRC) noch das Verbot der Altersdiskriminierung dar. **Weitere Einschränkungen des Ehegatten- und Kindernachzuges** sind in Art. Abs. 4 und 5 enthalten. Gemäß Abs. 4 sind die Mitgliedstaaten im Falle einer **Mehrehe** (dazu bereits oben, → Rn. 695) gehalten, nur einem Ehegatten den Ehegattennachzug zu gestatten.[985] Außerdem können sie den Nachzug von aus Mehrehen hervorgegangenen Kindern einschränken. Nach **Abs. 5** dürfen die Mitgliedstaaten – zur „Förderung der Integration" und zur „Vermeidung von Zwangsehen" – für den Ehegattennachzug ein bestimmtes **Mindestalter** voraussetzen, das jedoch 21 Jahre nicht übersteigen darf.

724    Weitere Einschränkungen des Familiennachzugs finden sich in Kapitel IV (Art. 6–8) der Richtlinie. Nach dem **Orde-Public-Vorbehalt** des Art. 6 können die Mitgliedstaaten aus Gründen der öffentlichen Ordnung, der öffentlichen Sicherheit oder der öffentlichen Gesundheit einen Antrag auf Einreise und Aufenthalt ablehnen (Abs. 1) bzw. einziehen oder dessen Verlängerung ablehnen (Abs. 2).

725    **Art. 7** der Richtlinie knüpft die Erteilung des Aufenthaltstitels zum Zwecke der Familienzusammenführung – wie im deutschen Recht – an bestimmte **Erteilungsvoraussetzungen**. So muss der Zusammenführende ua über ausreichenden Wohnraum (**Abs. 1 Buchst. a**) und Krankenversicherungsschutz (Abs. 1 Buchst. b), sowie feste und regelmäßige Einkünfte (Abs. 1 Buchst. c) verfügen. Darüber hinaus können die Mitgliedstaaten nach Art. 7 **Abs. 2** gemäß dem nationalen Recht von Drittstaatsangehörigen verlangen, dass sie „**Integrationsmaßnahmen**" nachkommen müssen. Die Frage, inwiefern

---

[983] EuGH NVwZ 2010, 697 – Chakroun.
[984] EuGH NVwZ 2006, 1033 – EP/Rat (Familienzusammenführungsrichtlinie).
[985] Vgl. auch den 11. EG der Richtlinie, wonach diese ein „restriktives Vorgehen bei Anträgen auf Familienzusammenführung im Falle von Mehrehen" anstrebt.

es sich bei dem in § 30 Abs. 1 S. 1 Nr. 2 AufenthG[986] vorgesehenen **Sprachnachweis beim Ehegattennachzug** um eine noch von der Richtlinie gedeckte Integrationsmaßnahme handelt, hat Rechtsprechung und Literatur intensiv beschäftigt. Gegen die Richtlinienkonformität wurde in der Literatur etwa eingewandt, dass der Begriff der „Integrationsmaßnahme" lediglich auf ein Handeln (dh etwa den Besuch eines Sprachkurses) und nicht einen bestimmten Erfolg (dh bestimmte Sprachkenntnisse) abziele.[987] Das BVerwG ging hingegen von einer derart offensichtlichen Richtlinienkonformität der Regelung aus, dass es sogar eine Vorlage an den EuGH nach Art. 267 AEUV – unter dem Gesichtspunkt der „acte claire"-Doktrin[988] – für entbehrlich hielt.[989] Mit Beschluss vom 28.10.2011[990] änderte es diese Auffassung jedenfalls insofern als es nun von einer Vorlagepflicht ausging. In der Folgezeit legte das VG Berlin die Frage mehrfach[991] dem EuGH vor. Dieser äußerte sich in der Aufsehen erregenden Rechtssache „Doğan"[992] zunächst nur zur Vereinbarkeit der deutschen Regelung mit dem Assoziationsrecht EU/Türkei, nicht jedoch zu Art. 7 Abs. 2 RL 2003/86EG. Allerdings hatte der EuGH im Rahmen der Rechtssache „K. und A."[993] über eine vergleichbare niederländische Regelung zu entscheiden, die er als mit Art. 7 Abs. 2 RL 2003/86/EG für vereinbar erachtete, solange sie den Familiennachzug nicht gänzlich unmöglich mache oder übermäßig erschwere. Zur Begründung führt der EuGH im Wesentlichen an, dass die in Rede stehende Regelung dem Spracherwerb und damit letztlich der Integration der Betroffenen diene.[994] Aufgrund dessen wird überwiegend davon ausgegangen, dass § 30 Abs. 1 S. 1 Nr. 2 AufenthG – trotz des Fehlens einer Härtefallklausel – richtlinienkonform sei.[995] Die Richtlinie nimmt an verschiedenen Stellen auf den Begriff der „Integration" Bezug[996]. Aus der Gesamtschau dieser Passagen ergibt sich, dass die RL 2003/86/EG – ähnlich wie das AufenthG[997] – Integration primär als Aufgabe der zuwandernden Drittstaatsangehörigen sieht, deren Gelingen durch fördernde und fordernde Regeln unterstützt werden müsse. Andererseits nimmt die Richtlinie – erneut wie das AufenthG – auf spezifische Bedürfnisse von Konventionsflüchtlingen Rücksicht. So sind diese nach Art. 12 RL 2003/86/EG nicht an das Erbringen von Integrationsmaßnahmen verpflichtet.

Nach Art. 8 Abs. 1 RL 2003/86/EG dürfen die Mitgliedstaaten verlangen, dass sich die **726** zusammenführende Person während eines Zeitraums von maximal zwei Jahren rechtmäßig auf ihrem Hoheitsgebiet aufgehalten hat, bevor ihre Familienangehörigen nachreisen dürfen. Diese **Wartefrist** kann unter den Voraussetzungen des Abs. 2 auch bis zu drei Jahre betragen. Diese Bestimmungen verstoßen nach Ansicht des EuGH nicht gegen Art. 8 EMRK.[998]

---

[986] Die Verabschiedung dieser Norm, die mit Richtlinienumsetzungsgesetz v. 19.8.2007 ins AufenthG eingeführt wurde, wird – ähnlich wie Art. 4 Abs. 5 RL 2003/86/EG – mit der Förderung von Integration und der Bekämpfung von Zwangsehen gerechtfertigt – vgl. BT-Drs. 16/5065, 173.

[987] *Groenendijk* ZAR 2006, 191.

[988] Zu ihr: EuGH NJW 1983, 1257 – CILFIT.

[989] BVerwG v. 30.3.2010 – NVwZ 2010, 964 = BVerwGE 136, 231.

[990] BVerwG NVwZ 2012, 61.

[991] Vgl. hierzu Kluth/Heusch/*Tewocht* AufenthG § 27 Rn. 28.1.

[992] EuGH NVwZ 2014, 1081 – Dogan.

[993] EuGH NVwZ 2015, 1359 – K. und A.

[994] EuGH NVwZ 2015, 1359 – K. und A. Rn. 51; EuGH NVwZ-RR 2015, 549 – P. und S..

[995] Vgl. etwa Kluth/Heusch/*Tewocht* AufenthG § 27 Rn. 28.1

[996] So dient die Familienzusammenführung laut dem 4. EG der Integration der zusammenführenden Person. Nach dem 15. EG will die Richtlinie die Integration der übrigen Familienmitglieder fördern.

[997] Vgl. dazu den Abschnitt C. dieses Lehrbuches.

[998] Vgl. EuGH NVwZ 2006, 1033 – EP/Rat (Familienzusammenführungsrichtlinie); vgl. hierzu *Thym* NJW 2006, 3249; *Szczekalla* ZAR 2007, 617.

## 3. Die Regelung des Familiennachzugs im AufenthG

### a) Generalklausel (§ 27 Abs. 1 AufenthG)

**727**   § 27 AufenthG enthält allgemeine Regelungen zum „**Familiennachzug**"[999]. Anders als der Wortlaut vermuten lassen würde, ist davon nicht nur der Nachzug, sprich: Einreise und Aufenthalt von noch im Ausland lebenden Ausländern zum Zwecke des Zusammenlebens mit den bereits im Bundesgebiet lebenden Zusammenführenden erfasst, sondern auch der (weitergehende) Aufenthalt von bereits im Bundesgebiet lebenden Ausländern.[1000] Gleichwohl vermittelt die Vorschrift Ausländern für sich genommen keinen Anspruch auf Einreise in das oder einen Aufenthalt im Bundesgebiet. Sie enthält auch keine Ermächtigung zur Erteilung von Aufenthaltstiteln, kommt aber bei der Anwendung und Auslegung der in den §§ 28, 30, 32 und 36 AufenthG geregelten besonderen Erteilungsvoraussetzungen stets ergänzend zur Anwendung. Das Aufenthaltsrecht des nachgezogenen Familienangehörigen ist dem Aufenthaltsrecht der zusammenführenden Person grundsätzlich **akzessorisch**. Das bedeutet, dass die Aufenthaltserlaubnis des Familienangehörigen grundsätzlich nur erteilt und verlängert werden darf (vgl. § 27 Abs. 1, § 8 Abs. 1 AufentG), sofern der Zusammenführende einen Aufenthaltstitel besitzt (vgl. § 29 Abs. 1 Nr. 1, § 8 Abs. 1 AufenthG).[1001] Dieser Akzessorietätsgrundsatz wird erst durchbrochen, wenn der Familienangehörige ein eigenständiges Aufenthaltsrecht erworben hat (vgl. (§§ 31, 34 Abs. 2 und 35 AufenthG auch iVm § 36 S. 2 AufenthG, sowie unten, → Rn. 880).

**728**   In § 27 Abs. 1 AufenthG wird die Herstellung und Wahrung der familiären Lebensgemeinschaft im Bundesgebiet unter besonderer Berücksichtigung des Art. 6 GG (vgl. dazu oben, → Rn. 691 ff.) als bindender **Aufenthaltszweck** festgeschrieben. Der Hinweis auf Art. 6 GG hat sowohl deklaratorische, als auch begrenzende Funktion. Einerseits wird darauf hingewiesen, dass die Ausländerbehörden nach Art. 6 Abs. 1 GG verpflichtet sind, die ehelichen Bindungen an die in der Bundesrepublik lebenden Ehepartner zu berücksichtigen. Anderseits soll durch den Hinweis klargestellt werden, dass ein Familiennachzug nur zweckgebunden, dh lediglich zum Schutze der familiären Lebensgemeinschaft aus Art. 6 Abs. 1 GG erfolgen soll. Dieser Zweck kann auf verschiedene Weise erreicht werden. Zum Einen kann einem Ausländer, der im Zeitpunkt der Antragstellung noch im Ausland lebt und nun erstmals zu dem im Bundesgebiet lebenden Stammberechtigten ziehen und mit dieser zusammenleben will, eine Aufenthaltserlaubnis erteilt werden. Zum Anderen kann einem bereits im Bundesgebiet (und ggf. mit der stammberechtigten Person zusammen) lebenden Ausländer, der sich – zB mit einem entsprechenden Visum[1002] oder einer zu einem anderen Zweck erteilten Aufenthaltserlaubnis – im Bundesgebiet aufhält, eine solche Aufenthaltserlaubnis erteilt werden. Dass ein **Zweckwechsel** von humanitären zu familiären Gründen nicht ohne Weiteres möglich ist, zeigt die Regelung des § 10 Abs. 3 S. 1 AufenthG, wonach ein negativer Ausgang eines Asylverfahrens lediglich die Erteilung einer Aufenthaltserlaubnis aus humanitären Gründen (Kapitel 5 des AufenthG) zur Folge haben darf, während die Erteilung einer Aufenthalts-

---

[999] Dagegen ist „Familienzusammenführung" eine Terminologie des EU-Rechts. Nach Art. 2 lit. d) der Familienzusammenführungs-RL 2003/86/EG bezeichnet dieser Begriff „die Einreise und den Aufenthalt von Familienangehörigen eines sich rechtmäßig in einem Mitgliedstaat aufhaltenden Drittstaatsangehörigen in diesem Mitgliedstaat mit dem Ziel, die Familiengemeinschaft aufrechtzuerhalten, unabhängig davon, ob die familiären Bindungen vor oder nach der Einreise des Zusammenführenden entstanden sind."

[1000] Hofmann/*Müller* AufenthG § 27 Rn. 15; Bergmann/Dienelt/*Dienelt* AufenthG § 27 Rn. 2.

[1001] Für den Familiennachzug zu Deutschen gilt dagegen, dass dieser seinen gewöhnlichen Aufenthalt im Bundesgebiet haben muss (vgl. § 28 Abs. 1 S. 1 AufenthG).

[1002] Zum Visumsverfahren etwa: Hofmann/*Müller* AufenthG § 27 Rn. 29.

erlaubnis aus Gründen „gesperrt" ist. Von dieser **„Sperrwirkung"** macht § 10 Abs. 3 S. 3 AufenthG jedoch eine Ausnahme für den Fall, dass auf die Erteilung ein Anspruch besteht.[1003]

Durch diese Zweckbindung erklären sich auch die **Ausschlussgründe** des § 27 **Abs. 1a** **729** AufenthG, die mit dem Richtlinienumsetzungsgesetz v. 19.8.2007[1004] eingefügt wurden. Hierdurch soll nämlich klargestellt werden, dass ausschließlich formal bestehende Ehe- und Verwandtschaftsverhältnisse ohne eine von Art. 6 GG vorausgesetzte persönliche Verbundenheit keine aufenthaltsrechtlichen Wirkungen entfalten.[1005] Ausweislich der Gesetzesbegründung[1006] soll Abs. 1a dazu beitragen, Anreize für das Schließen von – nicht durch Art. 6 Abs. 1 geschützten – (reinen) **Zweck- (vormals: Schein-) Ehen** (dazu unten, → Rn. 741 ff.) oder die Vornahme von (reinen) **Zweckadoptionen** (§ 1597a BGB) [1007] zu beseitigen, sowie Zwangsehen zu bekämpfen.[1008] Dementsprechend wird ein Familiennachzug nach § 27 Abs. 1a AufenthG von vornherein nicht zugelassen, wenn „feststeht, dass die Ehe oder das Verwandtschaftsverhältnis ausschließlich zu dem Zweck geschlossen oder begründet wurde, dem Nachziehenden die Einreise in das und den Aufenthalt im Bundesgebiet zu ermöglichen" (Nr. 1) oder „tatsächliche Anhaltspunkte die Annahme begründen, dass einer der Ehegatten zur Eingehung der Ehe genötigt wurde" (Nr. 2). Der in Nr. 1 geregelte Ausschlussgrund ist jedoch – wie bereits der Gesetzeswortlaut erkennen lässt – nur dann anwendbar, wenn die Ehe oder das Ver- wandtschaftsverhältnis „**ausschließlich**" zu dem Zweck eingegangen wurde, für eine oder mehrere Betroffene ein Aufenthaltsrecht zu begründen.[1009] Daraus folgt, dass die Norm bei **Motivbündeln** nicht anwendbar ist.[1010] Mit Blick auf die Praxis stellt sich dabei das Problem der **Darlegungs- und Beweislast**.[1011] Vor Inkrafttreten von § 27 Abs. 1a Auf- enthG galt zunächst der Grundsatz, dass die betreffende Person alle sie begünstigenden Tatsachen beweisen muss und die Nichterweislichkeit zu ihren Lasten ging.[1012] Dieses Ergebnis würde jedoch unbillige Konsequenzen nach sich ziehen. Erstens dürfte es den Betroffenen praktisch nie möglich sein, das Bestehen einer nach Art. 6 Abs. 1 und 2 GG vorausgesetzten persönlichen Verbundenheit zu beweisen bzw. alle Zweifel hieran aus- zuräumen. Zweitens würden durch eine solche Darlegungs- und Beweislastverteilung letztlich alle Ehen unter Generalverdacht gestellt werden.[1013] Beides wäre mit den aus Art. 6 Abs. 1 GG folgendem Schutzauftrag des Staates für Ehe und Familie wohl kaum

---

[1003] Ablehnend für § 28 Abs. 1 S. 1 Nr. 3, § 32 Abs. 1 AufenthG gleichwohl VGH München, Beschluss v. 23.9.2016, 10 C 16.818 – BeckRS 2016, 52295 unter Verweis auf das allgemeine Ertei- lungserfordernis des § 5 Abs. 2 S. 1 AufenthG.

[1004] Gesetz zur Umsetzung aufenthalts- und asylrechtlicher Richtlinien der Europäischen Union v. 19.8.2007, BGBl. I 1969 – vgl. dazu den Überblick bei: *Huber* NVwZ 2007, 977 ff.

[1005] So BVerwG v. 22.12.2004, 1 B 111/04 = BeckRS 2005, 21933 für eine Vaterschaftsanerken- nung.

[1006] BT-Drs. 16/5065, 170.

[1007] Nach VGH Mannheim, Beschl. v. 4.11.2014, 11 S 1886/14 = ZAR 2015, 159; BVerwG v. 22.12.2004, 1 B 111/04 = BeckRS 2055, 21933 entfaltet eine solche „Zweckvaterschaftsanerkennung" keinerlei aufenthaltsrechtliche Wirkungen.

[1008] Siehe zu weiteren Maßnahmen gegen Zwangsehen das „Gesetz zur Bekämpfung der Zwangs- heirat und zum besseren Schutz der Opfer von Zwangsheirat sowie zur Änderung weiterer aufent- halts- und asylrechtlicher Vorschriften" v. 23.6.2011 (BGBl. I, 1266) – vgl. dazu *Eichenhofer* NVwZ 2011, 792 ff.

[1009] So auch Art. 16 Abs. 2 lit. b) Familienzusammenführungs-RL 2003/86/EG.

[1010] Vgl. Nr. 27.1a.1.1.0 AVV-AufenthG.

[1011] Ausführlich dazu Kluth/Heusch/*Tewocht* AufenthG § 27 Rn. 38 ff., 49 mwN.

[1012] Vgl. etwa BVerwG v. 22.12.2004, 1 B 111/04 = BeckRS 2005, 21933.

[1013] Huber/*Göbel-Zimmermann/Eichhorn* AufenthG § 27 Rn. 38; VG Bremen BeckRS 2012, 52368.

vereinbar. Nach Ansicht des BVerwG[1014] bewirkt die Regelung des § 27 Abs. 1a AufenthG gleichwohl keine Umkehr der Darlegungs- und Beweislast zulasten des Staates.
Besteht also die Annahme, dass ein Ausschlussgrund bestehen könnte, ist nach wie vor
die betroffene Person darlegungs- und beweispflichtig. Allerdings bedarf es für eine
solche Annahme bestimmter Indizien (zB geringes Wissen der Ehepartner um persönliche
Umstände des jeweils Anderen)[1015], um den Einwand des Generalverdachts auszuräumen
(dazu noch unten, → Rn. 741 ff.).

### b) Besondere familienrechtliche Voraussetzungen

730    **aa) Nachweis der familienrechtlichen Beziehungen.** Soll ein Aufenthaltstitel zur
Wahrung oder Herstellung familiärer Beziehungen erteilt werden, so sind diese Beziehungen grundsätzlich durch öffentliche Urkunden (wie zB Personenstandsurkunden)
nachzuweisen.[1016] Nach der Legaldefinition des § 415 Abs. 1 ZPO handelt es sich dabei
um „Urkunden, die von einer öffentlichen Behörde innerhalb der Grenzen ihrer Amtsbefugnisse oder von einer mit öffentlichem Glauben versehenen Person innerhalb des ihr
zugewiesenen Geschäftskreises in der vorgesehenen Form aufgenommen sind…". Wurde
die Urkunde von einer ausländischen öffentlichen Behörde (in einer Fremdsprache) ausgestellt, so kann die zuständige deutsche Auslandsvertretung nach § 13 KonsG um eine
sog. Legalisation ersucht werden. Bei der sog. Legalisation im **engeren** Sinne gemäß § 13
Abs. 2 KonsG handelt es sich um ein Verfahren, mit dem „die Echtheit der Unterschrift,
die Eigenschaft, in welcher der Unterzeichner der Urkunde gehandelt hat, und gegebenenfalls die Echtheit des Siegels, mit dem die Urkunde versehen wird", bestätigt wird.
Darüber hinaus kann, „sofern über die Rechtslage Zweifel besteht", nach § 13 Abs. 4
KonsG auf Antrag „in dem Vermerk auch bestätigt werden, dass der Aussteller zur
Aufnahme der Urkunde zuständig war und dass die Urkunde in der den Grenzen des
Ausstellungsorts entsprechenden Form aufgenommen worden ist (Legalisation im **weiteren** Sinne)." Das Verfahren der Legalisation hat gemäß § 438 Abs. 2 ZPO zur Folge,
dass die ausländische Urkunde zum Beweis im innerdeutschen Rechtsverkehr als echt
angesehen wird.

731    Die Legalisation der ausländischen Urkunde ist dann **nicht notwendig**, wenn sie von
Behörden eines Staates ausgestellt wurde, der dem Haager Übereinkommen zur Befreiung
ausländischer öffentlicher Urkunden von der Legalisation[1017] beigetreten ist. An die Stelle
der Legalisation tritt ein als **„Apostille"** bezeichneter Vermerk einer Behörde des Ausstel-
lerstaates. Nach dem Haager Übereinkommen vom 5.10.1961[1018] bestätigt die „Apostille"
gleichermaßen die Echtheit einer öffentlichen Urkunde. Das Übereinkommen ist anwendbar auf alle öffentlichen Urkunden außer derjenigen, die von Konsularbeamten
ausgestellt werden. Mit einigen Staaten bestehen zudem Abkommen, wonach einfach-

---

[1014] BVerwGE 136, 222, Rn. 18 ff. = ZAR 2010, 403.
[1015] Nr. 27.1a.1.1.7 AVV-AufenthG. Dabei handelt es sich um bloße Indizien, welche die Ausländerbehörden zwar zu weiteren Nachforschungen anleiten, solche aber nicht ersetzen können – vgl.
Kluth/Heusch/*Tewocht* AufenthG § 27 Rn. 47 f. mwN.
[1016] Können öffentliche Urkunden nicht beigebracht werden, etwa weil Zusammenführender und
/ oder seine Familiengehörigen flüchten mussten und die Urkunden auf der Flucht nicht mitnehmen
konnten, so kommen auch andere Nachweise wie zB **DNA-Tests** in Betracht (vgl. → Rn. 718).
[1017] Haager Übereinkommen zur Befreiung ausländischer öffentlicher Urkunden von der Legalisation vom 5.10.1961 (BGBl. 1965 II, S. 876).
[1018] Vgl. auch das Umsetzungsgesetz v. 21.6.1965 (BGBl. 1965 II 875).

bzw. mehrsprachige Urkunden ohne weitere Förmlichkeit (Legalisation oder Apostille) anzuerkennen sind.[1019]

**bb) Voraussetzung der Eheschließung.** Welches Recht auf die Eheschließung von **732** ausländischen Personen anzuwenden ist, bestimmt sich – vorbehaltlich besonderer völker- und europarechtlicher Bestimmungen – nach den Vorschriften des deutschen Internationalen Privatrechts (vgl. Art. 3 EGBGB). Zu den zu beachtenden völkerrechtlichen Bestimmungen zählen etwa das Haager Abkommen zur Regelung des Geltungsbereichs der Gesetze auf dem Gebiet der Eheschließung vom 12.6.1902,[1020] das allerdings nur noch im Verhältnis zu Italien gilt[1021] und das Pariser CIEC-Übereinkommen zur Erleichterung der Eheschließung im Ausland vom 10.9.1964,[1022] das im Verhältnis zu den Niederlanden, Türkei, Spanien und Griechenland wirksam ist. Allerdings hat die Bundesrepublik Deutschland den Titel I des CIEC-Übereinkommens, der die Befreiung ausländischer Verlobter von Ehehindernissen ihres Heimatrechts durch Behörden des Staates, in dem die Eheschließung stattfinden soll, für in der Bundesrepublik nicht anwendbar erklärt.[1023] Zu den zu beachten europarechtlichen Bestimmungen gehören gemäß Art. 3 EGBGB die Rom II-VO (EG) Nr. 864/2007, die Rom I-VO /EG) Nr. 593/2008, Art. 15 VO (EG) Nr. 4/2009 iVm dem Haager Protokoll v. 23.11.2007 über das auf Unterhaltspflichten anzuwendende Recht, die VO (EU) Nr. 1259/2010 und die VO (EU) Nr. 650/2012.

Nach den im Zweiten Kapitel des EGBGB geregelten Vorschriften des Internationalen **733** Privatrechts ist es grundsätzlich unerheblich, ob die Ehe in Deutschland oder im Ausland geschlossen wurde. Während für eine in Deutschland geschlossene Ehe nach Art. 13 EGBGB die Voraussetzungen des Heimatrechts gelten (dazu gleich → Rn. 735 sind für im Ausland geschlossene Ehen die Wirkungen des Art. 14 EGBGB zu beachten. Die Frage, wann eine im Ausland geschlossene Ehe anerkannt wird und in welcher Form dies erfolgen muss, bemisst sich hingegen nach Art. 11 EGBGB.[1024] Danach kann eine im Ausland geschlossene Ehe, um in Deutschland als formgültig behandelt zu werden, entweder in der nach dem Heimatrecht im Sinne von Art. 13 Abs. 1 EGBGB (sog. **lex causae**) eines Eheschließenden oder nach dem Recht des Staates vorgesehenen Form geschlossen werden, in dem die Eheschließung erfolgt (sog. **lex loci actus** oder **celebrationis**).[1025]

Nachgewiesen wird die im Ausland erfolgte Eheschließung durch die von den Behör- **734** den des Staates, in dem die Ehe geschlossen wurde, ausgestellte und die – nach dem soeben gesagten formgültige – Heiratsurkunde. Einer gesonderten Anerkennung dieser Urkunde in der Bundesrepublik Deutschland bedarf es nicht. Dies gilt unabhängig davon, ob der Aufenthalt in dem jeweiligen Staat rechtmäßig war.[1026] Besonders praxisrelevant sind die Eheschließungen nach dänischem Recht (sog. Dänemark-Ehen), das von den

---

[1019] Hierzu zählen derzeit Belgien, Dänemark, Frankreich, Griechenland, Luxemburg, Italien, Österreich und die Schweiz – vgl. das Rundschreiben des Auswärtigen Amtes vom 9.12.2016 unter http://www.konsularinfo.diplo.de/contentblob/1615026/Daten/4664539/Urkunden_Auslaendische_oeffentliche_inDeutschland.pdf

[1020] RGBl. 1904 S. 221. Vgl. dazu auch *Palandt*, BGB, 76. Aufl. 2017 Anhang zu Art 13 EGBGB.

[1021] *Palandt/Thorn* BGB, 76. Aufl. 2017, Anhang zu Art. 13 EGBGB Rn. 2.

[1022] BGBl. II 1969 S. 451.

[1023] Vgl. *Palandt/Thorn* BGB, 76. Aufl. 2017, Anhang zu Art. 13 EGBGB Rn. 6 f.

[1024] Vgl. *Palandt/Thorn* BGB, 76. Aufl. 2017, Art. 13 EGBGB Rn. 19 mwN; VGH Mannheim Beschl. v. 14.5.2007 – 11 S 1640/06 – zur ausländerrechtlichen Beachtlichkeit einer in Dänemark geschlossenen Ehe.

[1025] Vgl. etwa für die Türkei: OLG Zweibrücken v. 25.7.1997, NJW-RR 1997, 1227

[1026] VGH Mannheim Beschl. 14.5.2007 – 11 S 1640/06 –; a. M. OVG Münster NJW 2007, 314.

Eheleuten nur das Vorliegen eines gültigen Reisepasses, eines Schengen-Visums und den Nachweis, nicht anderweitig verheiratet zu sein, verlangt.[1027]

**735** Die materiellen Voraussetzungen der Eheschließung unterliegen nach Art. 13 Abs. 1 EGBGB für jeden Verlobten dem Recht des Staates, dem er angehört (sog. **Heimatrecht**). Sofern es sich dabei um eine ausländische Rechtsordnung handelt und es nach dieser an einer entsprechenden Voraussetzung für eine wirksame Eheschließung fehlt, ist unter den Voraussetzungen des Art. 13 Abs. 2 EGBGB deutsches Recht anzuwenden.

**736** In der Bundesrepublik Deutschland kann eine Ehe nur in der dafür vorgeschriebenen Form geschlossen werden. Bei der Eheschließung zwischen ausländischen Personen gilt die besondere Regelung des Art. 13 Abs. 3 S. 2 EGBGB, wonach eine Ehe zwischen Verlobten vor einer von der Regierung des Staates, dem einer der Verlobten angehört, ordnungsgemäß ermächtigten Person in der nach dem Recht dieses Staates vorgeschriebenen Form geschlossen werden kann. Lässt es die **lex loci actus** etwa zu, dass einer oder beide Verlobten **bei der Eheschließung** gar nicht anwesend sind, sondern durch eine hierzu bevollmächtigte Person **ihren Willen bekunden** (sog **Stellvertreter-** oder **Handschuhehen**), so ist auch dies eine voll wirksame und in der Bundesrepublik Deutschland anzuerkennende Eheschließung.[1028] Etwas anders gilt jedoch, wenn die Stellvertretung offenkundig dem Willen eines der Eheschließenden widerspricht.[1029] Daher wäre etwa eine Stellvertreterehe nicht anzuerkennen, wenn der Wille eines Ehegatten bei der Auswahl des Partners im Heimatstaat durch Stellvertretung fingiert würde. Eine solche Eheschließung wäre mit dem ordre public-Vorbehalt des Art. 6 EGBGB unvereinbar, da sie gegen grundlegende Menschenrechte aus Art. 1, 2 und 3 GG verstoßen würde.[1030]

**737** Grundsätzlich muss eine Ehe, um in Deutschland als formgültig anerkannt zu werden, **vor einem staatlichen Standesamt** (bzw. einer vergleichbaren staatlichen Einrichtung) **geschlossen und amtlich registriert** werden.[1031] Da diese Voraussetzungen etwa bei der Ehe „nach Sinti-Art"[1032] nicht vorliegen, wird sie im deutschen Recht nicht anerkannt. Etwas anderes kann sich dagegen für nach **Stammesrecht** geschlossene Ehen ergeben.[1033] **Religiöse Ehen** stehen den vor staatlichen Stellen geschlossenen Ehen gleich, wenn sie am Ort der Eheschließung in der konkret vollzogenen Weise staatlich anerkannt sind und dem ordre public des Art. 6 EGBGB entsprechen.[1034] Dies wird allerdings für die sog. „Imam-Ehe" in zahlreichen Entscheidungen[1035] abgelehnt. Die fehlende Gleichstellung von „Imam-„ und Zivilehe im staatlichen Recht stellt nach der Rechtsprechung des EGMR[1036] weder einen Verstoß gegen das Diskriminierungsverbot aus Art. 14 EMRK noch gegen das Recht auf Achtung des Privat- und Familienlebens aus Art. 8 EMRK dar.

---

[1027] Vertiefend zu den Dänemark-Ehen etwa: *Oberhäuser* NVwZ 2012, 25. Zum Nachweis einer (bevorstehenden) Eheschließung im Rahmen von § 60a AufenthG unten, → Rn. 1201 ff.

[1028] So auch VG Wiesbaden NVwZ-Beil. 1995, 14 (Handschuhehe in Pakistan); LSG Berlin-Brandenburg, Beschl. v. 27.9.2007 – L 32 B 1558/07; zur Vereinbarkeit mit dem ordre-public-Vorbehalt des Art. 6 EGBGB: KG Berlin, Beschl. v.22.4.2004 – 1 W 173/03 (einseitige Stellvertreterehe); a. M. Nr. 28.1.2 VAH-AufenthG.

[1029] In diesem Sinne auch KG Berlin, Beschl. v.22.4.2004 – 1 W 173/03 mwN.

[1030] Vgl. ua AG Gießen, Beschl. v. 31.1.2000 – 22 III 81/99 – StAZ 2001, 39.

[1031] Vgl. BVerfGE 31, 58 (69) = NJW 1971, 1509; BVerfGE 62, 323 (330) = NJW 1983, 511; BVerfG NJW 1993, 3316 (3317).

[1032] Vgl. zu ihr BVerfG NJW 1993, 3316.

[1033] Vgl. etwa für eine Eheschließung nach nigerianischem Stammesrecht: OLG München NJW-RR 1993, 1350; VG Stuttgart InfAuslR 1991, 224.

[1034] Anders OVG Berlin-Brandenburg NJW 2014, 2665 unter Verweis auf Art. 13 Abs. 3 EGBGB.

[1035] So BVerwG NVwZ 2005, 1191 (1192) mwN; OVG Saarlouis InfAuslR 2002, 231 (232); OVG Koblenz InfAuslR 1993, 317; OVG Lüneburg NVwZ 2005, 1739; a. M. OVG Lüneburg InfAuslR 2001, 387.

[1036] EGMR v. 20.1.2009, Nr. 3976/05 – Serife Yigit/Türkei – DÖV 2010, 40.

Dagegen kann eine nach islamischem Recht wirksam geschlossene Ehe[1037] als sog. „hinkende Ehe" (dazu bereits oben, → Rn. 694) den Schutz des Art. 6 Abs. 1 GG genießen[1038] und dadurch aufenthaltsrechtlich relevant sein.[1039] Ist eine „ordnungsgemäße" Trauung aufgrund einer Notsituation nicht möglich, sind auch Ferntrauungen anzuerkennen.[1040]

Problematisch ist die Anerkennung von Ehen, bei denen mindestens ein Ehegatte **738** minderjährig ist (sog. **Minderjährigen-** oder **Kinder-Ehen**). Zwar ist eine Person nach deutschem Recht grundsätzlich erst mit Eintritt der Volljährigkeit ehemündig (vgl. § 1303 Abs. 1 BGB). Allerdings kann das Familiengericht nach § 1303 Abs. 2 BGB auf Antrag einer Person, die bereits das 16. Lebensjahr vollendet hat, diese vom Erfordernis der Ehemündigkeit befreien. Ferner setzt die Eheschließungsfreiheit nach Art. 6 Abs. 1 GG nicht zwingend die Volljährigkeit oder ein sonstiges Mindestalter[1041], wohl aber die Fähigkeit voraus, einen freien Willen zur Eheschließung zu bilden.[1042] Diese Fähigkeit dürfte noch nicht entwickelt haben, wer das 14. Lebensjahr noch nicht vollendet hat. Diese Maßstäbe sind auch bei der Anerkennung von Ehen zu beachten, die nach ausländischem Recht geschlossen wurden. Das deutsche Internationale Privatrecht (s. o. → Rn. 733 f.) gebietet es grundsätzlich, ausländische Ehen anzuerkennen, da die Voraussetzungen der Eheschließung für jeden Verlobten dem Recht des Staates unterliegen, dem er angehört (Art. 13 Abs. 1 EGBGB). Allerdings ist nach dem Ordre-Public-Vorbehalt des Art. 6 EGBGB das Recht dieses Staates nicht anzuwenden, wenn die Anwendung ein Ergebnis zur Folge hätte, das mit wesentlichen Grundsätzen des deutschen Rechts, insbesondere den Grundrechten, offensichtlich unvereinbar ist. Ob dies der Fall ist – etwa weil ein Ehegatte aufgrund seines geringen Alters noch nicht fähig war, eine Ehe zu schließen – muss im Einzelfall festgestellt werden.[1043] So hatte das OLG Bamberg in einer Aufsehen erregenden Entscheidung[1044] die Ehe einer 14jährigen Syrerin mit ihrem volljährigen Cousin anerkannt. Auf die Frage, ob ein Verstoß gegen Art. 6 EGBGB vorliege, komme es letztlich nicht an, da die Ehe selbst bei Vorliegen eines Verstoßes nicht unwirksam, sondern **aufhebbar** sei und im Falle eines Verstoßes gegen Art. 6 EGBGB deutschen Rechts als „Ersatzrecht"[1045] herangezogen werden könne. Etwas anderes gilt jedoch seit Inkrafttreten des Gesetzes zur Bekämpfung von Kinderehen v. 17.7.2017[1046]. Dieses sieht vor, dass in Art. 13 EGBGB ein neuer Absatz 3 eingefügt wird, nach dessen Nr. 1 eine nach ausländischem Recht geschlossene Ehe nicht mehr aufhebbar, sondern **unwirksam** ist, wenn (mindestens) ein Verlobter im Zeitpunkt der Eheschließung das 16. Lebensjahr noch nicht vollendet hatte. An der bisherigen Rechtsfolge der Aufhebbarkeit soll jedoch für den Fall festgehalten werden, dass ein Verlobter zwischen 16 und 18 Jahre alt war (Art. 13 Abs. 3 Nr. 2 EGBGB).

Die Fähigkeit, eine Ehe eingehen zu können, ist auch Gegenstand der Regelung des **739** § 1309 BGB. Danach sollen Personen, die nach Art. 13 Abs. 2 EGBGB ausländischem

---

[1037] Vgl. zur Nichtigkeit einer bigamischen Ehe nach türkischem Recht BGH FamRZ 2001, 991.

[1038] BVerfGE 62, 323 (331); OVG Lüneburg NJW 2005, 1739.

[1039] BVerwGE 71, 228.

[1040] Nr. 28.1.2 VAH-AufenthG.

[1041] Vgl. zur Diskussion um die Einführung eines Mindestalters für den Ehegattennachzug im Zuge des Richtlinienumsetzungsgesetzes v. 19.8.2007: *Kingreen*, ZAR 2007, 13 (14 f.).

[1042] BVerfGE 29, 166 (176); 62, 323 (331).

[1043] In der Praxis werden Ehen zwischen einem volljährigen und einem Ehegatten, der das 16. Lebensjahr vollendet hat, regelmäßig anerkannt, während Ehen, bei denen ein Ehegatte das 14. Lebensjahr noch nicht vollendet hat, regelmäßig unter Verweis auf den Ordre-Public-Grundsatz abgelehnt – vgl. dazu https://www.bundestag.de/blob/415576/2ff786c70499c3171ac40f07f3a8edbf/wd-7–019-16-pdf-data.pdf

[1044] OLG Bamberg, Beschl. v. 12.5.2016, 2 UF 58/16 = InfAuslR 2016, 464.

[1045] OLG Schleswig NJW-RR 2001, 1372.

[1046] BGBl. I 2429.

Recht unterliegen, vor der Eheschließung in Deutschland ein Zeugnis der Behörde ihres Heimatstaates darüber beibringen, dass der Eheschließung nach dem Recht dieses Staates kein Ehehindernis entgegensteht. Dieses **Ehefähigkeitszeugnis** wird ungültig, wenn die Ehe nicht binnen sechs Monaten seit der Ausstellung geschlossen wird, wenn es keine kürzere Geltungsdauer hat (§ 1309 Abs. 1 S. 3 BGB). Stellen die Heimatbehörden Ehefähigkeitszeugnisse nicht aus oder sind die Betroffenen staatenlos, ist beim zuständigen OLG-Präsidenten die Erteilung der Befreiung von der Beibringung des Ehefähigkeitszeugnisses zu beantragen (§ 1309 Abs. 2 BGB).

**740**     In Deutschland darf eine Ehe nur geschlossen werden, wenn die **Staatsangehörigkeit** (und damit das Heimatrecht nach Art. 13 EGBGB) **nachgewiesen** ist. Ausländische Staatsangehörige müssen ihre Staatsangehörigkeit gemäß § 8 Abs. 2 PStV durch Reisepass oder Passersatz, amtlichen Personalausweis oder Bescheinigung der zuständigen Behörde des Heimatstaates nachweisen. Ein anderweitiger Nachweis kommt ausnahmsweise in Betracht, wenn die Beschaffung der üblichen Ausweispapiere oder Dokumente unmöglich oder nur unter erheblichen Schwierigkeiten oder mit unverhältnismäßigen Kosten durchführbar und deshalb unverhältnismäßig und unzumutbar ist.[1047] Dabei gilt, dass an den Nachweis keine unzumutbaren Anforderungen gestellt werden dürfen.[1048]

**741**     cc) „Scheinehen". Sog. **Scheinehen** – dh ausschließlich zu dem Zweck geschlossene Ehen, einem oder beiden Ehegatten ein Aufenthaltsrecht zu verschaffen (sog. Aufenthaltsehe) oder zu erhalten (sog. Schutzehe)[1049] – fallen nicht unter den Schutzbereich des Art. 6 Abs. 1 GG (s. o., → Rn. 692) und begründen deshalb keinen Anspruch auf Erteilung eines Aufenthaltstitels.[1050] Da jedoch auch die sog. „Scheinehe" gerade nicht zum „Schein" eingegangen werden soll – schließlich wären im Falle eines solchen Scheingeschäfts nach § 117 BGB die Willenserklärungen der Eheleute und damit die Ehe von vornherein als nichtig anzusehen – sollte **statt von „Scheinehe" eher von** einer „missbräuchlichen Ehe" oder einer „Ehe zu ausschließlich außerehelichen Zwecken" (**„Zweckehe"**) **gesprochen werden.** Allerdings sind mit Blick auf die Eheschließungsfreiheit des Art. 6 Abs. 1 GG die Motive der Eheschließung grundsätzlich unbeachtlich und eine Unterscheidung zwischen „edlen" und „weniger edlen" Zwecken unstatthaft – solange die Eheschließung jedenfalls auch der Führung einer ehelichen Lebensgemeinschaft dient. Insofern ist eine „Zweckehe" nicht ohne weiteres verboten. Im Eherecht gilt das formale Konsensprinzip, also der Grundsatz, dass für eine wirksame Eheschließung, wie bei sonstigen Verträgen, allein zwei übereinstimmende Willenserklärungen vorliegen müssen, Motive zur Abgabe dieser Willenserklärungen aber keine Rolle spielen. Auch wenn einer der Ehepartner offen bekennen würde, dass die Ehe nicht aus Liebe, sondern zur Verhinderung der Abschiebung des anderen Partners geschlossen wurde, wäre dies weder ein Missbrauch, noch eine Zweckentfremdung der Ehe, soweit die beiden tatsächlich in einer ehelichen Lebensgemeinschaft leben.[1051] Entscheidend für die Annahme einer „Scheinehe" – die in Gestalt der „Aufenthaltsehe" den Straftatbestand des „Beschaffens eines Aufenthaltstitels durch unrichtige Angaben" (vgl. § 95 Abs. 2 Nr. 2 Var. 1 AufenthG) erfüllen kann[1052] – ist damit weder das Motiv der Heirat, noch ein typisches Erscheinungsbild, dem genüge getan werden muss.[1053] Auch ein Zusammenleben in **häuslicher Gemeinschaft** ist für die eheliche Lebensgemeinschaft nach § 1353 Abs. 1 BGB nicht

---

[1047] OLG Frankfurt a. M. StAZ 2005, 322.
[1048] KG Berlin InfAuslR 2002, 95 (96).
[1049] Vgl. dazu etwa BVerwGE 98, 298 (302 f.); OVG Berlin AuAS 2004, 172 (173).
[1050] So ua BVerwGE 107, 58 (64).
[1051] VGH Kassel EZAR 023 Nr. 22; OVG Schleswig AuAS 2001, 82 (83).
[1052] Vgl. dazu Huber/*Hörich* AufenthG § 95 Rn. 241 ff.
[1053] OVG Greifswald InfAuslR 2001, 129; VGH Kassel InfAuslR 2002, 426 (428).

konstitutiv (s. zur parallelen Diskussion im Verfassungsrecht: oben, → Rn. 692 ff.).[1054] Entscheidend ist vielmehr ausschließlich, ob die Betroffenen ein Zusammenleben in ehelicher Lebensgemeinschaft anstreben oder nicht.

Bestehen im Zeitpunkt der beabsichtigten Eheschließung allerdings konkrete Anhalt- **742** punkte, die auf das Fehlen eines solchen Willens zum Zusammenleben in ehelicher Lebensgemeinschaft hindeuten, hat der Standesbeamte nicht nur das Recht, sondern auch die Pflicht, seine Mitwirkung an der Eheschließung zu verweigern (vgl. §§ 1310 Abs. 1 S. 2, 1314 Abs. 2 Nr. 5, 1353 Abs. 1 BGB). Eine solche Pflicht des Standesbeamten besteht aber erst dann, wenn offenkundig ist, dass die Betroffenen eine Zweckehe einge- hen wollen[1055] und nicht schon dann, wenn das Eingehen einer ehelichen Lebensgemein- schaft zweifelhaft erscheint. Denn selbst in diesem Fall kann die Ehe nach § 1315 Abs. 1 Nr. 5 BGB gültig sein, wenn die Ehepartner (entgegen ihrer ursprünglichen Absicht) zu einem späteren Zeitpunkt doch noch eine eheliche Lebensgemeinschaft aufgenommen haben.[1056] Dabei kommen als taugliche **Anhaltspunkte** für den Verdacht einer Zweckehe insbesondere in Betracht[1057]: das Fehlen einer für beide Betroffenen verständlichen Spra- che, ein gewöhnlicher Aufenthalt der Betroffenen in weit auseinander liegenden Standes- amtsbezirken (insbesondere wenn das Aufenthaltsrecht des ausländischen Betroffenen räumlich beschränkt ist), das Zusammenleben eines oder beider Betroffenen mit einem anderen Partner, die fehlende Kenntnis der Betroffenen von wichtigen persönlichen Daten und Lebensumständen des jeweils anderen Teils, fehlende persönliche Kontakte, widersprüchliche Angaben über die Umstände des persönlichen Kennenlernens, Zahlung eines Geldbetrages für die Eingehung der Ehe[1058], frühere Scheinehen eines oder beider Betroffenen oder die kürzlich vorausgegangene Anmeldung einer beabsichtigten Ehe mit einem anderen Partner. Dagegen begründen die teilweise von den Standesbehörden herangezogenen Indizien, dass eine der beiden Personen keinen gesicherten Aufenthalts- status hat oder aus einem wirtschaftlich rückständigen Land stammt, die Alkohol- oder Drogenabhängigkeit der deutschen Person oder ein großer Altersunterschied zwischen den Heiratswilligen für sich genommen noch keinen Verdacht einer Zweckehe. Erforder- lich ist eine Gesamtbetrachtung und -beurteilung aller Umstände der Eheschließung.

Insgesamt ist daher von einer sog. „Zweck-" oder „Scheinehe" nur **äußerst zurück-** **743** **haltend**, nämlich nur bei **Offenkundigkeit**, auszugehen.[1059] Erst wenn sich den Standes- beamten die Annahme einer Zweckehe „geradezu aufdrängt"[1060], kann die beabsichtigte Eheschließung verweigert werden.[1061] Verbleibende Zweifel an der Ernsthaftigkeit der beabsichtigten Ehe können hingegen nicht zu Lasten der Betroffenen gehen. Vielmehr bleibt es bei der Vermutung, dass die Partner eine Lebens- und Verantwortungsgemein- schaft tatsächlich begründen wollen.[1062]

---

[1054] So OVG Brandenburg Urt. v. 16.10.2007 – 10 UF 141/07 –.

[1055] Siehe OLG Düsseldorf FamRZ 1999, 225; a. M. OLG Jena FamRZ 2000, 1365.

[1056] Vgl. hierzu VGH Mannheim VBlBW 2005, 145; ZAR 2004, 425 (Leitsatz).

[1057] Vgl. Nr. 27.1a.1.1.7 AVV-AufenthG.

[1058] Hierbei ist aber zu beachten, dass bei Staatsangehörigen bestimmter Länder das Einbringen einer Mitgift in die Ehe gängige Praxis ist; so auch die Entschließung des Rates v. 4.12.1997, ABl. C 282 v. 16.12.1997.

[1059] Vgl. LG Neubrandenburg InfAuslR 2001, 403; OLG Magdeburg Beschl. v. 2.3.2005 – 10 Wx 3/05.

[1060] So OVG Saarlouis Beschl. v. 12.12.2005 – 2 W 27/05.

[1061] Vgl. ua OLG Magdeburg Beschl. v. 2.3.2005 – 10 Wx 3/05; vgl. zu den Anforderungen: OLG Schleswig Beschl. v. 11.7.2002 – 2 W 118/01; OLG Jena FamRZ 2000, 1365; KG Berlin NJW-RR 2001, 373 ff.; LG Saarbrücken FamRZ 2000, 819.

[1062] OLG Köln Beschl. v. 6.3.2006 – 16 Wx 123/05 – unter Hinweis auf *Palandt* BGB, 66. Aufl. 2007, § 1310 BGB Rn. 8.

**744**      **dd) Anerkennung und Anfechtung der Vaterschaft.** Ähnlich wie das Schließen einer Ehe kann auch die Anerkennung einer Vaterschaft (§ 1592 Nr. 2 BGB) durch einen ausländischen Staatsangehörigen unter dem Verdacht stehen, allein aufenthaltsrechtlichen Zwecken zu dienen. Eine solche reine „missbräuchliche" oder „Zweckanerkennung" (§ 1597a BGB) entfaltet ebenso wenig aufenthaltsrechtliche Wirkungen wie die „Zweckehe".[1063] Die Vaterschaftsanerkennung ist gemäß § 1597 Abs. 1 BGB öffentlich zu beurkunden. Die Beurkundung kann durch einen Notar (§ 20 BNotO, § 1 Abs. 1 BeurkG), das Jugendamt (§ 59 Abs. 1 S. 1 Nr. 1 SGB VIII, § 59 BeurkG), das Amtsgericht (§ 62 Nr. 1 BeurkG, § 3 Nr. 1 Buchstabe f RPflG, § 641c ZPO) oder das Standesamt (§ 29a Abs. 1 PStG, § 58 BeurkG) erfolgen.

**745**      Die Vaterschaftsanerkennung kann gemäß § 1599 Abs. 1 BGB durch eine rechtskräftige **Anfechtung der Vaterschaft** widerlegt werden. Anfechtungsberechtigt sind gemäß § 1600 Abs. 1 BGB der Mann, dessen Vaterschaft nach § 1592 Nr. 1 und 2 BGB besteht (Nr. 1), der Mann, der an Eides statt versichert, der Mutter des Kindes während der Geburtszeit beigewohnt zu haben (Nr. 2), die Mutter (Nr. 3), das Kind (Nr. 4) und – seit 2008[1064] – in den Fällen der Vaterschaftsanerkennung die anfechtungsberechtigte Behörde[1065] (Nr. 5).

**746**      Diese Regelung des § 1600 Abs. 1 Nr. 5 BGB wurde durch BVerfG Beschl. v. 17.12.2013 1 BvL 6/10 für verfassungswidrig erklärt.[1066] Stattdessen hat der Gesetzgeber mit dem Gesetz zur besseren Durchsetzung d. Ausreisepflicht v. 20.7.2017[1067] ein Verbot missbräuchlicher Vaterschaftsanerkennung (§ 1587a BGB) postuliert und in § 85a AufenthG ein spezielles Verfahren zur Aufklärung von derlei Fällen geschaffen.

**747**      Ähnlich wie der Standesbeamte bei dem offenkundigen Verdacht einer Zweckehe seine Mitwirkung verweigern muss (s. oben, → Rn. 742), soll er dies gemäß § 44 Abs. 1 PStG[1068] auch im Falle einer offenkundigen Zweckanerkennung tun. Zudem ist er – wie alle anderen in § 87 Abs. 1 AufenthG genannten öffentlichen Stellen – in diesem Falle verpflichtet, den Ausländerbehörden einen Verdacht mitzuteilen (vgl. § 85a, § 87 Abs. 2 Nr. 4, Abs. 6 AufenthG).

**748**      **ee) Kindschaftsrecht.** Da sich ein Aufenthaltsrecht auch aus der Wahrnehmung der Personensorge (§§ 1626 ff. BGB, §§ 1671 ff. BGB) oder – strittig[1069] – eines Umgangsrechts (§ 1684 BGB) ergeben kann, stellt sich in diesem Zusammenhang die Frage, welche konkreten Anforderungen an das Sorge- oder Umgangsrecht zu stellen sind. Dazu gilt zunächst, dass sich diese Anforderungen – wie die Frage der Abstammung (Art. 19 EGBGB) und die Anfechtung der Abstammung (Art. 20 EGBGB) – nach dem Recht des gewöhnlichen Aufenthaltsorts des Kindes richten (Art. 21 EGBGB). Beruht das Sorgerecht auf der Entscheidung einer ausländischen Behörde oder eines ausländischen Gerichts, richtet sich ihre Anerkennung nach §§ 108 f. FamFG. Nach der Grundregel des § 108 Abs. 1 FamFG werden ausländische Entscheidungen – abgesehen von Ehesachen – grundsätzlich anerkannt, ohne dass es hierfür eines besonderen Verfahrens bedarf. Ausgeschlossen ist die Anerkennung allerdings in den Fällen des § 109 Abs. 1 und 4 FamFG.

---

[1063] Vgl. BVerwG v. 22.12.2004, 1 B 111/04 = BeckRS 2055, 21933.

[1064] Gesetz zur Ergänzung des Rechts zur Anfechtung der Vaterschaft v. 13.3.2008 (BGBl. I S. 313); vgl. Begr. des Entwurf, eines Gesetzes zur Ergänzung des Rechts zur Anfechtung der Vaterschaft v. 8.11.2006, BT-Drs. 16/3291; s. hierzu *Zypries/Cludius* ZRP 2007, 1.

[1065] Diese ist gemäß § 1600 Abs. 6 BGB von den Ländern zu bestimmen.

[1066] Vgl. dazu Pelzer, NVwZ 2014, 700; Hocks, KJ 2010.

[1067] BGBl. I 2780.

[1068] Personenstandsgesetz v. 19.2.2007 (BGBl. I S. 122).

[1069] Bejahend etwa: *Eichenhofer* ZAR 2013, 89 (95) mwN.

Da auch die tatsächlich gelebte Beziehung zu Adoptivkindern von Art. 6 Abs. 1 und 2 **749** GG geschützt wird[1070] (s. oben, → Rn. 702), kann sich ein Aufenthaltsrecht auch zur Wahrung dieser Beziehung ergeben. Kollisionsrechtlich unterliegt die Adoption dem Heimatrecht des Annehmenden (Art. 22 Abs. 1 S. 1 EGBGB). Für die Anerkennung einer ausländischen Adoption sind nach Art. 4 Abs. 1 Buchst. b der Familiennachzugsrichtlinie bestimmte internationale Übereinkommen (Art. 23 Haager Adoptionsübereinkommen[1071]) und im Übrigen Art. 22 Abs. 1 EGBGB und der ordre public-Vorbehalt des Art. 6 EGBGB heranzuziehen. Ein Verstoß gegen Art. 6 EGBGB liegt aber nicht bereits dann vor, wenn die Adoption auch aus aufenthaltsrechtlichen Gründen erfolgt. Solange ein Eltern-Kind-Verhältnis hergestellt werden soll, ist der ebenso erstrebte inländische Aufenthaltstitel kein ordre public-Grund.[1072]

### c) Ausschlussgrund im Falle einer Zweckehe oder Zweckadoption (§ 27 Abs. 1a Nr. 1 AufenthG)

Der durch das 1. Richtlinienumsetzungsgesetz von 2007[1073] eingefügte § 27 Abs. 1a **750** Nr. 1 AufenthG sieht vor, dass der Familiennachzug nicht zugelassen werden darf, wenn feststeht, dass die Ehe oder das Verwandtschaftsverhältnis nur zu dem Zweck geschlossen oder begründet wurde, dem nachziehenden Partner oder Familienangehörigen die Einreise nach und den Aufenthalt in Deutschland zu ermöglichen. Mit dieser Regelung – die laut Gesetzesbegründung[1074] Zweckehen und Zweckadoptionen weniger attraktiv machen und den „Handel" mit Kindern aus Armutsregionen bekämpfen will – wird Art. 16 Abs. 2 Buchst. b RL 2003/86/EG umgesetzt. Steht noch nicht fest, dass eine Zweckehe oder eine Zweckadoption erfolgt oder angestrebt ist, sondern besteht nur ein entsprechender Verdacht, so gestattet es Art. 16 Abs. 4 RL 2003/86/EG den Mitgliedstaaten lediglich „punktuelle Kontrollen" durchzuführen. Aufgrund dessen ist die **Vereinbarkeit** von § 27 Abs. 1a Nr. 1 AufenthG – der keine punktuellen Kontrollen, sondern eine allgemeine Prüfpflicht bzw. einen vom Amts wegen zu prüfenden Versagungsgrund einführte – **mit dem Verfassungs- und Europarecht** bezweifelt worden.[1075] Schließlich stelle die Norm alle Ehen, Adoptionen und Vaterschaftsanerkennungen, an denen ausländische Personen beteiligt sind, unter Generalverdacht (s. o., → Rn. 729).

Dagegen geht das BVerwG[1076] sowohl von der Verfassungs- als auch von der Richtlinienkonformität des § 27 Abs. 1a Nr. 1 AufenthG aus. Die Vereinbarkeit mit Art. 6 Abs. 1 **751** GG ergebe sich bereits daraus, dass diese Norm lediglich die tatsächliche Lebensgemeinschaft, nicht aber Zweckehen schütze.[1077] Zudem sei § 27 Abs. 1a Nr. 1 AufenthG auch mit der Familiennachzugsrichtlinie vereinbar. So setze die Regelung den Art. 16 Abs. 2 Buchst. b RL 2003/86/EG „nahezu wortgleich" um.[1078] Ferner sei es den Mitgliedstaaten nach Art. 16 Abs. 1 Buchst. b RL 2003/86/EG gestattet, die Erteilung eines Aufenthaltstitels für den Fall abzulehnen, dass zwischen der zusammenführenden und der nachziehenden Person keine tatsächlichen ehelichen oder familiären Bindungen (mehr) bestehen. Ent-

---

[1070] BVerfGE 80, 81 (90); *Hailbronner* § 27 AufenthG Rn. 65 mwN.

[1071] Übereinkommen über den Schutz von Kindern und die Zusammenarbeit auf dem Gebiet der internationalen Adoption v. 29.5.1993 (BGBl. 2001 II S. 1034).

[1072] Vgl. BVerwG FamRZ 1986, 381; OVG Berlin InfAuslR 196, 137 (türkische Adoption).

[1073] Gesetz zur Umsetzung aufenthalts- und asylrechtlicher Vorschriften der Europäischen Union v. 19.8.2007, BGBl. I 1970.

[1074] BT-Drs. 16/5065, 170.

[1075] Vgl. etwa Huber/*Göbel-Zimmermann/Eichhorn* AufenthG § 27 Rn. 38; VG Bremen, BeckRS 2012 52368.

[1076] BVerwGE 136, 222 = ZAR 2010, 403 = NVwZ 2010, 1367.

[1077] BVerwGE 136, 222 (Rn. 15 mwN).

[1078] BVerwGE 136, 222 (Rn. 13).

stehungsgeschichte und Systematik der Richtlinie ließen einen Rückgriff auf Abs. 1 Buchst. b) auch für den Fall zu, dass Abs. 2 Buchst. b) nicht einschlägig sei. So hätte die Kommission in ihrem Richtlinienentwurf[1079] nur einen einheitlichen, die Abs. 1 und 2 zusammenfassenden Ausschlussgrund vorgesehen. Eine Trennung der Versagensgründe in Abs. 1 und 2 sei erst auf Drängen des Rats[1080] erfolgt. Darüber hinaus habe der Gesetzgeber mit der Ausgestaltung des § 27 Abs. 1a Nr. 1 AufenthG als Versagungsgrund[1081] den Vorwurf eines generellen Misstrauens gegenüber Ehen mit ausländischen Ehepartnern sowie mangelnder Vereinbarkeit mit Art. 16 Abs. 4 RL 2003/86/EG ausgeräumt.[1082] Diese Argumentation des BVerwG ist jedoch alles andere als überzeugend. Denn gerade die als gebundene Entscheidung ausgestaltete pauschale Regelungsform des Versagungsgrundes („Familiennachzug wird nicht zugelassen") verwehrt den Ausländerbehörden doch eine Einzelfallbetrachtung (der etwa im Wege einer etwaigen Ermessensausübung Rechnung getragen werden könnte), die den Vorwurf eines Generalverdachtes tatsächlich entkräften könnte.

**752**    Der Vorwurf des Generalverdachts könnte allenfalls durch eine **Beweislastumkehr** ausgeschlossen werden, wonach die Ausländerbehörde beweisbelastet wäre.[1083] Grundsätzlich obliegt es im Aufenthaltsrecht – wie auch sonst im Verwaltungsrecht – den Antragstellenden, alle für sie günstigen Tatsachen dazulegen und zu beweisen (vgl. § 82 Abs. 1 AufenthG).[1084] Zu diesen für sie günstigen Tatsachen gehört auch das Führen einer Ehe oder familiären Lebensgemeinschaft.[1085] Gelingt es den Betroffenen also nicht, das Führen einer ehelichen und familiären Lebensgemeinschaft nachzuweisen, geht dies nach ständiger Rechtsprechung zu ihrem Nachteil.[1086] Dabei ist allerdings auch zu berücksichtigen, dass sich der Umfang der Darlegungs- und Beweislast nach den individuellen Umständen des Einzelfalles bemisst.[1087] Außerdem gebietet der Schutz der ehelichen und innerfamiliären Privatsphäre aus Art. 6 Abs. 1 und 2, Art. 2 Abs. 1 iVm Art. 1 Abs. 1 GG, dass die betroffene Person innerfamiliäre Lebensumstände nur offen legen muss, wenn die Ausländerbehörde begründete Zweifel am Bestehen der ehelichen oder familiären Lebensgemeinschaft äußert.[1088] Daher darf den Betroffenen nicht einfach vorbehaltlos die Last auferlegt werden darzulegen und zu beweisen, dass es sich bei der in Rede stehenden ehelichen oder familiären Lebensgemeinschaft nicht um eine reine „Zweckehe"

---

[1079] KOM (1999) 638 endg. S. 22 und 32, Art. 14 Abs. 1 Buchst. b.

[1080] Vgl. die Beratungsergebnisse der Gruppe „Migration und Flüchtlinge" v. 27.7.2001, Ratsdokument 11330/01.

[1081] Dagegen sah der Referentenentwurf noch eine Anspruchseinschränkung vor: „Ein Familiennachzug von Ehegatten darf nur zugelassen werden, wenn ..."

[1082] BVerwGE 136, 222 (Rn. 18).

[1083] So etwa VG Berlin v. 30.1.2007, 7 V 3.07; VG Sigmaringen BeckRS 2008, 32649; VG Lüneburg BeckRS 2009, 32046; *Göbel-Zimmermann* ZAR 2008, 169 (170); *Oestmann* InfAuslR 2008, 17 (21 f.); zum Streitstand etwa: Kluth/Heusch/*Tewocht* AufenthG § 27 Rn. 39 ff.

[1084] Zwar kennt der vom Untersuchungsgrundsatz (§ 86 Abs. 1 VwGO) geprägte Verwaltungsprozess keine *formelle* Beweislast (Beweisführungslast), vgl. BVerwGE 109, 174 (177 ff., 180). Davon zu unterscheiden ist indessen die *materielle* Beweislast, BVerwG AuAS 2005, 218 = NVwZ 2005, 1329. Wer die materielle Beweislast trägt, bestimmt sich nach materiellem Recht und ist durch Auslegung der im Einzelfall einschlägigen Norm zu ermitteln; enthält diese keine besonderen Regelungen, so greift der allgemeine Rechtsgrundsatz ein, dass die Nichterweislichkeit von Tatsachen, aus denen eine Partei für sie günstige Rechtsfolgen herleitet, zu ihren Lasten geht, vgl. BVerwGE 18, 168 (171); 44, 265 (270 f.); 45, 131 (132); 47, 330 (339); 55, 288 (297); 61, 176 (189); 80, 290 (296 f.).

[1085] VGH Kassel NVwZ-RR 2000, 639 (640); VGH Kassel InfAuslR 2002, 426 (430).

[1086] BVerfG Beschl. v. 5.5.2003 – 2 BvR 2042/02; VGH Kassel FamRZ 2005, 982.

[1087] Vormeier/Fritz/*Marx* GK-AufenthG, § 27 Rn. 179.

[1088] In diesem Sinne VGH Kassel NVwZ-RR 2000, 639 (640); VGH Kassel InfAuslR 2002, 426 (430); im Ergebnis auch *Hailbronner* § 27 AufenthG Rn. 57 mwN.

oder ein sonstiges reines „Zweckverhältnis" handelt.[1089] Vielmehr gilt folgender Grundsatz: Je mehr sich die individuelle Gestaltung einer Ehe nach außen erkennbar von einem durch eine persönliche Beistandsgemeinschaft und einen gemeinsamen Lebensmittelpunkt gekennzeichneten Regelfall entfernte, umso mehr begründet dies die Verpflichtung der Betroffenen, darzulegen und zu beweisen, dass ihre Beziehung dennoch den inhaltlichen Kriterien entspricht, wie sie für eine eheliche Lebensgemeinschaft typisch sind.[1090]

**Für eine Beweislastumkehr** wird zunächst der Wortlaut des § 27 Abs. 1a Nr. 1 AufenthG angeführt. So könnte die Formulierung „wird nicht zugelassen, wenn feststeht" dahingehend verstanden werden, dass der Nachzug (nur dann) nicht zugelassen werden darf, wenn feststeht (dh wenn die Ausländerbehörde ausreichend dargelegt und bewiesen hat), dass der in Rede stehende Ausschlussgrund besteht.[1091] Ferner sei eine Beweislastumkehr im Wege einer richtlinienkonformen Auslegung mit Blick auf Art. 16 Abs. 4 RL 2003/86/EG geboten. Dieser Auffassung hat sich das **BVerwG** jedoch ausdrücklich nicht angeschlossen.[1092] Zur Begründung verweist das Gericht im Wesentlichen auf die Entstehungsgeschichte und den Zweck der Vorschrift. So würde das vom Gesetzgeber mit § 27 Abs. 1a Nr. 1 AufenthG verfolgte Anliegen, Zweckehen und -adoptionen zu verhindern und zu bekämpfen, durch eine Beweislastumkehr wesentlich erschwert. Außerdem solle mit der Vorschrift das Unrechtsbewusstsein der Betroffenen geschärft und die Rechtsanwender für eine sorgfältige Prüfung sensibilisiert werden.[1093] Darüber hinaus sei § 27 Abs. 1a Nr. 1 AufenthG immer im systematischen Zusammenhang mit § 27 Abs. 1 AufenthG zu sehen, dessen Voraussetzungen immer positiv festgestellt werden müssen. Auch sei bei der Formulierung des § 27 Abs. 1a Nr. 1 AufenthG Art. 16 Abs. 2 Buchst. b der Richtlinie 2003/86/EG zugrunde gelegt worden.[1094] Danach könne eine Familienzusammenführung „auch" abgelehnt werden, wenn nur die Erlangung eines Aufenthalts beabsichtigt sei.[1095] Andererseits hat das BVerfG entschieden, dass es mit Art. 2 Abs. 1 iVm Art. 1 Abs. 1 GG unvereinbar wäre, wenn den Betroffenen die Beweislast dafür aufgebürdet würde, dass es sich bei der von ihnen geführten Beziehung nicht um eine „Scheinehe" handelt[1096], sodass die Frage nach der Beweislastumkehr verfassungskonform auszulegen ist.

Sofern man der Auffassung des BVerwG folgt, fragt sich allerdings, wie die Betroffenen das Nichtbestehen des Ausschlussgrundes überhaupt praktisch darlegen und beweisen können. Im Regelfall genügen im Aufenthaltsrecht die Vorlage einer Heiratsurkunde und der Nachweis einer gemeinsam genutzten Wohnung sowie die Führung eines gemeinsamen Haushaltes, damit die Ehe der Schutzwirkung des Art. 6 Abs. 1 GG unterliegt. Allerdings soll der bloße Verweis auf das Vorliegen einer Ehe bzw. familiären Lebensgemeinschaft nicht mehr ausreichen, um den Verdacht einer „Zweckehe" bzw. einer „Zweckverwandtschaft" auszuräumen.[1097] Vielmehr solle der Antragsteller „die tatsächlichen Umstände benennen, die den Schluss auf eine durch persönlichen Verbundenheit der Eheleute geprägte Beistandsgemeinschaft erlauben".[1098] Abgesehen von praktischen

**753**

**754**

---

[1089] VGH Kassel NVwZ-RR 2000, 639 (640) unter Hinweis auf BVerfGE 76, 1 (61) = NJW 1988, 626.

[1090] VGH Kassel FamRZ 2005, 982 = ZfSH/SGB 2004, 621.

[1091] So etwa *Göbel-Zimmermann* ZAR 2008, 169 (170).

[1092] Vgl. BVerwGE 136, 222; zuvor bereits VGH Kassel NVwZ-RR 2009, 264 f.; *Hailbronner* § 27 AufenthG Rn. 59; *Ders.* FamRZ 2008, 1583 (1586); *Breitkreutz/Frenßen-de la Cerda/Hübner* ZAR 2008, 381 (382).

[1093] Vgl. BVerwGE 136, 222, Rn. 18.

[1094] So VG Berlin Urt. v. 5.9.2007 – 9 V 10.07 –.

[1095] So VG Berlin Urt. v. 30.8.2007 – 3 V 62.06 –.

[1096] BVerfGE 67, 1 (61)

[1097] Kluth/Heusch/*Tewocht* AufenthG § 27 Rn. 40.

[1098] VGH Kassel NVwZ-RR 2007, 491.

Einwänden (Welche Umstände sind so aussagekräftig, dass sie als Beweis anerkannt werden könnten?) begegnet diese Auffassung auch rechtlichen Zweifeln. Zum einen wird die Beweislast hier zu einer bloßen substantiierten Darlegungslast reduziert. Zum anderen führt diese Auffassung zu dem Ergebnis, dass die Betroffenen unter Umständen verpflichtet sind, eine Vielzahl privater, zum Teil höchst intimer Lebenssachverhalte zu offenbaren, was gegen die Grundrechte aus Art. 6 Abs. 1, Art. 2 Abs. 1 iVm Art. 1 Abs. 1 GG und ggf. auch Art. 1 und 7 GRC verstoßen kann (dazu noch gleich, → Rn. 755 ff.).[1099] Die soeben genannten Grundsätze gelten im Übrigen auch für das **Visumsverfahren**.[1100]

755     Die zur Aufklärung einer reinen „Zweckehe" oder eines sonstigen reinen „Zweckverwandtschaftsverhältnisses" angestellten **Ermittlungen** begründen regelmäßig einen **Eingriff in den Grundrechtschutz der ehelichen und innerfamiliären Privatsphäre** aus Art. 6 Abs. 1 und 2, Art. 2 Abs. 1 iVm Art. 1 Abs. 1 GG (bzw. Art. 1 und 7 GRC, Art. 8 EMRK). Das BVerfG hat insoweit ausdrücklich klargestellt, dass es mit Art. 1 Abs. 1 GG iVm Art. 2 Abs. 1 GG „schwerlich vereinbar" wäre, wenn sich die Behörden die Kenntnis vom Vorliegen einer „Scheinehe" stets von Amts wegen beschaffen würden und wenn den Betroffenen die Beweislast dafür aufgebürdet würde, dass es sich bei der von ihnen eingegangenen Beziehung nicht um eine „Scheinehe" handle.[1101] Aus diesem Grund erscheint eine generelle Ausforschung der persönlichen Lebensverhältnisse der Betroffenen (zB durch deren Observierung oder durch Recherchen und Befragungen von Vermietern oder Nachbarn) als verfassungsrechtlich höchst bedenklich.[1102] Bereits die Einleitung von Ermittlungsmaßnahmen bringt für die davon Betroffenen wegen der damit verbundenen Befragung von Dritten, insbesondere Nachbarn, regelmäßig erhebliche Nachteile mit sich. Daher darf die Behörde erst bei **vernünftig begründeten Zweifeln** an der Führung der ehelichen Lebensgemeinschaft Ermittlungsmaßnahmen ins Werk setzen. Denunziationen Dritter, insbesondere anonymer Natur, sind im Allgemeinen unerheblich. Allerdings darf die Behörde bei melderechtlichen Um- und Abmeldungen eines Ehepartners, die ihr im automatischen Datenaustauschverfahren bekannt werden, Ermittlungen durchführen. Bei der Wahl der Ermittlungsmethoden und der Fragestellungen hat die Behörde den **Verhältnismäßigkeitsgrundsatz** zu beachten. Bei etwaigen Anhörungen der Eheleute[1103] dürfen die Ermittlungsbehörden auch Fragen zum Eheleben stellen, da dieses nicht per se zur durch Art. 1 Abs. 1 GG geschützten **Intimsphäre** gehört.[1104] Teilweise werden von den Ausländerbehörden und den Auslandsvertretungen jedoch Fragebögen benutzt, die im Hinblick auf den Schutz der Intimsphäre bedenklich sind.[1105] Auch die VAH-AufenthG mahnen zur Zurückhaltung. So habe die ermittelnde Behörde die Ausforschung der persönlichen Verhältnisse auf das im Einzelfall notwendige Mindestmaß zu beschränken. Den Familienmitgliedern soll nach Möglichkeit die Wahl zwischen verschiedenen Formen des Nachweises einer bestehenden Lebensgemeinschaft eröffnet werden. Auch sei bei der Prüfung die Vielgestaltigkeit der Lebensverhältnisse zu

---

[1099] Vgl. etwa EuGH NVwZ 2015, 132 – A, B und C, wonach die nationalen Behörden einen nach eigenen Angaben homosexuellen Asylsuchenden im Rahmen des Asylverfahrens keine detaillierten Fragen zu seinem Sexualleben stellen und erst recht nicht verlangen dürfen, dass dieser seine Homosexualität etwa durch Vorlage von Videoaufnahmen oder das Ablegen sog. „Tests" nachweist.

[1100] So auch *Oertmann* InfAuslR 2008, 17 (22); zum Verfahren *Gutmann* NJW 2010, 1124.

[1101] BVerfGE 76, 1 (61); vgl. VGH Kassel NVwZ-RR 1991, 357 (358), hier zum Melderecht; VGH Kassel InfAuslR 2002, 426 (429).

[1102] Vgl. etwa OVG Hamburg NJW 2008, 96 zur Beauftragung einer privaten Detektei.

[1103] Vgl. dazu etwa *Marx*, Asyl-, Aufenthalts- und Flüchtlingsrecht, 6. Aufl. 2016, § 6 Rn. 36 f.; BVerwG AuAS 2010, 159 (160); VGH Kassel NVwZ-RR 2000, 639 (640).

[1104] OVG Hamburg InfAuslR 1991, 343 (344).

[1105] Vgl. *Weichert* NVwZ 1997, 1053; *Weizäcker* InfAuslR 2000, 300.

berücksichtigen.[1106] Außerdem ist sicherzustellen, dass Personen, die möglicherweise Opfer einer Zwangsehe sind, keinem psychischen Druck (etwa durch die Anwesenheit weiterer Familienangehöriger) ausgesetzt sind.[1107] Darüber hinaus ist – unterhalb des Schutzes der Intimsphäre – das durch Art. 2 Abs. 1 GG iVm Art. 1 Abs. 1 GG geschützte **allgemeine Persönlichkeitsrecht** und das davon umfasste **Recht auf informationelle Selbstbestimmung** betroffen.[1108]

Bedenklich ist insoweit auch, wenn die Sachverhaltsaufklärung als **hoheitliche Aufgabe**   **756** **auf Private übertragen** wird.[1109] Die daraus folgenden Beschränkungen für Aufklärungs- und Ermittlungsmaßnahmen bestehen unabhängig davon, ob es Anhaltspunkte für ein Erschleichen des Aufenthaltsrechts unter Berufung auf eine in Wirklichkeit nicht praktizierte Lebensgemeinschaft gibt. Insoweit sind die Eheleute keineswegs verpflichtet, etwa intime Details ihres ehelichen Zusammenlebens preiszugeben, die einen Außenstehenden nichts angehen. Vielmehr geht es vorrangig um durchaus alltägliche, aber eine familiäre Beistandsgemeinschaft wesentlich prägende Umstände, die den Schluss rechtfertigen, dass im konkreten Fall trotz einer in ihrem äußeren Erscheinungsbild untypischen Gestaltung der familiären Beziehung dennoch die spezifische Verbundenheit der Ehegatten unverkennbar vorhanden ist. Solche Umstände können zum Beispiel Zeiten gemeinsamer Freizeitbeschäftigung sein, gemeinsame Besuche bei Verwandten, Freunden und Bekannten, gemeinsam unternommene Reisen, gegenseitige Unterstützungshandlungen in Fällen von Krankheit oder sonstiger Not, gemeinsames Wirtschaften, Einkaufen, Essen, gemeinsame Kindererziehung oder sonstige praktisch gelebte, deckungsgleiche Interessen der Ehegatten, die einen Schluss auf eine intensive persönliche Verbundenheit der Eheleute zulassen.

Schließlich sind die Ausländerbehörden bei ihren Ermittlungen auch an die Vorgaben   **757** des **Datenschutzes** gebunden.[1110] Zwar sind öffentliche Stellen im Rahmen von § 87 Abs. 1 AufenthG gehalten ihnen bekannte Umstände den Ausländerbehörden mitzuteilen, soweit es für deren Zwecke erforderlich ist. Gleichwohl sind Anfragen der Ausländerbehörde an das Finanzamt oder das Einwohnermeldeamt als für die Ausstellung von Lohnsteuerkarten zuständige Stelle, welche Angaben die Betroffenen dort zum Ehestand (eventuell „getrennt lebend") gemacht haben, im Hinblick auf das Steuergeheimnis nach § 30 AO bedenklich.

Die Ausländerbehörde darf aber bei ihren Ermittlungen neben der Heiratsurkunde   **758** Belege über die polizeiliche Anmeldung und die gemeinsame Wohnung oder getrennte Wohnungen (Mietvertrag, Mietzinszahlung) verlangen und überprüfen. Grundsätzlich sind auch eidesstattliche Versicherungen der Eheleute oder von Personen im nahen Umfeld der Eheleute geeignet, das Vorliegen einer ehelichen Lebensgemeinschaft glaubhaft zu machen. Diese Versicherungen müssen aber eine gewisse Aussagekraft besitzen und dürfen sich nicht in rein formalen und detailarmen Formulierungen erschöpfen.[1111] Bei dann noch bestehenden Zweifeln kann es auch zulässig sein, Vermieter und Nachbarn auf die Richtigkeit dieser Angaben hin zu befragen oder mit Einverständnis der Eheleute die Wohnung zu besichtigen. Bei derartigen Ermittlungen und deren Auswertung ist aber streng auf die gegen Eingriffe staatlicher Stellen geschützte Privatsphäre der Eheleute zu

---

[1106] Nr. 27.1.8 VAH-AufenthG.

[1107] AVV AufenthG 27.1a.2.1.

[1108] Zur Überwachung eines Ehepaares mittels eines GPS-Peilsenders: OVG Hamburg Beschl. v. 11.3.2007 – 3 Bs 3996/05 = NJW 2008, 96. Das OVG sieht es als zulässig an, die gewonnenen Erkenntnisse als Anknüpfungspunkt für weitere rechtmäßige Ermittlungen zu nutzen.

[1109] Vgl. hierzu OVG Hamburg ZAR 2007, 250, m. Anm. *Kluth*.

[1110] Vgl. eingehend zum Datenschutz den Teil H.

[1111] So VGH Kassel FamRZ 2005, 982 = ZfSH/SGB 2004, 621.

achten. Art und Ausmaß der Aufklärung hängen entscheidend von der Dauer der bereits praktizierten ehelichen Lebensgemeinschaft ab.[1112]

759 Insgesamt gilt daher, dass sowohl das GG als auch das Europarecht in mehrerer Hinsicht eine **verfassungs- und richtlinienkonforme Auslegung und Anwendung** des § 27 Abs. 1a Nr. 1 AufenthG gebieten. Art. 16 Abs. 4 RL 2003/86/EG verpflichtet die Mitgliedstaaten, das Bestehen einer reinen „Zweckehe" oder „Zweckverwandtschaft" **nur aus Anlass** zu prüfen. Das Verfassungsrecht und insbesondere der Grundrechtsschutz der Privatheit gebieten, dass die Ermittlungen eine gewisse **Intensität und Tiefe** nicht überschreiten.

### d) Kein Ehegattennachzug im Falle einer „Zwangsehe" (§ 27 Abs. 1a Nr. 2 AufenthG)

760 Nach § 27 Abs. 1a Nr. 2 AufenthG darf der Ehegattennachzug (ferner) nicht zugelassen werden, wenn tatsächliche Anhaltspunkte die Annahme begründen, dass einer der Ehepartner **zur Eingehung der Ehe genötigt** wurde. Auch diese mit dem Richtlinienumsetzungsgesetz[1113] eingefügte Regelung soll der Bekämpfung von „Zwangsehen" dienen.[1114] Infolge des sog. Zwangsheiratsbekämpfungsgesetzes[1115] ist mit § 237 StGB sogar ein eigener Straftatbestand der Zwangsheirat geschaffen worden – obwohl die hier bezeichneten Handlungen bereits vorher als besonders schwerer Fall der Nötigung (§ 240 Abs. 4 S. 2 Nr. 1 2. Alt. StGB) strafbar waren.[1116] Weiterhin sind mit § 37 Abs. 2a und § 51 Abs. 4 S. 2 AufenthG besondere Aufenthaltsrechte für die Opfer von Zwangsehe geschaffen worden. Die weiteren Maßnahmen des Zwangsheiratsbekämpfungsgesetzes betreffen hingegen andere Regelungsgegenstände als die Bekämpfung von Zwangsheirat und den Schutz ihrer Opfer.[1117]

761 Das AufenthG kennt keine Legaldefinition der **„Zwangsheirat"**. Unter Heranziehung von § 237 Abs. 1 StGB wird jedoch deutlich, dass eine solche dann vorliegt, wenn mindestens einer der Eheschließenden durch Gewalt oder Drohung zur Ehe gezwungen wird und mit seiner Weigerung kein Gehör findet oder es nicht wagt, sich der Eheschließung zu widersetzen, weil Eltern, Familie, Verlobte und Schwiegereltern mit den unterschiedlichsten Mitteln Druck ausüben.[1118] Zu diesen Mitteln gehören emotionaler oder psychischer Druck, physische oder sexuelle Gewalt, Einsperren, Entführen sowie Sanktionsandrohungen bis hin zu Ehrenmorden.[1119] Hiervon sind die sog. **„arrangierten Ehen"** zu unterscheiden[1120], die auf Wunsch, mit Einverständnis oder Duldung beider Ehegatten durch Verwandte oder Bekannte initiiert werden. Hier beruht die Eheschließung – anders als bei der Zwangsverheiratung – auf dem freien Willen beider Ehegatten.[1121]

---

[1112] Vgl. VGH Kassel FamRZ 1997, 749.

[1113] Gesetz zur Umsetzung aufenthalts- und asylrechtlicher Richtlinien der Europäischen Union v. 19.8.2007, BGBl. I 1969.

[1114] Vgl. BT-Drs. 16/5065, S. 170.

[1115] Gesetz zur Bekämpfung der Zwangsheirat und zum besseren Schutz der Opfer von Zwangsheirat sowie zur Änderung weiterer aufenthalts- und asylrechtlicher Vorschriften (BGBl. I 2011, 1266).

[1116] Kritisch zu den strafrechtlichen Instrumentarien *Göbel-Zimmermann/Born* ZAR 2007, 57.

[1117] Vgl. insoweit die Übersicht bei *Eichenhofer* NVwZ 2011, 792 ff.

[1118] *Huber/Göbel-Zimmermann/Eichhorn* AufenthG § 27 Rn. 44; Bergmann/Dienelt/*Dienelt* AufenthG § 37 Rn. 40; Vormeier/Fritz/*Marx* GK-AufenthG § 27 Rn. 209.

[1119] *Schubert/Moebius* ZRP 2006, 33 (34).

[1120] Gegen eine Unterscheidung ua *Kelek* ZAR 2006, 232 (234).

[1121] Ebenda; eingehend: *Straßburger,* Nicht westlich und doch modern. Partnerwahlmodi türkischer Migrant(inn)en in Diskurs und Praxis, in: Beiträge zur feministischen Theorie und Praxis 26 (2003), S. 15.

### e) Gleichgeschlechtliche Paare (§ 27 Abs. 2 AufenthG)

Wie bereits festgestellt (s. oben, → Rn. 698 f.) genießen gleichgeschlechtliche Paare im **762** deutschen Verfassungsrecht nicht den Schutz von Ehe und Familie (Art. 6 GG), sondern unterfallen lediglich der allgemeinen Handlungsfreiheit nach Art. 2 Abs. 1 GG. Dagegen sind gleichgeschlechtliche Lebensgemeinschaften vom Begriff des „Familienlebens" nach Art. 8 EMRK genauso umfasst wie Ehen (s. oben, → Rn. 709). Auch einfachgesetzlich stellt § 27 Abs. 2 AufenthG[1122] sicher, dass die Regelungen des Familiennachzugs in Gestalt der §§ 28–31 AufenthG in gleichem Maße auch für die Herstellung und Wahrung einer lebenspartnerschaftlichen Gemeinschaft gilt wie für die Ehe, wobei das Institut der Ehe mit dem Gesetz zur Einführung d. Rechts auf Eheschließung für Personen gleichen Geschlechts v. 20.7.2017[1123] auf gleichgeschlechtliche Paare ausgeweitet wurde. So kann gem. § 20a LPartG eine Lebenspartnerschaft in eine Ehe umgewandelt werden. Davon inbegriffen sind insbesondere die Regelungen, in denen ein Anspruch auf Familiennachzug besteht (wie zB § 28 Abs. 1 und 2, § 30 Abs. 1 AufenthG). Dies ist insofern bemerkenswert, als die Rechtsprechung über lange Zeit der Auffassung war, dass über den Nachzug des ausländischen Lebenspartners einer gleichgeschlechtlichen Lebensgemeinschaft (nur) nach Ermessen entschieden wird.[1124] Einen Rechtsanspruch auf Nachzug des ausländischen Lebenspartners hatte das BVerwG auch unter Berücksichtigung von Art. 8 Abs. 1 EMRK in der Vergangenheit abgelehnt.[1125]

Unter einer **Lebenspartnerschaft** ist eine Gemeinschaft zu verstehen, die von zwei **763** gleichgeschlechtlichen Lebenspartnern iSd Lebenspartnerschaftsgesetzes gebildet wird (vgl. § 1 LPartG). Nach ausländischem Recht geschlossene gleichgeschlechtliche Partnerschaften fallen unter den Begriff der „Lebenspartnerschaft", wenn die Partnerschaft durch einen staatlichen Akt anerkannt ist und sie in ihrer Ausgestaltung der deutschen Lebenspartnerschaft im Wesentlichen entspricht. Eine wesentliche Entsprechung liegt vor, wenn das ausländische Recht von einer Lebensgemeinschaft der Partner ausgeht und insbesondere wechselseitige Unterhaltspflichten der Lebenspartner und die Möglichkeit der Entstehung nachwirkender Pflichten bei der Auflösung der Partnerschaft vorsieht.[1126] Durch die Formulierung „lebenspartnerschaftliche Gemeinschaft" soll klargestellt werden, dass es nicht nur auf den formalen Bestand der Gemeinschaft, sondern auf die tatsächliche Lebensgemeinschaft ankommt. Die Lebenspartnerschaft endet außer durch Tod und Aufhebung auch mit der Eheschließung eines der Lebenspartner. Nicht von § 27 Abs. 2 AufenthG erfasst sind somit nichteheliche Lebensgemeinschaften zwischen verschieden-geschlechtlichen Partnern. Insoweit kommt nur die Erteilung eines Aufenthaltstitels nach § 7 Abs. 1 S. 2 AufenthG in Betracht, um der zunehmenden gesellschaftlichen Akzeptanz nichtehelicher Lebensgemeinschaften gerecht zu werden.

### f) Versagungsgründe (§ 27 Abs. 3 und § 5 Abs. 1 Nr. 1 iVm § 2 Abs. 3 AufenthG)

Nach § 27 Abs. 3 S. 1 AufenthG kann die Erteilung der Aufenthaltserlaubnis oder die **764** Zustimmung zur Visumerteilung versagt werden, wenn der Zusammenführende – un-

---

[1122] Die Vorgängerregelung des § 27a AuslG 1990 wurde mit dem Lebenspartnerschaftsgesetz v. 16.2.2001 (BGBl. I S. 266), zuletzt geändert durch Art. 2 Abs. 18 des Gesetzes v. 19.2.2007 (BGBl. I S. 122) geschaffen.
[1123] BGBl. I 2787.
[1124] BVerwGE 100, 287 (298 f.) = EZAR 012 Nr. 4 = InfAuslR 1996, 294; BVerwG InfAuslR 1998, 164 (166); VGH München InfAuslR 1998, 164; s. hierzu auch BerlVerfGH NVwZ-Beil. 1998, 41.
[1125] BVerwGE 100, 287 (296 f.), InfAuslR 1996, 294.
[1126] Nr. 27.2.2 VAH-AufenthG.

abhängig davon, ob er die deutsche oder eine ausländische Staatsangehörigkeit hat[1127] – für den Unterhalt von anderen Familienangehörigen oder Haushaltsangehörigen auf Leistungen nach dem SGB II oder SGB XII angewiesen ist.[1128] Mit dieser Vorschrift soll sichergestellt werden, dass nicht nur die antragstelle Person (dh hier: der nachzugswillige Familienangehörige), sondern auch die zusammenführende Person zur Lebensunterhalts-sicherung im Stande ist. Dabei kann es sich naturgemäß nur um eine **Prognose** handeln, da sich im Zeitpunkt der Erteilung des Aufenthaltstitels nicht mit letzter Gewissheit sagen lässt, ob der Antragsteller seinen Lebensunterhalt nicht nur voraussichtlich, sondern auch tatsächlich sichern wird. Dass das AufenthG den Ausländerbehörden eine solche Prog-noseentscheidung einräumt, ist europarechtlich unbedenklich, zumal Art. 7 Abs. 1 lit. c) RL 2003/86/EG eine vergleichbare Regelung darstellt.[1129]

**765**    Dass der Familienangehörige seinen Lebensunterhalt sichern kann, wird bereits durch § 5 Abs. 1 Nr. 1 iVm § 2 Abs. 3 AufenthG[1130] sichergestellt. Ist dies nicht der Fall, kommt die Erteilung eines Aufenthaltstitels zum Zwecke des Familiennachzugs in der Regel nicht in Betracht. Die nachziehende Person muss also die **allgemeinen Erteilungs-voraussetzungen** des § 5 AufenthG erfüllen, soweit in den besonderen Erteilungsvoraus-setzungen der §§ 28 Abs. 1 S. 2, 29 Abs. 2 und 4, 31 Abs. 2 S. 3, 34 Abs. 1, 35 Abs. 3 S. 1 Nr. 3 und 36 Abs. 1 AufenthG nichts Abweichendes geregelt ist. Von § 5 Abs. 1 Nr. 1 AufenthG abgewichen werden kann lediglich nach § 28 Abs. 1 S. 4, § 29 Abs. 2 S. 1, § 30 Abs. 3 und § 33 S. 1 AufenthG, sodass die mangelnde Lebensunterhaltssicherung in diesen Fällen nicht automatisch zur Versagung des Aufenthaltstitels führen kann. § 27 Abs. 3 S. 1 AufenthG kann insofern durch die vorgenannten Vorschriften nicht verdrängt werden.[1131] Sofern der Sozialleistungsbezug der stammberechtigten Person jedoch bereits im Rahmen von § 5 Abs. 1 Nr. 1 AufenthG berücksichtigt wurde, verbietet sich eine nochmalige Berücksichtigung nach § 27 Abs. 3 S. 1 AufenthG.[1132] § 27 Abs. 3 S. 2 Auf-enthG stellt lediglich klar, dass von § 5 Abs. 1 Nr. 2 AufenthG (kein Ausweisungsgrund) abgesehen werden kann. Ein solches Absehen kommt etwa aus dem Grunde in Betracht, dass die betroffene Person mit einer deutschen oder einem deutschen Staatsangehörigen verheiratet ist und der Ausweisungsgrund allein in der Einreise ohne das erforderliche Visum und dem anschließenden illegalen Aufenthalt besteht.[1133]

**766**    § 27 Abs. 3 S. 1 AufenthG geht als **besondere Erteilungsvoraussetzung** des Familien-nachzugs über die allgemeinen Erteilungsvoraussetzungen des § 5 Abs. 1 Nr. 1 iVm § 2 Abs. 3 AufenthG hinaus. Liegen die Voraussetzungen des § 27 Abs. 3 S. 1 AufenthG nicht vor, hat die Ausländerbehörde durch Ermessen („**kann** versagt werden") über den Antrag auf Familiennachzug zu entscheiden – und zwar selbst dann, wenn es sich um einen Anspruch auf Familiennachzug handelt und alle anderen Anspruchsvoraussetzun-gen erfüllt sind.[1134] Im Rahmen der Ermessensentscheidung – bei der sich das öffentliche Interesse an einer Entlastung der Sozialsysteme und das individuelle Interesse an der

---

[1127] Anders noch die Vorgängerregelung des § 17 Abs. 5 AuslG 1990. Nach Ansicht von BVerwGE 56, 246; BVwerG NVwZ 1999, 306 sollte deshalb ein Getrenntleben eines Deutschen von seinen ausländischen Familienangehörigen nur durch zwingende Gründe des Allgemeinwohls ge-rechtfertigt werden können.

[1128] Auf den tatsächlichen Leistungsbezug kommt es nicht an – vgl. BT-Drs. 14/7387.

[1129] EuGH NVwZ 2016, 836 = ZAR 2016, 239 – Khachab.

[1130] Danach gilt der Lebensunterhalt als gesichert, wenn er einschließlich ausreichenden Kranken-versicherungsschutzes ohne Inanspruchnahme öffentlicher Mittel bestritten werden kann. Siehe zu den Einzelheiten der Abschnitt A. Zur Berechnung der Lebensunterhaltssicherung: Kluth/Heusch/ *Eichenhofer* AufenthG § 2 Rn. 10.

[1131] Nr. 27.3.6. AVV-AufenthG.

[1132] BVerwG NVwZ 2011, 825.

[1133] OVG Hamburg Urt. v. 10.4.2014, 4 Bf 19/13 – ZAR 2014, 384.

[1134] Kluth/Heusch/*Tewocht* AufenthG § 27 Rn. 58.

Herstellung der Ehe oder der Familieneinheit gegenüberstehen – ist etwa zu berücksichtigen, ob der Nachzug voraussichtlich zu einer Erhöhung öffentlicher Leistungen führt und ob die zusammenführende Person tatsächlich öffentliche Leistungen bezieht. Dabei ist dem Familienschutz besonderes Gewicht beizumessen, sodass sich eine pauschale Entscheidung im Sinne von „Unterhaltsgefährdung bzw. Sozialleistungsbezug = Versagung des Aufenthaltstitels" verbietet.[1135] Ein solcher Automatismus wäre auch mit der Rechtsprechung des EuGH[1136] nicht vereinbar.

Unerheblich sind dabei die in § 2 Abs. 3 S. 2 AufenthG genannten Leistungen, wie das **767** Kindergeld, der Kinderzuschlag und das Erziehungsgeld oder Elterngeld sowie öffentliche Mittel, die auf Beitragsleistungen beruhen oder die gewährt werden, um den Aufenthalt im Bundesgebiet zu ermöglichen. Dazu zählen etwa Stipendien oder Leistungen, die unter den Voraussetzungen des § 8 BAföG gewährt werden.[1137]

Bei der Erteilung oder Verlängerung einer Aufenthaltserlaubnis zum Familiennachzug **768** werden Beiträge der Familienangehörigen zum Haushaltseinkommen berücksichtigt (§ 2 Abs. 3 S. 4 AufenthG). Die erst im Vermittlungsverfahren[1138] eingefügte Regelung des § 2 Abs. 3 S. 3 AufenthG ist auslegungsbedürftig, da sich der Begriff nicht nur auf den nachziehenden Familienangehörigen bezieht und auch der Begriff des Familienangehörigen in § 2 AufenthG nicht näher präzisiert wird. Eine Beschränkung des Begriffs „Familienangehörige" auf leibliche Verwandte nach § 1589 BGB ist nicht ohne weiteres begründbar.[1139]

Es spricht regelmäßig für eine Erteilung des Aufenthaltstitels, wenn nachweislich in **769** Aussicht steht, dass die nachziehende Person in Deutschland ein ausreichendes Einkommen erzielen wird oder über Vermögen verfügt, aus dem ihr Lebensunterhalt dauerhaft gesichert sein wird.[1140] Bei dieser Prognose sind auch Unterhaltsleistungen des nachziehenden Familienangehörigen zu berücksichtigen, die er aufgrund einer rechtlichen Verpflichtung übernehmen muss oder voraussichtlich auch ohne eine solche Verpflichtung übernehmen wird. Von dem Versagungsgrund des § 27 Abs. 3 AufenthG ist regelmäßig abzusehen, wenn der Aufenthaltstitel abweichend von § 5 Abs. 1 Nr. 1 AufenthG erteilt werden kann und nachweislich in Aussicht steht, dass die nachziehende Person nach ihrem Nachzug nachhaltig imstande und bereit sein wird, in Deutschland lebende Personen, die bislang ihren Lebensunterhalt aus öffentlichen Leistungen bestritten haben, zu unterstützen und so die Gesamthöhe öffentlicher Leistungen zu verringern. Das gilt entsprechend in Fällen der Verlängerung einer Aufenthaltserlaubnis, wenn eine Ablehnung zum Wegfall des finanziellen Beitrags der nachgezogenen Person zum Lebensunterhalt für andere hier lebende Personen führen würde oder wenn wegen der Ausreise Unterhaltsansprüche nicht mehr oder schwerer durchsetzbar wären und daher aufgrund der Ausreise der nachgezogenen Person höhere öffentliche Leistungen als bislang erbracht werden müssen.

### g) Gültigkeitszeitraum (§ 27 Abs. 4 AufenthG)

Nach § 27 Abs. 4 S. 1 AufenthG darf eine Aufenthaltserlaubnis zum Zweck des **770** Familiennachzugs längstens für den Gültigkeitszeitraum der Aufenthaltserlaubnis der Person erteilt werden, zu der der Familiennachzug stattfindet. Hierin kommt der Gedanke der Akzessorietät (s. o., → Rn. 727) zum Ausdruck, wonach die Aufenthaltserlaubnis

---

[1135] Kluth/Heusch/*Tewocht* AufenthG § 27 Rn. 58.
[1136] EuGH NVwZ 2010, 697 – Chakroun; EuGH DÖV 2013, 158 – O. und S.
[1137] Begr. zu Art. 1 Nr. 3 Buchst. c (§ 2 AufenthG), BT-Drs. 16/5065, S. 158.
[1138] Begr. zu Art. 1 Nr. 3 Buchst. b (§ 2 AufenthG), BT-Drs. 15/5065, S. 158.
[1139] So im Ergebnis auch VG Berlin Urt. v. 26.10.2006 – 31 V 76.05.
[1140] Nr. 27.3.3.3 AVV-AufenthG.

des Familienangehörigen – bis zur Erlangung eines eigenständigen Aufenthaltstitels – immer vom Aufenthaltstitel der zusammenführenden Person abhängig ist. Ist die zusammenführende Person hingegen in Besitz einer Aufenthaltserlaubnis nach § 20, § 20b oder § 38a AufenthG oder einer Blauen Karte EU, einer ICT-Karte (§ 19b AufenthG) oder einer Mobilen ICT-Karte (§ 19d AufenthG) oder hält sie sich nach § 20a berechtigt im Bundesgebiet auf, so soll die Aufenthaltserlaubnis des Familienangehörigen nach § 27 Abs. 4 S. 2 AufenthG für denselben Zeitraum erteilt werden, für den die Aufenthaltserlaubnis des Zusammenführenden gültig ist. Die Aufenthaltserlaubnis des Familienangehörigen darf jedoch gemäß § 27 Abs. 4 S. 3 AufenthG nicht länger gelten als sein Pass oder Passersatz. Im Übrigen ist – in Umsetzung von Art. 13 Abs. 2 RL 2003/86/EG – die Aufenthaltserlaubnis erstmals für mindestens ein Jahr zu erteilen (vgl. § 27 Abs. 4 S. 4 AufenthG).

## 4. Familiennachzug zu Deutschen (§ 28 AufenthG)

### a) Allgemeine Voraussetzungen

771　　**aa) Überblick.** Wie bereits zu Beginn dieses Abschnitts erwähnt (→ Rn. 690), unterscheiden sich die Regeln über den Familiennachzug insofern von den anderen Abschnitten des AufenthG, als sie nicht nur die Person des Nachziehenden, sondern auch die Person des Zusammenführenden in den Blick nehmen. Sofern die zusammenführende Person „Deutsche" (Art. 116 GG) ist, richtet sich der Familiennachzug nach § 28 AufenthG. § 28 Abs. 1 S. 1 AufenthG unterscheidet zwischen dem Familiennachzug eines ausländischen Ehegatten (Nr. 1), eines ausländischen minderjährigen Kindes eines Deutschen (Nr. 2) und dem Elternteil eines minderjährigen ledigen Deutschen zur Ausübung der Personensorge (Nr. 3). In allen drei Fällen besteht auf die Erteilung der Aufenthaltserlaubnis ein **Anspruch** („ist zu erteilen"). Nach S. 2 „ist" die Aufenthaltserlaubnis in den Fällen des S. 1 Nr. 2 und 3 auch dann zu erteilen, wenn die allgemeine Erteilungsvoraussetzung der Lebensunterhaltssicherung nach § 5 Abs. 1 Nr. 1 AufenthG nicht vorliegt. Dies stellt eine erhebliche Privilegierung gegenüber dem Ehegattennachzug nach S. 1 Nr. 1 dar, da in diesem Fall gemäß **S. 3** nur „in der Regel" von § 5 Abs. 1 Nr. 1 AufenthG abgewichen werden „soll". Diese Vorschrift gewährt den Ausländerbehörden insoweit Ermessen, auch wenn dieses dahingehend intendiert ist, dass es in der Regel zugunsten des Ehegattennachzuges ausgeübt werden soll. Selbst wenn sich die deutsche zusammenführende Person, nachdem ihren ausländischen Familienangehörigen eine Aufenthaltserlaubnis erteilt wurde, für längere Zeit zusammen mit den ausländischen Familienangehörigen im Ausland aufhält, berührt dies regelmäßig nicht den Bestand der Aufenthaltserlaubnis, solange nicht die Voraussetzungen nach § 51 Abs. 1 Nr. 6 oder 7 AufenthG eingetreten sind.

772　　Die unterschiedliche Behandlung des Zuzugs zu Deutschen und Ausländern ist **verfassungsrechtlich** mit Blick auf Art. 3 Abs. 1 und 3 GG **bedenklich**.[1141] Laut Gesetzesbegründung[1142] soll sie dazu dienen, den Zuzug ausländischer Staatsangehöriger in die Sozialsysteme zu verhindern, Eingebürgerten einen „Anreiz" zur Integration zu geben und dem Missbrauch des Familiennachzugs durch das Vortäuschen einer ehelichen Lebensgemeinschaft entgegenzuwirken. Selbst wenn man § 28 Abs. 1 S. 3 AufenthG als geeignetes Mittel zur Erreichung dieser Ziele ansieht[1143], stellt sich dennoch die Frage nach der Erforderlichkeit[1144] und Angemessenheit der Regelung. Hier ist zu berücksichti-

---

[1141] Für die Verfassungswidrigkeit deshalb: Huber/*Göbel-Zimmermann/Eichhorn* AufenthG § 28 Rn. 3; krit. auch: Kluth/Heusch/*Tewocht* AufenthG § 28 Rn. 15.

[1142] BT-Drs. 16/5065, 171.

[1143] Krit. insoweit bereits Kluth/Heusch/*Tewocht* AufenthG § 28 Rn. 15.

[1144] So kann eine sog. Zweckehe bereits durch mildere Mittel wie Befragungen unterbunden werden, vgl. Huber/*Göbel-Zimmermann/Eichhorn* AufenthG § 28 Rn. 3.

gen, dass die Versagung des Aufenthaltstitels und der Verweis auf ein Zusammenleben im Herkunftsstaat des Familienangehörigen weder dem Schutz der Familie aus Art. 6 Abs. 1 GG[1145] noch dem Grundrecht des Zusammenführenden auf Freizügigkeit nach Art. 11 GG gerecht wird. Diesen Umständen ist im Wege einer **verfassungskonformen Auslegung und Anwendung** der Norm Rechnung zu tragen.[1146]

**bb) Gewöhnlicher Aufenthalt.** Gemäß § 28 Abs. 1 S. 1 AufenthG ist allerdings erforderlich, dass die zusammenführende Person deutscher Staatsangehörigkeit ihren „gewöhnlichen Aufenthalt" im Bundesgebiet hat. Zur Begriffsbestimmung kann auf die Legaldefinition des § 30 Abs. 3 S. 2 SGB I zurückgegriffen werden.[1147] Danach hat jemand seinen gewöhnlichen Aufenthalt „dort, wo er sich unter Umständen aufhält, die erkennen lassen, dass er an diesem Ort oder in diesem Gebiet nicht nur vorübergehend verweilt." Davon zu unterscheiden ist der Wohnsitz. Einen solchen hat jemand gemäß § 30 Abs. 3 S. 1 SGB I „dort, wo er eine Wohnung unter Umständen innehat, die darauf schließen lassen, dass er die Wohnung beibehalten und benutzen wird." Die Feststellung, wo jemand seinen „gewöhnlichen Aufenthalt" hat, bemisst sich weniger nach rechtlichen (zB Ort der Anmeldung), als nach den tatsächlichen Verhältnissen. Maßgeblich ist der Wille der zusammenführenden Person, an dem betreffenden Ort ihren Lebensmittelpunkt zu begründen. Auf einen solchen Willen lässt sich etwa aufgrund bestimmter äußerer Indizien schließen (zB dass die betroffene Person an dem Ort eine Wohnung unterhält, einer Erwerbstätigkeit nachgeht, Mitglied in einem Verein ist oder familiäre Beziehungen unterhält).[1148] In jedem Falle führen kurzfristige Urlaubs- oder Geschäftsreisen oder vorübergehende Auslandsaufenthalte nicht dazu, dass sich der gewöhnliche Aufenthalt ändern würde.

**773**

**cc) Sicherung des Lebensunterhalts.** Wie sich aus der Gesetzesbegründung[1149] ergibt, soll die Erteilung der Aufenthaltserlaubnis nur bei Vorliegen „besonderer Umstände" von der **Sicherung des Lebensunterhaltes** abhängig gemacht werden. Diese sollen etwa bei Personen vorliegen, denen die Begründung der ehelichen Lebensgemeinschaft im Ausland zumutbar ist. Dies komme insbesondere bei Doppelstaatlern in Bezug auf das Land in Betracht, dessen Staatsangehörigkeit sie neben der deutschen besitzen, oder bei Deutschen, die geraume Zeit im Herkunftsland des Ehegatten gelebt und gearbeitet haben und die Sprache dieses Staates sprechen.

**774**

### b) Ehegattennachzug zu Deutschen (§ 28 Abs. 1 S. 1 Nr. 1 AufenthG)

Der Ehegattennachzug zu Deutschen nach § 28 Abs. 1 Nr. 1 AufenthG dient ausschließlich dem Zweck der Herstellung und Wahrung der ehelichen Lebensgemeinschaft im Sinne von Art. 6 Abs. 1 GG (dazu oben, → Rn. 691 ff.). Dieser Aufenthaltstitel setzt voraus, dass die Ehe wirksam geschlossen wurde und nach wie vor besteht.[1150] Sofern die Ehe nicht in Deutschland geschlossen wurde, richtet sich ihre Anerkennung nach den Grundsätzen des internationalen Privatrechts (dazu bereits oben, → Rn. 732 ff.). Auch hinsichtlich der Frage, ob religiöse Ehen anzuerkennen sind, kann nach oben (→ Rn. 737) verwiesen werden.

**775**

Durch den Verweis in § 28 Abs. 1 S. 5 auf § 30 Abs. 1 S. 1 Nr. 1 und 2 und Satz 3 und Absatz 2 S. 1 AufenthG werden die Voraussetzungen für den Ehegattennachzug zu

**776**

---

[1145] BVerfGE 51, 386.

[1146] Hofmann/*Oberhäuser* AufenthG § 28 Rn. 10; ähnlich: *Hailbronner* § 28 AufenthG Rn. 20. Auch nach AVV Nr. 28.1.1.0 sei die Lebensunterhaltssicherung „nicht durchgängig" zu prüfen.

[1147] Vgl. VGH Kassel InfAuslR 2004, 59; s. auch: BVerwG InfAuslR 2005, 53.

[1148] Kluth/Heusch/*Tewocht* AufenthG § 28 Rn. 9 mwN.

[1149] BT-Drs. 16/5065, 171.

[1150] Kluth/Heusch/*Tewocht* AufenthG § 28 Rn. 10.

ausländischen Personen für den Nachzug von Ehegatten zu Deutschen übernommen. Beide Ehegatten müssen also das **18. Lebensjahr vollendet** haben und der nachziehende Ehegatte muss **einfache Kenntnisse der deutschen Sprache** (zum Begriff: § 2 Abs. 9 AufenthG) nachweisen. Laut amtlicher Gesetzesbegründung[1151] sollen dadurch Opfer von Zwangsverheiratungen geschützt und die Integration der Nachziehenden erleichtert werden. Allerdings kann die Ernsthaftigkeit dieses Anliegens bezweifelt werden, da in den Fällen des § 28 Abs. 1 Nr. 2 3 AufenthG gerade von einem Sprachnachweis abgesehen wird. Ein ausländischer sorgeberechtigter Elternteil eines ledigen minderjährigen Deutschen ist also nicht zum Sprachnachweis verpflichtet, ein ausländischer Ehegatte hingegen schon. Vor allem ist zu berücksichtigen, dass die Versagung einer Aufenthaltserlaubnis zum Ehegattennachzug zu einer dauerhaften Trennung und damit einer ernsthaften Gefährdung der ehelichen Lebensgemeinschaft nach Art. 6 Abs. 1 GG führen kann.[1152] Ein Verweis des deutschen Ehegatten auf die Möglichkeit der (Wieder-) Herstellung der Ehe im Ausland wäre zudem kaum mit Art. 11 GG vereinbar. Dies gilt selbst, wenn der oder die Deutsche noch eine weitere Staatsangehörigkeit besitzt. Diesen Umständen ist durch eine **verfassungskonforme Auslegung und Anwendung** von § 28 Abs. 1 S. 5 AufenthG Rechnung zu tragen.[1153]

**777**    Aus den vorgenannten Ausführungen wird deutlich, dass deutsch-ausländische Ehen im Vergleich zu reinen „Inländerehen" schlechter gestellt sind. Diese Ungleichbehandlung ist mit Blick auf Art. 3 GG verfassungsrechtlich nicht unbedenklich. Daneben kann sich aus dem Europarecht auch das Problem der sog. **Inländerdiskriminierung**, dh einer Schlechterstellung von Inländern (dh Deutschen) gegenüber freizügigkeitsberechtigten Unionsbürgern ergeben, deren Familienangehörige nach Maßgabe des EU-Rechts ebenfalls freizügigkeitsberechtigt und deshalb nicht an die soeben genannten Beschränkungen gebunden sind.[1154] Zwar hat der EuGH in jüngerer Zeit durch eine Reihe von Entscheidungen die Rechtsstellung von Inländern bzw. solchen Unionsbürgern aufgewertet, die noch nie von ihrem Freizügigkeitsrecht Gebrauch gemacht haben. Dies gilt vor allem für die Entscheidung „Ruíz Zambrano"[1155], die in der Literatur[1156] als „Ende der Inländerdiskriminierung" gefeiert wurde. In der Sache entschied der EuGH, dass einem kolumbianischen Familienvater eines (Klein-) Kindes belgischer Staatsangehörigkeit auch dann ein aus der Unionsbürgerschaft des Kindes abgeleitetes Aufenthaltsrecht zusteht, wenn es noch nie von dem aus der Unionsbürgerschaft fließenden Freizügigkeitsrecht Gebrauch gemacht hatte. Andernfalls würde dem Unionsbürger ein aus der Unionsbürgerschaft fließender Kernbestand an Rechten verwehrt, da er sonst darauf verwiesen wäre, mit dem Vater in dessen Herkunftsland zurückzukehren. In der Rechtssache „Mc Carthy"[1157] entschied der EuGH, dass eine solche Zwangslage bei einer mit einem jamaikanischen Staatsangehörigen in kinderloser Ehe verheirateten Unionsbürgerin nicht bestehe. Diese Rechtsprechung hat der EuGH in der Rechtssache „Dereci"[1158] noch präzisiert. Aus alledem folgt, dass es (gegenwärtig noch) **kein europarechtlich begründetes Verbot der Inländerdiskriminierung** gibt.[1159]

**778**    Doch nicht nur gegenüber Unionsbürgern, auch gegenüber bestimmten Drittstaatsangehörigen sind deutsche Staatsangehörige in Bezug auf den Ehegattennachzug schlech-

[1151] BT-Drs. 16/5065, 171.
[1152] Vgl. BVerfG NJW 1988, 626.
[1153] BVerwG NVwZ 2013, 515.
[1154] Vgl. dazu den zweiten Teil dieses Lehrbuches.
[1155] EuGH NVwZ 2011. 545 = NJW 2011. 2033 = EuZW 2011, 358 – Ruíz Zambrano.
[1156] Vgl. insbesondere *Huber* NVwZ 2011, 856 (857); *Gutmann* InfAuslR 2011, 177.
[1157] EuGH NVwZ 2011, 869 = InfAuslR 2011, 268 – McCarthy, insbes. Rn. 49, 54.
[1158] EuGH NVwZ 2012, 97 – Derec.
[1159] Vgl. Kluth/Heusch/*Tewocht* AufenthG § 28 Rn. 6.

ter gestellt. Dies gilt etwa für Hochqualifizierte, Forscher und Selbständige (§ 30 Abs. 1 S. 2 Nr. 1 iVm §§ 19 bis 21 AufenthG), Asylberechtigte und Personen mit Flüchtlingsstatus (§ 30 Abs. 1 S. 3 Nr. 1 iVm § 25 Abs. 1 oder 2 AufenthG) sowie Angehörige privilegierter Staaten, mit denen besondere wirtschaftliche Beziehungen bestehen (ua Schweiz, USA, Japan, Honduras – vgl. § 30 Abs. 1 S. 3 Nr. 4 AufenthG iVm § 41 AufenthV).[1160]

### c) Kindernachzug zu einem deutschen Elternteil (§ 28 Abs. 1 S. 1 Nr. 2 AufenthG)

Nicht nur dem ausländischen Ehegatten, sondern auch den ausländischen[1161] minderjährigen ledigen Kindern von Deutschen mit gewöhnlichem Aufenthalt im Bundesgebiet (dazu oben, → Rn. 773) „ist" gemäß § 28 Abs. 1 S. 1 Nr. 2 AufenthG eine Aufenthaltserlaubnis „zu erteilen" (Anspruch). „Minderjährig" ist gemäß § 80 Abs. 3 S. 1 AufenthG iVm § 2 BGB, wer noch nicht das 18. Lebensjahr vollendet hat. Maßgeblicher Zeitpunkt für die Beurteilung der Minderjährigkeit ist der Zeitpunkt der Antragstellung.[1162] Durfte das Kind erlaubnisfrei nach Deutschland einreisen, ist der Einreisezeitpunkt entscheidend.[1163] Unschädlich ist somit, wenn das Kind auf Grund von Verfahrensverzögerungen vor Abschluss des Verwaltungsverfahrens volljährig wird.[1164] „Ledig" ist, wer nicht verheiratet ist (und es noch nie war)[1165] oder in einer eingetragenen Lebenspartnerschaft lebt[1166] (und noch nie gelebt hat). **779**

Die Aufenthaltserlaubnis dient ausschließlich dem Zweck der Herstellung der familiären Lebensgemeinschaft. Nicht erforderlich für ihre Erteilung ist jedoch, dass der Deutsche zur Ausübung der Personensorge berechtigt ist.[1167] Ist er hingegen sorgeberechtigt, ist dies ein starkes Indiz dafür, dass zwischen ihm und dem Kind eine familiäre Lebensgemeinschaft begründet werden soll.[1168] Die Norm des § 28 Abs. 1 S. 1 Nr. 2 AufenthG erfasst auch Adoptiv- und Stiefkinder[1169], da diese genau wie die leiblichen Kinder vom Schutzbereich des Art. 6 Abs. 1 GG erfasst sind (s. o. → Rn. 702). **780**

### d) Nachzug des Elternteils eines minderjährigen ledigen Deutschen zur Ausübung der Personensorge (§ 28 Abs. 1 S. 1 Nr. 3 AufenthG)

Nach § 28 Abs. 1 S. 1 Nr. 3 AufenthG „ist" eine Aufenthaltserlaubnis auch dem ausländischen „Elternteil eines **minderjährigen ledigen Deutschen zur Ausübung der Personensorge** zu erteilen" (Anspruch), wenn der Deutsche, zu dem der Familiennachzug erfolgen soll, zugleich seinen gewöhnlichen Aufenthalt (dazu oben, → Rn. 773) im Bundesgebiet hat. Wie sich aus § 28 Abs. 1 S. 4 AufenthG ergibt, „kann" aber auch einem **781**

---

[1160] Zur Vereinbarkeit dieser Ungleichbehandlungen mit höherrangigem Recht: Huber/*Göbel-Zimmermann/Eichhorn* AufenthG § 28 Rn. 5.

[1161] In der Praxis empfiehlt es sich in vielen Fällen zunächst zu prüfen, ob das Kind durch Geburt, Legitimation oder Adoption (§§ 4 bis 6 StAG) die deutsche Staatsangehörigkeit erworben hat. Nach § 4 Abs. 1 S. 1 StAG erwirbt (vorbehaltlich von § 4 Abs. 4 StaAG) jedes Kind, das von einem deutschen Vater oder einer deutschen Mutter die deutsche Staatsangehörigkeit – unabhängig davon, ob es im In- oder Ausland geboren wurde. Ist nur der Vater des Kindes Deutscher, kann nach Maßgabe von § 4 Abs. 1 S. 2 StAG die Anerkennung der Vaterschaft erforderlich sein. Zu den Einzelheiten der Vaterschaftsanerkennung s. die §§ 1594 ff. BGB.

[1162] Vgl. BVerwG NVwZ-RR 1998, 517; BVerwG NVwZ-RR 1998, 677.

[1163] VGH Kassel NVwZ-RR 1996, 236 (237); VGH Mannheim NJW 1997, 270; OVG Koblenz NVwZ RR 1994, 692 (693); a. A. BVerwG NVwZ-RR 1998, 517.

[1164] BVerwG NVwZ-RR 1998, 517.

[1165] Vormeier/Fritz/*Marx* GK-AufenthG § 28 Rn. 54.

[1166] Vgl. dazu BVerwG NVwZ 2004, 626.

[1167] Kluth/Heusch/*Tewocht* AufenthG § 28 Rn. 20.

[1168] Nr. 28.1.2.5 AVV-AufenthG.

[1169] Anders hingegen: Nr. 28.1.2.4. AVV-AufenthG.

**nichtsorgeberechtigten** Elternteil eines minderjährigen ledigen Deutschen – und zwar abweichend von § 5 Abs. 1 Nr. 1 AufenthG – eine Aufenthaltserlaubnis aus familiären Gründen erteilt werden, wenn die familiäre Lebensgemeinschaft bereits im Bundesgebiet gelebt wird. Wird der Deutsche volljährig, kann die Aufenthaltserlaubnis des nichtsorgeberechtigten Elternteils jedoch unter entsprechender Anwendung von § 31 AufenthG verlängert werden.[1170] Zwar betrifft diese Norm dem Wortlaut nach nur das eigenständige Aufenthaltsrecht von Ehegatten. Würde die Norm jedoch nicht auch auf Elternteile volljähriger Deutscher angewendet, entstünde ein erheblicher Wertungswiderspruch zu § 36 Abs. 2 S. 2 AufenthG, der hinsichtlich sonstiger Familienangehöriger auf § 31 AufenthG verweist. Diese würden also besser gestellt als die Eltern.

**782**　Die Personensorge muss dem ausländischen Elternteil nicht nur rechtlich zustehen (vgl. dazu die §§ 1626 ff. BGB), er muss auch beabsichtigen, sie auszuüben. Ist der betroffene Elternteil nach Maßgabe ausländischen Rechts sorgeberechtigt, muss die ausländische Sorgerechtsentscheidung im Bundesgebiet anerkannt werden. Hierzu ist zB auf das Haager Minderjährigenschutzübereinkommen oder auf §§ 108 f. FamFG zurückzugreifen. Dass der ausländische Elternteil nicht das alleinige Sorgerecht besitzt, ist unschädlich.[1171] Erforderlich ist jedoch, dass die Personensorge im Rahmen einer familiären Lebensgemeinschaft i. S. von § 1626 BGB tatsächlich zum Wohle des Kindes ausgeübt wird. Lebt der sorgeberechtigte Elternteil mit dem Kind in häuslicher Gemeinschaft, ist von einer tatsächlichen Ausübung der elterlichen Sorge auszugehen. Ansonsten kann es genügen, wenn die Personensorge im Rahmen einer Betreuungs- und Beistandsgemeinschaft tatsächlich ausgeübt wird.[1172] Dass das Kind die deutsche Staatsangehörigkeit nur aufgrund einer Vaterschaftsanerkennung erworben hat, die ausschließlich aufenthaltsrechtlichen Zwecken diente, führt nicht zur Unanwendbarkeit von § 28 Abs. 1 S. 1 Nr. 3 AufenthG; insbesondere ist § 27 Abs. 1a AufenthG nicht analog anzuwenden.[1173]

**783**　Nicht anwendbar ist § 28 Abs. 1 S. 1 Nr. 3 AufenthG hingegen auf den Fall, dass eine ausländische Kindesmutter mit einem ungeborenen, aber qua Geburt gemäß § 4 StAG deutschen Staatsangehörigen, in das Bundesgebiet einreisen will.[1174] Liegen zwar nicht die Voraussetzungen von § 28 Abs. 1 S. 1 Nr. 3 AufenthG, aber die einer familiären Beistandsgemeinschaft vor, kommt – neben § 28 Abs. 1 S. 4 AufenthG (dazu sogleich) – die Erteilung einer Aufenthaltstitels aus humanitären Gründen nach § 25 Abs. 5 AufenthG (→ Rn. 579 ff.) wegen eines rechtlichen Ausreisehindernisses in Betracht.

### e) Nachzug des nichtsorgeberechtigten Elternteils eines minderjährigen ledigen Deutschen (§ 28 Abs. 1 S. 4 AufenthG)

**784**　Steht dem ausländischen Elternteil eines minderjährigen Deutschen die Personensorge **nicht** zu, so „**kann**" (Ermessen) ihm nach § 28 Abs. 1 S. 4 AufenthG eine Aufenthaltserlaubnis erteilt werden. Zugleich bestimmt diese Norm, dass zugunsten des ausländischen Elternteils von der allgemeinen Erteilungsvoraussetzung des § 5 Abs. 1 Nr. 1 AufenthG abgewichen werden darf, sofern die familiäre Gemeinschaft bereits im Bundesgebiet gelebt wird. Problematisch an dieser Norm ist, dass sie – im Gegensatz zu Abs. 1 S. 1 Nr. 3 – keinen **Anspruch** auf Familiennachzug gewährt, sondern diesen lediglich Ermessen eröffnet. Diese Schlechterstellung **nichtsorgeberechtigter** gegenüber sorgeberechtigten Elternteile mag sich dadurch erklären, dass das Bestehen des Sorgerechts in der

---

[1170] Vgl. VGH Mannheim, Beschl. v. 2.12.2015 – 11 S 2155/15 = NVwZ-RR 2016, 238; zuvor bereits VG Darmstadt, Beschl. v. 4.4.2014, 5 L 1905/13.DA = BeckRS 2014, 57209 = ZAR 2014, 140 = ZAR 2015, 159; VGH Kassel, Beschl. v. 10.7.2014 – 3 B 730/14 = BeckRS 2015, 49192.

[1171] So auch Kluth/Heusch/*Tewocht* AufenthG § 28 Rn. 24.

[1172] BVerfG NVwZ 2002, 849; VGH Kassel AuAS 2003, 86; Nr. 28.1.5 VAH-AufenthG.

[1173] VGH München, Beschl. v. 20.10.2015 – 19 C 15.820 = NJW 2016, 664 = ZAR 2016, 314.

[1174] VG Berlin v. 19.2.2015 BeckRS 2015, 42108.

Regel auf das Bestehen einer von Art. 6 Abs. 1 GG vorausgesetzten tatsächlichen familiären Lebensgemeinschaft schließen lässt. Dieser Schluss ist jedoch keineswegs zwingend. So gibt es einerseits sorgeberechtigte Eltern, die dieses Sorgerecht gar nicht wahrnehmen und zu ihrem Kind praktisch keine Beziehungen unterhalten (zB weil es bei dem anderen Elternteil lebt). Andererseits gibt es auch Elternteile, die zwar nicht sorgeberechtigt sind, aber trotzdem mit ihrem Kind zusammenleben – oder dies zumindest wollen. Insoweit ist zu berücksichtigen, dass es für den Schutz des Art. 6 Abs. 1 und 2 GG allein darauf ankommt, dass zwischen Eltern und Kind eine **tatsächlich gelebte familiäre Lebensgemeinschaft** besteht (s. oben, → Rn. 693).[1175] Dementsprechend können sich nicht nur sorge- (§§ 1626 ff. BGB), sondern auch umgangsberechtigte (vgl. §§ 1684 ff. BGB) Elternteile auf Art. 6 Abs. 1 GG berufen.[1176] Sofern also zwischen Elternteil und Kind eine familiären Lebensgemeinschaft in Gestalt einer Betreuungs- und Erziehungsgemeinschaft besteht, ist nicht nachvollziehbar wieso dies nur zu einem Zuzug nach Ermessen[1177] und nicht zu einem Anspruch führt. Vielmehr dürfte hier aufgrund der Wertungen des Art. 6 Abs. 1 GG ein Fall der Ermessensreduzierung auf Null vorliegen. Lässt sich das Bestehen einer solche Beistandsgemeinschaft nicht feststellen, hat die Ausländerbehörde zur Ermöglichung des Umgangsrechts wegen der rechtlichen Bedeutung des Kindeswohls großzügig über den Antrag auf Erteilung einer Betretenserlaubnis nach § 11 Abs. 2 AufenthG zu entscheiden.[1178]

Zu berücksichtigen ist, dass das deutsche **Umgangsrecht** im Zuge zweier EGMR-Entscheidungen[1179] reformiert wurde. So wurde im Zuge des „Gesetzes zur Stärkung der Rechte des leiblichen, nicht-rechtlichen Vaters" v. 4.7.2013[1180] die Bestimmung des § 1686a in das BGB aufgenommen. Nach dessen Abs. 1 Nr. 1 steht auch dem leiblichen nicht-rechtlichen Vater ein Umgangsrecht, wenn er ein ernsthaftes Interesse an dem Kind gezeigt hat und der Umgang dem Kindeswohl dient. In der gerichtlichen Praxis wird § 28 Abs. 1 S. 4 AufenthG gleichwohl oftmals nicht auf die leiblichen nicht-rechtlichen Väter angewendet. Vielmehr wird es zur Wahrung ihres Umgangsrechts für ausreichend gehalten, ihnen eine Aufenthaltserlaubnis nach § 25 Abs. 3 AufenthG[1181] oder § 25 Abs. 5 AufenthG[1182] zu erteilen. Manche Verwaltungsgerichte[1183] sehen gar eine Duldung (§ 60a AufenthG) als ausreichend an. Diese Praxis steht erkennbar im Widerspruch zu Art. 6 Abs. 1 GG und Art. 8 EMRK und – unter dem Gesichtspunkt der Diskriminierung gegenüber sorgeberechtigten Eltern – zu Art. 3 GG. Notwendig wäre deshalb ein eigener Aufenthaltstitel für leibliche nicht-rechtliche Väter.[1184]

**785**

Liegen die Voraussetzungen einer Beistandsgemeinschaft zwischen dem Vater und dem Kind vor, besteht auch ein Anspruch auf Aussetzung einer Abschiebung, wenn die Voraussetzungen nach § 28 Abs. 1 S. 1 Nr. 3 oder § 28 Abs. 1 S. 2 AufenthG nicht vorliegen. Auch ein Anspruch auf Erteilung eines Aufenthaltstitels nach § 25 Abs. 5 AufenthG wird nicht durch § 29 Abs. 3 S. 2 AufenthG „gesperrt".[1185] Zu berücksichtigen

**786**

---

[1175] Vgl. etwa BVerfGE 76, 1 (42);. BVerfG NVwZ 2009, 387.

[1176] Vgl. etwa BVerfG NVwZ 2009, 387 (zu den aufenthaltsrechtlichen Wirkungen des Aufenthaltsrechts).

[1177] Nr. 28.1.6 VAH-AufenthG.

[1178] BVerfG – Kammer – InfAuslR 2005, 322 (323) zu § 9 Abs. 3 AuslG 1999.

[1179] EGMR v. 21.12.2010, Nr. 20578/07 – A. / Deutschland; EGMR v. 15.9.2011, Nr. 17080/07 – S. / Deutschland.

[1180] BGBl. I 2176.

[1181] OVG Berlin-Brandenburg, Urt. v. 9.6.2011, OVG 2 B 2.10.

[1182] VGH Mannheim InfAuslR 2000, 395; VGH Mannheim InfAuslR 2001, 283 (284); OVG Sachsen NVwZ-RR 2001, 689 (689 f.).

[1183] OVG Bautzen Urt. v. 28.9.2010 – 3 B 412/09.

[1184] Vgl. im Einzelnen *Eichenhofer* ZAR 2013, 89 ff.

[1185] VGH Mannheim Urt. v. 15.4.2007 – 11 S 1035/06.

ist insoweit auch, ob die Wiedereinreise in kürzeren Zeiträumen realistisch erscheint und wegen einer zeitlich nicht absehbaren Trennung von der Familie der Verweis auf die Durchführung eines Visumverfahrens für den Betroffenen unzumutbar wäre.

**f) Erteilung einer Niederlassungserlaubnis und Verlängerung der Aufenthaltserlaubnis (§ 28 Abs. 2 AufenthG)**

**787** Unter den Voraussetzungen des § 28 Abs. 2 S. 1 AufenthG „ist" einem ausländischen Familienangehörigen „in der Regel" (sog. Regelanspruch, dazu gleich, → Rn. 791) eine Niederlassungserlaubnis zu erteilen (sog. **Verfestigungsanspruch**). Zu diesen Voraussetzungen zählen der mindestens dreijährige Besitz einer Aufenthaltserlaubnis nach § 28 Abs. 1 AufenthG,[1186] die Fortführung der familiären Lebensgemeinschaft, es darf kein Ausweisungsinteresse bestehen[1187] und der Familienangehörige muss sich inzwischen auf einfache Weise in deutscher Sprache verständigen[1188] können (vgl. zum Begriff: § 2 Abs. 9 AufenthG). Hierin liegt eine erhebliche Privilegierung ausländischer Familienangehöriger deutscher Staatsangehöriger gegenüber denjenigen ausländischer Staatsangehöriger, welche die Voraussetzungen des § 9 AufenthG erfüllen müssen. Der Grund für diese Privilegierung besteht offenbar darin, dass im Hinblick auf die Familienangehörigen eines Deutschen eine bessere Integrationsprognose gestellt werden könne als bei Familienangehörigen ausländischer Stammberechtigter.[1189] Eine solche gesetzgeberische Intention lässt sich der amtlichen Begründung zum Zuwanderungsgesetz[1190] indessen nicht entnehmen und eine derart pauschale Annahme vermag auch mit Blick auf Art. 3 Abs. 1 und 3 GG nicht zu überzeugen.

**788** Darüber hinaus sieht § 28 Abs. 2 S. 2 AufenthG einen **Verlängerungsanspruch** vor, solange die familiäre Lebensgemeinschaft **fortbesteht**. Auch dies stellt eine erhebliche Privilegierung gegenüber der allgemeinen Regel des § 8 AufenthG dar, wonach die Verlängerung (wie die Erteilung) einer Aufenthaltserlaubnis im Ermessen („kann") der Ausländerbehörde steht.

**789** § 28 Abs. 2 AufenthG normiert besondere Erteilungsvoraussetzungen für die Niederlassungserlaubnis. Soweit die Norm auf das Ausweisungsinteresse (vor dem 1.1.2016: den Ausweisungsgrund) verweist, nimmt sie zugleich die allgemeine Erteilungsvoraussetzung des § 5 Abs. 4 AufenthG auf. Fraglich ist, ob darüber hinaus die **allgemeinen Erteilungsvoraussetzungen des § 5 Abs. 1 AufenthG anzuwenden** sind.[1191] Dem Wortlaut des § 5 Abs. 1 AufenthG nach („in der Regel") handelt es sich bei den dort genannten Voraussetzungen nur um sog. Regelerteilungsvoraussetzungen, zu denen sich Abweichungen entweder aus § 5 Abs. 3 AufenthG oder aber besonderen Erteilungsvoraussetzungen ergeben können,[1192] zu denen auch § 28 Abs. 2 AufenthG gehört. Dieser Norm lässt sich – im Gegensatz zu § 28 Abs. 1 S. 2–4 AufenthG – aber nicht entnehmen, dass von den allgemeinen Erteilungsvoraussetzungen abgewichen werden dürfte. Daraus könnten nun zwei Schlüsse gezogen werden: Entweder werden die allgemeinen Erteilungsvoraussetzungen des § 5 Abs. 1 AufenthG durch die besonderen Erteilungsvoraussetzungen des

---

[1186] Eine Aufenthaltserlaubnis zu anderen Zwecken genügt dagegen nicht – vgl. VGH Kassel, Beschl. v. 24.5.2016, 6 A 2732/15 – DÖV 2016, 919.

[1187] Vgl. zur Auslegung dieses Tatbestandmerkmals seit der Reform des Ausweisungsrechts durch das Gesetz zur Neubestimmung des Bleiberechts und der Aufenthaltsbeendigung v. 27.7.2015 (BGBl. I 1386): Huber/*Göbel-Zimmermann/Eichhorn* AufenthG § 28 Rn. 10.

[1188] Vor Inkrafttreten des Richtlinienumsetzungsgesetzes v. 19.8.2007 (BGBl. I 1969) war lediglich erforderlich, dass sich der Betroffene „mündlich" verständigen kann.

[1189] Nr. 28.2.3 VAH-AufenthG.

[1190] Begr. zu § 28 Abs. 2 AufenthG, BT-Drs. 15/420.

[1191] So etwa Nr. 28.2.1 VAH-AufenthG.

[1192] Vgl. *Bender/Leuschner* in NK-AuslR, § 5 AufenthG Rn. 1.

§ 28 Abs. 2 AufenthG verdrängt oder die allgemeinen Erteilungsvoraussetzungen bleiben anwendbar und eine Abweichung ist nicht zulässig. Gegen die Anwendbarkeit der allgemeinen Erteilungsvoraussetzungen könnte angeführt werden, dass in § 28 Abs. 2 AufenthG die allgemeine Erteilungsvoraussetzung eines fehlenden Ausweisungsinteresses nach § 5 Abs. 4 AufenthG speziell normiert ist, was nicht erforderlich wäre, wenn diese Norm gerade nicht anwendbar wäre. Dieses Argument kann auch nicht dadurch entkräftet werden, dass es sich bei § 5 Abs. 4 AufenthG um eine zwingende und bei § 5 Abs. 1 AufenthG nur um Regelerteilungsvoraussetzungen handelt. Zu beachten ist jedoch, dass von den allgemeinen Erteilungsvoraussetzungen – und insbesondere dem Kriterium der Lebensunterhaltssicherung – nur „bei Vorliegen besonderer, atypischer Umstände abgesehen werden (kann), die so bedeutsam sind, dass sie das sonst ausschlaggebende Gewicht der gesetzlichen Regelung beseitigen, aber auch dann, wenn entweder aus Gründen höherrangigen Rechts wie etwa Artikel 6 GG oder im Hinblick auf Artikel 8 EMRK (Schutz des Familienlebens) die Erteilung eines Visums zum Familiennachzug zwingend geboten ist. Solche Umstände können vorliegen, wenn die Herstellung der Lebensgemeinschaft im Herkunftsland im Einzelfall nicht möglich ist."[1193] Diese Gefahr besteht bei dem hier in Rede stehenden Verfestigungsanspruch nicht, da dieser die Konstellation vorsieht, dass die familiäre Lebensgemeinschaft bereits hergestellt ist. Daher sind die allgemeinen Erteilungsvoraussetzungen des § 5 AufenthG **neben** § 28 Abs. 2 AufenthG anwendbar.[1194] Aus dem eindeutigen Wortlaut des § 28 Abs. 2 AufenthG ergibt sich zudem, dass diese Norm – im Gegensatz zu § 28 Abs. 1 S. 2–4, aber auch § 29 Abs. 2, § 29 Abs. 4, § 30 Abs. 3, § 34 Abs. 1 AufenthG – gerade keine Abweichung zulässt.[1195]

Die in § 28 Abs. 2 S. 1 AufenthG genannte **Dreijahresfrist** beginnt mit der erstmaligen Erteilung der Aufenthaltserlaubnis nach § 28 Abs. 1 AufenthG. War die betreffende Person zu diesem Zeitpunkt bereits im Besitz einer anderen Aufenthaltserlaubnis, beginnt die Frist in dem Zeitpunkt zu laufen, in dem sie die Voraussetzungen für die Erteilung einer Aufenthaltserlaubnis nach § 28 Abs. 1 Nr. 1 AufenthG erfüllt,[1196] also in aller Regel mit der Eheschließung. Liegen diese Voraussetzungen mindestens seit drei Jahren vor, kann der betreffenden Person auch nicht entgegengehalten werden, dass sie ehemals ohne das erforderliche Visum eingereist ist.[1197] Die Zeit des Besitzes eines nationalen Visums zum Familiennachzug ist nach § 6 Abs. 4 S. 3 AufenthG anzurechnen, soweit sich die betreffende Person währenddessen im Bundesgebiet aufgehalten hat.[1198]

**790**

§ 28 Abs. 2 AufenthG sieht auf der Rechtsfolge einen sog. **Regelanspruch** vor. Damit ist gemeint, dass der Rechtsanspruch nur in völlig atypischen Ausnahmefällen nicht besteht.[1199] Geht man davon aus, dass der Gesetzgeber mit dem Verfestigungsanspruch besondere Integrationsleistungen honorieren wollte,[1200] wird deutlich, dass die Versagung des Verfestigungsanspruches nur bei einem **erheblichen Ausmaß von Desintegration** möglich ist. Dies kann etwa aufgrund strafrechtlicher Vergehen oder Ordnungswidrig-

**791**

---

[1193] Nr. 5.1.1.2 AVV-AufenthG.

[1194] So auch BVerwG NVwZ-RR 2012, 330 mwN.

[1195] So auch OVG Münster Beschl. v. 6.7.2006 – 18 E 1500/05; VG Stuttgart Urt. v. 24.5.2006 – 12 K 1834/06; VG Karlsruhe Urt. v. 25.4.2006 – 11 K 1392/05; VG Ansbach Beschl. v. 10.7.2006 –AN 19 K 06.00 844, AN 19 K 06.00 845 –; Nr. 28. 2. 1 VAH-AufenthG; *Hailbronner* § 28 AufenthG Rn. 25; Vormeier/Fritz/*Marx* GK-AufenthG § 28 Rn. 150.

[1196] Nr. 28.2.3 VAH-AufenthG; ausdrücklich offen gelassen dagegen durch BVerwG, Beschl. v. 19.12.2016, 1 C 15.16 = BeckRS 2016, 111718.

[1197] VG Schleswig InfAuslR 1998, 502 (503).

[1198] Nr. 28.2.3 VAH-AufenthG.

[1199] Bergmann/Dienelt/*Dienelt* AufenthG § 28 Rn. 39.

[1200] Zu diesem Instrument, das der Gesetzgeber etwa auch in § 18a oder §§ 25a, b AufenthG einsetzt, allgemein: *Eichenhofer* DÖV 2014, 776.

keiten der Fall sein, die noch keinen Ausweisungsgrund begründen (sonst wäre bereits der Tatbestand des § 28 Abs. 2 AufenthG nicht eröffnet).

### g) Eigenständiges Aufenthaltsrecht (§ 28 Abs. 3 AufenthG)

**792**    Die auf den ersten Blick nicht ganz leicht verständliche Regelung des § 28 Abs. 3 AufenthG sieht verschiedene Tatbestände vor, nach denen dem ausländischen Familienangehörigen ein eigenständiges Aufenthaltsrecht zusteht. S. 1 der Regelung verweist dazu auf die §§ 31–34 AufenthG, die ein eigenständiges Aufenthaltsrecht für Ehegatten (§ 31 AufenthG) und Kinder (§ 34 AufenthG) regeln. Hierdurch soll eine Gleichstellung, nicht aber eine Besserstellung,[1201] der Familienangehörigen gegenüber denen der im Bundesgebiet lebenden **Ausländer** hinsichtlich des eigenständigen Aufenthaltsrechts bewirkt werden. In entsprechender Anwendung der §§ 31–34 AufenthG ergibt sich, dass der ausländische Ehegatte eines Deutschen ein eigenes Aufenthaltsrecht erwirbt, wenn er zuvor drei Jahre in Besitz einer Aufenthaltserlaubnis nach § 28 Abs. 1 Nr. 1 AufenthG war und das Kind eines Deutschen einen Anspruch auf Verlängerung seiner Aufenthaltserlaubnis hat, solange der Deutsche personensorgeberechtigt ist und sich gewöhnlich in Deutschland aufhält.[1202]

**793**    Bis zur Neuregelung des § 28 Abs. 3 S. 2 AufenthG konnte das Problem auftreten, dass ein eigenständiges Aufenthaltsrecht eines Elternteils daran scheiterte, dass das Kind vor Erlangung des eigenständigen Aufenthaltsrechts volljährig wurde und so die Voraussetzungen der akzessorischen Aufenthaltserlaubnis nach § 28 Abs. 1 Nr. 2 und 3 AufenthG nicht mehr vorlagen. Ab dem Zeitpunkt der Volljährigkeit wäre der ausländische Elternteil grundsätzlich auf eine neue Aufenthaltserlaubnis angewiesen. Problematisch ist jedoch, dass das AufenthG den Elternnachzug zu volljährigen Kindern nur in sehr begrenztem Maße (vgl. § 36 AufenthG) zulässt. Aus diesem Grund hat der Gesetzgeber eine Neuregelung geschaffen, die erkennbar von der EuGH-Rechtsprechung[1203] zum abgeleiteten Aufenthaltsrecht Drittstaatsangehöriger, die Familienangehörige eines Unionsbürgers sind, beeinflusst wurde.[1204] Danach ist die Aufenthaltserlaubnis des ausländischen Elternteils bei Eintritt der Volljährigkeit des Kindes zu verlängern, solange die familiäre Lebensgemeinschaft fortbesteht und das Kind eine Ausbildung in einer staatlich anerkannten Bildungseinrichtung durchläuft. Die Verlängerung der Aufenthaltserlaubnis ist dann für die Erlangung eines eigenständigen Aufenthaltsrechts zu berücksichtigen. Damit ist das Problem zwar nicht voll und ganz behoben, aber zumindest abgemildert.[1205] Im Interesse der Wahrung der familiären Gemeinschaft zwischen Eltern und Kind – deren Schutzwürdigkeit auch mit der Volljährigkeit des Kindes nicht endet – müsste der Gesetzgeber hier dringend Abhilfe schaffen.

### h) Nachzug sonstiger Familienangehöriger (§ 28 Abs. 4 AufenthG)

**794**    Auf den Nachzug sonstiger Familienangehöriger finden gemäß § 28 Abs. 4 AufenthG die §§ 31 bis 36 AufenthG Anwendung (dazu noch unten, → Rn. 834 ff.).

## 5. Familiennachzug zu Ausländern (§ 29 AufenthG)

**795**    Während § 28 AufenthG den „Familiennachzug zu Deutschen" abschließend regelt, verteilt sich der „Familiennachzug zu Ausländern" auf die §§ 29–36 AufenthG. Der

---

[1201] Vgl. BT-Drs. 15/420, 81.
[1202] Hofmann/*Oberhäuser* AufenthG § 28 Rn. 52.
[1203] EuGH NJW 2002, 3610 = NVwZ 2003, 466 – Baumbast.
[1204] Hofmann/*Oberhäuser* AufenthG § 28 Rn. 52.
[1205] So auch Kluth/Heusch/*Tewocht* AufenthG § 28 Rn. 37 f.

Regelung des § 29 AufenthG kommt dabei die Funktion zu, allgemeine Voraussetzungen festzulegen, die für alle Formen des Familiennachzuges (§§ 30–36 AufenthG) zu beachten sind. Diese Voraussetzungen gelten gleichermaßen für die Erteilung einer Aufenthaltserlaubnis und eines Visums (§ 6 AufenthG), das für die erstmalige Einreise grundsätzlich eingeholt werden muss (vgl. § 5 Abs. 2 S. 1 Nr. 1 AufenthG). Allerdings kann es – vor allem bei durch die „Flüchtlingskrise" besonders ausgelasteten Auslandsvertretungen (wie zB in Beirut, Amman, Ankara, Istanbul, Izmir, Erbil und Kairo) – mitunter bis zu 15 Monaten dauern, bis überhaupt ein Visumsantrag gestellt werden kann.[1206] Dies ist dem Umstand geschuldet, dass die meisten deutschen Auslandsvertretungen auf einer persönlichen Vorsprache beharren, wobei eine solche Verpflichtung zur persönlichen Vorsprache bei der Vergabe nationaler Visa (§ 6 AufenthG) – im Gegensatz zu Schengen-Visa (vgl. Art. 9 Abs. 2 Visakodex-VO (EG) 810/2009) – nicht existiert.[1207] Auch die in vielen Auslandsvertretungen geübte Praxis, ein Visum nur unter Nutzung eines Terminvergabesystems beantragen zu können, lässt sich auf keine Rechtsgrundlage stützen.[1208] Darüber hinaus ist diese Praxis nicht mit § 73c AufenthG zu vereinbaren.[1209]

### a) Aufenthaltstitel des Zusammenführenden (§ 29 Abs. 1 Nr. 1 AufenthG)

Zentral für die Erteilung eines Visums oder einer Aufenthaltserlaubnis aus familiären **796** Gründen ist zunächst die Vorschrift § 29 Abs. 1 Nr. 1 AufenthG. Danach muss der im Bundesgebiet lebende ausländische Zusammenführende im Zeitpunkt der Entscheidung über den Nachzug sowie über die Verlängerung der Aufenthaltserlaubnis im Besitz einer Niederlassungserlaubnis (§ 9 AufenthG), einer Erlaubnis zum Daueraufenthalt-EU (§ 9a AufenthG), einer Blauen Karte EU (§ 19a AufenthG), einer ICT-Karte (§ 19b AufenthG) oder einer Mobilen ICT-Karte (§ 19d AufenthG) sein oder sich gemäß § 20a AufenthG berechtigt im Bundesgebiet aufhalten. Dem Besitz des Aufenthaltstitels steht es nicht gleich, wenn die Erteilung eines derartigen Titels im maßgeblichen Zeitpunkt gerichtlich erstritten wird.[1210] Ist der Aufenthaltstitel des Zusammenführenden hingegen erloschen (zB durch einen gemäß § 84 Abs. 2 S. 1 AufenthG unanfechtbaren[1211] Widerruf, Rücknahme, Ausweisung oder nachträgliche Befristung) oder aus sonstigen Gründen ungültig geworden, ist ein Familiennachzug ausgeschlossen.[1212] Nicht ausreichend ist hingegen der alleinige **Widerruf oder die Rücknahme der Flüchtlingseigenschaft** nach § 73 AsylG, solange damit nicht auch der Widerruf der Aufenthaltserlaubnis gemäß § 52 Abs. 1 Nr. 5 AufenthG verbunden ist.[1213] Grundsätzlich geht die Norm zwar davon aus, dass der Zusammenführende sich bereits vor dem Familienangehörigen im Bundesgebiet aufhält und der Familienangehörige zu ihm „nachzieht". Ein solcher **Voraufenthalt** des Zusammenführend ist jedoch keineswegs zwingend. Vielmehr können die zusammenführender und die nachziehende Person auch **gleichzeitig** in das Bundesgebiet einreisen.[1214]

---

[1206] Vgl. die Antwort der Bundesregierung auf eine kleine Anfrage der Fraktion DIE LINKE, BT-Drs. 18/9992; zur Rechtmäßigkeit dieser langen Verfahrensdauer: *Behnke* InfAuslR 2017, 5 (6 ff.).

[1207] VG Berlin, Beschl. v. 28.6.2016, VG 4 K 135.16 V = InfAuslR 2016, 290 f.

[1208] VG Berlin, Beschl. v. 28.6.2016, VG 4 K 135.16 V = InfAuslR 2016, 290 f.

[1209] *Behnke* InfAuslR 2017, 5 (6).

[1210] BVerwG NVwZ 1998, 185 (186) = InfAuslR 1997, 352; *Richter* NVwZ 1998, 128 (130).

[1211] Nr. 29.1.2.1. AVV-AufenthG.

[1212] Kluth/Heusch/*Tewocht* AufenthG § 29 Rn. 2.

[1213] Anders hingegen Nr. 29.1.2.1. AVV-AufenthG.

[1214] Kluth/Heusch/*Tewocht* AufenthG § 29 Rn. 3.

**b) Nachweis ausreichenden Wohnraums (§ 29 Abs. 1 Nr. 2 AufenthG)**

797    Ferner verlangt § 29 Abs. 1 Nr. 2 AufenthG – neben den ohnehin geltenden allgemeinen Erteilungsvoraussetzungen des § 5 AufenthG –, dass dem Zusammenführenden und seinen Familienangehörigen „ausreichender Wohnraum" zur Verfügung steht. Dieser Begriff wird in § 2 Abs. 4 AufenthG legal definiert (→ Rn. 20). Danach ist der Wohnraum nicht „ausreichend", wenn er den – auch für deutsche Staatsangehörige geltenden – Anforderungen der (Landes-) **Wohnungsaufsichtsgesetze** nicht mehr genügt. Daraus ergibt sich, dass eine Bestimmung des Begriffs „ausreichend" allein anhand objektiver Kriterien zu erfolgen hat und eine wertende Auslegung nach anderen Gesichtspunkten, zB einzelfallbezogenen Erwägungen, subjektiven Bedürfnissen oder dem Alter der Bewohner (Ausnahme § 2 Abs. 4 S. 3 AufenthG), nicht zulässig ist. Nachzuweisen ist der Wohnraum durch einen Mietvertrag oder andere Dokumente, aus denen eindeutig hervorgeht, dass die betroffenen Personen berechtigt sind, in der Wohnung zu leben. Nicht ausreichend ist der bloße Verweis auf einen Wohnberechtigungsschein und die abstrakte Möglichkeit, damit eine Wohnung mieten zu können.[1215]

**c) Nachzug zu Personen mit einer Aufenthaltserlaubnis aus humanitären Gründen (§ 29 Abs. 2 AufenthG)**

798    Für den Familiennachzug zu Resettlement-Flüchtlingen (§ 23 Abs. 4 AufenthG), zu Asylberechtigten (§ 25 Abs. 1 AufenthG), anerkannten Flüchtlingen oder subsidiär Schutzberechtigten (§ 25 Abs. 2 AufenthG) (zur Aussetzung des Familiennachzugs zu subsidiär Schutzberechtigten sogleich unten → Rn. 804) oder Personen mit einer humanitären Aufenthaltserlaubnis nach § 26 Abs. 3 oder 4 AufenthG sieht § 29 Abs. 2 AufenthG zahlreiche **Erleichterungen** vor (dazu gleich, → Rn. 799 f.). Die Regelung findet sowohl Anwendung, wenn der Zusammenführende bereits im Bundesgebiet lebt und die Familien-angehörigen zu ihm nachziehen als auch wenn Zusammenführender und Familienangehörige gleichzeitig in das Bundesgebiet einreisen.[1216] In der Praxis kann oftmals das Problem auftreten, dass der – oftmals geflüchtete – Zusammenführende und / oder seine – oftmals ebenfalls geflüchteten – Familienangehörigen mangels gültiger Reise- oder Personenstandsdokumente **nicht in der Lage** sind, **ihre Identität** und ihre **familiären Beziehungen nachzuweisen**. Da es den geflüchteten Personen und ihren Familiennagehörigen nicht zugemutet werden kann, Kontakt mit den Behörden des Verfolgerstaates aufzunehmen, da sie sich sonst unter Umständen in ernsthafte Gefahr begeben würden, sieht Art. 25 GFK vor, dass der Aufnahmestaat den Betroffenen Verwaltungshilfe zu leisten hat. Er kann danach verpflichtet sein, etwa Urkunden auszustellen, die sonst vom Herkunfts- und damit: Verfolgerstaat ausgestellt werden müssten.[1217] Das Exekutivkommitee des UNHCR vertritt in einem Beschluss[1218] die Auffassung, dass das Fehlen dokumentarischer Nachweise über die familiären Beziehungen nicht zu einem Ausschluss des Familiennachzugs führen darf. Auch der EGMR fordert mit Blick auf Art. 8 EMRK eine flexible Handhabung der Nachweise.[1219] Art. 11 Abs. 2 RL 2003/86/EG sieht für den Fall, dass ein „Flüchtling seine familiären Bindungen nicht mit amtlichen Unterlagen belegen kann" vor, dass die Bindungen durch „andere Nachweise" zu belegen ist und dass der Antrag auf Familiennachzug nicht allein mit dem Fehlen der Dokumente begründet werden darf. Als „andere Nachweise" kommen nach Ansicht des UNHCR etwa Familienbücher und -fotos, aber auch

---

[1215] OVG Berlin-Brandenburg, Urt. v. 31.7.2015, OVG 7 B 39.14 = InfAuslR 2015, 430.
[1216] Kluth/Heusch/*Tewocht* AufenthG § 29 Rn. 4.
[1217] Vgl. UNHCR, Asylmagazin 2017, 132 (133).
[1218] Beschluss des Exekutiv-Kommitees Nr. 24 (6), abrufbar unter www.unhcr.de.
[1219] EGMR, Urt. v. 10.7.2014, Nr. 52701/09 – *Mugenzi/Frankreich*.

DNA-Tests in Betracht – letztere allerdings nur, wenn schwerwiegende Zweifel an der familiären Beziehung bestehen.[1220] Ist es dem Stammberechtigten oder seinen Familienangehörigen aus den genannten Gründen nicht zumutbar, sich einen Pass zu beschaffen, so kann entweder analog zu § 14 AufenthV eine Befreiung von der Passpflicht angenommen oder es können Reiseausweise (§ 7 AufenthV) oder Notreiseausweise (§ 13 AufenthV) ausgestellt werden.[1221]

§ 29 Abs. 2 S. 1 AufenthG begründet nun eine erste „Erleichterung" für den Familiennachzug zu Inhabern humanitärer Aufenthaltstitel gegenüber sonstigen Drittstaatsangehörigen. Danach **„kann"** (Ermessen) bei der Erteilung einer Aufenthaltserlaubnis an Familienangehörige des in § 29 Abs. 2 AufenthG genannten Personenkreiseses von den Erfordernissen der **Lebensunterhaltssicherung** (§ 5 Abs. 1 Nr. 1 AufenthG) und des **ausreichenden Wohnraumes** (§ 29 Abs. 1 Nr. 2 AufenthG) abgesehen werden. Im Rahmen der Ermessensausübung ist insbesondere zu berücksichtigen, dass dem Stammberechtigten und seinen Familiennagehörigen ein Leben im Verfolgerstaat nicht zugemutet werden kann.[1222] Ein Absehen von den soeben genannten allgemeinen Erteilungsvoraussetzungen kommt beispielsweise in Betracht, wenn sich die Familienangehörigen entweder noch im Verfolgerstaat oder – etwa als internationalen Schutz Suchende – bereits im Bundesgebiet aufhalten.[1223] Dasselbe gilt, wenn sich der Zusammenführende nach der Anerkennung als Asylberechtigter oder der Zuerkennung der Flüchtlingseigenschaft bzw. des subsidiären Schutzes nachhaltig um die Aufnahme einer Erwerbstätigkeit, sowie um die Bereitstellung von Wohnraum außerhalb einer öffentlichen Einrichtung bemüht hat.[1224] Sieht die Ausländerbehörde danach im Ermessenswege von den genannten allgemeinen Erteilungsvoraussetzungen ab, haben die Familienangehörigen einen Rechtsanspruch auf Erteilung einer Aufenthaltserlaubnis (vgl. § 30 Abs. 1 Nr. 2, § 32 Abs. 1 Nr. 1 AufenthG).[1225]

Dagegen **„ist"** (Anspruch) gemäß § 29 Abs. 2 S. 2 AufenthG von den eben genannten allgemeinen Erteilungsvoraussetzungen zwingend abzusehen, wenn der Antrag auf Familienzusammenführung **bis zu drei Monate**[1226] nach Anerkennung als Asylberechtigter bzw. Zuerkennung der Flüchtlingseigenschaft oder subsidiären Schutzes oder nach Erteilung einer Aufenthaltserlaubnis nach § 23 Abs. 4 AufenthG[1227] gestellt wird[1228] (Nr. 1) **und** (!) die familiäre Lebensgemeinschaft nicht in einem anderen Mitgliedstaat der EU oder einem Drittstaat, „zu dem der Ausländer oder seine Familienangehörigen eine besondere Bindung haben", hergestellt werden kann (Nr. 2). Mit dieser Norm werden die Vorgaben des Art. 12 RL 2003/86/EG umgesetzt.[1229] Nach dessen Abs. 1 UAbs. 1 verlangen die Mitgliedstaaten von den Familiennagehörigen von Konventionsflüchtlingen keinen Nachweis nach Art. 7 Abs. 1 RL 2003/86/EG über den ausreichenden Wohnraum

**799**

**800**

---

[1220] UNHCR, Refugee Family Reunification, S. 12, abrufbar unter www.unhcr.de.

[1221] Vgl. UNHCR, Asylmagazin 2017, 132 (134).

[1222] Nr. 29.2.1. VAH-AufenthG.

[1223] Nr. 29.2.2.1. VAH-AufenthG.

[1224] Nr. 29.2.2.1 VAH-AufenthG.

[1225] Nr. 29.2.2.1. VAH-AufenthG.

[1226] Die Frist beginnt in dem Zeitpunkt, in dem das BAMF die Anerkennung als Asylbewerber bzw. die Zuerkennung der Flüchtlingseigenschaft bzw. des subsidiären Schutzes bekannt gibt – vgl. OVG Berlin-Brandenburg, Urt. v. 27.2.2015, 7 B 29.14 = ZAR 2015, 275. Sind die drei Monate bereits verstrichen, entscheidet die Ausländerbehörde über ein etwaiges Absehen von den genannten Erteilungsvoraussetzungen nach Ermessen – vgl. *Behnke*, InfAuslR 2017, 5 (5).

[1227] Außerdem soll nach BT-Drs. 16/5065, 172 der Antrag auf Erteilung eines Visums zum Zweck d. Familienzusammenführung genügen.

[1228] Wie sich aus S. 3 ergibt, ist es unerheblich, ob der Antrag durch den Familienangehörigen oder den Zusammenführenden gestellt wurde.

[1229] Zu den Einzelheiten: Kluth/Hensch/Tewocht AufenthG § 29 Rn. 5.

(Buchst. a), sowie die in Buchst. b) und c) genannte ausreichende Lebensunterhaltssicherung. Allerdings „können" die Mitgliedstaaten gemäß Abs. 1 UAbs. 2 und 3 sehr wohl einen Nachweis nach Art. 7 Abs. 1 RL 2003/86/EG verlangen, wenn die Familienzusammenführung in einem Drittstaat möglich ist „und/oder" wenn der Antrag auf Familienzusammenführung nicht innerhalb einer Frist von drei Monaten nach Zuerkennung der Flüchtlingseigenschaft gestellt wurde (vgl. Abs. 1 UAbs. 3). Die Umsetzung dieser Norm durch § 29 Abs. 2 AufenthG ist damit zwar richtlinienkonform, aber sehr restriktiv.[1230] Zu beachten ist zudem, dass § 29 Abs. 2 AufenthG nicht von der Anwendung der Versagungsgründe in § 27 Abs. 3 AufenthG suspendiert.

### d) Familiennachzug bei einem Aufenthalt zu humanitären Zwecken (§ 29 Abs. 3 AufenthG)

801     § 29 Abs. 3 S. 1 AufenthG regelt den Nachzug zu Ausländern, denen eine Aufenthaltserlaubnis aus humanitären oder völkerrechtlichen Gründen (§ 22, § 23 Abs. 1 und 2 AufenthG), aufgrund eines Abschiebeverbotes (§ 25 Abs. 3 AufenthG), als Opfer von Menschenhandel (§ 25 Abs. 4a S. 1 AufenthG) oder als gut integrierte jugendliche (§ 25a Abs. 1 AufenthG) oder volljährige (§ 25b Abs. 1 AufenthG) Person erteilt wurde. Nach S. 1 ist der Familiennachzug zu diesem Personenkreis „nur aus völkerrechtlichen oder humanitären Gründen oder zur Wahrung der politischen Interessen der Bundesrepublik" zuzulassen. Mit dieser Regelung – die zuletzt mit dem NeuBestG[1231] geändert wurde – beschränkt der Gesetzgeber den Familiennachzug auf solche Familienangehörige, die selbst die Voraussetzungen für die Aufnahme aus dem Ausland aus völkerrechtlichen oder humanitären Gründen erfüllen. Diese Einschränkung begründet der Gesetzgeber damit, dass ein genereller Anspruch auf Familiennachzug zu Personen, die aus humanitären Gründen aufgenommen wurden, die Möglichkeit Deutschlands zur humanitären Aufnahme unvertretbar festlege und einschränke.[1232] Außerdem sei zu berücksichtigen, dass bei dem in § 29 Abs. 3 AufenthG genannten Personenkreis nicht hinreichend sicher sei, dass sie sich auch wirklich dauerhaft im Bundesgebiet aufhalten werden.[1233] Dieser Ansicht ist jedoch äußerst kritisch zu begegnen[1234]: So lässt die Art des Aufenthaltstitels nach ständiger Rechtsprechung des BVerfG[1235] nur sehr bedingt einen Schluss auf die Aufenthaltsperspektive der betreffenden Person zu. Diese Zurückhaltung des BVerfG ist durchaus angebracht, da die meisten der in § 29 Abs. 3 AufenthG genannten Aufenthaltstitel der Verlängerung und Verfestigung offen stehen (vgl. § 26 Abs. 4 AufenthG). Nach dieser Norm kann den Familienangehörigen eines in § 29 Abs. 3 AufenthG bezeichneten Stammberechtigten auch eine Niederlassungserlaubnis erteilt werden, wenn die besonderen Erteilungsvoraussetzungen des § 9 Abs. 2 S. 1 vorliegen.[1236]

802     Der unbestimmte und im AufenthG nicht definierte Begriff der „völkerrechtlichen oder humanitären Gründe" ist unter Rückgriff auf den allgemeinen Sprachgebrauch, verfassungsrechtliche Vorgaben und die Gesetzesbegründung auszulegen.[1237] So ist ein den Familiennachzug rechtfertigender **humanitärer Grund** etwa darin zu sehen, dass die Familieneinheit auf absehbare Zeit nur im Bundesgebiet hergestellt werden kann.[1238]

---

[1230] Kluth/Heusch/*Tewocht* AufenthG § 29 Rn. 6.
[1231] Gesetz zur Neubestimmung des Bleiberechts und der Aufenthaltsbeendigung v. 27.7.2015 (BGBl. I 1386).
[1232] BT-Drs. 15/420, 81.
[1233] Nr. 29.3.1.1. AVV-AufenthG.
[1234] Hofmann/*Müller* AufenthG § 29 Rn. 17.
[1235] BVerfG NJW 2005, 1183; BVerfG InfAuslR 2012, 427.
[1236] BT-Drs. 16/5065, S. 172.
[1237] Hofmann/*Müller* AufenthG § 29 Rn. 19.
[1238] BT-Drs. 15/420, 81; VGH Mannheim Urt. v. 18.4.2007 – 1S 1035/06 – AuAS 2007, 219.

Dagegen soll der Zuzug zu Opfern von Menschenhandel (§ 25 Abs. 4 AufenthG) laut Gesetzesbegründung[1239] bewirken, dass sich die Betroffenen emotional stabilisieren und dadurch eher breit sind, sich in dem Strafverfahren gegen die wegen Menschenhandels angeklagten Personen kooperativ zu zeigen.

Wie sich aus § 29 Abs. 3 S. 3 AufenthG ergibt, wird der Familiennachzug Inhabern einer Aufenthaltserlaubnis nach § 25 Abs. 4, Abs. 4b und 5, § 25a Abs. 2, § 25b Abs. 4, § 104a Abs. 1 S. 1 und § 104b AufenthG **nicht** gewährt. Dieser **generelle und ausnahmslose Ausschluss** des Familiennachzugs ist **verfassungsrechtlich bedenklich.**[1240] Der gegenüber den betreffenden Personen bestehende Zwang, für geraume Zeit eine räumliche Trennung von ihren Angehörigen hinzunehmen oder ein bestehendes Aufenthaltsrecht endgültig aufzugeben, ist geeignet, das Ehe- und Familienleben zu beeinträchtigen und muss sich daher an Art. 6 Abs. 1 GG messen lassen. In diesem Zusammenhang ist daran zu erinnern, dass das BVerfG bereits die Voraussetzung einer dreijährigen Ehebestandsfrist für verfassungswidrig erachtet hatte.[1241] Zwar mag sich der Ausschluss des Familiennachzuges zu Zusammenführenden, die sich (zB auf Grundlage von § 25 Abs. 4 AufenthG) nur für einen vorübergehenden Zeitraum im Bundesgebiet aufhalten, gemessen hieran noch als vertretbar erweisen. Doch hat beispielsweise die Aufenthaltserlaubnis nach § 25 Abs. 5 AufenthG keinen lediglich vorübergehenden Charakter. Aus diesem Grund schließt § 29 Abs. 3 S. 3 AufenthG es nicht aus, den Familienangehörigen eines Zusammenführenden nach § 29 Abs. 3 Abs. 3 S. 3 AufenthG eine Aufenthaltserlaubnis nach § 25 Abs. 5 AufenthG zu erteilen.[1242] Dasselbe gilt, wenn der Zusammenführende nicht im Besitz eines humanitären Aufenthaltstitels nach § 25 Abs. 4 oder 5 oder nach § 104a Abs. 1 S. 1 und § 104b AufenthG ist.[1243] Diese Lösung sieht jedoch voraus, dass der Familiennagehörige bereits eingereist ist und kann daher nicht in Fällen helfen, in denen sich der Familiennagehörige noch im Ausland aufhält.

### e) Aussetzung des Familiennachzugs zu subsidiär Schutzberechtigten (§ 104 Abs. 13 AufenthG)

Während der Familiennachzug zu dem oben genannten Personenkreis nach Maßgabe von § 29 Abs. 3 AufenthG **eingeschränkt** ist, wird er für den Kreis der Personen, denen nach dem 17.3.2016 eine Aufenthaltserlaubnis nach § 25 Abs. 2 S. 1 Alt. 2 AufenthG erteilt wurde, gemäß § 104 Abs. 13 AufenthG bis zum 16.3.2018 **gänzlich ausgesetzt.**[1244] Diese vollständige **Aussetzung des Familiennachzugs zu subsidiär Schutzberechtigten** sieht sich erheblichen völker-[1245], europa- und verfassungsrechtlichen Bedenken ausgesetzt: Problematisch mit Blick auf Art. 6 GG sind vor allem die Pauschalität des Ausschlusses ohne die Möglichkeit einer Einzelfallprüfung, der Verweis auf die Herstellung der Familieneinheit im Herkunftsland der subsidiär Geschützten und die unverhältnismäßig lange Wartezeit.[1246] Aus europarechtlicher Sicht sprechen vor allem die

**803**

**804**

---

[1239] BT-Drs. 18/4097, 46 f.

[1240] Dasselbe gilt für seine Anwendung auf § 34 AufenthG – so jedoch OVG Münster, Urt. v. 15.10.2014, 17 A 1150/13 – BeckRS 2015, 41365– und auf im Bundesgebiet geborenen Kindern – so OVG Berlin-Brandenburg, Beschl. v. 27.1.2014, OVG 12 S 72.13 – BeckRS 2014, 46969.

[1241] BVerfGE 76, 1 (70).

[1242] VGH Mannheim Urt. v. 18.4.2007 – 11 S, 1035/06, BeckRS 2007, 24121; im Anschluss hieran auch: OVG Magdeburg, Beschl. v. 25.10.2011, 2 O 126/11 – BeckRS 2012 45416.

[1243] VGH Mannheim AuAS 2007, 219.

[1244] Vgl. jedoch das Rundschreiben des Auswärtigen Amtes vom 20.3.2017 (Gz. 508-5-543.53/2), wonach in begründeten Fällen eine Aufnahme nach § 22 AufenthG in Betracht kommt.

[1245] Zur Vereinbarkeit mit Art. 8 EMRK, Art. 16 der UN-Kinderrechtskonvention und Art. 17 IPbpR: Deutsches Institut für Menschenrechte: Das Recht auf Familie. Familieneinheit von Kindern und Eltern ermöglichen – auch für subsidiär Geschützte, Dezember 2016, S. 7 ff.

[1246] Vgl. *Heuser*, Asylmagazin 2017, 125 (127 ff.); aM *Kluth*, ZAR 2016, 121 (127).

Entstehungsgeschichte und die Systematik der RL 2003/86/EG und der RL 2011/95/EU dafür, dass auch europarechtlich subsidiär Schutzberechtigten[1247] und nicht nur Konventionsflüchtlingen ein Recht auf Familiennachzug zusteht und dass sie gemäß Art. 12 Abs. 1 Unterabs. 1 RL 2003/86/EG von den Integrationsanforderungen des Art. 7 Abs. 1 RL 2003/86/EG befreit sind.[1248] Zwar findet die RL 2003/86/EG gemäß ihres Art. 3 Abs. 2 Buchst. c) nicht auf Personen Anwendung, denen „der Aufenthalt aufgrund ... subsidiärer Schutzformen" genehmigt wurde. Hiermit kann jedoch nach geltendem Recht nur der nationale subsidiäre Schutz gemeint sein, wie er in Deutschland gemäß § 25 Abs. 3 AufenthG gewährt wird. Würde man hierunter nämlich auch den europarechtlich, dh durch die RL 2011/95/EU 2011 begründeten subsidiären Schutz fassen, würde dies einer wesentlichen Zielsetzung der RL 2011/95/EU 2011 zuwiderlaufen: der Gleichstellung von (europarechtlich) subsidiär Schutzberechtigten und Konventionsflüchtlingen (Art. 1 RL 2011/95/EU 2011). Da von europarechtlich subsidiär Schutzberechtigten folglich noch nicht einmal Integrationsanforderungen nach Art. 7 Abs. 1 RL 2003/86/EU erhoben werden dürfen und weder die RL 2003/86/EU noch die RL 2011/95/EU weitere Möglichkeiten zur Einschränkung des Familiennachzugs vorsieht, ist § 104 Abs. 13 AufenthG mit europäischem Sekundärrecht unvereinbar.[1249]

**f) Nachzug zu Ausländern, denen vorübergehender Schutz gewährt wurde (§ 29 Abs. 4 AufenthG)**

805     Den Ehegatten und minderjährigen ledigen Kindern einer Person, der nach § 24 Abs. 1 AufenthG eine Aufenthaltserlaubnis zum vorübergehenden Schutz gewährt worden ist, kann gemäß § 29 Abs. 4 S. 1 AufenthG abweichend von § 5 Abs. 1 und § 27 Abs. 3 AufenthG eine Aufenthaltserlaubnis erteilt werden, wenn die familiäre Lebensgemeinschaft im Herkunftsland **durch die Fluchtsituation** aufgehoben wurde[1250] (Nr. 1) und sich der Familienangehörige außerhalb der EU befindet oder schutzbedürftig ist (Nr. 2). Allen übrigen Familienangehörigen kann dagegen der Familiennachzug nur nach Maßgabe von § 36 AufenthG gestattet werden (vgl. § 29 Abs. 4 S. 2 AufenthG).

806     Die Vorschrift des § 29 Abs. 4 AufenthG dient der Umsetzung der sog. Vorübergehender-Schutz- oder Massenzustroms-Richtlinie 2001/55/EG[1251] (→ Rn. 3). Diese Richtlinie ist bei der Anwendung der Vorschrift zu beachten.[1252] Die von § 29 Abs. 4 S. 1 und 2 AufenthG vorgenommene Unterscheidung zwischen einem Anspruch auf Familiennachzug für Ehegatten und minderjährige ledige Kinder (S. 1) auf der einen Seite und einem auf Härtefälle beschränkten Familiennachzug für allen übrigen Familienangehöri-

---

[1247] Diese sind nicht mit den nach nationalem Recht subsidiär Schutzberechtigten zu verwechseln, deren Rechtsstellung durch § 25 Abs. 3 AufenthG geregelt wird.

[1248] Vgl. *Kessler* Asylmagazin 2016, 18 (20).

[1249] aM *Kluth*, ZAR 2016, 125 (127), der im Wesentlichen auf den befristeten und den „Ausnahmecharakter" der Regelung verweist und Ausnahmen in Härtefällen zulassen will.

[1250] Nach AVV Nr. 29.4.4. AufenthG ist es dagegen unerheblich, ob die Trennung zwischen dem Zusammenführenden oder seinen Familienangehörigen noch im Herkunftsland oder sonst wo auf der Flucht passierte. Nach Nr. 29.4.2 VAH-AufenthG liegt eine Trennung aufgrund der Fluchtsituation nicht nur bei einer gewaltsamen Trennung vor, sondern auch dann, wenn etwa die Trennung aufgrund eines eigenen Entschlusses der Familienangehörigen erfolgte und diese vor dem Hintergrund der konkreten Fluchtsituation und der damit verbundenen Belastungen nachvollziehbar ist.

[1251] Richtlinie 2001/55/EG v. 20.7.2001 über Mindestnormen für die Gewährung vorübergehenden Schutzes im Falle eines Massenzustroms von Vertriebenen und Maßnahmen zur Förderung einer ausgewogenen Verteilung der Belastungen, die mit der Aufnahme dieser Personen und den Folgen dieser Aufnahme verbunden sind, auf die Mitgliedstaaten. Vgl. dazu etwa *Schmidt* ZAR 2015, 205 ff.

[1252] Vgl. Nr. 29.4.2 VAH-AufenthG.

gen auf der anderen Seite (S. 2) trägt der in Art. 15 Abs. 1–3 RL 2001/55/EG Rechnung. Da nach § 29 Abs. 4 S. 3 AufenthG die Vorschrift des § 24 AufenthG entsprechende Anwendung findet, gilt zudem § 5 Abs. 3 AufenthG mit der Maßgabe, dass von den Voraussetzungen des § 5 Abs. 1 und 2 AufenthG abzusehen ist. Wie sich aus den AVV-AufenthG[1253] ergibt, sind zudem die §§ 30 und 32 AufenthG auf den Familiennachzug zu Inhabern einer Aufenthaltserlaubnis nach § 24 AufenthG unanwendbar, während die §§ 31, 33, 34 und 35 AufenthG hinsichtlich der Verlängerung, der Entstehung eines eigenständigen Aufenthaltsrechts und der Erteilung einer Niederlassungserlaubnis unmittelbar Anwendung finden sollen.

## 6. Ehegattennachzug zu Ausländern (§ 30 AufenthG)

### a) Allgemeines

§ 30 AufenthG stellt – vergleichbar dem § 28 AufenthG für den Ehegattennachzug zu Deutschen – die **lex specialis** gegenüber §§ 27, 29 AufenthG für den Ehegattennachzug zu Ausländern dar. Allerdings finden diese Bestimmungen ergänzend Anwendung, soweit § 30 AufenthG keine spezielle Regelung enthält. Schließlich sind auch die **allgemeinen Erteilungsvoraussetzungen** des § 5 AufenthG (→ Rn. 62 ff.) zu beachten, soweit § 30 AufenthG nichts Abweichendes bestimmt.[1254] Nach § 5 Abs. 3 „kann" (Ermessen) die Aufenthaltserlaubnis abweichend von § 5 Abs. 1 Nr. 1 AufenthG auch bei ungesichertem Lebensunterhalt und nicht ausreichendem Wohnraum (§ 29 Abs. 1 Nr. 2 AufenthG) verlängert werden, solange die eheliche Gemeinschaft fortbesteht (für den Fall der Scheidung oder des Todes eines Ehegatten s. § 31 AufenthG).     **807**

Der Ehegattennachzug zu Ausländern „ist" gemäß § 30 Abs. 1 S. 1 „zu gestatten" (**Anspruch**), wenn die dort genannten Voraussetzungen vorliegen. Danach müssen beide Ehegatten das 18. Lebensjahr vollendet haben (Nr. 1 – vgl. dazu → Rn. 812 f.), der nachziehende Ehegatte muss sich „zumindest auf einfache Art in deutscher Sprache verständigen" können (Nr. 2 – vgl. dazu → Rn. 814 ff.) und der Zusammenführende einen der in Nr. 3 genannten Aufenthaltstitel besitzen (dazu → Rn. 819). Die Aufenthaltserlaubnis nach § 30 AufenthG ist grundsätzlich auch der Verfestigung zugänglich. Anders als beim Ehegattennachzug zu Deutschen fehlt es beim Ehegattennachzug zu Ausländern an einem dem § 28 Abs. 2 AufenthG entsprechenden Verfestigungsanspruch. Die Erteilung einer Niederlassungserlaubnis richtet sich daher nach den allgemeinen Vorgaben des § 9 AufenthG.     **808**

§ 30 AufenthG ist erst anwendbar, wenn die Ehe bereits besteht.[1255] Dagegen ist es unerheblich, ob sich der nachzugswillige Ehegatte **bereits im Bundesgebiet oder noch im Ausland aufhält**. Im letztgenannten Fall ist der Ehegatte jedoch grundsätzlich – dh solange kein Fall von § 39 AufenthV vorliegt – zunächst verpflichtet, zur erstmaligen Einreise ein nationales Visum gemäß § 6 Abs. 4 AufenthG zu beantragen.[1256] Zum Nachweis der Ehe sind in der Auslandsvertretung grdsl. entsprechende Dokumente vorzulegen (vgl. Rn. 732 ff.). Bei Konventionsflüchtlingen ist die Ausnahme des Art. 1 Abs. 2 RL 2003/86/EG zu beachten. So kann die Auslandsvertretung ua nach Art. 5 Abs. 2 der Richtlinie 2003/86/EG eine Befragung der Ehegatten durchführen.[1257] Mit dem Visum darf der Ehegatte in das Bundesgebiet einreisen und – im Rahmen der Gültigkeitsdauer – bei der zuständigen Ausländerbehörde einen Antrag auf Erteilung einer Aufenthaltserlaubnis nach § 30 AufenthG iVm § 39 Nr. 1 AufenthV stellen. Zudem kann die Aufenthaltserlaubnis zum Ehegattennachzug auch in den übrigen in § 39 AufenthV genann-     **809**

[1253] Nr. 29.4.3. AVV-AufenthG.
[1254] Vgl. Huber/*Göbel-Zimmermann/Eichhorn* AufenthG § 30 Rn. 1.
[1255] Vgl. Huber/*Göbel-Zimmermann/Eichhorn* AufenthG § 30 Rn. 3.
[1256] Kluth/Heusch/*Tewocht* AufenthG § 30 Rn. 8.
[1257] Vgl. im Einzelnen *Müller* Asylmagazin 2007, 9.

ten Fällen **ohne vorherige Ausreise** unmittelbar bei der Ausländerbehörde beantragt werden. Dasselbe gilt in den Fällen des § 5 Abs. 3, Halbs. 1 AufenthG.[1258]

810          Ist die nachzugswillige Person **noch nicht** mit der zusammenführenden Person **verheiratet,** kann ihr zum Zwecke der Eheschließung im Bundesgebiet aber auch ein **Schengen-Visum** für kurzfristige Aufenthalte (§ 6 Abs. 1 S. 1 Nr. 2 AufenthG) erteilt werden, wenn auf die anschließende Erteilung einer Aufenthaltserlaubnis nach einer Eheschließung während der Gültigkeit dieses Schengen-Visums ein Anspruch besteht.[1259] Dieses Schengen-Visum kann jedoch **nach der Eheschließung** nicht verlängert werden, ohne dass die nachzugswillige Person **noch einmal ausreist** (vgl. § 5 Abs. 2 S. 1 AufenthG) – es sei denn, es liegt ein Fall von § 39 Nr. 3 AufenthV vor. Danach dürfen Inhaber eines Schengen-Visums auch ohne vorherige Ausreise aus dem Bundesgebiet die Erteilung eines Aufenthaltstitels beantragen, wenn sie einen Anspruch auf Erteilung der Aufenthaltserlaubnis haben (dh bei Vorliegen aller Tatbestandsmerkmale des § 30 Abs. 1 AufenthG) und der Anspruch im Bundesgebiet entstanden ist. Dabei ist umstritten, ob alle[1260] oder nur „das den Aufenthaltszweck kennzeichnende Tatbestandsmerkmal"[1261] nach der Einreise entstanden sein müssen.

811          Sind bei der Eheschließung im Bundesgebiet nicht alle Tatbestandsvoraussetzungen des § 30 Abs. 1 AufenthG erfüllt, so kann dem Ehegatten auch eine Aufenthaltserlaubnis **nach Ermessen** erteilt werden. Dasselbe gilt in Fällen, in denen die Ausreise aus oder Wiedereinreise in das Bundesgebiet eine unbillige Härte darstellen würde.[1262] Ein solcher Härtefall liegt beispielsweise vor, wenn dem Ehegatten die Aus- und Wiedereinreise wegen Krankheit, Schwangerschaft, Behinderung oder hohen Alters nicht zumutbar wäre, wenn durch die Abwesenheit des Ehegatten eine mit ihm in einem Haushalt lebende betreuungsbedürftige Person gefährdet würden oder wenn im Herkunftsland des Ehegatten keine deutsche Auslandsvertretung existiert.[1263]

**b) Die einzelnen Anspruchsvoraussetzungen des § 30 Abs. 1 S. 1 AufenthG**

812          Die Erteilung einer Aufenthaltserlaubnis zum Ehegattennachzug zu einem Ausländer setzt gemäß der mit dem Richtlinienumsetzungsgesetz[1264] eingeführten Bedingung des § 30 Abs. 1 S. 1 **Nr. 1** AufenthG zunächst voraus, dass **sowohl der Ehegatte als auch der Zusammenführende** das 18. Lebensjahr vollendet haben, also nach Maßgabe von § 80 Abs. 3 AufenthG iVm § 2 BGB **volljährig** sind. Hiermit macht der Gesetzgeber von der in Art. 4 Abs. 5 der Richtlinie 2003/86/EG den EU-Mitgliedstaaten eingeräumten Option Gebrauch, „zur Förderung der Integration und zur Vermeidung von Zwangsverheiratungen für den Ehegattennachzug ein Mindestalter vorzusehen".[1265] Nachgewiesen werden soll das Alter durch eine ordnungsgemäße Identitätsurkunde.[1266] Das Erfordernis der Volljährigkeit beider Ehegatten hat zur Konsequenz, dass sog. **Kinder- oder Minderjährigen-Ehen** vom Anwendungsbereich des § 30 AufenthG ausgenommen sind. Dies ist deswegen von Bedeutung, da solche (im Ausland geschlossenen) Kinder- bzw. Minderjährigen-Ehen in Deutschland anzuerkennen wären, wenn nach dem für die Eheschließung gemäß Art. 11, 13 EGBGB anzuwendenden auslän-

---

[1258] Nr. 30.0.1 bis 30.0.4 AVV-AufenthG.

[1259] Huber/*Göbel-Zimmermann/Eichhorn* AufenthG § 30 Rn. 2.

[1260] So VGH Mannheim ZAR 2008, 399 (401); aA VGH Kassel ZAR 2008, 402.

[1261] BVerwG NVwZ 2011, 871 (875); in diesem Sinne auch: BT-Drs. 16/5065, 173 f.

[1262] Kluth/Heusch/*Tewocht* AufenthG § 30 Rn. 9 f.

[1263] Vgl. Nr. 30.0.0.8. iVm Nr. 5.2.3. AVV-AufenthG.

[1264] Gesetz zur Umsetzung aufenthalts- und asylrechtlicher Richtlinien der Europäischen Union v. 19.8.2007, BGBl. I 1969 – vgl. dazu den Überblick bei: *Huber* NVwZ 2007, 977 ff.

[1265] Kritisch dazu *Göbel-Zimmermann/Born* ZAR 2007, 54 ff.

[1266] Vgl. Nr. 30.1.1. AVV-AufenthG.

dischen Recht die Ehe bei Unterschreitung des dort geregelten Ehemündigkeitsalters nicht unwirksam, sondern nur anfechtbar oder aufhebbar wäre (vgl. dazu bereits Rn. 738).[1267]

Mit dieser Voraussetzung will der Gesetzgeber laut amtlicher Gesetzesbegründung[1268] **813** erstens **Zwangsehen bekämpfen** und zweitens die **Integration des nachziehenden Ehegatten fördern.** Auch wenn man hierin einen legitimen Zweck sehen mag, so ist die vom Gesetzgeber gewählte Konzeption der Zwangsheiratsbekämpfung und Integrationsförderung durch eine Einschränkung des Familiennachzuges sowohl **aus verfassungsrechtlicher wie aus praktischer Hinsicht äußerst fragwürdig.** Zunächst ist zu berücksichtigen, dass mit diesem Ansatz keine einzige Zwangsehe verhindert werden kann. Vielmehr werden die minderjährigen Opfer von Zwangsheirat zusätzlich dadurch sanktioniert, dass sie erst mit Eintritt der Volljährigkeit in das Bundesgebiet einreisen und sich hier aufhalten dürfen. Zudem sperrt § 30 Abs. 1 S. 1 Nr. 1 AufenthG den Ehegattennachzug mit Eintritt der Volljährigkeit der beiden Eheleute nicht mehr, sodass gefragt werden muss, ob der Gesetzgeber wirklich die Zwangsehe oder die Eheschließung unter Beteiligung mindestens eines Minderjährigen bekämpfen wollte. Die gesetzgeberische Konzeption ist aber nicht nur ineffektiv, sie ist auch insofern zu weitgehend, als sie nicht nur bei dem Verdacht einer **Zwangsheirat,** sondern stets eingreift und damit alle Ehen trifft. Hierdurch wird der verfassungsrechtliche Schutz der Ehe (Art. 6 Abs. 1 GG) gerade in der für junge Menschen entscheidenden Anfangszeit der Ehe empfindlich geschmälert.[1269] Darüber hinaus ist problematisch, dass das AufenthG in § 30 Abs. 1 S. 2 eine ganze Reihe von Ausnahmen vom Erfordernis des Mindestalters vorsieht (vgl. dazu noch unten, → Rn. 821 ff.), sodass an der Kohärenz der gesetzlichen Regelungssystematik gezweifelt werden darf. Die in S. 1 Nr. 1 und S. 3 begründete Differenzierung nach der Person des Zusammenführenden macht deutlich, dass es dem Gesetzgeber bei der Regelung des § 30 Abs. 1 S. 1 Nr. 1, S. 3 AufenthG nicht (nur) um Belange der Integrationsförderung, sondern (jedenfalls auch) um die migrationspolitisch motivierte Privilegierung bestimmter Zusammenführender geht.[1270] Inwiefern dies eine mit Art. 3 GG vereinbare Differenzierung darstellt, ist äußerst fraglich. Darüber hinaus erscheint der gesetzgeberische Ansatz zweifelhaft, dem Problem der Zwangsheirat mit einer Begrenzung des Familiennachzuges statt mit Maßnahmen zur Stärkung der Rechtsposition der von Zwangsheirat betroffenen Personen zu begegnen.[1271] Derlei Maßnahmen wurden nämlich nicht mit dem Richtlinienumsetzungsgesetz, sondern erst mit dem sog. Zwangsheiratsbekämpfungsgesetz[1272] (in Gestalt von § 37 Abs. 2a, § 51 Abs. 4 S. 2 AufenthG) eingeführt.

Ebenfalls mit dem Richtlinienumsetzungsgesetz eingefügt wurde § 30 Abs. 1 S. 1 **Nr. 2** **814** AufenthG. Hiernach setzt die Erteilung einer Aufenthaltserlaubnis zum Zweck des Ehegattennachzugs zu einer ausländischen Person voraus, dass der Ehegatte „sich zumindest **auf einfache Art in deutscher Sprache verständigen kann".** Damit ist gemäß § 2

---

[1267] So jedenfalls OLG Bamberg v. 12.5.2016, 2 UF 58/16 – BeckRS 2016, 09621; allgemein zu Kinderehen: *Coester-Waltjen* FamRZ 2017, 77; *Andrae* NZFam 2016 923; *Antomo* NJW 2016, 3558.
[1268] BT-Drs. 16/5065, 172 f.
[1269] Vgl. Huber/*Göbel-Zimmermann/Eichhorn* AufenthG § 30 Rn. 4; s. auch BVerfGE 76, 1 (68 ff.): danach sind bei einem solchen Eingriff in Grundrechte schutzwürdiger Grundrechtsträger zum Zweck der Verhinderung von Missbrauch durch schutzunwürdige Personen erhöhte Anforderungen hinsichtlich der Angemessenheit der Maßnahme zu stellen.
[1270] So ausdrücklich BT-Drs. 16/5065, 174.
[1271] Vgl. hierzu im Einzelnen *Göbel-Zimmermann/Born* ZAR 2007, 54 (57).
[1272] Gesetz zur Bekämpfung der Zwangsheirat und zum besseren Schutz der Opfer von Zwangsheirat sowie zur Änderung weiterer aufenthalts- und asylrechtlicher Vorschriften" v. 23.6.2011 (BGBl. I, 1266) – vgl. dazu *Eichenhofer* NVwZ 2011, 792 ff.

Abs. 9 AufenthG die Niveaustufe A1 des Europäischen Referenzrahmens für Sprache[1273] gemeint. Hiernach müssen die Betroffenen „vertraute, alltägliche Ausdrücke und ganz einfache Sätze verstehen und verwenden" können, „die auf die Befriedigung konkreter Bedürfnisse zielen." Erwartet wird auch, dass die betroffene Personen „sich und andere vorstellen und anderen Leuten Fragen zu ihrer Person stellen (kann) – zB wo sie wohnen, was für Leute sie kennen oder was für Dinge sie haben – und auf Fragen dieser Art Antwort geben" können. Schließlich müssen sie sich auf „einfache Art verständigen" können, „wenn die Gesprächspartnerinnen oder Gesprächspartner langsam und deutlich sprechen und bereit sind zu helfen."[1274]

**815**     Mit dem Sprachnachweiserfordernis soll der nachziehende Ehegatte ausweislich der Gesetzesbegründung[1275] zur **selbständigen Beteiligung am gesellschaftlichen Leben in der Bundesrepublik Deutschland befähigt** werden. Hierdurch soll er sich zugleich dem ausgeübten Druck innerhalb einer **Zwangsehe besser entziehen** können. Sprachkenntnisse führten zur schnelleren Eingewöhnung in die neuen Lebensumstände sowie zur baldigen Teilnahme am Sozialleben und damit zur Durchbrechung der Isolation der betroffenen Personen in Deutschland und würden bei der Vermittlung kultureller Inhalte und der Aufklärung über ihre Rechte führen. Zwar steht außer Frage, dass Kenntnisse der Sprache der Aufnahmegesellschaft die soziale Integration von Einwanderern erheblich erleichtern können. Diese Erwägung rechtfertigt jedoch nicht, dass Ehegatten – bevor sie in das Bundesgebiet einreisen und sich hier aufhalten – bereits über Deutschkenntnisse auf dem Niveau A1 verfügen müssen. So können die erforderlichen Deutschkenntnisse ohne weiteres auch nach der Einreise, dh im Bundesgebiet erworben werden – zumal sich die Notwendigkeit, eine Sprache zu Erlernen am dringlichsten vor Ort zeigt und auch hier die meisten Gelegenheiten zur Übung bestehen. Insofern ist bereits die Geeignetheit, jedenfalls aber die Erforderlichkeit der Regelung fraglich (dazu unten, → Rn. 817 f.).

**816**     **Nachgewiesen** werden müssen die Sprachkenntnisse regelmäßig – dh sofern kein Fall des § 39 AufenthV vorliegt, sodass die Aufenthaltserlaubnis nach § 30 Abs. 1 AufenthG im Bundesgebiet eingeholt werden kann (dazu oben, → Rn. 809) – gegenüber **der deutschen Auslandsvertretung**, bei der ein Visum zum Zwecke der Familienzusammenführung zu beantragen ist (dazu oben, → Rn. 809), durch ein entsprechendes Zertifikat der vom Goethe-Institut oder dessen Lizenznehmer bzw. Partnerorganisationen durchgeführten **Sprachprüfung A 1 „Start Deutsch 1"**[1276]. Praktisch bedeutet dies, dass diejenigen Antragsteller, die nicht ohnehin über **Deutschkenntnisse** auf dem Niveau A1 verfügen (und dies im persönlichen Gespräch nachweisen können[1277]) und denen kein Visum oder keine Aufenthaltserlaubnis zum Zweck des Spracherwerbs aus anderen Zwecken als zum Ehegattennachzug erteilt wird, verpflichtet sind, die von § 30 Abs. 1 S. 1 Nr. 2 AufenthG geforderten Deutschkenntnisse im Ausland – und das heißt in aller Regel: dem Herkunftsland – zu erwerben. Dies setzt allerdings voraus, dass dort überhaupt ein entsprechendes Kursangebot besteht, genauer: dass dort ein Goethe-Institut oder eine Partnerinstitution mit entsprechender Zertifizierungsmöglichkeit existiert.

---

[1273] Empfehlungen des Ministerkomitees des Europarates an die Mitgliedstaaten Nr. R (98) 6 vom 17.3.1998 zum Gemeinsamen Europäischen Referenzrahmen für Sprachen – GER – (Common European Framework of Reference for Languages). Im Internet abrufbar unter http://www.europaeischer-referenzrahmen.de/.

[1274] Nicht nachvollziehbar ist insofern die Entscheidung des VG Berlin InfAuslR 2008, 165 (166), wonach die Betroffenen ganze Sätze mit Subjekt, Prädikat und Objekt bilden und entsprechende Sätze Anderer mit geläufigen Alltagsbegriffen mehr als nur verstehen können.

[1275] BT-Drs. 16/5065, 173; zustimmend VG Oldenburg Urt. v. 7.11.2007 – 11 A 1471/06.

[1276] Vgl. dazu http://www.goethe.de/lrn/prj/pba/bes/sd1/mat/deindex.htm.

[1277] Nach den Amtlichen Hinweisen des BMI zum Richtlinienumsetzungsgesetz, Rn. 222 ist in diesem Fall kein entsprechendes Zertifikat zu erbringen, wenn die Sprachkenntnisse offenkundig vorliegen.

Sofern dies nicht der Fall ist, hat dies unter Umständen zur Konsequenz, dass Personen 817
aus den entsprechenden Herkunftsländern der Ehegattennachzug praktisch für immer
verwehrt ist. Aus diesem Grund hat das Auswärtige Amt die Auslandsvertretungen
bereits angewiesen, in **eng begrenzten Ausnahmefällen**, in denen die Beibringung eines
Sprachprüfungszertifikats „Start Deutsch 1" des Goethe-Instituts oder seiner Partnerorganisationen bzw. Lizenznehmer **unverhältnismäßig** wäre, gleichwertige und von
anderen Stellen ausgestellte aktuelle Nachweise des Sprachniveaus (zB Zeugnisse von
Oberschulen mit deutschem Abitur; Sprachzeugnisse der Stufe „A1" der Kulturinstitute
der Schweiz und Österreichs) anzuerkennen.[1278] In diesem Fall – und wenn auch ein
solcher Nachweis nicht erbracht werden kann – hat sich die Visastelle der zuständigen
deutschen Auslandsvertretung auf geeignete Weise von den Deutschkenntnissen der
antragstellenden Person zu überzeugen.[1279] Dabei soll es sich ausdrücklich nicht um eine
„Ersatzprüfung" entsprechend dem Sprachzertifikat handeln.[1280]

Unabhängig von diesen Alternativen Formen der Nachweiserbringung setzt die gesetz- 818
geberische Konzeption zwingend voraus, dass Personen, die zu ihrem in Deutschland
lebenden ausländische Ehegatten nachziehen wollen, zwingend gehalten sind, Deutschkenntnisse auf dem Niveau A1 zu erwerben. Diese Anforderung kann sich jedoch im
**Einzelfall** – zB sofern der nachzugswillige Ehegatte weder lesen noch schreiben kann
oder finanziell nicht imstande ist, einen entsprechenden Deutschkurs zu besuchen – als
unüberwindbare und deshalb mit Art. 6 Abs. 1 GG schwer vereinbare Hürde für das
eheliche Zusammenleben darstellen, da § 30 Abs. 1 AufenthG für diese Fälle keine
Härtefallklausel oder eine sonstige Möglichkeit der Abweichung vorsieht (dazu unten,
→ Rn. 821 ff.).[1281]

Zusätzlich zu den oben genannten Anforderungen setzt der Ehegattennachzug zu einer 819
Person ausländischer Staatsangehörigkeit voraus, dass diese einen in § 30 Abs. 1 **Nr. 3**
AufenthG genannten **Aufenthaltstitel** besitzt. Hierzu zählen – ohne weitere Einschränkungen – die Niederlassungserlaubnis (§ 9 AufenthG), die Aufenthaltserlaubnis-EU (§ 9a
AufenthG), die Blaue Karte EU (§ 19a AufenthG), die ICT-Karte (§ 19b AufenthG),
oder eine Mobile ICT-Karte (§ 19d AufenthG) und eine Aufenthaltserlaubnis nach § 20,
§ 20b oder § 25 Abs. 1 oder 2 AufenthG (vgl. § 30 Abs. 1 S. 3 Buchst. a, b, c und g
AufenthG), sowie eine sonstige Aufenthaltserlaubnis, wenn diese vor mindestens 2 Jahren
erteilt und nicht mit einer Nebenbestimmung versehen wurde, oder eine Aufenthaltserlaubnis, bei deren Erteilung die Ehe bereits bestand oder die Dauer des Aufenthalts
voraussichtlich über ein Jahr betragen wird oder der Zusammenführende eine Aufenthaltserlaubnis nach § 38a AufenthG besitzt und die eheliche Lebensgemeinschaft bereits
in dem Mitgliedstaat der EU bestand, in dem der Zusammenführende die Rechtsstellung
eines langfristig Aufenthaltsberechtigten innehatte. Nicht ausreichend ist hingegen, wenn
der Stammberechtigte lediglich in Besitz einer Aufenthaltserlaubnis nach § 16 AufenthG
ist, da diese gemäß § 16 Abs. 2 S. 2 AufenthG nicht in einer Niederlassungserlaubnis
aufgehen kann.[1282]

Dagegen berechtigt eine Aufenthaltserlaubnis im Übrigen nur zum Ehegattennachzug, 820
wenn der Zusammenführende sie bereits **seit zwei Jahren** besitzt, wenn sie nicht mit
einer Nebenbestimmung nach § 8 Abs. 2 AufenthG versehen ist und eine spätere Erteilung einer Niederlassungserlaubnis nicht aufgrund einer Rechtsnorm ausgeschlossen ist

---

[1278] Vgl. Auswärtiges Amt, Weisung an die Auslandsvertretungen v. 17.7.2007 – Gz.: 508 – 2 –
516.00; vgl. auch BMI, Hinweise zum Richtlinienumsetzungsgesetz, Rn. 223.
[1279] Vgl. OVG Berlin-Brandenburg Beschl. v. 16.1.2008 – 2 M 1.08.
[1280] Auswärtiges Amt, Weisung an die Auslandsvertretungen v. 17.7.2007 – Gz.: 508 – 2 – 516.00;
aufrechterhalten durch die Weisung v. 4.8.2014 – Gz. 508 – 1 – 516.00/9.
[1281] Vgl. etwa VG Berlin Urt. v. 13.3.2013, VG 13 K 319.12 V – BeckRS 2014, 56476.
[1282] VGH Mannheim, Beschl. v. 19.3.2015 – 11 S 334/15 = BeckRS 2015, 43757.

(vgl. § 30 Abs. 1 S. 3 Buchst. d AufenthG) oder wenn die Ehe bei Erteilung der Aufenthaltserlaubnis bereits bestand und sich der Zusammenführende voraussichtlich länger als ein Jahr im Bundesgebiet aufhalten wird (vgl. § 30 Abs. 1 S. 3 Buchst. e AufenthG). Besitzt der Zusammenführende hingegen eine Aufenthaltserlaubnis nach § 38 AufenthG und bestand die Lebensgemeinschaft bereits in dem EU-Mitgliedstaat, in dem der Zusammenführende die Rechtsstellung eines langfristig Aufenthaltsberechtigten innehat, so berechtigt die Aufenthaltserlaubnis nach § 38a AufenthG gemäß § 30 Abs. 1 S. 3 Buchst. f AufenthG ebenfalls zum Ehegattennachzug.

### c) Die Ausnahmetatbestände des § 30 Abs. 1 S. 2 und 3, Abs. 2 und 3 AufenthG

**821**    Die Ausnahmetatbestände des § 30 Abs. 1 S. 2 und 3 AufenthG sind mit dem Gesetz zur Bekämpfung von Kinderehen v. 17.7.2017[1283] neu gefasst worden.

**822**    **aa) Ausnahmen vom Volljährigkeitserfordernis (Abs. 1 Nr. 1).** Das **Erfordernis der Volljährigkeit beider Ehegatten** (§ 30 Abs. 1 S. 1 **Nr. 1** AufenthG) ist gemäß **Abs. 1 S. 2 n. F. unbeachtlich**, wenn die Voraussetzungen des S. 1 Nr. 3 Buchst. f vorliegen. Darüber hinaus sieht § 30 **Abs. 2** AufenthG eine **Abweichungsmöglichkeit** für den Fall vor, dass der Ausschluss des Ehegattennachzuges eine besondere Härte darstellen würde. Dabei ist allerdings unklar, welche Fälle eine solche besondere Härte darstellen (Krankheit, Pflegebedürftigkeit oder Schwangerschaft?), da die amtliche Begründung hierzu keine Aussage trifft. Nach den Hinweisen des BMI zum Richtlinienumsetzungsgesetz[1284] müssten „die vorgetragenen, „besonderen" Umstände so deutlich von den sonstigen Fällen des Ehegattennachzugs abweichen, dass das Festhalten am Mindestalterserfordernis im Hinblick auf das geltend gemachte Interesse der Führung der Lebensgemeinschaft in Deutschland unverhältnismäßig wäre." Notwendig ist damit stets eine **Einzelfallprüfung**, mit der unter Würdigung der Gesamtumstände eine besondere Härte vermieden werden soll.[1285]

**823**    **bb) Ausnahmen vom Sprachnachweis (Abs. 1 Nr. 2).** Anders als für das Erfordernis des Mindestalters sieht das Gesetz für das Erfordernis des **Sprachnachweises** nach § 30 **Abs. 1 S. 1 Nr. 2 AufenthG keine allgemeine Härtefallklausel** vor.[1286] Allerdings sieht § 30 Abs. 1 S. 3 AufenthG eine ganze Reihe von Fällen vor, in denen das Erfordernis des Sprachnachweises ebenfalls unbeachtlich sein soll.

**824**    § 30 Abs. 1 S. 3 AufenthG normiert dabei **besondere Umstände**, die entweder in der Person des Zusammenführenden oder des Ehegatten begründet sind. Bei den in der Person des Zusammenführenden liegenden Umständen handelt es sich entweder um dessen Staatsangehörigkeit oder das Erlangen eines bestimmten Aufenthaltstitels. So ist das **Erfordernis des Sprachnachweises nach S. 3 Nr. 1 nF unbeachtlich**, wenn die zusammenführende Person eine Aufenthaltserlaubnis nach § 23 Abs. 4, § 25 Abs. 1 oder 2, § 26 Abs. 3 oder – nach Erteilung einer Aufenthaltserlaubnis nach § 25 Abs. 2 S. 1 Alt. 2 AufenthG – eine Niederlassungserlaubnis nach § 26 Abs. 4 AufenthG erteilt wurde und die Ehe bereits bestand, als die betreffende Person ihren Lebensmittelpunkt in das Bundesgebiet verlegt hat. Diese Bestimmung ist ua auf Art. 7 Abs. 2, Art. 9 Abs. 2 und Art. 12 Abs. 1 der Familienzusammenführungs-RL 2003/86/EG zurückzuführen.[1287]

---

[1283] BGBl. I 2429.
[1284] Vgl. die Hinweise zu den wesentlichen Änderungen durch das Gesetz zur Umsetzung aufenthalts- und asylrechtlicher Richtlinien der Europäischen Union vom 19.8.2007, BGBl. I 1970 (Stand: 2.10.2007) Rn. 199
[1285] BT-Drs. 16/5065, 170; Vormeier/Fritz/*Marx* GK-AufenthG § 30 Rn. 48.
[1286] Kritisch insoweit Huber/*Göbel-Zimmermann/Eichhorn* AufenthG § 30 Rn. 5.
[1287] Kluth/Heusch/*Tewocht* AufenthG § 30 Rn. 23.

Unbeachtlich ist der Sprachnachweis weiterhin gemäß **Nr. 4**, wenn der Zusammenfüh- **825**
rende wegen seiner Staatsangehörigkeit auf für einen Aufenthalt, der **kein Kurzaufent-**
**halt** ist, **visumsfrei in das Bundesgebiet einreisen** und sich hierin aufhalten darf. Dies
betrifft nach § 41 Abs. 1 und 2 AufentV Angehörige folgender Staaten: Andorra, Australien, Brasilien, El Salvador, Honduras, Israel, Japan, Monaco, Kanada, Republik Korea,
Neuseeland, San Marino und USA. Ferner stellt **Nr. 5 klar**, dass der Sprachnachweis auch
unbeachtlich ist, wenn der Zusammenführende eine **Blaue Karte EU** (§ 19a AufenthG),
eine ICT-Karte (§ 19a AufenthG), eine Mobile ICT-Karte (§ 19d AufenthG) oder eine
Aufenthaltserlaubnis, nach §§ 20 oder 20b) besitzt. Dasselbe gilt nach **Nr. 7**, wenn der
Zusammenführende einen Aufenthaltstitel nach §§ 19–21 AufenthG besitzt und die Ehe
bereits bestand, als er seinen Lebensmittelpunkt in das Bundesgebiet verlegt hat, sowie
nach **Nr. 8**, wenn der Zusammenführende unmittelbar vor der Erteilung einer Niederlassungserlaubnis oder einer Erlaubnis zum Daueraufenthalt EU Inhaber einer Aufenthaltserlaubnis nach § 20 war.

Die in der **Person des Ehegatten** liegenden Umstände, die zu einem Absehen vom **826**
Erfordernis des Sprachnachweises führen, sind in § 30 Abs. 1 S. 3 Nr. 2, 3 und 6 AufenthG niedergelegt. **Nr. 2** regelt dabei den Fall, dass „der Ehegatte wegen einer körperlichen, geistigen oder seelischen **Krankheit oder Behinderung** nicht in der Lage ist,
einfache Kenntnisse der deutschen Sprache nachzuweisen." Da hiernach allein die fehlende Nachweismöglichkeit maßgeblich ist, sind auch Umstände zu berücksichtigen, die
nicht nur im Zusammenhang mit der mangelnden sprachlichen Ausdrucksfähigkeit stehen. Dies kann etwa bei einer Behinderung dann vorliegen, wenn den Betroffenen zB
wegen einer körperlichen Behinderung bei fehlender behindertengerechter Infrastruktur
im Herkunftsland ein Erlernen an einem weit entfernten Goethe-Institut oder einer
anderen Sprachschule unmöglich oder unzumutbar ist.[1288]

Nach **Nr. 3** ist bei denjenigen Ehegatten vom Sprachnachweis abzusehen, bei denen ein **827**
„erkennbar geringer Integrationsbedarf" besteht oder die aus anderen Gründen gemäß
§ 44 Abs. 1 AufenthG keinen Anspruch auf Teilnahme an einem Integrationskurs haben.
Ein „erkennbar geringer Integrationsbedarf" ist gemäß § 4 Abs. 2 S. 2 IntV „in der Regel
anzunehmen", wenn der Betroffene „einen Hochschul- oder Fachhochschulabschluss
oder eine entsprechende Qualifikation besitzt, es sei denn, er kann wegen mangelnder
Sprachkenntnisse innerhalb eines angemessenen Zeitraums keine einer Qualifikation entsprechende Erwerbstätigkeit im Bundesgebiet erlaubt aufnehmen" (Nr. 1 Buchst. a)
„oder eine Erwerbstätigkeit ausübt, die regelmäßig eine Qualifikation nach Buchstabe a
erfordert" (Nr. 1 Buchst. b) und „die Annahme gerechtfertigt ist", dass sich der Betroffene „ohne staatliche Hilfe in das wirtschaftliche, gesellschaftliche und kulturelle Leben in
der Bundesrepublik Deutschland integrieren wird" (Nr. 2).

Den am weitesten gefassten Ausnahmetatbestand stellt dagegen § 30 Abs. 1 S. 3 **828**
**Nr. 6** AufenthG dar. Hiernach ist das Sprachnachweiserfordernis auch dann unbeachtlich, wenn es dem Ehegatten „auf Grund **besonderer Umstände des Einzelfalles nicht**
**möglich oder nicht zumutbar** ist, vor der Einreise Bemühungen zum Erwerb einfacher Kenntnisse der deutschen Sprache zu unternehmen." Derlei Umstände können
entweder in der Person des Ehegatten (zB eingeschränkte kognitive Fähigkeiten unterhalb des Grades einer Krankheit oder einer Behinderung im Sinne von Nr. 2) begründet sein; es kann sich aber auch um äußere Umstände wie zB einen Mangel an ver-
fügbaren Kursplätzen im Herkunftsland handeln.[1289] Aus diesem Grund soll ein Fall
von Nr. 6 stets vorliegen, wenn es einem Ehegatten innerhalb eines Jahres nicht

---

[1288] Vgl. BMI, Hinweise zum Richtlinienumsetzungsgesetz, Rn. 209 b.
[1289] Vgl. BT-Drs. 18/5420, 26.

gelungen ist, trotz entsprechender Bemühungen Deutschkenntnisse auf dem Niveau A1 zu erwerben.[1290]

**829**　　Insbesondere vor dem Inkrafttreten der Neuregelung des § 30 Abs. 1 S. 3 AufenthG und insbesondere der Verabschiedung der **Nr. 6** durch das NeuBestG[1291] wurde die **Verfassungs- und Europarechtskonformität** des Sprachnachweiserfordernisses – aus guten Gründen – bezweifelt.[1292] In Frage gestellt wurde vor allem die Vereinbarkeit mit **Art. 6 Abs. 1 GG**. So führe die Regelung des § 30 Abs. 1 S. 1 Nr. 2 iVm S. 3 aF unter Umständen zu einer dauerhaften Trennung der ehelichen Lebensgemeinschaft, sodass sie mit der ständigen Rechtsprechung des BVerfG[1293] nicht vereinbar sei. Die Regelung sei jedenfalls nicht verhältnismäßig, wenn es den Ehegatten faktisch nicht möglich sei, die für § 30 Abs. 1 S. 1 Nr. 2 AufenthG erforderliche Sprachkompetenz zu erwerben. Dies könne verschiedene Gründe haben – etwa dass im Herkunftsland der betroffenen Person keine entsprechenden Kurse angeboten würden oder dass ihr eine Teilnahme unmöglich oder unzumutbar wäre (zB weil der Kurs in einer Krisenregion angeboten wird).[1294] Eine Unmöglichkeit könne sich etwa aus bestimmten Dispositionen der betroffenen Person (zB Analphabetismus oder Lernschwäche) oder mangelnden finanziellen Ressourcen[1295] ergeben. So lägen die Kosten für den in der Regel mehrwöchigen Sprachkurs, der zum Niveau A 1 führe, einschließlich Anreise-, Unterbringungs- und Kursgebühren bei mindestens 600,– EUR. Zwar könne die deutsche Sprache grundsätzlich auch durch einen Online-Kurs[1296] erworben werden, doch setze diese Möglichkeit voraus, dass der Betroffene Zugang zu PC bzw. Smartphone habe.[1297] Vielen dieser Gesichtspunkte kann und soll nun im Wege der **verfassungskonformen Auslegung und Anwendung** der neuen Auffangklausel des § 30 Abs. 1 S. 3 Nr. 6 AufenthG Rechnung getragen werden. Fraglich ist allein, ob sich nach der gesetzgeberischen Ansicht Ehegatten, die von Lernschwäche oder Analphabetismus betroffen sind, ebenfalls auf die Auffangregel des S. 3 Nr. 6 stützen dürfen. Dagegen könnte sprechen, dass der Gesetzgeber an anderer Stelle[1298] ausdrücklich weitere individuelle Schwierigkeiten beim Spracherwerb berücksichtigt. Jedoch gebietet eine verfassungskonforme Auslegung und Anwendung – sowohl mit Blick auf Art. 6 Abs. 1 GG als auch Art. 3 Abs. 1 GG – eine Anwendung auch auf diese Gruppe.

**830**　　Neben einer Verletzung von Art. 6 Abs. 1 GG wurde wird auch ein Verstoß gegen den allgemeinen und den besonderen Gleichheitssatz (**Art. 3 Abs. 1 und 3 GG**) bzw. das Diskriminierungsverbot des **Art. 14 EMRK** behauptet. Eine Ungleichbehandlung sei dabei vor allem mit Blick auf die Ehegatten derjenigen Personen festzustellen, die nach § 30 Abs. 1 S. 2 und 3 AufenthG vom Sprachnachweis befreit sind.[1299] Diese Ungleichbe-

---

[1290] BT-Drs. 18/5420, 26 unter Verweis auf BVerwG, Urt. v. 4.12.2012, 10 C 12/2 – NVwZ 2013, 515 (auch wenn sich dieses Urteil auf den Ehegattennachzug zu Deutschen bezieht).

[1291] Gesetz zur Neubestimmung des Bleiberechts und der Aufenthaltsbeendigung v. 27.7.2015, BGBl. I 1386.

[1292] Vgl. etwa *Huber/Göbel-Zimmermann/Eichhorn* AufenthG § 30 Rn. 9; *Kingreen* ZAR 2007, 13; *Thomas* SächsVBl. 2009, 56; *Weh* InfAuslR 2008, 381; *Markard/Truchseß* NVwZ 2007, 1025; *Fischer-Lescano* KJ 2006, 236 (241); *Lübbe* ZAR 2009, 215 (217); aA etwa: BVerfG Nichtannahmebeschl. v. 25.3.2011 – InfAuslR 2011, 237; BVerwG Urt. v. 4.9.2012 – InfAuslR 2013 14; VG Berlin v. 19.12.2007, 5 V 22.07, InfAuslR 2008, 165.

[1293] BVerfGE 76, 1 (41 ff.) = NJW 1988, 826.

[1294] *Marx* InfAuslR 2007, 413 (416).

[1295] Vgl. *Kingreen* ZAR 2007, 13.

[1296] So etwa *Breitkreutz/Franßen-de la Cerda/Hübner* ZAR 2007, 381 (383).

[1297] *Huber/Göbel-Zimmermann/Eichhorn* AufenthG § 30 Rn. 9.

[1298] Vgl. ua § 104a Abs. 1 S. 3 AufenthG: „Altersgründe" oder § 10 Abs. 4 StAG: „altersbedingt" bzw. Ausnahmen „zur Vermeidung einer besonderen Härte" in § 9 Abs. 2 S. 2 AufenthG.

[1299] Vgl. etwa *Huber/Göbel-Zimmermann/Eichhorn* AufenthG § 30 Rn. 9.

handlung könne unter keinem Gesichtspunkt gerechtfertigt werden. Vor allem sei die Versagung des Ehegattennachzuges nicht erforderlich. Als milderes Mittel komme nämlich die mit der Visumserteilung zum Ehegattennachzug verbundene Verpflichtung des nachziehenden Ehegatten zur Teilnahme an einem Integrationskurs nach §§ 43, 44a AufenthG im Bundesgebiet in Betracht.[1300] Diese Kritik hat auch nach Inkrafttreten des NeuBestG nichts an Gewicht verloren. Denn die vom Gesetzgeber in § 30 AufenthG zugrunde gelegte Differenzierung folgt letztlich nicht den Motiven der Integrationsförderung und Zwangsheiratsbekämpfung, sondern schlicht einer migrationspolitischen Privilegierung.[1301] Diese ist zwar grundsätzlich zulässig, aber rechtfertigungsbedürftig. Allerdings geht das BVerwG[1302] von der Vereinbarkeit des § 30 Abs. 1 S. 1 Nr. 2, S. 3 AufenthG mit Art. 3 Abs. 1 und 3 GG aus: So stehe der Bundesrepublik hinsichtlich der Pflege ihrer Beziehungen zu auswärtigen Staaten ein weites außenpolitisches Ermessen zu. Dieses schließe die aufenthaltsrechtliche Privilegierung von Angehörigen bestimmter Drittstaaten ein. Im Übrigen sei die Regelung von der Typisierungsbefugnis des Gesetzgebers gedeckt, differenzierte Regelungen für unterschiedliche Gruppen nachzugswilliger Ausländer zu erlassen.

Schließlich wurde auch die **Europarechtskonformität** der Norm wiederholt in Zweifel gezogen.[1303] So wurde insbesondere die Vereinbarkeit mit Art. 7 Abs. 2 RL 2003/86/EG diskutiert, wonach die Mitgliedstaaten gemäß ihrem nationalen Recht von Drittstaatsangehörigen verlangen können, dass sie „Integrationsmaßnahmen" nachkommen müssen. Nach der Gesetzesbegründung[1304] soll es sich bei § 30 Abs. 1 S. 2 Nr. 2 AufenthG um eine solche, mit der Richtlinie vereinbare „Integrationsmaßnahme" handeln. Dem wurde – zu Recht – entgegengehalten, dass Art. 7 Abs. 2 S. 2 RL 2003/86/EG Integrationsmaßnahmen erst zulässt, wenn den Betroffenen bereits Familiennachzug gewährt wurde. Der Sprachnachweis muss in der Regel aber gerade **vor der Einreise** erbracht werden (s. oben, → Rn. 816 f.). Auch differenziere die Richtlinie gerade zwischen (im Inland vom Mitgliedstaat zu erbringenden) „Integrationsmaßnahmen" und (an die Ehegatten bzw. Familiennagehörigen gerichteten) „Integrationsbedingungen".[1305] Dieser Argumentation hat sich der **EuGH** jedoch nicht angeschlossen. Zwar hatte er mit Urteil in der Rechtssache „Dogan"[1306] – dem eine Klage einer türkischen Staatsangehörigen vor den deutschen Verwaltungsgerichten vorausging – entschieden, dass der von § 30 Abs. 1 S. 1 Nr. 2 AufenthG gegen die **Standstillklausel** des Art. 41 Abs. 1 ZP verstoße und damit zur Fortentwicklung der Standstill-Dogmatik beigetragen.[1307] Problematisch sei insbesondere, dass die deutsche Regelung keine allgemeine Härtefallregelung enthalte (dazu bereits oben, → Rn. 824). Offen gelassen hatte der EuGH dagegen, ob § 30 Abs. 1 S. 1 Nr. 2 AufenthG auch gegen Art. 7 Abs. 2 RL 2003/86/EG verstößt, weshalb das VG Berlin dem EuGH diese Frage mit Beschluss vom 23.10.2014 erneut vorgelegt hatte.[1308] Allerdings zog es diesen Vorlagebeschluss mit Beschluss vom 5.8.2015 wieder zurück, nachdem der EuGH am 9.7.2015 in der Rs. „K. und A."[1309] entschieden hat, dass Art. 7 Abs. 2 RL 2003/86/EG einer – der deutschen Regelung sehr ähnlichen – niederländischen Regelung nicht entgegensteht, wonach ein drittstaatsangehöriger Ehegatte bereits vor

**831**

[1300] *Kingreen* ZAR 2007, 13 (18); a. A. *Hillgruber* ZAR 2006, 304 (315 f.).

[1301] Vgl. BT-Drs. 16/5065, 174.

[1302] BVerwG NJW 2010, 2536; BVerwG NVwZ 2013, 515.

[1303] Vgl. etwa Huber/*Göbel-Zimmermann/Eichhorn* AufenthG § 30 Rn. 10; *Groenendijk* ZAR 2006, 191 (195 f.); *Ders.* ZAR 2007, 320 (324); *Marx* InfAuslR 2007, 413 (416).

[1304] BT-Drs. 16/5065, 172 ff.

[1305] *Groenendijk* ZAR 2007, 320 (324).

[1306] EuGH NVwZ 2014, 1081 = ZAR 2014, 421 – Dogan.

[1307] Vgl. *Thym*, ZAR 2014, 301 (302).

[1308] Vorlagebeschluss des VG Berlin v. 23.10.2014, 28 K 456.12 V.

[1309] EuGH NVwZ 2015, 1359 – K. und A.

seiner erstmaligen Einreise in den Mitgliedstaat eine Integrationsprüfung bestehen muss, die ihm Sprachkenntnisse auf dem Niveau A1 und Grundkenntnisse über die Gesellschaft des Aufnahmestaates abverlangt. Jedoch sah das der Entscheidung zugrundeliegende niederländische Recht – anders als das deutsche – eine Härtefallklausel vor. Hierdurch erklärt sich die Entscheidung des Gesetzgebers, mit dem Gesetz zur Neubestimmung des Bleiberechts und der Aufenthaltsbeendigung v. 27.7.2015[1310] in § 30 Abs. 1 S. 3 Nr. 6 AufenthG eine Auffangklausel einzufügen. Diese ist nun nicht nur mit Blick auf Art. 6 Abs. 1 GG verfassungskonform, sondern mit Blick auf die Familienzusammenführungs-RL 2003/86/EG und das im 9. EG enthaltene Ziel, die Ehegattennachzug möglichst zu erreichen, auszulegen und anzuwenden.

### d) Die Regelung des § 30 Abs. 4 AufenthG

832    Neu mit dem 1. Richtlinienumsetzungsgesetz vom 19.8.2007 eingeführt wurde auch die Regelung des § 30 Abs. 4 AufenthG betreffend die Mehrehen (dazu oben, → Rn. 695), wonach der Nachzug von (weiterer) Ehegatten ausgeschlossen ist, sofern die zusammenführende Person bereits mit einer anderen Person verheiratet ist und mit dieser im Bundesgebiet lebt. Hierdurch soll die Vorgabe des Art. 4 Abs. 4 Unterabs. 1 RL 2003/86/EG umgesetzt werden. Beschränkungen für den Kindernachzug nach § 32 AufenthG hinsichtlich der gemeinsamen Kinder mit weiteren Ehegatten ergeben sich in Übereinstimmung mit Art. 4 Abs. 4 Unterabsatz 2 der Richtlinie 2003/86/EG daraus, dass der weitere Ehegatte keinen Aufenthaltstitel zum Familiennachzug erhält.

### e) Erleichterungen für den Nachzug zu Inhabern einer Aufenthaltserlaubnis nach § 20a AufenthG

833    § 30 Abs. 5 AufenthG sieht Erleichterungen für den Zuzug zu Inhabern einer Aufenthaltserlaubnis nach § 20a AufenthG vor. Die Norm wurde mit dem Gesetz zur Umsetzung aufenthaltsrechtlicher Richtlinien der EU zur Arbeitsmigration vom 12.5.12[1311] eingeführt.

## 7. Eigenständiges Aufenthaltsrecht des Ehegatten (§ 31 AufenthG)

### a) Allgemeines

834    Nach den soeben vorgestellten Vorschriften der §§ 27, 29 und 30 AufenthG setzt die Erteilung einer Aufenthaltserlaubnis aus familiären Gründen stets voraus, dass auch dem Zusammenführenden ein Aufenthaltsrecht zusteht. Danach steht einem ausländischen Familienangehörigen von vornherein **kein Aufenthaltsrecht** zum Zwecke der Familienzusammenführung zu, wenn sich der Zusammenführende nicht **rechtmäßig** im Bundesgebiet aufhält.[1312] Dieser Zusammenhang wird oftmals als **„Grundsatz der Akzessorietät"**[1313] bezeichnet. Diese Bezeichnung suggeriert, dass sich das Aufenthaltsrecht des Familienangehörigen vom Aufenthaltsrecht des Zusammenführenden ableite. Diese Redeweise ist insofern etwas irreführend, als sich das Aufenthaltsrecht des Familiennagehörigen nicht aus logischen Gründen vom Aufenthaltsrecht des Zusammenführenden „ableitet" oder eine Art „Ausfluss" dieses Rechts bildet. Dass der Familiennachzug in Deutschland nur zu aufenthaltsberechtigten Ausländern stattfinden soll, ist jedoch keine Frage der Logik, sondern eine politische Entscheidung des Gesetzgebers. Etwas anderes gilt

---

[1310] BGBl. I 1386.
[1311] BGBl. I 1106. Vgl. dazu Huber, NVwZ 2017, 1160.
[1312] Gleiches gilt gemäß § 28 Abs. 1 S. 1 AufenthG für den Familiennachzug zu Deutschen, wenn der zusammenführende Deutsche nicht seinen „gewöhnlichen Aufenthalt" im Bundesgebiet hat.
[1313] Vgl. etwa Kluth/Heusch/*Tewocht* AufenthG § 31 Rn. 10 f.

hingegen für den als „(Grundsatz der) **Zweckbindung**"[1314] bezeichneten Zusammenhang, wonach das Aufenthaltsrecht des Familienangehörigen aus familiären Gründen das (Fort-)Bestehen der den Familiennachzug rechtfertigenden familiären Gemeinschaft (zB Ehe, eingetragene Lebenspartnerschaft, Verwandtschaftsverhältnis) voraussetzt. Dieser Zusammenhang folgt – im Gegensatz zum Grundsatz der Akzessorietät – sehr wohl logischen Gesichtspunkten: Da nämlich das Aufenthaltsrecht nach §§ 27 ff. AufenthG (jedenfalls nach der Fiktion des AufenthG) ausschließlich der Wahrnehmung der von Art. 6 Abs. 1 GG geschützten ehelichen oder familiären Gemeinschaft dient, setzt es **logisch** voraus, dass diese Gemeinschaft überhaupt besteht. Wie ist dann aber damit umzugehen, dass sich die eheliche oder familiäre Lebensgemeinschaft (zB in Folge von Aufhebung oder Scheidung der Ehe, aufgrund von Volljährigkeit des ehemals minderjährigen ledigen Kindes oder im Falle des Todes des Zusammenführenden) auflöst? Soll dann der Familienangehörige sein Aufenthaltsrecht verlieren? Auf diese Frage gibt § 31 AufenthG für den Ehegattennachzug eine Antwort: Danach kann ein ausländischer Ehegatte unter den dort genannten Voraussetzung ein **eigenständiges Aufenthaltsrecht** erlangen. Dieses Institut stellt gewissermaßen eine Durchbrechung sowohl des „Akzessoritäts-" als auch des „Zweckbindungsgrundsatzes" dar.

### b) Die Voraussetzungen und die Rechtsfolge des § 31 Abs. 1 AufenthG

Die gesetzgebungstechnisch misslungene Vorschrift des § 31 AufenthG ist nicht ohne **835** weiteres zu verstehen. Das gilt bereits für die komplizierte **Rechtsfolge**: Liegen nämlich die Voraussetzungen des § 31 Abs. 1 S. 1 AufenthG vor, so „wird" die dem Ehegatten erteilte Aufenthaltserlaubnis „als eigenständiges, vom Zweck des Familiennachzugs unabhängiges Aufenthaltsrecht für ein Jahr verlängert". Nicht in § 31 AufenthG geregelt ist dagegen, was nach Ablauf dieses Jahres passiert. Dies erschließt sich nur aus den allgemeinen Bestimmungen der §§ 8 f. AufenthG. So wird „nach der Umwandlung des akzessorischen Aufenthaltsrechts in ein eigenständiges Aufenthaltsrecht … über weitere befristete Verlängerungen … nach allgemeinen Grundsätzen entschieden. Daraus folgt, dass die Voraussetzungen des § 8 uneingeschränkt zur Anwendung kommen."[1315] Dabei fragt sich allerdings, nach welchen „Vorschriften" im Sinne von § 8 Abs. 1 AufenthG sich die „Erteilung" richtet. Viel spricht dafür, hier nicht auf § 31 Abs. 1, sondern auf § 30 AufenthG zurückzugreifen, da erstere nicht die Erteilung, sondern die **Verlängerung** regelt. Unter den Voraussetzungen von § 31 Abs. 3 AufenthG kann dem Ehegatten abweichend von § 9 Abs. 2 S. 1 Nr. 3, 5 und 6 AufenthG zudem eine **Niederlassungserlaubnis** erteilt werden, wenn sein Lebensunterhalt gesichert ist und die zusammenführende Person eine Niederlassungserlaubnis oder eine Erlaubnis zum Daueraufenthalt-EU besitzt.

Noch komplizierter als die Rechtsfolge sind die **Voraussetzungen des § 31 AufenthG**. **836** Nach Abs. 1 setzt das eigenständige Aufenthaltsrecht des ausländischen Ehegatten zunächst voraus, dass diesem zuvor eine Aufenthaltserlaubnis zur Herstellung oder Wahrung der ehelichen Lebensgemeinschaft gemäß § 30 AufenthG erteilt wurde.[1316] Dies ergibt sich aus § 31 Abs. 1 S. 1 AufenthG, wo auf die „Aufhebung der ehelichen Lebensgemeinschaft" Bezug genommen wird. Daraus folgt, dass eine dem Ehegatten aus anderen Gründen (zB zum Zweck des Studiums nach § 16 AufenthG) erteilte Aufenthaltserlaub-

---

[1314] So etwa *Marx*, Aufenthalts-, Asyl- und Flüchtlingsrecht, 6. Aufl. 2016, § 6 Rn. 3; Huber/*Göbel-Zimmermann/Eichhorn* AufenthG § 31 Rn. 1.
[1315] *Hailbronner* § 31 AufenthG Rn. 37.
[1316] Vgl. etwa VGH Kassel NVwZ-RR 1995, 474. Nach BVerwG Urt. v. 4.8.2007 – 1 C 43/06 soll § 31 Abs. 1 AufenthG selbst dann nicht anwendbar sein, wenn dem Familienangehörigen eine Aufenthaltserlaubnis nach § 25 Abs. 5 AufenthG zum Zweck der Herstellung der ehelichen Lebensgemeinschaft erteilt wurde.

nis oder ein zum Zwecke der Familienzusammenführung erteiltes Visum[1317] niemals in ein eigenständiges Aufenthaltsrecht nach § 31 AufenthG übergehen kann. Darüber hinaus muss die **eheliche Lebensgemeinschaft seit mindestens drei**[1318] **Jahren rechtmäßig im Bundesgebiet bestanden** haben ehe sie aufgehoben wurde (vgl. § 31 Abs. 1 S. 1 Nr. 1 AufenthG). Dem gleichgestellt ist der Fall, dass die zusammenführende Person noch vor Ablauf dieser Zeit verstorben ist und die eheliche Lebensgemeinschaft bis zu diesem Zeitpunkt im Bundesgebiet bestand (vgl. § 31 Abs. 1 S. 1 Nr. 2 AufenthG). In beiden Fällen muss die zusammenführende Person zuvor im Besitz einer Aufenthaltserlaubnis, einer Niederlassungserlaubnis oder einer Erlaubnis zum Daueraufenthalt-EU gewesen sein. Hierin kommt der Grundsatz der Akzessorietät erneut zum Tragen. Von diesem Grundsatz wird gemäß der völlig misslungenen Formulierung des § 31 Abs. 1 S. 1 AufenthG a. E. für den Fall zugunsten (!) des Ehegatten abgewichen, dass die zusammenführende Person (!) die nicht rechtzeitige Verlängerung ihres Aufenthaltstitels nicht zu vertreten hat (zB weil sie krank war). Dieser Umstand soll dem Ehegatten nicht zur Last gelegt werden.[1319]

**837** Dagegen wird gemäß § 31 Abs. 1 S. 2 AufenthG für den Fall zulasten (!) des Ehegatten von S. 1 mit der Folge abgewichen, dass dem Ehegatten seine Aufenthaltserlaubnis trotz Vorliegens der Voraussetzungen von § 31 Abs. 1 S. 1 AufenthG nicht verlängert werden darf, wenn die Aufenthaltserlaubnis der zusammenführenden Person (!) nicht verlängert werden oder ihr keine Niederlassungserlaubnis oder Erlaubnis zum Daueraufenthalt-EG erteilt werden darf, weil dies durch eine Rechtsnorm wegen des Zwecks des Aufenthalts oder durch eine Nebenbestimmung zur Aufenthaltserlaubnis nach § 8 Abs. 2 AufenthG ausgeschlossen ist. Mit dieser durch das 1. Richtlinienumsetzungsgesetz erfolgten Ergänzung sollen Ehegatten von Zusammenführenden, die selbst **keine Perspektive der Aufenthaltsverfestigung** haben, nicht darauf vertrauen dürfen, dass ihnen ein längerfristiges Aufenthaltsrecht im Bundesgebiet gewährt wird.[1320]

**838** Eine „**Aufhebung**" der ehelichen Lebensgemeinschaft im Sinne von Abs. 1 S. 1 liegt nicht nur im Falle einer Eheaufhebung im Sinne der §§ 1313 ff. BGB vor. Vielmehr ist damit ganz allgemein die (faktische) Auflösung der ehelichen Lebensgemeinschaft gemeint – unabhängig davon ob sie auf Eheaufhebung (§§ 1313 ff. BGB), Scheidung (§§ 1564 ff. BGB) oder einer schlichten dauerhaften Trennung der Eheleute beruht[1321], wobei hinsichtlich der „Dauerhaftigkeit" auf den in § 1566 BGB genannten Zeitraum von einem Jahr zurückgegriffen werden kann.[1322] In jedem Fall ist der Tatbestand der Aufhebung der ehelichen Lebensgemeinschaft nach objektiven Kriterien und unter Würdigung aller Indizien im Einzelfall (zB polizeiliche Meldungen, Einzugsdaten, Auszugsdaten, Stellung eines Scheidungsantrages, Angaben in Scheidungsverfahren, Angaben in sonstigen Zusammenhängen: zB gegenüber dem Arbeitgeber, dem Finanzamt usw., Verlassen der ehelichen Wohnung, dauerhafte Rückkehr ins Ausland) zu bestimmen.

**839** So kann **für eine Aufhebung** der ehelichen Lebensgemeinschaft sprechen, dass einer der Ehegatten die gemeinsame Ehewohnung auf Dauer verlässt oder die Eheleute in getrennten Wohnungen leben und nur noch eine schlichte Begegnungsgemeinschaft be-

---

[1317] Vgl. hierzu OVG Saarlouis, Beschl. v. 28.1.2014, 2 B 485/13.
[1318] Vor Inkrafttreten des Zwangsheiratsbekämpfungsgesetzes zum 1.7.2011 betrug die Ehebestandszeit noch zwei Jahre. Seit dem 1.7.2011 ist jedoch die neue Fassung des § 31 Abs. 1 AufenthG maßgeblich – vgl. BVerwG, Urt. v. 10.12.2013, 1 C 1.13 = ZAR 2014, 289.
[1319] Kluth/Heusch/*Tewocht* AufenthG § 31 Rn. 10.
[1320] BT-Drs. 16/5065, 175.
[1321] Kluth/Heusch/*Tewocht* AufenthG § 31 Rn. 12.
[1322] BVerwG InfAuslR 1999, 72.

steht.[1323] Diese Vermutung kann jedoch widerlegt werden. Ein weiteres – ebenfalls widerlegliches – Indiz **für die Aufhebung** soll nach (fragwürdiger) Ansicht des BVerwG[1324] vorliegen, wenn ein Ehegatte während der im Bundesgebiet gelebten ehelichen Lebensgemeinschaft mehrfach der Prostitution nachgeht.

Eine dauerhafte räumliche Trennung der Eheleute stellt **keine „Aufhebung"** der ehe-    **840** lichen Lebensgemeinschaft dar, wenn sonstige Gründe erkennen lassen, dass die Trennung die ehelichen Bindungen nicht berührt. Konkrete Anhaltspunkte hierfür können sein: gemeinsame Ferien, häufige und regelmäßige Wochenendbesuche, gemeinsame Kontakte zu Freunden und Verwandten, persönliche Beistandsleistungen.[1325] Auch im Falle einer nicht nur räumlichen, sondern auch persönlich motivierten Trennung kann die eheliche Lebensgemeinschaft fortbestehen, wenn die Eheleute später wieder zusammenziehen.[1326] Zwar ist ein Scheidungsantrag ein ziemlich starkes Indiz für eine dauerhafte Trennung,[1327] da der betroffene Ehegatte damit zu erkennen gibt, dass er an der Aufhebung der ehelichen Lebensgemeinschaft interessiert ist. Allerdings kommt es auch hier auf eine genaue Einzelfallbetrachtung an – so kann etwa nicht auf einen Trennungswillen geschlossen werden, wenn der Scheidungsantrag lediglich aus Verärgerung erfolgt ist.[1328] Eine Aufhebung der ehelichen Lebensgemeinschaft liegt jedenfalls dann nicht vor, wenn zB ein vorübergehendes Getrenntleben oder Trennung „auf Probe" verabredet ist.[1329]

Die Aufhebung der ehelichen Lebensgemeinschaft hat zur Folge, dass der Ehegatte    **841** selbst dann **kein eigenständiges Aufenthaltsrecht** nach § 31 Abs. 1 S. 1 Nr. 1 AufenthG erlangen kann, wenn die **eheliche Lebensgemeinschaft später wieder begründet** wird.[1330] In der späteren Wiederaufnahme der ehelichen Lebensgemeinschaft liegt vielmehr deren Neubegründung, von der an die nach § 31 Abs. 1 S. 1 Nr. 1 AufenthG erforderliche Mindestbestandszeit der ehelichen Lebensgemeinschaft erneut zu laufen beginnt.[1331] Auch Zeiten verschiedener, nacheinander bestehender Ehen werden nicht zusammengerechnet.[1332]

Voraussetzung für die Verselbständigung des Aufenthaltsrechtes nach § 31 Abs. 1 S. 1    **842** Nr. 1 AufenthG ist, dass die eheliche Lebensgemeinschaft im Bundesgebiet mindestens drei Jahre **rechtmäßig** bestanden hat (§ 31 Abs. 1 Nr. 1 AufenthG). Diese sog. **Ehebestandszeit** – von der jedoch nach Maßgabe der Härtefallklausel des § 31 Abs. 2 AufenthG abzusehen ist – wurde mit dem Zwangsheiratsbekämpfungsgesetz[1333] von zwei auf drei Jahre hochgesetzt. Anlass dieser Regelung sind ausweislich der Gesetzesbegründung[1334] Hinweise aus der ausländerbehördlichen Praxis, wonach die verhältnismäßig kurze Mindestbestandsdauer einen Anreiz darstelle, eine sog. „Schein-" oder „Zweckehe" (dzu oben, → Rn. 729, 741 ff.) einzugehen. Zu beachten ist, dass sich das Erfordernis der „Rechtmäßigkeit" in § 31 Abs. 1 S. 1 Nr. 1 AufenthG nicht nur auf die Rechtmäßigkeit

---

[1323] Vgl. BVerwGE 107, 58 = NVwZ 1999, 775 = InfAuslR 1998, 424; InfAuslR 1999, 72 f.; VGH München NVwZ-Beil. 1/2000, 116.
[1324] OVG Berlin-Brandenburg Beschl. v. 19.2.2007 – OVG 2 S 9.07.
[1325] Vgl. BVerwG NVwZ 1998, 745; VGH Mannheim EZAR 023 Nr. 11.
[1326] VGH München NVwZ-Beil. 1/2000, 116 zu § 19 AuslG.
[1327] BVerwG InfAuslR 1998, 279 (281) = NVwZ 1998, 745 zu § 19 AuslG.
[1328] VGH München NVwZ-Beil. 1/2000, 116 zu § 19 AuslG.
[1329] VGH Kassel NVwZ 1997, 194 zu § 19 AuslG.
[1330] BVerwG InfAuslR 1998, 279 (280).
[1331] OVG Münster Beschl. v. 20.7.2007 – 18 B 2514/06 – und Beschl. v. 29.11.2000 – AuAS 2001, 67 und Beschl. v. 2.9.2005 – 18 B 494/05.
[1332] Huber/*Göbel-Zimmermann/Eichhorn* AufenthG § 31 Rn. 8.
[1333] Gesetz zur Bekämpfung der Zwangsheirat und zum besseren Schutz der Opfer von Zwangsheirat sowie zur Änderung weiterer aufenthalts- und asylrechtlicher Vorschriften v. 23.6.2011 (BGBl. I, 1266) – vgl. dazu Eichenhofer NVwZ 2011, 792 ff.
[1334] BT-Drs. 17/4401, 9, 10.

im Sinne von Gültigkeit der ehelichen Lebensgemeinschaft[1335], sondern auch der Rechtmäßigkeit des Aufenthalts zum Zwecke der ehelichen Lebensgemeinschaft beziehen muss.[1336] Demnach müssen sowohl der Zusammenführende als auch der Ehegatte für den gesamten Dreijahreszeitraum – abgesehen von zeitlich kurz bemessenen und vorübergehenden Auslandsaufenthalten (vgl. § 51 Abs. 1 Nr. 7 AufenthG – ununterbrochen in Besitz eines Aufenthaltstitels gewesen sein.[1337] Dem gleichgestellt ist die Fiktion des erlaubten Aufenthaltes nach § 81 AufenthG.[1338] Ferner werden nach § 55 Abs. 3 AsylG die Zeiten einer Aufenthaltsgestattung zur Durchführung des Asylverfahrens nur angerechnet, wenn der Ausländer als Asylberechtigter anerkannt worden ist. Kehrt der nachgezogene Ehegatte während der Ehe für längere Zeit oder aus einem seiner Natur nach nicht vorübergehenden Grund in sein Heimatland zurück, soll im Falle einer erneuten Einreise ins Bundesgebiet die Berechnung der Mindestaufenthaltszeiten erneut beginnen, da der begonnene Integrationsprozess beendet wurde.[1339] Auch hierbei ist jedoch genau zu prüfen, ob die eheliche Gemeinschaft tatsächlich aufgehoben wurde.

**843**    Ein selbständiges Aufenthaltsrecht erwirbt der Ehegatte gemäß § 31 Abs. 1 S. 1 **Nr. 2** AufenthG auch schon vor Ablauf von drei Jahren, wenn die **zusammenführende Person** während des Bestandes der ehelichen Lebensgemeinschaft im Bundesgebiet **verstorben** ist. Das eigenständige Aufenthaltsrecht entsteht in diesem Fall – unabhängig von der Aufenthaltsdauer des Ehegatten[1340] – im Zeitpunkt des Todes.[1341] Bis zu diesem Zeitpunkt darf die eheliche Lebensgemeinschaft nicht nur formell bestanden haben,[1342] sie muss auch tatsächlich gelebt und noch nicht aufgehoben worden sein (dazu bereits oben, → Rn. 838 ff.).[1343] Zwar wird auf die Rechtmäßigkeit des Aufenthalts der Eheleute nicht explizit Bezug genommen. Jedoch normiert § 31 Abs. 1 AufenthG a. E. ausdrücklich die Aufenthaltstitel, in deren Besitz die zusammenführende Person bis zu ihrem Tod gewesen sein muss. Dass auch der Ehegatte zuvor in Besitz einer Aufenthaltserlaubnis nach § 30 AufenthG gewesen sein muss, ergibt sich daraus, dass § 31 Abs. 1 AufenthG nur in diesem Falle überhaupt anwendbar ist (s. oben, → Rn. 836).

### c) Die Härtefallklausel des § 31 Abs. 2 AufenthG

**844**    Gemäß § 31 Abs. 2 S. 1 AufenthG „ist" (Anspruch) vom Erfordernis der dreijährigen Ehebestandszeit (dazu oben, → Rn. 842) abzusehen, sofern dies **zur Vermeidung einer besonderen Härte erforderlich** ist – es sei denn, die zusammenführende Person ist von einer Verlängerung der Aufenthaltserlaubnis ausgeschlossen. Es besteht zunächst ein Rechtsanspruch auf Verlängerung der Aufenthaltserlaubnis für ein Jahr (§ 31 Abs. 1 S. 1 AufenthG). Unschädlich für die Berechnung der Jahresfrist ist dabei, dass die Verlängerung erst nach längerer Trennungszeit erfolgt, in der die ursprüngliche Aufenthaltserlaubnis noch gültig war.[1344] Ist die Aufenthaltsverfestigung für die zusammenführende Person jedoch ausgeschlossen, kann dem Ehegatten jedoch bei Vorliegen der Voraussetzungen

---

[1335] Huber/*Göbel-Zimmermann/Eichhorn* AufenthG § 31 Rn. 8.

[1336] So zur Vorgängerregelung (§ 19 AuslG): BVerwGE 101, 236 = NVwZ 1997, 295 = InfAuslR 1997, 54; VGH Kassel Beschl. v. 20.10.1994 – 13 G 1016/94 (2); VGH Mannheim Beschl. v. 2.4.1996 – 13 S 716/96; OVG Münster Beschl. 20.7.2007 – 18 B 2514/06.

[1337] Vgl. OVG Münster InfAuslR 2000, 282; BVerwG InfAuslR 1995, 287 (290); VGH Kassel FamRZ 1998, 615.

[1338] VGH Kassel EZAR 023 Nr. 13; VGH München NVwZ-Beil. 1/2000, 116 zu § 19 AuslG.

[1339] Vgl. VGH Kassel InfAuslR 1994, 223 ff. und FamRZ 1998, 615; OVG Hamburg InfAuslR 1995, 293.

[1340] Hofmann/*Müller* AufenthG § 31 Rn. 15.

[1341] VGH Kassel Beschl. v. 15.9.1994 – 13 TH 2184/94; OVG Hamburg NVwZ 1998, 681.

[1342] Vgl. BVerwG InfAuslR 1998, 424; OVG Münster DVBl. 1991, 1098.

[1343] OVG Hamburg NVwZ-RR 1998, 681.

[1344] OVG Münster NVwZ 2000, 1445 = InfAuslR 2000, 279 = AuAS 2000, 146.

ein Aufenthaltsrecht aus humanitären Gründen erteilt werden.[1345] Für die Anwendung des § 31 Abs. 2 AufenthG ist es unerheblich, ob die Auflösung der ehelichen Lebensgemeinschaft durch den Ehegatten oder die zusammenführende Person erfolgt ist.[1346] Dies ergibt sich sowohl aus dem Wortlaut – der eine Auflösung durch den Ehegatten gerade nicht voraussetzt – als auch aus dem Schutzzweck der Norm, der darin besteht, den Ehegatten vor besonderen Härten zu schützen. Käme es darauf an, wer die Trennung herbeigeführt hat, hätte beispielsweise ein misshandelnder Ehegatte die „Macht", ein eigenständiges Aufenthaltsrecht des misshandelten Ehepartners zu verhindern, was gleichfalls dem Schutzzweck des § 31 Abs. 2 AufenthG widerspräche.[1347]

Wann ein solcher **Härtefall** vorliegt, bestimmt – wenn auch nicht abschließend („insbesondere") – § 31 Abs. 2 S. 2 und 3 AufenthG, nämlich, „wenn die Ehe nach deutschem Recht wegen Minderjährigkeit des Ehegatten im Zeitpunkt der Eheschließung unwirksam ist oder aufgehoben worden ist",[1348] „wenn dem Ehegatten wegen der aus der Auflösung der ehelichen Lebensgemeinschaft erwachsenden Rückkehrverpflichtung eine erhebliche Beeinträchtigung seiner schutzwürdigen Belange droht" (2. Alt.) oder wenn ihm „wegen der Beeinträchtigung seiner schutzwürdigen Belange das weitere Festhalten an der ehelichen Lebensgemeinschaft unzumutbar ist.[1349] Dies ist „insbesondere anzunehmen, wenn der Ehegatte Opfer häuslicher Gewalt ist[1350]„ (3. Alt.). Die letztgenannte Alternative setzt nicht voraus, dass der von Gewalt betroffene Ehegatte die Ehe auch aus eigener Initiative beendet.[1351] Gemäß S. 3 zählt zu „den schutzwürdigen Belangen ... auch das Wohl eines mit dem Ehegatten in familiärer Lebensgemeinschaft lebenden Kindes." Auch wenn es sich bei § 31 Abs. 2 S. 2 und 3 AufenthG nur um Regelbeispiele handelt, hat das BVerwG ihren Anwendungsbereich insofern eingegrenzt, als ein Härtefall nur bei dem Ehegatten drohenden Nachteilen vorliegen soll, die sich zumindest mittelbar auf die Auflösung der ehelichen Gemeinschaft zurückführen lassen.[1352] Im Anschluss hieran hat der VGH München[1353] entschieden, dass § 31 Abs. 2 AufenthG nicht auch solche Härten erfasse, die sich daraus ergeben, dass die Auflösung der ehelichen Lebensgemeinschaft eine Rückkehrverpflichtung zur Folge haben kann. Diese Entscheidung steht jedoch in Widerspruch zu § 31 Abs. 2 S. 2 Alt. 1 AufenthG, der neben **„ehebezogenen"** gerade auch **„aufenthaltsbezogene Härten"** berücksichtigt. Nach der Systematik des § 31 Abs. 2 S. 2 und 3 AufenthG ist also zwischen Härtefällen zu differenzieren, die aus dem geringen Lebensalter mindestens eines Ehegatten bei Eingehung der Ehe (S. 2 Alt. 1), einer etwaigen Rückkehrverpflichtung des Ehegatten (S. 2 Alt. 2) oder einem Fortbestand der ehelichen Lebensgemeinschaft resultieren (S. 2 Alt. 3), wobei das Kindeswohl (S. 3) in allen Alternativen zu berücksichtigen ist.

**845**

---

[1345] BT-Drs. 16/5065, 175; vgl. zum Hintergrund der Regelung auch: Kluth/Heusch/*Tewocht* AufenthG § 31 Rn. 17 f. mwN.

[1346] Kluth/Heusch/*Tewocht* AufenthG § 31 Rn. 23.

[1347] Vgl. hierzu VGH Kassel Beschl. v. 17.1.2007 – 7 TG 2908/06; VGH Mannheim InfAuslR 2003, 232 (234); OVG Münster, Beschl. v. 26.5.2011 – 17 B 557/01; VGH Kassel Beschl. v. 5.7.2004 – 9 TG 1237/04 –; a. M. VGH Kassel AuAS 2005, 266.

[1348] Dieser Passus wurde mit dem Gesetz zur Bekämpfung von Kinderehen v. 17.7.2017, BGBl. I 2429 eingefügt.

[1349] Zu den Hintergründen dieser Alternative: BT-Drs. 14/2902, 5, zur entsprechenden Regelung in § 19 AuslG, an dem sich § 31 AufenthG orientiert, vgl. BT-Drs. 15/420, 82.

[1350] Diese Ergänzung wurde mit dem Gesetz zur Bekämpfung der Zwangsheirat und zum besseren Schutz der Opfer von Zwangsheirat sowie zur Änderung weiterer aufenthalts- und asylrechtlicher Vorschriften v. 23.6.2011 (BGBl. I, 1266) vorgenommen.

[1351] Offen gelassen bei VGH Kassel, Beschl. v. 22.9.2015 – 6 B 1311/15, Asylmagazin 2015, 433.

[1352] BVerwG NVwZ 2009, 1432 (1435). Für die Erfassung aller mit der Rückkehr des Ehegatten verbundenen Nachteile dagegen: VGH Mannheim Urt. v. 4.12.2002 – 13 S 2194/01; *Hailbronner* § 31 AufenthG Rn. 22.

[1353] VGH München, Beschl. v. 18.10.2015 – 10 C 14.2181 = BeckRS 2015, 52026.

**846** Ein aus der Rückkehrverpflichtung resultierender **Härtefall nach S. 2 Alt. 1**[1354] kann etwa angenommen werden, wenn dem Ehegatten das (gemeinsame) **Sorgerecht** für ein mit ihm in familiärer Gemeinschaft im Bundesgebiet lebendes Kind zusteht und die familiäre Lebensgemeinschaft im Fälle der Rückkehr aufgehoben oder im Ausland gelebt werden müsste oder der Ehegatte im Falle seiner Rückkehr Gefahr liefe, im Herkunftsstaat infolge der Auflösung der ehelichen Gemeinschaft Opfer erheblicher rechtlicher oder gesellschaftlicher Diskriminierung zu werden.[1355] Rein **wirtschaftliche oder sonstige gesellschaftliche Nachteil**e, die mit der Rückkehr verbunden sind, stellen dagegen grundsätzlich keine besondere Härte dar.[1356]

**847** Von dieser Regel bestehen jedoch einige **Ausnahmen**. So kann ein Härtefall aus wirtschaftlichen Gründen vorliegen, wenn die Lebensunterhaltssicherung des betroffenen Ehegatten im Falle seiner Rückkehr nicht gesichert wäre.[1357] Ein Härtefall aus gesellschaftlichen Gründen kann sich etwa aus den gewachsenen familiären und sozialen Bindungen[1358] und der Integration des Ehegatten im Bundesgebiet ergeben.[1359] Insoweit kommt es auch darauf an, wie lange sich der Ehegatte bereits im Bundesgebiet aufhält, ob und wie gut er bereits die deutsche Sprache beherrscht und ob bzw. wie gut er noch die Sprache seines Herkunftslandes beherrscht.[1360] Maßgeblich ist also eine **Gesamtbetrachtung** bei der sämtliche sich aus der Rückkehrverpflichtung ergebenden Nachteile zu berücksichtigen sind.[1361] Dabei muss die Rückkehrverpflichtung den Ehegatten härter treffen als andere Ausländer in der gleichen Situation.[1362]

**848** Dagegen soll ein aus dem Fortbestand der ehelichen Lebensgemeinschaft folgender **Härtefall im Sinne von S. 2 Alt. 3** etwa vorliegen, wenn sich der Ehegatte in einer Zwangsehe befindet, wenn er oder die gemeinsamen Kinder[1363] vom Zusammenführenden physisch oder psychisch misshandelt[1364] werden (zB durch Schläge, entwürdigende Sexualpraktiken, Demütigungen und Beleidigungen während der Ehe[1365]) oder dieser sonstige Straftaten gegen sie verübt (hat) oder von dem Ehegatten verlangt, dass dieser selbst Straftaten begeht.[1366] Nicht ausreichend sollen dagegen „normale" Trennungsgründe, wie zB Kränkungen, Streitigkeiten oder auch die Untreue des Ehepartners[1367] sein.[1368] Maßgeblich ist also, ob es dem Ehegatten aufgrund von **Angst vor physischer und/oder**

---

[1354] Dazu etwa VGH Mannheim InfAuslR 2003, 190 zu § 19 AuslG.

[1355] Vgl. BT-Drs. 14/2368, 4; Nr. 31.2.2.1.1 ff. AVV-AufenthG. Vgl. dazu etwa VGH Kassel AuAS 2000, 86; VGH Mannheim InfAuslR, 2003, 190 (192 ff.); OVG Münster NVwZ – Beil. 2001, 83 (84 f.); VG Wiesbaden AuAS 2000, 160; VG Berlin AuAS 1995, 209; OVG Hamburg InfAuslR 1995, 293; VG Wiesbaden Beschl. v. 16.3.2000 – 4 G 1179/99 (1). Nach VG Berlin AuAS 1995, 209 ff.; VG Wiesbaden Beschl. v. 16.3.2000 – 4 G 1179/99; VGH Kassel NVwZ 2000, 1443 = InfAuslR 2000, 404 = AuAS 2000, 86 ist davon in aller Regel bei aus ländlichen Regionen der Türkei stammenden Frauen auszugehen.

[1356] Vgl. etwa OVG Lüneburg Beschl. v. 23.5.2007 – 10 ME 115/07; VGH München Beschl. v. 13.9.2006 – 24 ZB 06.1770; *Hailbronner* § 31 AufenthG Rn. 18 ff.

[1357] Vgl. VG Wiesbaden AuAS 2000, 160.

[1358] Vgl. dazu etwa VGH Mannheim InfAuslR 1999, 27.

[1359] BVerwG AuAS 1996, 206.

[1360] Vgl. OVG Hamburg InfAuslR 1995, 293.

[1361] BVerwG DÖV 1997, 835; VGH Mannheim InfAuslR 2003, 190.

[1362] OVG Saarlouis NVwZ-RR 2006, 357; VGH Kassel, InfAuslR 2004, 72.

[1363] Vgl. dazu OVG Berlin NVwZ-Beil. 5/2003, 34.

[1364] BVerwG InfAuslR 1999, 72; OVG Hamburg InfAuslR 2005, 143 = NVwZ 2005, 469.

[1365] Vgl. VG München, Urt. v. 25.5.1998, M 8 K 98.1457 = InfAuslR 1998, 451.

[1366] Vgl. Nr. 31.2.2.2.1 ff. AVV-AufenthG.

[1367] Vgl. dazu OVG Berlin-Brandenburg Beschl. v. 3.7.2007 – OVG 2 S 66.07.

[1368] Vgl. OVG Münster AuAS 2003, 170; VGH München InfAuslR 2001, 277; OVG Münster AuAS 2003, 170; Kluth/Heusch/*Tewocht* AufenthG § 31 Rn. 22.

**psychischer Gewalt** nicht mehr zuzumuten ist, an der ehelichen Lebensgemeinschaft festzuhalten.[1369]

Allerdings „kann" (Ermessen) die Verlängerung der Aufenthaltserlaubnis und damit **849** das Entstehen eines eigenständigen Aufenthaltsrechts selbst bei Vorliegen eines Härtefalles zur **Vermeidung eines missbräuchlichen Sozialleistungsbezuges** versagt werden, wenn der Ehegatte auf den Bezug von Leistungen nach dem SGB II oder XII angewiesen ist und er diesen Umstand **zu vertreten** hat (vgl. § 31 Abs. 2 S. 4 AufenthG). Ein „missbräuchlicher" Sozialleistungsbezug setzt zudem die Absicht des Ehegatten voraus, Sozialleistungen zu beziehen, die ihm eigentlich nicht zustehen. Ein solcher Missbrauchsfall liegt aber nicht etwa schon dann vor, wenn sich der Ehegatte im Rahmen der Stellenvermittlung durch die Arbeitsverwaltung nicht ernsthaft auf Arbeitssuche begeben hat, auf eine Arbeitsvermittlung nicht reagiert hat, eine vermittelte Arbeitsstelle ohne plausiblen Grund nicht angetreten hat oder eine ihm zumutbare Arbeit nicht leistet.[1370] Hinsichtlich der Frage, ob der Sozialleistungsbezug vom Ehegatten zu „vertreten" ist, muss dessen individueller Lebenssituation einschließlich der den Härtefall begründenden Umständen (wie zB physischen oder psychischen Problemen infolge einer psychischen oder körperlichen Misshandlung durch den Zusammenführenden) Rechnung getragen werden.[1371] Im Rahmen der Ermessensausübung hat die Ausländerbehörde insbesondere die **Art und Schwere der Beeinträchtigung** während der Ehe und die **Folgen der Trennung** sowie Gründe und voraussichtliche Dauer der **Hilfebedürftigkeit** mit den öffentlichen Interessen abzuwägen. § 31 Abs. 2 S. 4 AufenthG stellt eine Spezialvorschrift zu § 31 Abs. 4 AufenthG dar (dazu gleich).

### d) Aufenthaltsverfestigung nach § 31 Abs. 3 AufenthG

Nach § 31 Abs. 3 AufenthG kann dem Ehegatten – über die in § 31 Abs. 1 AufenthG **850** geregelte Verlängerung der Aufenthaltserlaubnis hinaus und abweichend von § 9 Abs. 2 S. 1 Nr. 3, 5 und 6 AufenthG – auch eine Niederlassungserlaubnis erteilt werden, wenn sein Lebensunterhalt durch **Unterhaltsleistungen** der zusammenführenden Person gesichert ist, die diese aus eigenen Mitteln bewirkt hat,[1372] und die zusammenführende Person eine **Niederlassungserlaubnis oder eine Erlaubnis zum Daueraufenthalt-EU** besitzt. Diese muss in dem Zeitpunkt vorliegen, in welchem dem Ehegatten die Niederlassungserlaubnis erteilt werden soll. Auf den Zeitpunkt der Auflösung der ehelichen Lebensgemeinschaft kommt es dagegen nicht an.[1373]

### e) Die Auswirkungen des Sozialleistungsbezuges, § 31 Abs. 4 AufenthG

Welche Auswirkungen es hat, dass der Ehegatte auf den Bezug von Sozialleistungen **851** angewiesen ist, regelt § 31 Abs. 4 AufenthG, von dem der Spezialfall des § 31 Abs. 2 S. 4 AufenthG (dazu oben, → Rn. 849) grundsätzlich unberührt bleibt.[1374] Nach Abs. 4 S. 1 steht der Bezug von Leistungen nach dem SGB II oder XII einer erstmaligen einjährigen Verlängerung der Aufenthaltserlaubnis nach Abs. 1 nicht entgegen. Für diesen Zeitraum sind daher die allgemeinen Vorschriften der § 5 Abs. 1 Nr. 1, § 8 Abs. 1 AufenthG nicht anwendbar.[1375] Nach Ablauf dieses Jahres „kann" (Ermessen) die Ausländerbehörde

---

[1369] Vgl. VG Dresden Beschl. v. 28.2.2006 – 3 K 111/06.

[1370] So auch Hofmann/*Müller* AufenthG § 31 Rn. 22; a. A. Nr. 31.2.3 AVV-AufenthG.

[1371] Vgl. Nr. 31.2.3 AVV-AufenthG.

[1372] Nicht ausreichend ist dagegen das abstrakte Bestehen einer faktisch nicht durchsetzbaren Unterhaltsverpflichtung – vgl. VGH Kassel EZAR 023 Nr. 34; Nr. 31.3.3 AVV-AufenthG.

[1373] Nr. 31.3.1. AVV-AufenthG.

[1374] Kluth/Heusch/*Tewocht* AufenthG § 31 Rn. 29.

[1375] So auch Hofmann/*Müller* AufenthG § 31 Rn. 22.

gemäß Abs. 4 S. 2 die Aufenthaltserlaubnis des Ehegatten erneut verlängern – wobei in diesem Falle die allgemeinen Vorschriften der § 5 Abs. 1 Nr. 1, § 8 Abs. 1 AufenthG anwendbar sind.[1376] Allerdings kann von der allgemeinen Erteilungsvoraussetzung der Lebensunterhaltssicherung nach § 5 Abs. 1 Nr. 1 AufenthG im Einzelfall abgesehen werden.[1377]

## 8. Kindernachzug zu Ausländern (§ 32 AufenthG)

### a) Allgemeines

852     § 32 AufenthG regelt den Nachzug im Ausland lebender **minderjähriger lediger Kinder**. Entgegen der Bezeichnung als „Nachzug" findet die Norm auch auf den Fall Anwendung, dass das minderjährige ledige Kind **gemeinsam** mit seinen Eltern bzw. dem sorgeberechtigten Elternteil nach Deutschland zieht.[1378] Wie beim Ehegattennachzug (dazu oben, → Rn. 808 ff.) wird auch beim Kindernachzug zwischen einem Rechtsanspruch (§ 32 Abs. 1 und 2 AufenthG) und einem Nachzug nach Ermessen (§ 32 Abs. 3 und 4 AufenthG) unterschieden. § 32 Abs. 1 AufenthG gewährt ausländischen minderjährigen und ledigen Kindern nur dann einen Anspruch auf Nachzug, wenn beide Eltern oder der allein sorgeberechtigte Elternteil in Besitz einer Aufenthaltserlaubnis, einer Blauen Karte EU, einer ICT-Karte, einer Mobilen ICT-Karte, einer Niederlassungserlaubnis oder einer Erlaubnis zum Daueraufenthalt-EU sind. Grundsätzlich kann auch der Besitz eines Visums genügen, wenn den Eltern gleichwohl eine hinreichend sichere Aufenthaltsperspektive zusteht. Daran fehlt es jedoch, wenn das Visum der Eltern selbst zum Zwecke des Familiennachzuges zu einem in Deutschland lebenden minderjährigen Kind (§ 36 Abs. 1 AufenthG) erteilt wurde und das Kind, zudem der Nachzug der Eltern erfolgte, in Kürze volljährig wird.[1379] § 32 Abs. 2 S. 1 AufenthG sieht sodann für den Nachzug minderjähriger und lediger Kinder, die das **16. Lebensjahr** bereits vollendet haben, spezielle Anforderungen – nämlich das „Beherrschen der deutschen Sprache" (vgl. dazu § 2 Abs. 12 AufenthG) und eine positive Integrationsprognose – vor. Diese Voraussetzungen gelten allerdings nur für den Fall, dass die Kinder nicht zusammen mit ihren Eltern in das Bundesgebiet einreisen, da sich der Nachzug dann nämlich nach § 32 Abs. 1 AufenthG richten würde.[1380] Von diesen Anforderungen ausgenommen sind jedoch die minderjährigen ledigen Kinder eines der in § 32 Abs. 2 S. 2 AufenthG genannten Zusammenführenden. Die in § 32 Abs. 3 AufenthG enthaltene Regel über den Kindernachzug zu einem **nicht allein sorgeberechtigten Elternteil** wurde mit dem 3. Richtlinienumsetzungsgesetz[1381] eingeführt. Bislang war in solchen Konstellationen der Kindernachzug ausgeschlossen. Darüber hinaus sieht der **Auffangtatbestand** des § 32 Abs. 4 AufenthG eine Zulassung nach Ermessen vor. Auf die **im Bundesgebiet geborenen Kinder** findet in erster Linie § 33 AufentG Anwendung. Ist das Kind im Zeitpunkt des erstrebten Nachzugs **volljährig oder nicht mehr ledig**, kann der Nachzug nur unter den Voraussetzungen des § 36 AufenthG erfolgen.

853     Während es beim Elternnachzug gemäß § 36 Abs. 1 AufenthG auf den Zeitpunkt der gerichtlichen Entscheidung ankommt (dazu unten, → Rn. 879), ist für die Feststellung der von § 32 AufenthG stets vorausgesetzten Minderjährigkeit und die in § 32 Abs. 2 AufenthG genannte Altersgrenze der **Zeitpunkt der Antragstellung maßgeblich**.[1382] Dies

---

[1376] Vgl. OVG Lüneburg AuAS 2007, 62.
[1377] Vgl. etwa OVG Lüneburg AuAS 2007, 62.
[1378] So auch Kluth/Heusch/*Tewocht* AufenthG § 32 Rn. 10.
[1379] OVG Berlin-Brandenburg, Beschl. v. 22.12.2015 – OVG 3 S 106/16.
[1380] Kluth/Heusch/*Tewocht* AufenthG § 32 Rn. 11.
[1381] BGBl. I 3484, berichtigt 3899a – vgl. zu den Änderungen im Einzelnen: *Welte*, ZAR 2014, 19.
[1382] BVerwG NVwVZ-RR 1998, 517; OVG Berlin Urt. v. 18.8.2005 – 7 B 24.05.

gilt nach einem klarstellenden Urteil des BVerwG[1383] auch im Falle einer (auf Erteilung oder Verlängerung des Aufenthaltstitels nach § 32 AufenthG gerichteten) Verpflichtungsklage. Würde man nämlich – wie sonst bei § 113 Abs. 5 VwGO – den Zeitpunkt der letzten mündlichen Verhandlung für maßgeblich halten[1384], hätte dies unter Umständen zur Folge, dass das Kind sein an der Minderjährigkeit anknüpfendes Recht auf Nachzug – trotz rechtzeitig gestellten Antrags – aufgrund eines langwierigen Verwaltungs- oder verwaltungsgerichtlichen Verfahrens verlieren würde.

In dem Fall allerdings, in dem bei der Antragstellung das **16. Lebensjahr noch nicht**   854
**vollendet** aber zum Zeitpunkt der Entscheidung die Altersgrenze überschritten wurde, müssen sämtliche weitere Nachzugsvoraussetzungen einschließlich der erforderlichen Sicherung des Lebensunterhaltes sowohl bei der Vollendung des 16. Lebensjahres als auch zum Zeitpunkt der Entscheidung erfüllt sein.[1385] Bei erlaubnisfreier Einreise kommt es auf den Einreisezeitpunkt an.[1386] Im maßgeblichen Zeitpunkt müssen sämtliche erforderliche Voraussetzungen erfüllt sein, mit der Folge, dass die nachträgliche Erfüllung der Voraussetzungen – etwa die nach § 5 Abs. 1, 29 Abs. 2 Nr. 1 AufenthG – nicht berücksichtigt wird.[1387]

## b) Anspruch auf Nachzug minderjähriger lediger Kinder (§ 32 Abs. 1 AufenthG)

Nach der Grundsatznorm des § 32 Abs. 1 AufenthG „ist" (Anspruch) minderjährigen   855
ledigen Kindern ausländischer Personen eine Aufenthaltserlaubnis zu erteilen, wenn beide Eltern oder der **allein personensorgeberechtigte** Elternteil eine Aufenthaltserlaubnis, eine Blaue Karte EU, eine ICT-Karte, eine Mobile ICT-Karte, eine Niederlassungserlaubnis oder eine Erlaubnis zum Daueraufenthalt – EU besitzen. Dem gleichgestellt ist der Fall, dass die Eltern bzw. der alleinsorgeberechtigte Elternteil ein nationales Visum (§ 6 AufenthG) besitzen und es „in Aussicht steht", dass ihnen die nach § 32 Abs. 1 AufenthG erforderliche Aufenthaltserlaubnis erteilt werden wird.[1388]

Lebt nur ein Elternteil im Bundesgebiet, so muss diesem das **alleinige Personensor-**   856
**gerecht** (§§ 1626 ff. BGB) zustehen. Das ist nach der Rechtsprechung des BVerwG[1389] der Fall, wenn dem anderen, im Ausland lebenden Elternteil (zB in Bezug auf Aufenthalt, Schule oder Heilbehandlung des Kindes) keine substantiellen Mitentscheidungsrechte oder -pflichten zustehen. Beruht das Sorgerecht auf der Entscheidung eines ausländischen Gerichts und war nach den Entscheidungsgründen das Kindeswohl hierfür maßgeblich, so darf die deutsche Ausländerbehörde nur unter besonderen Umständen hiervon abweichen.[1390] Im Falle einer Scheidung kommt dem bisherigen Aufenthalt des Kindes wesentliche Bedeutung zu. Lebte das Kind bislang bereits im Bundesgebiet, so richtet sich die Erteilung seiner Aufenthaltserlaubnis nach § 33 AufenthG. Ist die gebotene Betreuung und Erziehung durch den im Heimatstaat lebenden Elternteil nicht gewährleistet, ist dem Einreiseantrag regelmäßig zu entsprechen.[1391]

---

[1383] BVerwG ZAR 2010, 67 (68) mwN.

[1384] Vgl. etwa BVerwGE 65, 313 (315); 64, 218 (221 f.); 34, 155 (157), st. Rspr.

[1385] OVG Berlin Urt. v. 25.4.2007 – OVG 12 B 2.05, 19.06 und 16.07.

[1386] VGH Kassel NVwZ-RR 1996, 236 (237); VGH Mannheim NVwZ-RR 1993, 215; VGH Mannheim EZAR 024 Nr. 7; OVG Koblenz NVwZ-RR 1994, 692 (693); a. A. BVerwG InfAuslR 1998, 161.

[1387] VGH Kassel NVwZ-RR 1996, 236 (237); VGH Kassel Urt. v. 16.11.1998 – 9 UE 3885/95.

[1388] Vgl. Nr. 32.1.3.2. iVm Nr. 29.1.2.2. AVV-AufenthG.

[1389] BVerwG ZAR 2010, 67 (69).

[1390] VGH Mannheim InfAuslR 1992, 349 (350); VGH Kassel EZAR 622 Nr. 19; *Bälz/Zumbansen* ZAR 1999, 37 (38) zur Verbindlichkeit ausländischer Sorgerechtsentscheidungen.

[1391] VGH Kassel EZAR 022 Nr. 5; OVG Koblenz NVwZ-RR 1994, 692 (693); VGH Mannheim NJW 1983, 536.

**857**    Der Fall, dass der Kindernachzug zu einem nicht allein sorgeberechtigten Elternteil begehrt wird, wurde zunächst durch eine analoge Anwendung von § 32 Abs. 1 AufenthG gelöst. Dies setzte jedoch voraus, dass der im Ausland lebende Elternteil sein Einverständnis mit dem Nachzug erklärt hat und feststeht, dass das maßgebliche Heimatrecht eine vollständige Übertragung des alleinigen Sorgerechts auf einen Elternteil nicht vorsieht.[1392] Inzwischen ist für diese Analogie mangels planwidriger Regelungslücke kein Raum mehr. Denn mit dem Gesetz zur Verbesserung der Rechte von international Schutzberechtigten und ausländischen Arbeitnehmern v. 29.8.2013[1393] wurde die Bestimmung des § 32 Abs. 3 AufenthG eingeführt (dazu gleich, → Rn. 862 f.), wonach der Kindernachzug zu nicht allein sorgeberechtigten Elternteilen gestattet werden „kann" (Ermessen).

### c) Anspruch auf Nachzug von Kindern nach Vollendung des 16. Lebensjahres (§ 32 Abs. 2 AufenthG)

**858**    Den Nachzug minderjähriger lediger Kinder, die bereits das 16. Lebensjahr vollendet haben, lässt § 32 Abs. 2 AufenthG nur unter zusätzlichen Voraussetzungen zu. So muss das Kind „die deutsche Sprache beherrschen" oder (!) es muss gewährleistet erscheinen, „dass sich das Kind auf Grund seiner bisherigen Ausbildung und Lebensverhältnisse in der Bundesrepublik einfügen wird." Hintergrund dieser Differenzierung ist die gesetzgeberische Annahme, dass sich Kinder ab diesem Alter nur unter eschwerten Bedingungen integrieren (lassen)[1394] – was angesichts des Umstandes, dass Kinder in diesem Alter mitunter schon erhebliche Fremdsprachenkenntnisse aufweisen und so eine Verständigung mitunter eher gelingt als bei Kleinkindern, durchaus fraglich erscheint. Allerdings gewährt auch Art. 4 Abs. 1 RL 2003/86/EG den Mitgliedstaaten die Möglichkeit, den Nachzug von Kindern, die das 12. Lebensjahr vollendet haben, davon abhängig zu machen, dass sie bestimmte Integrationskriterien erfüllen. So sollen sie in die Lage versetzt werden, die für einen erfolgreichen Schulbesuch im Aufnahmestaat erforderliche Allgemeinbildung und Sprachkenntnisse in der Schule erwerben.[1395]

**859**    Von einem „**Beherrschen der deutschen Sprache**" kann gemäß § 2 Abs. 12 AufenthG nur gesprochen werden, wenn das Kind über Sprachkenntnisse auf dem **Niveau C1** des Europäischen Referenzrahmens für Sprache verfügt. Diese setzen folgendes voraus: Die jeweilige Person „kann ein breites Spektrum anspruchsvoller, längerer Texte verstehen und auch implizite Bedeutungen erfassen. Kann sich spontan und fließend ausdrücken, ohne öfter deutlich erkennbar nach Worten suchen zu müssen. Kann die Sprache im gesellschaftlichen und beruflichen Leben oder in Ausbildung und Studium wirksam und flexibel gebrauchen. Kann sich klar, strukturiert und ausführlich zu komplexen Sachverhalten äußern und dabei verschiedene Mittel zur Textverknüpfung angemessen verwenden." Nachgewiesen werden kann dieses Sprachnachniveau durch die auf Grund eines Sprachtests ausgestellte Bescheinigung einer geeigneten in- oder ausländischen Stelle.[1396]

**860**    Kann der Sprachnachweis nicht erbracht werden, ist der Kindernachzug gleichwohl zuzulassen, wenn dem betroffenen Kind die in § 32 Abs. 2 S. 1 Alt. 2 AufenthG genannte **positive Integrationsprognose** auszustellen ist. Diese Prognose darf wegen der Vorgaben

---

[1392] So OVG Berlin Urt. v. 25.4.2007 – OVG 12 B 2.05, 19.06 und 16.07.
[1393] BGBl. I 3484, berichtigt 3899a.
[1394] BT-Drs. 15/420, 83.
[1395] Vgl. Erwägungsgrund Nr. 12 RL 2003/86/EG.
[1396] Nr. 32.2.3 VAH-AufenthG.

des Art. 3 Abs. 1 GG weder auf der Nationalität noch dem Alter des Kindes, sondern ausschließlich auf dem **bislang zurück gelegten Bildungsweg** beruhen.[1397]

Allerdings ist von den Voraussetzungen des Abs. 2 S. 1 gemäß S. 2 Nr. 1 vollständig **abzusehen,** wenn das betroffene Kind zu einem Zusammenführenden zieht, der entweder in Besitz einer Aufenthaltserlaubnis nach § 23 Abs. 4, § 25 Abs. 1 oder 2, einer Niederlassungserlaubnis nach § 26 Abs. 3 oder 4 AufenthG ist. Dasselbe gilt gemäß S. 2 Nr. 2, wenn der Zusammenführende oder sein mit ihm in familiärer Lebensgemeinschaft lebender Ehegatte eine Niederlassungserlaubnis nach § 19 AufenthG, eine Blaue Karte EU gemäß § 19a AufenthG eine ICT-Karte (§ 19b AufenthG), eine Mobile ICT-Karte (§ 19d AufenthG) oder eine Aufenthaltserlaubnis nach §§ 20 oder 20b AufenthG besitzt. Die Privilegierung dieser Personengruppen beruht nicht zuletzt auf der Umsetzung der sog. Qualifikations-Richtlinie (EU) 2011/95 mit Gesetz v. 28.8.2013[1398]. Zuletzt geändert wurde die Norm durch das Gesetz zur Neubestimmung des Bleiberechts und der Aufenthaltsbeendigung v. 27.7.2015[1399], mit dem auch zu Inhabern einer Aufenthaltserlaubnis nach § 23 Abs. 4 AufenthG und einer Niederlassungserlaubnis nach § 26 Abs. 4 AufenthG ein erleichterter Kindernachzug stattfinden kann.  **861**

### d) Kindernachzug zu nicht allein sorgeberechtigten Elternteilen (§ 32 Abs. 3 AufenthG)

Mit der durch das Gesetz zur Verbesserung der Rechte von international Schutzberechtigten und ausländischen Arbeitnehmern v. 29.8.2013[1400] eingefügten Neuregelung des § 32 Abs. 3 AufenthG soll eine Aufwertung der Rechtsstellung nicht allein sorgeberechtigter Elternteile und ihrer minderjährigen Kinder erreicht werden. Vormals war ein Kindernachzug zu diesen Personen nach Auffassung des BVerwG[1401] nur nach der Ermessensregelung des § 32 Abs. 4 AufenthG möglich („kann ... erteilt werden"). Die Neuregelung des Abs. 3 sieht hingegen wenigstens ein **intendiertes Ermessen** („soll") für den Fall vor, dass dem in Deutschland lebenden Elternteil das Sorgerecht gemeinsam mit dem anderen, im Ausland lebenden Elternteil zusteht und dieser sein Einverständnis mit dem Aufenthalt des Kindes im Bundesgebiet erklärt hat oder eine entsprechende rechtsverbindliche Entscheidung einer zuständigen Stelle vorliegt. Abs. 3 findet auch auf noch nicht rechtskräftig entschiedene Altfälle Anwendung, in denen der Antragsteller die jeweils maßgebliche Altersgrenze bereits vor Inkrafttreten der Neuregelung vollendet hatte.[1402]  **862**

Laut Gesetzesbegründung wurde keine Anspruchs-, sondern lediglich eine Soll-Vorschrift geschaffen, da es im Ausnahmefall möglich bleiben müsse, den Nachzug zu versagen, „insbesondere, wenn es konkrete Anhaltspunkte für die missbräuchliche Ausnutzung des Nachzugsrechts gibt. Solche Anhaltspunkte können beispielsweise darin bestehen, dass der Antrag erst kurz vor Vollendung des 16. Lebensjahres des Kindes gestellt wird und das Kind bis dahin keinerlei Bezug zu Deutschland und dem hier lebenden Elternteil hatte"[1403]. Sofern eine Einverständniserklärung des im Ausland lebenden Elternteils nicht eingeholt werden kann, ist diese durch eine rechtsverbindliche Entscheidung einer zuständigen Stelle (zB eines Gerichts) zu ersetzen.[1404]  **863**

---

[1397] Vgl. für eine solche Prognose etwa VG Berlin NVwZ-RR 2002, 228.

[1398] BGBl. I 3474.

[1399] BGBl. I 1386.

[1400] BGBl. I 3484, berichtet 3899a.

[1401] BVerwG ZAR 2010, 67 (69 f.); a. A. OVG Berlin Urt. v. 25.4.2007 – OVG 12 B 2.05, 19.06 und 16.07: analoge Anwendung von § 32 Abs. 1 AufenthG.

[1402] OVG Berlin-Brandenburg Urt. v. 27.2.2014 – OVG 2.B. 14.11. – BeckRS 2014, 49397.

[1403] BT-Drs. 17/13022, 21.

[1404] Kluth/Heusch/*Tewocht* AufenthG § 32 Rn. 37.

### e) Erteilung einer Aufenthaltserlaubnis nach Ermessen (§ 32 Abs. 4 AufenthG)

**864**   Gemäß § 32 Abs. 4 S. 1 AufenthG kann dem minderjährigen ledigen Kind eines Ausländers nach Ermessen eine Aufenthaltserlaubnis zur Vermeidung einer **besonderen Härte,** insbesondere unter Berücksichtigung des Kindeswohls und der familiären Situation, erteilt werden. Eine „besondere Härte" ist anzunehmen, wenn aufgrund der konkreten Lebenssituation des Kindes die Versagung der Aufenthaltserlaubnis nachteilige Folgen auslösen würde, die sich wesentlich von den Folgen unterscheiden, die das Gesetz denjenigen Kindern zumutet, die keinen Rechtsanspruch auf Kindernachzug nach § 32 Abs. 1 bis 3 AufenthG haben.[1405] Maßgeblich ist damit eine **Abwägung der individuellen Interessen** auf Kindernachzug **und** der für eine Aufenthaltsbeendigung oder -versagung sprechenden **öffentlichen Interessen.**[1406] Für die Frage, welches Gewicht den familiären Belangen des Kindes zukommt, ist seine Lebenssituation im Heimatland von wesentlicher Bedeutung. Hierzu gehört etwa die Frage, ob der nicht im Bundesgebiet lebende Elternteil noch im Heimatland lebt, inwieweit das Kind seine soziale Prägung im Heimatland erfahren hat und inwieweit es noch auf Betreuung und Erziehung angewiesen ist, wer das Kind im Heimatland betreut hat und dort weiter betreuen kann und wer das Sorgerecht für das Kind hat. Besitzt die zusammenführende Person das **Sorgerecht** und kommt sie für den Unterhalt des minderjährigen Kindes auf, so kann dies die Annahme eines Härtefalls begründen. Bedeutsam ist auch das Alter des Kindes. Für Kinder, die 14 oder 15 Jahre alt sind, hat die elterliche Betreuung typischerweise nicht mehr das gleiche Gewicht wie für jüngere Kinder.[1407] Weitere Fälle einer besonderen Härte sind unvorhersehbare Ereignisse, wie eine plötzlich auftretende **Krankheit** oder **Pflegebedürftigkeit** auf Grund eines Unfalls.[1408] Berücksichtigungsfähig ist auch der nicht unmittelbar vorhersehbare Wegfall von zum Zeitpunkt des Umzugs oder vor Vollendung des 16. Lebensjahres vorhandenen Pflegepersonen im Ausland, insbesondere durch Tod, Krankheit oder nicht vorhersehbare Ungeeignetheit dieser Personen. Es ist davon auszugehen, dass Kinder bis zur Vollendung des 16. Lebensjahres zumindest eine erwachsene Bezugsperson benötigen, mit der sie zusammenleben können.[1409]

### f) Erleichterungen für den Nachzug zu Inhabern einer Aufenhaltserlaubnis nach § 10c AufenthG

**865**   § 32 Abs. 5 AufenthG sieht Erleichterungen für den Zuzug zu Inhabern einer Aufenthaltserlaubnis nach § 20a AufenthG vor. Die Regelung wurde mit dem Gesetz zur Umsetzung aufenthaltsrechtlicher Richtlinien der EU zur Arbeitsmigration vom 12.5.17[1410] eingeführt.

## 9. Geburt des Kindes im Bundesgebiet (§ 33 AufenthG)

**866**   Die häufig geänderte[1411] **Vorschrift** über das Aufenthaltsrecht von im Bundesgebiet geborenen ausländischen Kindern (§ 33 AufenthG) hat mit dem Gesetz zur Reform des

---

[1405] Vgl. Nr. 32.4.3.1 VAH-AufenthG.

[1406] Vgl. VGH Mannheim InfAuslR 1992, 349 (351 f.); OVG Berlin-Brandenburg Urt. v. 8.3.2010 – 3 M 39/09.

[1407] BVerwG InfAuslR 1998, 161 (162); VGH Kassel InfAuslR 1999, 189 (190); OVG Koblenz NVwZ-RR 1994, 692 (693); VGH Mannheim EZAR 024 Nr. 7; VG Köln InfAuslR 2000, 196 (197).

[1408] Vgl. Nr. 32.4.3.3 VAH-AufenthG.

[1409] Vgl. Nr. 32.4.6 VAH-AufenthG.

[1410] BGBl. I, 1106, Vgl. dazu Huber, NVwZ 2017, 1160.

[1411] Vgl. zur Rechtslage vor Inkrafttreten des Richtlinienumsetzungsgesetzes v. 19.8.2007 etwa: Huber/*Göbel-Zimmermann*/*Eichhorn* AufenthG § 33 Rn. 1 mwN. Zur Verfassungswidrigkeit der Vorgängerbestimmung: BVerfG NVwZ 2006, 324.

Staatsangehörigkeitsgesetzes v. 15.7.1999[1412] **erheblich an Bedeutung verloren**. So erwirbt ein im Bundesgebiet geborenes Kind ausländischer Eltern nach § 4 Abs. 3 S. 1 StAG qua Geburt die deutsche Staatsangehörigkeit, wenn ein Elternteil seit mindestens acht Jahren seinen gewöhnlichen Aufenthalt in Deutschland hat (Nr. 1) und ein unbefristetes Aufenthaltsrecht besitzt.

Nur wenn sich nach dieser Vorschrift **nicht bereits der Erwerb einer deutschen**          867
**Staatsangehörigkeit** ergibt, kommt die **Erteilung einer Aufenthaltserlaubnis nach § 33 AufenthG** in Betracht. Hiernach „kann" (Ermessen) einem ausländischen Kind, das im Bundesgebiet geboren wird, abweichend von den §§ 5 und 29 Abs. 1 Nr. 2 von Amts wegen eine Aufenthaltserlaubnis erteilt werden, wenn ein Elternteil eine Aufenthaltserlaubnis, eine Niederlassungserlaubnis oder eine Erlaubnis zum Daueraufenthalt – EU besitzt (S. 1).

Wenn zum Zeitpunkt der Geburt beide Elternteile oder der allein personensorgeberechtigte Elternteil eine Aufenthaltserlaubnis, eine Niederlassungserlaubnis oder eine          868
Erlaubnis zum Daueraufenthalt – EU besitzen, „wird" dem im Bundesgebiet geborenen Kind die Aufenthaltserlaubnis von Amts wegen erteilt (S. 2). Nach S. 3 gilt der Aufenthalt eines im Bundesgebiet geborenen Kindes, dessen Mutter oder Vater zum Zeitpunkt der Geburt im Besitz eines Visums ist oder sich visumfrei aufhalten darf[1413], bis zum Ablauf des Visums oder des rechtmäßigen visumfreien Aufenthalts als erlaubt.

Die mit dem 1. Richtlinienumsetzungsgesetz vom 19.8.2007 gewählte Ausgestaltung          869
des § 33 S. 1 AufenthG als Ermessensregelung stellt eine Verschlechterung gegenüber der Vorgängerregelung dar, die den betroffenen Kindern noch einen Anspruch einräumte.[1414] Aus verfassungsrechtlicher Hinsicht ist es deshalb geboten, dass die Ausländerbehörde die Vorschrift des § 33 Abs. 1 AufenthG unter Wahrung der aus Art. 6 Abs. 1 GG folgenden Vorgaben auslegt und anwendet.[1415] Maßgeblich für die Beurteilung der Sach- und Rechtslage ist stets der **Zeitpunkt der Geburt**.[1416]

## 10. Aufenthaltsrecht der Kinder (§ 34 AufenthG)

Entgegen der irreführenden Bezeichnung bestimmt § 34 AufenthG keineswegs abschließend, wann einem ausländischen Kind ein Aufenthaltsrecht zusteht. Vielmehr regelt          870
die Vorschrift lediglich unter welchen Voraussetzungen, die einem Kind erteilte **Aufenthaltserlaubnis verlängert** werden kann – nämlich wenn der personensorgeberechtigte Elternteil eine Aufenthaltserlaubnis, Niederlassungserlaubnis oder Erlaubnis zum Daueraufenthalt-EU besitzt und das Kind mit ihm in familiärer Lebensgemeinschaft lebt. Liegen diese Bedingungen vor, kann gemäß § 34 Abs. 1 AufenthG auch von den Erteilungsvoraussetzungen **Sicherung des Lebensunterhalts** nach § 5 Abs. 1 S. 1 Nr. 1 AufenthG und dem **Wohnraumerfordernis** nach § 29 Abs. 1 Nr. 2 AufenthG abgewichen werden.

Während Abs. 1 die **Verlängerung der Aufenthaltserlaubnis** regelt, enthält Abs. 2          871
einen eigenen **Verselbständigungstatbestand**. So „wird" (Anspruch) die einem ledigen minderjährigen ausländischen Kind erteilte Aufenthaltserlaubnis mit **Eintritt der Volljährigkeit** zu einem eigenständigen, vom Familiennachzug unabhängigen Aufenthaltsrecht (vgl. § 34 Abs. 2 S. 1 AufenthG). Das Gleiche gilt gemäß S. 2 bei Erteilung einer Niederlassungserlaubnis und einer Erlaubnis zum Daueraufenthalt-EU oder wenn die

---

[1412] BGBl. I 1618.
[1413] Hiermit sind einerseits Fälle von § 41 AufenthV und andererseits solche von § 81 Abs. 3 S. 1 oder Abs. 4 S. 1 AufenthG gemeint – vgl. Kluth/Heusch/*Tewocht* AufenthG § 33 Rn. 13.
[1414] Huber/*Göbel-Zimmermann/Eichhorn* AufenthG § 33 Rn. 3.
[1415] Kluth/Heusch/*Tewocht* AufenthG § 33 Rn. 6.
[1416] VGH Kassel AuAS 2009, 77; OVG Magdeburg BeckRS 2012, 47676.

Aufenthaltserlaubnis in entsprechender Anwendung der Wiederkehroption des § 37 AufenthG verlängert wird. Nach Abs. 3 „kann" (Ermessen) die Aufenthaltserlaubnis kann **verlängert** werden, solange die Voraussetzungen für die Erteilung einer Niederlassungserlaubnis und einer Erlaubnis zum Daueraufenthalt-EU noch nicht vorliegen.

## 11. Eigenständiges unbefristetes Aufenthaltsrecht der Kinder (§ 35 AufenthG)

872    Während § 34 AufenthG die Verlängerung bzw. Verselbständigung der einem ausländischen Kind erteilten Aufenthaltserlaubnis regelt, betrifft § 35 AufenthG ihre **Verfestigung**, dh den Übergang in ein **Daueraufenthaltsrecht**, auf dessen Erteilung nach den in § 35 Abs. 1 AufenthG normierten Voraussetzungen ein Anspruch besteht („wird erteilt").

873    Die Erteilungsvoraussetzungen sollen ihrem Regelungszweck nach sicherstellen, dass die Integration des betroffenen Kindes bereits weitgehend gelungen ist. Das Erfordernis der „**ausreichenden Kenntnisse der deutschen Sprache**" wird in § 2 Abs. 11 AufenthG legaldefiniert. Damit ist das **Niveau B 1** des Europäischen Referenzrahmens für Sprache gemeint. Dieses Niveau wird dort wie folgt definiert: „Kann die Hauptinhalte komplexer Texte zu konkreten und abstrakten Themen verstehen; versteht im eigenen Spezialgebiet auch Fachdiskussionen. Kann sich so spontan und fließend verständigen, dass ein normales Gespräch mit Muttersprachlern ohne grössere Anstrengung auf beiden Seiten gut möglich ist. Kann sich zu einem breiten Themenspektrum klar und detailliert ausdrücken, einen Standpunkt zu einer aktuellen Frage erläutern und die Vor- und Nachteile verschiedener Möglichkeiten angeben."

874    Gemäß Abs. 2 werden allerdings auf die nach Abs. 1 **vorausgesetzte Dauer des Besitzes der Aufenthaltserlaubnis** in der Regel nicht die Zeiten angerechnet, in denen die betreffende Person außerhalb des Bundesgebietes die Schule besucht hat. Diese Einschränkung erklärt sich dadurch, dass der Besuch einer ausländischen (nicht aber einer inländischen) Schule außerhalb (nicht aber innerhalb) des Bundesgebietes nach Ansicht des Gesetzgebers offenbar nicht der Integration des betroffenen Kindes dient.[1417]

875    Der in § 35 Abs. 1 normierte Anspruch ist unter den Voraussetzungen des Abs. 3 ausgeschlossen. Liegt einer dieser **Ausschlussgründe** vor, so kommt allenfalls eine Erteilung der Niedererlassungserlaubnis bzw. eine Verlängerung der Aufenthaltserlaubnis **nach Ermessen** in Betracht (vgl. § 35 Abs. 3 S. 2 AufenthG).

876    Ist die betreffende Person auf Grund einer körperlichen, seelischen oder geistigen Krankheit oder Behinderung dauerhaft außerstande, schulische Leistungen zu erbringen, die zu einem Abschluss führen können, oder entsprechende Deutschkenntnisse zu erwerben, so ist dennoch eine Niederlassungserlaubnis zu erteilen. Das gleiche gilt für die Sicherung des Lebensunterhalts bzw. die Inanspruchnahme von Sozial- oder Jugendhilfe (§ 35 Abs. 4 AufenthG).

## 12. Nachzug der Eltern oder sonstiger Familienangehöriger (§ 36 AufenthG)

877    Während sich der Ehegattennachzug zu ausländischen Staatsangehörigen nach §§ 30 f. AufenthG und der Kindernachzug nach §§ 32–35 AufenthG richtet, regelt § 36 AufenthG, unter welchen Voraussetzungen den **Eltern oder sonstigen Familienangehörigen** eines Ausländers eine Aufenthaltserlaubnis erteilt werden kann. Die Norm differenziert dabei zwischen dem Nachzug der Eltern eines im Bundesgebiet lebenden ausländischen Minderjährigen (Abs. 1) und sonstigen Familienangehörigen (Abs. 2), wobei für volljäh-

---

[1417] Hofmann/*Oberhäuser* AufenthG § 35 Rn. 8.

rige Zusammenführende gemäß Abs. 2 S. 2 die §§ 30 und 31 AufenthG und auf minderjährige Familienangehörige § 34 AufenthG anzuwenden sind.

### a) Nachzug der Eltern (§ 36 Abs. 1 AufenthG)

Ein Nachzug der **Eltern eines Minderjährigen** kommt nach § 36 Abs. 1 AufenthG nur in Betracht, wenn der minderjährige Zusammenführende im Besitz des dort genannten Aufenthaltstitels ist. Mit dieser durch das 1. Richtlinienumsetzungsgesetz vom 19.8.2007 eingefügten Vorschrift soll Art. 10 RL 2003/86/EG umgesetzt werden. Hierdurch erklärt sich auch, dass der Nachzug der Eltern unbegleiteter minderjähriger Konventionsflüchtlinge gemäß Art. 12 UAbs. 1, Abs. 3 Buchst. a) RL 2003/86/EG nicht von der Sicherung des Lebensunterhalts für die nachziehenden Eltern oder Elternteile abhängig gemacht werden darf. Dagegen hat der Gesetzgeber von der Option des Art. 4 Abs. 2 Buchst. a) RL 2003/86/EG keinen Gebrauch gemacht. Hiernach können die Mitgliedstaaten auch „den Verwandten in gerade aufsteigender Linie ersten Grades des Zusammenführenden oder seines Ehegatten" gewähren, „wenn letztere für ihren Unterhalt aufkommen und erstere in ihrem Herkunftsland keinerlei sonstige familiäre Bindungen mehr haben". Diesen Personen kann allerdings eine Aufenthaltserlaubnis nach Maßgabe von § 36 Abs. 2 AufenthG erteilt werden.[1418]

Beim „Elternnachzug" kommt es – im Gegensatz zum Kindernachzug (§§ 32 ff. AufenthG s. o., Rn. 857) – **nicht** auf den **Zeitpunkt der Antragstellung**, sondern auf den **Zeitpunkt der letzten gerichtlichen Entscheidung** an.[1419] Für die Betroffenen hat dies die nachteilige Konsequenz, dass die zuständige Ausländerbehörde es in der Hand hat, das Recht auf Elternnachzug durch bloßes Zuwarten zu verhindern.[1420]

### b) Nachzug sonstiger Familienangehöriger (§ 36 Abs. 2 AufenthG)

Der **Nachzug sonstiger Familienangehöriger kann** gemäß § 36 Abs. 2 AufenthG nach Ermessen zugelassen werden, wenn es zur Vermeidung einer **außergewöhnlichen Härte** erforderlich ist. An das Vorliegen einer solchen „außergewöhnlichen Härte" sind nach der Rechtsprechung des BVerwG[1421] höhere Anforderungen zu stellen als an die „außergewöhnliche Härte" im Sinne von § 30 Abs. 2, § 31 Abs. 2 und § 32 Abs. 4 AufenthG. Eine solche „außergewöhnliche Härte" im Sinne von § 36 Abs. 2 AufenthG ist demnach nur dann anzunehmen, wenn der schutzbedürftige Familienangehörige ein eigenständiges Leben im Herkunftsland nicht führen kann, sondern auf die Gewährung familiärer Lebenshilfe seiner Familiennagehörigen im Bundesgebiet dringend angewiesen ist.[1422] Ob dies der Fall ist, kann nur unter Berücksichtigung aller im Einzelfall relevanten, auf die Notwendigkeit der Herstellung oder Erhaltung der Familiengemeinschaft bezogenen konkreten Umstände beantwortet werden.[1423] Dabei ist der Einfluss von Art. 6 Abs. 1 GG und Art. 8 EMRK auf das deutsche Aufenthaltsrecht zu beachten.[1424] Die mit der Versagung der Aufenthaltserlaubnis eintretenden Schwierigkeiten für den Erhalt der Familiengemeinschaft müssen nach ihrer Art und Schwere so ungewöhnlich und groß sein, dass die Versagung der Aufenthaltserlaubnis als schlechthin unvertretbar anzusehen

878

879

880

---

[1418] Vgl. VG Darmstadt Beschl. v. 28.10.2005 – 8 E 1070/05 (2).

[1419] OVG Berlin-Brandenburg, Urt. v. 31.1.2013, OVG 3 B 4.02, InfAuslR 2003, 275; zust. Hofmann/*Oberhäuser* 2. Aufl. 2016 AufenthG § 36 Rn. 19; aM VGH Kassel Beschl. v. 28.7.1998, 13 TG 2789/96.

[1420] Vgl. *Oberhäuser* in NK-AuslR 2. Aufl. 2016 § 36 Rn. 19.

[1421] BVerwG, Urt. v. 30.7.2013, 1 C 15/12 – BeckRS 2014, 45002 = ZAR 2014, 75.

[1422] BVerwG, Urt. v. 10.3.2011, 1 C 7/10 – Buchholz 402.242 § 7 AufenthG Nr. 5 Rn. 10

[1423] BVerwG, Urt. v. 18.4.2013, 10 C 9.12 – InfAuslR 2013, 331 Rn. 23.

[1424] BVerfG, Beschl. v. 20.6.2016 – 2 BvR 748/13 – EZAR NF 34 Nr. 58.

ist.[1425] Dies setzt grundsätzlich voraus, dass der im Bundesgebiet oder der im Ausland lebende Familienangehörige ein eigenständiges Leben nicht führen kann, sondern auf die Gewährung familiärer Lebenshilfe (beispielsweise bei schwerwiegender Erkrankung bzw. Behinderung und/oder fortgeschrittenem Alter mit Pflegebedürftigkeit[1426]) angewiesen ist, und dass diese Hilfe in zumutbarer Weise nur im Bundesgebiet erbracht werden kann. Angewiesen ist der Ausländer oder der sonstige Familienangehörige auf die Lebenshilfe des jeweils anderen aber nur dann, wenn dieser die entsprechenden Leistungen auch tatsächlich erbringt. Nach der Rechtsprechung des BVerfG kommt es dagegen nicht darauf an, ob die von dem betreffenden Familienmitglied tatsächlich erbrachte Lebenshilfe auch von anderen Personen geleistet werden könnte,[1427] da das Wesen der Familie als Beistandsgemeinschaft durch die persönliche und direkte Lebenshilfe der Angehörigen geprägt wird.[1428] Maßgeblich zur Bestimmung einer „außergewöhnlichen Härte" ist also allein die **spezifische Angewiesenheit der nachziehenden Person auf familiäre Hilfe** durch die im Bundesgebiet lebenden Familienangehörigen und **nicht** auch **Gefahren, denen die nachziehende Person im Heimatland ausgesetzt ist** (zB in Gestalt von Krieg oder sonstige „heimatbezogene" Gefahren).[1429] Auch kann die „außergewöhnliche Härte" nicht damit begründet werden, dass einem Elternteil der Umgang mit seinem Kind sonst nicht möglich wäre.[1430]

881    Betroffen von diesen hohen Anforderungen sind etwa mit Blick auf (minderjährige) **Geschwister** von in Deutschland lebenden (minderjährigen) anerkannten Flüchtlingen – zumal, wenn den Eltern ein bereits eine Aufenthaltserlaubnis nach § 36 Abs. 1 AufenthG erteilt wurde. Wären die Geschwister hingegen darauf verwiesen, im Heimatland zu bleiben und hätte dies eine Trennung der Familieneinheit zur Folge, dürfte dies eine „außergewöhnlichen Härte" im Sinne von § 36 Abs. 2 AufenthG darstellen.[1431]

882    Der Nachzug eines minderjährigen **Enkelkindes** zu seinen **im Bundesgebiet lebenden Großeltern** kann eine außergewöhnliche Härte begründen, wenn die Erziehung und Betreuung des Enkelkindes im Heimatland nicht mehr gewährleistet und dadurch das Kindeswohl gefährdet ist.[1432]

883    Zu den sonstigen Familienangehörigen iSd § 36 AufenthG gehören auch **ausländische Elternteile minderjähriger Deutscher, die nicht personensorgeberechtigt sind**, soweit auf sie nicht § 28 Abs. 1 S. 2 Anwendung findet. Ein Nachzugsrecht des nichtehelichen Elternteils aus § 36 Abs. 2 AufenthG wäre jedenfalls dann nicht von vorneherein zu versagen, wenn sich das Kind vorübergehend in einer intensiven sozialpädagogischen Einzelbetreuung nach § 35 SGB VII befindet.[1433]

884    **Volljährige ausländische Personen, die von Deutschen adoptiert wurden**, erwerben mit der Adoption nicht automatisch die deutsche Staatsangehörigkeit (vgl. § 6 StAG) und können daher ebenfalls nur zur Vermeidung einer außergewöhnlichen Härte i. S. von § 36 Abs. 2 S. 1 AufenthG nachziehen.

## 13. Rechtsschutz beim Familiennachzug

885    Der Ehepartner eines Ausländers, dessen Antrag auf Verlängerung einer Aufenthaltsgenehmigung abgelehnt worden ist, kann ein eigenes subjektives Recht i. S. der § 42

[1425] Vgl. OVG Lüneburg, Beschl. v. 23.5.2006 – 5 ME 35/06.
[1426] Vgl. dazu etwa VGH München, Beschl. v. 29.6.2015 – 19 ZB 15.558 – BeckRS 2015, 48738.
[1427] Vgl. etwa BVerfG, InfAuslR 1996, 341.
[1428] Vgl. BVerfG EZAR 105 Nr. 27 = FamRZ 1990, 363.
[1429] OVG Münster, Beschl. v. 8.8.2016 – 18 B 797/16 = BeckRS 2016, 50042.
[1430] OVG Berlin-Brandenburg, Beschl. v. 9.4.2015 – OVG 11 M 39/14 = Asylmagazin 2015, 266.
[1431] Vgl. auch UNHCR, Asylmagazin 4/2017, 132 (136) – „kindeswohlkonforme Auslegung".
[1432] VGH Kassel InfAuslR 1989, 271.
[1433] VGH Mannheim, Beschl. v. 28.10.2016 – 11 S 1460/16 = DÖV 2017, 123.

Abs. 2 VwGO geltend machen, durch den Verwaltungsakt in seinem Grundrecht aus Art. 6 Abs. 1 GG verletzt zu sein.[1434] Die Klagebefugnis ist auch dann gegeben, wenn die Versagungsverfügung dem Ehegatten gegenüber bereits bestandskräftig geworden ist.[1435]

# IX. Besondere Aufenthaltsrechte

## 1. Recht auf Wiederkehr (§ 37 AufenthG)

§ 37 AufenthG sieht für bestimmte Ausländer, die sich bereits in der Vergangenheit **886** rechtmäßig im Inland aufgehalten und dann die Bundesrepublik nicht nur vorübergehend verlassen hatten, die Erteilung einer Aufenthaltserlaubnis zur Ausübung des Rechts auf Wiederkehr vor.

### a) Rechtsanspruch und Erteilungsvoraussetzungen (Abs. 1)

Gem. § 37 Abs. 1 S. 1 AufenthG ist einem Ausländer, der als Minderjähriger[1436] recht- **887** mäßig seinen gewöhnlichen Aufenthalt im Bundesgebiet hatte, eine Aufenthaltserlaubnis zu erteilen, wenn

- er sich vor seiner (freiwilligen) Ausreise[1437] acht Jahre rechtmäßig im Bundesgebiet aufgehalten und sechs Jahre im Bundesgebiet eine Schule besucht hat (Nr. 1),
- sein Lebensunterhalt aus eigener Erwerbstätigkeit oder durch eine Unterhaltsverpflichtung gesichert ist, die ein Dritter für die Dauer von fünf Jahren übernommen hat (Nr. 2), und
- der Antrag auf Erteilung der Aufenthaltserlaubnis nach Vollendung des 15. und vor Vollendung des 21. Lebensjahres sowie vor Ablauf von fünf Jahren seit der Ausreise gestellt wird (Nr. 3).

Die Vorschrift verbürgt einen **zwingenden Rechtsanspruch** auf Erteilung einer Auf- **888** enthaltserlaubnis. Von diesem kann nur im Falle der Nichterfüllung der Passpflicht (§ 3 AufenthG) und des Vorliegens eines Versagungsgrundes iSd Abs. 3 abgesehen werden (→ Rn. 902 f.). Da § 37 AufenthG eine bestimmte Fallkonstellation spezialgesetzlich normiert und bestimmte spezielle Erteilungsvoraussetzungen aufstellt, sind die allgemeinen Erteilungsvoraussetzungen des § 5 AufenthG nicht entscheidungserheblich.

**aa) Minderjährigkeit.** Minderjähriger iSd § 37 Abs. 1 AufenthG ist ein Ausländer, der **889** das 18. Lebensjahr noch nicht vollendet hat. Dies gilt unabhängig davon, ob das Heimatrecht des Ausländers Volljährigkeit erst später eintreten lässt. Denn nach § 80 Abs. 3 S. 1 AufenthG sind bei der Anwendung dieses Gesetzes die Vorschriften des BGB dafür maßgebend, ob Minderjährig- oder Volljährigkeit vorliegt. Es ist nicht erforderlich, Die Ausreise muss nicht als Minderjähriger erfolgt sein (Nr. 37.1.0.1 AVV-AufenthG).

**bb) Rechtmäßiger Aufenthalt.** Der Aufenthalt muss rechtmäßig gewesen sein. IdR **890** setzt dies voraus, dass der Ausländer im Besitz einer nach den einschlägigen gesetzlichen

---

[1434] Vgl. BVerwGE 102, 12 = NVwZ 1997, 1116; zur eigenständigen Klagebefugnis eines Ehegatten und/oder minderjährigen Kindes gegen dessen Ausweisung vgl. BVerwGE 102, 12 = NVwZ 1997, 1116.

[1435] BVerwGE 102, 12 = NVwZ 1997, 1116; vgl. auch OVG Lüneburg Beschl. v. 20.2.2004 – 11 ME 399/03; zur Klagebefugnis des Partners einer gleichgeschlechtlichen Lebensgemeinschaft vgl. BVerwG NVwZ 1997, 189; vgl. ferner OVG Münster, NVwZ 1997, 512 sowie *Hailbronner* NVwZ 1997, 460 und *Wegner* ZAR 1997, 87.

[1436] Als Minderjähriger iSd Vorschrift gilt ein Ausländer, der das 18. Lebensjahr noch nicht vollendet hat (→ § 80 AufenthG).

[1437] Vgl. BVerwG NVwZ 2008, 1127; NVwZ-RR 2012, 411 Rn. 8. Das Erfordernis der Ausreise ist zwingend; vgl. OVG Saarlouis Beschl. v. 17.10.2006 – 2 Q 25/06 BeckRS 2007, 20024.

Regelungen notwendigen Aufenthaltstitels gewesen ist. Ein rechtmäßiger Aufenthalt liegt aber auch vor, wenn der Ausländer gem. §§ 15 ff. AufenthV vom Erfordernis eines Aufenthaltstitels befreit war (Nr. 37.1.1.1.2 AVV-AufenthG → Rn. 37). Da § 37 Abs. 1 S. 1 AufenthG rein formal nur auf einen durch einen entsprechenden Aufenthaltstitel oder durch eine Befreiungsregelung vermittelten rechtmäßigen Aufenthalt abstellt, ist die Vorgabe in Nr. 37.1.0.2, S. 1 und 2, und Nr. 37.1.1.1.3 AVV-AufenthG, dass der Betroffene vor seiner Ausreise zuletzt im Besitz einer nicht nach § 8 Abs. 2 AufenthG beschränkten Aufenthalts- oder Niederlassungserlaubnis war, mit den gesetzlichen Vorgaben nicht zu vereinbaren. Unterbrechungen der Rechtmäßigkeit des Aufenthalts können gem. § 85 AufenthG bis zu einem Jahr außer Betracht bleiben (→ Rn. 1407). Die Rechtmäßigkeit des Aufenthalts ist unterbrochen, wenn dieser davor und auch danach wieder rechtmäßig war. Ein zeitweiliges Verlassen des Bundesgebiets ist unschädlich, solange ein Erlöschenstatbestand des § 51 Abs. 1 Nr. 6 oder 7 AufenthG (→ Rn. 1051) nicht erfüllt worden ist. In diesem Zusammenhang ist jedoch auch zu beachten, dass § 37 Abs. 1 S. 1 AufenthG einen ununterbrochenen Voraufenthalt von acht Jahren **nicht** verlangt (Nr. 37.1.1.3 AVV-AufenthG).

**891**     Zeiten eines durch eine Aufenthaltsgestattung nach § 55 Abs. 1 AsylG vermittelten rechtmäßigen Aufenthalts eines Asylbewerbers sind im Rahmen des § 37 Abs. 1 AufenthG nur anrechenbar, wenn der Ausländer unanfechtbar als Asylberechtigter anerkannt worden ist oder das BAMF unanfechtbar das Vorliegen der Voraussetzungen der §§ 2 und/oder 3 AsylG festgestellt hat (§ 55 Abs. 3 AsylG). Aufenthaltszeiten, für die lediglich gem. § 60a AufenthG eine Duldung erteilt worden ist, werden nicht angerechnet, da diese keinen rechtmäßigen Aufenthalt vermitteln.

**892**     **cc) Gewöhnlicher Aufenthalt im Bundesgebiet.** Neben der Rechtmäßigkeit des Aufenthalts verlangt § 37 Abs. 1 S. 1 AufenthG, dass der Ausländer als Minderjähriger seinen gewöhnlichen Aufenthalt im Bundesgebiet begründet hatte. Einen gewöhnlichen Aufenthalt hat jemand dort, wo er sich unter Umständen aufhält, die erkennen lassen, dass er an diesem Ort oder in diesem Gebiet nicht nur vorübergehend verweilt (vgl. zB § 30 Abs. 3 S. 2 SGB I). Es ist damit eine gewisse Dauerhaftigkeit des Aufenthalts vorausgesetzt, der an diesem Ort jedoch nicht unbefristet geplant sein muss[1438]. Daher ist auch die mit einem Schulbesuch oder einem Studium verbundene Verweildauer im Bundesgebiet grundsätzlich geeignet, einen gewöhnlichen Aufenthalt zu begründen.

**893**     **dd) Schulbesuch.** § 37 Abs. 1 S. 1 Nr. 1 AufenthG verlangt neben einem mindestens achtjährigen rechtmäßigen Aufenthalt, dass der Ausländer sechs Jahre im Bundesgebiet eine Schule besucht hat. Es muss sich um eine allgemein- oder berufsbildende Schule handeln oder um eine vergleichbare berufsqualifizierende Bildungseinrichtung (Nr. 37.1.1.4 AVV-AufenthG). Demgegenüber hält die AVV-AufenthG den Besuch einer Sprach- oder Musikschule für nicht anrechenbar. Dies mag, wenn **ausschließlich** der Besuch einer solchen Schule nachgewiesen ist, mit dem Gesetz zu vereinbaren sein. Insbesondere in einer Sprachschule zum Erlernen der deutschen Sprache absolvierte Zeiten sind jedoch im Einzelfall mit anzurechnen, wenn ein Ausländer sich dadurch die für den erfolgreichen Besuch einer allgemein- oder berufsbildenden Schule erforderliche Sprachkompetenz angeeignet hat. Dies gilt insbesondere, wenn die Unterrichtung in qualitativer Hinsicht einem Basis- und Aufbausprachkurs iSd § 43 Abs. 3 S. 1 AufenthG entsprochen hat.

**894**     **ee) Sicherung des Lebensunterhalts.** Die von § 37 Abs. 1 S. 1 Nr. 2 AufenthG geforderte Sicherung des Lebensunterhalts (→ Rn. 887 ff.)[1439] muss entweder durch eigene

---

[1438] Vgl. nur BVerwG NVwZ 2003, 616; NVwZ-RR 1997, 751; 1999, 583m w N.
[1439] Vgl. dazu auch § 2 Abs. 3 AufenthG.

selbstständige Erwerbstätigkeit bzw. abhängige Beschäftigung (vgl. § 2 Abs. 2 AufenthG) oder aber durch eine von einem Dritten gem. § 68 Abs. 1 AufenthG für die Dauer von fünf Jahren abgegebene Verpflichtungserklärung (→ Rn. 1350) erfolgen. Verfügt der Ausländer über ausreichendes Vermögen, um längerfristig die Kosten seiner Lebensführung zu bestreiten, und beabsichtigt er nicht, erwerbstätig zu sein, sind grds. die Erteilungsvoraussetzungen des § 37 Abs. 1 S. 1 AufenthG nicht erfüllt. Dann kommt – sofern ein besonderer Härtefall iSd Abs. 2 nicht gegeben ist – nur in Betracht, eine Aufenthaltserlaubnis nach § 7 Abs. 1 S. 3 AufenthG zu erteilen.

**ff) Antragsfrist.** Der Antrag muss nach Vollendung des 15. und vor Vollendung des 895
21. Lebensjahres sowie vor Ablauf von fünf Jahren seit der Ausreise gestellt werden (§ 37 Abs. 1 S. 1 Nr. 3 AufenthG). Maßgeblich ist das konkrete Antragsdatum, so dass der Rechtsanspruch mit Überschreitung dieser Altersgrenze nicht entfällt und auch nicht gegenstandslos wird (Nr. 37.1.3, S. 1 AVV-AufenthG). Darüber hinaus ist es möglich, eine zu einem anderen Aufenthaltszweck erteilte Aufenthaltserlaubnis in eine nach § 37 AufenthG umzuwandeln (Nr. 37.1.3, S. 2 und 3 AVV-AufenthG).

**gg) Berechtigung zur Ausübung einer Erwerbstätigkeit.** Der Inhaber einer gem. 896
§ 37 Abs. 1 S. 2 AufenthG erteilten Aufenthaltserlaubnis ist berechtigt, eine Erwerbstätigkeit auszuüben. Einer Zustimmung der Bundesagentur für Arbeit bedarf es hierfür nicht (vgl. § 4 Abs. 2 S. 1 AufenthG).

**b) Vermeidung einer besonderen Härte (Abs. 2)**

Zur Vermeidung einer **besonderen Härte** kann von den in § 37 Abs. 1 Nr. 1 und 3 897
AufenthG bezeichneten Voraussetzungen abgesehen werden (§ 37 Abs. 2 S. 1 AufenthG). Es muss eine Besonderheit hinzukommen, durch die eine über die dem Gesetz immanente allgemeine Härte hinausgehende Härte deswegen begründet wird, weil der Einzelfall vom gesetzlichen Regelungsziel her den ausdrücklich erfassten Fällen annähernd gleicht[1440]. Hingegen ist die geforderte Sicherung des Lebensunterhalts (Nr. 2) unabdingbar.

Eine besondere Härte kann vorliegen, wenn sich das starre Festhalten an den Ertei- 898
lungsvoraussetzungen der Nrn. 1 und/oder 3 unter Berücksichtigung der im konkreten Einzelfall tangierten privaten und öffentlichen Belange als nur schwerlich zumutbar erweist. So kann es durchaus geboten sein, zB ein Verstreichen der Antragsfrist der Nr. 3 zu ignorieren, wenn diese Überschreitung für sich allein geringfügig ist (bis zu einigen Wochen) oder wenn andere Erteilungsvoraussetzungen übererfüllt sind, etwa durch einen weit mehr als achtjährigen Inlandsaufenthalt oder einen deutlich längeren Schulbesuch (Nr. 37.2.1.2 AVV-AufenthG)[1441]. Wird die Antragsfrist wegen Ableistens des gesetzlich vorgeschriebenen Wehrdienstes versäumt, kann auch dies als besondere Härte angesehen werden, sofern der Antrag innerhalb von drei Monaten nach Entlassung aus dem Dienst gestellt wird (Nr. 37.2.1.5 AVV-AufenthG). Ansonsten ist zu prüfen, ob die Fristüberschreitung auf zwingenden Gründen beruht, die der Ausländer nicht zu vertreten hat (Nr. 37.2.1.5, S. 3 AVV-AufenthG). Hingegen ist es mit Sinn und Zweck des § 37 Abs. 1 und 2 AufenthG nicht zu vereinbaren, wenn in Nr. 37.2.1.5, S. 4 AVV-AufenthG vorgegeben wird, dass sachfremde Umstände wie zB das Ausweichen vor Bürgerkriegsfolgen keine besondere Härte iSd Abs. 2 S. 1 darstellen. Vielmehr ist

---

[1440] BVerwGE 116, 128 = NVwZ 2003, 104 zu § 16 AuslG 1990 mwN; OVG Berlin-Brandenburg Urt. v. 20.3.2014 – OVG 1 B 16/14 BeckRS 2014, 49997 Rn. 17 mwN; VGH München Beschl. v. 3.9.2014 – 10 AS 14.1837 BeckRS 2014, 57767 Rn. 25.

[1441] So bereits BVerwGE 116, 128 = NVwZ 2003, 104 zu § 16 AuslG 1990 mwN; vgl. auch OVG Magdeburg Beschl. v. 16.11.2006 – 2 M 296/06 BeckRS 2008, 32756.

eine auf extremen externen und unausweichlichen Faktoren beruhende Versäumung der Antragsfrist geradezu ein klassischer Fall, um die vom Gesetz geforderte besondere Härte anzunehmen. Nach Nr. 37.2.1.2, S. 3 AVV-AufenthG kann auch eine Zwangs-verheiratung je nach den Umständen des Einzelfalles eine besondere Härte begründen (vgl. auch → Rn. 901).

**899**    Darüber hinaus kann im Einzelfall ua auch die Nichterfüllung der sechsjährigen Schul-besuchspflicht außer Betracht gelassen werden, wenn stattdessen zeitweise ein Schul-besuch an einer deutschen Auslandsschule stattfand, an der der Unterricht völlig oder nahezu ausschließlich in deutscher Sprache erfolgte (Nr. 37.2.1.3 AVV-AufenthG[1442]), und dadurch die im Bundesgebiet unterschrittene Schulbesuchsdauer kompensiert wird.

**900**    § 37 Abs. 2 S. 2 AufenthG ermöglicht es, **ohne** dass eine besondere Härte vorliegt, von den in Abs. 1 Nr. 1 bezeichneten Voraussetzungen abzusehen, wenn der Ausländer im Bundesgebiet einen anerkannten Schulabschluss erworben hat. Es ist unerheblich, ob es sich um einen Haupt-, Real- oder Gymnasialabschluss handelt. Entsprechendes gilt, wenn ein beruflicher Bildungsabschluss vorliegt (Nr. 37.2.2 AVV-AufenthG).

### c) Zwangsheirat (Abs. 2a)

**901**    Mit dem Gesetz zur Bekämpfung der Zwangsheirat und zum besseren Schutz der Opfer von Zwangsheirat vom 23.6.2011[1443] wurde § 37 Abs. 2a in das Aufenthaltsgesetz eingefügt. Danach **kann** von den § 37 Abs. 1 S. 1 Nr. 1 bis 3 AufenthG bezeichneten Voraussetzungen abgesehen werden, wenn der Drittstaatsangehörige rechtswidrig mit Gewalt oder Drohung mit einem empfindlichen Übel dazu genötigt wurde, eine Ehe einzugehen und er von der Rückkehr nach Deutschland abgehalten wurde. Erforderlich ist ferner, dass der Antrag, eine Aufenthaltserlaubnis nach § 37 AufenthG zu erteilen, innerhalb von drei Monaten nach Wegfall der Zwangslage, spätestens jedoch vor Ablauf von fünf Jahren seit der Ausreise gestellt wird. Ferner muss gewährleistet erscheinen, dass sich der Betroffene auf Grund seiner bisherigen Ausbildung und Lebensverhältnisse in die Lebensverhältnisse der Bundesrepublik Deutschland einfügen kann. Nach § 37 Abs. 2a S. AufenthG **soll** der betroffenen Person, sofern sie die die Voraussetzungen des Abs. 1 S. 1 Nr. 1 erfüllt, eine Aufenthaltserlaubnis erteilt werden, wenn sie rechtswidrig mit Gewalt oder Drohung mit einem empfindlichen Übel genötigt wurde, die Ehe ein-zugehen, und davon abgehalten wurde, nach Deutschland zurückzukehren, und der Antrag, eine Aufenthaltserlaubnis nach § 37 Abs. 2a AufenthG zu erteilen, innerhalb von drei Monaten, nachdem die Zwangslage entfallen ist, oder spätestens vor Ablauf von zehn Jahren seit der Ausreise zu stellen. Die Härtefallregelung des § 37 Abs. 2 AufenthG bleibt von Abs. 2a unberührt (§ 37 Abs. 2a S. 3 AufenthG).

### d) Versagungsgründe (Abs. 3)

**902**    § 37 Abs. 3 AufenthG regelt als lex specialis, unter welchen Voraussetzungen die Auf-enthaltserlaubnis, auf die nach § 37 Abs. 1 AufenthG ein Rechtsanspruch besteht, versagt werden **kann**. Diese Möglichkeit besteht, wenn der Ausländer ausgewiesen worden war oder ausgewiesen werden konnte, als er das Bundesgebiet verließ (Nr. 1). Im Falle einer erfolgten Ausweisung steht der Erteilung einer neuen Aufenthaltserlaubnis ohnehin die Sperrwirkung des § 11 Abs. 1 AufenthG (→ Rn. 144 ff.) entgegen, sofern nicht inzwi-schen deren Befristung von Amts wegen erfolgt ist. Sofern der Betroffene zum Zeitpunkt seiner Ausreise hätte ausgewiesen werden können, ist zu prüfen, ob eine entsprechende

---

[1442] Vgl. dort auch zu weiteren Ausnahmen.
[1443] BGBl. I S. 1266.

Maßnahme auch unter Berücksichtigung von eventuell gegebenem Ausweisungsschutz in rechtmäßiger Weise hätte verfügt werden können (Nr. 37.3.1.2 AVV-AufenthG).

Nach § 37 Abs. 3 Nr. 2 AufenthG kann die Erteilung einer Aufenthaltserlaubnis versagt werden, wenn ein Ausweisungsinteresse (→ Rn. 1105 ff.) vorliegt. Insoweit ist auf den Zeitpunkt der Entscheidung über den Antrag des Ausländers abzustellen, also darauf, ob sich **nach** Verlassen des Bundesgebiets ein Sachverhalt ergeben hat, der in objektiver Hinsicht die Voraussetzungen für ein Ausweisungsinteresse (→ Rn. 1105) erfüllt (Nr. 37.3.2 AVV-AufenthG).   **903**

Schließlich kann die Erteilung einer Aufenthaltserlaubnis nach § 37 Abs. 3 Nr. 3 AufenthG versagt werden, solange der Ausländer minderjährig und seine persönliche Betreuung im Bundesgebiet nicht gewährleistet ist. Das Abstellen auf das Erfordernis einer persönlichen Betreuung soll dazu dienen, eine Inanspruchnahme von Leistungen der Jugendhilfe auszuschließen (Nr. 37.3.3 AVV-AufenthG).   **904**

## e) Verlängerung (Abs. 4)

Nach § 37 Abs. 4 AufenthG steht einer Verlängerung der Aufenthaltserlaubnis der Umstand nicht entgegen, dass der Lebensunterhalt des Ausländers nicht mehr aus eigener Erwerbstätigkeit gesichert oder die Unterhaltsverpflichtung wegen Ablaufs der fünf Jahre entfallen ist.   **905**

## f) Bezug von Rente (Abs. 5)

Nach § 37 Abs. 5 AufenthG wird einem Ausländer, der von einem Träger im Bundesgebiet Rente bezieht, **idR** eine Aufenthaltserlaubnis erteilt, wenn er sich vor seiner Ausreise mindestens acht Jahre rechtmäßig im Bundesgebiet aufgehalten hat. Anders als bei Abs. 1 der Vorschrift ist kein zwingender Rechts-, sondern nur ein Regelanspruch verbürgt, so dass für die Ausländerbehörde ein Restermessen verbleibt, das sich „in der überwiegenden Zahl der Fälle" auf Null reduziert (Nr. 37.5.1, S. 2 AVV-AufenthG). Erforderlich ist der Bezug von Leistungen eines inländischen Rentenversicherungsträgers. Unerheblich ist, ob dieser öffentlich-rechtlich oder aber privatrechtlich organisiert ist. Unerheblich ist zudem die Art der bezogenen Rente, so dass auch der Bezug einer abgeleiteten Witwen- oder Waisenrente ausreichend ist (Nr. 37.5.2, S. 3 AVV-AufenthG)[1444]. Sind diese Leistungen jedoch nicht ausreichend, um den Lebensunterhalt sicherzustellen, ist die allgemeine Erteilungsvoraussetzung des § 5 Abs. 1 Nr. 1 AufenthG nicht erfüllt, so dass sich eine Ablehnung des Antrags aus diesem Grunde idR nicht als ermessensfehlerhaft erweisen dürfte (Nr. 37.5.3, S. 2 AVV-AufenthG).   **906**

Soweit Nr. 37.5.3, S. 1 AVV-AufenthG vorgibt, dass die Erteilung einer Aufenthaltserlaubnis nach § 37 Abs. 5 AufenthG ausscheidet, wenn der Ausländer zum Zeitpunkt seiner Ausreise keine Möglichkeit hatte, auf Dauer im Bundesgebiet zu bleiben, steht dies mit dem Gesetz nicht in Einklang. Dieses fordert lediglich einen vorangegangenen rechtmäßigen Aufenthalt von acht Jahren. Ob im Rahmen dessen die Voraussetzungen erfüllt worden sind, um nach dem Recht des Ausländergesetzes 1990 eine Aufenthaltsberechtigung oder nach § 9 AufenthG eine Niederlassungserlaubnis oder eine Erlaubnis zum Daueraufenthalt-EU zu erhalten, ist unerheblich.[1445] Abzustellen ist allein auf den vorangegangenen achtjährigen und rechtmäßigen Aufenthalt. Bei vormals Asylsuchenden ist in diesem Zusammenhang § 55 Abs. 3 AsylG zu beachten.   **907**

---

[1444] Vgl. zur Witwenrente BVerwG NVwZ 2008, 1127 Rn. 13.
[1445] Vgl. aber BVerwG NVwZ 2008, 1127 Rn. 17.

## 2. Aufenthaltstitel für ehemalige Deutsche (§ 38 AufenthG)

908    § 38 AufenthG regelt, unter welchen Voraussetzungen einem ehemaligen Deutschen ein Aufenthaltstitel zu erteilen ist.

### a) Rechtsanspruch auf einen Aufenthaltstitel (Abs. 1)

909    Nach § 38 Abs. 1 AufenthG besteht unter den in dieser Vorschrift genannten Voraussetzungen ein Rechtsanspruch darauf, einen Aufenthaltstitel erteilt zu bekommen.

910    **aa) Ehemaliger Deutscher.** Ehemaliger Deutscher iSd Vorschrift ist derjenige, der ursprünglich die deutsche Staatsangehörigkeit besaß, diese aber kraft Gesetzes verloren hat. Im Betracht kommen zB der Verlust der deutschen Staatsangehörigkeit bei Erwerb einer ausländischen Staatsangehörigkeit (§ 25 StAG), der Verzicht auf die deutsche Staatsangehörigkeit (§ 26 StAG), der Verlust der deutschen Staatsangehörigkeit bei Annahme als Kind durch einen Ausländer (§ 27 StAG) und der Verlust der Staatsangehörigkeit bei freiwilligem und ohne Zustimmung des Bundesministeriums der Verteidigung erfolgtem Ableisten des Wehrdienstes in fremden Streitkräften (§ 28 StAG). Ferner tritt der Verlust der deutschen Staatsangehörigkeit ein, wenn ein Deutscher, der nach dem 31.12.1999 die deutsche Staatsangehörigkeit nach § 4 Abs. 3 oder § 40b StAG erworben hatte und darüber hinaus auch eine ausländische Staatsangehörigkeit besitzt, nach Erreichen der Volljährigkeit erklärt, die ausländische Staatsangehörigkeit beibehalten zu wollen oder wenn er eine Erklärung zur Staatsangehörigkeit bis zur Vollendung des 23. Lebensjahres nicht abgibt (§ 29 StAG). Schließlich tritt mit der Rücknahme einer Einbürgerung nach § 35 StAG der Verlust der deutschen Staatsangehörigkeit ein. Nach Rücknahme einer Einbürgerung mit Wirkung für die Vergangenheit kann dem BVerwG zufolge für den Ausländer die Erteilung einer Aufenthaltserlaubnis in entsprechender Anwendung der Regelung für ehemalige Deutsche in § 38 I 1 Nr. 2 AufenthG in Betracht kommen[1446].

911    **bb) Rechtsanspruch auf Niederlassungs- oder Aufenthaltserlaubnis.** § 38 Abs. 1 S. 1 AufenthG verbürgt einen Rechtsanspruch auf einen Aufenthaltstitel. Danach ist einem ehemaligen Deutschen eine **Niederlassungserlaubnis** (§ 9 AufenthG) zu erteilen, wenn er bei Verlust der deutschen Staatsangehörigkeit seit fünf Jahren als Deutscher seinen gewöhnlichen Aufenthalt[1447] im Bundesgebiet hatte (Nr. 1). Hatte der Deutsche jedoch zum Zeitpunkt des Verlusts der deutschen Staatsangehörigkeit erst seit mindestens einem Jahr seinen gewöhnlichen Aufenthalt im Bundesgebiet, ist ihm eine **Aufenthaltserlaubnis** zu erteilen (Nr. 2)[1448]. Bei der Berechnung der Aufenthaltszeiten sind Nr. 38.1.8 AVV-AufenthG zufolge auch diejenigen anzurechnen, die der ehemalige Deutsche als Deutscher ohne deutsche Staatsangehörigkeit im Bundesgebiet verbracht hat.

912    Erforderlich ist sowohl für die Niederlassungs- als auch für die Aufenthaltserlaubnis, dass die allgemeinen Erteilungsvoraussetzungen des § 5 Abs. 1 Nr. 1 und 2 sowie des Abs. 2 AufenthG erfüllt sind (Nr. 38.1.2 AVV-AufenthG), wobei ein Verweis auf die Durchführung eines Visumverfahrens idR nicht zulässig ist (Nr. 38.1.9 VAH-AufenthG). Liegen Versagungsgründe iSd § 5 Abs. 4 AufenthG vor (→ Rn. 93 ff.) oder besteht ein Einreise- und Aufenthaltsverbot nach § 11 AufenthG (→ Rn. 144 ff.), ist hingegen der

---

[1446] NVwZ 2012, 58; vgl. in diesem Zusammenhang auch BVerwG NVwZ 2012, 56; vgl. ferner OVG Münster NVwZ 2009, 257 zu den Folgen des Verlusts der deutschen Staatsangehörigkeit nach einer erfolgreichen Vaterschaftsanfechtung.

[1447] Zum Begriff des gewöhnlichen Aufenthalts → Rn. 915 ff.

[1448] Zur Vereinbarkeit des differenzierten Systems nach § 38 Abs. 1 Nr. 1 und 2 AufenthG mit Art. 3 Abs. 1 GG vgl. VG Karlsruhe Urt. v. 22.2.2007 – 1 K 1889/06 BeckRS 2007, 22938.

entsprechende Antrag – vorbehaltlich der Ausnahme nach § 5 Abs. 4 S. 2 AufenthG – abzulehnen

**cc) Antragsfrist.** Der **Antrag** eines ehemaligen Deutschen, ihm einen Aufenthaltstitel 913 nach § 38 Abs. 1 S. 1 AufenthG zu erteilen, ist **innerhalb von sechs Monaten** nach Kenntnis vom Verlust der deutschen Staatsangehörigkeit zu stellen (§ 38 Abs. 1 S. 2 AufenthG). Es muss eine positive Kenntnis vom Eintritt eines Verlusttatbestandes gegeben sein, eine vage Vermutung genügt nicht (vgl. auch Nr. 38. 1. 9 AVV-AufenthG).

**dd) Entsprechende Anwendung von § 83 Abs. 3 AufenthG.** § 38 Abs. 1 S. 3 Auf- 914 enthG erklärt § 81 Abs. 3 AufenthG für entsprechend anwendbar. Nach dieser Vorschrift gilt der Aufenthalt eines Ausländers, der sich rechtmäßig im Bundesgebiet aufhält, ohne einen Aufenthaltstitel zu besitzen, bis zur Entscheidung der Ausländerbehörde über den Antrag auf einen Aufenthaltstitel als erlaubt. Es entspricht Sinn und Zweck dieser Vorschrift, den Aufenthalt auch für den Zeitraum ab Eintritt des Verlusts der deutschen Staatsangehörigkeit bis zum Einreichen eines Antrags innerhalb der Sechsmonatsfrist als rechtmäßig anzusehen (so auch Nr. 38.1.10, S. 1 AVV-AufenthG). Dies folgt auch daraus, dass § 38 Abs. 4 S. 2 AufenthG die Ausübung einer Erwerbstätigkeit innerhalb der Antragsfrist des Abs. 1 S. 2 und im Falle der Antragstellung bis zur Entscheidung der Ausländerbehörde über den Antrag ausdrücklich erlaubt.

## b) Gewöhnlicher Aufenthalt im Ausland (Abs. 2)

Gem. § 38 Abs. 2 AufenthG kann einem ehemaligen Deutschen, der seinen gewöhnli- 915 chen Aufenthalt im Ausland hat, eine Aufenthaltserlaubnis erteilt werden, wenn er über ausreichende Kenntnisse der deutschen Sprache (→ Rn. 24) verfügt. Abzustellen ist auf den Zeitpunkt des Beantragens der Aufenthaltserlaubnis, zu dem ein gewöhnlicher Aufenthalt im Ausland gegeben sein muss, der beispielsweise auch durch einen vorübergehenden Aufenthalt im Bundesgebiet (zB Besuchsreise, Erledigung geschäftlicher oder familiärer Angelegenheiten) nicht aufgegeben worden ist. Es ist unerheblich, wie lange sich der ehemalige Deutsche bereits im Ausland aufhält. Grds. gelten die allgemeinen Erteilungsvoraussetzungen des § 5 AufenthG (→ Rn. 62 ff.), wobei § 38 Abs. 3 AufenthG es in besonderen Fällen erlaubt, hiervon abzusehen (→ Rn. 918).

Beim Ausüben des Ermessens sind u a die Umstände, die zum Verlust der deutschen 916 Staatsangehörigkeit geführt haben, das Lebensalter, der Gesundheitszustand, die Lebensumstände des Antragstellers im Ausland sowie die Sicherung seines Lebensunterhalts und ggf. auch die Erwerbsaussichten im Bundesgebiet zu beachten (Nr. 38.2.6 AVV-AufenthG). Vor allem bei ausgewanderten NS-Opfern ist eine großzügige Handhabung geboten (vgl. auch Nr. 38.2.8 AVV-AufenthG). Insbesondere dürfen ihnen gegenüber keine zu strengen Anforderungen an den Nachweis der Sicherung des Lebensunterhalts aufgestellt werden.

Ausreichende Kenntnisse der deutschen Sprache liegen vor, wenn sich der ehemalige 917 Deutsche im täglichen Leben in seiner Umgebung selbstständig sprachlich zurechtfinden und entsprechend seinem Alter und Bildungsstand ein Gespräch führen und sich schriftlich ausdrücken kann (vgl. § 43 AufenthG iVm § 3 Abs. 1 Nr. 1, II IntV).

## c) Absehen von den allgemeinen Erteilungsvoraussetzungen (Abs. 3)

Nach § 38 Abs. 3 AufenthG kann der Aufenthaltstitel nach Abs. 1 oder 2 in besonde- 918 ren Fällen abweichend von den allgemeinen Erteilungsvoraussetzungen des § 5 AufenthG erteilt werden. Dementsprechend kann uU auch eine zwingende Versagung nach § 5 Abs. 4 S. 1 AufenthG unterbleiben (Nr. 38.3, S. 4 VAH-AufenthG). Wann ein besonderer Fall iSd Abs. 3 vorliegt, ist im Gesetz nicht näher definiert. Im Unterschied etwa zu

§ 37 Abs. 2 S. 1 AufenthG (→ Rn. 897 ff.) ist aber eine besondere Härte nicht erforderlich (so auch Nr. 38.3.1 AVV-AufenthG), so dass gegenüber ehemaligen Deutschen eine großzügigere Verwaltungspraxis nicht nur zulässig, sondern auch geboten ist.

### d) Berechtigung zur Ausübung einer Erwerbstätigkeit (Abs. 4)

919    Die gem. § 38 Abs. 1 oder 2 AufenthG erteilte Aufenthaltserlaubnis berechtigt zur Ausübung einer Erwerbstätigkeit (Abs. 4 S. 1), dh einer selbstständigen Tätigkeit oder einer abhängigen Beschäftigung iSd § 2 Abs. 2 AufenthG (→ Rn. 11).

### e) Fiktiver Deutscher (Abs. 5)

920    § 38 Abs. 1 bis 4 AufenthG ist entsprechend anzuwenden auf einen Ausländer, der aus einem nicht von ihm zu vertretenden Grund bisher von deutschen Stellen als Deutscher behandelt wurde (§ 38 Abs. 5 AufenthG)[1449].

## 3. Aufenthaltserlaubnis für in anderen Mitgliedstaaten der Europäischen Union langfristig Aufenthaltsberechtigte (§ 38a AufenthG)

921    § 38a AufenthG bestimmt im Einzelnen die Voraussetzungen, um Drittstaatsangehörigen, die in einem anderen Mitgliedstaat der EU die Rechtsstellung eines langfristig Aufenthaltsberechtigten innehaben[1450], eine Aufenthaltserlaubnis zu erteilen. Diese Vorschrift dient dazu, die Art. 14 und 15 der RL 2003/109/EG des Rates betr. die Rechtsstellung der langfristig aufenthaltsberechtigten Drittstaatsangehörigen vom 25.11.2003[1451] in nationales Recht umzusetzen. § 38a AufenthG beinhaltet zwar einen gegenüber anderen Erteilungstatbeständen vorrangigen Sondertatbestand (Nr. 38a.0.2 AVV-AufenthG). Neben den in § 38a AufenthG aufgestellten Anforderungen gelten jedoch die allgemeinen Erteilungsvoraussetzungen der §§ 3 und 5 AufenthG (Nr. 38a.0.3 AVV-AufenthG).

### a) Rechtsanspruch auf eine Aufenthaltserlaubnis (Abs. 1)

922    § 38a Abs. 1 S. 1 AufenthG verleiht einem drittstaatsangehörigen Ausländer, der einen Aufenthaltstitel eines anderen EU-Mitgliedstaats besitzt, welcher ihn dort zum Daueraufenthalt iSd RL 2003/109/EG berechtigt[1452], einen Rechtsanspruch auf eine Aufenthaltserlaubnis, sofern er sich **länger** als drei Monate im Bundesgebiet aufhalten will. Nach § 38a Abs. 1 S. 2 AufenthG ist § 8 Abs. 2 AufenthG (keine Verlängerung der Aufenthaltserlaubnis bei nur vorübergehendem Aufenthalt → Rn. 125) nicht anzuwenden.

### b) Ausgeschlossener Personenkreis (Abs. 2)

923    Ein Rechtsanspruch nach § 38a Abs. 1 S. 1 AufenthG ist hingegen gem. § 38a Abs. 2 AufenthG[1453] nicht anzuwenden auf Ausländer, die von einem Dienstleistungserbringer im Rahmen einer grenzüberschreitenden Dienstleistungserbringung entsandt werden (Nr. 1), sonst grenzüberschreitende Dienstleistungen erbringen wollen (Nr. 2) oder sich zum Ausüben einer Beschäftigung als Saisonarbeitnehmer im Bundesgebiet aufhalten oder im Bundesgebiet eine Tätigkeit als Grenzarbeitnehmer aufnehmen wollen (Nr. 3).

---

[1449] Vgl. hierzu VG München Urt. v. 12.12.2006 – M 12 K 06.3641, M 12 K 06.3726 BeckRS 2006, 32623.

[1450] Vgl. hierzu nur VGH Kassel InfAuslR 2013, 424 = BeckRS 2013, 54901; VGH München InfAuslR 2013, 144 = BeckRS 2013, 47552.

[1451] ABl. Nr. L 16 S. 44.

[1452] Vgl. zu den jeweiligen nationalen Aufenthaltstiteln der einzelnen Mitgliedstaaten die Auflistung in Nr. 38a.1.1.111 AVV-AufenthG.

[1453] Vgl. auch Art. 14 Abs. 5 RL 2003/109/EG.

### c) Aufnahme einer Erwerbstätigkeit (Abs. 3)

Der Aufenthaltstitel nach § 38a Abs. 1 AufenthG berechtigt nur dann dazu, eine **924**
Erwerbstätigkeit (→ Rn. 11) auszuüben, wenn die in § 18 Abs. 2 AufenthG (Zustimmung
der Bundesagentur für Arbeit oder zustimmungsfreie Beschäftigung → Rn. 275 ff.)[1454]
und die in § 19 AufenthG (Niederlassungserlaubnis für Hochqualifizierte → Rn. 929 ff.),
§ 20 AufenthG (Forscheraufenthalt → Rn. 353 ff.) oder § 21 AufenthG (Selbstständige
Erwerbstätigkeit → Rn. 385) genannten Voraussetzungen erfüllt sind (§ 38a Abs. 3 S. 1
AufenthG)[1455]. Wird die Aufenthaltserlaubnis nach § 38a Abs. 1 für ein Studium oder für
sonstige Aufenthaltszwecke erteilt, sind die §§ 16 und 17 AufenthG (→ Rn. 207 ff. und
248 ff.) jeweils mit der Maßgabe entsprechend anzuwenden, dass in Fällen des § 17 AufenthG der Titel erteilt werden kann, ohne dass die Bundesagentur der Aufnahme einer
unselbstständigen Erwerbstätigkeit zugestimmt hat (§ 38a Abs. 3 S. 2 AufenthG).

### d) Beschäftigungsrechtliche Nebenbestimmung (Abs. 4)

Soweit eine Beschäftigung als Arbeitnehmer beabsichtigt ist, kann die Bundesagentur **925**
im Rahmen des Zustimmungsverfahrens gem. § 39 Abs. 4 AufenthG die Dauer und die
berufliche Tätigkeit des Ausländers festlegen sowie die Beschäftigung auf bestimmte
Betriebe oder Bezirke beschränken. Eine entsprechende Nebenbestimmung darf der Aufenthaltserlaubnis jedoch nur für höchstens zwölf Monate, beginnend mit der erstmaligen
Erlaubnis einer Beschäftigung, beigefügt werden (§ 38a Abs. 4 S. 1 und 2 AufenthG).
Nach Ablauf dieses Zeitraums berechtigt die Aufenthaltserlaubnis nach § 38a AufenthG
dazu, ohne Beschränkungen eine Erwerbstätigkeit (→ Rn. 11) auszuüben (§ 38a Abs. 4
S. 3 AufenthG). Dies entspricht Art. 21 Abs. 2 S. 2 RL 2003/109/EG.

### e) Geltungsdauer

§ 38a AufenthG regelt nicht, mit welcher Geltungsdauer eine Aufenthaltserlaubnis **926**
nach dieser Vorschrift zu erteilen ist. Daher ist auf § 7 Abs. 1 S. 1 AufenthG abzustellen,
nach dem eine Aufenthaltserlaubnis iSd Aufenthaltsgesetzes ein **befristeter** Aufenthaltstitel ist. Dies steht mit der RL 2003/109/EG in Einklang. Diese gibt in Art. 19 Abs. 2 S. 2
und 3 vor, dass dem (bereits in einem anderen EU-Staat) langfristig Aufenthaltsberechtigten ein verlängerbarer Aufenthaltstitel auszustellen ist.

### f) Familiennachzug

Die Möglichkeit des Familiennachzugs zu dem Inhaber eines entsprechenden Aufent- **927**
haltstitels besteht nach Maßgabe des § 30 Abs. 1 S. 1 Nr. 3 Buchst. f und § 32 Abs. 2a
AufenthG (Nr. 38a.0.5.5 AVV-AufenthG).

### g) Beteiligung des anderen Mitgliedstaates bei aufenthaltsbeendenden Maßnahmen

Für den Fall der Aufhebung einer Aufenthaltserlaubnis nach § 38a Abs. 1 AufenthG **928**
oder der Ausweisung des Inhabers eines solchen Titels wie auch vor Erlass einer Abschiebungsanordnung nach § 58a AufenthG ist dem Mitgliedstaat, in dem der Ausländer die
Rechtsstellung eines langfristig Aufenthaltsberechtigten besitzt, Gelegenheit zur Stellungnahme zu geben (§ 51 Abs. 8 S. 1 AufenthG → Rn. 1060).

---

[1454] Vgl. nur OVG Münster Beschl. v. 25.8.2015 – 18 B 635/14 BeckRS 2016, 41087.
[1455] Zum Zustimmungserfordernis vgl. nur VGH Kassel NVwZ-RR 2012, 572; VGH München
Beschl. v. 14.1.2013 – 10 ZB 12.2634 BeckRS 2013, 46122.

# X. Niederlassungserlaubnis (§ 9 AufenthG)

929    Mit der Niederlassungserlaubnis wird die höchste Stufe der aufenthaltsrechtlichen Verfestigung eines Ausländers im Bundesgebiet erreicht. Sie ersetzt von ihrem Regelungsgehalt her die unbefristete Aufenthaltserlaubnis und die Aufenthaltsberechtigung nach dem Ausländergesetz 1990. Mit dem Richtlinienumsetzungsgesetz vom 19.8.2007[1456] wurde die Vorschrift inhaltlich geändert und mit den Vorschriften über die Erlaubnis zum Daueraufenthalt-EU (§§ 9a–9c → Rn. 958 ff.) harmonisiert.

930    § 9 AufenthG ist die Grundnorm, die die Einzelheiten der Erteilung einer Niederlassungserlaubnis regelt. Modifikationen finden sich jedoch an verschiedenen anderen Stellen des Gesetzes, zB in § 26 Abs. 3 oder 4 AufenthG (Humanitäres Aufenthaltsrecht), § 28 Abs. 2 AufenthG (Familienangehörige Deutscher), § 35 Abs. 1 AufenthG (Eigenständiges unbefristetes Aufenthaltsrecht für Kinder), § 38 Abs. 1 S. 1 Nr. 1 AufenthG (Aufenthaltstitel für ehemalige Deutsche).

931    Der Erteilung einer Niederlassungserlaubnis steht der Besitz einer Erlaubnis zum Daueraufenthalt-EU nach § 9a AufenthG (→ Rn. 958 ff.) nicht entgegen[1457].

## 1. Regelungsgehalt der Niederlassungserlaubnis

932    Die Niederlassungserlaubnis ist ein unbefristeter Aufenthaltstitel (§ 9 Abs. 1 S. 1 AufenthG). Sie berechtigt zur Ausübung einer selbstständigen Erwerbstätigkeit oder einer abhängigen Beschäftigung (S. 2). Dieser Aufenthaltstitel kann „nur in den durch dieses Gesetz ausdrücklich zugelassenen Fällen mit einer Nebenbestimmung versehen werden". Dies betrifft Fälle der Aufenthaltsgewährung durch die obersten Landesbehörden nach § 23 Abs. 2 AufenthG (→ Rn. 470 ff.), in denen abweichend von § 9 Abs. 1 AufenthG eine wohnsitzbeschränkende Auflage erteilt werden kann.

933    Eine nachträgliche zeitliche Befristung der Niederlassungserlaubnis ist nicht möglich. Das mit ihr verbürgte Aufenthaltsrecht kann jedoch entfallen, wenn einer der Erlöschenstatbestände des § 51 Abs. 1 Nr. 2 bis 8 AufenthG erfüllt ist (→ Rn. 1051), wobei die Sonderregelung des Abs. 2 dieser Vorschrift zu beachten ist (→ Rn. 1055). Auch ist unter den Voraussetzungen des § 52 AufenthG der Widerruf einer Niederlassungserlaubnis möglich (→ Rn. 1064 ff.)[1458]. Im Übrigen kann der Aufenthalt eines Ausländers, dem eine Niederlassungserlaubnis erteilt worden ist, nur durch dessen Ausweisung aus dem Bundesgebiet gem. §§ 53 ff. AufenthG (→ Rn. 1079 ff.) beendet werden. Ein Verbot oder eine Beschränkung der politischen Betätigung eines Ausländers, der im Besitz einer Niederlassungserlaubnis ist, bleibt möglich (§ 9 Abs. 1 S. 2 iVm § 47 AufenthG).

## 2. Voraussetzungen für die Erteilung einer Niederlassungserlaubnis (§ 9 Abs. 2 AufenthG)

934    § 9 Abs. 2 AufenthG bestimmt im Einzelnen die Voraussetzungen, die erfüllt sein müssen, um eine Niederlassungserlaubnis zu erhalten.

---

[1456] BGBl. I S. 1970.
[1457] BVerwG InfAuslR 2013, 264 = BeckRS 2013, 51301.
[1458] Vgl. auch OVG Saarlouis Beschl. v. 14.12.2006 – 2 W 25/06, 2 W 26/06. Ein vom BAMF eingeleitetes asylrechtliches Widerrufsverfahren hat keine Vorgreiflichkeit für ein Verfahren auf Erteilung einer Niederlassungserlaubnis; vgl. VG Ansbach Urt. v. 28.3.2006 – AN 19 K 05.03 942 BeckRS 2006, 29548.

### a) Besitz einer Aufenthaltserlaubnis seit fünf Jahren (§ 9 Abs. 2 S. 1 Nr. 1 AufenthG)

Der Ausländer muss seit fünf Jahren eine Aufenthaltserlaubnis besitzen (Nr. 1). In **935** diese Anwartschaftsfrist wird die Dauer des rechtmäßigen Aufenthalts mit einem nationalen Visum eingerechnet (§ 6 Abs. 3 S. 3 AufenthG → Rn. 113)[1459]. Darüber hinaus sieht § 9 Abs. 4 AufenthG weitere Anrechnungsmöglichkeiten vor. Nach Nr. 1 dieser Vorschrift wird bei einem Ausländer, der aus dem Bundesgebiet ausgereist ist und bereits im Besitz einer Niederlassungserlaubnis war, die Zeit des **früheren** Besitzes einer Aufenthalts- oder Niederlassungserlaubnis im Umfang von höchstens vier Jahren angerechnet, wobei die Zeit der nach der Ausreise verbrachten Auslandsaufenthalte, die zum Erlöschen der Niederlassungserlaubnis führten, außer Betracht bleiben. Schließlich werden nach Nr. 2 dieser Vorschrift höchstens sechs Monate für jeden Aufenthalt außerhalb des Bundesgebiets angerechnet, der nicht zum Erlöschen der Aufenthaltserlaubnis führte. Diese gesetzlichen Vorgaben sind für die Ausländerbehörden bindend, ein Ermessen hinsichtlich der Berücksichtigung von Zeiten eines Aufenthalts im Ausland steht ihnen nicht zu. Schließlich wird nach § 9 Abs. 4 Nr. 3 AufenthG die Zeit eines rechtmäßigen Aufenthalts zum Zwecke des Studiums oder der Berufsausbildung im Bundesgebiet zur Hälfte (zwingend) angerechnet. Dies entspricht der Regelung des § 9b S. 1 Nr. 4 AufenthG für die Erlaubnis zum Daueraufenthalt-EU. Ferner erlaubt § 85 AufenthG, Unterbrechungen der Rechtmäßigkeit des Aufenthalts, die beispielsweise wegen des verspäteten Beantragens der Verlängerung einer Aufenthaltserlaubnis eingetreten sind, bis zu einem Jahr außer Betracht zu lassen (vgl. auch Nr. 9.2.1.1, S. 6 AVV-AufenthG)[1460].

### b) Sicherung des Lebensunterhalts (§ 9 Abs. 2 S. 1 Nr. 2 AufenthG)

Für die Erteilung einer Niederlassungserlaubnis ist es nach § 9 Abs. 2 S. 1 Nr. 2 Auf- **936** enthG erforderlich, dass der Lebensunterhalt des Ausländers gesichert ist. Wann dies der Fall ist, ergibt sich aus der Legaldefinition des § 2 Abs. 3 AufenthG (→ Rn. 12 ff.).

### c) Beiträge zur Rentenversicherung oder vergleichbaren Versicherungs- oder Versorgungseinrichtungen (§ 9 Abs. 2 S. 1 Nr. 3 AufenthG)

Nach § 9 Abs. 2 S. 1 Nr. 3 AufenthG müssen mindestens sechzig Monate Pflicht- **937** beiträge oder freiwillige Beiträge zur gesetzlichen Rentenversicherung geleistet worden sein. Ausreichend ist es, wenn bei den freiwilligen Zahlungen jeweils nur der Mindestbeitrag eingezahlt worden ist. Die Beiträge müssen jedoch von dem Ausländer selbst aufgebracht worden sein. Dass die Beiträge in schon länger zurückliegenden Jahren entrichtet worden sind, ist hingegen belanglos[1461]. Beiträge, die aufgrund rentenversicherungsrechtlicher Vorschriften bis Ende 2010 während des Bezugs von SGB II-Leistungen von der Arbeitsverwaltung erbracht wurden, erfüllen jedoch die gesetzlichen Voraussetzungen nicht[1462].

Anstelle der Einzahlung in die gesetzliche Rentenversicherung genügt der Nachweis, **938** dass ein Ausländer Aufwendungen für einen Anspruch auf vergleichbare Leistungen einer Versicherungs- oder Versorgungseinrichtung oder eines Versicherungsunternehmens erbracht hat. Ob die Beitrags- oder Prämienzahlungen geeignet sind, nach Eintritt eines Rentenfalles den Lebensunterhalt zu sichern, ist grundsätzlich unerheblich, kann

---

[1459] Für Ausländer, die in einem Beamtenverhältnis zu einem deutschen Dienstherrn stehen, verkürzt sich die Anwartschaftszeit auf drei Jahre (§ 18 Abs. 4a S. 3 AufenthG → Rn. 294).

[1460] Vgl. auch BVerwG NVwZ 2010, 914.

[1461] VGH München Beschl. v. 30.10.2013 – 10 ZB 11.1390 BeckRS 2013, 59026 Rn. 10.

[1462] VGH München Beschl. v. 7.12.2015 – 19 ZB 14.2293 BeckRS 2016, 40331.

jedoch uU relevant werden bei Personen, die erst in höherem Alter ins Bundesgebiet kommen und allein auf Grund der durch die nachgewiesenen Einzahlungen erworbenen Anwartschaften nicht in der Lage wären, im Rentenfall ihren Lebensunterhalt zu sichern. Dies wäre dann aber bei der Prognoseentscheidung im Rahmen der Nr. 2 zu prüfen.

939    Berufliche Ausfallzeiten auf Grund von Kinderbetreuung oder häuslicher Pflege werden auf die sechzig Monate angerechnet (Nr. 3 Hs. 2). Ferner ist ein Nachweis, dass die geforderten Mindestbeiträge oder vergleichbare Aufwendungen eingezahlt worden sind, dann nicht zu erbringen, wenn ein Ausländer wegen einer körperlichen, geistigen oder seelischen Krankheit oder Behinderung nicht in der Lage ist, die Voraussetzungen der Nr. 3 zu erfüllen (§ 9 Abs. 2 S. 6 AufenthG).

940    Bei Ehegatten, die in ehelicher Lebensgemeinschaft wohnen, ist es ausreichend, wenn bei einem von ihnen die Voraussetzungen des § 9 Abs. 2 S. 1 Nr. 3 AufenthG vorliegen (§ 9 Abs. 3 S. 1 AufenthG). Entsprechendes gilt bei einer Lebenspartnerschaft (§ 27 Abs. 2 AufenthG) sowie gem. Abs. 3 S. 3 in den Fällen des § 26 Abs. 4 AufenthG.

941    Schließlich bedarf es keines Nachweises geleisteter Rentenbeiträge oÄ, wenn sich der Ausländer in einer Ausbildung befindet, die zu einem anerkannten schulischen oder beruflichen Bildungsabschluss führt (§ 9 Abs. 3 S. 2 AufenthG). Diese Vergünstigung erstreckt sich jedoch gem. § 16 Abs. 4 S. 4 und § 17 Abs. 1 S. 3 AufenthG → Rn. 220 bzw. 249 nicht auf Inhaber einer Aufenthaltserlaubnis zum Zweck der Ausbildung nach § 16 oder § 17 AufenthG. Begünstigt sind hingegen von § 9 Abs. 3 S. 2 AufenthG zB junge Ausländer, die eine Aufenthaltserlaubnis nach Kap. 2 Abschn. 5 (Aufenthalt aus völkerrechtlichen, humanitären oder politischen Gründen) oder Abschn. 6 (Aufenthalt aus familiären Gründen) erhalten haben.

### d) Keine Verstöße gegen die öffentliche Sicherheit und Ordnung (§ 9 Abs. 2 S. 1 Nr. 4 AufenthG)

942    Nach § 9 Abs. 2 S. 1 Nr. 4 AufenthG darf eine Niederlassungserlaubnis nur dann erteilt werden, wenn „Gründe der öffentlichen Sicherheit oder Ordnung unter Berücksichtigung der Schwere oder der Art des Verstoßes gegen die öffentliche Sicherheit oder Ordnung oder der vom Ausländer ausgehenden Gefahr unter Berücksichtigung der Dauer des bisherigen Aufenthalts und dem Bestehen von Bindungen im Bundesgebiet nicht entgegenstehen". Mit dieser Formulierung ist der Normtext in Übereinstimmung mit § 9a Abs. 2 S. 1 Nr. 5 AufenthG gebracht worden, der eine durch die Daueraufenthalts-RL 2003/109/EG vorgegebene Erteilungsvoraussetzung für eine Erlaubnis zum Daueraufenthalt-EU aufstellt[1463].

943    Die Versagung einer Niederlassungserlaubnis wegen Fehlens der Erteilungsvoraussetzung des § 9 Abs. 1 S. 1 Nr. 4 AufenthG setzt eine vom Antragsteller ausgehende und fortbestehende konkrete Gefahr voraus. Entsprechende Gründe, die von der Ausländerbehörde in vorangegangenen Antragsverfahren nicht als Erteilungs- oder Verlängerungshindernis gewertet und herangezogen wurden, sind verbraucht und dürfen dem Ausländer ohne Hinzutreten neuer Umstände nicht mehr angelastet werden[1464]. Unabhängig davon handelt es sich bei § 9 Abs. 2 S. 1 Nr. 4 AufenthG um eine spezielle Regelung, die einen Rückgriff auf die allgemeine Erteilungsvoraussetzung des Nichtvorliegens eines Ausweisungsinteresses iSd § 5 Abs. 1 Nr. 2 AufenthG ausschließt[1465].

---

[1463] Vgl. BT-Drs. 16/5065, S. 160.
[1464] Zum „Verbrauch" von Ausweisungsgründen vgl. BVerwGE 123, 114 = NVwZ 2005, 1091.
[1465] Vgl. auch BVerwG NVwZ 2011, 829.

### e) Erlaubte Beschäftigung (§ 9 Abs. 2 S. 1 Nr. 5 AufenthG)

§ 9 Abs. 2 S. 1 Nr. 5 AufenthG fordert, dass dem Ausländer die Beschäftigung erlaubt **944** ist, sofern er Arbeitnehmer ist. Die entsprechende Erlaubnis muss zzt. der Entscheidung über den Antrag auf Niederlassungserlaubnis gegeben sein, dh der Antragsteller muss über einen entsprechenden Aufenthaltstitel aktuell verfügen. Unerheblich ist, ob sich eine entsprechende Berechtigung bereits unmittelbar aus dem Gesetz ergibt oder ob – ggf. nach Zustimmung der Bundesagentur für Arbeit gem. § 39 AufenthG (→ 269 ff.) – eine entsprechende in den Aufenthaltstitel aufgenommen worden ist. Aus § 9 Abs. 2 S. 1 Nr. 5 AufenthG ergibt sich eindeutig, dass die Erlaubnis zum Ausüben einer Beschäftigung nicht unbefristet bestehen muss. Die gegenteilige Ansicht in Nr. 9.2.1.5, S. 2 AVV-AufenthG ist bereits aus gesetzessystematischen Gründen zurückzuweisen. Da die Aufenthaltserlaubnis stets ein nur befristeter Aufenthaltstitel ist (§ 7 Abs. 1 S. 1 AufenthG), kann die mit ihm kraft Gesetzes oder auf Grund ausländerbehördlicher Entscheidung verliehene Befugnis zum Ausüben einer Arbeitnehmertätigkeit zwangsläufig auch nur befristeter Natur sein. Dass die Erlaubnis, eine Beschäftigung ausüben zu dürfen, nicht unbefristet erteilt worden sein muss, folgt schließlich auch aus § 9 Abs. 2 S. 1 Nr. 6 AufenthG, der bestimmt, dass die für das Ausüben bestimmter Berufe erforderlichen Erlaubnisse auf eine dauerhafte selbstständige Erwerbstätigkeit ausgerichtet sein müssen. Schließlich ist auch zu beachten, dass es gerade erst die Niederlassungserlaubnis ist, die mit ihrer unbefristeten Geltungsdauer auch den (weiteren) Zugang zum Arbeitsmarkt ohne zeitliche Beschränkungen eröffnet.

Bei Ehegatten, die in ehelicher Lebensgemeinschaft leben, genügt es, wenn die Voraus- **945** setzung der Nr. 5 durch einen Ehegatten erfüllt wird (§ 9 Abs. 3 S. 1 AufenthG). Entsprechendes gilt für eine Lebenspartnerschaft (§ 28 Abs. 2 AufenthG).

### f) Berufsausübungserlaubnisse (§ 9 Abs. 2 S. 1 Nr. 6 AufenthG)

§ 9 Abs. 2 S. 1 Nr. 6 AufenthG setzt für das Erteilen einer Niederlassungserlaubnis **946** voraus, dass der Ausländer im Besitz der sonstigen für eine dauernde Ausübung seiner Erwerbstätigkeit erforderlichen Erlaubnisse ist. ZB hängt das Ausüben eines freien Berufes durch einen ausländischen Staatsangehörigen davon ab, dass eine besondere Berufserlaubnis vorliegt, etwa bei Ärzten (§§ 2 ff. BÄO), Zahnärzten (§§ 2 ff. ZHG), Tierärzten (§§ 2 ff. BTÄO) und Apothekern (§§ 2 ff. ApoG). Das Gesetz setzt ausdrücklich voraus, dass die Berufsausübungserlaubnis auf eine dauerhafte Erwerbstätigkeit ausgerichtet sein muss. Sie muss nicht zwingend von vornherein eine unbefristete Gültigkeitsdauer haben, sofern eine zeitlich beschränkte Geltung maßgeblich dazu dient, in regelmäßig wiederkehrenden Abständen die Berufstauglichkeit des Betroffenen zu überprüfen (Nr. 9.2.1.6.2, S. 1 AVV-AufenthG). Die mit dem Asylverfahrensbeschleunigungsgesetz vom 20.10.2015[1466] in § 90 AsylG eingeführte Ermächtigung zur vorübergehenden Ausübung der Heilkunde durch fachkundige Asylbewerber erfüllt das Erfordernis einer Dauerhaftigkeit hingegen nicht.

Bei Ehegatten, die in ehelicher Gemeinschaft leben, genügt es, wenn die Voraussetzung **947** der Nr. 6 durch einen Ehegatten erfüllt wird (§ 9 Abs. 3 S. 1 AufenthG). Entsprechendes gilt für eine lebenspartnerschaftliche Gemeinschaft (§ 28 Abs. 2 AufenthG).

### g) Ausreichende Kenntnisse der deutschen Sprache (§ 9 Abs. 2 S. 1 Nr. 7 AufenthG)

Nach § 9 Abs. 2 S. 1 Nr. 7 AufenthG muss der eine Niederlassungserlaubnis beantra- **948** gende Ausländer über ausreichende Kenntnisse der deutschen Sprache verfügen. Er ent-

---

[1466] BGBl. I S. 1722.

spricht dieser Anforderung, wenn er sich im täglichen Leben in seiner Umgebung selbstständig sprachlich zurechtfinden und entsprechend seinem Alter und Bildungsstand ein Gespräch führen und sich schriftlich ausdrücken kann (§ 43 Abs. 3 S. 1 AufenthG iVm § 3 Abs. 2 IntV → Rn. 987). Es ist stets eine individuelle Betrachtung vorzunehmen, bei der das soziale Umfeld und die persönliche Fähigkeit, sich entsprechende Deutschkenntnisse anzueignen, zu berücksichtigen sind[1467]. Hat ein Ausländer erfolgreich einen Integrationskurs nach § 43 AufenthG besucht, ist die Voraussetzung der Nr. 7 nachgewiesen (§ 9 Abs. 2 S. 2 AufenthG). Dasselbe gilt, wenn im Bundesgebiet ein Schul- oder Hochschulabschluss erworben oder ein mehrjähriger Schulbesuch im Inland zurückgelegt wurde.

**949**      Ein Nachweis ausreichender Kenntnisse der deutschen Sprache ist dann Ausländer nicht zu erbringen, wenn die antragstellende Person zu deren Erwerb wegen einer körperlichen, geistigen oder seelischen Krankheit oder Behinderung nicht fähig war oder ist (§ 9 Abs. 2 S. 3 AufenthG). Aus dem Gesetzestext ergibt sich eindeutig, dass unter diesen Umständen **zwingend** („wird") auf das Vorliegen dieser Voraussetzungen zu verzichten ist. Jedoch stellen idR die während einer Schwangerschaft auftretenden Komplikationen, die Betreuung kleiner Kinder und ggf. auch schlechte Verkehrsverbindungen zum Ort, in dem ein Integrationskurs angeboten wird, keine einer körperlichen, geistigen oder seelischen Krankheit oder Behinderung vergleichbaren Einschränkungen iSd § 9 Abs. 2 S. 3 AufenthG dar[1468].

**950**      Im Übrigen **kann** zur Vermeidung einer Härte von dem Vorliegen entsprechender Sprachkenntnisse abgesehen werden (§ 9 Abs. 2 S. 4 AufenthG). Das Aufenthaltsgesetz differenziert zwischen verschiedenen Härtegraden (zB § 11 Abs. 2: unbillige Härte → Rn. 177, § 31 Abs. 2: besondere Härte → Rn. 844; § 36: außergewöhnliche Härte, → Rn. 880). Daher sind an das Vorliegen einer (einfachen) Härte; iSd § 9 Abs. 2 S. 4 AufenthG keine strengen Anforderungen zu stellen. Ein Härtefall idS kann daher gegeben sein, wenn ein Ausländer wegen seiner körperlichen Verfassung oder seines Gesundheitszustands erhebliche Schwierigkeiten hatte oder auch künftig hätte, um die ausreichenden Deutschkenntnisse zu erwerben. In diesem Zusammenhang kann auch das Alter eine Rolle spielen sowie der Umstand, dass er Analphabet ist oder schlichtweg wegen der Betreuung eines pflegebedürftigen Angehörigen oder der Versorgung und Erziehung von Kindern nicht in der Lage ist, an einem Integrationskurs oder einem anderen Sprachkurs teilzunehmen. Auch der Umstand, dass in der Nähe des Wohnortes ein entsprechendes Kursangebot nicht vorgehalten wird oder wegen räumlicher Entfernung oder mangels einer verkehrsmäßigen Infrastruktur nicht in zumutbarer Weise erreicht werden kann, begründet einen Härtefall (vgl. auch Nr. 9.2.10.2 VAH-AufenthG; zurückhaltender Nr. 9.2.2.2.2 AVV-AufenthG).

**951**      Schließlich ist auf den Nachweis ausreichender Kenntnisse der deutschen Sprache gem. § 9 Abs. 2 S. 5 AufenthG zwingend („wird") zu verzichten, wenn der Antragsteller sich auf einfache Art in deutscher Sprache mündlich verständlich machen kann und er nach § 44 Abs. 3 Nr. 2 AufenthG („Der Anspruch auf Teilnahme an einem Integrationskurs besteht nicht [...] bei erkennbar geringem Integrationsbedarf") keinen Anspruch auf Teilnahme an einem Integrationskurs hatte oder er nach § 44a Abs. 2 Nr. 3 AufenthG (Unmöglichkeit oder Unzumutbarkeit der Teilnahme auf Dauer) nicht zur Teilnahme an einem Integrationskurs verpflichtet war.

---

[1467] Vgl. auch zB OVG Koblenz Urt. v. 25.1.2005 – 7 A 11 481/04 BeckRS 2005, 22359(zu den vergleichbaren Anforderungen des § 11 S. 1 Nr. 1 StAG).

[1468] BVerwG NVwZ 2015, 1448, bestätigend VGH München Urt. v. 3.6.2014 – 10 B 13.2426 BeckRS 2014, 54488 Rn. 23.

## h) Grundkenntnisse der Rechts- und Gesellschaftsordnung und der Lebensverhältnisse im Bundesgebiet (§ 9 Abs. 2 S. 1 Nr. 8 AufenthG)

§ 9 Abs. 2 S. 1 Nr. 8 AufenthG verlangt, dass ein um eine Niederlassungserlaubnis **952** nachsuchender Bewerber über Grundkenntnisse der Rechts- und Gesellschaftsordnung und der Lebensverhältnisse im Bundesgebiet verfügt. Gefordert werden Kenntnisse der Rechtsordnung, der Kultur und der Geschichte Deutschlands, insbesondere die der Werte des demokratischen Staatswesens der Bundesrepublik Deutschland und der Prinzipien der Rechtsstaatlichkeit, Gleichberechtigung, Toleranz und Religionsfreiheit, sowie die Fähigkeit, ohne die Hilfe oder Vermittlung Dritter in allen Angelegenheiten des täglichen Lebens selbstständig handeln zu können (vgl. § 43 Abs. 2 und 3 AufenthG iVm § 3 Abs. 1 Nr. 2 IntV). Der erfolgreiche Besuch eines Integrationskurses iSd § 43 AufenthG belegt, dass die geforderten Grundkenntnisse vorliegen. Zu beachten ist, dass in § 9 Abs. 2 S. 1 Nr. 8 AufenthG nur von **Grund**kenntnissen die Rede ist, so dass überspannte Anforderungen nicht gestellt werden dürfen.

Im Übrigen **kann** zur Vermeidung einer Härte von dem Vorliegen entsprechender **953** Grundkenntnisse abgesehen werden (§ 9 Abs. 2 S. 4 AufenthG). Das Aufenthaltsgesetz differenziert zwischen verschiedenen Härtegraden (→ Rn. 950). Daher sind an das Vorliegen einer (einfachen) Härte iSd § 9 Abs. 2 S. 4 AufenthG keine strengen Anforderungen zu stellen.

Schließlich ist auf den Nachweis von Grundkenntnissen der Rechts- und Gesellschafts- **954** ordnung und der Lebensverhältnisse im Bundesgebiet gem. § 9 Abs. 2 S. 5 AufenthG zwingend („wird") zu verzichten, wenn der Antragsteller sich auf einfache Art in deutscher Sprache mündlich verständlich machen kann und er nach § 44 Abs. 3 Nr. 2 AufenthG keinen Anspruch auf Teilnahme an einem Integrationskurs hatte oder er nach § 44a Abs. 2 Nr. 3 AufenthG (Unmöglichkeit oder Unzumutbarkeit der Teilnahme auf Dauer) nicht zur Teilnahme an einem Integrationskurs verpflichtet war.

### i) Ausreichender Wohnraum (§ 9 Abs. 2 S. 1 Nr. 9 AufenthG)

Gem. § 9 Abs. 2 S. 1 Nr. 9 AufenthG muss der Bewerber um eine Niederlassungs- **955** erlaubnis über ausreichenden Wohnraum für sich und seine mit ihm in häuslicher Gemeinschaft lebenden Familienangehörigen verfügen. Wann ausreichender Wohnraum vorhanden ist, ergibt sich aus der Legaldefinition des § 2 Abs. 4 AufenthG (→ Rn. 20). Sofern der Ausländer nicht alleinstehend ist, ist auf die mit ihm in häuslicher Gemeinschaft lebenden Familienangehörigen abzustellen. So sind etwa Kinder, die außer Haus wohnen, aber regelmäßigen Kontakt zu ihren Eltern oder einem Elternteil etwa durch häufige Besuche pflegen, außer Betracht zu lassen. Auch ist die Anmeldung eines Angehörigen unter der Anschrift des antragstellenden Ausländers unbeachtlich, wenn dieser in Wahrheit woanders wohnt[1469].

## 3. Niederlassungserlaubnis nach § 26 Abs. 3 AufenthG

Nach § 26 Abs. 3 S. 1 AufenthG ist einem Ausländer, der der eine Aufenthaltserlaub- **956** nis nach § 25 Abs. 1 oder 2 S. 1 Alt. 1 AufenthG besitzt (Asylberechtigter oder Rechtsstatus als Flüchtling) eine Niederlassungserlaubnis zu erteilen, wenn er die Aufenthaltserlaubnis seit fünf Jahren besitzt (Nr. 1), das BAMF nicht nach § 73 Abs. 2a AsylG mitgeteilt hat, dass die Voraussetzungen für den Widerruf oder die Rücknahme des zuerkannten Status vorliegen (Nr. 2), der Lebensunterhalt überwiegend gesichert ist (Nr. 3), er über hinreichende Kenntnisse der deutschen Sprache verfügt (Nr. 4) und die

---

[1469] Soweit hierin uU ein Verstoß gegen melderechtliche Vorschriften liegt, darf dies im Rahmen des § 9 AufenthG keine Rolle spielen.

Voraussetzungen des § 9 Abs. 2 S. 1 Nr. 4 bis 6, 8 und 9 AufenthG (→ Rn. 942 ff.) vorliegen[1470].

### 4. Niederlassungserlaubnis nach § 26 Abs. 4 AufenthG

957    Nach § 26 Abs. 4 AufenthG kann einem Ausländer eine Niederlassungserlaubnis erteilt werden, wenn er seit fünf Jahren eine Aufenthaltserlaubnis nach Kap. 2 Abschn. 5 (Aufenthalt aus völkerrechtlichen, humanitären oder politischen Gründen) besitzt und die in § 9 Abs. 2 S. 1 AufenthG bezeichneten Voraussetzungen vorliegen (→ Rn. 935 ff.). § 9 Abs. 2 S. 2 bis 6 AufenthG (→ Rn. 949 ff.) gilt gem. § 26 Abs. 4 S. 2 AufenthG entsprechend. Die Aufenthaltszeit des der Erteilung der Aufenthaltserlaubnis vorangegangenen Asylverfahrens wird abweichend von § 55 Abs. 3 AsylG auf die Frist angerechnet (§ 26 Abs. 4 S. 3 AufenthG). Für Kinder, die vor Vollendung des 18. Lebensjahres nach Deutschland eingereist sind, kann die Vorschrift über ein eigenständiges, unbefristetes Aufenthaltsrecht der Kinder des § 35 AufenthG (→ Rn. 872 ff.) entsprechend angewandt werden (§ 26 Abs. 4 S. 4 AufenthG).

## XI. Erlaubnis zum Daueraufenthalt-EU (§§ 9a bis 9c AufenthG)

958    Mit dem Richtlinienumsetzungsgesetz vom 19.8.2007[1471] war als neuer Aufenthaltstitel die Erlaubnis zum Daueraufenthalt-EU eingeführt worden. Die Einzelheiten dieses Titels sind in den §§ 9a bis 9c AufenthG geregelt. Mit diesen Normen wird die RL 2003/109/EG des Rates betr. die Rechtsstellung der langfristig aufenthaltsberechtigten Drittstaatsangehörigen vom 28.11.2003[1472] in nationales Recht umgesetzt.

### 1. Regelungsgehalt der Erlaubnis zum Daueraufenthalt-EU

959    Die Erlaubnis zum Daueraufenthalt-EU ist ein unbefristeter Aufenthaltstitel (§ 9a Abs. 1 S. 1 AufenthG). Nach S. 2 gilt der die Niederlassungserlaubnis betreffende § 9 Abs. 1 S. 2 und 3 AufenthG entsprechend. Demzufolge kann abweichend von § 9a Abs. 1 S. 2 iVm § 9 Abs. 1 AufenthG eine wohnsitzbeschränkende Auflage erteilt werden, hingegen keine sonstige Nebenbestimmung. Eine nachträgliche zeitliche Befristung der Erlaubnis zum Daueraufenthalt-EU ist rechtlich nicht möglich. Das mit ihr verbürgte Aufenthaltsrecht kann jedoch entfallen, wenn einer der Erlöschenstatbestände des § 51 Abs. 9 AufenthG eintritt. Auch ist unter den Voraussetzungen des § 52 AufenthG der Widerruf einer Erlaubnis zum Daueraufenthalt-EU möglich. Im Übrigen kann der Aufenthalt eines Ausländers, dem eine Erlaubnis zum Daueraufenthalt-EU erteilt worden ist, nur durch dessen Ausweisung aus dem Bundesgebiet gem. § 53 ff. AufenthG (→ Rn. 1061 ff.) beendet werden. Ein Verbot oder eine Beschränkung der politischen Betätigung bleibt jedoch möglich (§ 9a Abs. 1 S. 2 iVm §§ 9 Abs. 1 S. 2, 47 AufenthG).

960    Soweit das Aufenthaltsgesetz nichts anderes bestimmt, ist die Erlaubnis zum Daueraufenthalt-EU der Niederlassungserlaubnis iSd § 9 AufenthG gleichgestellt (§ 9a Abs. 1 S. 3 AufenthG). Sofern die Voraussetzungen des § 9a Abs. 2 AufenthG erfüllt sind und der betroffene Ausländer nicht nach Abs. 3 vom personalen Anwendungsbereich des § 9a AufenthG ausgeschlossen ist (→ Rn. 961), besteht nach § 9 Abs. 2 S. 1 AufenthG ein **Rechtsanspruch** darauf, eine Erlaubnis zum Daueraufenthalt-EU erteilt zu bekommen.

---

[1470] Vgl. ferner § 26 Abs. 3 S. 2 bis 6 AufenthG (→ Rn. 956).
[1471] BGBl. I S. 1970.
[1472] ABl. Nr. L 16 S. 44.

## 2. Ausschluss vom Rechtsanspruch auf eine Erlaubnis zum Daueraufenthalt-EU (§ 9a Abs. 3 AufenthG)

Der Rechtsanspruch auf eine Erlaubnis zum Daueraufenthalt-EU ist nicht für alle  961
Drittstaatsangehörigen vorgesehen, die sich über längere Zeit im Bundesgebiet aufgehalten haben. Ausgeschlossen sind folgende Personengruppen:

- Ausländer, die einen Aufenthaltstitel nach Kap. 2 Abschn. 5 (Aufenthalt aus völkerrechtlichen, humanitären oder politischen Gründen iSd §§ 22 bis 26 AufenthG (→ Rn. 404 ff.) besitzen, der nicht auf Grund des § 23 Abs. 2 AufenthG erteilt wurde, oder die eine vergleichbare Rechtsstellung in einem anderen Mitgliedstaat der EU innehaben und weder in der BRD noch in einem, anderen Mitgliedstaat der EU als international Schutzberechtigte anerkannt sind. Gleiches gilt für Ausländer, die einen solchen Titel oder eine solche Rechtsstellung beantragt haben und über den Antrag noch nicht abschließend entschieden worden ist (Nr. 1).
- Ausländer, die in einem Mitgliedstaat der EU einen Antrag auf Anerkennung als international Schutzberechtigte iSd RL 2011/95/EU vom 13.12.2011[1473] (so genannte Qualifikations-Richtlinie → Rn. 1803 ff.) gestellt oder vorübergehenden Schutz iSd § 24 AufenthG (→ Rn. 500 ff.) beantragt haben und über deren Antrag noch nicht abschließend entschieden worden ist (Nr. 2).
- Ausländer, die in einem anderen Mitgliedstaat der EU eine Rechtsstellung besitzen, die der in § 1 Abs. 2 Nr. 2 AufenthG entspricht. Dies sind Personen, die nach Maßgabe der §§ 18 bis 20 GVG nicht der deutschen Gerichtsbarkeit unterliegen (Nr. 3).
- Ausländer, die sich mit einer Aufenthaltserlaubnis zum Zwecke der Ausbildung gem. § 16 oder § 17 AufenthG (→ Rn. 207 ff. und 248 ff.) im Bundesgebiet aufhalten (Nr. 4).
- Ausländer, die sich zu einem sonstigen seiner Natur nach vorübergehenden Zweck im Bundesgebiet aufhalten (Nr. 5)[1474]. Dies ist dem Gesetz zufolge insbesondere der Fall, wenn sich Ausländer auf Grund einer Aufenthaltserlaubnis nach § 18 AufenthG zur Ausübung einer Beschäftigung (→ Rn. 269 ff.) vorübergehend im Bundesgebiet aufhalten, sofern die Befristung der Zustimmung der Bundesagentur für Arbeit auf der Beschäftigungsverordnung und der dort bestimmten Höchstbeschäftigungsdauer beruht (a)[1475], wenn die Verlängerung einer Aufenthaltserlaubnis nach § 8 Abs. 2 AufenthG (→ Rn. 125) ausgeschlossen wurde (b) oder wenn eine Aufenthaltserlaubnis der Herstellung oder Wahrung der familiären Lebensgemeinschaft mit einem Ausländer dient, der sich selbst nur zu einem seiner Natur nach vorübergehenden Zweck im Bundesgebiet aufhält, und bei einer Aufhebung der Lebensgemeinschaft kein eigenständiges Aufenthaltsrecht (→ Rn. 834 ff.) entstehen würde (c).

## 3. Voraussetzungen für die Erteilung einer Erlaubnis zum Daueraufenthalt-EU (§ 9a Abs. 2 AufenthG)

§ 9a Abs. 2 AufenthG bestimmt im Einzelnen die Voraussetzungen, die erfüllt sein  962
müssen, um eine Erlaubnis zum Daueraufenthalt-EU zu erhalten. § 9b AufenthG regelt die Einzelheiten einer Anrechnung von Aufenthaltszeiten und § 9c AufenthG Fragen der Sicherung des Lebensunterhalts. Beides wird in die nachfolgende Darstellung integriert.

---

[1473] ABl. EU Nr. L 337, S. 9.
[1474] Vgl. VGH Kassel NVwZ-RR 2012, 85.
[1475] ZB Au-pairs, Saisonarbeitnehmer, entsandte Arbeitnehmer, Dienstleistungserbringer; vgl. Art. 3 Abs. 2 Buchst. e) RL 2003/109/EG.

### a) Besitz eines Aufenthaltstitels seit fünf Jahren (§ 9a Abs. 2 S. 1 Nr. 1 AufenthG)

**963**     Der Ausländer muss sich seit fünf Jahren mit einem Aufenthaltstitel im Bundesgebiet aufhalten (Nr. 1). In diese Anwartschaftsfrist wird die Dauer des rechtmäßigen Aufenthalts mit einem nationalen Visum (→ Rn. 108 ff.) eingerechnet (§ 6 Abs. 3 S. 3 AufenthG). § 9b S. 1 AufenthG sieht die Anrechnung bestimmter Zeiten auf die nach § 9a Abs. 2 S. 1 Nr. 1 AufenthG erforderliche Anwartschaftszeit vor. Nach § 9b S. 1 Nr. 1 Buchst. a) AufenthG werden Zeiten eines Aufenthaltes **außerhalb** des Bundesgebiets, in denen ein Ausländer einen Aufenthaltstitel besaß und sich wegen einer Entsendung aus beruflichen Gründen im Ausland aufgehalten hatte, angerechnet. Jedoch darf ein solcher Auslandsaufenthalt jeweils sechs Monate oder eine von der Ausländerbehörde nach § 51 Abs. 1 Nr. 7 AufenthG bestimmte längere Frist (→ Rn.1051 ff.) nicht überschritten haben. Nach § 9b S. 1 Nr. 1 Buchst. b) AufenthG erfolgt eine Anrechnung von Auslandsaufenthaltszeiten, wenn diese sechs aufeinander folgende Monate und innerhalb des in § 9a Abs. 2 S. 1 Nr. 1 AufenthG genannten Zeitraums (von fünf Jahren) insgesamt zehn Monate nicht überschreiten. Diese Anrechnungsmodalitäten stehen im Einklang mit Art. 4 Abs. 3 RL 2003/109/EG.

**964**     Nach § 9b S. 1 Nr. 2 AufenthG werden Zeiten eines früheren Aufenthalts im Bundesgebiet mit Aufenthaltserlaubnis, Niederlassungserlaubnis oder Erlaubnis zum Daueraufenthalt-EU bis zu **höchstens vier Jahren** angerechnet, wenn der Ausländer zum Zeitpunkt seiner Ausreise im Besitz einer Niederlassungserlaubnis oder einer Erlaubnis zum Daueraufenthalt-EU war und die Niederlassungserlaubnis oder die Erlaubnis zum Daueraufenthalt-EU allein wegen eines Aufenthalts außerhalb von Mitgliedstaaten der EU oder wegen des Erwerbs der Rechtsstellung eines langfristig Aufenthaltsberechtigten in einem anderen Mitgliedstaat der EU erloschen ist. Dies entspricht § 9 Abs. 2 Nr. 1 AufenthG (→ Rn. 935). Die Regelung ist durch die RL 2003/109/EG **nicht** zwingend vorgegeben, steht aber mit deren Art. 4 Abs. 3 S. 2 in Einklang[1476]. Um die entsprechenden Zeiten anrechnen zu können, ist es ausreichend, dass ein Antragsteller zum Zeitpunkt seiner Ausreise eine Niederlassungserlaubnis nach § 9 AufenthG oder eine Erlaubnis zum Daueraufenthalt-EU besessen hat, unabhängig von der mit dieser Erlaubnis verbrachten Aufenthaltszeit im Bundesgebiet. Die Vorschrift erfasst auch die Fälle, in denen eine Niederlassungserlaubnis bereits vor der Umsetzung der RL 2003/109/EG erloschen ist[1477].

**965**     Nach § 9b S. 1 Nr. 3 AufenthG werden auf die Fünfjahresfrist des § 9a Abs. 2 S. 1 Nr. 1 AufenthG auch diejenigen Zeiten angerechnet, in denen ein Ausländer nach Unionsrecht freizügigkeitsberechtigt war[1478]. Von dieser Vorschrift werden in erster Linie Familienangehörige eines Unionsbürgers aus einem Drittstaat erfasst, die nicht mehr die Voraussetzungen erfüllen, um freizügigkeitsberechtigt zu sein. Darüber hinaus können jene Personen darunter fallen, die durch den Erwerb oder die Annahme der Staatsangehörigkeit eines Nicht-EU-Staates ihr Freizügigkeitsrecht verloren haben.

**966**     Darüber hinaus werden nach § 9b S. 1 Nr. 4 AufenthG Zeiten eines rechtmäßigen Aufenthalts zum Zweck des Studiums oder der Berufsausbildung im Bundesgebiet zur Hälfte angerechnet. Dies entspricht der unionsrechtlichen Vorgabe in Art. 4 Abs. 2 S. 2 RL 2003/109/EG. Schließlich bestimmt § 9b Abs. 1 Nr. 5 AufenthG, dass bei international Schutzberechtigten (iSd § 2 Abs. 13 AufenthG → Rn. 25) der Zeitraum zwischen dem Tag der Beantragung internationalen Schutzes und dem Tag der Erteilung eines aufgrund der Zuerkennung internationalen Schutzes gewährten Aufenthaltstitels angerechnet wird.

---

[1476] Vgl. dazu ausf. BT-Drs. 16/5065, S. 162.
[1477] Vgl. BT-Drs. 16/5065, S. 163.
[1478] Vgl. BT-Drs. 16/5065, S. 163.

§ 9b S. 2 AufenthG sieht vor, dass Zeiten eines Aufenthalts nach § 9a Abs. 3 Nr. 5 **967**
AufenthG (Aufenthalt zu einem seiner Natur nach nur vorübergehenden Zweck) sowie
Zeiten, in denen ein Ausländer auch die Voraussetzungen des § 9a Abs. 3 Nr. 3 AufenthG erfüllte (privilegiertes diplomatisches und konsularisches Personal) nicht angerechnet werden. Dies entspricht Art. 4 Abs. 2 S. 1 RL 2003/109/EG[1479].

Die fünfjährige Anwartschaftsfrist des § 9a Abs. 2 S. 1 Nr. 1 AufenthG wird durch **968**
Zeiten eines Aufenthaltes außerhalb des Bundesgebiets nicht unterbrochen, sofern durch
den Auslandsaufenthalt der Aufenthaltstitel nicht erloschen ist (§ 9b S. 3 Hs. 1 AufenthG). Jedoch werden diese Zeiten bei der Bestimmung der Gesamtdauer des Aufenthalts nach § 9a Abs. 2 S. 1 Nr. 1 AufenthG nicht angerechnet (§ 9b S. 3 Hs. 2 AufenthG). In allen übrigen Fällen unterbricht die Ausreise aus dem Bundesgebiet die
Anwartschaftsfrist des § 9a Abs. 2 S. 1 Nr. 1 AufenthG, so dass im Falle einer erneuten
Einreise und eines erneuten Aufenthalts im Bundesgebiet der Fristenlauf von vorne
beginnt.

### b) Sicherung des Lebensunterhalts und ausreichender Krankenversicherungsschutz (§ 9a Abs. 2 S. 1 Nr. 2 AufenthG)

Der Anspruch auf eine Erlaubnis zum Daueraufenthalt-EU setzt gem. § 9a Abs. 2 S. 1 **969**
Nr. 2 AufenthG voraus, dass der Lebensunterhalt des Ausländers und derjenige seiner
Angehörigen, denen er Unterhalt zu leisten hat, durch feste und regelmäßige Einkünfte
gesichert ist. Ob diese Voraussetzung erfüllt ist, ergibt sich **nicht** aus der Legaldefinition
des § 2 Abs. 3 AufenthG (→ 12 ff.), sondern aus der spezielleren Regelung des § 9c
AufenthG, der die unionsrechtlichen Vorgaben des Art. 5 der RL 2003/109/EG umsetzt.

Gem. § 9c S. 1 AufenthG liegen feste und regelmäßige Einkünfte iSd§ 9a Abs. 2 S. 1 **970**
Nr. 2 AufenthG idR vor, wenn ein Ausländer

- seine steuerlichen Verpflichtungen erfüllt hat (Nr. 1),
- hinreichende Vorkehrungen für eine angemessene Altersversorgung getroffen hat (Nr. 2),
- ausreichenden Krankenversicherungsschutz genießt (Nr. 3) und
- seine regelmäßigen Einkünfte aus einer erlaubten Erwerbstätigkeit bezieht (Nr. 4).

Das in Nr. 1 aufgeführte Erfordernis, dass ein Ausländer seine steuerlichen Verpflich- **971**
tungen erfüllt hat, lässt sich nicht ohne weiteres aus der RL 2003/109/EG entnehmen.
Diese Regelung ist, wovon auch die Amtliche Begründung ausgeht[1480], eine im Vergleich
zum bisherigen Aufenthaltsrecht neue Erteilungsvoraussetzung. In den Gesetzgebungsmaterialien wird aber darauf abgestellt, dass steuerliche Unregelmäßigkeiten erfahrungs-
gemäß ein frühes Indiz für eine mangelnde Leistungsfähigkeit sind, so dass sich das
Merkmal der Erfüllung der abgabenrechtlichen Verpflichtungen für die Prüfung einer
dauerhaften Leistungsfähigkeit eines Ausländers besonders eigne (so auch Nr. 9c.1.1
AVV-AufenthG). Problematisch ist an dieser neuen Erteilungsvoraussetzung, dass jedenfalls bislang im Rahmen eines Verfahrens auf Erteilung oder Verlängerung eines Aufenthaltstitels nicht danach gefragt wird, ob ein Ausländer seine steuerlichen Verpflichtungen erfüllt hat. In den Gesetzgebungsmaterialien wird jedoch davon ausgegangen, dass
eine solche Prüfung richtlinienkonform ist. Hierfür wird auf den Erwägungsgrund Nr. 7
zur RL 2003/109/EG verwiesen, wonach die Mitgliedstaaten die Erfüllung steuerlicher
Verpflichtungen berücksichtigen können. Für den Bereich der Erlaubnis zum Daueraufenthalt-EU wird insoweit eine im Vergleich zur Niederlassungserlaubnis strengere An-
spruchsvoraussetzung aufgestellt. Ob ein Ausländer seine steuerlichen und abgabenrecht-

---

[1479] Vgl. Art. 4 Abs. 2 S. 1 der RL 2003/109/EG.
[1480] BT-Drs. 16/5065, S. 163.

lichen Verpflichtungen erfüllt, ist anhand einer Bescheinigung des für den Wohnsitz des Ausländers zuständigen Finanzamts („Auskunft in Steuersachen") zu überprüfen (Nr. 9c.1.1 AVV-AufenthG).

972    Nach § 9c S. 1 Nr. 2 AufenthG muss ein Ausländer oder sein mit ihm in familiärer Gemeinschaft lebender Ehegatte im In- oder Ausland Beiträge oder Aufwendungen für eine angemessene Altersversorgung geleistet haben[1481]. Eine Ausnahme von diesem Erfordernis besteht, wenn diese Personen durch eine körperliche, geistige oder seelische Krankheit oder Behinderung zu einer entsprechenden Vorsorge nicht in der Lage waren. Dies entspricht der vergleichbaren Regelung des § 9 Abs. 2 S. 6 AufenthG für die Niederlassungserlaubnis (→ Rn. 939). Um eine Parallelität zur Niederlassungserlaubnis herzustellen, ist es ausreichend, wenn ein Ausländer mindestens sechzig Monate Pflichtbeiträge oder freiwillige Beiträge zu einer gesetzlichen Rentenversicherung geleistet oder entsprechende Aufwendungen für eine entsprechende angemessene Altervorsorge erbracht hat (§ 9c S. 3 AufenthG)[1482]. Nach VG Bremen[1483] ist Maßstab für eine angemessene Altersvorsorge i. S. dieser Vorschrift bei **weniger** als 60 Beitragsmonaten, ob die zu erwartende Rente ausreichend ist, so dass der Ausländer ab dem Zeitpunkt des regulären Rentenbezuges keine staatlichen Leistungen nach dem SGB XII in Anspruch nehmen wird.

973    Zur Sicherung des Lebensunterhalts gehört auch, dass ein Ausländer und seine mit ihm in familiärer Gemeinschaft lebenden Angehörigen gegen das Risiko der Krankheit und der Pflegebedürftigkeit durch die gesetzliche Krankenversicherung oder einen im Wesentlichen gleichwertigen, unbefristeten oder sich automatisch verlängernden Versicherungsschutz abgesichert sind (§ 9c S. 1 Nr. 3 AufenthG). Diese vom deutschen Gesetzgeber aufgestellte Erteilungsvoraussetzung steht nicht in vollem Umfang im Einklang mit Art. 5 Abs. 1 Buchst. b) RL 2003/109/EG. Nach dieser Vorschrift muss ein Ausländer für sich und seine unterhaltsberechtigten Familienangehörigen über eine **Kranken**versicherung verfügen, die im betreffenden Mitgliedstaat sämtliche Risiken abdeckt, wie dies idR auch für die eigenen Staatsangehörigen vorgesehen ist. Das Bestehen einer **Pflege**versicherung wird von der Richtlinie nicht gefordert, ist aber vom deutschen Sozialversicherungsrecht zwingend vorgegeben. In diesem Zusammenhang ist jedoch auch zu beachten, dass § 2 Abs. 3 AufenthG (→ Rn. 12) im Zusammenhang mit der Sicherung des Lebensunterhalts lediglich einen ausreichenden Krankenversicherungsschutz verlangt, nicht aber das Bestehen einer Pflegeversicherung.

974    Auch die in § 9c S. 1 Nr. 3 AufenthG aufgestellte Voraussetzung, dass der Krankenversicherungsschutz unbefristet sein und sich automatisch verlängern muss, ist mit der RL 2003/109/EG nicht zu vereinbaren. Zwar ist das in der Amtlichen Begründung für die gewählte Textfassung angeführte Argument, dass damit einer missbräuchlichen Nutzung neuerer Versicherungsprodukte begegnet werden soll, „die gezielt an jüngere Zuwanderer mit der Erwartung eines Daueraufenthaltsrechts zu niedrigen Preisen veräußert werden und eine Krankenversicherung vorsehen, deren Schutz nach zehn oder fünfzehn Jahren automatisch endet"[1484], sozialpolitisch nachvollziehbar, es findet aber keine Rechtfertigung in Art. 5 RL 2003/109/EG. Die insoweit von § 9c S. 1 Nr. 3 AufenthG aufgestellten Erteilungsvoraussetzungen erweisen sich daher als nicht in vollem Umfang richtlinienkonform.

975    Nach § 9c S. 1 Nr. 4 AufenthG liegen feste und regelmäßige Einkünfte idR vor, wenn ein Ausländer seine regelmäßigen Einkünfte aus einer Erwerbstätigkeit (→ Rn. 11) bezieht, zu der Erwerbstätigkeit berechtigt ist und auch über die gegebenenfalls dafür erforderlichen anderen Erlaubnisse verfügt. Diese auf rechtmäßige Weise erzielten Ein-

---

[1481] Vgl. dazu auch VGH Mannheim InfAuslR 2011, 190 = BeckRS 2011, 47333.
[1482] VGH München Beschl. v. 24.9.2008 – 10 CS 08.2329 BeckRS 2008, 28422 Rn. 9.
[1483] Urt. v. 9.9.2013 – 4 K 2076/12 BeckRS 2013, 56496.
[1484] BT-Drs. 16/5065, S. 164; vgl. auch Nr. 9c.1.3 AVV-AufenthG.

kommen müssen ausreichen, um ohne Inanspruchnahme von Sozialhilfeleistungen (Art. 5 Abs. 1 Buchst. a) RL 2003/109/EG) den Lebensunterhalt für den Ausländer und seine unterhaltsberechtigten Familienangehörigen zu sichern. Bei Ehegatten, die in ehelicher Lebensgemeinschaft leben, genügt es gem. § 9c S. 2 AufenthG, wenn die Voraussetzung nach S. 1 Nr. 4 durch **einen** Ehegatten erfüllt wird. Dies entspricht der entsprechenden Regelung des § 9 Abs. 3 S. 1 AufenthG für eine Niederlassungserlaubnis (→ Rn. 940). Entsprechendes gilt bei einer Lebenspartnerschaft (§ 28 Abs. 2 AufenthG).

### c) Ausreichende Kenntnisse der deutschen Sprache (§ 9a Abs. 2 S. 1 Nr. 3 AufenthG)

Der Rechtsanspruch auf eine Erlaubnis zum Daueraufenthalt-EU setzt ferner voraus, **976** dass ein Ausländer über ausreichende Kenntnisse der deutschen Sprache verfügt (§ 9a Abs. 2 S. 1 Nr. 3 AufenthG). Dies entspricht den Anforderungen für eine Niederlassungserlaubnis nach § 9 Abs. 2 S. 1 Nr. 7 AufenthG (→ Rn. 948 ff.) und steht mit Art. 5 Abs. 2 RL 2003/109/EG in Einklang. Dementsprechend erklärt § 9a Abs. 2 S. 2 AufenthG § 9 Abs. 2 S. 2 bis 6 AufenthG für entsprechend anwendbar.

### d) Grundkenntnisse der Rechts- und Gesellschaftsordnung und der Lebensverhältnisse im Bundesgebiet (§ 9a Abs. 2 S. 1 Nr. 4 AufenthG)

§ 9a Abs. 2 S. 1 Nr. 4 AufenthG setzt für das Erteilen einer Erlaubnis zum Daueraufenthalt-EU ferner voraus, dass ein Ausländer über Grundkenntnisse der Rechts- und Gesellschaftsordnung und der Lebensverhältnisse im Bundesgebiet verfügt. Auch dies entspricht den Anforderungen für eine Niederlassungserlaubnis, wie sie in § 9 Abs. 2 S. 1 Nr. 8 AufenthG festgelegt sind (→ Rn. 952 f.) und steht gleichfalls mit Art. 5 Abs. 2 RL 2003/109/EG in Einklang. **977**

### e) Keine Verstöße gegen die öffentliche Sicherheit und Ordnung (§ 9a Abs. 2 S. 1 Nr. 5 AufenthG)

Eine Erlaubnis zum Daueraufenthalt-EU darf nach § 9a Abs. 2 S. 1 Nr. 5 AufenthG **978** nur erteilt werden, wenn „Gründe der öffentlichen Sicherheit oder Ordnung unter Berücksichtigung der Schwere oder der Art des Verstoßes gegen die öffentliche Sicherheit oder Ordnung oder der vom Ausländer ausgehenden Gefahr unter Berücksichtigung der Dauer des bisherigen Aufenthalts und dem Bestehen von Bindungen im Bundesgebiet nicht entgegenstehen". Diese Fassung steht in Übereinstimmung mit Art. 6 Abs. 1 RL 2003/109/EG[1485] und erfordert eine „einzelfallbezogene Abwägung"[1486]. Bei der Erteilungsvoraussetzung des § 9a Abs. 2 S. 1 Nr. 5 AufenthG handelt es sich um eine spezielle Regelung, die es ausschließt, auf die allgemeine Erteilungsvoraussetzung des Nichtvorliegens eines Ausweisungsinteresses iSd § 5 Abs. 1 Nr. 2 AufenthG (→ Rn. 67 ff.) zurückzugreifen[1487].

### f) Vorhandensein ausreichenden Wohnraums (§ 9a Abs. 2 S. 1 Nr. 6 AufenthG)

Schließlich setzt der Anspruch auf eine Erlaubnis zum Daueraufenthalt-EU gem. § 9a **979** Abs. 2 S. 1 Nr. 6 AufenthG voraus, dass ein Ausländer für sich und seine mit ihm in familiärer Gemeinschaft lebenden Familienangehörigen über ausreichenden Wohnraum

---

[1485] Vgl. auch Nr. 9a.2.1.5 AVV-AufenthG.
[1486] VGH Mannheim Urt. v. 22.7.2009 – 11 S 2289/08 BeckRS 2009, 38006.
[1487] Zur entsprechenden Problematik bei der Niederlassungserlaubnis → Rn. 943; ebenso VGH Mannheim Urt. v. 22.7.2009 – 11 S 2289/08 BeckRS 2009, 38006. – A A jedoch die Amtl. Begr. zu § 9a AufenthG, BT-Drs. 16/5065, S. 161 sowie Nr. 9a.2.1.5.0 AVV-AufenthG.

verfügt[1488]. Zweifel über die Richtlinienkonformität dieser Voraussetzung könnten sich daraus ergeben, dass ein Wohnraumerfordernis in Art. 5 RL 2003/109/EG als Voraussetzung für eine Erlaubnis zum Daueraufenthalt-EU nicht aufgenommen worden ist. Jedoch sieht Art. 7 Abs. 1 S. 3 der Richtlinie vor, dass zu den von einem Ausländer vorzulegenden Nachweisen, aus denen sich ergibt, dass die Erteilungsvoraussetzungen für ein unionsrechtliches Daueraufenthaltsrecht erfüllt werden, auch Unterlagen in Bezug auf ausreichenden Wohnraum gehören. Der Amtlichen Begründung zufolge ist die systematische Verschiebung dieses Erfordernisses nach Art. 7 RL 2003/109/EG als Ausfluss eines „Gesamtkompromisses" zu verstehen, der den Nachweis ausreichenden Wohnraums als eigenständige Erteilungsvoraussetzung nicht in Frage stellt[1489]. In diesem Zusammenhang ist einerseits zu berücksichtigen, dass auch die RL 2003/86/EG des Rates betr. das Recht auf Familienzusammenführung vom 22.9.2003[1490] in Art. 7 Abs. 1 Buchst. a) ein Wohnraumerfordernis enthält. Andererseits stellt beispielsweise die Unionsbürger-RL 2004/38/EG vom 29.4.2004[1491] bereits für die erstmalige Aufenthaltsnahme in einem Mitgliedstaat keine entsprechende Voraussetzung auf. Auch aus dem Wortlaut des Art. 7 Abs. 1 RL 2003/109/EG ergibt sich nicht zwingend, dass der Nachweis ausreichenden Wohnraums eine zwingende Erteilungsvoraussetzung darstellt. Nach Art. 7 Abs. 1 S. 2 RL 2003/109/EG sind dem Antrag auf eine Erlaubnis zum Daueraufenthalt-EU die Unterlagen beizufügen, aus denen hervorgeht, dass ein Ausländer die Voraussetzungen der Art. 4 und 5 der Richtlinie erfüllt. In diesen Vorschriften ist jedoch ein Wohnraumerfordernis nicht enthalten. Daher kann Art. 7 Abs. 1 S. 3 RL 2003/109/EG nur so verstanden werden, dass der dort als fakultativ zu erbringende Wohnraumnachweis **allein** dazu dienen soll zu prüfen, ob ein Verstoß gegen die öffentliche Sicherheit oder Ordnung möglicherweise gegeben ist, weil die vorhandene Wohnung den **wohnungsaufsichtsrechtlichen** Anforderungen an eine angemessene Wohnung nicht entspricht.

# C. Integration

## I. Allgemeines

### 1. Begriff der Integration

980       Auch wenn bereits die Ausländergesetze von 1965 und 1990 Bestimmungen enthielten, die sich implizit der „Integration von Ausländern" widmeten,[1492] wird der Integrationsbegriff[1493] explizit erstmals im Aufenthaltsgesetz verwendet. Dieses führt den Integrationsbegriff nicht nur im Titel[1494], er taucht dort auch als einer von vier Regelungsgegenständen (vgl. § 1 Abs. 1 S. 4 AufenthG) und als Zielbestimmung (vgl. § 43 Abs. 1 AufenthG) auf. Auch wenn das Aufenthaltsgesetz ein explizit mit „Integration" überschriebenes Kapitel 3 (§§ 43–45a AufenthG) enthält, bedeutet dies jedoch keinesfalls, dass der Integrationsbegriff nur dort verwendet würde[1495] und die übrigen Bestimmungen

---

[1488] Zur vergleichbaren Anforderung bei der Niederlassungserlaubnis vgl. § 9 Abs. 2 S. 1 Nr. 9 AufenthG (→ Rn. 955).

[1489] BT-Drs. 16/5065, S. 161.

[1490] ABl. Nr. L 251/12.

[1491] ABl. Nr. L 229/35.

[1492] Vgl. dazu *Eichenhofer*, Begriff und Konzept der Integration im Aufenthaltsgesetz (2013), 46 ff.

[1493] Zu den soziologischen Grundlagen etwa: *Kluth*, ZAR 2016, 336.

[1494] Gesetz über den Aufenthalt, die Erwerbstätigkeit und die Integration von Ausländern im Bundesgebiet (Aufenthaltsgesetz – AufenthG) v. 30.7.2004, BGBl. I

[1495] Vgl. dazu die Übersicht bei: *Eichenhofer*, aaO (Fn. 1490), 119.

keinerlei Bedeutungen für das Integrationskonzept des Aufenthaltsgesetzes hätten (dazu gleich). Vielmehr ist laut Gesetzesbegründung letztlich „der **gesamte rechtliche Regelungsrahmen**" des Aufenthaltsgesetzes „darauf angelegt, für die Integration der Zuwanderer (…) günstige Bedingungen zu schaffen und ihre Eingliederung in die Gesellschaft zu fördern"[1496]. Der äußerst **unbestimmte Begriff der Integration** wird **weder im Aufenthaltsgesetz noch in untergesetzlichen Rechtsvorschriften** wie der Integrationskursverordnung (IntV)[1497] oder den Allgemeinen Verwaltungsvorschriften **definiert**. Gleichwohl ist seine Verwendung mit Blick auf das verfassungsrechtliche Bestimmtheitsgebot[1498] letztlich nicht bedenklich, da sich aus der Gesamtschau des AufenthG positive und negative **Kriterien von Integration** entnehmen lassen.[1499] Zu den positiven Integrationskriterien gehören ausreichende Kenntnisse der deutschen Sprache, Wissen um die deutsche Rechts- und Gesellschaftsordnung und die Sicherung des eigenen Lebensunterhalts. Als negative Integrationskriterien wären demgegenüber der Bezug von Sozialleistungen und alle Umstände zu werten, die eine Gefährdung der öffentlichen Sicherheit und Ordnung darstellen.

## 2. Das „Fördern und Fordern" von Integrationsleistungen als Integrationskonzept

Da das Aufenthaltsgesetz die „Integration von Ausländern" explizit zum Gegenstand und Ziel erhebt, gilt diese seit dem Inkrafttreten des Aufenthaltsgesetzes zum 1.1.2005 als **Staats-** und das heißt in erster Linie: als **Verwaltungsaufgabe**,[1500] die vor allem bezüglich der in den letzten Jahren nach Deutschland geflüchteten Menschen eine große Herausforderung darstellt.[1501] Das Aufenthaltsgesetz wählt dazu ein Konzept, das im „Fördern und Fordern" (vgl. § 43 Abs. 1 AufenthG) von Integrationsleistungen[1502] der Zuwanderer besteht. Sofern die Zuwanderer die von ihnen geforderten Integrationsleistungen (dh die positiven Integrationskriterien) erbringen und zugleich keine negativen Integrationskriterien erfüllen, eröffnet ihnen das Aufenthaltsgesetz in aller Regel eine gute Aufenthaltsperspektive. Das Aufenthaltsgesetz begründet also eine „Einwanderungschance" bei einer gleichzeitigen „Integrationserwartung".[1503]     **981**

Das Integrationskonzept des Aufenthaltsgesetzes lässt sich letztlich auf vier Instrumente zurückführen[1504]: (1) die sog. **Integrationsanforderungen,** dh diejenigen Normen, welche die Erteilung eines Aufenthaltstitels an eine Integrationsleistung (zB den Erwerb der deutschen Sprache) des Antragstellers knüpfen (vgl. etwa § 30 Abs. 1 S. 1 Nr. 2 AufenthG), (2) die in §§ 43–45a AufenthG geregelten **Integrationsförderungsmaßnahmen** zur Unterstützung der Integrationsleistungen, (3) die erstmalige Erteilung einer Aufenthaltserlaubnis an bislang Geduldete aufgrund besonderer Integrationsleistungen (sog. **Integrationshonorierung, vgl. etwa § 18a, § 25a oder § 25b AufenthG**), (4) die **Berücksichtigung erfolgter Integrationsleistungen** bei drohender Ausweisung in Gestalt der Bleibeinteressen gemäß § 55 AufenthG. Alle vier Instrumente sollen letztlich das Erbringen von **Integrationsleistungen** „fördern und fordern".     **982**

---

[1496] BT-Drs. 15/420, 64.

[1497] Verordnung über die Durchführung von Integrationskursen für Ausländer und Spätaussiedler (Integrationskursverordnung – IntV) v. 13.12.2004, BGBl. I S. 3370.

[1498] Vgl. dazu etwa BVerfGE 83, 130 (145); E 84, 133 (149); E 87, 234 (267).

[1499] Vgl. *Groß* ZAR 2007, 315.

[1500] Vgl. *Groß* ZAR 2007, 315; *Eichenhofer* DÖV 2014, 776.

[1501] Vgl. dazu *Buchholtz* NVwZ 2017, 756.

[1502] Umfassend zum Integrationsbegriff des AufenthG: *Eichenhofer*, aaO (Fn 1490), 109 ff., 273 ff., *Ders.* DÖV 2014, 776 (777 ff.).

[1503] Vgl. *Bast*, Aufenthaltsrecht und Migrationssteuerung (2011), 218 ff.

[1504] Vgl. *Eichenhofer*, aaO (Fn 1490), 158 ff., 289 ff.

**983**    Besondere Bedeutung kommt dabei dem **Erlernen der deutschen Sprache** zu.[1505] Der Spracherwerb ist in der Tat eine zentrale Voraussetzung für eine gelingende Integration. Ohne zumindest elementare Kenntnisse der deutschen Sprache ist eine aktive und gleichberechtigte Teilnahme am gesellschaftlichen Leben in der Bundesrepublik nicht möglich. Folglich betonen auch der Gesetzgeber[1506] und das BVerwG[1507] die Bedeutung ausreichender Deutschkenntnisse für den Integrationsprozess. Dabei unterscheidet das Aufenthaltsgesetz zwischen **verschiedenen Sprachniveaus** (vgl. § 2 Abs. 9–12 AufenthG). So sind „einfache Kenntnisse der deutschen Sprache" und damit Anforderungen nach dem Niveau **A1** des Europäischen Referenzrahmens für Sprache[1508] (vgl. § 2 Abs. 9 AufenthG) ausreichend für die Erteilung einer Aufenthaltserlaubnis zum Ehegattennachzug (vgl. § 30 Abs. 1 S. 1 Nr. 2 AufenthG). Dagegen werden für die Erteilung einer Aufenthaltserlaubnis wegen nachhaltiger Integration nach § 25b Abs. 1 S. 1 Nr. 4 AufenthG „hinreichende mündliche Deutschkenntnisse im Sinne des Niveaus **A2** des Gemeinsamen Europäischen Referenzrahmens für Sprache" gefordert. Wie sich aus § 2 Abs. 11 AufenthG ergibt, ist mit „ausreichenden deutschen Sprachkenntnissen" die Niveaustufe **B1** gemeint. Dieses Sprachniveau wird nicht nur für die Erteilung einzelner Aufenthaltstitel wie die Niederlassungserlaubnis (§ 9 Abs. 2 S. 1 Nr. 7 AufenthG), die Erlaubnis zum Daueraufenthalt-EU (vgl. § 9a Abs. 2 S. 1 Nr. 3 AufenthG) oder bestimmte Aufenthaltserlaubnisse (vgl. etwa § 35 Abs. 1 S. 2 Nr. 2 AufenthG) verlangt. Dieses Niveau soll gemäß § 43 Abs. 3 S. 1 AufenthG auch im Integrationskurs vermittelt werden. Nach der Definition in § 3 Abs. 2 IntV verfügt über ausreichende Kenntnisse der deutschen Sprache, „wer sich im täglichen Leben in seiner Umgebung selbstständig sprachlich zurechtfinden und entsprechend seinem Alter und Bildungsstand ein Gespräch führen und sich schriftlich ausdrücken kann." Schließlich wird ein „Beherrschen der deutschen Sprache" und damit Kenntnisse auf dem Niveau **C1** (vgl. § 2 Abs. 12 AufenthG) für die Erteilung einer Aufenthaltserlaubnis zum Kindernachzug gemäß § 32 Abs. 2 AufenthG verlangt.

**984**    Seit dem Inkrafttreten des AufenthG hat das ihm zugrunde liegende Integrationskonzept zahlreiche Änderungen erfahren.[1509] Mit dem **Richtlinienumsetzungsgesetz v. 19.8.2007**[1510] wurden der Grundsatz „des Förderns" der Integration gegenüber dem „des Forderns" deutlich zurückgenommen.[1511] Dies kommt bereits darin zum Ausdruck, dass die Überschrift des Kapitel 3 von „Förderung der Integration" in „Integration" umbenannt wurde. Auch die Zielbestimmung des § 43 Abs. 1 AufenthG lautete fortan nicht mehr „Die Integration (...) wird gefördert", sondern „(...) wird gefördert und gefordert." In der Sache wurde etwa § 43 Abs. 2 S. 2 AufenthG dahingehend geändert, dass das Ziel des Integrationskurses nunmehr in der „erfolgreichen" Vermittlung der Kursinhalte bestehe, womit die erfolgreiche Teilnahme an der Abschlussprüfung zum generellen Kursziel erklärt wird.[1512] Mit dem **Zwangsheiratsbekämpfungsgesetz von 2011**[1513] wurde mit § 8 Abs. 3 AufenthG nF einerseits dafür Sorge getragen, dass die Befolgung der Teilnahmepflicht nach § 44a AufenthG nunmehr zwingend bei der Verlängerung einer Aufenthaltserlaubnis zu berücksichtigen ist. Andererseits wurde mit § 25a AufenthG aber auch ein neuer Aufenthaltstitel für gut integrierte, bislang aber ausschließlich geduldete

---

[1505] Dazu: *Eichenhofer* in: Dick/Frazzetto/Kirsch (Hrsg.), Sprache und Integration (2011), 145 ff.
[1506] BT-Drs. 15/420, 72.
[1507] BVerwG DVBl. 2006, 922.
[1508] Im Internet abrufbar unter: http://www.europaeischer-referenzrahmen.de/.
[1509] Vgl. für einen ausführlicheren Überblick: Kluth/Heusch/*Eichenhofer* AufenthG § 43 Rn. 1.1.-1.8., § 44 AufenthG Rn. 1.1., § 44a AufenthG Rn. 1.1.-1.4.
[1510] BGBl. I 1970. Siehe auch den Gesetzentwurf: BT-Drs. 16/5065.
[1511] Kritisch zu dieser Entwicklung etwa: *Fischer-Lescano* KJ 2006, 236; *Groß* ZAR 2007, 315.
[1512] Huber/*Göbel-Zimmermann* AufenthG § 43 AufenthG Rn. 5.
[1513] BGBl. I 1266. Vgl. dazu etwa *Eichenhofer* NVwZ 2011, 792.

Jugendliche eingeführt. Einen ähnlich zwiespältigen Befund liefert das **Gesetz zur Neubestimmung des Bleiberechts und der Aufenthaltsbeendigung** v. 27.7.2015[1514], das neben zahlreichen Verschärfungen im Ausweisungsrecht mit § 25b AufenthG einen neuen Aufenthaltstitel zur „Aufenthaltsgewährung bei nachhaltiger Integration" mit sich brachte. Mit dem **Asylverfahrensbeschleunigungsgesetz** v. 20.10.2015[1515] wurde nunmehr auch Asylbewerbern und Geduldeten mit einer „guten Bleibeperspektive" der Zugang zu Integrationskursen nach Maßgabe von § 44 Abs. 4 AufenthG eröffnet.

Dagegen sieht das **Integrationsgesetz** v. 31.7.2016[1516] vor allem Änderungen von   **985** AsylG, AsylbLG, SGB II, SGB III oder SGB XII und anderer Bestimmungen des AufenthG vor. Dazu gehört etwa die Einführung einer Wohnsitzauflage für anerkannte Flüchtlinge oder subsidiär Schutzberechtigte in § 12a AufenthG (→ Rn. 201 f.).[1517] Die §§ 43–45a AufenthG wurden dagegen nur marginal geändert. So wurde die Frist in § 44 Abs. 2 S. 1 AufenthG nF von zwei auf ein Jahr herabgesetzt und der Kreis der Teilnahmepflichtigen in § 44a AufenthG um die in Abs. 1 Nr. 4 genannte Gruppe erweitert. Weitere Änderungen bringt die von der Bundesregierung nach § 43 Abs. 4 AufenthG erlassene **Verordnung zum Integrationsgesetz**[1518] mit sich.[1519]

Auch im **EU-Recht** finden sich einige Bestimmungen zur „Integration" von Dritt-   **986** staatsangehörigen.[1520] Doch fehlt es auch hier an einer Legaldefinition des Integrationsbegriffs.[1521] Lediglich in einer Mitteilung der Europäischen Kommission aus dem Jahre 2003[1522] heißt es, Integration sei „ein gegenseitiger Prozess, basierend auf gleichen Rechten und Pflichten der rechtmäßig in einem Mitgliedstaat ansässigen Drittstaatsangehörigen und der Gesellschaft des Gastlandes der auf die umfassende Partizipation der Einwanderer abzielt." Diese Definition steht erkennbar in der Tradition der gemeinsamen Erklärungen der europäischen Regierungschefs auf den Ratssitzungen von Tampere (1999), Thessaloniki (2003), Den Haag (2004) und Stockholm (2009). Dort wurde die Zielrichtung einer europäischen Politik zur Integration von Drittstaatsangehörigen wie folgt umschrieben: „Eine energischere Integrationspolitik sollte darauf ausgerichtet sein", Drittstaatsangehörigen „vergleichbare Rechte und Pflichten wie EU-Bürgern zuzuerkennen."[1523] Anders als im deutschen Recht liegt der Fokus hier also weniger auf den Integrationsleistungen der Zuwanderer als denen der jeweiligen Aufnahmegesellschaft. Damit wird dem Umstand Rechnung getragen, dass Integration im Gegensatz zu Assimilation überwiegend als Prozess **wechselseitig aufeinander bezogener Integrationsleistungen** von Zuwanderer und Aufnahmegesellschaft verstanden wird.[1524]

## 3. Insbesondere: Die Integrationskurse (§§ 43–44a AufenthG)

**Ziel** des Integrationskurses ist es gemäß § 43 Abs. 1 S. 2 AufenthG, den Teilneh-   **987** menden die deutsche Sprache, Rechtsordnung, Kultur und Geschichte erfolgreich zu

---

[1514] BGBl. I 1386. Vgl. dazu etwa *Huber* NVwZ 2015, 1178.

[1515] BGBl. I 1722. Vgl. dazu etwa *Kluth* ZAR 2015, 337.

[1516] BGBl. I 1939. Vgl. dazu etwa *von Harbou* NVwZ 2016, 1193; *Ders.*, NJW 2016, 2700; *Thym*, ZAR 2016, 241; *Eichenhofer* ZAR 2016, 251.

[1517] Vgl. dazu etwa *Lehner/Lippold* ZAR 2016, 81; *Pelzer/Pichl* ZAR 2016, 96.

[1518] Vgl. BR-Drs. 285/16.

[1519] Vgl. dazu *von Harbou* NVwZ 2016, 1193.

[1520] Vgl. dazu bereits *Groenendijk* ZAR 2004, 123 ff.

[1521] So ausdrücklich EuGH, Urt. v. 27.6.2006, Rs. C-540/03, Slg. 2006, I-5769 (Parlament/Rat), Rn. 70; vgl. auch *Thiele* EuR 2007, 419 (434).

[1522] KOM (2003) 336 endg. S. 18 = BR-Drs. 439/03.

[1523] Im Internet abrufbar unter: www.europarl.europa.eu/summits/tam.de.htm#a.

[1524] Vgl. in diesem Sinne etwa den Abschlussbericht der Unabhängigen Kommission Zuwanderung (2001), 200.

vermitteln[1525]. Die Betroffenen sollen dadurch an die Lebensverhältnisse in Deutschland herangeführt und in die Lage versetzt werden, ohne die Hilfe oder Vermittlung Dritter in allen Angelegenheiten des täglichen Lebens zu handeln (§ 43 Abs. 2 S. 3 AufenthG). Wie sich aus § 43 Abs. 3 S. 1 AufenthG ergibt, umfasst der Integrationskurs einen **Basis- und einen Aufbausprachkurs** von jeweils gleicher Dauer zur Erlangung „ausreichender Sprachkenntnisse"[1526] sowie einen **Orientierungskurs** zur Vermittlung von Kenntnissen der deutschen Rechtsordnung, Kultur und Geschichte. Die Einzelheiten zu **Struktur, Dauer und Inhalt** der Integrationskurse sind in §§ 10–17 IntV geregelt.

**988**    **Koordiniert und durchgeführt** werden die Integrationskurse nach § 43 Abs. 3 S. 2 iVm § 75 Nr. 2 AufenthG vom Bundesamt für Migration und Flüchtlinge (BAMF), das sich hierbei jedoch nach Maßgabe von §§ 18–21 IntV privaten und öffentlichen Trägern bedienen darf. Wie sich aus § 1 S. 1 IntV ergibt, sind an der Durchführung der Integrationskurse noch das Bundesverwaltungsamt, die Ausländerbehörden, die Kommunen, die Migrationsdienste und die Sozialleistungsträger beteiligt.[1527] Aufgabe der **Ausländerbehörden** ist es dabei vor allem, im Rahmen der Erteilung der Aufenthaltserlaubnis **festzustellen**, ob der jeweiligen Person eine **Teilnahmeberechtigung** nach § 4 Abs. 1 IntV zusteht. Ist dies der Fall, stellt die Ausländerbehörde, der Sozialleistungsträger oder das Bundesverwaltungsamt eine **Bestätigung** der Teilnahmeberechtigung nach § 6 Abs. 1, 2 IntV[1528] aus. Etwas anderes gilt für Personen, die nur nach Maßgabe von § 44 Abs. 4 AufenthG zum Integrationskurs zugelassen werden können. Diese müssen gemäß § 5 Abs. 1, 2 IntV ihre **Zulassung**[1529], die als Bestätigung im Sinne von § 6 IntV gilt, schriftlich beim BAMF **beantragen**. Bei der Entscheidung über die Zulassung hat das BAMF die in § 5 Abs. 3 IntV genannten Kriterien zugrunde zu legen. Teilnahmeberechtigte haben sich gemäß § 44 Abs. 2 AufenthG innerhalb eines Jahres bzw. im Falle der Teilnahmepflicht nach § 44a AufenthG „unverzüglich" (vgl. § 7 Abs. 2 IntV) nach Erhalt der Bestätigung bei einem zugelassenen Kursträger zum Integrationskurs anzumelden, wobei sie den Nachweis der Bestätigung bzw. Zulassung gemäß § 7 Abs. 1 S. 2 IntV vorzulegen haben.

**989**    Die **Kosten** der Integrationskurse werden hauptsächlich vom Bund getragen. Nach Maßgabe von § 43 Abs. 3 S. 3 und 4 AufenthG können jedoch auch die einzelnen Teilnehmenden bzw. die ihnen zur Gewährung von Unterhalt Verpflichteten beteiligt werden. Diese sog. Beteiligungspflicht wird in § 9 IntV konkretisiert. Seit dem Inkrafttreten der Verordnung zum Asylverfahrensbeschleunigungsgesetz zum 24.10.2015 liegt der Umfang der Beteiligung bei 50 Prozent des geltenden Kostenerstattungssatzes nach § 20 Abs. 6 IntV. Dieser wird vom BAMF nach Ermittlung der bundesweiten Preisentwicklung angemessenen, den Grundsätzen der Sachgerechtigkeit und Wirtschaftlichkeit genügenden Kostenerstattungssätze festgesetzt. Nach § 9 Abs. 2 IntV können jedoch Personen, die Leistungen nach dem SGB II oder XII oder dem AsylbLG beziehen, auf Antrag von der Kostenbeteiligungspflicht befreit werden. Weitere Einzelheiten der Kostentragung sind in § 9 IntV geregelt.[1530]

---

[1525] Zu diesem Merkmal bereits oben, → Rn. 984.

[1526] Zu diesem Sprachniveau bereits oben, → Rn. 983.

[1527] Die Zulässigkeit der zu diesem Zwecke notwendigen Datenverarbeitung bemisst sich dabei nach § 88a AufenthG, § 8 IntV. Zum Datenschutz allgemein: Abschnitt H. dieses Lehrbuches.

[1528] Hierbei handelt es sich um einen feststellenden Verwaltungsakt – vgl. Hofmann/*Clodius* AufenthG § 44 Rn. 12. Zum Rechtsschutz gegen unterlassene Bestätigungen: Kluth/Heusch/*Eichenhofer* AufenthG § 43 Rn. 7.

[1529] Die Zulassung ist ein gestaltender Verwaltungsakt – vgl. Bergmann/Dienelt/*Sußmann* AufenthG § 43 Rn. 12. Zum Rechtsschutz gegen unterlassene Zulassungen: Kluth/Heusch/*Eichenhofer* AufenthG § 43 Rn. 7.

[1530] Vgl. auch Kluth/Heusch/*Eichenhofer* AufenthG § 43 Rn. 8.

**Abgeschlossen** wird der Integrationskurs gemäß § 17 Abs. 1 IntV durch einen skalie-  990
ren Sprachtest „Deutsch-Test für Zuwanderer", der die Sprachkompetenzen in den Fertigkeiten Hören, Lesen, Schreiben und Sprechen auf den Stufen A2 bis B1[1531] nachweist,
und einen skalierten Test „Leben in Deutschland", mit dem der Orientierungskurs abgeschlossen wird. „Erfolgreich" im Sinne von § 43 Abs. 2 S. 2 AufentG ist die Teilnahme
am Integrationskurs, wenn im Sprachtest Fertigkeiten auf dem Niveau B1 nachgewiesen
sind und der Test „Leben in Deutschland" mit der erforderlichen Punktzahl abgeschlossen wurde (vgl. § 17 Abs. 2 IntV). Hierüber stellt das BAMF nach § 17 Abs. 4 IntV ein
**„Zertifikat Integrationskurs"** aus. Wie sich aus § 9 Abs. 2 S. 2, § 9a Abs. 2 S. 2 AufenthG, § 10 Abs. 3 S. 1 StAG ergibt, kann mit diesem Zertifikat die für den Erwerb einer
Niederlassungserlaubnis bzw. Erlaubnis zum Daueraufenthalt-EU oder auch einer Einbürgerung erforderlichen Kenntnisse der deutschen Sprache, Rechtsordnung, Kultur und
Geschichte nachgewiesen werden.

## II. Berechtigung zur Teilnahme an einem Integrationskurs (§ 44 AufenthG)

§ 44 AufenthG regelt, wer „berechtigt" ist, an einem Integrationskurs teilzunehmen.  991
Dabei unterscheidet das Gesetz zwischen einem **Teilnahmeanspruch (Abs. 1–3)** und einer
**Zulassung nach Ermessen im Rahmen verfügbarer Kursplätze (Abs. 4)**. Einen **Anspruch** auf Teilnahme haben Personen, denen ein in § 44 Abs. 1 S. 1 AufenthG genannter
Aufenthaltstitel erteilt wurde. Da das Aufenthaltsgesetz mit den Integrationskursen jedoch
nur die Integration der sich rechtmäßig „auf Dauer" im Bundesgebiet lebenden Personen
fördern will (vgl. § 43 Abs. 1 AufenthG), stellt § 44 Abs. 1 S. 1 AufenthG klar, dass „**von**
einem dauerhaften Aufenthalt … in der Regel auszugehen" ist, „wenn der Ausländer eine
Aufenthaltserlaubnis von mindestens einem Jahr erhält oder seit über 18 Monaten eine
Aufenthaltserlaubnis besitzt, es sei denn, der Aufenthalt ist vorübergehender Natur." Eine
Aufenthaltserlaubnis mit einer kürzeren Geltungsdauer ist jedoch dann ausreichend, wenn
sie zum Zweck der Familienzusammenführung erteilt wurde, aus anderen Gründen auf
Dauer angelegt ist oder ein besonderes öffentliches Interesse vorliegt.[1532]

Weiterhin anspruchsberechtigt sind freizügigkeitsberechtigte Unionsbürgerinnen und  992
Unionsbürger sowie ihre Familienangehörigen. Dies ergibt sich zwar weder aus dem
Wortlaut des § 44 AufenthG noch aus der Anwendung von § 11 Abs. 1 S. 1 FreizügG/
EU, da diese Norm lediglich auf § 44 Abs. 4 AufenthG und nicht auf § 44 Abs. 1
AufenthG verweist. Diese Verweisung bewirkt jedoch eine unzulässige[1533] Schlechterstellung gegenüber deutschen Staatsangehörigen, die nach § 9 BVFG anspruchsberechtigt
sind. Der Teilnahmeanspruch von freizügigkeitsberechtigten Unionsbürgern und ihren
Familienangehörigen folgt jedoch nicht aus einer europarechtskonformen Anwendung
von § 44 Abs. 1 AufenthG, da dieser auch eine die Freizügigkeit beschränkende Teilnahmepflicht nach § 44a AufenthG nach sich ziehen könnte, sondern aus der unmittelbaren Anwendung des unionsrechtlichen Diskriminierungsverbotes (Art. 18 AEUV).[1534]

Seit dem Inkrafttreten des Integrationsgesetzes (dazu oben, → Rn. 985) bestimmt § 44  993
**Abs. 2** AufenthG nF, dass der **Teilnahmeanspruch innerhalb eines Jahres** seit Erteilung
der Aufenthaltserlaubnis **erlischt**. Mit der Herabsetzung dieses Zeitraums von ursprünglich zwei Jahren auf ein Jahr will der Gesetzgeber offenbar erreichen, dass die in Abs. 1

---

[1531] Vgl. dazu bereits oben, → Rn. 983.
[1532] Huber/*Göbel-Zimmermann* AufenthG § 44 Rn. 2.
[1533] Für die Europarechtswidrigkeit von § 11 Abs. 1 S. 1 FreizügG/EU daher: *Brinkmann* ZAR
2014, 213 (217 f.).
[1534] Vgl. Bergmann/Dienelt/*Sußmann* AufenthG § 44 Rn. 5; s. auch: *Welte* InfAuslR 2014, 125.

genannten Anspruchsberechtigten ihren Anspruch möglichst schnell einfordern. Von vorneherein keinen Anspruch auf Teilnahme am Integrationskurs haben die in § 44 Abs. 3 S. 1 AufenthG genannten Personengruppen, dh Kinder, Jugendliche und junge Erwachsene, die eine schulische Ausbildung aufnehmen oder ihre bisherige Schullaufbahn in Deutschland fortsetzen (Nr. 1), Personen mit „erkennbar geringem Integrationsbedarf"[1535] (Nr. 2) oder die bereits über „ausreichende Sprachkenntnisse"[1536] verfügen (Nr. 3). Die Feststellung, ob ein Fall von Nr. 2 oder 3 vorliegt obliegt den Ausländerbehörden, die sich entweder die entsprechenden Zeugnisse oder sonstigen Dokumente vorzeigen[1537] oder die Betroffenen nach § 82 Abs. 4 AufenthG laden lassen kann, um sich selbst von den Sprachkenntnissen zu überzeugen.

**994**　§ 44 Abs. 4 AufenthG hat erkennbar eine **Auffangfunktion** gegenüber den Regelungen über den Teilnahmeanspruch. Die Norm richtet sich demnach an Personen, die nicht in Besitz einer in Abs. 1 genannten Aufenthaltserlaubnis sind oder denen eine solche nicht „erstmals" im Sinne von Abs. 1 erteilt wurde. Der Adressatenkreis wird zudem in § 44 Abs. 4 S. 2 AufenthG positiv umschrieben. Hierzu zählen einerseits deutsche Staatsangehörige, die nicht über „ausreichende Kenntnisse der deutschen Sprache verfügen"[1538] und „in besonderer Weise integrationsbedürftig"[1539] sind. Dem gleichgestellt sind seit dem Inkrafttreten des Asylverfahrensbeschleunigungsgesetzes (s. o., → Rn. 984) Asylsuchende, „bei denen ein rechtmäßiger und dauerhafter Aufenthalt zu erwarten ist" (Nr. 1), Inhaber einer Duldung nach § 60a Abs. 2 S. 3 (Nr. 2) oder einer Aufenthaltserlaubnis nach § 25 Abs. 5 AufenthG (Nr. 3). Nach der Gesetzesbegründung[1540] sollen hierdurch die Integrationschancen dieser Personengruppen mit „guter Bleibeperspektive"[1541] erhöht und „unnötige Folgekosten" vermieden werden. Wie sich aus § 44 Abs. 4 S. 3 AufenthG ergibt, ist eine solche „gute Bleibeperspektive" für Angehörige sicherer Herkunftsstaaten (§ 29a AsylG) von vorneherein ausgeschlossen.[1542] Auf der Rechtsfolge eröffnet § 44 Abs. 4 AufenthG Ermessen. Dieses hat das BAMF im Rahmen der Entscheidung über die Zulassung zum Integrationskurs nach § 5 IntV pflichtgemäß auszuüben. Da hierfür alle Umstände des Einzelfalles berücksichtigt werden müssen, verbietet sich eine pauschale Beurteilung der Bleibeperspektive aufgrund der Staatsangehörigkeit.[1543]

---

[1535] Dieser Begriff wird in § 4 Abs. 2 IntV definiert. Danach ist ein geringer Integrationsbedarf „in der Regel anzunehmen, wenn 1.a) ein Ausländer einen Hochschul- oder Fachhochschulabschluss oder eine entsprechende Qualifikation besitzt, es sei denn, er kann wegen mangelnder Sprachkenntnisse innerhalb eines angemessenen Zeitraums keine seiner Qualifikation entsprechende Erwerbstätigkeit im Bundesgebiet erlaubt aufnehmen, oder b) eine Erwerbstätigkeit ausüben, die regelmäßig eine Qualifikation nach Buchstabe a) erfordert, und 2. die Annahme gerechtfertigt ist, dass sich der Ausländer ohne staatliche Hilfe in das wirtschaftliche, gesellschaftliche und kulturelle Leben der Bundesrepublik Deutschland integrieren wird."

[1536] Vgl. zu dem Begriff bereits oben (→ Rn. 983), sowie die Legaldefinition in § 2 Abs. 11 AufenthG.

[1537] Vgl. Nr. 44.3.3 VAH-AufenthG.

[1538] Zum Begriff bereits oben (→ Rn. 983), sowie in § 2 Abs. 11 AufenthG.

[1539] Der Begriff wird in § 4 Abs. 3 IntV definiert. Danach kann „von einer besonderen Integrationsbedürftigkeit … ausgegangen werden, wenn der Ausländer als Inhaber der Personensorge für ein in Deutschland lebendes minderjähriges Kind nicht über ausreichende Kenntnisse der deutschen Sprache verfügt und es ihm deshalb bisher nicht gelungen ist, sich ohne staatliche Hilfe in das wirtschaftliche, kulturelle und gesellschaftliche Leben in der Bundesrepublik zu integrieren."

[1540] BT-Drs. 18/6185, 48.

[1541] Kritisch zu dieser Rechtsfigur etwa: *Voigt* Asylmagazin 2016, 245 ff.

[1542] Kritisch dazu etwa: *von Harbou* NVwZ 2016, 421.

[1543] AM *Thym* NVwZ 2015, 1625 (1627).

### III. Verpflichtung zur Teilnahme an einem Integrationskurs (§ 44a AufenthG)

#### 1. Teilnahmeverpflichtung (§ 44a Abs. 1 und 1a AufenthG)

Unter den Voraussetzungen von § 44a Abs. 1 S. 1 AufenthG können bestimmte Personen zur Teilnahme am Integrationskurs auch verpflichtet werden. Der Begriff der „einfachen Sprachkenntnisse" in § 44a Abs. 1 S. 1 **Nr. 1 Buchst. a)** AufenthG ist in § 2 Abs. 9 AufenthG, der Begriff der **„ausreichenden Sprachkenntnisse"** in § 44a Abs. 1 S. 1 **Nr. 1 Buchst. b)** AufenthG ist in § 2 Abs. 11 AufenthG und der Begriff der „besonderen Integrationsbedürftigkeit" in § 44a Abs. 1 **Nr. 3** AufenthG ist in § 4 Abs. 3 IntV definiert. Die Verpflichtungsgründe des § 44a Abs. 1 S. 1 **Nr. 4 und S. 7** AufenthG wurden mit dem Integrationsgesetz v. 31.7.2016[1544] eingeführt.

Die Verpflichtung wird in den Fällen von Abs. 1 S. 1 **Nr. 1 und 3** von der **Ausländerbehörde** im Rahmen der Bestätigung nach § 6 IntV, in den Fällen von **Nr. 2** vom **Sozialleistungsträger** im Rahmen der Eingliederungsvereinbarung gemäß § 15 SGB II und in den Fällen von **Nr. 4** von der für die Auszahlung der Leistungen nach dem AsylbLG zuständigen **Leistungsbehörde** ausgesprochen. Unabhängig davon, wer die Verpflichtung ausspricht, kann sich die betroffene Person gegen diesen Verwaltungsakt[1545] mit dem Anfechtungswiderspruch bzw. der Anfechtungsklage (§§ 42, 68 VwGO) zur Wehr setzen.[1546] Das Erfordernis eines (feststellenden) Verwaltungsaktes kommt in § 44a Abs 1 S. 2 AufenthG mit Blick auf S. 1 Nr. 1 klar zum Ausdruck, während die Formulierung des „Aufforderns" in S. 3 für einen gestaltenden Verwaltungsakt spricht. Sofern sowohl die Ausländerbehörde als auch der Sozialleistungsträger eine Verpflichtung aussprechen, soll die vom Sozialleistungsträger ausgesprochene Verpflichtung **grundsätzlich vorrangig** sein.[1547] Soweit jedoch bereits eine Verpflichtung durch die Ausländerbehörde ergangen ist, ist der Sozialleistungsträger für die Maßnahmen nach § 15 SGB II grundsätzlich an diese Regelung gebunden und kann nur ausnahmsweise davon abweichende Regelungen treffen (§ 44a Abs. 1 S. 4 AufenthG). Dies kann insbesondere dann der Fall sein, wenn die betreffende Person unmittelbar in eine Erwerbstätigkeit vermittelt werden kann und eine Teilnahme an einem Integrationskurs daneben nicht zumutbar ist.[1548] Trifft der Sozialleistungsträger im Einzelfall eine abweichende Entscheidung, hat er dies der Ausländerbehörde mitzuteilen, welche die Verpflichtung widerruft (§ 44a Abs. 1 S. 5 AufenthG). Nach § 44a Abs. 1 S. 6 AufenthG „ist" die durch die Ausländerbehörde ausgesprochene Verpflichtung vom Sozialleistungsträger „zu widerrufen" (gebundene Entscheidung), wenn sie der betroffenen Person neben ihrer Erwerbstätigkeit nicht zuzumuten ist. Dasselbe gilt, wenn die betreffende Person unmittelbar in eine Erwerbstätigkeit vermittelt werden kann und eine Teilnahme an einem Integrationskurs daneben nicht zumutbar ist. Der Sozialleistungsträger hat die zuständige Ausländerbehörde unverzüglich über den Widerruf einer Verpflichtung zu informieren.[1549] Die Zulässigkeit der Datenübermittlung richtet sich dabei nach § 88a Abs. 1 AufenthG.

Wie sich aus § 44a **Abs. 1a** AufenthG ergibt, erlischt die Teilnahmepflicht erst, wenn die betreffende Person nachweist, dass sie ordnungsgemäß am Integrationskurs teil-

995

996

997

---

[1544] BGBl. I 1939.

[1545] Begr. Nr. 35 Buchst. a (§ 44a AufenthG), BT-Drs. 16/5065, S. 179.

[1546] Kluth/Heusch/*Eichenhofer* AufenthG § 43 Rn. 7.

[1547] BT-Drs. 16/5065, 178.

[1548] Begr. zu Nr. 35 Buchst. a (§ 44a AufenthG), BT-Drs. 16/5065, S. 179.

[1549] BMI Hinweise zum Richtlinienumsetzungsgesetz Rn. 275.

genommen hat.[1550] Der Begriff der „ordnungsgemäßen Teilnahme" ist dabei in § 14 Abs. 6 S. 2 IntV definiert.

## 2. Ausnahmen von der Teilnahmeverpflichtung (§ 44a Abs. 2 und 2a AufenthG)

998    Von vorneherein von der Teilnahmepflicht ausgenommen sind nach § 44a **Abs. 2** AufenthG ausländische Personen, die im Bundesgebiet eine beruflichen oder sonstige Ausbildung (zB öffentliche oder private Schulen, Berufsschulen, private Kursangebote) durchlaufen (**Nr. 1**), die Teilnahme an vergleichbaren Bildungsangeboten (zB die Teilnahme an Integrationskursen nichtzertifizierte Kursträger oder Kursangebote durch Arbeitgeber) im Bundesgebiet nachweisen (**Nr. 2**) oder denen die Teilnahme am Integrationskurs auf Dauer aufgrund besonderer Umstände (zB weil die betreffende Person pflegebedürftige Angehörige betreuen muss, weil sie Analphabetin ist, oder weil es vor Ort an einem geeigneten Kursangebot fehlt[1551]) unmöglich oder unzumutbar ist (**Nr. 3**). Die Erziehung eigener Kinder führt dagegen nicht zur Unzumutbarkeit der Kursteilnahme, sondern macht die Kursteilnahme gerade in besonderer Weise erforderlich, da die Kinderbetreuung unter den Voraussetzungen von § 4 Abs. 3 IntV eine „besondere Integrationsbedürftigkeit" begründen kann. Damit der betroffene Elternteil seiner Verpflichtung nachkommen kann, kann das BAMF ihn durch ein besonderes Angebot der Kinderbetreuung (§ 4a Abs. 2 IntV) unterstützen. Wie sich aus § 44a **Abs. 2a** AufenthG ergibt, sind langfristig Aufenthaltsberechtigte (§ 38a AufenthG) von der Verpflichtung zur Teilnahme an einem **Orientierungskurs**, ausgenommen, wenn sie bereits in einem anderen EU-Mitgliedstaat an Integrationsmaßnahmen teilgenommen haben und dies der Erlangung der langfristigen Aufenthaltsberechtigung im Sinne der Daueraufenthalt-Richtlinie (EG) Nr. 2003/109/EG diente. Durch diese Norm, die mit dem Richtlinienumsetzungsgesetz eingefügt wurde, soll der Vorgabe des Art. 15 Abs. 3 der Daueraufenthaltsrichtlinie getragen werden.[1552]

## 3. Rechtsfolgen der Pflichtverletzung (§ 44a Abs. 3 AufenthG)

999    § 44a **Abs. 3** AufenthG normiert verschiedene Rechtsfolgen für den Fall, dass eine Person ihrer Teilnahmepflicht aus von ihr zu vertretenden Gründen[1553] nicht nachkommt. Dazu zählt zunächst die **Sanktion der Nichtverlängerung der Aufenthaltserlaubnis**: Nach § 44a Abs. 3 S. 1 iVm § 8 Abs. 3 S. 1, 2 AufenthG müssen die Ausländerbehörden die von einer Person begangene Pflichtverletzung bei der Entscheidung über einen von ihr gestellten Antrag auf Verlängerung der Aufenthaltserlaubnis berücksichtigen. Sofern auf die Erteilung bzw. Verlängerung der Aufenthaltserlaubnis ein Anspruch besteht (vgl. etwa § 28 Abs. 1 AufenthG), „soll" gemäß § 8 Abs. 3 S. 3 AufenthG „bei wiederholter und gröblicher" Pflichtverletzung die Verlängerung abgelehnt werden. Besteht auf die Erteilung bzw. Verlängerung des Aufenthaltstitels hingegen kein Anspruch, so „kann" die Verlängerung nach § 8 Abs. 3 S. 4 AufenthG „abgelehnt werden, es sei denn, der Ausländer erbringt den Nachweis, dass seine Integration in das gesellschaftliche und soziale Leben anderweitig erfolgt ist." Nach § 8 Abs. 3 S. 5 AufenthG sind bei der Entscheidung über die (Nicht-)Verlängerung der Aufenthaltserlaubnis „die Dauer des rechtmäßigen Aufenthalts, schutzwürdige Bindung des Ausländers an das Bundesgebiet

---

[1550] BT-Drs. 17/5093, 16.

[1551] Zu weiteren Beispielen: Kluth/Heusch/*Eichenhofer* AufenthG § 44a Rn. 15.3.

[1552] BT-Drs. 16/5065, 179.

[1553] Diese Voraussetzung kann von den Ausländerbehörden in der Praxis nur äußerst schwer nachgewiesen werden – vgl. *Kau* ZAR 2007, 185 (189) mwN.

und die Folgen einer Aufenthaltsbeendigung für seine rechtmäßig im Bundesgebiet lebenden Familienangehörigen zu berücksichtigen." In jedem Falle soll die Verlängerung
gemäß § 8 Abs. 3 S. 6 AufenthG auf höchstens ein Jahr zu befristet werden, wenn die
betreffende Person einer Teilnahmepflicht nach § 44a Abs. 1 AufenthG unterlag und den
Integrationskurs noch nicht erfolgreich abgeschlossen oder noch nicht den Nachweis
erbracht hat, dass eine Integration in das gesellschaftliche und soziale Leben anderweitig
erfolgt ist.

Keine Sanktion, sondern lediglich eine Klarstellung normiert der Verweis in § 44a **1000**
Abs. 3 AufenthG auf § 9 Abs. 2 Satz 1 Nr. 7 und 8, § 9a Absatz 2 Satz 1 Nummer 3 und
4 AufenthG. Die dort genannten besonderen Voraussetzungen für die Erteilung einer
Niederlassungserlaubnis bzw. einer Erlaubnis zum Daueraufenthalt-EU in Bezug auf
Kenntnisse der deutschen Sprache, Rechts- und Gesellschaftsordnung, sowie der hiesigen
Lebensverhältnisse, gelten schließlich gemäß § 9 Abs. 2 S. 2, § 9a Abs. 2 S. 2 AufenthG
als nachgewiesen. Dagegen begründet der Verweis in § 44a Abs. 3 AufenthG auf § 10
Abs. 3 S. 1 StAG einen positiven Anreiz zur Kursteilnahme, da die Frist für einen
Anspruch auf Einbürgerung um ein Jahr auf sieben Jahre verkürzt wird. Nach § 10 Abs 3
S. 2 StAG kann diese Frist „bei Vorliegen besonderer Integrationsleistungen" um ein
weiteres Jahr verkürzt werden.

Wie sich aus der – rein deklaratorischen – Bestimmung des § 44a Abs. 3 S. 2 AufenthG **1001**
ergibt, kann die Pflicht zur Teilnahme am Integrationskurs auch im Wege des **Verwal-
tungszwangs** gemäß §§ 6 ff. VwVG durchgesetzt werden. Eine weitere Sanktion normiert § 44a Abs. 3 S. 3 AufenthG, wonach der von der betreffenden Person zu entrich-
tende Beitrag zur Finanzierung der Integrationskurse (dazu oben, → Rn. 989) auch vorab
in einer Summe durch **Gebührenbescheid** erhoben werden kann. Schließlich begründet
die Verletzung der Teilnahmepflicht auch eine **Ordnungswidrigkeit** (vgl. § 98 Abs. 2
Nr. 4 AufenthG).

## IV. Integrationsprogramm und weitere Integrationsangebote (§ 45 AufenthG)

§ 45 Abs. 1 S. 1 AufenthG stellt klar, dass die im Aufenthaltsgesetz vorgesehenen **1002**
Integrationskurse kein abschließendes Integrationsangebot darstellen. Vielmehr sollen
sie durch **weitergehende Integrationsangebote des Bundes und der Länder**, insbesondere sozialpädagogische und migrationsspezifische Beratungsangebote, ergänzt
werden. Migrationserstberater und Jugendmigrationsdienste haben damit auch einen
staatlich unterstützten Auftrag in der Integrationsförderung erhalten. Bei einem Teil
der jugendlichen Ausländer und bei einem Teil der Ausländer, die schon länger in
Deutschland leben, aber bislang noch kein systematisches Angebot zum Erlernen der
deutschen Sprache vorgefunden haben, sind Zusatzangebote erforderlich, um ihnen ua
durch sozial-pädagogische Begleitung den erfolgreichen Abschluss des Integrationskurses zu ermöglichen. Für diese Zielgruppen besteht auch eine Förderzuständigkeit
der Länder. Durch eine gesetzliche Verankerung einer Mitwirkungspflicht der Länder
bei den ergänzenden Angeboten zu Integrationskursen soll sichergestellt werden, dass
sie bundesweit und nicht nur in einzelnen Regionen bestehen.[1554] Die Bundesregierung
hat am 12.7.2007 als Ergebnis der beiden Integrationsgipfel vom 14.7.2006 und
12.7.2007 einen Nationalen Integrationsplan veröffentlicht, der 400 Maßnahmen um-

---

[1554] BT-Drs. 16/5065, 179.

fasst.[1555] Außerdem hat das BAMF im Jahre 2010 das in § 45 S. 2–4 AufenthG genannte **Bundesweite Integrationsprogramm** vorgelegt.[1556]

## V. Berufsbezogene Deutschsprachförderung (§ 45a AufenthG)

1003     Ein besonderes Integrationsangebot in Gestalt der sog. berufsbezogenen Deutschsprachförderung normiert seit dem Inkrafttreten des Asylverfahrensbeschleunigungsgesetzes v. 24.10.2015[1557] die Bestimmung des § 45a AufenthG. Zweck der Vorschrift ist es, Ausländerinnen und Ausländern, aber auch Deutschen mit Migrationshintergrund[1558], die Leistungen nach dem SGB II beziehen, ein **besonderes Angebot zum Erwerb berufsbezogener Sprachkenntnisse** zu machen. Die Betroffenen sollen hierdurch – **ergänzend zu den Integrationskursen nach** §§ 43–44a AufenthG – für die Aufnahme einer selbständigen oder unselbständigen Erwerbstätigkeit qualifiziert und dadurch in den Arbeitsmarkt integriert werden. Der Kreis der Teilnahmeberechtigten ist in § 4 DeuFöV genannt. Aus dessen Abs. 3 ergibt sich, dass die Teilnahme an einer berufsbezogenen Deutschsprachförderung „ausreichende deutsche Sprachkenntnisse" voraussetzt (vgl. dazu § 2 Abs. 11 AufenthG).

## D. Ordnungsrechtliche Vorschriften

1004     Kap. 4 des Aufenthaltsgesetzes enthält ordnungsrechtliche Vorschriften. Diese betreffen ua das Verbot oder die Beschränkung der politischen Betätigung eines Ausländers, ausweisrechtliche Fragen und die Feststellung wie Sicherung der Identität eines Ausländers.

## I. Ordnungsverfügungen (§ 46 AufenthG)

1005     Gem. § 46 Abs. 1 AufenthG kann die Ausländerbehörde gegenüber einem vollziehbar Ausreisepflichtigen Maßnahmen zur Förderung der Ausreise treffen. Insbesondere kann sie ihn verpflichten, den Wohnsitz an einem von ihr bestimmten Ort zu nehmen[1559]. Damit soll sichergestellt werden, dass im Falle einer nicht freiwilligen Ausreise der behördliche Zugriff auf den Betroffenen erleichtert wird. Ob ein Ausländer **vollziehbar ausreisepflichtig** ist, ergibt sich aus § 58 Abs. 2 AufenthG (→ Rn. 1148 ff.).

---

[1555] http://www.bundesregierung.de/Content/DE/Artikel/2007/07/Anlage/2007-10-18-nationaler-integrationsplan,property=publicationFile.pdf (abgerufen am 15.11.2007). Der nationale Integrationsplan besteht aus vier Kapiteln. In Kapitel 1 definiert die Bundesregierung ihre integrationspolitischen Grundsätze und hebt die zentralen Maßnahmen in ihrem Zuständigkeitsbereich hervor. Kapitel 2 enthält die gemeinsame Position der Länder. Kapitel 3 umfasst den Beitrag der kommunalen Spitzenverbände zu den Handlungsfeldern der Integration. In Kapitel 4 werden die Berichte der Arbeitsgruppen wiedergegeben.

[1556] http://www.bamf.de/SharedDocs/Anlagen/DE/Downloads/Infothek/Integrationsprogramm/ bundesweitesintegrationsprogramm.pdf?__blob=publicationFile.

[1557] BGBl. I 1722.

[1558] Dies ergibt sich aus § 2 Abs. 2 der Verordnung über die berufsbezogene Deutschsprachförderung (Deutschsprachförderverordnung – DeuFöV) v. 4.5.2016.

[1559] Zur Wohnsitznahme in einer Gemeinschaftsunterkunft und zum Verbot einer Erwerbstätigkeit vgl. VGH München Beschl. v. 21.12.2006 – 24 CS 07.1014 BeckRS 2007, 29865; vgl. ferner VGH München Beschl. v. 21.12.2006 – 24 CS 06.2958 BeckRS 2007, 20247 und OVG Magdeburg NVwZ-RR 2013, 860 Ls.

Nach § 46 Abs. 2 S. 1 AufenthG kann einem Ausländer in entsprechender Anwendung **1006** des § 10 Abs. 1 und 2 PassG die Ausreise aus dem Bundesgebiet untersagt werden. Eine solche Möglichkeit besteht ua dann, wenn ein Ausländer

* die innere oder äußere Sicherheit oder sonstige erhebliche Belange der BRD gefährdet (§ 7 Abs. 1 Nr. 1 PassG)[1560],
* sich einer Strafverfolgung oder Strafvollstreckung oder der Anordnung oder der Vollstreckung einer mit einer Freiheitsentziehung verbundenen Maßregel der Besserung und Sicherung, die im Bundesgebiet gegen ihn schweben, entziehen will (§ 7 Abs. 1 Nr. 2 PassG)[1561],
* einer Vorschrift des Betäubungsmittelgesetzes über die Einfuhr, Ausfuhr, Durchfuhr oder das Inverkehrbringen von Betäubungsmitteln zuwiderhandeln will (§ 7 Abs. 1 Nr. 3 PassG),
* sich seinen steuerlichen Verpflichtungen entziehen[1562] oder den Vorschriften des Zoll- und Monopolrechts oder des Außenwirtschaftsrechts zuwiderhandeln oder schwerwiegende Verstöße gegen Einfuhr-, Ausfuhr- oder Durchfuhrverbote oder -beschränkungen begehen will (§ 7 Abs. 1 Nr. 4 PassG);
* sich seiner gesetzlichen Unterhaltspflicht entziehen will (§ 7 Abs. 1 Nr. 5 PassG)[1563].

Die Regelungen des § 7 Abs. 1 Nr. 6 bis 9 PassG, die ua bestimmte Vorschriften für **1007** Wehrpflichtige bzw. anerkannte Kriegsdienstverweigerer sowie den unbefugten Eintritt in fremde Streitkräfte betreffen, könnten im Rahmen des § 46 Abs. 2 S. 1 AufenthG insoweit Bedeutung erlangen, als es um die Ausreise zur Teilnahme an militärischen Aktionen etwa des IS oder Al Quaida-Truppen geht[1564].

Im Übrigen kann gem. § 46 Abs. 2 S. 2 AufenthG einem Ausländer die Ausreise aus **1008** dem Bundesgebiet nur untersagt werden, wenn er in einen anderen Staat einreisen will, ohne im Besitz der dafür erforderlichen Dokumente oder Erlaubnis zu sein[1565]. Dies kann eine Einreise in einen unmittelbar benachbarten Staat, aber zB auch eine in einen entfernteren, ggf. auch auf einem anderen Kontinent gelegenen Staat betreffen. Es handelt sich hierbei um die Wahrnehmung einer internationalen Fürsorgepflicht gegenüber anderen EU- Mitgliedstaaten oder Drittstaaten mit dem Ziel, diese vor einer illegalen Migration zu bewahren.

Ein gem. § 46 Abs. 2 S. 1 oder 2 AufenthG verfügtes Ausreiseverbot ist aufzuheben, **1009** sobald der Grund seines Erlasses entfällt (S. 3). Dies ist eine den Ausländerbehörden zwingend aufgegebene Verpflichtung. Die widerrechtliche Aufrechterhaltung eines Aus-

---

[1560] Zu den Anforderungen vgl. OVG Münster NJW 2016, 518; NVwZ-RR 2014, 593; VGH München Beschl. v. 12.5.2015 – 10 ZB 13.632 BeckRS 2015, 46384; zur Untersagung der Ausreise wegen der Befürchtung, der betroffene Ausländer plane einen Sprengstoffanschlag im Ausland vgl. VG Hannover Urt. v. 16.9.2015 – 7 A 3648/15 BeckRS 2015, 53249; zur befürchteten Teilnahme am Jihad vgl. VGH München InfAuslR 2015, 288 = BeckRS 2015, 43774; VG Köln Beschl. v. 15.6.2015 – 10 L 736/15 BeckRS 2015, 47132

[1561] Vgl. nur BVerwG NJW 2015, 2599.

[1562] Vgl. OVG Berlin-Brandenburg Beschl. v. 7.11.2011 – 5 N 31/08 BeckRS 2011, 55745: Bestandskraft des Steuerbescheids nicht erforderlich; vgl. ferner VGH Mannheim NJW 1990, 660 und OVG Berlin-Brandenburg NJW 2008, 313.

[1563] Auf Grund dieser Bestimmung ist davon auszugehen, dass der Gesetzgeber offensichtlich die weitere Anwesenheit eines unterhaltspflichtigen Ausländers unabhängig davon, ob dieser das Sorgerecht für ein Kind innehat oder lediglich umgangsberechtigt ist, grundsätzlich für vorrangig gegenüber einer Nichtverlängerung eines Aufenthaltstitels erachtet.

[1564] Vgl. in diesem Zusammenhang zB OVG Bremen Beschl. v. 28.3.2017 – 1 LA 23/16 BeckRS 2017, 105576 Rn. 5 f.; OVG Münster Beschl. v. 11.9.2013 – 18 B 866/13 BeckRS 2015, 42734; VG Aachen NVwZ-RR 2009, 781.

[1565] Nach OVG Bremen (Beschl. v. 28.3.2017 – 1 LA 23/16 BeckRS 2017, 105576 Rn. 10) rechtfertigt das zwischenzeitliche Ablaufen der Gültigkeit eines (ausländischen) Passes idR nicht dazu, ein Ausreiseverbot zu erlassen.

reiseverbots würde das auch einem Ausländer nach Art. 2 des Prot. Nr. 4 zur EMRK zustehende Recht auf Ausreise in unzulässiger Weise einschränken[1566]. Für die Beurteilung der Rechtmäßigkeit einer ordnungsbehördlichen Verfügung, mit der einem Ausländer die Ausreise aus dem Bundesgebiet untersagt wird, ist auf die Sach- und Rechtslage zum Zeitpunkt der Entscheidung des Tatsachengerichts abzustellen ist[1567]. Umstritten ist, ob die Untersagung einer Ausreise nach deren Erledigung mangels Fortsetzungsfeststellungsinteresses noch gerichtlich angreifbar ist[1568].

## II. Verbot und Beschränkung der politischen Betätigung (§ 47 AufenthG)

1010    § 47 AufenthG regelt das Verbot und die Beschränkung der politischen Betätigung von Ausländern. In Abs. 1 S. 2 sind bestimmte Sachverhalte geregelt, bei denen eine entsprechende Maßnahme im Ermessenswege angeordnet werden **kann**[1569]. Abs. 2 regelt demgegenüber, unter welchen Voraussetzungen die politische Betätigung eines Ausländers zwingend zu versagen **ist**. Ein Verstoß gegen eine entsprechende vollziehbare Anordnung ist mit Freiheitsstrafe bis zu einem Jahr oder mit Geldstrafe bewehrt (§ 95 Abs. 1 Nr. 4 AufenthG).

### 1. Personeller Anwendungsbereich

1011    Die Vorschrift betrifft ausschließlich Drittstaatsangehörige. Auf Unionsbürger und ihre Familienangehörigen sowie Staatsangehörige der EWR-Staaten ist sie nicht anwendbar (§§ 11 Abs. 1, 12 FreizügG/EU). Fraglich ist, ob sie gegenüber assoziationsrechtlich begünstigten türkischen Staatsangehörigen herangezogen werden kann. Dagegen könnte sprechen, dass in der Rechtsprechung des EuGH zu den aufenthaltsrechtlichen Auswirkungen, die sich aus dem Assoziationsrecht EG-Türkei ergeben, eine weitgehende Angleichung der Rechtsposition des hiervon begünstigten Personenkreises an den Status von freizügigkeitsberechtigten Unionsbürgern erfolgt ist. Jedenfalls mittelbare aufenthaltsrechtliche Auswirkungen könnte die Untersagung oder Beschränkung der politischen Betätigung eines türkischen Staatsangehörigen dann haben, wenn dieser eine entsprechende ausländerbehördliche Verfügung nicht beachtet und dies uU zum Anlass genommen wird, aufenthaltsbeendende Maßnahmen zu ergreifen. Deren Rechtmäßigkeit wäre jedenfalls anhand der Vorgaben des Assoziationsrechts zu prüfen.

### 2. Grundsatz der Freiheit zur politischen Betätigung

1012    § 47 Abs. 1 S. 1 AufenthG bestimmt, dass sich Ausländer im Rahmen der allgemeinen Rechtsvorschriften politisch betätigen dürfen. Sie sind zum Teil selbst Träger der die Freiheit politischen Handelns regelnden Grundrechte des Grundgesetzes (Art. 2, 4, 5, 17 GG). Daneben ergibt sich ein Recht zur politischen Betätigung ua aus der Europäischen Menschenrechtskonvention (Art. 10, 11, 14 und 16 EMRK) sowie nationalem Recht (zB § 1 Abs. 1 VersG[1570], § 1 Abs. 1 VereinsG[1571]). § 47 AufenthG ist ein allgemeines Gesetz

---

[1566] Vgl. dazu auch Karpenstein/Mayer/*Hoppe* Art. 2 ZP IV Rn. 7 u. 11.

[1567] Vgl. auch VGH München InfAuslR 2015, 288 = BeckRS 2015, 43774.

[1568] Vgl. VGH München Beschl. v. 12.5.2015 – 10 ZB 13.632 BeckRS 2015, 46384; VG Düsseldorf Urt. v. 3.2.2015 – 22 K 5865/13 BeckRS 2015, 41447.

[1569] Zur Frage, ob das Verbot oder die Beschränkung einer politischen Betätigung ein milderes Mittel gegenüber einer Ausweisung nach § 45 AuslG 1990 darstellt, vgl. VGH Mannheim, NVwZ-RR 1999, 270; VG Berlin InfAuslR 2005, 189.

[1570] Zu den Landesversammlungsgesetzen vgl. Peters/Janz/*Pahl* Hdb. VersR 2015 S. 177 ff.

[1571] Vgl. aber auch die in § 14 VereinsG enthaltene Sondervorschrift für Ausländervereine.

iSd Art. 5 Abs. 2 GG[1572]. Es richtet sich nicht per se gegen eine bestimmte politische (oder religiöse bzw. weltanschauliche) Ansicht, sondern gibt anlassbezogene Eingriffsbefugnisse zur Gefahrenabwehr[1573].

## 3. Eingriffsbefugnis nach § 47 Abs. 1 S. 2 AufenthG

§ 47 Abs. 1 S. 2 AufenthG regelt, unter welchen Voraussetzungen die politische Betätigung eines Ausländers beschränkt oder untersagt werden kann. Es steht im **Ermessen** der Ausländerbehörde, ob sie überhaupt von den in dieser Vorschrift geregelten Eingriffsbefugnissen Gebrauch machen will. Entschließt sie sich hierzu, hat sie unter einzelfallbezogener Beachtung des Grundsatzes der Verhältnismäßigkeit die Wahl, ob sie das mildere Instrument der Beschränkung der politischen Betätigung oder aber deren Verbot aussprechen will. | 1013

### a) Nr. 1: Beeinträchtigung oder Gefährdung der politischen Willensbildung oder des friedlichen Zusammenlebens

Eine Beschränkung oder ein Verbot der politischen Betätigung eines Ausländers ist möglich, soweit sie die politische Willensbildung in der Bundesrepublik Deutschland oder das friedliche Zusammenleben von Deutschen und Ausländern oder von Ausländern untereinander im Bundesgebiet, die öffentliche Sicherheit und Ordnung oder sonstige erhebliche Interessen des Bundesrepublik Deutschland beeinträchtigt oder gefährdet. | 1014

Die politische Willensbildung wird nur dann beeinträchtigt oder gefährdet, wenn durch die politische Betätigung eines Ausländers in die grundrechtliche Position Dritter in einem von der Freiheit zum politischen Handeln nicht mehr gerechtfertigten Maße eingegriffen wird[1574]. Dies ist insbesondere der Fall, wenn einer der Tatbestände der §§ 105 bis 108e StGB (Straftaten gegen Verfassungsorgane sowie bei Wahlen und Abstimmungen) erfüllt wird. Eine Teilnahme an einer auch heftig und kontrovers geführten politischen Diskussion oder auch an einer spektakulären Aktion rechtfertigt keinen behördlichen Eingriff, solange schützenswerte Rechte Dritter nicht verletzt werden. Die Grenze ist nach den Vorgaben des BVerfG erst dann überschritten, wenn eine Auseinandersetzung in der Sache nicht erfolgt, sondern einzig eine Diffamierung anderer Personen beabsichtigt ist (so genannte Schmähkritik)[1575]. | 1015

Das friedliche Zusammenleben von Ausländern und Deutschen oder von Ausländern untereinander wird insbesondere dann beeinträchtigt oder gefährdet, wenn ein Fall des § 130 StGB (Volksverhetzung) vorliegt. Der Begriff der öffentlichen Sicherheit und Ordnung ist im polizeirechtlichen Sinne zu verstehen[1576]. Der Anwendungsbereich der 4. Alternative, der Beeinträchtigung oder Gefährdung sonstiger erheblicher Interessen der Bundesrepublik Deutschland, ist bereits deswegen stark eingeschränkt, weil neben den bereits erläuterten Varianten der Nr. 1 in den nachfolgenden Nr. 2 bis 4 sowie in Abs. 2 weitere einschlägige Eingriffsbefugnisse enthalten sind. Anders als etwa im Falle des § 5 Abs. 1 Nr. 3 AufenthG muss es sich im Übrigen um **erhebliche** Interessen der BRD | 1016

---

[1572] Vgl. dazu nur BVerfGE 7, 198 = NJW 1958, 257 – Lüth; BVerfGE 117, 244 = NJW 2007, 1117 – CICERO; BVerfG NJW 2010, 47 Rn. 54 ff.; stRspr.

[1573] Vgl. zu dem gleichfalls die Beschränkung der politischen Betätigung von Ausländern regelnden § 6 Abs. 2 AuslG 1965 BVerwGE 49, 36 = NJW 1975, 2158.

[1574] Zur Nachweislast der Behörde vgl. VGH München Urt. v. 12.11.2002 – 10 B 02.1129 BeckRS 2002, 31625.

[1575] Vgl. nur BVerfGE 82, 272 = NJW 1991, 95; BVerfGE 93, 266 = NJW 1995, 3303 (betr. die Äußerung „Soldaten sind Mörder"); zuletzt BVerfG NJW 2016, 2870; NJW 2017, 1460.

[1576] Zur Gefährdung der öffentlichen Sicherheit und Ordnung durch eine politische Betätigung (hier: PKK) vgl. VGH Mannheim InfAuslR 2013, 193 = BeckRS 2013, 46089 mwN; NVwZ-Beil I 1999, 65.

handeln. In erster Linie dient diese Regelung dazu, politische Interessen der BRD zu wahren, wobei stets zu beachten ist, dass zB missliebige und/oder außenpolitische Beziehungen durchaus belastende politische Äußerungen oder Aktionen grds. von der Meinungsfreiheit geschützt und daher auch von inländischen Behörden zu respektieren sind. Eine Beschränkung oder Untersagung der politischen Betätigung von Ausländern, um außenpolitische Beziehungen nicht zu belasten, lässt sich (verfassungs-)rechtlich nicht rechtfertigen.

### b) Nr. 2: Außenpolitische Interessen oder völkerrechtliche Verpflichtungen

**1017**     § 47 Abs. 1 S. 2 Nr. 2 AufenthG ermöglicht es, eine politische Betätigung, die den außenpolitischen Interessen oder den völkerrechtlichen Verpflichtungen der Bundesrepublik Deutschland zuwiderlaufen **kann,** zu beschränken oder zu untersagen. Es ist nicht erforderlich, dass bereits eine Beeinträchtigung solcher Interessen oder ein Verstoß gegen völkerrechtliche Bindungen tatsächlich eingetreten ist. Zu beachten ist jedoch in diesem Zusammenhang, dass sich – wie bereits oben ausgeführt (→ Rn. 1016) – eine Beschränkung oder Untersagung der politischen Betätigung von Ausländern, um außenpolitische Beziehungen nicht zu belasten, (verfassungs-)rechtlich nicht rechtfertigen lässt. Soweit mit dem politischen Handeln keine sonstige Rechtsgutverletzung etwa durch Gewaltanwendung einhergeht, ist dieses stets hinzunehmen. Anders ist es möglicherweise bei einem Verstoß gegen völkerrechtliche Verpflichtungen. Beruhen diese auf einem von der BRD ratifizierten und auch für sie in Kraft getretenen völkerrechtlichen Vertrag, so liegt in Gestalt des Transformationsgesetzes ein allgemeines Gesetz iSd Art. 5 Abs. 2 GG vor, das als rechtliche Grundlage geeignet ist, die Meinungsfreiheit – ausnahmsweise[1577] – zu beschränken. Ergeben sich entsprechende Verpflichtungen aus Völkergewohnheitsrecht, rechtfertigen diese ggf. auch, die politische Betätigung zu beschränken oder zu untersagen. Dies folgt aus Art. 25 GG, wonach die allgemeinen Regeln des Völkerrechtes Bestandteil des Bundesrechtes sind (S. 1), den Gesetzen vorgehen und Rechte und Pflichten unmittelbar für die Bewohner des Bundesgebietes erzeugen (S. 2).

### c) Nr. 3: Verstoß gegen die Rechtsordnung der Bundesrepublik Deutschland

**1018**     § 47 Abs. 1 S. 2 Nr. 3 AufenthG ermöglicht es, die politische Betätigung eines Ausländers zu beschränken oder zu untersagen, soweit diese gegen die Rechtsordnung der BRD, insbes. unter Anwendung von Gewalt[1578], verstößt (zB Verstoß gegen Strafgesetze, versammlungs-, vereins- oder presserechtliche Vorschriften).

### d) Nr. 4: Unterstützung der Menschenwürde zuwiderlaufender Bestrebungen

**1019**     Gemäß § 47 Abs. 1 S. 2 Nr. 4 AufenthG kann die politische Betätigung eines Ausländers beschränkt oder untersagt werden, soweit sie bestimmt ist, Parteien, andere Vereinigungen, Einrichtungen oder Bestrebungen **außerhalb** des Bundesgebiets zu fördern, deren Ziele oder Mittel mit den Grundwerten einer die Würde des Menschen achtenden staatlichen Ordnung unvereinbar sind. Die politische Betätigung muss demnach Auslandsbezug haben. Es ist nicht erforderlich, dass er bereits im Bundesgebiet entsprechend aktiv geworden ist. Ausreichend ist vielmehr, dass die Unterstützungshandlungen entweder im Herkunftsland oder von einem anderen Staat aus begangen worden sind und überzeugende Anhaltspunkte für eine beabsichtigte Fortsetzung solcher Aktivitäten vom Boden der BRD aus vorliegen. **Inhaltlicher Maßstab** ist eine Unvereinbarkeit des politi-

---

[1577] Vgl. nur BVerfGE 7, 198 = NJW 1958, 257 – Lüth; BVerfGE 117, 244 = NJW 2007, 1117 – CICERO; BVerfG NJW 2010, 47 Rn. 70 ff.
[1578] Vgl. dazu auch § 47 Abs. 2 Nr. 2 AufenthG (→ Rn. 1017).

schen Handelns mit der Würde des Menschen. Zu denken ist beispielsweise an die Unterstützung djihadistischer oder streng islamistischer Bestrebungen, die Befürwortung von Selbstmordattentaten, von Steinigungen, von menschenrechtswidrigen Bestrafungsaktionen wie Handabhacken oä, aber auch Sammeln und/oder Transferieren von Spendengeldern für terroristische Bestrebungen unterstützende extremistische islamistische Organisationen, das Befürworten geschlechtsspezifischer Verfolgungen wie etwa die Genitalverstümmelung oder auch das Eintreten und propagandistische Werben für die Wiedereinführung der Todesstrafe.

## 4. Eingriffsbefugnis nach § 47 Abs. 2 AufenthG

§ 47 Abs. 2 AufenthG bestimmt, unter welchen Voraussetzungen einem Ausländer die politische Betätigung **zwingend** zu untersagen ist. 1020

### a) Nr. 1: Gefährdung der freiheitlich-demokratischen Grundordnung oder der Sicherheit der Bundesrepublik Deutschland

Nach dieser Vorschrift wird die politische Betätigung eines Ausländers untersagt, soweit sie die freiheitliche demokratische Grundordnung oder die Sicherheit der BRD gefährdet oder wenn sie den kodifizierten Normen des Völkerrechts widerspricht. Unter den Begriff der freiheitlich-demokratischen Grundordnung fallen die in § 92 Abs. 2 StGB aufgeführten Verfassungsgrundsätze (freie Wahlen und Abstimmungen, Bindung der Gesetzgebung an die verfassungsmäßige Ordnung sowie Bindung der vollziehenden Gewalt und der Rechtsprechung an Gesetz und Recht, Recht auf Bilden und Ausüben einer parlamentarischen Opposition, Ablösbarkeit der Regierung und deren Verantwortlichkeit gegenüber der Volksvertretung, Unabhängigkeit der Gerichte, Ausschluss jeder Gewalt- und Willkürherrschaft)[1579]. 1021

Unter dem Begriff der Sicherheit der BRD ist die äußere und innere Sicherheit zu verstehen. Gemeint ist damit die Sicherheit des Staates, nicht aber der polizeirechtliche Begriff der öffentlichen Sicherheit, der allumfassender ist. Erfasst werden ua Fälle des Hoch- oder Landesverrats, Agententätigkeit, friedensgefährdende Beziehungen etc. Notwendig ist jedoch, dass durch die politische Betätigung die geschützten Rechtsgüter **konkret** gefährdet werden; eine bloße Beeinträchtigung reicht nicht aus. 1022

Kodifizierte Normen des Völkerrechts finden sich in erster Linie in von der BRD ratifizierten völkerrechtlichen Verträgen. Aber auch Resolutionen der UN-Vollversammlung (zB Verhängen eines Embargos gegen bestimmte Personen oder Gruppen zur Terrorismusbekämpfung) können im Einzelfall als kodifizierte Normen des Völkerrechts angesehen werden. Erforderlich ist, dass die politische Betätigung eines Ausländers den entsprechenden Normen des Völkerrechts widerspricht. 1023

### b) Nr. 2: Gewaltanwendung

Nach § 47 Abs. 2 Nr. 2 AufenthG wird die politische Betätigung eines Ausländers untersagt, soweit sie Gewaltanwendung als Mittel zur Durchsetzung politischer, religiöser oder sonstiger Belange öffentlich unterstützt, befürwortet oder hervorzurufen bezweckt oder geeignet ist[1580]. Der Gewaltbegriff ist iSd § 240 StGB zu verstehen[1581]. Die auf eine 1024

---

[1579] Zur Reduktion des Begriffs der freiheitlichen demokratischen Grundordnung auf einen Kernbestand vgl. aber jetzt BVerfG NJW 2017, 611 Rn. 529 ff. = NVwZ-Beil. 2017, 46 – NPD; dazu *Warg* NVwZ-Beil. 2017, 42.

[1580] Vgl. OVG Magdeburg Beschl. v. 19.4.2002 – 2 O 33/02 BeckRS 2002, 31625 zu § 37 AuslG 1990; VG Augsburg Urt. v. 14.1.2002 – Au 1 K 00.963 BeckRS 2002, 19064– Kalifatstaat.

[1581] Vgl. dazu ua BVerfG NJW 2011, 3020; NJW 2002, 1031; NJW 1995, 1141; OLG Karlsruhe NStZ 2016, 32 = BeckRS 2015, 03539.

private Auseinandersetzung ohne politischen Bezug bezogene Propagierung von Gewalt rechtfertigt hingegen eine Untersagung der politischen Betätigung nach Nr. 2 nicht.

### c) Nr. 3: Unterstützung terroristischer Bestrebungen

1025     Nach § 47 Abs. 2 Nr. 3 AufenthG wird die politische Betätigung eines Ausländers untersagt, soweit sie Vereinigungen, politische Bewegungen oder Gruppen innerhalb oder außerhalb des Bundesgebiets unterstützt, die **im Bundesgebiet** Anschläge gegen Personen oder Sachen oder **außerhalb des Bundesgebiets** Anschläge gegen **Deutsche** oder **deutsche Einrichtungen** veranlasst, befürwortet oder angedroht haben[1582]. Eine Unterstützung terroristischer Bestrebungen im Ausland, die sich dort ausschließlich gegen Ausländer richten, kann auf Grund des klaren Wortlauts der Norm nicht zum Anlass genommen werden, die politische Betätigung nach § 47 Abs. 2 Nr. 3 AufenthG zu untersagen. Je nach den besonderen Umständen des Einzelfalles können aber Abs. 2 Nr. 2 oder auch Abs. 1 S. 2 Nr. 2, 3 oder 4 eine Eingriffsbefugnis verleihen.

## III. Ausweisrechtliche Vorschriften (§ 48 AufenthG)

1026     Gemäß § 48 Abs. 1 S. 1 AufenthG ist ein Ausländer verpflichtet, seinen Pass, seinen Passersatz oder seinen Ausweisersatz und seinen Aufenthaltstitel oder eine Bescheinigung über die Aussetzung der Abschiebung auf Verlangen den mit dem Vollzug des Ausländerrechts betrauten Behörden (→ § 71 AufenthG) vorzulegen, auszuhändigen oder vorübergehend zu überlassen, soweit dies zur Durchführung oder Sicherung von Maßnahmen nach dem Aufenthaltsgesetz erforderlich ist. Diese Verpflichtung gilt auch, wenn ein deutscher Staatsangehöriger zugleich eine ausländische Staatsangehörigkeit besitzt, ihm die Ausreise nach § 10 Abs. 1 PassG untersagt worden ist und die Vorlage, Aushändigung und vorübergehende Überlassung des ausländischen Passes oder Passersatzes zur Durchführung und Sicherung des Ausreiseverbots erforderlich sind.

1027     Nach § 48 Abs. 2 AufenthG[1583] genügt ein Ausländer, der einen Pass weder besitzt noch in zumutbarer Weise erlangen kann, der Ausweispflicht mit der Bescheinigung über einen Aufenthaltstitel oder die Aussetzung der Abschiebung, wenn sie mit den Angaben zur Person und einem Lichtbild versehen und als Ausweisersatz bezeichnet ist.

1028     Sofern ein Ausländer keinen gültigen Pass oder Passersatz besitzt, ist er gem. § 48 Abs. 3 S. 1 AufenthG verpflichtet, an der Beschaffung des Identitätspapiers mitzuwirken. Dazu gehört ggf. auch die Abgabe von Fingerabdrücken[1584]. Die Pflicht, am Beschaffen eines Passes in „zumutbarer Weise" mitzuwirken, besteht auch dann, wenn ein Ausländer angibt, es sei ihm unzumutbar, gegenüber der zuständigen Auslandsvertretung gegen seinen wahren Willen zu erklären, er wolle freiwillig in sein Herkunftsland zurückkehren[1585]. Darüber hinaus obliegt es ihm nach § 48 Abs. 3 S. 1 AufenthG, alle Urkunden und sonstigen Unterlagen und Datenträger, die für die Feststellung seiner Identität und Staatsangehörigkeit und für die Feststellung und Geltendmachung einer Rückführungsmöglichkeit in einen anderen Staat von Bedeutung sein können und in deren Besitz er ist, den mit der Ausführung des Aufenthaltsgesetzes betrauten Behörden auf Verlangen vor-

---

[1582] Zu den tatbestandlichen Anforderungen an das Vorliegen einer terroristischen Vereinigung iSd § 129a StGB vgl. BGH, NJW 2008, 86; zur Unterstützung einer terroristischen Vereinigung vgl. nur BGH NStZ 2014, 210 = BeckRS 2013, 13465; BGH Beschl. v. 18.6.2015 – AK 16/15 BeckRS 2015, 11994; BGH NStZ 2016, 528 = BeckRS 2015, 19546; BVerwG NVwZ 2014, 294 Rn. 15; BVerwG Urt. v. 22.2.2017 – 1 C 3/16 DÖV 2017, 647 = BeckRS 2017, 107747 Rn. 27 ff.

[1583] Zu § 48 Abs. 2 und 3 AufenthG vgl. OVG Koblenz NVwZ-RR 2007, 494 Ls.

[1584] Vgl. OVG Münster InfAuslR 2006, 136.

[1585] BVerwG NVwZ 2010, 918.

zulegen, auszuhändigen und zu überlassen[1586]. Kommt ein Ausländer dieser ihm nach S. 1 obliegenden Verpflichtung nicht nach und bestehen tatsächliche Anhaltspunkte, dass er im Besitz solcher Unterlagen oder Datenträger ist, können er und die von ihm mitgeführten Sachen durchsucht werden (S. 2). Der Ausländer hat eine solche Maßnahme zu dulden (S. 3).

Nach § 48 Abs. 3a AufenthG ist die Auswertung von Datenträgern nur zulässig, soweit 1029 dies für die Feststellung der Identität und Staatsangehörigkeit des Ausländers und für die Feststellung und Geltendmachung einer Rückführungsmöglichkeit in einen anderen Staat nach Maßgabe von Abs. 3 erforderlich ist (S. 1). Weitere Einzelheiten regeln die Sätze 2 bis 8 des § 48 Abs. 3a AufenthG.

Allein der Hinweis einer Ausländerbehörde auf die ua gem. § 3 und § 48 Abs. 3 1030 AufenthG[1587] bestehenden gesetzlichen Pflichten eines Ausländers, während seines Aufenthalts im Bundesgebiet im Besitz eines gültigen Passes zu sein und ggf. rechtzeitig einen abgelaufenen Reisepass verlängern oder erneuern zu lassen, vermag den im Vollstreckungsrecht notwendigen Grundverwaltungsakt nicht zu ersetzen; vielmehr bedarf die zwangsweise Durchsetzung der dem Ausländer obliegenden Mitwirkungspflichten auch im Bereich der Passbeschaffung immer zunächst eines die jeweilige Handlungspflicht konkretisierenden Verwaltungsaktes[1588].

Ein Ausländer, der entgegen § 48 Abs. 1 oder 3 S. 1 AufenthG eine der dort genannten 1031 Urkunden, Unterlage oder Datenträger nicht oder nicht rechtzeitig vorlegt, nicht oder nicht rechtzeitig aushändigt oder nicht oder nicht rechtzeitig überlässt, handelt ordnungswidrig (§ 98 Abs. 2 Nr. 3 AufenthG).

Wird nach § 5 Abs. 3 oder § 33 AufenthG davon abgesehen, die nach § 5 Abs. 1 Nr. 4 1032 AufenthG bestehende Passpflicht zu erfüllen, wird ein Ausweisersatz ausgestellt (§ 4 Abs. 4 S. 1 AufenthG). Dies befreit jedoch nicht davon, gem. § 48 Abs. 3 AufenthG an dem Beschaffen eines Identitätspapiers oder sonstiger Urkunden und Unterlagen sowie Datenträgermitzuwirken (§ 48 Abs. 4 S. 2 AufenthG). Sofern die Voraussetzungen vorliegen, um einen Passersatz nach der Aufenthaltsverordnung auszustellen, ist jedoch vorrangig ein solcher zu beantragen, falls ein Pass(ersatz) des Herkunftsstaates nicht in zumutbarer Weise zu erlangen ist[1589].

Die Befugnis zur Erhebung einschlägiger telekommunikationsrechtlich relevanter Zu- 1033 gangsdaten ergibt sich aus § 48a AufenthG[1590].

## IV. Feststellung und Sicherung der Identität (§ 49 AufenthG)

Nach § 49 Abs. 1 AufenthG dürfen die mit dem Vollzug des Aufenthaltsgesetzes 1034 betrauten Behörden unter den Voraussetzungen des § 48 Abs. 1 AufenthG (→ Rn. 1026) die auf dem elektronischen Speichermedium eines Dokuments nach § 48 Abs. 1 Nr. 1 AufenthG gespeicherten biometrischen und sonstigen Daten auslesen, die benötigten biometrischen Daten beim Inhaber des Dokuments erheben und die biometrischen Daten miteinander vergleichen (S. 1). Darüber hinaus sind auch alle anderen Behörden, an die Daten aus dem Ausländerzentralregister nach den §§ 15 bis 20 AZRG übermittelt worden sind, und die Meldebehörden befugt, Maßnahmen nach Satz 1 zu treffen, soweit sie die

---

[1586] Vgl. OVG Münster ZAR 2006, 288 = InfAuslR 2006, 260 = BeckRS 2006, 21968.

[1587] Vgl. auch § 56 AufenthV.

[1588] VG Freiburg InfAuslR 2006, 484. Vgl. dazu auch VGH Mannheim InfAuslR 1999, 287 = NVwZ-Beil. 1999, 46 Ls. und VG Düsseldorf Beschl. v. 30.1.2006 – 24 L 114/06 BeckRS 2006, 25194.

[1589] BT-Drs. 16/5065, S. 179.

[1590] Vgl. auch § 15a Abs. 1 AsylG.

Echtheit des Dokuments oder die Identität des Inhabers überprüfen dürfen (S. 2). Biometrische Daten nach Satz 1 sind nur die Fingerabdrücke und das Lichtbild (S. 3).

1035    Gem. § 49 Abs. 2 AufenthG ist jeder Ausländer verpflichtet, ggü. den mit dem Vollzug des Ausländerrechts, also nicht nur des Aufenthaltsgesetzes, betrauten Behörden auf Verlangen die erforderlichen Angaben zu seinem Alter, seiner Identität und Staatsangehörigkeit zu machen und die von der Vertretung des Staates, dessen Staatsangehörigkeit er besitzt oder vermutlich besitzt, geforderten und mit dem deutschen Recht in Einklang stehenden Erklärungen im Rahmen der Beschaffung von Heimreisedokumenten abzugeben. Bestehen Zweifel über die Person, das Lebensalter oder die Staatsangehörigkeit eines Ausländers, so sind gem. § 49 Abs. 3 AufenthG die erforderlichen Maßnahmen zu treffen, um seine Identität, sein Lebensalter oder seine Staatsangehörigkeit festzustellen, wenn dem Ausländer die Einreise erlaubt, ein Aufenthaltstitel erteilt oder die Abschiebung ausgesetzt werden soll (Nr. 1) oder wenn es zur Durchführung anderer Maßnahmen nach dem Aufenthaltsgesetz erforderlich ist (Nr. 2).

1036    Die Identität eines Ausländers ist durch erkennungsdienstliche Maßnahmen zu sichern, wenn eine Verteilung gemäß § 15a AufenthG (→ Rn. 60 f.) stattfindet (§ 49 Abs. 4 AufenthG).

1037    Nach § 49 Abs. 5 AufenthG sollen die erforderlichen Maßnahmen durchgeführt werden, um die Identität eines Ausländers festzustellen und zu sichern,

- wenn der Ausländer mit einem gefälschten oder verfälschten Pass oder Passersatz einreisen will oder eingereist ist (Nr. 1),
- wenn sonstige Anhaltspunkte den Verdacht begründen, dass ein Ausländer nach einer Zurückweisung oder Beendigung des Aufenthalts erneut unerlaubt ins Bundesgebiet einreisen will (Nr. 2),
- bei Ausländern, die vollziehbar ausreisepflichtig sind (→ Rn. 1148 ff.), sofern eine Zurück- oder Abschiebung in Betracht kommt (Nr. 3),
- wenn ein Ausländer in einen in § 26a Abs. 2 AsylG genannten Drittstaat zurückgewiesen oder zurückgeschoben wird (Nr. 4)[1591],
- bei dem Beantragen eines nationalen Visums (Nr. 5),
- bei der Gewährung von vorübergehendem Schutz nach § 24 AufenthG sowie in den Fällen der §§ 23 und 29 Abs. 3 AufenthG (Nr. 6) sowie
- wenn ein Versagungsgrund nach § 5 Abs. 4 AufenthG (→ Rn. 93 ff.) festgestellt worden ist (Nr. 7).

1038    Maßnahmen iSd Abs. 3 bis 5 – ausgenommen ist Abs. 5 Nr. 5 – sind das Aufnehmen von Lichtbildern, das Abnehmen von Fingerabdrücken sowie Messungen und ähnliche Maßnahmen, einschließlich körperlicher Eingriffe, die von einem Arzt nach den Regeln der ärztlichen Kunst zum Zweck der Feststellung des Alters vorgenommen werden, wenn kein Nachteil für die Gesundheit des Ausländers zu befürchten ist (§ 49 Abs. 6 S. 1 AufenthG). Damit wird ua die Rechtsgrundlage für Röntgenuntersuchungen geschaffen[1592]. Die Maßnahmen sind zulässig bei Ausländern, die das 14. Lebensjahr vollendet haben; Zweifel an der Vollendung des 14. Lebensjahres gehen dabei zu Lasten des Ausländers (§ 49 Abs. 6 S. 2 AufenthG). Maßnahmen iSd § 49 Abs. 5 Nr. 5 AufenthG sind das Aufnehmen von Lichtbildern und das Abnehmen von Fingerabdrücken (§ 49 Abs. 6a AufenthG).

1039    Gem. § 49 Abs. 7 S. 1 AufenthG kann zur Bestimmung des Herkunftsstaates oder der Herkunftsregion des Ausländers dessen gesprochenes Wort auf Ton- oder Datenträger

---

[1591] Dies sind nach An. I zum AsylG die Staaten der EU sowie Norwegen und die Schweiz.
[1592] BT-Drs. 16/5065, S. 179.

aufgezeichnet werden. Diese Erhebung darf jedoch nur erfolgen, wenn der Betroffene vorher darüber in Kenntnis gesetzt wurde (§ 49 Abs. 7 S. 2 AufenthG)[1593].

Die Identität eines Ausländers, der das 14. Lebensjahr vollendet und iVm einer un- 1040 erlaubten Einreise aus einem Drittstaat kommend aufgegriffen und nicht zurückgewiesen wird, ist durch Abnahme der Abdrücke aller zehn Finger zu sichern (§ 49 Abs. 8 AufenthG)[1594].

Nach § 49 Abs. 9 AufenthG sind schließlich entsprechende identitätssichernde Maß- 1041 nahmen ggü. einem Ausländer anzuordnen, der das 14. Lebensjahr vollendet hat und sich ohne erforderlichen Aufenthaltstitel im Bundesgebiet aufhält, wenn Anhaltspunkte dafür vorliegen, dass er einen Asylantrag in einem anderen Mitgliedstaat der EU gestellt hat. Die nach § 49 Abs. 1 und 3 bis 8 AufenthG getroffenen Maßnahmen hat ein Ausländer zu dulden (§ 49 Abs. 10 AufenthG). Das Verfahren bei identitätssichernden und -feststellenden Maßnahmen nach § 49 AufenthG ist in §§ 89, 89a AufenthG geregelt.

## V. Fundpapier-Datenbank (§§ 49a, 49b AufenthG)

Gemäß § 49a Abs. 1 S. 1 AufenthG führt das Bundesverwaltungsamt eine Datenbank, 1042 in der Angaben zu in Deutschland aufgefundenen, von ausländischen öffentlichen Stellen ausgestellten Identifikationspapieren von Staatsangehörigen der in Anhang I der Verordnung (EG) Nr. 539/2001[1595] genannten Staaten gespeichert werden (so genannte Fundpapier-Datenbank). Diese Datenbank dient dazu, die Identität oder Staatsangehörigkeit eines Ausländers festzustellen und die Durchführung einer späteren Rückführung zu ermöglichen. Verwaltungsorganisatorische Einzelheiten regelt § 49a Abs. 2 AufenthG.

In § 49b AufenthG wird näher bestimmt, welche Daten in der Fundpapier-Datenbank 1043 gespeichert werden. Die einschlägigen Verfahrensvorschriften für die Fundpapier-Datenbank sind in § 89a AufenthG geregelt.

## E. Begründung der Ausreisepflicht und Erlöschen eines Aufenthaltstitels (§§ 50 bis 625 AufenthG)

§ 50 AufenthG regelt die Pflicht eines Ausländers, aus dem Bundesgebiet auszureisen. 1044 § 51 AufenthG befasst sich mit der Beendigung der Rechtmäßigkeit des Aufenthalts und der Fortgeltung von ausländerrechtlichen Beschränkungen und § 52 AufenthG mit dem Widerruf eines Aufenthaltstitels. Die Rücknahme eines Aufenthaltstitels richtet sich nach § 48 VwVfG. Die Ausweisung eines Ausländers ist schließlich in den §§ 53 bis 56 AufenthG normiert.

### I. Ausreisepflicht (§ 50 AufenthG)

Gem. § 50 Abs. 1 AufenthG ist ein Ausländer zur Ausreise aus dem Bundesgebiet 1045 verpflichtet, wenn er einen erforderlichen Aufenthaltstitel (§ 4 AufenthG → Rn. 37 ff.) nicht oder nicht mehr besitzt und ein Aufenthaltsrecht nach dem Assoziationsabkommen EWG/Türkei (→ Rn. 1595 ff.) nicht oder nicht mehr besteht. Ist nach Maßgabe dieser

---

[1593] Zur Verwendung von Sprachanalysen im Asylverfahren vgl. VG Potsdam NVwZ-Beil. I 2001, 35; InfAuslR 2001, 198; VG Gelsenkirchen InfAuslR 2002, 217. Vgl. auch *Jobs* ZAR 2001, 173.
[1594] Vgl. auch BVerwG NVwZ 2014, 158 (zu § 15 Abs. 2 Nr. 7 AsylVfG); vgl. auch Art. 9 EURODAC-VO (EU) Nr. 603/2013 ABl. Nr. L 180 S. 1.
[1595] ABl. Nr. L 81 S. 1; zuletzt geänd. durch VO (EU) 2017/372 v. 1.3.2017 ABl. Nr. L 61 S. 7.

Vorschrift ein Ausländer zur Ausreise verpflichtet, hat er das Bundesgebiet unverzüglich, dh ohne schuldhaftes Zögern (§ 121 Abs. 1 BGB), oder, wenn ihm eine Ausreisefrist gesetzt ist, bis zum Ablauf dieser Frist zu verlassen (§ 50 Abs. 2 S. 1 AufenthG). Beruht die Ausreisepflicht auf einem ein Aufenthaltsrecht versagenden oder einen rechtmäßigen Aufenthalt beendenden Verwaltungsakt, wird idR eine Ausreisefrist im Zusammenhang mit der gem. § 59 Abs. 1 AufenthG beizufügenden Abschiebungsandrohung (→ Rn. 1171 ff.) festgesetzt[1596]. Wird keine Abschiebungsandrohung erlassen, kommt eine isolierte Festsetzung einer Ausreisefrist nach § 50 Abs. 2 S. 1 AufenthG in Betracht (Nr. 50.2.2, S. 2 AVV-AufenthG).

**1046**   Es steht im Ermessen der Ausländerbehörde, wie lange sie die Ausreisefrist bemisst. Insbesondere im Falle eines bereits längeren Inlandsaufenthalts, ggf. einhergehend mit einer erlaubten Erwerbstätigkeit oder wenn engere familiäre Bande im Bundesgebiet bestehen, ist es angezeigt, die Frist großzügig festzusetzen, um dem Ausländer die Möglichkeit zu geben, seine persönlichen Angelegenheiten zu regeln. Ggf. ist auch öffentlichen Interessen bei der Bemessung der Ausreisefrist Rechnung zu tragen, etwa wenn der betroffene Ausländer noch als Zeuge in einem strafrechtlichen Ermittlungsverfahren benötigt wird (Nr. 50.2.2, S. 7 AVV-AufenthG). Nach § 59 Abs. 1 S. 4 AufenthG kann die Ausreisefrist „unter Berücksichtigung der besonderen Umstände des Einzelfalls" angemessen verlängert oder für einen längeren Zeitraum festgesetzt werden. Abzustellen ist insoweit jedoch nicht darauf, ob sich die Gründe, aus denen durch unanfechtbaren Verwaltungsakt ein Aufenthaltsrecht verwehrt oder entzogen worden ist, als eine besondere Härte erweisen[1597], sondern allein darauf, ob der konkrete Ausreisetermin dem Betroffenen nicht zumutbar ist (Nr. 50.2.3, S. 5 AVV-AufenthG). Ein besonderer Härtefall kann beispielsweise dann vorliegen, wenn dem Ausreisepflichtigen aus gesundheitlichen Gründen eine Ausreise bis zu dem festgesetzten Zeitpunkt nicht möglich oder wenn seine weitere **vorübergehende** Anwesenheit aus familiären Gründen zwingend geboten ist, etwa um einen sonst ohne hinreichende Versorgung zurück bleibenden Familienangehörigen zu betreuen.

**1047**   Reist ein Ausländer in einen anderen Mitgliedstaat der EU oder in einen anderen Schengen-Staat ein, so genügt er seiner Ausreisepflicht in rechtlich relevanter Weise nur dann, wenn ihm Einreise und Aufenthalt dort erlaubt sind (§ 50 Abs. 3 S. 1 AufenthG)[1598]. Im Zweifelsfall obliegt es dem Ausreisepflichtigen nachzuweisen, dass er in einen solchen Mitgliedstaat rechtmäßig einreisen und sich darin aufhalten darf[1599]. Dies folgt aus den Mitwirkungspflichten, die in § 82 AufenthG aufgestellt sind (→ Rn. 1387 ff.). Nach § 50 Abs. 3 S. 2 AufenthG ist der Ausreisepflichtige in einem solchen Falle verpflichtet, sich unverzüglich in das Hoheitsgebiet dieses Staates zu begeben. Wird er von diesem wegen unerlaubten Einreisens oder Aufenthalts in die BRD zurück überstellt, besteht die vollziehbare Ausreisepflicht weiterhin (Nr. 50.4.2.1, S. 1 AVV-AufenthG).

**1048**   Ein ausreisepflichtiger Ausländer, der seine Wohnung wechseln oder den Bezirk der zuständigen Ausländerbehörde für mehr als drei Tage verlassen will, hat dies der Ausländerbehörde vorher anzuzeigen (§ 50 Abs. 4 AufenthG). Gem. § 50 Abs. 5 AufenthG soll der Pass oder Passersatz eines Ausreisepflichtigen bis zu dessen Ausreise verwahrt werden. Es ist nicht erforderlich, dass die Ausreisepflicht bereits vollziehbar ist.

**1049**   Schließlich bestimmt § 50 Abs. 6 S. 1 AufenthG, dass ein Ausländer zum Zweck der Beendigung des Aufenthalts in den Fahndungshilfsmitteln der Polizei zur Aufenthalts-

---

[1596] Zur Abschiebungs*anordnung* nach § 58a AufenthG → Rn. 1163 ff.

[1597] Insoweit könnte unter Umständen je nach den Besonderheiten des Einzelfalles ein Duldungsanspruch nach § 60a Abs. 2 AufenthG gegeben sein; vgl. → Rn. 1201 ff.

[1598] Vgl. VGH München Beschl. v. 16.2.2017 – 10 CE 17.287 BeckRS 2017, 103921.

[1599] Vgl. zB VG München Beschl. v. 10.2.2017 – M 9 E 17.320 BeckRS 2017, 102459 Rn. 64 ff.

ermittlung und Festnahme ausgeschrieben werden kann, wenn sein Aufenthalt unbekannt ist[1600]. Ein Ausländer, gegen den ein Einreise- und Aufenthaltsverbot nach § 11 AufenthG (→ Rn. 143 ff.) besteht, kann zum Zweck der Einreiseverweigerung zur Zurückweisung und für den Fall des Antreffens im Bundesgebiet zur Festnahme ausgeschrieben werden (§ 50 Abs. 7 S. 2 AufenthG). Für Ausländer, die gem. § 15a AufenthG als unerlaubt eingereiste Ausländer verteilt worden sind (→ Rn. 60 f.), gilt § 66 AsylG entsprechend. Diese Vorschrift regelt, unter welchen Voraussetzungen ein Ausländer, der um Asyl nachgesucht hat, zur Aufenthaltsermittlung ausgeschrieben werden kann. § 50 Abs. 6. S. 3 AufenthG überträgt diese Vorschrift auf unerlaubt eingereiste Ausländer unabhängig davon, ob sie einen Asylantrag gestellt haben.

## II. Beendigung der Rechtmäßigkeit des Aufenthalts (§ 51 AufenthG)

§ 51 AufenthG regelt die Beendigung der Rechtmäßigkeit des Aufenthalts und die **1050** Fortgeltung von ausländerrechtlichen Beschränkungen.

### 1. Erlöschen eines Aufenthaltstitels

Gem. § 51 Abs. 1 Hs. 1 AufenthG erlischt ein Aufenthaltstitel, wenn   **1051**
* die Geltungsdauer des Titels abgelaufen ist (Nr. 1),
* eine auflösende Bedingung eingetreten ist (Nr. 2),
* ein Aufenthaltstitel zurückgenommen worden ist (Nr. 3),
* ein Aufenthaltstitel widerrufen worden ist (Nr. 4),
* ein Ausländer ausgewiesen worden ist (Nr. 5),
* einem Ausländer gegenüber eine Abschiebungsanordnung nach § 58a AufenthG bekannt gegeben worden ist (Nr. 5a),
* ein Ausländer aus einem seiner Natur nach nicht vorübergehenden Grunde aus dem Bundesgebiet ausreist (Nr. 6)[1601],
* ein Ausländer ausgereist und nicht innerhalb von sechs Monaten oder einer von der Ausländerbehörde bestimmten längeren Frist wieder eingereist ist (Nr. 7)[1602] oder
* wenn ein Ausländer nach Erteilen eines Aufenthaltstitels gemäß §§ 22, 23 oder 25 Abs. 3 bis 5 AufenthG einen Asylantrag stellt (Nr. 8).

§ 51 Abs. 1 Halbs. 2 AufenthG stellt klar, dass ein für mehrere Einreisen oder mit einer **1052** Geltungsdauer von mehr als 90 Tagen erteiltes Visum nicht nach den Nrn. 6 und 7 erlischt.

In der Praxis bereitet immer wieder die Frage Probleme, ob ein Ausländer iSd Nr. 6 **1053** aus einem seiner Natur nach nicht vorübergehenden Grunde aus dem Bundesgebiet ausgereist ist. Nach der einschlägigen Rechtsprechung kann auch dann, wenn der Ausländer beabsichtigt, später in das Bundesgebiet zurückzukehren, der Grund für das Verlassen des Bundesgebietes seiner Natur nicht nur vorübergehend sein. Dies ist er vor

---

[1600] Die Ausschreibung ist kein Verwaltungsakt. Sie erfordert keine richterliche Anordnung, setzt aber das Vorliegen von Haftgründen iSd § 62 AufenthG voraus; vgl. BVerfG, NVwZ 2009, 1034; OVG Lüneburg InfAuslR 2015, 252 = BeckRS 2015, 41218.
[1601] Zum Nichtgegebenen Erlöschen einer nach § 19b AufenthG erteilten ICT-Karte vgl. § 51 Abs. 1a AufenthG.
[1602] IdR wird nach § 51 Abs. 4 S. 1 AufenthG eine längere Frist bestimmt, wenn ein Ausländer aus einem seiner Natur nach vorübergehenden Grunde ausreisen will und eine Niederlassungserlaubnis besitzt oder wenn der Aufenthalt außerhalb des Bundesgebiets Interessen der Bundesrepublik Deutschland dient.

allem dann nicht, wenn der Aufenthalt im Ausland auf unabsehbare Zeit angelegt ist[1603]. Ob dies der Fall ist, beurteilt sich nicht nach dem inneren Willen des Ausländers, sondern aufgrund einer Würdigung der konkreten Gegebenheiten des Einzelfalles, zu denen auch die Dauer der Abwesenheit zählt[1604]. Je länger sie währt und je deutlicher sie über einen bloßen Besuchs- und Erholungsaufenthalt im Ausland hinausgeht, desto mehr spricht dafür, dass der Auslandsaufenthalt nicht nur vorübergehender Natur ist[1605]. Die in § 51 Abs. 1 Hs. 1 Nr. 7 AufenthG festgelegte Höchstgrenze von sechs Monaten **kann** ein Beurteilungskriterium sein[1606]. Das Erlöschen eines Aufenthaltstitels wird auch nicht dadurch verhindert, dass der Ausländer jeweils kurz vor Ablauf von sechs Monaten nach der Ausreise (vgl. § 51 Abs. 1 Hs. 1 Nr. 7 AufenthG) mehr oder weniger kurzfristig in das Bundesgebiet zurückkehrt[1607].

**1054**　　Eine Ausreise iSd § 51 Abs 1 Halbs. 1 Nr. 7 AufenthG liegt nicht nur dann vor, wenn ein Ausländer freiwillig das Bundesgebiet verlässt, sondern auch im Falle einer zwangsweisen Beendigung seines Aufenthalts[1608]. Unter den Voraussetzungen des § 51 Abs. 4 S. 2 AufenthG erlischt ein Aufenthaltstitel im Falle einer **Zwangsheirat** und der damit einhergehenden Verhinderung der Rückkehr des Ehepartners nach Deutschland spätestens innerhalb von zehn Jahren seit der Ausreise. Erforderlich ist aber eine Wiedereinreise innerhalb von drei Monaten, nachdem die Zwangslage weggefallen ist.

**1055**　　Die Niederlassungserlaubnis eines Ausländers, der sich mindestens 15 Jahre rechtmäßig im Bundesgebiet aufgehalten hat, sowie die Niederlassungserlaubnis seines mit ihm in ehelicher Lebensgemeinschaft lebenden Ehegatten erlöschen nicht nach § 51 Abs. 1 Hs. 1 Nr. 6 und 7 AufenthG, wenn deren Lebensunterhalt gesichert ist und kein Ausweisungsinteresse nach § 54 Abs. 1 Nr. 2 bis 5 AufenthG (→ Rn. 1108 ff.) oder § 55 Abs. 2 Nr. 5 bis 7 AufenthG (→ Rn. 1116) vorliegt (§ 51 Abs. 2 S. 1 AufenthG). Zum Nachweis des Fortbestandes der Niederlassungserlaubnis stellt die Ausländerbehörde am Ort des letzten gewöhnlichen Aufenthalts auf Antrag eine Bescheinigung aus (§ 51 Abs. 2 S. 3 AufenthG).

**1056**　　§ 51 Abs. 3 AufenthG stellt klar, dass ein Aufenthaltstitel nicht nach § 51 Abs. 1 Nr. 7 (Auslandsaufenthalt von mehr als sechs Monaten oder länger als eine von der Ausländerbehörde bestimmten Frist) erlischt, wenn die Frist lediglich wegen Erfüllens der Wehrpflicht im Heimatstaat überschritten wird und der Ausländer innerhalb von drei Monaten nach der Entlassung aus dem Wehrdienst wieder in das Bundesgebiet einreist.

**1057**　　Im Falle der Ausreise eines Asylberechtigten oder eines Ausländers, dem das BAMF unanfechtbar die Flüchtlingseigenschaft iSd § 3 AsylG zuerkannt hat, erlischt der Aufenthaltstitel nicht, solange er im Besitz eines gültigen, von einer deutschen Behörde

---

[1603] Zum Erlöschen eines assoziationsrechtlichen Aufenthaltsrechts nach Art. 7 ARB 1/80 infolge eines i. d. R. einjährigem Auslandsaufenthalt vgl. BVerwG NVwZ 2015, 1617 Rn. 21 und wegen eines sechsjährigen Schulbesuchs in der Türkei vgl. VGH München Beschl. v. 17.1.2017 – 10 ZB 15.1706 BeckRS 2017, 102520.

[1604] Vgl. nur BVerwG, InfAuslR 1989, 114; VGH München Beschl. v. 23.1.2017 – 10 CE 16.1398 beckRS 2017, 100995 Rn. 5.

[1605] Für die Aufnahme eines Hochschulstudiums im Ausland vgl. nur BVerwG NVwZ-RR 2013, 338 sowie OVG Münster NVwZ-RR 1989, 104. Ein Auslandsaufenthalt lediglich zum Absolvieren von Prüfungen im Rahmen einer vom Bundesgebiet aus betriebenen Ausbildung als Fernstudium ist hingegen unschädlich; vgl. VG Lüneburg Urt. v. 21.9.2007 – 3 A 288/05 BeckRS 2007, 27609.

[1606] OVG Lüneburg Beschl. v. 15.5.2000 – 11 L 1278/00 BeckRS 2000, 17326 mwN.

[1607] Vgl. nur BVerwG NVwZ 1982, 683; InfAuslR 1989, 114; OVG Münster NVwZ-RR 2004, 151; Beschl. v. 24.4.2007 – 18 B 2764/06 BeckRS 2007, 23386. – Eine Ausreise aus einem nicht nur vorübergehenden Grund deutet dem BVerwG zufolge auf eine konkludente Rücknahme eines Antrags auf einen Aufenthaltstitel hin; vgl. Buchholz 402.240 § 69 AuslG 1990 Nr. 4.

[1608] Vgl. nur BVerwGE 126, 192 = NVwZ 2006, 1418; VGH München Urt. v. 10.1.2007 – 24 BV 03.722, zur Auslieferung mwN zum konträren Meinungsstand.

ausgestellten Reiseausweises für Flüchtlinge ist (§ 51 Abs. 7 S. 1 AufenthG). Jedoch hat ein asylberechtigter Ausländer bzw. ein Ausländer, der unanfechtbar als Flüchtling iSd § 3 AsylG anerkannt worden ist, keinen Anspruch, erneut einen Aufenthaltstitel erteilt zu bekommen, wenn er das Bundesgebiet verlassen hat und die Zuständigkeit für die Ausstellung eines Reiseausweises für Flüchtlinge auf einen anderen Staat übergegangen ist (§ 51 Abs. 7 S. 2 AufenthG)[1609].

## 2. Verlust der Befreiung vom Erfordernis eines Aufenthaltstitels

Die Befreiung vom Erfordernis eines Aufenthaltstitels entfällt gem. § 51 Abs. 5 Auf **1058** enthG, wenn ein Ausländer ausgewiesen, zurück- oder abgeschoben wird. Die Vorschrift des § 11 Abs. 1 S. 1 AufenthG über die Sperrwirkung solcher aufenthaltsbeendender Maßnahmen (→ Rn. 144) findet entsprechende Anwendung.

## 3. Fortgeltung von räumlichen und sonstigen Beschränkungen sowie von Auflagen

§ 51 Abs. 6 AufenthG bestimmt schließlich, dass räumliche und sonstige Beschränkun **1059** gen und Auflagen nach dem Aufenthaltsgesetz oder anderen Gesetzen auch nach Wegfall eines Aufenthaltstitels oder der Aussetzung der Abschiebung in Kraft bleiben, bis sie aufgehoben werden oder der Ausländer seiner Ausreisepflicht nach § 50 Abs. 1 bis 4 AufenthG nachgekommen ist.

## 4. Aufhebung einer Aufenthaltserlaubnis nach § 38a AufenthG und Ausweisung oder Anordnung der Abschiebung des Inhabers einer solchen Aufenthaltserlaubnis

§ 51 Abs. 8 S. 1 AufenthG bestimmt, dass vor der Aufhebung einer Aufenthalts **1060** erlaubnis nach § 38a Abs. 1 AufenthG (→ Rn. 921 ff.), vor einer Ausweisung eines Ausländers, der eine solche Aufenthaltserlaubnis besitzt und vor dem Erlass einer gegen ihn gerichteten Abschiebungsanordnung nach § 58a AufenthG (→ Rn. 1163 ff.) die zuständige Behörde in dem Verfahren nach § 91c Abs. 3 AufenthG[1610] über das BAMF dem Mitgliedstaat der EU, in dem der Ausländer die Rechtsstellung eines langfristig Aufenthaltsberechtigten besitzt, Gelegenheit zur Stellungnahme zu geben hat, wenn die Abschiebung des Ausländers in ein Gebiet erwogen wird, in dem diese Rechtsstellung nicht erworben werden kann. Konkret betrifft dies eine Abschiebung in das Vereinigte Königreich sowie nach Irland und Dänemark als den EU-Staaten, für die die RL 2003/109/EG nicht bindend und anwendbar ist (Erwägungsgründe 25 und 26 der Richtlinie) oder in einen nicht der EU angehörigen Drittstaat. Geht die Stellungnahme des anderen Mitgliedstaates, in dem ein Ausländer ein Aufenthaltsrecht als langfristig Aufenthaltsberechtigter besitzt, rechtzeitig ein, wird sie von der zustän digen Stelle berücksichtigt (§ 51 Abs. 8 S. 2 AufenthG). Das Gesetz bestimmt keinen konkreten Zeitrahmen, innerhalb dessen eine solche Stellungnahme noch rechtzeitig ist. Auch aus der RL 2003/109/EG lassen sich keine diesbezüglichen Vorgaben entnehmen. Es wird daher im Falle einer gerichtlichen Entscheidung über die Rechtmäßigkeit einer entsprechenden aufenthaltsbeendenden Maßnahme einzelfallbezogen zu prüfen sein, ob eine vorliegende Stellungnahme eines anderen Mitgliedstaates berücksichtigt worden

---

[1609] Vgl. hierzu OVG Bautzen, NVwZ 2017, 244 m. krit. Anm. *Huber.*
[1610] Diese Vorschrift regelt die Einzelheiten der innergemeinschaftlichen Auskünfte zur Durch führung der RL 2003/109/EG (ABl. 2004 Nr. L S. 44). Bestimmte Unterrichtungspflichten sind in Art. 19 Abs. 1 S. 3, 22 Abs. 2 S. 2 und 23 Abs. 1 S. 2 der Richtlinie vorgesehen.

bzw. ob deren Nichtverwertung im Lichte von Sinn und Zweck der RL 2003/109/EG zu rechtfertigen ist. Ohnehin ist im Rahmen eines verwaltungsgerichtlichen Verfahrens eine auch verspätet abgegebene Stellungnahme zu beachten, da nach den unionsrechtlichen Grundsätzen für eine gerichtliche Rechtmäßigkeitskontrolle auf den Zeitpunkt der letzten mündlichen Verhandlung bzw. der letzten Beschlussfassung abzustellen ist (→ Rn. 1564). Dies ist auch im Rahmen der Prüfung der Rechtmäßigkeit einer gegenüber einem langfristig Aufenthaltsberechtigten erlassenen Ausweisungsverfügung zu beachten.

## 5. Erlöschen der Erlaubnis zum Daueraufenthalt-EU

**1061**    Eine Erlaubnis zum Daueraufenthalt-EU iSd § 9a AufenthG (→ Rn. 958 ff.) erlischt nach § 51 Abs. 9 S. 1 nur, wenn

- ihre Erteilung wegen Täuschung, Drohung oder Bestechung zurückgenommen wird (Nr. 1),
- der Ausländer ausgewiesen oder ihm eine Abschiebungsanordnung nach § 58a AufenthG bekannt gegeben wird (Nr. 2),
- sich der Ausländer für einen Zeitraum von zwölf aufeinander folgenden Monaten außerhalb des Gebiets aufhält, in dem die Rechtsstellung eines langfristig Aufenthaltsberechtigten erworben werden kann (Nr. 3)[1611],
- sich der Ausländer für einen Zeitraum von sechs Jahren außerhalb des Bundesgebiets aufhält (Nr. 4) oder
- der Ausländer die Rechtsstellung eines langfristig Aufenthaltsberechtigten in einem anderen Mitgliedstaat der Europäischen Union erwirbt (Nr. 5).

**1062**    Mit dieser Vorschrift wird Art. 9 der Richtlinie 2003/109/EG (Daueraufenthaltsrichtlinie) in nationales Recht umgesetzt.

**1063**    Sofern die Voraussetzungen des § 51 Abs. 9 S. 1 Nr. 3 oder 4 vorliegen, sind gem. § 51 Abs. 10 S. 2 AufenthG die Abs. 2 bis 4 dieser Vorschrift entsprechend anzuwenden.

## III. Widerruf eines Aufenthaltstitels (§ 52 AufenthG)

**1064**    § 52 Abs. 1 AufenthG regelt, unter welchen Voraussetzungen ein Aufenthaltstitel, dh ein nationales Visum[1612], eine Aufenthaltserlaubnis, eine Niederlassungserlaubnis, eine Blaue Karte EU oder eine Erlaubnis zum Daueraufenthalt-EU (vgl. § 4 Abs. 1 S. 2 AufenthG), widerrufen werden kann. Während die Abs. 2 und 6 für die dort genannten Lebenssachverhalte eine zwingende Verpflichtung zum Widerruf aufstellen, steht ein Widerruf gem. Abs. 3 und 4, wie bereits im Falle des Abs. 1, im Ermessen der Ausländerbehörde. Die Abs. 5 und 6 enthalten eine Soll-Regelung. Die Rechtmäßigkeit einer ausländerrechtlichen Widerrufsentscheidung beurteilt sich nach dem Sachstand zZt der letzten gerichtlichen Tatsacheninstanz → Rn. 1404. Es ist, diesen Grundsatz auf das Widerrufs- und gegebenenfalls auch auf das Rücknahmeverfahren zu übertragen[1613].

---

[1611] Eine Begünstigung von Inhabern einer Blauen Karte EU ergibt sich nach Maßgabe der Vorschrift. Vgl. auch § 51 Abs. 10 S. 1 AufenthG.

[1612] Zur Annullierung (= Widerruf) eines Schengen-Visums vgl. Art. 34 Visakodex (→ Rn. 101).

[1613] Vgl. nur BVerwG, NVwZ 2010, 1369.

## 1. § 52 Abs. 1 AufenthG

Der Aufenthaltstitel eines Ausländers **kann** gem. § 52 Abs. 1 S. 1 AufenthG außer in   **1065**
den Fällen der Abs. 2 bis 6 (→ Rn. 1069 ff.) nur widerrufen werden[1614], wenn er

- keinen gültigen Pass oder Passersatz mehr besitzt (Nr. 1)[1615],
- er seine Staatsangehörigkeit wechselt oder verliert (Nr. 2),
- er noch nicht eingereist ist (Nr. 3)[1616],
- seine Anerkennung als Asylberechtigter iSd Art. 16a Abs. 1 GG oder seine Rechtsstellung als Flüchtling oder als subsidiär Schutzberechtigter erlischt oder unwirksam wird (Nr. 4) oder
- die Ausländerbehörde nach Erteilung eines Aufenthaltstitels nach § 25 Abs. 3 S. 1 AufenthG feststellt, dass
  a) die Voraussetzungen des § 60 Abs. 5 oder 7 AufenthG nicht oder nicht mehr vorliegen,
  b) der Ausländer einen der Ausschlussgründe nach § 25 Abs. 3 S. 2 Nr. 1 bis 4 AufenthG erfüllt oder
  c) in den Fällen des § 42 S. 1 AsylG die Feststellung aufgehoben oder unwirksam wird.

Wird ein Aufenthaltstitel widerrufen, weil die Voraussetzungen des § 52 Abs. 1 S. 1   **1066**
Nr. 4 AufenthG erfüllt sind, so kann auch der Aufenthaltstitel der mit dem betroffenen
Ausländer in familiärer Gemeinschaft lebenden Familienangehörigen widerrufen werden,
wenn diesen **kein** eigenständiger Anspruch auf den Aufenthaltstitel zusteht (§ 52 Abs. 1
S. 2 AufenthG). Ein solcher eigenständiger Anspruch besteht dann, wenn ein Familienangehöriger selbst als Asylberechtigter anerkannt oder seine Flüchtlingseigenschaft festgestellt worden ist und er daher im Besitz einer Aufenthaltserlaubnis nach § 25 Abs. 1
oder 2 AufenthG (→ Rn. 512 ff.) ist. Das entsprechende Aufenthaltsrecht kann auch
darauf beruhen, dass dem Inhaber des Aufenthaltstitels Familienasyl oder Familienabschiebungsschutz nach § 26 AsylG gewährt worden ist. Im Übrigen ist es unerheblich,
welchen Aufenthaltstitel der Familienangehörige konkret besitzt. Dieser kann zB zum
Zwecke des Familiennachzugs nach § 29 Abs. 1 und 2 AufenthG erteilt und/oder verlängert worden sein. Sobald die Voraussetzungen für eine Verfestigung des aufenthaltsrechtlichen Status erfüllt sind und ein Anspruch auf eine Niederlassungserlaubnis nach
§ 9 AufenthG bzw. § 26 Abs. 3 AufenthG oder auf eine Aufenthaltserlaubnis für ein
eigenständiges Aufenthaltsrecht i. S. der §§ 31 oder 35 AufenthG besteht, ist ein Widerruf
des Aufenthaltstitels auf der Grundlage des § 52 Abs. 1 S. 2 AufenthG ausgeschlossen.

Die Entscheidung über den Widerruf eines Aufenthaltstitels nach § 52 Abs. 1 Auf-   **1067**
enthG steht im Ermessen der zuständigen Behörde (Auslandsvertretung, Ausländerbehörde). Als für die Ermessensbetätigung relevante Gesichtspunkte sind insbes. die Dauer
des rechtmäßigen Aufenthalts und die schutzwürdigen persönlichen, wirtschaftlichen und
sonstigen Bindungen im Bundesgebiet zu berücksichtigen, die je nach den besonderen
Umständen des Einzelfalles es gebieten können, von einem Widerruf abzusehen[1617]. Insbesondere bei ursprünglich Asylberechtigten und Flüchtlingen iSd § 60 Abs. 1 AufenthG
(jetzt §§ 2 und 3 AsylG), denen der entsprechende Status nach Wegfall der Verfolgungssituation im Herkunftsland gem. § 73 AsylG widerrufen worden ist, ist eine besonders

---

[1614] Zum Widerruf einer nach § 19b AufenthG erteilten ICT-Karte, einer nach § 19d AufenthG
erteilten Mobiler-ICT-Karte oder eines Aufenthaltstitels zum Zweck des Familiennachzugs zu einem
Inhaber eines entspr. Aufenthaltstitels vgl. § 52 Abs. 2a AufenthG.
[1615] Zur Passpflicht vgl. § 3 AufenthG (→ Rn. 28 ff.).
[1616] Zum Begriff der Einreise vgl. § 13 AufenthG (→ Rn. 46 f.).
[1617] Vgl. nur BVerwGE 117, 380 = NVwZ 2003, 1275; VGH Mannheim FamRZ 2006, 1534 L.

sorgfältige Prüfung und umfassende Abwägung aller einschlägigen Gesichtspunkte geboten[1618], zumal im asyl- bzw. flüchtlingsrechtlichen Widerrufverfahren eine mögliche Verfestigung und Verwurzelung in die hiesigen Lebensverhältnisse nicht in die Entscheidung mit einbezogen wird[1619].

**1068**  Der Gegenstand des Widerrufs ist nicht teilbar. Dieser kann zB nicht darauf beschränkt werden, dass dem Ausländer eine Niederlassungserlaubnis entzogen wird, ihm dafür aber – ohne neues Antragsverfahren – eine (befristete) Aufenthaltserlaubnis verbleibt[1620].

### 2. § 52 Abs. 2 AufenthG

**1069**  Gem. § 52 Abs. 2 S. 1 AufenthG **sind** ein nationales Visum (§ 6 Abs. 3 AufenthG → Rn. 108 ff.), eine Aufenthaltserlaubnis und eine Blaue Karte EU, die zum Zwecke der Beschäftigung erteilt wurden, zu widerrufen, wenn die Bundesagentur für Arbeit nach § 41 AufenthG die Zustimmung zur Ausübung der Beschäftigung widerrufen hat (→ Rn. 268). Ein nationales Visum und eine Aufenthaltserlaubnis, die nicht zum Zwecke der Beschäftigung erteilt wurden, sind im Falle des S. 1 in dem Umfang zu widerrufen, in dem sie die Beschäftigung gestatten (§ 52 Abs. 2 S. 2 AufenthG). Dies gilt jedoch dann nicht, wenn die Aufnahme einer Erwerbstätigkeit bereits kraft Gesetzes gestattet ist (zB nach §§ 25 Abs. 1 S. 4, Abs. 2 S. 2, 29 Abs. 5, 29 Abs. 5, 31 Abs. 1 S. 2 AufenthG). Die Eingriffsbefugnis nach § 52 Abs. 2 AufenthG ist auch dann gegeben, wenn die Aufenthaltserlaubnis verlängert worden ist. Gemäß § 8 Abs. 1 AufenthG finden nämlich auf die Verlängerung einer Aufenthaltserlaubnis dieselben Vorschriften Anwendung wie auf die Erteilung. Hingegen ist nach § 52 Abs. 2 AufenthG ein Widerruf einer Niederlassungserlaubnis nicht möglich, da sich das Recht, eine Erwerbstätigkeit aufzunehmen, unmittelbar aus § 9 Abs. 1 Nr. 2 AufenthG ergibt.

### 3. Widerruf einer zum Zweck des Studiums erteilten Aufenthaltserlaubnis (§ 52 Abs. 3 AufenthG)

**1070**  § 52 Abs. 3 AufenthG bestimmt, dass eine nach § 16 Abs. 1, 6 oder 9 AufenthG zum Zweck des Studiums erteilte Aufenthaltserlaubnis (→ Rn. 207 ff.) widerrufen werden **kann,** wenn der Ausländer ohne die erforderliche Erlaubnis eine Erwerbstätigkeit ausübt (Nr. 1), der Ausländer unter Berücksichtigung der durchschnittlichen Studiendauer an der betreffenden Hochschule im jeweiligen Studiengang und seiner individuellen Situation keine ausreichenden Studienfortschritte macht (Nr. 2) oder der Ausländer nicht mehr die Voraussetzungen erfüllt, unter denen ihm eine Aufenthaltserlaubnis nach § 16 Abs. 1, 6 oder 9 AufenthG erteilt werden könnte (Nr. 3). Wichtig ist, dass in § 52 Abs. 3 Nr. 2 AufenthG auch aufgegeben wird, bei dem Prüfen der Studienfortschritte die individuelle Situation des Studierenden zu berücksichtigen. Krankheits- oder schwangerschaftsbedingte Verzögerungen sind daher idR kein Grund, einen Widerruf des Aufenthaltstitels auszusprechen.

### 4. Widerruf einer zum Zweck der Forschung erteilten Aufenthaltserlaubnis (§ 52 Abs. 4 AufenthG)

**1071**  Eine nach § 20 oder § 20b AufenthG zum Zweck der Forschung erteilte Aufenthaltserlaubnis **kann** nach § 52 Abs. 4 AufenthG widerrufen werden, wenn

- die Forschungseinrichtung, mit welcher der Ausländer eine Aufnahmevereinbarung abgeschlossen hat (→ Rn. 359 und 377), ihre Anerkennung verliert, sofern er, der

---

[1618] Vgl. nur BVerwGE 117, 380 = NVwZ 2003, 1275.
[1619] Vgl. nur BVerwGE 124, 276 = NVwZ 2006, 707.
[1620] Vgl. OVG Lüneburg Beschl. v. 6.11.2007 – 8 LA 67/07 BeckRS 2007, 28161.

ausländische Forscher, an einer Handlung beteiligt war, die zum Verlust der Anerkennung geführt hat (Nr. 1)[1621],
- der Ausländer bei der Forschungseinrichtung keine Forschung mehr betreibt oder betreiben darf (Nr. 2) oder
- der Ausländer nicht mehr die Voraussetzungen erfüllt, unter denen ihm eine Aufenthaltserlaubnis nach § 20 oder § 20b AufenthG erteilt werden könnte oder eine Aufnahmevereinbarung mit ihm abgeschlossen werden dürfte (Nr. 3).

## 5. Widerruf einer Aufenthaltserlaubnis nach § 17b AufenthG oder § 18d AufenthG (§ 52 Abs. 4a AufenthG)

Nach § 52 Abs. 4a AufenthG kann eine nach § 17b AufenthG (→ Rn. 261 ff.) oder    1072
§ 18d AufenthG (→ Rn. 315 ff.) erteilte Aufenthaltserlaubnis widerrufen werden, wenn der Inhaber des Titels nicht mehr die Voraussetzungen erfüllt, unter denen ihm die Aufenthaltserlaubnis erteilt werden könnte.

## 6. Widerruf einer zum Opferschutz erteilten Aufenthaltserlaubnis (§ 52 Abs. 5 AufenthG)

Eine Aufenthaltserlaubnis nach § 25 Abs. 4a S. 1 oder Abs. 4b S. 1 AufenthG **soll** nach    1073
§ 52 Abs. 5 S. 1 AufenthG widerrufen werden[1622], wenn
- der Ausländer nicht bereit war oder nicht mehr bereit ist, im Strafverfahren, wegen dem ihm der Aufenthaltstitel erteilt wurde[1623], auszusagen (Nr. 1),
- die in § 25 Abs. 4a S. 2 Nr. 1 oder Abs. 4b S. 2 Nr. 1 AufenthG in Bezug genommenen Angaben des Ausländers nach Mitteilung der Staatsanwaltschaft oder des Strafgerichts mit hinreichender Wahrscheinlichkeit als falsch anzusehen sind (Nr. 2) oder
- der Ausländer, auf Grund sonstiger Umstände nicht mehr die Voraussetzungen für die Erteilung eines Aufenthaltstitels nach § 25a Abs. 4a oder Abs. 4b AufenthG erfüllt (Nr. 3)

Nach § 52 Abs. 5 S. 2 AufenthG soll eine nach § 25 Abs. 4a S. 1 AufenthG erteilte    1074
Aufenthaltserlaubnis auch dann widerrufen werden, wenn der Ausländer freiwillig wieder Verbindung zu den Personen nach § 25 Abs. 4a S. 2 Nr. 2 AufenthG aufgenommen hat

Im Rahmen einer ggf. zu treffenden Ermessenentscheidung über einen Widerruf des    1075
Aufenthaltstitels hat die Ausländerbehörde zudem sorgfältig zu prüfen, aus welchen Gründen die Bereitschaft auszusagen entfallen ist, warum möglicherweise eine Falschaussage erfolgte oder weswegen eine Kontaktaufnahme mit dem Beschuldigten, Angeschuldigten oder Angeklagten erfolgt und aus welchen Gründen ein Strafverfahren gegen diesen eingestellt worden ist. Ein (vermeintlich vorliegender) Widerrufsgrund iSd § 52 Abs. 5 AufenthG kann nämlich auch darin begründet sein, dass das Opfer erneut in eine Zwangslage geraten ist, zB durch Drohungen gegenüber Angehörigen im Herkunftsland, die es ihm verwehren, seine Zeugenfunktion auszufüllen.

Im Übrigen hat die Ausländerbehörde zu prüfen, ob uU im Falle des Widerrufs eines    1076
entsprechenden Aufenthaltstitels ein zielstaatsbezogenes Abschiebungsverbot iSd § 60 Abs. 1, 5 oder 7 AufenthG vorliegt. Da eine Verfolgung durch **nichtstaatliche** Akteure grds. sowohl flüchtlingsrechtlichen als auch subsidiären Abschiebungsschutz auszulösen

---

[1621] ZB wegen einer unseriösen Tätigkeit oder Arbeitsweise (→ Nr. 52.4.2 AVV-AufenthG).

[1622] Vgl. auch zur Nichtverlängerung oder zum Entzug des Aufenthaltstitels Art. 13 und 14 RL 2004/81/EG (Opferschutz-RL).

[1623] Die mangelnde Aussagebereitschaft in einem anderen Strafverfahren ist hingegen ausländerrechtlich unbeachtlich.

vermag (→ Rn. 1806), ist von Seiten der zuständigen Behörden sorgfältig zu prüfen, ob einem Ausländer, der unter § 25 Abs. 4a AufenthG fällt, unabhängig von den Widerrufsgründen des § 52 Abs. 5 AufenthG Abschiebungsschutz zu gewähren ist und ggf. gleichwohl geeignete Vorkehrungen nach den Zeugenschutzprogrammen anzubieten sind, einschließlich einer aufenthaltsrechtlichen Absicherung.

### 7. Widerruf einer Aufenthaltserlaubnis nach § 38a AufenthG (§ 52 Abs. 6 AufenthG)

1077    Nach § 52 Abs. 6 AufenthG **soll** eine Aufenthaltserlaubnis nach § 38a AufenthG (→ Rn. 921 ff.) widerrufen werden, wenn der Ausländer seine Rechtsstellung als langfristig Aufenthaltsberechtigter in einem anderen Mitgliedstaat der EU, etwa wegen Täuschung, Drohung, Bestechung oder Ausweisung, verliert[1624].

## IV. Rücknahme eines Aufenthaltstitels (§ 48 VwVfG)

1078    Während der **Widerruf** eines Aufenthaltstitels ausdrücklich in § 52 AufenthG geregelt ist, fehlt es an einer vergleichbaren Bestimmung zu dessen **Rücknahme**. Zwar ist in § 51 Abs. 1 Nr. 3 AufenthG die Rücknahme eines Aufenthaltstitels als Erlöschenstatbestand aufgeführt (→ Rn. 1051). Nähere Einzelheiten sind jedoch im Aufenthaltsgesetz nicht geregelt, so dass es des Rückgriffs auf die allgemeine Rücknahmevorschrift des § 48 (L) VwVfG bedarf[1625]. Eine entsprechende Rücknahme setzt voraus, dass sich ein Aufenthaltstitel **von vornherein** als rechtswidrig erweist, da die tatbestandlichen Anforderungen an seine Erteilung nicht gegeben waren. Ob bei Vorliegen der Voraussetzungen für die Rücknahme eines Aufenthaltstitels diese auszusprechen ist, steht im Ermessen der Behörde. Zwar sind hierbei sowohl die bisherige Verweildauer im Bundesgebiet als auch ggf. vorliegende schützenswerte Bindungen im Bundesgebiet zu berücksichtigen. Von nicht unerheblichem Gewicht ist jedoch der Umstand, ob es dem Verantwortungsbereich des betroffenen Ausländers zuzurechnen ist, dass ihm in rechtswidriger Weise ein Aufenthaltstitel erteilt oder verlängert worden ist und er sich insoweit nicht auf Vertrauensschutz berufen kann.

## V. Ausweisung (§§ 53 bis 56 AufenthG)

1079    In den §§ 53 bis 56 AufenthG ist im Einzelnen geregelt, unter welchen Voraussetzungen ein Ausländer aus dem Bundesgebiet ausgewiesen, dh ihm aufgegeben werden kann, das Bundesgebiet freiwillig zu verlassen. Kommt er dieser Verpflichtung nicht nach, droht die Durchsetzung der Ausreisepflicht durch behördlichen Zwang im Wege der Abschiebung (→ Rn. 1143 ff.). Das Aufenthaltsgesetz unterschied ursprünglich zwischen der „Zwingenden Ausweisung" (§ 53 AufenthG aF), der „Ausweisung im Regelfall" (§ 54 AufenthG aF) und der „Ermessensausweisung" (§ 55 AufenthG aF). In § 56 AufenthG aF war der „Besondere Ausweisungsschutz" geregelt. Schließlich befasste sich § 54a AufenthG aF (= jetzt § 54a AufenthG aF) mit der „Überwachung ausgewiesener Ausländer aus Gründen der inneren Sicherheit".

---

[1624] BT-Drs. 16/5065, S. 181.
[1625] Vgl. zur Rechtslage nach dem AuslG 1990 BVerwGE 98, 298 = NVwZ 1995, 1119; zuletzt BVerwG NVwZ 2007, 470. – Zum maßgeblichen Beurteilungszeitpunkt → Rn. 1404.

## 1. Neugestaltung des Ausweisungsrechts mit Wirkung zum 1.1.2016

Das Ausweisungsrecht des Aufenthaltsgesetzes wurde mit dem zum 1.1.2016 in Kraft   **1080** getretenen Gesetz zur Neubestimmung des Bleiberechts und der Aufenthaltsbeendigung vom 27.7.2015[1626] umfassend geändert, indem die frühere Differenzierung nach unterschiedlichen Ausweisungstatbeständen (→ Rn. 1079) zu Gunsten eines Systems der einzelfallbezogenen Abwägung von Ausweisungs- und Bleibeinteressen ersetzt wurde. Eine Verschärfung erfolgte als Reaktion auf die Ereignisse der Kölner Silvesternacht 2015 mit dem am 17.3.2016 in Kraft getretenen Gesetz zur erleichterten Ausweisung von straffälligen Ausländern und zum erweiterten Ausschluss der Flüchtlingsanerkennung bei straffälligen Asylbewerbern[1627].

Das ursprüngliche System der Abstufung von Ausweisungstatbeständen wurde vom   **1081** BVerwG als mit dem Grundsatz der Verhältnismäßigkeit und Art. 3 Abs. 1 GG vereinbar angesehen[1628]. Auch dem BVerfG zufolge trug dieses Eingriffsinstrumentarium „den Anforderungen an die Verhältnismäßigkeit von Ausweisungen **grundsätzlich** (Herv. d. Verf.) in ausreichender Weise Rechnung"[1629]. Die Anwendung dieses Stufensystems entbinde jedoch nicht davon, „im Rahmen der gesetzlichen Vorschriften auch die Umstände des Einzelfalls zu prüfen, da nur diese Prüfung sicherstellen kann, dass die Verhältnismäßigkeit bezogen auf die Lebenssituation des betroffenen Ausländers gewahrt bleibt"[1630]. Die Maßstäbe, die für die Prüfung der Rechtfertigung eines Eingriffs in Art. 8 Abs. 1 EMRK gem. Art. 8 Abs. 2 EMRK gelten, seien auch im Rahmen entsprechender Ausweisungsentscheidungen heranzuziehen[1631]. Bei der Prüfung der Verhältnismäßigkeit seien insbesondere die konkreten Umstände zu würdigen, welche von typisierenden Bestimmungen, wie sie die gesetzlich ausgeformten Ausweisungstatbestände zwangsläufig sein müssten, nicht oder nur unzureichend erfasst würden[1632]. Diese Rechtsprechung hatte zur Folge, dass auch in Fällen einer Zwingenden Ausweisung (§ 53 AufenthG aF) oder einer Ausweisung im Regelfall (§ 54 AufenthG aF) **stets** eine auf den konkreten Einzelfall bezogene Abwägungsentscheidung stattzufinden hatte, und zwar unabhängig davon, ob zB die Voraussetzungen für einen besonderen Ausweisungsschutz nach § 56 AufenthG aF erfüllt waren. Dies war Anlass für die erfolgte Umgestaltung des Ausweisungsrechts.

Zentrale Ermächtigungsgrundlage und Grundbestand der Ausweisung ist nunmehr   **1082** § 53 Abs. 1 AufenthG. § 53 Abs. 2 AufenthG führt persönliche Belange des betroffenen Ausländers auf, die im Rahmen der erforderlichen Abwägungsentscheidung zu beachten sind. Für bestimmte Fallkonstellationen stellt § 53 Abs. 3 und 4 AufenthG strengere Anforderungen auf. § 54 AufenthG benennt (öffentliche) Ausweisungsinteressen, § 55 AufenthG bestimmte Bleibeinteressen eines Ausländers. § 56 regelt die Möglichkeit, unter bestimmten Voraussetzungen einen ausgewiesenen Ausländer aus Gründen der inneren Sicherheit zu überwachen. Die in den genannten Vorschriften vorgenommene Aufzählung von Ausweisungs- und Bleibeinteressen ist jedoch nicht abschließend[1633].

---

[1626] BGBl. I S. 1386; vgl. dazu ua *Beichel-Benedetti* NJW 2015, 2541; *Huber* NVwZ 2015, 1178 und *Neundorf/Brings* ZRP 2015, 145.

[1627] BGBl. I S. 394; dazu *Bauer/Beichel-Benedetti* NVwZ 2016, 416; *Bergmann/Hörich* ZAR 2016, 296.

[1628] Vgl. nur BVerwG NVwZ 1994, 505 und 584.

[1629] BVerfG NVwZ 2007, 1300.

[1630] BVerfG NVwZ 2007, 1300.

[1631] BVerfG NVwZ 2007, 1300 unter Verweis auf BVerfGK 3, 4 (12) = NVwZ 2004, 852; vgl. auch grundlegend EuGH NVwZ 2004, 1099 – Orfanopoulos und Olivieri.

[1632] BVerfG, NVwZ 2007, 1300; so zuletzt auch BVerfG NVwZ 2017, 229 („faktischer Inländer").

[1633] VGH Kassel NVwZ-RR 2016, 556 Ls. = BeckRS 2016, 556 Rn. 13.

## 2. Ausweisung als ordnungsrechtliche Maßnahme

**1083**    Die Ausweisung verfolgt als ordnungsrechtliche Maßnahme nicht den Zweck der Ahndung eines bestimmten Verhaltens. Vielmehr dient sie dazu, **künftigen** Störungen der öffentlichen Sicherheit und Ordnung oder Beeinträchtigungen sonstiger erheblicher Belange der BRD auf Grund des Aufenthalts von Ausländern im Inland zu verhindern bzw. ihnen vorzubeugen[1634]. Es entspricht ständiger Spruchpraxis des BVerwG, dass in diesem Zusammenhang auch generalpräventive Erwägungen angestellt werden können[1635]. Das BVerfG hat diese Rechtsprechung grundsätzlich gebilligt[1636]. Eine am Verhältnismäßigkeitsgrundsatz ausgerichtete Entscheidung über die Zulässigkeit einer generalpräventiv motivierten Ausweisung setzt allerdings voraus, dass die Ausländerbehörde die Umstände der Straftat und die persönlichen Verhältnisse des Betroffenen von Amts wegen **sorgfältig** ermittelt und eingehend würdigt[1637]. Jedenfalls gegenüber dem von § 53 Abs. 3 AufenthG besonders geschützten Personenkreis (Asylberechtigte, Flüchtlinge iSd § 3 AsylG, assoziationsrechtlich begünstigte türkische Staatsangehörige und ihre Angehörigen → Rn. 1699) ist eine allein generalpräventiv begründete Ausweisungsentscheidung unzulässig[1638]. Nach zutreffender Ansicht des VGH Mannheim ist jedoch unter Geltung des neuen Ausweisungsrechts eine **allein** generalpräventiv begründete Ausweisung nicht zulässig.[1639]

**1084**    Um gegenüber einem Ausländer eine Ausweisung aussprechen zu können, ist es nicht erforderlich, dass sich dieser im Zeitpunkt des Erlasses einer solchen ordnungsbehördlichen Verfügung noch im Bundesgebiet tatsächlich aufhält[1640].

**1085**    Zur **Beurteilung der Rechtmäßigkeit einer Ausweisung** ist auf den Zeitpunkt **der mündlichen Verhandlung bzw. Entscheidung in der letzten gerichtlichen Tatsacheninstanz** abzustellen[1641]. Dies bedingt zudem die Verpflichtung der Ausländerbehörde, in allen Ausweisungsverfahren die Rechtmäßigkeit der von ihr erlassenen Ausweisungsverfügung einer verfahrensbegleitenden Kontrolle zu unterziehen[1642]. Eine nach altem Recht verfügte Ausweisung wird nach Inkrafttreten der Neufassung der §§ 53 bis 55 AufenthG am 1.1.2016 jedoch nicht rechtsfehlerhaft, wenn sie den ab diesem Zeitpunkt geltenden gesetzlichen Anforderungen entspricht[1643].

**1086**    Die Ausweisungsentscheidung ergeht als gebundener Verwaltungsakt[1644]. Der Ausländerbehörde ist kein Ermessen eingeräumt. Mangels eines vom Gesetzgeber eingeräumten Beurteilungsspielraums ist die behördliche Entscheidung auch in vollem Umfang gerichtlich überprüfbar[1645]. Die Verwaltungsgerichte haben im Rahmen der Überprüfung einer

---

[1634] Vgl. nur BVerfG, NVwZ 2007, 1300; BVerwGE 106, 302 = NVwZ 1998, 740; NVwZ 2015, 1210 Rn. 35 ff.; stRspr.

[1635] BVerwGE 101, 247 = NVwZ 1997, 297; BVerwGE 121, 356 = NVwZ 2005, 229; BVerwG NVwZ 2012, 1558 Rn. 16 ff.; vgl. zB auch OVG Berlin-Brandenburg Beschl. v. 4.1.2017 – OVG 1 N 58/16 BeckRS 2017, 100138 Rn. 5 f.; aA VGH Mannheim Urt. v. 19.4.2017 – 11 S 1967/16 BeckRS 2017, 109939; Huber/*Beichel-Benedetti* § 53 AufenthG Rn. 8; Hofmann/*Cziersky-Reis* § 53 AufenthG Rn. 24 ff.

[1636] BVerfGE 50, 166 = NJW 1979, 1100; BVerfGE 51, 386 = NJW 1980, 514; NVwZ 2007, 1300.

[1637] BVerfG NVwZ 2007, 1300.

[1638] Zur Ausweisung von Asylbewerbern vgl. § 53 Abs. 4 AufenthG → Rn. 1104.

[1639] InfAuslR 2017, 279 mwN.

[1640] BVerwGE 106, 302 = NVwZ 1998, 740.

[1641] BVerwG NVwZ 2008, 434; NVwZ 2012, 1558 Rn. 12.

[1642] BVerwG NVwZ 2008, 434 Rdnr. 20.

[1643] OVG Magdeburg Beschl. v. 6.2.2017 – 2 L 119/15 BeckRS 2017, 105595.

[1644] BVerwG Urt. v. 22.2.2017 – 1 C 3/16 BeckRS 2017, 107747 Rn. 21 ff.

[1645] BT-Drs. 18/4097, S. 49 f.

Ausweisungsentscheidung eine eigenständige Prognose zur Wiederholungsgefahr[1646] bzw. eine eigene Abwägungsentscheidung zu treffen[1647].

## 3. Grundtatbestand der Ausweisung (§ 53 AufenthG)

Gem. § 53 Abs. 1 AufenthG wird ein Ausländer, dessen Aufenthalt die öffentliche Sicherheit und Ordnung, die freiheitliche demokratische Grundordnung oder sonstige erhebliche Interessen der BRD gefährdet, ausgewiesen, wenn die unter Berücksichtigung aller Umstände des Einzelfalles vorzunehmende Abwägung der Interessen an der Ausreise mit den Interessen an einem weiteren Verbleib des Ausländers im Bundesgebiet ergibt, dass das öffentliche Interesse an der Ausreise überwiegt. Bei der zu treffenden Abwägungsentscheidung sind der gesetzlichen Vorgabe des Abs. 2 zufolge nach den Umständen des Einzelfalles insbes. die Dauer des Aufenthalts des Ausländers, seine persönlichen, wirtschaftlichen und sonstigen Bindungen im Bundesgebiet und im Herkunftsstaat oder in einem anderen zur Aufnahme bereiten Staat, die Folgen der Ausweisung für Familienangehörige und Lebenspartner sowie die Tatsache, ob sich der Ausländer rechtstreu verhalten hat, zu berücksichtigen[1648].

Der Begriff der öffentlichen Sicherheit und Ordnung ist im polizeirechtlichen Sinne zu verstehen. Gegenstand des Schutzgutes der öffentlichen Sicherheit sind die Unverletzlichkeit der Rechtsordnung, die subjektiven Rechte und Rechtsgüter eines Individuums sowie der Bestand des Staates und die Funktionsfähigkeit seiner Einrichtungen und Veranstaltungen[1649]. Öffentliche Ordnung erfasst hingegen die Gesamtheit aller geschriebenen oder ungeschriebenen Regeln für das Verhalten des einzelnen in der Öffentlichkeit, die nach den jeweils herrschenden sozialen und ethischen Anschauungen für ein geordnetes staatsbürgerliches Gemeinschaftsleben unbedingte Voraussetzung sind[1650]. Der wegen seiner Bezugnahme auf außerrechtliche Kategorien umstrittene Begriff der öffentlichen Ordnung, der in einem Teil der deutschen Bundesländer keine Aufnahme in die dortigen Polizeigesetze gefunden hat[1651], wird jedoch überwiegend als verfassungsrechtlich unbedenklich angesehen. Insbesondere erweise er sich als hinreichend inhaltlich bestimmt, weil in jahrzehntelanger Entwicklung durch Rechtsprechung und Lehre Inhalt, Zweck und Ausmaß dieses Begriffes hinreichend präzisiert, in ihrer Bedeutung geklärt und im juristischen Sprachgebrauch verfestigt seien[1652]. Eine eigenständige Heranziehung des Begriffs der öffentlichen Ordnung ist in jüngerer Zeit im Bereich des Versammlungsrechts festzustellen[1653].

Insbesondere mit Blick auf kulturelle Differenzen, andere Lebensformen und Verhaltens- wie Umgangsweisen, die in Fällen mit Migrationsbezug gegeben sein können, ist jedoch vor einer individuelle Besonderheiten nicht respektierenden Instrumentalisierung des Begriffs der öffentlichen Ordnung im Ausländerrecht zu warnen.

1087

1088

1089

---

[1646] So bereits zur alten Rechtslage im Zusammenhang mit einer spezialpräventiv begründeten Ausweisung BVerwG NVwZ-RR 2013, 435 Rn. 18.

[1647] Vgl. zB VGH München Beschl. v. 2.11.2016 – 10 ZB 15.2656 BeckRS 2016, 54882 Rn. 10.

[1648] Vgl. zB exemplarisch VG Ansbach Urt. v. 28.1.2016 – AN 5 K 15.00416 BeckRS 2016, 43679 (Abwägung Verurteilung wegen Drogendelikt gegen Status als faktischer Inländer und Personensorge für deutschen Staatsangehörigen).

[1649] Vgl. nur BVerfGE 69, 315 (353) = NJW 1985, 2395; BVerfG NJW 2001, 1409 und 2069.

[1650] Vgl. nur BVerfGE 69, 315 (353) = NJW 1985, 2395; BVerfG NVwZ 2002, 983.

[1651] Vgl. nur *Lisken/Denninger*, Handbuch des Polizeirechts, 4. Aufl. 2007, E Rdnr. 35 ff.; vgl. auch *Pieroth/Schlink/Kniesel*, Polizei- und Ordnungsrecht, 7. Aufl. 2012, § 8 Rn. 8 ff.

[1652] Vgl. zB BVerfGE 14, 245 = NJW 1962, 1563; BVerfGE 54, 143 = NJW 1980, 2572.

[1653] Vgl. nur BVerwG NVwZ 2014, 883 unter Verweis auf BVerfG NJW 2004, 2814.

1090 Als Elemente der freiheitlichen demokratischen Grundordnung gelten:

- Das Recht des Volkes, die Staatsgewalt in Wahlen und Abstimmungen und durch besondere Organe der Gesetzgebung, der vollziehenden Gewalt und der Rechtsprechung auszuüben und die Volksvertretung in allgemeiner, unmittelbarer, freier, gleicher und geheimer Wahl zu wählen.
- Die Bindung der Gesetzgebung an die verfassungsmäßige Ordnung und die Bindung der vollziehenden Gewalt und der Rechtsprechung an Gesetz und Recht.
- Das Recht auf Bildung und Ausübung einer parlamentarischen Opposition.
- Die Ablösbarkeit der Regierung und ihre Verantwortlichkeit gegenüber der Volksvertretung.
- Die Unabhängigkeit der Gerichte.
- Der Ausschluss jeder Gewalt und Willkürherrschaft und
- die im Grundgesetz konkretisierten Menschenrechte[1654].

1091 Im NPD-Urteil des BVerfG vom 17.1.2017 hat das Gericht für den Bereich eines Parteiverbots nach Art. 21 Abs. 2 GG festgestellt, dass der dort vorzufindende Begriff der freiheitlichen demokratischen Grundordnung „eine Konzentration auf wenige, zentrale Grundprinzipien (erfordert), die für den freiheitlichen Verfassungsstaat schlechthin unentbehrlich sind"[1655]. Die Ablehnung des Parlamentarismus zu Gunsten eines plebiszitären Systems sei zB mit dem Prinzip der freiheitlichen demokratischen Grundordnung keineswegs unvereinbar. Etwas Anderes gelte jedoch dann, wenn der Parlamentarismus verächtlich gemacht würde mit dem Ziel, ein Einparteiensystem zu etablieren[1656]. Zur freiheitlichen demokratischen Grundordnung zählen dem BVerfG zufolge insbesondere nicht die in Art. 79 Abs. 3 GG umfassten Prinzipien der Republik und des Bundesstaates, da auch konstitutionelle Monarchien und Zentralstaaten dem Leitbild einer freiheitlichen demokratischen Grundordnung entsprechen könnten[1657].

1092 Sonstige erhebliche Interessen der BRD iSd § 53 Abs. 1 AufenthG müssen von einem solchen Gewicht sein, dass sie die gesetzlich benannten Bleibeinteressen (→ Rn. 1114 ff.), überwiegen. Die bloße Beeinträchtigung irgendwelcher Interessen der BRD, die zB nach § 5 Abs. 1 Nr. 3 AufenthG der Erteilung eines Aufenthaltstitels entgegenstehen kann (→ Rn. 71 ff.), reicht hingegen nicht aus, um von der Ausweisungsbefugnis des Abs. 1 Gebrauch machen zu können. Der (insoweit veralteten) Allgemeinen Verwaltungsvorschrift zufolge gehören zu den erheblichen Interessen der Bundesrepublik Deutschland zudem alle wichtigen gesamtwirtschaftlichen Belange, auch solche entwicklungs- und außenpolitischer Natur (Nr. 55.1.1.2, S. 2 AVV-AufenthG).

1093 Die Möglichkeit einer Ausweisung nach § 55 Abs. 1 AufenthG aF war erst dann eröffnet, wenn durch den Aufenthalt eines Ausländers die öffentliche Sicherheit und Ordnung oder sonstige erhebliche Interessen der Bundesrepublik Deutschland beeinträchtigt wurden. Eine bloße Gefährdung dieser Schutzgüter durch das Tun oder Unterlassen eines Ausländers rechtfertigte ein Eingreifen auf Grund dieser Vorschrift nicht[1658]. Nunmehr reicht für eine Ausweisung eine **Gefährdung** aus, die von einem Ausländer ausgeht. Der Begriff der „Gefährdung" entspricht dabei dem Begriff der „Gefahr" im

---

[1654] So der in § 4 Abs. 2 BVerfSchG enthaltene Katalog, der auf die einschlägige Rechtsprechung des BVerfG (vgl. nur BVerfGE 2, 1 [12 f.] = NJW 1952, 1407 – SRP; BVerfGE 5, 85 [140, 197 ff.] = NJW 1956, 1393 – KPD; vgl. auch BVerfGE 123, 267 Rn. 207 ff. = NJW 2009, 2267 – Lissabon) zurückgeht. Vgl. jüngst BVerfG NJW 2017, 611 Rn. 531 und 533 – NPD.

[1655] BVerfG NJW 2017, 611 Rn. 535.

[1656] BVerfG NJW 2017, 611 Rn. 543.

[1657] BVerfG NJW 2017, 611 Rn. 537. Vgl. auch *Warg* NVwZ-Beil. 2017, 42.

[1658] Im Rahmen des § 5 Abs. 1 Nr. 3 AufenthG reicht auch eine Gefährdung der Interessen der BRD aus, um einen Aufenthaltstitel zu versagen (→ Rn. 71 ff.).

polizei- und ordnungsrechtlichen Sinne[1659]. Erforderlich ist eine Prognose, dass mit hinreichender Wahrscheinlichkeit durch die weitere Anwesenheit des Ausländers im Bundesgebiet ein Schaden an einem der im Gesetz genannten Schutzgüter eintreten wird[1660]. Es muss daher eine Wiederholungsgefahr bestehen. Die enumerative Aufzählung der Ausweisungsinteressen in § 54 AufenthG (→ Rn. 1105 ff.) dient schließlich der Konkretisierung der in § 53 Abs. 1 AufenthG nicht näher definierten Schutzgüter.

Die Rechtmäßigkeit einer Ausweisungsverfügung setzt darüber hinaus nach § 53     **1094**
Abs. 1 AufenthG voraus, dass das Ausweisungsinteresse **überwiegt**. Ein Gleichgewicht von Ausweisungs- und Bleibeinteressen genügt nicht[1661]. In den Abwägungsprozess sind die in den §§ 53 Abs. 2, 54 und 55 AufenthG genannten Entscheidungskriterien einzubeziehen. Anders als in den Fällen der §§ 54 und 55 AufenthG hat es der Gesetzgeber bewusst offengelassen, wie die in § 53 Abs. 2 AufenthG aufgeführten Interessen zu gewichten sind. Der Amtlichen Begründung zufolge orientiert sich die Aufzählung der Kriterien in **dieser** Norm an der Rechtsprechung des EGMR[1662] im Anschluss insbesondere an die Urteile **Boultif**[1663] und **Üner**[1664]. Dementsprechend sind nach § 53 Abs. 2 AufenthG bei der Abwägung nach Abs. 1 nach den Umständen des Einzelfalles insbesondere die Dauer des Aufenthalts des Ausländers, seine persönlichen, wirtschaftlichen und sonstigen Bindungen im Bundesgebiet und im Herkunftsstaat oder in einem zur Aufnahme bereiten Staat, die Folgen der Ausweisung für Familienangehörige und Lebenspartner sowie die Tatsache, ob sich der Ausländer rechtstreu verhalten hat, zu berücksichtigen[1665].

Nach Art. 8 Abs. 1 EMRK hat jede Person ua das Recht auf Achtung ihres Privat- und     **1095**
Familienlebens. Zur ausländerrechtlichen Relevanz dieser Vorschrift hat sich eine umfangreiche Judikatur des EGMR entwickelt. Der besondere Ausweisungsschutz, der sich aus Art. 8 EMRK ergibt, ist **unabhängig** von dem des nationalstaatlichen im Aufenthaltsgesetz. Von daher verbot es sich auch, eine entsprechende Prüfung innerhalb des Systems der §§ 53 ff. AufenthG aF (→ Rn. 1079) vorzunehmen. Die Rechtsprechung des EGMR zur ausländerrechtlichen Relevanz des Art. 8 EMRK hat auch – soweit angezeigt – Eingang in die Spruchpraxis des BVerfG gefunden[1666].

Der EGMR, dessen Rechtsprechung stark kasuistische Züge aufweist[1667], differenziert     **1096**
zunächst danach, ob eine Ausweisung (und/oder Abschiebung) einen Eingriff in das Familien- oder aber in das Privatleben darstellt. Ein Eingriff in das Familienleben wird zum einen dann angenommen, wenn auf Grund einer solchen Maßnahme es vereitelt wird, eine bestehende eheliche Gemeinschaft oder ein Familienleben von Eltern oder einem Elternteil mit einem Kind, auch wenn kein Zusammenleben gegeben ist, im Inland fortzuführen[1668]. Ist ein Kind von einer entsprechenden behördlichen Verfügung

---

[1659] Vgl. BT-Drs. 18/4097, S. 49: „keine Ausweitung des Gefahrenbegriffs"; krit. dazu *Funke* ZAR 2016, 209.

[1660] Vgl. zB VGH München Beschl. v. 1.9.2016 – 10 AS 16.1602 BeckRS 2016, 51505.

[1661] Hofmann/*Cziersky-Reis* § 53 AufenthG Rn. 29.

[1662] BT-Drs. 18/4097, S. 50 unter Verweis auf EGMR Entsch. v. 22.1.2013 – Nr. 66837/11 http://hudoc.echr.coe.int/eng?i=001–126603 – El-Habach./. Deutschland.

[1663] InfAuslR 2001, 476.

[1664] NVwZ 2007, 1279. – Ausf. zu den *Boultif/Üner*-Kriterien vgl. Bergmann/Dienelt/*Bauer* Vorb. zu §§ 53–56 AufenthG Rn. 103 ff.

[1665] Vgl. in diesem Zusammenhang zB OVG Saarlouis NVwZ-RR 2016, 793 auch zum Rechtsschutzbegehren von betroffenen Familienangehörigen; VGH München Beschl. v. 24.2.2016 – 10 ZB 15.2080 BeckRS 2016, 44268.

[1666] Vgl. zB BVerfG NVwZ 2004, 852 (853); 2007, 946.

[1667] Vgl. BVerfG NVwZ 2004, 852 (853).

[1668] Vgl. zB EGMR InfAuslR 1997, 185 – C./. Belgien; NVwZ 1998, 164 – Mehemi; vgl. ferner *Thym* EuGRZ 2006, 541 ff. mwN.

betroffen, kann sich dieses jedoch nur dann auf den sich aus Art. 8 Abs. 1 EMRK ergebenden Familienschutz berufen, wenn es noch minderjährig ist. Hingegen wird die Ausweisung eines volljährigen Kindes auch bei Fortbestand einer intensiven Beziehung zu den im Bundesgebiet lebenden Eltern oder sonstigen Familienangehörigen unter den Schutz des Privatlebens eingeordnet. Das Recht auf Achtung des Privatlebens umfasst die Summe der persönlichen, gesellschaftlichen und wirtschaftlichen Beziehungen, die für das Privatleben eines jeden Menschen konstitutiv sind[1669] und denen angesichts der zentralen Bedeutung dieser Bindungen für die Entfaltung der Persönlichkeit eines Menschen bei fortschreitender Dauer des Aufenthalts wachsende Bedeutung zukommt[1670].

**1097**    Die Verhältnismäßigkeit einer entsprechenden Maßnahme wird nach Art. 8 Abs. 2 EMRK beurteilt. Nach dieser Vorschrift darf eine Behörde in die Ausübung des Rechts aus Art. 8 Abs. 1 EMRK nur eingreifen, „soweit der Eingriff gesetzlich vorgesehen und in einer demokratischen Gesellschaft notwendig ist für die nationale oder öffentliche Sicherheit, für das wirtschaftliche Wohl des Landes, zur Aufrechterhaltung der Ordnung, zur Verhütung von Straftaten, zum Schutz der Gesundheit oder der Moral oder zum Schutz der Rechte und Freiheiten anderer". Der Eingriff muss durch ein **dringendes** soziales Bedürfnis gerechtfertigt und mit Blick auf das verfolgte legitime Ziel auch im engeren Sinne verhältnismäßig sein[1671].

**1098**    Kriterien im Rahmen einer entsprechenden Prüfung der Verhältnismäßigkeit sind[1672]:

- Schwere der von einem Ausgewiesenen begangenen Straftaten, wobei in erster Linie auf die Höhe der verhängten Strafen abgestellt wird[1673], aber auch auf die Art der Straftat, wobei zB Drogendelikten eine besondere Schwere zugemessen wird[1674].
- Alter des Betroffenen bei Begehung der Straftaten, wobei Minderjährigkeit zum Zeitpunkt der strafrechtlichen Verfehlungen nicht ohne Weiteres zur Unverhältnismäßigkeit einer Ausweisung führt[1675].
- Die seit der Tat verstrichene Zeitspanne und das Verhalten des Ausländers in dieser Zeit[1676].
- Die Dauer des Aufenthalts in dem Land, aus dem er ausgewiesen werden soll[1677].
- Familiäre Situation des ausgewiesenen Ausländers[1678]. Hierbei wird insbesondere darauf abgestellt, ob ein im Inland aufgewachsener inzwischen mit einer Person verheiratet ist, die die Staatsangehörigkeit des Aufenthaltslandes besitzt, und ob er Kinder hat. Hierbei ist es entscheidungserheblich, ob und wie lange eine familiäre Beziehung tatsächlich gelebt wurde oder noch gelebt wird[1679]. In diesem Zusammenhang ist auch

---

[1669] Vgl. zB EGMR EuGRZ 2006, 560 – Slivenko.

[1670] Vgl. BVerfG NVwZ 2007, 946; *Thym* EuGRZ 2006, 541 (544); *Hoppe* ZAR 2006, 125 (130).

[1671] Vgl. nur EGMR EuGRZ 1993, 552 – Moustaquim; BVerfG Beschl. v. 10.5.2007 – 2 BvR 304/07; BVerwGE 106, 13 (21) = NVwZ 1998, 742 mwN; EGMR NJOZ 2012, 830 – Trabelsi; NVwZ 2012, 947 – Osman; EGMR NVwZ 2016, 1235 – Sarközi und Mahran.

[1672] Vgl. auch *Meyer-Ladewig/Nettesheim* Art. 8 EMRK Rn. 76 ff.; *Karpenstein/Mayer* Art. 8 EMRK Rn. 107 ff.

[1673] Vgl. zB EGMR Urt. v. 24.4.1996 – 15/1995/522/608 – Boughanemi; InfAuslR 1998, 1 – Boujlifa; NJW 2003, 2595 – Adam.

[1674] Vgl. zB EGMR Urt. v. 26.9.1997 – 123/1996/742/941 – El Boujaidi; NVwZ 1998, 164 – Mehemi; Urt. v. 18.10.2006 – Nr. 46 410/99 Rn. 57 – Üner.; NVwZ 2016, 1235 – Sarközi und Mahran./. Österreich.

[1675] EGMR Urt. v. 29.1.1997 – 112/1995/618/708 – Bouchelkia; NJW 2003, 2529 – Adam.

[1676] Vgl. zB EGMR InfAuslR 1991, 149 Rdnr. 44 – Moustaquim; Urt. v. 18.10.2006 – Nr. 46 410/99 Rn. 57 – Üner.

[1677] EGMR Urt. v. 18.10.2006 – Nr. 46 410/99 Rn. 57 – Üner.

[1678] Vgl. nur EGMR Urt. v. 18.10.2006 – Nr. 46 410/99 Rn. 57 – Üner.

[1679] EGMR Urt. v. 18.10.2006 – Nr. 46 410/99 Rn. 62 – Üner.

die Kenntnis des Ehegatten von den strafrechtlichen Verfehlungen des ausgewiesenen Ehegatten zu dem Zeitpunkt, zu dem die familiäre Beziehung aufgenommen wurde, von Bedeutung[1680], ohne dass es auf die Staatsangehörigkeit des anderen Ehepartners ankommt.

- Unverheiratete und kinderlose Ausländer genießen einen schwächeren aufenthaltsrechtlichen Schutz[1681]. Bindungen zu im Inland lebenden Eltern und Geschwistern sind gleichfalls zu beachten. Diese sind aber von geringerem Gewicht, wenn ein erwachsener Ausländer nicht auf Grund besonderer Umstände auf deren Unterstützung und Hilfe angewiesen ist[1682]. Die Ausweisung eines Ausländers der zweiten oder dritten Generation, der verheiratet oder Vater eines im Inland lebenden Kindes ist, ist nicht schlechthin unverhältnismäßig. Die Rechtmäßigkeit einer entsprechenden ausländerrechtlichen Maßnahme hängt von den weiteren Umständen des Falles ab, insbesondere von der Schwere der von ihm begangenen Straftaten[1683].
- Bezug zu dem Staat der Staatsangehörigkeit des Ausländers. Der Rechtsprechung des EGMR zufolge ist im Rahmen der Prüfung, ob sich eine aufenthaltsbeendende Maßnahme als unverhältnismäßig iSd Art. 8 Abs. 2 EMRK erweist, auch darauf abzustellen, ob der Betroffene noch Bindungen zu dem Staat seiner Staatsangehörigkeit hat. In diesem Zusammenhang gewinnt die Kenntnis der Sprache des Herkunftsstaates entscheidende Bedeutung, um die Zumutbarkeit einer Rückkehr und einer Integration in die dortigen Lebensverhältnisse beurteilen zu können[1684]. Ausnahmsweise kann aber auch eine Ausweisung trotz fehlender Sprachkenntnisse des Landes, dessen Staatsangehörigkeit ein Ausländer besitzt, konventionskonform sein[1685]. Zudem berücksichtigt der EGMR auch den Umstand, dass ein Ausländer die Staatsangehörigkeit seines Herkunftslandes behalten und nicht den Wunsch geäußert hatte, die Staatsangehörigkeit seines Aufenthaltslandes zu erwerben[1686].
- Aus Art. 8 Abs. 1 EMRK kann von Ausländern, die im Inland geboren oder in jungen Jahren eingereist und hier dauerhaft ansässig sind, ein **absolutes Ausweisungsverbot** nicht hergeleitet werden[1687].

Im Rahmen der Prüfung, ob eine Ausweisung und/oder Abschiebung eine iSd Art. 8 **1099** Abs. 2 EMRK noch verhältnismäßige Maßnahme ist, stellt der EGMR zudem darauf ab, ob die Maßnahme befristet wurde und die Befristung unter Berücksichtigung der abgeurteilten Straftat(en) angemessen ist[1688]. Im Hinblick auf das in Art. 8 Abs. 2 EMRK zum Ausdruck kommende Verhältnismäßigkeitsgebot konnte es mit Blick auf die alte Rechtslage jedoch erforderlich sein, eine Ausweisung auch dann zu befristen, wenn der Ausländer einen nach § 11 Abs. 1 S. 3 AufenthG aF erforderlichen Antrag auf Befristung der Wirkungen einer Ausweisung **nicht** gestellt hatte[1689]. Andererseits konnte sich dem

---

[1680] EGMR Urt. v. 18.10.2006 – Nr. 46 410/99 Rn. 57 – Üner.

[1681] Vgl. einerseits EGMR Urt. v 29.1.1997 – 112/1995/618/708 – Bouchelkia; andererseits InfAuslR 1997, 430 – Mehemi; Urt. v. 17.4.2003 – 52853/99 – Yilmaz.

[1682] Vgl. EGMR InfAuslR 1996, 1 – Nasri; Urt. v. 17.4.2003 – 52853/99 – Yilmaz.

[1683] Vgl. EGMR Urt. v. 24.4.1996 – 15/1995/522/608 – Boughanemi; Urt. v. 18.10.2006 – Nr. 46 410/99, Rn. 63 ff. – Üner.

[1684] Vgl. EGMR EuGRZ 1993, 556 – Beldjoudi; InfAuslR 1996, 1 – Nasri; NVwZ 2000, 1401 – Baghli; NJW 2003, 2595 – Adam sowie Urt. v. 24.4.1996 – 15/1995/522/608 – Boughanemi; Urt. v. 29.1.1997 – 112/1995/618/708 – Bouchelkia; Urt. v. 26.9.1997 – 123/1996/742/941 – El Boujaidi.

[1685] Vgl. EGMR InfAuslR 1998, 1 – Boujlifa.

[1686] EGMR InfAuslR 1998, 1 – Boujlifa; NVwZ 2000, 1401 – Baghli sowie Urt. v. 24.4.1996 – 15/1995/522/608 – Boughanemi; Urt. v. 29.1.1997 – 112/1995/618/708 – Bouchelkia; Urt. v. 26.9.1997 – 123/1996/742/941 – El Boujaidi. Vgl. auch EGMR Urt. v. 18.10.2006 – Nr. 46 410/99 Rn. 57 – Üner.

[1687] EGMR Urt. v. 18.10.2006 – Nr. 46 410/99 Rn. 55 – Üner.

[1688] EGMR Urt. v. 18.10.2006 – Nr. 46 410/99 Rn. 65 – Üner.

[1689] EGMR NVwZ 2007, 1279.

EGMR zufolge im konkreten Einzelfall auch eine unbefristet verfügte Ausweisung als verhältnismäßig und damit konventionsgemäß erweisen[1690].

**1100**     Die im Gesetz vorgenommene Gewichtung von Interessen darf keinesfalls zu einem Subsumtionsautomatismus führen. Nach dem Willen des Gesetzgebers soll nämlich die jeweilige Abwägung „ergebnisoffen"[1691] erfolgen. Je nach den konkreten Gegebenheiten können die zu berücksichtigenden Interessen „im Einzelfall bei Vorliegen besonderer Umstände auch weniger oder mehr Gewicht entfalten"[1692].

**1101**     Auch Gründe des Vertrauensschutzes sind ggf. zu berücksichtigen. Der „Verbrauch" eines Ausweisungsinteresses kann gegeben sein, wenn ein Tatbestand geschaffen wird, aufgrund dessen der Betroffene erwarten kann, dass ihm das Verbleiben im Bundesgebiet erlaubt wird. Dies ist denkbar, wenn die Ausländerbehörde ihm in voller Kenntnis vom Vorliegen der Voraussetzungen für eine Ausweisung den weiteren Aufenthalt im Wege der vorbehaltlosen Erteilung bzw. Verlängerung einer Aufenthaltserlaubnis ermöglicht[1693]. Ein derartiger „Verbrauch" eines Ausweisungsinteresses steht jedoch unter dem Vorbehalt, dass sich die für die behördliche Entscheidung maßgeblichen Umstände nicht ändern. Kommt es hingegen zu einer entsprechenden Veränderung, kann diese die dem Ausländer vermittelte Vertrauensschutzposition nachträglich wieder entfallen lassen. Dies gilt insbes. dann, wenn der Betroffene erneut in einschlägiger Weise in Erscheinung tritt[1694].

**1102**     Nach § 53 Abs. 3 AufenthG darf ein Ausländer,
- der als Asylberechtigter iSd Art. 16a Abs. 1 GG iVm § 2 AsylG anerkannt ist,
- der im Bundesgebiet die Rechtsstellung eines ausländischen Flüchtlings genießt (§ 3 AsylG),
- der einen von einer Behörde der Bundesrepublik Deutschland ausgestellten Reiseausweis für Flüchtlinge besitzt,
- dem nach dem Assoziationsabkommen EWG/Türkei ein Aufenthaltsrecht zusteht (→ Rn. 1595 ff.)[1695] oder
- der eine Erlaubnis zum Daueraufenthalt-EU besitzt (→ Rn. 958 ff.)[1696]

**1103**     nur ausgewiesen werden, wenn das persönliche Verhalten des Betroffenen gegenwärtig eine schwerwiegende Gefahr für die öffentliche Sicherheit und Ordnung darstellt, die ein Grundinteresse der Gesellschaft berührt und die Ausweisung für die Wahrung dieses Interesses unerlässlich ist[1697].

**1104**     Ein Ausländer, der einen Asylantrag (§ 13 AsylG) gestellt hat, kann gem. § 53 Abs. 4 S. 1 AufenthG nur unter der Bedingung ausgewiesen werden, dass das Asylverfahren **unanfechtbar** ohne Anerkennung als Asylberechtigter oder ohne die Zuerkennung internationalen Schutzes (→ Rn. 1802 ff.) abgeschlossen wird. Von der Bedingung wird nach § 53 Abs. 4 S. 2 AufenthG abgesehen, wenn ein Sachverhalt vorliegt, der nach Abs. 3 (→ 1102) eine Ausweisung rechtfertigt (Nr. 1) oder eine nach den Vorschriften des Asylgesetzes erlassene Abschiebungsandrohung vollziehbar geworden ist (Nr. 2).

---

[1690] Vgl. EGMR NVwZ 2007, 1279.

[1691] BT-Drs. 18/4097, S. 49.

[1692] BT-Drs. 18/4097, S. 50 (zu § 54 AufenthG).

[1693] Vgl. zB BVerfG NVwZ 1983, 667 (668); BVerwG NVwZ-RR 2000, 320 (322); zuletzt OVG Münster Beschl. v. 19.1.2017 – 18 A 2540/16 BeckRS 2017, 102525 Rn. 4.

[1694] BVerwG NVwZ-RR 2000, 320 (322); zuletzt OVG Münster Beschl. v. 19.1.2017 – 18 A 2540/16 BeckRS 2017, 102525 Rn. 5 mwN.

[1695] Vgl. zB VGH München Beschl. v. 12.1.2017 – 10 ZB 15.399 BeckRS 2017, 101013(Sexualstraftat) und NVwZ-RR 2016, 677.

[1696] Zum Nachweis eines solchen Rechts vgl. VGH München Beschl. v. 27.1.2017 – 10 ZB 15.1976 BeckRS 2017, 102431.

[1697] Vgl. auch BVerwG Urt. v. 22.2.2017 – 1 C 3/16 DÖV 2017, 647 = BeckRS 2017, 107747.

## 4. Ausweisungsinteresse (§ 54 AufenthG)

§ 54 AufenthG definiert in einem umfassenden Tatbestandskatalog das im behördli-    1105
chen Entscheidungsprozess zu berücksichtigende Ausweisungsinteresse. Die Vorschrift
differenziert zwischen einem **besonders schwerwiegenden** und einem **schwerwiegenden**
Ausweisungsinteresse.

Einen Schwerpunkt bildet die Verurteilung wegen einer Straftat[1698]. Sofern eine aus-    1106
länderrechtliche Norm auf rechtskräftige strafgerichtliche Verurteilungen abstellt, ist
grds. allein das Vorliegen der Verurteilung durch das Strafgericht maßgebend und es ist
keine Prüfung erforderlich, ob der Betroffene tatsächlich eine Straftat begangen hat[1699].
Eine Ausnahme von diesem Grundsatz ist jedoch für den Fall denkbar, dass die Verurteilung auf einem offensichtlichen Irrtum beruht oder wenn die Ausländerbehörde den
Sachverhalt besser als die Strafverfolgungsorgane aufklären könnte[1700].

Die Aussetzung einer Freiheitsstrafe zur Bewährung ist ausländerrechtlich nicht unbe-    1107
achtlich. Nach der ständigen Rechtsprechung des BVerwG ist die Ausländerbehörde bei
der Beurteilung, ob eine die Ausweisung eines strafgerichtlich verurteilten Ausländers
rechtfertigende Wiederholungsgefahr besteht, zwar rechtlich nicht an die Beurteilung
gebunden, die den Strafrichter zur Aussetzung der Strafvollstreckung veranlasst hat[1701].
IdR wird aber dieser Spruchpraxis zufolge der strafrichterlichen Prognose wesentliche
Bedeutung zuzumessen und von ihr grundsätzlich nur bei Vorliegen überzeugender
Gründe abzuweichen sein. Dementsprechend fordert auch das BVerfG, idR die Strafakten zur Vorbereitung einer entsprechenden aufenthaltsbeendenden Maßnahme beizuziehen[1702]. Daraus folge jedoch nicht, dass stets dann, wenn für die Ausländerbehörde
kein Anlass besteht, die bei der Aussetzung der Strafvollstreckung angestellte strafrichterliche Prognose in Frage zu stellen, eine spezialpräventive Ausweisung auszuschließen.
Dies sei namentlich dann nicht der Fall, wenn die Behörde für die Ausweisung eine
geringere Wahrscheinlichkeit neuer Verfehlungen genügen lassen dürfe und genügen
lasse, als die strafrichterliche Prognose voraussetze[1703]. Allerdings hat das BVerfG erst
jüngst entschieden, dass einer strafgerichtlichen Entscheidung zur Aussetzung einer
Strafe zur Bewährung „erhebliche indizielle Wirkung" zukomme[1704]. Es bedürfe einer
„substanziierten Begründung", wenn von einer strafgerichtlichen Einschätzung der Gefahr einer Wiederholung von Straftaten abgewichen werden soll[1705]. Im Hinblick darauf
erscheint es auch fraglich, ob die strikte Spruchpraxis des BVerwG, nach der die Aussetzung eines Strafrestes zur Bewährung nach § 57 StGB für die Ausländerbehörden und
Verwaltungsgerichte keine bindende Wirkung entfaltet[1706], aufrechterhalten werden
kann.

---

[1698] Nach Ansicht des BVerwG ist auch eine angeordnete selbstständige Maßregel der Besserung
und Sicherung nach den §§ 61 ff. StGB eine Verurteilung wegen einer Straftat; vgl. BVerwGE 128,
271 = NVwZ 2007, 1205 zu § 10 Abs. 1 Nr. 5 StAG.

[1699] Vgl. nur BVerwG InfAuslR 1998, 221; Buchholz 402.240 § 47 AuslG 1990 Nr. 6; OVG
Münster AuAS 2007, 127.

[1700] BVerwG Buchholz 402.240 § 47 AuslG 1990 Nr. 6.

[1701] Vgl. nur BVerwG NVwZ 2013, 733 Rn. 23 mwN; BVerwG Beschl. v. 23.6.2016 – 1 B 77/16
BeckRS 2016, 48363; vgl. auch VGH München Beschl. v. 3.3.2016 – 10 ZB 14.844 BeckRS 2016,
44267.

[1702] BVerfG NVwZ 2007, 1300.

[1703] Vgl. zB BVerwGE 57, 61 = NJW 1979, 506; Buchholz 402.24 § 10 AuslG Nr. 10 und Nr. 122.
– Zur Abweichung von einer für einen straffällig gewordenen Ausländer erstellten günstigen Prognose der Strafvollzugsbehörde vgl. BVerwG InfAuslR 1985, 33.

[1704] NVwZ 2017, 229 Rn. 21.

[1705] NVwZ 2017, 229 Rn. 21 unter Verweis auf BVerfG NVwZ 2011, 35 mwN.

[1706] BVerwG NVwZ-RR 2013, 435 Rn. 18 mwN.

## a) Besonders schwerwiegende Ausweisungsinteressen (§ 54 Abs. 1 AufenthG)

**1108**  Als besonders schwerwiegend gelten gem. § 54 Abs. 1 AufenthG ua:

- Rechtskräftige Verurteilung wegen einer oder mehrerer Straftaten zu einer Freiheits- oder Jugendstrafe von mindestens zwei Jahren oder Anordnung von Sicherungshaft bei der letzten rechtskräftigen Verurteilung (Nr. 1)[1707].
- Rechtskräftige Verurteilung wegen einer oder mehrerer vorsätzlicher Straftaten gegen das Leben, die körperliche Unversehrtheit, die sexuelle Selbstbestimmung, das Eigentum oder wegen des Widerstands gegen Vollstreckungsbeamte zu einer Freiheits- oder Jugendstrafe von mindestens einem Jahr, sofern die Straftat mit Gewalt, unter Anwendung von Drohung mit Gefahr für Leib oder Leben oder mit List begangen worden ist. Bei einer serienmäßigen Begehung von Straftaten gegen das Eigentum wiegt das Ausweisungsinteresse auch dann besonders schwer, wenn der Täter keine Gewalt, Drohung oder List angewendet hat (Nr. 1a).
- Gefährdung der freiheitlichen demokratischen Grundordnung oder der Sicherheit der BRD, es sei denn, dass der Ausländer „erkennbar und glaubhaft" von seinem Handeln Abstand nimmt (Nr. 2)[1708].
- Leitung eines unanfechtbar verbotenen Vereins (Nr. 3)[1709].
- Gewalttätigkeit im Rahmen der Verfolgung politischer oder religiöser Ziele (Nr. 4).
- Aufruf zum Hass gegen Teile der Bevölkerung, es sei denn, dass der Ausländer „erkennbar und glaubhaft" von seinem Handeln Abstand nimmt (Nr. 5).

**1109**  Das von § 54 Abs. 1 Nr. 2 AufenthG benannte besonders schwerwiegende Ausweisungsinteresse setzt voraus, dass ein Ausländer die freiheitliche demokratische Grundordnung oder die Sicherheit der BRD gefährdet[1710]. Die freiheitliche demokratische Grundordnung ist gekennzeichnet durch die konstitutiven und unveränderbaren Verfassungsprinzipien des Grundgesetzes wie Demokratieprinzip, Gewaltenteilung, Bindung staatlicher Organe an Gesetz und Recht und Unabhängigkeit der Justiz (→ Rn. 1090 f.). Unter Sicherheit der Bundesrepublik Deutschland iSd Vorschrift ist die Staatssicherheit zu verstehen, nicht aber die öffentliche Sicherheit als Gesamtheit aller geschriebenen und verbindlichen Rechtsnormen iSd Polizei- und Ordnungsrechts oder des § 53 Abs. 1 AufenthG[1711].

**1110**  Ua Hoch- und Landesverrat sowie Spionage zu Lasten der BRD und verfassungsfeindliche Sabotage bzw. das Einwirken auf die Bundeswehr und öffentliche Sicherheitsorgane iSd §§ 80 ff. StGB fallen unter den Begriff der Sicherheit der BRD. § 54 Abs. 1 Nr. 2 AufenthG benennt in diesem Zusammenhang ua auch die Unterstützung terroristi-

---

[1707] Die vom Gesetz geforderte Verurteilung zu einer Freiheits- oder Jugendstrafe von zusammen mindestens zwei Jahren liegt auch dann vor, wenn eine Gesamtstrafe nach § 54 oder § 55 StGB oder eine Einheitsjugendstrafe nach § 31 Abs. 2 JGG gebildet worden ist. Vgl. nur OVG Münster AuAS 2007, 127; VG Braunschweig Beschl. v. 14.5.2007 – 6 B 259/06 BeckRS 2007, 24020. Zur Verurteilung wegen sexuellen Kindesmissbrauchs vgl. VGH München Beschl. v. 17.10.2016 – 10 ZB 16.1407 BeckRS 2016, 53465.

[1708] Zur Ausweisung wegen Unterstützung terroristischer Bestrebungen vgl. nur BVerwG BeckRS 2017, 107747; BVerwG NVwZ 2014, 294; NVwZ 2012, 701; zum Begriff der Sicherheit der BRD und der terroristischen Gefahr vgl. zuletzt BVerwG BeckRS 2017, 118023 Rn. 24 f.; vgl. ferner VGH Mannheim NVwZ 2016, 357 Ls. = BeckRS 2016, 41711 und Urt. v. 2.3.2016 – 11 S 1389/15 BeckRS 2016, 44406(jew. betr. PKK); VGH München NVwZ 2016, 623 (betr. IS).

[1709] Vgl. zB VGH Mannheim NVwZ-RR 2016, 839 Ls. = BeckRS 2016, 48789.

[1710] Vgl. in diesem Zusammenhang den einem Antrag nach § 80 Abs. 5 VwGO stattgebenden Beschluss des OVG Münster vom 15.5.2007 – 18 B 2067/06 sowie BVerfGK 5, 328 = NJW 2005, 3275 = NVwZ 2005, 1053, jeweils zu „Hasspredigern". – Zur Ausweisung wegen eines „Pharaonenvergleichs" vgl. OVG Berlin-Brandenburg NJW 2007, 1545. Vgl. ferner VG Berlin Urt. v. 3.3.2006 – 31 V 82.04.

[1711] Vgl. nur BVerwGE 123, 114 = NVwZ 2005, 1091; BVerwG, NVwZ 1995, 1134.

scher Bestrebungen und die Vorbereitung einer schweren staatsgefährdenden Gewalttat nach § 89a Abs. 2 StGB.

Die freiheitliche demokratische Grundordnung bzw. die Sicherheit der BRD müssen **1111** durch das Verhalten oder Unterlassen eines Ausländers gefährdet werden. Eine Gefährdung idS liegt jedoch erst dann vor, wenn entweder die genannten Rechtsgüter bereits geschädigt worden sind und eine Fortdauer der Schädigung wahrscheinlich ist oder wenn ein Schadenseintritt aller Voraussicht nach nicht ausgeschlossen werden kann[1712]. Demnach muss von dem Ausländer eine **persönliche Gefahr** ausgehen[1713]. Insbes. im Falle einer nur befürchteten Schädigung muss eine entsprechende Annahme durch beweiskräftige Tatsachen untermauert werden. Das Verhalten des Ausländers muss jedoch weder strafbar noch strafbewehrt sein (Nr. 54.2.21 AVV-AufenthG). Den Nachweis, dass eine solche Gefährdung vorliegt, hat die Ausländerbehörde zu erbringen[1714], ggf. mit Unterstützung anderer Behörden wie Polizei oder Nachrichtendiensten. Werden von diesen Behörden bestimmte einschlägige Informationen aus Gründen der Geheimhaltung nicht freigegeben, geht dies im Zweifel zu Lasten der Ausländerbehörde[1715]. Nachrichtendienste bedienen sich in diesem Zusammenhang häufig der Übersendung eines Behördenzeugnisses an die zuständige Ausländerbehörde. Zwar ist anerkannt, dass diese im Einzelfall ein wichtiges Beweismittel sein können. Zu beachten ist jedoch, dass es sich bei einem Behördenzeugnis nur um ein sekundäres Beweismittel handelt, welches die unmittelbaren Quellen der dort wiedergegebenen Erkenntnisse nicht oder nur unvollständig offenlegt. Daher ist dieses Beweismittel idR mit Vorsicht zu würdigen und durch weitere zur Verfügung stehende Erkenntnismöglichkeiten zu ergänzen[1716].

§ 54 Nr. 2 AufenthG erfordert nicht, dass ein Ausländer die gefährdenden Handlungen **1112** oder Unterlassungen vom Inland aus begeht. Auch ein Einwirken auf die innerstaatlichen Verhältnisse vom Ausland her genügt, um ein Ausweisungsinteresse zu begründen (Nr. 54.2.2.1 AVV-AufenthG). In diesem Zusammenhang sah Nr. 54.2.2.1, S. 8 AVV-AufenthG für die Rechtslage nach § 54 AufenthG aF vor, dass es im Interesse der Abwehr erheblicher Gefahren möglich sei, auch einen sich noch nicht im Bundesgebiet aufhaltende Ausländer auszuweisen. In dieser Pauschalität kann diese an die Ausländerbehörden gerichtete Vorgabe nicht als gesetzeskonform angesehen werden. Eine Ausweisung eines Ausländers aus dem Bundesgebiet setzt idR dessen Anwesenheit im Inland voraus – sei es legal mit einem Aufenthaltstitel, sei es illegal. Hält er sich demgegenüber noch im Ausland auf und beabsichtigt er erst, in die Bundesrepublik Deutschland einzureisen, kommt demgegenüber eine Zurückweisung an der Grenze gem. § 15 Abs. 2 Nr. 1 AufenthG (→ Rn. 51) oder aber der Widerruf des Aufenthaltstitels nach § 52 Abs. 1 S. 1 Nr. 3 AufenthG (→ Rn. 1065) in Betracht. Die Ausweisung eines Ausländers aus dem Bundesgebiet, der noch nicht eingereist ist, ist gesetzessystematisch ausgeschlossen. Eine Ausweisung gleichsam „auf Vorrat" kennt das Aufenthaltsgesetz nicht. Dementsprechend bestimmt auch § 11 Abs. 1 S. 1 AufenthG, dass ua ein Ausländer, der

---

[1712] Zur Notwendigkeit der Gefahr einer *weiteren* Betätigung vgl. VG Stuttgart InfAuslR 2006, 75.

[1713] Vgl. nur BVerwGE 62, 36; BVerwGE 96, 86 = NVwZ 1995, 1127.

[1714] VGH München NVwZ 2006, 1306 – Kalifatstaat; OVG Bremen NVwZ-RR 2006, 643 – Hassprediger.

[1715] Vgl. in diesem Zusammenhang auch zB BVerwGE 49, 44 = NJW 1975, 2156; VGH Mannheim DVBl 1994, 943; EZAR 277 Nr. 10 = VBlBW 1998, 352; VG Berlin InfAuslR 1991, 167. – Ggf. ist zu prüfen, ob hinsichtlich als geheim eingestufter Akten und sonstiger Dokumente ein In-camera-Verfahren nach § 99 VwGO einzuleiten ist.

[1716] OVG Münster Beschl. v. 1.8.2016 – 18 B 627/15 BeckRS 2016, 55234 Rn. 7; vgl. auch BGH NStZ 2016, 370 = BeckRS 2015, 15121.

ausgewiesen worden ist, nicht **erneut** in das Bundesgebiet einreisen und sich darin aufhalten darf (→ Rn. 144).

### b) Schwerwiegende Ausweisungsinteressen (§ 54 Abs. 2 AufenthG)

**1113**    Als schwerwiegend gelten gem. § 54 Abs. 2 AufenthG ua:

- Rechtskräftige Verurteilung wegen einer oder mehrerer vorsätzlicher Straftaten zu einer Freiheitstrafe von mindestens einem Jahr (Nr. 1).
- Rechtskräftige Verurteilung wegen einer oder mehrerer vorsätzlicher Straftaten gegen das Leben, die körperliche Unversehrtheit, die sexuelle Selbstbestimmung, das Eigentum oder wegen des Widerstands gegen Vollstreckungsbeamte zu einer Freiheits- oder Jugendstrafe, sofern die Straftat mit Gewalt, unter Anwendung von Drohung mit Gefahr für Leib oder Leben oder mit List begangen worden ist. Bei einer serienmäßigen Begehung von Straftaten gegen das Eigentum wiegt das Ausweisungsinteresse auch dann schwer, wenn der Täter keine Gewalt, Drohung oder List angewendet hat (Nr. 1a).
- Rechtskräftige Verurteilung wegen einer oder mehrerer vorsätzlicher Straftaten zu einer Jugendstrafe von mindestens einem Jahr, sofern die Vollstreckung der Strafe nicht zur Bewährung ausgesetzt worden ist (Nr. 2).
- Verwirklichung des Tatbestands des unerlaubten Betäubungsmittelhandels iSd § 29 Abs. 1 S. 1 Nr. 1 BtMG als Täter oder Teilnehmer oder als Versuch (Nr. 3).
- Verbrauch von Heroin, Kokain oder eines vergleichbaren Betäubungsmittels und fehlende Bereitschaft, sich einer erforderlichen der Rehabilitation dienenden Behandlung zu unterziehen, oder Entziehung einer solchen Maßnahme (Nr. 4).
- In verwerflicher Weise Abhalten einer anderen Person von der Teilhabe am wirtschaftlichen, kulturellen oder gesellschaftlichen Leben der Bundesrepublik Deutschland (Nr. 5).
- Nötigung zum Eingehen einer Ehe (Nr. 6).
- Falsche oder unvollständige Angaben in einer Befragung über den Verdacht der Unterstützung des Terrorismus oder der Gefährdung der freiheitlichen demokratischen Grundordnung oder der Sicherheit der Bundesrepublik Deutschland (Nr. 7),
- Falschangaben und Unterlassen gebotener Mitwirkungshandlungen im Rahmen von Visumverfahren, die von Behörden eines Schengen-Staates durchgeführt wurden (Nr. 8)[1717].
- Begehen eines nicht nur vereinzelten oder geringfügigen Verstoßes gegen Rechtsvorschriften oder gerichtliche bzw. behördliche Entscheidungen oder Verfügungen oder Begehen einer Handlung außerhalb der Bundesrepublik Deutschland, die im Bundesgebiet als vorsätzliche schwere Straftat anzusehen ist (Nr. 9)[1718].

### c) Bleibeinteresse (§ 55 AufenthG)

**1114**    § 55 AufenthG regelt das in den Abwägungsprozess einzustellende Bleibeinteresse des von einer Ausweisung (potenziell) betroffenen Ausländers. Die Vorschrift differenziert zwischen einem **besonders schwerwiegenden** (Abs. 1) und einem **insbesondere schwer-**

---

[1717] Vgl. hierzu zB OVG Magdeburg Beschl. v. 10.10.2016 – 2 O 26/16 BeckRS 2016, 53879 Rn. 13.

[1718] Vgl. hierzu zB OVG Magdeburg Beschl. v. 10.10.2016 – 2 O 26/16 BeckRS 2016, 53879, das im Wege der Rechtsvergleichung mit § 55 Abs. 2 Nr. 2 AufenthG aF zu einer restriktiven Anwendung dieser Norm tendiert (Rn. 9 ff.). Bei einer Verurteilung wegen Beihilfe zur Erschleichung eines Aufenthaltstitels gem. § 95 Abs. 2 Nr. 2 AufenthG handelt es sich nach VGH München nicht um einen geringfügigen Verstoß gegen Rechtsvorschriften (Beschl. v. 19.9.2016 – 19 CS 15.1600 BeckRS 2016, 106508).

wiegenden (Abs. 2) Bleibeinteresse. Der Sinn dieser Unterscheidung wird auf den ersten Blick nicht klar. In den Gesetzgebungsmaterialien wird hierzu ausgeführt, dass in Abs. 2 typische Fallgruppen des schwerwiegenden Bleibeinteresses beschrieben seien, wobei die Aufzählung im Hinblick auf das Wort „insbesondere" nicht abschließend zu verstehen sei[1719]. Soweit das zu beachtende Bleibeinteresse einen rechtmäßigen Aufenthalt voraussetzt, wird der Aufenthalt auf Grund der Fiktionsregelungen des § 81 III 1 und IV 1 AufenthG (antragsbedingter vorläufig erlaubter Aufenthalt) nur berücksichtigt, wenn dem Antrag, eine Aufenthaltserlaubnis zu erteilen oder zu verlängern, entsprochen wurde (§ 55 III AufenthG).

**aa) Besonders schwerwiegendes Bleibeinteresse.** Nach § 55 I AufenthG wiegt das **1115** Bleibeinteresse besonders schwer bei Personen mit einer erheblichen Aufenthaltsverfestigung oder einer Verwurzelung im Bundesgebiet. Dies sind ua:

- Inhaber einer Niederlassungserlaubnis (Nr. 1).
- „Faktische Inländer", die eine Aufenthaltserlaubnis besitzen und im Bundesgebiet geboren oder als Minderjährige in das Bundesgebiet eingereist sind und sich seit mindestens fünf Jahren rechtmäßig im Bundesgebiet aufgehalten haben (Nr. 2)[1720],
- Inhaber einer Aufenthaltserlaubnis, die sich seit mindestens fünf Jahren rechtmäßig im Bundesgebiet aufgehalten haben und mit einem in Nr. 1 oder 2 bezeichneten Ausländer eine eheliche oder lebenspartnerschaftliche Lebensgemeinschaft führen (Nr. 3),
- Ausländer, die mit einem deutschen Familienangehörigen bzw. Lebenspartner zusammenleben **oder** die ein Personensorgerecht für einen minderjährigen ledigen Deutschen oder mit diesem sein Umgangsrecht ausüben (Nr. 4)
- Subsidiär Schutzberechtigte iSd § 4 Abs. 1 AsylG (Nr. 5) oder
- Inhaber einer humanitären Aufenthaltserlaubnis nach §§ 23 Abs. 4, 24, 25 Abs. 4a 3 oder 29 Abs. 2 oder 4 AufenthG (Nr. 6).

**bb) Schwerwiegendes Bleibeinteresse.** Nach § 55 Abs. 2 AufenthG wiegt das Blei- **1116** beinteresse insbesondere schwer (aber nicht besonders schwer) in folgenden personalen Fallkonstellationen:

- Minderjährige Ausländer, die eine Aufenthaltserlaubnis besitzen (Nr. 1),
- Inhaber einer Aufenthaltserlaubnis mit mindestens fünfjährigem Aufenthalt im Bundesgebiet (Nr. 2)[1721].
- Ausländer, die für einen im Bundesgebiet rechtmäßig sich aufhaltenden ledigen Minderjährigen das Personensorgerecht oder das Umgangsrecht ausüben (Nr. 3).
- Minderjährige, deren Eltern bzw. personensorgeberechtigter Elternteil sich rechtmäßig im Bundesgebiet aufhalten bzw. aufhält (Nr. 4),
- Ausländische Kinder, deren Belange bzw. Wohl zu berücksichtigen sind (Nr. 5) oder
- Inhaber einer humanitären Aufenthaltserlaubnis nach § 25 Abs. 4a S. 1 AufenthG (Nr. 6)[1722].

## 5. Besonderer Ausweisungsschutz auf Grund völkerrechtlicher Verträge

Das Aufenthaltsgesetz verweist anders als das Ausländergesetz 1965 im Zusammenhang **1117** mit den Ausweisungsvorschriften nicht auf den Vorrang bestimmter Schutzvorschriften in völkerrechtlichen Verträgen.

---

[1719] BT-Drs. 18/4097, S. 53.
[1720] Vgl. zB VGH München Beschl. v. 1.2.2017 – 10 ZB 16.1991 BeckRS 2017, 102469.
[1721] Der Gesetzeswortlaut stellt nicht auf einen *rechtmäßigen* fünfjährigen Aufenthalt ab!
[1722] Dies sind Opfer der in § 25 IVa 1 AufenthG benannten Straftaten.

**1118**    Nach Art. 3 Abs. 1 des Europäischen Niederlassungsabkommens vom 13.12.1955[1723] (ENA) dürfen die Staatsangehörigen eines Vertragsstaates, die ihren ordnungsgemäßen Aufenthalt im Gebiet eines anderen Vertragsstaates haben, nur ausgewiesen werden, wenn sie die Sicherheit des Staates gefährden oder gegen die öffentliche Ordnung oder die Sittlichkeit verstoßen. Nach Abs. 3 dieser Vorschrift dürfen die Staatsangehörigen eines Vertragsstaates, die seit mehr als zehn Jahren ihren ordnungsgemäßen Aufenthalt im Gebiet eines anderen Vertragsstaates haben, nur aus Gründen der Sicherheit des Staates oder wenn die übrigen in Abs. 1 aufgeführten Gründe besonders schwerwiegend sind, ausgewiesen werden. Es besteht dem BVerwG zufolge kein qualitativer Unterschied zwischen einem schwerwiegenden Grund der öffentlichen Sicherheit und Ordnung iSd § 56 Abs. 1 S. 2 AufenthG und einem besonders schwerwiegenden Grund iSd Art. 3 Abs. 3 ENA[1724]. Die Ausweisung muss unvermeidbar sein, weil ein weiterer Verbleib im Bundesgebiet auch bei Anlegen strenger Maßstäbe nicht länger hingenommen werden kann[1725]. Es muss von dem Ausländer eine konkrete Gefahr ausgehen[1726]. Geboten ist stets eine Beurteilung der Umstände des jeweiligen konkreten Einzelfalls[1727].

**1119**    Der aus Art. 3 Abs. 3 ENA folgende Ausweisungsschutz ist dem für EU-Bürger geltenden angenähert[1728] und entspricht letzten Endes dem neuen System des Ausweisungsrechts in den §§ 53 ff. AufenthG. Daher ist die praktische Bedeutung dieser Schutznormen gering. Bis auf die Türkei sind sämtliche Vertragsparteien Mitglied der EU oder des EWR, so dass sich der Ausweisungsschutz von Bürgern dieser Staaten primär nach dem Unionsrecht richtet (→ Rn. 1547 ff.). Zudem genießt die weitaus überwiegende Zahl türkischer Staatsangehöriger auf Grund des Assoziationsvertrags EWG-Türkei eine dem Unionsrecht vergleichbare Rechtsposition und somit einen entsprechend weitreichenden Schutz vor aufenthaltsbeendenden Maßnahmen (→ Rn. 1702 ff.).

**1120**    Eine Ausweisung eines Ausländers allein wegen der Inanspruchnahme von Sozialhilfe ist ausgeschlossen, wenn die Voraussetzungen der Art. 6 oder 7 des Europäischen Fürsorgeabkommens vom 11.12.1953 (EFA)[1729] erfüllt sind[1730]. Nach Art. 6 Buchst. a) ist es den Vertragsparteien untersagt, einen Staatsangehörigen eines anderen Signatarstaates, der in seinem Gebiet erlaubt seinen gewöhnlichen Aufenthalt hat, allein aus dem Grunde der Hilfsbedürftigkeit zurück zu schaffen. Abweichend hiervon darf jedoch eine Person ausgewiesen und/oder abgeschoben werden, wenn diese vor Vollendung des 55. Lebensjahres in einen Vertragsstaat gekommen ist und sich dort ununterbrochen seit weniger als fünf Jahren, oder, falls sie nach Erreichen dieser Altersgrenze eingereist ist, ununterbrochen seit weniger als zehn Jahren dort aufgehalten hat, nach ihrem Gesundheitszustand transportfähig ist und keine engen Bindungen in dem Land ihres gewöhnlichen Aufenthalts hat (Art. 7 Buchst. a) EFA). Zugleich haben die Vertragschließenden in Art. 7 Buchst. b) EFA vereinbart, dass sie nur mit großer Zurückhaltung zur Rückschaffung schreiten und nur dann, wenn Gründe der Menschlichkeit dem nicht entgegenstehen.

**1121**    Dem Europäischen Fürsorgeabkommen sind ein Teil der EU-Staaten sowie Island und Norwegen, die beide dem Europäischen Wirtschaftsraum angehören, und die Türkei

---

[1723] BGBl. 1959 II S. 998.
[1724] BVerwGE 101, 247 = NVwZ 1997, 297; BVerwG NVwZ 1999, 303; NVwZ-RR 2000, 320.
[1725] BVerwG NVwZ-RR 2000, 320.
[1726] BVerwGE 64, 13 = NVwZ 1982, 117.
[1727] Vgl. zB BVerwG InfAuslR 1994, 13; 1995, 273 jew. mwN.
[1728] BVerwGE 64, 13 = NVwZ 1982, 117.
[1729] BGBl. 1956 II, S. 563.
[1730] Vgl. auch das Verbot der Ausweisung wegen des Bezugs von Sozialhilfe nach dem Deutsch-Österreichischen Fürsorgeabkommen vom 17.1.1966 und dem Deutsch-Schweizerischen Fürsorgeabkommen vom 14.7.1952. Zur Versagung einer Aufenthaltserlaubnis wegen Sozialhilfebezugs vgl. auch BVerwG NVwZ 1982, 2742.

beigetreten. Auf Grund der Vorgaben der Unionsbürger-Rl 2004/38/EG vom 29.4.2004[1731] vermag dieses Abkommen daher allein noch türkischen Staatsangehörigen einen erhöhten Ausweisungsschutz wegen des Bezugs von Sozialhilfe zu vermitteln. In diesem Zusammenhang ist aber auch zu berücksichtigen, dass das Assoziationsrecht EG/ Türkei jedenfalls türkischen Arbeitnehmern und ihren Familienangehörigen einen mindestens vergleichbaren Ausweisungsschutz gewährt (→ Rn. 1702 ff.).

Nach Art. 8 Abs. 1 des Übereinkommens Nr. 97 der Internationalen Arbeitsorganisa-     **1122** tion vom 1.7.1949 über Wanderarbeiter[1732] dürfen ein dauernd zugelassener Wanderarbeiter und seine Familienangehörigen, die befugt sind, ihn zu begleiten oder ihm nachzufolgen, im Falle der Berufsunfähigkeit des Wanderarbeiters infolge einer nach seiner Ankunft eingetretenen Erkrankung oder eines nach seiner Ankunft erlittenen Unfalls, in ihr Heimatland oder das Land, aus dem sie ausgewandert sind, nur „zurückbefördert" werden, wenn sie es wünschen oder wenn für das beteiligte Mitglied geltende internationale Verträge eine solche Zurückbeförderung vorsehen. Dauernd zugelassen iSd Vorschrift ist ein ausländischer Arbeitnehmer, wenn er einen unbefristeten Aufenthaltstitel besitzt (Niederlassungserlaubnis, Erlaubnis zum Daueraufenthalt-EU)[1733].

## 6. Überwachung ausreisepflichtiger Ausländer aus Gründen der inneren Sicherheit (§ 56 AufenthG)

Mit dem Gesetz zur Verfolgung der Vorbereitung schwerer staatsgefährdender Strafta-     **1123** ten vom 30.7.2009[1734] wurde mit § 54a AufenthG aF eine Norm in das Gesetz aufgenommen, um ausgewiesene Ausländer aus Gründen der inneren Sicherheit zu überwachen. Eine im Wesentlichen identische Vorschrift findet sich nun in § 56 AufenthG.

Nach § 56 Abs. 1 S. 1 AufenthG ist ein Ausländer, gegen den eine Ausweisungsver-     **1124** fügung aufgrund eines Ausweisungsinteresses nach § 54 Abs. 1 Nr. 2 bis 5 AufenthG (→ Rn. 1108) oder eine Abschiebungsanordnung nach § 58a AufenthG (→ Rn. 1163 ff.) besteht, verpflichtet, sich mindestens einmal wöchentlich bei der für seinen Aufenthalt zuständigen polizeilichen Dienststelle zu melden, soweit die Ausländerbehörde nichts anderes bestimmt. Darüber hinaus kann nach § 56 Abs. 1 S. 2 AufenthG eine dem Satz 1 entsprechende Meldepflicht angeordnet werden, wenn der Ausländer

1. vollziehbar ausreisepflichtig ist und ein in Satz 1 genanntes Ausweisungsinteresse besteht oder
2. auf Grund anderer als der in Satz 1 genannten Ausweisungsinteressen vollziehbar ausreisepflichtig ist und die Anordnung der Meldepflicht zur Abwehr einer Gefahr die Möglichkeit vor, zur Abwehr einer Gefahr für die öffentliche Sicherheit und Ordnung erforderlich ist. eine Meldepflicht zu verfügen.

Weitere Einzelheiten wie räumliche Beschränkung des Aufenthalts, Residenzpflicht     **1125** und Kontaktverbot regeln die Abs. 2 bis 5 der Vorschrift[1735].

### a) Meldepflicht

Ein Ausländer, gegen den eine Ausweisungsverfügung auf Grund eines Ausweisungs-     **1126** interesses nach § 54 Abs. 1 Nr. 2 bis 5 oder einer Nr. 5 oder 5a AufenthG (ua Terrorismusverdacht, Gefährdung der freiheitlichen demokratischen Grundordnung oder Sicherheit der BRD, Verfolgung politischer Ziele mit Gewalt → Rn. 1108) oder eine Abschie-

---

[1731] ABl. Nr. L 229 S. 35.
[1732] BGBl. II S. 1135.
[1733] Vgl. BVerwG NVwZ 1992, 177.
[1734] BGBl I S. 2437.
[1735] Vgl. dazu auch BVerwG NVwZ 2014, 294.

bungsanordnung nach § 58a AufenthG (→ Rn. ff.) besteht, ist gem. § 54a Abs. 1 S. 1 AufenthG verpflichtet, sich mindestens einmal wöchentlich bei der für seinen Aufenthaltsort zuständigen polizeilichen Dienststelle zu melden, soweit die Ausländerbehörde nichts Anderes bestimmt hat.

**1127**      Darüber hinaus kann nach § 56 Abs. 1 S. 2 AufenthG eine dem Satz 1 entsprechende Meldepflicht angeordnet werden, wenn der Ausländer

1. vollziehbar ausreisepflichtig ist und ein in Satz 1 genanntes Ausweisungsinteresse besteht oder

2. auf Grund anderer als der in Satz 1 genannten Ausweisungsinteressen vollziehbar ausreisepflichtig ist und die Anordnung der Meldepflicht zur Abwehr einer Gefahr die Möglichkeit vor, zur Abwehr einer Gefahr für die öffentliche Sicherheit und Ordnung erforderlich ist. eine Meldepflicht zu verfügen.

### b) Räumliche Beschränkungen und Gebot zur Wohnsitznahme

**1128**      Der Aufenthalt eines Ausländers, der einer Meldepflicht nach § 56 Abs. 1 AufenthG unterliegt, ist gemäß Abs. 2 dieser Vorschrift auf den Bezirk der Ausländerbehörde beschränkt, soweit diese keine abweichenden „Festlegungen" trifft. Er kann darüber hinaus nach § 56 Abs. 3 AufenthG verpflichtet werden, in einem anderen Wohnort oder in bestimmten Unterkünften auch außerhalb des Bezirks der Ausländerbehörde zu wohnen, wenn dies geboten erscheint, um das Fortführen von Bestrebungen, die zur **Ausweisung** geführt haben, zu erschweren oder zu unterbinden und um die Einhaltung vereinsrechtlicher oder sonstiger gesetzlicher Auflagen und Verpflichtungen besser überwachen zu können. Eine entsprechende Anordnung ist sofort vollziehbar (§ 56 Abs. 5 S. 2 AufenthG). Seinem eindeutigen Wortlaut nach setzt Abs. 3 voraus, dass eine Ausweisung des Ausländers verfügt worden ist, während die Fälle einer Abschiebungsanordnung nach § 58a AufenthG oder einer vollziehbaren Ausreisepflicht wegen vorliegender Ausweisungsinteressen nicht erwähnt werden. Dementsprechend ist – wohl entgegen der gesetzgeberischen Intention – die Auferlegung einer Residenzpflicht in den beiden zuletzt genannten Fällen nicht möglich.

### c) Verbot der Nutzung bestimmter Kommunikationsmittel oder -dienste

**1129**      Nach § 56 Abs. 4 AufenthG kann ein Ausländer auch verpflichtet werden, bestimmte ihm verbleibende Kommunikationsmittel oder -dienste nicht zu nutzen, um das Fortführen von Bestrebungen, die zur **Ausweisung** geführt haben, zu erschweren oder zu unterbinden. Eine solche Maßnahme setzt jedoch zwingend voraus, dass die Beschränkung notwendig ist, um schwere Gefahren für die innere Sicherheit oder für Leib und Leben Dritter abzuwehren. Eine entsprechende Anordnung ist sofort vollziehbar (§ 56 Abs. 4 S. 2 AufenthG). Das Verbot, bestimmte Kommunikationsmittel oder -dienste zu nutzen, greift nicht in das Grundrecht aus Art. 10 Abs. 1 GG ein, der in erster Linie den **Inhalt** bestimmter Kommunikationen vor einem unrechtmäßigen Zugriff staatlicher Stellen schützt. Allein ein Nutzungsverbot iSd § 54a Abs. 4 AufenthG entspricht dem jedoch nicht.

### d) Ruhen der Verpflichtungen

**1130**      Die einem Ausländer nach § 56 Abs. 1 bis 4 obliegenden bzw. auferlegten Pflichten ruhen, wenn er sich in Haft befindet (§ 56 Abs. 5 S. 1 AufenthG).

## 7. Elektronische Aufenthaltsüberwachung (§ 56a AufenthG)

Mit dem Gesetz zur besseren Durchsetzung der Ausreisepflicht vom 20.7.2017[1736] ist **1131**
§ 56a AufenthG in das Aufenthaltsgesetz eingefügt worden. Nach dessen Abs. 1 kann ein
Ausländer, der einer räumlichen Beschränkung des Aufenthalts nach § 56 Abs. 2 und 3
AufenthG (→ Rn. 1128) oder einem Kontaktverbot nach § 56 Abs. 4 AufenthG unterliegt, auf richterliche Anordnung verpflichtet werden,

1. die für eine elektronische Überwachung seines Aufenthaltsortes erforderlichen tech-
   nischen Mittel ständig in betriebsbereitem Zustand am Körper bei sich zu führen und
2. deren Funktionsfähigkeit nicht zu beeinträchtigen.

Voraussetzung für eine solche Maßnahme ist, dass diese dazu dient, eine erhebliche **1132**
Gefahr für die innere Sicherheit oder für Leib und Leben Dritter abzuwehren. Der vom
Gesetzgeber verwendete Gefahrenbegriff ist nicht präzise bestimmt. Zu fragen ist, ob eine
konkrete Gefahr im polizeirechtlichen Sinne gefordert ist oder aber eine besondere
Gefahr iSd § 58a Abs. AufenthG, die nach der Rechtsprechung des BVerwG nicht nach
den strengen polizeirechtlichen Kriterien zu bestimmen ist (→ Rn. 1164). Die Amtliche
Begründung trifft zu dieser Frage keine Aussage[1737]. Die entsprechende Anordnung
ergeht für längstens drei Monate mit Verlängerungsoption (§ 56a Abs. 2 AufenthG) und
wird erstinstanzlich vom örtlich zuständigen Amtsgericht getroffen (§ 56a Abs. 9 AufenthG). § 56a Abs. 2 bis 6 AufenthG regeln ua die Einzelheiten der mithilfe der elektronischen Aufenthaltsüberwachung erhobenen und gespeicherten Daten sowie deren Verwendung und Übermittlung an andere öffentliche Stellen.

## VI. Durchsetzung der Ausreisepflicht (§§ 57 bis 62 AufenthG)

Kap. 5 Abschn. 2 des Aufenthaltsgesetzes befasst sich mit der Durchsetzung der Aus- **1133**
reisepflicht. Im Einzelnen werden die Zurückschiebung (§ 57 AufenthG), die Abschiebung (§ 58 AufenthG) die Abschiebungsanordnung (§ 58a AufenthG) und die Androhung der Abschiebung (§ 59 AufenthG) normiert. Das in § 60 AufenthG geregelte Verbot der Abschiebung wird ausführlich im Teil „Flüchtlingsrecht und subsidiärer Schutz"
abgehandelt (→ Rn. 1838 ff.). Darüber hinaus sind Gegenstand des Kap. 5 Abschn. 2 die
vorübergehende Aussetzung der Abschiebung, also die Duldung (§ 60a AufenthG),
räumliche Beschränkungen betreffend vollziehbar ausreisepflichtige Ausländer (§ 61 AufenthG) sowie die Abschiebungshaft (§ 62 AufenthG).

## 1. Zurückschiebung (§ 57 AufenthG)

Die im Aufenthaltsgesetz enthaltene Befugnis zur Zurückschiebung eines Ausländers **1134**
wurde auf Grund der Vorgaben der Rückführungs-RL 2008/115/EG durch das 2. Richtlinienumsetzungsgesetz vom 22.11.2011[1738] erheblich umgestaltet. Anders als nach der
alten Rechtslage ist es nicht mehr möglich, einen unerlaubt eingereisten Ausländer im
Wege der Zurückschiebung zwangsweise in seinen Heimatstaat zu verbringen. Dies kann
nur noch im Wege der Abschiebung (§ 58 AufenthG → Rn. 1143 ff.) erfolgen.

---

[1736] BGBl. I S. 2780; vgl. auch BT-Drs. 18/11546.
[1737] BT-Drs. 18/11546, S. 19.
[1738] BGBl. I S. 225.

### a) § 57 Abs. 1 AufenthG

1135    Nach § 57 Abs. 1 AufenthG soll ein Ausländer zurückgeschoben werden, der in Verbindung mit der unerlaubten Einreise über eine Grenze iSd Art. 2 Nr. 2 der VO (EG) Nr. 562/2006 vom 15.3.2006 über einen Gemeinschaftskodex für das Überschreiten der Grenzen durch Personen (Schengener Grenzkodex)[1739] aufgegriffen wird. Grenze in diesem Sinne ist eine Außengrenze. Als Außengrenzen gelten nach Art. 2 Nr. 2 VO (EG) Nr. 562/2006 die Landgrenzen der Mitgliedstaaten, einschließlich der Fluss- und Binnenseegrenzen, der Seegrenzen und der Flughäfen sowie der Flussschifffahrts-, See- und Binnenseehäfen, soweit sie nicht Binnengrenzen sind. Die VO (EG) Nr. 562/2006 war nach ihrem Inkrafttreten mehrfach geändert und ergänzt worden. Sie wurde schließlich durch die VO (EU) 2016/399 vom 9.3.2016[1740] ersetzt. Die bisherige Definition des Begriffs der „Außengrenzen" ist beibehalten worden.

1136    Dänemark, Großbritannien und Irland nehmen am Schengener Grenzkodex nicht teil. Ihre Grenzen sind daher Außengrenzen. Bei den Grenzen zu Zypern, Bulgarien, Rumänien und Kroatien handelt es sich hingegen um (Schengen-)Binnengrenzen, auch wenn nach wie vor Grenzkontrollen an den Binnengrenzen stattfinden[1741]. Demgegenüber nehmen die Nicht-EU-Staaten Island, Norwegen, die Schweiz und Liechtenstein am Schengener Grenzkodex teil.

1137    Da aufgrund des Schengen-Prozesses inzwischen die deutschen Landgrenzen Binnengrenzen sind, kommt eine Zurückschiebung nach § 57 Abs. 1 AufenthG wegen einer unerlaubten Einreise über eine solche Grenze nicht infrage. Die Norm kann daher nur noch gegenüber einem Ausländer angewendet werden, der über die Luft- oder Seeaußengrenze unerlaubt einreist und unmittelbar danach aufgegriffen wird. Denkbar ist zB ein Entweichen aus dem Transitbereich eines Flughafens oder das Schleichen von Bord eines in einem Seehafen liegenden Schiffes[1742]. Der Aufgriff muss in unmittelbarer Nähe zur Außengrenze und zeitnah erfolgen. Dies ergibt sich aus § 57 Abs. 1 AufenthG, indem es dort heißt, dass der Aufgriff iVm der unerlaubten Einreise über eine Außengrenze erfolgt sein muss[1743].

1138    Für den Vollzug einer Zurückschiebung bedarf es keiner vorausgehenden schriftlichen Zurückschiebungsverfügung und auch keiner Zurückschiebungsandrohung[1744]. Zur Sicherung einer Zurückschiebung kann ggf. die Anordnung von Zurückschiebungshaft nach §§ 62 und 62a AufenthG (→ Rn. 1263) in Betracht kommen.

1139    Nach § 57 Abs. 1 AufenthG **soll** bei Vorliegen der tatbestandsmäßigen Voraussetzungen die Zurückschiebung des Ausländers erfolgen. Von der Maßnahme kann jedoch ausnahmsweise abgesehen werden, etwa aus humanitären Gründen, bei Vorliegen eines besonderen öffentlichen Interesses für die Anwendung der Ausnahmeklausel oder wenn sich der Vollzug als unverhältnismäßig erweisen würde (Nr. 57.1.7 AVV-AufenthG).

### b) § 57 Abs. 2 AufenthG

1140    Nach § 57 Abs. 2 Halbs. 1 AufenthG soll ein vollziehbar ausreisepflichtiger Ausländer (→ Rn. 1148 ff.), der durch einen anderen Mitgliedstaat der EU, Norwegen oder die

---

[1739] ABl. Nr. L 105 S. 1.
[1740] ABl. Nr. L 77 S. 1. – Die VO (EG) Nr. 562/2006 wurde gem. Art. 44 VO (EU) 2016/399 aufgehoben.
[1741] Bergmann/Dienelt/*Winkelmann* § 13 AufenthG Rn. 3.
[1742] Huber/*Westphal* § 57 AufenthG Rn. 3; vgl. auch OVG Münster Beschl. v. 26.2.2013 – 18 B 572/12 BeckRS 2013, 51232.
[1743] Hofmann/*Fränkel* § 57 AufenthG Rn. 7 mwN.
[1744] OVG Münster Beschl. v. 26.2.2013 – 18 B 572/12 BeckRS 2013, 51232 (zu § 57 Abs. 2 Halbs. 2 AufenthG.

Schweiz auf Grund einer am 13.1.2009 geltenden zwischenstaatlichen Übernahmevereinbarung wieder aufgenommen wird, in diesen Staat zurückgeschoben werden. Zum Stichtag bestanden entsprechende Rückübernahmeabkommen mit Belgien, den Niederlanden, Luxemburg, Bulgarien, Dänemark, Estland, Frankreich, Lettland, Litauen, Norwegen, Österreich, Polen, Rumänien, Schweden, der Schweiz, der Slowakei, Tschechien und Ungarn[1745].

Gleiches gilt gem. Halbs. 2, wenn der Ausländer von der Grenzbehörde im grenznahen Raum in unmittelbarem zeitlichen Zusammenhang mit einer unerlaubten Einreise angetroffen wird und Anhaltspunkte dafür vorliegen, dass ein anderer Staat auf Grund von Rechtsvorschriften der EU oder eines völkerrechtlichen Vertrages für die Durchführung des Asylverfahrens zuständig ist und ein Auf- oder Wiederaufnahmeverfahren eingeleitet wird. „Grenznaher Raum" iSd Vorschrift ist das von der Grenze ins Landesinnere bis zu einer Tiefe von 30 km reichende Gebiet[1746]. Die Regelung des § 57 Abs. 2 Halbs. 2 AufenthG steht in Konkurrenz zu § 18 Abs. 2 Nr. 2 AsylG. Nach dieser Vorschrift ist einem Ausländer die Einreise zu verweigern, wenn Anhaltspunkte dafür vorliegen, dass ein anderer Staat auf Grund von Rechtsvorschriften der EG (jetzt: EU) oder eines völkerrechtlichen Vertrages für die Durchführung des Asylverfahrens zuständig ist und ein Auf- oder Wiederaufnahmeverfahren eingeleitet wird. Sofern ein Ersuchen auf internationalen Schutz nach dem Asylgesetz gestellt wird, ist § 18 Abs. 3 iVm Abs. 2 Nr. 2 AsylG einschlägig. Dies gilt hingegen nicht, wenn der Betroffene auf Grund eines Schutzersuchens bereits in einem anderen Dublin-Staat einen Schutzstatus erworben hat. Dann gilt er als „normaler" Ausländer, der unter die Regelungen des § 57 AufenthG fällt.     **1141**

### c) § 57 Abs. 3 AufenthG

§ 57 Abs. 3 AufenthG erklärt § 58 Abs. 1b AufenthG (Inhaber einer Erlaubnis zum Daueraufenthalt-EU; international Schutzberechtigte), 60 Abs. 1 bis 5 sowie Abs. 7 bis 9 AufenthG (Verbot der Abschiebung) und auch die Vorschriften der §§ 62 und 62a AufenthG über die Abschiebungshaft (→ Rn. 1262 ff.) für entsprechend anwendbar.     **1142**

## 2. Abschiebung (§ 58 AufenthG)

Abschiebung ist die durch behördlichen Zwang durchgesetzte Ausreisepflicht (§ 58 AufenthG).     **1143**

### a) § 58 Abs. 1 AufenthG

Gem. § 58 Abs. 1 AufenthG **ist** ein Ausländer abzuschieben, wenn die Ausreisepflicht vollziehbar (Abs. 2 → Rn. 1148 ff.) ist, eine Ausreisefrist nicht gewährt wurde oder diese abgelaufen ist, und die freiwillige Erfüllung der Ausreisepflicht nicht gesichert ist oder aus Gründen der öffentlichen Sicherheit und Ordnung es erforderlich erscheint, die Ausreise zu überwachen (Abs. 3 → Rn. 1152 ff.)[1747]. Sofern innerhalb der Ausreisefrist eine der in § 59 Abs. 1 S. 2 AufenthG genannten Voraussetzungen (→ Rn. 1174: ua Fluchtgefahr; aktuelle Gefährdungssituation) eintritt, **soll** der Ausreisepflichtige gem. § 58 Abs. 1 S. 2 AufenthG bereits vor Ablauf der Ausreisefrist abgeschoben werden.     **1144**

---

[1745] BT-Drs. 17/5470, S. 23.
[1746] BGH NVwZ 2015, 240 Rn. 14 und FGPrax 2011, 200 = BeckRS 2011, 13989 Rn. 7, jew. unter Verweis auf § 2 Abs. 2 S. 1 Nr. 3 BPolG.
[1747] Vgl. auch BVerwG NVwZ 2010, 918 Rn. 14.

**b) § 58 Abs. 1a AufenthG**

**1145**   Nach § 58 Abs. 1a AufenthG hat sich die Behörde vor der Abschiebung eines unbegleiteten

**1146**   minderjährigen Ausländers zu vergewissern, dass dieser im Rückkehrstaat einem Mitglied seiner Familie, einer zur Personensorge berechtigten Person oder einer geeigneten Aufnahmeeinrichtung übergeben wird. Die bloße Möglichkeit einer entsprechenden Übergabe genügt nicht. Das BVerwG geht davon aus, dass die Norm strenge Anforderungen stellt. Daher muss zur Überzeugungsgewissheit der handelnden Behörde oder des Verwaltungsgerichts **feststehen**, dass eine solche Übergabe tatsächlich erfolgen wird[1748]. Darüber hinaus beinhaltet diese Norm dem BVerwG zufolge ein Vollstreckungshindernis, das dem Betroffenen gleichwertigen Schutz vor Abschiebung wie nationaler Abschiebungsschutz oder ein Abschiebestopp-Erlass biete[1749].

**c) § 58 Abs. 1b AufenthG**

**1147**   Nach § 58 Abs. 1b S. 1 AufenthG darf ein Ausländer, der eine Erlaubnis zum Daueraufenthalt-EU (→ Rn. 958 ff.) besitzt **oder** eine entsprechende Rechtsstellung in einem anderen Mitgliedstaat der EU innehat und in einem anderen Mitgliedstaat der EU international Schutzberechtigter[1750] ist, nur in den schutzgewährenden Mitgliedstaat abgeschoben werden. Eine Ausnahme hiervon ist allein unter der Voraussetzung möglich, dass ein Fall des § 60 Abs. 8 S. 1 AufenthG (von dem Ausländer ausgehende schwerwiegende Gefahr für die Sicherheit der BRD oder Gefahr für die Allgemeinheit wegen der Verurteilung aus Anlass eines Verbrechens oder eines besonders schweren Vergehens → Rn. 1841 ff.) vorliegt.

**d) § 58 Abs. 2 AufenthG**

**1148**   § 58 Abs. 2 S. 1 AufenthG bestimmt abschließend, wann die Ausreisepflicht eines Ausländers vollziehbar ist. Dies ist der Fall, wenn er

- unerlaubt eingereist ist (Nr. 1),
- noch nicht die erstmalige Erteilung des erforderlichen Aufenthaltstitels oder noch nicht die Verlängerung beantragt hat und der Aufenthalt nicht nach § § 81 Abs. 3 AufenthG als erlaubt oder der Aufenthaltstitel nach § 81 Abs. 4 AufenthG nicht als fortbestehend gilt (Nr. 2),
- auf Grund einer Rückführungsentscheidung eines anderen Mitgliedstaates der EU gem. Art. 3 RL 2001/40/EG des Rates vom 28.5.2001 über die gegenseitige Anerkennung von Entscheidungen über die Rückführung von Drittstaatsangehörigen[1751] ausreisepflichtig wird, sofern diese von der zuständigen Behörde anerkannt wird (Nr. 3)[1752].

**1149**   Im Übrigen ist die Ausreisepflicht erst dann vollziehbar, wenn die Versagung des Aufenthaltstitels oder des sonstigen Verwaltungsakts, durch den die betroffene Person nach § 50 Abs. 1 AufenthG (→ Rn. 1045 ff.) ausreisepflichtig wird, vollziehbar ist (§ 58 Abs. 2 S. 2 AufenthG).

---

[1748] BVerwG NVwZ 2013, 1489 Rn. 18 ff.

[1749] BVerwG NVwZ 2013, 1489 Rn. 16 ff.; VGH München Beschl. v. 4.7.2014 – 13a ZB 14.30149 BeckRS 2014, 53507.

[1750] Vgl. § 2 Nr. 13 AufenthG → Rn. 25.

[1751] ABl. Nr. L 149 S. 34.

[1752] Zuständige Behörde ist die gem. § 71 Abs. 3 Nr. 1 AufenthG mit der polizeilichen Kontrolle des grenzüberschreitenden Verkehrs beauftragte Behörde.

Dem OVG Saarlouis zufolge löst auch der Eintritt einer einem Aufenthaltstitel bei- **1150** gefügten auflösenden Bedingung die vollziehbare Ausreisepflicht aus[1753]. Insoweit bestehe eine Regelungslücke, die aber über eine analoge Anwendung des § 58 Abs. 2 S. 1 Nr. 2 AufenthG zu schließen sei.

Neben einer vollziehbaren Ausreisepflicht setzt eine Abschiebung voraus, dass die **1151** freiwillige Erfüllung der Ausreisepflicht nicht gesichert ist oder aus Gründen der öffentlichen Sicherheit und Ordnung es erforderlich erscheint, die Ausreise zu überwachen. Die freiwillige Ausreise ist dann nicht gesichert, wenn mit an Sicherheit grenzender Wahrscheinlichkeit davon auszugehen ist, dass die ausreisepflichtige Person die ihr aufgegebene Pflicht, das Bundesgebiet zu verlassen, ignoriert. Allein ein entsprechender Verdacht oder eine subjektiv begründete Vermutung reichen nicht aus, um zu einer solchen aufenthaltsbeendenden Maßnahme greifen zu können. Vielmehr ist grds. davon auszugehen, dass sich ein Ausländer rechtstreu verhält und der ihm auferlegten Pflicht zur Ausreise **innerhalb** der ihm gesetzten Frist nachkommt. Bestehen Zweifel an der Bereitschaft zur Ausreise, kann die Ausländerbehörde dem Betroffenen zB aufgeben, Reisedokumente wie Flugtickets oder Fahrscheine vorzulegen oder die Kündigung der Wohnung und/oder einer Arbeitsstelle nachzuweisen. Der Betroffene ist gem. § 82 Abs. 1 AufenthG gehalten, insoweit seiner Mitwirkungspflicht nachzukommen (→ Rn. 1387 ff.). Ein Indiz für die Annahme, der Ausreisepflichtige werde nicht freiwillig ausreisen, kann sich im Einzelfall jedoch daraus ergeben, dass er seine Wohnung oder den Bezirk der für ihn zuständigen Ausländerbehörde gewechselt hat, ohne dies gem. der ihm obliegenden Verpflichtung aus § 50 Abs. 4 AufenthG (→ Rn. 1048) der Ausländerbehörde vorher angezeigt zu haben.

### e) § 58 Abs. 3 AufenthG

Unter welchen Voraussetzungen eine Überwachung der Ausreise aus Gründen der **1152** öffentlichen Sicherheit und Ordnung erforderlich erscheint, ergibt sich aus der nicht abschließenden („insbesondere") Aufzählung bestimmter Sachverhaltskonstellationen in § 58 Abs. 3 AufenthG. Im Einzelnen wird eine Überwachung der Ausreise in folgenden Fällen für erforderlich gehalten:

- Nr. 1: Wenn sich ein Ausländer auf richterliche Anordnung in Haft oder in sonstigem **1153** öffentlichen Gewahrsam befindet. Zwingend erforderlich ist, dass eine freiheitsentziehende Maßnahme auf einer **richterlichen** Anordnung beruht. Die Art der Haft ist unerheblich. Hat ein Ausländer eine Freiheitsstrafe teilweise verbüßt und wurde der Strafrest gem. § 57 AufenthG zur Bewährung ausgesetzt, so liegen ab dem Zeitpunkt seiner Haftentlassung die Voraussetzungen der Nr. 1 nicht mehr vor. Ein Ausländer befindet sich iSd Vorschrift in sonstigem öffentlichen Gewahrsam, wenn er auf Grund einer richterlichen Anordnung zB wegen Selbstgefährdung oder weil von ihm eine für Dritte bestehende erhebliche konkrete Gefahr ausgeht untergebracht worden ist. Die dem Gesetz zu Grunde liegende Annahme, dass sich bei einem im Strafvollzug befindlichen ausreisepflichtigen Ausländer die Notwendigkeit ergebe, seine Ausreise zu überwachen, ist in dieser Pauschalität nicht nachvollziehbar und daher rechtlich zweifelhaft[1754].
- Nr. 2: Überwachungsbedürftig ist die Ausreise eines Ausländers, der innerhalb der ihm gesetzten Ausreisefrist das Bundesgebiet nicht verlassen hat. Das Gesetz unterstellt, dass der Betroffene auch weiterhin seiner Ausreisepflicht nicht nachkommen wird. Diese Vermutung kann jedoch widerlegt werden, etwa wenn ein Ausländer ggü. der für ihn zuständigen Ausländerbehörde plausibel darlegt, aus einem wichtigen Grund

---

[1753] Beschl. v. 16.1.2017 – 2 B 354/16 BeckRS 2017, 100583 Rn. 6.
[1754] VGH Mannheim ZAR 2017, 45 Ls. = BeckRS 2016, 51824 Rn. 11.

daran gehindert gewesen zu sein, der ihm obliegenden Ausreisepflicht zu genügen (zB wegen einer akuten Erkrankung oder ausgebuchter Verkehrsverbindungen ins Herkunftsland etc). In einem solchen Fall ist er jedoch gehalten, rechtzeitig, dh noch innerhalb der laufenden Ausreisefrist, gem. § 50 Abs. 2 S. 3 AufenthG die Verlängerung der Ausreisefrist (→ Rn. 1046) und/oder eine Duldung gem. § 60a Abs. 2 AufenthG, dh eine Aussetzung der Abschiebung, zu beantragen (→ Rn. 1201 ff.).

**1154** • Nr. 3: Die Ausreise eines Ausländers zu überwachen ist erforderlich, wenn er auf Grund eines besonders schwerwiegenden Ausweisungsinteresses nach § 54 Abs. 1 iVm § 53 AufenthG (→ Rn. 1108) ausgewiesen worden ist. In diesem Zusammenhang ist jedoch zu beachten, dass § 53 Abs. 3 AufenthG für bestimmte Ausländergruppen einen besonderen Ausweisungsschutz vorsieht (→ Rn. 1102). Auch ist zu prüfen, ob uU vorrangige Bleibeinteressen iSd § 55 AufenthG gegeben sind (→ Rn. 1114 ff.).

**1155** • Nr. 4: § 58 Abs. 3 Nr. 4 AufenthG erklärt die Überwachung der Ausreise eines Ausländers für erforderlich, wenn dieser mittellos ist. Diese gesetzgeberische Vorgabe erweist sich jedoch in dieser Pauschalität als mit dem Grundsatz der Verhältnismäßigkeit nicht vereinbar. Mittellosigkeit allein lässt keineswegs auf eine mangelnde Bereitschaft zur Ausreise schließen. Wenn es allein an finanziellen Möglichkeiten mangelt, eine Ausreise aus eigenen Mitteln zu bestreiten, erfordert dies ohne Hinzutreten sonstiger Umstände nicht, einen Ausländer abzuschieben. Dies gilt insbesondere im Hinblick darauf, dass im Falle einer Abschiebung die Sperrwirkung des § 11 Abs. 1 AufenthG (→ Rn. 144 ff.) eingreift. Sofern gewährleistet erscheint, dass ein Ausländer im Falle der Finanzierung der Ausreise durch die Ausländerbehörde seiner Ausreisepflicht auch tatsächlich nachkommen wird, ist eine zwangsweise Abschiebung nicht notwendig.

**1156** • Nr. 5: Das Aufenthaltsgesetz erklärt die Überwachung der Ausreise eines Ausländers für erforderlich, wenn dieser einen Pass oder Passersatz nicht besitzt. Bevor eine Ausländerbehörde zu der Abschiebung eines ausreisepflichtigen Ausländers schreitet, hat sie diesem die Möglichkeit einzuräumen, sich Pass(ersatz)papiere zu besorgen. Ggf. kann er hierzu auch gem. § 82 Abs. 4 AufenthG förmlich angehalten werden (→ Rn. 1389). Kommt er dem nicht nach, ergeben sich Zweifel an der Bereitschaft zur freiwilligen Ausreise. Sofern sich eine Ausländerbehörde selbst an Stelle des Ausländers ein entsprechendes Dokument bei der zuständigen Vertretung des Heimatstaates besorgt, kann gleichwohl noch eine Abschiebung nach Nr. 5 erforderlich sein. In einem solchen Falle ist der Ausreisepflichtige selbst idR nicht im Besitz eines Passes oder Passersatzes, da die Ausländerbehörde diesen in Verwahrung nehmen wird. Wird hingegen dem Betroffenen ein Reiseausweis nach § 6 S. 1 Nr. 3 AufenthV ausgestellt, kann eine Abschiebung nicht mehr auf § 58 Abs. 3 Nr. 5 AufenthG gestützt werden.

**1157** • Nr. 6: Die Überwachung der Ausreise ist nach dieser Vorschrift erforderlich, wenn ein Ausländer gegenüber der Ausländerbehörde zum Zwecke der Täuschung unrichtige Angaben gemacht oder die Angaben verweigert hat. **Zwingend** erforderlich ist, dass ein entsprechendes Handeln oder Unterlassen zum Zwecke der Täuschung der Behörde erfolgt. Vorsätzliche oder fahrlässige Falschangaben **ohne** Täuschungsabsicht rechtfertigen daher für sich eine Abschiebung nicht. Unabhängig davon muss eine solche Falschangabe oder Verweigerung bestimmter Angaben im Kontext mit der vollziehbaren Ausreisepflicht stehen, also aktuell und anlassbezogen erfolgt sein. Frühere Falschangaben sind hingegen unbeachtlich. Darüber hinaus können nur solche falschen oder verweigerten Angaben eines Ausländers berücksichtigt werden, die im Zusammenhang mit einer ihm obliegenden Mitwirkungspflicht (§ 82 AufenthG) erfolgt bzw. nicht erfolgt sind.

**1158** • Nr. 7: Schließlich erklärt der Gesetzgeber eine Überwachung der Ausreise eines ausreisepflichtigen Ausländers für erforderlich, wenn dieser zu erkennen gegeben hat, dass er seiner Ausreisepflicht nicht nachkommen wird. Es müssen objektive Anhaltspunkte etwa auf Grund des Verhaltens eines ausreisepflichtigen Ausländers gegeben sein, die eine solche Annahme tragfähig zu stützen geeignet sind. Auch hier reichen bloße Vermutungen nicht aus. Allein der Fortbestand eines Arbeits- und/oder Mietverhältnisses über den festgesetzten Ausreisetermin hinaus ist kein solches aussagefähiges Indiz. Dies gilt insbesondere dann, wenn sich der Betroffene noch darum bemüht, im Wege eines Klage- und/oder einstweiligen Rechtsschutzverfahrens die ihm aufgegebene Ausreisepflicht (vorläufig) zu beseitigen.

Sofern die Ausreisepflicht **nicht** nach § 58 Abs. 1 und Abs. 2 S. 1 AufenthG **vollzieh-**     **1159**
**bar** ist, wird diese erst dann vollziehbar, wenn die Versagung des Aufenthaltstitels oder der sonstige Verwaltungsakt, durch den der Ausländer nach § 50 Abs. 1 AufenthG (→ Rn. 1045) ausreisepflichtig wird, vollziehbar ist (§ 58 Abs. 2 S. 2 AufenthG). Da Widerspruch und/oder Klage gegen einen ausländerbehördlichen Bescheid, mit dem ein Antrag auf Erteilung oder Verlängerung eines Aufenthaltstitels abgelehnt worden ist, gem. § 84 Abs. 1 AufenthG keine aufschiebende Wirkung zukommt, wird die Ausreisepflicht mit Ablauf der ggf. eingeräumten Frist zur freiwilligen Ausreise (vgl. § 50 Abs. 2 AufenthG) vollziehbar. Sofern im Rahmen eines einstweiligen Rechtsschutzverfahrens einem Antrag auf Anordnung der aufschiebenden Wirkung von Widerspruch und/oder Klage gegen die Versagung eines Aufenthaltstitels oder einem Begehren auf Wiederherstellung der aufschiebenden Wirkung eines entsprechenden Rechtsbehelfs stattgegeben wird, tritt eine Vollzugshemmung ein und es entfällt die Vollziehbarkeit der Ausreisepflicht[1755].

Im Falle des Widerrufs oder der Rücknahme eines Aufenthaltstitels und im Falle einer     **1160**
Ausweisung wird, sofern die sofortige Vollziehung nicht angeordnet worden ist, die Ausreisepflicht erst vollziehbar, wenn der entsprechende Bescheid in Bestandskraft erwachsen ist[1756].

Sofern ein Ausländer im Besitz eines Aufenthaltstitels **war**[1757], darf eine nach den     **1161**
Vorschriften des Asylgesetzes vollziehbare Abschiebungsandrohung erst vollzogen werden, wenn der Ausländer auch nach § 58 Abs. 2 S. 2 AufenthG vollziehbar ausreisepflichtig ist. Dies betrifft zB die Fälle, in denen das BAMF einen Asylantrag negativ beschieden hatte und der betroffene Ausländer zum Zeitpunkt dieser Entscheidung nicht mehr im Besitz eines Aufenthaltstitels war. Besaß er hingegen zu diesem Zeitpunkt einen Aufenthaltstitel, ist gem. § 34 Abs. 1 S. 1 Nr. 4 AsylG der Erlass einer Abschiebungsandrohung zwingend untersagt. Es ist unerheblich, aus welchen Gründen der Aufenthaltstitel erteilt und/oder verlängert worden ist. Wurde hingegen eine Anerkennung als Asylberechtigter und/oder die Zuerkennung der Flüchtlingseigenschaft widerrufen oder zurückgenommen, darf das Bundesamt keine Abschiebungsandrohung erlassen. Dies bleibt der Ausländerbehörde vorbehalten.

Falls ein Ausländer die Verlängerung eines Aufenthaltstitels mit einer Gesamtgeltungs-     **1162**
dauer von mehr als sechs Monaten beantragt hat, wird eine nach den Vorschriften des Asylgesetzes erlassene Abschiebungsandrohung erst vollziehbar, wenn der aufenthaltsrechtliche Antrag von der Ausländerbehörde abgelehnt worden ist (§ 43 Abs. 2 S. 1 AsylG). Im Übrigen steht § 81 AufenthG der Abschiebung eines abgelehnten Asylbewerbers nicht entgegen (§ 43 Abs. 2 S. 2 AsylG). Demnach löst ein an eine Ausländerbehörde gerichteter Antrag eines Ausländers, einen Aufenthaltstitel zu erteilen oder, sofern er im

---

[1755] Zur Frage, ob in einem solchen Fall eine „Verfahrensduldung" gem. § 60a Abs. 2 AufenthG zu erteilen ist, → Rn. 1204.

[1756] Hiervon unberührt bleibt die Wirksamkeit einer solchen Maßnahme (§ 84 Abs. 2 S. 1 AufenthG → Rn. 1396).

[1757] Vgl. auch § 55 Abs. 2 S. 1 AsylG, wonach mit der Stellung eines Asylantrags ua ein Aufenthaltstitel mit einer Gesamtgeltungsdauer von bis zu sechs Monaten erlischt.

Besitz eines nur kurzfristigen Aufenthaltstitels war, zu verlängern, generell keinen vorübergehenden Schutz vor einer Abschiebung aus.

## 3. Abschiebungsanordnung (§ 58a AufenthG)

**1163**    Die Abschiebungsanordnung nach § 58a AufenthG wurde als Ergebnis des Vermittlungsverfahrens zwischen Bundestag und Bundesrat[1758] mit Wirkung zum 1.1.2005 in das Aufenthaltsgesetz aufgenommen[1759]. Eine entsprechende Regelung gab es weder im Ausländergesetz 1965 noch im Ausländergesetz 1990.[1760] Sie soll – so die politische Begründung – als effektives Instrument zur Bekämpfung außergewöhnlicher Gefährdungen für die Sicherheit der BRD oder einer von einem im Bundesgebiet anwesenden Ausländer ausgehenden terroristischen Gefahr dienen. Die Vorschrift hatte bis zu den Beschlüssen des BVerwG vom 21.3.2017[1761] in der ausländerrechtlichen Praxis keine bedeutende Rolle gespielt. In der juristischen Literatur wurde sie als „bestenfalls überflüssig" bewertet[1762].

### a) Voraussetzungen für den Erlass einer Abschiebungsanordnung

**1164**    Nach § 58a Abs. 1 S. 1 AufenthG kann die oberste Landesbehörde, dh das Ministerium oder der Senator für Inneres, auf Grund einer auf Tatsachen gestützten Prognose zur Abwehr einer besonderen Gefahr für die Sicherheit der BRD oder einer terroristischen Gefahr eine Abschiebungsanordnung erlassen[1763], **ohne** dass es einer vorhergehenden Ausweisung bedarf. Die Prognose muss tatsachenbasiert sein. Es müssen demnach bereits substanzielle Erkenntnisse vorliegen, die auf eine von der Vorschrift geforderte **besondere Gefährlichkeit** eines Ausländers schließen lassen. Reine Vermutungen oder ein nur spekulativer Verdacht reichen nicht aus. Allerdings bedarf es dem BVerwG zufolge für eine auf Tatsachen gestützte Gefahrenprognose iSd § 58a Abs. 1 S. 1 AufenthG **keiner konkreten Gefahr** iSd Polizeirechts. Vielmehr genügt auf der Grundlage einer hinreichend zuverlässigen Tatsachengrundlage eine vom Ausländer ausgehende Bedrohungssituation iS eines beachtlichen Risikos, das sich jederzeit aktualisieren und in eine konkrete Gefahr umschlagen kann[1764]. Die Tatsachenbewertung und eine hierauf beruhende Prognose müssen somit nachvollziehbar sein. Eine gerichtlich nicht überprüfbare Einschätzungsprärogative steht der entscheidenden Behörde nicht zu. Die Maßnahme ist gerichtlich voll überprüfbar.

---

[1758] Vgl. BT-Drs. 15/3479, S. 9 f.

[1759] Eine Überschreitung der Kompetenzgrenzen des Vermittlungsausschusses ging damit dem BVerwG zufolge nicht einher (NVwZ 2017, 1057 Rn. 6 ff. und 1 VR 2/17 BeckRS 2017, 104986 Rn. 8 ff.); vgl. auch BVerfG Beschl. v. 24.7.2017 – 2 BvR 1487/17 BeckRS 2017, 118574.

[1760] Allerdings sieht § 34a AsylG das Instrument einer Abschiebungsanordnung vor. Dieses verfolgt jedoch eine ganz andere Zielrichtung, nämlich die sofortige Abschiebung eines Asylsuchenden in einen iSd § 26a AsylVfG sicheren Drittstaat.

[1761] NVwZ 2017, 1057 Rn. 9 f. und 1 VR 2/17 BeckRS 2017, 104986 Rn. 12 f.

[1762] *Erbslöh* NVwZ 2007, 155. Krit. auch Bergmann/Dienelt/*Bauer* (§ 58a AufenthG Rn. 17 und 44 ff.) sowie krit. zu den Beschlüssen des BVerwG *Kießling*, NVwZ 2017, 1019.

[1763] Der Bundesgesetzgeber war dem BVerwG zufolge befugt, die Zuständigkeit für den Erlass von Abschiebungsanordnungen den obersten Landesbehörden aufzuerlegen; vgl. Beschl. v. 21.3.2017 – 1 VR 1/17 NVwZ 2017, 1057 Rn. 9 f. und 1 VR 2/17 BeckRS 2017, 104986 Rn. 12 f.

[1764] Beschl. v. 21.3.2017 – 1 VR 1/17 NVwZ 2017, 1057 Rn. 18 ff. und 1 VR 2/17 BeckRS 2017, 104986 Rn. 20 ff.; vgl. auch BVerwG Beschl. v. 13.7.2017 – 1 VR 3/17 BeckRS 2017, 118023 sowie BVerfG Beschl. v. 24.7.2017 2 BvR 1487/17 BeckRS 2017, 118574 und BVerfG Beschl. v. 26.7.2017 – 2 BvR 1606/17 BeckRS 2017, 118709.

Eine nach § 58a Abs. 1 S. 1 AufenthG erlassene Abschiebungsanordnung ist kraft **1165** Gesetzes sofort vollziehbar; einer Abschiebungsandrohung bedarf es nicht (§ 58a Abs. 1 S. 2 AufenthG).

### b) Übernahme der Zuständigkeit

§ 58a Abs. 2 S. 1 AufenthG räumt dem Bundesministerium des Innern die Möglichkeit **1166** ein, seine Zuständigkeit zu erklären und den Fall zu übernehmen, wenn ein besonderes Interesse des Bundes besteht. Es ist bereits mehr als zweifelhaft, ob eine solche Übernahmebefugnis mit den kompetenzrechtlichen Vorgaben der Art. 83 und 84 GG zu vereinbaren ist. Ihre Wahrnehmung könnte allenfalls dann in Betracht kommen, wenn die an sich der obersten Landesbehörde zugewiesene Aufgabe nach Art und Umfang von dieser nicht oder nur schwer bewältigt werden kann. Ein solcher Fall ist jedoch so gut wie nicht vorstellbar.

Erklärt das Bundesministerium des Innern eine entsprechende Übernahme, ist die hier- **1167** von betroffene oberste Landesbehörde zu unterrichten (§ 58a Abs. 2 S. 2 AufenthG). Sofern die Bundesbehörde eine Abschiebungsanordnung nach Abs. 1 erlässt, wird diese von der Bundespolizei vollzogen (§ 58a Abs. 2 S. 3 AufenthG).

### c) Vorliegen eines Abschiebungsverbots

Eine nach § 58a Abs. 1 AufenthG erlassene Abschiebungsanordnung darf nicht voll- **1168** zogen werden, wenn die Voraussetzungen für ein Abschiebungsverbot nach § 60 Abs. 1 bis 8 AufenthG (→ Rn. 1839 ff.) gegeben sind (§ 58a Abs. 3 S. 1 AufenthG). Untersagt ist damit nicht der Vollzug einer Abschiebungsanordnung per se, sondern nur eine Abschiebung in einen oder mehrere in der Abschiebungsanordnung benannte Zielstaat(en), wie sich aus § 58a Abs. 3 S. 2 iVm § 59 Abs. 3 AufenthG ergibt. Der Zielstaat einer Abschiebung soll zudem in der Anordnung bezeichnet werden (§ 58a Abs. 2 S. 2 iVm § 59 Abs. 2 AufenthG)[1765]. Diejenige Behörde, die über die Abschiebungsanordnung zu befinden hat, hat selbst zu prüfen, ob im konkreten Einzelfall die Voraussetzungen für ein Abschiebungsverbot nach § 60 Abs. 1 bis 8 AufenthG erfüllt sind[1766]. Sie ist hierbei **nicht** an zu dieser Frage getroffene Feststellungen aus anderen Verfahren gebunden (§ 58a Abs. 3 S. 3 AufenthG; vgl. auch § 42 S. 2 AsylG). Somit entfalten auch ausländerrechtliche Entscheidungen des BAMF oder eines Verwaltungsgerichts über das Vorliegen der Voraussetzungen des § 60 Abs. 5 und 7 AufenthG die Bindungswirkung nach § 42 S. 1 AsylG nicht. Dementsprechend wird auch die aus § 121 VwGO folgende Rechtskraftwirkung eines verwaltungsgerichtlichen Urteils durchbrochen. Allerdings ist bei einer nicht auszuschließenden und mit Blick auf Art. 3 EMRK unmenschlichen oder erniedrigenden Behandlung im Zielstaat ggf. zu fordern, dass eine Abschiebung erst dann erfolgen darf, wenn seitens der zuständigen Regierungsstellen des Zielstaates förmlich zugesichert wird, dass dem Betroffenen keine Folter oder unmenschliche oder erniedrigende Behandlung droht[1767].

### d) Rechtsschutz

Wird ggü. einem Ausländer eine Abschiebungsanordnung nach § 58a AufenthG be- **1169** kanntgegeben, ist ihm gem. § 58a Abs. 4 S. 1 AufenthG **unverzüglich** Gelegenheit zu

---

[1765] Zur Abschiebungsandrohung nach § 59 AufenthG→ Rn. 1183 ff.
[1766] BVerwG Beschl. v. 21.3.2017 – 1 VR 1/17 NVwZ 2017, 1057 Rn. 36 = BeckRS 2017, 104718 und Beschl. v. 21.3.2017 – 1 BvR 2/17 BeckRS 2017, 104986 Rn. 39. Vgl. ferner BVerfG Beschl. v. 13.7.2017 – 1 VR 3/17 BeckRS 2017, 118023.
[1767] BVerwG Beschl. v. 21.3.2017 – 1 VR 1/17 NVwZ 2017, 1057 Rn. 43 = BeckRS 2017, 104718.

geben, mit einem Rechtsbeistand seiner Wahl Verbindung aufzunehmen, sofern er sich nicht bereits zuvor anwaltlichen Beistands versichert hat. Der Betroffene ist sowohl auf die Möglichkeit, mit einem Rechtsbeistand Kontakt aufzunehmen, als auch auf die Rechtsfolgen der Abschiebungsanordnung und der gegen sie gegebenen Rechtsbehelfe hinzuweisen. Eine Abschiebungsanordnung nach § 58a Abs. 1 S. 1 AufenthG bedarf nach § 77 Abs. 1 S. 1 Nr. 3 der Schriftform und auch einer Begründung.

1170    Ein Antrag auf Gewährung vorläufigen Rechtsschutzes nach der VwGO gegen die kraft Gesetzes (§ 58a Abs. 1 S. 2 VwGO) sofort vollziehbare Abschiebungsanordnung ist **innerhalb von sieben Tagen** nach Bekanntgabe der Maßnahme zu stellen (§ 58a Abs. 4 S. 2 AufenthG). Die Abschiebung darf bis zum Ablauf der siebentägigen Antragsfrist und im Falle rechtzeitigen Beantragens einstweiligen Rechtsschutzes bis zur Entscheidung des Gerichts nicht vollzogen werden (§ 58a Abs. 4 S. 3 AufenthG). Gem. § 50 Abs. 1 Nr. 3 VwGO ist das **BVerwG** erst- und letztinstanzlich sowohl für ein entsprechendes einstweiliges Rechtsschutzverfahren als auch für ein Hauptsacheverfahren zuständig. Es gilt der Vertretungszwang nach § 67 Abs. 1 VwGO. Die Zuständigkeit des BVerwG besteht unabhängig davon, ob die Abschiebungsanordnung vom Bundesministerium des Innern oder aber von einer obersten Landesbehörde erlassen worden ist.

## 4. Androhung der Abschiebung (§ 59 AufenthG)

1171    Die Versagung eines beantragten Aufenthaltstitels, der Widerruf oder die Rücknahme eines Aufenthaltstitels oder eine Ausweisung, aber auch ein Bescheid, mit dem zB das Erlöschen eines Aufenthaltstitels festgestellt wird, werden idR mit einer Abschiebungsandrohung nach § 59 AufenthG versehen[1768]. Darüber hinaus erlässt auch das BAMF in seinem Zuständigkeitsbereich im Falle der Ablehnung eines Asylantrags nach Maßgabe des § 34 AsylG eine Abschiebungsandrohung. Die Abschiebungsandrohung ist eine Maßnahme der Verwaltungsvollstreckung, die der Abschiebung nach § 58 AufenthG vorangeht. Sie ist nach dem einschlägigen Vollstreckungsrecht der einzelnen Bundesländer kraft Gesetzes sofort vollziehbar[1769]. Einstweiliger Rechtsschutz hiergegen ist mit einem Antrag auf Anordnung der aufschiebenden Wirkung des Widerspruchs und/oder der Klage zu verfolgen. Die Abschiebungsandrohung stellt eine Rückkehrentscheidung iSd Rückführungs-RL 2008/115/EG dar[1770].

1172    Eine **vorsorgliche Androhung** der Abschiebung gegenüber ausreisepflichtigen Ausländern „für den Fall der erneuten unerlaubten Wiedereinreise" ist – außer für die Sonderfälle im so genannten Flughafenverfahren nach § 18a Abs. 2 AsylG – im Gesetz nicht vorgesehen und daher unzulässig[1771].

1173    § 59 AufenthG wurde auf Grund der unionsrechtlichen Vorgaben der Rückführungs-Richtlinie 2008/115/EG durch Gesetz vom 22.11.2011[1772] grundlegend geändert.

### a) Bestimmung einer Ausreisefrist

1174    Gem. § 59 Abs. 1 S. 1 AufenthG **ist** die Abschiebung schriftlich (§ 77 Abs. 1 S. 1 Nr. 4) unter Bestimmung einer „angemessenen Frist" zwischen sieben und 30 Tagen für die freiwillige Ausreise anzudrohen. Dies entspricht der unionsrechtlichen Vorgabe in Art. 7 Abs. 1 S. 1 RL 2008/115/EG. Nach Satz 2 kann jedoch „ausnahmsweise" eine kürzere Frist gesetzt oder von einer Fristsetzung ganz abgesehen werden, wenn dies im

---

[1768] Der Erlass einer Abschiebungsanordnung nach § 58a AufenthG bedarf demgegenüber keiner Abschiebungsandrohung (§ 58a Abs. 1 S. 2 AufenthG).

[1769] Vgl. aber für Schleswig-Holstein § 236 SchlHLVwG.

[1770] BGH NVwZ 2013, 1361 Rn. 9.

[1771] BVerwGE 124, 166 = NVwZ 2006, 96; BVerwG NVwZ 2006, 96.

[1772] BGBl. I S. 2258; vgl. dazu *Huber* NVwZ 2012, 385 (387 f.).

Einzelfall zur Wahrung öffentlicher Belange „zwingend erforderlich" ist. Diese Voraussetzung ist der Norm zufolge insbes. dann erfüllt,

- wenn der begründete Verdacht besteht, dass der Ausländer sich der Abschiebung entziehen will (Nr. 1), oder
- von dem Ausländer eine erhebliche Gefahr für die öffentliche Sicherheit oder Ordnung ausgeht (Nr. 2).

Sofern die Voraussetzungen des § 59 Abs. 1 S. 2 AufenthG erfüllt sind, kann darüber **1175** hinaus auch von einer Abschiebungsandrohung abgesehen werden, wenn

- der Aufenthaltstitel nach § 51 Abs. 1 Nr. 3 bis 5 AufenthG wegen Rücknahme oder Widerruf des Titels oder wegen Ausweisung des Ausländers (→ Rn. 1051) erloschen ist (Nr. 1) oder wenn
- der Ausländer bereits unter Wahrung der Erfordernisse des § 77 AufenthG (Schriftform, Begründung, Rechtsbehelfsbelehrung) auf das Bestehen seiner Ausreisepflicht hingewiesen worden ist (Nr. 2).

Nach § 59 Abs. 1 S. 4 AufenthG kann die Ausreisefrist „unter Berücksichtigung der **1176** besonderen Umstände des Einzelfalls angemessen verlängert" oder für einen längeren Zeitraum festgesetzt werden. Die Möglichkeit zu einer solchen Regelung eröffnet Art. 7 Abs. 2 RL 2008/115/EG. Nach Art. 7 Abs. 3 RL 2008/115/EG können sich besondere Umstände, die eine länger bemessene Ausreisefrist rechtfertigen, aus der bisherigen Aufenthaltsdauer der ausreisepflichtigen Person, aus dem Vorhandensein schulpflichtiger Kinder und dem Bestehen anderer familiärer und sozialer Beziehungen ergeben. Die Amtliche Begründung nimmt auf diese Fallbeispiele Bezug[1773]. Soweit darüber hinaus dort ausgeführt wird, dass die bisherige Regelung des § 50 II 3 AufenthG aF, die eine Verlängerung der Ausreisefrist „in besonderen Härtefällen" ermöglichte, in dem neuen § 59 Abs. 1 S. 4 AufenthG aufgehe, darf dies jedoch nicht dazu führen, die strengen Voraussetzungen für die Annahme eines besonderen Härtefalles (zB lebensgefährliche Erkrankung oder Transportunfähigkeit) auf die Frage, ob „besondere Umstände des Einzelfalles" iSd Satz 4 vorliegen, zu übertragen. Sinn und Zweck des Art. 7 Abs. 2 RL 2008/115/EG ist es nämlich, ein größeres Maß an Einzelfallgerechtigkeit zu ermöglichen. In diesem Zusammenhang bestimmt ergänzend § 59 Abs. 1 S. 5 AufenthG, dass die Duldungsregelung des § 60a Abs. 2 AufenthG (→ Rn. 1201 ff.) unberührt bleibt. Der Amtlichen Begründung zufolge hat die Ausländerbehörde in besonderen Einzelfällen iSd Satzes 4 stets zu prüfen, ob **vorrangig** die Erteilung einer Duldung anstelle der Verlängerung der Ausreisefrist in Betracht kommt[1774]. Scheidet diese Möglichkeit aus, ist dem Ausreisepflichtigen gem. § 59 Abs. 6 AufenthG eine mit der Bestimmung der Ausreisefrist versehene (Grenzübertritts-)Bescheinigung auszustellen.

Wenn die Vollziehbarkeit der Ausreisepflicht oder der Abschiebungsandrohung ent- **1177** fällt, wird nach § 59 Abs. 1 S. 6 AufenthG die Ausreisefrist unterbrochen und beginnt nach Wiedereintritt der Vollziehbarkeit erneut zu laufen[1775]. Einer erneuten Fristsetzung bedarf es nicht (§ 59 Abs. 1 S. 7 AufenthG). Sofern die Frist zur freiwilligen Ausreise erfolglos abgelaufen ist, darf der Termin der Abschiebung dem Ausländer nicht angekündigt werden (§ 59 Abs. 1 S. 8 AufenthG). Diese Regelung wurde mit dem Asylverfahrensbeschleunigungsgesetz 2015 aufgenommen und ist eine Reaktion auf die bis dahin festgestellte Praxis einiger Bundesländer, ausreisepflichtigen Ausländern den Termin der zwangsweisen Abschiebung vorab mitzuteilen mit der Folge, dass die Betroffenen häufig zum angesetzten Termin der Abschiebung nicht erreichbar waren[1776].

---

[1773] BR-Drs. 210/11, S. 64 (Reg-E); vgl. auch BT-Drs. 17/5470 (BT-E).
[1774] BR-Drs. 210/11, S. 64 (Reg-E); vgl. auch BT-Drs. 17/5470 (BT-E).
[1775] Vgl. § 212 BGB.
[1776] BT-Drs. 18/6185 S. 50.

1178 Nach § 59 Abs. 5 S. 1 Hs. 1 AufenthG bedarf es in den Fällen des § 58 Abs. 3 Nr. 1 AufenthG, wenn sich also ein Ausländer auf richterliche Anordnung in Haft oder in sonstigem öffentlichen Gewahrsam befindet, einer Fristsetzung nicht. Der Betroffene wird aus der Haft oder dem öffentlichen Gewahrsam heraus abgeschoben (Hs. 1). Die Abschiebung soll jedoch nach S. 2 der Vorschrift mindestens eine Woche vorher angekündigt werden. Diese Ergänzung des § 59 AufenthG knüpft an die frühere Rechtslage des § 50 Abs. 5 AuslG 1990 an. Entbehrlich ist in einem solchen Fall lediglich, eine Ausreisefrist zu bestimmen. Eine Abschiebungsandrohung hat jedoch auch gegenüber einem inhaftierten Ausländer zu ergehen.

1179 § 59 Abs. 5 S. 1 AufenthG untersagt jedoch einer Ausländerbehörde nicht zwingend, eine Ausreisefrist zu bestimmen, wenn der Betroffene auf Grund der ihm gegenüber vollzogenen freiheitsentziehenden Maßnahme überhaupt nicht in der Lage ist oder sein wird, der ihm obliegenden Verlassenspflicht ohne behördliche Kontrolle nachzukommen[1777]. Das Bestimmen einer Ausreisefrist kann jedoch angezeigt und aus Gründen der Verhältnismäßigkeit auch geboten sein, wenn ein inhaftierter Ausländer sich bereit erklärt, **nach** Verbüßung einer Freiheitsstrafe oder nach Entlassung aus der Untersuchungshaft oder einer sonstigen freiheitsentziehenden Maßnahme freiwillig auszureisen und die Ernsthaftigkeit einer solchen Ankündigung nicht in Zweifel steht. Wird ihm diese Möglichkeit eingeräumt, hat dies für ihn jedenfalls dann, wenn die Ausreisepflicht allein auf einer Versagung eines Aufenthaltstitels beruht, den Vorteil, dass die mit einer Abschiebung einsetzende Sperrwirkung des § 11 Abs. 1 AufenthG (→ Rn. 144 ff.) nicht ausgelöst wird.

1180 Sofern der Ausländerbehörde konkrete Anhaltspunkte dafür vorliegen, dass ein ausreisepflichtiger Ausländer Opfer einer in § 25 Abs. 4a S. 1 AufenthG oder in § 25 Abs. 4b S. 1 AufenthG genannten Straftat wurde, setzt sie abweichend von § 59 Abs. 1 S. 1 AufenthG eine Ausreisefrist, die so zu bemessen ist, dass er eine Entscheidung über seine Aussagebereitschaft nach § 25 Abs. 4a S. 2 Nr. 3 AufenthG oder nach § 25 Abs. 4b S. 2 Nr. 2 AufenthG treffen kann. Die Ausreisefrist beträgt in diesen Fällen mindestens drei Monate (§ 59 Abs. 7 S. 2 AufenthG).

1181 Allerdings kann die Ausländerbehörde davon absehen, eine Ausreisefrist nach § 59 Abs. 7 S. 1 AufenthG festzusetzen, diese aufzuheben oder zu verkürzen, wenn

- der Aufenthalt des Ausländers die öffentliche Sicherheit und Ordnung oder sonstige erhebliche Interessen der BRD beeinträchtigt (Nr. 1) oder
- der Ausländer freiwillig nach einer Unterrichtung nach Satz 4[1778] wieder Verbindung zu den Personen, die von § 25b Abs. 4a S. 2 Nr. 2 AufenthG erfasst sind, aufgenommen hat.

1182 Ergänzend gibt § 59 Abs. 8 AufenthG den Ausländerbehörden bzw. den durch sie beauftragten Stellen auf, Opfer von Straftaten iSv § 25 Abs. 4b AufenthG, dh illegal Beschäftigten, über die geltenden Regelungen, insbesondere zu den Vergütungsansprüchen nach § 98a AufenthG (→ Rn. 1461 ff.), sowie über Programme und Maßnahmen für Opfer zu unterrichten.

## b) Bezeichnung des Zielstaats

1183 Nach § 59 Abs. 2 AufenthG **soll** in der Abschiebungsandrohung der Staat bezeichnet werden, in den der Ausländer abgeschoben werden soll (so genannter **Zielstaat**). Dies ist idR der Heimat- oder Herkunftsstaat. Es kann aber auch ein sonstiger Drittstaat sein,

---

[1777] So auch Bergmann/Dienelt/*Bauer* § 59 AufenthG Rn. 30.
[1778] Nach § 59 Abs. 7 S. 4 AufenthG unterrichtet die Ausländerbehörde oder eine durch sie beauftragte Stelle den Ausländer über die geltenden Regelungen, Programme und Maßnahmen für Opfer von in § 25 Abs. 4a S. 1 AufenthG genannten Straftaten.

wenn der Ausländer berechtigt ist, in diesen einzureisen und sich dort aufzuhalten oder wenn dieser Staat auf Grund eines bi- oder multilateralen Übereinkommens verpflichtet ist, den Betroffenen zu übernehmen (Art. 6 Abs. 2 und 3 RL 2008/115/EG). So ist es durchaus möglich, dass in einer Abschiebungsandrohung mehrere Zielstaaten konkret benannt werden[1779]. Die Rechtmäßigkeit einer konkreten Zielstaatsbezeichnung wird nicht dadurch infrage gestellt, dass aus tatsächlichen Gründen wenig oder keine Aussicht besteht, in absehbarer Zeit eine Abschiebung des Ausreisepflichtigen in diesen Staat durchführen zu können[1780]. An der Rechtmäßigkeit einer Abschiebungsandrohung ändert sich zudem nichts durch den Umstand, dass der Ausländer nur in einem Teil des Hoheitsgebiets des bezeichneten Zielstaates sicher leben kann[1781]. Auch ist es unerheblich, ob der Ausländer jemals in dem Zielstaat gelebt hat[1782]. Darüber hinaus soll der Ausländer darauf hingewiesen werden, dass er auch in einen anderen Staat abgeschoben werden kann, in den er einreisen darf oder der zu seiner Übernahme verpflichtet ist (§ 59 Abs. 2 AufenthG). Dieser Hinweis ist für die Rechtmäßigkeit einer Abschiebungsandrohung jedoch nicht konstitutiv[1783].

Bei einem von der Ausländerbehörde vorgenommenen Austausch des Zielstaats handelt es sich um eine weitgehende inhaltliche Änderung einer erlassenen Abschiebungsandrohung. Daher scheidet eine Umdeutung des Regelungsgehalts dieses Verwaltungsakts nach § 47 Abs. 1 VwVfG aus[1784]. **1184**

Sofern es der Ausländerbehörde nicht möglich ist, im Zusammenhang mit einer erlassenen Abschiebungsandrohung einen konkreten Zielstaat zu bezeichnen, etwa wenn die Staatsangehörigkeit des Ausländers noch ungeklärt ist, kann diese ausnahmsweise davon absehen, einen bestimmten Staat, in den die Abschiebung erfolgen soll, zu benennen[1785]. Die Androhung der Abschiebung in den noch ungeklärten „Herkunftsstaat" enthält keine ordnungsgemäße Zielstaatsbezeichnung, sondern lediglich einen unverbindlichen Hinweis[1786]. Sobald die Behörde sich jedoch Klarheit darüber verschafft hat, wohin der Betroffene abgeschoben werden soll, ist ihm dies grundsätzlich schriftlich (§ 59 Abs. 1 iVm § 77 Abs. 1 S. 1 AufenthG) rechtzeitig vor der Abschiebung selbst mitzuteilen, damit er ggf. noch Einwendungen gegen den konkret geplanten Vollzug der Ausreisepflicht erheben und ggf. auch um (einstweiligen) Rechtsschutz nachsuchen kann[1787]. Eine Abschiebungsandrohung erweist sich jedoch als rechtswidrig, wenn eine Bezeichnung des Zielstaates – sei es bei Erlass des Verwaltungsakts oder ggf. auch später – endgültig unterbleibt[1788]. Es ist nicht ausreichend, wenn die erforderliche Bezeichnung erst im **1185**

---

[1779] Vgl. dazu auch BVerwG Buchholz 402.242 § 60 Abs. 1 AufenthG Nr. 3; OVG Saarlouis BeckRS 2015, 46140 = NVwZ-RR 2015, 678 Ls.

[1780] BVerwG InfAuslR 2013, 42 = BeckRS 2012, 58586.

[1781] BVerwG NVwZ 2000, 331.

[1782] OVG Saarlouis BeckRS 2015, 46140 = NVwZ-RR 2015, 678 Ls.

[1783] Vgl. VGH Mannheim VBlBW 1997, 30 = ZAR 1996, 185 L; VGH Kassel DVBl. 1994, 1419 = ZAR 1994, 186 L.

[1784] BVerwG NVwZ 2014, 1460 Rn. 35.

[1785] Vgl. nur BVerwGE 111, 343 = NJW 2000, 3798; BVerwG NVwZ 2014, 1460 Rn. 35. Zur rechtlich unzulässigen Abänderung einer Zielstaatsbestimmung in einer vom BAMF gem. § 34 AsylG erlassenen Abschiebungsandrohung durch eine Ausländerbehörde vgl. VGH Mannheim BeckRS 2007, 26622 = NVwZ-RR 2008, 62 Ls.; zweifelnd auch VGH München Beschl. v. 8.1.2014 – 10 CE 13.2632, BeckRS 2014, 46392; offen gelassen von BVerwGE 111, 343 = NJW 2000, 3798.

[1786] BVerwGE 111, 343 = NJW 2000, 3798; BVerwG NVwZ-RR 2014, 487 Rn. 25; OVG Greifswald Urt. v. 30.1.2013 – 3 L 158/07 BeckRS 2013, 49502.

[1787] Vgl. nur BVerwGE 110, 74 [80 f.] = NVwZ 2000, 331; BVerwGE 111, 343 = NJW 2000, 3798.

[1788] VGH Mannheim VBl BW 1996, 436 = NVwZ 1997, 514 L; VGH Kassel EZAR 044 Nr. 6 = ZAR 1993, 179 L; VGH München InfAuslR 1994, 30; a.A. OVG Hamburg EZAR 022 Nr. 4 und EZAR 044 Nr. 7 = ZAR 1994, 38 L.

Zusammenhang mit der konkreten Anordnung der Abschiebung selbst erfolgt, da in einem solchen Fall dem Betroffenen in aller Regel die Möglichkeit, noch um effektiven Rechtsschutz nachsuchen zu können, verschlossen ist. Dies gilt umso mehr, wenn eine Abschiebung unmittelbar aus der Haft oder aus einem öffentlichen Gewahrsam heraus durchgeführt werden soll.

### c) Abschiebungsandrohung bei Vorliegen eines Abschiebungsverbots

1186    Gem. § 59 Abs. 3 S. 1 AufenthG steht dem Erlass einer Abschiebungsandrohung das Vorliegen von Abschiebungsverboten und Gründen für die vorübergehende Aussetzung der Abschiebung nicht entgegen[1789]. In einem solchen Fall ist in der Androhung der Staat zu bezeichnen, in den der Ausländer nicht abgeschoben werden darf (§ 59 Abs. 3 S. 2 AufenthG). Ein vorliegendes Abschiebungsverbot sperrt lediglich die Abschiebung in einen oder in mehrere im Einzelnen konkret bestimmte Staaten, jedoch nicht die Abschiebung schlechthin. Daher bleibt die Abschiebungsandrohung hiervon unberührt. Hat das BAMF das Vorliegen eines Abschiebungsverbotes iSd § 60 Abs. 5 und 7 AufenthG hinsichtlich eines bestimmten Zielstaates in einer asylverfahrensrechtlichen Entscheidung gem. §§ 31 Abs. 2, 34 AsylG unanfechtbar festgestellt, ist die Ausländerbehörde nach § 42 AsylG hieran gebunden. Ihr steht daher auch nicht die Befugnis zu, eine uneingeschränkte und damit den vom Bundesamt benannten Zielstaat einbeziehende ausländerrechtliche Abschiebungsandrohung zu erlassen. Sofern (erst) ein Verwaltungsgericht das Vorliegen eines Abschiebungsverbotes feststellt, bleibt die Rechtmäßigkeit der Abschiebungsandrohung im Übrigen unberührt (§ 59 Abs. 3 S. 3 AufenthG).

1187    Liegen inlandsbezogene Abschiebungshindernisse vor, über die zu befinden idR allein die Ausländerbehörden zuständig sind[1790], stehen diese ebenfalls nicht dem Erlass einer Abschiebungsandrohung entgegen. Dem Betroffenen ist dann gem. § 60a Abs. 2 AufenthG eine Duldung zu erteilen, es sei denn, er erfüllt die Voraussetzungen für eine Aufenthaltserlaubnis nach § 25 Abs. 5 AufenthG (→ Rn. ff.).

### d) Folgen der Unanfechtbarkeit einer Abschiebungsandrohung

1188    Gem. § 59 Abs. 4 S. 1 Halbs. 1 AufenthG bleiben **nach** dem Eintritt der Unanfechtbarkeit der Abschiebungsandrohung für **weitere** Entscheidungen der Ausländerbehörde über die Abschiebung oder aber deren Aussetzung solche Umstände unberücksichtigt, die einer Abschiebung in den in der Abschiebungsandrohung bezeichneten Staat entgegenstehen und die bereits **vor** dem Eintritt der Unanfechtbarkeit der Abschiebungsandrohung vorlagen. Diese Präklusionsregelung knüpft an die einem Ausländer obliegenden Mitwirkungspflichten an, die sich aus § 82 Abs. 1 AufenthG (→ Rn. 1387 ff.) ergeben. Nach S. 1 dieser Vorschrift ist ein Ausländer verpflichtet, seine Belange und für ihn günstige Umstände, soweit sie nicht offenkundig oder bekannt sind, unter konkreter Benennung **unverzüglich** geltend zu machen und die erforderlichen Nachweise über seine persönlichen Verhältnisse, sonstige erforderliche Bescheinigungen und Erlaubnisse sowie sonstige erforderliche Nachweise, die er vorlegen kann, unverzüglich beizubringen. Darüber hinaus bestimmt § 25 Abs. 1 und 2 AsylG, dass ein Asylbewerber im Rahmen seiner Anhörung durch das Bundesamt für Migration und Flüchtlinge selbst die Tatsachen und Umstände

---

[1789] Vgl. dazu BVerwG NVwZ 2007, 346. Zur Rechtslage nach § 50 Abs. 3 AuslG 1990 vgl. BVerwG NVwZ-RR 2004, 534.

[1790] Vgl. aber zur Prüfung inlandsbezogener Abschiebungshindernisse im Rahmen des § 34a Abs. 1 S. 1 AsylG durch das Bundesamt für Migration und Flüchtlinge zB OVG Magdeburg ZAR 2015, 40 Ls. = BeckRS 2014, 56178; VGH München InfAuslR 2014, 451 = NVwZ-RR 2014, 576 Ls. = BeckRS 2014, 49104.

anzugeben hat, die seine Furcht vor politischer Verfolgung begründen oder die einer Abschiebung oder einer Abschiebung in einen bestimmten Staat entgegenstehen.

Sonstige von einem Ausländer geltend gemachte und **nach** Unanfechtbarkeit der Abschiebungsandrohung eingetretene Umstände, die der Abschiebung oder der Abschiebung in den bezeichneten Zielstaat entgegenstehen, können nach § 59 Abs. 4 S. 1 Hs. 2 AufenthG unberücksichtigt bleiben. Vom Gesetzeswortlaut her steht die Entscheidung der Ausländerbehörde, ob sie solche Umstände berücksichtigt oder nicht, in deren Ermessen. Zu bedenken ist in diesem Zusammenhang jedoch, dass für zielstaatsbezogene Abschiebungshindernisse ohnehin die alleinige Zuständigkeit des BAMF gegeben ist (§ 5 AsylG). Sofern ein Asylverfahren beim BAMF nicht anhängig gemacht worden ist und sich ein Ausländer darauf beruft, es liege für seine Person ein zielstaatsbezogenes Abschiebungsverbot iSd § 60 Abs. 5 oder Abs. 7 AufenthG vor, entscheidet die Ausländerbehörde gem. § 72 Abs. 2 AufenthG (→ Rn. 1373) nur nach vorheriger Beteiligung des BAMF. Im Rahmen dieses Beteiligungsverfahrens hat das BAMF zu prüfen, ob nach gegebener Erkenntnislage eine Abschiebung in den Zielstaat unzulässig ist. **1189**

Dem betroffenen Ausländer ist es unbenommen, die seiner Ansicht nach **vor oder auch nach** Eintritt der Unanfechtbarkeit einer Abschiebungsandrohung gegebenen Abschiebungshindernisse im Wege der Klage oder in einem Verfahren des einstweiligen Rechtsschutzes geltend zu machen (§ 59 Abs. 4 S. 2 AufenthG). Mit einer dem Ausländer stattgebenden Entscheidung des Verwaltungsgerichts wird damit die ihm gegenüber ergangene Abschiebungsandrohung zumindest partiell gegenstandslos und kann – bezogen auf eine Abschiebung in einen Zielstaat oder mehrere Zielstaaten – nicht mehr herangezogen werden, um eine entsprechende vollstreckungsrechtliche Maßnahme zu rechtfertigen. Die Stattgabe eines Antrags auf Anordnung der aufschiebenden Wirkung eines Widerspruchs oder einer Klage gegen eine Abschiebungsandrohung bewirkt, dass diese ab dem Zeitpunkt der Entscheidung des Gerichts nicht mehr vollziehbar ist. **1190**

## 5. Vorübergehende Aussetzung der Abschiebung durch Duldung (§ 60a AufenthG)

### a) Allgemeines

§ 60a AufenthG regelt die vorübergehende Aussetzung der Abschiebung, dh die ausländerrechtliche **Duldung** als Maßnahme der Verwaltungsvollstreckung. Die Norm enthält verschiedene Duldungsgründe, die sowohl zur Aussetzung der Abschiebung für bestimmte Personengruppen (Abs. 1) als auch in Einzelfällen (Abs. 2 bis 2b) führen können. Zudem regelt die Norm die formelle Vorgabe der Erteilung einer Bescheinigung über die Duldung (Abs. 4), deren Erlöschen und Widerruf (Abs. 5) sowie das Beschäftigungsverbot für bestimmte Geduldete (Abs. 6). Durch das 1. RiLiUmsG 2007, das ZwHeiratBG, das NeuBestG, die Asylpakete I und II sowie das Gesetz zur besseren Durchsetzung der Ausreisepflicht[1791] erfuhr die Regelung zahlreiche Änderungen und Ergänzungen. Von besonderer praktischer Relevanz sind die mit dem sog. Asylpaket II eingeführten Regelungen in den Abs. 2c und 2d zu Abschiebungshindernissen aus gesundheitlichen Gründen. **1191**

Die Duldung setzt die **Vollziehbarkeit** der Abschiebung voraus und berührt **nicht** den Fortbestand der **Ausreisepflicht** (§ 60a Abs. 3 AufenthG).[1792] Der Besitz einer **Bescheinigung über die Aussetzung der Abschiebung** (§ 60a Abs. 4 AufenthG) ist rein **deklaratorisch** und belegt lediglich, dass eine bestehende Ausreisepflicht bis zum Wegfall der **1192**

---

[1791] Gesetz vom 20.7.2017, BGBl. I 2780 m. W. v. 29.7.2017.
[1792] Siehe hierzu OVG Münster Beschl. v. 18.6.2012 – 18 E 491/12, Rn. 3, juris, wonach ein Anspruch auf Erteilung einer Duldung erst nach Ablauf der gesetzten Ausreisefrist bestehe.

Hinderungsgründe nicht mit Zwangsmaßnahmen durchgesetzt wird. Wird trotz bestehender Duldungsgründe die Erteilung der Duldung verweigert und lediglich eine (gesetzlich nicht geregelte) „Grenzübertrittsbescheinigung" o. ä. ausgestellt, ändert dies nichts am (Duldungs-)Status.

1193 So machen sich Geduldete zwar nicht strafbar nach § 95 Abs. 1 Nr. 2 AufenthG. Die Duldung ist jedoch **kein Aufenthaltstitel** iSd § 4 Abs. 1 S. 2 AufenthG und vermittelt auch **keinen rechtmäßigen** Aufenthalt.[1793] Die insb. in der Vergangenheit bestehende Problematik der Erteilung sog. „Kettenduldungen" über einen längeren Zeitraum führte allerdings dazu, dass die Duldung sich zu einem „Aufenthaltsrecht zweiter Klasse"[1794] entwickelte.

1194 **Europarechtlich** ist in der Duldung eine „sonstige Aufenthaltsberechtigung" iSv Art. 6 Abs. 4 S. 1 der **Rückführungs**-RL (RL 2008/115/EG)[1795] zu sehen. Im Rahmen des sog. Dublin-Verfahrens (→ Rn. 1774) stellt sie eine Genehmigung des Aufenthaltes iSv Art. 2 Buchst. l VO (EU) Nr. 604/2013 dar, womit sie die Zuständigkeit Deutschlands zur Durchführung des Asylverfahrens begründen kann.

1195 Die Erteilung einer **Aufenthaltserlaubnis** kommt für Geduldete nach den § 18a, § 23a, § 25 Abs. 4a, § 25 Abs. 4b, § 25 Abs. 5, § 25a und § 25b AufenthG in Betracht.

## b) Duldungsgründe

1196 **aa) Aussetzung der Abschiebung durch die oberste Landesbehörde (§ 60a Abs. 1 AufenthG).** Gemäß § 60a Abs. 1 S. 1 AufenthG **kann** die oberste Landesbehörde aus **völkerrechtlichen oder humanitären Gründen** oder zur **Wahrung politischer Interessen** der Bundesrepublik Deutschland die Aussetzung der Abschiebung bestimmter Personen(-gruppen) für **längstens drei Monate** anordnen und so humanitären Schutz unabhängig vom Vorliegen individueller Gefährdung gewährleisten.[1796]

1197 Dies entspricht den Voraussetzungen von § 23 Abs. 1 AufenthG (→ Rn. 456 ff.). Diese Norm ist bei einer Aussetzung der Abschiebung für einen Zeitraum von **länger als sechs Monaten**[1797] auch anzuwenden (vgl. die Rechtsgrundverweisung in § 60a Abs. 1 S. 2 AufenthG). Für eine solche Anordnung bedarf es mithin des Einvernehmens des Bundesministeriums des Innern.

1198 Bei der Anordnung sind insbesondere Gefahren zu berücksichtigen, denen die Bevölkerung oder bestimmte Bevölkerungsgruppen im Herkunftsstaat **allgemein** ausgesetzt sind und die daher im Einzelfall kein zielstaatsbezogenes Abschiebungsverbot nach § 60 Abs. 7 AufenthG (→ Rn. 1853 ff. oder 1859 ff.) begründen können.[1798] Die oberste Landesbehörde ist befugt, den Inhalt einer entsprechenden Anordnung näher zu bestimmen und den zu begünstigenden Personenkreis einzugrenzen.[1799]

---

[1793] Zu Ausnahmen in der Vergangenheit s. BVerwG Urt. v. 16.10.1990 – 1 C 15/88, BVerwGE 87, 11; *Kemper* ZAR 1992, 115.

[1794] So Huber/*Masuch/Gordzielik* AufenthG § 60a Rn. 1 mwN zur Entstehungsgeschichte der Norm.

[1795] Abl. EG L 348/98 v. 24.12.2008.

[1796] Mit dem Asylpaket I wurde die maximale Dauer eines Abschiebungsstopps von sechs auf drei Monate verkürzt und damit auch der Anwendungsspielraum der Behörde.

[1797] Siehe Bergmann/Dienelt/*Bauer* AufenthG § 60a Rn. 1, wonach es sich bei der nicht auf drei Monate (vgl. Satz 1) gekürzten Frist in Satz 2 um ein Redaktionsversehen handeln müsse.

[1798] Vgl. Nr. 60a.1.1.2 VwV-AufenthG; s. Hofmann/*Bruns* AufenthG § 60a Rn. 10, zur Problematik der sog. „Schiebe-Erlasse".

[1799] Vgl. OVG Frankfurt (Oder) AuAS 2004, 28 = ZAR 2003, 364; OVG Bremen NVwZ-Beil. I – 2003, 42; jeweils zu § 32 AuslG 1990.

Dem BVerwG zufolge ist die Anordnung weder eine Rechtsnorm noch eine All-     **1199**
gemeinverfügung.[1800] Mangels Einhaltung der charakteristischen Formerfordernisse – wie
etwa der Verkündung in einem Gesetz- und Verordnungsblatt – handelt es sich nicht um
eine Rechtsverordnung. In ihr kann aber auch keine bloße Verwaltungsvorschrift gesehen
werden, da sie durchaus Außenwirkung entfaltet und nach dem Willen der politisch
Verantwortlichen bestimmte Personengruppen unmittelbar begünstigen soll.[1801]

Auch wenn sich aus § 60a Abs. 1 AufenthG keine unmittelbaren rechtlichen Ansprü-     **1200**
che herleiten lassen, können in bestimmten Fällen Rechtsansprüche auf Erteilung einer
Duldung bestehen. So begründet die Anordnung einen Anspruch auf Erteilung einer
Duldung, sofern eine Person in den Kreis der durch die Anordnung Begünstigten fällt.[1802]
Der jeweilige Inhalt der Anordnung (zB erfasster Personenkreis) kann jedoch aufgrund
des **weiten politischen Ermessensspielraumes** der obersten Landesbehörde allenfalls im
Hinblick auf eine Verletzung des Willkürverbots oder anderer verfassungsrechtlicher
Gebote gerichtlich überprüft werden.[1803]

**bb) Unmöglichkeit der Abschiebung im Einzelfall (§ 60a Abs. 2 S. 1 AufenthG).**
Nach § 60a Abs. 2 S. 1 AufenthG ist die Abschiebung **in Einzelfällen** auszusetzen,     **1201**
solange diese aus **tatsächlichen oder rechtlichen Gründen unmöglich** ist und der
betreffenden Person **keine** Aufenthaltserlaubnis erteilt wird.[1804] Ist Unmöglichkeit gegeben, besteht für die Ausländerbehörde **zwingend** die gesetzliche Verpflichtung, die
Abschiebung auszusetzen. Unmöglichkeit liegt dabei nach der unmissverständlichen
Rechtsprechung des BVerwG[1805] auch vor, wenn eine Ausreisepflicht nicht durchgesetzt
werden kann – unabhängig davon, ob die Betreffenden **freiwillig ausreisen** könnten. In
diesen Fällen besteht also einen **Anspruch** auf Erteilung einer Duldung.

**Tatsächliche Unmöglichkeit** ist gegeben, wenn die Abschiebung faktisch nicht bzw.     **1202**
nur mit unverhältnismäßigem Aufwand oder erheblichen Verzögerungen durchführbar
ist.[1806] **Rechtliche Unmöglichkeit** liegt vor, wenn die Abschiebung geltendem Recht
widersprechen würde, entweder aufgrund gesetzlicher Duldungsgründe[1807] oder ent-
gegenstehendem Verfassungs-, Europa- oder Völkerrecht. Ob Unmöglichkeit aus tatsächlichen oder rechtlichen Gründen vorliegt ist nicht immer klar zu unterscheiden. So kann
beispielsweise eine Krankheit sowohl eine tatsächliche Reiseunfähigkeit als auch eine
rechtliche Unmöglichkeit wegen einer Abschiebung entgegenstehender Rechte begründen. Nachfolgend werden jeweils typische **Fallgruppen** aus der Praxis exemplarisch
aufgelistet.

Unmöglichkeit aus **tatsächlichen Gründen** kann ua vorliegen, wenn:     **1203**
- der erforderliche Pass(-ersatz) nicht vorliegt, auf **absehbare Zeit** nicht beschafft werden
  kann und eine Abschiebung ohne diesen nicht möglich ist;
- sich der Zielstaat der Abschiebung weigert, die betreffende Person aufzunehmen;
- die Person aus gesundheitlichen Gründen **tatsächlich** reise- bzw. transportunfähig ist;

---

[1800] BVerwGE 100, 335 = NVwZ 1997, 317.

[1801] Bergmann/Dienelt/*Bauer* AufenthG § 60a Rn. 5; s. auch *Göbel-Zimmermann* ZAR 1995, 23.

[1802] Dazu Huber/*Masuch*/*Gordzielik* AufenthG § 60a Rn. 8 mwN zum hier herrschenden Meinungsstreit.

[1803] Siehe VGH Kassel, NVwZ-Beil. 1995, 67 (69); s. auch *Göbel-Zimmermann* ZAR 1995, 23.

[1804] Siehe aber OVG Bremen Beschl. v. 20.9.2013 – 1 B 143/13 = Asylmagazin 12/2013, 428 f.,
wonach ein Anspruch auf Duldung auch bis zur Erteilung eines humanitären Aufenthaltstitels
bestehen könne, sofern diese ernsthaft in Betracht komme.

[1805] Vgl. BVerwGE 105, 232 = NVwZ 1998, 297, zu § 55 AuslG; s. auch BVerfG Beschl. v.
6.3.2003 – 2 BvR 397/02.

[1806] Vgl. BT-Drs. 11/6321, 76 zu § 55 AuslG.

[1807] Bspw. § 72 Abs. 4 S. 1, § 81 Abs. 3 S. 2 AufenthG oder §§ 43 Abs. 3, 71 Abs. 5 S. 2, 71a
Abs. 3 AsylG.

- zu dem Zielstaat keine Verkehrsverbindungen oder Transportmöglichkeiten bestehen;
- eine Beförderung durch dritte Staaten[1808] nicht stattzufinden vermag.

**1204**  Unmöglichkeit aus **rechtlichen Gründen** liegt beispielsweise in folgenden Fällen vor:

- Es droht zwar eine Verfolgung bzw. Gefahr im Herkunftsstaat, die die Anerkennung als Asylberechtigte iSd Art. 16a Abs. 1 GG und/oder die Zuerkennung internationalen Schutzes nach § 3 Abs. 1 oder § 4 Abs. 1 AsylG durch das BAMF im Asylverfahren (→ Rn. 1802 ff.) begründet. Es liegt aber bspw. ein Versagungsgrund nach § 25 Abs. 1 S. 2 bzw. Abs. 2 S. 2 AufenthG vor, sodass keine Aufenthaltserlaubnis durch die Ausländerbehörde erteilt wird. Aufgrund der drohenden (Verfolgungs-)Gefahr liegt hier jedoch ein **Abschiebungsverbot** nach § 60 Abs. 1 bzw. Abs. 2 AufenthG (→ Rn. 1839 ff.) vor, womit die Abschiebung rechtlich unmöglich ist. Gleiches gilt, wenn die Voraussetzungen für ein Abschiebungsverbot iSd § 60 Abs. 5 oder 7 AufenthG (→ Rn. 1853 ff.) vorliegen, aber keine Aufenthaltserlaubnis erteilt werden kann.
- Zudem können laufende Verwaltungs- oder Gerichtsverfahren einen Anspruch auf eine **Verfahrensduldung** begründen. Diese kann entweder gesetzlich geregelt sein (wie zB in § 71a Abs. 3 AsylG) oder sich aus **Art. 19 Abs. 4 GG** ergeben, bspw. während eines **Eilverfahrens über die Aussetzung der Abschiebung**.

**1205**  
- Richtet eine Person ein Ersuchen an die **Härtefallkommission** gemäß § 23a AufenthG (→ Rn. 486 ff.) wird hierdurch von Gesetzes wegen der weitere Aufenthalt zwar nicht **rechtmäßig**. Gleichwohl muss nach rechtsstaatlichen Erwägungen ermöglicht werden, das Votum der Härtefallkommission vom Inland her abwarten zu dürfen, da das Verfahren im Übrigen obsolet wäre.[1809] Insbesondere in Fällen, in denen die Härtefallkommission bereits ein positives Votum abgegeben hat und (nur) die Entscheidung der obersten Landesbehörde noch aussteht, würde eine Abschiebung gegen das Willkürverbot verstoßen. Die in den Allgemeinen Anwendungshinweisen vertretene gegenteilige Ansicht[1810] ist mit diesen rechtsstaatlichen Grundsätzen nicht vereinbar.
- Zwar bewirkt die Einleitung eines **Petitionsverfahrens** nach hM trotz der Wahrnehmung eines aus Art. 17 GG folgenden Grundrechts keinen Anspruch auf eine Duldung.[1811] Dem ist jedoch entgegenzuhalten, dass es der Exekutive untersagt ist, durch das Schaffen vollendeter Tatsachen in Form einer Abschiebung einer inhaltlichen Befassung der Legislative mit dem Petitionsvorgang vorzugreifen, womit eine Duldung zu erteilen ist.[1812]
- Asylsuchenden, die einen **Folgeantrag** iSd § 71 AsylG stellen, steht bis zur Entscheidung des BAMF darüber, ob ein weiteres Asylverfahren durchgeführt werden soll, ein Anspruch auf eine Duldung zu (§ 71 Abs. 5 S. 2 AsylG).[1813]
- Ein Fall der rechtlichen Unmöglichkeit kann sich im Hinblick auf **unbegleitete Minderjährige** daraus ergeben, dass im Rückkehrstaat kein Familienmitglied, eine zur Personensorge berechtigte Person oder eine geeignete Aufnahmeeinrichtung zur Annahme der betreffenden Person zur Verfügung steht, s. § 58 Abs. 1a AufenthG. Hierüber muss sich die jeweilige Ausländerbehörde Gewissheit verschaffen.[1814]

---

[1808] Vgl. in diesem Zusammenhang die Richtlinie 2003/110/EG (ABl. Nr. L 321 S. 26). Mit verschiedenen Nachbarstaaten und Transitländern bestehen Übernahme- und Durchbeförderungsabkommen.

[1809] So auch Hofmann/*Bruns* AufenthG § 60a Rn. 25.

[1810] AAH zu § 60a AufenthG vom 30.5.2017, S. 7.

[1811] Siehe AAH zu § 60a AufenthG vom 30.5.2017, S. 7; VGH Kassel InfAuslR 1996, 114; OVG Münster Beschl. v. 21.2.1994 – 18 B 457/94.

[1812] Vgl. auch *Hoffmann* InfAuslR 1992, 240.

[1813] Erstantragstellern steht eine Aufenthaltsgestattung nach § 55 AsylG zu.

[1814] Vgl. BVerwG Urt. v. 13.6.2013 – 10 C 13.12, Rn. 18, juris; siehe auch VGH Mannheim Beschl. v. 22.5.2017 – 11 S 322/17, asyl.net (M25203).

- Im Falle einer **Erkrankung** kann nicht nur eine **tatsächliche** Unmöglichkeit gegeben sein, sondern auch eine **rechtliche** Unmöglichkeit aufgrund einer drohenden Verletzung von **Art. 2 Abs. 2 S. 1 GG**, wenn sich der Gesundheitszustand **durch und während des Abschiebungsvorgangs** wesentlich verschlechtern würde oder die Lebens- oder Gesundheitsgefahr dadurch erst entsteht (sog. **Reiseunfähigkeit im engeren Sinne**).[1815] Das gilt bspw. bei Reiseunfähigkeit aufgrund einer **Schwangerschaft oder bevorstehenden Geburt**.[1816] Während der arbeitsschutzrechtlichen Mutterschutzfristen (bis zu sechs Wochen vor bis acht Wochen nach dem – voraussichtlichen – Geburtstermin, vgl. § 3 Abs. 2 und § 6 Abs. 1 MuSchG) besteht die Vermutung, dass eine Abschiebung nicht ohne Gesundheitsrisiken erfolgen kann.[1817] Unmöglichkeit besteht auch, wenn **als Folge der Abschiebung** eine wesentliche Verschlechterung des Gesundheitszustandes unmittelbar droht (sog. **Reiseunfähigkeit im weiteren Sinne**). Sofern es sich um eine **psychische Erkrankung** handelt, kann die Gefahr einer abschiebungsbedingten Gesundheitsgefährdung nicht deshalb verneint werden, weil es der betroffenen Person freistehe, freiwillig auszureisen und damit etwaigen mit der Abschiebung einhergehenden psychischen Belastungen entgegenzuwirken.[1818] Im Falle gesundheitlicher Gründe sind schließlich die § 60a Abs. 2c und 2d AufenthG (→ Rn. 1221 ff.) zu beachten.
- Ein Duldungsanspruch kann sich auch aus dem gebotenen **Schutz von Ehe und Familie** (Art. 6 GG bzw. 8 EMRK) ergeben, wenn die Erteilung einer Aufenthaltserlaubnis nicht in Frage kommt. Sofern die ausländische Person beispielsweise ein **minderjähriges deutsches Kind** hat und sich daraus nicht bereits ein Anspruch auf Aufenthaltserlaubnis ergibt, besteht ein Duldungsanspruch, wenn eine **sozial-familiäre** Beziehung und persönliche Verbundenheit zu dem Kind besteht und diese nur in Deutschland gelebt werden kann.[1819] Hier muss eine hinreichende Konstanz der Beziehung zu erwarten sein, deren Aufrechterhaltung dem Kindeswohl dient. Dabei kann auch die Phase ernsthafter Bemühungen um den Umgang und den Aufbau einer tragfähigen Eltern-Kind-Beziehung geschützt sein.[1820]
- Der Schutz von **Art. 6 GG und Art. 8 EMRK** kann auch eine **aufenthaltsrechtliche Vorwirkung** im Hinblick auf ein **ungeborenes deutsches Kind** entfalten. Dies kommt bspw. dann in Betracht, wenn ein ausländischer Vater die Vaterschaft anerkannt hat und die gemeinsame Betreuung und Erziehung des Kindes zu erwarten ist. Hier kommt es allerdings darauf an, dass die Ausreise unzumutbar ist, bspw. weil nicht mit einer Wiedereinreise vor dem Geburtstermin gerechnet werden kann.[1821] Auch im Hinblick auf die (ausländische) Mutter eines ungeborenen Kindes, welches bei Geburt die deutsche Staatsangehörigkeit kraft Abstammung erwerben wird, begründet die

---

[1815] Siehe zum Abschiebungshindernis wegen akuter Suizidgefahr OVG Saarlouis Beschl. v. 21.9.2011 – 2 A 3/11, Rn. 24, juris, wonach es darauf ankomme, ob dieser Gefahr während des Abschiebungsvorgangs durch bestimmte Schutzmaßnahmen begegnet werden könne.

[1816] Siehe in diesem Zusammenhang auch EGMR Urt. v. 13.12.2016 – 41738/10 (*Paposhvili gegen Belgien*) NVwZ 2017, 1187; dazu *Hinterberger/Klammer* NVwZ 2017, 1180.

[1817] Vgl. VG Oldenburg Beschl. v. 29.1.2013 – 11 B 37/13, Rn. 10, juris; s. auch der entgegenstehende Hinweis der Ausländerbehörde Berlin in Ziff. A 60a.2d.3. VAB (Stand 1.6.2017), wonach aufgrund der mit dem Asylpaket II eingeführten strengeren Anforderungen an das Vorliegen einer erheblichen Gesundheitsgefahr eine Abschiebung bis zu drei Wochen vor dem Geburtstermin möglich sein soll.

[1818] Vgl. OVG Berlin-Brandenburg Beschl. v. 29.10.2013 – OVG 12 S 106.13 NVwZ 2017, 1187; dazu *Hinterberger/Klammer* NVwZ 2017, 1180; BeckRS 2013, 58019.

[1819] Dazu OVG Berlin-Brandenburg Beschl. v. 20.11.2015 – OVG 11 S 47.15, Rn. 5, juris.

[1820] OVG Berlin-Brandenburg Beschl. v. 20.10.2016 – OVG 12 S 25/16, juris.

[1821] Dazu OVG Berlin-Brandenburg Beschl. v. 3.9.2012 – OVG 11 S 40.12, juris; OVG Hamburg, NVwZ-RR 2009, 133.

grundrechtliche Vorwirkung der Art. 2 und 6 GG ein Abschiebungsverbot, da das (deutsche) Kind ansonsten gegen den Willen der Mutter im Ausland geboren werden würde.[1822]

- Eine Gefahrenlage für das ungeborene Kind oder die Mutter (zB wegen **Risikoschwangerschaft**) kann auch einen Anspruch auf Duldung **für den Vater** begründen, wenn eine **Unterstützung** durch diesen erforderlich ist.[1823] Sofern die Mutter keine Deutsche ist, ist entscheidend, ob sie ein gesichertes Aufenthaltsrecht hat.[1824]

- Ebenso kann ein Duldungsgrund für die (werdende) ausländische Mutter eines ungeborenen deutschen Kindes bestehen, sofern die deutsche Abstammung des Kindes durch eine (vorgeburtliche) Vaterschaftsanerkennung (§ 1592 Nr. 2 BGB iVm 1594 ff. BGB) glaubhaft gemacht wird.[1825]

- Sowohl die **eheliche Lebensgemeinschaft als auch die eingetragene Lebenspartnerschaft** sind verfassungsrechtlich nach Art. 6 Abs. 1 GG bzw. Art. 2 Abs. 1 GG geschützt (umfassend dazu → Rn. 691 ff.) und werden von 8 EMRK erfasst, sodass deren Bestehen einen Duldungsanspruch begründen kann, sofern die Erteilung einer entsprechenden Aufenthaltserlaubnis nach den §§ 27 ff. AufenthG (→ Rn. 690 ff.) nicht in Frage kommt. Grundsätzlich richtet sich die Anerkennungsfähigkeit einer **im Ausland geschlossenen Ehe** (zB in Dänemark) nach dem Internationalen Privatrecht, wonach es darauf ankommt, ob die Ehe nach dortigem Recht rechtswirksam geschlossen wurde.[1826]

**1206**
- Auch eine **beabsichtigte Eheschließung** kann im Hinblick auf **Art. 6 Abs. 1 GG und Art. 12 EMRK** einen Duldungsanspruch begründen,[1827] allerdings muss die Eheschließung (oder das Eingehen einer Lebenspartnerschaft) **unmittelbar** bevorstehen. Dies ist durch einen zeitnahen Heiratstermin zu belegen.[1828]

- Unter den Schutz von **Art. 8 EMRK** fallen auch sog. „faktischer Inländer", die in Deutschland „verwurzelt" sind und keinen Bezug mehr zum Heimatland haben. Sofern hier allerdings nicht bereits die Erteilung einer Aufenthaltserlaubnis (zB nach § 25 Abs. 5, § 25a oder § 25b AufenthG) in Frage kommt, sind die Grenzen sehr eng.[1829]

**1207**
**Kein Fall** der **rechtlichen** Unmöglichkeit liegt bspw. vor, wenn:
- die Person sich um die Ausstellung eines **Vertriebenenausweises** bemüht, da Art. 116 Abs. 1 GG keinen Anspruch darauf begründet, für die Dauer der Bearbeitung eines entsprechenden Antrags im Bundesgebiet verbleiben zu dürfen;[1830]

---

[1822] Siehe Ziff. A 60a.2.3.2. VAB (Stand 1.6.2017).

[1823] Siehe OVG Magdeburg Beschl. v. 10.12.2014 – 2 M 127/14, Rn. 6, juris, wonach hierfür allerdings eine Vaterschaftsanerkennung notwendig sei.

[1824] OVG Magdeburg Beschl. v. 10.12.2014 – 2 M 127/14, Rn. 6, juris; s. in diesem Zusammenhang auch OVG Lüneburg AuAS 2007, 89, verneinend im Hinblick auf einen Duldungsanspruch zum Zwecke der Vaterschaftsanerkennung.

[1825] Dazu VGH Mannheim Beschl. v. 13.4.2016 – 11 S 321/16, Rn. 5, juris.

[1826] Dazu VGH Mannheim, NJW 2007, 2506, wonach eine in Dänemark geschlossene Ehe ausländerrechtlich auch dann beachtlich sei, wenn sich ein Partner zum Zeitpunkt der Eheschließung nicht rechtmäßig dort aufgehalten habe; aM OVG Münster, NJW 2007, 314; krit. dazu *Mörsdorf-Schulte* NJW 2007, 1331.

[1827] Siehe im Hinblick auf Art. 6 Abs. 1 GG, BVerfGE 31, 58 (67).

[1828] Dazu OVG Berlin-Brandenburg Beschl. v. 9.2.2007 – OVG 3 S 5.07, Rn. 3, juris; s. auch OVG Magdeburg Beschl. v. 1.10.2014 – 2 M 93/14, juris; VGH München Beschl. v. 14.10.2015 – 10 CE 15.2165, BeckRS 2015, 54824.

[1829] Siehe hierzu auch die Ausführungen zu § 25 Abs. 5 AufenthG, → Rn. 579 ff.

[1830] Vgl. nur BVerfG InfAuslR 1990, 297; VGH Mannheim EZAR 040 Nr. 1 = ZAR 1992, 85; OVG Hamburg EZAR 045 Nr. 3 = ZAR 1992, 176.

- ein Verfahren zum **Erwerb der deutschen Staatsangehörigkeit** geführt wird. Dies folgt bereits daraus, dass die §§ 8 bis 10 StAG für den Erwerb der deutschen Staatsangehörigkeit **zum Zeitpunkt der Entscheidung** über einen entsprechenden Antrag einen rechtmäßigen, dh erlaubten und nicht nur geduldeten Aufenthalt zwingend voraussetzen;
- die Person sich in **Kirchenasyl** begeben hat, auch wenn diese Institution **faktisch** Berücksichtigung findet.[1831]

**cc) Anwesenheitserfordernis bei Strafverfahren (§ 60a Abs. 2 S. 2 AufenthG).** Da   1208
das behördliche Ermessen bei vollziehbar ausreisepflichtigen Zeugen von Verbrechen stets auf Null reduziert war, sieht § 60a Abs. 2 S. 2 AufenthG seit dem Inkrafttreten des 1. RiLiUmsG 2007 vor, dass die Abschiebung auszusetzen **ist**, wenn die vorübergehende Anwesenheit im Bundesgebiet für ein Strafverfahren wegen eines **Verbrechens** von der Staatsanwaltschaft oder dem Strafgericht für sachgerecht erachtet wird, weil ohne die Angaben der betreffenden Person die Erforschung des Sachverhalts erschwert wäre.[1832] Hier sind jedoch vorrangig die Voraussetzungen für die Erteilung einer Aufenthaltserlaubnis nach § 25 Abs. 4a AufenthG (→ Rn. 559 ff.) zu prüfen.

**dd) Dringende humanitäre oder persönliche Gründe oder erhebliche öffentliche**   1209
**Interessen (§ 60a Abs. 2 S. 3 AufenthG).** Nach § 60a Abs. 2 S. 3 AufenthG **kann** eine Duldung erteilt werden, wenn **dringende** humanitäre oder persönliche Gründe oder erhebliche öffentliche Interessen die vorübergehende weitere Anwesenheit der jeweiligen Peron im Bundesgebiet erfordern.[1833] Typische Fallkonstellationen sind bspw. die Notwendigkeit der Durchführung einer Operation oder ärztlichen Behandlung im Bundesgebiet, die erforderliche Pflege eines nahen Angehörigen, oder Fälle, in denen die weitere Anwesenheit die Chance auf eine Aufenthaltserlaubnis bietet (bspw. wegen nachhaltiger Integration), während eine Ausreise zum völligen Rechtsverlust führen würde.[1834] Das durch diese Norm der Ausländerbehörde eröffnete **Ermessen** lässt dabei Raum für Härtefälle, die unterhalb der Schwelle der zu einem Rechtsanspruch nach Abs. 2 S. 1 führenden Umstände liegen.[1835]

**ee) Berufsausbildung: Die „Ausbildungsduldung" (§ 60a Abs. 2 S. 4 AufenthG).**   1210
Mit dem NeuBestG wurde Abs. 2 erweitert, um Jugendlichen und Heranwachsenden Aufnahme und Abschluss einer **„qualifizierten Berufsausbildung"** (dh ab einer Ausbildungsdauer von zwei Jahren, vgl. § 6 Abs. 1 S. 2 BeschV)[1836] zu erleichtern, sofern die Erteilung einer Aufenthaltserlaubnis nach § 25 Abs. 5 oder § 25a AufenthG (→ Rn. 579 ff. und 603 ff.) nicht in Betracht kommt.[1837] Mit dem IntG von 2016 wurde aus der Ermessenseine Anspruchsregelung, sodass die sog. **„Ausbildungsduldung"** nun für die im jeweiligen Ausbildungsvertrag geregelte Dauer zu erteilen **ist**, wenn die betroffene Person einen entsprechenden Ausbildungsberuf aufnimmt oder aufgenommen hat.

---

[1831] Siehe AAH zu § 60a AufenthG vom 30.5.2017, S. 7; zum Kirchenasyl s. auch Haubner/Kalin, *Einführung in das Asylrecht*, 44 f.; s. auch Larsen ZAR 2017, 121.

[1832] Dazu BT-Drs. 16/5065, 187.

[1833] Die Vorschrift greift eine entsprechende Regelung in § 55 Abs. 3 Alt. 2 AuslG 1990 auf, die ursprünglich nicht in das AufenthG übernommen worden war. Siehe zur mit der Norm verbundenen Gefahr der Erteilung von „Kettenduldungen" Bergmann/Dienelt/*Bauer* AufenthG § 60a Rn. 2.

[1834] Vgl. OVG Magdeburg Beschl. v. 31.3.2015 – 2 M 17/15, Rn. 5, juris.

[1835] Vgl. BT-Drs. 16/5065, 187; ausf. zur Ermessensduldung *Hoffmann* Asylmagazin 2010/11, 371.

[1836] Dazu VGH Mannheim Beschl. v. 20.12.2016 – 11 S 2516/16, BeckRS 2016, 111609; nach VGH Mannheim Beschl. v. 4.1.2017 – 11 S 2301/16, Rn. 9, juris, liege eine qualifizierte Berufsausbildung nicht bei Qualifizierungsmaßnahmen vor, die lediglich dazu dienten, die entsprechende Ausbildungsreife zu erlangen.

[1837] Vgl. BT-Drs. 18/5420, 27; s. auch *Neundorf/Brings* ZRP 2015, 145.

**1211**    Trotz der gesetzgeberischen Intension, eine Ausbildung zu erleichtern, kommt es in der
Praxis häufig zu Schwierigkeiten und unterschiedlichen Rechtsauffassung der Bundesländer.[1838] Nach den Allgemeinen Anwendungshinweisen des BMI soll ein zuverlässiger
Nachweis für das Vorliegen eines gültigen Ausbildungsvertrags über einen Eintrag in das
Verzeichnis der Berufsausbildungsverhältnisse (zB Lehrlingsrolle) erbracht werden können, wobei auch ausreichend sei, wenn die antragstellende Person einen von beiden Vertragsparteien unterzeichneten Ausbildungsvertrag sowie die Eintragungsbestätigung der
zuständigen Stelle vorlege.[1839] Nach Ansicht des VGH Mannheim reicht wiederum auch
der Abschluss eines mündlichen Ausbildungsvertrags.[1840] Eine bereits erfolgte tatsächliche
Aufnahme einer Ausbildung ist nach Auffassung des Gerichts weder nach dem Wortlaut
noch dem Sinn und Zweck der Regelung erforderlich.[1841] Schließlich wird auch die Frage
nach der zulässigen Dauer bis zum Beginn der Ausbildung unterschiedlich beurteilt.[1842]

**1212**    Der Antrag auf Duldungserteilung ist zugleich als Antrag auf Erteilung einer erforderlichen **Beschäftigungserlaubnis** nach § 4 Abs. 3 S. 2 AufenthG auszulegen,[1843] wobei die
Zustimmung der Bundesagentur für Arbeit im Falle von Berufsausbildungen in staatlich
anerkannten oder vergleichbar geregelten Ausbildungsberufen nicht erforderlich ist, vgl.
§ 32 Abs. 2 Nr. 2 BeschV. Das Ermessen der Ausländerbehörde ist im Hinblick auf den
Sinn und Zweck der Vorschrift bei Vorliegen der Voraussetzungen von § 60a Abs. 4 S. 2
AufenthG „weitgehend reduziert".[1844]

**1213**    Die Erteilung einer Ausbildungsduldung ist **ausgeschlossen**, sofern ein **Verbot der
Erwerbstätigkeit nach Abs. 6** (→ Rn. 1238) vorliegt oder **konkrete Maßnahmen zur
Aufenthaltsbeendigung** unmittelbar bevorstehen. Dabei kommt es auf den Zeitpunkt der
Antragstellung an.[1845] Konkrete Maßnahmen zur Aufenthaltsbeendigung stehen dann
bevor, wenn bereits konkrete Schritte durch die Ausländerbehörde eingeleitet wurden, wie
bspw. die Terminierung einer Dublin-Überstellung[1846] oder eine Abschiebung. Sogar die
Einleitung eines Verfahrens zur Beschaffung eines Passersatzpapiers wird als ausreichend
konkrete Maßnahme angesehen.[1847] Allerdings muss die unzureichende Mitwirkung bei
der Passbeschaffung kausal dafür sein, dass aufenthaltsbeendende Maßnahmen nicht vollzogen werden können.[1848] Die Aufenthaltsbeendigung muss zudem absehbar sein.[1849]

---

[1838] Dazu *Eichler* Asylmagazin 5/2017, 177, mwN zu bestehenden Ländererlassen und Praxispro-
blemen.

[1839] Vgl. AAH zu § 60a AufenthG vom 30.5.2017, S. 10.

[1840] VGH Mannheim Beschl. v. 13.10.2016 – 11 S 1991/16, asyl.net (M24317).

[1841] VGH Mannheim Beschl. v. 13.10.2016 – 11 S 1991/16, asyl.net (M24317); aM BT-Drs. 18/
9090, 26.

[1842] Ausf. dazu *Eichler* Asylmagazin 5/2017, 177 (179) mwN.

[1843] Vgl. AAH zu § 60a AufenthG vom 30.5.2017, S. 11.

[1844] Vgl. AAH zu § 60a AufenthG vom 30.5.2017, S. 11; aA Ermessensreduktion auf Null, vgl.
Erlass des Bayerischen Innenministeriums vom 1.9.2016, S. 27, abrufbar unter www.fluechtlingsrat-
bayern.de.

[1845] Siehe OVG Berlin-Brandenburg Beschl. v. 22.11.2016 – 12 S 61.16, asyl.net (M24431).

[1846] AAH zu § 60a AufenthG vom 30.5.2017, S. 14; s. auch VGH Mannheim Beschl. v. 4.1.2017 –
11 S 2301/16, Rn. 20, juris, wonach eine Abschiebungsanordnung nach § 34a AsylG jedenfalls dann
eine bevorstehende konkrete Maßnahme sei, wenn sie zum Zeitpunkt der Beantragung der Ausbildungsduldung vollziehbar sei; zur Ausbildungsduldung in Dublin-Fällen s. *Zu Hohenlohe* Asylmagazin 5/2017, 184.

[1847] Vgl. AAH zu § 60a AufenthG vom 30.5.2017, S. 13; ebenso VGH München Beschl. v.
15.12.2016 – 19 CE 16.2025, BeckRS 2016, 56088.

[1848] Vgl. OVG Berlin-Brandenburg Beschl. v. 22.11.2016 – 12 S 61.16, asyl.net (M24431).

[1849] So auch Deutscher Bundestag, Wissenschaftliche Dienste, Ausarbeitung WD 3–3000-222/16
vom 29.9.2016; s. in diesen Zusammenhang VGH München Beschl. v. 15.12.2016 – 19 CE 16.2025,
asyl.net (M24570), wonach ein Zeitraum von 8 Monaten bis zur Aufenthaltsbeendigung „absehbar"
sei.

Zudem wird die Ausbildungsduldung grundsätzlich nicht erteilt bzw. erlischt, wenn die Person sich (vorsätzlich) strafbar gemacht hat. Außer Betracht bleiben hier geringfügige Geldstrafen von insgesamt bis zu 50 Tagessätzen oder bis zu 90 Tagessätzen wegen Straftaten, die nach dem AufenthG oder dem AsylG nur von Ausländern begangen werden können (§ 60a Abs. 2 S. 6 AufenthG).    **1214**

Für den jeweiligen Ausbildungsbetrieb bestehen **Informationspflichten** gegenüber der Behörde für den Fall des Nichtbetreibens oder Abbrechens der Ausbildung (§ 60a Abs. 2 S. 7 und 8 AufenthG). Den Betroffenen wird bei vorzeitiger Beendigung der Ausbildung (einmalig) eine Duldung für **sechs Monate** zum Zwecke der Suche nach einer neuen Ausbildungsstelle erteilt (§ 60a Abs. 2 S. 10 AufenthG).    **1215**

Eine **Verlängerung** für sechs Monate erfolgt auch bei **erfolgreichem Abschluss** der Ausbildung zum Zwecke der Suche nach einer **der Qualifikation entsprechenden** Beschäftigung (§ 60a Abs. 2 S. 11 AufenthG). Auch wenn es sich bei der „Ausbildungsduldung" nicht um eine Bleiberegelung handelt,[1850] ebnet sie ggf. den Weg in eine Aufenthaltserlaubnis für qualifizierte Geduldete nach § 18a AufenthG.[1851]    **1216**

**ff) Duldung während eines Verfahrens bei konkreten Anhaltspunkten einer missbräuchlichen Anerkennung der Vaterschaft gem. § 85a AufenthG.** Mit dem Gesetz zur besseren Durchsetzung der Ausreisepflicht[1852] wurde Abs. 2 ein weiterer Satz eingefügt, wonach die Abschiebung des ausländischen Anerkennenden, der ausländischen Mutter oder des ausländischen Kindes ausgesetzt wird, soweit die Beurkundung der Anerkennung der Vaterschaft oder der Zustimmung der Mutter für die Durchführung eines Verfahrens nach § 85a AufenthG ausgesetzt wird und dieses nicht durch vollziehbare Entscheidung abgeschlossen ist.    **1217**

**gg) Gescheiterte Abschiebung, nicht angeordnete Abschiebungshaft oder europarechtliche Rückübernahmeverpflichtungen (§ 60a Abs. 2a AufenthG).** Liegen die Voraussetzungen von § 60a Abs. 2a S. 1 AufenthG vor, ist zwingend eine Duldung für eine Woche zu erteilen und die Einreise zuzulassen (S. 3). Gem. S. 2 darf die Duldung nicht verlängert werden. Das BVerwG hat jedoch mehrfach klargestellt, dass im Falle der Unmöglichkeit der Abschiebung der weitere Aufenthalt der betroffenen Person formal durch eine Duldung abgesichert werden muss.[1853] Folgerichtig ist im Anschluss an die nach § 60a Abs. 2a S. 1 AufenthG zu erteilende Duldung ggf. eine Duldung nach § 60a Abs. 2 S. 1 AufenthG wegen tatsächlicher Unmöglichkeit der Abschiebung auszustellen.    **1218**

Gem. § 61 Abs. 1a AufenthG (→ Rn. 1249) wird der Aufenthalt der betreffenden Person auf den Bezirk der zuletzt zuständigen Ausländerbehörde im Inland beschränkt. Die Person hat sich nach der Einreise unverzüglich dorthin zu begeben.    **1219**

**hh) Eltern von Minderjährigen mit Aufenthaltserlaubnis nach § 25a Abs. 1 AufenthG (§ 60a Abs. 2b AufenthG).** Nach § 60a Abs. 2b AufenthG **soll** die Abschiebung der Eltern von Minderjährigen, die eine Aufenthaltserlaubnis nach § 25a Abs. 1 AufenthG (→ Rn. 603 ff.) besitzen, ausgesetzt werden, sofern nicht bereits die Erteilung einer Aufenthaltserlaubnis nach § 25a Abs. 2 AufenthG in Frage kommt. Dies gilt auch für Minderjährige, die mit den jeweiligen Eltern(-teilen) in einer familiäreren Gemeinschaft leben. Die Regelung dient damit dem durch Art. 6 GG gewährleisteten Schutz der    **1220**

---

[1850] Vgl. AAH zu § 60a AufenthG vom 30.5.2017, S. 9.
[1851] Weiterführende Hinweise für die Praxis finden sich in der Arbeitshilfe des Paritätischen Gesamtverbandes „Die Ausbildungsduldung nach § 60a Abs. 2 S. 4 ff. AufenthG: Praxistipps und Hintergründe", abrufbar unter asyl.net/Arbeitshilfen und Publikationen.
[1852] Gesetz vom 20.7.2017, BGBl. I 2780 m. W. v. 29.7.2017.
[1853] Vgl. nur BVerwGE 105, 232 = NVwZ 1998, 297.

Familie.[1854] Nach den Allgemeinen Anwendungshinweisen des Bundesministeriums des Innern muss es sich bei der familiären Lebensgemeinschaft nicht nur um eine Wohn- und Wirtschaftsgemeinschaft, sondern um eine Beistandsgemeinschaft handeln.[1855] Ein atypischer Fall, in dem das öffentliche Interesse an einer Aufenthaltsbeendigung der Eltern überwiegt, liegt nach den Anwendungshinweisen bspw. bei fortgesetzten Straftaten der Eltern vor.[1856]

**1221**   **ii) Gesundheitliche Gründe (§ 60a Abs. 2c und 2d AufenthG).** Die Anforderungen an die Geltendmachung gesundheitlicher Gründe wurden durch die Einführung der Abs. 2c und 2d mit dem Asylpaket II erhöht (ebenso wie die Anforderungen an das Vorliegen eines Abschiebungsverbotes aus gesundheitlichen Gründen nach § 60 Abs. 7 AufenthG, → Rn. 1859 ff.). Der Gesetzgeber beabsichtigt damit „auf erhebliche praktische Probleme hinsichtlich der Bewertung der Validität von ärztlichen Bescheinigungen im Vorfeld einer Abschiebung" und damit verbundene „Vollzugsdefizite" zu reagieren.[1857]

Abs. 2c stellt die **gesetzliche Vermutung** auf, dass gesundheitliche Gründe einer Abschiebung nicht entgegenstehen (S. 1). Diese Vermutung kann nur durch eine **qualifizierte ärztliche Bescheinigung** widerlegt werden (S. 2), wobei spezielle Anforderungen für eine solche Bescheinigung gelten (S. 3). So muss die Bescheinigung folgende Informationen enthalten:

- die **Grundlage** der fachlichen Beurteilung,
- die **Methode** der Tatsachenerhebung,
- die **Diagnose**,
- den **Schweregrad** der Erkrankung
- sowie die **Folgen**, die sich aus dieser Situation voraussichtlich ergeben.

**1222**   Auch wenn die Form der Bescheinigung gesetzlich nicht vorgegeben ist, geht laut der Allgemeinen Anwendungshinweise aus dem Begriff hervor, dass sie in Textform abgefasst und die Prüfung umso sorgfältiger sein muss, je formloser sie im konkreten Fall ist.[1858]

**1223**   Während bereits vor Inkrafttreten der Neuregelungen von der Rechtsprechung[1859] entwickelte Anforderungen an die Bescheinigung galten, trägt deren gesetzliche Kodifizierung sicherlich zu mehr Rechtssicherheit bei. Nach der Gesetzesbegründung kann ein Attest im Einzelfall auch bei Fehlen eines der genannten Merkmale noch qualifiziert sein, sofern es im Übrigen den Qualitätsstandards entspricht.[1860] Problematisch ist allerdings, dass die bisher zulässige Ausstellung eines Attests durch **Psychotherapeuten** nicht mehr möglich sein soll. Nach der Gesetzesbegründung[1861] muss es sich um Bescheinigungen **approbierter Ärzte** handeln, unabhängig davon, ob diese fachlich besser qualifiziert sind oder nicht.[1862]

**1224**   Nach § 60a Abs. 2d AufenthG ist die Bescheinigung der zuständigen Behörde **unverzüglich**[1863] **vorzulegen** (S. 1), wovon nach der Gesetzesbegründung ein Zeitraum

---

[1854] Siehe die Beschlussempfehlung und der Bericht des Innenausschusses, BT-Drs. 17/5093, 17.

[1855] AAH zu § 60a AufenthG vom 30.5.2017, S. 17.

[1856] AAH zu § 60a AufenthG vom 30.5.2017, S. 18.

[1857] Vgl. BT-Drs. 18/7538, 19.

[1858] Vgl. AAH zu § 60a AufenthG vom 30.5.2017, S. 19.

[1859] Siehe etwa OVG Magdeburg Beschl. v. 8.2.2012 – 2 M 29/12, juris.

[1860] Vgl. BT-Drs. 18/7538, 19.

[1861] Vgl. BT-Drs. 18/7538, 19; s. auch AAH zu § 60a AufenthG vom 30.5.2017, S. 18 f.

[1862] Zu Recht krit. *Hager* Asylmagazin 6/2016, 160 (164); die Eignung von psychologischen Psychotherapeuten bejahend VG Wiesbaden Urt. v. 26.6.2017 – 1 K 139/15. Wl.A,asyl.net (M25236), mit Bezug auf OVG Berlin-Brandenburg Beschl. v. 27.9.2016 – OVG 3 N 24.15.

[1863] Siehe § 121 BGB („ohne schuldhaftes zögern").

von zwei Wochen ab Ausstellung der Bescheinigung umfasst sei, wodurch die Einholung von Attesten „auf Vorrat" unterbunden werden solle.[1864] Dabei bezieht sich der Gesetzgeber insbesondere auf Personen, die angeben an einer posttraumatische Belastungsstörung (**PTBS**) zu leiden, und stellt diese unter einen generellen Missbrauchsverdacht. Nach der Gesetzesbegründung unterliegen diese Personen der Pflicht, die entsprechende Bescheinigung **unmittelbar nach Erhalt der Abschiebungsandrohung** vorzulegen.[1865]

Wird die **Vorlagepflicht verletzt**, darf das Vorbringen (im behördlichen Verfahren)[1866] nicht berücksichtigt werden (**Präklusion**), es sei denn, die betroffene Person war **unverschuldet** an der **Einholung** der Bescheinigung gehindert,[1867] oder es liegen anderweitige Anhaltspunkte für eine lebensbedrohliche oder schwerwiegende Erkrankung vor, die sich durch die Abschiebung wesentlich verschlechtern würde (S. 2).   **1225**

Die Präklusionswirkung tritt auch ein, wenn die zuständige Behörde nach der Vorlage einer ärztlichen Bescheinigung eine **ärztliche Untersuchung** anordnet und dieser ohne zureichenden Grund nicht Folge geleistet wird (S. 3). Im letzteren Fall kann die Behörde (im Gegensatz zu S. 2) das Vorbringen trotz unbegründeten Nichterscheinens berücksichtigen.   **1226**

Die Betroffenen sind auf ihre Verpflichtung und die Rechtfolgen einer Pflichtverletzung hinzuweisen (S. 4). Nach der Gesetzesbegründung wird dieser Hinweis üblicherweise im Rahmen der Abschiebungsandrohung oder in Einzelfällen sukzessive erfolgen. Die Rechtsfolge einer Verletzung dieser Hinweispflicht soll allerdings allein im Nichteingreifen der Präklusionswirkung liegen.[1868] Insgesamt bergen die Neuregelungen – selbst bei einer verantwortlichen Anwendung durch die Vollzugsbehörden – die Gefahr, Einzelfällen nicht ausreichend gerecht zu werden.   **1227**

### c) Duldungsbescheinigung

Wird die Abschiebung ausgesetzt, so **ist** gemäß § 60a Abs. 4 AufenthG eine Bescheinigung hierüber auszustellen. Eine Ausnahme von dieser Verpflichtung gibt es nicht und das BVerwG sieht in der Systematik des Aufenthaltsgesetzes auch keinen Raum für einen ungeregelten Aufenthalt.[1869] Der Besitz eines solchen Dokuments ist für die Betroffenen schließlich unabdingbar, da sie andernfalls Gefahr liefen, sich des Verdachts einer Straftat nach § 95 Abs. 1 Nr. 2 AufenthG auszusetzen.   **1228**

Die Gültigkeit der Duldungsbescheinigung wird befristet, wobei die Befristung keinen Sanktionscharakter haben darf.[1870] Nach den Allgemeinen Anwendungshinweisen sei regelmäßig, spätestens aber alle drei Monate, zu prüfen, ob das Abschiebungshindernis   **1229**

---

[1864] Vgl. BT-Drs. 18/7538, 19.

[1865] Siehe BT-Drs. 18/7538, 19; AAH zu § 60a AufenthG vom 30.5.2017, S. 21; krit. Stellungnahme der Bundespsychotherapeutenkammer v. 1.2.2016, abrufbar unter www.bptk.de/Stellungnahmen sowie Stellungnahme der BafF v. 1.2.2016, abrufbar unter www.baff-zentren.org/Publikationen und Positionspapiere.

[1866] Für das gerichtliche Verfahren ist der Amtsermittlungsgrundsatz allerdings nicht eingeschränkt, vgl. *Thym* NVwZ 2016, 409 (413). Siehe auch Kluth/Heusch/*Kluth* AufenthG § 60a Rn. 42, wonach die Einlegung von Rechtsmitteln dadurch „vorprogrammiert" sei.

[1867] Siehe *Hager* Asylmagazin 6/2016, 160 (166), zur fragwürdigen Konstellation, dass hier auf die unverschuldete *Einholung* (und nicht *Vorlage*) abgestellt wird.

[1868] BT-Drs. 18/7538, 19.

[1869] Siehe BVerwGE 105, 232 = NVwZ 1998, 297 (298); s. auch BVerfG Beschl. v. 6.3.2003 – 2 BvR 397/02, juris.

[1870] Siehe OVG Hamburg Beschl. v. 30.10.2013 – 2 Bs 287/13, asyl.net (M21385); s. auch VG Schleswig-Holstein Urt. v. 20.6.2000 – 16 A 30/00, juris.

noch bestehe.[1871] Eine zu Ausbildungszwecken erteilte Duldung wird allerdings für die Dauer der Ausbildung erteilt (→ Rn. 1210).

1230    Sofern die Abschiebung zu einem Zeitpunkt erfolgen soll, in dem die Duldung bereits durch Ablauf der Geltungsdauer erloschen ist, bedarf es nach Ansicht des OVG Magdeburg keiner Abschiebungsankündigung.[1872]

1231    Die Bescheinigung kann mit Nebenbestimmungen versehen werden. Hier ist § 61 AufenthG zu beachten (→ Rn. 1246 ff.). Nach dem VGH Mannheim kann die Duldung mit der Nebenbestimmung „Erlischt mit Bekanntgabe des Abschiebungstermins" versehen werden, wenn es zum Zeitpunkt der Erteilung nicht unwahrscheinlich sei, dass die bestehende tatsächliche Unmöglichkeit der Abschiebung innerhalb des konkreten Geltungszeitraumes beseitigt werden könne.[1873]

## d) Rechtsstellung

1232    Die Duldung vermittelt eine sehr **schwache Rechtsposition**. Geduldete haben kein Recht auf **Familiennachzug**, da hierfür nach den §§ 27 ff. AufenthG (→ Rn. 609 ff.) stets eine **Aufenthaltserlaubnis** vorausgesetzt wird. Sie sind leistungsberechtigt nach dem **AsylbLG** (vgl. § 1 Abs. 1 Nr. 4 AsylbLG). Nach 15 Monaten besteht in der Regel ein Anspruch auf Leistungen entsprechend dem SGB XII (vgl. § 2 Abs. 1 AsylbLG). Personen mit einer Duldung nach § 60a Abs. 2 S. 3 AufenthG **können** im Rahmen vorhandener Kapazitäten zur Teilnahme an einem Integrationskurs zugelassen werden (vgl. § 44 Abs. 4 S. 2 Nr. 2 AufenthG).

1233    Sofern **kein Verbot der Erwerbstätigkeit** besteht, kann Geduldeten die **Ausübung einer Beschäftigung nach drei Monaten auf Antrag** erlaubt werden (§ 4 Abs. 3 AufenthG, 32 Abs. 1 S. 1 BeschV). Gem. § 32 Abs. 1 S. 2 BeschV gelten die Regelungen zur **Zustimmung durch die Bundesagentur für Arbeit** (§§ 39, 40 Abs. 1 Nr. 1 und Abs. 2 sowie § 41 AufenthG) hier entsprechend. Eine **selbstständige Tätigkeit** ist grundsätzlich **nicht gestattet**.

1234    Die Bundesagentur für Arbeit prüft nach § 39 Abs. 2 AufenthG neben den Auswirkungen auf den Arbeitsmarkt und den konkreten Arbeitsbedingungen auch, ob für die angestrebte Tätigkeit bevorrechtigte Arbeitnehmer oder Arbeitnehmerinnen zur Verfügung stehen (vgl. § 39 Abs. 2 Nr. 1 Buchst. b AufenthG, sog. **Vorrangprüfung**).

1235    Vom Erfordernis der Zustimmungspflicht können **Ausnahmen** bestehen (s. § 32 Abs. 2 BeschV), beispielsweise im Falle der Ausübung einer Berufsausbildung (Nr. 2) oder spätestens **nach vierjährigem erlaubten, geduldeten oder gestatteten Aufenthalt** im Bundesgebiet (Nr. 5).

1236    Die Zustimmung wird nach § 32 Abs. 5 BeschV auch **ohne Vorrangprüfung** erteilt, wenn die betreffende Person eine bestimmte Art der Beschäftigung (zB als Hochqualifizierte, Nr. 1) aufnimmt oder sich **seit 15 Monaten ununterbrochen erlaubt, geduldet oder gestattet im Bundesgebiet aufhält** (Nr. 2) oder eine Beschäftigung in einer bestimmten Region (Nr. 3, s. Anlage zu § 32 BeschV) ausübt.

1237    Keinerlei Beschränkungen (und auch kein Erlaubnisvorbehalt) bestehen im Hinblick auf ein **Studium**.[1874]

---

[1871] Vgl. AAH zu § 60a AufenthG vom 30.5.2017, S. 5.

[1872] OVG Magdeburg Beschl. v. 8.6.2015 – 2 M 29/15, BeckRS 2015, 51146.

[1873] VGH Mannheim Urt. v. 24.2.2016 – 11 S 162/15, BeckRS 2016, 43698.

[1874] Die teilweise gängige Praxis, die Duldung mit dem Zusatz „Studium nicht gestattet" zu versehen wurde mittlerweile aufgegeben, s. dazu Ziff. A 60a.4. VAB (Stand 1.6.2017), wonach der seit dem 1.1.2016 bestehende Anspruch auf BAFöG für Geduldete (nach 15 Monaten) den Willen des Gesetzgebers verdeutliche, auch Geduldeten das Studium zu gestatten; dazu *v. Harbou* NJW 2016, 421.

### e) Verbot der Erwerbstätigkeit (§ 60a Abs. 6 AufenthG)

Mit dem Asylpaket I wurde das zuvor in § 33 BeschV enthaltene **Beschäftigungs**- **1238**
**verbot** für Geduldete in das Aufenthaltsgesetz und somit in die Zuständigkeit der Ausländerbehörde überführt, indem § 60a AufenthG um Abs. 6 erweitert wurde. Danach
darf Geduldeten die Ausübung einer **Erwerbstätigkeit**[1875] nicht erlaubt werden, wenn sie
sich ins Inland begeben haben, **um** Leistungen nach dem AsylbLG zu beziehen (Nr. 1)
[1876] oder aufenthaltsbeendende Maßnahmen aus **selbst zu vertretenden Gründen (ins-**
**besondere** Identitätstäuschung oder Falschangaben) nicht vollzogen werden können
(Nr. 2). Gerade die zweite Fallgruppe ist besonders praxisrelevant, da zB auch die
fehlende Mitwirkungspflicht bei der Passbeschaffung oder dem Nachweis der Identität
hierunter gefasst wird. Dabei ist jedoch grundsätzlich darauf abzustellen, ob die Abschiebung aus Gründen unmöglich ist, die im **alleinigen Verantwortungsbereich** der betroffenen Person liegen. Ein Fehlverhalten in der Vergangenheit, oder auch ein aktuelles
Fehlverhalten, das nicht (allein) kausal für die Unmöglichkeit der Abschiebung ist, wird
davon nicht erfasst.[1877] Eine Zurechnung bei **Verfahrensunfähigkeit** ist nicht möglich.
Ebenso wenig kann ein Fehlverhalten Dritter (zB Familienangehöriger) zugerechnet
werden.[1878]

Seit der Neuregelung besteht zudem ein **grundsätzliches Arbeitsverbot für Personen**   **1239**
**aus sog. sicheren Herkunftsstaaten** (§ 29a AsylG), deren nach dem 31. August 2015
gestellter Asylantrag abgelehnt wurde (Nr. 3).[1879] Da es nicht im Machtbereich der
Betroffenen liegt, wann sie einen formalen Asylantrag stellen können, sollte hier auf den
Zeitpunkt des Asylgesuchs[1880] und nicht der formalen Asylantragstellung nach § 14
Abs. 1 S. 1 AsylG abgestellt werden.[1881] Im Übrigen gilt das Verbot nicht, wenn die
betreffende Person ihren nach dem 31. August 2015 gestellten Asylantrag zurückgenommen hat.[1882]

### f) Erlöschen und Widerruf einer Duldung (§ 60a Abs. 5 AufenthG)

Nach § 60a Abs. 5 S. 1 AufenthG **erlischt** eine Duldung mit der Ausreise. Hierfür ist   **1240**
es unerheblich, ob nach dem Willen der betroffenen Person die Ausreise nur von vorübergehender Natur ist oder die Absicht besteht, alsbald in das Bundesgebiet zurückzukehren.
Eine Duldung wird **widerrufen**, wenn die der Abschiebung entgegenstehenden Gründe
entfallen sind (§ 60a Abs. 5 S. 2 AufenthG).

---

[1875] Darunter fällt sowohl die (unselbstständige) Beschäftigung als auch eine selbstständige Tätigkeit.

[1876] Hier muss Inanspruchnahme öffentlicher Leistungen das *prägende Motiv* für die Einreise
gewesen sein, s. Kluth/Heusch/*Kluth* AufenthG § 60a Rn. 52 mwN.

[1877] Siehe dazu VGH München Urt. v. 28.4.2011 – 19 ZB 11.875, Rn. 5 f., juris; sowie OVG
Münster NVwZ-RR 2007, 60 (61), jeweils zu § 11 BeschVerfV.

[1878] Siehe *Breidenbach/Neundorf* ZAR 2014, 227 (232); s. auch BT-Drs. 18/4199, 7; sowie Kluth/
Heusch/*Kluth* AufenthG § 60a Rn. 56 zur problematischen Konstellation, dass Jugendliche aufgrund
eines Interessenkonflikts Mitwirkungspflichten verletzten, um Täuschungshandlungen der Eltern
nicht aufzudecken.

[1879] Gleichzeitig wurde § 26 Abs. 2 BeschV eingeführt, wonach Personen aus den Staaten *Albanien, Bosnien und Herzegowina, Kosovo, Mazedonien, Montenegro und Serbien* in den Jahren 2016
bis einschließlich 2020 unter gewissen Umständen die Zustimmung zur Ausübung einer Beschäftigung im Falle der Beantragung eines Aufenthaltstitels bei einer Auslandsvertretung erteilt werden
kann.

[1880] So auch VG Freiburg Beschl. v. 20.1.2016 – 6 K 2967/15, asyl.net (M24685), in einer Entscheidung zu § 61 Abs. 2 S. 4 AsylG.

[1881] aM OVG Lüneburg Beschl. v. 8.12.2016 – 8 ME 183/16, asyl.net (M24674), wonach auf den
Zeitpunkt der formalen Asylantragstellung abzustellen sei.

[1882] Dazu umf. *Eichler* Asylmagazin 5/2017, 177 (180) mwN.

1241     Bei einer Aussetzung von mehr als einem Jahr ist die Regelung zur erforderlichen Ankündigung in § 60a Abs. 5 S. 4 AufenthG zu beachten.[1883] Mit dem Gesetz zur besseren Durchsetzung der Ausreisepflicht[1884] wurde Abs. 5 ein weiterer Satz eingefügt, wonach S. 4 keine Anwendung findet, wenn die betreffende Person die der Abschiebung entgegenstehenden Gründe durch vorsätzlich falsche Angaben oder durch eigene Täuschung über ihre Identität oder Staatsangehörigkeit selbst herbeiführt oder zumutbare Anforderungen an die Mitwirkung bei der Beseitigung von Ausreisehindernissen nicht erfüllt. Diese Ausnahmeklausel greift nicht im Hinblick auf vergangene Sachverhalte.

### g) Verwaltungsverfahren und Rechtsschutz

1242     In der Regel ist die **Ausländerbehörde** gem. § 71 Abs. 1 S. 1 AufenthG für die Prüfung von Duldungsgründen zuständig.[1885] Die allgemeine Anordnung der Aussetzung der Abschiebung nach § 60a Abs. 1 AufenthG ergeht jedoch durch die **oberste Landesbehörde.**

1243     Im Rahmen eines Asylverfahrens (→ Rn. 1729 ff.) obliegt die Zuständigkeit für die Prüfung von Abschiebungshindernissen dem **BAMF**, sofern mit dem Bescheid eine Abschiebungsanordnung nach § 34a AsylG ergeht.[1886]

1244     Bei der Entscheidung über das Vorliegen von Duldungsgründen handelt es sich um einen Verwaltungsakt (§ 35 VwVfG), da dadurch der künftige Aufenthaltsstatus geregelt wird. Es **ist** eine Duldungsbescheinigung gemäß § 60a Abs. 4 AufenthG in Schriftform (§ 77 Abs. 1 S. 1 Nr. 5 AufenthG) durch die Ausländerbehörde auszustellen.[1887] Sowohl die Versagung der Duldung als auch deren Rücknahme oder Widerruf unterliegen ebenso dem Schriftformerfordernis (vgl. § 77 Abs. 1 S. 1 Nr. 8 AufenthG).

1245     Gegen die Versagung der Duldung findet **kein Widerspruch** statt (§ 83 Abs. 2 AufenthG), ebenso wenig gegen Rücknahme und Widerruf (**actus contrarius**).[1888] Die Erteilung einer Duldung ist gegebenenfalls mit einer Verpflichtungsklage und – vorläufig – im Wege des einstweiligen Rechtsschutzes mit einem Antrag auf Erlass einer einstweiligen Anordnung (§ 123 VwGO) zu erstreiten. Letzterer ist darauf gerichtet, bis zur Entscheidung in der Hauptsache von aufenthaltsbeendenden Maßnahmen abzusehen.[1889] Gegen den Widerruf oder die Rücknahme einer Duldung oder gegen die Erteilung einer Auflage ist die Anfechtungsklage statthaft. Es ist allerdings strittig,[1890] ob dieser eine aufschiebende Wirkung zukommt.[1891]

---

[1883] Zur Rechtswidrigkeit der Bedingung „die Duldung erlischt nach Bekanntgabe des Abschiebetermins mit dem Zeitpunkt der Abschiebung" im Hinblick auf diese Ankündigungspflicht, Huber/*Masuch/Gordzielik* AufenthG § 60a Rn. 40, mit Verweis auf OVG Magdeburg BeckRS 2010, 53071; s. Hofmann/*Bruns* AufenthG § 60a Rn. 40 mwN zur Frage der Rechtmäßigkeit dieser und anderer auflösender Bedingungen.

[1884] Gesetz vom 20.7.2017, BGBl. I 2780 m. W. v. 29.7.2017.

[1885] Ausf. zur örtlichen Zuständigkeit Hofmann/*Bruns* AufenthG § 60a Rn. 44 mwN.

[1886] Siehe VGH Kassel Beschl. v. 25.8.2014 – 2 A 976/14.A – InfAuslR 2014, 457; VGH München Beschl. v. 28.10.2013 – 10 CE 13.2257, juris.

[1887] Siehe BVerwGE 105, 232 = NVwZ 1998, 297; BVerfG Beschl. v. 6.3.2003 – 2 BvR 397/02.

[1888] Siehe Huber/*Masuch/Gordzielik* AufenthG § 60a Rn. 42; Bergmann/Dienelt/*Bauer* AufenthG § 60a Rn. 58; aM Hofmann/*Bruns* AufenthG § 60a Rn. 47 mit Hinweis darauf, dass der Widerspruch landesrechtlich teilweise vorgesehen ist.

[1889] Zum hier herrschenden Meinungsstreit Hofmann/*Bruns* AufenthG § 60a Rn. 52.

[1890] Dazu Hofmann/*Bruns* AufenthG § 60a Rn. 50.

[1891] Ausf. zum Rechtsschutz einschließlich relevanter Kosten und Gebühren, Hofmann/*Bruns* AufenthG § 60a Rn. 45 ff.

## 6. Räumliche Beschränkung, Wohnsitznahmepflicht und Ausreiseeinrichtungen (§ 61 AufenthG)

§ 61 AufenthG regelt die räumliche Beschränkung für vollziehbar ausreisepflichtige **1246** Personen (Abs. 1 und 1a), die Möglichkeit in Ausnahmefällen eine solche Beschränkung behördlich anzuordnen (Abs. 1c), die gesetzliche Wohnsitznahmepflicht bei fehlender Lebensunterhaltssicherung, die Möglichkeit der Anordnung sonstiger Bedingungen und Auflagen (Abs. 1e) sowie die Einrichtung spezieller Ausreiseeinrichtung für ausreisepflichtige Personen (Abs. 2). Dabei hat die Norm in den vergangenen Jahren zahlreiche Änderungen und Ergänzungen erfahren.[1892]

### a) Allgemeines

Für **vollziehbar** Ausreisepflichtige schreibt § 61 AufenthG eine Reihe von Einschrän- **1247** kungen ihrer Freizügigkeit vor, wodurch einerseits die Durchsetzung der Ausreisepflicht gefördert und andererseits eine Besserstellung gegenüber Asylsuchenden vermieden werden soll.[1893] Auch wenn diese Zwecksetzung nicht den gleichen rechtlichen Bedenken wie bei Asylberechtigten und international Schutzberechtigten unterliegt (→ Rn. 662 ff.), begegnet die in § 61 Abs. 1 AufenthG geregelte räumliche Beschränkung dennoch starker Kritik sowie verfassungsrechtlichen Bedenken[1894], die im Jahre 2014 (zumindest) zur Begrenzung der „Residenzpflicht"[1895] auf drei Monate (§ 61 Abs. 1b AufenthG) führten.[1896]

Im Hinblick auf vollziehbar ausreisepflichtige Personen sind zudem die in Art. 14 der **1248** RL 2008/115/EG (Rückführungsrichtlinie)[1897] festgelegten Garantien zu beachten. Dazu gehören die Möglichkeit der Aufrechterhaltung der familiären Einheit mit Familienangehörigen im Hoheitsgebiet, die Gewährung medizinischer Notfallhilfe sowie die unbedingt erforderliche Behandlung von Krankheiten und – je nach Aufenthaltsdauer – auch der Zugang zu Grundbildung für Minderjährige und schließlich die Berücksichtigung der Bedürfnisse besonders Schutzbedürftiger (Art. 14 Abs. 1 RL 2008/115/EG). Zudem sind ggf. die Vorgaben der Richtlinie 2013/33/EU (Aufnahmerichtlinie)[1898] zu beachten.[1899]

### b) Räumliche Beschränkung innerhalb der ersten drei Monate (§ 61 Abs. 1 und Abs. 1a AufenthG)

Der Aufenthalt einer **vollziehbar**[1900] ausreisepflichtigen Person ist kraft Gesetzes **in- 1249 nerhalb der ersten drei Monate** auf das Gebiet des jeweils **zugewiesenen Bundeslandes** beschränkt, vgl. § 61 Abs. 1 S. 1 iVm Abs. 1b AufenthG. In den Fällen des **§ 60a Abs. 2a**

---

[1892] Zur Entstehungsgeschichte s. Huber/*Masuch/Gordzielik* AufenthG § 61 Rn. 1; s. Hofmann/*Keßler* AufenthG § 61 Rn. 4 zur Geltung landesrechtlicher Regelungen, die vor den jeweiligen Änderungen erlassen worden sind.

[1893] So die Gesetzesbegründung, vgl. BT-Drs. 15/420, 92.

[1894] Siehe dazu *Pelzer/Pichl* ZAR 2016, 96 (99).

[1895] Die räumliche Beschränkung wird häufig irreführend als „Residenzpflicht" bezeichnet, ist jedoch von der eigentlichen Residenzpflicht, also der *Wohnsitznahme*pflicht an einem bestimmten Ort zu unterscheiden.

[1896] Siehe dazu *Welte* ZAR 2015, 219.

[1897] ABl. L 328/98.

[1898] ABl. L 180/96.

[1899] So auch Hofmann/*Keßler* AufenthG § 61 Rn. 6; aM Kluth/Heusch/*Kluth* AufenthG § 61 Rn. 1.

[1900] Aufgrund des Erfordernisses der Vollziehbarkeit, kann einer Person, die vorläufigen Rechtsschutz erhalten hat, keine räumliche Beschränkung auferlegt werden, so auch Hofmann/*Keßler* AufenthG § 61 Rn. 5 mwN.

**AufenthG** ist der Aufenthalt auf den Bezirk der **zuletzt zuständigen Ausländerbehörde** beschränkt. Die betroffene Person hat sich nach der Einreise **unverzüglich** dorthin zu begeben, vgl. § 61 Abs. 1a AufenthG. In beiden Fällen wirkt die räumliche Beschränkung **kraft Gesetzes**, womit es keiner gesonderten Anordnung bedarf. Dies erleichtert zwar das behördliche Verfahren, wird aufgrund der eingeschränkten Ausnahmemöglichkeiten (s. S. 2) jedoch als verfassungsrechtlich bedenklich angesehen.[1901] Jedenfalls **erlischt** die räumliche Beschränkung im vierten Monat eines **erlaubten, geduldeten oder gestatteten** Aufenthaltes (Abs. 1b). Dieser Erlöschenstatbestand wurde mit dem Gesetz zur Verbesserung der Rechtsstellung von asylsuchenden und geduldeten Ausländern vom 23.12.2014[1902] eingeführt und bringt nicht nur eine Entlastung für die Betroffenen, sondern auch für die Behörden, die ab dem vierten Monat keine gesonderten Verlassenserlaubnisse mehr ausstellen müssen.

1250　　Von der räumlichen Beschränkung **kann** (Ermessen) **abgewichen** werden, wenn die Person zur Ausübung einer **Beschäftigung** ohne notwendige Prüfung gemäß § 39 Abs. 2 S. 1 Nr. 1 AufenthG berechtigt ist, Zwecke der **Schul- bzw. Ausbildung oder eines Studiums** es erfordern oder ein Absehen der **Aufrechterhaltung der familiären Einheit** dient (§ 61 Abs. 1 S. 2 AufenthG).

1251　　Da die **Beschränkung kraft Gesetzes** gilt, bestehen für die Betroffenen **drei Möglichkeiten**, wenn sie das zugewiesene Bundesland verlassen möchten. Erstens ist das Vorliegen einer **Ausnahme** nach § 61 Abs. 1 S. 2 oder S. 3 AufenthG zu prüfen. Für **kurzfristige Aufenthalte** außerhalb des zugewiesenen Gebiets kann – zweitens – eine **Verlassensgenehmigung** (nach § 12 Abs. 5 AufenthG) beantragt werden. Liegen keine Ausnahmegründe vor und geht es um einen längerfristigen oder wiederkehrenden Aufenthalt in einem anderen Bundesland, so kann – drittens – die zuständige Ausländerbehörde **an dem jeweiligen (Ziel-)Ort** mit Zustimmung der Ausländerbehörde des ursprünglichen Ortes eine **weitere Duldung** erteilen.[1903]

### c) Anordnung einer räumlichen Beschränkung nach Ermessen (§ 61 Abs. 1c)

1252　　Eine räumliche Beschränkung **kann angeordnet werden**, wenn

- eine Person wegen einer Straftat **rechtskräftig verurteilt** worden ist – hier sind Straftaten ausgenommen, die nur von Ausländern verwirklicht werden können (Nr. 1); oder
- die Schlussfolgerung gerechtfertigt ist, dass ein Verstoß gegen das Betäubungsmittelgesetz vorliegt (Nr. 2); oder
- konkrete Maßnahmen zur Aufenthaltsbeendigung bevorstehen (Nr. 3).

Durch das Gesetz zur besseren Durchsetzung der Ausreisepflicht vom 20.7.2017 (BGBl. I 2780) wurde neu eingefügt, dass eine räumliche Beschränkung angeordnet werden **soll,** wenn die betreffende Person die der Abschiebung entgegenstehenden Gründe durch vorsätzlich falsche Angaben oder Täuschung herbeigeführt hat oder zumutbare Anforderungen an die Mitwirkung nicht erfüllt.

1253　　Da es sich hier um **Ausnahmen** von dem grundsätzlichen Erlöschen der räumlichen Beschränkung nach drei Monaten handelt,[1904] sind die jeweiligen Gründe für eine Anordnung eng auszulegen. Dabei sind die verfassungsrechtlich gebotenen Anforderungen an die Verhältnismäßigkeit des mit einer räumlichen Beschränkung verbundenen Grund-

---

[1901] So etwa Hofmann/*Keßler* AufenthG § 61 Rn. 6; aM Kluth/Heusch/*Kluth* AufenthG § 61 Rn. 10.

[1902] BGBl. I 2439.

[1903] Ausf. hierzu Hofmann/*Keßler* AufenthG § 61 Rn. 44, auch zur Problematik der Erteilung von Zweitduldungen an ehemalige Asylsuchende, deren Anträge abgewiesen wurden.

[1904] Vgl. BT-Drs. 18/3144, 10.

rechtseingriffs zu wahren. Die Anordnung muss mithin geeignet, erforderlich und angemessen sein, den jeweils mit ihr verfolgten (rechtmäßigen) Zweck zu erfüllen. Problematisch ist allerdings, dass weder das Gesetz noch die Gesetzesbegründung den jeweiligen Zweck klar definieren.[1905] Im Hinblick auf die Neuregelung in Abs. 1c S. 2 ist fraglich, ob diese mit der Rückführungs-RL vereinbar ist, die als Anknüpfungspunkt für solche Maßnahmen das Vermeiden von Fluchtgefahr voraussetzt (Art. 9 Abs. 3 iVm Art. 7 Abs. 3 RL 2008/115/EG).

Eine Anordnung dürfte aber etwa im Hinblick auf geringfügige oder bereits Jahre zurückliegende Verurteilungen unverhältnismäßig sein.[1906]     **1254**

Die Verwendung unbestimmter Rechtsbegriffe, wie etwa der „Schlussfolgerungen", die einen Verstoß gegen das Betäubungsmittelgesetz (Nr. 2) rechtfertigen können, ist kritisch zu sehen. Da hier im Gegensatz zum Anordnungsgrund nach Nr. 1 keine Verurteilung vorausgesetzt wird und die Ausländerbehörde grundsätzlich nicht befugt ist, strafrechtlich relevante Feststellungen über das Vorliegen einer Tat nach dem Betäubungsmittelgesetz zu treffen, ist dieser Ausnahmetatbestand höchst fragwürdig und stößt an die Grenzen der rechtsstaatlich verankerten Unschuldsvermutung.[1907]     **1255**

Aufenthaltsbeendende Maßnahmen „stehen bevor" (Nr. 3), wenn bereits konkrete Schritte zur Beendigung des Aufenthaltes eingeleitet wurden.[1908] Deren Erfolg muss zudem absehbar sein, damit die Maßnahme verhältnismäßig ist. In diesem Zusammenhang kann auf die Ausführungen zu § 60a Abs. 2 S. 4 AufenthG verwiesen werden (→ Rn. 1213).     **1256**

Während der erstmalige **Verstoß** gegen eine (gesetzliche oder angeordnete) räumliche Beschränkung eine Ordnungswidrigkeit darstellt (§ 98 Abs. 3 Nr. 2b und Nr. 5a AufenthG), handelt es sich bei einem wiederholten Verstoß um eine Straftat (§ 95 Abs. 1 Nr. 7 AufenthG). Die Nichtbefolgung der Pflicht, sich gem. § 61 Abs. 1a S. 2 AufenthG nach der Einreise unverzüglich an den zugewiesenen Ort zu begeben, ist weder straf- noch ordnungswidrigkeitenrechtlich relevant.     **1257**

### d) Wohnsitznahmepflicht bei fehlender Lebensunterhaltssicherung

Unabhängig von der räumlichen Beschränkung gilt für vollziehbar ausreisepflichtige Personen, deren Lebensunterhalt nicht gesichert ist (s. hierzu § 2 Abs. 3 AufenthG), eine **verpflichtende Wohnsitznahme** an dem Ort, an dem die betreffende Person zum Zeitpunkt der Entscheidung über die vorübergehende Aussetzung der Abschiebung gewohnt hat (§ 61 Abs. 1d AufenthG). Dies soll einer gerechten Verteilung der Soziallasten dienen.[1909] Im Gegensatz zur räumlichen Beschränkung besteht bei einer Wohnsitznahmepflicht die Berechtigung zum (erlaubnisfreien) vorübergehenden Verlassen des festgelegten Wohnortes. Die Wohnsitznahmepflicht kann von Amts wegen oder auf Antrag **geändert** werden.[1910] Dabei sind sowohl die Haushaltsgemeinschaft von Familienangehörigen als auch sonstige humanitäre Gründe von vergleichbarem Gewicht zu berücksichtigen.[1911]     **1258**

---

[1905] So auch Hofmann/*Keßler* AufenthG § 61 Rn. 20.

[1906] So auch Bergmann/Dienelt/*Bauer* AufenthG § 61 Rn. 8.

[1907] Krit. hierzu auch *Rosenstein* ZAR 2015, 226 (229).

[1908] Vgl. BT-Drs. 18/3144, 13.

[1909] Vgl. BT-Drs. 18/3144, 10.

[1910] Zur Frage der behördlichen Zuständigkeit s. Huber/*Masuch/Gordzielik* AufenthG § 60a Rn. 15.

[1911] Siehe hierzu OVG Magdeburg Beschl. v. 22.1.2015 – 2 O 1/15, juris, Rn. 9, wonach die Abänderung einer Wohnsitznahmepflicht zur Herstellung der Familieneinheit von Eltern und minderjährigen Kindern idR mit Blick auf Art. 6 GG nicht ermessensfehlerfrei abgelehnt werden könne.

**1259**    Ein Verstoß gegen die Wohnsitznahmepflicht begründet zwar weder eine Straftat noch eine Ordnungswidrigkeit, die jeweilige Person kann jedoch ihren Leistungsanspruch nach dem AsylbLG nur an dem zugewiesenen Wohnort geltend machen.[1912]

### e) Weitere Bedingungen und Auflagen

**1260**    Nach § 61 Abs. 1e AufenthG kann die Duldung mit **weiteren Bedingungen und Auflagen** verbunden werden. Im Hinblick auf die räumliche Beschränkung ist die spezielle Regelung in Abs. 1d jedoch abschließend. Die Bedingungen und Auflagen müssen sachgerecht sein, dem Gesetzeszweck entsprechen (Verbot sachwidriger Koppelung, § 36 Abs. 3 VwVfG) und sie dürfen keinen Sanktionscharakter haben.[1913] Typische Auflagen zur Vermeidung von „Untertauchen" sind beispielsweise Pflichten zur regelmäßigen Vorsprache. Ein (auch wiederholter) Verstoß gegen eine sonstige Bedingung oder Auflage stellt (lediglich) eine Ordnungswidrigkeit dar (§ 98 Abs. 3 Nr. 4 AufenthG).

### f) Besondere Ausreiseeinrichtungen

**1261**    § 61 Abs. 2 AufenthG sieht für die Bundesländer die Möglichkeit vor, Ausreiseeinrichtungen für vollziehbar ausreisepflichtige Personen zu schaffen, in denen durch Betreuung und Beratung die Bereitschaft zur freiwilligen Ausreise gefördert und die Erreichbarkeit für Behörden und Gerichte sowie die Durchführung der Ausreise gesichert werden soll. Eine Wohnsitznahmepflicht in einer solchen (offenen) Einrichtung kann einer Person im Wege einer Anordnung nach § 61 Abs. 1e AufenthG auferlegt werden – sofern sich eine solche Anordnung im Hinblick auf den Gesetzeszweck (Durchsetzung der Ausreisepflicht) als erforderlich, geeignet und angemessen erweist. Im Hinblick auf die räumliche und personelle Ausstattung solcher Einrichtungen sind die Vorgaben der Art. 14 und 16 RL 2008/115/EG zu beachten, wonach insbesondere die familiäre Einheit und die Rechte Minderjähriger gewahrt werden und Kontaktmöglichkeiten etwa mit Verwandten, Rechtsbeiständen oder UNHCR gewahrt bleiben müssen.

## 7. Abschiebungshaft (§§ 62, 62a AufenthG)

**1262**    § 62 AufenthG regelt die Voraussetzungen, unter denen Abschiebungshaft angeordnet werden kann[1914]. § 62a befasst sich mit dem Vollzug der Abschiebungshaft (→ 1328 ff.). Ergänzend dazu wird in § 2 Abs. 14 AufenthG näher definiert, wann eine Fluchtgefahr iSd § 62 Abs. 3 S. 1 Nr. 5 AufenthG gegeben ist (→ Rn. 1275). § 2 Abs. 15 AufenthG befasst sich mit der Inhaftnahme eines Ausländers, um eine Überstellung im Rahmen des Dublin-Verfahrens durchführen zu können (→ Rn. 26)[1915]. Einen umfassenden und kompetenten Überblick über die jüngere Rechtsprechung des BGH in Abschiebungshaftsachen geben **Drews/Fritsche**[1916], **Drews**[1917] und **Schmidt-Räntsch**[1918].

---

[1912] Dazu BT-Drs. 18/3144, 10.

[1913] Vgl. OVG Lüneburg Beschl. v. 7.12.2010 – 8 PA 257/10, juris, Rn. 9; zur Zulässigkeit eines Studierverbots s. OVG RPf Beschl. v. 27.8.2014 – 7 B 10433/14, juris; s. auch Hofmann/*Bruns* AufenthG § 60a Rn. 40 mwN zur Frage der Rechtmäßigkeit auflösender Bedingungen bei Erteilung einer Duldung.

[1914] Zur Neuregelung der Abschiebungshaft im Gesetz zur Neubestimmung des Bleiberechts und der Aufenthaltsbeendigung vgl. *Beichel-Benedetti* NJW 2015, 2541.

[1915] Vgl. in diesem Zusammenhang auch EuGH Urt. v. 15.3.2017 – C-528/15 NVwZ 2017, 777 m. Anm. *Beichel-Benedetti/Hoppe* = BeckRS 2017, 103814; vgl. auch BGH NVwZ 2014, 1397 Rn. 31 und Beschl. v. 16.2.2017 – V ZB 10/16 BeckRS 2017, 104970 Rn. 7.

[1916] NVwZ 2011, 527.

[1917] NVwZ 2012, 392 und 2013, 256.

[1918] NVwZ 2014, 110 ff. ff. – Vgl. ferner *Bethäuser* InfAuslR 2015, 392; *Kluth* ZAR 2015, 285.

§ 62 AufenthG dient dazu, einen Ausländer inhaftieren zu können, um die zwangs-     **1263**
weise Durchsetzung einer diesem obliegenden vollziehbaren Ausreisepflicht zu ermöglichen. Gem. § 57 Abs. 3 AufenthG (→ Rn. 1142) finden die Vorschriften über die Anordnung von Abschiebungshaft auch auf die Anordnung von **Zurückschiebungshaft**
Anwendung.

Zwingende Voraussetzung für die Anordnung einer solchen Haft ist ein **begründeter**     **1264**
Verdacht, dass sich der ausreisepflichtige Ausländer seiner Abschiebung voraussichtlich
in einer Weise zu entziehen versucht, die nicht durch das Anwenden einfachen unmittelbaren Zwangs überwunden werden kann[1919]. **Alleiniger** Zweck der Haftanordnung ist die
Sicherung der zwangsweisen Ausreise eines Ausländers[1920]. Hingegen kommt diese nicht
in Betracht, um ein bestimmtes (Fehl-)Verhalten zu sanktionieren oder um sie als **Beuge-**
**mittel** zu nutzen[1921]. Sie ist auch nicht dazu bestimmt, der zuständigen Ausländerbehörde
schlichtweg die Arbeit zu erleichtern. Die Haft zur Sicherung der Abschiebung darf nicht
„auf Vorrat" angeordnet werden, indem ihr Beginn an das Ende einer laufenden Straf-
oder Untersuchungshaft und damit an einen in der Zukunft liegenden ungewissen Zeitpunkt angeknüpft wird[1922]. Eine Anordnung von Abschiebungshaft parallel zu einer
angeordneten Straf- oder Untersuchungshaft ist jedoch bei Vorliegen der sonstigen Voraussetzungen nicht von vornherein ausgeschlossen[1923].

Die Anordnung von Abschiebungshaft setzt – mit Ausnahme einer Abschiebungs-     **1265**
anordnung nach § 58a AufenthG (→ Rn. 1163 ff.) – den vorangegangenen Erlass einer
Abschiebungsandrohung gem. § 59 AufenthG (→ Rn. 1171 ff.) voraus; die Absicht der
Ausländerbehörde, diese erst demnächst zu erlassen genügt nicht[1924].

Die Abschiebungs- und auch die Zurückschiebungshaft sind freiheitsentziehende Maß-     **1266**
nahmen iSd Art. 104 Abs. 2 GG, die im Gegensatz zur Freiheitsbeschränkung nach
Art. 104 Abs. 1 AufenthG einer richterlichen Anordnung bedürfen[1925]. Die Unterscheidung zwischen beiden Eingriffen ist „gradueller Natur". Eine Freiheitsentziehung liegt in
jedem Fall vor, wenn eine Person gegen ihren Willen in einem Haftraum untergebracht
wird. Hingegen werden kurzfristige, von vornherein im Rahmen der Anwendung unmittelbaren Zwangs als vorübergehend gedachte Eingriffe wie zB die Festnahme und
Verbringung eines abzuschiebenden Ausländers an den Flughafen lediglich als freiheits-
beschränkende Maßnahmen qualifiziert[1926]. Das Verfahren zur Anordnung einer Ab-
schiebungs- oder Zurückschiebungshaft richtet sich nach Buch 7 des Gesetzes über das

---

[1919] BGHZ 98, 109 = NJW 1986, 3024.
[1920] Vgl. zB BVerfG NVwZ 2007, 1296 mwN.; BGHZ 98, 109 = NJW 1986, 3024.
[1921] Zur Unzulässigkeit der Anordnung von Abschiebungshaft als Beugehaft vgl. nur OLG Düsseldorf InfAuslR 1997, 407; OLG Hamm NVwZ 1995, 826; InfAuslR 1998, 351; BayObLG 2002,
301; 2004, 136; OLG Schleswig FGPrax 2008, 22 = BeckRS 2017, 19586.
[1922] BGH NVwZ 2015, 1079 unter Aufgabe von BGHZ 129, 98 = NJW 1995, 1898 = NVwZ 1995,
1142 Ls. und BGHZ 184, 323 = FGPrax 2010, 154 = BeckRS 2010, 06498 Rn. 12.
[1923] BGH NVwZ 2015, 1079 Rn. 8.
[1924] BGH NVwZ 2013, 1361 Rn. 11.
[1925] Vgl. dazu zB BVerfG NJW 2010, 670; NVwZ 2011, 38 und 1254; jew. mwN; zum präventiven
Richtervorbehalt Huber/*Beichel-Benedetti* Vorb § 62 AufenthG Rn. 3 ff.
[1926] Vgl. nur BVerwGE 62, 325 = NJW 1982, 537; BVerwG NJW 1982, 536; InfAuslR 1982, 276;
vgl. auch BGH NJW 1982, 753. Vgl. in diesem Zusammenhang auch BVerfGE 94, 166 = NVwZ 1996,
678 zur Verweigerung der Einreise und der damit einhergehenden Einschränkungen der persönlichen
Freiheit, da ein asylrechtliches Flughafenverfahren nach § 18a AsylG durchgeführt wird. Das BVerfG
sah in dem Verbleib von Asylsuchenden im Transitbereich eines deutschen Flughafens weder eine
Freiheitsentziehung noch eine Freiheitsbeschränkung i. S. der Art. 2 Abs. 2 S. 2 und 104 Abs. 1 und 2
GG, da dem Betroffenen gegenüber die körperliche Bewegungsfreiheit nicht durch staatliche Maßnahmen nach *jeder* Richtung hin aufgehoben worden sei. Ein Verlassen des Bundesgebiets in Rich-
tung eines anderen ausländischen Staates bleibe dem Asylsuchenden unbenommen. Vgl. nun aber
EGMR (5. Kammer) Entscheidung v. 14.3.2017 – Nr. 47287/15 – Ilias und Ahmed vs. Ungarn.

Verfahren in Familiensachen und in den Angelegenheiten der freiwilligen Gerichtsbarkeit (FamFG) vom 17.12.2008[1927], zuletzt geändert durch Gesetz vom 1.3.2017[1928] (§ 106 Abs. 2 S. 1 AufenthG). Von Verfassungswegen war der Bundesgesetzgeber nicht gehalten, im Aufenthaltsgesetz selbst das die Anordnung von Ab- oder Zurückschiebungshaft betreffende Verfahren zu regeln[1929].

1267    Eine Ausländerbehörde ist nicht berechtigt, **von sich aus** Abschiebungshaft festzusetzen. Art. 104 Abs. 2 S. 2 und 3 GG sehen zwar unter dort näher genannten Voraussetzungen eine zulässige Freiheitsentziehung auch ohne eine vorangegangene richterliche Entscheidung vor. In einem solchen Fall ist jedoch eine richterliche Anordnung unverzüglich nachzuholen. Soweit eine Ausländerbehörde aus eigener Machtvollkommenheit einen Ausländer zur Vorbereitung oder Sicherung einer Abschiebung in Haft nehmen will, bedarf sie gem. Art. 2 Abs. 2 S. 3 und Art. 104 Abs. 1 GG einer **besonderen** gesetzlichen Ermächtigung, die sich nur aus landesrechtlichen Vorschriften, insbesondere dem Polizeirecht, ergeben kann[1930]. Zu denken ist in diesem Zusammenhang zB an eine Ingewahrsamnahme, die aber gleichfalls einer unverzüglichen richterlichen Entscheidung bedarf[1931]. Mit § 62 Abs. 5 AufenthG hat der Gesetzgeber eine eigenständige ausländerrechtliche Befugnisnorm geschaffen, die es der Ausländerbehörde erlaubt, einen Ausländer festzuhalten und **vorläufig** in Gewahrsam zu nehmen (→ Rn. 1290 ff.).

1268    Grds. ist von der zuständigen Ausländer-, Polizei- oder Grenzbehörde die Anordnung von Abschiebungs- bzw. Zurückschiebungshaft **vor** der Festnahme des betroffenen Ausländers unter Beachtung der Anhörungsverpflichtung nach § 420 Abs. 1 FamFG zu beantragen und ggf. auszusprechen. Art. 104 Abs. 2 S. 2 GG lässt jedoch **ausnahmsweise** die unverzüglich nachzuholende richterliche Entscheidung in den Fällen zu, „in denen der mit der Freiheitsentziehung verfolgte verfassungsrechtlich zulässige Zweck nicht erreichbar wäre, wenn der Festnahme die richterliche Entscheidung vorausgehen müsste"[1932]. Dem Unverzüglichkeitsgebot ist nur Genüge getan, sofern die richterliche Anordnung „ohne jede Verzögerung, die sich nicht aus sachlichen Gründen rechtfertigen lässt", dh „ohne jede vermeidbare Säumnis" eingeholt wird. Die Frist des Art. 104 Abs. 2 S. 3 GG gibt der Behörde keinen frei ausschöpfbaren Zeitraum für die Ingewahrsamnahme eines Ausländers ohne richterliches Tätigwerden. Insbesondere dürfen sich behördliche Organisationsmängel nicht zu Lasten eines festgenommenen Ausländers auswirken[1933].

1269    Das Aufenthaltsgesetz stellt allgemeine Grundsätze für die Anordnung von Abschiebungshaft auf (§ 62 Abs. 1 AufenthG). Es differenziert zwischen der Vorbereitungshaft (§ 62 Abs. 2 AufenthG) und der Sicherungshaft (§ 62 Abs. 3 und 4 AufenthG).

### a) Allgemeine Grundsätze für die Anordnung von Abschiebungshaft (§ 62 Abs. 1 AufenthG)

1270    Nach § 62 Abs. 1 S. 1 AufenthG ist die Abschiebungshaft unzulässig, wenn der Zweck der Haft durch ein milderes, ebenfalls ausreichendes anderes Mittel erreicht werden kann.

---

[1927] BGBl. I S. 2586.

[1928] BGBl. I S. 386.

[1929] Vgl. nur BVerfGE 83, 24 = NJW 1991, 1283 mwN zum Verweis auf das damals geltende Gesetz über die freiwillige Gerichtsbarkeit.

[1930] Vgl. nur BVerwG NJW 1982, 536.

[1931] Vgl. zB § 33 HessSOG.

[1932] BVerwG NJW 1982, 536.

[1933] Vgl. in diesem Zusammenhang auch BVerwGE 45, 51 = NJW 1974, 807. Zum Beschleunigungsgebot in Abschiebungshaftsachen vgl. nur BGH FGPrax 2012, 133 = BeckRS 2012, 08775; NVwZ 2014, 168 Ls. = BeckRS 2013, 20404 Rn. 8.- Vgl. allg. BVerfGE 46, 199 mwN; BVerfG NJW 2006, 1336; StV 2007, 644; jew. mwN.

Dies entspricht den unionsrechtlichen Vorgaben zur Wahrung des Grundsatzes der Verhältnismäßigkeit in Art. 15 Abs. 1 S. 1 der Rückführungs-RL 2008/115/EG. Darüber hinaus ist die Inhaftnahme auf die kürzest mögliche Dauer zu beschränken (§ 62 Abs. 1 S. 2 AufenthG)[1934]. Schließlich dürfen nach Satz 3 Minderjährige und Familien mit Minderjährigen nur in besonderen Ausnahmefällen und nur so lange in Abschiebungshaft genommen werden, wie es unter Berücksichtigung des Kindeswohls angemessen ist (Art. 17 Abs. 1 Rückführungs-RL 2008/115/EG)[1935]. Auch im Falle einer Beistandsgemeinschaft des ausreisepflichtigen Ausländers zu einer aufenthaltsberechtigten Lebensgefährtin mit minderjährigen Kindern kommt die Anordnung von Abschiebungshaft nur im äußersten Fall und nur für die kürzest mögliche angemessene Dauer in Betracht[1936]. Schließlich erweist sich die Anordnung von Abschiebungshaft innerhalb der Mutterschutzfrist von § 3 Abs. 2 MuSchG als unverhältnismäßig und daher als rechtswidrig[1937].

### b) Vorbereitungshaft (§ 62 Abs. 2 AufenthG)

Gem. § 62 Abs. 1 S. 1 AufenthG ist ein Ausländer zur Vorbereitung der Ausweisung auf richterliche Anordnung in Haft zu nehmen, wenn über die Ausweisung nicht sofort entschieden werden kann und wenn die Abschiebung ohne die Inhaftnahme wesentlich erschwert oder vereitelt würde. Die Anordnung von Vorbereitungshaft ist daher streng zweckgebunden (vgl. auch Nr. 62.1 AVV-AufenthG)[1938]. Sie dient ausschließlich dazu, die **Ausweisung** eines Ausländers vorzubereiten. Wird demgegenüber ein Antrag auf Erteilung oder Verlängerung eines Aufenthaltstitels abgelehnt und damit eine unmittelbare Ausreisepflicht begründet, rechtfertigt dies auf keinen Fall, Vorbereitungshaft anzuordnen. **1271**

Die Vorbereitungshaft ist eine Sicherungsmaßnahme. Allein der Umstand, dass ein Ausländer aus dem Bundesgebiet ausgewiesen werden soll, rechtfertigt ihre Anordnung nicht. Erforderlich ist zum einen, dass eine sofortige Entscheidung über die Ausweisung nicht getroffen werden kann, wenn also zB zunächst weitere Sachverhaltsermittlungen erforderlich sind. Allein dies genügt aber nicht zur Haftanordnung. Hinzukommen muss die von der Ausländerbehörde überzeugend dargelegte Befürchtung, dass die Abschiebung eines Ausländers, dessen Ausweisung geplant ist, ohne die Inhaftnahme des Betroffenen wesentlich erschwert oder vereitelt würde. Daher muss zum Zeitpunkt der Beantragung von Vorbereitungshaft für die Ausländerbehörde mit Sicherheit feststehen, dass der Ausländer **innerhalb** der Sechswochenfrist des § 62 Abs. 1 S. 2 AufenthG ausgewiesen werden wird[1939] **und** dass er sich einer entsprechenden aufenthaltsbeendenden Maßnahme entzieht oder diese vereiteln wird. Ist eine solche Entscheidung hingegen noch als offen anzusehen, scheidet die Anordnung von Vorbereitungshaft von vornherein aus. Eine Anordnung von Vorbereitungshaft gleichsam „auf Vorrat" verstieße gegen Art. 104 Abs. 1 und 2 GG sowie gegen Art. 2 Abs. 2 GG. Darüber hinaus sind die Voraussetzungen, eine Vorbereitungshaft anzuordnen, nicht gegeben, wenn es an der erforderlichen Abschiebungsandrohung nach § 59 AufenthG (→ Rn. 1171) fehlt[1940]. **1272**

---

[1934] Vgl. zB BVerfG NVwZ 2010, 1318; BGH Beschl. v. 12.12.2013 – V ZB 214/12 BeckRS 2014, 02943 Rn. 12 mwN; NVwZ 2014, 168 Ls. = BeckRS 2013, 20404.

[1935] Vgl. nur BGH NVwZ 2011, 320 mwN.

[1936] BGH InfAuslR 2013, 154 = FGPRax 2013, 86 = BeckRS 2013, 01636 Rn. 11.

[1937] BGH NVwZ-RR 2011, 838.

[1938] Zur strengen Zweckbindung der Anordnung von Abschiebungshaft vgl. BVerfG NVwZ 2007, 1296 mwN.

[1939] Vgl. BGH Beschl. v. 9.2.2012 – V ZB 305/10 BeckRS 2012, 07287 Rn. 14.

[1940] BGH FGPrax 2013, 279 = InfAuslR 2013, 382 = BeckRS 2013, 13801.

1273    Im Falle des Erlasses einer Ausweisungsverfügung bedarf es für die Fortdauer der Haft bis zum Ablauf der angeordneten Haftdauer keiner erneuten richterlichen (Haft-)Anordnung (§ 62 Abs. 2 S. 3 AufenthG).

### c) Sicherungshaft nach § 62 Abs. 3 S. 1 AufenthG

1274    Ein Ausländer **ist** nach Maßgabe des § 62 Abs. 3 S. 1 AufenthG zur Sicherung der Abschiebung auf richterliche Anordnung in Haft zu nehmen. Befindet sich ein Ausländer bereits aus anderen Gründen in Haft (zB Strafvollstreckung, Untersuchungshaft, Sicherungshaft nach § 453c Abs. 1 StPO zur Sicherung der Vollstreckung einer Strafhaft), ist zwar eine Anordnung von Abschiebungshaft nach § 62 Abs. 3 AufenthG nicht generell ausgeschlossen. Für eine so angeordnete **Überhaft** bedarf es jedoch einer besonderen Rechtfertigung[1941] (→ Rn. 1264).

1275    Die sich aus § 62 Abs. 3 S. 1 AufenthG ergebende gesetzliche Verpflichtung, einen Ausländer in Sicherungshaft zu nehmen, setzt voraus:

- Dass der Betroffene auf Grund einer unerlaubten Einreise[1942] vollziehbar ausreisepflichtig[1943] ist (Nr. 1).
- Dass eine Abschiebungsanordnung nach § 58a AufenthG (→ Rn. 1163 ff.) ergangen ist, diese aber nicht unmittelbar vollzogen werden kann (Nr. 1a).
- Dass die einem Ausländer gesetzte Ausreisefrist abgelaufen ist und er seinen Aufenthaltsort gewechselt hat, ohne der Ausländerbehörde eine Anschrift anzugeben, unter der er erreichbar ist (Nr. 2)[1944].
- Dass ein Ausländer aus von ihm zu vertretenden Gründen zu einem für die Abschiebung angekündigten Termin nicht an dem von der Ausländerbehörde angegebenen Ort angetroffen wurde (Nr. 3).
- Dass sich ein Ausländer in sonstiger Weise der Abschiebung entzogen hat (Nr. 4).
- Dass der begründete Verdacht besteht, der Ausländer wolle sich der Abschiebung entziehen (Nr. 5).

1276    Allerdings darf – mit Ausnahme einer Abschiebungsanordnung nach § 58a AufenthG (→ Rn. 1163 ff.) – ohne das Vorliegen einer Abschiebungsandrohung keine Sicherungshaft angeordnet werden[1945].

1277    **aa) Unerlaubte Einreise (§ 62 Abs. 3 S. 1 Nr. 1 AufenthG).** Die Ausreisepflicht folgt in einem solchen Fall unmittelbar aus § 50 AufenthG. Wird ein Asylerstantrag gestellt, erwirbt der Ausländer hierdurch jedoch ein gesetzliches Aufenthaltsrecht nach § 55 AsylG in Gestalt einer Aufenthaltsgestattung. Demgegenüber bewirkt ein Asylfolgeantrag iSd § 71 Abs. 1 AsylG oder ein Zweitantrag iSd § 71a Abs. 1 AsylG für sich noch keinen rechtmäßigen Aufenthalt im Bundesgebiet mit der Folge, dass ein solcher Antrag der Anordnung von Abschiebungshaft nicht entgegensteht (§ 71 Abs. 8 bzw. § 71a Abs. 2 S. 3 AsylG). Entscheidet sich das BAMF jedoch dazu, ein weiteres Asylverfahren oder ein Zweitverfahren durchzuführen, entfällt die Grundlage dafür, Abschiebungshaft anzuordnen.

1278    Sofern ein Ausländer, der sich in Untersuchungs-, Straf-, Vorbereitungs- oder Sicherungshaft befindet, **aus der Haft heraus** einen Asylantrag stellt, steht dies dem Anordnen oder Aufrechterhalten von Abschiebungshaft nicht entgegen (§ 14 Abs. 3 S. 1 AsylG). Die Abschiebungshaft endet jedoch kraft Gesetzes mit der Zustellung der Entscheidung

---

[1941] Vgl. zB BGH NVwZ 2015, 1079 mwN.
[1942] Zum Begriff der unerlaubten Einreise → Rn. 48.
[1943] Zur vollziehbaren Ausreisepflicht → Rn. 1148 ff..
[1944] Vgl. auch § 50 Abs. 4 AufenthG → Rn. 1048.
[1945] BGH Beschl. v. 12.12.2013 – V ZB 214/12 BeckRS 2014, 02943 Rn. 10; BGH ZAR 2013, 444 Ls. = BeckRS 2013, 13801.

des Bundesamtes, spätestens jedoch vier Wochen nach Eingang des Asylantrags beim Bundesamt (§ 14 Abs. 3 S. 3 AsylG). Dies gilt lediglich dann nicht, wenn auf Grund von Rechtsvorschriften der Europäischen Gemeinschaft (jetzt: Europäische Union) oder eines völkerrechtlichen Vertrages über die Zuständigkeit für die Durchführung von Asylverfahren ein Auf- oder Wiederaufnahmeersuchen an einen anderen Staat gerichtet oder wenn der Asylantrag als unzulässig nach § 29 Abs. 1 Nr. 4 AsylG (Bereitschaft eines sonstigen sicheren Drittstaats iSd § 27 AsylG) oder als offensichtlich unbegründet iSd § 30 AsylG abgelehnt worden ist.

Gem. § 62 Abs. 3 S. 2 AufenthG kann **ausnahmsweise** davon abgesehen werden, Sicherungshaft nach Nr. 1 anzuordnen, wenn der Ausländer glaubhaft macht, dass er sich der Abschiebung nicht entziehen will.    1279

**bb) Abschiebungsanordnung nach § 58a AufenthG (§ 62 Abs. 3 S. 1 Nr. 1a AufenthG).** Diese Norm hatte bis vor Kurzem in der Praxis keine entscheidende Rolle gespielt. Auf Grund der Beschlüsse des BVerwG vom 21.3.2017[1946] könnte sich dies ändern (→ Rn. 1164 ff.).    1280

**cc) Wechsel des Aufenthaltsortes (§ 62 Abs. 3 S. 1 Nr. 2 AufenthG).** Die Vorschrift setzt voraus, dass die einem Ausländer gesetzte Ausreisefrist abgelaufen ist. Ein der Ausländerbehörde nicht mitgeteilter Aufenthaltswechsel, der **vor** Ablauf der Ausreisefrist erfolgte, rechtfertigt die Anordnung der Abschiebungshaft nach § 62 Abs. 3 S. 1 Nr. 2 AufenthG nicht[1947]. Es muss auf Grund bestimmter Tatsachen feststehen, dass tatsächlich ein Wechsel des Aufenthaltsorts erfolgt ist[1948]. Wird ein Ausreisepflichtiger einmal oder mehrfach an seinem bisherigen Aufenthaltsort nicht angetroffen, reicht dies für sich idR nicht aus, um einen entsprechenden Wechsel des Aufenthaltsortes annehmen zu können[1949]. Sofern der Ausländerbehörde jedoch der gegenwärtige Aufenthaltsort des Betroffenen (wieder) bekannt ist, scheidet eine Haftanordnung aus[1950].    1281

Im Übrigen ist es **zwingend** erforderlich, dass ein ausreisepflichtiger Ausländer auf die ihm gem. § 50 Abs. 5 AufenthG obliegende Anzeigepflicht (→ Rn. 1048) in einer für ihn verständlichen Weise, ggf. notwendigerweise auch in seiner Landessprache[1951], hingewiesen worden ist[1952]. Andernfalls ist die Anordnung von Abschiebungshaft jedenfalls nach § 62 Abs. 2 S. 1 Nr. 2 AufenthG ausgeschlossen[1953].    1282

**dd) Fehlende Anwesenheit an einem bestimmten Ort zu einem Abschiebungstermin (§ 62 Abs. 3 S. 1 Nr. 3 AufenthG).** Diese Norm ermöglicht es, Sicherungshaft anzuordnen, wenn ein Ausländer zu einem von der Ausländerbehörde bestimmten Zeitpunkt an einem bestimmten Ort nicht angetroffen wurde und er dies zu vertreten hat. Ein solcher Fall ist geeignet anzunehmen, dass der Betroffene untergetaucht ist, um sich einer drohenden Abschiebung zu entziehen. Hat er hingegen zB einen dringenden Arzttermin wahrnehmen müssen oder konnte er aus vergleichbaren gewichtigen Gründen an dem Ort nicht anwesend sein, scheidet die Anordnung von Abschiebungshaft von vornherein    1283

---

[1946] NVwZ 2017, 1057 und 1 VR 2/17 BeckRS 2017, 104986.

[1947] BGH InfAuslR 201, 361 = BeckRS 2011, 18262; BGH InfAuslR 2012, 98 = BeckRS 2011, 25520 = FGPrax 2012, 44 Ls.

[1948] Zur Verlegung des Aufenthaltsortes in einen anderen EU- oder Schengen-Staat vgl. BGH NVwZ 2017, 416 Ls. = BeckRS 2016, 21002.

[1949] Vgl. Huber/*Beichel-Benedetti* § 62 AufenthG Rn. 15; vgl. auch BGH FGPrax 2011, 254 = BeckRS 2011, 16294.

[1950] OLG Frankfurt a. M. InfAuslR 1998, 461.

[1951] BGH InfAuslR 2016, 234 = NVwZ 2016, 712 Ls. = BeckRS 2016, 05437.

[1952] BGH FGPrax 2011, 254 = BeckRS 2011, 16294; BGH NVwZ 2017, 416 Ls. = BeckRS 2016, 21002; BGH Beschl. v. 16.2.2017 – V ZB 10/16 BeckRS 2017, 104970 Rn. 8 mwN.

[1953] BGH FGPrax 2011, 254 = BeckRS 2011, 16294; OLG Celle InfAuslR 2004, 118.

aus. Dasselbe gilt, wenn der Betroffene nicht ordnungsgemäß in einer für ihn verständlichen Sprache über seine Pflichten nach § 50 Abs. 4 AufenthG belehrt worden ist[1954].

**1284**　　**ee) Entziehung der Abschiebung (§ 62 Abs. 3 S. 1 Nr. 4 AufenthG).** Nach dieser Vorschrift ist Sicherungshaft anzuordnen, wenn sich ein vollziehbar ausreisepflichtiger Ausländer in sonstiger Weise der Abschiebung entzogen **hat**[1955]. Sofern sich ein Ausreisepflichtiger geweigert hat, die ihm obliegenden Mitwirkungspflichten zu erfüllen, etwa einen Pass oder Passersatz oder ein sonstiges Reisedokument bei der für ihn zuständigen Auslandsvertretung zu beantragen oder eine Erklärung zur freiwilligen Rückkehr in das Herkunftsland abzugeben, lässt dies jedenfalls für sich allein nicht darauf schließen, dass er sich seiner Abschiebung entziehen wollte[1956]. Leistet ein Ausländer bei dem Versuch seiner Abschiebung keinen aktiven Widerstand, sondern verhält er sich ruhig und bringt sachliche gesundheitsbezogene Gründe bzgl. seiner Flug(un)tauglichkeit vor, rechtfertigt dies nicht, Abschiebungshaft nach § 62 Abs. 3 S. 1 Nr. 4 AufenthG anzuordnen[1957].

**1285**　　**ff) Entziehungsabsicht (§ 62 Abs. 3 S. 1 Nr. 5 AufenthG).** Mit dem Gesetz zur Neubestimmung des Bleiberechts und der Aufenthaltsbeendigung vom 27.7.2015[1958] wurde der Tatbestand, der eine Anordnung von Abschiebungshaft wegen Fluchtgefahr rechtfertigt, neu gefasst. Es müssen im Einzelfall konkrete Gründe vorliegen, die auf den in § 2 Abs. 14 AufenthG (→ Rn. 26) festgelegten Anhaltspunkten beruhen und deshalb den begründeten Verdacht rechtfertigen, dass sich der ausreisepflichtige Ausländer der Abschiebung durch Flucht entziehen will[1959]. Dass eine entsprechende Absicht zur Flucht gegeben ist, muss anhand konkreter Umstände belegt werden. Bloße Vermutungen der Ausländerbehörde reichen hingegen nicht aus, um auf eine Entziehungsabsicht schließen zu können[1960]. Hingegen kann ein bestimmtes Verhalten oder eine klare Verweigerungshaltung, um von der Abschiebung auf dem Luftweg ausgenommen zu werden, die Annahme einer Fluchtgefahr begründen[1961]. Auch das Benutzen verfälschter oder gefälschter Personaldokumente kann auf eine Entziehungsabsicht schließen lassen[1962]. Dies gilt insbesondere dann, wenn derlei Papiere nicht nur zur illegalen Einreise benutzt worden sind, sondern der Betroffene auch weiterhin von diesen Gebrauch macht. Ist ein Ausländer mittels eines Schleusers in das Bundesgebiet eingereist, kann dies im Einzelfall auch auf eine Entziehungsabsicht iSd Nr. 5 schließen lassen[1963]. Liegt eine solche Einreise jedoch schon lange zurück, bedarf es weiterer stichhaltiger Anhaltspunkte, um aus der Beauftragung eines Schleusers auf eine aktuell bestehende Absicht, sich einer Abschiebung entziehen zu wollen, schließen zu können. Verstöße gegen die Rechtsordnung, die mit einer strafrechtlichen Verfolgung einhergegangen sind, können im Einzelfall hingegen

---

[1954] BGH InfAuslR 2016, 234 = NVwZ 2016, 712 Ls. = BeckRS 2016, 05437 Rn. 13.

[1955] Zur verneinten Anwendbarkeit von § 62 Abs. 3 S. 1 Nr. 4 im Dublin-Verfahren *vor* der Einfügung von § 2 Nr. 14 und 15 in das AufenthG durch das Gesetz 27.7.2015 (BGBl. I S. 1386) vgl. BGH Beschl. v. 17.8.2016 – V ZB 106/14 BeckRS 2016, 17880 Rn. 8 unter Verweis auf BGH NVwZ 2014, 1397 Rn. 31.

[1956] OLG Zweibrücken InfAuslR 2001, 341; OLG Düsseldorf InfAuslR 1997, 407.

[1957] BGH ZAR 2014, 247 Ls. = BeckRS 2014, 02538.

[1958] BGBl. I S. 1386.

[1959] BGH Beschl. v. 30.6.2011 – V ZB 40/11 BeckRS 2011, 21647 Rn. 6 f. mwN.

[1960] Vgl. nur BGH NVwZ 2000, 965; BayObLG InfAuslR 1999, 83.

[1961] BGH NVwZ 2017, 336 Ls. = BeckRS 2016, 19304; BGH Beschl. v. 2.6.2016 – V ZB 26/16 BeckRS 2016, 15863 Rn. 7.

[1962] Vgl. jetzt § 2 Abs. 14 Nr. 2 AufenthG; Vgl. zB BGH InfAuslR 2012, 419 = ZAR 2012, 400 Ls. = BeckRS 2012, 14183 Rn. 16.; BayObLGZ 2000, 203; InfAuslR 2000, 228; OLG Naumburg FGPrax 2000, 211.

[1963] BGH, FGPrax 2000, 130; BayObLG InfAuslR 2001, 174. Vgl. jetzt auch § 2 Abs. 14 Nr. 4 AufenthG.

die Annahme rechtfertigen, dass eine Entziehungsabsicht besteht. Dies gilt insbesondere dann, wenn sich ein straffällig gewordener Ausländer der Strafverfolgung durch Flucht oder Untertauchen entzogen oder dies erfolglos versucht hat[1964].

Im Rahmen der Prüfung, ob eine von der Vorschrift geforderte Entziehungsabsicht **1286** vorliegt, kann persönlichen Bindungen im Bundesgebiet, die sich zB aus einer bestehenden Ehe ergeben, eine ausschlaggebende Bedeutung zukommen[1965]. Daher ist auch die Anhörung des Ehegatten oder Lebenspartners zwingend geboten (→ Rn. 1302).

### d) Absehen von Sicherungshaft nach § 62 Abs. 3 S. 2 und 3 AufenthG

Nach § 62 Abs. 3 S. 2 AufenthG kann von der Anordnung von Sicherungshaft wegen **1287** unerlaubter Einreise nach § 62 Abs. 3 S. 1 Nr. 1 AufenthG **ausnahmsweise** abgesehen werden, wenn der Ausländer glaubhaft macht, dass er sich der Abschiebung nicht entziehen will. Darüber hinaus ist es nicht zulässig, Sicherungshaft anzuordnen, wenn feststeht, dass aus Gründen, die der Ausländer nicht zu vertreten hat, die Abschiebung nicht innerhalb der nächsten drei Monate durchgeführt werden kann (§ 62 Abs. 3 S. 3 AufenthG)[1966]. Abweichend hiervon ist jedoch nach § 62 Abs. 3 S. 4 AufenthG die Sicherungshaft bei einem Ausländer, von dem eine erhebliche Gefahr für Leib und Leben Dritter oder bedeutende Rechtsgüter der Inneren Sicherheit ausgeht, auch dann zulässig, wenn die Abschiebung nicht innerhalb der nächsten drei Monate durchgesetzt werden kann[1967]. In einem solchen Fall geht es jedoch in erster Linie um eine sicherheitsrechtlich begründete Präventivmaßnahme und nicht um eine solche zur Absicherung der Möglichkeit einer anstehenden, aber noch nicht realisierbaren Abschiebung. Es stellt sich daher die Frage, ob eine damit intendierte Abkehr von der Zweckbindung der Abschiebungshaft verfassungsrechtlich tragbar ist und ob es nicht originäre Angelegenheit der Bundesländer wäre, eine entsprechende Präventivhaft vorzusehen.

### e) Dauer der Sicherungshaft (§ 62 Abs. 4 und 4a AufenthG)

§ 62 Abs. 4 S. 1 AufenthG bestimmt, dass die Dauer der Sicherungshaft (nicht der **1288** Vorbereitungshaft) bis zu sechs Monaten angeordnet werden kann. Sie kann in Fällen, in denen der Ausländer seine Abschiebung verhindert, um höchstens zwölf Monate verlängert werden (§ 62 Abs. 4 S. 2 AufenthG)[1968]. Die zeitlichen Vorgaben dieser Normen berechtigen jedoch nicht dazu, die maximal zulässige Haftdauer auszuschöpfen, auch nicht im Falle des Satzes 2. Stets ist die Zeitdauer der freiheitsentziehenden Maßnahme auf das unbedingt Notwendige zu beschränken, da andernfalls eine Grundrechtsverletzung vorliegt[1969]. Eine angeordnete Vorbereitungshaft nach Abs. 1 ist auf die Gesamtdauer der Sicherungshaft anzurechnen (§ 62 Abs. 3 S. 3 AufenthG).

Ist die Abschiebung gescheitert, bleibt die Haftanordnung bis zum Ablauf der Anord- **1289** nungsfrist unberührt, sofern die Voraussetzungen für die Haftanordnung unverändert

---

[1964] Vgl. zB BayObLG InfAuslR 2002, 478.

[1965] Vgl. aber auch OLG München Beschl. v. 29.5.2009 – 34 Wx 42/09 BeckRS 2009, 25061.

[1966] Zum Erfordernis einer entsprechenden substantiierten richterlichen Prognose vgl. nur BGH InfAuslR 2011, 302 = FGPrax 2011, 201 = BeckRS 2011, 14045; BGH NVwZ 2011, 1535 Rn. 18 ff.; OLG Brandenburg Beschl. v. 5.5.2009 – 11 Wx 24/09 BeckRS 2009, 12052. Vgl. auch BGH Beschl. v. 2.6.2016 – V ZB 26/16 BeckRS 2016, 15863 Rn. 9.

[1967] Eingefügt mit Art. 1 Nr. 8 des Gesetzes zur besseren Durchsetzung der Ausreisepflicht vom 20.7.2017, BGBl. I S. 2780.

[1968] BGH Beschl. v. 19.1.2017 – V ZB 10/16 BeckRS 2017, 104863.

[1969] Zum Beschleunigungsgebot in Haftsachen vgl. nur BVerfGE 46, 199 mwN; zuletzt ua BVerfG NJW 2006, 1336; StV 2007, 644; jew. mwN; BGH Beschl. v. 12.9.2013 – V ZB 85/12 BeckRS 2013, 17218 Rn. 11 mwN; Beschl. v. 12.10.2016 – V ZB 8/15 BeckRS 2016, 19305.

fortbestehen (§ 62 Abs. 4a AufenthG)[1970]. Dementsprechend muss der zwangsweise Vollzug der Ausreisepflicht durch Abschiebung auch weiterhin möglich sein[1971]. Haben sich zwischenzeitlich die Verhältnisse dahingehend geändert, dass eine Abschiebung in den Zielstaat nicht nur kurzfristig ausgeschlossen erscheint, etwa weil dieser seine ursprünglich erklärte Bereitschaft zur Übernahme des Betroffenen widerrufen hat, ist eine weitere Inhaftierung des Ausreisepflichtigen vom Gesetz nicht gedeckt.

### f) Vorläufige Ingewahrsamnahme (§ 62 Abs. 5 AufenthG)

1290    § 62 Abs. 5 S. 1 AufenthG berechtigt die für einen Antrag auf Abschiebungshaft zuständige Behörde dazu, einen Ausländer **ohne** vorherige richterliche Anordnung festhalten und vorläufig in Gewahrsam nehmen zu können, wenn

- der dringende Verdacht für das Vorliegen der Voraussetzungen zum Anordnen von Sicherungshaft nach § 62 Abs. 3 S. 1 AufenthG besteht (Nr. 1),
- die richterliche Entscheidung über die Anordnung der Sicherungshaft nicht vorher eingeholt werden kann (Nr. 2) und
- der begründete Verdacht vorliegt, dass sich der Ausländer der Anordnung von Sicherungshaft entziehen will (Nr. 3)[1972].

1291    Die Voraussetzungen für einen entsprechenden Eingriff müssen **kumulativ** erfüllt sein.

1292    § 62 Abs. 4 S. 2 AufenthG stellt klar, dass der gemäß S. 1 dieser Vorschrift sistierte und gegebenenfalls auch in Gewahrsam genommene Ausländer **unverzüglich** dem Richter zur Entscheidung über die Anordnung von Sicherungshaft vorzuführen ist. Unverzüglichkeit iSd Vorschrift ist nur gegeben, wenn der Sistierte ohne Zögern dem erreichbaren Richter vorgeführt werden kann[1973]. Ein Abwarten bis zum Ablauf des nächsten Tages wird von der Norm nicht gedeckt. Sofern bei einem Amtsgericht noch Dienst verrichtet wird und ein Richter anwesend ist – nicht notwendigerweise der nach dem Geschäftsverteilungsplan originäre Haftrichter, sondern ggf. auch ein Vertreter iwS –, hat die Vorführung des Betroffenen noch am Tag der vorläufigen Festnahme zu erfolgen. Ist von der Gerichtsverwaltung ein Bereitschaftsdienst eingerichtet worden, der zT in Großstädten rund um die Uhr angerufen werden kann oder die Prüfung eines Haftantrags an einem Wochenende oder einem Feiertag ermöglicht, hat sich die Ausländerbehörde als haftbeantragende Stelle an diesen zu wenden. Ein Zuwarten bis zum Wochenbeginn ist nicht zulässig.

1293    Es reicht für eine entsprechende Haftanordnung aus, wenn ein dringender Verdacht für das Vorliegen der Voraussetzungen des § 62 Abs. 3 S. 1 AufenthG besteht[1974]. Hingegen muss es nicht als eindeutig erwiesen feststehen, dass einer der Tatbestände dieser Vorschrift erfüllt ist. Nr. 3 ist darauf beschränkt, dass sich der Ausländer einer Haftordnung entziehen will. Allein die Absicht, sich einer Abschiebung zu entziehen, reicht nicht aus. Dieser Aspekt ist im Rahmen der Nr. 1 zu würdigen.

1294    Der Gesetzgeber ist davon ausgegangen, dass die Regelung des § 62 Abs. 5 S. 1 AufenthG erforderlich ist, um bestimmte Fallkonstellationen zu erfassen, die nach altem Recht weder vom Aufenthaltsgesetz noch von polizeirechtlichen Vorschriften der Bundesländer befriedigend gelöst worden sind[1975].

---

[1970] Es ist nach der aktuellen Gesetzeslage davon auszugehen, dass dies auch im Falle eines vom Ausländer nicht zu vertretenden Scheiterns einer erfolgreichen Abschiebung gilt. Vgl. aber zum früheren Recht BVerfG NVwZ 2011, 38.

[1971] Vgl. in diesem Zusammenhang auch BVerfG NVwZ 2011, 38.

[1972] Vgl. auch BVerfG NVwZ 2009, 1034.

[1973] BVerfG NVwZ 2009, 1034 mwN.

[1974] Vgl. OLG Celle Beschl. v. 3.2.2009 – 22 W 3, 4/09 BeckRS 2009, 12855.

[1975] Zu den vier einschlägigen Fallkonstellationen vgl. im Einzelnen BT-Drs. 16/5065, S. 188 f.

Die Ausschreibung zur Festnahme nach § 50 Abs. 6 AufenthG (→ Rn. 1049) bedarf **1295** hingegen keiner richterlichen Anordnung[1976].

### g) Verfahrensrecht

Die für das Abschiebungshaftverfahren maßgeblichen Verfahrensregelungen ergeben **1296** sich gem. § 106 Abs. 2 S. 1 AufenthG aus dem Buch 7 des Gesetzes über das Verfahren in Familiensachen und in den Angelegenheiten der freiwilligen Gerichtsbarkeit (FamFG)[1977].

**aa) Antragserfordernis und Zuständigkeit.** Die richterliche Anordnung der Zurück- **1297** schiebungs- oder Abschiebungshaft setzt einen entsprechenden Antrag der zuständigen Behörde voraus (§ 417 Abs. 1 FamFG). Das Vorliegen eines Haftantrags ist in jeder Lage des Verfahrens **von Amts wegen**[1978] zu prüfen, auch im Beschwerdeverfahren[1979]. Das Gericht darf nicht eine längere als die beantragte Haftdauer anordnen[1980]. Zuständig zum Stellen des Haftantrags sind zunächst nach § 71 Abs. 1 AufenthG die Ausländerbehörden[1981]. Darüber hinaus steht auch den mit der polizeilichen Kontrolle des grenzüberschreitenden Verkehrs beauftragten Behörden nach Maßgabe des § 71 Abs. 3 Nr. 1e AufenthG und gem. § 71 Abs. 5 AufenthG auch den Polizeien der Länder die Befugnis zu, Abschiebungs- bzw. Zurückschiebungshaft zu beantragen. Die in der Praxis nicht selten anzutreffende Berufung einer unzuständigen Ausländerbehörde darauf, den Haftantrag im Wege der **Amtshilfe** für die zuständige Ausländerbehörde zu stellen, ist jedenfalls dann nicht zulässig, wenn damit eine vollständige Übernahme des Verfahrens einhergeht[1982].

Der Haftantrag ist an das örtlich zuständige Amtsgericht, in dessen Bezirk der Aus- **1298** länder seinen gewöhnlichen Aufenthalt hat oder in dessen Bezirk das Bedürfnis für die Freiheitsentziehung entsteht, zu richten (§ 416 S. 1 FamFG). Befindet sich die betroffene Person bereits in Verwahrung einer geschlossenen Einrichtung, ist lt. § 416 S. 2 FamFG das Gericht zuständig, in dessen Bezirk die Einrichtung liegt. Sofern über die **Fortdauer** der Zurückweisungs- oder Abschiebungshaft zu entscheiden ist, kann das Amtsgericht das Verfahren durch unanfechtbaren Beschluss an das Gericht abgeben, in dessen Bezirk die Zurückweisungshaft oder Abschiebungshaft jeweils vollzogen wird (§ 106 Abs. 2 S. 2 AufenthG)[1983]. Im Falle einer Anordnung von Abschiebunghaft als **Überhaft**[1984] kann daneben wahlweise auch das Amtsgericht zuständig sein, in dessen Bezirk sich die Justiz-

---

[1976] BVerfG NVwZ 2009, 1034.

[1977] Vgl. ausf. Huber/*Beichel-Benedetti* Vorb § 62 AufenthG Rn. 7 ff.

[1978] Zur Amtsermittlungspflicht im Abschiebungshaftverfahren vgl. zB BVerfG InfAuslR 2006, 462; NJW 2009, 2659.

[1979] Vgl. zB BGH Beschl. v. 9.10.2014 – V ZB 75/14 BeckRS 2014, 20675 Rn. 4 mwN; BGH NVwZ 2010, 1508.

[1980] BGH Beschl. v. 7.7.2016 – V ZB 70/14 BeckRS 2016, 17238 unter Verweis auf BGH Beschl. v. 6.5.2010 – V ZB 223/09 BeckRS 2010, 13385 Rn. 15.

[1981] Die *örtliche* Zuständigkeit der Ausländerbehörde bestimmt sich nach Landesrecht; BGH Beschl. v. 8.4.2010 – V ZB 51/10 BeckRS 2010, 08685 Rn. 8 f. – Zur Zuständigkeit der Ausländerbehörde am Aufgriffsort vgl. BGH NJOZ 2010, 2037 = BeckRS 2010, 10706.

[1982] BVerfG NVwZ 2011, 1254; BGH Beschl. v. 7.11.2011 – V ZB 94/11 BeckRS 2011, 28297 Rn. 8 ff.; Huber/*Beichel-Benedetti* Vorb § 62 AufenthG Rn. 11.

[1983] Zur Zuständigkeit des Gerichts am Haftort vgl. auch BGH Beschl. v. 2.3.2017 – V ZB 122/15 BeckRS 2017, 106971.

[1984] Zu den Voraussetzungen vgl. nur BGH NVwZ 2015, 1079 Rn. 6 ff.; vgl. auch BGH Beschl. v. 12.5.201 – V ZB 302/10 BeckRS 2011, 17256 Rn. 15.

vollzugsanstalt befindet[1985]. Der Haftantrag ist unverzüglich zu stellen[1986]. Ein Abwarten bis zum Ablauf des nächsten Tages wird von der Norm nicht gedeckt (→ Rn. 1318 f.).

**1299**  **bb) Begründungspflicht.** Ein ordnungsgemäßer Haftantrag liegt nur dann vor, wenn dieser substantiiert, wenn auch knapp begründet ist[1987]. Eine nicht ausreichende Begründung führt zur Unzulässigkeit eines Haftantrags mit der Folge, dass diesem nicht stattgegeben wird[1988]. Dasselbe gilt, wenn im Antrag die erforderlichen Angaben zur Ausreisepflicht nicht oder falsch vorgetragen werden[1989]. Allerdings steht der antragstellenden Behörde die Möglichkeit offen, die erforderliche Begründung nachzuholen bzw. eine bereits gegebene unzureichende nachzubessern[1990].

**1300**  Nach § 72 Abs. 4 S. 1 AufenthG darf ein Ausländer, gegen den öffentliche Klage erhoben oder ein strafrechtliches Ermittlungsverfahren eingeleitet ist, nur im **Einvernehmen** mit der zuständigen **Staatsanwaltschaft** ausgewiesen oder abgeschoben werden. Die Anordnung von Abschiebungshaft in diesen Fällen setzt **zwingend** voraus, dass das Einvernehmen der Staatsanwaltschaft vorliegt[1991]. Dieses kann einzelfallbezogen oder auch allgemein erteilt werden[1992]. Ob dies der Fall ist, ist in dem Haftantrag der Behörde substantiiert darzulegen[1993]. Nach § 72 Abs. 4 S. 3 AufenthG bedarf es des Einvernehmens jedoch nicht, wenn nur ein geringes Strafverfolgungsinteresse besteht. Wann dies der Fall ist, bestimmt § 72 Abs. 4 S. 4 und 5 AufenthG.

**1301**  **cc) Vorlage der Ausländerakten.** Das Gericht ist nach § 417 FamFG grundsätzlich verpflichtet, die für die Beurteilung des Haftantrags einschlägigen vollständigen Ausländerakten der Ausländerbehörde beizuziehen[1994]. Allerdings kann es nach § 417 Abs. 2 S. 3 FamFG davon absehen, wenn sich der Sachverhalt bereits aus den dem Gericht vorliegenden Auszug aus der Ausländerakte oder aus den beigezogenen Behördenakten der Bundespolizei ergibt und aus der vollständigen Akte der Ausländerbehörde keine neuen Erkenntnisse zu gewärtigen sind[1995].

**1302**  **dd) Anhörung.** Grds. ist der Betroffene, ggf. ua auch sein gesetzlicher Vertreter bzw. sein Ehegatte oder Lebenspartner, **vor**[1996] der Entscheidung des Gerichts über die Anordnung der freiheitsentziehenden Maßnahme oder deren Verlängerung anzuhören

---

[1985] Vgl. zB BayObLG NJW 1977, 2084.

[1986] Vgl. BGH InfAuslR 2014, 54 = NVwZ 2014, 168 Ls. = BeckRS 2013, 20404..

[1987] Vgl. nur BGH Beschl. v. 19.12.2013 – V ZB 139/13 BeckRS 2014, 03312 Rn. 8 mwN; BGH InfAuslR 2014, 52 = BeckRS 2013, 19983 Rn. 8 mwN.

[1988] Vgl. nur BGH Beschl. v. 15.9.2016 – V ZB 30/16 BeckRS 2016, 17637 Rn. 5 ff.; BGH InfAuslR 2012, 25 = FGPrax 2011, 317 = BeckRS 2011, 24121 Rn. 10.

[1989] BGH NVwZ 2010, 1511.

[1990] BGH Beschl. v. 15.9.2016 – V ZB 30/16 BeckRS 2016, 17637 Rn. 9; BGH InfAuslR 2012, 25 = FGPrax 2011, 317 = BeckRS 2011, 24121.

[1991] Vgl. nur BGH NVwZ 2010, 1574; 2011, 767 Rn. 8 ff.; NJW 2011, 3792 Rn. 4 zum nachträglichen Einvernehmen der Staatsanwaltschaft; vgl. aber auch BVerwG NVwZ 2017, 1064 = BeckRS 2016, 113753: Die gesetzlich vorgeschriebene Beteiligung der Staatsanwaltschaft nach § 72 Abs. 4 S. 1 AufenthG vor Vollzug einer Abschiebung stellt eine Verfahrensregelung dar, die allein der Wahrung des staatlichen Strafverfolgungsinteresses dient und kein subjektives Recht des Ausländers begründet.

[1992] BGH Beschl. v. 25.8.2011 – V ZB 188/1 BeckRS 2011, 22380 Rn. 11; Beschl. v. 11.10.2012 – V ZB 72/12 BeckRS 2012, 22248 Rn. 8; BGH NVwZ 2011, 576 Ls. = BeckRS 2011, 03199 Rn. 25 zum erforderlichen Einvernehmen, wenn mehrere Staatsanwaltschaften ein Ermittlungsverfahren durchführen.

[1993] BGH Beschl. v. 13.10.2011 – V ZB 126/1 BeckRS 2011, 26794 Rn. 6.

[1994] BVerfG NVwZ 2008, 304 (305); NJW 2009, 2659 (2660); BGH InfAuslR 2010, 246 = FGPrax 2010, 154 = BeckRS 2010, 06498 Rn. 19.

[1995] BGH InfAuslR 2010, 384 = NVwZ 2010, 1319 = BeckRS 2010, 17121 Rn. 21.

[1996] Vgl. nur BGH InfAuslR 2010, 384 = NVwZ 2010, 1319 Ls. = BeckRS 2010, 17121.

(§§ 418, 420 FamFG)[1997]. Er kann sich zzur Wahrung seiner Rechte von einem Bevollmächtigten seiner Wahl vertreten lassen und diesen zu der Anhörung hinzuziehen. Vereitelt das Gericht durch seine Verfahrensgestaltung eine Teilnahme des Bevollmächtigten
an der Anhörung, führt dies ohne weiteres zu der Rechtswidrigkeit der Haft[1998]Ein
Verstoß gegen diese Pflicht ist im späteren Verfahren nicht mehr mit Wirkung für die
Vergangenheit zu heilen[1999].

Dem Betroffenen ist eine Ablichtung des Haftantrags zu übergeben, der ggf. auch zu   **1303**
übersetzen ist. Dies ist entsprechend aktenkundig zu machen. Der Haftrichter darf sich
nicht darauf beschränken, im Rahmen der Anhörung den Inhalt des Haftantrags mündlich vorzutragen[2000]. Eine unterbliebene Aushändigung des Haftantrags führt jedoch nur
dann zur Rechtswidrigkeit der Haftanordnung (bzw. nach einer Erledigung der Hauptsache zur Feststellung ihrer Rechtswidrigkeit), wenn das Verfahren ohne diesen Fehler zu
einem anderen Ergebnis hätte führen können[2001].

Auch im Verfahren über die sofortige Beschwerde vor dem Landgericht ist eine   **1304**
Anhörung geboten (§ 68 Abs. 3 FamFG)[2002]. Dies gilt ausnahmsweise dann nicht, wenn
ohne weiteres davon ausgegangen werden kann, dass die erneute Anhörung zur Aufklärung des Sachverhalts nichts beitragen werde[2003]. Hat sich hingegen die Sachlage
inzwischen verändert oder sind neue Tatsachen vorgetragen, die eine andere Entscheidung nicht ausgeschlossen erscheinen lassen, ist die persönliche Einnahme unverzichtbar[2004]. Eine unterbliebene Anhörung kann auch nicht dadurch gerechtfertigt werden,
dass der Betroffene bereits am Tag nach der landgerichtlichen Entscheidung abgeschoben
werden soll[2005].

Grundsätzlich ist auch die Anhörung des Ehegatten oder Lebenspartners des Betroffe-   **1305**
nen geboten, sofern diese nicht dauernd getrennt leben (§ 418 Abs. 3 Nr. 1 FamFG)[2006].
Dasselbe gilt für Kinder und Eltern des Betroffenen, wenn dieser bei jenen lebt oder zum
Zeitpunkt der Einleitung des Abschiebungshaftverfahrens gelebt hat. Auch sind Pflegeeltern zu beteiligen. Schließlich kann im Interesse des Betroffenen eine von ihm
benannte Person seines Vertrauens beteiligt werden (§ 418 Abs. 3 Nr. 2 FamFG). Allerdings steht es im Ermessen des Gerichts, ob es die in § 418 Abs. 3 FamFG benannten

---

[1997] BVerfG Beschl. v. 27.3.2013 – 2 BvR 1872/10 BeckRS 2013, 48284. Zu den Anforderungen an
eine Anhörung vgl. BGH FGPrax 2016, 139 Ls. = BeckRS 2016, 06043.

[1998] BGH Beschl. v. 6.4.2017 – V ZB 59/16 BeckRS 2017, 111044 Rn. 7 mwN.

[1999] BVerfG Beschl. v. 27.2.2013 – 2 BvR 1872/10 BeckRS 2013, 48284; BVerfG NJW 1982, 691;
NJW 1990, 2309.

[2000] BGH InfAuslR 2014, 384 = NVwZ 2014, 1680 Ls. = BeckRS 2014, 16031 Rn. 8 mwN.

[2001] BGH InfAuslR 2014, 384 = NVwZ 2014, 1680 Ls. = BeckRS 2014, 16031 Rn. 9 unter Aufgabe
von BGH Beschl. v. 30.3.2012 – V ZB 59/12 BeckRS 2012, 08196 Rn. 10 f. mwN und BGH NJW
2014, 1242 Rn. 10.

[2002] Es ist dem Beschwerdegericht unbenommen, die (erneute) Anhörung einem Mitglied des
Spruchkörpers als beauftragtem Richter zu übertragen; vgl. BGH InfAuslR 2010, 384 = NVwZ 2010,
1319 Ls. = BeckRS 2010, 17121 Rn. 12 f.

[2003] Vgl. nur BGHZ 129, 383 = NJW 1995, 2226; BGH Beschl. v. 2.5.2012 – V ZB 79/12 BeckRS
2012, 09746; BGH InfAuslR 2010, 246 = FGPrax 2010, 154 = BeckRS 2010, 06498 Rn. 13.– Dem
OLG Köln zufolge (Beschl. v. 23.5.2005 – 16 Wx 89/05 BeckRS 2005, 10111) muss sogar mit
Sicherheit auszuschließen sein, dass von einer (erneuten) Anhörung bedeutsame Erkenntnisse zu
erwarten sind.

[2004] Vgl. nur BGH FGPrax 2010, 290 = BeckRS 2010, 24352; OLG Oldenburg InfAuslR 2002, 307;
OLG München OLG München NVwZ-RR 2008, 355 Ls. = BeckRS 2007, 19483.

[2005] Vgl. BVerfG Beschl. v. 7.9.2006 – 2 BvR 129/04; OLG München NVwZ-RR 2008, 355 Ls. =
BeckRS 2007, 19483.

[2006] BVerfG NVwZ 2010, 161 Ls. = BeckRS 2010, 56405: Anhörung des Ehegatten grundsätzlich
unverzichtbar.

Personen beteiligt[2007]. Wenn es aber in einem Abschiebungshaftverfahren auf die Art und Intensität von familiären Bindungen ankommt, bedarf es grds. der (persönlichen) Anhörung der genannten Personen[2008].

**1306**     **ee) Beiziehung eines Dolmetschers.** Bei fehlenden oder ungenügenden Deutschkenntnissen des Ausländers folgt aus Art. 3 Abs. 3 und Art. 103 Abs. 1 GG die Notwendigkeit, einen Dolmetscher beizuziehen[2009]. Unterbleibt dies, ist eine solche Entscheidung hinreichend zu begründen[2010]. Allerdings kann der Betroffene auf entsprechende Nachfrage des Gerichts darauf verzichten, einen Dolmetscher beizuziehen[2011]. Bei der persönlichen Anhörung eines Betroffenen, der der deutschen Sprache nicht mächtig ist, muss sich der Richter vor der Anordnung der freiheitsentziehenden Maßnahme davon vergewissern, dass der hinzugezogene Dolmetscher und der Ausländer in derselben Sprache miteinander kommunizieren[2012]. Die Kosten für die Heranziehung eines Dolmetschers für einen der deutschen Sprache nicht mächtigen Ausländers sind von diesem **nicht** zu erstatten (§ 81 Abs. 1 S. 2 FamFG)[2013].

**1307**     **ff) Konsularische Vertretung.** Dem Betroffenen ist auf entsprechende von Amts wegen vorzunehmende Belehrung hin Gelegenheit zu geben, im Zusammenhang mit einem Abschiebungshaftverfahren unverzüglich mit der konsularischen Vertretung seines Herkunftslandes Kontakt aufnehmen und ggf. auch um konsularischen Beistand nachsuchen zu können (Art. 36 Abs. 1 Buchst. b WÜK)[2014]. Unterbleibt eine entsprechende Belehrung, ist eine Haftanordnung nur dann rechtswidrig, wenn bei Unterbleiben des Fehlers das Verfahren zu einem anderen Ergebnis geführt hätte[2015].

**1308**     **gg) Bindung des Haftrichters an verwaltungsrechtliche Vorfragen.** Überwiegend ist in der Vergangenheit die Ansicht vertreten worden, dass der Haftrichter an den Haftantrag der antragstellenden Behörde gebunden und nicht befugt ist, eigenständig verwaltungsrechtliche Vorfragen zu prüfen[2016]. Eine Ausnahme gelte nur bei einer etwaigen Nichtigkeit des der beabsichtigten Ab- oder Zurückschiebung zu Grunde liegenden ausländerrechtlichen Verwaltungsakts[2017]. Diese pauschale Sichtweise trägt den grundrechtlichen Anforderungen an die Anordnung oder Verlängerung von Ab- oder Zurückschiebungshaft nicht Rechnung. Vielmehr ist der Haftrichter auf Grund der verfassungsrechtlichen Vorgaben des Art. 104 GG und des Art. 2 Abs. 2 S. 2 GG gehalten, **stets** bestimmte und für die konkrete Entscheidung über den Haftantrag einschlägige ver-

---

[2007] BGH InfAuslR 2010, 384 = NVwZ 2010, 1319 Ls. = BeckRS 2010, 17121 Rn. 16 ff.

[2008] Vgl. OLG München Beschl. v. 25.5.2007 – 34 Wx 42/07 BeckRS 2007, 09415 unter Verweis auf OLG Celle InfAuslR 2005, 423; OLG Köln OLG-Report 2005, 408.

[2009] Vgl. nur BVerfGE 40, 95 = NJW 1975, 1597; BGH FGPrax 2010, 152 = BeckRS 2010, 08476 Rn. 15. – Unterbleibt eine Vereidigung des Dolmetschers (§ 189 Abs. 1 S. 1 GVG) führt dies nicht zu einem Verstoß gegen Art. 104 Abs. 1 S. 1 GG (BGH Beschl. v. 6.4.2017 – V ZB 59/16 BeckRS 2017, 111044 Rn. 11.

[2010] BayObLG NJW 1977, 1596; BayVBl 1981, 187.

[2011] BGH FGPrax 201, 41 = InfAuslR 201, 71 = BeckRS 2010, 27960.

[2012] BGH FGPrax 2010, 152 = BeckRS 2010, 08476 Rn. 8.

[2013] BGH InfAuslR 2010, 246 = FGPrax 2010, 154 = BeckRS 2010, 06498 Rn. 21 mwN; BGH Beschl. v. 21.6.2012 – V ZB 263/11 BeckRS 2012, 17070 Rn. 15.

[2014] Vgl. nur BGH Beschl. v. 6.5.2010 – V ZB 223/09 BeckRS 2010, 13385 Rn. 16 ff.; Beschl. v. 18.10.2011 – V ZB 188/11 BeckRS 2011, 26371 Rn. 14 mwN.

[2015] Vgl. zuletzt BGH NVwZ 2016, 711 Rn. 12; InfAuslR 2016, 108 Rn. 10 und Beschl. v. 20.10.2016 – V ZB 106/15 BeckRS 2016, 21389 Rn. 5 mwN; vgl. auch BVerfG NJW 2007, 499 (500 f.); BGH InfAuslR 2011, 71 = FGPrax 2011, 41 = BeckRS 2010, 27960 Rn. 7 mwN.

[2016] Vgl. BGHZ 78, 145 = NJW 1981, 527; im Anschluss daran ua BayObLGZ 1998, 137; KG FGPrax 1997, 76; OLG Naumburg FGPrax 2000, 211.

[2017] BGHZ 78, 145 = NJW 1981, 527.

waltungsrechtliche Vorfragen zu prüfen[2018]. In diesem Zusammenhang hat er **eigenständig** zu würdigen, ob der mit § 62 AufenthG verfolgte Zweck durch die konkret beantragte freiheitsentziehende Maßnahme auch tatsächlich erreicht werden kann. Dies folgt aus der dem Haftrichter obliegenden Amtsermittlungspflicht. Allein bei Eilbedürftigkeit des Verfahrens, etwa bei einem Antrag auf Erlass einer einstweiligen Anordnung nach § 49 FamFG, ist es nicht ausgeschlossen, dass der Amtsermittlungspflicht nur eingeschränkt nachgekommen werden kann.

Dementsprechend hat der Haftrichter im Falle eines parallel anhängig gemachten Eilverfahrens vor dem Verwaltungsgericht eine eigenständige Prognose zu treffen, ob – nach bisheriger Erfahrung – dem Eilantrag Erfolgsaussichten zukommen[2019]. Ggf. hat er sich über die Erfolgsaussichten des Eilantrags beim Verwaltungsgericht kundig zu machen[2020]. Die verwaltungsgerichtliche Stattgabe eines Antrags auf einstweiligen Rechtsschutz hindert jedenfalls dann die Anordnung von Abschiebungshaft, wenn der Vollzug auf längere Zeit gehemmt ist[2021].   **1309**

Der Haftrichter hat nach Art. 104 Abs. 2 GG über die Zulässigkeit der Freiheitsentziehung selbst zu entscheiden und er hat die Verantwortung dafür zu übernehmen, dass diese Maßnahme **unerlässlich** ist, um den mit der beantragten Ab- oder Zurückschiebungshaft verfolgten Zweck zu erreichen[2022]. Die haftrichterliche Entscheidung wirkt konstitutiv und enthält nicht nur eine Genehmigung oder Bestätigung einer vorgängigen Verwaltungsentscheidung[2023]. Dementsprechend muss der Richter – so das BVerfG ausdrücklich – selbst die Tatsachen feststellen, die eine Freiheitsentziehung rechtfertigen. Die Schwere des Grundrechtseingriffs gebietet insbes. eine **eingehende** Prüfung, ob die beantragte freiheitsentziehende Maßnahme tatsächlich erforderlich ist. Als Mittel eigener richterlicher Sachaufklärung stehen bei **eilbedürftigen** Entscheidungen insbes. die Akten, ggf. Aussagen der an dem Verwaltungsvorgang beteiligten Behördenmitarbeiter und die persönliche Anhörung des betroffenen Ausländers zur Verfügung[2024]. Hieraus folgt, dass erst recht bei einer Entscheidung über einen „normalen" Haftantrag, der nicht eine einstweilige Anordnung nach § 427 FamFG umfasst, auch eine sorgfältige Lektüre der den Ausreisepflichtigen betreffenden Behördenakten zwingend geboten ist, um sich ein eigenes Bild von dem zur Entscheidung anstehenden Sachverhalt zu machen. Kommt der Haftrichter dieser ihm von Verfassungswegen auferlegten Prüfungspflicht nicht nach, stellt dies objektiv nicht nur eine Grundrechtsverletzung dar, sondern begründet ggf. auch einen Amtshaftungsanspruch des inhaftierten Ausländers.   **1310**

Wird von der Ausländerbehörde **Vorbereitungshaft** nach § 62 Abs. 1 AufenthG zur Vorbereitung einer Ausweisung beantragt (→ Rn. 1271 ff.), hat der Haftrichter eigenständig zu prüfen, ob nach der gegebenen Gesetzeslage unter Berücksichtigung von Ausweisungs- und Bleibeinteressen nach §§ 53 bis 55 AufenthG eine Ausweisung tatsächlich möglich erscheint. Allerdings hat er in diesem Zusammenhang den von der Ausländerbehörde erst noch vorzunehmenden Abwägungsprozess zu respektieren.   **1311**

Wird **Sicherungshaft** nach § 62 Abs. 3 AufenthG beantragt, hat der Haftrichter zwingend zu prüfen, ob die Ausreisepflicht des Betroffenen tatsächlich vollziehbar ist[2025].   **1312**

---

[2018] Vgl. hierzu und zum Folgenden *Beichel-Benedetti/Gutmann* NJW 2004, 3015; *Huber/Beichel-Benedetti* Vorb § 62 AufenthG Rn. 4 mwN; BGH NVwZ 2010, 726 Rn. 24; Beschl. v. 3.2.2011 – V ZB 12/10 BeckRS 2011, 05523 Rn. 8 mwN.
[2019] BVerfG NJW 2009, 2659; InfAuslR 2009, 205 = BeckRS 2009, 32496.
[2020] BGH NJW 2009, 2659; vgl. auch BGH NVwZ 2010, 726 Rn. 25 ff.
[2021] BGH Beschl. v. 18.1.2010 – V ZB 121/10 BeckRS 2010, 30356 Rn. 10 mwN.
[2022] BVerfGE 83, 24 = NJW 1991, 1283 unter Verweis auf BVerfGE 45, 51 = NJW 1974, 807 (zur Ingewahrsamnahme nach §§ 46, 47 HessSOG).
[2023] BVerfGE 83, 24 = NJW 1991, 1283 mwN.
[2024] BVerfGE 83, 24 = NJW 1991, 1283.
[2025] BGH NVwZ-Beil. I 2001, 62; InfAuslR 2010, 18 = FGPrax 2010, 50 = BeckRS 2009, 89447.

Beruht die Vollziehbarkeit auf einem ggü. dem Ausländer erlassenen Bescheid, ist der Frage nachzugehen, ob dieser wirksam zugestellt worden ist. Fehlt es an einer nach § 72 Abs. 4 AufenthG (→ Rn. 1375) zwingend vorgeschriebenen Zustimmung einer anderen Behörde zu der Abschiebung eines Ausländers, ist eine Haftanordnung nicht zulässig.

1313    Beruft sich ein Ausländer auf das Vorliegen zielstaatsbezogener Abschiebungshindernisse, ist dem Haftrichter insoweit eine eigenständige Prüfung untersagt, sofern diese Frage bereits Gegenstand einer Entscheidung des BAMF war, die gem. § 42 S. 1 AsylVfG Bindungswirkung entfaltet[2026]. Wurde hingegen ein entsprechendes Verfahren nicht durchgeführt, hat der Haftrichter eigenständig zu prüfen, ob ein Fall des § 62 Abs. 3 S. 3 AufenthG (keine Abschiebung innerhalb der nächsten drei Monate aus Gründen, die der Ausländer nicht zu vertreten hat) vorliegt (→ Rn. 1287), der zur Unzulässigkeit der beantragten Sicherungshaft führt. Der Haftantrag ist dann abzulehnen.

1314    Der Haftrichter hat in eigener Kompetenz zu entscheiden, ob **inlandsbezogene** Abschiebungshindernisse vorliegen[2027]. Damit greift er nicht in unzulässiger Weise in die Zuständigkeit der die Haft beantragende Behörde ein. Vielmehr obliegt ihm eine solche Verpflichtung originär auf Grund der verfassungsrechtlichen Vorgaben der Art. 2 Abs. 2 S. 2 und Art. 104 GG und aus dem zu wahrenden Grundsatz der Verhältnismäßigkeit[2028].

1315    Ein solches Vollstreckungs- und damit auch Haftanordnungshindernis kann gegeben sein, wenn ein ausreisepflichtiger Ausländer auf Grund der bevorstehenden Abschiebung suizidgefährdet ist **und** dieser Gefahr nicht durch andere Maßnahmen (zB Begleitung durch einen Arzt und Sicherstellung der Übergabe im Zielstaat an die dortigen Behörden mit dem Ziel der ärztlichen Weiterbehandlung) begegnet werden kann[2029]. Die faktische Unmöglichkeit einer Abschiebung in den Zielstaat steht gleichfalls einer Haftanordnung entgegen[2030]. Behauptet der Betroffene, Staatsangehöriger eines anderen Staates als des im Haftantrag genannten Zielstaates zu sein, hat der Haftrichter diesem Vortrag im Rahmen der ihm obliegenden Amtsermittlungspflicht nachzugehen[2031]. Passlosigkeit, ungeklärte Staatsangehörigkeit oder Staatenlosigkeit mit der Folge, dass ein Staat, in den ein Ausländer abzuschieben ist, nicht bezeichnet werden kann, sind gleichfalls ein Hindernis, Abschiebungshaft anzuordnen[2032]. Dasselbe gilt, wenn eine Eheschließung, die einen Rechtsanspruch auf Erteilung einer Aufenthaltserlaubnis bewirkt, unmittelbar bevorsteht[2033]. Besteht eine Risikoschwangerschaft oder bedarf der Ausländer dringend einer ärztlichen Behandlung, die nur im Bundesgebiet adäquat behandelt werden kann, schließt auch dies eine Haftanordnung aus[2034].

1316    Der Haftrichter ist zudem verpflichtet, dem Betroffenen die Möglichkeit zu geben, Anträge bei der Ausländerbehörde zu stellen und sich gegen ihn belastende behördliche Maßnahmen im Wege des Rechtsschutzes zu wehren. Dies gilt insbes., wenn er Gründe geltend macht, die für die beabsichtigte Abschiebung von Bedeutung sein können und über die zu entscheiden primär die Ausländerbehörde berufen ist. Zu denken ist etwa daran, dass sich der Betroffene auf zielstaatsbezogene Abschiebungshindernisse iSd § 60

---

[2026] OLG Köln InfAuslR 1994, 54; zur Inzidentprüfung rechtswegfremder Rechtsfragen vgl. aber auch BVerwG NVwZ 2015, 830 Rn. 16 ff. m. Anm. *Huber.*

[2027] BGH Beschl. v. 21.7.2011 – V ZB 222/10 BeckRS 2011, 21921 Rn. 10: Abschiebungshindernis wegen Asylfolgeantrag. Vgl. auch BVerwG NVwZ 2015, 830 Rn. 16 ff. m. Anm. *Huber.*

[2028] BGH NVwZ 2011, 1216 Rn. 7 zur Relevanz einer gelebten Beziehung zwischen Eltern und minderjährigen Kindern. Vgl. auch → Rn. 1330.

[2029] Vgl. BVerfG InfAuslR 1998, 241.

[2030] Vgl. BVerwG InfAuslR 1998, 12.

[2031] BGH NVwZ 2016, 1661 Ls. = BeckRS 2016, 16290.

[2032] BayObLG InfAuslR 2001, 314.

[2033] OLG Naumburg NVwZ-Beil. I 2002, 56.

[2034] *Beichel-Benedetti,* in: Huber, Handbuch des Ausländer- und Asylrechts, B 100 § 62 AufenthG Rdnr. 16.

Abs. 7 AufenthG beruft und eine Bindungswirkung an eine Entscheidung des BAMF nach § 42 AsylG nicht gegeben ist. In einem solchen Falle hat die Ausländerbehörde gem. § 72 Abs. 2 AufenthG eigenständig über das Vorliegen solcher Abschiebungshindernisse zu befinden (→ Rn. 1373), wobei zwingend das BAMF intern zu beteiligen ist. Der Haftrichter hat darauf hinzuwirken, dass auf eine entsprechende Eingabe des Abzuschiebenden eine solche Prüfung durch die Ausländerbehörde erfolgen kann. Ggf. ist dieser über eine solche Möglichkeit zu unterrichten und es ist ihm – mangels eines anderen Beistandes – auch beim Abfassen eines Antrags zu helfen, der dann an die zuständige Behörde von Amtswegen weiterzuleiten ist[2035].

Umstritten ist, ob der Betroffene der Behörde, die Abschiebungshaft beantragt hat, im      **1317** Wege einer Verpflichtungsklage oder durch einen Antrag auf Erlass einer einstweiligen Anordnung nach § 123 VwGO aufgeben lassen kann, den **Haftantrag zurückzunehmen**[2036]. Zwingende Voraussetzung hierfür ist auf jeden Fall, dass zuvor ein entsprechender Antrag bei der die Haft beantragenden Behörde gestellt worden ist. Für das Klageverfahren ist zudem erforderlich, dass nach Ablehnung des Antrags durch die Behörde ggf. zunächst ein Widerspruchsverfahren einzuleiten ist. sofern dieses nicht landesrechtlich ausgeschlossen ist.

**hh) Beschleunigungsgebot und Haftdauer.** Ein Antrag, Abschiebungshaft anzuord-      **1318** nen, ist abzulehnen oder eine bereits angeordnete und vollzogene Abschiebungshaft ist abzubrechen, wenn seitens der beantragenden Behörde das **Beschleunigungsgebot** nicht eingehalten wird[2037]. Diese beinhaltet, dass **alle** mit der Haft befassten öffentlichen Stellen das Verfahren größtmöglich zu beschleunigen haben. Für die Ausländerbehörde heißt dies konkret, die Abschiebung eines inhaftierten Ausländers unverzüglich zu betreiben, sobald die organisatorischen Voraussetzungen hierfür erfüllt sind. Bleibt sie nach dem Anordnen der Haft zunächst untätig, führt dies zu einer vom Gesetz nicht mehr gedeckten Freiheitsentziehung und zwingt zur sofortigen Haftentlassung[2038]. Es ist unerheblich, worauf die Untätigkeit der Behörde beruht. Fällt die Ursache hierfür in ihren Verantwortungsbereich, etwa wegen bestimmter Organisationsmängel oder auch wegen Personalknappheit, darf sich dies nicht zu Lasten des betroffenen Ausländers auswirken[2039]. Die Pflicht zu größtmöglicher Beschleunigung der Angelegenheit entfällt nicht dadurch, dass der ausreisepflichtige Ausländer sich weigert, an notwendigen Verfahrenshandlungen mitzuwirken oder seine Abschiebung zu verhindern[2040]. Andernfalls würde die Abschiebungshaft zu einer unzulässigen Beugehaft umfunktioniert.

Aus dem verfassungsrechtlich vorgegebenen Beschleunigungsgebot, das auch für das      **1319** gerichtliche Haftverfahren uneingeschränkt Anwendung findet, folgt zugleich, dass die Haftdauer auf den für die Vorbereitung der Abschiebung unbedingt erforderlichen Zeitraum zu beschränken ist. Die in § 62 AufenthG vorgesehene Dauer einer Vorbereitungshaft von sechs Wochen oder einer Sicherungshaft von sechs Monaten bzw. ausnahmsweise von weiteren zwölf Monaten darf nur dann voll ausgeschöpft werden, wenn dies

---

[2035] Vgl. nur BGH NJW 1981, 527; OLG Brandenburg, InfAuslR 2002, 478 (480).

[2036] Vgl. OVG Koblenz InfAuslR 1985, 162; OVG Saarlouis InfAuslR 1986, 211; VG Ansbach NVwZ 1986, 74; aA OVG Koblenz InfAuslR 1989, 72 unter Aufgabe der bisherigen Rspr.; OVG Saarlouis NVwZ-RR 2009, 904 Ls. = BeckRS 2009, 35667; *Kränz* NVwZ 1986, 22.

[2037] Vgl. zB BGH InfAuslR 2014, 54 = NVwZ 2014, 168 Ls. = BeckRS 2013, 20404 Rn. 8 ff. mwN; BGH Beschl. v. 19.5.2011 – V ZB 247/10 BeckRS 2011, 17255 Rn. 7; BGH NVwZ 2015, 1079 Rn. 8..

[2038] BGH NVwZ 2015, 1079 Rn. 8; OLG Naumburg Beschl. v. 17.12.2008 – 6 Wx 10/08 BeckRS 2009, 19806; OLG Celle InfAuslR 2004, 118 (Untätigkeit über neun Tage); LG Braunschweig InfAuslR 2004, 251 (Untätigkeit über zwei Wochen).

[2039] Vgl. zB OLG Köln Beschl. v. 8.11.2007 – 16 Wx 255/07: Verzögert beantragte Verlängerung von Passersatzpapieren bei einer Botschaft.

[2040] Vgl. OLG Dresden OLG-NL 2001, 189.

auf Grund der besonderen Umstände des Einzelfalles insbesondere auch unter Würdigung der individuellen Situation des Betroffenen unabdingbar ist. Eine Vorbereitungshaft ist auf die Dauer der Sicherungshaft anzurechnen (§ 62 Abs. 4 S. 3 AufenthG).

1320 **ii) Bekanntgabe und Begründung des gerichtlichen Beschlusses.** Der Beschluss, mit dem Zurückweisungs-, Zurückschiebungs- oder Abschiebungshaft angeordnet wird, ist dem Betroffenen selbst und der antragstellenden Behörde bekanntzugeben (§ 41 FamFG). Für eine wirksame Bekanntgabe ist es ausreichend, wenn die Haftanordnung einem nicht deutschkundigen Ausländer durch einen beigezogenen Dolmetscher **mündlich** mitgeteilt wird[2041].

1321 Das über einen entsprechenden Haftantrag entscheidende Amts- oder Beschwerdegericht hat den Beschluss über die Anordnung einer freiheitsentziehenden Maßnahme nach § 62 AufenthG mit Gründen zu versehen (§ 38 Abs. 3 S. 1 FamFG), um eine Überprüfung in tatsächlicher und rechtlicher Hinsicht zu ermöglichen. Allgemeine Erwägungen oder formelhafte Ausführungen genügen dem Begründungserfordernis nicht[2042]. Nach § 39 FamFG ist es erforderlich, eine Rechtbehelfsbelehrung beizufügen.

1322 **jj) Anordnung der sofortigen Wirksamkeit.** Einem Rechtsbehelf gegen eine Anordnung einer Freiheitsentziehung nach § 62 AufenthG kommt aufschiebende Wirkung zu (§ 422 Abs. 1 FamFG). Das anordnende Gericht hat jedoch von Amtswegen zu erwägen, ob es die sofortige Wirksamkeit der Maßnahme anordnet (§ 422 Abs. 2 S. 1 FamFG). Dem BayObLG zufolge ist von der Anordnung der sofortigen Wirksamkeit wegen Eilbedürftigkeit „in aller Regel" Gebrauch zu machen[2043]. Einem Antrag auf, den Vollzug der angeordneten Freiheitsentziehung auszusetzen, ist nur dann stattzugeben, wenn das Rechtsmittel Erfolgsaussichten hat oder die Rechtslage zumindest zweifelhaft ist[2044].

1323 **kk) Rechtsmittel.** Die Entscheidung des Amtsgerichts über eine Anordnung von Vorbereitungs-, Ab- oder Zurückschiebungs- bzw. Zurückweisungshaft gem. § 62 AufenthG kann mit der Beschwerde (§ 58 FamFG), die des Beschwerdegerichts mit der Rechtsbeschwerde (§ 70 FamFG) zum BGH angegriffen werden[2045]. Der Vollzug der Freiheitsentziehung auf Grund der Anordnung der sofortigen Wirksamkeit kann gem. § 424 FamFG ausgesetzt werden.

1324 Beschwerdeführungsbefugt sind diejenigen Personen, die durch die Haftanordnung in ihren Rechten beeinträchtigt sind (§ 59 Abs. 1 FamFG). Das können zB auch Ehegatten und Lebenspartner oder Kinder des Betroffenen sein. Die Beschwerdefrist beträgt einen Monat nach Bekanntgabe (§ 63 FamFG), im Falle einer einstweiligen Anordnung zwei Wochen (§ 64 Abs. 2 Nr. 1 FamFG). Sofern sich die angefochtene Entscheidung in der Hauptsache erledigt hat, spricht das Beschwerdegericht auf Antrag aus, dass die Entscheidung des ersten Rechtszuges den Beschwerdeführer in seinen Rechten verletzt hat, wenn dieser für eine entsprechende Feststellung ein berechtigtes Interesse hat (§ 62 Abs. 1 FamFG). Ein solches berechtigtes Interesses liegt idR vor, wenn schwerwiegende Grundrechtseingriffe vorliegen oder wenn eine Wiederholung konkret zu erwarten ist (§ 62 Abs. 2 FamFG)[2046].

---

[2041] BayObLG NJW 1976, 483; 1977, 1596; OLG Frankfurt a. M. NJW 1980, 1238 mwN; a. A. OLG Bremen InfAuslR 1980, 260 m. zust. Anm. *Strate*.

[2042] BayObLG BayVBl 1976, 242; OLG Düsseldorf InfAuslR 1980, 263.

[2043] BayObLG BayVBl 1976, 242.

[2044] BGH Beschl. v. 9.3.2012 – V ZB 42/12 BeckRS 2012, 07849 Rn. 5.

[2045] Zur Zulässigkeit der Rechtsbeschwerde trotz fehlender ladungsfähiger Anschrift des Betroffenen vgl. nur BGH InfAuslR 2015, 104 = BeckRS 2014, 23689; Beschl. v. 1.6.2016 – V ZB 86/14 BeckRS 2016, 11733.

[2046] Vgl. nur BGH NVwZ-RR 2016, 635 Rn. 8 ff mwN.

Anders als im Verfahren über die Beschwerde können im Verfahren über die Rechts- **1325** beschwerde die für die Anordnung der Freiheitsentziehung und für die Festlegung der Haftzeit erforderlichen konkreten Angaben nicht mit heilender Wirkung nachgeholt werden[2047].

Allerdings ist dem BGH zufolge die Rechtsbeschwerde gegen eine vorläufige Inge- **1326** wahrsamnahme nach § 62 Abs. 5 AufenthG nicht statthaft (§ 70 Abs. 4 FamFG)[2048].

**ll) Nachträgliche Feststellung der Rechtswidrigkeit einer Anordnung von Ab-** **1327** **schiebungshaft.** Da es sich bei der Anordnung einer freiheitsentziehenden Maßnahme nach dem Aufenthaltsgesetz um einen gravierenden Grundrechtseingriff handelt, steht dem Betroffenen das Recht zu, auch nachträglich die Rechtswidrigkeit der Haftanord- nung und deren Vollzugs gerichtlich überprüfen zu lassen. Seit der Entscheidung des BVerfG vom 30.4.1997[2049] kann eine nachträgliche gerichtliche Überprüfung der Recht- mäßigkeit einer solchen Maßnahme nicht mit der Begründung verweigert werden, die Hauptsache habe sich erledigt und es mangele dem Betroffenen an einem Feststellungs- interesse (vgl. nun § 62 FamFG). Ist der Betroffene mittlerweile abgeschoben worden, ohne dass er in der Beschwerdeinstanz nochmals angehört wurde, muss im nachträglichen Feststellungsverfahren zu seinen Gunsten davon ausgegangen werden, dass die die Haft- anordnung bestätigende Entscheidung des Landgerichts auf dem Verfahrensfehler der unterlassenen Anhörung beruhte. In einem solchen Fall hat der BGH selbst im Verfahren über die Rechtsbeschwerde über die Rechtswidrigkeit der Maßnahme zu befinden, wenn die Sache zur Endentscheidung reif ist (§ 74 Abs. 6 S. 1 FamFG). Andernfalls wird das Verfahren an das Beschwerdegericht oder, wenn dies aus besonderen Gründen geboten erscheint, an das Gericht des ersten Rechtszuges zurückverwiesen (§ 74 Abs. 6 S. 2 FamFG).

### h) Vollzug der Abschiebungshaft (§ 62a AufenthG)

Die Rückführungs-RL 2008/115/EG enthält in Art. 16 und 17 **unionsrechtliche Vor-** **1328** **gaben für die Haftbedingungen.** Aus diesem Grund war es notwendig geworden, mit dem Richtlinienumsetzungsgesetz 2011 § 62a AufenthG, der den „Vollzug der Abschie- bungshaft" regelt, in das Gesetz aufzunehmen. Nach § 62a Abs. 1 S. 1 AufenthG wird die Abschiebungshaft grundsätzlich in **speziellen Hafteinrichtungen** vollzogen (= Art. 16 Abs. 1 S. 1 RL 2008/115/EG). Sofern spezielle Hafteinrichtungen **„im Bundes-** **gebiet"** nicht vorhanden sind, kann die Haft in sonstigen Haftanstalten vollzogen werden (§ 62a Abs. 1 S. 2 Hs. 1 AufenthG)[2050].

Falls spezielle Hafteinrichtungen im Bundesgebiet nicht vorhanden sein sollten (was **1329** nicht der Fall ist) sind die Abschiebungsgefangenen getrennt von Strafgefangenen unter- zubringen (§ 62a Abs. 1 S. 2 Hs. 2 AufenthG = Art. 16 Abs. 1 RL 2008/115/EG).

Sofern **mehrere Angehörige einer Familie** inhaftiert werden, sind diese gem. § 62a **1330** Abs. 1 S. 3 AufenthG (= Art. 17 Abs. 2 RL 2008/115/EG) getrennt von den übrigen Abschiebungsgefangenen unterzubringen. Der Gesetzgeber hat es unterlassen näher zu

---

[2047] Zur heilenden Wirkung der Nachholung fehlender Verfahrensschritte im Beschwerdeverfah- ren vgl. zB LG München II Beschl. v. 26.1.2011 – BeckRS 2011, 17780

[2048] BGH InfAuslR 2011, 361 = FGPrax 2011, 253 = BeckRS 2011, 17819 mwN.

[2049] BVerfGE 96, 27 = NJW 1997, 2163 (zu einer Durchsuchungsanordnung); zur Abschiebungs- haft vgl. nur BVerfGE 104, 220 = NJW 2002, 2456; stRspr.

[2050] Vgl. § 422 Abs. 4 FamFG: „Wird Zurückweisungshaft (§ 15 des Aufenthaltsgesetzes) oder Abschiebungshaft (§ 62 des Aufenthaltsgesetzes) im Wege der Amtshilfe in Justizvollzugsanstalten vollzogen, gelten die §§ 171, 173 bis 175 und 178 Abs. 3 des Strafvollzugsgesetzes entsprechend, soweit in § 62a des Aufenthaltsgesetzes für die Abschiebungshaft nichts Abweichendes bestimmt ist." – Vgl. auch BR-Drs. 210/11, S. 66. – Vgl. ferner BGH NVwZ 2014, 166; EuGH NVwZ 2014, 1217 – Bero und Bouzalmate.

umschreiben, wann von einer Familie iSd Bestimmung der Richtlinie auszugehen ist. Der Amtlichen Begründung zufolge sind dies diejenigen Angehörigen, die der „Kernfamilie" zuzurechnen sind[2051], also Ehegatten und minderjährige Kinder. Insoweit wird auf Erwägungsgrund 9 der RL 2003/86/EG vom 22.9.2003 betr. das Recht auf Familienzusammenführung[2052] Bezug genommen. Demgegenüber verweist die Erwägungsgrund 22 der RL 2008/115/EG darauf, dass bei deren Umsetzung durch die Mitgliedstaaten in Übereinstimmung mit der EMRK und den Grundfreiheiten der Schutz des Familienlebens „besonders beachtet werden" muss[2053]. Der insoweit maßgebliche Familienbegriff des Art. 8 I EMRK ist jedoch weit zu verstehen und geht über den der „Kernfamilie" hinaus[2054]. Somit sind gegebenenfalls auch Eltern und volljährige Kinder, Großeltern und Enkel, Geschwister, Schwager und Schwägerinnen, Lebenspartnerinnen und –partner etc gemeinsam unterzubringen, um den Vorgaben von Art. 8 EMRK zu genügen.

1331     Den gemeinsam unterzubringenden Familienmitgliedern ist gem. § 62a Abs. 1 S. 4 AufenthG (= Art. 17 Abs. 2 RL 2008/115/EG) „ein angemessenes Maß an Privatsphäre" zu gewährleisten. Für die Beantwortung der Frage, in welchem Umfang die **Privatsphäre** schützende Vorkehrungen konkret zu treffen sind, lassen sich der Richtlinie keine aussagekräftigen Kriterien entnehmen. Bei einer Inhaftnahme von Eltern mit Kindern wird zu prüfen sein, ob den Eltern ein abgeschiedener Bereich zur Verfügung gestellt werden muss, um ggf. auch unbemerkt von den Kindern ein Intimleben führen zu können. Dies ist umso dringlicher, wenn sich die Haftdauer über mehrere Monate erstreckt.

1332     § 62a Abs. 3 S. 1 AufenthG bestimmt, dass bei **minderjährigen Abschiebungsgefangenen** unter Beachtung der Maßgaben in Art. 17 RL 2008/115/EG **alterstypische Belange** zu berücksichtigen sind[2055]. Art. 17 Abs. 3 RL 2008/115/EG zufolge **müssen** die betroffenen Minderjährigen „Gelegenheit zu Freizeitbeschäftigungen einschließlich altersgerechter Spiel- und Erholungsmöglichkeiten" erhalten. Ihnen ist somit insbes. auch Zugang zu entsprechenden Betätigungen im Freien (anstaltsinterner Sport- oder Spielplatz etc) zu gewähren. Darüber hinaus ist den Betroffenen abhängig von der Dauer ihres Aufenthalts ein „Zugang zur Bildung" zu verschaffen. Insbes. bei einer länger währenden Haftdauer ist es den Minderjährigen zu ermöglichen, Angebote schulischer Bildung in Anspruch nehmen zu können[2056]. Diese können allerdings auch anstaltsintern zur Verfügung gestellt werden.

1333     Nach § 62a Abs. 3 S. 2 AufenthG ist der Situation schutzbedürftiger Personen besondere Aufmerksamkeit zu widmen[2057]. In der Begriffsbestimmung des Art. 3 Nr. 9 RL 2008/115/EG wird der Kreis der **schutzbedürftigen Personen** wie folgt umschrieben: „Minderjährige, unbegleitete Minderjährige, Menschen mit Behinderungen, ältere Menschen, Schwangere, Alleinerziehende mit minderjährigen Kindern und Personen, die Folter, Vergewaltigung oder sonstige Formen psychischer, physischer oder sexueller Gewalt erlitten haben". Zwar verbietet die Rückführungsrichtlinie nicht die Inhaftnahme von Ausländern, die eines dieser Merkmale erfüllen. Ihren besonderen Bedürfnissen ist

---

[2051] BR-Dr 210/11, S. 66.

[2052] ABl. L 251 v. 3.10.2003, S. 12.

[2053] Vgl. auch Erwägungsgrund 24 RL 2008/115/EG, der auf die Charta der Grundrechte verweist.

[2054] Vgl. nur *Meyer-Ladewig/Nettesheim/von Raumer*, EMRK, 4. Aufl 2017, Art. 8 EMRK Rn. 56 mwN: Sozialer Begriff der Familie. *Marauhn/Meljnik*, in: Grote/Marauhn (Hrsg.), EMRK/GG, 2006, Kap. 16 Rn. 40 ff.

[2055] Zu im Rahmen der Amtsermittlungspflicht aufzuklärenden Zweifeln an der behaupteten Minderjährigkeit vgl. nur BGH NVwZ 2015, 840 Rn. 7.

[2056] Vgl. auch die völkerrechtliche Verpflichtung aus Art. 28 des UN-Übereinkommens über die Rechte der Kinder v. 20.11.1989 (BGBl 1992 II, 121).

[2057] Der deutsche Gesetzgeber hatte es zunächst unterlassen, die einschlägigen Vorgaben der RL 2008/115/EG in nationales Recht umzusetzen; vgl. Huber NVwZ 2012, 385 (389).

jedoch bei der Unterbringung Rechnung zu tragen. So kann es je nach den Besonderheiten des Einzelfalles geboten sein, eine Einzelunterbringung vorzusehen. Zudem muss die Hafteinrichtung den speziellen Bedürfnissen behinderter Menschen genügen. Für traumatisierte Personen ist eine **umfassende** medizinische und psychologische Betreuung sicherzustellen[2058]. Ist dies nicht zu gewährleisten, wird den Betroffenen Haftverschonung zuzubilligen sein, die ggf. von der Ausländerbehörde mit Maßnahmen nach § 61 Abs. 1 AufenthG (→ Rn. 1249) verbunden werden kann.

Nach § 62a Abs. 2 AufenthG (= Art. 16 Abs. 2 RL 2008/115/EG) wird den Abschiebungsgefangenen gestattet, mit Rechtsvertretern, Familienangehörigen und den zuständigen Konsularbehörden Kontakt aufzunehmen[2059]. Darüber hinaus sind sie gem. § 62a Abs. 5 AufenthG (= Art. 16 Abs. 5 RL 2008/115/EG) über ihre Rechte und Pflichten und über die in der Hafteinrichtung geltenden Regeln zu informieren. Nach Abs. 4 soll Mitarbeitern von „einschlägig tätigen Hilfs- und Unterstützungsorganisationen" auf Antrag gestattet werden, Abschiebungsgefangene zu besuchen[2060]. Ein entsprechender Wunsch eines Inhaftierten ist – anders als nach § 62a AufenthG aF – nicht erforderlich. Art. 16 Abs. 4 RL 2008/115/EG räumt nämlich im Bereich der Ausländer- und Flüchtlingshilfe tätigen Vereinigungen das von Wünschen einzelner Personen **unabhängige Recht** ein, Inhaftierte aufzusuchen und ggf. zu beraten. Das Genehmigungserfordernis ist hingegen richtlinienkonform. Den Gesetzgebungsmaterialien zufolge soll die Besuchsmöglichkeit jedoch nur Mitarbeitern solcher Organisationen zustehen, „die zumindest auch auf dem Gebiet der Ausländer- und Flüchtlingshilfe tätig sind"[2061].

**1334**

## 8. Ausreisegewahrsam (§ 62b AufenthG)

Nach § 62b Abs. 1 S. 1 AufenthG kann ein Ausländer unabhängig von den Voraussetzungen der Sicherungshaft iSd § 62 Abs. 3 AufenthG (→ Rn. 1274 ff.) zur Sicherung der Durchführung der Abschiebung auf richterliche Anordnung für die Dauer von längstens zehn Tagen in Gewahrsam genommen werden, wenn die Ausreisefrist abgelaufen ist (Ausnahme: Unverschuldete Hinderung an der Ausreise oder nicht erhebliches Überschreiten der Ausreisefrist) **und** der Ausländer ein Verhalten gezeigt hat, das erwarten lässt, dass er die Abschiebung erschweren oder vereiteln wird, zB durch fortgesetzte Verletzung gesetzlicher Mitwirkungspflichten oder Identitätstäuschung. Ausreisegewahrsam darf nicht angeordnet werden, wenn der Betroffene glaubhaft macht oder wenn offensichtlich ist, dass er sich der Abschiebung nicht entziehen will (§ 62b Abs. 1 S. 2 AufenthG). Unzulässig ist die Anordnung von Ausreisegewahrsam, wenn die Abschiebung nicht innerhalb der Zehntagesfrist des Satzes 1 durchgeführt werden kann (§ 62b Abs. 1 S. 3 AufenthG).

**1335**

Der Ausreisegewahrsam wird im Transitbereich eines Flughafens oder in einer Unterkunft vollzogen, von wo aus die Ausreise des Ausländers möglich ist (§ 62b Abs. 2 AufenthG). Nach § 62b Abs. 3 AufenthG finden § 62 Abs. 1 (→ Rn. 1270) und Abs. 4a AufenthG (→ Rn. 1289) sowie § 62a AufenthG (→ Rn. 1328 ff.) entsprechende Anwendung.

**1336**

---

[2058] Vgl. auch § 6 II AsylbLG.

[2059] Zum Recht, mit den konsularischen Vertretungen des Herkunftsstaates Kontakt aufnehmen zu können vgl. Art. 36 I lit. b WÜK sowie zB BGH NVwZ 2011, 320 L = BeckRS 2010, 31043; FGPrax 2010, 212; 2011, 41; jew. mwN.

[2060] Vgl. auch Art. 16 Abs. 4 RL 2008/115/EG.

[2061] BR-Drs. 210/11, S. 66.

# F. Haftung und Gebühren

**1337**     Kap. 6 des Aufenthaltsgesetzes regelt im Einzelnen Pflichten von Beförderungs- und Flughafenunternehmern sowie Fragen der Kostenhaftung und der Gebühren für Amtshandlungen. Einer der Schwerpunkte liegt bei der Haftung für den Lebensunterhalt eines Ausländers (§ 68 AufenthG).

## I. Pflichten der Beförderungsunternehmer (§ 63 AufenthG)

**1338**     Nach § 63 Abs. 1 AufenthG darf ein Beförderungsunternehmer Ausländer nur in das Bundesgebiet befördern, wenn sie im Besitz eines erforderlichen Passes und eines erforderlichen Aufenthaltstitels sind. Das Gesetz begründet damit eine originäre Prüfpflicht der Beförderungsunternehmer, deren nicht ordnungsgemäße Wahrnehmung dazu führt, dass gem. § 64 Abs. 1 AufenthG eine Pflicht zur Rückbeförderung des Ausländers auf Kosten des Beförderungsunternehmers besteht. Die Haftung eines Beförderungsunternehmens für Kosten der Zurückweisung eines ausländischen Passagiers umfasst auch die Personalkosten einer der Verhinderung der Einreise und Sicherung der Zurückweisung dienenden amtlichen Begleitung des Ausländers während einer Fahrt zur Botschaft seines Heimatstaates, um ein für die Rückreise notwendiges Reisedokument zu beschaffen[2062]. Allerdings ist § 63 AufenthG mit Unionsrecht nicht vereinbar und somit nicht einschlägig, soweit eine Beförderung eines Ausländers nur über eine Schengen-Binnengrenze erfolgt ist[2063].

**1339**     Das Bundesministerium des Innern oder eine von ihm bestimmte Stelle kann im Einvernehmen mit dem Bundesministerium für Verkehr und digitale Infrastruktur einem Beförderungsunternehmen untersagen, Ausländer entgegen Abs. 1 der Vorschrift in das Bundesgebiet zu befördern und für den Fall der Zuwiderhandlung ein Zwangsgeld androhen (§ 63 Abs. 2 S. 1 AufenthG)[2064]. Zu dieser Maßnahme darf jedoch nur dann gegriffen werden, wenn ein nicht nur vereinzelter Verstoß gegen beförderungsrechtliche Vorschriften vorliegt. Die Vorschrift wendet sich gegen „schwarze Schafe" im Beförderungsgewerbe. Das Zwangsgeld gegen den Beförderungsunternehmer beträgt für **jeden** Ausländer, der entgegen einer Verfügung nach Abs. 2 des § 63 AufenthG befördert wird, mindestens 1000 EUR und höchstens 5000 EUR (§ 63 Abs. 3 S. 1 AufenthG)[2065]. Es kann durch das Bundesministerium des Innern oder die von ihm bestimmte Stelle festgesetzt und beigetrieben werden (§ 63 Abs. 3 S. 2 AufenthG)[2066]. Das Bundesministerium des Innern oder die von ihm bestimmte Stelle kann mit Beförderungsunternehmen Regelungen zur Umsetzung der in § 63 Abs. 1 AufnethG genannten Pflichten vereinbaren (§ 63 Abs. 4 AufenthG). Widerspruch und Klage gegen eine Untersagungsver-

---

[2062] BVerwGE 111, 284 = NVwZ 2000, 1424.

[2063] Vgl. OVG Berlin-Brandenburg NJW 2016, 102 Rn. 8; VG Potsdam Urt. v. 24.5.2016 – 11 K 1737/15 BeckRS 2016, 47382 und 11 K 1938/15 BeckRS 2016, 47383. Vgl. auch die Vorabentscheidungsersuchen der BVerwG vom 1.6.2017 – 1 C 23/16 BeckRS 2017, 116739 und 1 C 25/16 BeckRS 2017, 120144.

[2064] Vgl. dazu auch BVerwG NJW 2006, 2280 = NVwZ 2008, 1300 Ls.; NJW 2006, 2282 Ls. = BeckRS 2006, 23546.

[2065] Vgl. zB OVG Berlin-Brandenburg NVwZ-RR 2016, 610 Ls. = BeckRS 2016, 45750; Urt. v. 17.3.2016 – OVG 7 B 29/15 BeckRS 2016, 46860.

[2066] Zur Rechtmäßigkeit der Festsetzung eines Zwangsgelds, um ein ausländerrechtliches Beförderungsverbot durchzusetzen, vgl. nur BVerwGE 117, 332 = NVwZ 2003, 1271; BVerwGE 122, 293 = NVwZ 2005, 819; BVerwGE 125, 110 = NJW 2006, 2280.

fügung nach § 63 Abs. 1 AufenthG, aber auch gegen die Festsetzung eines Zwangsgelds, haben keine aufschiebende Wirkung (§ 63 Abs. 2 S. 3 AufenthG).

## II. Rückbeförderungspflicht der Beförderungsunternehmer (§ 64 AufenthG)

Sofern ein Ausländer an der Grenze zurückgewiesen wird (→ Rn. 49 ff.), hat ihn der **1340** Beförderungsunternehmer **unverzüglich** außer Landes zu bringen (§ 64 Abs. 1 AufenthG). Diese Verpflichtung besteht für die Dauer von drei Jahren hinsichtlich der Ausländer, die ohne erforderlichen Pass, Passersatz oder Aufenthaltstitel in das Bundesgebiet befördert werden und die bei der Einreise nicht zurückgewiesen werden, weil sie sich auf politische Verfolgung, Verfolgung iSd § 3 Abs. 1 AsylG oder die Gefahr eines ernsthaften Schadens iSd § 4 Abs. 1 AsylG oder die in § 60 Abs. 2, 3, 5 oder 7 AufenthG bezeichneten Umstände berufen (§ 64 Abs. 2 S. 1 AufenthG). Diese Verpflichtung erlischt jedoch, wenn dem Ausländer ein Aufenthaltstitel nach dem Aufenthaltsgesetz erteilt wird (§ 64 Abs. 2 S. 2 AufenthG). Der Beförderungsunternehmer hat den Ausländer auf Verlangen der mit der polizeilichen Kontrolle des grenzüberschreitenden Verkehrs beauftragten Behörden in den Staat, der das Reisedokument ausgestellt hat oder aus dem er befördert wurde, oder in einen sonstigen Staat zu bringen, in dem seine Einreise gewährleistet ist (§ 64 Abs. 3 AufenthG).

## III. Pflichten der Flughafenunternehmer (§ 65 AufenthG)

Der Unternehmer eines Verkehrsflughafens ist verpflichtet, auf dem Flughafengelände **1341** geeignete Unterkünfte zur Unterbringung von Ausländern, die nicht im Besitz eines erforderlichen Passes oder eines erforderlichen Visums sind, bis zum Vollzug der grenzpolizeilichen Entscheidung über die Einreise bereitzustellen (§ 65 AufenthG). Die vorübergehende Unterbringung auf dem Luftwege einreisender Asylbewerber auf dem Flughafengelände ist dem BGH zufolge[2067] nicht, auch nicht auf Grund einer Verwaltungskompetenz kraft Sachzusammenhangs bzw. Annexes, Aufgabe des für die Durchführung des Flughafen(asyl-)verfahrens zuständigen Bundesamtes für Migration und Flüchtlinge oder des für die Durchführung des Einreiseverfahrens und der (asylverfahrensrechtlichen) „Erstbefragung" sowie (allgemein) für den Schutz der Grenzen des Bundesgebiets zuständigen Bundespolizei. Der Flughafenunternehmer kann daher die ihm durch die Unterbringung der Asylbewerber in eigens zu diesem Zwecke umgebauten und hergerichteten Räumlichkeiten entstandenen Kosten nicht vom Bund erstattet verlangen.

## IV. Kosten ausländerrechtlicher Maßnahmen (§ 66 AufenthG)

Nach § 66 Abs. 1 AufenthG hat ein Ausländer die Kosten zu tragen, die durch die **1342** Durchsetzung einer räumlichen Beschränkung, die Zurückweisung, die Zurückschiebung oder die Abschiebung entstehen, zu tragen[2068]. In diesem Zusammenhang ist zu beachten,

---

[2067] BGHZ 141, 48 = NVwZ 1999, 517; aA die Vorinstanz OLG Frankfurt a. M. NVwZ-RR 1998, 138.

[2068] Zur Haftung der Eltern für die durch die Abschiebung ihrer minderjährigen Kinder angefallenen Abschiebungskosten vgl. BVerwGE 124, 1 = InfAuslR 2005, 480. – Die Begleichung angefallener Abschiebungskosten darf *nicht* vorausgesetzt werden, um eine Befristung der Wirkungen einer entsprechenden aufenthaltsbendenden Maßnahme gem. § 11 Abs. 1 S. 3 AufenthG vorzunehmen; vgl. BVerwG NVwZ 2008, 326.

dass nach der Rechtsprechung des BVerwG die gesetzlich vorgeschriebene Beteiligung der Staatsanwaltschaft nach § 72 Abs. 4 S. 1 AufenthG vor Vollzug einer Abschiebung (lediglich) eine Verfahrensregelung darstellt, die allein der Wahrung des staatlichen Strafverfolgungsinteresses dient und kein subjektives Recht des Ausländers begründet[2069]. Andererseits haftet der Betroffene nicht für Kosten einer rechtswidrig angeordneten Sicherungshaft[2070]. Ferner besteht eine Haftungspflicht des Betroffenen nicht für den Fall, wenn das an die Abschiebung anknüpfende Einreiseverbot nicht rechtzeitig befristet wurde[2071].

**1343**   Darüber hinaus haftet für die oben genannten Kosten derjenige, der sich ggü. der Ausländerbehörde oder der Auslandsvertretung (gem. § 68 AufenthG → Rn. 1350 ff.) verpflichtet hat, für die Ausreisekosten des Ausländers aufzukommen. In den Fällen des § 64 Abs. 1 und 2 AufenthG (→ Rn. 1340) haftet der Beförderungsunternehmer neben dem Ausländer für die Kosten der Rückbeförderung des Ausländers und für die Kosten, die von der Ankunft des Ausländers an der Grenzübergangsstelle bis zum Vollzug der Entscheidung über die Einreise entstehen (§ 66 Abs. 3 S. 1 AufenthG)[2072]. Ein Beförderungsunternehmer, der **schuldhaft** einer Verfügung nach § 63 Abs. 2 AufenthG (→ Rn. 1339) zuwiderhandelt, haftet neben dem Ausländer für sonstige Kosten, die in den Fällen des § 64 Abs. 1 AufenthG durch die Zurückweisung und in den Fällen des § 64 Abs. 2 AufenthG durch die Abschiebung entstehen (§ 66 Abs. 3 S. 2 AufenthG)[2073].

**1344**   Auf Grund der Art. 8 Abs. 1 und 2 iVm Art. 4 Abs. 3 der Sanktions-RL 2009/52/EG war es notwendig geworden, § 66 Abs. 4 AufenthG neu zu fassen und die Norm um einen neuen Abs. 4a zu ergänzen. Die **gesamtschuldnerische** Haftung für die Kosten einer Ab- oder Zurückschiebung eines ausländischen Arbeitnehmers, dem nach dem Aufenthaltsgesetz die Ausübung einer Erwerbstätigkeit nicht erlaubt war, trifft nunmehr nach § 66 Abs. 4 S. 1 AufenthG den Arbeitgeber, den Sub- oder Generalunternehmer oder denjenigen, der eine nach § 96 AufenthG strafbare Handlung des Einschleusens von Ausländern begeht[2074]. Die bereits nach der alten Rechtslage bestehende **subsidiäre Haftung** des unerlaubt beschäftigten Drittstaatsangehörigen ist mit § 66 Abs. 4 S. 1 Nr. 5 AufenthG beibehalten worden. Der neue § 66 Abs. 4a AufenthG (= Art. 4 Abs. 3 RL 2009/52/EG) regelt die Voraussetzungen für die Freistellung eines Arbeitgebers von der Haftung[2075].

**1345**   War hingegen ein Ausländer auf Grund freizügigkeitsrechtlicher Bestimmungen, zB Freizügigkeitsgesetz/EU, Assoziationsrecht EWG-Türkei, Freizügigkeitsabkommen EG-Schweiz, befugt, eine Erwerbstätigkeit auszuüben, kommt § 66 Abs. 4 S. 1 AufenthG nicht zum Zuge.

**1346**   Von dem nach § 66 AufenthG bestimmten Kostenschuldner kann eine Sicherheitsleistung verlangt werden (§ 66 Abs. 5 S. 1 AufenthG), die nach Maßgabe des Satzes 2 des § 66 Abs. 5 AufenthG ohne vorherige Vollstreckunganordnung und Fristsetzung vollstreckt werden kann, wenn andernfalls die Erhebung gefährdet wäre. Darüber hinaus können zur Sicherung der Ausreisekosten Rückflugscheine und sonstige Fahrausweise beschlagnahmt werden, die im Besitz des **Ausländers** sind, der zurückgewiesen, zurück-

---

[2069] BVerwG NVwZ 2017, 1064 = BeckRS 2016, 113753. – Zur Relevanz eines fehlenden Einvernehmens der Staatsanwaltschaft im Abschiebungshaftverfahren vgl. aber → Rn. 1300.
[2070] BVerwG NVwZ 2013, 277 Rn. 20 ff. m. Anm. *Gutmann*; BVerwG NVwZ 2015, 830 m. Anm. *Huber*.
[2071] OVG Berlin-Brandenburg NVwZ-RR 2017, 119.
[2072] Zur Haftung eines Beförderungsunternehmers für die Kosten einer Zurückweisungshaft vgl. VGH Kassel InfAuslR 2015, 40 = BeckRS 2014, 48104.
[2073] Vgl. auch BVerwGE 111, 284 = NVwZ 2000, 1424.
[2074] Vgl. in diesem Zusammenhang auch BVerwG NVwZ 2013, 277.
[2075] Ausführlicher *Huber* NZA 2012, 477.

geschoben, ausgewiesen oder abgeschoben werden soll oder dem die Einreise und der Aufenthalt im Bundesgebiet nur deswegen gestattet wird, weil ein Asylantrag gestellt worden ist (§ 66 Abs. 5 S. 3 AufenthG).

## V. Umfang der Kostenhaftung (§ 67 AufenthG)

§ 67 AufenthG regelt den Umfang der Kostenhaftung. Nach Abs. 1 dieser Vorschrift **1347** umfassen die Kosten einer Abschiebung, Zurückschiebung, Zurückweisung und der Durchsetzung einer räumlichen Beschränkung

- die Beförderungs- und sonstigen Reisekosten für den Ausländer innerhalb des Bundesgebiets und bis zum Zielort außerhalb des Bundesgebiets (Nr. 1),
- die bei der Vorbereitung und Durchführung der Maßnahme entstehenden Verwaltungskosten einschließlich der Kosten für die Abschiebungshaft und der Übersetzungs- und Dolmetscherkosten und die Ausgaben für die Unterbringung, Verpflegung und sonstige Versorgung des Ausländers (Nr. 2) sowie
- sämtliche durch eine erforderliche Begleitung des Ausländers entstehenden Kosten einschließlich der Personalkosten (Nr. 3)[2076].

Die Kosten, für die ein Beförderungsunternehmer nach § 66 Abs. 3 S. 1 AufenthG **1348** haftet (→ Rn. 1343), umfassen gem. § 67 Abs. 2 AufenthG

- die in § 67 Abs. 1 Nr. 1 AufenthG bezeichneten Kosten (Nr. 1),
- die bis zum Vollzug der Entscheidung über die Einreise entstehenden Verwaltungskosten und Ausgaben für die Unterbringung, Verpflegung und sonstige Versorgung des Ausländers und Übersetzungs- und Dolmetscherkosten (Nr. 2)[2077] und
- die in § 67 Abs. 1 Nr. 3 AufenthG bezeichneten Kosten für Begleitpersonen, sofern der Beförderungsunternehmer nicht selbst die erforderliche Begleitung des Ausländers übernimmt (Nr. 3)[2078].

Die nach § 67 Abs. 1 und 2 AufenthG genannten Kosten werden von der nach § 71 **1349** AufenthG zuständigen Behörde durch Leistungsbescheid in Höhe der tatsächlich entstandenen Kosten erhoben (§ 67 Abs. 3 S. 1 AufenthG). Hinsichtlich der Berechnung der Personalkosten gelten die allgemeinen Grundsätze zur Berechnung von Personalkosten der öffentlichen Hand (§ 67 Abs. 3 S. 2 AufenthG).

## VI. Haftung für Lebensunterhalt (§ 68 AufenthG)

Gem. § 68 Abs. 1 S. 1 AufenthG hat derjenige, der sich der Ausländerbehörde oder **1350** der Auslandsvertretung gegenüber verpflichtet hat, die Kosten für den Lebensunterhalt eines Ausländers zu tragen, für einen Zeitraum von **fünf Jahren**[2079] sämtliche öffentlichen Mittel zu erstatten, die für den Lebensunterhalt des Ausländers einschließlich der Versorgung mit Wohnraum und der Versorgung im Krankheitsfalle und bei Pflegebe-

---

[2076] Vgl. zB BVerwGE 111, 284 = NVwZ 2000, 1424; OVG Koblenz AuAS 2007, 17; VG Braunschweig Gerichtsbescheid v. 18.10.2007 – 3 A 25/07.

[2077] Zur Haftung für Dolmetscherkosten vgl. nur BVerwG NVwZ 2003, 1276.

[2078] Die Begleitung eines abzuschiebenden Ausländers durch ausländische Sicherheitskräfte stellt keine amtliche Begleitung dar, für die ein Luftfahrtunternehmen aufzukommen hat; vgl. BVerwGE 125, 101 = NVwZ 2006, 1182.

[2079] Die bis zum 5.8.2016 geltende Vorgängerregelung enthielt eine solche zeitliche Befristung nicht. Vgl. in diesem Zusammenhang auch die bis zum 5.8.2019 geltende Übergangsvorschrift für Verpflichtungserklärungen in § 68a AufenthG sowie BVerwG NVwZ 2017, 1200 Rn. 18.

dürftigkeit aufgewendet werden[2080]. Dies gilt auch dann, wenn die Aufwendungen auf einem gesetzlichen Anspruch des Ausländers beruhen. Nach § 68 Abs. 1 S. 2 AufenthG sind jedoch Aufwendungen, die auf einer Beitragsleistung beruhen (zB eine Rente aus der gesetzlichen Rentenversicherung; beitragsbezogene Leistungen nach dem SGB III) nicht zu erstatten. Kosten iSd S. 1 sind ausschließlich solche, die für die Unterhaltssicherung im Verlauf des angestrebten rechtmäßigen Aufenthalts anfallen. Dazu gehören auch die Leistungen, die ein Ausländer während eines Asylverfahrens nach den Vorschriften des AsylbLG bezogen hat. Die (spätere) Zuerkennung der Flüchtlingseigenschaft ändert dem BVerwG zufolge hieran nichts[2081]. So erlischt die zur Ermöglichung einer Einreise als Bürgerkriegsflüchtling nach § 23 Abs. 1 AufenthG (→ 456 ff.) iVm einer Landesaufnahmeanordnung abgegebene Verpflichtungserklärung nicht durch eine nachfolgende Anerkennung des Begünstigten als Flüchtling und einer Erteilung einer Aufenthaltserlaubnis nach § 25 Abs. 2 AufenthG (→ Rn. 523 ff.). Als Grund gibt das BVerwG an, dass es sich bei einer solchen Fallkonstellation jeweils um Aufenthaltserlaubnisse aus völkerrechtlichen, humanitären oder politischen Gründen iSd Kap. 2 Abschn. 5 des Aufenthaltsgesetzes handele[2082].

1351    Vom Gesetz her sind Ausreisekosten iSd §§ 66 und 77 AufenthG hiervon nicht erfasst (Nr. 68.1.1.2, S. 1 AVV-AufenthG). Es bleibt jedoch der zuständigen Behörde unbenommen, auch diese Kosten zum Gegenstand einer Erklärung nach § 68 Abs. 1 AufenthG zu machen (vgl. auch Nr. 68.1.1.2, S. 2 AVV-AufenthG).

1352    § 68 Abs. 1 S. 1 AufenthG spricht von „sämtlichen" für den Lebensunterhalt des Ausländers anfallenden Kosten. Da die Kostenübernahmeerklärung dazu dienen soll, die öffentliche Hand von Aufwendungen während des angestrebten und durch den Antrag auf Erteilung oder Verlängerung eines Aufenthaltstitels konkretisierten Zeitraums eines Inlandsaufenthalts freizustellen, ist eine auf unbefristete Zeit geforderte Haftungserklärung vom Gesetz her nicht gedeckt[2083]. Allerdings kann sich nach der Rechtsprechung des BVerwG die Haftung auch auf Leistungen, die während eines illegalen Aufenthalts eines Ausländers anfallen, erstrecken, **sofern** sich dies aus dem Inhalt der schriftlichen Kostenübernahmeerklärung ergibt[2084]. Andererseits ist es der Ausländerbehörde unbenommen, bestimmte potenziell anfallende Kosten etwa aus krankheitsbedingten Gründen oder wegen einer Schwangerschaft von der Kostenübernahmeerklärung auszunehmen[2085]

1353    Eine Erklärung nach § 68 Abs. 1 S. 1 AufenthG darf nicht verlangt werden, wenn einem Ausländer ein Rechtsanspruch auf einen bestimmten Aufenthaltstitel zusteht und dessen Erteilung oder Verlängerung von Gesetzes wegen nicht von der Sicherung des Lebensunterhalts abhängig ist. Dasselbe gilt für den Fall, dass ein Rechtsanspruch auf eine Duldung nach § 60a Abs. 2 AufenthG gegeben ist[2086].

1354    Die Abgabe einer Verpflichtungserklärung nach § 68 Abs. 1 S. 1 AufenthG bedarf der Schriftform (§ 68 Abs. 2 S. 1 AufenthG). Sie ist nach Maßgabe des Verwaltungsvollstreckungsgesetzes vollstreckbar (§ 68 Abs. 2 S. 2 AufenthG). Der Erstattungsanspruch steht der öffentlichen Stelle zu, die die öffentlichen Mittel für den Lebensunterhalt iSd Abs. 1 S. 1 für den Ausländer aufgewendet hat (§ 68 Abs. 2 S. 3 AufenthG).

---

[2080] Vgl. aber auch die speziellere Haftungsregelung im Zusammenhang mit einer erteilten Aufenthaltserlaubnis für ein Studienbezogenes Praktikum EU nach § 17b Abs. 1 Nr. 5 AufenthG.
[2081] NVwZ-RR 2014, 533; NVwZ 2017, 1200 Rn. 27.
[2082] BVerwG NVwZ 2017, 1200 Rn. 27 ff.
[2083] OVG Münster InfAuslR 1999, 120.
[2084] BVerwGE 108, 1 = NVwZ 1999, 779; NVwZ-RR 2014, 533.
[2085] Vgl. hierzu die Fallkonstellation in BVerwG NVwZ 2017, 1200.
[2086] VGH München NVwZ-RR 1998, 264; *Siehr/Bumke* ZAR 1998, 210.

Bei der Verpflichtungserklärung handelt es sich um eine **einseitige** Erklärung, die **1355** gegenüber der Ausländerbehörde oder der Auslandsvertretung abgegeben wird[2087]. Deren Widerruf ist rechtlich nicht möglich[2088]. Der konkrete Erstattungsanspruch wird durch Leistungsbescheid, also durch einen Verwaltungsakt, geltend gemacht[2089]. Die Rechtmäßigkeit des Leistungsbescheids bestimmt sich nach der im Zeitpunkt der letzten behördlichen Entscheidung maßgeblichen Sach- und Rechtslage[2090]

Gem. § 68 Abs. 3 AufenthG unterrichtet die Auslandsvertretung unverzüglich die **1356** Ausländerbehörde, wenn eine Verpflichtungserklärung nach § 68 Abs. 1 S. 1 AufenthG abgegeben worden ist. Darüber hinaus unterrichtet die Ausländerbehörde, wenn sie Kenntnis von der Aufwendung nach Abs. 1 zu erstattender öffentlicher Mittel erlangt, unverzüglich die öffentliche Stelle, der der Erstattungsanspruch zusteht, über die Verpflichtung nach § 68 Abs. 1 S. 1 AufenthG und erteilt ihr alle für die Geltendmachung und Durchsetzung des Erstattungsanspruchs erforderlichen Auskünfte (§ 68 Abs. 4 S. 1 AufenthG). Nach § 68 Abs. 4 S. 2 AufenthG besteht eine strenge Zweckbindung: Der Empfänger der nach S. 1 übermitteltem Daten darf diese **ausschließlich** zum Zweck der Erstattung der für den Ausländer aufgewendeten öffentlichen Mittel sowie der Versagung weiterer Leistungen verwenden.

## VII. Gebühren (§ 69 AufenthG iVm §§ 44 ff. AufenthV)

§ 69 AufenthG, zuletzt geändert durch das Gesetz zur Änderung gebührenrechtlicher **1357** Regelungen im Aufenthaltsrecht vom 13.7.2017[2091], regelt im Einzelnen, unter welchen Voraussetzungen für Amtshandlungen nach dem Aufenthaltsgesetz und den zur Durchführung dieses Gesetzes erlassenen Rechtsverordnungen Gebühren und Auslagen erhoben werden (§ 69 Abs. 1 S. 1 AufenthG). Es handelt sich hierbei um die Festlegung bestimmter Höchstsätze. Die Einzelheiten ergeben sich aus den §§ 44 ff. AufenthV idF von Art. 2 des Gesetzes zur Änderung gebührenrechtlicher Regelungen im Aufenthaltsrecht vom 13.7.2017[2092].

Nach § 69 Abs. 2 S. 1 AufenthG soll die Gebühr die mit der individuell zurechenbaren **1358** öffentlichen Leistung verbundenen Kosten aller Beteiligten decken[2093].

## 1. Gebühren für die Niederlassungserlaubnis (§ 44 AufenthV)

An Gebühren sind gem. § 44 AufenthV zu erheben **1359**
- für die Erteilung einer Niederlassungserlaubnis für Hochqualifizierte iSd § 19 Abs. 1 AufenthG 147 EUR (Nr. 1),
- für die Erteilung einer Niederlassungserlaubnis zur Ausübung einer selbstständigen Tätigkeit iSd § 21 Abs. 4 AufenthG 124 EUR (Nr. 2),
- für die Erteilung einer Niederlassungserlaubnis in allen übrigen Fällen 113 EUR (Nr. 3).

---

[2087] Vgl. BVerwGE 108, 1 = NVwZ 1999, 779; *Siehr/Bumke* ZAR 1998, 210 mwN; für Qualifizierung als öffentlich-rechtlicher Vertrag vgl. OLG Düsseldorf NVwZ 1993, 405; VG Würzburg InfAuslR 1996, 211; VG München InfAuslR 1996, 213; *Schlette* NVwZ 1998, 125; *Rittstieg* InfAuslR 1994, 48.

[2088] BVerwG NVwZ 2017, 1200 Rn. 32 = BeckRS 2017, 104359.

[2089] Vgl. BVerwGE 108, 1 = NVwZ 1999, 779.

[2090] BVerwG NVwZ 2017, 1200 Rn. 17 = BeckRS 2017, 104359.

[2091] BGBl. I S. 2350.

[2092] BGBl. I S. 2350.

[2093] Zu weiteren Einzelheiten vgl. auch § 69 Abs. 2 bis 8 AufenthG.

## 2. Gebühren für die Erlaubnis zum Daueraufenthalt-EU (§ 44a AufenthG)

1360    Für die Erlaubnis zum Daueraufenthalt-EG sind Gebühren in Höhe von 109 EUR zu erheben (§ 44a AufenthG).

## 3. Gebühren für die Aufenthaltserlaubnis (§ 45 AufenthV)

1361    Für die Erteilung oder Verlängerung einer Aufenthaltserlaubnis oder einer Blauen Karte EU sind folgende Gebühren zu erheben:

- Für die Erteilung einer Aufenthaltserlaubnis oder einer Blauen Karte EU mit einer Geltungsdauer von bis zu einem Jahr 100 EUR (§ 45 Nr. 1 Buchst. a) AufenthV).
- Für die Erteilung einer Aufenthaltserlaubnis oder einer Blauen Karte EU mit einer Geltungsdauer von mehr als einem Jahr 100 EUR (§ 45 Nr. 1 Buchst. b) AufenthV).
- Für die Verlängerung einer Aufenthaltserlaubnis oder einer Blauen Karte EU für einen weiteren Aufenthalt von bis zu drei Monaten 96 EUR (§ 45 Nr. 2 Buchst. a) AufenthV).
- Für die Verlängerung einer Aufenthaltserlaubnis oder einer Blauen Karte EU für einen weiteren Aufenthalt von mehr als drei Monaten 93 EUR (§ 45 Nr. 2 Buchst. b) AufenthV).
- Für die durch einen Wechsel des Aufenthaltszwecks veranlasste Änderung der Aufenthaltserlaubnis einschließlich deren Verlängerung 98 EUR (§ 45 Nr. 3 AufenthV).

## 4. Gebühren für sonstige Fälle (§§ 45a bis 45c AufenthV)

1362    § 45a AufenthV regelt, welche Gebühren für den elektronischen Identitätsnachweis anfallen. Gebühren für Aufenthaltstitel in „Ausnahmefällen" sieht § 45b AufenthV vor und § 45c AufenthV befasst sich mit der Gebühr für die Neuausstellung bestimmter Dokumente.

## 5. Gebühren für das Visum (§ 46 AufenthV)

1363    Im Visumverfahren richtet sich nach § 46 Abs. 1 S. 1 AufenthV die Erhebung von Gebühren für die Erteilung und Verlängerung von Schengen-Visa (→ Rn. 97 ff.) und Flughafentransitvisa nach der VO (EG) Nr. 810/2009 (Visakodex). Danach sind idR 75 Euro zu erheben (Art. 16 Abs. 1 VO (EG) Nr. 810/2009). Allerdings bestimmt § 46 Abs. 1 S. 2 AufenthV, dass Ehegatten, Lebenspartner und minderjährige ledige Kinder Deutscher sowie die Eltern minderjähriger Deutscher von den Gebühren befreit sind.

1364    Im Übrigen beträgt die Gebührenhöhe

- für die Erteilung eines nationalen Visums (Kategorie „D"), auch für mehrmalige Einreisen, 75 EUR (§ 46 Abs. 2 Nr. 1 AufenthV);
- für die Verlängerung eines nationalen Visums (Kategorie „D") 25 EUR (§ 46 Abs. 2 Nr. 2 AufenthV).
- für die Verlängerung eines Schengen-Visums im Bundesgebiet über 90 Tage hinaus als nationales Visum 60 EUR (§ 46 Abs. 2 Nr. 3 AufenthV).

## 6. Gebühren für sonstige aufenthaltsrechtliche Amtshandlungen und für pass- und ausweisrechtliche Maßnahmen (§§ 47 und 48 AufenthV)

1365    Die §§ 47 und 48 AufenthV regeln, unter welchen Voraussetzungen Gebühren für sonstige aufenthaltsrechtliche Amtshandlungen (zB Duldungsbescheinigung nach § 60a

Abs. 4 AufenthG; Fiktionsbescheinigung nach § 81 AufenthG) bzw. für pass- und ausweisrechtliche Maßnahmen erhoben werden.

## 7. Sonstige Gebühren (§§ 49 bis 51 AufenthV)

§ 49 AufenthV regelt, unter welchen Voraussetzungen Bearbeitungsgebühren anfallen, 1366 zB für die Bearbeitung eines Antrags auf Erteilung einer Niederlassungserlaubnis oder für das Beantragen sonstiger gebührenpflichtiger Amtshandlungen. § 50 AufenthV enthält eine besondere Gebührenregelung, soweit Amtshandlungen zu Gunsten Minderjähriger anfallen. Schließlich regelt § 51 AufenthV die Höhe der Widerspruchsgebühr in ausländerrechtlichen Angelegenheiten. Diese Vorschrift kommt freilich nur dann zum Zuge, wenn ein Widerspruchsverfahren gegen ausländerrechtliche Maßnahmen landesrechtlich nicht ausgeschlossen ist.

## 8. Befreiungen und Ermäßigungen sowie zwischenstaatliche Vereinbarungen (§§ 52 bis 54 AufenthV)

In § 52 AufenthV sind bestimmte Fallkonstellationen geregelt, bei denen eine Befreiung 1367 oder Ermäßigung von Gebühren für ausländerrechtliche Maßnahmen in Betracht kommt. § 53 AufenthV sieht unter dort näher genannten Voraussetzungen eine Befreiung und Ermäßigung von Gebühren aus Billigkeitsgründen vor, etwa für Bezieher von Leistungen nach dem SGB II oder SGB XII. Schließlich stellt § 54 AufenthV klar, dass zwischenstaatliche Vereinbarungen über die Befreiung oder eine geringere Bemessung von Gebühren durch die Regelungen in der Aufenthaltsverordnung nicht berührt werden.

## 9. Verjährung (§ 70 AufenthG)

§ 70 Abs. 1 AufenthG bestimmt, dass die Ansprüche, die sich aus § 67 Abs 1 und 2 1368 AufenthG ergeben (→ Rn. 1347 ff.), in sechs Jahren nach Eintritt der Fälligkeit verjähren. Die Verjährung von Ansprüchen nach den §§ 66 und 69 AufenthG (→ Rn. 1343 ff. und 1357 ff.) wird neben den Fällen des § 20 Abs. 3 VwKostG[2094] auch unterbrochen, solange sich der Kostenschuldner nicht im Bundesgebiet aufhält oder sein Aufenthalt im Bundesgebiet deshalb nicht festgestellt werden kann, weil er einer gesetzlichen Meldepflicht oder Anzeigepflicht nicht nachgekommen ist (§ 70 Abs. 2 AufenthG).

# G. Verfahrensvorschriften

In den §§ 71 bis 85 AufenthG sind Vorschriften über das Verwaltungsverfahren ent 1369 halten. In diesem Zusammenhang ist auch auf § 105a AufenthG hinzuweisen, der bestimmt, dass von dort im Einzelnen aufgeführte Normen des Aufenthaltsgesetzes durch Landesrecht nicht abgewichen werden kann.

## I. Zuständigkeit (§ 71 AufenthG)

Für aufenthalts- und passrechtliche Maßnahmen und Entscheidungen nach dem Auf 1370 enthaltsgesetz und nach ausländerrechtlichen Bestimmungen in anderen Gesetzen sind

---

[2094] Unterbrechung der Verjährung durch schriftliche Zahlungsaufforderung, Zahlungsaufschub, Stundung, Aussetzung der Vollziehung, Sicherheitsleistung, Vollstreckungsmaßnahme, Vollstreckungsaufschub, Anmeldung im Insolvenzverfahren, Ermittlungen des Kostengläubigers über Wohnsitz oder Aufenthalts des Zahlungspflichtigen.

die Ausländerbehörden zuständig (§ 71 Abs. 1 S. 1 AufenthG)[2095]. Die Landesregierung oder die von ihr bestimmte Stelle kann bestimmen, dass für einzelne Aufgaben nur eine oder mehrere bestimmte Ausländerbehörden zuständig sind (§ 71 Abs. 1 S. 2 AufenthG). Von dieser Möglichkeit wurde teilweise Gebrauch gemacht, etwa um – wie zB in Hessen und Baden-Württemberg geschehen – zentrale Abschiebebehörden einzuführen. Im Ausland sind für Pass- und Visaangelegenheiten die vom Auswärtigen Amt ermächtigten Auslandsvertretungen zuständig (§ 71 Abs. 2 AufenthG). Nach § 71 Abs. 3 AufenthG sind die mit der polizeilichen Kontrolle des grenzüberschreitenden Verkehrs beauftragten Behörden (Bundespolizei) in den dort genannten Fallkonstellationen zuständig.

1371      Gem. § 71 Abs. 4 S. 1 AufenthG sind für die erforderlichen Maßnahmen nach den §§ 48, 48a und 49 AufenthG (Ausweisrechtliche Vorschriften, Feststellung der Identität) (→ Rn. 1026 ff.) die Ausländerbehörden, die mit der polizeilichen Kontrolle des grenzüberschreitenden Verkehrs beauftragten Behörden und die Polizeien der Länder zuständig. In den Fällen des § 49 Abs. 4 AufenthG sind für eine erkennungsdienstliche Behandlung eines Ausländers auch die Behörden zuständig, die eine Verteilung nach § 15a AufenthG (→ Rn. 60 f.) veranlassen (§ 71 Abs. 4 S. 2 AufenthG). Schließlich sind die von dem Auswärtigen Amt ermächtigten Auslandsvertretungen zur Durchführung identitätsfeststellender oder -sichernder Maßnahmen bei Beantragung eines Visums für einen Aufenthalt von mehr als drei Monaten nach Maßgabe des § 49 Abs. 3 Nr. 5 AufenthG zuständig (§ 71 Abs. 4 S. 3 AufenthG). Die Polizeien der Länder sind **auch** für die Zurückschiebung, die Durchsetzung der Verlassenspflicht des § 12 Abs. 3 AufenthG im Falle eines Verstoßes gegen eine räumliche Beschränkung des Aufenthalts (vgl. dazu → Rn. ff.), die Durchführung einer Abschiebung und, soweit es zur Vorbereitung und Sicherung dieser Maßnahmen erforderlich ist, die Festnahme und Beantragung der Haft zuständig (§ 71 Abs. 5 AufenthG). Schließlich entscheidet das Bundesministerium des Innern oder die von ihm bestimmte Stelle gem. § 71 Abs. 6 Halbs. 1 AufenthG im Benehmen mit dem Auswärtigen Amt über die Anerkennung von Pässen und Passersatzpapieren iSd § Abs. 1 AufenthG. Die entsprechenden Entscheidungen ergehen als Allgemeinverfügung und können im elektronischen Bundesanzeiger bekannt gegeben werden (§ 71 Abs. 6 Halbs. 2 AufenthG). § 71a AufenthG regelt die Zuständigkeit der Behörden der Zollverwaltung zur Verfolgung von Ordnungswidrigkeiten nach § 98 Abs. 2a und Abs. 3 Nr. 1 AufenthG (Beauftragung eines Ausländers zu einer gewerblichen Dienst- oder Werkleistung entgegen § 4 Abs. 3 S. 2 AufenthG; Ausübung einer selbstständigen Erwerbstätigkeit entgegen § 4 Abs. 3 S. 1 AufenthG). Eine Zusammenarbeit mit den in § 2 Abs. 2 des Schwarzarbeitsbekämpfungsgesetzes genannten Behörden sieht § 71a Abs. 1 S. 2 AufenthG vor. § 75 AufenthG definiert schließlich die dem BAMF nach dem Aufenthaltsgesetz obliegenden Aufgaben. Dies gilt unbeschadet der Aufgaben, die dem Bundesamt durch das Asylgesetz zugewiesen werden.

## II. Beteiligungserfordernisse (§§ 72 bis 74 AufenthG)

1372      Eine Betretenserlaubnis nach § 11 Abs. 8 AufenthG (→ Rn. 177 ff.) darf nur mit Zustimmung der für den vorgesehenen Aufenthaltsort zuständigen Behörde erteilt werden (§ 71 Abs. 1 S. 1 AufenthG). Die Behörde, die den Ausländer ausgewiesen, abgeschoben oder zurückgeschoben hat, ist gem. § 72 Abs. 1 S. 2 AufenthG idR zu beteiligen.

1373      Eine Entscheidung der Ausländerbehörde über das Vorliegen eines zielstaatsbezogenen Abschiebungsverbots nach § 60 Abs. 5 oder Abs. 7 AufenthG oder das Vorliegen eines

---

[2095] Vgl. nur BVerwG NVwZ 2013, 277 Rn. 15; NVwZ 2012, 1486 Rn. 15; 2011, 1466.

Ausschlustatbestandes nach § 25 Abs. 3 S. 2 Nr. 1 bis 4 AufenthG setzt voraus, dass zuvor das BAMF als sachkundige Stelle beteiligt worden ist (§ 72 Abs. 2 AufenthG).

Eine Änderung oder Aufhebung räumlicher Beschränkungen des Aufenthalts, von **1374** Auflagen und Bedingungen, Befristungen nach § 11 Abs. 2 S. 1 AufenthG, Anordnungen nach § 47 AufenthG und sonstiger Maßnahmen, die ggü. einem Ausländer, der nicht im Besitz eines erforderlichen Aufenthaltstitels ist, verfügt worden sind, darf von einer **anderen** Behörde nur im Einvernehmen mit der Behörde, die die jeweilige Maßnahme angeordnet hat, durchgeführt werden (§ 72 Abs. 3 S. 1 AufenthG). Dies gilt nicht, wenn der Aufenthalt des Ausländers nach den Vorschriften des Asylgesetzes auf den Bezirk der anderen Behörde beschränkt ist (§ 72 Abs. 3 S. 2 AufenthG).

§ 72 Abs. 4 S. 1 AufenthG sieht eine zwingende Beteiligung der zuständigen Staats- **1375** anwaltschaft vor, wenn gegen einen Ausländer ein strafrechtliches Ermittlungsverfahren geführt wird oder öffentliche Klage erhoben worden ist. In einem solchen Fall darf ein Ausländer nur im Einvernehmen mit der Strafverfolgungsbehörde ausgewiesen und abgeschoben werden[2096]. Diese Regelung begründet jedoch kein subjektives Recht der betroffenen Person. Somit ist diese auch bei fehlendem Einvernehmen der Staatsanwaltschaft grundsätzlich dazu verpflichtet, die durch eine Abschiebung angefallenen Kosten zu tragen[2097]. Die Ausweisung oder Abschiebung eines Ausländers, der eine zu schützende Person iSd Zeugenschutz-Harmonisierungsgesetzes ist, setzt das Einvernehmen der Zeugenschutzdienststelle voraus (§ 72 Abs. 4 S. 2 AufenthG).

Nach § 72 Abs. 6 S. 1 AufenthG ist vor einer Entscheidung über die Erteilung, die **1376** Verlängerung oder den Widerruf eines Aufenthaltstitels nach § 25 Abs. 4a oder 4b AufenthG für das Opfer einer Straftat und die Festlegung, Aufhebung oder Verkürzung einer Ausreisefrist nach § 59 Abs. 7 AufenthG (Bedenkfrist für Entscheidung des Opfers über seine Aussagebereitschaft) die für das in § 25 Abs. 4a oder 4b AufenthG in Bezug genommene Strafverfahren zuständige Staatsanwaltschaft oder das mit ihm befasste Strafgericht zu beteiligen. Dies gilt jedoch nicht, sofern ein Fall des § 87 Abs. 5 Nr. 1 AufenthG vorliegt, dh ein Widerruf des erteilten Aufenthaltstitels oder eine Verkürzung oder Aufhebung der Ausreisefrist nach § 59 Abs. 7 AufenthG in Betracht kommt. Sofern der Ausländerbehörde in den Fällen der §§ 25 Abs. 4a, 4b oder 59 Abs. 7 AufenthG die zuständige Staatsanwaltschaft noch nicht bekannt ist, beteiligt sie vor einer Entscheidung über die Festlegung, Aufhebung oder Verkürzung einer Ausreisefrist nach § 59 Abs. 7 AufenthG die für den Aufenthaltsort zuständige Polizeibehörde (§ 72 Abs. 6 S. 2 AufenthG).

§ 73 AufenthG regelt sonstige Beteiligungserfordernisse im Visumverfahren und bei **1377** der Erteilung von Aufenthaltstiteln. Im Einzelnen ist dort eine Beteiligung von Nachrichtendiensten und sonstigen Sicherheitsbehörden vorgesehen. Dies erfolgt im Rahmen der Prüfung, ob Versagungsgründe iSd § 5 Abs. 4 AufenthG vorliegen (→ Rn. ff.) oder ob gegen die Erteilung eines Aufenthaltstitels, einer Duldung oder einer Aufenthaltsgestattung nach § 55 AsylG Sicherheitsbedenken bestehen. Sofern die in der Vorschrift genannten Sicherheitsbehörden während des Gültigkeitszeitraums eines Aufenthaltstitels Kenntnis vom Vorliegen entsprechender Versagungsgründe oder von aufgetretenen Sicherheitsbedenken erlangen, teilen sie dies der zuständigen Ausländerbehörde oder der Auslandsvertretung mit (§ 73 Abs. 3 AufenthG)[2098].

§ 74 Abs. 1 AufenthG sieht „zur Wahrung politischer Interessen des Bundes" unter **1378** dort näher bestimmten Voraussetzungen eine Beteiligung des Bundes vor. Nach Maßgabe

---

[2096] Ausnahme: geringes Strafverfolgungsinteresse (§ 72 Abs. 4 S. 3 bis 5 AufenthG).

[2097] BVerwG NVwZ 2017, 1064. Zur Relevanz des Einvernehmens der Staatsanwaltschaft im Abschiebungshaftverfahren vgl. aber → Rn. 1300.

[2098] Zur Unterrichtung über die Erteilung von Visa vgl. § 73a AufenthG; zur Überprüfung der Zuverlässigkeit von im Visumverfahren tätigen Personen und Organisationen vgl. § 73b AufenthG.

des § 74 Abs. 2 AufenthG kann die Bundesregierung Einzelweisungen zur Ausführung des Aufenthaltsgesetzes und der auf Grund dieses Gesetzes erlassenen Rechtsverordnungen erteilen.

## III. Verfahrenssprache Deutsch und fremdsprachige Dokumente

1379    Im ausländerrechtlichen Verfahren ist – wie sonst auch – die Amts- bzw. Gerichtssprache Deutsch (§ 23 Abs. 1 VwVfG; § 184 GVG). Dies erlangt besondere Bedeutung, wenn zur Begründung eines Antrags, einen Aufenthaltstitel nach § 4 Abs. 1 AufenthG zu erteilen oder zu verlängern, fremdsprachige Dokumente mit eingereicht werden sollen. Liegt eine – zwingend erforderliche – Übersetzung noch nicht vor, ist zumindest der wesentliche Inhalt der Unterlagen mitzuteilen. Eine Übersetzung ist unverzüglich nachzureichen (§ 23 Abs. 1 S. 1 VwVfG)[2099].

1380    Eine wesentliche Änderung, die auf die RL 2005/85/EG des Rates vom 1.12.2005 über Mindestnormen für Verfahren in den Mitgliedstaaten zur Zuerkennung und Aberkennung der Flüchtlingseigenschaft („Verfahrensrichtlinie")[2100] zurück zu führen ist, enthält § 31 Abs. 1 S. 4 AsylG: Danach ist dem um asyl- bzw. flüchtlingsrechtlichen Schutz nachsuchenden Ausländer für den Fall, dass kein Verfahrensbevollmächtigter bestellt worden ist, eine Übersetzung der Entscheidungsformel und der Rechtsbehelfsbelehrung in einer Sprache beizufügen, „deren Kenntnis vernünftigerweise vorausgesetzt werden kann". Sofern die Asylberechtigung oder internationaler Schutz iSd § 1 Abs. 1 Nr. 2 AsylG (= Flüchtlingsschutz oder subsidiärer Schutz) zugesprochen wurde oder die Voraussetzungen für ein Abschiebungsverbot nach § 60 Abs. 5 oder 7 AufenthG als gegeben festgestellt wurden, sind zudem die betroffenen Personen zusätzlich über die Rechte und Pflichten zu unterrichten, die sich aus dem entsprechenden Status ergeben (§ 31 Abs. 1 S. 4 Halbs. 2 AsylG). Kommt das Bundesamt dieser Verpflichtung zur Information nicht nach, darf sich dies in einem nachfolgenden aufenthaltsrechtlichen Verfahren nicht zum Nachteil des Ausländers auswirken. Darüber hinaus steht ihm ggf. ein Amtshaftungsanspruch wegen pflichtwidrigen Verhalten des Amtes zu.

## IV. Ausländerrechtliche Handlungsfähigkeit (§ 80 AufenthG)

1381    § 80 AufenthG regelt die Handlungsfähigkeit im ausländerrechtlichen Verfahren. Nach Abs. 1 dieser Vorschrift ist ein Ausländer, der volljährig ist[2101], fähig, Verfahrenshandlungen nach dem Aufenthaltsgesetz vorzunehmen, sofern er nicht nach Maßgabe des BGB geschäftsunfähig oder im Falle seiner Volljährigkeit in dieser Angelegenheit zu betreuen und einem Einwilligungsvorbehalt zu unterstellen wäre. In ausländerrechtlichen Angelegenheiten sind die BGB-Vorschriften dafür maßgebend, ob ein Ausländer als minderjährig oder volljährig anzusehen ist (§ 80 Abs. 3 S. 1 AufenthG). Die Geschäfts- und sonstige rechtliche Handlungsfähigkeit eines nach dem Recht seines Heimatstaates volljährigen Ausländers bleibt davon unberührt (§ 80 Abs. 3 S. 2 AufenthG). Ist ungeklärt, ob ein ausländischer Staatsangehöriger bereits volljährig ist, ist im Zweifel von

---

[2099] Zur Fristwahrung durch das Einreichen einer fremdsprachigen Anzeige, eines Antrags oder einer Willenerklärung, vgl. § 23 Abs. 4 VwVfG. Vgl. auch die besonderen Mitwirkungspflichten nach § 82 AufenthG (→ Rn. 1387 ff.).

[2100] ABl. Nr. L 326 S. 13. Die Richtlinie ist abgelöst worden durch die RL 2013/32/EU vom 26.6.2013, ABl. Nr. L 180 S. 60.

[2101] Nach der bis zum 31.10.2015 geltenden Rechtslage trat die ausländerrechtliche Handlungsfähigkeit bereits mit Vollendung des 16. Lebensjahres ein. Entsprechendes galt nach § 12 AsyVflG aF für die asylverfahrensrechtliche Handlungsfähigkeit bis zum 23.10.2015.

einer fehlenden Handlungsfähigkeit auszugehen[2102]. Ggf. ist im Falle fehlender Handlungsfähigkeit beim zuständigen Vormundschaftsgericht zu beantragen, eine Ergänzungspflegschaft iSd § 1909 BGB einzurichten.

Die gesetzlichen Vertreter eines Ausländers, der minderjährig ist, und sonstige Personen, die an Stelle der gesetzlichen Vertreter den Ausländer im Ausland betreuen, sind verpflichtet, für den Ausländer die erforderlichen Anträge auf Erteilung und Verlängerung des Aufenthaltstitels und auf Erteilung und Verlängerung des Passes, des Pass- oder Ausweisersatzes zu stellen (§ 80 Abs. 4 AufenthG). Eine dem § 12 Abs. 3 AsylG vergleichbare Regelung, wonach im Asylverfahren jeder Elternteil **alleine** zur Vertretung eines minderjährigen Kindes befugt ist, wenn sich der andere Elternteil nicht im Bundesgebiet aufhält oder sein Aufenthaltsort im Bundesgebiet unbekannt ist, enthält das Aufenthaltsgesetz für das ausländerrechtliche Verfahren[2103] nicht. Zu beachten ist in diesem Zusammenhang aber die Regelung des § 7 Abs. 3 VwZG, wonach bei mehreren Vertretern die Zustellung an einen von ihnen genügt, um eine wirksame Bekanntgabe eines Verwaltungsakts oder eines sonstigen Schriftstücks vorzunehmen. **1382**

§ 80 Abs. 2 S. 1 AufenthG bestimmt schließlich, dass die mangelnde Handlungsfähigkeit eines Minderjährigen seiner Zurückweisung an der Grenze gem. § 15 AufenthG bzw. seiner Zurückschiebung nach. § 57 AufenthG nicht entgegensteht. Entsprechendes gilt gem. § 80 Abs. 2 S. 2 AufenthG für die Androhung und Durchführung einer Abschiebung eines minderjährigen handlungsunfähigen Ausländers in dessen Herkunftsstaat, wenn sich sein gesetzlicher Vertreter nicht im Bundesgebiet aufhält oder dessen Aufenthaltsort im Bundesgebiet unbekannt ist. **1383**

## V. Grundsätzliches Antragserfordernis im Verfahren auf Erteilung und Verlängerung eines Aufenthaltstitels (§ 81 Abs. 1 AufenthG)

Einem Ausländer wird ein Aufenthaltstitel nur auf seinen Antrag erteilt oder verlängert, soweit nichts Anderes bestimmt ist (§ 81 Abs. 1 AufenthG)[2104]. Gem. § 81 Abs. 2 S. 1 AufenthG ist ein Aufenthaltstitel, der nach Maßgabe der Aufenthaltsverordnung, **nach der Einreise** eingeholt werden kann, unverzüglich nach dem Betreten des Bundesgebiets oder innerhalb der in der Verordnung genannten Frist zu beantragen. Nach Abs. 2 S. 2 ist der Antrag für ein im Bundesgebiet geborenes Kind, dem nicht von Amts wegen ein Aufenthaltstitel nach § 33 AufenthG zu erteilen ist (→ Rn. 866 ff.), innerhalb von sechs Monaten nach der Geburt zu stellen. **1384**

## VI. Eintritt der Fiktionswirkung (§ 81 Abs. 2 bis 5 AufenthG)

Stellt ein Ausländer, der sich rechtmäßig im Bundesgebiet aufhält, ohne einen Aufenthaltstitel zu besitzen, einen Antrag, ihm einen Aufenthaltstitel zu **erteilen**, gilt der Aufenthalt bis zur Entscheidung über den Antrag als erlaubt, wenn dieser **rechtzeitig** gestellt wird (§ 81 Abs. 3 S. 4 AufenthG). Bei verspäteter Antragstellung gilt kraft Gesetzes eine Abschiebung vom Zeitpunkt der Beantragung des Titels bis zur Entscheidung der Ausländerbehörde als ausgesetzt (§ 81 Abs. 3 S. 2 AufenthG). **1385**

---

[2102] VG Leipzig NVwZ-RR 1995, 422 (zu § 12 AsylVfG aF).

[2103] Zur Abgrenzung des ausländer- von asylrechtlichen Verfahren und der davon abhängenden Bestimmung des einschlägigen Verfahrensrechts vgl. *Huber/von Harbou*, in: Anwaltshandbuch Öffentliches Recht, § 25 Rn. 1 ff.

[2104] Dies gilt auch für die nach § 4 Abs. 5 AufenthG einem nach dem Assoziationsrecht EWG-Türkei privilegierten türkischen Staatsangehörigen. – Zum Schriftformerfordernis im ausländerrechtlichen Verfahren vgl. § 71 Abs. 1 AufenthG.

**1386**       Beantragt ein Ausländer **vor** Ablauf seines Aufenthaltstitels dessen Verlängerung oder
die Erteilung eines anderen Aufenthaltstitels, gilt der bisherige Aufenthaltstitel bis zur
Entscheidung der Ausländerbehörde als fortbestehend (§ 81 Abs. 4 S. 1 AufenthG)[2105].
Dies gilt jedoch nicht für ein Schengen-Visum nach § 6 Abs. 1 AufenthG (§ 84 Abs. 4
S. 2 AufenthG). Wurde der Antrag, einen Aufenthaltstitel zu erteilen oder zu verlängern,
verspätet gestellt, kann die Ausländerbehörde die Fortgeltungswirkung anordnen, um
eine unbillige Härte zu vermeiden (§ 81 Abs. 4 S. 3 AufenthG). Gem. § 81 Abs. 5 Auf-
enthG ist dem Ausländer eine Bescheinigung über die Wirkung seiner Antragstellung
(**Fiktionsbescheinigung**) auszustellen[2106]. Diese dokumentiert nur den bestehenden
Rechtszustand (deklaratorische Wirkung)[2107]. Einem Ausländer, dessen Antrag, ihm eine
Aufenthaltserlaubnis zu erteilen oder zu verlängern, die Fiktionswirkung ausgelöst hat,
steht nach Ablehnung des Antrags kein Anspruch darauf zu, eine Fiktionsbescheinigung
ausgestellt zu bekommen, wenn Widerspruch und Klage gegen den Ablehnungsbescheid
aufschiebende Wirkung haben, weil die Behörde die Vollziehung des Ablehnungs-
bescheids ausgesetzt hat oder weil die aufschiebende Wirkung von Widerspruch und/oder
Klage angeordnet worden ist[2108]. Besteht Streit darüber, ob ein entsprechender Antrag die
Fiktionswirkung ausgelöst hat, ist je nach Sachverhaltskonstellation gerichtlicher **einstweiliger Rechtsschutz** nach § 80 Abs. 5 VwGO oder, wenn der Antrag keine Fiktionswirkung ausgelöst hat, nach § 123 VwGO zu beantragen (→ Rn. 1398 ff.).

## VII. Besondere Mitwirkungspflichten und Präklusionsregelungen (§ 82 AufenthG)

**1387**       Gem. § 82 Abs. 1 S. 1 AufenthG obliegt es einem Ausländer, seine Belange und für ihn
günstige Umstände, soweit sie nicht offenkundig oder bekannt sind, unter Angabe nach-
prüfbarer Umstände unverzüglich geltend zu machen und die erforderlichen Nachweise
über seine persönlichen Verhältnisse, sonstige erforderliche Bescheinigungen und Erlaubnisse sowie sonstige erforderliche Nachweise, die er erbringen kann, unverzüglich beizubringen[2109]. Die Ausländerbehörde kann ihm dafür eine angemessene Frist setzen (§ 82
Abs. 1 S. 2 AufenthG). Sie setzt ihm eine solche Frist, wenn sie die Bearbeitung eines
Antrages auf Erteilung eines Aufenthaltstitels wegen fehlender oder unvollständiger Angaben aussetzt, und benennt dabei die nachzuholenden Angaben (§ 82 Abs. 1 S. 3 AufenthG). Nach Ablauf der Frist geltend gemachte Umstände und beigebrachte Nachweise
können unberücksichtigt bleiben (§ 82 Abs. 1 S. 4 AufenthG). Die Regelungen des § 82
Abs. 1 AufenthG finden im Widerspruchsverfahren, sofern ein solches nicht bundes- oder
landesgesetzlich ausgeschlossen ist, entsprechende Anwendung (§ 82 Abs. 2 AufenthG).
**1388**       Die Ausländerbehörde soll den Ausländer auf die sich aus § 82 Abs. 1 AufenthG
ergebenden und auf andere Obliegenheiten, die in §§ 44a, 48, 49 und 81 AufenthG
benannt sind, sowie auf die Möglichkeit, die Befristung der Sperrwirkung nach § 11
Abs. 1 S. 3 AufenthG[2110] beantragen zu können, hinweisen (§ 82 Abs. 3 S. 1 AufenthG).

---

[2105] Vgl. auch BVerwG NVwZ 2016, 1811 Rn. 17.

[2106] Zu deren Inhalt vgl. § 78a Abs. 5 AufenthG.

[2107] BVerwG NVwZ-RR 2010, 330 Rn. 7.

[2108] OVG Hamburg Beschl. v. 17.1.2017 – 3 Bs 242/16 BeckRS 2017, 101308.

[2109] Zu unterschiedlichen Angaben über eine Ehe im familien- und ausländerrechtlichen Verfahren
vgl. OVG Hamburg NVwZ-RR 2001, 339.

[2110] Die Vorschrift fordert auch noch einen Hinweis auf die Möglichkeit einer Antragstellung nach
§ 11 Abs. 1 S. 3 AufenthG, dh die Wirkungen einer Ausweisung bzw. Ab- oder Zurückschiebung zu
befristen. Eines solchen Antrags bedarf es jedoch nicht mehr, da die Ausländerbehörde verpflichtet
ist, über die Befristung von Amts wegen zu entscheiden (→ Rn. 148). Im Übrigen existiert § 11 Abs. 1
S. 3 AufenthG nicht mehr.

Gem. § 82 Abs. 4 S. 1 AufenthG kann das **persönliche Erscheinen** eines Ausländers bei    1389
der zuständigen Behörde sowie den Vertretungen oder ermächtigten Bediensteten des
Staates, dessen Staatsangehörigkeit er vermutlich besitzt, angeordnet werden, soweit dies
erforderlich ist, um Maßnahmen nach dem Aufenthaltsgesetz und nach ausländerrechtlichen Bestimmungen in anderen Gesetzen vorzubereiten und durchzuführen[2111]. Darüber
hinaus kann auf Grund dieser Vorschrift angeordnet werden, dass eine ärztliche Untersuchung durchgeführt wird, um festzustellen, ob der Ausländer reisefähig ist. Gegebenenfalls können solche Anordnungen zwangsweise durchgesetzt werden, wenn ein Ausländer
diese ohne hinreichenden Grund nicht befolgt (§ 82 Abs. 4 S. 2 und 3 AufenthG).

Gem. § 82 Abs. 5 S. 1 AufenthG hat ein Ausländer, für den nach dem Aufenthalts-    1390
gesetz, dem Asylgesetz oder den zur Durchführung dieser Gesetze erlassenen Bestimmungen ein Dokument nach einheitlichem Vordruckmuster ausgestellt werden soll, auf
Verlangen ein aktuelles Lichtbild nach Maßgabe einer nach § 99 Abs. 1 Nr. 13 und 13a
AufenthG erlassenen Rechtsverordnung, der Aufenthaltsverordnung, vorzulegen, oder
bei der Aufnahme eines solchen Lichtbildes (Nr. 1) sowie bei der Abnahme seiner Fingerabdrücke mitzuwirken (Nr. 2)[2112]. Das Lichtbild und die Fingerabdrücke dürfen in
Dokumente iSd Satzes 1 eingebracht und von den zuständigen Behörden zur Sicherung
und einer späteren Feststellung der Identität verarbeitet und genutzt werden (§ 82 Abs. 5
S. 2 AufenthG).

Besitzer einer Aufenthaltserlaubnis nach § 18 AufenthG (→ Rn. 269 ff.) oder § 18a    1391
AufenthG (→ Rn. 297 ff.) oder einer Blauen Karte EU (→ Rn. 329 ff.) sind verpflichtet,
der zuständigen Ausländerbehörde mitzuteilen, wenn die Beschäftigung, für die der Aufenthaltstitel erteilt wurde, vorzeitig beendet wird (§ 82 Abs. 6 S. 1 AufenthG). Auf diese
Verpflichtung sind sie hinzuweisen (§ 83 Abs. 6 S. 3 AufenthG). Eine entsprechende
Mitteilung ist hingegen nicht erforderlich, wenn der Ausländer eine Beschäftigung aufnehmen darf, ohne einer Erlaubnis zu bedürfen, die nur mit einer Zustimmung der
Bundesagentur für Arbeit nach § 39 Abs. 2 AufenthG (→ Rn. 277 ff.) erteilt werden kann
(§ 82 Abs. 6 S. 2 AufenthG).

## VIII. Beschränkung der Anfechtbarkeit (§ 83 Abs. 1 AufenthG)

Die Versagung eines nationalen Visums iSd § 6 Abs. 4 AufenthG (→ Rn. 108 ff.) und    1392
eines Passersatzes an der Grenze sind unanfechtbar (§ 83 Abs. 1 S. 1 AufenthG). Der
betroffene Ausländer wird bei der Versagung eines Visums und eines Passersatzes an der
Grenze auf die Möglichkeit einer Antragstellung bei der zuständigen Auslandsvertretung
hingewiesen (§ 82 Abs. 1 S. 2 AufenthG). Der gesetzliche Ausschluss des Rechtsweges ist
mit Art. 19 Abs. 4 S. 1 GG nicht zu vereinbaren[2113]. Für Klagen gegen die Versagung
eines Visums durch eine deutsche Auslandsvertretung ist das VG Berlin sachlich und
örtlich zuständig (§§ 45, 52 Nr. 2 S. 5 VwGO).

## IX. Partieller Ausschluss des Widerspruchsverfahrens (§ 83 Abs. 2 und 3 AufenthG)

§ 83 Abs. 2 AufenthG schließt den Widerspruch aus, wenn eine beantragte Aussetzung    1393
der Abschiebung, dh eine Duldung nach § 60a AufenthG (→ Rn. 1191 ff.), versagt wor-

---

[2111] Vgl. nur BVerwG NVwZ-RR 2014, 781 Rn. 23 f.

[2112] Zur (asylverfahrensrechtlichen) Pflicht, sich Fingerabdrücke abnehmen zu lassen, vgl. nur
BVerwG NVwZ 2014, 158.

[2113] Vgl. nur *Westphal/Stoppa*, Ausländerrecht für die Polizei, S. 503 f. mwN.

den ist. Darüber hinaus findet nach § 83 Abs. 3 AufenthG gegen die Anordnung und Befristung eines Einreise- und Aufenthaltsverbots durch das Bundesamt für Migration und Flüchtlinge nach § 11 Abs. 7 AufenthG (→ Rn. 175 f.) kein Widerspruch statt.

## X. Wirkungen von Widerspruch und Klage (§ 84 AufenthG)

1394    Widerspruch und Klage haben nach § 84 Abs. 1 S. 1 AufenthG in folgenden Fallkonstellationen keine aufschiebende Wirkung:

- Ablehnung eines Antrages auf Erteilung oder Verlängerung eines Aufenthaltstitels (Nr. 1).
- Überprüfung, Feststellung und Sicherung der Identität nach § 49 AufenthG (Nr. 1a).
- Der Rechtsbehelf ist gegen eine die räumliche Beschränkung des Aufenthalts verfügende Auflage nach § 61 Abs. 1e AufenthG gerichtet ist (Nr. 2).
- Mit dem Rechtsbehelf wird die Änderung oder Aufhebung einer Nebenbestimmung, die die Ausübung einer Beschäftigung betrifft, angegriffen (Nr. 3).
- Widerruf eines Aufenthaltstitels nach § 52 Abs. 2 S. 1 Nr. 4 AufenthG, weil die Anerkennung als Asylberechtigter (§ 2 AsylG) oder die Zuerkennung der Flüchtlingseigenschaft (§ 3 AsylG) erloschen oder unwirksam ist, sofern ein Fall des § 75 S. 2 AsylG gegeben ist, dh die Statusentscheidung wegen Vorliegens der Voraussetzungen des § 60 Abs. 8 S. 1 AufenthG (von dem Ausländer ausgehende schwerwiegende Gefährdung → Rn. 1841 ff.) oder des § 3 Abs. 2 AsylG (Ausschluss von der Flüchtlingseigenschaft → Rn. 1815), widerrufen oder zurückgenommen worden ist (Nr. 4).
- Widerruf oder Rücknahme der Anerkennung von Forschungseinrichtungen für den Abschluss von Aufnahmevereinbarungen nach § 20 AufenthG (Nr. 5).
- Erlass einer Ausreiseuntersagung nach § 46 Abs. 2 S. 1 AufenthG (Nr. 6).
- Befristung eines Einreise- und Aufenthaltsverbots nach § 11 AufenthG (Nr. 7).
- Anordnung eines Einreise- und Aufenthaltsverbots nach § 11 Abs. 6 AufenthG (Nr. 8).

1395    Darüber hinaus hat die Klage gegen eine vom Bundesamt für Migration und Flüchtlinge erlassene Anordnung eines Einreise- und Aufenthaltsverbots nach § 11 Abs. 7 AufenthG (→ Rn. 175 f.) keine aufschiebende Wirkung (§ 84 Abs. 1 S. 2 AufenthG).

1396    Sofern Widerspruch und Klage aufschiebende Wirkung zukommt, lassen diese die Wirksamkeit einer Ausweisung oder eines sonstigen Verwaltungsakts, der die Rechtmäßigkeit des Aufenthalts eines Ausländers beendet, unberührt (§ 84 Abs. 2 S. 1 AufenthG). Für Zwecke der Aufnahme oder Ausübung einer Erwerbstätigkeit gilt der Aufenthaltstitel als fortbestehend, **solange** die Frist zur Erhebung des Widerspruchs oder der Klage noch nicht abgelaufen ist, **während** eines gerichtlichen Verfahrens nach § 80 Abs. 5 VwGO oder **solange** der eingelegte Rechtsbehelf aufschiebende Wirkung hat (§ 84 Abs. 2 S. 2 AufenthG). Nach Satz 3 tritt eine Unterbrechung der Rechtmäßigkeit des Aufenthalts nicht ein, wenn der angegriffene Verwaltungsakt durch eine behördliche oder unanfechtbare gerichtliche Entscheidung aufgehoben wird.

## XI. Klageart und einstweiliger Rechtsschutz

1397    Die zulässige Klageart bestimmt sich nach dem Streitgegenstand, der dem Rechtsbehelf zu Grunde liegt.

## 1. Ablehnung eines Aufenthaltstitels

Statthafte Klageart gegen die Versagung eines beantragten Aufenthaltstitels ist die Ver- **1398**
pflichtungsklage. Da der Widerspruch, soweit landesrechtlich nicht ausgeschlossen, und
die Klage gegen die Ablehnung eines Antrages, einen Aufenthaltstitel zu erteilen oder zu
verlängern, **keine aufschiebende Wirkung** haben (§ 84 Abs. 1 Nr. 1 AufenthG), ist je
nach Fallkonstellation um einstweiligen Rechtsschutz entweder im Wege eines Antrags
auf Anordnung der aufschiebenden Wirkung von Widerspruch oder Klage gem. § 80
Abs. 5 VwGO oder durch einen Antrag auf Erlass einer einstweiligen Anordnung nach
§ 123 VwGO nachzusuchen. Es ist ein **Anordnungsantrag gem. § 80 Abs. 5 VwGO** zu
stellen. Dieser ist jedoch nur dann statthaft, wenn durch die Versagung eines Aufenthaltstitels das nach Maßgabe des § 82 Abs. 3 oder 4 AufenthG mit Antragstellung bei der
Ausländerbehörde kraft Gesetzes gewährte Recht eines fiktiv erlaubten oder geduldeten
Aufenthalts entzogen wird. Ist jedoch die Ausreisepflicht unabhängig von einer Ablehnung eines Antrags auf Erteilung oder Verlängerung eines Aufenthaltstitels vollziehbar,
weil der Antrag keine Fiktionswirkung ausgelöst hat, kann der ablehnende Verwaltungsakt, der allein Anknüpfungspunkt des vorläufigen Rechtsschutzes nach § 80 Abs. 5
VwGO sein kann, die Rechtsposition des betroffenen Ausländers insoweit nicht negativ
berühren. Deshalb kommt in diesen Fällen nur ein – bei Zweifeln über das Bestehen einer
Fiktionswirkung gegebenenfalls hilfsweise zu stellender – Eilantrag nach § 123 VwGO in
Betracht.

## 2. Nachträgliche Befristung der Geltungsdauer einer Aufenthaltserlaubnis

Widerspruch und/oder Klage gegen die nachträgliche Verkürzung der Geltungsdauer **1399**
einer Aufenthaltserlaubnis (→ Rn. 122) haben gem. § 80 Abs. 1 VwGO aufschiebende
Wirkung. Um den Aufenthalt vor Bestandskraft der Verfügung beenden zu können, ist
daher nach Maßgabe des § 80 Abs. 2 S. 1 Nr. 4 VwGO die sofortige Vollziehung der
Maßnahme anzuordnen. In diesem Zusammenhang begründet eine auf Grund summari-
scher Prüfung gewonnene gerichtliche Erkenntnis, dass die nachträgliche Fristverkürzung
offensichtlich rechtmäßig ist, für sich kein besonderes Vollzugsinteresse. Vielmehr ist die
Behörde darlegungspflichtig, dass im konkreten Einzelfall und nach aktueller Sachlage ein
dringender unverzüglicher Handlungsbedarf besteht[2114].

## 3. Ausweisung

Widerspruch, sofern landesrechtlich nicht ausgeschlossen, und Klage gegen eine Aus- **1400**
weisung nach den §§ 53 ff. AufenthG (→ Rn. 1079 ff.) haben gem. § 80 Abs. 1 VwGO
aufschiebende Wirkung. Selbst wenn die sofortige Vollziehung einer Ausweisungsverfügung nicht gem. § 80 Abs. 2 S. 1 Nr. 4 VwGO angeordnet worden ist, löst eine solche
noch nicht bestandskräftige Maßnahme weitreichende rechtliche Folgen aus. Nach § 84
Abs. 2 S. 1 AufenthG bleibt nämlich deren **sofortige Wirksamkeit** von der aufschiebenden Wirkung unberührt. So steht sie zB der Erteilung oder Verlängerung eines Aufenthaltstitels entgegen (§ 11 Abs. 1 AufenthG). Sie führt gem. § 51 Abs. 1 Nr. 5 AufenthG
auch zum Erlöschen eines bestehenden Aufenthaltsrechts. Eine Unterbrechung der
Rechtmäßigkeit des Aufenthalts tritt jedoch nicht ein, wenn die Ausweisung durch eine
behördliche oder unanfechtbare gerichtliche Entscheidung aufgehoben wird (§ 84 Abs. 2
S. 3 AufenthG).

---

[2114] Vgl. nur OVG Lüneburg InfAuslR 2014, 225 = BeckRS 2014, 49116 mwN.

**1401**    Entsprechendes gilt für sonstige Verwaltungsakte, die die Rechtmäßigkeit des Aufenthalts beenden (zB Widerruf eines Aufenthaltstitels nach § 52 AufenthG oder dessen Rücknahme nach § 48 VwVfG).

**1402**    Eine **Klagebefugnis** gegen eine ein Aufenthaltsrecht oder eine Duldung verweigernde ausländerbehördliche Verfügung oder auch gegen eine sonstige aufenthaltsbeendende Maßnahme wie zB Ausweisung oder Abschiebung steht nicht nur dem betroffenen Ausländer selbst zu, sondern auch dessen Ehegatte oder sonstigen Angehörigen, mit denen er in familiärer oder partnerschaftlicher Lebensgemeinschaft lebt[2115]. Dies gilt selbst dann, wenn der eigentliche Adressat der Verfügung diese hat bestandskräftig werden lassen[2116]. Der Ehegatte eines Ausländers oder auch sein Kind sind gleichwohl in einem aufenthaltsrechtlichen Verfahren **nicht notwendig** nach § 65 Abs. 2 VwGO beizuladen[2117].

## 4. Abschiebung

**1403**    Abschiebung ist die zwangsweise Durchsetzung einer einem Ausländer obliegenden Ausreisepflicht. Da es sich hierbei um eine Maßnahme der Verwaltungsvollstreckung iSd § 80 Abs. 2 S. 2 VwGO handelt, lösen Widerspruch und Anfechtungsklage den Suspensiveffekt des § 80 Abs. 1 VwGO nicht aus. Einstweiliger Rechtsschutz ist somit im Wege eines Anordnungsantrags nach § 80 Abs. 5 VwGO zu begehren.

## 5. Maßgeblicher Zeitpunkt für die gerichtliche Überprüfung einer ausländerrechtlichen Maßnahme

**1404**    Beantragt ein Ausländer bei einer deutschen Auslandsvertretung oder einer Ausländerbehörde erfolglos einen Aufenthaltstitel und erhebt er daraufhin eine Verpflichtungsklage, ist maßgeblich auf den Zeitpunkt der letzten mündlichen Verhandlung oder den der Entscheidung im schriftlichen Verfahren durch das Verwaltungsgericht oder des Oberverwaltungsgerichts abzustellen. Dies gilt auch für Ermessensentscheidungen Maßgeblicher Zeitpunkt für die **Verlängerung** eines Aufenthaltstitels ist jedoch grundsätzlich der letzte Tag der Geltungsdauer des bisherigen Aufenthaltstitels, sofern der Verlängerungsantrag rechtzeitig gestellt worden ist[2118]. Auf das Antragsdatum ist ferner abzustellen, wenn bestimmte tatbestandliche Voraussetzungen erfüllt sein müssen, wie zB ein bestimmtes Alter[2119] oder das Merkmal der Minderjährigkeit etwa iSd §§ 32 Abs. 1, 35 Abs. 1, 36 Abs. 1[2120] oder 37 Abs. 1 AufenthG[2121]. Wendet sich hingegen ein Ausländer gegen einen in sein Aufenthaltsrecht eingreifenden Verwaltungsakt (zB Ausweisung, Widerruf, Rücknahme oder nachträgliche Befristung eines Aufenthaltstitels), war bisher auf den Zeitpunkt der letzten Behördenentscheidung abzustellen. Eine dem § 77 Abs. 1 S. 1 AsylG vergleichbare Regelung, dass stets auf den Zeitpunkt der letzten mündlichen Verhandlung oder Entscheidung abzustellen ist, enthält das Aufenthaltsgesetz nicht. Jedoch hat das Bundesverwaltungsgericht mit Urteil vom 15.11.2007[2122] zur Beurteilung

---

[2115] Vgl. nur BVerwGE 102, 12 = NVwZ 1997, 1116; VGH Mannheim InfAuslR 2015, 433 = NVwZ-RR 2016, 78 Ls. = BeckRS 2015, 52985.

[2116] BVerwGE 102, 12 = NVwZ 1997, 1116.

[2117] BVerwGE 55, 8 = NJW 1978, 1762; BVerwGE 102, 12 = NVwZ 1997, 1116.

[2118] VGH Kassel InfAuslR 1995, 228.

[2119] So etwa die Altersgrenze beim Kindernachzug; vgl. dazu BVerwG NVwZ-RR 1998, 517 = NVwZ 1998, 974 Ls.; NVwZ 2009, 248 Rn. 17.

[2120] BVerwG NVwZ 2013, 1344 Rn. 20; Urt. v. 13.6.2013 – 10 C 24/12 BeckRS 2013, 52988 Rn. 12; OVG Berlin-Brandenburg NVwZ-RR 2017, 259 Rn. 4.

[2121] Vgl. dazu zB BVerwG NVwZ-RR 1998, 677.

[2122] NVwZ 2008, 434.

der Rechtmäßigkeit einer Ausweisungsverfügung nach den §§ 53 ff. AufenthG aF entschieden, dass maßgeblich auf den Zeitpunkt der mündlichen Verhandlung bzw. Entscheidung in der letzten gerichtlichen Tatsacheninstanz abzustellen ist (→ Rn. 1085). Dies gilt inzwischen auch für sonstige aufenthaltsbeendende Maßnahmen[2123]. Bei der nachträglichen Verkürzung der Geltungsdauer einer Aufenthaltsdauer nach § 7 Abs. 2 S. 2 AufenthG auf den Zeitpunkt der Zustellung des Befristungsbescheids ist dieser maßgeblich, wenn er vor dem Zeitpunkt der letzten mündlichen Verhandlung vor dem Tatsachengericht liegt[2124] Sofern eine gegenüber einem Ausländer erlassene Ausweisung oder sonstige aufenthaltsbeendende Maßnahme am Maßstab des Art. 8 EMRK zu beurteilen ist, kommt es maßgeblich auf den Sach- und Streitstand der Entscheidung in der (letzten) Tatsacheninstanz an (→ Rn. 1085).

## 6. Wechsel der örtlich zuständigen Ausländerbehörde

Verzieht ein Ausländer während eines laufenden Verfahrens aus dem Bezirk der bisher **1405** für ihn zuständigen Ausländerbehörde in den einer anderen Ausländerbehörde, ist die ursprünglich zuständige Behörde nicht mehr passivlegitimiert und auch nicht mehr zur Entscheidung befugt. Ausnahmsweise kann das Verfahren jedoch zwischen den ursprünglich Beteiligten fortgeführt werden, wenn die neu örtlich zuständig gewordene Behörde damit einverstanden ist (§ 3 Abs. 3 VwVfG)[2125].

Im Übrigen kommt ein Wechsel von der ursprünglich gegen die Erstbehörde erhobe- **1406** nen Verpflichtungsklage zu einer Fortsetzungsfeststellungsklage in Betracht mit dem Ziel, die Rechtswidrigkeit der Ablehnung des Antrags auf Erteilung oder Verlängerung eines Aufenthaltstitels bescheinigt zu bekommen. Denkbar ist auch eine isolierte Anfechtungsklage.

## XII. Berechnung von Aufenthaltszeiten (§ 85 AufenthG)

Nach § 85 AufenthG können Unterbrechungen der rechtmäßigkeit des Aufenthalts bis **1407** zu einem Jahr außer Betracht bleiben. Dies betrifft insbesondere Fallkonstellationen, in denen eine bestimmte Anwartschaftszeit für eine aufenthaltsrechtliche Vergünstigung zu erfüllen ist.

# H. Datenschutz

Die mit dem Vollzug des Aufenthaltsgesetzes betrauten Behörden (§ 71 AufenthG) **1408** sind bei der Wahrnehmung ihrer Aufgaben in einem hohen Maße auf die Verarbeitung[2126] personenbezogener Daten (§ 3 Abs. 1 BDSG[2127]) angewiesen. Da die Verarbeitung personenbezogener Daten in das **Grundrecht** der Betroffenen **auf informationelle Selbstbestimmung** (Art. 2 Abs. 1 iVm Art. 1 Abs. 1 GG[2128]) eingreift[2129], darf sie nach dem

---

[2123] Vgl. nur BVerwG NVwZ-RR 2012, 529 Rn. 13; InfAuslR 2013, 1237 = BeckRS 2013, 52673 Rn. 6; jew. mwN; VGH Mannheim NVwZ 2009, 1380.

[2124] BVerwG NVwZ 2013, 1237 Ls. = BeckRS 2013, 52673.

[2125] Vgl. BVerwG NVwZ 1995, 1131; VGH Mannheim ZAR 2007, 329 = BeckRS 2007, 25060.

[2126] Verarbeiten bedeutet nach § 3 Abs. 4 S. 1 BDSG das Speichern, Verändern, Übermitteln, Sperren und Löschen personenbezogener Daten.

[2127] Hiernach sind „personenbezogene Daten Einzelangaben über persönliche oder sächliche Verhältnisse einer bestimmten oder bestimmbaren natürlichen Person (Betroffener)."

[2128] Vgl. BVerfGE 65, 1.

[2129] Vgl. im Einzelnen Wolff/Brink/*Brink*, Verfassungsrecht, Rn. 82 mwN.

Grundsatz vom Vorbehalt des Gesetzes nur auf einer gesetzlichen Grundlage erfolgen. Mit dem Gesetz über das **Ausländerzentralregister (AZRG)** vom 2.9.1994[2130] und der zu diesem Gesetz erlassenen Ausführungsverordnung vom 17.5.1995[2131] hat der Gesetzgeber die Rechtsgrundlagen für den Betrieb einer Datenbank geschaffen, in der gegenwärtig mehr als 26 Millionen personenbezogene Daten[2132] gespeichert sind.[2133] Mit der Einrichtung des AZR verbindet der Gesetzgeber das Ziel, die mit der Durchführung ausländer- oder asylrechtlicher Vorschriften betrauten Behörden, aber auch andere öffentliche Stellen durch die Speicherung und Übermittlung der im Register gespeicherten Daten zu unterstützen (vgl. § 1 Abs. 2 S. 1 AZRG). Das Ausländerzentralregister wird gemäß § 1 Abs. 1 S. 1 AZRG vom BAMF als Registerbehörde geführt. Allerdings verarbeitet und nutzt nach S. 2 das Bundesverwaltungsamt die Daten im Auftrag und nach Weisung des BAMF. Das AZR ist in zwei Datenbestände aufgeteilt: den allgemeinen Datenbestand und die sog. Visadatei (vgl. § 1 Abs. 1 S. 3 AZRG). Im allgemeinen Datenbestand werden personenbezogene Daten von ausländischen Personen gespeichert, die sich nicht nur vorübergehend im Bundesgebiet aufhalten, die einen Asylantrag gestellt haben, bei denen eine Ausweisung oder Abschiebung in Betracht kommt, Bedenken gegen die Einreise bestehen oder die zur Fahndung oder Aufenthaltsermittlung ausgeschrieben sind.

**1409**     Mit dem sog. **Datenaustauschverbesserungsgesetz** vom 2.2.2016[2134] sind die Befugnisse zur Verarbeitung personenbezogener Daten erheblich ausgeweitet worden.[2135] So dürfen nach § 3 AZRG nF nunmehr nicht nur personenbezogene Daten wie Name, Geburtsdatum und Staatsangehörigkeit des Betroffenen gespeichert werden, sondern auch Fingerabdrücke, das Herkunftsland oder die Kontaktdaten der Betroffenen (zB Anschrift, Telefonnummern und E-Mail-Adressen, sowie Angaben zur Verteilung). Noch mehr Daten dürfen von Personen gespeichert werden, die die entweder ein „Asylgesuch geäußert" haben, „unerlaubt eingereist" sind oder „sich unerlaubt im Geltungsbereich des Gesetzes" aufhalten (vgl. § 2 Abs. 1a Nr. 1–3 AZRG). Sämtliche in § 3 AZRG genannten Daten werden nunmehr in einem **„Kerndatensystem"** gespeichert, auf das die am Asyl- und aufenthaltsrechtlichen Verfahren beteiligten Behörden und andere „öffentliche Stellen" bereits bei einem sog. Erstkontakt zugreifen können.

**1410**     Für das Aufenthaltsrecht sind die **§§ 86 bis 91e AufenthG**, §§ 62 bis 76a AufenthV bedeutsame Spezialregelungen, während auf die allgemeinen Vorschriften des **BDSG** bzw. der Landesdatenschutzgesetze im Falle etwaiger Regelungslücken stets zurückgegriffen werden kann.[2136] Zu berücksichtigen ist dabei, dass sich auch im EU-Recht zahlreiche Rechtsgrundlagen für die Verarbeitung personenbezogener Daten finden. Allgemeine Bestimmungen sind zunächst in der **Datenschutzgrund-VO (EU) 679/2016 (DSGVO)**[2137] enthalten, die gemäß ihres Art. 99 am 25.5.2018 in Kraft tritt und das bisherige BDSG in weiten Teilen ablösen wird. Da die DSGVO jedoch eine ganze Reihe sog. „Öffnungsklauseln"[2138] enthält, verbleibt den Mitgliedstaaten ein nicht beträcht-

---

[2130] BGBl. I S. 2265.

[2131] BGBl. I S. 695.

[2132] http://www.bva.bund.de/DE/Organisation/Abteilungen/Abteilung_S/AZR/azr-inhalt.html.

[2133] Das AZR wurde jedoch schon vor Inkrafttreten AZRG für mehr als 40 Jahre vom Bundesverwaltungsamt ohne gesetzliche Grundlage geführt – vgl. *Schriever-Steinberg* NJW 1994, 3276.

[2134] Gesetz zur Verbesserung der Registrierung und des Datenaustauschs zu aufenthalts- und asylrechtlichen Zwecken v. 2.2.2016 (BGBl. I 130 ff.).

[2135] Vgl. dazu *Eichenhofer* NVwZ 2016, 431 (432 f.).

[2136] Vgl. etwa Hofmann/*Hilbrans* AufenthG § 86 Rn. 2.

[2137] Verordnung (EU) 2016/679 des Europäischen Parlaments und des Rates vom 27. April 2016 zum Schutz natürlicher Personen bei der Verarbeitung personenbezogener Daten, zum freien Datenverkehr und zur Aufhebung der Richtlinie 95/46/EG (Datenschutz-Grundverordnung), ABl. L 119/1. Überblick etwa bei *Dammann* ZD 2016, 307.

[2138] Zu ihnen etwa *Benecke/Wagner* DVBl 2016, 600.

licher Ausgestaltungsspielraum, den die Bundesregierung mit einem Entwurf eines Gesetzes zur Anpassung des Datenschutzrechts (Datenschutz-Anpassungs- und Umsetzungsgesetz-EU)[2139] ausfüllen will. Mit diesem Gesetz soll zugleich die zusammen mit der DSGVO beschlossene Richtlinie (EU) 2016/680 zum Schutz natürlicher Personen bei der Verarbeitung personenbezogener Daten durch die zuständigen Behörden zum Zwecke der Verhütung, Ermittlung, Aufdeckung oder Verfolgung von Straftaten oder der Strafverfolgung sowie zum freien Datenverkehr sowie zur Aufhebung des Rahmenbeschlusses 2008/977/JI des Rates (sog. **JI-Richtlinie**)[2140] umgesetzt werden, die seit ihrer Verkündung im Amtsblatt am 4.5.2016[2141] in Kraft ist. Die Vorgaben der DSGVO und der JI-Richtlinie sind bei der Auslegung des AufenthG zwingend zu beachten.

Mit der zunehmenden Europäisierung des Aufenthalts-, Asyl- und Flüchtlingsrechts wurden zudem Rechtsgrundlagen für diejenige Datenverarbeitung erlassen, die mit der Einreise in den und dem Aufenthalt innerhalb des Schengen-Raumes bzw. dem Stellen eines Asylantrages verbunden ist. Hierzu zählen etwa die in Art. 92 ff. SDÜ enthaltenen Regeln über das Schengener Informationssystem, die Verordnung (EG) Nr. 767/2008 über das Visa-Informationssystem, die sog. EURODAC-VO (EU) Nr. 603/2013[2142], welche den Aufbau eine Datenbank zum Abgleich von Fingerabdrücken von Personen regelt, die in der EU um internationalen Schutz nachsuchen. **1411**

## I. Erhebung personenbezogener Daten (§ 86 AufenthG)

Gemäß § 86 S. 1 AufenthG dürfen die mit der Ausführung des Aufenthaltsgesetzes AufenthG betrauten Behörden (§ 71 AufenthG) zum Zweck der Ausführung dieses Gesetzes und anderer aufenthaltsrechtlich relevanter Gesetze, etwa dem Asylgesetz, personenbezogene Daten erheben, soweit dies zur Erfüllung der Aufgaben nach diesem Gesetz und nach ausländerrechtlichen Bestimmungen in anderen Gesetzen **„erforderlich"** ist. Von der „Erforderlichkeit" der Datenverarbeitung ist nur auszugehen, wenn die betroffenen Daten für die Durchführung einer konkreten bevorstehenden aufenthaltsrechtlich Maßnahme (zB der Erteilung oder Verlängerung eines Aufenthaltstitels oder einer Beendigung des Aufenthalts gemäß §§ 50 ff. AufenthG) benötigt werden; bloße Nützlichkeit der Daten genügt nicht, sodass sich auch eine Erhebung auf Vorrat verbietet.[2143] Die Erforderlichkeit gilt für jedes einzelne Datum; nicht erforderliche Daten können vor der Erhebung jedoch geschwärzt werden.[2144] Besonders **sensible Daten** iSd § 3 Abs. 9 BDSG, dh Daten über die rassische und ethnische Herkunft, politische Meinungen, religiöse oder philosophische Überzeugungen, Gewerkschaftszugehörigkeit, Gesundheit oder das Sexualleben des Betroffenen, sowie entsprechender Vorschriften der Datenschutzgesetze der Länder dürfen nur erhoben werden, soweit dies im Einzelfall zur Erfüllung der Aufgaben der zuständigen Behörden „erforderlich" ist (§ 86 S. 2 AufenthG). Diese Regelung ist mit Blick auf Art. 8 Abs. 4 RL 1995/46/EG bzw. Art. 9 Abs. 1 DSGVO durchaus problematisch, da diese Bestimmungen eine Verarbeitung diesbezüglicher Daten grundsätzlich untersagt und auch keine Ausnahmen etwa zugunsten der öffentlichen Ordnung zugelassen sind.[2145] Diesem Umstand ist durch eine europa- **1412**

---

2139 BT-Drs. 18/11325.
2140 Erster Überblick bei *Bäcker/Hornung* ZD 2012, 147.
2141 ABl. L 119/89.
2142 ABl. L 180/1.
2143 Huber/*Weichert/Stoppa* AufenthG § 86 Rn. 11.
2144 Huber/*Weichert/Stoppa* AufenthG § 86 Rn. 12.
2145 Für die Europarechtswidrigkeit deshalb Hofmann/*Hilbrans* AufenthG § 86 Rn. 16.

rechtskonforme Auslegung mit der Maßgabe Rechnung zu tragen, dass eine Erhebung besonders sensibler Daten untersagt ist.[2146]

## II. Übermittlungen an Ausländerbehörden (§§ 87, 88, 88a AufenthG)

**1413**     § 87 AufenthG regelt – in verfassungsrechtlich fragwürdiger Weise[2147] – die Pflicht „öffentlicher Stellen" personenbezogene Daten ausländischer Staatsangehöriger an die Ausländerbehörden (und andere in § 86 S. 1 AufenthG genannte Behörden) zu übermitteln. **„Öffentliche Stellen" des Bundes** sind nach § 2 Abs. 1 S. 1 BDSG die Behörden, die Organe der Rechtspflege und andere öffentlich-rechtlich organisierte Einrichtungen des Bundes, der bundesunmittelbaren Körperschaften, Anstalten und Stiftungen des öffentlichen Rechts sowie deren Vereinigungen ungeachtet ihrer Rechtsform. **„Öffentliche Stellen" der Länder** sind nach § 2 Abs. 2 BDSG die Behörden, die Organe der Rechtspflege und andere öffentlich-rechtlich organisierte Einrichtungen eines Landes, einer Gemeinde, eines Gemeindeverbandes und sonstiger der Aufsicht des Landes unterstehender juristischer Personen des öffentlichen Rechts sowie deren Vereinigungen ungeachtet ihrer Rechtsform. Nach § 87 Abs. 1 AufenthG haben die dort genannten öffentlichen Stellen ihnen bekannt gewordene Umstände den in § 86 S. 1 AufenthG genannten Stellen (Ausländerbehörden, aber auch Grenzbehörden, Polizeibehörden, Auslandsvertretungen) auf deren **Ersuchen** mitzuteilen, soweit dies für die dort genannten Zwecke **„erforderlich"** ist. Mit ihrem Ersuchen hat die Ausländerbehörde die Personalien des Betroffenen und die Gründe anzugeben, aus denen die Datenübermittlung erforderlich ist und weshalb die Daten nicht beim Betroffenen selbst erhoben werden können[2148].[2149] Die ersuchte Stelle ist an das Ersuchen keineswegs gebunden. Vielmehr hat sie zu prüfen, ob die Voraussetzungen einer Übermittlungspflicht vorliegen. Nur wenn das der Fall ist, darf sie dem Ersuchen nachkommen.[2150]

**1414**     Dagegen normiert § 87 Abs. 2 S. 1 Hs. 1 AufenthG eine **von einem Ersuchen unabhängige Pflicht,** personenbezogene Daten zu übermitteln (sog. Spontanübermittlung). Danach haben die genannten öffentlichen Stellen unverzüglich, dh ohne schuldhaftes Verzögern (§ 121 BGB), die zuständige **Ausländerbehörde** zu unterrichten, wenn sie Kenntnis erlangen von

- dem Aufenthalt eines ausländischen Staatsangehörigen, der keinen erforderlichen Aufenthaltstitel besitzt und dessen Abschiebung nicht ausgesetzt ist (Nr. 1),
- dem Verstoß gegen eine räumliche Beschränkung (Nr. 2)[2151],
- der Inanspruchnahme oder Beantragung von Sozialleistungen durch einen ausländischen Staatsangehörigen für sich selbst, einen Familien- oder einen sonstigen Haushaltsangehörigen in den Fällen von § 7 Abs. 1 S. 2 Nr. 2 oder S. 4 SGB II oder in den Fällen von § 23 Abs. 3 S. 1 Nr. 2, 3 oder 4 oder S. 3, 6 oder 7 SGB XII (Nr. 2a) oder
- einem sonstigen Ausweisungsgrund (Nr. 3).

---

[2146] So auch Huber/*Weichert*/*Stoppa* AufenthG § 86 Rn. 46.

[2147] Vgl. Huber/*Weichert*/*Stoppa* AufenthG § 87 Rn. 3.

[2148] Zu diesem Grundsatz der Direkterhebung etwa Wolff/Brink/*Wolff*, Prinzipien, Rn. 8 ff.

[2149] Huber/*Weichert*/*Stoppa* AufenthG § 87 Rn. 20.

[2150] Huber/*Weichert*/*Stoppa* AufenthG § 87 Rn. 23; aM: VGH Mannheim InfAuslR 2002, 363.

[2151] Gemäß § 87 Abs. 2 S. 1 Hs. 2 AufenthG kann in den Fällen von Nr. 1 oder 2 und in Fällen nach § 95 AufenthG statt der Ausländerbehörde die zuständige Polizeibehörde unterrichtet werden, wenn eine der in § 71 Abs. 5 AufenthG bezeichneten Maßnahmen (Zurückschiebung, Abschiebung, vorläufige Festnahme und Beantragen von Haft, Durchsetzung der Verlassenspflicht nach § 12 Abs. 3 AufenthG) in Betracht kommt. Die Polizeibehörde hat dann unverzüglich die Ausländerbehörde zu unterrichten.

Die Norm ist verfassungsrechtlich vor allem mit Blick auf das **Verbot der Selbst-** **1415** **bezichtigung** (Art. 1 Abs. 1 iVm Art. 2 Abs. 1 GG)[2152] problematisch, da sie Betroffene in die Lage versetzen kann, sich gegenüber einer öffentlichen Stelle, auf deren Dienste oder Leistungen sie angewiesen sind, selbst zu offenbaren.[2153] Nach der mit dem 1. Richtlinienumsetzungsgesetz vom 19.8.2007[2154] eingefügten Norm des § 87 Abs. 2 S. 2 AufenthG **sollen** öffentliche Stellen ferner unverzüglich die zuständige Ausländerbehörde unterrichten, wenn sie im Zusammenhang mit dem Erfüllen ihrer Aufgaben Kenntnis von einer besonderen Integrationsbedürftigkeit i. S. von § 4 Abs. 3 IntV erlangen. Schließlich übermitteln die Auslandsvertretungen nach § 87 Abs. 2 S. 3 AufenthG der zuständigen Ausländerbehörde personenbezogene Daten, die geeignet sind, die Identität oder Staatsangehörigkeit einer Person festzustellen, wenn sie davon Kenntnis erlangen, dass die Daten für die Durchsetzung einer vollziehbaren Ausreisepflicht **gegenwärtig** von Bedeutung sein können.

Nach **§ 87 Abs. 3 AufenthG** sind die Beauftragte der Bundesregierung für Migration, **1416** Flüchtlinge und Integration sowie die Ausländerbeauftragten der Bundesländer und der Kommunen zu Übermittlungen nach § 87 Abs. 1 und 2 AufenthG nur verpflichtet, soweit dadurch die Erfüllung der eigenen Aufgaben nicht gefährdet wird.

Die für die Einleitung und Durchführung eines **Straf- oder eines Bußgeldverfahrens** **1417** zuständigen Stellen haben die zuständige Ausländerbehörde unverzüglich über die Einleitung des Verfahrens sowie die Verfahrenserledigung bei der Staatsanwaltschaft, bei Gericht oder bei der für die Verfolgung und Ahndung der Ordnungswidrigkeit zuständigen Verwaltungsbehörde unter Angabe der gesetzlichen Vorschriften zu unterrichten (**§ 87 Abs. 4 S. 1 AufenthG**). Entsprechendes gilt gemäß S. 2 der Vorschrift für das Einleiten eines Auslieferungsverfahrens. Die Unterrichtungspflicht nach S. 1 gilt jedoch nicht für Verfahren wegen einer Ordnungswidrigkeit, die nur mit einer Geldbuße bis zu eintausend Euro geahndet werden kann (§ 87 Abs. 4 S. 3 AufenthG). Darüber hinaus unterrichtet die Zeugenschutzdienststelle unverzüglich die zuständige Ausländerbehörde über Beginn und Ende eines Zeugenschutzes (§ 87 Abs. 4 S. 4 AufenthG).

Die nach § 72 Abs. 6 AufenthG zu beteiligenden Stellen (Staatsanwaltschaft, Strafgericht, Polizeibehörde) haben **gemäß § 87 Abs. 5 AufenthG** den Ausländerbehörden **1418**

- von Amts wegen Umstände mitzuteilen, die einen Widerruf eines nach § 25 Abs. 4a AufenthG erteilten Aufenthaltstitels oder die Verkürzung oder Aufhebung einer nach § 59 Abs. 7 AufenthG gewährten Ausreisefrist rechtfertigen (Nr. 1), **und**
- von Amts wegen Angaben zur zuständigen Stelle oder zum Übergang der Zuständigkeit mitzuteilen, sofern in einem Strafverfahren eine Beteiligung nach § 72 Abs. 6 AufenthG erfolgte oder eine Mitteilung nach Nummer 1 gemacht wurde (Nr. 2).

Allerdings untersagt **§ 88 Abs. 1 AufenthG** die Übermittlung personenbezogener **1419** Daten nach § 87 AufenthG, soweit besondere gesetzliche Verwendungsregelungen entgegenstehen. Dies können etwa das Berufs- oder Amtsgeheimnis im Sinne von § 39 BDSG oder bereichsspezifische Verwendungsregeln wie § 51 BZRG, das sog. Sozialgeheimnis nach § 35 SGB I iVm §§ 67 ff. SGB X, §§ 65, 68 Abs. 4 SGB VIII, § 78 SGB XII oder nach § 14 Abs. 4, § 40 BDSG sein.[2155] Zum **Schutz bestimmter Berufe** bestimmt **§ 88 Abs. 2 AufenthG**, dass personenbezogene Daten, die von einem Arzt oder anderen in § 203 Abs. 1 Nr. 1, 2, 4 bis 6 und Abs. 3 StGB genannten Personen einer

---

[2152] BVerfG NJW 1981, 1432.

[2153] Für die Verfassungswidrigkeit deshalb: Fritz/Vormeier/*Petri* GK-AufenthG § 87 Rn. 34; Huber/*Weichert*/*Stoppa* AufenthG § 87 Rn. 27; aM: *Hailbronner* AufenthG § 87 Rn. 14.

[2154] BGBl. I 1970.

[2155] Vgl. Hofmann/*Hilbrans* AufenthG § 88 Rn. 3.

öffentlichen Stelle zugänglich gemacht worden sind, von dieser Stelle nur übermittelt werden dürfen,

- wenn die betreffende Person die öffentliche Gesundheit gefährdet und besondere Schutzmaßnahmen zum Ausschluss der Gefährdung nicht möglich sind oder von der betreffenden Person nicht eingehalten werden (Nr. 1) oder
- soweit die Daten für die Feststellung erforderlich sind, ob die in § 54 Abs. 2 Nr. 4 AufenthG bezeichneten Voraussetzungen eines des Drogenkonsums vorliegen (Nr. 2).

1420    Schließlich sieht **§ 88 Abs. 3 S. 1 AufenthG** besondere Regelungen mit Blick auf das **Steuergeheimnis** nach § 30 AO vor. Danach dürfen diesem unterliegende personenbezogene Daten übermittelt werden, wenn die betreffende Person gegen eine Vorschrift des Steuerrechts einschließlich des Zollrechts und des Monopolrechts oder des Außenwirtschaftsrechts oder gegen Einfuhr-, Ausfuhr-, Durchfuhr- oder Verbringungsverbote oder -beschränkungen verstoßen hat und wegen dieses Verstoßes ein strafrechtliches Ermittlungsverfahren eingeleitet oder eine Geldbuße von mindestens fünfhundert Euro verhängt worden ist. In diesen Fällen dürfen nach § 88 Abs. 3 S. 2 AufenthG auch die Grenzbehörden unterrichtet werden, wenn ein Ausreiseverbot nach § 46 Abs. 2 AufenthG erlassen werden soll.

1421    Die Zulässigkeit der Verarbeitung personenbezogener Daten im Zusammenhang mit **Integrationsmaßnahmen** richtet sich dagegen nach **§ 88a AufenthG**. Die Norm wurde mit dem Gesetz zur Bekämpfung der Zwangsheirat v. 23.6.2011[2156] eingefügt, da die bisherige Praxis einer Datenübermittlung nach § 8 IntV mit dem Grundsatz des Vorbehalts des Gesetzes nicht zu vereinbaren war.[2157] Während Abs. 1 S. 1 die Übermittlung personenbezogener Daten an das für die Durchführung der Integrationskurse zuständige BAMF regelt, ordnet S. 2 an, dass die Kursträger die Ausländerbehörden, die Bundesagentur für Arbeit oder die Sozialleistungsträger nur über eine nicht ordnungsgemäße Teilnahme des Betroffenen im Sinne von § 44a Abs. 1 S. 1 AufenthG informieren dürfen. Gemäß S. 3 darf das BAMF personenbezogene Daten auf deren Ersuchen ua an die Ausländerbehörden, die Bundesagentur für Arbeit oder die Sozialleistungsträger übermitteln. S. 4 stellt klar, dass das BAMF die Daten auch zu Abrechnungszwecken weiterverarbeiten darf. Gemäß Abs. 1a, der mit dem Asylverfahrensbeschleunigungsgesetz v. 24.10.2015[2158] als Folge der Neufassung von § 44 Abs. 4 S. 2 AufenthG eingefügt wurde, gelten diese Grundsätze auch für die Nutzung von Daten aus dem Asylverfahren. Abs. 2 betrifft Daten, die bei der Durchführung migrationsspezifischer Beratungsangebote gemäß § 45 S. 1 AufenthG angefallen sind und Abs. 3 Daten, die bei der Durchführung einer berufsbezogenen Deutschsprachförderung (§ 45a AufenthG) angefallen sind.

1422    **§ 89 AufenthG** regelt schließlich die Verarbeitung von Daten, anhand derer die **Identität ausländischer Staatsangehöriger überprüft, festgestellt und gesichert** werden kann. Wie sich aus § 49 Abs. 1 AufenthG ergibt, dürfen die mit dem Vollzug des Aufenthaltsgesetzes betrauten Behörden unter den Voraussetzungen des § 48 Abs. 1 AufenthG zum Zweck der Identitätsüberprüfung, -feststellung oder -sicherung die auf einem elektronischen Speicher- oder Verarbeitungsmedium (zB Smartphone, Notebook, etc) gespeicherten biometrischen oder sonstigen Daten auslesen.[2159] § 89 Abs. 1 AufenthG regelt nun, inwiefern das Bundeskriminalamt verpflichtet ist, den in § 49 Abs. 1 AufenthG genannten Behörden Amtshilfe zu leisten. Nach Abs. 1a, der mit dem Gesetz zur besseren Durchsetzung der Ausreisepflicht vom 20.7.2017[2160] eingefügt wurde, darf das

---

[2156] BGBl. I 1266.
[2157] Vgl. BT-Drs. 17/4401, 11.
[2158] BGBl. I 1722.
[2159] Zu den Einzelheiten → Rn. 1026 ff.
[2160] BGBl. I 2780.

Bundeskriminalamt die Daten zu dem vorgenannten Zwecken auch an Drittstaaten (mit Ausnahmen der Verfolgerstaaten) übermitteln. Diese Regelung ist mit Blick auf die strengen Anforderungen, die Art. 35 ff. RL (EU) 2016/680 an die Übermittlung personenbezogener Daten in Drittstaaten stellt, nicht vereinbar. Inwieweit die vorgenannten Daten zum Zwecke der Strafverfolgung und Gefahrenabwehr genutzt werden dürfen, bestimmt § 89 Abs. 2 AufenthG. Die hierdurch begründete Befugnis zur Zweckänderung stellt eine mit Art. 3 Abs. 1 GG unvereinbare Diskriminierung ausländischer Staatsangehöriger gegenüber Deutschen dar, bei denen eine solche Zweckänderung nur unter engen Voraussetzungen zulässig ist.[2161] § 89 Abs. 3 und 4 AufenthG betreffen schließlich die Löschung der vorgenannten Daten.

## III. Übermittlungen durch Ausländerbehörden (§ 90 AufenthG)

Gemäß § 90 Abs. 1 AufenthG dürfen die mit der Ausführung des Aufenthaltsgesetzes **1423** betrauten Behörden (dh die Ausländerbehörden, Grenz- und Polizeibehörden) Daten an andere Behörden übermitteln. Erforderlich für eine solche Datenübermittlung ist dabei, dass sich im Einzelfall konkrete Anhaltspunkte dafür ergeben, dass

- eine ausländische Person eine Beschäftigung oder Tätigkeit **ohne** erforderlichen Aufenthaltstitel nach § 4 AufenthG ausübt (Nr. 1)[2162] oder
- eine ausländische Person gegen die Mitwirkungspflicht nach § 60 Abs. 1 S. 1 Nr. 2 SGB I gegenüber einer Dienststelle der Bundesagentur für Arbeit, einem Träger der gesetzlichen Kranken-, Pflege-, Unfall- oder Rentenversicherung, einem Träger der Grundsicherung für Arbeitssuchende oder der Sozialhilfe oder gegen die Meldepflicht nach § 8a AsylbLG verstoßen hat (Nr. 2) oder
- gegen § 6 Abs. 3 Nr. 1 bis 4d Schwarzarbeitsbekämpfungsgesetz verstoßen hat (Nr. 3).

Liegt ein konkreter Anhaltspunkt für einen dieser Fälle vor, so haben die mit der **1424** Ausführung des AufenthG betrauten Behörden die Daten an die für die Verfolgung und Ahndung der vorgenannten Pflichtverstöße „zuständigen Stellen" zu übermitteln, also beispielsweise im Falle von Nr. 2 an den zuständigen Sozialleistungsträger.

§ 90 **Abs. 2** AufenthG sieht eine Zusammenarbeit der mit der Durchführung des Auf- **1425** enthaltsgesetzes betrauten Behörden mit den anderen in § 2 Abs. 2 Schwarzarbeitsbekämpfungsgesetz genannten Behörden vor. Dies sind ua die Finanzbehörden, die Bundesagentur für Arbeit, Sozialversicherungsträger, Träger der Sozialhilfe und der nach dem Asylbewerberleistungsgesetz zuständigen Behörden, Arbeitsschutzbehörden sowie Polizeivollzugsbehörden der Länder und Bußgeldbehörden der Länder. § 90 **Abs. 3** AufenthG regelt, inwiefern Daten an die nach § 10 AsylbLG zuständigen Behörden übermittelt werden dürfen.

Nach § 90 **Abs. 4** AufenthG unterrichten die Ausländerbehörden die nach § 72 Abs. 6 **1426** AufenthG zu beteiligenden Stellen unverzüglich über

- die Erteilung oder Versagung eines Aufenthaltstitels nach § 25 Abs. 4a oder 4b AufenthG (Nr. 1),
- die Festsetzung, Verkürzung oder Aufhebung einer Ausreisefrist nach § 59 Absatz 7 (Nr. 2) oder
- den Übergang der Zuständigkeit der Ausländerbehörde auf eine andere Ausländerbehörde; hierzu ist die Ausländerbehörde verpflichtet, die zuständig geworden ist (Nr. 3).

---

[2161] Huber/*Weichert*/Stoppa AufenthG § 89 Rn. 10.
[2162] Unterrichtung ua der Strafverfolgungsbehörden, der Bundesagentur für Arbeit, der Finanzverwaltung.

1427    Nach § 90 **Abs.** 5 AufenthG darf der Aufenthaltsort eines ausländischen Staatsangehörigen, dessen Wohnsitz oder gewöhnlicher Aufenthalt als Schuldner (§ 755 Abs. 1 ZPO) nicht bekannt ist, auf Ersuchen dem Gerichtsvollzieher mitgeteilt werden.

## IV. Mitteilungen der Ausländerbehörden an die Meldebehörden und Datenabgleich (§§ 90a und 90b AufenthG)

1428    § 90a AufenthG regelt im Einzelnen, welche personenbezogenen Angaben von den Ausländer- an die Meldebehörden mitzuteilen sind. Dies gilt für den Fall, dass aller Voraussicht nach Daten im Melderegister unrichtig oder unvollständig sind. Darüber hinaus sieht § 90b AufenthG einen jährlichen Datenabgleich zwischen Ausländer- und Meldebehörden vor.

## V. Speicherung und Löschung personenbezogener Daten (§ 91 AufenthG)

1429    Nach § 91 Abs. 1 S. 1 AufenthG sind die Daten über die Ausweisung, Zurückschiebung und Abschiebung einer Person zehn Jahre nach dem Ablauf der in § 11 Abs. 1 S. 3 AufenthG bezeichneten Frist zu löschen. Sie sind jedoch nach S. 2 dieser Vorschrift vor diesem Zeitpunkt zu löschen, soweit sie Erkenntnisse enthalten, die nach anderen gesetzlichen Bestimmungen nicht mehr gegen den Betroffenen verwertet werden dürfen. Dies betrifft beispielsweise ein Verwertungsverbot nach dem Bundeszentralregistergesetz.

1430    Darüber hinaus sind Mitteilungen nach § 87 Abs. 1 AufenthG, hingegen nicht die nach Abs. 2 (vgl. dazu oben → Rn. 1414 f.), die für eine anstehende aufenthaltsrechtliche Entscheidung unerheblich sind und voraussichtlich auch für eine spätere ausländerrechtliche Entscheidung nicht erheblich werden können, unverzüglich zu vernichten.

1431    § 91 Abs. 3 AufenthG bestimmt, dass § 20 Abs. 5 BDSG[2163] sowie entsprechende Vorschriften in den Datenschutzgesetzen der Länder **keine** Anwendung finden.

## VI. Sonstige datenschutzrechtliche Bestimmungen (§§ 91a bis 91e AufenthG)

1432    § 91a AufenthG regelt die Einzelheiten des Registers zum vorübergehenden Schutz. In dieses werden nach Maßgabe dieser Vorschrift die personenbezogenen Daten von Drittstaatsangehörigen, die ein Visum oder eine Aufenthaltserlaubnis nach § 24 Abs. 1 AufenthG beantragt haben, und die ihrer Familienangehörigen eingegeben. § 91a Abs. 5 AufenthG normiert im einzelnen Fragen der Übermittlung der eingetragenen Daten an andere Behörden. § 91b AufenthG enthält eine besondere Befugnis zur Übermittlung von Daten iSd § 91a AufenthG durch das Bundesamt für Migration und Flüchtlinge als nationale Kontaktstelle nach Art. 27 Abs. 1 der Richtlinie 2001/55/EG (→ vgl. Rn. 3).

1433    § 91c AufenthG befasst sich mit den Einzelheiten innergemeinschaftlicher Auskünfte zur Durchführung der Daueraufenthalts-RL 2003/109/EG. § 91d AufenthG befasst sich

---

[2163] § 20 Abs. 5 BDSG lautet: „Personenbezogene Daten dürfen nicht für eine automatisierte Verarbeitung oder Verarbeitung in nicht automatisierten Dateien erhoben, verarbeitet oder genutzt werden, soweit der Betroffene dieser bei der verantwortlichen Stelle widerspricht und eine Prüfung ergibt, dass das schutzwürdige Interesse des Betroffenen wegen seiner besonderen persönlichen Situation das Interesse der verantwortlichen Stelle an dieser Erhebung, Verarbeitung oder Nutzung überwiegt. Satz 1 gilt nicht, wenn eine Rechtsvorschrift zur Erhebung, Verarbeitung oder Nutzung verpflichtet."

mit den Einzelheiten innergemeinschaftlicher Auskünfte zur Durchführung der Studen-ten-Richtlinie 2004/114/EG. Da diese Richtlinie jedoch zugunsten der sog. REST-RL (EU) 2016/801 aufgehoben wurde (vgl. → Rn. 3), dürfte insoweit entsprechender Anpas-sungsbedarf bestehen. § 91e AufenthG enthält gemeinsame Vorschriften für das Register zum vorübergehenden Schutz und zu innergemeinschaftlichen Datenübermittlungen.

# I. Beauftragte für Migration, Flüchtlinge und Integration (§§ 92 bis 94 AufenthG)

Nach § 92 Abs. 1 AufenthG bestellt die Bundesregierung eine Beauftragte[2164] für Migra-tion, Flüchtlinge und Integration.[2165] Die Einzelheiten der Besetzung, der Ausstattung und der Dauer dieses Amtes werden in § 92 Abs. 2 bis 4 AufenthG geregelt. § 93 AufenthG umschreibt sodann die einzelnen Aufgaben der Beauftragten, wobei der dort genannte Katalog nicht abschließend ist. So beschränkt sich der Aufgabenkreis der Beauftragten nicht auf das **AufenthG,** sondern er betrifft auch Fragen der Antidiskriminierung, der Einbürge-rung oder der Freizügigkeit von Unionsbürgern.[2166] § 94 AufenthG normiert schließlich die mit dem übertragenen Amt verbundenen Amtsbefugnisse. Dazu zählen etwa ein Betei-ligungsrecht bei einschlägigen Gesetzgebungsvorhaben (Abs. 1) und eine regelmäßige Be-richtspflicht[2167] über die Lage der Ausländer in Deutschland (Abs. 2). Ferner ergibt sich aus § 94 Abs. 3 iVm § 93 Nr. 3 AufenthG eine Ombudsfunktion der Beauftragten.[2168]    **1434**

# J. Straf- und Bußgeldvorschriften (§§ 95 bis 98 AufenthG)

Das Aufenthaltsgesetz sieht besondere Straf- und Bußgeldtatbestände vor. Im Rahmen der vorliegenden Abhandlung können nur die wichtigsten Tatbestände vorgestellt wer-den. Einen erschöpfenden umfassenden Überblick geben *Hörich* und *Bergmann* in Huber Vorb. zu § 95 AufenthG und §§ 95 bis 98 AufenthG.    **1435**

## I. Strafvorschriften (§§ 95 bis 97 AufenthG)

### 1. § 95 AufenthG

Nach § 95 Abs. 1 AufenthG wird mit Freiheitsstrafe bis zu einem Jahr oder mit Geld-strafe bestraft, wer    **1436**

- entgegen § 3 Abs. 1 iVm § 48 Abs. 2 AufenthG sich im Bundesgebiet aufhält (Nr. 1)[2169],
- ohne erforderlichen Aufenthaltstitel nach § 4 Abs. 1 S. 1 AufenthG sich im Bundes-gebiet aufhält, wenn er vollziehbar ausreisepflichtig ist (a), ihm eine Ausreise nicht

---

[2164] Nach der Gesetzesbegründung zum Aufenthaltsgesetz soll die weibliche Form eine ge-schlechtsneutrale Formulierung zum Ausdruck bringen – vgl. BT-Drs. 15/420, 98.
[2165] Zur Rechtsstellung und Organisation des Amtes der Beauftragten: Kluth/Heusch/*Eichenhofer* AufenthG § 92 Rn. 2.
[2166] Vgl. Bergmann/Dienelt/*Samel*, § 93 AufenthG Rn. 4.
[2167] Vgl. zuletzt den 11. Bericht der Bericht der Beauftragten für Migration, Flüchtlinge und Integration – Teilhabe, Chancengleichheit und Rechtsentwicklung in der Einwanderungsgesellschaft Deutschland (Dezember 2016) – im Internet abrufbar unter www.bundesregierung.de.
[2168] Vgl. Bergmann/Dienelt/*Samel*, § 93 AufenthG Rn. 2.
[2169] Nichterfüllen der Pass- oder Ausweispflicht.

gewährt wurde oder diese abgelaufen ist (b) und dessen Abschiebung nicht ausgesetzt ist (c).

- entgegen § 14 Abs. 1 Nr. 1 oder 2 AufenthG (unerlaubte Einreise → Rn. 48) in das Bundesgebiet einreist (Nr. 3),
- einer vollziehbaren Anordnung nach § 46 Abs. 2 S. 1 oder 2 AufenthG (Untersagung der Ausreise aus dem Bundesgebiet → Rn. 1005 ff.) oder § 47 Abs. 1 S. 2 oder Abs. 2 AufenthG (Beschränkung oder Untersagung der politischen Betätigung → Rn. 1010 ff.) zuwiderhandelt (Nr. 4),
- entgegen § 49 Abs. 1 AufenthG eine Angabe nicht, nicht richtig, oder nicht vollständig macht, sofern die Tat nicht in § 95 Abs. 2 Nr. 2 AufenthG mit Strafe bedroht ist (Nr. 5),
- entgegen § 49 Abs. 1 AufenthG eine dort genannte (identitätsfeststellende oder -sichernde) Maßnahme (→ Rn. 1034 f.) nicht duldet (Nr. 6),
- entgegen § 56 AufenthG wiederholt einer Meldepflicht nicht nachkommt, wiederholt gegen räumliche Beschränkungen des Aufenthalts oder sonstige Auflagen verstößt oder trotz wiederholten Hinweises auf die rechtlichen Folgen einer Weigerung der Verpflichtung zur Wohnsitznahme nicht nachkommt oder entgegen § 54a Abs. 4 AufenthG bestimmte Kommunikationsmittel nutzt oder bestimmte Kontaktverbote nicht beachtet (Nr. 6a),
- wiederholt einer räumlichen Beschränkung nach § 61 Abs. 1 oder 1c AufenthG zuwiderhandelt (Nr. 7) oder
- im Bundesgebiet einer überwiegend aus Ausländern bestehenden Vereinigung oder Gruppe angehört, deren Bestehen, Zielsetzung oder Tätigkeit vor den Behörden geheim gehalten wird, um ihr Verbot abzuwenden (Nr. 8).

**1437**  In den Fällen des § 95 Abs. 1 Nr. 2 und 3 AufenthG steht einem Handeln ohne erforderlichen Aufenthaltstitel ein Handeln auf Grund eines durch Drohung, Bestechung oder Kollusion erwirkten oder durch unrichtige oder unvollständige Angaben erschlichenen Aufenthaltstitels gleich (§ 95 Abs. 6 AufenthG).

**1438**  Nach § 95 Abs. 1a AufenthG wird ebenso mit einer Freiheitsstrafe bis zu einem Jahr oder mit Geldstrafe bestraft, wer vorsätzlich eine in § 404 Abs. 2 Nr. 4 SGB III oder in § 98 Abs. 3 Nr. 1 AufenthG (vgl. dazu unten Rdnr. 1376) bezeichnete Handlung begeht, für den Aufenthalt im Bundesgebiet nach § 4 Abs. 1 S. 1 AufenthG eines Aufenthaltstitels bedarf und als Aufenthaltstitel nur ein Schengen-Visum nach § 6 Abs. 1 Nr. 1 AufenthG besitzt.

**1439**  Gem. § 95 Abs. 2 wird mit Freiheitsstrafe bis zu drei Jahren oder mit Geldstrafe bestraft, wer

- entgegen § 11 Abs. 1 AufenthG, dh entgegen der durch eine Ausweisung oder einer Zurückweisung oder Zurückschiebung ausgelösten Sperrwirkung (→ Rn. 144 ff.), in das Bundesgebiet einreist oder sich darin aufhält (Nr. 1) oder
- unrichtige oder unvollständige Angaben macht oder benutzt, um für sich oder einen anderen einen Aufenthaltstitel oder eine Duldung zu beschaffen oder eine so beschaffte Urkunde wissentlich zur Täuschung im Rechtsverkehr gebraucht (Nr. 2).

**1440**  § 95 Abs. 3 AufenthG stellt in den Fällen des Abs. 1 Nr. 3 und der Abs. 1a und 2 Nr. 1 Buchst. a) den Versuch unter Strafe. Gegenstände, auf die sich eine Straftat nach Abs. 2 Nr. 2 bezieht, können gem. § 95 Abs. 4 AufenthG eingezogen werden.

**1441**  Nach § 95 Abs. 5 AufenthG bleibt Art. 31 Abs. 1 des Abkommens über die Rechtsstellung der Flüchtlinge – Genfer Flüchtlingskonvention – unberührt. In dieser Vorschrift verpflichten sich die vertragschließenden Staaten, wegen unrechtmäßiger Einreise oder Aufenthalts keine Strafen gegen Flüchtlinge zu verhängen, die unmittelbar aus einem Gebiet kommen, in dem ihr Leben oder ihre Freiheit iSd Art. 1 der Genfer Flüchtlingskonvention bedroht waren und die ohne Erlaubnis in das Gebiet der vertragschließenden Staaten einreisen oder sich dort aufhalten, vorausgesetzt, dass sie sich unverzüglich bei den Behörden melden und Gründe darlegen, die ihre unrechtmäßige Einreise oder ihren unrechtmäßigen Aufenthalt rechtfertigen.

## 2. § 96 AufenthG: Einschleusen von Ausländern

Gem. § 96 Abs. 1 AufenthG wird mit Freiheitsstrafe von drei Monaten bis zu fünf **1442** Jahren, in minder schweren Fällen mit Freiheitsstrafe bis zu fünf Jahren oder mit Geldstrafe bestraft, wer einen anderen anstiftet oder ihm dazu Hilfe leistet, eine Handlung

- nach § 95 Abs. 1 Nr. 3 oder Abs. 2 Nr. 1 Buchst. a zu begehen und a) dafür einen Vorteil erhält oder sich versprechen lässt oder b) wiederholt oder zugunsten von mehreren Ausländern handelt (Nr. 1) oder
- nach § 95 Abs. 1 Nr. 1 oder Nr. 2, Abs. 1a oder Abs. 2 Nr. 1 Buchst. b) oder Nr. 2 zu begehen und dafür einen Vermögensvorteil erhält oder sich versprechen lässt (Nr. 2).

Nach § 96 Abs. 2 AufenthG wird mit Freiheitsstrafe von sechs Monaten bis zu zehn **1443** Jahren bestraft, wer in den Fällen des § 96 Abs. 1 AufenthG

- gewerbsmäßig handelt (Nr. 1),
- als Mitglied einer Bande, die sich zur fortgesetzten Begehung solcher Taten verbunden hat, handelt (Nr. 2),
- eine Schusswaffe bei sich führt, wenn sich die Tat auf eine Handlung nach § 95 Abs. 1 Nr. 3 oder Abs. 2 Nr. 1 Buchst. a) AufenthG bezieht (Nr. 3),
- eine andere Waffe bei sich führt, um diese bei der Tat zu verwenden, wenn sich die Tat auf eine Handlung nach § 95 Abs. 1 Nr. 3 oder Abs. 2 Nr. 1 Buchst. a) AufenthG bezieht (Nr. 4) oder
- den Geschleusten einer das Leben gefährdenden, unmenschlichen oder erniedrigenden Behandlung oder der Gefahr einer schweren Gesundheitsschädigung aussetzt (Nr. 5).

§ 96 Abs. 3 AufenthG stellt in den Fällen des Abs. 1 und 2 den Versuch unter Strafe. **1444**

Nach § 96 Abs. 4 AufenthG sind die Abs. 1 Nr. 1 Buchst. a) und Nr. 2 sowie Abs. 2 **1445** Nr. 1, 2 und 5 auf Zuwiderhandlungen gegen Rechtsvorschriften über die Einreise und den Aufenthalt von Ausländern in das Hoheitsgebiet der Mitgliedstaaten der Europäischen Union sowie in das Hoheitsgebiet der Republik Island und des Königreichs Norwegen anzuwenden, wenn

- sie den in § 95 Abs. 1 Nr. 2 oder 3 oder Abs. 2 Nr. 1 AufenthG bezeichneten Handlungen entsprechen (Nr. 1) und
- der Täter einen Ausländer unterstützt, der nicht die Staatsangehörigkeit eines Mitgliedstaates der Europäischen Union oder eines Vertragsstaates des Abkommens über den Europäischen Wirtschaftsraum besitzt (Nr. 2).

In den Fällen des § 96 Abs. 2 Nr. 1 AufenthG, auch iVm Abs. 4, und des § 96 Abs. 2 **1446** Nr. 2 bis 5 AufenthG ist § 73d StGB (Erweiterter Verfall des durch die rechtswidrige Tat Erlangten) anzuwenden (§ 96 Abs. 5 AufenthG).

## 3. § 97 AufenthG: Einschleusen mit Todesfolge sowie gewerbs- und bandenmäßiges Einschleusen

Nach § 97 Abs. 1 AufenthG wird mit Freiheitsstrafe nicht unter drei Jahren bestraft, **1447** wer in den Fällen des § 96 Abs. 1 AufenthG, auch iVm § 96 Abs. 4 AufenthG, den Tod des Geschleusten verursacht. In minder schweren Fällen ist die Strafe Freiheitsstrafe von einem Jahr bis zu zehn Jahren (§ 97 Abs. 3 Halbs. 1 AufenthG). Mit Freiheitsstrafe von einem Jahr bis zu zehn Jahren wird bestraft, wer in den Fällen des § 96 Abs. 1 AufenthG, auch iVm § 96 Abs. 4 AufenthG, als Mitglied einer Bande, die sich zur fortgesetzten

Begehung solcher Taten verbunden hat (§ 97 Abs. 2 AufenthG), gewerbsmäßig handelt. In minder schweren Fällen ist die Strafe Freiheitsstrafe von sechs Monaten bis zu zehn Jahren (§ 97 Abs. 3 Halbs. 2 AufenthG). In den Fällen des § 97 Abs. 1 bis 3 AufenthG sind § 73d StGB (Erweiterter Verfall des durch die rechtswidrige Tat Erlangten) und § 74a StGB (Erweiterte Einziehung von Gegenständen) anzuwenden (§ 97 Abs. 4 AufenthG).

## II. Bußgeldvorschriften (§ 98 AufenthG)

1448    Als Ordnungswidrigkeit wird gem. § 98 Abs. 1 AufenthG verfolgt[2170], wenn ein Ausländer eine in § 95 Abs. 1 Nr. 1 oder 2 oder Abs. 2 Nr. 1 Buchst. b) AufenthG bezeichnete Handlung **fahrlässig** begeht.

1449    Ordnungswidrig handelt gem. § 98 Abs. 2 AufenthG derjenige, der

- entgegen § 4 Abs. 5 S. 1 AufenthG einen Nachweis über das Bestehen eines assoziationsrechtlichen Aufenthaltsrechts nach dem Assoziationsabkommen EWG/Türkei nicht führt (Nr. 1),
- entgegen § 13 Abs. 1 S. 2 AufenthG sich der polizeilichen Kontrolle des grenzüberschreitenden Verkehrs nicht unterzieht (Nr. 2),
- entgegen § 48 Abs. 1 oder 3 S. 1 AufenthG (→ Rn. 1026 ff.) eine dort genannte Urkunde oder Unterlage nicht oder nicht rechtzeitig vorlegt, nicht oder nicht rechtzeitig aushändigt, oder nicht oder nicht rechtzeitig überlässt (Nr. 3) oder
- einer vollziehbaren Anordnung nach § 44a Abs. 1 S. 1 Nr. 3 S. 2 oder 3 AufenthG (Pflicht zur Teilnahme an einem Integrationskurs; vgl. dazu oben Rdnr. 946 ff.) zuwiderhandelt (Nr. 4).

1450    Nach § 98 Abs. 2a AufenthG handelt ordnungswidrig, wer vorsätzlich oder leichtfertig **entgegen** § 4 Abs. 3 S. 2 AufenthG, der die Ausübung einer Erwerbstätigkeit ohne Gestattung unabhängig vom Besitz eines Aufenthaltstitels vorsieht, einen Ausländer zu einer nachhaltigen entgeltlichen Dienst- oder Werkleistung beauftragt, die der Ausländer auf Gewinnerzielung gerichtet ausübt.

1451    Nach § 98 Abs. 2b AufenthG handelt ordnungswidrig, wer vorsätzlich oder leichtfertig entgegen § 60a Abs. 2 S. 7 und 8 eine Mitteilung nicht, nicht richtig, nicht vollständig, nicht in vorgeschriebener Weise oder nicht rechtzeitig macht.

1452    Nach § 98 Abs. 3 AufenthG handelt darüber hinaus ordnungswidrig, wer vorsätzlich oder fahrlässig

- entgegen § 4 Abs. 3 S. 1 AufenthG eine selbstständige Tätigkeit ausübt (Nr. 1),
- einer vollziehbaren Auflage nach § 12 Abs. 2 S. 2 oder Abs. 4 AufenthG zuwiderhandelt (Nr. 2),
- entgegen § 12a Abs. 1 S. 1 AufenthG den Wohnsitz nicht oder nicht für die vorgeschriebene Dauer in dem Land nimmt, in dem er zu wohnen verpflichtet ist (Nr. 2a),
- einer vollziehbaren Anordnung nach § 12a Abs. 2, 3 oder 4 S. 1 AufenthG oder nach § 61 Abs. 1c AufenthG zuwiderhandelt (Nr. 2b),
- entgegen § 13 Abs. 1 AufenthG außerhalb einer zugelassenen Grenzübergangsstelle oder außerhalb der festgesetzten Verkehrsstunden einreist oder ausreist oder einen Pass oder Passersatz nicht mitführt (Nr. 3),

---

[2170] Vgl. auch den Bußgeldtatbestand des § 77 AufenthV (unterlassene Mitteilung anerkannter Forschungseinrichtungen gegenüber den Ausländerbehörden; bestimmte ausweisrechtliche Informations- und Mitwirkungspflichten) und des § 39 BeschV (unzulässige Anwerbung oder Arbeitsvermittlung).

- einer vollziehbaren Anordnung nach § 46 Abs. 1 AufenthG, § 54a Abs. 1 S. 2 oder Abs. 3 AufenthG oder nach § 61 Abs. 1e zuwiderhandelt (Nr. 4),
- entgegen § 56 Abs. 1 S. 1 AufenthG eine Meldung nicht, nicht richtig oder nicht rechtzeitig macht (Nr. 5),
- Einer räumlichen Beschränkung nach § 56 Abs. 2 AufenthG oder nach § 61 Abs. 1 S. 1 AufenthG zuwiderhandelt (Nr. 5a),
- entgegen § 80 Abs. 4 AufenthG einen der dort genannten Anträge nicht stellt (Nr. 6) oder
- einer Rechtsverordnung nach § 99 Abs. 1 Nr. 3a Buchst. d, Nr. 7, 10 oder 13a S. 1 Buchst. AufenthG (bestimmte anzeige- und ausweisrechtliche Pflichten) zuwiderhandelt, soweit sie für einen Tatbestand auf die Bußgeldvorschrift des § 98 Abs. 3 Nr. 5 AufenthG verweist (Nr. 7).

In den Fällen des § 98 Abs. 2 Nr. 2 AufenthG und des § 98 Abs. 3 Nr. 3 AufenthG **1453** kann der Versuch der Ordnungswidrigkeit geahndet werden (§ 98 Abs. 4 AufenthG).

§ 98 Abs. 5 AufenthG regelt den Strafrahmen für die Verhängung eines Bußgelds nach **1454** § 98 Abs. 1 bis 4 AufenthG. Danach kann die Ordnungswidrigkeit in den Fällen des Abs. 2a mit einer Geldbuße bis zu fünfhunderttausend Euro, in den Fällen des Abs. 2b mit einer Geldbuße bis zu dreißigtausend Euro, in den Fällen Abs. 2 Nr. 2 und des Abs. 3 Nr. 1 mit einer Geldbuße bis zu fünftausend Euro, in den Fällen der Abs. 1 und 2 Nr. 1 und 3 und des Abs. 3 Nr. 3 mit einer Geldbuße bis zu dreitausend Euro und in den übrigen Fällen mit einer Geldbuße bis zu tausend Euro geahndet werden.

Nach § 98 Abs. 6 AufenthG bleibt Art. 31 Abs. 1 des Abkommens über die Rechts- **1455** stellung der Flüchtlinge – Genfer Flüchtlingskonvention – (Straflosigkeit wegen unrechtmäßiger Einreise oder Aufenthalts bei unverzüglicher Meldung als Flüchtling) unberührt.

# K. Rechtsfolgen bei illegaler Beschäftigung (§§ 98a bis 98c AufenthG)

Am 26.11.2011 ist das Gesetz zur Umsetzung aufenthaltsrechtlicher Richtlinien der **1456** Europäischen Union und zur Anpassung nationaler Rechtsvorschriften an den EU-Visakodex vom 22.11.2011 in Kraft getreten[2171]. Dieses Gesetz dient ua der Umsetzung der RL 2009/52/EG des Europäischen Parlaments und des Rates vom 18.6.2009 über Mindeststandards für Sanktionen und Maßnahmen gegen Arbeitgeber, die Drittstaatsangehörige ohne rechtmäßigen Aufenthalt beschäftigen – Sanktionenrichtlinie –[2172]. Die Besonderheit der Transformation dieser Richtlinie in nationales Recht besteht darin, dass mit ihr ua Fragen des Arbeitsvertragsrechts mit Illegalen im Aufenthaltsgesetz und – wider Erwarten – nicht im BGB geregelt worden sind.

## I. Anwendungsbereich der RL 2009/52/EG (Sanktionen-RL)

Art. 1 RL 2009/52/EG verbietet die Beschäftigung von Drittstaatsangehörigen ohne **1457** rechtmäßigen Aufenthalt, „um die rechtswidrige Einwanderung zu bekämpfen" (S. 1). Die Richtlinie sieht gemeinsame Mindeststandards für Sanktionen und Maßnahmen vor, die in den Mitgliedstaaten gegen Arbeitgeber zu verhängen bzw. zu treffen sind, die gegen

---

[2171] BGBl. I S. 2258. – Vgl. in diesem Zusammenhang auch das Gesetz zur Stärkung der Bekämpfung der Schwarzarbeit und illegalen Beschäftigung vom 6.3.2017, BGBl. I S. 399.
[2172] ABl Nr. L 168, S. 24. Vgl. dazu auch *Huber* NZA 2012, 477; *Hörich/Bergmann* ZAR 2012, 327 (zu §§ 98b und 98c AufenthG).

dieses Verbot verstoßen (S. 2). Die Richtlinie regelt unter anderem das Verbot der illegalen Beschäftigung (Art. 3) und die Pflichten der Arbeitgeber (Art. 4). Sie sieht finanzielle Sanktionen einschließlich vom Arbeitgeber an den Arbeitnehmer zu erbringenden Nachzahlungen vor (Art. 5 und 6). Art. 7 umschreibt sonstige Maßnahmen wie der Ausschluss von öffentlichen Zuwendungen und von der Vergabe öffentlicher Aufträge. Darüber hinaus befassen sich die Art. 9 und 10 mit Straftaten bzw. strafrechtlichen Sanktionen. Art. 11 regelt die Verantwortlichkeit juristischer Personen und Art. 12 sieht Sanktionen gegen diese vor.

1458    Der Anwendungsbereich der RL 2009/52/EG ist beschränkt auf die unerlaubte Beschäftigung von Drittstaatsangehörigen. Unionsbürger und ihre freizügigkeitsberechtigten Familienangehörigen aus Drittstaaten werden somit von dieser nicht erfasst. Art. 2 Buchst. a RL 2009/52/EG definiert als „Drittstaatsangehörigen" jede Person, die nicht Unionsbürger iSv Art. 17 Abs. 1 EUV ist und die nicht das Gemeinschaftsrecht auf freien Personenverkehr nach Art. 2 Abs. 5 VO (EG) Nr. 562/2006 – Schengener Grenzkodex –[2173] genießt. Somit gilt die Sanktionenrichtlinie auch nicht für die illegale Beschäftigung von Staatsangehörigen der Schweiz, Liechtensteins, Norwegens und Islands und deren ggf. aus einem andern Drittstaat stammenden Familienangehörigen.

1459    Als „Drittstaatsangehöriger ohne rechtmäßigen Aufenthalt" bezeichnet Art. 2 Buchst. b RL 2009/52/EG einen Drittstaatsangehörigen, der im Hoheitsgebiet eines Mitgliedstaats anwesend ist und die Voraussetzungen für den Aufenthalt in diesem Mitgliedstaat nicht oder nicht mehr erfüllt. Nach § 60a AufenthG geduldete Ausländer verfügen zwar über keinen rechtmäßigen Aufenthalt im Bundesgebiet nach den Vorschriften des Aufenthaltsgesetzes, sie sind aber, da ihre Abschiebung ausgesetzt ist, berechtigt, sich weiterhin hier aufzuhalten und nach Maßgabe der der Beschäftigungsverordnung (BeschV) eine Arbeitnehmertätigkeit auszuüben (→ Rn. 264 ff.).

## II. Rechtsfolgen bei illegaler Beschäftigung (§§ 98a bis 98c AufenthG)

1460    Das Kap. 9a des Aufenthaltsgesetzes befasst sich mit den Rechtsfolgen bei illegaler Beschäftigung. Es regelt die Frage der Vergütung eines illegal beschäftigten Drittstaatsangehörigen (§ 98a AufenthG), den Ausschluss von Subventionen (§ 98b AufenthG) und den Ausschluss von der Vergabe öffentlicher Aufträge (§ 98c AufenthG). Kontrollpflichten eines Arbeitgebers sind in § 4 Abs. 3 AufenthG (→ Rn. 45) geregelt. Die Pflicht eines Arbeitgebers, für die Kosten der Abschiebung eines illegal beschäftigten Ausländers zu haften, ergibt sich aus § 66 Abs. 4 AufenthG (→ Rn. 1344). Unter bestimmten Voraussetzungen kann einem unerlaubt beschäftigten ausländischen Arbeitnehmer ein befristetes Aufenthaltsrecht nach § 25 Abs. 4b AufenthG (→ Rn. 571 ff.) erteilt werden.

### 1. Vergütung eines illegal beschäftigten Drittstaatsangehörigen (§ 98a AufenthG)

1461    Nach § 98a Abs. 1 AufenthG (= Art. 6 Abs. 1 Buchst. a) RL 2009/52/EG) ist ein Arbeitgeber verpflichtet, einem Drittstaatsangehörigen, den er ohne die nach § 284 Abs. 1 SGB III erforderliche Genehmigung[2174] oder ohne die nach § 4 Abs. 3 AufenthG (→ Rn. 43) erforderliche Berechtigung zur Erwerbstätigkeit beschäftigt hat, die vereinbarte Vergütung zu zahlen[2175]. Die Vorschrift geht davon aus, dass die Beschäftigung

---

[2173] Abgelöst von VO (EU) 2016/399 vom 9.3.2016, ABl. Nr. L 77 S. 1.
[2174] Die Vorschrift befasst sich mit der Arbeitsgenehmigung-EU für Staatsangehörige neuer EU-Mitgliedstaaten. Sie hat derzeit keine praktische Relevanz.
[2175] Zur Insolvenzsicherung eines Drittstaatsangehörigen bei illegalem Aufenthalt und illegaler Beschäftigung vgl. EuGH EuZW 2015, 68 = InfAuslR 2015, 302 – Tümer.

eines drittstaatsangehörigen Ausländers trotz gesetzlichen Verbots nicht zur Unwirksamkeit des Arbeitsvertrages iSd § BGB § 134 BGB führt[2176]. Als vereinbarte Vergütung ist gem. § 98a Abs. 2 AufenthG die übliche Vergütung anzusehen. Dies gilt jedoch nicht, wenn der Arbeitgeber mit dem Ausländer „zulässigerweise" eine geringere oder eine höhere Vergütung vereinbart hat. Für Beschäftigungen in einem Arbeitsmarktsegment, für das ein Mindestlohn festgesetzt ist, darf dessen Niveau nicht unterschritten werden (Art. 6 RL 2009/52/EG). Für den Umfang der Vergütung wird gem. § 98a Abs. 1 S. 2 AufenthG vermutet, dass der Arbeitgeber den Ausländer drei Monate beschäftigt hat. Es handelt sich hierbei um eine gesetzliche Vermutung, die nach Art. 6 RL 2009/52/EG durch Gegenbeweis jeder der Vertragsparteien ausgeräumt werden kann. Art. 6 Abs. 1 Buchst. b) RL 2009/52/EG sieht auch vor, dass der Arbeitgeber vorenthaltene Steuern und Sozialversicherungsbeiträge zu zahlen hat. Insoweit bedurfte es jedoch keiner neuen Vorschriften im nationalen Recht.

Nach § 98a Abs. 3 AufenthG (= Art. 8 RL 2009/52/EG) haftet ein Unternehmer für **1462** die Erfüllung eines Vergütungsanspruches, wenn er einen Subunternehmer mit der Erbringung von Werk- oder Dienstleistungen beauftragt und dieser einen Ausländer illegal beschäftigt hat. Der Unternehmer haftet wie ein Bürge, der auf die Einrede der Vorausklage verzichtet hat. Diese Haftungsregelung gilt nach § 98a Abs. 4 AufenthG auch für Generalunternehmer und alle zwischengeschalteten Unternehmer, die in keinen unmittelbaren vertraglichen Beziehungen mit dem Arbeitgeber stehen. Es handelt sich hierbei um eine widerlegliche Vermutung, da ein betroffener Unternehmer von der Haftung freigestellt ist, wenn ihm nicht bekannt war, dass der Arbeitgeber den ausländischen Arbeitnehmer entgegen § 284 Abs. 1 SGB III oder § 4 Abs. 3 AufenthG unerlaubt beschäftigt hat. Darüber hinaus entfällt gem. § 98a Abs. 5 AufenthG die Haftung nach Abs. 3 und 4 der Vorschrift, wenn der Unternehmer nachweislich auf Grund sorgfältiger Prüfung davon ausgehen konnte, dass der Arbeitgeber keine Ausländer unerlaubt beschäftigt hat.

Ein unerlaubt beschäftigter ausländischer Arbeitnehmer ist gem. § 98a Abs. 6 Auf- **1463** enthG berechtigt, seinen Vergütungsanspruch nach Abs. 3 und 4 gegenüber einem (General-)Unternehmer vor den deutschen Arbeitsgerichten einzuklagen. Diese Vorschrift darf nicht dahingehend missverstanden werden, dass der gegenüber dem Arbeitgeber selbst bestehende Vergütungsanspruch nicht einklagbar ist. Vielmehr handelt es sich bei ihr um eine Bestimmung, die den Rechtsweg regelt. Dies ergibt sich aus den Gesetzgebungsmaterialien. Dort wird ausdrücklich klargestellt, dass für Klagen des Ausländers gegen den Arbeitgeber gem. § 2 Abs. 1 Nr. 3a ArbGG die Arbeitsgerichte zuständig sind[2177]. Demgegenüber seien in Deutschland für klageweise geltend gemachte Ansprüche aus der Bürgenhaftung, wie sie auch in § 98a Abs. 3 AufenthG vorgesehen sind, die ordentlichen Gerichte zuständig und nur im Rahmen der so genannten Zusammenhangsklage die Arbeitsgerichte (§ 2 Abs. 3 ArbGG)[2178]. Eine solche Rechtswegspaltung sei jedoch im Hinblick auf die Zielsetzung der Richtlinie, illegal beschäftigten Ausländern die **wirksame** Durchsetzung ihrer Rechte zu erleichtern, nicht sinnvoll. Daher eröffne § 98a Abs. 6 AufenthG Ausländern die Möglichkeit, ihre Ansprüche nach Abs. 3 und 4 auch vor den deutschen Arbeitsgerichten geltend zu machen zur. Weder nach der Amtli-

---

[2176] BR-Drs. 210/11, S. 75.
[2177] BR-Drs. 210/11, S. 79.
[2178] § 2 ArbGG: Zuständigkeit im Urteilsverfahren: „(1) Die Gerichte für Arbeitssachen sind ausschließlich zuständig für (...) 2. bürgerliche Rechtsstreitigkeiten zwischen tariffähigen Parteien oder zwischen diesen und Dritten aus unerlaubten Handlungen, soweit es sich um Maßnahmen zum Zwecke des Arbeitskampfes oder um Fragen der Vereinigungsfreiheit einschließlich des hiermit im Zusammenhang stehenden Betätigungsrechts der Vereinigungen handelt; (...) 3. bürgerliche Rechtsstreitigkeiten zwischen Arbeitnehmern und Arbeitgebern (...) d) aus unerlaubten Handlungen, soweit diese mit dem Arbeitsverhältnis im Zusammenhang stehen; (...)".

chen Begründung noch nach dem Gesetzeswortlaut scheint es daher ausgeschlossen, frist-wahrend die Ansprüche nach § 98a Abs. 3 und 6 AufenthG auch vor den ordentlichen Gerichten geltend machen zu können. § 98a Abs. 7 AufenthG bestimmt schließlich, dass die Vorschriften des Arbeitnehmer-Entsendegesetzes unberührt bleiben. Diese Vorschrift dient den Materialien zufolge dazu, dass Regelungen zur Durchsetzung bestimmter branchenspezifischer Mindestlöhne unberührt bleiben[2179]. Dies gilt unter anderem für die Haftung des Auftraggebers nach § 14 AEntG und die Gerichtsstandregelung nach § 15 AEntG.

## 2. Ausschluss des Arbeitgebers von Subventionen (§ 98b AufenthG)

**1464**    Nach § 98b Abs. 1 S. 1 AufenthG (= Art. 7 Abs. 1 Buchst. a) RL 2009/52/EG) besteht unter den dort genannten Voraussetzungen die Möglichkeit, einen Arbeitgeber, der einen Drittstaatsangehörigen illegal beschäftigt hat, von öffentlichen Subventionen auszuschlie-ßen. Danach kann die zuständige Behörde Anträge auf Subventionen iSd § 264 StGB ganz oder teilweise ablehnen, wenn der Antragsteller oder dessen nach Satzung oder Gesetz Vertretungsberechtigter einen Ausländer entgegen § 284 Abs. 1 SGB III oder § 4 Abs. 3 S. 2 AufenthG beschäftigt hat und deswegen nach § 404 Abs. 2 Nr. 3 SGB III mit einer Geldbuße von wenigstens 2500 Euro rechtskräftig belegt worden ist (Nr. 1). Dasselbe gilt, wenn er nach den §§ 10[2180], 10a[2181] oder 11[2182] SchwarzArbG zu einer Freiheitsstrafe von mehr als drei Monaten oder einer Geldstrafe von mehr als 90 Tagessätzen verurteilt worden ist.

**1465**    Gem. § 98b Abs. 1 S. 2 AufenthG ist es möglich, einen Antrag auf Subventionen in einem Zeitraum von bis zu fünf Jahren ab Rechtskraft der Geldbuße, der Freiheits- oder der Geldstrafe abzulehnen. Entscheidungserhebliches Kriterium ist insoweit die Schwere des der Geldbuße oder der Freiheits- oder Geldstrafe zu Grunde liegenden Verstoßes.

**1466**    Liegen die Voraussetzungen des § 98b Abs. 1 vor, kann der Antragsteller vom Sub-ventionsbezug ausgeschlossen werden. In diesem Zusammenhang heißt es in den Gesetz-gebungsmaterialien[2183]:

**1467**    „Bei der Entscheidung, ob und in welchem Umfang ein Antragsteller von einer Sub-vention ausgeschlossen werden soll, hat die Bewilligungsbehörde einen weiten Ermessens-spielraum. Sie kann unter anderem berücksichtigen, wie eng der Zusammenhang zwischen dem Zweck der beantragten Subvention und dem Verstoß im Sinne des Absatzes 1 ist. Auch bereits erfolgte strafrechtliche Sanktionen können berücksichtigt werden."

**1468**    Diese vom deutschen Gesetzgeber gewählte Ausgestaltung des § 98b Abs. 1 AufenthG ist mit der RL 2009/52/EG nicht zu vereinbaren. In Art. 7 Abs. 1 Buchst. a) RL 2009/52/EG heißt es, dass die Mitgliedstaaten die „erforderlichen Maßnahmen" treffen, um sicher-zustellen, dass gegen Arbeitgeber ggf. auch Maßnahmen ergriffen werden können, die einen Ausschluss von einigen oder allen öffentlichen Zuwendungen, Hilfen oder Sub-ventionen, einschließlich der von den Mitgliedstaaten für die Dauer von bis zu fünf Jahren verwalteten EU-Mittel[2184] zur Folge haben. Diese unionrechtliche Vorschrift gilt für den

---

[2179] BR-Drs. 210/11, S. 79.

[2180] § 10 SchwarzArbG sanktioniert die Beschäftigung von Ausländern ohne Genehmigung oder ohne Aufenthaltstitel und zu ungünstigen Arbeitsbedingungen.

[2181] § 10a SchwarzArbG stellt die Beschäftigung von Ausländern ohne Aufenthaltstitel, die Opfer von Menschenhandel sind, unter Strafe.

[2182] § 11 SchwarzArbG regelt die Strafbarkeit der Beschäftigung von Ausländern ohne Genehmi-gung oder ohne Aufenthaltstitel in größerem Umfang oder von minderjährigen Ausländern.

[2183] BR-Dr 210/11, S. 80.

[2184] Erwägungsgrund 18 S. 1 RL 2009/52/EG bezieht ausdrücklich Agrarbeihilfen ein und zielt damit ersichtlich auf die insbesondere in südeuropäischen Ländern stark verbreitete Beschäftigung Illegaler in der Landwirtschaft.

Fall, dass einem Antrag auf Bewilligung öffentlicher Zuwendungen eine unerlaubte Beschäftigung von Ausländern iSd Richtlinie vorangegangen ist. Es entspricht Sinn und Zweck dieser Norm, unter den genannten Voraussetzungen einen Arbeitgeber vom Leistungsbezug **zwingend** auszuschließen, da ansonsten der von der Richtlinie verfolgte Sanktionscharakter leerliefe. Das Einräumen eines weiten Ermessensspielraums ist demnach nicht gerechtfertigt. Dies gilt umso mehr, als in § 98b Abs. 2 AufenthG in Umsetzung von Art. 7 Abs. 2 RL 2009/52/EG Ausnahmen von der Ausschlussregelung des Abs. 1 getroffen worden sind. Nach der unionsrechtlichen Vorgabe können die Mitgliedstaaten beschließen, dass Maßnahmen nach Art. 7 Abs. 1 RL 2009/52/EG nicht angewendet werden, wenn es sich bei den Arbeitgebern um natürliche Personen handelt und die Beschäftigung deren privaten Zwecken dient. Dies ist in § 98b Abs. 2 Nr. 2 AufenthG übernommen worden. Gemeint sind damit offenbar insbesondere haushaltsnahe Dienstleistungen (Haushalts- oder Pflegehilfen etc).

§ 98b Abs. 2 Nr. 1 AufenthG bestimmt darüber hinaus, dass der von Abs. 1 vorgesehene Ausschluss von öffentlichen Zuwendungen nicht gilt, „wenn auf die beantragte Subvention ein Rechtsanspruch besteht". In den Amtlichen Materialien heißt es hierzu, dass diese Vorschrift Fälle regele, in denen Abs. 1 „unter Beachtung des Grundsatzes der Verhältnismäßigkeit" keine Anwendung findet"[2185]. Eine solche Ausnahme ist jedoch in der RL 2009/52/EG nicht vorgesehen. Vielmehr hätte es Sinn und Zweck der Richtlinie entsprochen, gerade auch in Fällen eines Rechtsanspruchs auf eine öffentliche Zuwendung den Ausschluss hiervon als Regelfall vorzusehen. Die vom deutschen Gesetzgeber gewählte Konzeption dürfte unionsrechtswidrig sein und insbesondere dann praktisch unmittelbar relevant werden, wenn im Rahmen der Vergabe öffentlicher Aufträge Angebote, bei denen entsprechende Zuwendungen mit einkalkuliert worden sind, für die Vergabe an einen bestimmten Anbieter mit ausschlaggebend gewesen sind.     **1469**

Nach § 98b Abs. 2 Nr. 3 AufenthG wird ein Antragsteller vom Bezug öffentlicher Zuwendungen nicht ausgeschlossen, wenn die unerlaubte Beschäftigung nach Abs. 1 S. 1 darin bestand, dass ein Unionsbürger rechtswidrig beschäftigt wurde. Diese Regelung findet keine Grundlage in der RL 2009/52/EG. Diese befasst sich nämlich nur mit der unerlaubten Beschäftigung von Drittstaatsangehörigen, also Personen, die gerade nicht den Unionsbürgerstatus genießen. Die Vorschrift zielte offenbar auf die unerlaubte Beschäftigung bulgarischer und rumänischer Arbeitnehmer, da für diesen Personenkreis die volle Arbeitnehmerfreizügigkeit bis zum 31.12.2013 letztmalig ausgesetzt war. Eine Begründung für die Aufnahme des § 98b Abs. 2 Nr. 3 AufenthG in das Gesetz lässt sich den Gesetzgebungsmaterialien nicht entnehmen.     **1470**

Der deutsche Gesetzgeber hat keine Regelung getroffen, die die „Einziehung einiger oder aller öffentlicher Zuwendungen, Hilfen oder Subventionen, einschließlich der von Mitgliedstaaten verwalteten EU-Mittel, die dem Arbeitgeber in einem Zeitraum von bis zu zwölf Monaten vor Feststellung der illegalen Beschäftigung gewährt wurden" (Art. 7 Abs. I Buchst. c) RL 2009/52/EG), betrifft. Zwar ergibt sich aus der Richtlinie keine zwingende Verpflichtung, solche Sanktionen einzuführen. Es hätte jedoch Sinn und Zweck der unionsrechtlichen Vorgaben entsprochen, die Möglichkeit entsprechender Rückforderungen bei einer illegalen Beschäftigung explizit zu regeln und es nicht stillschweigend bei allgemeinen zuwendungsrechtlichen Grundsätzen zu belassen.     **1471**

### 3. Ausschluss von der Vergabe öffentlicher Aufträge (§ 98c AufenthG)

Gem. § 98c Abs. 1 S. 1 AufenthG (= Art. Art. 7 Abs. 1 Buchst. b) RL 2009/52/EG) können öffentliche Auftraggeber iSd § 99 GWB einen Bewerber oder Bieter vom Wettbewerb um einen Liefer-, Bau- oder Dienstleistungsauftrag von der Vergabe öffentlicher     **1472**

---

[2185] BR-Drs. 210/11, S. 80.

Aufträge ausschließen, wenn dieser oder dessen nach Satzung oder Gesetz Vertretungsberechtigter nach § 404 Abs. 2 Nr. 3 SGB III mit einer Geldbuße von wenigstens Zweitausendfünfhundert Euro rechtskräftig belegt worden ist (Nr. 1) oder nach den §§ 10, 10a oder 11 SchwarzArbG zu einer Freiheitsstrafe von mehr als drei Monaten oder einer Geldstrafe von mehr als 90 Tagessätzen rechtskräftig verurteilt worden ist. Entsprechende Sanktionsmaßnahmen können nach § 98c Abs. 1 S. 2 AufenthG „bis zur nachgewiesenen Wiederherstellung der Zuverlässigkeit", je nach Schwere des der Geldbuße, der Freiheits- oder Geldstrafe zu Grunde liegenden Verstoßes in einem Zeitraum von bis zu fünf Jahren ab Rechtskraft der Verurteilung zu einer Geldbuße oder Strafe erfolgen. Verfehlungen iSd Vorschrift führen nicht automatisch zum Ausschluss von einem Vergabeverfahren. Vielmehr hat der Gesetzgeber diese Norm als Kann-Vorschrift ausgestaltet und ist somit insoweit nicht dem Vorbild des § 21 Abs. 1 S. 1 AEntG bzw. des § 21 Abs. 1 S. 1 SchwarzArbG gefolgt, die eine Soll-Regelung enthalten. Zur Begründung wird in den Materialien angeführt, dass die RL 2009/52/EG lediglich verlange, eine Ausschlussmöglichkeit rechtlich zur Verfügung zu stellen. Sie gebe jedoch nicht vor, ob im konkreten Fall bei Vorliegen der Voraussetzungen von dem Ausschluss auch Gebrauch gemacht werden sollte. Dies ist zwar zutreffend. Hingegen ist es rechtspolitisch nicht nachvollziehbar, warum sich der deutsche Gesetzgeber nicht an § 21 Abs. 1 S. 1 SchwarzArbG bzw. § 21 Abs. 1 S. 1 AEntG orientiert und insoweit eine gleiche Behandlung vergleichbarer Sachverhalte vorgesehen hat.

1473    Nach § 98c Abs. 2 AufenthG wird ein Bewerber oder Bieter von einem Vergabeverfahren öffentlicher Auftraggeber nicht ausgeschlossen, wenn die unerlaubte Beschäftigung nach Abs. 1 S. 1 darin bestand, dass ein Unionsbürger rechtswidrig beschäftigt wurde.

1474    § 98c Abs. 3 AufenthG erklärt für den Fall, dass ein öffentlicher Auftraggeber einen Bewerber oder Bieter nach Abs. 1 vom Vergabeverfahren ausschließt, § 21 Abs. 2 bis 5 AEntG für entsprechend anwendbar. Dies betrifft Auskunftsersuchen öffentlicher Auftraggeber, die an die für die Verfolgung oder Ahndung der Ordnungswidrigkeiten nach § 23 AEntG zuständigen Behörden gerichtet sind (Abs. 2), Abfragen öffentlicher Auftraggeber beim Gewerbezentralregister (Abs. 3 und 4) sowie die Verpflichtung, einen Bewerber oder Bieter vor einer Entscheidung über einen Ausschluss vom Vergabeverfahren anzuhören (Abs. 5).

## 4. Betriebsschließung auf Grund illegaler Beschäftigung

1475    Art. 7 Abs. 1 Buchst. d) RL 2009/52/EG überträgt den Mitgliedstaaten die Befugnis, im Falle einer illegalen Beschäftigung iSd Richtlinie je nach Schwere der Zuwiderhandlung die Möglichkeit einer vorübergehenden oder endgültigen Betriebsschließung vorzusehen. Insoweit bedurfte es jedoch keiner Umsetzung in nationales Recht, da auch für solche Fallkonstellationen unter anderem das Instrumentarium der Gewerbeuntersagung nach § 35 GewO gegeben ist.

# L. Schluss- und Übergangsvorschriften (§§ 101 bis 107 AufenthG)

1476    Das Kap. 10 des Aufenthaltsgesetzes enthält ua in den §§ 101 bis 107 Schluss- und Übergangsvorschriften[2186]. Die mit dem Richtlinienumsetzungsgesetz vom 19.8.2007 eingefügte Altfallregelung des § 104a AufenthG und das ebenfalls mit § 104b AufenthG

---

[2186] Die gleichfalls in diesem Kapitel angesiedelten §§ 99 und 100 AufenthG enthalten Verordnungsermächtigungen.

geschaffene neue Aufenthaltsrecht für integrierte Kinder von geduldeten Ausländern ist oben abgehandelt worden und wird daher hier nicht näher erläutert.

## I. Fortgeltung bisheriger Aufenthaltsrechte (§ 101 AufenthG)

Gem. § 101 Abs. 1 S. 1 AufenthG gilt eine **vor** dem 1.1.2005 erteilte Aufenthalts- 1477 berechtigung oder unbefristete Aufenthaltserlaubnis als Niederlassungserlaubnis entsprechend dem ihrer Erteilung zu Grunde liegenden Aufenthaltszweck und Sachverhalt fort. Eine unbefristete Aufenthaltserlaubnis, die nach § 1 Abs. 3 des Gesetzes über Maßnahmen für im Rahmen humanitärer Hilfsaktionen aufgenommene Flüchtlinge vom 22.7.1980[2187] oder in entsprechender Anwendung dieses Gesetzes erteilt worden war, und eine anschließend erteilte Aufenthaltsberechtigung gelten als Niederlassungserlaubnis nach § 23 AufenthG fort (§ 101 Abs. 1 S. 2 AufenthG). Eine **vor** Inkrafttreten des Aufenthaltsgesetzes gem. § 44 Abs. 1 Halbs. 1 Nr. 3 AuslG 1990 von Gesetzes wegen erloschene unbefristete Aufenthaltserlaubnis kann nicht gem. § 101 Abs. 1 S. 1 AufenthG als Niederlassungserlaubnis fortgelten und somit auch die in § 51 Abs. 2 S. 1 AufenthG vorgesehene Rechtsfolge nicht auslösen[2188]. Die übrigen Aufenthaltsgenehmigungen nach dem Ausländergesetz 1990 gelten als Aufenthaltserlaubnisse entsprechend dem ihrer Erteilung zu Grunde liegenden Aufenthaltszweck und Sachverhalt fort (§ 101 Abs. 2 AufenthG). Ein Aufenthaltstitel, der vor dem Inkrafttreten des Richtlinienänderungsgesetzes vom 19.8.2007 am 28.8.2007 mit dem Vermerk „Daueraufenthalt-EG" versehen wurde, gilt als Erlaubnis zum Daueraufenthalt-EG fort (§ 101 Abs. 3 AufenthG).

## II. Fortgeltung ausländerrechtlicher Maßnahmen und Anrechnung (§ 102 AufenthG)

Gem. § 102 Abs. 1 S. 1 AufenthG bleiben die vor dem 1.1.2005 getroffenen sonstigen 1478 ausländerrechtlichen Maßnahmen, insbesondere zeitliche und räumliche Beschränkungen, Bedingungen und Auflagen, Verbote und Beschränkungen der politischen Betätigung sowie Ausweisungen, Abschiebungsandrohungen, Aussetzungen der Abschiebung und Abschiebungen einschließlich ihrer Rechtsfolgen und der Befristung ihrer Wirkungen sowie begünstigende Maßnahmen, die Anerkennung von Pässen und Passersatzpapieren und Befreiungen von der Passpflicht, Entscheidungen über Kosten und Gebühren wirksam. Ebenso bleiben Maßnahmen und Vereinbarungen im Zusammenhang mit Sicherheitsleistungen wirksam, auch wenn sie sich ganz oder teilweise auf Zeiträume nach Inkrafttreten des Aufenthaltsgesetzes zum 1.1.2005 beziehen (§ 102 Abs. 1 S. 2 AufenthG). Entsprechendes gilt für die kraft Gesetzes eingetretenen Wirkungen der Antragstellung nach § 69 AuslG 1990 (§ 102 Abs. 1 S. 3 AufenthG). Angesichts des inzwischen verstrichenen Zeitraums dürfte diese Regelung in der Praxis nicht mehr relevant sein.

Auf die Frist für die Erteilung einer Niederlassungserlaubnis nach § 26 Abs. 4 Auf- 1479 enthG wird die Zeit des Besitzes einer Aufenthaltsbefugnis nach §§ 30 oder 31 AuslG 1990 oder einer Duldung nach § 55 AuslG 1990 vor dem 1.1.2005 angerechnet (§ 102 Abs. 2 AufenthG). Problematisch sind nunmehr die Fälle des § 104a AufenthG hinsichtlich Duldungszeiten nach dem 1.1.2005 bis zum Zeitpunkt der Erteilung einer Aufenthaltserlaubnis nach der Altfallregelung. Da der Gesetzgeber diese Übergangsproblematik

---

[2187] BGBl. I S. 1057. Dieses Gesetz ist durch das Zuwanderungsgesetz vom 30.7.2004 (BGBl. I S. 1950) mit Wirkung zum 1.1.2005 aufgehoben worden. Vgl. aber auch § 103 AufenthG; dazu unten → Rn. 1480.

[2188] OVG Münster InfAuslR 2005, 418.

offensichtlich übersehen hat, ist eine analoge Anwendung des § 102 Abs. 2 AufenthG angezeigt.

## III. Anwendung bisherigen Rechts (§ 103 AufenthG)

1480    Für Personen, die vor Inkrafttreten des Aufenthaltsgesetzes zum 1.1.2005 gem. § 1 des Gesetzes über Maßnahmen für im Rahmen humanitärer Hilfsaktionen aufgenommene Flüchtlinge vom 22.7.1980[2189] die Rechtsstellung nach den Art. 2 bis 34 der Genfer Flüchtlingskonvention genießen, finden die §§ 2a und 2b des Gesetzes über Maßnahmen für im Rahmen humanitärer Hilfsaktionen aufgenommene Flüchtlinge in der bis zum 1.1.2005 geltenden Fassung weiter Anwendung (§ 103 S. 1 AufenthG). In diesen Fällen gilt die Widerrufsmöglichkeit nach § 52 Abs. 1 S. 1 Nr. 4 AufenthG (→ Rn. 1065) entsprechend (§ 103 S. 2 AufenthG).

## IV. Übergangsregelungen (§ 104 AufenthG)

1481    § 104 AufenthG regelt in erster Linie, nach welchen Kriterien bestimmte Sachverhalte, die zum Zeitpunkt des Inkrafttretens des Aufenthaltsgesetzes am 1.1.2005 oder auch zu einem späteren Zeitpunkt bei den Ausländerbehörden verfahrensanhängig waren, zu entscheiden waren. Auf Grund des seitdem verstrichenen Zeitraums kommt diesen Vorschriften allenfalls noch eingeschränkte Relevanz zu[2190]. Daher wird an dieser Stelle darauf verzichtet, die einzelnen Vorschriften zu erläutern.

1482    Hinzuweisen ist jedoch auf § 104 Abs. 13 AufenthG, der mit dem Gesetz zur Einführung beschleunigter Asylverfahren vom 11.3.2016 eingefügt worden ist[2191]. Nach dieser Vorschrift wird ein Familiennachzug zu Personen, denen als subsidiär Schutzberechtigte **nach dem 17.3.2016** eine Aufenthaltserlaubnis nach § 25 Abs. 2 S. 1 Alt. 2 (→ Rn. 529 ff.) erteilt worden ist, **nicht** gewährt (S. 1). Für Ausländer, die diesem Personenkreis zugehören, beginnt die für den Familiennachzug zu Ausländern geltende Dreimonatsfrist, die in § 28 Abs. 2 S. 2 Nr. 1 AufenthG enthalten ist, ab dem **16.3.2018** zu laufen (S. 2). Unabhängig davon kann ein humanitäres Aufenthaltsrecht nach den §§ 22 und 23 AufenthG (→ Rn. 443 ff.) bei Vorliegen der Voraussetzungen in Betracht kommen.

1483    Die ua für Asylberechtigte, Flüchtlinge und subsidiär Schutzberechtigte geltende Wohnsitzregelung des § 12a AufenthG findet nach § 104 Abs. 14 AufenthG in der bis zum 6.8.2019 geltenden Fassung weiter Anwendung auf Ausländer, für die vor dem 6.8.2019 eine Verpflichtung nach § 12a Abs. 1 bis 4 oder 6 AufenthG begründet wurde.

---

[2189] BGBl. I S. 1057.
[2190] Zur Übergangsregelung für Ausländer, für die vor dem 1.12.2013 das Vorliegen eines Abschiebungsverbots nach § 60 Abs. 2, 3 oder 7 S. 2 AufenthG aF festgestellt worden war, vgl. BVerwG NVwZ-RR 2015, 634 Rn. 18 ff.
[2191] BGBl. I S. 390.

# Teil 2. Die Rechtsstellung von Ausländern nach dem Recht der Europäischen Union und dem Abkommen über den Europäischen Wirtschaftsraum

## A. Einleitung

Staatsangehörige aus den Mitgliedstaaten der Europäischen Union und des Europäischen Wirtschaftsraums (EWR)[2192] sowie ihre nicht aus einem solchen Vertragsstaat stammenden Familienangehörigen genießen nach Maßgabe des primären und sekundären Unionsrechts Freizügigkeit. Ihnen und ihren von den Vertragswerken begünstigten Familienangehörigen aus Drittstaaten, dh Staaten, die weder der EU noch dem EWR beigetreten sind, steht auf Grund originären Unions- bzw. Vertragsrechts das Recht zu, in einen anderen Mitgliedstaat bzw. in einen EWR-Staat einzureisen und sich dort aufzuhalten. Die **drittstaatsangehörigen Familienmitglieder** von Unionsbürgern bzw. EWR-Staatern nach § 5 Abs. 1 FreizügG/EU auszustellende Aufenthaltskarte ist rein deklaratorischer Natur[2193]. Die Unions- bzw. EWR-Bürger bedürfen für die Einreise und den Aufenthalt keines Aufenthaltstitels oder sonstigen speziellen Dokuments (§ 1 Abs. 4 S. 1 FreizügG/EU). **1484**

Sowohl das unmittelbar geltende Gemeinschafts- bzw. Unionsrecht (ua EG-Vertrag und Verordnungen der EG sowie EWR-Vertrag) als auch zu transformierende Richtlinien des Rates der EG waren ursprünglich in das Gesetz über Einreise und Aufenthalt von Staatsangehörigen der Mitgliedstaaten der Europäischen Wirtschaftsgemeinschaft (AufenthG/EWG) vom 22.7.1969[2194] und die Freizügigkeitsverordnung/EG vom 17.7.1997[2195] eingeflossen. Diese Regelwerke sind mit In-Kraft-Treten des Zuwanderungsgesetzes vom 30.6.2004[2196] durch das Gesetz über die allgemeine Freizügigkeit von Unionsbürgern (FreizügG/EU) abgelöst worden. Ua mit den Richtlinienumsetzungsgesetzen vom 19.8.2007[2197] und vom 22.11.2011[2198] wurde dieses novelliert und zuletzt mit Art. 6 des Gesetzes zur Änderung des SGB XII und weiterer Gesetze vom 21.12.2015 geändert[2199]. **1485**

Mit Albanien, Bosnien & Herzegowina, Kosovo, Mazedonien, Montenegro und Serbien hat die EU Stabilisierungs- und Assoziationsabkommen geschlossen, die bereits rechtmäßig in der EU tätigen Arbeitnehmern und deren Familienangehörigen bzgl. des Zugangs zum Arbeitsmarkt Gleichbehandlung mit Inländern und nach Ablauf einer bestimmten Übergangszeit die Überprüfung der Modalitäten für die Niederlassung zur Aufnahme einer selbstständigen Erwerbstätigkeit garantieren. **1486**

---

[2192] EWR-Staaten sind Island, Liechtenstein und Norwegen.

[2193] Zur deklaratorischen Wirkung der bis zum 31.12.2004 zu erteilenden Aufenthaltserlaubnis-EG vgl. nur EuGH Slg. 1991, I-273 = BeckRS 2004, 76754 Rn. 12 – Roux; EuGH EuZW 2002, 595 = NVwZ-Beil. 2002, 121 Rn. 74 = NJW 2003, 195 Ls. – MRAX.

[2194] BGBl. I S. 927.

[2195] BGBl. I S. 1810.

[2196] BGBl. I S. 1950.

[2197] BGBl. I S. 1970.

[2198] BGBl. I S. 2258.

[2199] BGBl. I S. 2557.

1487     Auf Grund des Abkommens zwischen der Europäischen Gemeinschaft und ihren Mitgliedstaaten einerseits und der Schweizerischen Eidgenossenschaft andererseits über die Freizügigkeit vom 21.6.1999[2200], das zum 1.6.2002 in Kraft getreten ist, besteht zwischen der Schweiz und der EU ua Freizügigkeit zur Aufnahme einer selbstständigen oder unselbstständigen Erwerbstätigkeit nach Maßgabe der zwischen den EU-Staaten geltenden unionsrechtlichen Bestimmungen.

1488     Türkische Staatsangehörige, vor allem Arbeitnehmer und ihre Familienangehörigen, genießen auf Grund des Abkommens zur Gründung einer **Assoziation zwischen der Europäischen Wirtschaftsgemeinschaft und der Türkei** vom 12.9.1963[2201] in Gestalt des Zusatzprotokolls vom 23.11.1970[2202] nach Erreichen von Anwartschaftszeiten unter bestimmten Voraussetzungen eine stark an den Status von EU-Ausländern angenäherte Rechtsstellung (→ Rn. 1595 ff.). Die entscheidenden Regelungen für Arbeitnehmer und ihre Familienangehörigen finden sich in dem Beschluss Nr. 1/80 des Assoziationsrates EWG-Türkei aus dem Jahre 1980 (→ Rn. 1595 ff.). § 4 Abs. 1 S. 1 AufenthG stellt entsprechend begünstigte türkische Staatsangehörige vom Erfordernis eines Aufenthaltstitels frei. § 2 Abs. 5 S. 1 AufenthG verpflichtet jedoch diesen Personenkreis, das assoziationsrechtliche Aufenthaltsrecht durch den Besitz einer (rein deklaratorischen) Aufenthaltserlaubnis nachzuweisen.

1489     Schließlich hatte die Europäische Gemeinschaft mit den drei Maghreb-Staaten Algerien, Marokko und Tunesien Europa-Mittelmeer-Abkommen zur Gründung einer Assoziation geschlossen, aus denen sich unter bestimmten Voraussetzungen auch arbeitsgenehmigungs- und im Anschluss daran aufenthaltsrechtliche Folgen ergaben[2203]. Nachdem mit dem Aufenthaltsgesetz vom 30.7.2004[2204] die Dualität von Aufenthaltserlaubnis und Arbeitsgenehmigung aufgegeben worden war[2205], haben die genannten Abkommen keine aufenthaltsrechtliche Relevanz mehr[2206].

1490     Staatsangehörige der EU- und EWR-Staaten sind **kraft Unionsrechts** freizügigkeitsberechtigt. Art. 21 Abs. 1 AEUV wie auch Art. 45 Abs. 1 GRCh gewähren grundsätzlich jedem Unionsbürger das Recht, sich im Hoheitsgebiet der Mitgliedstaaten frei zu bewegen und aufzuhalten. Die Freizügigkeit der Arbeitnehmer ist in Art. 45 ff. AEUV geregelt, die Niederlassungsfreiheit ua zur Ausübung einer selbstständigen Erwerbstätigkeit in Art. 49 ff. AEUV und die Dienstleistungsfreiheit in Art. 56 ff. AEUV. Vergleichbare Bestimmungen finden sich im EWR-Abkommen. Das unionsrechtliche Freizügigkeitsrecht ist jedoch nicht auf die genannten vier klassischen Freiheiten nach dem AEUV beschränkt. Vielmehr erstreckt es sich dem Grunde nach auch auf einen erwerbsunabhängigen Aufenthalt (zB Aufnahme eines Studiums, Wechsel des Aufenthaltsorts in einen anderen EU-Staat).

1491     Ausgefüllt wird das Freizügigkeitsrecht durch das sekundäre Unionsrecht, dh durch Verordnungen und Richtlinien der EU. Während entsprechende Verordnungen allgemein gelten und unmittelbare Wirksamkeit entfalten, sind Richtlinien für jeden Mitgliedstaat, an den sie gerichtet sind, hinsichtlich des zu erreichenden Ziels verbindlich, bedürfen jedoch der Umsetzung in nationales Recht (Art. 288 AEUV) und erlangen erst nach

---

[2200] BGBl. 2001 II S. 810 = ABl. Nr. L 114 S. 1 (6 ff.). Dieses Abkommen war notwendig geworden, nachdem die Schweizer Stimmbürger im Rahmen einer Volksabstimmung am 6.12.1992 mit knapper Mehrheit einen Beitritt zum EWR-Abkommen abgelehnt hatten.
[2201] BGBl. 1964 II S. 509.
[2202] BGBl. 1972 II S. 385, geändert durch Ergänzungsprotokoll vom 30.6.1973 (BGBl. 1975 II S. 165).
[2203] EuGH Slg. 1999, I-1209 = InfAuslR 1999, 218 = BeckRS 2004, 77135– El-Yassini; EuGH Slg. 2006, I-11977 = NVwZ 2007, 430 – Gattoussi.
[2204] BGBl. I S. 1950.
[2205] *Huber* NVwZ 2005, 1 (4).
[2206] VGH Kassel NVwZ-RR 2015, 315.

Ablauf der festgesetzten Umsetzungsfrist unmittelbare Geltung, sofern der nationale Gesetzgeber untätig geblieben ist und sich aus einer Richtlinie mit hinreichender Klarheit unmittelbare Rechte herleiten lassen[2207].

Für Unionsbürger und ihre Familienangehörigen sind in ausländerrechtlicher Hinsicht ua folgende Rechtsquellen des unionsrechtlichen Sekundärrechts einschlägig:     **1492**

- VO (EWG) Nr. 1612/68 über die Freizügigkeit der Arbeitnehmer innerhalb der Gemeinschaft vom 15.10.1968[2208], aufgehoben durch Art. 41 VO (EU) Nr. 492/2011 vom 5.4.2011[2209], zuletzt geändert durch VO (EU) 2016/589 vom 13.4.2016[2210]
- RL 2004/38/EG des Europäischen Parlaments und des Rates über das Recht der Unionsbürger und ihrer Familienangehörigen, sich im Hoheitsgebiet der Mitgliedstaaten frei zu bewegen und aufzuhalten, zur Änderung der Verordnung (EWG) Nr. 1612/68 und zur Aufhebung der Richtlinien 64/221/EWG, 68/360/EWG, 72/194/EWG, 73/148/EWG, 75/34/EWG, 75/35/EWG, 90/364/EWG, 90/365/EWG und 93/96/EWG vom 29.4.2004 – Unionsbürgerrichtlinie –[2211].

Anknüpfungspunkt für eine Geltendmachung rechtlicher Vergünstigungen, die sich     **1493**
aus dem primären und sekundären Unionsrecht ergeben, ist der Umstand, dass das verbürgte Freizügigkeitsrecht tatsächlich in Anspruch genommen wird. Hingegen gelten die genannten einschlägigen Rechtsakte nicht für solche Sachverhalte, die sich **ausschließlich** innerhalb eines Mitgliedstaats abspielen. So vermag sich zB ein drittstaatsangehöriges Familienmitglied eines Unionsbürgers nicht auf ein unionsrechtliches Aufenthalts- oder Verbleiberecht zu berufen, solange der Unionsbürger selbst in dem Land seiner Staatsangehörigkeit verbleibt und das grenzüberschreitende Freizügigkeitsrecht nicht wahrnimmt[2212].

# B. Unionsrechtliches Freizügigkeitsrecht (§ 2 FreizügG/EU)

Das Gesetz über die allgemeine Freizügigkeit von Unionsbürgern (Freizügigkeits-     **1494**
gesetz/EU – FreizügG/EU) vom 30.7.2004[2213], zuletzt geändert durch das Gesetz zur besseren Durchsetzung der Ausreisepflicht vom 20.7.2017[2214] regelt die Einreise und den Aufenthalt von Staatsangehörigen anderer Mitgliedstaaten der EU (Unionsbürger) und ihrer Familienangehörigen (§ 1 FreizügG/EU). Zugleich gilt das Freizügigkeitsgesetz/EU auch für Staatsangehörige der EWR-Staaten und deren Familienangehörigen (§ 12 FreizügG/EU). Wer Familienangehöriger ist, ergibt sich aus § 3 FreizügG/EU (→ Rn. 1529 ff.).

Freizügigkeitsberechtigte Unionsbürger und ihre Familienangehörigen haben gem. § 2     **1495**
Abs. 1 FreizügG/EU das Recht auf Einreise und Aufenthalt „nach Maßgabe dieses

---

[2207] Vgl. nur EuGH Slg. 1974, 1349 – van Duyn; Slg. 2004, I-8835 Rdnr. 105 = NJW 2004, 3547 – Pfeiffer; Slg. 2004, I-9425 Rdnr. 26 ff. = NJW 2004, 3479 – Paul ua.

[2208] ABl. Nr. L 257 S. 2.

[2209] ABl. Nr. L 148 S. 1.

[2210] ABl. Nr. L 107 S. 1.

[2211] ABl. Nr. L 229 S. 35. – Die VO (EWG) Nr. 1251/70 über das Recht der Arbeitnehmer, nach Beendigung einer Beschäftigung im Hoheitsgebiet eines Mitgliedstaats zu verbleiben vom 29.6.1970 (ABl. Nr. 142 S. 24) ist im April 2006 aufgehoben worden. Ihr Regelungsinhalt ist in die Unionsbürgerrichtlinie eingeflossen.

[2212] Vgl. nur EuGH Slg. 1990, I-3763 = EuZW 1991, 319; EuGH Slg. 2002, I-6591 = EuZW 2002, 595 Rdnr. 28 – Carpenter; zuletzt EuGH NVwZ 2013, 357 – Iida – und EuGH Urt. v. 10.5.2017 – C-133/15 NVwZ 2017, 1445 Rn. 52 = BeckRS 2017, 109167 – Chavez-Vilchez ./. Niederlande).

[2213] BGBl. I S. 1950.

[2214] BGBl. I S. 2780.

Gesetzes". Diese Formulierung ist so nicht richtig, da sich bereits aus dem im primären Unionsrecht verbürgten Freizügigkeitsrecht und dem zu dessen Ausführung erlassenen Sekundärrecht (→ Rn. 1492 ff.) ein Recht auf Einreise und Aufenthalt bzw. auf Verbleib ergab bzw. ergibt. Allerdings kann nach § 2 Abs. 7 FreizügG/EU das Nichtbestehen des Rechts nach Absatz 1 festgestellt werden, wenn feststeht, dass die betroffene Person das Vorliegen der Voraussetzung für das Freizügigkeitsrecht vorgetäuscht hat (S. 1). Nach Satz 2 kann eine entsprechende Feststellung gegenüber einem drittstaatsangehörigen Familienangehörigen getroffen werden, wenn dieser **nicht** zur Herstellung oder Wahrung der familiären Lebensgemeinschaft nachzieht oder ihn **nicht** zu diesem Zweck begleitet.

## I. Freizügigkeitsberechtigter Personenkreis (§ 2 Abs. 2 FreizügG/EU)

**1496**  Nach § 2 Abs. 2 FreizügG/EU sind folgende Personen unionsrechtlich freizügigkeitsberechtigt:

- Nr. 1: Unionsbürger, die sich als Arbeitnehmer, zur Arbeitssuche oder zur Berufsausbildung aufhalten wollen[2215].
- Nr. 1a: Unionsbürger, die sich zur Arbeitssuche aufhalten.
- Nr. 2: Unionsbürger, wenn sie zur Ausübung einer selbstständigen Erwerbstätigkeit berechtigt sind (niedergelassene selbstständige Erwerbstätige).
- Nr. 3: Unionsbürger, die, ohne sich niederzulassen, als selbstständige Erwerbstätige Dienstleistungen iSd Art. 56 AEUV erbringen wollen (Erbringer von Dienstleistungen), wenn sie zur Erbringung von Dienstleistungen berechtigt sind.
- Nr. 4: Unionsbürger als Empfänger von Dienstleistungen.
- Nr. 5: Nicht erwerbstätige Unionsbürger unter den Voraussetzungen der §§ 3 und 4 FreizügG/EU.
- Nr. 6: Familienangehörige der unter den Nrn. 1 bis 5 genannten Personen unter den Voraussetzungen der §§ 3 und 4 FreizügG/EU.
- Nr. 7: Unionsbürger und ihre Familienangehörigen, die ein Daueraufenthaltsrecht erworben haben.

### 1. Arbeitnehmerfreizügigkeit (Art. 45 AEUV)

**1497**  Das in Art. 45 AEUV verbürgte Recht der Arbeitnehmerfreizügigkeit berechtigt einen Unionsbürger dazu, sich in einen anderen Mitgliedstaat der EU zu begeben, um sich dort eine Arbeit zu suchen bzw. eine unselbstständige Erwerbstätigkeit auszuüben oder eine Berufsausbildung aufzunehmen und durchzuführen.

#### a) Begriff des Arbeitnehmers

**1498**  Arbeitnehmer iSd Unionsrechts ist eine Person, die eine „Tätigkeit im Lohn- oder Gehaltsverhältnis" ausübt (vgl. Art. 1 Abs. 1 VO [EU] Nr. 492/2011). Es muss ein Arbeitsverhältnis bestehen, auf Grund dessen ein Unionsbürger für einen Arbeitgeber für eine gewisse Dauer eine Leistung erbringt, dessen Weisungen unterliegt und für seine Tätigkeit eine Vergütung erhält[2216]. Das Freizügigkeitsrecht eines Arbeitnehmers wird keineswegs dadurch in Frage gestellt, dass das Ausüben einer abhängigen Beschäftigung **nicht** den Hauptzweck der Einreise und des Aufenthalts eines Unionsbürgers bildet. Zwar muss es sich bei dem Arbeitsverhältnis um eine tatsächliche und echte Erwerbstätigkeit handeln, so dass lediglich „völlig untergeordnete und unwesentliche" Tätigkeiten ein

---

[2215] Zur missbräuchlichen Berufung auf ein Freizügigkeitsrecht vgl. OVG Münster Beschl. v. 28.3.2017 – 18 B 274/17 BeckRS 2017, 105608.
[2216] Vgl. nur EuGH Slg. 1986, 2121 – Lawrie-Blum.

unionsrechtliches Freizügigkeitsrecht nicht zu vermitteln vermögen[2217]. Die Aufnahme einer Teilzeitbeschäftigung ist demgegenüber ausreichend, auch wenn es sich lediglich um eine geringfügige Beschäftigung handelt. Eine Wochenarbeitszeit von lediglich zwölf Stunden ist für ausreichend erachtet worden, um die unionsrechtliche Arbeitnehmerfreizügigkeit zu bejahen[2218]. Es ist unerheblich, dass das auf Grund einer nur geringfügigen Teilzeitbeschäftigung erzielte Arbeitseinkommen nicht ausreicht, um den Lebensunterhalt aus eigenen Mitteln vollständig und unabhängig von ergänzenden Sozialleistungen zu bestreiten. So berechtigt der Bezug von Sozialhilfe nicht dazu, den Verlust des Rechts auf Einreise und Aufenthalt nach § 6 FreizügG/EU (→ Rn. 1547 ff.) festzustellen[2219].

Hingegen vermag sich ein Unionsbürger nicht auf das Freizügigkeitsrecht als Arbeit- **1499** nehmer zu berufen, wenn er im Rahmen einer vorrangig therapeutischen Zielen dienenden Maßnahme beschäftigt wird, etwa im Falle der Umschulung und Wiedereingliederung drogenabhängiger Personen oder sonstiger Arbeitsbeschaffungsmaßnahmen nach § 16 SGB II[2220]. Demgegenüber ist die Beschäftigung einer behinderten Person in einer Behindertenwerkstatt oder auch im Rahmen einer Arbeitsbeschaffungsmaßnahme nach den §§ 260 bis 271 SGB III als Arbeitnehmertätigkeit anzusehen[2221].

In der Rechtsprechung des BVerwG war die im Rahmen eines Arbeitsverhältnisses **1500** erfolgte Ausübung der Prostitution nicht als eine das Freizügigkeitsrecht vermittelnde Arbeitnehmertätigkeit anerkannt worden[2222]. Demgegenüber stellte der EuGH in mehreren Entscheidungen klar, dass eine nach nationalem Recht erlaubte unselbstständige Prostitutionstätigkeit vom Arbeitnehmerbegriff des Art. 39 EG (jetzt Art. 45 AEUV) erfasst wird und das Freizügigkeitsrecht nicht unter Berufung auf den Vorbehalt der öffentlichen Ordnung, Sicherheit und Gesundheit in Frage gestellt werden kann[2223].

Arbeitnehmer ist eine Person nur dann, wenn sie an Weisungen des Arbeitgebers oder **1501** eines von ihm beauftragten Dritten gebunden ist. Daher kann die Arbeitnehmereigenschaft in Zweifel stehen, wenn ein Unionsbürger in Wahrheit eine Tätigkeit ausübt, die als eine scheinselbstständige anzusehen ist und auf eigene Kosten und eigenes Risiko verrichtet wird[2224]. Auf das Freizügigkeitsrecht hat ein solcher Umstand jedoch keine durchgreifenden Auswirkungen, da sich ein Unionsbürger im Falle einer scheinselbstständigen Erwerbstätigkeit statt auf die Arbeitnehmerfreizügigkeit auf die Niederlassungs- oder Dienstleistungsfreiheit zu berufen vermag.

Schließlich ist für die Arbeitnehmereigenschaft kennzeichnend, dass eine Entlohnung **1502** für die geleistete Arbeit erfolgt[2225]. Unerheblich ist jedoch die Höhe der Entlohnung oder

---

[2217] Vgl. nur EuGH Slg. 1982, 1035 (1050) = InfAuslR 1983, 102; EuGH NVwZ 1987, 41 Rn. 17 – Lawrie Blum; NVwZ 2014, 1508 Rn. 28 – Haralambidis.

[2218] EuGH Slg. 1986, 1741 – Kempf; vgl. auch EuGH Slg. 1982, 1035 (1053) – Levin.

[2219] Vgl. nur EuGH Slg. 1986, 1741 – Kempf; Slg. 1985, 1027 = NJW 1986, 2181 – Scrivner; vgl. zu Verbleibeberechtigten ohne ausreichende Rente bereits EuGH Slg. 1972, 457 = DÖV 1973, 412 – Frili sowie Slg. 1985, 1739 – Frascogna.

[2220] Vgl. EuGH Slg. 1989, 1621 (1645) = ECLI:EU:C:1989:226 = ZAR 1989, 176 Ls. – Bettray.

[2221] Vgl. auch Art. 7 Abs. 1 VO (EU) Nr. 492/2011 (vormals Art. 7 Abs. 1 VO (EWG) Nr. 1612/68), der ua bestimmt, dass ein Arbeitnehmer, der Unionsbürger ist, im Hinblick auf die berufliche Wiedereingliederung oder Wiedereinstellung nicht anders behandelt werden darf als ein inländischer Arbeitnehmer. Zum Begriff des Arbeitnehmers iSv Art. 7 RL 2003/88/EG und zum Lohnanspruch bei Aufnahme in ein „Zentrum für Hilfe durch Arbeit" vgl. EuGH NZA 2015, 1444 – Fenoll.

[2222] BVerwGE 60, 284 = NJW 1981, 1168.

[2223] Vgl. EuGH Slg. 1982, 1665 – Adoui; Slg. 2001, I-8615 = EuZW 2002, 120 – Jany – mit Anm. *Huber.* Entsprechendes gilt für eine selbstständige Erwerbstätigkeit als Prostituierte. Vgl. in diesem Zusammenhang auch das Gesetz zur Regelung der Rechtsverhältnisse der Prostituierten v. 20.12.2001, BGBl. I S. 3983, geänd. durch Gesetz vom 21.10.2016, BGBl. I S. 2372.

[2224] Zur Abgrenzung vgl. auch EuGH Slg. 1989, 4459 (4505) = ECLI:EU:C:1989:18 Rn. 36 – Agegate; EuGH NZA 2015, 55 Rn. 34 ff. – FNV Kunsten.

[2225] EuGH NVwZ 2014, 1508 Rn. 28 ff. mwN – Haralambidis.

der Umstand, dass das Entgelt einem in dem Beschäftigungssegment tariflich vereinbarten Lohn nicht entspricht oder ein festgesetzter Mindestlohn nicht gezahlt wird[2226]. Schließlich kommt es auch nicht auf die Art der Entlohnung an. Diese kann auch in Naturalleistungen bestehen (zB Bereitstellen von Unterkunft und/oder Ernährung)[2227].

**1503**   Schüler und Studierende, die Unionsbürger sind und **ausschließlich** zu Ausbildungszwecken in das Bundesgebiet einreisen und sich hier aufhalten, sind keine Arbeitnehmer[2228]. Ihr Status bestimmt sich nach § 4 FreizügG/EU. Dies ändert sich jedoch, wenn neben dem Schulbesuch oder dem Studium eine abhängige Beschäftigung ausgeübt wird, da es dann möglich ist, sich auf die Arbeitnehmerfreizügigkeit zu berufen. Eine von vornherein befristete Tätigkeit als Au-pair-Kraft schließt die Arbeitnehmereigenschaft nicht aus.[2229] Darüber hinaus hatte der EuGH in der Rechtssache Lair festgestellt, dass sich ein Unionsbürger, der ursprünglich eine Arbeitnehmertätigkeit verrichtete und anschließend ein Studium aufgenommen hatte, auch weiterhin als Arbeitnehmer iSd Gemeinschaftsrecht angesehen werden könne, wenn zwischen der früheren Berufstätigkeit und dem Studium ein Zusammenhang besteht[2230]. Schließlich ist in diesem Zusammenhang zu beachten, dass diese Personen zumindest insoweit als Empfänger von Dienstleistungen iSd Art. 56 f. AEUV freizügigkeitsberechtigt sind, als sie Ausbildungsangebote von **privaten** Ausbildungseinrichtungen in Anspruch nehmen[2231].

### b) Berufsausbildung

**1504**   Arbeitnehmerfreizügigkeit genießen schließlich Unionsbürger, die sich in einem anderen Mitgliedstaat zum Zwecke der Berufsausbildung aufhalten (§ 2 Abs. 2 Nr. 1 FreizG/EU). Eine Berufsausbildung ist jedoch nur dann gegeben, wenn der Ausbildungsgang zu einem anerkannten Bildungsabschluss führt. Eine **unentgeltliche** Tätigkeit als Praktikant oder Volontär fällt nicht hierunter und begründet anders als bei Zahlung einer Vergütung auch keine Arbeitnehmereigenschaft.

### c) Arbeitssuche

**1505**   Das Freizügigkeitsrecht für Arbeitnehmer berechtigt einen Unionsbürger auch dazu, in einen anderen Mitgliedstaat einzureisen und sich dort aufzuhalten, um ernsthaft[2232] eine Arbeit zu suchen[2233]. Grundsätzlich besteht das Einreise- und Aufenthaltsrecht zur Arbeitssuche dem EuGH zufolge für die Dauer eines halben Jahres[2234]. Hiervon geht auch § 2 Abs. 2 Nr. 1a FreizügG/EU aus und bestimmt zudem, dass diese Frist überschritten werden kann, solange nachweislich weiterhin eine Arbeit gesucht wird und

---

[2226] EuGH Slg. 1991, I – 5531 – Le Manoir.

[2227] Vgl. EuGH Slg. 1989, 6159 = NVwZ 1990, 53 – Steymann.

[2228] Vgl. EuGH Slg. 1977, 2311 – Kuyken; 1984, 2631 – Meade.

[2229] Vgl. EuGH NVwZ 2008, 404 Rdnr. 31 ff. – Payir ua

[2230] EuGH Slg. 1988, 3161 = NJW 1988, 2165 – Lair; vgl. auch EuGH Slg. 1988, 3205 = ZAR 1989, 40 – Brown.

[2231] Zum Ausschluss der Dienstleistungsfreiheit bei dem Besuch einer *staatlichen* Bildungseinrichtung vgl. EuGH Slg. 1988, 5365 – Humbel; EuZW 1994, 93 – Wirth.

[2232] Vgl. nur EuGH Slg. 1982, 1982, 1035 (1052) = InfAuslR 1983, 102 = BeckEuRS 1982, 97868– Levin. Die Ernsthaftigkeit kann ggf. durch eine Meldung als Arbeitssuchender bei deiner Agentur für Arbeit, Bewerbungsunterlagen etc glaubhaft gemacht werden.

[2233] Zum befristeten Ausschluss von Grundsicherungsleistungen im Falle der Arbeitssuche von Unionsbürgern nach § 7 Abs. 2 S. 1 SGB II vgl. nur EuGH NVwZ 2014, 1648 – Dano; NVwZ 2015, 1517 – Alimanovic; NVwZ 2016, 450 – Garcia-Nieto ua; vgl. ferner ua BSG NZS 2016, 552 sowie Urt. v. 16.12.2015 – B 14 AS 33/14 R BeckRS 2016, 68098.

[2234] EuGH Slg. 1991, 745 = EuZW 1991, 351 – Antonissen. Vgl. auch Art. 7 Abs. 3 Buchst. c) RL 2004/38/EG.

begründete Aussicht besteht, eingestellt zu werden[2235]. Verliert man hingegen den Status als freizügigkeitsberechtigter Arbeitsuchender, etwa wegen Zeitablaufs oder erfolgloser Arbeitsuche, ist ein Wechsel in die Gruppe der nichterwerbstätigen Unionsbürger iSd § 2 Abs. 2 Nr. 6 iVm § 4 FreizügG/EU möglich (→ Rn. 1512).

### d) Ausschluss von der Freizügigkeit bei Beschäftigung in der öffentlichen Verwaltung (Art. 45 Abs. 4 AEUV)

Die Beschäftigung in der „öffentlichen Verwaltung" iSd Art. 45 Abs. 4 AEUV wird **1506** nicht von den Bestimmungen über die Freizügigkeit erfasst. Die Ausschlussregelung bezieht sich auf solche Tätigkeiten, die eine unmittelbare oder mittelbare Teilnahme an der Ausübung hoheitlicher Befugnisse und an der Wahrnehmung solcher Aufgaben mit sich bringen, die auf die Wahrung der allgemeinen Belange des Staates oder anderer öffentlicher Körperschaften gerichtet sind, sich also durch besondere Verbundenheit und Verantwortung des jeweiligen Stelleninhabers zum Staat sowie die Gegenseitigkeit von Rechten und Pflichten, die dem Staatsangehörigkeitsband zu Grunde liegen, auszeichnen[2236]. Funktionen wirtschaftlich-fiskalischer Natur und Beschäftigungen in öffentlich-rechtlich organisierten Dienstleistungsbetrieben, aber auch untergeordnete Tätigkeiten in Hoheitsbereichen, fallen nicht unter Art. 45 Abs. 4 AEUV[2237]. Die beamtenrechtliche Ausgestaltung des Arbeitsverhältnisses kann allenfalls eine widerlegbare Vermutung begründen[2238]. Der Vorbehalt des Art. 45 Abs. 4 AEUV rechtfertigte es jedoch nicht, zB im Bereich der öffentlichen Eisenbahnen ua den Zugang zu den Tätigkeiten als Rangier-, Lade-, Gleisbau- und Stellwerksarbeitern oder im Bereich der Kommunalverwaltung ua den Zugang zur Tätigkeit als Schreiner, Elektriker oder Krankenschwester von der Staatsangehörigkeit abhängig zu machen[2239]. Dasselbe gilt, wenn die Aufgaben des Präsidenten einer Hafenbehörde ausgeübt werden soll[2240]. Der Vorbehalt ist ferner nicht anwendbar auf die öffentlich-rechtlich organisierten und zu Ausbildungszwecken vorgesehenen Tätigkeiten und Vorbereitungsdienste wie das juristische Referendariat oder das Lehramtsreferendariat, deren Absolvierung zwingende Voraussetzung für einen Berufsabschluss ist und den Weg zur Aufnahme einer Berufstätigkeit auch außerhalb der öffentlichen Verwaltung ebnet. In der Rechtssache Lawrie-Blum befand der EuGH[2241], dass Lehrerstellen „keine unmittelbare oder mittelbare Teilnahme an der Ausübung hoheitlicher Befugnisse und an der Wahrnehmung solcher Aufgaben mit sich bringen, die auf die Wahrung der allgemeinen Belange des Staates oder anderer öffentlicher Körperschaften gerichtet sind, und nicht ein Verhältnis besonderer Verbundenheit des jeweiligen Stelleninhabers zum Staat sowie die Gegenseitigkeit von Rechten und Pflichten voraussetzen, die dem Staatsangehörigkeitsband zugrunde liegen"[2242]. Auch die Tätigkeit von Fremdsprachenlektoren an einer Hochschule unterliegt nicht Art. 45 Abs. 4 AEUV[2243]. Bei einer Beschäftigung in staatlichen oder kommunalen Betrieben, die jedoch in privatrechtlicher Form geführt werden wie z B die Deutsche Bahn AG ist Art. 45 Abs. 4 AEUV von vornherein nicht anwendbar.

---

[2235] EuGH EuZW 2004, 507 Rn. 37 mwN.

[2236] Grundlegend EuGH Slg. 1980, 3881 = NJW 1981, 448 – Kommission./. Belgien I.

[2237] EuGH Slg 1980, 3881 = NJW 1981, 448 – Kommission./. Belgien I. Vgl. zuletzt EuGH NVwZ 2014, 1508 Rn. 42 ff. und EZAR NF 83 Nr. 8 = BeckRS 2015, 81259 Rn. 31 f. jew. mwN.

[2238] EuGH Slg. 1974, 153.

[2239] EuGH Slg. 1982, 1845 = NJW 1983, 1965 – Kommission./. Belgien II.

[2240] EuGH NVwZ 2014, 1508.

[2241] Slg. 1986, 2121= NVwZ 1987, 41.

[2242] Ebenso EuGH InfAuslR 1992, 37.

[2243] Vgl. nur EuGH Slg. 1989, 1591 = NVwZ 1990, 851; EuGH Slg. 1993, I-5185 = NVwZ 1994, 365.

## 2. Niederlassungsfreiheit

1507    Die Niederlassungsfreiheit nach Art. 49 AEUV verbürgt das Recht, sich als Unionsbürger in einen anderen Mitgliedstaat zu begeben, um dort eine selbstständige Erwerbstätigkeit auszuüben[2244]. Hiervon ist auch das Recht umfasst, eine Gesellschaft zu gründen
oder zu leiten. Gefordert wird eine **wirtschaftliche** Tätigkeit, die auf unbestimmte Zeit
angelegt ist[2245]. Eine wirtschaftliche Tätigkeit in diesem Sinne liegt dann vor, wenn sie auf
Gewinnerzielung gerichtet ist. Dies muss jedoch nicht der Hauptzweck der Betätigung
sein; ein entsprechender Nebeneffekt genügt[2246]. Aufenthaltsrechtlich bezieht sich die
Niederlassungsfreiheit auf natürliche Personen. In ihren Schutzbereich sind jedoch auch
Personengesellschaften und juristische Personen einbezogen.

## 3. Erbringer von Dienstleistungen

1508    Unionsbürger, die in einem anderen Mitgliedstaat Dienstleistungen erbringen wollen,
sind nach Art. 56 AEUV freizügigkeitsberechtigt. Dieses Recht bezieht sich auf einen
vorübergehenden Aufenthalt. Sofern Dienstleistungen auf unbestimmte Zeit erbracht
werden sollen, tritt die Dienstleistungsfreiheit gegenüber der Niederlassungsfreiheit zurück[2247].

1509    Die Inanspruchnahme der Dienstleistungsfreiheit erfordert nicht zwingend, dass sich
ein Unionsbürger in einen anderen Mitgliedstaat begibt, um dort seine Dienste zu
erbringen. Von dem unionsrechtlichen Begriff der Dienstleistungsfreiheit werden nämlich
auch solche Sachverhalte erfasst, bei denen grenzüberschreitende Leistungen erbracht
werden, **ohne** dass der EU-Bürger aus dem Mitgliedstaat, in dem er wohnt, ausreist[2248].

1510    Die Dienstleistungsfreiheit umfasst auch das Recht eines Unternehmens aus einem
Mitgliedstaat, zum Erbringen seiner Dienstleistungen die ggf. bei ihm beschäftigten Drittstaatsangehörigen in das Hoheitsgebiet eines anderen Mitgliedstaats zu entsenden[2249].
Erforderlich ist jedoch, dass diese Arbeitnehmer bei dem Dienstleistungserbringer „ordnungsgemäß und dauerhaft" beschäftigt sind und nach der Leistungserbringung wieder in
das Stammland des Unternehmens zurückkehren[2250].

## 4. Empfänger von Dienstleistungen

1511    Die passive Dienstleistungsfreiheit verbürgt das Recht, sich als Unionsbürger in einen
anderen Mitgliedstaat zu begeben, um dort Dienstleistungen in Anspruch zu nehmen.
Darüber hinaus verleiht sie jedoch auch die Befugnis, sich von einem Unionsbürger aus
einem anderen Mitgliedstaat im Inland bestimmte Dienstleistungen erbringen zu lassen[2251]. Um sich auf unionsrechtliche Privilegierungen durch die Inanspruchnahme der
passiven Dienstleistungsfreiheit berufen zu können, bedarf es einer gewissen Nachhaltig-

---

[2244] Vgl. Nur EuGH EuZW 2009, 298 Rn. 33 mwN – Hartlauer – und EuZW 2014, 699 Rn. 20
mwN.

[2245] EuGH Slg. 1991, I-3905 (3965) = EuZW 1991, 764 – Factortame.

[2246] Vgl. EuGH Slg. 1985, 1819 = BeckRS 2004, 72178– Steinhauser.

[2247] EuGH Slg. 1995, I-4165 = NJW 1996, 579 – Gebhard; vgl. auch Art. 57 UAbs. 3 AEUV.

[2248] EuGH Slg. 1995, I-1141 = EuZW 1995, 404 Rdnr. 15, 20–22 – Alpine Investments; EuGH Slg.
2002, I-6591 = EuZW 2002, 595 Rdnr. 29 – Carpenter.

[2249] Vgl. nur EuGH NVwZ 2014, 151 Ls. = BeckRS 2014, 81837 Rn. 36 ff. mwN – Essent Energie
Productie BV.

[2250] Vgl. in diesem Zusammenhang auch EuGH Slg. 1994, I-3803 = EuZW 1994, 600 – Vander Elst;
Slg. 1990, I-1417 = EuZW 1990, 256 – Rush Portoguesa.

[2251] Vgl. in diesem Zusammenhang EuGH Slg. 1984, 377 (401) = NJW 1984, 1288 – Luisi und
Carbone; Slg. 1989, 195 = NJW 1989, 2183 – Cowan.

keit der zu empfangenden Leistungen. Eine kurzfristige Ausreise in einen anderen Mitgliedstaat etwa zur Eheschließung („Dänemark-Ehe") genügt nicht[2252].

## 5. Nichterwerbstätige Unionsbürger

Nichterwerbstätige Unionsbürger sind zwar auch Adressaten des in Art. 21 Abs. 1 **1512** AEUV verbürgten allgemeinen Freizügigkeitsrechts. Anders als die Arbeitnehmerfreizügigkeit oder Niederlassungsfreiheit von Selbstständigen unterliegt dessen Wahrnehmung jedoch zusätzlichen Anforderungen, welche nach Maßgabe der Unionsbürger-RL 2004/38/EG in § 4 FreizügG/EU aufgeführt sind. Danach genießen nicht erwerbstätige Unionsbürger Freizügigkeit, wenn sie über ausreichenden Krankenversicherungsschutz und ausreichende Existenzmittel verfügen. Den Mitgliedstaaten ist es untersagt, einen festen Betrag für die Existenzmittel festzulegen, die sie als ausreichend betrachten. Vielmehr haben sie stets die persönliche Situation des Betroffenen zu berücksichtigen (Art. 8 Abs. 4 S. 1 RL 2004/38/EG). Der geforderte Betrag darf in keinem Fall über dem Schwellenbetrag liegen, unter dem der Aufnahmemitgliedstaat seinen Staatsangehörigen Sozialhilfe oder Mindestrente gewährt (Art. 8 Abs. 4 S. 2 RL 2004/38/EG)[2253].

## 6. Familienangehörige

Familienangehörige von Unionsbürgern sind ihrerseits unter den Voraussetzungen der **1513** §§ 3 und 4 FreizügG/EU freizügigkeitsberechtigt. Dies betrifft zunächst solche Angehörige, die ebenfalls Unionsbürger sind, aber selbst nicht auf Grund eigener Erwerbstätigkeit für sich eine der klassischen Grundfreiheiten des AEUV in Anspruch nehmen können. Zwar stünde ihnen dann das Freizügigkeitsrecht nicht erwerbstätiger Unionsbürger zu. Dieses ist jedoch nur nach Maßgabe der Voraussetzungen des § 4 FreizügG/EU gewährleistet und setzt demnach ua das Vorhandensein ausreichender Existenzmittel voraus → Rn. 1512. Hingegen braucht dieses Erfordernis von dem Familienangehörigen eines Unionsbürgers, der als Arbeitnehmer oder Niedergelassener freizügigkeitsberechtigt ist, nicht erfüllt zu werden. Darüber hinaus ist auch jenen Familienangehörigen eines Unionsbürgers ein Freizügigkeitsrecht eingeräumt, die die **Staatsangehörigkeit eines Drittstaates**, dh eines Staates, der nicht der EU angehört, besitzen[2254]. Nicht erforderlich ist, dass die Familienangehörigen ständig mit dem Unionsbürger, von dem sie ihr Freizügigkeitsrecht ableiten, zusammenleben[2255]. Familienangehörigen der in § 2 Abs. 2 Nr. 1 bis 5 FreizügG/EU genannten Unionsbürger steht das unionsrechtliche Freizügigkeitsrecht zu, wenn sie den Unionsbürger begleiten oder ihm nachziehen (§ 3 Abs. 1 S. 1 FreizügG/EU). Für Familienangehörige nicht erwerbstätiger Unionsbürger gilt dies jedoch gem. § 3 Abs. 1 S. 2 FreizügG/EU nur nach Maßgabe des § 4 FreizügG/EU.

Freizügigkeitsberechtigte Familienangehörige im oben genannten Sinne sind zum einen **1514** der Ehegatte, der Lebenspartner und die Verwandten in absteigender Linie der in § 2 Abs. 2 Nr. 1 bis 5 und 7 genannten Personen oder ihrer Ehegatten, die noch nicht 21 Jahre alt sind (§ 3 Abs. 2 Nr. 1 FreizügG/EU). Zum anderen gehören hierzu die Verwandten in aufsteigender und in absteigender Linie der in § 2 Abs. 2 Nr. 1 bis 5 und 7 FreizügG/EU genannten Personen oder ihrer Ehegatten oder Lebenspartner, denen diese Personen oder Ehegatten bzw. Lebenspartner Unterhalt gewähren (§ 3 Abs. 2 Nr. 2

---

[2252] Vgl. nur BVerwG NVwZ 2011, 495 Rn. 12 mwN zur einschlägigen EuGH-Rechtsprechung
[2253] Zum Anspruch auf Ausbildungsförderung bei Wahrnehmung des Freizügigkeitsrechts, um in einem anderen EU-Staat ein Studium aufzunehmen oder fortzuführen, vgl. EuGH NVwZ 2008, 298 – Morgan & Bucher; EuGH NJW 2013, 2879 – Lawrence Prinz; EuGH NJW 2014, 1077 – Meneses.
[2254] Zum abgeleiteten freizügigkeitsrecht eines drittstaatsangehörigen Familienmitglieds vgl. EuGH NVwZ-RR 2014, 404 – S. und G.; EuGH NVwZ 2012, 1235 – Dülger (zu Art. 7 ARB 1/80).
[2255] EuGH Slg. 1985, 593 = NJW 1985, 2087; BVerwG NJW 1985, 2099.

FreizügG/EU). In den Genuss eines unionsrechtlichen Aufenthaltsrechts kommt auch ein drittstaatsangehöriger Elternteil, der für ein freizügigkeitsberechtigtes Kleinkind tatsächlich sorgt[2256].

1515     Den Familienangehörigen nicht erwerbstätiger Unionsbürger, die diesen begleiten oder ihm nachziehen, steht gem. § 4 S. 1 FreizügG/EU das unionsrechtliche Freizügigkeitsrecht nach § 2 Abs. 1 FreizügG/EU zu, wenn sie über ausreichenden Krankenversicherungsschutz und ausreichende Existenzmittel verfügen (→ Rn. 1512). Sofern sich der Unionsbürger als Studierender im Bundesgebiet aufhält, haben nur sein Ehegatte, sein Lebenspartner und die Kinder, denen Unterhalt gewährt wird, ein Begleit- und Nachzugsrecht (§ 4 S. 2 FreizügG/EU). Es kommt insoweit maßgeblich darauf an, dass tatsächlich Unterhalt geleistet wird.

1516     Unter bestimmten Voraussetzungen ergibt sich unmittelbar aus Art. 20 und 21 AEUV für einen drittstaatsangehörigen Elternteil eines Unionsbürgers ein Aufenthaltsrecht, sofern beide im Aufnahmemitgliedstaat zusammenleben und der Elternteil Unterhalt gewährt oder die Personensorge ausübt. Eine strafrechtliche Verurteilung des Drittstaatsangehörigen steht diesem Aufenthaltsrecht nicht von vornherein entgegen. Dies gilt insbesondere im Hinblick darauf, dass das die Unionsbürgerschaft besitzende Kind andernfalls gehalten wäre, mit dem Elternteil das Unionsgebiet zu verlassen. Damit würde in den Kernbestand der Unionsbürgerschaft eingegriffen[2257].

## 7. Inhaber eines Daueraufenthaltsrechts

1517     Nach § 2 Abs. 2 Nr. 7 FreizügG/EU sind Unionsbürger und ihre Familienangehörigen, die ein Daueraufenthaltsrecht nach § 4a FreizügG/EU erworben haben, unionsrechtlich freizügigkeitsberechtigt (→ Rn. 1536 ff.).

# II. Recht auf Einreise und Aufenthalt

## 1. Unionsbürger

1518     Unionsbürger bedürfen für die Einreise keines Visums und für den Aufenthalt im Bundesgebiet keines Aufenthaltstitels (§ 2 Abs. 4 S. 1 FreizügG/EU). Ihr Einreise- und Aufenthaltsrecht ist unionsrechtlich fundiert und wird daher durch die Erteilung eines Aufenthaltstitels **nicht konstitutiv** begründet. Für den Aufenthalt eines Unionsbürgers von **bis zu drei Monaten** ist der Besitz eines gültigen Personalausweises oder Reisepasses ausreichend (§ 2 Abs. 5 S. 1 FreizügG/EU). Weitergehender Nachweise über sein Aufenthaltsrecht bedarf es insoweit nicht. Für diesen Zeitraum braucht er auch keine weiteren Bedingungen zu erfüllen oder Formalitäten zu erledigen (Art. 6 Abs. 2 RL 2004/38/ EG).

1519     Gem. § 5 Abs. 2 S. 1 FreizügG/EU kann die zuständige Ausländerbehörde verlangen, dass die Voraussetzungen des unionsrechtlichen Freizügigkeitsrechts nach § 2 Abs. 1 FreizügG/EU drei Monate nach der Einreise glaubhaft gemacht werden. Die entsprechenden Angaben und Nachweise können von der zuständigen Meldebehörde bei der meldebehördlichen Anmeldung entgegengenommen (§ 5 Abs. 2 S. 2 FreizügG/EU) und von ihr an die zuständige Ausländerbehörde weitergeleitet werden (§ 5 Abs. 2 S. 3 FreizügG/EU).

---

[2256] EuGH Slg. 2004, I-9925 = EZAR NF 14 Nr. 1 = InfAuslR 2004, 413 = BeckRS 2004, 78097–Zhu und Chen.

[2257] Vgl. zuletzt EuGH Urt. v. 10.5.2017 – C-133/15 NVwZ 2017, 1445 = BeckRS 2017, 109167–Chavez-Vilchez ua; EuGH NVwZ 2017, 218 – Rendón-Marín; NVwZ 2017, 223 – CS; jew. mwN; vgl. auch schon EuGH NVwZ 2011, 545 – Ruiz Zambrano; dazu *Huber* NVwZ 2011, 856.

Die zuständige Behörde – dies kann je nach entsprechender Bestimmung die Ausländerbehörde oder auch die Meldebehörde sein – darf gem. § 5a Abs. 1 S. 1 FreizügG/EU von einem Unionsbürger zum einen die Vorlage eines gültigen Personalausweises oder Reisepasses verlangen. Zum anderen ist sie berechtigt, von einem Unionsbürger, der sich auf die Arbeitnehmerfreizügigkeit nach § 2 Abs. 2 Nr. 1 FreizügG/EU beruft, eine Einstellungsbestätigung oder eine Beschäftigungsbescheinigung des Arbeitgebers zu verlangen (§ 5a Abs. 1 S. 1 Nr. 1 FreizügG/EU). Dies gilt jedoch nicht für jene Personen, die eingereist sind, um sich eine Arbeit zu suchen. Von einem Unionsbürger, der von dem Recht der Niederlassungsfreiheit Gebrauch machen will, darf ein Nachweis über die selbstständige Tätigkeit gefordert werden (§ 5a Abs. 1 S. 1 Nr. 2 FreizügG/EU). Dieses Erfordernis ist bereits dann erfüllt, wenn er eine Gewerbeanmeldung vorlegt und die selbstständige Erwerbstätigkeit bereits aufgenommen hat oder deren Aufnahme in absehbarer Zeit bevorsteht. Als Vorwirkung der Niederlassungsfreiheit muss ihm jedoch gegebenenfalls angemessene Zeit eingeräumt werden, um sein Vorhaben vorbereiten und in die Wege leiten zu können. Schließlich ist die zuständige Behörde befugt, von einem nicht erwerbstätigen Unionsbürger iSd § 2 Abs. 2 Nr. 5 FreizügG/EU einen Nachweis über ausreichenden Krankenversicherungsschutz und ausreichende Existenzmittel zu verlangen (§ 5a Abs. 1 S. 1 Nr. 3 FreizügG/EU). Ein nicht erwerbstätiger Unionsbürger iSd § 2 Abs. 2 Nr. 5 FreizügG/EU, der eine Bescheinigung über den Besuch einer Hochschule oder Ausbildungseinrichtung im Bundesgebiet vorlegt, muss lediglich glaubhaft machen, dass er über ausreichenden Krankenversicherungsschutz und ausreichende Existenzmittel verfügt (§ 5a Abs. 1 S. 2 FreizügG/EU).

Die zuständige Behörde darf von Familienangehörigen, die selbst die Unionsbürgerschaft besitzen, zur Glaubhaftmachung, dass die Voraussetzungen des § 2 Abs. 1 FreizügG/EU erfüllt sind, die Vorlage eines gültigen Passes oder Passersatzes fordern (§ 5a Abs. 2 Halbs. 1 FreizügG/EU). Darüber hinaus darf nach § 5a Abs. 2 Halbs. 2 Nr. 1 FreizügG/EU ein Nachweis über das Bestehen der familiären Beziehung, bei Verwandten in absteigender und aufsteigender Linie ein urkundlicher Nachweis über die Voraussetzungen des § 3 Abs. 2 FreizügG/EU (Geburtsurkunde; Nachweis über Unterhaltszahlungen) verlangt werden. Ferner ist es gestattet, die Vorlage einer Meldebescheinigung zu fordern, die einem Unionsbürger, den die Familienangehörigen begleiten oder dem sie nachziehen, erteilt worden ist (§ 5a Abs. 2 Halbs. 2 Nr. 2 FreizügG/EU).

## 2. Drittstaatsangehörige Familienangehörige

Familienangehörige iSd § 2 Abs. 2 Nr. 6 FreizügG/EU, die selbst nicht Unionsbürger sind, bedürfen für die **Einreise** eines Visums nach den Bestimmungen für Ausländer, für die das Aufenthaltsgesetz gilt (§ 2 Abs. 4 S. 2 FreizügG/EU). Ob ein solches **Einreisevisum** (zum Überschreiten der Außengrenzen der EU) erforderlich ist, ergibt sich aus der VO (EG) Nr. 539/2001 (§ 15 AufenthV) oder ggf. auch aus einzelstaatlichen Vorschriften (Art. 5 Abs. 2 S. 1 RL 2004/38/EG) wie § 16 AufenthV, der den Vorrang älterer Sichtvermerksabkommen regelt. Dieses Einreisevisum ist **kein** Visum iSd § 6 AufenthG, so dass die allgemeinen Erteilungsvoraussetzungen nicht erfüllt sein müssen. Das Unionsrecht geht davon aus, dass diesen Familienangehörigen die Einreise zu gestatten ist (Art. 5 Abs. 1 S. 1 RL 2004/38/EG). Ein Verstoß gegen die Visumpflicht führt nicht zum Verlust des unionsrechtlichen Freizügigkeitsrechts[2258]. Dementsprechend sind die Mitgliedstaaten gehalten, alle erforderlichen Maßnahmen zu treffen, um diesen Personen die Beschaffung der erforderlichen Visa zu erleichtern (Art. 5 Abs. 2 S. 3 RL 2004/38/EG) und die Visa so bald wie möglich nach einem beschleunigten Verfahren **unentgeltlich** zu erteilen. Sofern ein drittstaatsangehöriger Familienangehöriger eine gültige Aufenthaltskarte eines

---

[2258] Vgl. nur EuGH EuZW 2002, 595 = NVwZ-Beil. 2002, 121 = NJW 2003, 195 Ls. – MRAX.

anderen Mitgliedstaates der EU nach Art. 5 Abs. 2 Unionsbürger-RL 2004/38/EG besitzt, ist er von dem Erfordernis eines Einreisevisums befreit (§ 2 Abs. 4 S. 3 FreizügG/EU).

1523    Für einen Aufenthalt eines drittstaatsangehörigen Familienangehörigen von bis zu drei Monaten ist es ausreichend, dass dieser im Besitz eines anerkannten oder sonst zugelassenen Passes oder Passersatzes ist und er den Unionsbürger begleitet oder ihm nachzieht (§ 2 Abs. 5 S. 2 FreizügG/EU). Für diesen Zeitraum braucht er keine weiteren Bedingungen zu erfüllen oder Formalitäten zu erledigen (Art. 6 Abs. 2 RL 2004/38/EG). Gem. § 5 Abs. 2 S. 1 FreizügG/EU kann die zuständige Ausländerbehörde verlangen, dass die Voraussetzungen des unionsrechtlichen Freizügigkeitsrechts eines drittstaatsangehörigen Familienmitglieds nach § 2 Abs. 1 FreizügG/EU drei Monate nach der Einreise glaubhaft gemacht werden. Die entsprechenden Angaben und Nachweise können von der zuständigen Meldebehörde bei der meldebehördlichen Anmeldung entgegengenommen (§ 5 Abs. 2 S. 2 FreizügG/EU) und von ihr an die zuständige Ausländerbehörde weitergeleitet werden (§ 5 Abs. 2 S. 3 FreizügG/EU).

1524    Freizügigkeitsberechtigten Familienangehörigen, die nicht Unionsbürger sind, steht ein unionsrechtliches Aufenthaltsrecht zu. Ihnen wird **von Amts wegen** innerhalb von sechs Monaten, nachdem sie die erforderlichen Angaben (vgl. §§ 5 Abs. 2, 5a Abs. 2 FreizügG/EU) gemacht haben, eine **Aufenthaltskarte für Familienangehörige von Unionsbürgern** ausgestellt, die fünf Jahre gültig sein soll (§ 5 Abs. 1 S. 1 FreizügG/EU). Art. 11 Abs. 1 RL 2004/38/EG sieht demgegenüber zwingend vor, dass die Gültigkeit der Aufenthaltskarte fünf Jahre beträgt. Lediglich für den Fall, dass die Aufenthaltsdauer des Unionsbürgers für weniger als fünf Jahre geplant ist, kommt danach eine kürzere Geltungsdauer in Betracht. Die Soll-Regelung des § 5 Abs. 1 S. 1 FreizügG/EU ist demgegenüber unscharf und geeignet, einer nicht richtlinienkonformen Behördenpraxis den Boden zu bereiten.

1525    Die zuständige Behörde – dies kann je nach entsprechender Bestimmung die Ausländerbehörde oder auch die Meldebehörde sein – darf gem. § 5a Abs. 2 Halbs. 1 FreizügG/EU für die Ausstellung einer Aufenthaltskarte nach § 5 Abs. 2 S. 1 FreizügG/EU von einem freizügigkeitsberechtigten Familienangehörigen, der nicht Unionsbürger ist, zum einen die Vorlage eines anerkannten oder sonst zugelassenen gültigen Passes oder Passersatzes verlangen. Zum anderen ist sie berechtigt, Nachweise iSd § 5a Abs. 2 Halbs. 2 Nr. 1 bis 3 FreizügG/EU zu fordern.

## III. Fortbestand des Aufenthaltsrechts

1526    Das unionsrechtliche Freizügigkeitsrecht bleibt gem. § 2 Abs. 3 S. 1 FreizG/EU für **Arbeitnehmer** und **selbstständig Erwerbstätige** in folgenden Fällen unberührt:

1. Vorübergehende Erwerbsminderung infolge einer Krankheit oder eines Unfalls[2259].
2. Unfreiwillige durch die zuständige Agentur für Arbeit bestätigte Arbeitslosigkeit oder Einstellung einer selbstständigen Tätigkeit infolge von Umständen, auf die der Selbstständige keinen Einfluss hatte, nach mehr als einem Jahr Tätigkeit. Auch im Falle einer freiwilligen oder selbstverschuldeten Arbeitslosigkeit etwa durch Kündigung eines Arbeitsverhältnisses durch den Arbeitnehmer verliert dieser jedoch entgegen dem Anschein, den § 2 Abs. 3 S. 1 FreizügG/EU erweckt, sein unionsrechtliches Freizügigkeitsrecht in der Regel nicht. Sofern der Arbeitnehmer nämlich nach Beendigung des Arbeitsverhältnisses ein neues anstrebt, ist er Arbeitssuchender und zumindest[2260] nach

---

[2259] Vgl. EuGH NZA 2014, 765 Rn. 39 ff. – Jessy Saint Prix – betr. Unterbrechung der Beschäftigung wegen Schwangerschaft und Geburt eines Kindes.
[2260] Vgl. in diesem Zusammenhang auch § 2 Abs. 3 S. 2 FreizügG/EU.

Maßgabe der oben genannten Grundsätze weiterhin freizügigkeitsberechtigt. Selbst wenn diese Privilegierung entfallen sollte, genösse er als nicht erwerbstätiger Unionsbürger Freizügigkeitsstatus, wenn auch nur unter den Voraussetzungen des § 4 FreizügG/EU.

3. Aufnahme einer Berufsausbildung, wenn zwischen der Ausbildung und der früheren Erwerbstätigkeit ein Zusammenhang besteht[2261]. Dieser Zusammenhang ist jedoch – wie es in der Vorschrift ausdrücklich geregelt ist – nicht erforderlich, wenn ein Unionsbürger seinen Arbeitsplatz unfreiwillig verloren hat[2262].

Nach § 2 Abs. 3 S. 2 FreizügG/EU bleibt bei unfreiwilliger und durch die zuständige Agentur für Arbeit bestätigter Arbeitslosigkeit nach weniger als einem Jahr Beschäftigung der Fortbestand des Aufenthaltsrechts während der Dauer von sechs Monaten unberührt.      1527

## IV. Eigenständiges Aufenthaltsrecht

§ 3 Abs. 3 bis 5 FreizügG/EU regelt, unter welchen Voraussetzungen Familienangehörige eines freizügigkeitsberechtigten Unionsbürgers ein „eigenständiges Aufenthaltsrecht" erwerben können. Die entsprechenden Vorschriften betreffen in erster Linie Drittstaatsangehörige. Der EuGH weist allerdings darauf hin, dass die Drittstaatsangehörigen durch die RL 2004/38/EG verliehenen Rechte keine eigenständigen Rechte, sondern Rechte sind, die sich daraus ableiten, dass ein Unionsbürger sein Recht auf Freizügigkeit wahrgenommen hat[2263]. Die Familienangehörigen müssen, um dem Grunde nach eine entsprechende rechtliche Vergünstigung zu erhalten, den Unionsbürger begleitet haben oder zu diesem nachgezogen sein[2264].      1528

### 1. § 3 Abs. 3 FreizügG/EU

Familienangehörige eines Unionsbürgers, die selbst Unionsbürger sind, behalten auch nach dem Tod des Unionsbürgers oder seines Wegzugs aus dem Bundesgebiet ihr unionsrechtliches Freizügigkeitsrecht. Dies ist zwar im Freizügigkeitsgesetz/EU nicht explizit geregelt, ergibt sich aber daraus, dass dieser Personenkreis ohnehin nach Art. 21 AEUV generell freizügigkeitsberechtigt ist, wobei für nicht Erwerbstätige die Einschränkungen des § 4 FreizügG/EU zu beachten sind[2265].      1529

Familienangehörige, die **nicht** Unionsbürger sind, behalten beim Tod des Unionsbürgers, von dem sie ihr unionsrechtliches Aufenthaltsrecht abgeleitet haben, ein eigenständiges Aufenthaltsrecht, wenn sie die Voraussetzungen des § 2 Abs. 2 Nr. 1 bis 3 oder Nr. 5 FreizügG/EU erfüllen **und** sich vor dem Tod des Unionsbürgers mindestens ein Jahr als seine Familienangehörigen im Bundesgebiet aufgehalten haben (§ 3 Abs. 3 S. 1 FreizügG/EU). Dieses eigenständige Aufenthaltsrecht ist demnach nur dann gegeben, wenn ein drittstaatsangehöriges Familienmitglied selbst Arbeitnehmer iSd § 2 Abs. 2 Nr. 1 FreizügG/EU, selbstständiger Erwerbstätiger iSd § 2 Abs. 2 Nr. 2 oder Erbringer von Dienstleistungen iSd § 2 Abs. 2 Nr. 3 FreizügG/EU ist. Darüber hinaus besteht ein entsprechender Rechtsanspruch, wenn ein drittstaatsangehöriges Familienmitglied nicht erwerbstätig iSd § 2 Abs. 2 Nr. 5 FreizügG/EU ist, aber über ausreichende Existenzmittel verfügt[2266]. Für den Personenkreis des § 3 Abs. 3 S. 1 FreizügG/EU sind jedoch      1530

[2261] Vgl. EuGH Slg. 1992, I-1071 = EuZW 1992, 313 – Bernini.
[2262] EuGH Slg. 1992, I-1027 = EuZW 1992, 315 – Raulin.
[2263] NVwZ 2015, 1431 Rn. 50 mwN – Singh ua.
[2264] EuGH NVwZ 2015, 1431 Rn. 52 ff. mwN – Singh ua.
[2265] Vgl. auch Art. 12 Abs. 1 S. 1 RL 2004/38/EG.
[2266] Vgl. Art. 12 Abs. 2 RL 2004/38/EG. Vgl. dazu EuGH NVwZ-RR 2013, 1017 Rn. 27 mwN – Alopka & Moudoulo; EuGH NVwZ 2015, 1431 Rn. 71 ff. mwN – Singh ua.

gemäß § 3 Abs. 3 S. 2 FreizügG/EU weder die Bestimmungen des § 3 Abs. 1 und 2 FreizügG/EU noch die der §§ 6 und 7 FreizügG/EU (→ Rn. 1547 ff.) anzuwenden, dh sie sind nicht unionsrechtlich freizügigkeitsberechtigt, sondern haben lediglich ein individuelles Verbleiberecht[2267], aus dem zB auch für andere Familienangehörige keine weitergehenden Rechte hergeleitet werden können. Dementsprechend ist auf sie das Aufenthaltsgesetz und nicht das Freizügigkeitsgesetz/EU anzuwenden (§ 3 Abs. 3 S. 2 Halbs. 2 FreizügG/EU).

## 2. § 3 Abs. 4 FreizügG/EU

1531    Gem. § 4 Abs. 4 FreizügG/EU behalten die Kinder eines freizügigkeitsberechtigten Unionsbürgers und – ungeachtet der Staatsangehörigkeit – der Elternteil, der die elterliche Sorge für die Kinder tatsächlich ausübt, auch nach dem Tod oder Wegzug des Unionsbürgers, von dem sie ihr Aufenthaltsrecht ableiten, bis zum Abschluss einer Ausbildung ihr Aufenthaltsrecht, wenn sich die Kinder im Bundesgebiet aufhalten und eine Ausbildungseinrichtung besuchen[2268]. Das Aufenthaltsrecht besteht unabhängig davon, dass die Begünstigten über ausreichende Existenzmittel und einen umfassenden Krankenversicherungsschutz verfügen[2269].

1532    Die Umsetzung der einschlägigen Norm der RL 2004/38/EG in nationales Recht entspricht nicht in vollem Umfang den unionsrechtlichen Vorgaben. Während § 3 Abs. 4 FreizügG/EU vom „Abschluss einer Ausbildung" spricht, ist in Art. 12 Abs. 3 RL 2004/38/EG vom Abschluss **der** Ausbildung die Rede. Insoweit ist maßgeblich auf das individuelle Ausbildungsprogramm des Kindes abzustellen, das durchaus mehrere Ausbildungsabschnitte, die jeweils für sich mit einem Bildungsabschluss enden, umfassen kann (zB Fachabitur an einer Fachoberschule, im Anschluss daran Aufnahme eines Fachhochschulstudiums mit entsprechendem Abschluss und danach Absolvierung eines Universitätsstudiums, gegebenenfalls gefolgt von einem Referendariat als weiterer eigenständiger Ausbildungsphase).

## 3. § 3 Abs. 5 FreizügG/EU

1533    Gem. § 3 Abs. 5 S. 1 FreizügG/EU behalten **drittstaatsangehörige** Ehegatten oder Lebenspartner eines Unionsbürgers bei Scheidung oder Aufhebung der Ehe oder der Lebenspartnerschaft ein Aufenthaltsrecht, wenn sie die für Unionsbürger geltenden Voraussetzungen des § 2 Abs. 2 Nr. 1 bis 3 oder Nr. 5 FreizügG/EU erfüllen (→ Rn. 1496 ff.) **und** wenn folgende weitere Voraussetzungen erfüllt werden:

- Die Ehe oder Lebenspartnerschaft muss bis zur Einleitung des gerichtlichen Scheidungs- oder Aufhebungsverfahrens mindestens drei Jahre bestanden haben, davon mindestens ein Jahr im Bundesgebiet (Nr. 1)[2270] oder

- dem drittstaatsangehörigen Ehegatten ist durch Vereinbarung der Ehegatten oder Lebenspartner bzw. durch gerichtliche Entscheidung die elterliche Sorge für die (ge-

---

[2267] Vgl. Art. 12 Abs. 2 S. 4 RL 2004/38/EG: „Die betreffenden Familienangehörigen behalten ihr Aufenthaltsrecht ausschließlich auf persönlicher Grundlage."

[2268] Vgl. auch Art. 12 Abs. 3 RL 2004/38/EG.

[2269] EuGH NJW 2002, 3610 Rn. 63 = NVwZ 2003, 466 Ls. – Baumbast und R; EuGH NVwZ 2010, 892 – Ibrahim ua; jew. zu Art. 12 VO (EG) Nr. 1612/68. Vgl. jetzt Art. 10 VO (EU) Nr. 492/2011.

[2270] Maßgeblich ist, ob der Scheidungs- oder Aufhebungsantrag noch zurzeit des Aufenthalts des Unionsbürgers im Aufnahmemitgliedstaat, also im Bundesgebiet, gestellt worden ist; vgl. EuGH NVwZ 2015, 1431 Rn. 61 ff. mwN – Singh ua; EuGH NVwZ 2016, 1471 Rn. 35 ff. – Secretary of State./. NA.

meinsamen) Kinder des Unionsbürgers (mit dem drittstaatsangehörigen Ehegatten oder Lebenspartner) übertragen worden (Nr. 2) oder

- es ist zur Vermeidung einer besonderen Härte erforderlich, das Aufenthaltsrecht weiter zu gewähren, insbesondere weil dem Ehegatten oder Lebenspartner wegen der Beeinträchtigung seiner schutzwürdigen Belange ein Festhalten an der Ehe oder Lebenspartnerschaft nicht zugemutet werden konnte[2271] (Nr. 3) oder
- dem drittstaatsangehörigen Ehegatten oder Lebenspartner ist durch Vereinbarung der Ehegatten oder Lebenspartner bzw. durch gerichtliche Entscheidung das Recht zum persönlichen Umgang mit dem minderjährigen Kind nur im Bundesgebiet eingeräumt worden (Nr. 4).

Dies betrifft insbesondere die Fälle, in denen der Unionsbürger mit seinen Kindern **1534** nach Scheidung oder Aufhebung der Ehe oder Lebenspartnerschaft weiterhin im Bundesgebiet verbleibt, so dass das zugesprochene Umgangsrecht de facto nur im Inland ausgeübt werden kann. Darüber hinaus ist diese Norm jedoch auch einschlägig, wenn der Unionsbürger aus dem Bundesgebiet ausgereist ist, das Kind oder die Kinder weiterhin im Inland verbleiben, etwa um eine aufgenommene Ausbildung zu absolvieren (→ Rn. 1531 f. zu § 3 Abs. 4 FreizügG/EU).

Für den Personenkreis des § 3 Abs. 5 S. 1 FreizügG/EU sind jedoch gem. § 3 Abs. 5 **1535** S. 2 Halbs. 1 FreizügG/EU weder die Bestimmungen des § 3 Abs. 1 und 2 FreizügG/EU noch die der §§ 6 und 7 FreizügG/EU anzuwenden, dh sie sind nicht unionsrechtlich freizügigkeitsberechtigt, sondern genießen lediglich ein individuelles Verbleiberecht[2272], aus dem zB auch für andere Familienangehörige keine weitergehenden Rechte hergeleitet werden können. Dementsprechend ist auf diese das Aufenthaltsgesetz und nicht das Freizügigkeitsgesetz/EU anzuwenden (§ 3 Abs. 5 S. 2 Halbs. 2 FreizügG/EU).

# V. Daueraufenthaltsrecht (§ 4a FreizügG/EU)

## 1. Daueraufenthaltsrecht von Unionsbürgern (§ 4a Abs. 1 FreizügG/EU)

Gem. § 4a Abs. 1 S. 1 FreizügG/EU haben Unionsbürger, die sich seit mindestens fünf **1536** Jahren rechtmäßig im Bundesgebiet aufgehalten haben, **unabhängig** vom weiteren Vorliegen der Voraussetzungen des § 2 Abs. 2 FreizügG/EU (unionsrechtliches Freizügigkeitsrecht) das Recht auf Einreise und Daueraufenthalt. Erforderlich ist, dass innerhalb dieses Zeitraums die Freizügigkeitsvoraussetzungen des Art. 7 Abs. 1 RL 2004/83/EG erfüllt worden sind[2273]. Aufenthaltszeiten, die vor dem Beitritt des Herkunftsstaats des Unionsbürgers zur EU rechtmäßig zurückgelegt wurden, sind zu berücksichtigen[2274]. Familienangehörigen, die nicht Unionsbürger sind, steht dieses Daueraufenthaltsrecht zu, wenn sie seit fünf Jahren mit dem Unionsbürger **ständig** rechtmäßig im Bundesgebiet aufgehalten haben (§ 4a Abs. 1 S. 2 FreizügG/EU). Nach § 4a Abs. 1 S. 3 FreizügG/EU ist jedoch § 3 Abs. 1 und 2 FreizügG/EU für Personen nach Satz 2 nicht anzuwenden. Es besteht somit kein Recht zum Familiennachzug auf der Grundlage des Freizügigkeitsgesetzes/EU. Vielmehr sind die Vorschriften des Aufenthaltsgesetzes zum Familiennachzug zu Inhabern einer Erlaubnis zum Daueraufenthalt-EU (§§ 29 Abs. 1, 30 Abs. 1 AufenthG) entsprechend anzuwenden.

---

2271 Art. 13 Abs. 2 S. 1 lit. c) der RL 2004/38/EG benennt in diesem Zusammenhang als Beispiel Opfer von Gewalt im häuslichen Bereich.
2272 Vgl. Art. 12 Abs. 2 S. 4 RL 2004/38/EG: „Die betreffenden Familienangehörigen behalten ihr Aufenthaltsrecht ausschließlich auf persönlicher Grundlage."
2273 BVerwG NVwZ-RR 2015, 910.
2274 EuGH NVwZ-RR 2012, 121 Rn. 62 f. – Ziolkowski ua.; BVerwG NVwZ-RR 2012, 821.

1537    Auf Antrag wird Unionsbürgern unverzüglich ihr Daueraufenthaltsrecht bescheinigt (§ 5 Abs. 5 S. 1 FreizügG/EU). Daueraufenthaltsberechtigten drittstaatsangehörigen Familienmitgliedern wird innerhalb von sechs Monaten nach Antragstellung eine Daueraufenthaltskarte ausgestellt (§ 5 Abs. 5 S. 2 FreizügG/EU).

## 2. Erleichtertes Daueraufenthaltsrecht (§ 4a Abs. 2 FreizügG/EU)

1538    Abweichend von § 4a Abs. 1 FreizügG/EU haben Unionsbürger iSd § 2 Abs. 2 Nr. 1 bis 3 FreizügG/EU gem. § 4a Abs. 2 FreizügG/EU **vor** Ablauf von fünf Jahren – gemeint ist der rechtmäßige und ununterbrochene fünfjährige Aufenthalt im Bundesgebiet (Art. 17 Abs. 1 RL 2004/38/EG) – unter folgenden alternativen Voraussetzungen ein Recht auf Daueraufenthalt:

1. Der Unionsbürger hat sich mindestens drei Jahre ständig im Bundesgebiet aufgehalten und mindestens während der letzten zwölf Monate im Bundesgebiet eine Erwerbstätigkeit ausgeübt und er hat zum Zeitpunkt des Ausscheidens aus dem Erwerbsleben das 65. Lebensjahr erreicht (a) oder seine Beschäftigung im Rahmen einer Vorruhestandsregelung beendet (b).
2. Der Unionsbürger hat seine Erwerbstätigkeit infolge einer vollen Erwerbsminderung aufgegeben, die durch einen Arbeitsunfall oder eine Berufskrankheit eingetreten ist und einen Anspruch auf eine Rente gegenüber einem Leistungsträger im Bundesgebiet begründet (a) oder nachdem er sich zuvor mindestens zwei Jahre ständig im Bundesgebiet aufgehalten hat (b).
3. Der Unionsbürger war drei Jahre ständig im Bundesgebiet erwerbstätig und anschließend in einem anderen Mitgliedstaat der EU erwerbstätig, hat jedoch seinen Wohnsitz im Bundesgebiet beibehalten und ist mindestens einmal in der Woche dorthin zurückgekehrt. Für den Erwerb eines Daueraufenthaltsrechts nach Nr. 3 gelten gemäß § 4a Abs. 2 S. 1 Nr. 3 Halbs. 2 FreizügG/EU die Zeiten einer Erwerbstätigkeit in einem anderen Mitgliedstaat der EU als Zeiten der Erwerbstätigkeit im Bundesgebiet (Art. 17 Abs. 1 lit. c) RL 2004/38/EG). Somit steht ihnen beim Erfüllen dieser Voraussetzungen unmittelbar und anwartschaftsfrei das Daueraufenthaltsrecht zu.

1539    Ist der Ehegatte oder Lebenspartner eines Unionsbürgers, der als Arbeitnehmer oder Selbstständiger iSd § 4a Abs. 2 S. 1 Nr. 1 und 2 FreizügG/EU tätig war, Deutscher iSd Art. 116 GG oder hat er diese Rechtsstellung durch Eheschließung mit dem Unionsbürger bis zum 31.3.1953 verloren, entfallen die in den genannten Vorschriften ausgestellten Voraussetzungen der Aufenthaltsdauer und der Dauer der Erwerbstätigkeit, um ein Daueraufenthaltsrecht zu erwerben (§ 4a Abs. 2 S. 2 FreizügG/EU, Art. 17 Abs. 2 RL 2004/38/EG).

## 3. Erwerb eines Daueraufenthaltsrechts durch Familienangehörige (§ 4a Abs. 3 bis 5 FreizügG/EU)

1540    Familienangehörige eines **verstorbenen** Unionsbürgers, der als Arbeitnehmer oder Selbstständiger im Bundesgebiet tätig gewesen war, haben gem. § 4a Abs. 3 FreizügG/EU ein Daueraufenthaltsrecht, sofern sie im Zeitpunkt des Todes des Unionsbürgers bei diesem ihren ständigen Aufenthalt hatten und wenn darüber hinaus die folgenden alternativen Voraussetzungen erfüllt sind:

1. Der Unionsbürger hat sich im Zeitpunkt seines Todes seit mindestens zwei Jahren im Bundesgebiet ständig aufgehalten.
2. Der Unionsbürger ist infolge eines Arbeitsunfalls oder einer Berufskrankheit gestorben.
3. Der überlebende Ehegatte oder Lebenspartner des Unionsbürgers ist Deutscher nach Art. 116 GG oder er hat diese Rechtsstellung durch Eheschließung mit dem Unionsbürger vor dem 31.3.1953 verloren.

Das in § 4a Abs. 3 FreizügG/EU aufgestellte Erfordernis eines **ständigen** Aufenthalts **1541**
des Familienangehörigen bei dem Unionsbürger im Bundesgebiet knüpft an die Rechtslage des § 3 Abs. 3 FreizügG/EU aF an[2275]. Fraglich ist jedoch, ob diese Regelung mit
Art. 17 Abs. 4 RL 2004/38/EG zu vereinbaren ist. Dort wird nämlich lediglich vorausgesetzt, dass sich die Familienangehörigen bei dem Unionsbürger aufgehalten haben, von
welcher Dauer dieser Aufenthalt gewesen sein muss, wird nicht geregelt. Auch der
Erwägungsgrund 15 der RL 2004/38/EG sieht die Notwendigkeit eines Schutzes für
Familienangehörige eines Unionsbürgers ua im Falle dessen Todes, sofern sich diese
„bereits im Hoheitsgebiet des Aufnahmemitgliedstaates aufhalten". Somit genügt ein auch
nur vorübergehender Aufenthalt, etwa zur Pflege des Unionsbürgers, um als Angehöriger
in den Genuss des Daueraufenthaltsrechts nach § 4a Abs. 3 FreizügG/EU zu gelangen.

Gem. § 4a Abs. 4 FreizügG/EU haben Familienangehörige eines Unionsbürgers, der **1542**
das Daueraufenthaltsrecht nach § 4a Abs. 2 FreizügG/EU erworben hat (→ Rn. 1538 f.)
oder vor seinem Tod erworben hatte, ebenfalls das Daueraufenthaltsrecht, wenn sie
bereits bei Entstehen des Daueraufenthaltsrechts des Unionsbürgers bei diesem ihren
ständigen Aufenthalt hatten.

§ 4a Abs. 5 FreizügG/EU bestimmt, dass Familienangehörige nach § 3 Abs. 3 bis 5 **1543**
FreizG/EU (→ Rn. 1541 ff.) das Daueraufenthaltsrecht erwerben, wenn sie sich fünf Jahre
ständig rechtmäßig im Bundesgebiet aufgehalten haben.

## 4. Unbeachtliche Abwesenheitszeiten (§ 4a Abs. 6 FreizügG/EU)

Um als Unionsbürger oder als dessen Familienangehöriger ein Daueraufenthaltsrecht **1544**
erwerben zu können, bedarf es idR eines bestimmten vorangegangenen ständigen Aufenthalts im Bundesgebiet. Nach § 4a Abs. 6 FreizügG/EU wird das Erfordernis eines
solchen ständigen Aufenthalts nicht dadurch berührt, dass bestimmte Abwesenheitszeiten
zu verzeichnen sind. Danach sind folgende Abwesenheitszeiten unbeachtlich[2276]:

- Abwesenheit bis zu insgesamt sechs Monaten im Jahr (Nr. 1)[2277] oder
- Abwesenheit zur Ableistung des Wehrdienstes oder eines Ersatzdienstes (Nr. 2) oder
- eine **einmalige** Abwesenheit von bis zu zwölf aufeinander folgenden Monaten aus
  wichtigem Grund, insbesondere auf Grund einer Schwangerschaft und Entbindung,
  einer schweren Krankheit, eines Studiums, einer Berufsausbildung oder einer beruflichen Entsendung (Nr. 3).

## 5. Verlust des Daueraufenthaltsrechts (§§ 4a Abs. 7, 5 Abs. 4 FreizügG/EU)

Nach § 4a Abs. 7 FreizügG/EU führt eine Abwesenheit aus einem seiner Natur nach **1545**
nicht nur vorübergehenden Grund von mehr als zwei aufeinander folgenden Jahren zum
Verlust des Daueraufenthaltsrechts[2278]. Aus dieser unionsrechtlich vorgegebenen Regelung wird ersichtlich, dass das Daueraufenthaltsrecht nach § 4a FreizügG/EU stabiler
Natur ist und erst nach einem mehr als zweijährigen Auslandsaufenthalt erlischt. Es ist
der Richtlinie fremd, bereits zu einem früheren Zeitpunkt ein Erlöschen des Daueraufenthaltsrechts anzunehmen, selbst wenn klare und eindeutige Anhaltspunkte dafür vorliegen, dass der Inhaber dieses Daueraufenthaltsrechts seinen gewöhnlichen Aufenthalt
auf Dauer in einen anderen EU-Staat oder Drittstaat verlegt hat.

Nach § 5 Abs. 4 S. 1 FreizügG/EU kann der Verlust des Freizügigkeitsrechts nach § 2 **1546**
Abs. 1 FreizügG/EU festgestellt und bei Familienangehörigen, die nicht Unionsbürger

---

[2275] Vgl. BT-Drs. 16/5065, S. 210.
[2276] Vgl. auch Art. 16 Abs. 3 RL 2004/38/EG.
[2277] Vgl. dazu VG Ansbach Urt. v. 28.4.2016 – AN 5 K 15.00343 BeckRS 2016, 48965.
[2278] Vgl. auch Art. 16 Abs. 4 RL 2004/38/EG.

sind, die Aufenthaltskarte eingezogen werden, sofern die Voraussetzungen des Freizügigkeitsrechts **innerhalb von fünf Jahren**, nachdem der ständige rechtmäßige Aufenthalt im Bundesgebiet begründet worden ist, entfallen sind oder nicht mehr vorliegen. Dh im Umkehrschluss, dass nach Ablauf dieser Frist und dem damit einhergehenden Erwerb eines Daueraufenthaltsrechts es ausgeschlossen ist, den Verlust des Freizügigkeitsrechts nach § 5 Abs. 4 FreizügG/EU festzustellen[2279]. Im Übrigen bestimmt § 5 Abs. 4 S. 2 FreizügG/EU, dass § 4a Abs. 6 FreizügG/EU entsprechend gilt.

## VI. Verlust des Rechts auf Einreise und Aufenthalt (§ 6 FreizügG/EU)

**1547**    Unter bestimmten Voraussetzungen kann aus Gründen der öffentlichen Ordnung, Sicherheit und Gesundheit in das unionsrechtliche Freizügigkeitsrecht eingegriffen und dieses beschränkt werden (Art. 45 Abs. 3 AEUV; Art. 27 ff. RL 2004/38/EG[2280]). Dem EuGH zufolge ist der Grundsatz des unionsrechtlichen Freizügigkeitsrechts weit zu verstehen[2281], Ausnahmen hiervon sind hingegen eng[2282] bzw. besonders eng[2283] auszulegen. Formal geschieht ein solcher Eingriff im Rahmen einer Feststellung, dass der Verlust des unionsrechtlichen Einreise- und Aufenthaltsrechts eingetreten ist. Um die Rechtmäßigkeit einer entsprechenden Feststellungsentscheidung bejahen zu können, ist im Falle eines Klageverfahrens auf den Zeitpunkt der letzten mündlichen Verhandlung oder der Entscheidung in der letzten gerichtlichen Tatsacheninstanz abzustellen und zu prüfen, ob (auch weiterhin) eine **gegenwärtige** Gefahr iSd § 6 Abs. 2 S. 2 FreizügG/EU von der freizügigkeitsberechtigten Person ausgeht[2284].

**1548**    § 6 Abs. 3 bis 5 FreizügG/EU differenziert je nach Aufenthaltsdauer, unter welchen Voraussetzungen eine solche Feststellung getroffen werden kann. Dies folgt aus Art. 28 RL 2004/38/EG, zu dessen Abs. 3 inzwischen einschlägige Rechtsprechung des EuGH vorliegt[2285].

**1549**    Eine Feststellung des Verlusts des unionsrechtlichen Einreise- und Aufenthaltsrechts darf nicht zu wirtschaftlichen Zwecken getroffen werden (§ 6 Abs. 6 FreizügG/EU; Art. 27 Abs. 1 S. 2 RL 2004/38/EG)[2286]. Wirtschaftliche Zwecke iSd Vorschrift sind auch rein fiskalische Gründe. Daher berechtigt zB der Umstand, dass freizügigkeitsberechtigte Arbeitnehmer mit einem Einkommen unter dem Existenzminimum oder arbeitslos gewordene Personen Arbeitslosengeld II oder Sozialhilfe beziehen, nicht zum Erlass freizügigkeitsbeschränkender Maßnahmen (→ Rn. 1498). Dies gilt auch dann, wenn nur eine

---

[2279] BVerwG NVwZ-RR 2015, 910 Rn. 16.

[2280] Vgl. nur EuGH Slg. 1997, I-3343 = BeckRS 2004, 77666 Rn. 28 – Shingara und Radiom; EuGH Slg. 2004, I-5257 = NVwZ 2004, 1099 Rdnr. 62 – Orfanopoulos und Olivieri. – Zum unionsrechtswidrigen Erlass eines gegenüber einem Unionsbürger ausgesprochenen *Verbots der Ausreise aus seinem Herkunftsstaat* in einen anderen Mitgliedstaat wegen der unterlassenen Begleichung von Schulden vgl. EuGH EuZW 2012, 75 – Aladzhov – und EuGH NVwZ 2013, 273 – Byankov.

[2281] EuGH Slg. 1991, I-745 = EuZW 1991, 351 Rn. 11 – Antonissen; EuGH Slg. 2004, I-5257 = NVwZ 2004, 1099 – Orfanopoulos und Olivieri.

[2282] Vgl. zuletzt EuGH NVwZ 2017, 223 Rn. 37 mwN – CS.

[2283] EuGH Slg. 2001, I-6193 = EuZW 2002, 52 Rn. 31 – Grzelczyk; EuGH Slg. 2004, I-2703 = EuZW 2004, 507 = InfAuslR 2004, 375 Rn. 61 – Collins; EuGH Slg. 2004, I-5257 = NVwZ 2004, 1099 – Orfanopoulos und Olivieri.

[2284] EuGH Slg. 2004, I-5257 = NVwZ 2004, 1099 Rn. 82 – Orfanopoulos und Olivieri. Zum maßgeblichen Zeitpunkt für die Beurteilung der Rechtmäßigkeit einer Ausweisung eines Drittstaatsangehörigen → Rn. 1085.

[2285] NVwZ 2011, 221 – Tsakouridis; NVwZ-RR 2014, 245 – M. G.

[2286] Zum (unionsrechtswidrigen) unbefristeten Ausreiseverbot wegen Nichtbegleichens einer Schuld vgl. EuGH NVwZ 2913, 373.

geringfügige Beschäftigung ausgeübt wird oder wenn Arbeitslose ohne oder ohne ausreichende Arbeitslosenunterstützung sind[2287].

Nach § 6 Abs. 1 S. 1 FreizügG/EU kann der Verlust des Rechts auf Einreise und **1550** Aufenthalt iSd § 2 Abs. 1 FreizügG/EU nur aus Gründen der öffentlichen Ordnung, Sicherheit oder Gesundheit (Art. 45 Abs. 2, Art. 52 Abs. 1 AEUV) festgestellt und die Bescheinigung über das unionsrechtliche Daueraufenthaltsrecht oder die Aufenthaltskarte oder Daueraufenthaltskarte eingezogen werden. Dies gilt unbeschadet des § 2 Abs. 7 FreizügG/EU (→ Rn. 1495) bzw. des § 5 Abs. 4 FreizügG/EU (→ Rn. 1546). Trotz des Wortes „kann" ist der Ausländerbehörde **kein Ermessen** eingeräumt[2288]. Vielmehr hat eine am konkreten Einzelfall orientierte Entscheidung unter Beachtung des Grundsatzes der Notwendigkeit und Verhältnismäßigkeit zu erfolgen.

Ein Rückgriff auf den Vorbehalt der öffentlichen Ordnung, um eine Feststellungsent- **1551** scheidung iSd § 6 Abs. 1 FreizügG/EU zu treffen, ist dem EuGH zufolge nur ausnahmsweise zulässig. Bereits im Rutili-Urteil vom 28.10.1975[2289] hatte der Gerichtshof ausgeführt, dass der Begriff der „öffentlichen Ordnung" (iSd damaligen Art. 48 Abs. 3 EWGV) im Gemeinschaftsrecht, „namentlich, wenn er eine Ausnahme von den wesentlichen Grundsätzen der Gleichbehandlung und der Freizügigkeit der Arbeitnehmer rechtfertigt, **eng** (Herv. d. Verf.) zu verstehen ist". Dh dass freizügigkeitsbeschränkende Maßnahmen ggü. Angehörigen der Mitgliedstaaten unionsrechtlich nur zulässig sind, „wenn ihre Anwesenheit oder ihr Verhalten eine tatsächliche und hinreichend schwerwiegende Gefährdung der öffentlichen Ordnung darstellt"[2290]. Es muss daher ein „Grundinteresse der Gesellschaft" berührt sein[2291]. Damit sind an das Vorliegen der Eingriffsvoraussetzungen hohe Anforderungen gestellt. Zudem bedarf es im zweiten Schritt einer einzelfallbezogenen Würdigung schutzwürdiger Belange der betroffenen Person, wie sie in § 6 Abs. 3 FreizügG/EU (→ Rn. 1548) vorgegeben ist. Zudem sind Maßnahmen der öffentlichen Ordnung unionsrechtlich nur dann gerechtfertigt, wenn sie **ausschließlich** auf das persönliche Verhalten einer bestimmten Person gestützt sind[2292]. Generalpräventive Erwägungen sind daher nicht zulässig[2293].

Öffentliche Sicherheit iSd § 6 Abs. 1 FreizügG/EU meint nicht den polizeirechtlichen **1552** Gefahrenbegriff. Vielmehr ist damit insbesondere die staatliche Sicherheit gemeint, so dass etwa terroristische Bestrebungen oder deren Unterstützung sowie Landesverrat etc, aber auch der bandenmäßige Handel mit Betäubungsmitteln[2294] eine entsprechende Eingriffsbefugnis zu verleihen vermögen.

Art. 28 Abs. 1 RL 2004/38/EG (= § 6 Abs. 3 FreizügG/EU) bestimmt, dass ein Mit- **1553** gliedstaat vor einer Ausweisung eines Unionsbürgers oder dessen Familienangehörigen aus Gründen der öffentlichen Ordnung oder Sicherheit insbes. die Dauer des Aufenthalts im Mitgliedstaat, sein Alter, seinen Gesundheitszustand, seine familiäre wirtschaftliche Lage, seine soziale und kulturelle Integration im Aufnahmemitgliedstaat und das Ausmaß seiner Bindungen zum Herkunftsstaat zu berücksichtigen hat. Diese Vorgaben gehen in erster Linie auf die einschlägige Rechtsprechung des EGMR zu den Voraussetzungen

---

[2287] Vgl. nur EuGH Slg. 1986, 1741 = BeckEuRS 1986, 126856– Kempf; EuGH Slg. 1985, 1027 = NJW 1986, 2181 – Scrivner.

[2288] Anders noch die Amtl. Begr., BT-Drs. 16/5065, S. 211: „Es muss eine Ermessensentscheidung nach Abs. 1 getroffen werden, bei der die Vorgaben des Abs. 2 und 3 zu beachten sind."

[2289] EuGH Slg. 1979, 1219 = NJW 1976, 467 – Rutili.

[2290] EuGH Slg. 1979, 1219 = NJW 1976, 467 – Rutili; vgl. auch EuGH Slg. 1977, 1999 = NJW 1978, 479 – Bouchereau.

[2291] Vgl. nur EuGH Slg. 1977, 1999 = NJW 1978, 479 – Bouchereau; vgl. auch EuGH NVwZ 2012, 1095 – P. I.

[2292] Vgl. ua EuGH Slg. 2004, I-5157 = NVwZ 2004, 1099 Rdnr. 66 – Orfanopoulos und Olivieri.

[2293] EuGH NVwZ 2015, 284 Rn. 58 – McCarthy ua.

[2294] Vgl. nur EuGH NVwZ 2017, 223 Rn. 39 mwN.

eines mit Art. 8 EMRK zu vereinbarenden und dem Verhältnismäßigkeitsgrundsatz des Art. 8 Abs. 2 EMRK Rechnung tragenden Eingriffs in das Recht auf Familien- und Privatleben iSd Art. 8 Abs. 1 EMRK zurück[2295].

1554    Nach Art. 28 Abs. 2 RL 2004/38/EG (= § 6 Abs. 4 FreizügG/EU) darf gegen Unionsbürger und ihre Familienangehörigen, ungeachtet ihrer Staatsangehörigkeit, nur aus schwerwiegenden Gründen der öffentlichen Ordnung oder Sicherheit eine Ausweisung verfügt werden, sofern sie das Recht auf Daueraufenthalt im Hoheitsgebiet des Mitgliedstaats genießen.

1555    Schließlich verbietet Art. 28 Abs. 3 RL 2004/38/EG die Ausweisung eines Unionsbürgers, es sei denn, dass eine solche Entscheidung auf zwingenden von den Mitgliedstaaten festgelegten Gründen der öffentlichen Sicherheit beruht[2296]. Diese Regelung gilt für Unionsbürger, die ihren Aufenthalt in den letzten zehn Jahren im Aufnahmemitgliedstaat hatten oder minderjährig[2297] sind. Zwingende Gründe der öffentlichen Sicherheit können nach § 6 Abs. 5 S. 3 FreizügG/EU nur dann vorliegen, wenn der Betroffene – dies ist der deutschen Regelung zufolge anders als nach Art. 28 Abs. 3 RL 2008/38/EG nicht nur der Unionsbürger, sondern auch dessen Familienangehöriger – wegen einer oder mehrerer vorsätzlicher Straftaten rechtskräftig zu einer Freiheits- oder Jugendstrafe von mindestens fünf Jahren verurteilt oder bei der letzten rechtskräftigen Verurteilung Sicherungsverwahrung angeordnet wurde, wenn die Sicherheit der Bundesrepublik Deutschland betroffenen ist oder wenn vom Betroffenen eine terroristische Gefahr ausgeht[2298].

## 1. Strafrechtliche Verurteilungen

1556    Die Tatsache einer strafrechtlichen Verurteilung rechtfertigt es für sich nicht, den Verlust des Rechts auf Einreise und Aufenthalt festzustellen (§ 6 Abs. 2 S. 1 FreizügG/EU). Vielmehr ist alleine auf das persönliche Verhalten der betroffenen Person abzustellen (§ 6 Abs. 2 S. 2 FreizügG/EU)[2299]. Darüber hinaus dürfen nach dieser Vorschrift nur im Bundeszentralregister noch nicht getilgte strafrechtliche Verurteilungen und diese nur insoweit berücksichtigt werden, als die ihnen zugrundeliegenden Umstände ein **persönliches** Verhalten erkennen lassen, das eine **gegenwärtige** Gefährdung der öffentlichen Ordnung darstellt[2300]. Ergänzend ist in diesem Zusammenhang darauf zu verweisen, dass auch **tilgungsreife,** aber noch nicht aus dem Bundeszentralregister getilgte Angaben über eine strafrechtliche Verurteilung gem. § 51 BZRG einem Verwertungsverbot unterliegen[2301].

---

[2295] Vgl. zB EuGH Slg. 2002, I-6591 Rdnr. 41 ff. = EuZW 2002, 595 – Carpenter: Unverhältnismäßigkeit der Ausweisung eines drittstaatsangehörigen Ehegatten eines Unionsbürgers wegen fehlender Genehmigung zum weiteren Aufenthalt nach erlaubter Besuchseinreise; EuGH Slg. 2004, I-5257 Rdnr. 97 ff. = NVwZ 2004, 1099 – Orfanopoulos und Olivieri, auch unter Verweis auf EGMR InfAuslR 2001, 476 – Boultif. – Zur ausländerrechtlichen Relevanz des Art. 8 EMRK → Rn. 1094 ff. sowie ausf. Meyer-Ladewig ua/*Schuster* Anh. zu Art. 8 EMRK Rn. 3 ff.; Karpenstein/Mayer/*Pätzold* Art. 8 EMRK Rn. 22 und 107 ff.

[2296] Vgl. EuGH NVwZ 2012, 1095 Rn. 19 ff. – P. I.

[2297] § 6 Abs. 5 S. 2 FreizügG/EU bestimmt, dass ein entsprechender Ausweisungsschutz für Minderjährige nicht gilt, wenn der Verlust des Rechts zum Wohl des Kindes notwendig ist.

[2298] Vgl. auch EuGH NVwZ 2014, 1095 – P. I.

[2299] Vgl. zB EuGH Slg. 1977, 1999 = NJW 1978, 479 Rn. 35 – Bouchereau; EuGH, Slg. 2004, I-5157 = NVwZ 2004, 1099 Rn. 66 – Orfanopoulos und Olivieri.

[2300] Vgl. zB EuGH Slg. 1999, I-11 = EuZW 1999, 345 Rn. 22–24 – Calfa; EuGH Slg. 2002, I-6591 = EuZW 2002, 595 Rn. 44 – Carpenter, dort ist auch die Rede von einer *künftigen* Gefahr; EuGH Slg. 2004, I-5197 = NVwZ 2004, 1099 Rn. 67 – Orfanopoulos und Olivieri.

[2301] Vgl. nur BVerwGE 69, 137 = NJW 1984, 2053.

§ 6 Abs. 2 S. 3 FreizügG/EU stellt schließlich klar, dass eine „tatsächliche und hinreichend schwere Gefährdung" vorliegen muss, die ein Grundinteresse der Gesellschaft berührt. Ferner darf eine freizügigkeitsbeschränkende Maßnahme **nicht** vom Einzelfall losgelöst oder zu Zwecken der **Generalprävention** ausgesprochen werden[2302]. Insbesondere das Verbot einer generalpräventiv motivierten Beschränkung des Einreise- und Aufenthaltsrechts (Art. 27 Abs. 2 UAbs. 2 RL 2004/38/EG) ist im Freizügigkeitsgesetz/EU nicht ausdrücklich erwähnt.     **1557**

An einer systematisierenden Kasuistik des EuGH dahingehend, welche Delikte und welches Strafmaß zur Beschränkung des Freizügigkeitsrechts herangezogen werden können, mangelt es angesichts der geringen Zahl einschlägiger Vorabentscheidungsersuchen nationaler Gerichte. Im Fall **Nazli,** in dem sich ein türkischer Arbeitnehmer auf die Vergünstigungen des ARB 1/80 berufen hatte, maß der Gerichtshof dem Umstand, dass die Vollstreckung der dem Kläger auferlegten Freiheitsstrafe von einem Jahr und neun Monaten wegen Beihilfe zum BTM-Handel zur Bewährung ausgesetzt worden war, besondere Bedeutung bei. Die Bewährung diene der sozialen Wiedereingliederung des Verurteilten, und zwar in die Lebensverhältnisse des Aufenthaltsstaates[2303]. Konsequenterweise sei in einem solchen Fall idR eine Ausweisung nicht gerechtfertigt. Diese Schlussfolgerung zu ziehen, ist zwingend, auch wenn der EuGH eine **explizite** Aussage dieses Inhalts nicht trifft[2304]. Im Übrigen entspricht dies dem Grundsatz nach auch der überkommenen Rechtsprechung des BVerwG[2305]. Allerdings hatte das Gericht Ausnahmen von diesem Prinzip nicht ausgeschlossen. Solche könnten in Betracht kommen, „wenn wegen der Schwere des möglichen Schadens die ausländerbehördliche Maßnahme geringere Anforderungen an die Wahrscheinlichkeit eines Schadenseintritts voraussetzt"[2306]. Wenn unter solchen Umständen Strafaussetzung überhaupt gewährt werden sollte, könne im Einzelfall trotzdem eine die Ausweisung zulassende Wiederholungsgefahr zu bejahen sein. Dies könne vor allem bei Verurteilungen wegen Gewalttaten der Fall sein[2307], aber auch bei Verstößen gegen das BTMG[2308]. Dies vermag jedoch nicht zu überzeugen. Der Strafaussetzung zur Bewährung liegt eine Prognose zu Grunde, dass die verurteilte Person sich künftig straffrei verhalten und daher von ihr keine Gefahr für die öffentliche Sicherheit und Ordnung ausgehen wird. Unter **diesen** Umständen ist daher eine Ausweisung von freizügigkeitsberechtigten Unionsbürgern und EWR-Staatsangehörigen sowie von deren aus einem Drittstaat stammenden Familienangehörigen grundsätzlich ausgeschlossen.     **1558**

Aus den Ausführungen im Urteil **Nazli** folgt die Verpflichtung, im Falle der Aussetzung eines Strafrestes zu Bewährung gem. § 57 StGB eine besonders sorgfältige Prüfung der Frage vorzunehmen, ob von der verurteilten Person künftig eine tatsächliche, gegenwärtige und erhebliche Gefahr ausgehen wird. Eine Aussetzung der Bewährung nach § 57 StGB kommt nämlich nur in Betracht, „wenn verantwortet werden kann zu erproben, ob der Verurteilte außerhalb des Strafvollzugs keine Straftaten mehr begehen wird" (§ 57 Abs. 1 S. 1 Nr. 2 StGB).     **1559**

---

[2302] Vgl. schon EuGH Slg. 1975, 297 = NJW 1975, 1096 – Bonsignore; EuGH Slg. 1977, 1999 = NJW 1978, 479 – Bouchereau; EuGH Slg. 2004, I-5157 = NVwZ 2004, 1099 Rn. 68 – Orfanopoulos und Olivieri; vgl. auch BVerwGE 49, 60 = NJW 1976, 494; NVwZ 2001, 1288; stRspr.

[2303] EuGH NVwZ 2000, 1029 Rn. 48.

[2304] Die entsprechenden Ausführungen erfolgen im Zusammenhang mit der – verneinten – Frage, ob die Anordnung von Untersuchungshaft zum Ausschluss von dem regulären Arbeitsmarkt führt.

[2305] BVerwGE 57, 61 (65) = NJW 1979, 506 (507).

[2306] BVerwGE 57, 61 (65) = NJW 1979, 506 (507).

[2307] BVerwGE 57, 61 (65) = NJW 1979, 506 (507) unter Verweis auf BVerwG Buchholz 402.24 § 10 AuslG 1965 Nr. 35.

[2308] BVerwG InfAuslR 1983, 307.

1560     Das BVerwG sieht ein Indiz für eine von einem strafrechtlich verurteilten EU-Ausländer ausgehende Wiederholungsgefahr bei „schweren strafrechtlichen Verfehlungen", etwa bei unerlaubtem Handel mit Betäubungsmitteln. Hierbei könne auch eine einmalige Verurteilung ausreichend sein, um eine Wiederholungsgefahr anzunehmen[2309]. Stets hat jedoch eine sorgfältige Einzelfallprüfung dahingehend zu erfolgen, ob auch weiterhin eine von dem Betroffenen ausgehende Gefährdung gegeben ist[2310]. Der EuGH stellte nämlich in der Rechtssache Orfanopoulos und Olivieri klar, dass die einschlägigen unionsrechtlichen Vorgaben einer nationalen wie der früheren deutschen Regelung entgegenstehen, die den innerstaatlichen Behörden vorgeschrieben hatte, unter bestimmten Voraussetzungen auch straffällig gewordene Unionsbürger gem. § 53 AufenthG aF zwingend auszuweisen[2311].

## 2. Verstoß gegen aufenthalts- und melderechtliche Vorschriften

1561     Ein Verstoß gegen aufenthalts- und melderechtliche Vorschriften berechtigt von vornherein nicht zur Feststellung, dass der Verlust des Rechts auf Einreise und Aufenthalt iSd § 6 Abs. 1 FreizügG/EU eingetreten ist. § 6 Abs. 7 FreizügG/EU stellt klar, dass das Ungültigwerden eines Passes, Personalausweises oder sonstigen Passersatzes eine Aufenthaltsbeendigung nicht begründen kann[2312]. Der EuGH hatte darüber hinaus bereits in der Rechtssache Royer festgestellt, dass aufenthaltsbeendende Maßnahmen auch dann zu unterlassen sind, wenn versäumt wurde, eine erforderliche, aber deklaratorische Aufenthaltsgenehmigung zu beantragen[2313]. Auch ein Visumverstoß eines drittstaatsangehörigen Familienangehörigen eines Unionsbürgers darf weder zur Zurückweisung an der Grenze noch zu einer Verweigerung der deklaratorischen Aufenthaltskarte oder einer sonstigen aufenthaltsbeendenden Maßnahme führen[2314].

## 3. Verlust des Rechts auf Einreise und Aufenthalt aus Gründen der öffentlichen Gesundheit

1562     § 6 Abs. 1 S. 2 FreizügG/EU stellt klar, dass eine Feststellung des Verlusts des Rechts auf Einreise und Aufenthalt aus Gründen der öffentlichen Gesundheit nur erfolgen kann, wenn die Krankheit **innerhalb** der ersten drei Monate nach der Einreise auftritt. Dies entspricht der Vorgabe in Art. 29 Abs. 2 RL 2004/38/EG. Nach § 6 Abs. 1 S. 3 FreizügG/EU (= Art. 29 Abs. 1 RL 2004/38/EG) gelten als Krankheiten, die eine die Freizügigkeit beschränkende Maßnahme rechtfertigen, ausschließlich die Krankheiten mit epidemischem Potenzial iSd einschlägigen Rechtsinstrumente der Weltgesundheitsorganisation **und** sonstige übertragbare, durch Infektionserreger oder Parasiten verursachte Krankheiten, **sofern** gegen diese Krankheiten Maßnahmen zum Schutz der Staatsangehörigen des Aufnahmemitgliedstaates getroffen werden. Abzustellen ist insoweit in erster Linie auf den Katalog der meldepflichtigen Krankheiten nach § 6 IfSchG.

---

[2309] BVerwG InfAuslR 1983, 307.

[2310] Vgl. nur EuGH Slg. 1975, 297 = NJW 1975, 1096 – Bonsignore; EuGH Slg. 1976, 497 = NJW 1976, 2065 – Royer.

[2311] EuGH Slg. 2004, I-5257 = NVwZ 2004, 1099 Rn. 71 und 91 ff.

[2312] Vgl. EuGH Slg. 2005, I-1215 = NJW 2005, 1033 – Oulane; vgl. in diesem Zusammenhang auch Art. 26 S. 2 RL 2004/38/EG.

[2313] EuGH Slg. 1976, 497 = NJW 1976, 2065; vgl. ferner EuGH Slg. 1980, 2171 = NJW 1981, 506 – Pieck; EuGH Slg. 1991, I-273 = InfAuslR 1991, 158 – Roux; EuGH Slg. 2002, I-6591 Rn. 44 = EuZW 2002, 595 – Carpenter.

[2314] Vgl. nur EuGH EuZW 2002, 595 = NVwZ-Beil. 2002, 121 mwN = NJW 2003, 195 Ls. – MRAX.

## 4. Verfahrensrechtliche Vorgaben (§ 6 Abs. 8 FreizügG/EU)

Vor der Feststellung, dass der Verlust des unionsrechtlichen Einreise- und Aufenthalts- 1563
rechts eingetreten ist, soll der betroffene Ausländer angehört werden (§ 6 Abs. 8 S. 1
FreizügG/EU). Die Feststellungsentscheidung bedarf der Schriftform (§ 6 Abs. 8 S. 2
FreizügG/EU). Schließlich bestimmt Art. 30 Abs. 1 RL 2004/38/EG, dass dem Adressaten eines Verwaltungsakts, mit dem der Verlust des unionsrechtlichen Freizügigkeitsrechts festgestellt worden ist, die Gründe der aufenthaltsbeendenden Maßnahme mitzuteilen sind. Hiervon kann jedoch unter strengen Voraussetzungen ausnahmsweise
abgesehen werden[2315].

Die von Art. 31 Abs. 1 RL 2004/38/EG geforderte Möglichkeit, gegen eine aus Grün- 1564
den der öffentlichen Ordnung, Sicherheit oder Gesundheit getroffene Entscheidung über
den Verlust des unionsrechtlichen Freizügigkeitsrechts einen Rechtsbehelf bei einem
Gericht oder ggf. bei einer Behörde des Aufnahmemitgliedstaates einlegen zu können, ist
im Freizügigkeitsgesetz/EU nicht ausdrücklich normiert worden, wohl weil dies im
Hinblick auf Art. 19 Abs. 4 GG als selbstverständlich erachtet wurde. Art. 31 Abs. 3 S. 1
RL 2004/38/EG bestimmt zudem, dass „im Rechtsbehelfsverfahren" – gemeint ist sowohl
ein innerbehördliches Kontrollverfahren wie das Widerspruchsverfahren nach deutschem
Recht als auch ein gerichtliches Überprüfungsverfahren – die Rechtmäßigkeit der Entscheidung sowie die Tatsachen und Umstände, auf denen die Entscheidung beruht, zu
überprüfen ist. Nach S. 2 hat das Rechtsbehelfsverfahren zu gewährleisten, dass die Entscheidung insbesondere im Hinblick auf die Erfordernisse gem. Art. 28 RL 2004/38/EG
nicht unverhältnismäßig ist. Dh dass **auch** im gerichtlichen Überprüfungsverfahren
darauf abzustellen ist, ob **zum Zeitpunkt der gerichtlichen Entscheidung** in der letzten
Tatsacheninstanz, also **gegenwärtig,** von der betroffenen Person noch eine Gefahr für die
öffentliche Ordnung oder Sicherheit ausgeht und ob die Maßnahme sich noch als verhältnismäßig erweist.

## VII. Ausreisepflicht, Einreise- und Aufenthaltsverbot sowie Befristung (§ 7 FreizügG/EU)

§ 7 Abs. 1 FreizügG/EU regelt, unter welchen Voraussetzungen eine ursprünglich 1565
freizügigkeitsberechtigte Person ausreisepflichtig ist. § 7 Abs. 2 FreizügG/EU befasst
sich mit dem Verbot der Einreise in das Bundesgebiet und dem Verbot des Aufenthalts
dort **nach** dem Verlust des Freizügigkeitsrechts. Schließlich regelt er auch die Frage der
Befristung eines solches Verbots.

## 1. Ausreisepflicht (§ 7 Abs. 1 FreizügG/EU)

Nach § 7 Abs. 1 S. 1 FreizügG/EU sind Unionsbürger und ihre Familienangehörigen 1566
ausreisepflichtig, wenn die Ausländerbehörde nach § 6 FreizügG/EU (→ Rn. 1547 ff.)
festgestellt hat, dass das Recht auf Einreise und Aufenthalt nicht besteht. In dem Fest-
stellungsbescheid **soll** die Abschiebung angedroht und eine Ausreisefrist gesetzt werden
(§ 7 Abs. 1 S. 2 FreizügG/EU). Gem. § 7 Abs. 1 S. 3 FreizügG/EU muss – außer in
dringenden Fällen – diese Frist mindestens einen Monat seit Bekanntgabe der aufenthaltsbeendenden Maßnahme (Art. 30 Abs. 3 S. 2 RL 2004/38/EG) betragen.

Legt ein Ausländer gegen eine ihn betreffende Feststellung, dass das unionsrechtliche 1567
Einreise- und Aufenthaltsrecht nicht mehr besteht, einen Rechtsbehelf ein, hat dieser
gem. § 80 Abs. 1 VwGO aufschiebende Wirkung. § 84 Abs. 1 AufenthG ist im Falle

---

[2315] EuGH NVwZ 2013, 1139, Rn. 48 ff. – ZZ.

einer Feststellungsentscheidung nach § 6 FreizügG/EU nicht anwendbar, wie sich unmissverständlich aus § 11 Abs. 1 FreizügG/EU ergibt. Die aufschiebende Wirkung entfällt jedoch, sofern die Feststellungsentscheidung von der zuständigen Behörde mit der Anordnung des Sofortvollzugs versehen ist. Wird in einem solchen Fall neben dem Rechtsbehelf gegen eine Feststellungsentscheidung auch ein Antrag auf vorläufigen Rechtsschutz gestellt, um die Vollstreckung dieser Entscheidung auszusetzen, darf gem. § 7 Abs. 1 S. 4 FreizügG/EU die Abschiebung aus dem Hoheitsgebiet nicht erfolgen, solange über den Antrag auf vorläufigen Rechtsschutz nicht entschieden wurde.

1568    Das aus § 7 Abs. 1 S. 4 FreizügG/EU folgende vorübergehende Vollstreckungshindernis wegen eines Antrags nach § 80 Abs. 5 VwGO gilt nicht nur für das erstinstanzliche gerichtliche Eilverfahren, sondern im Falle der vollständigen oder teilweisen Ablehnung des Begehrens des Betroffenen auch für die Dauer eines gegebenenfalls von ihm eingeleiteten Beschwerdeverfahrens nach § 146 VwGO. Den unionsrechtlichen Vorgaben ua des Art. 31 Abs. 2 RL 2004/38/EG wird nämlich nur dann genügt, wenn es dem Unionsbürger ermöglicht wird, den Ausgang eines zweitinstanzlichen Beschwerdeverfahrens über seinen Aussetzungsantrag abzuwarten.

## 2. Einreise- und Aufenthaltsverbot (§ 7 Abs. 2 S. 1 bis 3 FreizügG/EU)

1569    § 7 Abs. 2 S. 1 FreizügG/EU bestimmt, dass Unionsbürger und ihre Familienangehörigen, die ihr Freizügigkeitsrecht nach § 6 Abs. 1 FreizügG/EU verloren haben, nicht erneut in das Bundesgebiet einreisen und sich darin aufhalten dürfen[2316]. Dieses Einreise- und Aufenthaltsverbot setzt nicht voraus, dass die Feststellungsentscheidung unanfechtbar geworden ist. Es tritt jedoch ein, wenn die Wirkungen der entsprechenden Feststellung für sofort vollziehbar erklärt worden sind.

1570    Dem Wortlaut des § 7 Abs. 2 S. 1 FreizügG/EU zufolge scheint das Einreise- und Aufenthaltsverbot vorbehaltlos zu gelten und keine Ausnahme zu kennen. Zwar sieht auch Art. 31 Abs. 4 RL 2004/38/EG vor, dass die Mitgliedstaaten dem Betroffenen verbieten können, sich während eines anhängigen Rechtsbehelfsverfahrens in ihrem Hoheitsgebiet aufzuhalten. Zugleich darf nach dieser Vorschrift jedoch ein Betroffener nicht daran gehindert werden, sein Verfahren selbst, dh vom Inland her, zu führen und auch bei Anhörungen oder gerichtlichen Verhandlungen anwesend sein zu dürfen. Ihm ist daher ggf. eine Betretenserlaubnis nach § 11 Abs. 1 S. 1 FreizügG/EU iVm § 11 Abs. 8 AufenthG zu erteilen. Dies gilt gem. Art. 31 Abs. 4 RL 2004/38/EG jedoch dann nicht, wenn die öffentliche Ordnung oder Sicherheit durch das persönliche Erscheinen des Betroffenen **ernsthaft** gestört werden könnte oder der Rechtsbehelf sich gegen die Verweigerung der Einreise in das Hoheitsgebiet richtet.

1571    Nach § 7 Abs. 2 S. 2 FreizügG/EU kann Unionsbürgern und ihren Familienangehörigen, bei denen das Nichtbestehen des Freizügigkeitsrechts nach § 2 Abs. 7 FreizügG/EU ua wegen Täuschung (→ Rn. 1495) festgestellt worden ist, untersagt werden, erneut in das Bundesgebiet einzureisen und sich darin aufzuhalten. Nach Satz 3 soll eine entsprechende Untersagung erfolgen, wenn ein besonders schwerer Fall, insbesondere ein wiederholtes Vortäuschen der Freizügigkeitsberechtigung oder wenn ihr Aufenthalt die öffentliche Ordnung und Sicherheit der Bundesrepublik Deutschland in erheblicher Weise beeinträchtigt. Bei einer Entscheidung nach § 7 Abs. 2 S. 2 und 3 FreizügG/EU ist § 6 Abs. 3, 6 und 8 FreizügG/EU entsprechend anwendbar (§ 7 Abs. 2 S. 4 FreizügG/EU).

---

[2316] Eine Zuwiderhandlung gegen das sich aus § 7 Abs. 2 S. 1 FreizügG/EU ergebende Einreise- und Aufenthaltsverbot ist nach § 9 Abs. 2 FreizügG/EU mit Freiheitsstrafe bis zu einem Jahr oder Geldstrafe bedroht.

### 3. Befristung der Wirkung eines Einreise- und Aufenthaltsverbots (§ 7 Abs. 2 S. 5 bis 8 FreizügG/EU)

Das Einreise- und Aufenthaltsverbot nach § 7 Abs. 2 S. 1 bis 3 FreizügG/EU wird **von** **1572** **Amtswegen** befristet (§ 7 Abs. 2 S. 5 FreizügG/EU). Die entsprechende Entscheidung steht nicht im Ermessen der Ausländerbehörde. Vielmehr ist gesetzlich **zwingend** gefordert, eine Befristung vorzunehmen. § 11 Abs. 3 S. 1 AufenthG, der die Entscheidung über die Länge der Frist in das Ermessen der Ausländerbehörde stellt (→ Rn. 157 ff.) ist gem. § 11 Abs. 1 FreizügG/EU nicht entsprechend anwendbar. Die Frist ist unter Berücksichtigung der Umstände des Einzelfalles festzusetzen und darf fünf Jahre nur in den Fällen des § 6 Abs. 1 FreizügG/EU (→ Rn. 1550 ff.) überschreiten (§ 7 Abs. 2 S. 6 FreizügG/EU). Die Befristungsentscheidung nach § 7 Abs. 2 FreizügG/EU ist auf der Grundlage einer aktuellen Gefährdungsprognose und Verhältnismäßigkeitsprüfung zu treffen[2317]. Eine zeitliche Obergrenze ist – anders als in der Sollvorschrift des § 11 Abs. 3 S. 3 AufenthG (→ Rn. 157 ff.) – nicht vorgesehen. Allerdings ist zu beachten, dass der EuGH eine auf Lebenszeit ausgesprochene Sperrfrist für gemeinschaftswidrig erachtet hatte[2318]. Die Frist beginnt mit der Ausreise (§ 7 Abs. 2 S. 7 FreizügG/EU).

Die gegenüber einem Ausländer, der inzwischen nach Beitritts eines Herkunftsstaats **1573** zur EU Unionsbürgerstatus genießt, auf der Grundlage des Aufenthaltsgesetzes erlassene „Altausweisung" behält ihre Wirksamkeit. Jedoch ist über die nachträgliche Befristung der Sperrwirkung nicht nach § 11 AufenthG, sondern nach § 7 Abs. 2 FreizügG/EU zu entscheiden[2319].

Darüber hinaus sieht § 7 Abs. 2 S. 8 FreizügG/EU vor, dass eine nach „angemessener **1574** Frist" oder ein nach drei Jahren gestellter Antrag auf Aufhebung des Einreise- und Aufenthaltsverbots wegen einer geltend gemachten materiellen Änderung der Umstände (Art. 32 Abs. 1 S. 1 RL 2004/38/EG) innerhalb von sechs Monaten zu bescheiden ist. Während des Antragsverfahrens wirkt das Einreise- und Aufenthaltsverbot jedoch fort (Art. 32 Abs. 2 RL 2004/38/EG).

Die aufenthaltsbeendende Maßnahme muss unionsrechtskonform erlassen worden sein. **1575** Stellt sich **nach** Unanfechtbarkeit der Feststellungsentscheidung – etwa auf Grund neuerer Rechtsprechung des EuGH – heraus, dass diese Entscheidung mit Unionsrecht nicht zu vereinbaren ist, hat eine **unverzügliche** Befristung des Einreise- und Aufenthaltsverbots zu erfolgen[2320].

Weder aus der RL 2004/38/EG noch aus § 7 FreizügG/EU ergibt sich eine Antwort **1576** auf die Frage, welche Folgen sich aus einer unterlassenen Bescheidung eines Befristungsantrags innerhalb von sechs Monaten ergeben. Dass in einem solchen Fall **automatisch** das für verlustig erklärte Freizügigkeitsrecht wiederauflebt, dürfte mit Sinn und Zweck der unionsrechtlichen Vorgaben nicht zu vereinbaren sein. Auf der anderen Seite könnte der Betroffene jedoch durchaus den von ihm geltend gemachten Befristungsanspruch im Wege einer einstweiligen Anordnung nach § 123 VwGO vorläufig durchsetzen, sofern tatsächlich eine materielle Änderung der Umstände eingetreten und dies glaubhaft gemacht worden ist.

Im Rahmen der Bearbeitung eines entsprechenden Befristungsantrags ist zu prüfen, ob **1577** die aufenthaltsbeendende Maßnahme unionsrechtskonform erlassen worden ist. Stellt sich **nach** Unanfechtbarkeit der Feststellungsentscheidung – etwa auf Grund neuerer Rechtsprechung des EuGH – heraus, dass diese Entscheidung mit Unionsrecht nicht zu ver-

---

[2317] BVerwG NVwZ 2015, 1210 Rn. 26 ff.; NVwZ 2008, 82 Rn. 19.
[2318] EuGH Slg. I 1997, 3343 = BeckRS 2004, 77666 Rn. 39 ff. – Shingara ua.
[2319] BVerwG NVwZ 2015, 1210; NVwZ 2008, 82; VGH Mannheim Urt. v. 15.2.2017 – 11 S 983/ 16 BeckRS 2017. 103636..
[2320] Vgl. auch BVerwG NVwZ 2008, 82.

einbaren ist, hat eine **unverzügliche** Befristung des Einreise- und Aufenthaltsverbots zu erfolgen[2321].

## VIII. Ausweispflicht und Datenerhebung

### 1. Ausweispflicht und Identitätsfeststellung (§ 8 FreizügG/EU)

1578    Nach § 8 Abs. 1 FreizügG/EU treffen Unionsbürger und ihre Familienangehörigen folgende Pflichten:

- Nr. 1: Bei der Einreise in das oder der Ausreise aus dem Bundesgebiet müssen sie einen Pass oder anerkannten Passersatz mit sich führen (a) und diesen einem zuständigen Beamten auf Verlangen zur Prüfung aushändigen (b).
- Nr. 2: Für die Dauer des Aufenthalts im Bundesgebiet müssen sie den erforderlichen Pass oder Passersatz[2322] besitzen. Ständig mitzuführen brauchen sie ihn jedoch nicht.
- Nr. 3: Der Pass oder Passersatz sowie die Aufenthaltskarte, die Bescheinigung des Daueraufenthalts und die Daueraufenthaltskarte sind den mit der Ausführung des Freizügigkeitsgesetzes/EU betrauten Behörden auf Verlangen vorzulegen, auszuhändigen und vorübergehend zu überlassen, soweit dies zur Durchführung oder Sicherung von Maßnahmen nach dem Freizügigkeitsgesetz/EU erforderlich ist.

1579    Zuständig für aufenthalts- und passrechtliche Maßnahmen ggü. Personen, die freizügigkeitsberechtigt sind, sind die nach § 71 Abs. 1 AufenthG zuständigen Behörden[2323].

### 2. Datenerhebung und -abgleich

1580    Nach § 8 Abs. 2 S. 1 FreizügG/EU dürfen die mit dem Vollzug des Freizügigkeitsgesetzes/EU betrauten Behörden unter den Voraussetzungen des § 8 Abs. 1 Nr. 3 FreizügG/EU die auf dem elektronischen Speichermedium eines Passes oder anerkannten Passersatzes gespeicherten biometrischen und sonstigen Daten auslesen, die benötigten biometrischen Daten beim Inhaber des Dokuments erheben und die biometrischen Daten miteinander vergleichen. Biometrische Daten nach S. 1 des § 8 Abs. 2 FreizügG/EU sind nur die Fingerabdrücke, das Lichtbild und die Irisbilder. § 8 Abs. 2 S. 3 FreizügG/EU bestimmt darüber hinaus, dass Polizeivollzugsbehörden, die Zollverwaltung und die Meldebehörden befugt sind, Maßnahmen nach S. 1 zu treffen, soweit sie die Echtheit des Dokuments oder die Identität des Inhabers überprüfen dürfen. Schließlich bestimmt § 8 Abs. 2 S. 4 FreizügG/EU, dass die nach S. 1 und 3 erhobenen Daten unverzüglich nach Beendigung der Prüfung der Echtheit des Dokumentes oder der Identität des Inhabers zu löschen sind.

## IX. Anwendung des Aufenthaltsgesetzes (§ 11 FreizügG/EU)

1581    Der einreise- und aufenthaltsrechtliche Status von freizügigkeitsberechtigten Unionsbürgern ist nicht abschließend im Freizügigkeitsgesetz/EU geregelt. Vielmehr sind gem. § 11 FreizügG/EU bestimmte Vorschriften des Aufenthaltsgesetzes auf diesen Personenkreis anzuwenden.

---

[2321] Vgl. auch BVerwG NVwZ 2008, 82.
[2322] Gemeint ist wohl ein anerkannter Passersatz.
[2323] BVerwG NVwZ 2011, 1466.

## 1. Entsprechend anwendbare Vorschriften des Aufenthaltsgesetzes (§ 11 Abs. 1 FreizügG/EU)

Gem. § 11 Abs. 1 S. 1 FreizügG/EU finden auf Unionsbürger und ihre Familienange- **1582** hörigen, die nach § 2 Abs. 1 FreizügG/EU das Recht auf Einreise und Aufenthalt haben, folgende Vorschriften des Aufenthaltsgesetzes entsprechende Anwendung:

- § 3 Abs. 2 AufenthG: Ausnahmen von der Passpflicht (→ Rn. 28 ff.).
- § 11 Abs. 8 AufenthG: Kurzfristige Betretenserlaubnis bei bestehendem Einreise- und Aufenthaltsverbot (→ Rn. 177 ff.).
- § 13 AufenthG: Grenzübertritt (→ Rn. 46 ff.).
- § 14 Abs. 2 AufenthG: Erteilung von Ausnahme-Visa und Passersatzpapieren durch die Grenzbehörde (→ 48).
- § 36 AufenthG: Nachzug der Eltern und sonstiger Familienangehöriger (→ Rn. 877 ff.).
- § 44 Abs. 4 AufenthG: Zulassung zu einem Integrationskurs (→ Rn. 994).
- § 45a AufenthG: Berufsbezogene Förderung der deutschen Sprache (→ Rn. 1003).
- § 46 Abs. 2 AufenthG: Untersagung der Ausreise (→ Rn. 1006).
- § 50 Abs. 3 bis 6 AufenthG: Ausreisepflicht (→ Rn. 1047 ff.).
- § 59 Abs. 1 S. 6 und 7 AufenthG: Unterbrechung der Ausreisefrist bei Entfallen der Vollziehbarkeit der Ausreisepflicht oder Abschiebungsandrohung (→ Rn. 1177).
- § 69 AufenthG: Gebühren (→ Rn. 1557 ff.).
- § 73 AufenthG: Sonstige Beteiligungserfordernisse im Visumverfahren und bei der Erteilung von Aufenthaltstiteln (→ Rn. 1377). Diese Regelung betrifft visumpflichtige drittstaatsangehörige Familienangehörige eines freizügigkeitsberechtigten Unionsbürgers. Die Vorschrift ist anzuwenden, um Gründe festzustellen, die uU einen Verlust des Freizügigkeitsrechts gem. § 6 FreizügG/EU rechtfertigen. Dies betrifft in erster Linie die Beteiligung von Sicherheitsbehörden und Nachrichtendiensten.
- § 74 Abs. 2 AufenthG: Einzelweisungen der Bundesregierung (→ Rn. 1378).
- § 77 Abs. 1 AufenthG: Schriftformerfordernis.
- § 80 AufenthG: Handlungsfähigkeit (→ Rn. 1381 ff.).
- § 82 Abs. 5 AufenthG: Aktuelles Dokument und Mitwirkung bei der Abnahme von Fingerabdrücken im Zusammenhang mit der Ausstellung eines Dokuments nach einheitlichem Vordruckmuster (→ Rn. 1391). Dies kann sich nur auf die Aufenthaltskarte für Drittstaatsangehörige beziehen. Die Verpflichtungen aus § 82 Abs. 5 S. 1 Nr. 1 AufenthG gelten entsprechend für Unionsbürger, deren Lichtbilder zur Führung der Ausländerdateien benötigt werden (§ 11 Abs. 1 S. 3 FreizügG/EU).
- § 85 AufenthG: Berechnung von Aufenthaltszeiten (→ Rn. 1407).
- §§ 86 bis 88 AufenthG: Erhebung personenbezogener Daten, Übermittlungen an Ausländerbehörden und Übermittlungen bei besonderen Verwendungsregelungen (→ Rn. 1412 ff.). Die Mitteilungspflichten nach § 87 Abs. 2 Nr. 1 bis 3 AufenthG (Mitteilungspflicht öffentlicher Stellen über einen Ausländer, der keinen Aufenthaltstitel besitzt und dessen Abschiebung nicht ausgesetzt ist; Verstoß gegen eine räumliche Beschränkung; Vorliegen eines sonstigen Ausweisungsgrundes, konkrete Tatsachen, die die Annahme rechtfertigen, dass die Voraussetzungen für ein behördliches Anfechtungsrecht nach § 1600 Abs. 1 Nr. 5 BGB vorliegen) bestehen nach § 11 Abs. 1 S. 4 FreizügG/EU insoweit, als die dort genannten Umstände auch für die Feststellung nach § 5 Abs. 4 FreizügG/EU (→ Rn. 1546) und § 6 Abs. 1 FreizügG/EU (→ Rn. 1547 ff.) erheblich sein können. Problematisch ist insbesondere die vorgeschriebene Übermittlungspflicht bei fehlendem Aufenthaltstitel. Dies kann nur freizügigkeitsberechtigte drittstaatsangehörige Familienmitglieder eines Unionsbürgers betreffen. Die diesen Personen zu erteilende Aufenthaltskarte ist jedoch rein deklaratorischer

Natur, so dass zumindest insoweit die vorgegebene Übermittlungspflicht unionsrechtlich nicht zulässig sein dürfte, da sie unverhältnismäßig ist und diskriminierend wirkt.
- § 90 AufenthG: Übermittlungen durch Ausländerbehörden (→ Rn. 1423 ff.).
- § 91 AufenthG: Speicherung und Löschung personenbezogener Daten
  (→ Rn. 1429 ff.).
- § 95 Abs. 1 Nr. 4 und 8 AufenthG: Strafbarkeit des Verstoßes gegen ein verhängtes
  Ausreiseverbot, gegen eine Untersagung oder Beschränkung der politischen Betätigung
  oder Zugehörigkeit zu einem Ausländerverein oder einer Gruppierung, deren Bestehen, Zielsetzung oder Tätigkeit vor den Behörden geheim gehalten wird, um ihr Verbot
  abzuwenden (→ Rn. 1436).
- § 95 Abs. 2 Nr. 2 AufenthG: Unrichtige oder unvollständige Angaben, um sich einen
  Aufenthaltstitel oder eine Duldung zu beschaffen oder eine so beschaffte Urkunde
  wissentlich zur Täuschung im Rechtsverkehr zu gebrauchen(→ Rn. 1439).
- § 95 Abs. 4 AufenthG: Einziehung von Gegenständen (→ Rn. 1440).
- § 96 AufenthG: Strafbarkeit des Einschleusens von Ausländern (→ Rn. 1442 ff.).
- § 97 AufenthG: Strafbarkeit des Einschleusens mit Todesfolge bzw. des gewerbs- und
  bandenmäßigen Einschleusens (→ Rn. 1447).
- § 98 Abs. 2 Nr. 2, Abs. 2a, Abs. 3 Nr. 3, Abs. 4 und Abs. 5: Bestimmte Bußgeldtatbestände (→ Rn. 1448 ff.).
- § 99 AufenthG: Verordnungsermächtigung.

**1583**   § 11 Abs. 1 S. 5 FreizügG/EU stellt schließlich klar, dass das Aufenthaltsgesetz auch
dann gegenüber freizügigkeitsberechtigten Unionsbürgern und ihren (drittstaatsangehörigen) Familienangehörigen Anwendung findet, wenn es eine **günstigere** Rechtsstellung
vermittelt als das Freizügigkeitsgesetz/EU.

## 2. Anwendung des Aufenthaltsgesetzes (§ 11 Abs. 2 FreizügG/EU)

**1584**   Gem. § 11 Abs. 2 FreizügG/EU findet das Aufenthaltsgesetz Anwendung, wenn die
Ausländerbehörde das Nichtbestehen oder den Verlust des unionsrechtlichen Aufenthaltsrechts nach § 2 Abs. 1 FreizügG/EU festgestellt hat und sofern „dieses Gesetz",
gemeint ist das Freizügigkeitsgesetz/EU, keine besonderen Regelungen trifft (vgl. auch
§ 1 Abs. 2 Nr. 1 AufenthG).

## 3. Rechtmäßige Aufenthaltszeiten (§ 11 Abs. 3 FreizügG/EU)

**1585**   § 11 Abs. 3 FreizügG/EU bestimmt, dass Zeiten des rechtmäßigen Aufenthalts nach dem
Freizügigkeitsgesetz/EU **unter** fünf Jahren den Zeiten des Besitzes einer Aufenthaltserlaubnis entsprechen und Zeiten **über** fünf Jahren dem Besitz einer Niederlassungserlaubnis. Diese Regelung erlangt insbesondere dann Bedeutung, wenn es um Anwartschaftszeiten
für einen bestimmten Aufenthaltstitel nach dem Aufenthaltsgesetz geht (vgl. zB § 9 Abs. 2
S. 1 Nr. 1 und Abs. 4 Nr. 1 AufenthG, §§ 9a und 9b AufenthG, §§ 30, 31, 35 AufenthG).

## X. Bestimmungen zum Verwaltungsverfahren (§ 14 FreizügG/EU)

**1586**   Gemäß § 14 FreizügG/EU kann von den in § 11 Abs. 1 iVm § 87 Abs. 1, Abs. 2 S. 1
und 2, Abs. 4 S. 1, 2 und 4 und Abs. 6 AufenthG (Übermittlungen an Ausländerbehör-
den), §§ 90, 91 Abs. 1 und 2 AufenthG (Übermittlung durch Ausländerbehörden sowie
Speicherung und Löschung personenbezogener Daten), § 99 Abs. 1 und 2 AufenthG
(Verordnungsermächtigungen) getroffenen Regelungen des Verwaltungsverfahrens durch
Landesrecht nicht abgewichen werden.

# Teil 3. Das Aufenthaltsrecht nach dem Assoziationsrecht EG-Türkei

## A. Allgemeines

### I. Assoziation EWG-Türkei

Am 12.3.1963 hatten die damalige Europäische Wirtschaftsgemeinschaft (EWG), beste- **1587**
hend aus den Benelux-Staaten, Italien, Frankreich sowie der Bundesrepublik Deutschland, und die Türkei in Ankara ein Abkommen zur Gründung einer Assoziation unter-
zeichnet. Es wurde im Namen der Gemeinschaft durch Beschluss des Rates der EWG
vom 23.12.1963 geschlossen[2324]. Das nationale Ratifikationsgesetz der Bundesrepublik
Deutschland stammt vom 13.5.1964[2325]. In dem Assoziationsabkommen werden als zentrale Ziele „eine beständige und ausgewogene Verstärkung der Handels- und Wirtschafts-
beziehungen" zwischen den Vertragsparteien benannt, wobei dem beschleunigten Aufbau
der türkischen Wirtschaft sowie der Hebung des Beschäftigungsstandes und der Lebensbedingungen des türkischen Volkes besondere Priorität eingeräumt wird (Art. 2 Abs. 1
AssAbkEWG-TR). Die Assoziation wird gem. Art. 2 Abs. 3 AssAbkEWG-TR zeitlich
aufgegliedert in eine Vorbereitungs-, eine Übergangs- und eine Endphase. In Bezug auf
die Durchführung der zweiten Stufe der Assoziation, der Übergangsphase, hatten die
Vertragsparteien in Art. 12 AssAbkEWG-TR vereinbart, „sich von den Art. 48, 49 und
50 des Vertrages zur Gründung der Gemeinschaft (EWGV) leiten zu lassen, um untereinander die Freizügigkeit der Arbeitnehmer schrittweise herzustellen"[2326]. Zugleich sehen die Art. 13 u. 14 AssAbkEWG-TR vor, die Beschränkungen der Niederlassungsfreiheit und des Dienstleistungsverkehrs aufzuheben und sich hierbei von Art. 53 bis 56,
58 bis 65 EWGV[2327] leiten zu lassen. Die Art und Weise der formellen Realisierung dieser
Vorgaben ist im „Abkommen über die zur Durchführung des Abkommens zur Gründung einer Assoziation zwischen der Europäischen Wirtschaftsgemeinschaft und der
Türkei zu treffenden Maßnahmen und die dabei anzuwendenden Verfahren" vom
12.9.1963[2328] niedergelegt worden.

Perspektivisch sieht Art. 28 AssAbkEWG-TR vor, die Möglichkeit eines Beitritts der **1588**
Türkei zur Gemeinschaft zu prüfen, „sobald das Funktionieren des Abkommens es in
Aussicht zu nehmen gestattet, dass die Türkei die Verpflichtungen aus dem Vertrag zur
Gründung der Gemeinschaft vollständig übernimmt". Einen automatischen Beitritt der
Türkei beinhaltet somit das Abkommen nicht.

Am 23.11.1970 wurde in Brüssel ein Zusatzprotokoll zum Abkommen vom 12.9.1963 **1589**
zur Gründung einer Assoziation zwischen der Europäischen Wirtschaftsgemeinschaft
und der Türkei für die Übergangsphase der Assoziation vereinbart (ZPAssEWG-TR). Es
ist im Namen der Gemeinschaft durch die VO Nr. 2760/72/EWG des Rates der EWG

---

[2324] ABl. 1964, 3685.
[2325] BGBl. 1964 II S. 509.
[2326] Jetzt Art. 45 ff. AEUV.
[2327] Jetzt Art: 49 ff. bzw. Art. 56 ff. AEUV.
[2328] BGBl. 1964 II S. 558.

vom 19.12.1972 geschlossen worden[2329]. Das deutsche Zustimmungsgesetz datiert vom 19.5.1972[2330]. Schließlich erfolgte eine Ergänzung dieser Vereinbarung durch Protokoll vom 30.6.1973[2331].

**1590**     In Art. 36 Abs. 1 des ZPAssEWG-TR ist festgelegt, dass die Freizügigkeit der Arbeitnehmer zwischen den Staaten der Gemeinschaft und der Türkei gem. den Grundsätzen des Art. 12 des Assoziationsabkommens zwischen dem Ende des 12. und dem Ende des 22. Jahres nach dem Inkrafttreten des Assoziationsabkommens schrittweise hergestellt wird. In der Rechtssache Demirel hat der EuGH jedoch festgestellt, dass Art. 12 Ass-AbkEWG-TR. und Art. 36 ZPAssEWG-TR „im wesentlichen Programmcharakter haben und keine hinreichend genauen, nicht an Bedingungen geknüpfte Vorschriften sind, die die Freizügigkeit der Arbeitnehmer unmittelbar regeln könnten"[2332]. Demzufolge ist mit Ablauf der in Art. 36 Abs. 1 ZPAssEWG-TR genannten Übergangsfrist zum 1.12.1986 keine Freizügigkeit zwischen den Arbeitsmärkten der EWG und der Türkei eingetreten[2333]. Vielmehr bedürfen konkrete Verbesserungen mit dem Ziel, schrittweise die Freizügigkeit für türkische Arbeitnehmer herzustellen, einer konkreten Regelung durch den Assoziationsrat-EWG-Türkei[2334].

**1591**     Das am 23.11.1970 zwischen der seinerzeitigen EWG und der Türkei vereinbarte Zusatzprotokoll enthält in Art. 41 Abs. 1 eine weitere für die ausländerrechtliche Praxis wichtige Bestimmung, nämlich eine Stillhalteklausel. Diese Vorschrift lautet: „Die Vertragsparteien werden untereinander keine neuen Beschränkungen der Niederlassungsfreiheit und des freien Dienstleistungsverkehrs einführen." Dem EuGH zufolge ist Art. 41 Abs. 1 ZPAssEWG-TR als unmittelbar anwendbar anzusehen[2335] und verleiht dem Einzelnen individuelle Rechte, die die nationalen Gerichte zu wahren haben[2336]. Zudem ist es einem Mitgliedstaat auf Grund jener Stillhalteklausel verwehrt, „neue Maßnahmen zu erlassen, die den Zweck oder die Folge haben, dass die Niederlassung und damit verbunden der Aufenthalt eines türkischen Staatsangehörigen in diesem Mitgliedstaat strengeren Bedingungen als denjenigen unterworfen werden, die zum Zeitpunkt des In-Kraft-Tretens dieses Zusatzprotokolls gegenüber dem betreffenden Mitgliedstaat galten"[2337]. Zugleich bekräftigt der EuGH jedoch seine bisherige Spruchpraxis, dass sich die Frage der **erstmaligen** Gebietszulassung ausschließlich nach dem jeweiligen nationalen Recht richtet[2338], so dass sich ein türkischer Staatsangehöriger auf bestimmte Rechte auf dem Gebiet der Ausübung einer Beschäftigung oder einer selbstständigen Tätigkeit und damit verbunden auf dem Gebiet des Aufenthalts von Gemeinschaftsrechts wegen nur berufen könne, wenn er sich in dem betreffenden Mitgliedstaat in einer „ordnungsgemäßen Situation" befindet[2339].

---

[2329] ABl. L 293 S. 1.

[2330] BGBl. 1972 II S. 385.

[2331] BGBl. 1975 II S. 165.

[2332] Slg. 1988, I-3719 = NJW 1988, 1442 = NVwZ 1988, 235.

[2333] Ebenso schon BVerwG InfAuslR 1987, 142 mwN.

[2334] EuGH Slg. 1988, I-3719 = NJW 1988, 1442 = NVwZ 1988, 235.

[2335] EuGH Slg. 2000, I-2927 Rdnr. 48 = NVwZ-Beil. I 2000, 139 = EuZW 2000, 569; EuGH Slg. I 2003, I-12301 Rdnr. 58 = InfAuslR 2004, 32 – Abatay.

[2336] EuGH Slg. 2000, I-2927 Rdnr. 68 = NVwZ-Beil. I 2000, 139 = EuZW 2000, 569 – Savas; vgl. dazu auch *Huber* NVwZ 2001, 1371.

[2337] EuGH Slg. 2000, I-2927 Rdnr. 69 = NVwZ-Beil. I 2000, 139 = EuZW 2000, 569 – Savas.

[2338] EuGH Slg. I 2003, I-12301 Rdnr. 63 ff. = InfAuslR 2004, 32 – Abatay; EuGH Slg. I 2004, I-8765 Rdnr. 35 = NVwZ 2005, 73 – Ayaz; EuGH Slg. I 2004, I-10895 Rdnr. 22 = NVwZ 2005, 198 – Cetinkaya.

[2339] EuGH Slg. 2000, I-2927 Rdnr. 65 = NVwZ-Beil. I 2000, 139 = EuZW 2000, 569 – Savas; EuGH Slg. 2003, I-12301 Rdnr. 65 = InfAuslR 2004, 32 – Abatay.

Aufgrund der Entscheidung des EuGH in der Rechtssache Tum und Dari[2340] zur **1592** Stand-Still-Klausel des Art. 41 Abs. 1 ZPAssEWG-TR schien geklärt zu sein, dass türkische Staatsangehörige **visumfrei** in das Bundesgebiet einreisen und sich hier ohne Aufenthaltstitel aufhalten dürfen, sofern sie **keine Erwerbstätigkeit** aufnehmen wollen. Das Assoziationsrecht überlagert insoweit die Verordnung (EG) 539/2001[2341]. Dies wird jedoch inzwischen vom EuGH anders gesehen.[2342]

## II. Bildung und Tätigkeit des Assoziationsrates EWG-Türkei

Die Umsetzung der im Assoziationsabkommen und in dem Zusatzprotokoll enthaltenen Verpflichtungen wird ua dem zu bildenden Assoziationsrat übertragen. Art. 6 AssAbkEWG-TR sieht die Bildung eines Assoziationsrates vor, in dem die Vertragsparteien zusammentreten, um die Anwendung und schrittweise Entwicklung der Assoziationsregelung gemäß den Befugnissen des Assoziationsabkommens sicherzustellen. Die Rechtsstellung türkischer Arbeitnehmer in der EG betreffende Fragen sind ua mit den Beschlüssen Nr. 2/76 (ARB 2/76)[2343] und Nr. 1/80 (ARB 1/80)[2344] geregelt worden[2345]. Dem EuGH zufolge kommt den in der Rechtssache Sevince zur Prüfung gestellten Art. 2 Beschluß Nr. 2/76[2346] und Art. 6 ARB 1/80 unmittelbare, die Mitgliedstaaten verpflichtende Wirkung zu, da diese Normen von ihrem Wortlaut her klar, eindeutig und bedingungsfrei seien und türkischen Arbeitnehmern, soweit sie die dort benannten Voraussetzungen erfüllten, das Recht auf Freizügigkeit verbürgten[2347]. Der Umstand, dass die Einzelheiten der Durchführung jener Assoziationsratsbeschlüsse durch einzelstaatliche Vorschriften erfolgen solle (Art. 6 Abs. 3 ARB 1/80), berechtige die Mitgliedstaaten keinesfalls dazu, die Ausübung der garantierten Rechte an weitere Bedingungen zu knüpfen oder gar einzuschränken. Im Ergebnis sind somit Assoziationsratsbeschlüsse ihrer Bindungswirkung und Allgemeingültigkeit nach zumindest dann, wenn ihr Regelungsgehalt eindeutig und aus sich heraus bestimmbar ist sowie keiner weiteren Konkretisierung durch nationale Vorschriften bedarf, ihrer Rechtsnatur nach den EG-Richtlinien vergleichbar, wobei die einzelstaatliche Umsetzung gem. Art. 16 Abs. 1 ARB 1/80 bis zum 1.12.1980 zu erfolgen hatte. Eine unmittelbare Bindungswirkung im besprochenen Sinne ist neben den Einzelregelungen des Art. 6 ARB 1/80 auch denen der Art. 7 bis 10, 13 und 14 beizumessen, da auch deren Norminhalte klar, eindeutig und bedingungsfrei sind[2348]. Auftretende Zweifelsfragen sind unter Heranziehung der Auslegungsregeln und -verfahren des EG-Vertrages zu lösen, die Heranziehung nationalen Rechts, etwa des Freizügigkeitsgesetzes/EU als primäre Interpretationsquelle scheidet aus[2349].

---

[2340] NVwZ 2008, 61; vgl. dazu *Gutmann* ZAR 2008, 5.

[2341] So ausdrücklich *Westphal/Stoppa* S. 54. VG Darmstadt InfAuslR 2006, 45; *Dienelt* InfAuslR 2001, 473; *Funke-Kaiser* GK-AuslG § 3 AuslG 1990 Rdnr. 40.1 ff. = Entsprechende Vergünstigungen gelten auch für Dienstleistungserbringer für bis zu zwei Monaten.

[2342] EuGH NJW 2017, 2398 – Tekdemir.

[2343] ANBA 1977, 1089.

[2344] ANBA 1981, 4.

[2345] Zu den Einzelheiten vgl. Huber/*Huber* Vorb ARB 1/80 Rn. 8 ff.

[2346] Vgl. ANBA 1977, 1090.

[2347] Slg. 1994, I-5113 = NVwZ 1995, 53 – Eroglu.

[2348] Zu Art. 7 ARB 1/80 vgl. nur EuGH, Slg. 1997, I-2133 Rn. 28 = NVwZ 1997, 1104 – Kadiman; EuGH Slg. 1998, I-7519 Rn. 23 = NVwZ 1999, 281 – Akman; EuGH Slg. 2000, I-1487 Rn. 34 = NVwZ 2000, 1277 – Ergat; EuGH Slg. 2000, I-4747 Rn. 25 = NVwZ-Beil. I 2000, 142 – Eyüp.

[2349] Vgl. schon BVerfG NVwZ 1992, 360.

## III. Zielsetzung des Assoziationsratsbeschlusses Nr. 1/80

1594    Der ARB 1/80 behandelt zum einen die Einfuhr von Agrarerzeugnissen betreffende zollrechtliche Fragen, zum anderen enthält er die Beschäftigung und Freizügigkeit der Arbeitnehmer betreffende soziale Bestimmungen. Letztere sollen ausweislich der Präambel „einer besseren Regelung" zugunsten der Arbeitnehmer und ihrer Familienangehörigen im Vergleich zu jenen dienen, die mit dem ARB 2/76[2350] eingeführt worden waren[2351]. Das Ziel, das der Assoziationsrat beim Erlass der sozialen Bestimmungen des ARB 1/80 verfolgte, bestand dem EuGH zufolge darin, „geleitet durch die Artikel 48, 49 und 50 EWGV zu einer weiteren Stufe bei der Herstellung der Freizügigkeit der Arbeitnehmer überzugehen". Um die Beachtung dieses Zieles sicherzustellen, erscheine es daher „unabdingbar", dass auf die türkischen Arbeitnehmer, die die im genannten Beschluss eingeräumten Rechte besitzen, „soweit wie möglich die im Rahmen dieser Artikel geltenden Grundsätze übertragen werden"[2352]. Eine am Freizügigkeitsrecht der Art. 48 ff. EGV (jetzt: Art. 45 ff. AEUV) orientierte Auslegung der Art. 6 ff. ARB 1/80 ist daher geboten. Die Regelungen der Art. 6 ff. ARB 1/80 legen lediglich Mindeststandards fest. Über Art. 6 und 7 ARB 1/80 möglicherweise hinausgehende günstigere Ansprüche nach nationalem Recht bleiben hiervon unberührt.

## B. Türkische Arbeitnehmerinnen und Arbeitnehmer (Art. 6 ARB 1/80)

1595    Art. 6 ARB 1/80 regelt die beschäftigungs- und damit zusammenhängend auch die aufenthaltsrechtliche Situation türkischer Arbeitnehmer in den Mitgliedstaaten der Europäischen Union.

## I. Art. 6 ARB 1/80 als aufenthaltsrechtliche Vorschrift

1596    Art. 6 ARB 1/80 EWG-TR befasst sich mit der „Beschäftigung" türkischer Arbeitnehmer. Sowohl das BVerfG als auch das BVerwG[2353] hatten ursprünglich dessen Regelungsinhalt dahingehend verstanden, dass das Aufenthaltsrecht im engeren Sinne hiervon nicht erfasst sei[2354]. In der Rechtssache Sevince hebt der Gerichtshof jedoch die enge Verknüpfung von Beschäftigungs- und Aufenthaltsrecht hervor – die im Übrigen bereits in Art. 38 Abs. 1 ZPAssEWG-TR angelegt ist – und kommt – zunächst lediglich bezogen auf Art. 6 Abs. 1 dritter Gedankenstrich ARB 1/80 – zu folgendem eindeutigen Ergebnis:

1597    „Indem die fraglichen Bestimmungen diesen Arbeitnehmern nach einem bestimmten Zeitraum ordnungsgemäßer Beschäftigung in dem betreffenden Mitgliedstaat Zugang zu jeder von ihnen gewählten Beschäftigung im Lohn- oder Gehaltsverhältnis gewähren, implizieren sie zwangsläufig, dass den türkischen Arbeitnehmern zumindest zu diesem

[2350] ANBA 1977, 1089.

[2351] Zum Anwendungsvorrang des Art. 6 ARB 1/80 gegenüber den Regelungen des ARB 2/76 vgl. EuGH Slg. 1995, I-1475 = NVwZ 1995, 1093 – Bozkurt.

[2352] EuGH Slg. 1995, I-1475 Rdnr. 19 f. = NVwZ 1995, 1093 – Bozkurt; EuGH Slg. 2004, I-8765 Rdnr. 44 = NVwZ 2005, 73 – Ayaz; EuGH Slg. 2004, I-10895 Rdnr. 42 = NVwZ 2005, 198 – Cetinkaya; EuGH Slg. 2005, I-4759 Rdnr. 62 = NVwZ 2006, 72 – Dörr und Ünal.

[2353] BVerwGE 78, 192 (198) = NVwZ 1988, 251 (252).

[2354] Vgl. für die seinerzeitige herrschende Rechtsauffassung *Randelzhofer* in: Grabitz, EWGV, Stand 1993, Art. 48 Rdnr. 4; *Vedder* in: Grabitz, Art. 238 Rdnr. 35 f.; *Geiger* EG-Vertrag, 1993, Art. 48 Rdnr. 10.

Zeitpunkt ein Aufenthaltsrecht zusteht; anderenfalls wäre das Recht, das sie diesen Arbeitnehmern zuerkennen, völlig wirkungslos."[2355]

Damit hatte der EuGH jener Bestimmung des Art. 6 Abs. 1 ARB 1/80 unmissver-ständlich die Verbürgung eines Aufenthaltsrechts entnommen, das originär gemein-schaftsrechtlicher Natur und in seiner Qualität der eines „klassischen" EG-Aufenthalts-rechts angenähert[2356], nicht aber vollständig angeglichen ist. **1598**

Türkische Arbeitnehmer, die erst einmal zum Arbeitsmarkt eines Mitgliedstaates der Europäischen Gemeinschaft zugelassen worden sind, genießen infolge dieser Rechtspre-chung eine aufenthaltsrechtliche Stellung, die der durch Art. 45 ff. AEUV den Unions-bürgern verbürgten Freizügigkeitsgarantie, auf die Art. 12 des AssAbkEWG-TR aus-drücklich Bezug nimmt, zwar nicht in vollem Umfang entspricht, dieser aber weitgehend angenähert sein muss. So ist dieses spezifische Aufenthaltsrecht für türkische Arbeitneh-mer beispielsweise auf das Territorium des jeweiligen Aufnahmestaates beschränkt und räumt im Unterschied zum Status der Unionsinländer keine EU-weite grenzüberschrei-tende Freizügigkeit ein. Eine solche Rechtsposition geht ansatzweise erst mit dem Erwerb einer Erlaubnis zum Daueraufenthalt-EU iSd §§ 9a bis 9c AufenthG (→ Rn. 958 ff.) einher, die die Möglichkeit einer Weiterwanderung zur Ausübung einer Erwerbstätigkeit in einem andern EU-Staat unter bestimmten Voraussetzungen eröffnet (→ § 38a Auf-enthG → Rn. 921 ff.). Trotz seiner geringeren Reichweite handelt es sich bei diesem assoziationsrechtlichen Aufenthaltsrecht um ein originäres, im Gemeinschafts- bzw. Uni-onsrecht wurzelndes Aufenthaltsrecht, das die Bestimmungen des nationalen Ausländer-rechts in zentralen Bereichen suspendiert bzw. überlagert (vgl. § 4 Abs. 1 S. 1 und Abs. 5 S. 1 AufenthG). Der Verlängerung eines Aufenthaltstitels kommt demnach bei Vorliegen der Voraussetzungen des Art. 6 Abs. 1 ARB 1/80 allein deklaratorische, keineswegs hin-gegen eine konstitutive Wirkung zu. Die Rechtmäßigkeit freizügigkeitsbeschränkender Maßnahmen gegenüber Angehörigen jenes begünstigten Personenkreises, sei es die Nichtverlängerung eines solchen deklaratorischen Aufenthaltstitels, dessen nachträgliche Befristung oder gar die Ausweisung beurteilt sich gem. Art. 14 Abs. 1 ARB 1/80 nur noch nach Maßgabe der strengen Kriterien des Art. 45 Abs. 3 AEUV. **1599**

Allerdings sind die Mitgliedstaaten berechtigt, auch von assoziationsrechtlich begüns-tigten türkischen Arbeitnehmern und ihren Familienangehörigen zu verlangen, dass sie – wie auch von § 4 Abs. 5 AufenthG gefordert (→ Rn. 37) – einen gültigen Aufenthaltstitel besitzen und, wenn dieser nur befristet erteilt wurde, rechtzeitig dessen Verlängerung zu beantragen[2357]. Ein Verstoß gegen diese lediglich Verwaltungserfordernissen dienenden Obliegenheit darf auch geahndet werden[2358]. Eine entsprechende Sanktion darf jedoch nicht unverhältnismäßig sein und insbesondere nicht dazu führen, dass das assoziations-rechtliche Aufenthaltsrecht beeinträchtigt wird[2359]. So kann die Verlängerung des Aufent-haltstitels nicht mit der Begründung verweigert werden, der Antrag sei verspätet gestellt worden[2360]. Dementsprechend darf auch im Hinblick auf die Zeit nach Ablauf des Auf-enthaltstitels nicht der Schluss gezogen werden, der türkische Arbeitnehmer habe insoweit keinen ordnungsgemäßen Wohnsitz im Aufnahmemitgliedstaat gehabt[2361]. **1600**

---

[2355] Slg. 1990, I-3461 Rdnr. 29 = NVwZ 1991, 255 (256); seitdem ständige Rechtsprechung, vgl. nur zuletzt EuGH Slg. 2005, I-4759 Rdnr. 66 mwN = NVwZ 2006, 72 – Dörr und Ünal; EuGH Slg. 2006, I-10279 Rdnr. 25 = NVwZ 2007, 187 – Güzeli.

[2356] Ebenso zur seinerzeitigen Rezeption dieser Rechtsprechung *Rittstieg* InfAuslR 1991, 1; *Gut-mann* InfAuslR 1991, 33; *Nachbaur* JZ 1992, 351 (353); *Huber* NVwZ 1991, 242 (243).

[2357] EuGH Slg. 2000, I-1487 Rdnr. 52 = NVwZ 2000, 1277 – Ergat.

[2358] EuGH Slg. 2000, I-1487 Rdnr. 53 ff. = NVwZ 2000, 1277 – Ergat.

[2359] EuGH Slg. 2000, I-1487 Rdnr. 56 = NVwZ 2000, 1277 – Ergat.

[2360] EuGH Slg. 2000, I-1487 Rdnr. 58 = NVwZ 2000, 1277 – Ergat.

[2361] EuGH Slg. 2000, I-1487 Rdnr. 65 = NVwZ 2000, 1277 – Ergat.

## II. Kein Recht auf freie Einreise türkischer Arbeitnehmer

**1601**     Die Privilegierungen des Art. 6 Abs. 1 ARB 1/80 setzen voraus, dass ein türkischer Arbeitnehmer erlaubtermaßen zum Arbeitsmarkt eines Mitgliedstaates zugelassen worden ist[2362], dh einen entsprechenden Aufenthaltstitel iSd § 4 Abs. 2 und 3 AufenthG besitzt. Der Assoziationsratsbeschluss belässt jedoch, worauf der EuGH unmissverständlich hingewiesen hatte, die Befugnis der einzelnen EG-Mitgliedstaaten unberührt, „Vorschriften sowohl über die Einreise türkischer Staatsangehöriger in ihr Hoheitsgebiet als auch über die Voraussetzungen für deren erste Beschäftigung zu erlassen"[2363]. Das Assoziationsrecht EG-Türkei verleiht kein Recht auf sichtvermerksfreie Einreise zum Zwecke der Arbeitssuche, wie es Unionsbürgern verbürgt ist. Mit dem geltenden Assoziationsrecht steht es grundsätzlich auch in Einklang, wenn seitens nationaler Stellen der einzelnen Mitgliedstaaten restriktivere Regelungen entweder für den erstmaligen Zutritt zum Staatsgebiet zum Zwecke der Arbeitsaufnahme oder nach erlaubter Einreise für die erstmalige Aufnahme einer unselbständigen Erwerbstätigkeit eingeführt werden. Die Standstill-Klausel des Art. 13 ARB 1/80 verbietet nämlich nur neue Beschränkungen für den Zugang zum Arbeitsmarkt von Arbeitnehmern und Familienangehörigen, deren Aufenthalt und Beschäftigung in ihrem Hoheitsgebiet ordnungsgemäß, dh bereits erlaubt sind. Sinn und Zweck der Stillhalteklausel ist es, einen zwischen den Mitgliedstaaten und der Türkei erreichten Rechtsstandard zu fixieren und für die Zukunft gegenüber neuen Beschränkungen veränderungsfest zu machen[2364]. Art. 13 ARB 1/80 verbietet daher allgemein, nach dem 1.12.1980 die arbeits- und aufenthaltsrechtliche Lage von türkischen Arbeitnehmern und ihren Familien zu verschärfen, sofern sich diese Personen auf Grund einer ausländerrechtlichen Genehmigung erlaubt im Bundesgebiet aufhalten. Hierbei ist es unerheblich, wann die erlaubte Einreise erfolgte.

## III. Türkische Arbeitnehmer als Begünstigte des Art. 6 ARB 1/80

### 1. Arbeitnehmerbegriff

**1602**     Die Vergünstigungen des Art. 6 Abs. 1 ARB 1/80 gelten für zum „regulären Arbeitsmarkt" eines Mitgliedstaates zugelassene türkische Arbeitnehmer. Ob türkische Arbeitnehmer, die – etwa als Fahrer – im grenzüberschreitenden Verkehr tätig sind, dem „regulären Arbeitsmarkt" eines Mitgliedstaates iSd Art. 6 Abs. 1 ARB 1/80 angehören, ist danach zu beurteilen, ob das Arbeitsverhältnis des Betroffenen eine hinreichend enge Verknüpfung mit dem Hoheitsgebiet des Mitgliedstaates aufweist, wobei insbesondere auf den Ort der Einstellung, das Gebiet, von dem aus die Tätigkeit im Lohn- oder Gehaltsverhältnis ausgeübt wird, sowie auf die im Bereich des Arbeitsrechts und der sozialen Sicherheit anwendbaren nationalen Rechtsvorschriften abzustellen ist[2365].

---

[2362] EuGH Slg. 1995, 1475 Rdnr. 21 = NVwZ 1995, 1093 – Bozkurt.

[2363] Vgl. nur EuGH Slg. 1992, I-6781 Rdnr. 25 = NVwZ 1993, 258 – Kus; EuGH Slg. 1994, I-5113 Rdnr. 11 = NVwZ 1995, 53 – Eroglu; EuGH Slg. 2000, I-957 Rdnr. 29 = NVwZ 2000, 1029 – Nazli.

[2364] In diesem Sinne auch zu Art. 45 der Beitrittakte EWG-Griechenland EuGH Slg. 1983, 1085 Rdnr. 13 = NJW 1983, 2750 = InfAuslR 1983, 223 m. Anm. *Gutmann;* vgl. dazu auch *Huber* NJW 1983, 2124 (2131).

[2365] EuGH Slg. 1995, I-1475 Rn. 16 und 24 = NVwZ 1995, 1093 – Bozkurt; EuGH Slg. 1997, I-5153 Rn. 29 = NVwZ 1999, 283 – Günaydin; EuGH Slg. 1998, I-7747 Rn. 33 = NVwZ 1999, 1099 – Birden; EuGH Slg. 2002, I-10691 Rn. 37 ff. = InfAuslR 2003, 41 – Kurz.

Eine Zugehörigkeit zum regulären Arbeitsmarkt setzt voraus, dass die Beschäftigung    **1603**
legal, dh im Einklang mit den einschlägigen Rechtsvorschriften ausgeübt wird[2366]. Hat ein
türkischer Arbeitnehmer seine Arbeit freiwillig aufgegeben, um in demselben Mitgliedstat
eine andere Beschäftigung zu suchen, so folgt daraus nicht ohne weiteres, dass er den
Arbeitsmarkt dieses Staates endgültig verlassen hat. Er muss jedoch dem regulären
Arbeitsmarkt iSd Art. 6 ARB 1/80 weiterhin angehören[2367]. Diese Voraussetzung ist insbesondere in einem Fall, in dem es dem Arbeitnehmer nicht gelingt, unmittelbar nach
Aufgabe der vorherigen Beschäftigung ein neues Arbeitsverhältnis einzugehen, grundsätzlich nur dann erfüllt, wenn der Betroffene alle Formalitäten erfüllt, die in dem Aufenthaltsstaat gegebenenfalls vorgeschrieben sind, zB indem er sich als Arbeitssuchender
meldet und der Arbeitsverwaltung dieses Mitgliedstaates während des dort vorgeschriebenen Zeitraums zur Verfügung steht[2368]. Mit Erreichen der den freien Arbeitsmarktzugang verbürgenden Anwartschaft nach Art. 6 Abs. 1 dritter Gedankenstrich ARB 1/80
(→ Rn. ff.) ist zudem das Recht verbunden, eine Erwerbstätigkeit aufzugeben, um eine
andere zu suchen, die der Begünstigte frei wählen kann[2369]. Denn anders als der erste und
zweite Gedankenstrich des Art. 6 Abs. 1 ARB 1/80 verlangt der dritte Gedankenstrich
nicht die grundsätzlich ununterbrochene Ausübung einer Beschäftigung[2370].

Unter welchen Voraussetzungen ein türkischer Staatsangehöriger als Arbeitnehmer iSd    **1604**
Art. 6 Abs. 1 ARB 1/80 anzusehen ist, bestimmt sich nach den allgemeinen unionsrechtlichen Grundsätzen zur Arbeitnehmerfreizügigkeit (→ Rn. 1494 ff.). Arbeitnehmer ist
eine Person, die einer unselbstständigen Erwerbstätigkeit nachgeht. Entscheidend kommt
es darauf an, ob eine entgeltliche Arbeitsleistung erbracht wird[2371]. Das wesentliche
Merkmal eines Arbeitsverhältnisses besteht darin, dass „jemand während einer bestimmten Zeit für einen anderen nach dessen Weisung Leistungen erbringt, für die er als Gegenleistung eine Vergütung erhält"[2372]. Auch die Ausübung einer Praktikantentätigkeit ist
dem Grunde nach geeignet, den Arbeitnehmerbegriff zu erfüllen[2373]. Entsprechendes gilt
für die Absolvierung einer betrieblichen Berufsausbildung (§ 2 FreizügG/EU). Die von
Art. 6 ARB 1/80 gewährten Rechte werden in Bezug auf eine berufliche Ausbildung
nicht durch Art. 7 S. 2 verdrängt (→ Rn. 1689 ff.).

Die Frage, ob Art. 6 Abs. 1 ARB 1/80 auf türkische Imame, die in einem EU-Staat tätig    **1605**
sind, anwendbar ist, wird teilweise verneint[2374]. Der EuGH hat hingegen entschieden, es
sei nicht von vornherein auszuschließen, dass die von den Mitgliedern einer religiösen
Vereinigung im Rahmen deren gewerblicher Tätigkeit verrichteten Arbeiten, für die die
Vereinigung als Gegenleistung den Lebensunterhalt bestreitet und ein Taschengeld zahlt,
durchaus als Teil des Wirtschaftslebens iSd Art. 2 EWGV angesehen werden könnten[2375].

---

[2366] Vgl. nur EuGH Slg. 1998, I-7747 Rn. 50 = NVwZ 1999, 1099 – Birden; EuGH Slg. 2000, I-957
Rn. 31 = NVwZ 2000, 1029 – Nazli; EuGH Slg. 2002, I-10691 Rn. 40 = InfAuslR 2003, 41 – Kurz;
EuGH Slg. 2006, I-10279 Rn. 32 ff. = NVwZ 2007, 187 – Güzeli; vgl. auch die Ausführungen im
Urteil Güzeli zu eventuellen Ansprüchen aus Art. 10 ARB 1/80.

[2367] EuGH Slg. 1997, I-329 Rn. 40 = NVwZ 1997, 677 – Tetik.

[2368] EuGH Slg. 1997, I-329 Rn. 41 = NVwZ 1997, 677 – Tetik; EuGH Slg. 2000, I-957 Rn. 38 und
40 = NVwZ 2000, 1029 – Nazli; EuGH Slg. 2005, I-6237 Rn. 19 = InfAuslR 2005, 350 – Dogan.

[2369] EuGH Slg. 2005, I-6237 Rn. 18 = InfAuslR 2005, 350 – Dogan.

[2370] EuGH Slg. 2005, I-6237 Rn. 18 = InfAuslR 2005, 350 – Dogan.

[2371] Vgl. schon EuGH NJW 1976, 2068 L; NJW 1983, 1249.

[2372] EuGH Slg. 1986, 2121 (2144) = NVwZ 1987, 41; vgl. auch zuletzt EuGH NVwZ 2008, 404
Rdnr. 31 – Payir ua.- Zu Beschäftigungen im Rahmen von Reha-Maßnahmen → Rn. 1499.

[2373] EuGH Slg. 1988, 3244 – Brown; Slg. 1991, I-5532 – Le Manoir; Slg. 1992, I-1017 = InfAuslR
1992, 273 L – Bernini; EuGH Slg. 1994, I-5113 Rdnr. 9 ff. = NVwZ 1995, 53 – Eroglu.

[2374] Vgl. *Gutmann* InfAuslR 1991, 33 (36).

[2375] EuGH Slg. 1988, I-6159 = NVwZ 1990, 53 – Scientology; vgl. Auch § 14 Abs. 1 BeschV
(→ Rn. 276).

1606    Die unselbstständige Erwerbstätigkeit muss nicht Hauptzweck des Aufenthalts sein, so dass auch das Ausüben einer geringfügigen Beschäftigung – selbst im Rahmen sozialversicherungsfreier Arbeitsverhältnisse – die Arbeitnehmereigenschaft vermittelt (→ Rn. 1498)[2376]. Die Arbeitnehmereigenschaft wird auch nicht dadurch in Frage gestellt, dass eine abhängige Tätigkeit im Lohn- oder Gehaltsverhältnis ausgeübt wird, mit der der Beschäftigte weniger verdient, als das, was in der Bundesrepublik Deutschland als Existenzminimum angesehen wird[2377]. Lediglich völlig untergeordnete und unwesentliche Tätigkeiten sind gemeinschaftsrechtlich nicht geschützt[2378]. Die Betreuung von Enkelkindern oder eine sonstige Mithilfe im Haushalt gegen Kost und Logis kann je nach den besonderen Umständen des konkreten Einzelfalles entweder als Arbeitnehmertätigkeit oder um familiäre Mithilfe außerhalb eines Lohn- oder Gehaltsverhältnisses angesehen werden[2379]. Die von vornherein befristete Tätigkeit als Au-pair-Kraft schließt die Arbeitnehmereigenschaft nicht aus[2380].

## 2. Ausschluss freizügigkeitsrechtlicher Vergünstigungen bei Beschäftigung in der „öffentlichen Verwaltung"

1607    Ebenso wie im klassischen Unionsrecht wird die Beschäftigung in der „öffentlichen Verwaltung" iSd Art. 45 Abs. 4 AEUV nicht von den Bestimmungen über die Freizügigkeit erfasst (Art. 59 ZPAssEWG-TR). Die Ausschlussregelung bezieht sich auf solche Tätigkeiten, die eine unmittelbare oder mittelbare Teilnahme an der Ausübung hoheitlicher Befugnisse und an der Wahrnehmung solcher Aufgaben mit sich bringen, die auf die Wahrung der allgemeinen Belange des Staates oder anderer öffentlicher Körperschaften gerichtet sind, sich also durch besondere Verbundenheit und Verantwortung des jeweiligen Stelleninhabers zum Staat sowie die Gegenseitigkeit von Rechten und Pflichten, die dem Staatsangehörigkeitsband zu Grunde liegen, auszeichnen[2381].

## 3. Erfordernis einer „ordnungsgemäßen Beschäftigung"

1608    Die mit den Rechtssachen Sevince[2382] und Kus[2383] begonnene und seitdem kontinuierlich fortgeführte Spruchpraxis des EuGH wirkt sich für türkische Arbeitnehmer je nach ihrem aufenthaltsrechtlichen Status unterschiedlich aus. Art. 6 Abs. 1 ARB 1/80 erfordert auf seinen einzelnen Verfestigungsstufen eine „ordnungsgemäße Beschäftigung", die im Einklang mit den geltenden inländischen aufenthalts- und arbeitsgenehmigungsrechtlichen Vorschriften ausgeübt worden ist bzw. noch ausgeübt wird[2384]. Nachdem mit dem zum 1.1.2005 in Kraft getretenen Aufenthaltsgesetz die Dualität von aufenthaltsrechtlichem Verfahren auf der einen und arbeitsgenehmigungsrechtlichem Verfahren auf der anderen Seite aufgegeben und durch das so genannte „One-Stop-Government" ersetzt worden ist (→ Rn. 264), kommt es nunmehr ausschließlich darauf an, ob ein türkischer Staatsangehöriger im Besitz eines Aufenthaltstitels war bzw. ist, der ihm die Möglichkeit eröffnete, eine unselbstständige Erwerbstätigkeit auszuüben. Eine ordnungsgemäße Be-

---

[2376] Vgl. schon EuGH NJW 1983, 1249; 1992, 273 L.

[2377] EuGH Slg. 1982, 1035 – Levin; EuGH Slg. 1986, 1741 – Kempf.

[2378] EuGH Slg. 1986, 1741– Kempf.

[2379] Vgl. in diesem Zusammenhang zB BVerwG NVwZ 1995, 1110 und 1113. – Zum Erbringen von Dienstleistungen ohne Entgelt vgl. EuGH NJW 1994, 1941.

[2380] So jetzt ausdrücklich EuGH NVwZ 2008, 404 Rn. 31 – Payir ua.

[2381] Grundlegend EuGH Slg. 1980, 3881 = NJW 1981, 448 – Kommission./. Belgien I. Vgl. im Einzelnen → Rn. 1506.

[2382] Slg. 1990, I-3461 = NVwZ 1991, 255.

[2383] Slg. 1992, I-6781 = NVwZ 1993, 258.

[2384] Vgl. zB BVerwG NVwZ 1995, 1110, 1113 und 1123; zum Erfordernis eines ordnungsgemäßen Auferthalts vgl. EuGH NVwZ-RR 2014, 115 – Demir.

schäftigung iSd Assoziationsrechts setzt jedoch nicht zwingend voraus, dass der erteilte Aufenthaltstitel auch tatsächlich materiell rechtmäßig war oder ist[2385]. Eine aufgrund eines erschlichenen Aufenthaltstitels ausgeübte Beschäftigung kann jedoch nicht als ordnungsgemäß angesehen werden (→ Rn. 1615).

Zur Frage der von Art. 6 Abs. 1 ARB 1/80 geforderten ordnungsgemäßen Beschäfti-    **1609** gung hatte der EuGH bereits in der Rechtssache Sevince ausgeführt: „Die Ordnungsmäßigkeit der Beschäftigung im Sinne dieser Bestimmungen setzt allerdings, selbst wenn sie nicht notwendigerweise vom Besitz einer ordnungsgemäßen Aufenthaltserlaubnis abhängen sollte, eine gesicherte und nicht nur vorläufige Position des Betroffenen auf dem Arbeitsmarkt voraus"[2386]. Es könne nicht zulässig sein, dass ein türkischer Arbeitnehmer sich die Möglichkeit zur Erfüllung der Voraussetzungen des Art. 6 Abs. 1 ARB 1/80 allein auf die Weise verschafft, indem er, „nachdem ihm von den nationalen Behörden eine für diesen Zeitraum gültige Aufenthaltserlaubnis verweigert wurde, den im nationalen Recht vorgesehenen Rechtsweg gegen diese Weigerung beschritten hat und infolge der aufschiebenden Wirkung seiner Klage bis zum Ausgang des Rechtsstreits vorläufig in dem betreffenden Mitgliedstaat bleiben und dort eine Beschäftigung ausüben durfte"[2387]. Sofern eine auf Erteilung oder Verlängerung gerichtete Klage unanfechtbar abgewiesen wird, ist die im Verlauf des Gerichtsverfahrens ausgeübte Beschäftigung nicht als ordnungsgemäße iSd Art. 6 Abs. 1 ARB 1/80 zu qualifizieren[2388].

Eine iSd Art. 6 Abs. 1 ARB 1/80 EWG-TR ordnungsgemäße Beschäftigung ist auch    **1610** dann gegeben, wenn das Arbeitsverhältnis dazu dient, sich innerbetrieblich zu qualifizieren[2389] oder Studienkenntnisse zu vertiefen[2390]. Zeiten einer Berufsausbildung gelten als ordnungsgemäße Beschäftigung, wenn sie auf einer gesicherten aufenthaltsrechtlichen Grundlage absolviert werden[2391]. Auch das erlaubte Ausüben einer Beschäftigung neben einem Studium oder die Tätigkeit als Au-pair-Kraft gelten als ordnungsgemäße Beschäftigung[2392]. Die Dauer der ausgeübten Beschäftigung ist unerheblich für die Frage, ob es sich um eine „ordnungsgemäße" handelt.

## 4. Einzelne Fallgruppen

### a) Türkische Studentinnen und Studenten

Türkische Staatsangehörige, die ausschließlich zur Aufnahme eines Studiums ins Bun-    **1611** desgebiet eingereist sind und hierfür eine Aufenthaltserlaubnis nach § 16 AufenthG (→ Rn. 207 ff.) erhalten haben, werden assoziationsrechtlich nicht begünstigt[2393]. Ist ihnen jedoch die Möglichkeit eröffnet worden, neben der Ausbildung eine unselbstständige Erwerbstätigkeit auszuüben, sind sie dem Grunde nach gem. Art. 6 Abs. 1 ARB 1/80 zu behandeln[2394]. Um assoziationsrechtlich begünstigt zu werden, ist es jedoch erforderlich,

---

[2385] VG Gießen AuAS 1995, 74 (76).

[2386] Slg. 1990, I-3461 Rdnr. 30 = NVwZ 1991, 255. St. Rspr. vgl. zB EuGH Slg. I-1995, 1475 Rn. 25 ff. = NVwZ 1995, 1093 – Bozkurt; EuGH Slg. 2002, I-10691 Rn. 48 = InfAuslR 2003, 41 – Kurz; EuGH Slg. 2006, I-10279 Rn. 38 = NVwZ 2007, 187 – Güzeli.

[2387] Slg. 1990, I-3461 Rdnr. 31 = NVwZ 1991, 255 – Sevince; vgl. auch BVerwG NVwZ 1995, 1119.

[2388] Slg. 1990, I-3461 Rdnr. 32 f. = NVwZ 1991, 255 – Sevince; ebenso EuGH Slg. 1992, I-6781 Rn. 12 f. = NVwZ 1993, 258 – Kus.

[2389] VG Regensburg InfAuslR 1991, 265 (266 f.).

[2390] VG Karlsruhe InfAuslR 1993, 292 (294).

[2391] Vgl. nur EuGH Slg. 2002, I-10691 Rn. 49 ff. = InfAuslR 2003, 41 – Kurz.

[2392] EuGH NVwZ 2008, 404 Rdnr. 33 – Payir ua.

[2393] Vgl. nur EuGH Slg. 1997, I-5153 Rn. 32 = NVwZ 1999, 283 – Günaydin.

[2394] Vgl. schon BVerwGE 98, 31 = NVwZ 1995, 1113.

dass ein auf eine gewisse Dauer angelegtes Arbeitsverhältnis besteht[2395]. Nicht ausreichend sind die nach § 16 Abs. 3 AufenthG erlaubten vorübergehenden Beschäftigungen von maximal 120 Tagen oder 240 halben Tagen im Jahr (→ Rn. 216). Dasselbe gilt für die in § 14 Abs 2 BeschV vorgesehene zustimmungsfreie Ferienbeschäftigung türkischer Studierender oder türkischer Schülerinnen und Schüler ausländischer Hochschulen und Fachschulen von bis zu 90 Tagen innerhalb eines Zeitraums von zwölf Monaten[2396].

**1612**     Sind hingegen die zeitlichen Erfordernisse des Art. 6 Abs. 1 ARB 1/80 erfüllt, besteht auch nach Abschluss oder Abbruch des Studiums ein Anspruch, die ursprünglich zu Studienzwecken erteilte bzw. verlängerte Aufenthaltserlaubnis als deklaratorische iSd § 4 Abs. 5 S. 1 AufenthG ausgestellt zu bekommen, um im Bundesgebiet weiterhin auf assoziationsrechtlicher Grundlage einer Arbeit nachgehen zu können.

### b) Türkische Ehegatten

**1613**     Türkischen Staatsangehörigen, die im Bundesgebiet eine Ehe eingehen und einen Aufenthaltstitel besitzen oder im Wege des Ehegattennachzugs (§§ 27 ff. AufenthG) nach hier einreisen, steht nach einjähriger erlaubter Arbeitnehmertätigkeit der Verlängerungsanspruch nach Art. 6 Abs. 1 erster Gedankenstrich ARB 1/80 zu[2397]. Es ist unerheblich, wenn die ursprüngliche Aufenthaltserlaubnis ausschließlich oder primär aus Gründen der Eheschließung erteilt worden war[2398]. Insbesondere setzt Art. 6 Abs. 1 ARB 1/80 nicht voraus, dass die Zulassung zum Arbeitsmarkt der ausschlaggebende Punkt für das gewährte Aufenthaltsrecht war.

**1614**     Haben sich die Ehepartner – ggf. schon innerhalb dieses ersten Jahres — wieder getrennt, steht dies der Verlängerung der Aufenthaltserlaubnis nicht entgegen, sofern die beschäftigungsrechtlichen Voraussetzungen jener Vorschrift erfüllt sind. Der Assoziationsratsbeschluss verbürgt demnach bereits in Art. 6 Abs. 1 erster Gedankenstrich ein wenn auch beschränktes eigenständiges Aufenthaltsrecht, das sich mit Erreichen der jeweiligen Anforderungen des zweiten und dritten Gedankenstrichs des Art. 6 Abs. 1 ARB 1/80 zusehends verfestigt, und begünstigt den betroffenen Personenkreis gegenüber § 31 AufenthG, zumal anders als im allgemeinen Ausländerrecht Sozialhilfebedürftigkeit unbeachtlich bleiben muss (→ Rn. 1498).

**1615**     Erweist sich hingegen, gegebenenfalls auch erst im Nachhinein, dass ein Aufenthaltstitel nur auf Grund unrichtiger Angaben erteilt und/oder verlängert worden ist, etwa weil das Bestehen einer ehelichen Lebensgemeinschaft vorgetäuscht, während in Wahrheit eine solche nicht geführt wurde, gilt dem EuGH zufolge eine im Verlauf des Aufenthalts ausgeübte Beschäftigung nicht als ordnungsgemäß iSd Art. 6 Abs. 1 ARB 1/80[2399]. Auch verschafft ein solcher Aufenthaltstitel keine gesicherte, sondern nur eine vorläufige Rechtsposition[2400]. Diese Grundsätze werden jedoch vom Gerichtshof dahingehend eingeschränkt, dass die Beschäftigung eines türkischen Arbeitnehmers auf Grund einer Aufenthaltserlaubnis ausgeübt wurde, „die er **allein** (Herv. d. Verf.) durch eine Täuschung,

---

[2395] Vgl. jetzt ausdrücklich EuGH NVwZ 2008, 404 – Payir ua.

[2396] Vgl. in diesem Zusammenhang auch OVG Bremen NVwZ-RR 1994, 416 (417). Etwas Anderes könnte jedoch für eine über ein Jahr hinaus während studentische Nebentätigkeit iSd § 16 Abs. 3 S. 1 AufenthG gelten (→ Rn. 216).

[2397] Zur assoziationsrechtlichen Rechtsstellung der Familienangehörigen türkischer Arbeitnehmer vgl. im Einzelnen Art. 7 ARB 1/80 (→ Rn. 1670 ff.).

[2398] Vgl. nur BVerwGE 98, 31 = NVwZ 1995, 1113; BVerwG NVwZ 1995, 1119 und 1123; VGH München InfAuslR 1994, 250; VGH Kassel InfAuslR 1994, 307 (308).

[2399] EuGH Slg. 1997, I-3069 Rn. 24 = NVwZ 1998, 50 – Kol.

[2400] EuGH Slg. 1997, I-3069 Rn. 27 = NVwZ 1998, 50 – Kol.

die zu seiner Verurteilung geführt hat, erwirkt hat"[2401]. Sofern die eine Beschäftigungs-aufnahme ermöglichende Aufenthaltserlaubnis auch unabhängig vom Bestehen einer be-haupteten ehelichen Lebensgemeinschaft erteilt worden war, ist der Erwerb assoziations-rechtlicher Anwartschaften nicht ausgeschlossen.

### c) Türkische Asylbewerber

Ohne dass Asylbewerber eine ausdrückliche Erwähnung in den einschlägigen EuGH-Entscheidungen zu Art. 6 ARB 1/80 finden, ist auf Grund der aufgezeigten Kriterien davor auszugehen, dass dieser Personenkreis sowohl für die Dauer des Asylverfahrens als auch im Falle des negativen Ausgangs nicht an den Vergünstigungen des Art. 6 Abs. 1 ARB 1/80 teilhaben kann. Ist doch der legale Aufenthalt im Bundesgebiet zu dem Zweck, das Vorliegen der Voraussetzungen des Art. 16a Abs. 1 GG bzw. der §§ 3 ff. AsylG prüfen zu lassen, selbst dann nur ein vorläufiger (→ Rn. 1748), wenn sich das Asyl (gerichts)verfahren über mehrere Jahre hinzieht. Wird einem türkischen Staatsangehöri-gen während dieser Zeit erlaubt zu arbeiten, löst dies folglich die Automatik des Art. 6 Abs. 1 ARB 1/80 nicht aus[2402]. **1616**

Anders ist freilich die Rechtslage, sofern einem Asylbewerber eine asylverfahrensunab-hängige Aufenthaltserlaubnis, etwa aus Anlass einer Eheschließung, erteilt worden ist und dieser auf Grund dessen berechtigterweise eine unselbstständige Erwerbstätigkeit ausüben durfte. Sofern ein türkischer Asylbewerber unanfechtbar als Asylberechtigter anerkannt oder unanfechtbar gem. § 1 Abs. 1 Nr. 2 AsylG die Flüchtlingseigenschaft zuerkannt oder subsidiärer Schutz gewährt worden ist, ist hingegen die während der Dauer des Verfahrens legal ausgeübte Tätigkeit – rückwirkend – als ordnungsgemäß anzusehen (§ 55 Abs. 3 AsylG). **1617**

### d) Inhaber einer Aufenthaltserlaubnis aus humanitären Gründen

Türkische Staatsangehörige, die eine Aufenthaltserlaubnis gem. § 25 AufenthG besit-zen und erlaubtermaßen einer unselbstständigen Erwerbstätigkeit nachgehen, üben eine „ordnungsgemäße Beschäftigung" iSd Art. 6 Abs. 1 ARB 1/80 aus[2403]. Der Umstand, dass ihr Aufenthaltsrecht zunächst lediglich befristeter Natur ist (§ 26 Abs. 1 AufenthG), ändert daran nichts. Dies gilt auch in den Fällen einer Aufenthaltsgewährung bei gut integrierten Jugendlichen und Heranwachsenden nach § 25a AufenthG (→ Rn. 603 ff.) und bei einer Aufenthaltsgewährung bei nachhaltiger Integration nach § 25b AufenthG (→ Rn. 621 ff.). **1618**

### e) Duldung

Türkische Staatsangehörige, deren Abschiebung zeitweise ausgesetzt wird (§ 60a Abs. 2 AufenthG (→ Rn. 1191 ff.), fallen nicht unter den Anwendungsbereich des Art. 6 Abs. 1 ARB 1/80. Mit der Duldung wird lediglich ein vorübergehender Verbleib im Bundesgebiet ermöglicht, und zwar bis zu dem Zeitpunkt, zu dem die Abschiebungs-hindernisse entfallen. Die Ausreisepflicht bleibt gem. § 50 Abs. 1 AufenthG bestehen, lediglich wird deren Durchsetzung vorübergehend suspendiert. Auch eine erlaubte Ar-beitsaufnahme während dieser Zeit stellt demnach keine ordnungsgemäße Beschäftigung iSd ARB 1/80 dar. Eine für einen geduldeten türkischen Arbeitnehmer verbesserte recht-liche Situation tritt erst ein, wenn er aus dem Duldungsstatus in einen rechtmäßigen **1619**

---

[2401] EuGH Slg. 1997, I-3069 Rn. 29 = NVwZ 1998, 50 – Kol; vgl. auch BVerwG NVwZ 2010, 1101.

[2402] Vgl. zB VGH Mannheim AuAS 1995, 107 L.

[2403] Entsprechendes galt für die Inhaber einer Aufenthaltsbefugnis nach §§ 30 ff. AuslG 1990.

Aufenthalt, dokumentiert durch einen Aufenthaltstitel iSd § 4 AufenthG, überwechselt. Hierbei genügt auch eine Aufenthaltserlaubnis aus humanitären Gründen gemäß § 25 Abs. 5 AufenthG (→ Rn. 579 ff.).

### f) Fiktion des erlaubten oder geduldeten Aufenthalts iSd § 81 Abs. 3 und 4 AufenthG

1620    Beantragt ein türkischer Staatsangehöriger nach der erlaubten Einreise die Erteilung eines Aufenthaltstitels, so gilt sein Aufenthalt nach Maßgabe des § 81 Abs. 3 AufenthG bis zur Entscheidung der Ausländerbehörde als erlaubt oder geduldet (→ Rn. 1385)[2404]. Aus den vom EuGH aufgestellten Grundsätzen folgt, dass im Falle der Ablehnung des Antrags jene Beschäftigungen, die während des Verwaltungsverfahrens ausgeübt worden sind, nicht als ordnungsgemäß iSd Art. 6 Abs. 1 ARB 1/80 gelten[2405]. Im Falle der positiven Entscheidung über den Antrag, einen Aufenthaltstitel zu erteilen, sind hingegen die während des vorläufig erlaubten bzw. geduldeten Aufenthalts angefallenen Beschäftigungszeiten im vollen Umfang anzurechnen. Wird die Verlängerung eines erteilten Aufenthaltstitels oder die Erteilung eines anderen Aufenthaltstitels beantragt, greift bis zur Bescheidung durch die Ausländerbehörde die Fiktionswirkung nach Maßgabe des § 81 Abs. 4 AufenthG ein (→ Rn. 1386). Auch hier bleiben Beschäftigungszeiten während der Antragsbearbeitung unberücksichtigt, sofern über das Begehren bestandskräftig ablehnend befunden wird. Dasselbe gilt, wenn ein Verwaltungsgericht einem Antrag auf Anordnung der aufschiebenden Wirkung des Widerspruchs bzw. der Klage gegen die negative Entscheidung der Behörde stattgegeben hat, die betroffene Person aber im Hauptsacheverfahren unanfechtbar unterlegen ist[2406].

1621    Hat ein türkischer Arbeitnehmer (oder ein Familienangehöriger) eine assoziationsrechtliche Anwartschaft erreicht, ist ein verspätet gestellter Antrag, den ihm erteilten Aufenthaltstitel zu verlängern, aufenthaltsrechtlich unschädlich (→ Rn. 1561). Darüber hinaus hat der EuGH klargestellt, dass ein verspätet gestellter Antrag, einen Aufenthaltstitel zu verlängern, assoziationsrechtlich unbeachtlich ist, wenn die Ausländerbehörde ungeachtet dessen einen neuen Aufenthaltstitel ausgestellt hat[2407].

1622    Wird hingegen eine Ausländerbehörde bestands- bzw. rechtskräftig durch die Widerspruchsbehörde bzw. durch das Verwaltungsgericht verpflichtet, einem türkischen Arbeitnehmer antragsgemäß einen das Ausüben einer Beschäftigung ermöglichenden Aufenthaltstitel zu erteilen, so ist er rückwirkend so zu behandeln, als habe er während des fraglichen Zeitraums nicht nur ein vorläufiges, sondern ein gesichertes Aufenthaltsrecht besessen[2408]. Dies kann zur Folge haben, dass ein türkischer Antragsteller nach einem mehrjährigen für ihn günstig ausgegangenen Verwaltungs(streit)verfahren, das ihn in ein assoziationsrechtliches Aufenthaltsrecht der höchsten Stufe nach Art. 6 Abs. 1 dritter Gedankenstrich ARB 1/80 führt, ggf. auch unmittelbar in eine nach nationalem bzw. Unionsrecht vorgesehene verfestigte aufenthaltsrechtliche Position gelangt und ihm ein Anspruch auf eine Niederlassungserlaubnis nach § 9 AufenthG (→ Rn. 929 ff.) oder eine Erlaubnis zum Daueraufenthalt-EU (§ 9a AufenthG → Rn. 958 ff.) zusteht. Dies bedingt auch einen assoziationsrechtlichen Ausweisungsschutz (→ Rn. 1702 ff.).

---

[2404] Diese Fiktionswirkung tritt jedoch dann nicht ein, wenn er mit einem Schengen-Visum nach § 6 Abs. 1 AufenthG eingereist ist (§ 81 Abs. 4 S. 2 AufenthG).

[2405] EuGH NVwZ-RR 2014, 114 Rn. 43 ff. mwN – Demir.

[2406] Vgl. in diesem Zusammenhang auch BVerwGE 98, 298 = NVwZ 1995, 1119; BVerwGE 99, 28 = NVwZ 1995, 1123.

[2407] Vgl. nur EuGH Slg. 2000, I-1487 Rn. 29 mwN. = NVwZ 2000, 1277 – Ergat.

[2408] EuGH Slg. 1992, I-6781 Rn. 17 = NVwZ 1993, 258 – Kus; vgl. auch BVerwGE 98, 298 = NVwZ 1995, 1119.

## 5. Die einzelnen Verfestigungsstufen des Art. 6 Abs. 1 ARB 1/80 EWG-TR

Die Rechte, die türkischen Arbeitnehmerinnen und Arbeitnehmern nach den drei     **1623**
Varianten des Art. 6 Abs. 1 ARB 1/80 zukommen, sind unterschiedlich und Bedingungen
unterworfen, die je nach der Dauer der Ausübung einer ordnungsgemäßen Beschäftigung
im Aufnahmemitgliedstaat verschieden sind[2409]. Die dort jeweils aufgestellten Anforderungen müssen von den Betroffenen nacheinander erfüllt werden[2410].

### a) Art. 6 Abs. 1 erster Gedankenstrich ARB 1/80

Art. 6 Abs. 1 erster Gedankenstrich ARB 1/80 räumt einem türkischen Arbeitnehmer     **1624**
nach einem Jahr ordnungsgemäßer Beschäftigung einen Anspruch auf Erneuerung der
ihm erteilten Arbeitserlaubnis für eine Tätigkeit bei dem gleichen Arbeitgeber ein, wenn
dieser über einen Arbeitsplatz verfügt. Aus den oben dargestellten Erwägungen der
einschlägigen Entscheidungen des EuGH ergibt sich, dass nach einem Jahr ordnungsgemäßer Beschäftigung iSd Art. 6 Abs. 1 erster Gedankenstrich ARB 1/80 zugleich ein
entsprechender Anspruch auf Verlängerung des zur Beschäftigungsaufnahme erteilten
Aufenthaltstitels entsteht.

Fraglich ist, ob das Erfordernis der einjährigen ordnungsgemäßen Beschäftigung (zum     **1625**
Begriff der Ordnungsmäßigkeit→ Rn. 1608) zwingend voraussetzt, dass die Arbeitneh-
mertätigkeit innerhalb dieses Zeitraums ununterbrochen ausgeübt worden sein muss. Im
Hinblick auf Art. 6 Abs. 2 S. 2 ARB 1/80, der vorsieht, dass Zeiten unverschuldeter
Arbeitslosigkeit oder Abwesenheit wegen langer Krankheit bereits erworbene Verfesti-
gungsansprüche nicht tangieren (→ Rn. 1469 ff.), könnte es naheliegen, im Rahmen des
Art. 6 Abs. 1 erster Gedankenstrich ARB 1/80 eine durchgehende Beschäftigung von
einem Jahr zu fordern[2411]. Auch die Aussage des EuGH, dass der türkische Arbeitnehmer
„seit mehr als einem Jahr" gearbeitet haben muss[2412], könnte die Schlussfolgerung nahelegen, die Arbeit müsse kontinuierlich, also ununterbrochen ausgeübt worden sein. Aus
Art. 6 Abs. 2 S. 1 ARB 1/80 ergibt sich jedoch unmissverständlich, dass normalerweise
kürzere Zeiten, in denen ein türkischer Arbeitnehmer seiner Beschäftigung im Lohn-
oder Gehaltsverhältnis tatsächlich nicht nachgeht, zB wegen Jahres- oder Mutterschafts-
urlaubs, Abwesenheit wegen Arbeitsunfalls oder Krankheit, mit der nur eine kurze
Unterbrechung der Arbeit verbunden ist, so behandelt, als handele es sich um Zeiten
ordnungsgemäßer Beschäftigung iSd Art. 6 Abs. 1 ARB 1/80[2413]. Demgegenüber können
gem. Art. 6 Abs. 2 S. 2 ARB 1/80 Zeiten der Beschäftigungslosigkeit, die auf eine lange
Krankheit oder unverschuldete Arbeitslosigkeit zurückzuführen sind, nicht als ordnungsgemäße Beschäftigung iSd Art. 6 Abs. 1 ARB 1/80 angerechnet werden; sie vernichten
jedoch nicht bereits erworbene assoziationsrechtliche Anwartschaften[2414]. Im Rahmen
des Art. 6 Abs. 1 erster Gedankenstrich ARB 1/80 können solche Zeiten somit nicht auf
die einjährige Anwartschaftsfrist angerechnet werden. Dementsprechend geht der EuGH
davon aus, dass Art. 6 Abs. 1 erster Gedankenstrich ARB 1/80 als Voraussetzung für
einen Anspruch auf Erneuerung der „Arbeitserlaubnis" (und somit des Aufenthaltstitels)
„bei demselben Arbeitgeber eine ununterbrochene Beschäftigungsdauer von einem Jahr

---

[2409] Vgl. nur EuGH Slg. 2006, I-885 Rn. 35 = NVwZ 2006, 315 – Sedef mwN.
[2410] EuGH Slg. 2006, I-157 Rn. 0. 37 = NVwZ 2006, 315 – Sedef.
[2411] So ausdrücklich BVerwGE 98, 298 = NVwZ 1995, 1119; BVerwGE 99, 28 = NVwZ 1995,
1123.
[2412] EuGH Slg. 1992, I-6781 Rn. 26 = NVwZ 1993, 258 – Kus.
[2413] So ausdrücklich auch EuGH Slg. 1997, I-329 Rr. 37 = NVwZ 1997, 677 – Tetik.
[2414] EuGH Slg. 1997, I-329 Rn. 38 = NVwZ 1997, 677 – Tetik; EuGH Slg. 2006, I-10279 Rn. 44 =
NVwZ 2007, 187 – Güzeli.

verlangt"[2415]. Ob das Einjahreserfordernis erfüllt ist, berechnet sich nach den Fristenregelungen der §§ 187 Abs. 2, 188 Abs. 2 BGB, dh exakt ab dem Tag der erstmaligen Arbeitsaufnahme[2416].

1626    Der Anspruch nach Art. 6 Abs. 1 erster Gedankenstrich ARB 1/80 auf Erneuerung, dh auf Verlängerung des die Ausübung einer unselbstständigen Erwerbstätigkeit eines türkischen Arbeitnehmers ermöglichenden Aufenthaltstitels besteht für eine Beschäftigung „bei dem gleichen Arbeitgeber". Dieser muss nicht zwingend derselbe sein, bei dem erstmals die unselbstständige Erwerbstätigkeit aufgenommen worden ist. Sofern innerhalb des ersten Beschäftigungsjahres mit entsprechender ausländerrechtlicher Genehmigung ein Wechsel der Arbeitsstelle vorgenommen worden ist, ist es jedoch zwingend erforderlich, bei dem zweiten Arbeitgeber eine ununterbrochene Tätigkeit von mindestens einem Jahr ausgeübt zu haben, um in die erste Verfestigungsstufe des Art. 6 Abs. 1 erster Gedankenstrich ARB 1/80 zu gelangen[2417].

1627    Es muss sich um eine Beschäftigung bei dem gleichen Arbeitgeber handeln, dh bei derselben natürlichen oder juristischen Person. Einen Anspruch auf einen Aufenthaltstitel für eine Tätigkeit bei einer juristisch selbstständigen Schwester- oder Tochterfirma, die zu demselben Unternehmen zählt, verbürgt Art. 6 Abs. 1 erster Gedankenstrich ARB 1/80 nicht. Dementsprechend handelt er sich bei einem Wechsel eines Arbeitnehmers einer Zeitarbeitsfirma zu dem entleihenden Arbeitgeber nicht um den gleichen Arbeitgeber iSd Art. 6 Abs. 1 erster Gedankenstrich ARB 1/80[2418].

1628    Ferner muss es sich um dieselbe wie die bisher ausgeübte Beschäftigung handeln. Dies ergibt eine systematische Betrachtung des Art. 6 Abs. 1 ARB 1/80. Die zweite Verfestigungsstufe des zweiten Gedankenstrichs setzt nämlich auch nach drei Jahren noch eine Bindung an denselben Beruf voraus, und erst ab der dritten Stufe des dritten Gedankenstrichs ist die freie Wahl einer unselbstständigen Tätigkeit garantiert. Ein Anspruch auf Verlängerung des Aufenthaltstitels für eine andere berufliche Tätigkeit bei demselben Arbeitgeber ist daher von Art. 6 Abs. 1 erster Gedankenstrich ARB 1/80 nicht verbürgt[2419]. Andererseits schließt diese Vorschrift einen entsprechenden Wechsel der Art der unselbstständigen Beschäftigung bei demselben Arbeitgeber nicht aus, sofern dies nach den allgemeinen den Zugang zum Arbeitsmarkt regelnden ausländerrechtlichen Normen der §§ 39 ff. AufenthG gestattet wird. Dann berechnet sich die Einjahresfrist ab Antritt des neuen Arbeitsverhältnisses.

1629    Art. 6 Abs. 1 erster Gedankenstrich ARB 1/80 verbürgt einen Anspruch auf Verlängerung des ua zur Aufnahme einer unselbstständigen Erwerbstätigkeit erteilten Aufenthaltstitels. Sobald diese Anwartschaftsfrist erfüllt ist, steht dem türkischen Arbeitnehmer ein – wenn auch eingeschränktes – eigenständiges unionsrechtliches Aufenthaltsrecht zu, das nicht durch nationale Rechtsvorschriften oder eine nationale Behördenpraxis eingeschränkt werden darf[2420]. War das ursprüngliche Aufenthaltsrecht auf den Zeitraum der

---

[2415] EuGH Slg. 1997, I-2697 Rn. 22 = NVwZ 1997, 1108 – Eker; EuGH Slg. 1997, I-3069 Rn. 19 = NVwZ 1998, 50 – Kol.

[2416] Vgl. zB VGH Mannheim NVwZ-RR 1994, 416.

[2417] EuGH Slg. 1997, I-2697 Rn. 24 ff. = NVwZ 1997, 1108 – Eker unter Verweis auf EuGH, Slg. 1994, I-5113 Rn. 13 ff. = NVwZ 1995, 53 – Eroglu; EuGH Slg. 1997, I-3069 Rn. 19 = NVwZ 1998, 50 – Kol. Vgl. in diesem Zusammenhang ferner EuGH Slg. 2006, I-10279 Rn. 34 = NVwZ 2007, 187 – Güzeli.

[2418] VGH München NVwZ-RR 2013, 981 unter Verweis auf EuGH NVwZ 1997, 1108 – Eker.

[2419] Vgl. in diesem Zusammenhang auch EuGH Slg. 1997, I-2697 Rn. 23 f. = NVwZ 1997, 1108 – Eker.

[2420] Vgl. zB EuGH Slg. 1997, I-5153 Rn. 55 = NVwZ 1999, 283 – Günaydin; EuGH Slg. 1997, I-5179 Rn. 57 = NVwZ 1999, 286 – Ertanir; EuGH Slg. 1998, I-7747 Rn. 38 f. = NVwZ 1999, 1099 – Birden; EuGH Slg. 2000, I-957 Rn. 30 = NVwZ 2000, 1029 – Nazli; EuGH Slg. 2002, I-10691 Rn. 67 f. = InfAuslR 2003, 41 – Kurz.

einjährigen Beschäftigung beschränkt und stellt er seinen Antrag auf Verlängerung des Aufenthaltstitels erst verspätet nach Ablauf dieser Frist, so ist dies unschädlich, sofern eine Weiterbeschäftigung bei demselben Arbeitgeber erfolgt. Es ist nicht zwingend erforderlich, dass der Verlängerungsantrag rechtzeitig, dh vor Ablauf der Geltungsdauer des erteilten Aufenthaltstitels, gestellt wird[2421].

Der Umstand, dass der Aufenthaltszweck, der dem ursprünglich erteilten Aufenthalts-    **1630** titel zu Grunde lag (zB Ehegatten- oder Familiennachzug) zwischenzeitlich entfallen ist, darf nicht berücksichtigt werden[2422]. Auch eine Befristung des Arbeitsverhältnisses und/ oder des Aufenthaltstitels ist unbeachtlich[2423]. Dies gilt auch, wenn der Arbeitnehmer keine Täuschung bzgl. der assoziationsrechtlich relevanten Fragen begangen[2424] hAT

## b) Art. 6 Abs. 1 zweiter Gedankenstrich ARB 1/80

Art. 6 Abs. 1 zweiter Gedankenstrich ARB 1/80 räumt einem türkischen Arbeitneh-    **1631** mer nach einer dreijährigen ordnungsgemäßen Beschäftigung – vorbehaltlich des den Arbeitnehmern aus den Mitgliedstaaten einzuräumenden Vorrangs – das Recht ein, sich für den gleichen Beruf bei einem Arbeitgeber seiner Wahl auf ein unter normalen Bedingungen unterbreitetes und bei den Arbeitsämtern dieses Mitgliedstaates eingetragenes anderes Stellenangebot zu bewerben. Die Vorschrift gewährt das Recht, sich auf ein Stellenangebot „zu bewerben". Eine systematische Betrachtung ergibt, dass es sich bei dem Stellenangebot um eine andere Arbeitsstelle handeln muss als die, die der Antragsteller bereits innehat. Begehrt ein türkischer Arbeitnehmer nach Erreichen der Anwartschaftszeit des Art. 6 Abs. 1 zweiter Gedankenstrich ARB 1/80 EWG-TR die Verlängerung des Aufenthaltstitels, um ein bestehendes Arbeitsverhältnis fortzusetzen, so scheidet schon rein begrifflich ein Bewerben um diese Stelle aus. Wenn schon Art. 6 Abs. 1 erster Gedankenstrich ARB 1/80 EWG-TR ohne weitere Voraussetzungen nach einer einjährigen Beschäftigungszeit einen Anspruch auf Verlängerung des erteilten Aufenthaltstitels mit der Berechtigung zum Ausüben einer bestimmten unselbstständigen Erwerbstätigkeit bei demselben Arbeitgeber vorsieht (→ Rn. 1624), ist es angesichts der Zielsetzung von Art. 6 ARB 1/80 ausgeschlossen, den Verlängerungsanspruch für dieselbe Beschäftigung nach dreijähriger Tätigkeit vom Erfüllen zusätzlicher Voraussetzungen abhängig zu machen.

Darüber hinaus entspricht es Sinn und Zweck der Regelung, ihr nicht nur einen    **1632** „Bewerbungsverfahrensanspruch" beizumessen, sondern zugleich einen Anspruch zu entnehmen, auf Grund dessen die Aufnahme der konkret angestrebten unselbstständigen Erwerbstätigkeit – vorbehaltlich der sonstigen Voraussetzungen des Art. 6 Abs. 1 zweiter Gedankenstrich ARB 1/80 – zu gestatten ist. Das Recht, sich um eine Arbeitsstelle bewerben zu dürfen, schließt somit das Recht ein, die Arbeit, für deren Ausübung die Erlaubnis begehrt wird, ausüben zu dürfen.

Nach Ablauf der dreijährigen Anwartschaftszeit des Art. 6 Abs. 1 zweiter Gedanken-    **1633** strich ARB 1/80 steht einem türkischen Arbeitnehmer ein Anspruch auf Verlängerung seines Aufenthaltstitels zur Fortsetzung der bisher ausgeübten bzw. auch zur Aufnahme einer neuen Beschäftigung in demselben Beruf zu. Dies gilt uneingeschränkt auch für Spezialitätenköche und Sprachlehrer türkischer Staatsangehörigkeit. § 11 BeschV, der für Spezialitätenköche die Zustimmung zu einem Aufenthaltstitel zur Ausübung einer ent-

[2421] A. A. noch VGH Kassel NVwZ-RR 1995, 354 L und 470; InfAuslR 1995, 228.

[2422] Vgl. zB EuGH Slg. 1992, I-6781 Rn. 26 = NVwZ 1993, 258 – Kus; EuGH Slg. 1998, I-7747 Rn. 66 = NVwZ 1999, 1099 – Birden.

[2423] EuGH Slg. 1997, I-5179 Rn. 54 = NVwZ 1999, 286 – Ertanir; EuGH Slg. 1998, I-7747 Rn. 39 und 64 f. = NVwZ 1999, 1099 – Birden.

[2424] EuGH NVwZ 2012, 1671 Rn. 50 ff. – Gülbahce.

sprechenden Arbeitnehmertätigkeit für maximal vier Jahre und für Sprachlehrer von maximal fünf Jahren vorsieht, ist ihnen gegenüber nicht anwendbar[2425].

**1634**    Erforderlich ist eine dreijährige ordnungsgemäße Beschäftigung. Diese muss nicht ununterbrochen ausgeübt worden sein[2426]. Dies ergibt sich schon daraus, dass gem. Art. 6 Abs. 2 S. 2 ARB 1/80 Zeiten unverschuldeter Arbeitslosigkeit, die von den zuständigen Behörden, dh für die BRD von den Arbeitsagenturen, ordnungsgemäß festgestellt worden sind, sowie Zeiten der Abwesenheit wegen langer Erkrankungen zwar nicht geeignet sind, auf die geforderte dreijährige Beschäftigungszeit angerechnet zu werden, andererseits aber nicht die auf Grund der vorherigen Tätigkeit erworbenen Ansprüche berühren. Es entspricht Sinn und Zweck dieser Regelung, unter den Begriff der „erworbenen Ansprüche" auch die bereits angefallenen Anwartschaftszeiten, die vor dem Eintritt der unverschuldeten Arbeitslosigkeit bzw. der Erkrankung erreicht worden sind, in die Berechnung der dreijährigen Beschäftigungsdauer einzubeziehen. Lediglich eine vom türkischen Arbeitnehmer zu vertretende Unterbrechung der unselbstständigen Erwerbstätigkeit etwa wegen deren freiwilliger Aufgabe oder wegen einer in seinem Verantwortungsbereich liegenden Kündigung (zB Verletzung arbeitsvertraglicher Pflichten) ist geeignet, zugleich die dreijährige Anwartschaftszeit zu unterbrechen.

**1635**    Das Recht, sich auf ein anderes Stellenangebot zu bewerben bzw. jene Arbeit aufzunehmen, ist beschränkt auf den gleichen Beruf, also auf denjenigen, der zurzeit des Erreichens des Dreijahreserfordernisses ausgeübt worden ist. Hat die betroffene Person für diese eine förmliche Qualifikation (etwa Abschluss einer Gesellenprüfung) erworben, so erstreckt sich das durch Art. 6 Abs. 1 zweiter Gedankenstrich ARB 1/80 garantierte Recht auf das gesamte Spektrum der Tätigkeiten, das von der Berufsqualifikation umfasst wird. Entsprechendes gilt für angelernte Berufe.

**1636**    Anders noch als in Art. 2 Abs. 1 Buchst. a ARB 2/76 (→ Rn. 1593 f.)[2427] ist eine lokale oder regionale Beschränkung ausgeschlossen, so dass die Möglichkeit der Arbeitsaufnahme für das gesamte Hoheitsgebiet des Mitgliedstaates garantiert ist. Der deklaratorische Aufenthaltstitel ist dementsprechend ohne betriebliche Beschränkung iSd § 39 Abs. 4 AufenthG zu verlängern.

**1637**    Erforderlich ist weiter, dass es sich bei dem Stellenangebot um „ein unter normalen Bedingungen unterbreitetes" handeln muss. Damit soll ersichtlich der Verpflichtung aus Art. 37 ZPAssEWG-TR Rechnung getragen werden, wonach in Bezug auf die Arbeitsbedingungen und das Entgelt keine auf der Staatsangehörigkeit beruhende Diskriminierung türkischer Arbeitnehmer gegenüber Arbeitnehmern aus Mitgliedstaaten der Europäischen Union vorgenommen werden darf (vgl. auch Art. 10 Abs. 1 ARB 1/80).

**1638**    Ferner muss das Stellenangebot bei den Arbeitsagenturen eingetragen, dort als offene, der Arbeitsvermittlung zur Verfügung stehende Stelle vermerkt sein. Sinn und Zweck dieser Regelung bestehen ua darin, der Arbeitsverwaltung die Prüfung zu ermöglichen, ob es sich um ein „unter normalen Bedingungen unterbreitetes" Arbeitsangebot handelt. Erforderlich, aber auch ausreichend ist, dass die offene Stelle zu dem Zeitpunkt der zuständigen Arbeitsagentur gemeldet ist, zu dem der türkische Arbeitnehmer die Verlängerung seines Aufenthaltstitels mit Berechtigung zur Ausübung einer Beschäftigung beantragt. Die Meldung der offenen Stelle und der Antrag des türkischen Arbeitnehmers können daher ggf. auch zeitgleich eingereicht werden. Hierbei ist freilich zu beachten, dass über die beantragte Verlängerung des Aufenthaltstitels die zuständige Ausländerbehörde zu befinden hat, während es Aufgabe der Arbeitsagenturen ist, arbeitsmarktbezo-

---

[2425] Zu den Spezialitätenköchen vgl. nur EuGH Slg. I 1997, 5179 Rn. 34 ff. = NVwZ 1999, 286.
[2426] VGH Kassel NVwZ-RR 1995, 470 (471).
[2427] ANBA 1977, 1089.

gene Aspekte im Rahmen des **internen** Beteiligungsverfahrens gegenüber der Ausländer-behörde gemäß § 39 Abs. 2 AufenthG (→ Rn. 266) zu prüfen.

Schließlich steht Art. 6 Abs. 1 zweiter Gedankenstrich ARB 1/80 unter dem Vorbehalt, **1639** dass bei der Entscheidung über einen Antrag auf einen Aufenthaltstitel, um eine iSd Vorschrift offene andere Arbeitsstelle antreten zu können, der den Arbeitnehmern aus den Mitgliedstaaten der EU einzuräumende Vorrang zu berücksichtigen ist. Die Arbeits-agentur hat somit im Rahmen des internen Beteiligungsverfahrens zu prüfen, ob für das konkrete Stellenangebot deutsche oder freizügigkeitsberechtigte Arbeitnehmer aus ande-ren EU-Staaten zur Vermittlung und Arbeitsaufnahme bereitstehen. Drittstaatsangehöri-ge, die freien Zugang zum nationalen Arbeitsmarkt haben, sind hingegen nicht vorrangig zu berücksichtigen. Eine solche Vorrangprüfung erfolgt hingegen nicht im Falle der Verlängerung der Genehmigung, um an dem bereits innegehabten Arbeitsplatz weiterhin beschäftigt werden zu dürfen (→ Rn. 1631).

Art. 6 Abs. 1 ARB 1/80 enthält keine näheren Vorgaben, welche Anforderungen an die **1640** Prüfung des Vorrangs bevorrechtigter Arbeitnehmer zu stellen sind. Insoweit verweist Art. 6 Abs. 3 ARB 1/80 auf die Kompetenz der einzelnen Mitgliedstaaten, die zur Durch-führung der sich aus den Abs. 1 und 2 ergebenden Verpflichtungen erforderlichen Vor-schriften zu erlassen. Bereits im Hinblick auf Art. 2 Abs. 1 Buchst. a ARB 2/76, der ebenfalls eine solche Vorrangklausel enthielt, hatte die Bundesanstalt für Arbeit mit Erlass vom 15.7.1977[2428] bestimmt, dass nach dreijähriger ordnungsgemäßer Beschäftigung eines türkischen Arbeitnehmers dessen Arbeitserlaubnis nur noch dann versagt werden solle, „wenn dies nach Lage und Entwicklung des Arbeitsmarktes unumgänglich ist"; die Ablehnung der Verlängerung wurde demnach als Ausnahmefall angesehen. Im Vergleich zu dieser Anweisung strengere Anforderungen dürfen daher angesichts des Verschlechte-rungsverbots des Art. 13 ARB 1/80 nicht aufgestellt werden.

### c) Art. 6 Abs. 1 dritter Gedankenstrich ARB 1/80

Art. 6 Abs. 1 dritter Gedankenstrich ARB 1/80 gewährt einem türkischen Arbeitneh- **1641** mer nach vier Jahren ordnungsgemäßer Beschäftigung freien Zugang zu jeder von ihm gewählten Beschäftigung im Lohn- oder Gehaltsverhältnis. Damit steht er deutschen bzw. EU-Arbeitnehmern gleich. Die Inanspruchnahme dieser Rechtsposition setzt jedoch voraus, dass der Beschäftigte zuvor im Aufnahmemitgliedstaat die Verfestigungsstufen des Art. 6 erster **und** zweiter Gedankenstrich durchschritten hatte. Allein eine mehr als vier Jahre rechtmäßig ausgeübte Tätigkeit im Lohn- oder Gehaltsverhältnis reicht für sich nicht aus[2429]. Der nach Art. 6 Abs. 1 dritter Gedankenstrich erreichte Status verbürgt ein unbeschränktes Aufenthaltsrecht einschließlich des Rechts auf freien Arbeitsmarkt-zugang, in das nur nach Maßgabe des Art. 14 ARB 1/80 eingegriffen werden darf (vgl. unten Rdnr. 1603 ff.). Es ist unerheblich, welches konkrete Aufenthaltsrecht (zB Aus-bildungsaufenthalt, familienbezogenes Aufenthaltsrecht etc) die betreffende Person wäh-rend der vierjährigen Anwartschaftszeit innehatte, sofern dieses die Berechtigung verlieh, eine Beschäftigung ausüben zu dürfen. Auch eine mehr als vierjährige Berufsausbildung verleiht einem türkischen Arbeitnehmer die Rechte aus Art. 6 Abs. 1 dritter Gedanken-strich ARB 1/80[2430].

Auf Grund des von Art. 6 Abs. 1 dritter Gedankenstrich ARB 1/80 verbürgten un- **1642** eingeschränkten Rechts auf Beschäftigung ist ein türkischer Arbeitnehmer zugleich be-

---

[2428] ANBA 1977, 1089.
[2429] EuGH Slg. 2006, I-157 Rn. 44 = NVwZ 2006, 315 – Sedef.
[2430] Vgl. nur EuGH Slg. 2002, I-10691 Rn. 50 = InfAuslR 2003, 41– Kurz.

fugt, eine Erwerbstätigkeit aufzugeben, um sich eine andere zu suchen, die er frei wählen kann[2431].

1643 Dem Recht auf ungehinderten Arbeitsmarktzugang korrespondiert in aufenthaltsrechtlicher Hinsicht ein Anspruch darauf, sich als Arbeitnehmer auf Dauer im Beschäftigungsland aufhalten zu dürfen. Ein entsprechend begünstigter türkischer Arbeitnehmer kann jedoch nicht zwingend von der für ihn zuständigen Ausländerbehörde verlangen, dass der ihm zu erteilende bzw. zu verlängernde deklaratorische Aufenthaltstitel unbefristet ausgestellt wird. Selbst freizügigkeitsberechtigten EU-Arbeitnehmern, ihren Familienangehörigen und Lebenspartnern steht ein Anspruch auf ein Daueraufenthaltsrecht gemäß § 4a FreizügG/EU erst dann zu, wenn sie sich seit fünf Jahren ständig im Bundesgebiet aufgehalten haben (→ Rn. 1536 ff.). Ob nach Art. 6 Abs. 1 dritter Gedankenstrich ARB 1/80 assoziationsrechtlich begünstigte türkische Arbeitnehmer ein dem § 4a FreizügG/EU entsprechendes deklaratorisches Daueraufenthaltsrecht beanspruchen können, ist fraglich. In diesem Zusammenhang ist zu beachten, dass der EuGH den besonderen Ausweisungsschutz, den Art. 28 Abs. 3 Buchst. a) RL 2008/38/EU vorsieht, nicht auf assoziationsrechtlich begünstigte türkische Staatsangehörige übertragen hat[2432].

1644 Mit Erreichen der Verfestigungsstufe des Art. 6 Abs. 1 dritter Gedankenstrich ARB 1/80 ist gegenüber einem türkischen Arbeitnehmer Art. 6 Abs. 2 ARB 1/80 nicht mehr anwendbar[2433].

## 6. Art. 6 Abs. 2 ARB 1/80

1645 Art. 6 Abs. 2 ARB 1/80 bestimmt, unter welchen Voraussetzungen dort näher benannte Ausfallzeiten den Zeiten einer ordnungsgemäßen Beschäftigung gleichgestellt werden bzw. bereits erworbene Ansprüche nicht zu berühren vermögen[2434]. Ist von einem türkischen Arbeitnehmer eine ununterbrochene Beschäftigung ausgeübt worden, ohne dass dieser durchgehend im Besitz der erforderlichen Arbeitsgenehmigung oder des entsprechenden Aufenthaltstitels war, wird ein solcher Sachverhalt nicht von Art. 6 Abs. 2 ARB 1/80 erfasst[2435]. Weder handelte es sich bei einer solchen zeitweiligen illegalen Beschäftigung um eine ordnungsgemäße iSd Assoziationsrechts noch gehörte der Arbeitnehmer für diesen Zeitraum dem regulären Arbeitsmarkt an. Wegen eines solchen Sachverhalts dürften jedoch aufenthaltsbeendende Maßnahmen ausgeschlossen sein (→ Rn. 1704).

### a) Urlaub, Mutterschaft, Arbeitsunfall, kurzfristige Erkrankung

1646 Art. 6 Abs. 1 S. 1 ARB 1/80 sieht vor, dass der Jahresurlaub und die Abwesenheit wegen Mutterschaft, Arbeitsunfall oder kurzer Krankheit den Zeiten ordnungsgemäßer Beschäftigung gleichgestellt werden. Als Jahresurlaub gelten gegebenenfalls auch jene Zeiten, für die unbezahlter Sonderurlaub genommen worden ist, sofern das Beschäftigungsverhältnis fortbesteht. Die Abwesenheit wegen Mutterschaft ist insoweit anrechnungsfähig, als sie durch die Schutzfristen gem. §§ 3 und 6 Mutterschutzgesetz bedingt

---

[2431] EuGH Slg. 2000, I-6237 Rn. 35 = NVwZ 2000, 1029 – Nazli; EuGH Slg. 2005, I-957 Rn. 18 = InfAuslR 2005, 350 – Dogan; EuGH Slg. 2006, I-157 Rn. 46 und 54 = NVwZ 2006, 315 – Sedef.
[2432] EuGH NVwZ 2012, 422 – Ziebell.
[2433] Vgl. EuGH Slg. 2005, I-6237 Rn. 16 = InfAuslR 2005, 350 – Dogan.
[2434] Vgl. nur EuGH Slg. 2006, I-157 Rn. 48 ff. = NVwZ 2006, 315 – Sedef; EuGH Slg. 2006, I-10279 Rn. 42 ff. = NVwZ 2007, 187 – Güzeli.
[2435] BVerwGE 98, 298 = NVwZ 1995, 1119; vgl. auch BVerwGE 99, 28 = NVwZ 1995, 1123; VGH Mannheim InfAuslR 1995, 146 (149); LSG Bremen InfAuslR 1985, 171 (175); a. A. LSG Stuttgart InfAuslR 1993, 190.

ist[2436]. Nimmt ein türkischer Staatsangehöriger Erziehungsurlaub und erhält für dessen Dauer Leistungen nach dem Bundeselterngeld- und Elternzeitgesetz (BEEG), kommt eine Anerkennung solcher Zeiten als ordnungsgemäße Beschäftigung nicht in Betracht. Zum einen kann die Abwesenheit vom Arbeitsmarkt wegen Erziehungsurlaubs nicht als kurzzeitige Unterbrechung iSd Art. 6 Abs. 2 S. 1 ARB 1/80 angesehen werden. Zum anderen existierten entsprechende rechtliche Regelungen, wie sie das Bundeserziehungs-geldgesetz vorsahen und das Bundeselterngeld- und Elternteilzeitgesetz nunmehr vorsehen, weder zur Zeit der Verabschiedung des ARB 2/76 noch der des ARB 1/80, so dass solche nicht in den Geltungsumfang des Art. 6 Abs. 2 ARB 1/80 einbezogen werden konnten.

In welchem Maße Zeiten eines Arbeitsunfalls oder einer kurzen Krankheit anrech-   **1647**
nungsfähig sind, lässt sich Art. 6 Abs. 2 S. 1 ARB 1/80 EWG-TR nicht direkt entnehmen. Bereits zu Art. 2 Abs. 1 Buchst. c) ARB 2/76, EWG-TR hatte die Bundesanstalt für Arbeit durch Runderlass vom 15.7.1977[2437] verfügt, dass bis zu drei Monate als an-spruchsbegründend zu bewerten sind. Diese Erlassregelung ist in Bezug auf Art. 6 Abs. 2 ARB 1/80 übernommen worden[2438], zumal ein Abweichen hiervon mit dem Verschlech-terungsverbot des Art. 13 ARB 1/80 unvereinbar wäre (zu Zeiten einer Auslandserkran-kung → Rn. 1654).

Art. 6 Abs. 2 ARB 1/80 gilt für türkische Arbeitnehmer, die erwerbstätig oder vorü-   **1648**
bergehend arbeitsunfähig sind. Hingegen bezieht er sich nicht auf einen türkischen Staats-angehörigen, der den Arbeitsmarkt eines Mitgliedstaats endgültig verlassen hat, zB weil er das Rentenalter erreicht hat oder weil er vollständig und dauerhaft arbeitsunfähig ist[2439]. Das Assoziationsrecht EG-Türkei verleiht kein beschäftigungsunabhängiges Verbleibe-recht, wie es in Art. 12 und 13 RL 2004/38/EG bzw. § 4a FreizügG/EU vorgesehen ist[2440].

### b) Unverschuldete Arbeitslosigkeit

Gem. Art. 6 Abs. 2 S. 2 ARB 1/80 EWG-TR werden Zeiten unverschuldeter Arbeits-   **1649**
losigkeit, die von den zuständigen Behörden ordnungsgemäß festgestellt worden sind, sowie die Abwesenheit wegen langer Krankheit zwar nicht den Zeiten ordnungsgemäßer Beschäftigung gleichgestellt. Auf Grund vorheriger Arbeitnehmertätigkeit erworbene Ansprüche werden durch eine solche Unterbrechungszeit jedoch nicht berührt[2441]. Unter Berücksichtigung der Textfassung des Art. 6 Abs. 2 S. 2 ARB 1/80 in den anderen Ver-tragssprachen zum einen und der Übereinstimmung mit dem Regelungsgehalt des Art. 7 Abs. 1 RL 68/360/EWG bzw. jetzt des Art. 7 Abs. 3 der Unionsbürger-RL 2004/38/EG zum anderen muss richtigerweise statt von „unverschuldeter Arbeitslosigkeit" von „un-freiwilliger Arbeitslosigkeit" ausgegangen werden. Konsequenterweise tritt demnach ein Verlust der bis zu diesem Zeitpunkt entstandenen Aufenthaltsrechte nicht ein, sofern ein türkischer Arbeitnehmer die Kündigung nicht selbst ausgesprochen oder vorsätzlich pro-voziert hat[2442]. Im Urteil Güzeli spricht der EuGH davon, dass dem Arbeitnehmer seine Nichterwerbstätigkeit „nicht angelastet werden kann"[2443].

---

[2436] Vgl. bereits Bundesanstalt für Arbeit, Runderlass vom 24.11.1980, ANBA 1981, 2 (3).

[2437] ANBA 1977, 1089 (1090).

[2438] ANBA 1981, 2 (3).

[2439] EuGH Slg. 1995, I-1475 Rn. 39 = NVwZ 1995, 1093 – Bozkurt.

[2440] EuGH Slg. 1995, I-1475 Rn. 40 f. = NVwZ 1995, 1093 – Bozkurt; EuGH Slg. 2000, I-957 Rn. 37 = NVwZ 2000, 1029 – Nazli.

[2441] EuGH Slg. 1997, I-329 Rn. 39 = NVwZ 1997, 677 – Tetik.

[2442] Zur Vorwerfbarkeit eingetretener Arbeitslosigkeit vgl. auch BVerwGE 99, 28 = NVwZ 1995, 1123.

[2443] EuGH Slg. 2006, I-10279 Rn. 41 = NVwZ 2007, 187 – Güzeli.

**1650**    Aber auch eine freiwillige Aufgabe der ausgeübten Beschäftigung vernichtet nicht zwangsläufig erworbene assoziationsrechtliche Anwartschaften, sofern der türkische Arbeitnehmer unmittelbar im Anschluss an das aufgegebene Arbeitsverhältnis keine neue Beschäftigung findet, er sich aber als arbeitsuchend bei den Arbeitsagenturen gemeldet hat und zur Vermittlung zur Verfügung steht[2444].

**1651**    Ob die Arbeitslosigkeit eines türkischen Arbeitnehmers unverschuldet bzw. unfreiwillig eingetreten ist, ist in sinngemäßer Anwendung des § 144 SGB III festzustellen. Hat er ohne nachvollziehbaren Grund das Arbeitsverhältnis gelöst oder durch sein vertragswidriges Verhalten Anlass für eine Kündigung durch den Arbeitgeber gegeben, ist ein Verschulden zu bejahen. Weigert sich ein unverschuldet arbeitslos gewordener türkischer Arbeitnehmer, eine angebotene und iSd § 144 SGB III SGB III zumutbare Beschäftigung aufzunehmen, führt dies zum Verlust der bis dahin gem. Art. 6 ARB 1/80 erworbenen Anwartschaften. Zuständige Behörden für die Feststellung der Erwerbslosigkeit sind die Dienststellen der Bundesagentur für Arbeit, nicht hingegen die Ausländerbehörden oder die Sozialämter.

**1652**    Nicht erforderlich ist, dass der unverschuldet Arbeitslose (weiterhin) Leistungen von in Gestalt von Arbeitslosengeld I oder II erhält. Der Verlust eines Leistungsanspruchs etwa wegen Ablaufs der Bewilligungsdauer führt nicht dazu, dass nachfolgende Zeiten bereits erworbene Anwartschaften vernichten, sofern die betroffene Person nach wie vor als arbeitslos und -suchend bei der zuständigen Arbeitsagentur geführt wird[2445]. Unter diesen Voraussetzungen genießen dem Grunde nach auch arbeitsfähige Langzeitarbeitslose die Vergünstigungen des Art. 6 Abs. 2 S. 2 ARB 1/80. Allein die Tatsache der Erwerbslosigkeit führt daher nicht zu einem Verlust des Beschäftigungs- bzw. Aufenthaltsrechts.

### c) Langfristige Erkrankung

**1653**    Eine Abwesenheit wegen langer Krankheit liegt idR immer dann vor, wenn sie über drei Monate hinaus besteht. Art. 6 Abs. 2 ARB 1/80 sieht eine zeitliche Obergrenze nicht vor, so dass auch eine längerfristige Erkrankung erworbene Ansprüche nicht zu beseitigen vermag, **sofern** die Wiederaufnahme einer unselbstständigen Erwerbstätigkeit nicht ausgeschlossen erscheint[2446].

**1654**    Krankheitszeiten in der Türkei oder auch in einem anderen Staat können berücksichtigt werden, sofern ein hierdurch bedingter Auslandsaufenthalt nur – wenn auch über längere Dauer – vorübergehender Natur ist und nicht zum endgültigen Verlassen des deutschen Arbeitsmarktes geführt hat. Es ist nicht erforderlich, dass der einem türkischen Arbeitnehmer ausgestellte Aufenthaltstitel noch gültig ist, da ein solches Dokument lediglich deklaratorischer Natur ist und ein einmal erworbenes assoziationsrechtliches Aufenthaltsrecht nicht zum Erlöschen zu bringen vermag. Die Auslandserkrankung muss jedoch, um die erworbene Anwartschaft zu sichern, in geeigneter Form nachgewiesen werden. Mit Blick auf das Diskriminierungsverbot des Art. 10 ARB 1/80 dürfen jedoch gegenüber türkischen Arbeitnehmern keine im Vergleich zu Deutschen oder EU-Ausländern strengeren Anforderungen an den Nachweis einer Auslandserkrankung aufgestellt werden.

---

[2444] EuGH Slg. 1997, I-329 Rn. 41 = NVwZ 1997, 677 – Tetik.

[2445] Vgl. EuGH Slg. 1997, I-329 Rn. 41 = NVwZ 1997, 677 (zum Fall der freiwilligen Aufgabe einer Beschäftigung) – Tetik.

[2446] EuGH Slg. 1995, I-1475 Rn. 38 = NVwZ 1995, 1093 – Bozkurt; EuGH Slg. 2000, I-957 Rn. 38 = NVwZ 2000, 1029 – Nazli.

### d) Ableistung des Wehrdienstes

Art. 6 Abs. 2 ARB 1/80 enthält keine Aussage darüber, ob bzw. inwieweit Zeiten, in **1655** denen türkische Arbeitnehmer ihren Aufenthalt in der BRD unterbrochen haben, um in ihrem Herkunftsland den Wehrdienst abzuleisten, denen einer ordnungsgemäßen Beschäftigung gleichgestellt oder zumindest als anspruchserhaltend bewertet werden. Gem. § 51 Abs. 3 AufenthG führt der wehrdienstbedingte Auslandsaufenthalt nicht zum Erlöschen des Aufenthaltstitels, sofern die betroffene Person innerhalb von drei Monaten nach der Entlassung aus dem Wehrdienst wieder ins Bundesgebiet einreist (→ Rn. 1056). Es entspricht jedoch Sinn und Zweck des Assoziationsabkommens EWG-Türkei und der dazu ergangenen Beschlüsse, dass im Falle rechtzeitiger Rückkehr in das Bundesgebiet innerhalb von drei Monaten nach Beendigung des Wehrdienstes vorher erworbene Ansprüche nicht erloschen sind.

Wurde der Aufenthaltstitel eines türkischen Arbeitnehmers nicht verlängert bzw. nach- **1656** träglich befristet, obwohl dies – rückblickend betrachtet – unter Berücksichtigung der einschlägigen Rechtsprechung des EuGH zur aufenthaltsrechtlichen Bedeutung des Art. 6 ARB 1/80 objektiv rechtswidrig war, da die Voraussetzungen für eine Verlängerung des deklaratorischen Aufenthaltstitels vorlagen, und ist der Betroffene der ihm seinerzeit aufgegebenen Ausreisepflicht nachgekommen, so ist mit der Ausreise der Verlust der assoziationsrechtlich erworbenen Rechtsposition nicht bewirkt worden, sofern ihm eine Wiederaufnahme der bisher ausgeübten Tätigkeit möglich ist. Ihm steht ein Anspruch auf Wiedereinreise und auf Erteilung eines entsprechenden Visums zu[2447].

## 7. Sonstige Verlusttatbestände

Soweit die Voraussetzungen des Art. 6 Abs. 2 ARB 1/80 für eine Anrechnung be- **1657** stimmter Zeiten auf die Dauer der ordnungsgemäßen Beschäftigung bzw. für einen Beibehalt erworbener Anwartschaften nicht erfüllt sind, kann das Ausscheiden aus dem Arbeitsprozess dazu führen, dass ein bestehendes Arbeits- und Aufenthaltsrecht erlischt[2448].

### a) Freizügigkeitsbeschränkende Maßnahmen gem.ß Art. 14 ARB 1/80

Die Vergünstigungen der Art. 6 ff. ARB 1/80 gelten gem. Art. 14 ARB 1/80 „vor- **1658** behaltlich der Beschränkungen, die aus Gründen der öffentlichen Ordnung, Sicherheit und Gesundheit gerechtfertigt sind". Die Versagung der Verlängerung eines deklaratorischen Aufenthaltstitels, dessen nachträgliche Befristung oder räumliche Beschränkung sowie die Ausweisung oder Abschiebung eines türkischen Arbeitnehmers können daher den Verlust der assoziationsrechtlichen Position bewirken (→ Rn. 1696 ff.). Ist ein nach Art. 6 ARB 1/80 begünstigter türkischer Arbeitnehmer ausgewiesen und/oder abgeschoben worden, so verliert er seine Rechtsposition erst mit Eintritt der Bestandskraft der aufenthaltsbeendenden Maßnahme[2449]. Im Übrigen kann ein einmal auf assoziationsrechtlicher Grundlage erteilter oder verlängerter Aufenthaltstitel nicht rückwirkend, sondern nur zukunftsgerichtet nachträglich befristet werden[2450].

### b) Freiwillige bzw. selbstverschuldete Arbeitslosigkeit

Gemäß Art. 6 Abs. 2 S. 2 ARB 1/80 führen Zeiten unverschuldeter Arbeitslosigkeit **1659** nicht zum Verlust erworbener Anwartschaften (→ Rn. 1649 ff.). Im Umkehrschluss

---

[2447] VG Köln Urt. v. 29.8.1995 – 12 K 80/94.
[2448] Vgl. auch VGH Mannheim InfAuslR 1994, 46; AuAS 1994, 244 (245).
[2449] VGH Kassel Urt. v. 25.6.2007 – 11 UE 52/07 BeckRS 2007, 27105.
[2450] BVerwGE 98, 298 = NVwZ 1995, 1119; VGH Mannheim InfAuslR 1994, 170.

könnte dies den Schluss nahelegen, dass bei freiwilliger Aufgabe einer Arbeitsstelle bzw. im Falle einer vom Arbeitnehmer verschuldeten Arbeitslosigkeit, etwa durch eine ihm zuzurechnende verhaltensbedingte Kündigung des Arbeitsvertrages seitens des Arbeitgebers, bis dahin erreichte assoziationsrechtliche Privilegierungen ihre Verbindlichkeit verlieren und somit derlei Vorkommnisse anspruchsvernichtend wirken, so dass bei zwischenzeitlichem Verlassen des Bundesgebiets auch kein Recht auf Wiedereinreise gegeben ist[2451]. In seinem Urteil in der Rechtssache Tetik hat der EuGH jedoch klargestellt, dass Art. 6 Abs. 2 S. 2 ARB 1/80 ein Fortbestand der Rechte aus Art. 6 Abs. 1 dritter Gedankenstrich ARB 1/80 nicht nur bei unverschuldeter Arbeitslosigkeit gewährleistet[2452]. Erforderlich sei jedoch, dass sich der türkische Arbeitnehmer als Arbeitsuchender registrieren lasse und der Arbeitsverwaltung auch tatsächlich zur Verfügung stehe[2453]. Das vorübergehende Verlassen des Bundesgebiets, um Familienangehörige in der Türkei zu besuchen, lässt dem EuGH zufolge die Rechte aus Art. 6 Abs. 1 dritter Gedankenstrich ARB 1/80 unberührt[2454].

1660   Die vom EuGH zur Anwartschaft nach Art. 6 Abs. 1 dritter Gedankenstrich ARB 1/80 entwickelten Grundsätze sind auch auf das Aufenthalts- und Beschäftigungsrecht nach Art. 6 Abs. 1 zweiter Gedankenstrich ARB 1/80 anzuwenden. Andernfalls würde nämlich das aus dieser Norm erwachsende Recht, nach drei Jahren ordnungsgemäßer Beschäftigung sich für den gleichen Beruf um einen Arbeitsplatz bei einem Arbeitgeber seiner Wahl bewerben zu dürfen, leer laufen. Auch eine nach Art. 6 Abs. 1 erster Gedankenstrich ARB 1/80 erworbene Anwartschaft aufgrund einer mindestens einjährigen Beschäftigung bei demselben Arbeitgeber geht im Falle einer vom Arbeitnehmer ausgesprochenen oder seinem Verhalten zuzurechnenden Kündigung nicht vollends verloren, sofern der Arbeitgeber in angemessener Zeit seine Bereitschaft erklärt, den vormals Beschäftigten erneut einzustellen.

1661   Sofern es einem Arbeitnehmer nicht gelingt, innerhalb angemessener Zeit eine Möglichkeit zur Weiterbeschäftigung zu finden, und er somit assoziationsrechtlich erworbene Anwartschaften verliert, ist es jedoch nicht ausgeschlossen, dass ihm nach rein nationalem Ausländerrecht ein Rechtsanspruch auf eine Verlängerung eines Aufenthaltstitels zusteht, so dass beispielsweise auch bei freiwilliger bzw. selbstverschuldeter Arbeitslosigkeit ein Anspruch auf eine unbefristete Niederlassungserlaubnis nach Maßgabe des § 9 AufenthG oder auf eine Erlaubnis zum Daueraufenthalt-EU nach § 9a AufenthG gegeben sein kann.

### c) Strafhaft

1662   Die Verbüßung einer Untersuchungs- oder Strafhaft wirkt nicht von vornherein anspruchs- und anwartschaftsvernichtend. So hat der EuGH in der Rechtssache Nazli entschieden, dass ein türkischer Arbeitnehmer, der die dritte Verfestigungsstufe des Art. 6 Abs. 1 ARB 1/80 erreicht hatte und anschließend länger als ein Jahr wegen einer Straftat in Untersuchungshaft gehalten wurde, für die er später rechtskräftig zu einer Freiheitsstrafe verurteilt und deren Vollstreckung insgesamt zur Bewährung ausgesetzt worden war, nicht wegen der fehlenden Ausübung einer Beschäftigung während der Untersuchungshaft aufgehört hat, dem regulären Arbeitsmarkt des Aufnahmemitgliedstaates anzugehören, wenn er innerhalb eines angemessenen Zeitraums nach seiner Haftentlassung wieder eine Beschäftigung findet[2455]. In seinem Urteil in der Rechtssache Dogan

---

[2451] So zB VGH Mannheim NVwZ-RR 1994, 182 Ls.
[2452] EuGH Slg. 1997, I-329 Rn. 35 = NVwZ 1997, 677 – Tetik.
[2453] EuGH Slg. 1997, I-329 Rn. 41 = NVwZ 1997, 677 – Tetik.
[2454] EuGH Slg. 2006, I-157 Rn. 58 ff. = NVwZ 2006, 315 – Sedef.
[2455] EuGH Slg. 2000, I-957 Rn. 49 = NVwZ 2000, 1029 – Nazli.

stellt der EuGH schließlich klar, dass dieser Grundsatz uneingeschränkt auf den Fall der Verbüßung einer Freiheitsstrafe ohne Bewährung zu übertragen ist[2456]. Findet hingegen ein straffällig gewordener und deswegen inhaftierter türkischer Arbeitnehmer nach seiner Haftentlassung nicht in angemessener Zeit eine neue Beschäftigung, verliert er seine einmal erworbene assoziationsrechtliche Position.

### d) Nicht nur vorübergehende Ausreise aus dem Bundesgebiet

Das Verlassen des Bundesgebiets aus einem nicht nur vorübergehenden Grund kann zum **1663** Verlust der Rechtsstellung auf Grund des Art. 6 Abs. 1 ARB 1/80 führen[2457]. Soweit nicht Fälle krankheits- oder wehrdienstbedingter Abwesenheit vorliegen (→ Rn. 1653 ff.), tritt im Zweifel und vorbehaltlich von besonderen Umständen des Einzelfalles nach einem mehr als sechsmonatigen Auslandsaufenthalt der Verlust der assoziationsrechtlichen Stellung ein. Ein nur vorübergehender Auslandsaufenthalt, etwa um in der Türkei oder in einem anderen Staat lebende Familienangehörige zu besuchen, ist demgegenüber unschädlich[2458]. Erforderlich für den Verlust des assoziationsrechtlichen Aufenthaltsrechts ist zudem, dass ein solcher Auslandsaufenthalt vom türkischen Arbeitnehmer freiwillig gewollt ist. Ist er durch Krankheit oder Inhaftierung gehindert, rechtzeitig ins Bundesgebiet zurückzureisen, erlischt sein assoziationsrechtliches Aufenthaltsrecht nicht[2459]. Dasselbe hat zu gelten, wenn ein zwangsverheirateter Ehepartner (idR die Ehefrau) durch den anderen Ehegatten gehindert wird, in das Bundesgebiet zurückzukehren[2460]

### e) Ausscheiden aus dem Arbeitsleben

Das Recht der EU sieht für Arbeitnehmer aus den Mitgliedstaaten unter bestimmten **1664** Voraussetzungen das Recht vor, nach dem dauerhaften Ausscheiden aus dem Arbeitsleben im Aufenthaltsland verbleiben zu dürfen. Jene Verbleibeberechtigung, die bereits in Art. 48 Abs. 3 Buchst. d) EGV vorgesehen war, und in Art. 17 RL 2004/38/EG sowie in § 2 Abs. 2 Nr. 5 FreizügG/EU übernommen worden ist, findet im ARB 1/80 keine Erwähnung. Es ist daher davon auszugehen, dass ein solche Verbleiberecht im Assoziationsrecht nicht verbürgt ist, zumal die inzwischen aufgehobene einschlägige VO (EWG) Nr. 1251/70/EWG zurzeit der Verabschiedung der Assoziationsratsbeschlüsse bereits galten. Der nach Abschluss einer Arbeitnehmertätigkeit beabsichtigte Verbleib eines türkischen Arbeitnehmers im Bundesgebiet bestimmt sich daher nach den allgemeinen Vorschriften des Aufenthaltsgesetzes.

## 8. Art. 6 Abs. 3 ARB 1/80

Gemäß Art. 6 Abs. 3 ARB 1/80 werden die Einzelheiten der Durchführungen der **1665** Abs. 1 und 2 durch einzelstaatliche Vorschriften festgelegt. Eine entsprechende Umsetzung erfolgte, soweit das seinerzeitige Arbeitserlaubnisrecht betroffen war, durch den Runderlass der Bundesanstalt für Arbeit vom 24.11.1980[2461]. Die von der Bundesagentur für Arbeit herausgegebenen Durchführungsanweisungen zum Aufenthaltsgesetz (DA-AufenthG: Stand: 25.4.2016) verweisen unter Nr. 1.04.1.02 auf die Allgemeinen Anwen-

---

[2456] EuGH Slg. 2005, I-6237 Rn. 22 = InfAuslR 2005, 350.
[2457] EuGH NVwZ 2012, 422 Rn. 49 – Ziebell; vgl. auch BVerwG NVwZ 2015, 1617; VGH München Beschl. v. 4.1.2016 – 10 ZB 13.2431 BeckRS 2016, 40757.
[2458] EuGH Slg. 1997, I-2133 Rn. 47 f. = NVwZ 1997, 1104 – Kadiman; EuGH Slg. 2006, I-157 Rn. 59 = NVwZ 2006, 315 – Sedef.
[2459] OVG Münster Beschl. v. 17.1.2007 – 19 E 990/06 BeckRS 2008, 31670; VGH München Beschl. v. 21.3.2006 – 24 ZB 06.233 BeckRS 2009, 40747.
[2460] Vgl. auch § 51 Abs. 4 S. 2 AufenthG → Rn. 1054.
[2461] ANBA 1981, 2; vgl. auch BVerwG NVwZ 1988, 251 (252).

dungshinweise des Bundesministeriums des Innern zum Assoziationsrecht EWG/Türkei vom 26.11.2013 (http://www.bmi.bund.de/Shared Docs/Downloads/DE/Themen/MigrationIntegration/Auslaender/Anwendungshinweise_zum_Assoziationsrecht_EWG_Tuerkei.pdf?_blob=publicationFile)[2462]. In diesem Zusammenhang weist der EuGH zugleich daraufhin, dass Art. 6 Abs. 3 ARB 1/80 die Mitgliedstaaten nicht ermächtige, die Ausübung des genau bestimmten und nicht an Bedingungen geknüpften assoziationrechtlichen Rechts, das türkischen Arbeitnehmern auf Grund des Art. 6 ARB 1/80 zusteht, an weitere (nationale) Voraussetzungen zu binden oder einzuschränken[2463].

## 9. Verfahrensrechtliche Auswirkungen des Art. 6 ARB 1/80

**1666**    Die Kompetenz, die erstmalige Einreise und Aufenthaltsnahme türkischer Staatsangehöriger zum Zwecke einer Arbeitnehmertätigkeit und die damit zusammenhängenden verfahrensrechtlichen Fragen zu regeln, ist dem EuGH zufolge durch Art. 6 ARB 1/80 nicht berührt worden (→ Rn. 1601). Dieser Beschluss enthält auch keine ausdrücklichen normativen Vorgaben für den Status eines türkischen Arbeitnehmers, wenn dieser beantragt, den ihm erteilten Aufenthaltstitel zu verlängern. Sobald er jedoch die erste Anwartschaftsstufe des Art. 6 Abs. 1 erster Gedankenstrich ARB 1/80 erreicht hat, steht ihm auch für die Dauer der Bearbeitung des Verlängerungsantrages durch die Ausländerbehörde ein assoziationsrechtliches Aufenthalts- und Beschäftigungsrecht zumindest insoweit zu, als er die Fortsetzung der bisher ausgeübten Erwerbstätigkeit bei demselben Arbeitgeber beabsichtigt. Unabhängig davon gilt gem. § 81 Abs. 4 AufenthG der bisherige Aufenthaltstitel bis zur Entscheidung der Ausländerbehörde als fortbestehend. Diese Grundsätze finden entsprechende Anwendung, wenn die nächsten Verfestigungsstufen des Art. 6 Abs. 1 ARB 1/80 erreicht worden sind.

**1667**    Fraglich ist, ob im Falle der Ablehnung eines entsprechenden Verlängerungsantrags einem hiergegen eingelegten Rechtsbehelf aufschiebende Wirkung gem. § 80 Abs. 1 VwGO zukommt oder ob der Ausschluss des Suspensiveffektes iSd § 84 Abs. 1 AufenthG eingreift. Da gegenüber Unionsbürgern und ihren (auch drittstaatsangehörigen) Familienangehörigen gem. § 11 Abs. 1 FreizügG/EU ua die Regelung des § 84 Abs. 1 AufenthG nicht anwendbar ist (→ Rn. 1582) und sich das Assoziationsrecht EWG-Türkei maßgeblich an dem unionsrechtlichen Freizügigkeitsrecht orientiert (Art. 12 AssAbkEWG-TR und → Rn. 1587), ist § 84 Abs. 1 AufenthG gegenüber assoziationsrechtlich begünstigten türkischen Arbeitnehmern nicht anzuwenden[2464]. Dies folgt unmissverständlich aus dem Urteil des EuGH in der Rechtssache Dörr und Ünal[2465]. Diesem Ergebnis kann auch nicht entgegengehalten werden, dass der Aufenthalt während des Zeitraums, in dem der Verlängerungsantrag bearbeitet wird, lediglich vorübergehender Natur und damit ungesichert iSd Assoziationsrechts ist. Der EuGH hat ausdrücklich entschieden, dass eine gesicherte Rechtsposition lediglich Voraussetzung ist, um eine Anwartschaft iSd Art. 6 Abs. 1 ARB 1/80 zu erwerben[2466]. Ist hingegen eine solche Rechtsposition erreicht worden und besteht dem Grunde nach ein Anspruch, den deklaratorisch erteilten Aufenthaltstitel zu verlängern, kann nicht mehr von einer ungesicherten Rechtsstellung iSd einschlägigen EuGH-Rechtsprechung die Rede sein. Gesteht man hingegen den automatischen Eintritt des Suspensiveffekts eines Widerspruchs oder einer

---

[2462] Der EuGH hatte bereits in der Rechtssache Kus keine Bedenken gegen eine Transformation von Assoziationsratsbeschlüssen durch verwaltungsinterne Anweisungen geäußert; vgl. Slg. 1992, I-6781 Rn. 31 = NVwZ 1993, 258.

[2463] EuGH Slg. 1992, I-6781 Rn. 31 = NVwZ 1993, 258 – Kus; ebenso EuGH Slg. 1997, I-5179 Rn. 37 = NVwZ 1999, 286 – Ertanir betr. Spezialitätenköche.

[2464] A A zB OVG Schleswig NVwZ-RR 1993, 437 (440).

[2465] EuGH Slg. 2005, I-4759 Rn. 58 ff. = NVwZ 2006, 72.

[2466] Vgl. nur EuGH Slg. 1997, I-3069 Rn. 21 ff. = NVwZ 1998, 50.

Klage nicht zu, ist im Rahmen einer gem. § 80 Abs. 5 VwGO vorzunehmenden Interessenabwägung davon auszugehen, dass die Prüfung der Frage, ob die Voraussetzungen des Art. Art. 6 Abs. 1 ARB 1/80 vorliegen, dem Hauptsacheverfahren vorzubehalten ist. Im Zweifel ist daher dem Antrag, einstweiligen Rechtsschutz zu gewähren, stattzugeben[2467].

Maßgeblicher Zeitpunkt für die Beurteilung der Rechtmäßigkeit einer Entscheidung **1668** der Ausländerbehörde, mit der die Verlängerung des eine Beschäftigungsausübung genehmigenden Aufenthaltstitels eines türkischen Arbeitnehmers abgelehnt worden ist, ist der des Ablaufs des bisher innegehabten Aufenthaltstitels[2468]. Stellt sich im (landesrechtlich noch zugelassenen) Widerspruchs- oder Klageverfahren heraus, dass die Verlängerung des Aufenthaltstitels zu Unrecht verweigert worden ist, sind zwischenzeitliche Beschäftigungszeiten anrechnungsfähig[2469].

## 10. Schadensersatz bei Nichtbeachtung der assoziationsrechtlichen Vergünstigungen

Für das Unionsrecht ist allgemein anerkannt, dass bei nicht fristgerechter Umsetzung **1669** von Richtlinien des Rates der EU den jeweiligen Mitgliedstaat eine Schadenersatzpflicht treffen kann[2470]. Dieser Grundsatz ist auch auf die Transformation von Assoziationsratsbeschlüssen zu übertragen. Art. 6 Abs. 3 ARB 1/80 bestimmt, dass die Einzelheiten der Durchführung der Abs. 1 und 2 durch einzelstaatliche Vorschriften festgelegt wird (→ Rn. 1665). Dies war für die Bundesrepublik zunächst nur für den Bereich des Arbeitserlaubnisrechts erfolgt. Mit der klarstellenden Spruchpraxis des EuGH zur aufenthaltsrechtlichen Relevanz des Art. 6 ARB 1/80 in den Rechtssachen Sevince und Kus (→ Rn. 1596 ff.) ging die Verpflichtung der Mitgliedstaaten einher, für die Beachtung dieser Rechtsprechung in der nationalen Verwaltungspraxis zu sorgen. Deren restriktive Interpretation wäre unionsrechtswidrig. Sofern einem türkischen Arbeitnehmer durch die unterlassene Beachtung assoziationsrechtlicher Privilegierungen ein Schaden entsteht (zB Verlust des Arbeitsplatzes, Kosten für Verlassen des Bundesgebiets bzw. für die Wiedereinreise etc), kann er einen im Unionsrecht wurzelnden Schadenersatzanspruch geltend machen. Die Korrektur rechtswidrigen Verwaltungshandelns hat demgegenüber über den allgemeinen Folgenbeseitigungsanspruch zu erfolgen.

# C. Art. 7 ARB 1/80

## I. Allgemeines

### 1. Zielsetzung des Art. 7 ARB 1/80

Art. 7 ARB 1/80 verfolgt ausweislich der Präambel das Ziel, im Vergleich zum ARB 2/ **1670** 76[2471] eine bessere Regelung ua zu Gunsten der Familienangehörigen türkischer Arbeitnehmer zu bewirken. Der ARB 2/76 regelte in keiner Weise Fragen des Arbeitsmarktzugangs dieses Personenkreises, so dass mit dem ARB 1/80 insoweit Neuland betreten wurde. Nicht einbezogen werden in die Vergünstigungen des Art. 7 ARB 1/80 EWG-TR

---

[2467] Vgl. auch VGH Mannheim AuAS 1994, 244.
[2468] EuGH Slg. 2006, I-10279 Rn. 27 = NVwZ 2007, 187 – Güzeli.
[2469] So schon VG Schleswig AuAS 1994, 76 (78); VG Gießen AuAS 1995, 74 (76).
[2470] Vgl. dazu schon *Jarass* NJW 1994, 881 ff. mwN.
[2471] ANBA 1977, 1090.

die Familienangehörigen von im Gebiet der EU als Selbstständige erwerbstätigen türkischen Staatsangehörigen[2472].

## 2. Kein unmittelbarer und unbedingter Anspruch auf Familiennachzug

**1671**    Art. 7 ARB 1/80 enthält keine Regelungen, aus denen sich ein Recht auf Familienzusammenführung ergibt[2473], insbesondere ist kein unmittelbarer und unbedingter Anspruch auf Gestattung des Nachzugs von Familienangehörigen türkischer Arbeitnehmer assoziationsrechtlich verbürgt[2474]. Aus Art. 7 AssAbkEWG-TR lässt sich auch kein Verbot herleiten, neue Beschränkungen der Möglichkeit einer Familienzusammenführung einzuführen[2475]. Damit hat der EuGH jedoch die Regelung des Nachzugs nicht in das freie Ermessen der einzelnen Mitgliedstaaten gelegt, sondern vielmehr auf die Beachtung der Bindungen, die sich aus Art. 8 EMRK (→ Rn. 706 ff.) ergeben, hingewiesen[2476]. Es wäre jedoch verfehlt, den durch Art. 6 ARB 1/80 garantierten Rechten, die in einem Mitgliedstaat beschäftigten türkischen Arbeitnehmern zustehen, jegliche aufenthaltsrechtliche Relevanz in Bezug auf die Familienzusammenführung abzusprechen. Eine effektive Wahrnehmung der einmal erreichten assoziationsrechtlichen Position setzt nämlich zwangsläufig voraus, dass dem Grunde nach der Nachzug von Familienangehörigen zu gestatten ist. Es ist daher nur folgerichtig, jedenfalls mit Erreichen der höchsten Verfestigungsstufe des Art. 6 Abs. 1 dritter Gedankenstrich ARB 1/80 (→ Rn. 1641 ff.) einen an Art. 10 VO (EWG) Nr. 1612/68/EWG bzw. Art. 7 RL 2004/38/EG orientierten Anspruch auf Genehmigung der Familienzusammenführung von noch im Ausland lebenden Familienangehörigen zu einem in einem Mitgliedstaat lebenden türkischen Arbeitnehmer zu bejahen[2477]. Denkbar ist auch eine Analogie zu § 30 und § 32 AufenthG, da jenes assoziationsrechtliche Aufenthaltsrecht einer Niederlassungserlaubnis iSd § 9 AufenthG vergleichbar ist.

## 3. Aufenthaltsrechtliche Bedeutung des Art. 7 ARB 1/80

**1672**    Ebenso wie im Falle des Art. 6 ARB 1/80 ergibt sich aus Art. 7 ARB 1/80 bei Vorliegen der dort näher umschriebenen Voraussetzungen nicht nur ein Anspruch, eine bestimmte Beschäftigung ausüben zu dürfen, sondern auch ein assoziationsrechtliches Aufenthaltsrecht[2478]. Die Tatsache, dass ein türkischer Arbeitnehmer das Aufenthaltsrecht in einem Mitgliedstaat der EU und damit das Recht auf Zugang zum Arbeitsmarkt in diesem Staat als (anerkannter) politischer Flüchtling erworben hat, schließt nicht aus, dass ein Angehöriger seiner Familie die Rechte aus Art. 7 S. 1 ARB 1/80 in

---

[2472] Vgl. BVerwGE 97, 301 = NVwZ 1995, 1110.

[2473] EuGH Slg. 1987, I-3719 = NJW 1988, 1442; EuGH Slg. 2004, I-10895 Rn. 22 = NVwZ 2005, 198 – Cetinkaya.

[2474] Vgl. nur EuGH Slg. 1997, I-2133 Rn. 32 = NVwZ 1997, 1104 – Kadiman; zu unzulässigen nachträglichen Beschränkungen des Familiennachzugs vgl. EuGH NVwZ 2016, 833 – Genc; EuGH NVwZ 2014, 1081 – Dogan.

[2475] EuGH Slg. 1987, I-3719 Rn. 24 = NJW 1988, 1442; EuGH NVwZ-RR 2014, 115 – Demir; vgl. aber auch den Vorlageschluss des BVerwG vom 26.1.2017 – 1 C 1/16 BeckRS 2017, 103281.

[2476] EuGH Slg. 1987, I-3719 Rn. 28 = NJW 1988, 1442.

[2477] Vgl. *Heldmann*, Familiennachzug für Türken in Deutschland, in: Barwig ua, Vom Ausländer zum Bürger, S. 59 ff.; *ders.* InfAuslR 1995, 1 f.; aA BVerwG 98, 31 = NVwZ 1995, 1113.

[2478] Vgl. nur EuGH Slg. 2000, I-1487 Rn. 29 = NVwZ 2000, 1277 – Ergat; EuGH Slg. 1998, I-7519 Rn. 24 = NVwZ 1999, 281 – Akman; EuGH Slg. 2004, I-10895 Rn. 31 = NVwZ 2005, 198 – Cetinkaya; EuGH Slg. 2005, I-6181 Rn. 25 = NVwZ 2005, 1292 – Aydinli; EuGH Slg. 2005, I-6237 Rn. 14 = NVwZ 2005, 1294 L = BeckRS 2005, 70505– Dogan; EuGH Slg. I 2006, I-1563 Rn. 19 f. = NVwZ 2006, 556 – Torun.

Anspruch nehmen kann[2479]. Ferner hat der EuGH klargestellt, dass die Familienangehörigen eines türkischen Arbeitnehmers, der dem regulären Arbeitsmarkt eines Mitgliedstaats angehört (→ Rn. 1602 f.), sich weiterhin auf die Vergünstigungen des Art. 7 ARB 1/80 berufen können, wenn dieser Arbeitnehmer die Staatsangehörigkeit des Aufnahmemitgliedstaats erhalten hat und gleichzeitig die türkische Staatsangehörigkeit beibehält[2480]

## II. Art. 7 S. 1 ARB 1/80

### 1. Nachgezogene Familienangehörige iSd Art. 7 S. 1 Beschl. 1/80 EWG-TR

Weder Art. 7 ARB 1/80 noch sonstige Vorschriften des ARB 1/80 definieren näher, **1673** wer Familienangehöriger iSd Vorschrift ist[2481]. Unstreitig zählt hierzu der Ehegatte. Aufgrund der Entwicklung des Unionsrechts ist inzwischen auch der Partner oder die Partnerin einer eingetragenen Lebenspartnerschaft einzubeziehen (Art. 2 Nr. 2 Buchst. b RL 2004/38/EG; § 3 Abs. 2 Nr. 1 FreizügG/EU und § 27 Abs. 2 AufenthG). Fraglich ist aber, in welchem Umfang Kinder türkischer Arbeitnehmer anspruchsberechtigt sind, insbesondere, ob auch noch volljährige Abkömmlinge begünstigt werden. In Art. 12 AssAbkEWG-TR sind die Vertragsparteien übereingekommen, sich bei der schrittweisen Herstellung der Freizügigkeit von den Art. 48 bis 50 EWGV, jetzt Art. 45 ff. AEUV, leiten zu lassen. Folglich ist es nur konsequent, auch im Rahmen des Art. 7 ARB 1/80 die unionsrechtlichen Vorschriften, die sich mit dem Status von Familienangehörigen befassen, als aussagekräftige Auslegungshilfe heranzuziehen.

Freizügigkeitsberechtigt waren gem. des Art. 10 VO (EWG) Nr. 1612/68 bzw. sind **1674** gem. Art. 2 Nr. 2 RL 2004/38/EG (vgl. § 3 FreizügG/EU) zunächst einmal der Ehegatte oder der Lebenspartner sowie die Verwandten in absteigender Linie, die noch nicht 21 Jahre alt sind. Hierbei handelt es sich um die unionsrechtlich geschützte Kernfamilie, die sich auch in anderen Vorschriften des EU-Rechts findet und die von dem „Grundrecht der Arbeitnehmer und ihrer Familienangehörigen" auf Freizügigkeit (vgl. schon Präambel zur VO (EWG) Nr. 1612/68) Gebrauch macht. Wie bereits oben ausgeführt, ist der ARB 1/80 in starkem Maße den zum Zeitpunkt seines Erlasses geltenden einschlägigen gemeinschaftsrechtlichen Bestimmungen nachgebildet. Dies rechtfertigt es daher anzunehmen, dass die so definierte Kernfamilie eines türkischen Arbeitnehmers in den Geltungsbereich des Art. 7 ARB 1/80 EWG-TR fällt.

Fraglich ist, ob unabhängig von der auf diese Weise für Kinder ermittelten Altersgrenze **1675** bis zum Erreichen des 21. Lebensjahres sonstige Gesichtspunkte es rechtfertigen, den Kreis der Familienangehörigen gegebenenfalls zu erweitern. Gemäß Art. 2 Nr. 2 der Unionsbürger-RL 2004/38/EG genießen auch sonstige Verwandte in absteigender Linie, das sind beispielsweise auch Enkelkinder, „denen Unterhalt gewährt wird", das dort von Art. 1 iVm Folgevorschriften auch sekundärrechtlich verbürgte Zuzugsrecht. Art. 2 Nr. 2 Buchst. c) der RL 2004/38/EG erstreckt die Freizügigkeitsrechte auf Kinder, denen der Angehörige eines EU-Staates Unterhalt gewährt. Es wird somit in erster Linie auf das persönliche und finanzielle Angewiesensein eines Kindes auf den Schutz durch die Familie abgestellt. Im Hinblick auf diesen inzwischen erreichten Stand des Unionsrechts liegt es daher nahe, sowohl Kindern türkischer Arbeitnehmer bis zur Vollendung des 21. Lebensjahres als auch darüber hinaus jenen, die unterhaltsabhängig sind, in den

---

[2479] EuGH NVwZ 2009, 235 – Altun.
[2480] EuGH NVwZ 2012, 1022 – Kahveci und Inan.
[2481] EuGH Slg. 2004, I-8765 Rn. 38 = NVwZ 2005, 73 – Ayaz; offen gelassen von BVerwGE 97, 301 = NVwZ 1995, 1110; vgl. in diesem Zusammenhang auch VGH Kassel NVwZ-RR 1995, 1472.

Berechtigtenkreis des Art. 7 ARB 1/80 EWG-TR einzubeziehen[2482]. Eine Blutsverwandt-
schaft ist nicht erforderlich, um als Familienangehöriger iSd Vorschrift zu gelten[2483].

**1676**    Unabhängig davon verliert ein türkischer Staatsangehöriger, der im Wege der Familienzusammenführung erlaubtermaßen als Minderjähriger zu einem im Bundesgebiet lebenden Elternteil, der als türkischer Arbeitnehmer ordnungsgemäß einer Beschäftigung
nachgeht oder nachgegangen ist, nachgezogen war, mit Eintritt der Volljährigkeit die bis
dahin erworbenen Beschäftigungs- und Aufenthaltsrechte nach Art. 7 S. 1 ARB 1/80
nicht[2484]. Dies verstößt auch nicht gegen das Besserstellungsverbot des Art. 59 ZPAss-
AbkEWG-TR[2485].

**1677**    Obwohl Art. 7 S. 1 ARB 1/80 ausdrücklich davon spricht, dass der Angehörige nachgezogen ist, gilt die obige Aussage auch für im Inland geborene und sich hier rechtmäßig
aufhaltende Kinder türkischer Arbeitnehmer[2486]. Zudem ist unerheblich, welche Staatsangehörigkeit die Familienangehörigen besitzen. Art. 7 S. 1 ARB 1/80 beschränkt seine
Vergünstigungen nicht auf Familienangehörige türkischer Nationalität[2487].

**1678**    Die Familienangehörigen müssen die Genehmigung erhalten haben, zu dem türkischen
Arbeitnehmer zu ziehen, sie müssen also entweder ein Aufenthaltsrecht zum Zwecke der
Familienzusammenführung erhalten haben oder im Besitz eines sonstigen Aufenthaltstitels nach dem Aufenthaltsgesetz sein. Erfolgte die Einreise eines unter 16 Jahre alten
türkischen Kindes zu einem im Bundesgebiet sich rechtmäßig aufhaltenden Elternteil
noch unter Geltung des Ausländergesetzes 1990 und bedurfte es hierfür gem. § 3 Abs. 1
S. 2 AuslG 1990 iVm § 2 Abs. 2 Nr. 2 DVAuslG keines Visums oder einer Aufenthaltsgenehmigung, so handelte es sich um einen iSd Art. 7 S. 1 ARB 1/80 genehmigten Nachzug.

**1679**    Es entspricht im Übrigen Sinn und Zweck dieser Vorschrift, auch jene Ehegatten in
deren Anwendungsbereich einzubeziehen, die nicht vom Ausland her nachgezogen sind,
sondern sich bereits im Bundesgebiet aufhielten und durch Eheschließung mit einem
türkischen Arbeitnehmer persönlich verbunden sind. Dasselbe gilt für im Wege der
Adoption die Familie aufgenommene Kinder.

**1680**    Art. 7 S. 1 ARB 1/80 setzt ferner voraus, dass die nachgezogenen Familienangehörigen
jedenfalls solange mit dem türkischen Arbeitnehmer in familiärer Gemeinschaft zusammenleben, **bis** die Dreijahresfrist für ein eigenständiges assoziationsrechtliches Aufent-
halts- und Beschäftigungsrecht erfüllt ist[2488]. Vom Erfordernis eines gemeinsamen Wohnsitzes ist jedoch abzusehen, wenn objektive Gegebenheiten es rechtfertigen, dass der
türkische Arbeitnehmer und sein Familienangehöriger im Bundesgebiet nicht dauerhaft
zusammenleben. Dies ist beispielsweise der Fall, wenn das Familienmitglied auf Grund
der Entfernung zwischen dem Wohnort des Arbeitnehmers und seiner Arbeitsstelle oder
einer von ihm besuchten Berufsausbildungsstätte gezwungen ist, eine gesonderte Woh-

---

[2482] So iErg auch EuGH, NVwZ 1992, 1181; EuGH Slg. 2004, I-8765 Rn. 39 ff. = NVwZ 2005, 73
– Ayaz.

[2483] EuGH Slg. 2004, I-8756 Rn. 46 = NVwZ 2005, 73 – Ayaz (Stiefsohn) unter Verweis auf
EuGH Slg. 1999, I-7955 Rn. 3 – Mesbah.

[2484] EuGH Slg. 2000, I-1487 Rn. 26 f. = NVwZ 2000, 1277 – Ergat; EuGH Slg. 2004, I-10895
Rn. 34 = NVwZ 2005, 198 – Cetinkaya; EuGH Slg. 2005, I-6181 Rn. 22 = NVwZ 2005, 1292 –
Aydinli; EuGH Slg. 2006, I-1563 Rn. 27 ff. = NVwZ 2006, 556 – Torun; EuGH NVwZ 2007, 1393 –
Derin.

[2485] EuGH NVwZ 2007, 1393.

[2486] EuGH Slg. 2004, I-10895 Rn. 21 und 23 ff. = NVwZ 2005, 198 – Cetinkaya.

[2487] EuGH NVwZ 2012, 1235 m. Anm. *Huber* – Dülger.

[2488] EuGH Slg. 1997, I-2133 Rn. 37, 41 und 47 = NVwZ 1997, 2133 – Kadiman; EuGH Slg. 2000,
1487 Rn. 36 = NVwZ 2000, 1277 – Ergat; EuGH Slg. 2000, I-4747 Rn. 28 = NVwZ-Beil. I 2000, I-
142 – Eyüp; EuGH Slg. 2004, I-10895 Rn. 30 = NVwZ 2005, 198 – Cetinkaya; EuGH Slg. 2005, I-
6181 Rn. 24 = NVwZ 2005, 1292 – Aydinli.

nung zu nehmen[2489]. Der nach Art. 7 S. 1 ARB 1/80 erreichte Status wird nicht dadurch berührt, dass das (gegebenenfalls auch volljährige) Kind in der Folgezeit nicht mehr in häuslicher Gemeinschaft mit seiner Familie zusammenlebt, sondern im betreffenden Mitgliedstaat ein vom türkischen Arbeitnehmer bzw. der Herkunftsfamilie unabhängiges Leben führt[2490].

Sofern ein Familienangehöriger im Wege des Ehegattennachzugs einem türkischen **1681** Arbeitnehmer gefolgt oder nachgereist war, die Ehe aber vor Ablauf der Dreijahresfrist des Art. 7 S. 1 erster Gedankenstrich ARB 1/80 geschieden worden ist, die Geschiedenen aber weiter zusammengelebt und schließlich später auch wieder geheiratet haben, bedingt die formale rechtliche Aufhebung der ehelichen Lebensgemeinschaft keine Unterbrechung des geforderten gemeinsamen Familienlebens, so dass nach Vollendung der drei Jahre die Anwartschaft des Satzes 1 erster Gedankenstrich erfüllt ist[2491]. Erfolgt eine Scheidung nach dem ordnungsgemäßen Erwerb der Rechte aus Art. 7 S. 1 ARB 1/80 durch den betreffenden Familienangehörigen, ist dies für das Fortbestehen dieser Rechte zu seinen Gunsten auch dann unerheblich, wenn er sie ursprünglich nur von seinem früheren Ehegatten ableiten konnte[2492]. Die Berufung eines türkischen Staatsangehörigen auf ein nach dieser Vorschrift rechtmäßig erworbenes Recht ist dem EuGH zudem dann nicht rechtsmissbräuchlich, auch wenn der Betroffene, nachdem er dieses Recht von seiner früheren Ehefrau abgeleitet hatte, gegen diese eine schwere Straftat begangen hat, für die er strafrechtlich verurteilt worden war[2493]. Der EuGH verweist aber auch darauf, dass in einem solchen Fall das assoziationsrechtliche Aufenthaltsrecht nach Art. 14 ARB 1/80 entfallen sein könnte[2494].

## 2. Die einzelnen Verfestigungsstufen des Art. 7 S. 1 ARB 1/80

### a) Art. 7 S. 1 erster Gedankenstrich ARB 1/80

Familienangehörigen, die seit mindestens drei Jahren ihren ordnungsgemäßen Wohn- **1682** sitz in einem Staat der EU haben, steht nach Art. 7 S. 1 erster Gedankenstrich ARB 1/80 vorbehaltlich des den Arbeitnehmern aus EU-Staaten einzuräumenden Vorrangs das Recht zu, sich auf jedes Stellenangebot zu bewerben. Ordnungsgemäß iSd Vorschrift ist der Wohnsitz, wenn ein Recht zum Aufenthalt im Bundesgebiet besteht. Allerdings sieht das BVerwG die Ordnungsgemäßheit des Wohnsitzes nicht bereits durch die Erteilung eines Besuchervisums begründet[2495]. Dieser Ansicht ist dem Grunde nach zuzustimmen, da in einem solchen Falle nur ein Recht für einen vorübergehenden Aufenthalt verliehen worden ist und sich der begünstigte Familienangehörige noch nicht in einer gefestigten Position iSd einschlägigen Rechtsprechung des EuGH befindet (→ Rn. 1609). Auf der anderen Seite dürfte aber auch davon auszugehen sein, dass etwa ein für einen nur vorübergehenden, aber auf längere Zeit angelegten Aufenthaltszweck (zB familiäre Hilfe- oder Pflegeleistung, Aus- oder Weiterbildung) erteilter Aufenthaltstitel dem Grunde nach geeignet ist, einen ordnungsgemäßen Wohnsitz zu begründen.

Das Dreijahreserfordernis des Art. 7 S. 1 erster Gedankenstrich ARB 1/80 ist nur **1683** erfüllt, wenn der Aufenthalt und das familiäre Zusammenleben ununterbrochen war

---

[2489] EuGH Slg. 1997, I-2133 Rn. 42 = NVwZ 1997, 2133 – Kadiman.
[2490] EuGH Slg. 2005, I-6181 Rn. 22 = NVwZ 2005, 1292 – Aydinli.
[2491] EuGH Slg. 2000, I-4747 Rn. 24 ff. und 31 = NVwZ-Beil. I 2000, 142 – Eyüp.
[2492] EuGH NVwZ 2011, 483 Rn. 44 – Bozkurt.
[2493] EuGH NVwZ 2011, 483 Rn. 61 – Bozkurt.
[2494] EuGH NVwZ 2011, 483 Rn. 61 – Bozkurt.
[2495] BVerwGE 98, 31 = NVwZ 1995, 1113.

(→ Rn. 1680)[2496]. Der Umstand, dass der Familienangehörige in diesem Zeitraum volljährig geworden ist und heiratet, ist unschädlich, wenn die ursprüngliche familiäre Lebensgemeinschaft fortgeführt worden ist[2497].

**1684**    Auslandsaufenthalte, die nicht iSd § 51 Abs. 1 S. 1 Nr. 6 oder 7 AufenthG das Erlöschen des Aufenthaltstitels bewirkt haben, sind in die Anwartschaftszeit einzurechnen[2498]. Eine Rückkehr ins Bundesgebiet innerhalb von sechs Monaten schließt es regelmäßig aus anzunehmen, dass ein Unterbrechungstatbestand erfüllt worden ist[2499]. Im Übrigen können im Einzelfall aber auch darüber hinaus gehende Auslandsaufenthalte einbezogen werden, sofern von vornherein bei der Ausreise die Absicht bestand, in die Bundesrepublik Deutschland zurückzukehren (→ Rn. 1053) oder die Unterbrechung auf die Ableistung des Wehrdienstes zurückzuführen ist (→ Rn. 1056) oder wenn sich die Wiedereinreise auf Grund unvorhergesehener Umstände, zB Erkrankung, verzögert hat (→ Rn. 1053).

**1685**    In die Dreijahresfrist des Art. 7 S. 1 erster Gedankenstrich ARB 1/80 ist die Zeit ab Stellung des Antrags auf Erteilung eines Aufenthaltstitels vom Inland her einzubeziehen, sofern dieser letzten Endes positiv beschieden worden ist. Wurde hingegen der Aufenthaltstitel im Sichtvermerksverfahren beantragt, läuft die Frist ab dem Tag der zum Nachzug erlaubten Einreise. Wird ein Antrag gestellt, den Aufenthaltstitel zu verlängern, so gilt gem. § 84 Abs. 4 AufenthG der bisherige Aufenthaltstitel vom Zeitpunkt seines Ablaufs bis zur Entscheidung der Ausländerbehörde als **fortbestehend.** Die auf Grund dessen absolvierten Aufenthaltszeiten sind zwingend als Zeiten eines ordnungsgemäßen Wohnsitzes iSd Art. 7 S. 1 erster Gedankenstrich anzusehen.

**1686**    Die Verbüßung einer Untersuchungs- oder Strafhaft führt nicht zur Unterbrechung der dreijährigen Anwartschaftszeit, sofern der Wohnsitz im Inland ordnungsgemäß fortbesteht, dh durch einen Aufenthaltstitel abgesichert ist (zur teils anspruchsvernichtenden Wirkung der Verbüßung von Straftaten im Rahmen des Art. 6 ARB 1/80 → Rn. 1662). Dies gilt insbesondere im Hinblick darauf, dass Art. 6 Abs. 2 ARB 1/80 im Rahmen des Art. 7 ARB 1/80 nicht anwendbar ist[2500].

**1687**    Das Recht, sich auf jedes Stellenangebot zu bewerben, beinhaltet zugleich einen Anspruch darauf, einen die Aufnahme der konkreten Beschäftigung ermöglichenden Aufenthaltstitel zu erhalten und die Stelle im Falle des Abschlusses eines Arbeitsvertrages anzutreten, sofern dem nicht der Vorrang von Arbeitnehmern aus anderen Staaten der EU, nicht aber von sonstigen Drittstaatsangehörigen, entgegensteht.

### b) Art. 7 S. 1 zweiter Gedankenstrich ARB 1/80

**1688**    Art. 7 S. 1 zweiter Gedankenstrich ARB 1/80 eröffnet den Familienangehörigen türkischer Arbeitnehmer einen freien Arbeitsmarktzugang, sofern sie in einem Mitgliedstaat der EU seit mindestens fünf Jahren ihren ordnungsgemäßen Aufenthalt haben. Erforderlich ist, dass der Wohnsitz des Familienmitglieds im Inland fortbesteht, es muss sich jedoch nicht (mehr) um einen gemeinsamen Wohnsitz mit dem Arbeitnehmer handeln[2501]. Dieser kann zwischenzeitlich auch bereits das Bundesgebiet verlassen haben[2502]. Kommt es zu einer Scheidung, ist dies für das Fortbestehen der nach Art. 7 S. 1 zweiter Gedankenstrich ARB 1/80 auch dann unerheblich, wenn der Begünstigte sie ursprünglich nur

---

[2496] Vgl. schon BVerwGE 98, 31 = NVwZ 1995, 1113: grundsätzlich zusammenhängender Zeitraum.

[2497] EuGH NVwZ 2011, 1187 – Pehlivan.

[2498] EuGH Slg. 1997, I-2133 Rn. 48 f. = NVwZ 1997, 2133 – Kadiman.

[2499] EuGH Slg. 1997, I-2133 Rn. 49 = NVwZ 1997, 2133 – Kadiman.

[2500] EuGH Slg. 2005, I-6181 Rn. 30 f. = NVwZ 2005, 1292 – Aydinli.

[2501] EuGH Slg. 2000, I-1487 Rn. 38 ff. = NVwZ 2000, 1277 – Ergat.

[2502] So im Ergebnis EuGH Slg. 2000, I-1487 Rn. 44 = NVwZ 2000, 1277 – Ergat.

von seinem früheren Ehegatten ableiten konnte und der ordnungsgemäße Erwerb der Rechte bereits vor der vollzogenen Scheidung erfolgte[2503]. Anders als bei Art. 7 S. 1 erster Gedankenstrich ARB 1/80 ist im Rahmen des Art. 7 S. 1 zweiter Gedankenstrich ARB 1/80 ein Vorrang der Arbeitnehmer aus Mitgliedstaaten der EU nicht mehr zu beachten[2504]. Das Recht auf freien Arbeitsmarktzugang gilt demnach vorbehaltlos. Der Anspruch auf freien Arbeitsmarktzugang ist auch aufenthaltsrechtlich abzusichern. Hierbei ist auf die Grundsätze, die für Art. 6 Abs. 1 dritter Gedankenstrich ARB 1/80 gelten, zu verweisen (→ Rn. 1641 ff.).

## III. Sonderstatus für Kinder türkischer Arbeitnehmer gem. Art. 7 S. 2 ARB 1/80

Gemäß Art. 7 S. 2 ARB 1/80 können sich Kinder türkischer Arbeitnehmer, die im Aufnahmeland eine Berufsausbildung abgeschlossen haben, unabhängig von der Dauer ihres Aufenthalts auf ein in dem betreffenden Mitgliedstaat bestehendes Stellenangebot bewerben, sofern ein Elternteil dort seit mindestens drei Jahren ordnungsgemäß beschäftigt war. Ihnen steht also, wenn sie diese Voraussetzungen erfüllen, ein Recht auf freien Arbeitsmarktzugang zu, das aufenthaltsrechtlich nicht eingeschränkt werden darf. Ein Vorrang von Unionsbürgern und ihren Familienangehörigen beim Zugang zum Arbeitsmarkt besteht nicht[2505]. Anders als bei Art. 7 S. 1 ARB 1/80, der strengere Anforderungen als S. 2 aufstellt[2506], ist es nicht erforderlich, dass diese Kinder ursprünglich im Wege der Familienzusammenführung ihren Aufenthalt im Bundesgebiet begründet hatten[2507]. Das Kind (zum Begriff → Rn. 1673 f.) muss im Aufnahmeland, zB Bundesrepublik Deutschland, eine Berufsausbildung abgeschlossen haben. Diese Voraussetzung ist erfüllt, sofern eine förmliche Berufsqualifikation etwa iSd § 37 BBiG oder auf Grund eines Studiums[2508] erworben worden ist. Die Erfüllung der Berufsschulpflicht, die Teilnahme an einem beruflichen Vollzeitschuljahr oder an einer außerschulischen berufsvorbereitenden Vollzeitmaßnahme sowie das Anlernen einer Tätigkeit reichen jedoch nicht aus[2509].

Erforderlich ist ferner, dass ein Elternteil des Kindes in dem betreffenden Mitgliedstaat seit drei Jahren ordnungsgemäß beschäftigt war (zum Begriff der ordnungsgemäßen Beschäftigung → Rn. 1608 ff.). Art. 7 S. 2 ARB 1/80 fordert indes nicht, dass der Elternteil zu dem Zeitpunkt, zu dem sich ein Kind türkischer Arbeitnehmer auf die assoziationsrechtlichen Vergünstigungen dieser Vorschrift beruft, noch im Inland beschäftigt ist oder dort noch wohnt[2510]. Der Elternteil, von dem die assoziationsrechtlichen Vergünstigungen abgeleitet werden, muss nicht selbst die türkische Staatsangehörigkeit besitzen[2511], sondern kann die eines sonstigen Drittstaates haben, sofern der

1689

1690

---

[2503] EuGH NVwZ 2011, 483 Rn. 44 -Bozkurt.

[2504] EuGH Slg. 2000, I-1487 Rn. 41 = NVwZ 2000, 1277 – Ergat.

[2505] EuGH Slg. 1998, I-7519 Rn. 36 = NVwZ 1999, 281 – Akman.

[2506] EuGH Slg. 1998, I-7519 Rn. 38 = NVwZ 1999, 281 – Akman; EuGH Slg. 2006, I-1563 Rn. 23 = NVwZ 2006, 556 – Torun.

[2507] EuGH Slg. I 1994, 5113 Rn. 22 = NVwZ 1995, 53 – Eroglu; EuGH Slg. 1998, I-7519 Rn. 37 = NVwZ 1999, 281 – Akman; OVG Münster NVwZ 1995, 820.

[2508] EuGH Slg. 1994, 5113 Rn. 22 = NVwZ 1995, 53 – Eroglu; VGH Mannheim InfAuslR 1995, 51.

[2509] Vgl. BVerwGE 98, 31 = NVwZ 1995, 1113. – Zum Recht auf schulische Ausbildung bzw. auf Aufnahme einer Ausbildung vgl. Art. 9 ARB 1/80.

[2510] EuGH Slg. 1998, I-7519 Rn. 42, 44 und 48 = NVwZ 1999, 281 – Akman.

[2511] Vgl. in diesem Zusammenhang auch → Rn. 1677 sowie EuGH NVwZ 2012, 1235 m. Anm.

*Huber* – Dülger.

andere Elternteil zu dem Zeitpunkt, zu dem das Kind das Recht des freien Arbeitsmarktzugang geltend macht, türkischer Staatsbürger und – ggf. auch erst seit kurzem – Arbeitnehmer ist.

1691    Art. 7 S. 2 ARB 1/80 enthält keine eigenständige Regelung, unter welchen Umständen und in welchem Umfang Unterbrechungszeiten den Zeiten ordnungsgemäßer Beschäftigung gleichgestellt werden bzw. bereits erworbene Ansprüche unberührt lassen.

## IV. Verhältnis von Art. 7 ARB 1/80 zu Art. 6 ARB 1/80

1692    Der beschäftigungs- und aufenthaltsrechtliche Status der Familienangehörigen türkischer Arbeitnehmer wird keineswegs abschließend durch Art. 7 ARB 1/80 geregelt. Allerdings qualifiziert der EuGH die Bestimmungen in Art. 7 ARB 1/80 als lex specialis gegenüber Art. 6 Abs. 1 ARB 1/80[2512]. Dies hat zur Folge, dass die Bestimmungen des Art. 6 Abs. 2 ARB 1/80 (→ Rn. 1645 ff.) im Rahmen des Art. 7 ARB 1/80 nicht anwendbar sind[2513]. Sofern ein Familienangehöriger bereits als Arbeitnehmer tätig ist, finden auf die Verlängerung des ihm erteilten Arbeitstitels gegebenenfalls aber auch die Bestimmungen des Art. 6 ARB 1/80 EWG-TR Anwendung[2514], ohne jedoch die weitergehenden Rechte nach Art. 7 ARB 1/80 zu tangieren[2515].

## V. Verlust der Rechte aus Art. 7 ARB 1/80

1693    Der EuGH hat mehrfach entschieden, dass das Aufenthaltsrecht als Folge des Rechts auf Zugang zum Arbeitsmarkt und auf die tatsächliche Ausübung einer Beschäftigung, das den Familienangehörigen eines türkischen Arbeitnehmers zusteht, die die Voraussetzungen des Art. 7 ARB 1/80 erfüllen, in zwei Fällen Beschränkungen unterliegt. Entweder gefährdet gem. Art. 14 Abs. 1 ARB 1/80 der Aufenthalt des assoziationsrechtlich Berechtigten im Hoheitsgebiet des Aufnahmemitgliedstaats durch dessen persönliches Verhalten die öffentliche Ordnung, Sicherheit oder Gesundheit tatsächlich und schwerwiegend (→ Rn. 1696 ff.) oder der Betroffene hat das Hoheitsgebiet dieses Staates für einen nicht unerheblichen Zeitraum ohne berechtigte Gründe verlassen (→ Rn. 1663)[2516]. Eine längere Abwesenheit vom Arbeitsmarkt wegen der Verbüßung einer mehrjährigen Freiheitsstrafe, deren Vollstreckung zunächst nicht zur Bewährung ausgesetzt war und an die sich eine Langzeitdrogentherapie angeschlossen hatte, lässt die nach Art. 7 ARB 1/80 erworbenen Rechte unberührt[2517]. Sofern der türkische Arbeitnehmer, von dem die Rechte aus Art. 7 ARB 1/80 nach Erfüllen der dort genannten Wohnsitzzeiten abgeleitet werden, aus dem regulären Arbeitsmarkt ausgeschieden ist, etwa weil er einen Anspruch auf Altersrente geltend gemacht hat, berührt dies nicht die von dem Familienangehörigen erworbenen

---

[2512] EuGH Slg. 2005, I-6181 Rn. 19 = NVwZ 2005, 1292 – Aydinli.

[2513] EuGH Slg. 2005, I-6181 Rn. 30 f. = NVwZ 2005, 1292 – Aydinli.

[2514] EuGH Slg. 1998, I-7519 Rn. 48 = NVwZ 1999, 281 – Akman; ebenso EuGH Slg. I 1994, I-5113 Rn. 22 = NVwZ 1995, 53 – Eroglu; BVerwGE 97, 301 = NVwZ 1995, 1110; BVerwGE 98, 31 = NVwZ 1995, 1113.

[2515] EuGH Slg. 2005, I-6181 Rn. 29 ff. = NVwZ 2005, 1292 – Aydinli.

[2516] EuGH Slg. 2000, I-1487 Rn. 45 ff. = NVwZ 2000, 1277 – Ergat; EuGH Slg. 2004, I-10895 Rn. 36 = NVwZ 2005, 198 – Cetinkaya; EuGH Slg. 2005, I-6181 Rn. 27 = NVwZ 2005, 1292 – Aydinli; EuGH Slg. 2006, I-1563 Rn. 21 und 25 = NVwZ 2006, 556 – Torun; EuGH NVwZ 2012, 422 R. 49 – Ziebell; vgl. Auch BVerwG NVwZ 2009, 1162 und NVwZ 2015, 1617.

[2517] EuGH Slg. 2004, I-10895 Rn. 39 = NVwZ 2005, 198 – Cetinkaya; EuGH Slg. 2005, I-6181 Rn. 28 = NVwZ 2005, 1292 – Aydinli; jew. zu Art. 7 S. 1 ARB 1/80; EuGH Slg. 2006, I-1563 Rn. 26 = NVwZ 2006, 556 – Torun; zu Art. 7 S. 2 ARB 1/80. – Zur Verbüßung einer Strafhaft im Ausland vgl. VG Darmstadt Beschl. v. 12.1.2010 – 5 L 1411/10.DA BeckRS 2011, 48079.

Beschäftigungs- und Aufenthaltsrechte[2518]. Darüber hinaus hat der EuGH festgestellt, dass die Familienangehörigen eines türkischen Arbeitnehmers, der dem regulären Arbeitsmarkt eines Mitgliedstaats angehört, sich weiterhin auf Art. 7 ARB 1/80 berufen können, wenn dieser Arbeitnehmer die Staatsangehörigkeit des Aufnahmemitgliedstaats erhalten hat und gleichzeitig die türkische Staatsangehörigkeit beibehält[2519].

Nimmt ein Familienangehöriger eine **selbstständige** Tätigkeit auf, führt dies gleichfalls nicht zum Erlöschen der Rechts aus Art. 7 ARB 1/80[2520]. Dasselbe gilt, wenn das Kind eines türkischen Arbeitnehmers volljährig wird, von seinen Eltern keinen Unterhalt mehr erhält und ein von diesen unabhängiges selbstständiges Leben führt[2521]. Das OVG Hamburg schließt eine erfolgreiche Berufung auf ein vor der Ausreise erworbenes Aufenthaltsrecht nach Art. 7 S. 2 ARB 1/80 nicht aus, wenn eine türkische Staatsangehörige seinerzeit das Bundesgebiet unfreiwillig verlassen hatte und in ihrem Heimatstaat zur Eheschließung sowie zu einem langjährigen Aufenthalt in der Türkei gezwungen worden war[2522]. **1694**

Ist ein nach Art. 7 ARB 1/80 begünstigter Familienangehöriger ausgewiesen und/oder abgeschoben worden, so verliert er seine Rechtsposition erst mit Eintritt der Bestandskraft der aufenthaltsbeendenden Maßnahme[2523]. **1695**

# D. Beschränkungen assoziationsrechtlicher Aufenthalts- und Beschäftigungsrechte nach Art. 14 ARB 1/80

## I. Allgemeines

Gemäß Art. 14 Abs. 1 ARB 1/80 gilt das Kapitel „Soziale Bestimmungen" (Art. 6 bis 13 ARB 1/80) vorbehaltlich der Beschränkungen, „die aus Gründen der öffentlichen Ordnung, Sicherheit und Gesundheit gerechtfertigt sind" (so auch schon Art. 9 ARB 2/76). Er ist inhaltsidentisch mit Art. 45 Abs. 3 AEUV (vormals Art. 48 Abs. 3 EWGV bzw. Art. 39 Abs. 3 EG), der die Freizügigkeit von Arbeitnehmern aus den Mitgliedstaaten der EU vorbehaltlich der aus Gründen der öffentlichen Ordnung, Sicherheit und Gesundheit gerechtfertigten Beschränkungen gewährleistet. **1696**

Bereits aus Anlass des Urteils des EuGH in der Rechtssache Sevince vom 20.9.1990 drängte sich die Frage auf, ob die Rechtmäßigkeit der Nichtverlängerung einer Aufenthaltsgenehmigung oder die Ausweisung einer Person, die assoziationsrechtlich begünstigt ist, künftig gem. Art. 14 Abs. 1 ARB 1/80 nur noch nach Maßgabe der strengen Kriterien des Gemeinschaftsrechts zu beurteilen ist[2524]. Erst mit dem Urteil des EuGH vom 10.2.2000 in der Rechtssache Nazli erfolgte eine vorläufige abschließende Klarstellung. **1697**

## II. Unionsrechtliche Anforderungen an Beschränkungsmaßnahmen nach Art. 14 Abs. 1 ARB 1/80

Der EuGH führt als Schlussfolgerung seiner Erwägungen am Ende der Entscheidung vom 10.2.2000 aus, „dass Art. 14 Abs. 1 Beschluss ARB 1/80 dahin auszulegen ist, dass er **1698**

---

[2518] EuGH Slg. 2004, I-10895 Rn. 32 = NVwZ 2005, 198 – Cetinkaya.

[2519] NVwZ 2012, 1022 – Kahveci und Inan.

[2520] BVerwGE 129, 162 = NVwZ 2007, 1435; VGH Mannheim InfAuslR 2007, 49.

[2521] EuGH Slg. 2007, I-0000 Rn. 62 ff. = NVwZ 2007, 1393 – Derin; vgl. auch BVerwGE 129, 162 = NVwZ 2007, 1435.

[2522] Beschl. v. 14.7.2009 – 4 Bs 109/09 BeckRS 2009, 37903.

[2523] VGH Kassel Urt. v. 25.6.2007 – 11 UE 52/07 BeckRS 2007, 27105.

[2524] *Huber* NVwZ 1991, 242 (243).

der Ausweisung eines türkischen Staatsangehörigen, der ein unmittelbar durch diesen Beschluss gewährtes Recht innehat, entgegensteht, wenn diese Maßnahme auf Grund einer strafrechtlichen Verurteilung zum Zweck der Abschreckung anderer Ausländer verfügt wird, ohne dass das persönliche Verhalten des Betroffenen Anlass zu der Annahme gibt, dass er weitere schwerer Straftaten begehen wird, die die öffentliche Ordnung im Aufnahmemitgliedstat stören könnten"[2525]. Der Gerichtshof verweist auf seine ständige Rechtsprechung, nach der auf Grund des Assoziationsrechts EWG/Türkei die im Rahmen der Art. 48, 49 und 50 EGV (jetzt Art. 45 ff. AEUV) geltenden Grundsätze „soweit wie möglich" auf die türkischen Arbeitnehmer, die die im ARB 1/80 eingeräumten Rechte besitzen, übertragen werden sollen[2526]. Hieraus folgt, „dass bei der Bestimmung des Umfangs der in Art. 14 Abs. 1 Beschluss ARB 1/80 vorgesehenen Ausnahme der öffentlichen Ordnung darauf abzustellen ist, wie die gleiche Ausnahme im Bereich der Freizügigkeit der Arbeitnehmer, die Angehörige der Mitgliedstaaten der Gemeinschaft sind, ausgelegt wird"[2527]. Maßstab ist also Art. 45 Abs. 3 AEUV. Freizügigkeitsbeschränkende Maßnahmen wegen einer Störung der öffentlichen Ordnung sind daher nur gerechtfertigt, wenn von einer Person „eine tatsächliche und hinreichend schwere Gefährdung" ausgeht, die ein „Grundinteresse der Gesellschaft" berührt[2528]. Mit dem persönlichen Verhalten muss eine „gegenwärtige Gefährdung" der öffentlichen Ordnung einhergehen[2529]. Um beurteilen zu können, ob eine solche gegenwärtige Gefährdung gegeben ist, sind die nationalen Gerichte verpflichtet, „nach der letzten Behördenentscheidung eingetretene Tatsachen zu berücksichtigen, die den Wegfall oder eine nicht unerhebliche Verminderung der gegenwärtigen Gefährdung mit sich bringen können, die das Verhalten des Betroffenen für die öffentliche Ordnung darstellen würde"[2530]. Allerdings ist in diesem Zusammenhang zu berücksichtigen, dass der Rücknahme einer rechtskräftig gerichtlich bestätigten Ausweisung die Rechtskraftbindung des § 121 VwGO entgegen steht[2531].

**1699**　　Ferner ist dem EuGH zufolge in diesem Zusammenhang zu berücksichtigen, dass eine Ausweisung aus Gründen der öffentlichen Ordnung eine Ausnahme vom Grundprinzip des EG-bzw. AEU-Vertrags, nämlich von der Freizügigkeitsgarantie, darstellt und daher eng auszulegen ist[2532]. Folglich können einem türkischen Staatsangehörigen die ihm unmittelbar aus dem ARB 1/80 zustehenden Rechte unabhängig davon, ob sich diese aus Art. 6 Abs. 1 oder Art. 7 ARB 1/80 ergeben[2533], nur dann im Wege einer Ausweisung oder sonstigen aufenthaltsbeendenden Maßnahme abgesprochen werden, „wenn diese

---

[2525] EuGH Slg. 2000, I-957 Rn. 64 = NVwZ 2000, 1029 – Nazli.

[2526] EuGH Slg. 2000, I-957 Rn. 55 = NVwZ 2000, 1029 – Nazli; EuGH Slg. 2004, I-8792 Rn. 44 = NVwZ 2005, 73 – Ayaz; EuGH Slg. 2004, I-10895 Rn. 42 = NVwZ 2005, 198 – Cetinkaya; EuGH Slg. 2005, I-4759 Rn. 62 ff. = NVwZ 2006, 72 – Dörr und Ünal.

[2527] EuGH Slg. 2000, I-957 Rn. 56 = NVwZ 2000, 1029 – Nazli; EuGH Slg. 2004, I-10895 Rn. 43 = NVwZ 2005, 198 – Cetinkaya; EuGH Slg. 2005, I-4759 Rn. 63 ff. = NVwZ 2006, 72 – Dörr und Ünal.

[2528] EuGH Slg. 2000, I-957 Rn. 57 = NVwZ 2000, 1029 – Nazli unter Verweis auf EuGH Slg. 1997, 1999 Rn. 35 in der Rechtssache Bouchereau; vgl. auch EuGH NVwZ 2011, 483 – Bozkurt; EuGH NVwZ 2012, 422 Rn. 49 – Ziebell.

[2529] EuGH Slg. 2000, I-957 Rn. 58 = NVwZ 2000, 1029 – Nazli unter Verweis auf EuGH Slg. 1999, 11 = EuZW 1999, 345 – Calfa, zB VGH München Urt. v. 28.3.2017 – 10 BV 16.1601 BeckRS 2017, 108379 Rn. 34 ff.; VGH München Beschl. v. 4.4.2017 – 10 ZB 15.2062 BeckRS 2017, 108370 Rn. 15.

[2530] EuGH Slg. 2004, I-10895 Rn. 47 = NVwZ 2005, 198 – Cetinkaya unter Verweis auf das zu Unionsbürgern ergangene Urteil in der Rechtssache Orfanopoulos und Olivieri, Slg. 2004, I-5257 Rn. 82 = NVwZ 2004, 1099; vgl. auch BVerwG NVwZ 2013, 361.

[2531] BVerwG NVwZ 2010, 652.

[2532] EuGH Slg. 2000, I-957 Rn. 58 = NVwZ 2000, 1029 – Nazli.

[2533] Vgl. EuGH Slg. 2005, I-4759 Rn. 68 = NVwZ 2006, 72 – Dörr und Ünal.

dadurch gerechtfertigt ist, dass das persönliche Verhalten des Betroffenen auf die konkrete Gefahr von weiteren schweren Störungen der öffentlichen Ordnung hindeutet"[2534]. Somit sind ausschließlich spezialpräventiv begründete Ausweisungen von Art. 14 Abs. 1 ARB 1/80 unter der Voraussetzung gedeckt, dass durch die weitere Anwesenheit des oder der türkischen Staatsangehörigen ein „Grundinteresse der Gesellschaft" berührt wird. Generalpräventive Ausweisungen können nicht auf Art. 14 Abs. 1 ARB 1/80 gestützt werden[2535].

In diesem Zusammenhang ist darauf hinzuweisen, dass dieser Ausweisungsschutz für    **1700** alle türkischen Staatsangehörigen sowie ihre Familienangehörigen, selbst wenn diese die Staatsangehörigkeit eines sonstigen Drittstaats besitzen, gilt. Erforderlich ist lediglich, dass sie eine Rechtsposition nach dem ARB 1/80 erlangt haben. Hingegen ist es beispielsweise im Rahmen des Art. 6 Abs. 1 ARB 1/80 nicht notwendig, dass die Stufe des dritten Spiegelstrichs, also der freie Arbeitsmarktzugang, erreicht worden ist.

Umstritten war, ob Art. 28 Abs. 3 Unionsbürger-RL 2004/38/EG iVm § 6 Abs. 5    **1701** FreizügG/EU (→ Rn. 1555) auf assoziationsrechtlich begünstigte türkische Staatsangehörige anwendbar ist[2536]. Diese Frage hat der EuGH dahingehend beantwortet, dass jene für Unionsbürger geltende Regelung des Ausweisungsschutzes nicht entsprechend auf türkische Staatsangehörige angewendet werden kann[2537].

## III. Rechtmäßigkeit von Beschränkungsmaßnahmen nach Art. 14 Abs. 1 ARB 1/80

Da der EuGH in diesem Zusammenhang maßgeblich auf die einschlägigen Bestimmungen des Unionsbürger betreffenden Gemeinschafts- bzw. Unionsrechts verweist, gelten    **1702** die oben → Rn. 1547 ff. dargestellten Grundsätze für assoziationsrechtlich begünstigte türkische Arbeitnehmer und ihre Familienangehörigen entsprechend.

### 1. Strafrechtliche Verurteilungen

Eine strafrechtliche Verurteilung rechtfertigt für sich allein eine Ausweisung nicht    **1703** (Art. 27 Abs. 2 S. 2 RL 2004/38/EG). Es ist auf das persönliche Verhalten der betroffenen Person abzustellen (Art. 27 Abs. 2 S. 1 RL 2004/38/EG). Im Übrigen entspricht dies dem Grundsatz nach auch der Rechtsprechung des BVerwG zu Art. 48 Abs. 3 EGV und zum seinerzeitigen § 12 Abs. 1, 3 und 4 AufenthG/EWG[2538]. Allerdings schließt das BVerwG Ausnahmen von diesem Grundsatz nicht aus. Solche könnten in Betracht kommen, „wenn wegen der Schwere des möglichen Schadens die ausländerbehördliche Maßnahme geringere Anforderungen an die Wahrscheinlichkeit eines Schadenseintritts voraussetzt"[2539]. Ein Indiz für eine von einem strafrechtlich verurteilten EG-Ausländer ausgehende Wiederholungsgefahr sieht das BVerwG bei „schweren strafrechtlichen Verfehlungen", etwa bei unerlaubtem Handel mit Betäubungsmitteln. Hierbei könne auch eine einmalige Verurteilung ausreichend sein, um eine Wiederholungsgefahr anzunehmen[2540].

---

[2534] EuGH Slg. 2000, I-957 Rn. 61 = NVwZ 2000, 1029 – Nazli; EuGH Slg. 2005, I-6237 Rn. 24 = InfAuslR 2005, 350 – Dogan.

[2535] EuGH Slg. 2000, I-957 Rn. 62 f. = NVwZ 2000, 1029 – Nazli; EuGH Slg. 2005, I-6237 Rn. 24 = InfAuslR 2005, 350 – Dogan.

[2536] Zum Meinungsstand vgl. Huber/*Huber* Art. 14 ARB 1/80 Rn. 3.

[2537] EuGH NVwZ 2012, 422 – Ziebell.

[2538] BVerwGE 57, 61 (65) = NJW 1979, 506 (507).

[2539] BVerwGE 57, 61 (65) = NJW 1979, 506 (507).

[2540] BVerwG InfAuslR 1983, 307; BVerwG NVwZ 2010, 389; NVwZ-RR 2013, 778; vgl. ferner BVerwG NVwZ 2013, 365 und 733.

## 2. Verstoß gegen aufenthalts- und melderechtliche Vorschriften

**1704**  Ein Verstoß gegen aufenthalts- und melderechtliche Vorschriften berechtigt nicht zur Ausweisung. Dies folgt für das Ungültigwerden von Ausweispapieren aus Art. 15 Abs. 2 der RL 2004/38/EG. In der Rechtssache Royer hatte der EuGH festgestellt, dass aufenthaltsbeendende Maßnahmen auch dann zu unterlassen sind, wenn versäumt wurde, eine erforderliche Aufenthaltsgenehmigung zu beantragen[2541]. Die den Unionsbürgern und ihren Familienangehörigen zu erteilende Bescheinigung über das gemeinschaftsrechtliche Aufenthaltsrecht wirkt nämlich nur deklaratorisch. Entsprechendes gilt für einen Aufenthaltstitel, der assoziationsrechtlich begünstigten Personen zu erteilen oder zu verlängern ist.

## 3. Sozialhilfebedürftigkeit

**1705**  Nach Art. 27 Abs. 1 S. 2 RL 2004/38/EG (= § 6 Abs. 4 FreizügG/EU) dürfen freizügigkeitsbeschränkende Maßnahmen nicht für wirtschaftliche Zwecke geltend gemacht werden. Wirtschaftliche Zwecke iSd Vorschrift sind auch rein fiskalische Gründe. Daher berechtigt der Umstand, dass freizügigkeitsberechtigte Arbeitnehmer mit einem Einkommen unter dem Existenzminimum oder arbeitslos gewordene Personen Sozialhilfe beziehen, nicht zum Erlass aufenthaltsbeendender Maßnahmen. Dies gilt zum einen auch dann, wenn nur eine geringfügige Beschäftigung ausgeübt wird, zum anderen, wenn Arbeitslose ohne oder ohne ausreichende Arbeitslosenunterstützung sind (→ Rn. 1549). Entsprechendes hat für nach dem ARB 1/80 privilegierte türkische Arbeitnehmer und ihre Familienangehörigen zu gelten, zumal nach Art. 6 Abs. 2 S. 2 ARB 1/80 die Zeiten „unverschuldeter Arbeitslosigkeit" nicht geeignet sind, bereits erworbene assoziationsrechtliche Ansprüche zu verlieren.

## 4. Verfahrensrechtliche Anforderungen

**1706**  Assoziationsrechtliche Beschränkungsmaßnahmen nach Art. 14 ARB 1/80 unterliegen denselben verfahrensrechtlichen Anforderungen, wie sie sich aus Art. 15, 30 und 31 der Unionsbürger-RL 2004/38/EG für nach dem Unionsrecht freizügigkeitsberechtigte Staatsangehörige der Mitgliedstaaten und ihrer Familienangehörigen ergeben[2542] (→ Rn. 1563 f.).

---

[2541] EuGH NJW 1976, 2065.
[2542] EuGH Slg. 2005, I-4759 Rn. 58 ff. = NVwZ 2006, 72 – Dörr und Ünal.

# Teil 4. Grundzüge des Asyl- und Flüchtlingsrechts

## A. Das deutsche Asyl- und Flüchtlingsrecht im internationalen und europäischen Kontext

Das Asyl- und Flüchtlingsrecht[2543] regelt das Verfahren und den Inhalt der Schutz- und Statusgewährung an Personen, die **zwangsweise** ihre Heimat verlassen haben. Die Motive für freiwillige Migration sind ebenso wie die für eine Flucht vielfältig und nicht immer trennscharf voneinander zu unterscheiden. Aufenthaltsrechtlich ergeben sich jedoch erhebliche Unterschiede, je nachdem, welcher Kategorie eine Person zugeordnet wird (s. § 25 Abs. 1 bis 3 AufenthG für die Aufenthaltstitel, die sich an ein Asylverfahren anschließen können, → Rn. 511 ff.). Das Asyl- und Flüchtlingsrecht wird heute durch internationales und europäisches Recht geprägt und kann nicht losgelöst von diesem betrachtet werden.

**1707**

### 1. Die Entstehung des internationalen Flüchtlingsrechts

Die Begriffe „Asyl" und „Flüchtlingsschutz" werden häufig synonym verwendet. Sie unterliegen jedoch unterschiedlichen historischen und rechtlichen Konzepten. Der Begriff „Asyl" stammt aus dem Griechischen („asylos") und bezeichnete ursprünglich den Ort der Zuflucht.[2544] Die Asylgewährung war primär Ausdruck des **Rechts** eines **Staates** einer Person (territorialen) Schutz gegen die Verfolgung durch ihren Heimatstaat zu gewähren; daraus ergab sich gegenüber dem Verfolgerstaat das Recht zur Verweigerung des Zugriffs und der Auslieferung der jeweiligen Person. Das Konzept der Asylgewährung ist wesentlich älter als der Begriff des „Flüchtlings", der an das schutzsuchende **Individuum** anknüpft (dazu sogleich).[2545]

**1708**

Obgleich die internationale Staatengemeinschaft zwischen den Weltkriegen die ersten Schritte in Richtung einer Internationalisierung des Flüchtlingsschutzes unternahm und diesen damit aus dem Bereich der rein nationalstaatlichen Gunst der Schutzgewährung in den Rahmen einer internationalen Verantwortung bettete, ist das Konzept der Schutzgewährung bis heute territorial gebunden und wird von Staaten unter Verweis auf ihre Souveränität beantwortet.[2546] Aus dem zunächst als „Recht, Asyl zu suchen und **zu erhalten**" formulierten Art. 14 der Allgemeinen Erklärung der Menschenrechte von 1948 (AEMR)[2547] wurde das „Recht, Asyl zu suchen und **zu genießen**".[2548] Wie Asylsuchende in diesen „Genuss" kommen und **Asyl** erhalten können, wurde nicht geregelt. So bleibt das in Art. 13 AEMR geregelte Recht, „jedes Land einschließlich des eigenen zu ver-

**1709**

---

[2543] Nachfolgend finden sich lediglich Grundzüge des Asyl- und Flüchtlingsrechts. Für eine umfassende Erläuterung wird auf Göbel-Zimmermann/Eichhorn/Beichel-Benedetti, *Asyl- und Flüchtlingsrecht* – NJW Praxis, Band 99 (2017) verwiesen.

[2544] Dazu *Endres de Oliveira* KJ 2016/2, 167.

[2545] Für einen geschichtlichen Überblick s. Tiedemann, *Flüchtlingsrecht* (2015), S. 1 ff.

[2546] *Endres de Oliveira* KJ 2016/2, 167 (168), mit Verweis auf Goodwin-Gill/McAdam, *The Refugee in International Law* (2007), 414 ff.; Grahl-Madsen, *Territorial Asylum* (1980), 45 ff.

[2547] UN Doc. A/RES/217 A (III).

[2548] Für eine Besprechung dieses Rechts und seiner Entstehung s. ua Goodwin-Gill/McAdam, *The Refugee in International Law* (2007), 358 ff.; Kimminich, *Der internationale Rechtsstatus des Flüchtlings* (1962), 80 ff.

lassen" ohne ein entsprechendes **Recht auf Einreise** unvollständig[2549]. Dennoch ist das **Recht auf Ausreise**, das sich unter anderem auch in völkerrechtlich **verbindlichen** Abkommen wie etwa in Art. 12 Abs. 2 des Internationalen Pakts über bürgerliche und politische Rechte (IPbpR)[2550] sowie in Art. 2 Abs. 2 des Protokolls Nr. 4 zur **Europäischen Menschenrechtskonvention** (EMRK)[2551] findet, eine wichtige Voraussetzung für die Geltendmachung des Rechts, Asyl zu suchen. Es steht beispielsweise staatlichen Maßnahmen entgegen, die Schutzsuchende durch eine Kooperation mit Drittstaaten an der Ausreise und Asylantragstellung an der eigenen Landesgrenze hindern sollen.[2552] Die Entwicklung des internationalen Menschenrechtsschutzes hat die Entstehung des flüchtlingsrechtlichen Schutzsystems komplementiert.

1710      Eine konkrete und vor allem verbindliche Regelung für den **internationalen Flüchtlingsschutz** wurde 1951 mit dem Abkommen über die Rechtsstellung der Flüchtlinge (**Genfer Flüchtlingskonvention, GFK**)[2553] geschaffen. Über die Einhaltung der Konvention wacht der Hohe Flüchtlingskommissar der Vereinten Nationen (United Nations High Commissioner for Refugees, UNHCR).[2554] Die GFK vollzieht einen **Perspektivwechsel** vom Staat zum Individuum, indem sie den individuellen Rechtsstatus des Flüchtlings definiert. **Flüchtling** iSv Art. 1A Nr. 2 GFK ist danach jede Person, die sich **außerhalb ihres Herkunftsstaates** befindet und aus begründeter Furcht vor **Verfolgung wegen** bestimmter persönlicher Merkmale (**Rasse, Religion, Nationalität, politische Überzeugung und Zugehörigkeit zu einer bestimmten sozialen Gruppe**) um Schutz nachsucht.

1711      Dieser Flüchtlingsbegriff hat sowohl Eingang in das europäische als auch in das deutsche Schutzsystem gefunden und gilt bis heute. Dabei hat der Begriff der **Verfolgung** eine menschenrechtliche Prägung erhalten,[2555] die eine Dynamisierung dahingehend ermöglicht, auch Verfolgungssituationen anzuerkennen, die zum Zeitpunkt der Entstehung der GFK nicht bedacht worden waren.[2556] Die GFK bindet die Staaten an das **Prinzip des Non-Refoulements** (Art. 33 Abs. 1 GFK). Dieses auch in anderen Rechtsinstrumenten verankerte **Gebot der Nichtzurückweisung** in einen Staat, in dem Verfolgung droht, gewährt nicht nur dem bereits in den Zufluchtsstaat gelangten Flüchtling, sondern auch dem an der Grenze stehenden, Einlass begehrenden Flüchtling Schutz.[2557] Gemeinsam mit ihrem **Zusatzprotokoll von 1967**[2558], mit dem die ursprüngliche geografische und zeitliche Beschränkung auf Personen, die vor 1951 aus Europa geflohen sind, aufgehoben werden konnte, ist die GFK bis heute die „Magna Charta" des Flüchtlingsschutzes und elementarer Bestandteil des europäischen Asylsystems.

1712      Eine weitere wesentliche Grundlage für den Schutz von Asylsuchenden in der EU bildet die **Europäische Menschenrechtskonvention** (EMRK), ein regionales Menschenrechtsabkommen, das 1950 durch den Europarat verabschiedet wurde und für insgesamt 47 europäische Staaten (darunter alle EU-Staaten) verbindlich ist. Über die Umsetzung der EMRK wacht der **Europäische Gerichtshof für Menschenrechte (EGMR)** in Straß-

---

[2549] *Endres de Oliveira* KJ 2016/2, 167 (168).

[2550] BGBl. 1973 II 1534.

[2551] BGBl. 1952 685.

[2552] *Endres de Oliveira* KJ 2016/2, 167 (168), mit Verweis auf *Markard* Archiv des Völkerrechts 52/2014, 449.

[2553] UN Treaty Series vol. 189, 137. Die GFK ist am 22.4.1954 in Kraft getreten.

[2554] Siehe umf. zum Mandat und zur Arbeit von UNHCR www.unhcr.org.

[2555] Dazu *Hathaway/Foster*, The Law of Refugee Status (2014).

[2556] Vgl. *Markard* ZAR 2015, 56.

[2557] So bereits UNHCR-EXCOM-Beschluss Nr. 6 [XXVIII], abgedr. in dt. Übersetzung, UNHCR, Internationaler Rechtsschutz für Flüchtlinge, 1988; zum *Recht auf Einreise* s. *Endres de Oliveira* KJ 2016/2, 167.

[2558] UN Treaty Series vol. 606, 267.

burg, der im Hinblick auf Zurückschiebungen („**push backs**") auf hoher See, Abschiebungen von Schutzsuchenden in ihr Herkunftsland oder auch in andere Länder der EU im Rahmen von sog. Dublin-Verfahren wichtige Grundsatzentscheidungen[2559] gefällt hat, die das europäische Asylrecht heute prägen.[2560]

## 2. Das Gemeinsame Europäische Asylsystem (GEAS)

### a) Die Entstehung des GEAS

Die Entstehung des GEAS[2561] ist eine direkte Folge des Zusammenwachsens der Europäischen Union. Die Öffnung der Binnengrenzen zwischen ursprünglich sechs Staaten durch das **Schengener Abkommen** von 1985[2562] und die Schaffung eines gemeinsamen Marktes führten zur Notwendigkeit gemeinschaftlicher Regelungen im Hinblick auf das Recht auf Einreise und Aufenthalt im Schengen-Raum. Diesem gehören heute 26 Staaten an.[2563] Mit dem **Schengener Durchführungsübereinkommen**[2564] wurden 1990 gemeinsame Visaregelungen[2565] sowie Regelung zur polizeilichen und justiziellen Zusammenarbeit geschaffen. Das **Dubliner Übereinkommen**[2566] aus dem gleichen Jahr regelte die Zuständigkeit für Asylsuchende zu dieser Zeit nach bis heute geltenden Prinzipien: Danach ist immer nur ein Staat für das Schutzgesuch zuständig („**one-state-only**"), um die mehrfache Antragstellung in verschiedenen Staaten zu vermeiden („**no asylum shopping**"), wobei der zuständige Staat zwingend zur Prüfung verpflichtet ist („**no refugees in orbit**").     **1713**

Mit dem **Vertrag von Maastricht**[2567] von 1992 wurden die Asylpolitik, die Kontrolle der Außengrenzen und die Einwanderungspolitik zu „gemeinsamen Interessen" erklärt, sie verblieben jedoch überwiegend im (intergouvernementalen) Bereich der **polizeilichen und justiziellen Zusammenarbeit** („dritte Säule"). Erst mit Inkrafttreten des **Amsterdamer Vertrages**[2568] im Jahr 1999, der die Schaffung eines „Raumes der Freiheit der Sicherheit und des Rechts" zum Ziel hatte, erfolgte eine Vergemeinschaftung. Dabei     **1714**

---

[2559] Zur Rechtswidrigkeit von kollektiven Zurückweisungen und der Geltung des Refoulement-Verbots auf hoher See s. EGMR Urt. v. 23.12.2012 – 27765/09 (*Hirsi Jamaa ua gegen Italien*); ausf. dazu *Lehnert/Markard* ZAR 2012, 194 mwN. Zu den menschenrechtlichen Anforderungen an Überstellungen im Dublin-Verfahren s. EGMR Urt. v. 21.1.2011 – 30.696/09 (*M. S. S. gegen Belgien ua*); dazu *Thym* ZAR 2011, 368; s. auch EGMR Urt. v. 4.11.2014 – 29217/12 (*Tarakhel gegen die Schweiz*).

[2560] Umf. zu den menschenrechtlichen Vorgaben an das Aufenthaltsrecht in der jüngeren Rechtsprechung des EGMR *Lehnert* NVwZ 2016, 896; s. auch *Nußberger* NVwZ 2013, 1305.

[2561] Dazu ausf. Europäische Kommission, Das Gemeinsame Europäische Asylsystem (2014), verfügbar unter https://bookshop.europa.eu; s. auch Bergmann/Dienelt/*Bergmann* AsylG Vorb. Rn. 20 ff.

[2562] Übereinkommen zwischen den Regierungen der Staaten der Benelux-Wirtschaftsunion, der Bundesrepublik Deutschland und der Französischen Republik betreffend den schrittweisen Abbau der Kontrollen an den gemeinsamen Grenzen vom 14. Juni 1985, GMBl. 1986, 79.

[2563] Darunter 22 EU-Mitgliedstaaten. Während Liechtenstein, Norwegen, Island und die Schweiz über bilaterale Abkommen zum Schengen-Raum gehören, sind das Vereinigte Königreich und Irland nicht Teil davon. Bulgarien, Zypern, Rumänien und Kroatien sind Beitrittskandidaten.

[2564] Übereinkommen zur Durchführung des Übereinkommens von Schengen v. 14.6.1985, ABl. L 239 v. 22.9.2000, 19.

[2565] Heute bildet die Verordnung (EG) Nr. 810/2009 (ABl. L 243/1 v. 15.9.2009) über einen gemeinsamen **Visakodex** die in sämtlichen Schengen-Staaten unmittelbar geltende europarechtliche Grundlage für die Erteilung von Visa für die Durchreise durch das Schengen-Gebiet oder kurzfristige Aufenthalte.

[2566] ABl. C 254/1 v. 19.8.1997.

[2567] ABl. C 191/01 v. 29.7.1992.

[2568] ABl. C 340 v. 10.11.1997, in Kraft getreten am 1.5.1999.

eröffnete Art. 63 EGV die Möglichkeit der Kompetenzübertragung im Bereich des Asyl- und Migrationsrechts.

**1715**  Bei einem Sondergipfel im Jahr 1999 in **Tampere**[2569] beschloss der Europäische Rat, dass auf der **Basis der GFK** ein **gemeinsames europäisches Asylsystem** in zwei Phasen entstehen sollte. Im Jahr 2000 wurde mit der **Eurodac-Verordnung**[2570] eine Datenbank für die Speicherung und den Abgleich von Fingerabdrücken eingerichtet. Die Grenzschutzagentur **Frontex** (Europäische Agentur für die Grenz- und Küstenwache)[2571] wurde im Jahr 2005 gegründet,[2572] um die Außengrenzkontrolle zu **koordinieren**.[2573] Mit dem sog. **Schengen-Aquis** wurden die bis dahin zwischenstaatlich geltenden Schengen-Regelungen in den Rechtsrahmen der EU überführt. So entstand mit der Verordnung (EG) Nr. 562/2006[2574] der **Schengener-Grenzkodex**, der bis heute[2575] den Grenzübertritt an Binnen- und Außengrenzen regelt. Die Dublin-II-Verordnung[2576] ersetzte das bisher zwischenstaatlich geltende Dubliner-Übereinkommen. Dieser bereits stark sicherheitspolitisch geprägte Prozess wurde geprägt durch Ereignisse wie die Terroranschläge 2001 in New York und 2004 in Madrid. So begründeten sicherheitspolitische Erwägungen auch die folgende Phase der Harmonisierung, die mit dem sog. **Haager Programm**[2577] im Jahr 2004 begann. Das Inkrafttreten des **Vertrags von Lissabon**[2578] im Dezember 2009 markierte schließlich den Beginn einer weiteren Harmonisierungsphase. Diese wurde geprägt durch das **Stockholmer Programm**[2579], das erneut zahlreiche Reformen mit sich brachte. Schließlich wurde im Jahr 2010 das Europäische Unterstützungsbüro für Asylfragen (**European Asylum Support Office, EASO**)[2580] gegründet, um die Mitgliedstaaten bei einer einheitlichen Umsetzung der gemeinsamen Regelungen in diesem Bereich zu unterstützen.[2581]

**1716**  Die Rechtsgrundlage für die gemeinsame europäische Asylpolitik findet sich nunmehr im **Vertrag über die Arbeitsweise der Europäischen Union** (AEUV)[2582], in den Art. 67 Abs. 2 AEUV[2583] und Art. 78 AEUV[2584]. Zum europäischen Primärrecht gehört zudem

---

[2569] Schlussfolgerungen des Vorsitzes Europäischer Rat (Tampere) 15./16.10.1999, NJW 2000, 1925.

[2570] Verordnung (EG) Nr. 2725/2000, ABl. C 316/1 v. 15.12.2000; heute Verordnung (EU) Nr. 603/2013, ABl. L 180/1 v. 29.6.2013.

[2571] Bis 6. Oktober 2016: Europäische Agentur für die operative Zusammenarbeit an den Außengrenzen der Mitgliedstaaten der Europäischen Union.

[2572] Siehe Verordnung (EG) Nr. 2007/2004, geändert durch die Verordnung (EU) 1168/2011, ABl. L 304/1 v. 22.11.2011.

[2573] Dazu ausf. Lehnert, *Frontex und operative Maßnahmen an den europäischen Außengrenzen* (2014).

[2574] ABl. L 105/1 v. 13.4.2006.

[2575] Neufassung durch Verordnung (EU) Nr. 2016/399, ABl. L 77/1 v. 23.3.2016.

[2576] Verordnung (EG) Nr. 343/2003.

[2577] ABl. C 53/1 v. 3.3.2005.

[2578] ABl. C 306 v. 17.12.2007, in Kraft getreten am 1.12.2009.

[2579] ABl. C 115/1 v. 4.5.2010.

[2580] Eingerichtet auf Grundlage der Verordnung (EU) Nr. 439/2010, ABl. 132/11 v. 29.5.2010.

[2581] Die Kompetenzen von EASO sollen iRd anstehenden Reform des GEAS ausgebaut werden.

[2582] ABl. C 326/47 v. 26.10.2012.

[2583] Nach Art. 67 Abs. 2 AEUV stellt die Union sicher, „dass Personen an den Binnengrenzen nicht kontrolliert werden und entwickelt eine gemeinsame Politik in den Bereichen Asyl, Einwanderung und Kontrollen an den Außengrenzen, die sich auf die Solidarität der Mitgliedstaaten gründet und gegenüber Drittstaatsangehörigen angemessen ist."

[2584] Nach Art. 78 entwickelt die Union „eine gemeinsame Politik im Bereich Asyl, subsidiärer Schutz und vorübergehender Schutz", wobei diese Politik mit der GFK sowie anderen einschlägigen Verträgen im Einklang stehen muss. Nach Art. 78 Abs. 2 AEUV erlassen das Europäische Parlament und der Rat, nach dem ordentlichen Gesetzgebungsverfahren, Maßnahmen in Bezug auf ein gemeinsames europäisches Asylsystem.

die **Europäische Grundrechtecharta** (GRCh)[2585], die mit dem Vertrag von Lissabon Rechtsverbindlichkeit erlangte und direkt Bezug auf die GFK nimmt (vgl. Art. 18 GRCh).

### b) Das GEAS heute

Heute legt ein umfassendes Regelwerk (**Mindest-)Standards** für nationale Asylverfahren **1717** fest. So stellt die **Aufnahmerichtlinie** (RL 2013/33/EU, Aufn-RL 2013)[2586] ua Mindestanforderungen an die Unterbringung, Verpflegung und medizinische Versorgung von Asylsuchenden sowie den Zugang zu Bildung und zum Arbeitsmarkt. Die **Verfahrensrichtlinie** (RL 2013/32/EU, AsylVerf-RL 2013)[2587] regelt die Antragstellung, Prüfungsverfahren, die Anhörung und den Rechtsschutz von Asylsuchenden. Zudem enthält sie Garantien für Minderjährige und andere besonders schutzbedürftige Personen. Sie normiert auch das europäische Konzept der „sicheren Herkunftsstaaten" (Art. 36 und 37 RL 2013/32/EU) und das Konzept der „sicheren Drittstaaten"[2588] (Art. 38 RL 2013/32/EU). Die sog. **Massenzustrom-RL** (RL 2001/55/EG)[2589] sieht Mechanismen für die **temporäre Aufnahme** im Falle eines „Massenzustroms" vor, wobei diese bisher noch nie zur Anwendung gekommen sind.[2590] Von besonderer Bedeutung ist die sog. **Qualifikationsrichtlinie** (RL 2011/95/EU, QRL 2011)[2591], die den Inhalt des im Asylverfahren zu gewährenden Schutzes konkretisiert. So ergänzt das europäische Asylsystem die Regelungen der GFK durch das Konzept des **internationalen Schutzes**. Dieser beinhaltet sowohl den Flüchtlingsschutz nach der GFK als auch den sog. **subsidiären Schutz** (vgl. Art. 2 Buchst. a RL 2011/95/EU).[2592] Gemeinsame Verfahren „für die Rückführung illegal aufhältiger Drittstaatsangehöriger", die auch für abgelehnte Asylsuchende gelten, werden durch die **Rückführungsrichtlinie** (RL 2008/115/EG)[2593] geregelt, wobei diese nicht Teil des eigentlichen GEAS ist.

Während die GFK als Grundlage des materiellen Flüchtlingsrechts bekräftigt und Ver- **1718** fahrensrechte für Asylsuchende erweitert wurden, schritten auch jene Maßnahmen voran, die den Zugang zur EU unterbinden und Migrationsbewegungen kontrollierbarer machen sollten. Dabei ist insgesamt ein voranschreitender Prozess der „**Externalisierung**" der Grenz- und Migrationskontrollen zu beobachten, der den Zugang zum Schutz in der EU erheblich erschwert.[2594] Zudem sind die europäischen Staaten trotz der angestrebten Harmonisierung des europäischen Asylsystems von einheitlichen Standards noch weit entfernt. Die Antragszahlen schwanken, die Anerkennungspraxis ist uneinheitlich, ebenso wie die Aufnahmebedingungen und Rechte, die Asylsuchenden während und nach ihrem Verfahren zukommen. Auch einen einheitlichen europäischen Status, mit dem Personen nach der Anerkennung in einen anderen Mitgliedstaat weiterwandern und sich niederlassen könnten, gibt es nicht.

---

[2585] ABl. C 364/1 v. 18.12.2000.
[2586] ABl. L 180/96 v. 29.6.2013, Neufassung zur vorherigen RL 2003/9/EG.
[2587] ABl. L 180/60 v. 29.6.2013, Neufassung zur vorherigen RL 2005/85/EG.
[2588] Im Gegensatz zum dt. Begriff der „Drittstaaten" handelt es sich dabei um Staaten *außerhalb* der EU.
[2589] ABl. EG L 212 v. 7.8.2001, 12.
[2590] Umf. dazu *Schmidt* ZAR 2015, 205.
[2591] ABl. L 337/9 v. 20.12.2011, Neufassung zur vorherigen RL 2004/83/EG.
[2592] Eine Übersicht über die wichtigsten Rechtsinstrumente der EU im Bereich Asyl findet sich unter http://www.europarl.europa.eu/atyourservice/de/displayFtu.html?ftuId=FTU_5.12.2.html.
[2593] AB. L 348/98 v. 24.12.2008.
[2594] Umfassend dazu ua Buckel, „*Welcome to Europe": Die Grenzen des europäischen Migrationsrechts. Juridische Auseinandersetzungen um das „Staatsprojekt Europa"* (2013); Bröcker, *Die externen Dimensionen des EU-Asyl- und Flüchtlingsrechts im Lichte der Menschenrechte und des Völkerrechts* (2010); Den Heijer, *Europe and Extraterritorial Asylum* (2012); s. zum Zugangsproblem *Endres de Oliveira* KJ 2016/2, 167 mwN; ablehnend bezüglich eines europarechtlichen Anspruchs auf ein humanitäres Visum zur Asylantragstellung EuGH NVwZ 2017, 611 m. Anm. *Endres de Oliveira*.

1719    Ganz besonders wirkt sich die Uneinheitlichkeit der Standards und Ausgangsbedin-
gungen auf das System der **Zuständigkeitsverteilung** innerhalb der EU aus, das so-
genannte Dublin-System. So flüchten Personen, die aufgrund der Zuständigkeitskriterien
der **Dublin-III-Verordnung**[2595] in dem für sie zugewiesenen Staat keine menschenwürdigen Standards vorfinden, weiter. Den Individualinteressen von Schutzsuchenden soll im
Rahmen des Dublin-Verfahrens durch besondere Garantien für Minderjährige und Familien, durch Informationsrechte, ein Recht auf Anhörung, sowie durch die Möglichkeit der
Einlegung von Rechtsschutz gegen eine Zuständigkeitsentscheidung Rechnung getragen
werden. Doch das Dublin-System steht sowohl in Bezug auf die Beachtung von Individualinteressen als auch im Hinblick auf eine solidarische Verantwortungsteilung für
Asylsuchende in der Kritik.

1720    Obgleich die Dublin-III-Verordnung einen umfassenden Katalog von Zuständigkeitskriterien vorsieht, wird die Zuständigkeit eines Staates in der Praxis am häufigsten durch
das **Verantwortungsprinzip** ausgelöst (Art. 13 Abs. 1 VO (EU) Nr. 604/2013). Danach
ist grundsätzlich immer der Staat zuständig, der die „illegale Einreise" der jeweiligen
Person in das Gebiet der Mitgliedstaaten **nicht verhindert** hat. Dieser Grundsatz führt zu
einer Regelzuständigkeit der Mitgliedstaaten an der Peripherie des Hoheitsgebietes der
EU, insbesondere der Mittelmeeranrainer Italien und Griechenland. Um diese Länder zu
unterstützen, wurde in den Jahren 2015 und 2016 die Umsiedlung von Asylsuchenden
innerhalb der EU (sog. **Relocation**) beschlossen.[2596] Die strukturellen Probleme des Dub-
lin-Systems werden dadurch jedoch nicht behoben. In ihren Schlussanträgen vom 8.6.2017
zu den Rechtssachen **A.S.** (C-490/16) und **Jafari** (C 646/16) geht die Generalanwältin am
EuGH, Sharpston, davon aus, dass die Wendung „illegale Einreise" in Art. 13 Abs. 1 VO
(EU) Nr. 604/2013 keine Fälle erfassen könne, in denen Mitgliedstaaten an den Außengrenzen der EU in Situationen eines „Massenzustroms" eine Durch- und Weiterreise in
einen anderen Mitgliedstaat gestatteten, in dem die Betreffenden dann einen Antrag auf
internationalen Schutz stellten.[2597] Da die Zuständigkeitskriterien des Kapitels III der
Dublin-III-VO nicht für die Situation eines „Massenzustroms" konzipiert seien, müsse in
einem solchem Fall Art. 3 Abs. 2 S. 1 VO (EU) Nr. 604/2013 zur Anwendung kommen,
wonach der Mitgliedstaat zuständig ist, in dem der Antrag auf internationalen Schutz
gestellt wird.[2598] In seinem darauf folgenden Urteil, ist der EuGH dieser Ansicht nicht
gefolgt, betonte jedoch, dass die Mitgliedstaaten im „Geist der Solidarität" vom Selbsteintrittsrecht nach Art. 17 Abs. 1 Dublin-III-VO Gebrauch machen könnten.[2599]

1721    Während umfassende Reformen der Dublin-Verordnung[2600] sowie des gesamten GEAS
anstehen,[2601] wird die Entwicklung des europäischen Asylsystems nicht zuletzt durch die

---

[2595] Verordnung (EU) Nr. 604/2013, ABl. L 180 v. 29.6.2013.
[2596] Siehe Beschluss (EU) 2015/1523 des Rates vom 14. September 2015, ABl. L 239/14 vom
15.9.2015; Beschluss (EU) 2015/1601 des Rates vom 22. September 2015, ABl. L 248/80 vom
24.9.2015; Beschluss (EU) 2016/1754 des Rates vom 29. September 2016, ABl. L 268/82 vom
1.10.2016.
[2597] Schlussanträge v. 8.6.2017, RS C-490/16 (*A.S.*) und C 646/16 (*Jafari*), ECLI:EU:C:2017:443,
Rn. 262 Nr. 3.
[2598] Schlussanträge v. 8.6.2017, RS C-490/16 (*A.S.*) und C 646/16 (*Jafari*), ECLI:EU:C:2017:443,
Rn. 262 Nr. 6.
[2599] EuGH Urt. v. 26.7.2017 – C-646/16 (Jafari gg. Österreich) asyl.net (M25273).
[2600] Siehe den Vorschlag für eine Dublin IV-VO, KOM(2016) 270 (endg.) v. 4.5.2016; s. dazu die
Stellungnahme des Bundesrates v. 4.11.2016, BR-Drs. 390/16 (Beschluss); s. auch 11. Bericht der
Beauftragten der Bundesregierung für Migration, Flüchtlinge und Integration (Dezember 2016),
S. 607 ff.
[2601] Siehe KOM(2016) 197 (endg.) v. 6.4.2016, *Communication from the Commission to the
European Parliament and the Council – Towards a reform of the Common European Asylum System
and enhancing legal avenues to Europe*; s. dazu 11. Bericht der Beauftragten der Bundesregierung für
Migration, Flüchtlinge und Integration (Dezember 2016), S. 610 ff.

Rechtsprechung vorangetrieben. So wachen sowohl die nationalen Gerichte als auch der **Europäischen Gerichtshof** (EuGH) über die Einhaltung europäischen Rechts. Das **Vorabentscheidungsverfahren** nach Art. 267 AEUV steht dabei auch der Vorlage durch erstinstanzliche Gerichte offen. Der EuGH, ursprünglich hauptsächlich mit Rechtsfragen im Hinblick auf den Binnenmarkt befasst, hat sich in den vergangenen Jahren zu einem der wichtigsten Rechtssprechungsorgane im europäischen Asylrecht entwickelt. Aufgrund der dem GEAS zugrundeliegenden GFK, ist seine Rechtsprechung zudem für die Entwicklung des internationalen Flüchtlingsrechts relevant.[2602] So beeinflusst die Rechtsprechung des Gerichtshofes heute die (durch die QRL 2011 für die EU konkretisierte) Auslegung der GFK, bspw. im Hinblick auf die Verfolgung aus religiösen Gründen[2603] oder aufgrund sexueller Orientierung[2604]. Eine wichtige Entscheidung[2605] zum Dublin-Verfahren traf der Gerichtshof im Jahr 2011, in der er die grundsätzliche Sicherheitsvermutung im Hinblick auf das Asyl- und Aufnahmeverfahren eines Dublin-Staates für widerlegbar erklärte, sofern in dem betreffenden Staat (im streitgegenständlichen Verfahren: Griechenland) systemische Mängel vorliegen, die die Gefahr einer unmenschlichen oder erniedrigenden Behandlung und somit einen Verstoß gegen Art. 4 GRCh begründen. In seiner Entscheidung in der Rechtssache **C.K.**[2606] aus dem Jahr 2017 stellte der Gerichtshof zudem klar, dass eine Überstellung auch in Abwesenheit systemischer Mängel **im Einzelfall** die Gefahr einer Verletzung von Art. 4 GRCh bergen könne.

### 3. Flüchtlingsschutz in Deutschland

In Deutschland existierte bereits vor Entstehung der GFK und lange vor dem GEAS ein individuelles Recht auf Asyl.[2607] Vor dem Hintergrund der Schrecken des Nationalsozialismus und Zweiten Weltkrieges wurde dieses Recht 1949 im deutschen Grundgesetzes verankert: „**Politisch verfolgte genießen Asylrecht**" (Art. 16 Abs. 2 S. 2 GG aF).[2608] Dieser individuelle Anspruch ging damit über das in Art. 14 AEMR verankerte Recht **Asyl zu suchen** hinaus.[2609]     **1722**

Noch vor Inkrafttreten des Transformationsgesetzes[2610], mit dem Deutschland 1953 die GFK ratifizierte, wurde mit einer Asylverordnung[2611] bereits ein Verfahren zur Feststellung der Flüchtlingseigenschaft durch einen besonderen Ausschuss eingeführt. Die Ausländerbehörden entschieden über die Gefahr einer politischen Verfolgung im Rahmen von Ausweisungs- und Abschiebungsentscheidungen bis 1965 das Asylverfahrensrecht als Teil des AuslG geregelt wurde. In diesem Zuge wurde auch das Bundesamt für die Anerkennung ausländischer Flüchtlinge geschaffen (seit 2005: Bundesamt für Migration und Flüchtlinge, BAMF).     **1723**

---

[2602] Dazu ausf. *Bank* IJRL 2015/27 (2), 213.

[2603] Siehe etwa EuGH Urt. v. 5.9.2012 – C-71/11 und C-99/11 (*Y und Z*), NVwZ 2012, 16121 m. Anm. *Marx*, wonach – entgegen der bis dahin geltenden Rechtsprechung des BVerwG – eine Verfolgung nicht nur Handlungen erfasst, die den Kernbereich (*forum internum*) der Religionsausübung betreffen, sondern auch solche, die die öffentliche Religionsausübung (*forum externum*) beschränken; daran anschließend BVerwG Urt. v. 20.2.2013 – 10 C 23/12, Rn. 24, juris.

[2604] EuGH Urt. v. 7.11.2013 – C-199/12 – C-201/12 (*X, Y und Z*), NJW 2014, 132.

[2605] EuGH Urt. v. 21.12.2011 – C-411/10 – C-493/10 (*N. S./Secretary of State for the Home Department ua*), NVwZ 2012/417; dazu *Bank/Hruschka* ZAR 2012, 182; s. auch EuGH Urt. v. 10.12.2013 – C-394/12 (*Abdullahi*), NVwZ 2014, 208; dazu *Lübbe* ZAR 2015, 125.

[2606] EuGH Urt. v. 16.2.2017 – C-578/16 (*C.K.*), NVwZ 2017, 691 m. Anm. *Hruschka*.

[2607] Siehe zum Asylgrundrecht *Fröhlich, Das Asylrecht im Rahmen des Unionsrechts* (2011), S. 22 ff.

[2608] Heute Art. 16a Abs. 1 GG.

[2609] Siehe zur grundrechtsdogmatischen Einordnung *Randelzhofer* in Maunz/Dürig Art. 16a GG.

[2610] BGBl. 19953 II 559.

[2611] BGBl. 1953 I (Nr. 1) 3.

**1724**      Bis im Jahr 1969 das Zusatzprotokoll zur GFK in Kraft trat, mit dem die bis dahin geltende zeitliche Beschränkung auf Personen, die aufgrund von Ereignissen **vor 1951** geflohen sind,[2612] aufgehoben wurde, gewährte das Asylgrundrecht eine bessere Rechtsstellung als der Flüchtlingsschutz nach der GFK. Auch in der Folgezeit schien es aufgrund der Rechtsprechung[2613] des BVerfG das stärkere Recht zu sein. Dieses Rechtsverständnis wurde lange Zeit durch die Bezeichnung „großes Asyl" für das Asylgrundrecht und „kleines Asyl" für den Flüchtlingsschutz nach der GFK zum Ausdruck gebracht.

**1725**      Nach zahlreichen gesetzlichen Änderungen und rechtlichen Verschärfungen insb. aufgrund gestiegener Asylantragszahlen in den 1970er Jahren, wurde 1982 schließlich das **Asylverfahrensgesetz**[2614] zur Regelung der **Asylrechtsanerkennung** eingeführt. Ein Anerkennungsverfahren nach der GFK gab es danach zunächst nicht mehr. Lediglich das **Refoulement-Verbot** (Art. 33 Abs. 1 GFK) wurde noch im Rahmen ausländerrechtlicher Entscheidungen nach dem AuslG berücksichtigt.[2615] Zwar wurde 1990 auch die Prüfung des **Refoulement-Verbots** in das Asylverfahrensgesetz aufgenommen, eine Angleichung der Rechtsstellung von Asylberechtigten und GFK-Flüchtlingen erfolgte jedoch noch nicht.

**1726**      Als Reaktion auf den starken Anstieg der Asylantragszahlen Ende der 1980er Jahre erreichten auch die Verschärfungen des Asylrechts einen Höhepunkt. Durch eine Gesetzesänderung[2616] aufgrund des sog. **„Asylkompromisses"** von 1992 wurde aus dem bis zu diesem Zeitpunkt noch schrankenlos geltenden Grundrecht der heutige **Artikel 16a Abs. 1 GG**.[2617] Der Anwendungsbereich wurde insb. durch die sog. **Sichere-Drittstaatenregelung** stark begrenzt (Art. 16a Abs. 2 S. 1 GG, → Rn. 1818). Auch das mit dem Asylkompromiss eingeführte Konzept der **„sicheren Herkunftsstaaten"**[2618] sowie das **Flughafenverfahren** (heute geregelt in § 18a AsylG) sind jeweils mit erheblichen Einschränkungen für Asylsuchende verbunden.[2619] Mit der Einführung des **Asylbewerberleistungsgesetzes** (AsylbLG)[2620] wurde zudem ein gesondertes (eingeschränktes) Leistungsrecht für Asylsuchende (und Geduldete) geschaffen. Im Hinblick auf das AsylbLG hat das BVerfG im Jahr 2012 eine wichtige Grundsatzentscheidung getroffen, die insb. klarstellt, dass der Gesetzgeber bei Festlegung des gebotenen menschenrechtlichen Existenzminimums nicht pauschal nach Aufenthaltsstatus unterscheiden darf.[2621]

---

[2612] Die nach der GFK ursprünglich auch mögliche Beschränkung auf Ereignisse, die vor 1951 *in Europa* stattgefunden haben, hatte Deutschland von Anfang an nicht übernommen.

[2613] BVerfG Beschl. v. 2.7.1980 – 1 BvR 147, 181, 182/80, NJW 1980, 2641.

[2614] BGBl. 1982 I 946.

[2615] Dazu Tiedemann, *Flüchtlingsrecht* (2015), S. 11.

[2616] BGBl. 1993 I 1002.

[2617] Dazu Hofmann/*Möller* GG Art. 16a Rn. 4; s. auch Barwig/Brinkmann/Huber/Lörcher/Schumacher (Hrsg.), *Asyl nach der Änderung des Grundgesetzes* (1994).

[2618] Als sichere Herkunftsstaaten gelten gem. § 29a iVm Anlage II AsylG alle Staaten der EU sowie Senegal und Ghana (seit 1994), Bosnien-Herzegowina, Serbien, Mazedonien (seit 2014) sowie Kosovo, Albanien, Montenegro (seit 2015).

[2619] Diese Einschränkungen wurden durch das BVerfG jeweils als verfassungsmäßig angesehen, s. BVerfG, Urt. v. 14.5.1996, 2 BvR 1938, 2315/93, BVerfGE 94, 49 ff. = NVwZ 1996, 700 ff. (*zu sicheren Drittstaaten*); BVerfG, Urt. v. 14.5.1996, 2 BvR 1507, 1508/93, BVerfGE 94, 115 ff. = NVwZ 1996, 691 ff. (*zu sicheren Herkunftsstaaten*); BVerfGE 94, 166 ff. = NVwZ 1996, 678 ff. (*zum Flughafenverfahren*), wobei das Gericht für diese Verfahren bestimmte Mindeststandards benannt hat.

[2620] BGBl. 1993 I 1074.

[2621] Siehe dazu BVerfG Urt. v. 18.7.2012 – 1 BvL 10/10, 1 BvL 2/11, NJW 2012, 3020 = NVwZ 2012, 1024 m. Anm. *Tiedemann*.

Das mit dem Zuwanderungsgesetz[2622] 2005 eingeführte **Aufenthaltsgesetz** (AufenthG)  **1727**
bewirkte schließlich eine aufenthaltsrechtliche **Angleichung des Rechtsstatus von Asylberechtigten und Flüchtlingen.** Zudem wurden erste europäische Vorgaben (auch)
durch Änderungen des AsylVfG umgesetzt. Seither hat die **Europäisierung des Asylrechts** das deutsche System umfassend verändert. Die Richtlinienumsetzungsgesetze in
den Jahren 2007, 2011 und 2013 brachten wichtige Neuregelungen mit sich.[2623] So wird
das Asylgrundrecht heute weitgehend durch das europäische System des **internationalen
Schutzes** verdrängt.

Aufgrund gestiegener Asylzahlen[2624] erfolgten in den Jahren 2014 bis 2016 zahlreiche  **1728**
Änderungen[2625] auf nationaler Ebene, unter anderem durch das Gesetz zur Einstufung
weiterer Staaten als sichere Herkunftsstaaten[2626], die sog. Asylpakete I[2627] und II[2628] sowie
das IntG[2629]. Diese Gesetzesänderungen brachten ua eine Erweiterungen der Liste sicherer Herkunftsstaaten[2630] und die Einführung beschleunigter Verfahren in speziellen Aufnahmeeinrichtungen mit sich. Außerdem wurde das Recht auf Familiennachzug für subsidiär Schutzberechtigte für zwei Jahre (bis März 2018) ausgesetzt[2631] und eine Wohnsitzregelung (§ 12a AufenthG) für Personen mit bestimmten humanitären Aufenthaltstiteln
eingeführt, darunter auch international Schutzberechtigte iSd § 2 Abs. 13 AufenthG. Im
Zuge der Änderungen wurde das AsylVfG in **Asylgesetz** (AsylG) umbenannt, da es nicht
nur die verfahrensrechtlichen sondern auch die materiellen Voraussetzungen für die
Statusanerkennung regelt.[2632] Das **AufenthG** regelt nach wie vor den aufenthaltsrechtlichen Status **nach** dem Asylverfahren, den Vollzug der Aufenthaltsbeendigung sowie
nationale Abschiebungsverbote.

---

[2622] BGBl. 2004 I 1950.

[2623] Siehe zum 1. RiLiUmsG (BGBl. 2007 I 1970) die Beilagen zu den Asylmagazinen 5/2007 sowie
10/2008 und 12/2008 abrufbar unter asyl.net/Arbeitshilfen und Publikationen; zum 2. RiLiUmsG
(BGBl. 2011 I 2258) *Basse/Burbaum/Richard* ZAR 2011, 361; zu den Neuerungen durch das 3.
RiLiUmsG sowie das QRLUmsG (2013) s. die Beilage zum Asylmagazin 7/8 2013 sowie UNHCR,
*Übersichten zu den gesetzlichen Neuerungen ab 1. Dez. 2013*, Beihefter zum Asylmagazin 12/2013,
abrufbar unter asyl.net/Arbeitshilfen und Publikationen; für einen Gesamtüberblick s. Bergmann/
Dienelt/*Bergmann* AsylG Vorb. Rn. 31 f.

[2624] Siehe die Asylgeschäftsstatistik des BAMF unter www.bamf.de/Infothek/Statistiken/Asylzah-
len.

[2625] Für eine Übersicht der Statistiken und rechtlichen Änderungen s. 11. Bericht der Beauftragten
der Bundesregierung für Migration, Flüchtlinge und Integration (Dezember 2016), S. 555, abrufbar
unter https://www.bundesregierung.de; umf. zu den Neuregelungen Hofmann/Oberhäuser/Keßler,
*Das neue Migrationrecht* (2017). Jüngst brachte das Gesetz zur besseren Durchsetzung der Ausreisepflicht v. 20.7.2017 (BGBl. I 2780) erneut Änderungen des AsylG mit sich.

[2626] Gesetz zur Einstufung weiterer Staaten als sichere Herkunftsstaaten und zur Erleichterung des
Arbeitsmarktzugangs für Asylbewerber und geduldete Ausländer vom 31.10.2014 (BGBl. I 2014
1649).

[2627] Asylverfahrensbeschleunigungsgesetz vom 20.10.2015 (BGBl. I 1722), s. dazu die Übersicht
im Asylmagazin 11/2015, 365, s. auch *Kluth* ZAR 2015, 337.

[2628] Gesetz zur Einführung beschleunigter Asylverfahren vom 11.3.2016 (BGBl. I 390), s. die
Übersicht von *Kalkmann* Asylmagazin 4–5 2016, 102; s. auch *Kluth* ZAR 2016, 121; *Thym* NVwZ
2016, 409.

[2629] BGBl. 2016 I 1939, s. dazu die Übersicht von *Lehrian/Mantel* Asylmagazin 9/2016, 290; sowie
die Synopse von *Schwarze-Müller* NVwZ-Beil. 2016, 19; s. auch *v. Harbou* NJW 2016, 2700; *Thym*
ZAR 2016, 241.

[2630] Dazu Marx/Waringo, *Gutachten zur Einstufung von Serbien, Mazedonien und Bosnien und
Herzegowina als „sichere Herkunftsstaaten"*, Pro Asyl (Hrsg.) April 2014.

[2631] Dazu Deutscher Bundestag, Wissenschaftliche Dienste, Ausarbeitung WD 2 – 3000 – 026/16.

[2632] Siehe BT-Drs. 18/6185, 31.

# B. Grundzüge des Asylverfahrens

## 1. Zuständigkeit des Bundesamtes für Migration und Flüchtlinge (BAMF)

1729    Das BAMF ist zuständig für die Entscheidung über Asylanträge sowie ausländerrechtliche Maßnahmen nach Maßgabe des AsylG (§ 5 Abs. 1 AsylG). Das AsylG geht davon aus, dass mit jedem Asylantrag sowohl die **Anerkennung der Asylberechtigung** iSd Art. 16a Abs. 1 GG als auch die **Zuerkennung von internationalem Schutz** (also Flüchtlingsschutz nach der GFK und subsidiärer Schutz nach der QRL 2011) begehrt wird (§ 13 Abs. 2 AsylG). Die entsprechende asylrechtliche Entscheidung des BAMF ist verbindlich (vgl. § 6 S. 1 AsylG).

1730    Ferner hat das BAMF nach Maßgabe von § 31 Abs. 3 S. 1 AsylG eine Feststellung zu treffen, ob **Abschiebungsverbote nach § 60 Abs. 5 oder Abs. 7 AufenthG** vorliegen. Diese Pflicht besteht auch im Falle eines **unzulässigen Asylantrags** nach § 29 AsylG. Die Entscheidungskompetenz des BAMF ist dabei auf **zielstaatsbezogene Abschiebungsverbote** beschränkt.[2633] Es ist befugt, ein Verfahren hinsichtlich der Feststellung von Abschiebungsverboten iSd § 60 Abs. 5 oder Abs. 7 AufenthG auch außerhalb des Rahmens des § 51 Abs. 1 bis 3 VwVfG gem. § 51 Abs. 5 VwVfG wiederaufzugreifen.[2634] Die Entscheidung über das Vorliegen von Abschiebungsverboten entfaltet Bindungswirkung für die Ausländerbehörde (vgl. § 42 S. 1 AsylG).[2635] Diese wiederum hat **inlandsbezogene Abschiebungshindernisse** im Zusammenhang mit der Frage zu berücksichtigen, ob und gegebenenfalls wie eine bestehende Ausreisepflicht durch Abschiebung vollstreckt werden kann.[2636]

1731    Zu den **ausländerrechtlichen Maßnahmen** des BAMF gehören außerdem der Erlass von Abschiebungsandrohungen nach den §§ 59 und 60 Abs. 10 AufenthG bei ablehnender Entscheidung über den Asylantrag und Nichtvorliegen eines Aufenthaltstitels (vgl. § 34 Abs. 1 AsylG). Soweit sich im Asylverfahren bereits Hinweise auf mögliche Ausschlussgründe nach § 25 Abs. 3 S. 3 Nr. 1 bis 4 AufenthG ergeben, weist das BAMF die Ausländerbehörde darauf hin (§ 24 Abs. 3 Nr. 2 Buchst. b AsylG). Sofern das BAMF eine Abschiebungsanordnung statt einer Abschiebungsandrohung erlässt, hat es ausnahmsweise auch inlandsbezogene Vollstreckungshindernisse zu prüfen.[2637]

1732    Das BAMF unterrichtet die Ausländerbehörde im Übrigen über die getroffene Entscheidung im Asylverfahren bzw. **auf Antrag** auch darüber, bis wann mit einer Entscheidung zu rechnen ist, wenn diese nicht innerhalb von sechs Monaten ergeht (§ 24 Abs. 3 Nr. 1 und Abs. 4 AsylG).

## 2. Ankunft und Registrierung von Asylsuchenden

1733    Asylsuchende ohne erforderliche Einreisepapiere unterliegen der Pflicht direkt an der Grenze um Asyl nachzusuchen oder (im Falle einer **Einreise**) sich unverzüglich bei einer

---

[2633] Siehe dazu BVerwGE 99, 324 = NVwZ 1996, 199; BVerwGE 99, 331 = NVwZ 1996, 476; BVerwG NVwZ-Beil. 1996, 57, 58 und 89; NVwZ 1998, 524 (Verschlimmerung einer Krankheit im Zielstaat) u. 973 (Aids); 1999, 666 (schwierige Lebensbedingungen) u. 668 (extreme allg. Gefahrenlage).

[2634] Dazu BVerwG NVwZ 2000, 204.

[2635] Sofern kein Asylverfahren stattfindet, oder stattgefunden hat, verpflichtet § 72 Abs. 2 AufenthG die *Ausländerbehörden* zu einer **Beteiligung des BAMF** bei Entscheidungen über das Vorliegen von *zielstaatsbezogenen* Abschiebungsverboten nach § 60 Abs. 5 oder Abs. 7 AufenthG sowie über das Vorliegen eines Ausschlusstatbestandes nach § 25 Abs. 3 S. 3 Nr. 1 bis 4 AufenthG.

[2636] Vgl. nur BVerwGE 105, 322 = NVwZ 1998, 526.

[2637] Vgl. BVerfG Beschl. v. 17.9.2014 – 2 BvR 1795/14, 2 BvR 732/14, 2 BvR 939/14, 2 BvR 991/14, juris.

Aufnahmeeinrichtung zu melden bzw. bei der Ausländerbehörde oder der Polizei um Asyl nachzusuchen (s. § 13 Abs. 3 AsylG mit Verweis auf die §§ 18, 19 und 22 AsylG). Bei einem gegenüber diesen Behörden geltend gemachten Begehren handelt es sich um ein **Asylgesuch**, das noch nicht zur Einleitung eines Asylverfahrens führt. Die Person ist **unverzüglich** an die zuständige oder nächstgelegene Aufnahmeeinrichtung weiterzuleiten (vgl. §§ 18 Abs. 1, 19 Abs. 1 AsylG). Bei der **Registrierung** von Asylsuchenden werden persönliche Daten, ein Lichtbild und Fingerabdrücke (letztere nur von Personen über 14 Jahren) erfasst. Diese **erkennungsdienstliche Behandlung** hat soweit möglich ab dem ersten Behördenkontakt zu erfolgen, vgl. §§ 2 und 6 AZRG.

In der nächstgelegenen Aufnahmeeinrichtung wird die **zuständige Aufnahmeeinrichtung** nach dem Quotensystem EASY (Erstverteilung von Asylbegehrenden) auf Grundlage des sog. **Königsteiner Schlüssels** (§ 45 Abs. 1 AsylG)[2638] ermittelt. Die zuständige Einrichtung ist der für das Verfahren zuständigen Außenstelle des Bundesamtes zugeordnet. Die Asylsuchenden haben sich nach der **Verteilungsentscheidung unverzüglich**, also ohne „schuldhaftes Zögern" (§ 121 Abs. 1 BGB), in die für sie zuständige Einrichtung zu begeben (s. § 22 Abs. 3 AsylG). Die Verteilungsentscheidung ist ein Verwaltungsakt, gegen den grundsätzlich gerichtlich vorgegangen werden kann.[2639] Die Verteilung soll eine gleichmäßige „Belastung" der Länder gewährleisten. Dieser Zweck kann jedoch nicht ausnahmslos verfolgt werden. So setzt bspw. das Recht auf körperliche Unversehrtheit der Verteilungsentscheidung eine Grenze.[2640] In der zuständigen Aufnahmeeinrichtung hat die betreffende Person sich unverzüglich **oder** (in der Praxis häufiger) zu dem ihr mitgeteilten Termin bei der Außenstelle des BAMF für die **Asylantragstellung** zu melden (§ 23 Abs. 1 AsylG).[2641]

**1734**

## 3. Verweigerung der Einreise und Zurückschiebung

Wird die Person von der Grenzbehörde im grenznahen Raum in **unmittelbarem zeitlichem Zusammenhang** mit einer unerlaubten Einreise angetroffen, ist sie gem. § 18 Abs. 3 AsylG zurückzuschieben, wenn die Voraussetzungen für eine **Einreiseverweigerung** nach § 18 Abs. 2 AsylG vorliegen. Eine Einreiseverweigerung oder Zurückschiebung ist nach § 18 Abs. 4 AsylG **nicht zulässig**, wenn Deutschland für die Durchführung des Asylverfahrens zuständig ist. Im Hinblick auf die nationale Drittstaatenregelung gilt der **Anwendungsvorrang** der europarechtlichen Bestimmungen der Dublin-III-VO. In der Regel ist also ein Dublin-Verfahren (→ Rn. 1774 ff.) **durch das BAMF** durchzuführen und die Einreise zu gestatten. Von einer Einreiseverweigerung und Zurückschiebung ist zudem abzusehen, wenn das BMI dies aus völkerrechtlichen oder humanitären Gründen oder zur Wahrung politischer Interessen angeordnet hat (§ 18 Abs. 4 Nr. 2 AsylG).

**1735**

---

[2638] Der Königsteiner Schlüssel bemisst sich zu 2/3 nach den Steuereinnahmen und zu 1/3 nach der Bevölkerungszahl des jeweiligen Bundeslandes. Für Informationen sowie eine Übersicht zu den jeweiligen Quoten der einzelnen Bundesländer s. www.bamf.de/DE/Fluechtlingsschutz/AblaufAsylv/Erstverteilung/erstverteilung.

[2639] Vgl. Marx, *Aufenthalts-, Asyl- und Flüchtlingsrecht* (2017), § 9 Rn. 13 f., mit Hinweisen zum Rechtsschutz und zur Frage der Wirksamkeit der Weiterleitungsentscheidung.

[2640] Siehe VerfGH Berlin Beschl. v. 18.10.2013 – 115/13, 115A/13 – Asylmagazin 11/2013, 387 (M21222); s. auch VG Ansbach Beschl. v. 25.6.2015 – AN 3 S 15.30853, asyl.net (M23678), wonach Asylsuchende, bei denen bereits *vor* der Verteilung und Stellung des förmlichen Asylantrags Gründe vorliegen, die gegen eine Verteilung sprechen – wie zB die notwendige psychologische Behandlung an einem bestimmten Ort – von der Verteilung nach § 15a Abs. 1 S. 6 AufenthG *analog* abgesehen werden könne.

[2641] Siehe in diesem Zusammenhang auch die Informationen des BAMF zum integrierten Asylverfahren in zentralen Ankunftszentren, abrufbar unter www.bamf.de.

## 4. Der Asylantrag

### a) Allgemeines

1736    Ein Asylverfahren wird nur **auf Antrag** durchgeführt. Ein Asylantrag liegt vor, wenn sich dem **schriftlich, mündlich oder auf andere Weise** geäußerten Willen einer Person entnehmen lässt, dass sie im Bundesgebiet Schutz sucht (§ 13 Abs. 1 AsylG). Der Asylantrag ist bei der Außenstelle des BAMF zu stellen, die der für die Aufnahme der betroffenen Person zuständigen Aufnahmeeinrichtung iSd §§ 44 ff. AsylG zugeordnet ist (§ 14 Abs. 1 AsylG). In bestimmten Fällen ist der Asylantrag direkt bei der Zentrale des Bundesamtes in Nürnberg zu stellen, dies betrifft zB Personen, die über eine Aufenthaltserlaubnis mit einer **Gesamtdauer** von mehr als sechs Monaten verfügen (§ 14 Abs. 2 S. 1 Nr. 1 AsylG). Asylsuchende sind bei Antragstellung über ihre Rechte und Pflichten aufzuklären. Bei der Verständigung hilft erforderlichenfalls ein Sprachmittler. Das ergibt sich zwar nicht direkt aus § 17 AsylG, wonach Asylsuchenden (nur) **bei Anhörung** Sprachmittler zur Verfügung zu stellen sind, entspricht aber den Vorgaben des Art. 12 Abs. 2 Buchst. b RL 2013/32/EU.

1737    Spätestens zum Zeitpunkt der Antragstellung werden die persönlichen Daten erfasst und in der Regel auch Fingerabdrücke genommen. Nach § 12 AsylG erfordert die Verfahrensfähigkeit iRd Asylverfahrens die Volljährigkeit der betroffenen Person.

### b) Familieneinheit

1738    § 14a Abs. 1 AsylG bestimmt, dass mit der Asylantragstellung auch ein Asylantrag für jedes minderjährige ledige Kind als gestellt gilt, das sich zu diesem Zeitpunkt im Bundesgebiet aufhält, ohne freizügigkeitsberechtigt oder im Besitz eines Aufenthaltstitels zu sein. Reist das Kind später ein oder wird es hier geboren, besteht eine Anzeigepflicht nach § 14a Abs. 2 AsylG für die Vertreter des Kindes sowie die Ausländerbehörde. Mit Zugang der Anzeige beim BAMF gilt der Asylantrag für das Kind als gestellt.

1739    Die Möglichkeit der Gewährung von Familienasyl bzw. Familienflüchtlingsschutz ist in § 26 AsylG geregelt.

### c) Folge- und Zweitantrag

1740    Im Asylverfahren wird zwischen **Erst-, Folge- und Zweitantrag** unterschieden. Ein Folgeantrag gem. § 71 Abs. 1 AsylG liegt vor, wenn nach **Rücknahme** oder **unanfechtbarer Ablehnung** eines früheren Asylantrags (in Deutschland) erneut ein Asylantrag gestellt wird. Als **Folgeantrag** gilt gemäß § 71 Abs. 1 S. 2 AsylG auch der Asylantrag eines Kindes, wenn dessen Vertreter nach § 14a Abs. 3 AsylG auf die Durchführung eines Asylverfahrens verzichtet hatten.

1741    Nach § 71 Abs. 1 S. 1 AsylG ist ein Asylfolgeverfahren nur durchzuführen, wenn die Voraussetzungen für ein Wiederaufgreifen des Verfahrens nach § 51 Abs. 1 bis 3 VwVfG vorliegen (insb. bei Änderung der Sach-, Rechts- oder Beweislage). Das Erfordernis des Einhaltens der Dreimonatsfrist gem. § 51 Abs. 3 VwVfG ist allerdings nicht europarechtskonform, da die AsylVerf-RL (RL 2013/32/EU) seit ihrer Neufassung im Jahr 2013 keine entsprechende Einschränkungsmöglichkeit vorsieht.[2642]

1742    Klärungsbedürftig sind nach dem BVerfG[2643] die verfassungsrechtlichen Anforderungen an die Berücksichtigung veränderter Umstände im Asylfolgeantragsverfahren bei Vorliegen neuer Erkenntnisquellen.

---

[2642] So auch Hofmann/*Müller* AsylG § 71 Rn. 39.
[2643] BVerfG Beschl. v. 14.12.2016 – 2 BVR 2557/16, Rn. 13, juris.

Vom Folgeantrag ist der sog. **Zweitantrag** (§ 71a AsylG) nach **erfolglosem** Abschluss **1743** eines Asylverfahrens in einem **sicheren Drittstaat** (§ 26a AsylG) zu unterscheiden. Ein Zweitantrag ist gem. § 71a Abs. 1 AsylG nur **zulässig**, wenn Deutschland für das Asylverfahren **zuständig ist und** die Voraussetzungen des § 51 Abs. 1 bis 3 VwVfG vorliegen. Wie beim Folgeverfahren ist auch hier eine Anwendung von § 51 Abs. 3 VwVfG (Dreimonatsfrist) europarechtswidrig.

Im Hinblick auf die Frage, ob das vorherige Asylverfahren „erfolglos" war, ist darauf **1744** abzustellen, ob eine inhaltliche Prüfung unter Ablehnung des Antrags erfolgt ist oder lediglich eine Verfahrenseinstellung, weil die betroffene Person den jeweiligen Staat vor Entscheidung über den Antrag verlassen hat. Im Falle einer Verfahrenseinstellung war das vorherige Asylverfahren nur dann „erfolglos", wenn es nicht wiederaufgenommen werden könnte.[2644] Das BAMF trägt hierfür die Beweislast.[2645] Ob auch im Falle von Personen, denen in einem anderen Staat bereits ein subsidiärer Schutzstatus nach europäischem Recht zuerkannt wurde, eine Zweitantragskonstellation vorliegt, ist strittig. Nach überzeugender Ansicht war das vorherige Asylverfahren in diesen Fällen nicht „erfolglos", womit es sich in Deutschland nicht um einen Zweitantrag handeln kann.[2646] Hierfür spricht auch, dass das Gesetz in solchen Fällen eine Ablehnung nach § 29 Abs. 1 Nr. 2 AsylG und nicht § 29 Abs. 1 Nr. 5 AsylG vorsieht.

Um darüber entscheiden zu können, ob es sich bei den vorgetragenen Gründen für **1745** einen Folge- oder Zweitantrag um „neue" Tatsachen oder Beweismittel handelt, sind die Verfahrensakten des vorherigen Asylverfahrens (ggf. aus dem Ausland)[2647] heranzuziehen.

Während der Prüfung der Zulässigkeit eines Folge- oder Zweitantrags erhalten die **1746** Betroffenen eine **Duldung** nach § 60a Abs. 2 AufenthG (→ Rn. 1191 ff.), s. § 71 Abs. 5 S. 2 AsylG und § 71a Abs. 3 S. 1 AsylG.

Liegen keine Wiederaufgreifensgründe vor, ist der Folge- oder Zweitantrag als **un-** **1747** **zulässig** abzulehnen (§ 29 Abs. 1 Nr. 5 AsylG).[2648] Die Ablehnung eines Folge- oder Zweitantrags muss gem. § 31 Abs. 3 S. 1 AsylG regelmäßig auch eine Feststellung zum **Vorliegen nationaler Abschiebungsverbote** nach § 60 Abs. 5 und 7 AufenthG (→ Rn. 1853 ff.) enthalten. Der betreffenden Person ist vor einer Entscheidung Gelegenheit zur Stellungnahme nach § 71 Abs. 3 AsylG zu geben (§ 29 Abs. 2 S. 2 AsylG). Im Falle der Ablehnung des Folgeantrags ist in europarechtskonformer Auslegung des § 71 Abs. 5 AsylG eine **erneute Abschiebungsandrohung** nur dann entbehrlich, wenn die Voraussetzungen von Art. 41 Abs. 1 RL 2013/32/EU vorliegen.[2649]

## 5. Die Rechtsstellung von Asylsuchenden

### a) Aufenthaltsgestattung

Asylsuchende erhalten bei Ankunft in der **zuständigen** Aufnahmeeinrichtung eine **1748** **Bescheinigung über die Meldung als Asylsuchende (Ankunftsnachweis)**[2650] gem. § 63a

---

[2644] BVerwG, Urt. v. 14.12.2016 – 1 C 4/16, vertiefend hierzu *Bethke/Hocks* Asylmagazin 3/2017, 94.

[2645] VGH München Urt. v. 13.10.2016 – 20 B 14.30212, asyl.net (M24764).

[2646] So auch *Bethke/Hocks* Asylmagazin 3/2017, 94 (98) mwN; aM OVG Berlin-Brandenburg Urt. v. 22.11.2016 – OVG 3 B 2.16, asyl.net (M24643).

[2647] Siehe zum andernfalls bestehenden Ermittlungsdefizit VGH München Urt. v. 3.12.2015 – 13a B 15.50069, Rn. 22, juris.

[2648] Zur Praxis vor der Neuregelung durch das IntG 2016: *Bethke/Hocks* Asylmagazin 10/2016, 336 (345).

[2649] So auch der Hinweis des BAMF im Leitfaden zur unmittelbaren innerstaatlichen Anwendung der AsylVerf-RL 2013 vom 20.7.2015, S. 7, abrufbar unter www.fluechtlingsrat-thr.de.

[2650] Siehe zur Entwicklung und praktischen Bedeutung der „BÜMA", *Rosenstein* ZAR 2017, 73.

AsylG. Dieser Ankunftsnachweis bescheinigt die Registrierung der jeweiligen Person und berechtigt zu Leistungen wie Unterkunft, Verpflegung und medizinische Versorgung.[2651] Der Aufenthalt gilt ab diesem Zeitpunkt bereits als **gestattet** (s. § 55 Abs. 1 S. 1 AsylG). Vor Erteilung des Ankunftsnachweises erhalten die Betroffenen von der ersten Anlaufstelle teilweise noch eine sog. **Anlaufbescheinigung**, in der die zuständige Aufnahmeeinrichtung bezeichnet wird.[2652] In Fällen, in denen kein Ankunftsnachweis ausgestellt wird, entsteht die Aufenthaltsgestattung mit der Stellung des Asylantrags (s. § 55 Abs. 1 S. 3 AsylG). Mit Stellung des förmlichen Asylantrags wird gem. § 63 AsylG schließlich eine **Bescheinigung über die Aufenthaltsgestattung** erteilt.[2653]

1749 Mit Asylantragstellung erlöschen alle **Aufenthaltstitel** mit einer **Gesamtgeltungsdauer** von bis zu sechs Monaten (wie bspw. Visa), vgl. § 55 Abs. 2 S. 1 AsylG. Zudem erlöschen Aufenthaltstitel nach §§ 22, 23, oder 25 Abs. 3 AufenthG – unabhängig von ihrer Geltungsdauer (vgl. § 51 Abs. 1 Nr. 8 AufenthG).

1750 Gem. § 10 Abs. 1 AufenthG kann einer Person, die einen Asylantrag gestellt hat, vor **bestandskräftigem Abschluss** des Asylverfahrens ein Aufenthaltstitel nur in Fällen eines gesetzlichen Anspruchs oder (sofern wichtige Interessen der Bundesrepublik es erfordern) mit Zustimmung der obersten Landesbehörde **erteilt** werden. Sofern nur die Feststellungen über das Vorliegen eines Abschiebungsverbotes nach § 60 Abs. 5 oder 7 AufenthG (nicht aber die Entscheidung über einen internationalen Schutzstatus) bestandskräftig sind, ist das Asylverfahren noch nicht bestandskräftig abgeschlossen, sodass nach Ansicht des BVerwG die Sperre des § 10 Abs. 1 AufenthG während des gerichtlichen Verfahrens fortwirkt.[2654]

1751 Die **Verlängerung** eines bestehenden Titels, der nach Einreise erteilt oder verlängert wurde, ist unabhängig von der Asylantragstellung möglich (§ 10 Abs. 2 AufenthG).

### b) Unterbringung und räumliche Beschränkung

1752 Asylsuchende werden nach der Verteilung auf das für sie zuständige Bundesland in der Regel zunächst in einer (Erst-)Aufnahmeeinrichtung untergebracht und sodann einer Gemeinschaftsunterkunft oder Wohnung zugewiesen (sog. **landesinterne Verteilung**, § 50 AsylG). Grundsätzlich sind sie verpflichtet **bis zu sechs Monate** in einer (Erst-)Aufnahmeeinrichtung zu wohnen (vgl. § 47 Abs. 1 AsylG). Asylsuchende aus sicheren Herkunftsstaaten sind verpflichtet, für die gesamte Dauer ihres Verfahrens in der Erstaufnahmeeinrichtung zu wohnen (§ 47 Abs. 1a AsylG). Zudem können die Länder abweichende Regelungen treffen, wonach eine Person bis zu 24 Monate verpflichtet werden kann, in einer solchen Einrichtung zu wohnen (§ 47 Abs. 1b AsylG).

1753 Der Aufenthalt von Asylsuchenden ist **räumlich** auf den Bezirk der Ausländerbehörde **beschränkt,** in dem die für die Aufnahme zuständige Aufnahmeeinrichtung liegt (§ 56 AsylG).[2655] Die Betroffenen dürfen das zugewiesene Gebiet während der Geltung der

---

[2651] Zu Registrierung, Ankunftsnachweis und sog. „mobilen Registrierungsteams" s. die Informationen des BAMF, abrufbar unter www.bamf.de.

[2652] Für einen Überblick über amtlichen Papiere für Asylsuchende s. *Endres de Oliveira/Kalkmann*, Basisinformationen für die Beratungspraxis Nr. 3 – Rechte und Pflichten von Asylsuchenden (Stand März 2016), verfügbar unter asyl.net/Arbeitshilfen und Publikationen;.

[2653] Zur Rechtsstellung Asylsuchender *Eichenhofer* NVwZ 2016, 431 (435).

[2654] BVerwG, Urtl. v. 17.12.2015 – 1 C 31/14, NVwZ 2016, 458; s. zum Folge- und Zweitverfahren BVerwG, Urt. v. 12.7.2016 – 1 C 23/15, NVwZ 2016, 1498.

[2655] Die räumliche Beschränkung wird häufig irreführend als „Residenzpflicht" bezeichnet, ist jedoch von der eigentlichen Residenzpflicht, also der *Wohnsitznahme*pflicht an einem bestimmten Ort zu unterscheiden. Zu den verfassungs- und europarechtlichen Bedenken gegen die räumliche Beschränkung s. Hofmann/*Stahmann* AsylG § 56 Rn. 1 ff. mwN; s. auch *Pelzer/Pichl* ZAR 2016, 96 (99 ff.); *Rosenstein* ZAR 2015, 226.

räumlichen Beschränkung grundsätzlich nur **mit Erlaubnis** verlassen (vgl. §§ 57 und 58 AsylG). Der **Verstoß** stellt nach § 86 AsylG eine **Ordnungswidrigkeit** dar und ist im Wiederholungsfalle nach § 85 Nr. 2 AsylG strafbewehrt.[2656] Leistungsrechtlich greift § 11 Abs. 2 AsylbLG, wonach Personen, die sich in einem anderen als dem zugewiesenen Gebiet aufhalten nur eine Reisebeihilfe zur Deckung des unabweisbaren Bedarfs für die Reise zu ihrem rechtmäßigen Aufenthaltsort gewährt wird.

Die räumliche Beschränkung **erlischt** nach **drei Monaten**[2657] des gestatteten, geduldeten oder erlaubten Aufenthaltes (§ 59a S. 1 AsylG), sofern die betreffende Person **nicht mehr verpflichtet** ist in einer Aufnahmeeinrichtung zu wohnen (§ 59a S. 2 AsylG). **1754**

Unabhängig von der gesetzlichen räumlichen Beschränkung, kann die Ausländerbehörde in bestimmten Fällen, etwa zur Sicherung von Maßnahmen der Aufenthaltsbeendigung nach Abschluss eines Asylverfahrens oder wenn von der betreffenden Person eine erhebliche Gefahr ausgeht, eine räumliche Beschränkung **anordnen** (vgl. § 59b AsylG).[2658] § 30a Abs. 3 AsylG sieht zudem weitere Möglichkeiten der räumlichen Beschränkung, insbesondere für **Personen aus sog. sicheren Herkunftsstaaten** vor (→ Rn. 1765 ff.). **1755**

Neben der räumlichen Beschränkung gilt für alle Asylsuchenden **während des gesamten Asylverfahrens** die Pflicht zur **Wohnsitznahme** am zugewiesenen Ort (§ 60 Abs. 1 AsylG). Eine länderübergreifende **Umverteilung** kann **beantragt** werden, sofern eine Person nicht oder nicht mehr verpflichtet ist in einer Aufnahmeeinrichtung zu wohnen und dadurch der Haushaltsgemeinschaft von Familienangehörigen iSd § 26 Abs. 1 bis 3 AsylG oder sonstigen humanitären Gründen von vergleichbaren Gewicht Rechnung getragen werden soll (§ 51 AsylG). **1756**

### c) Leistungen und medizinische Versorgung

Asylsuchende erhalten Leistungen nach dem **Asylbewerberleistungsgesetz** (vgl. § 1 Abs. 1 Nr. 1 AsylbLG). Nach 15 Monaten besteht in der Regel ein Anspruch auf Leistungen entsprechend dem SGB XII (§ 2 Abs. 1 AsylbLG). Nach dem AsylbLG besteht ein Anspruch auf Grundleistungen für **Ernährung, Unterkunft, Heizung, Kleidung, Gesundheits- und Körperpflege, Gebrauchs- und Verbrauchsgüter im Haushalt sowie Leistungen zur Deckung persönlicher Bedürfnisse im Alltag** (sog. „Taschengeld").[2659] Während die Leistungen zur Deckung des persönlichen Bedarfs in der Regel als Bargeldleistungen ausgezahlt werden, stellen die Aufnahmeeinrichtungen die Grundleistungen bei der Unterbringung oftmals als Sachleistungen bereit. Dabei regeln die Bundesländer die Einzelheiten. Nach § 1a AsylbLG sind Leistungskürzungen möglich, insbesondere bei Verletzung von Mitwirkungspflichten im Verfahren. Ein abgesenktes Leistungsniveau ist jedoch sowohl verfassungsrechtlich als auch europarechtlich bedenklich.[2660] **1757**

---

[2656] Zur Unanwendbarkeit der §§ 85, 86 AsylG wegen Europarechtswidrigkeit s. *Pelzer/Pichl* Asylmagazin 10/2015, 331 (333).

[2657] Die Verkürzung der Frist auf drei Monate erfolgte iRd Gesetzes zur Verbesserung der Rechtsstellung von asylsuchenden und geduldeten Ausländern vom 23.12.2014 (sog. *Rechtsstellungsverbesserungsgesetz*), BGBl. I 2439.

[2658] Krit. hierzu *Rosenstein* ZAR 2015, 226 (227 ff.).

[2659] Für eine Übersicht der Bargeldleistungen nach dem AsylbLG s. *Endres de Oliveira/Kalkmann*, Rechte und Pflichten von Asylsuchenden – Basisinformationen für die Beratungspraxis Nr. 3 (Stand März 2016), abrufbar unter asyl.net/Arbeitshilfen und Publikationen.

[2660] Siehe zu den verfassungsrechtlichen Gesichtspunkten einer Leistungseinschränkung Deutscher Bundestag, Wissenschaftliche Dienste, Ausarbeitung WD 3 – 3000 – 199/15; s. *Pelzer/Pichl* Asylmagazin 10/2015, 331 (334) zur Unvereinbarkeit von Leistungskürzungen nach § 1a AsylbLG mit Europarecht, da die dort genannten Gründe für eine Leistungseinschränkung nicht durch die AufnRL 2013 vorgesehen sind; aM *Thym* NVwZ 2015, 1625 (1629); *Kluth* ZAR 2015, 337 (341). Siehe in diesem Zusammenhang auch die Entscheidung des BVerfG Urt. v. 18.7.2012 – 1 BvL 10/10, 1 BvL 2/11, NJW 2012, 3020 zum verfassungsrechtlichen Gebot des menschenwürdigen Existenzminimums.

**1758**    Die **medizinische Versorgung** von Asylsuchenden wird in den §§ 4 und 6 AsylblG geregelt und ist danach grundsätzlich auf die **Versorgung im Notfall** beschränkt. Behandlungskosten, die nicht akute Krankheiten oder Schmerzzustände betreffen, können ggf. nach § 6 AsylG als „sonstige Leistungen" abgerechnet werden. Zudem kann sich aus der Aufn-RL 2013 (RL 2013/33/EU) insbesondere für besonders schutzbedürftiger Personen ein unmittelbarer Anspruch auf Zugang zu adäquater Behandlung ergeben.[2661] Teilweise muss für jede Behandlung ein Krankenschein beim zuständigen Sozialamt beantragt werden. In einigen Bundesländern erhalten Asylsuchende eine „Gesundheitskarte", die die Leistungsabrechnung vereinfacht.[2662]

### d) Zugang zu Schulbildung, Studium und zum Arbeitsmarkt

**1759**    Asylsuchende haben grundsätzlich das Recht eine **schulische Ausbildung** oder ein **Studium** zu absolvieren.[2663] In manchen Bundesländern unterliegen sie zudem auch der **Schulpflicht**. In der Praxis bestehen aber häufig praktische Hinderungsgründe aufgrund von Sprachbarrieren oder fehlenden Dokumenten (Zeugnisse o. ä.). Ein Studierverbot gibt es zwar nicht, gleichwohl haben die Ausländerbehörden mancher Bundesländer die Aufenthaltsgestattung in der Vergangenheit mit der Auflage „Studium nicht gestattet" versehen. Dieser Praxis wurde durch die Neufassung[2664] von § 60 AsylG ein Ende gesetzt. Danach können Auflagen zur Aufenthaltsgestattung nur noch im Hinblick auf eine Wohnsitznahmepflicht erteilt werden.[2665] Zudem geht § 58 Abs 1 S. 3 AsylG grundsätzlich von der Möglichkeit aus, dass Asylsuchende studieren. Nach dieser Norm kann Personen, die nicht mehr verpflichtet sind in einer Erstaufnahmeeinrichtung zu wohnen, das Verlassen des zugewiesenen Bereichs (ua) aus Gründen des Studiums erlaubt werden.[2666]

**1760**    Während eine **selbstständige** Tätigkeit Asylsuchender grundsätzlich **nicht** gestattet ist, kann eine **Beschäftigung** nach Maßgabe des § 61 AsylG erlaubt werden. Danach ist Asylsuchenden für die Zeit der Verpflichtung in einer Erstaufnahmeeinrichtung zu wohnen (s. § 47 AsylG) eine Arbeitsaufnahme **nicht** gestattet (vgl. § 61 Abs. 1 AsylG). Nach **drei Monaten** gestatteten Aufenthaltes können sie eine Erlaubnis zur Ausübung einer Beschäftigung bei der Ausländerbehörde **beantragen** (vgl. § 61 Abs. 2 AsylG), sofern sie nicht mehr verpflichtet sind in einer Erstaufnahmeeinrichtung zu wohnen. Die Pflicht länger in einer Aufnahmeeinrichtung zu wohnen, schränkt die Möglichkeit bereits nach drei Monaten Zugang zum Arbeitsmarkt zu erhalten signifikant ein.[2667] Hier ist insbesondere die mit dem Gesetz zur besseren Durchsetzung der Ausreispflicht v. 20.7.2017 (BGBl. I 2780) geschaffene Regelung in § 47 Abs. 1b AsylG problematisch.

**1761**    Vom Erfordernis einer grundsätzlichen **Zustimmungspflicht durch die Bundesagentur für Arbeit** können **Ausnahmen** bestehen (s. § 32 Abs. 2 iVm Abs. 4 BeschV), beispielsweise im Falle der Ausübung einer Berufsausbildung (zustimmungsfrei, s. unten)

---

[2661] Dazu *Pelzer/Pichl* Asylmagazin 10/2015, 331 (335).

[2662] Einzelheiten hierzu finden sich im 11. Bericht der Beauftragten der Bundesregierung für Migration, Flüchtlinge und Integration (Dezember 2016), S. 347, abrufbar unter https://www.bundesregierung.de.

[2663] Ausf. zum Hochschulzugang *Weizsäcker* Asylmagazin 3/2016, 65; s. auch die Informationen der HRK, abrufbar unter www.hrk.de/themen/internationales/internationale-studierende/fluechtlinge/.

[2664] Die Änderung erfolgte iRd sog. *Rechtsstellungsverbesserungsgesetzes* vom 23.12.2014 (BGBl. I 2439).

[2665] *Weizsäcker* Asylmagazin 3/2016, 65 (66), wobei der Hinweis, dass eine solche Auflage gegenüber Geduldeten noch möglich sei, hier fehlgeht.

[2666] Dazu ausf. Marx, *Aufenthalts-, Asyl- und Flüchtlingsrecht* (2017), § 9 Rn. 34.

[2667] Dazu *Planta* NJW 2016, 18 (19); s. auch Marx AsylG § 61 Rn. 4 ff.; s. zur Situation Asylsuchender aus sicheren Herkunftsstaaten Rn. 1765.

oder spätestens **nach vierjährigem erlaubten, geduldeten oder gestatteten Aufenthalt** im Bundesgebiet (vgl. § 32 Abs. 2 Nr. 5 BeschV).

Die Zustimmung wird nach § 32 Abs. 5 BeschV auch **ohne die sog. Vorrangprüfung** **1762** (vgl. § 39 Abs. 2 Nr. 1 Buchst. b AufenthG) erteilt, wenn die betreffende Person eine bestimmte Art der Beschäftigung (zB als Hochqualifizierte, Nr. 1) aufnimmt oder sich **seit 15 Monaten ununterbrochen erlaubt, geduldet oder gestattet im Bundesgebiet aufhält** (Nr. 2) oder eine Beschäftigung in einer bestimmten Region (Nr. 3 iVm der Anlage zu § 32 BeschV) ausübt.

Die Erlaubnis zur Aufnahme einer betrieblichen **Ausbildung** kann frühestens nach drei **1763** und spätestens sechs Monaten bei der **Ausländerbehörde beantragt** werden. Sie ist zwar erlaubnispflichtig, aber **zustimmungsfrei** (§ 32 Abs. 2 Nr. 2 iVm Abs. 4 BeschV).[2668]

Personen mit einer Aufenthaltsgestattung kann die Teilnahme an einem **Integrations-** **1764** **kurs je nach vorhandenen Kapazitäten** erlaubt werden, wenn ein rechtmäßiger und dauerhafter Aufenthalt zu erwarten ist (sog. „gute Bleibeperspektive"[2669]), vgl. § 44 Abs. 4 S. 2 Nr. 1 AufenthG.

### e) Personen aus sicheren Herkunftsstaaten

Personen aus „sicheren Herkunftsstaaten" (§ 29a AsylG) unterliegen im Verfahren **1765** zahlreichen Einschränkungen. Sie sind verpflichtet für die gesamte Dauer des Asylverfahrens (sowie im Falle einer Ablehnung als unzulässig oder offensichtlich unbegründet, → Rn. 1828 ff.) in einer Erstaufnahmeeinrichtung zu wohnen (§ 47 Abs. 1a S. 1 AsylG). Sie unterliegen während des gesamten Verfahrens der **räumlichen Beschränkung** nach § 59a Abs. 1 S. 2 AsylG und dem **Sachleistungsprinzip** (§ 3 Abs. 1 AsylbLG).[2670] Zudem besteht ein **Beschäftigungsverbot**, sofern sie ihren Asylantrag nach dem 31. August 2015 gestellt haben (§ 61 Abs. 2 S. 4 AsylG).[2671] Hier ist nicht auf den Zeitpunkt des formalen Asylantrags nach § 14 Abs. 1 S. 1 AsylG, sondern den des **Asylgesuchs** abzustellen.[2672] Das Verbot gilt nicht, wenn die betreffende Person ihren nach dem 31. August 2015 gestellten Asylantrag zurückgenommen hat.[2673] Einen Anspruch auf Teilnahme an einem Integrationskurs haben sie **nicht** (§ 44 Abs. 4 S. 3 AufenthG).

Das Asylverfahren und die Unterbringung können auch im Rahmen **beschleunigter** **1766** **Verfahren** in eigens dafür eingerichteten **besonderen Aufnahmeeinrichtungen** durchgeführt werden (§ 5 Abs. 5 S. 1 iVm § 30a Abs. 1 Nr. 1 AsylG).[2674] Auch hier besteht eine Pflicht zur Wohnsitznahme während der gesamten Dauer des Verfahrens (§ 30a Abs. 3 S. 1 AsylG). Im Falle eines Verstoßes der mit dieser Pflicht einhergehenden

---

[2668] Ausf. zum Recht auf Arbeit, Ausbildung und Praktika für Asylsuchende und Geduldete v. *Harbou* NJW 2016, 421.

[2669] Zur Problematik dieses unbestimmten Rechtsbegriffs s. 11. Bericht der Beauftragten der Bundesregierung für Migration, Flüchtlinge und Integration (Dezember 2016), abrufbar unter https://www.bundesregierung.de.

[2670] Ausf. zum Rechtsschutz gegen die Bestimmungen für Personen aus sicheren Herkunftsstaaten *Tometten* Asylmagazin 9/2016, 301.

[2671] Siehe *Pelzer/Pichl* Asylmagazin 10/2015, 331 (334), wonach die europarechtlichen Vorgaben der Aufn-RL 2013 einen Zugang zum Arbeitsmarkt spätestens nach neun Monaten gebieten.

[2672] So auch VG Freiburg Beschl. v. 20.1.2016 – 6 K 2967/15, asyl.net (M24685); aM OVG Lüneburg Beschl. v. 8.12.2016 – 8 ME 183/16, asyl.net (M24674), zu § 60a Abs. 6 S. 1 Nr. 3 AufenthG, wonach auf den Zeitpunkt der formalen Asylantragstellung abzustellen sei.

[2673] Dazu umf. *Eichler* Asylmagazin 5/2017, 177 (180) mwN.

[2674] Krit. dazu 11. Bericht der Beauftragten der Bundesregierung für Migration, Flüchtlinge und Integration (Dezember 2016), S. 578 f., abrufbar unter https://www.bundesregierung.de.

**räumlichen Beschränkung** wird das **Verfahren eingestellt**, da der Asylantrag dann als zurückgenommen gilt (§ 33 Abs. 5 S. 1 iVm Abs. 1 Nr. 3 AsylG).[2675]

#### f) Personen mit besonderen Bedürfnissen

1767    Im Hinblick auf die Standards der Aufnahme und Unterbringung sind die Vorgaben der Aufn-RL 2013 (RL 2013/33/EU) zu beachten, deren hinreichend konkrete und individualschützende Bestimmungen aufgrund der bereits abgelaufenen Umsetzungsfrist unmittelbar anwendbar sind.[2676] So verpflichtet die Aufn-RL 2013 bspw. zur Berücksichtigung geschlechts- und altersspezifischer Aspekte sowie Sicherheitsvorkehrungen bei der Unterbringung von Asylsuchenden (Art. 18 RL 2013/33/EU). Nach Art. 21 Abs. 1 RL 2013/33/EU ist „die spezielle Situation von schutzbedürftigen Personen" zu berücksichtigen. Bei diesen handelt es sich um Personen mit „besonderen Bedürfnissen" (vgl. Art. 2 Buchst. k RL 2013/33/EU). Davon werden **insbesondere** Minderjährige und ältere, behinderte, kranke oder traumatisierte Menschen sowie Opfer schwerer Formen der psychischen oder physischen Gewalt erfasst. Um auf die besonderen Bedürfnisse dieser Personen eingehen zu können, muss ein entsprechendes Beurteilungsverfahren durchgeführt werden (vgl. Art. 22 RL 2013/33/EU).[2677]

#### g) Unbegleitete Minderjährige

1768    Bei unbegleiteten Minderjährigen, dh Personen unter 18 Jahren, die ohne Begleitung von Erziehungs- oder Personensorgeberechtigten nach Deutschland gekommen sind, handelt es sich um eine besonders schutzbedürftige Gruppe mit besonderen Bedürfnissen.[2678] Für sie gelten (wie für alle Minderjährige) die internationalen Rechte und Garantien der UN-Kinderrechtskonvention[2679] sowie des Haager Kinderschutzabkommens[2680]. Nach nationalem Recht unterliegen sie nicht nur dem AufenthG, sondern **vorrangig** dem Kinder- und Jugendhilferecht (SGB VIII), wonach das **Kindeswohl** und spezielle Bedürfnisse durch alle beteiligten Behörden zu berücksichtigen sind. Sofern Minderjährige ein **Asylverfahren** durchlaufen, gelten für sie zudem das AsylG sowie die Regelungen des GEAS. So ist der Minderjährigenschutz im Rahmen der Zuständigkeitsprüfung der Dublin-III-VO[2681] von besonderer Bedeutung und auch die Aufn-RL 2013 und die Asyl-Verf-RL 2013 geben Standards für den Umgang mit minderjährigen Asylsuchenden vor.

1769    Melden sich unbegleitete Minderjährige bei einer Behörde oder werden aufgegriffen, sind sie durch das örtliche Jugendamt in Obhut zu nehmen und bedarfsgerecht in einer Jugendhilfeeinrichtung unterzubringen. Ab einem Alter von 14 Jahren sind sie grundsätzlich auch erkennungsdienstlich zu behandeln. Das bundesweite **Verteilungsverfah-**

---

[2675] Siehe *Pelzer/Pichl* ZAR 2016, 96 (100), wonach ein Ausschluss vom Asylverfahren sowohl unverhältnismäßig als auch europarechtswidrig ist (Verstoß gegen Art. 7 RL 2013/33/EU).

[2676] Ausf. zur Geltung der Aufn-RL 2013 (und AsylVerf-RL 2013) *Pelzer/Pichl* Asylmagazin 10/2015, 331 (333).

[2677] Ausf. zum Beurteilungserfordernis nach Art. 22 Aufn-RL 2013 *Schuster* Asylmagazin 7–8/2014, 235; s. auch *Soborowski* Asylmagazin 7–8/2014, 242 mit Empfehlungen für die Ausgestaltung des Beurteilungsverfahrens.

[2678] Siehe hierzu die BAMF/EMN-Studie, *Unbegleitete Minderjährige in Deutschland* (2014); s. auch 11. Bericht der Beauftragten der Bundesregierung für Migration, Flüchtlinge und Integration (Dezember 2016), S. 493 ff, abrufbar unter https://www.bundesregierung.de.

[2679] BGBl. 1992 II 221.

[2680] BGBl. 2009 II 602.

[2681] Siehe auch EuGH Urt. v. 6.6.2013 – C-648/11 (*MA und andere*) zur Bestimmung des Zuständigen Mitgliedstaates bei unbegleiteten Minderjährigen, wonach Art. 8 Abs. 4 VO (EU) Nr. 604/2013 zur Vermeidung von kindeswohlgefährdenden Überstellungen dahingehend auszulegen ist, dass der Staat zuständig ist, in dem sich die minderjährige Person aktuell aufhält.

ren[2682] unterliegt bestimmten Fristen und Anforderungen an das Kindeswohl (s. § 42b SGB VIII). Im Rahmen einer **vorläufigen Inobhutnahme** (s. §§ 42a – f SGB VIII) wird ein sog. **Erstscreening** durchgeführt, bei dem ua auch eine **Altersfestsetzung** erfolgt (§ 42f SGB VIII).[2683] Dabei ist entsprechend der Vorgaben von Art. 25 Abs. 5 UAbs. 1 RL 2013/32/EU im Zweifel von der Minderjährigkeit der betreffenden Person auszugehen. Zweifel bestehen nach dem VGH München immer dann, wenn nicht mit Sicherheit ausgeschlossen werden kann, dass ein fachärztliches Gutachten zu dem Ergebnis kommen wird, dass die betreffende Person noch minderjährig sei.[2684] Das Vorliegen eines „Zweifelsfalls" im Sinne von § 42f Abs. 2 Satz 1 SGB VIII unterliegt als unbestimmter Rechtsbegriff ohne Beurteilungsspielraum umfassender verwaltungsgerichtlicher Kontrolle.[2685]

Das letztendlich zuständige Jugendamt übernimmt die Inobhutnahme und führt ein **Clearing-Verfahren** durch, in dem die persönliche Situation und sich daraus ergebenden Bedarfe der minderjährigen Person eingehend geprüft werden (s. § 42 SGB VIII).[2686] Die spezielle Unterbringung, Versorgung und Betreuung unbegleiteter Minderjähriger werden durch das SGB XIII geregelt. Für unbegleitete Minderjährige ist unverzüglich die Bestellung eines **Vormunds oder eines Pflegers** beim Familiengericht zu veranlassen (§ 1773 Abs. 1 BGB).[2687] In der Regel handelt es sich dabei um einen Amtsvormund (Jugendamt).   **1770**

Nach den Vorgaben der Aufn-RL 2013 und der AsylVerf-RL 2013 sowie auch der Dublin-III-VO muss unbegleiteten Minderjährigen ein **rechtlicher Vertreter** zur Seite gestellt werden, der für diese Aufgabe ausreichend qualifiziert ist, dh über die erforderlichen Fachkenntnisse verfügt (s. Art. 24 Abs. 1 RL 2013/33/EU, Art. 25 Abs. 1 Buchst. a und b RL 2013/32/EU und Art. 6 VO (EU) Nr. 604/2013). Sollten bei dem bestellten Vormund keine ausreichenden rechtlichen Kenntnisse vorliegen, ist den Betroffenen demnach **zusätzlich** zum Vormund ein Vertreter mit entsprechenden Kenntnissen zur Seite zu stellen, bspw. durch Bestellung eines Ergänzungspflegers nach § 1909 Abs. 1 BGB.[2688] Teilweise wird allerdings vertreten, dass sich der jeweilige Vormund seine fachlichen Kenntnisse selbst aneignen müsse, da sowohl die Bestellung eines Ergänzungspflegers als auch eine Mitvormundschaft mehrerer Personen unzulässig sei.[2689]   **1771**

Entscheidet sich eine minderjährige Person für die Stellung eines **Asylantrags**, ist dieser durch den Vormund zu stellen, da die Betroffenen erst mit Vollendung des 18. Lebensjahres **verfahrensfähig** werden (vgl. § 12 Abs. 1 AsylG). Mit dem Gesetz zur besseren Durchsetzung der Ausreisepflicht v. 20.7.2017 (BGBl. I 2780) wurde in § 42 Abs. 2 S. 5 SGB VIII zudem die Verpflichtung des **Jugendamtes** geschaffen, in bestimm-   **1772**

---

[2682] Eine regelmäßige Verteilung von Minderjährigen erfolgt erst seit Inkrafttreten des Gesetzes zur Verbesserung der Unterbringung, Versorgung und Betreuung ausländischer Kinder und Jugendlicher vom 28.10.2015 (BGBl. I 1820).

[2683] Siehe die Gesetzesbegründung zu § 42f SGB XIII, BT-Drs. 18/6392, 21; ausf. zur Alterseinschätzung *Riger/Espenhorst* Asylmagazin 7–8/2015, 232; s. auch EASO, Praxis der Altersbestimmung in Europa (2013), abrufbar unter www.easo.europa.eu.

[2684] VGH München Urt. v. 16.8.2016 – 12 CS 16.1550, asyl.net (M24205), Rn. 24 ff.

[2685] VGH München Urt. v. 16.8.2016 – 12 CS 16.1550, asyl.net (M24205), Rn. 19.

[2686] Zum Aufnahmeverfahren nach den Gesetzesänderungen 2015 s. *Espenhorst/Schwarz* Asylmagazin 12/2015, 408.

[2687] Siehe BGH Beschl. v. 6.10.2004 – XII ZB 80/04, zur Problematik des für die Bestellung nach § 1773 Abs. 1 BGB erforderlichen „Ruhens der elterlichen Sorge" im Sinne des § 1674 Abs. 1 BGB.

[2688] Zu den europarechtlichen Anforderungen einer qualifizierten Vertretung unbegleiteter Minderjähriger im Asylverfahren s. *Hocks* Asylmagazin 11/2015, 367, wonach ein „Tandem" aus Vormund und einem als Ergänzungspfleger bestellten Rechtsanwalt bzw. einer Rechtsanwältin empfehlenswert sei, so auch die ständige Praxis in Hessen („Hessisches Modell"); s. zur Erforderlichkeit einer Mitvormundschaft OLG Frankfurt Beschl. v. 2.6.2016 – 6 UF 12/16.

[2689] Siehe etwa BGH Beschl. v. 29.5.2013 – XII ZB 124/12 (zur Rechtslage vor Ablauf der Umsetzungsfrist der AsylVerf-RL 2013 und der Aufn-RL 2013); OLG Bamberg Beschl. v. 13.8.2015 – 2 UF 140/15, juris.

ten Fällen unverzüglich einen Asylantrag zu stellen, sofern Tatsachen die Annahme rechtfertigen, dass die Voraussetzungen für die Zuerkennung von internationalem Schutz vorliegen. Die Entscheidung sollte auch im Hinblick auf die mögliche Sperrwirkung des § 10 Abs. 3 AufenthG sorgfältig erwogen werden. Bis zum Eintritt der Volljährigkeit besteht für unbegleitete Minderjährige jedenfalls in der Regel ein **Duldungsanspruch** nach § 60a Abs. 2 S. 1 AufnethG aufgrund eines gesetzlichen Abschiebungsverbotes aus § 58 Abs. 1a AufenthG.

1773    Der Asylantrag ist formlos und **schriftlich** bei der Zentrale des BAMF in Nürnberg zu stellen, vgl. § 14 Abs. 2 Nr. 3 AsylG. Beim BAMF gibt es **Sonderbeauftragte für unbegleitete Minderjährige**, die für eine mögliche Anhörung und die Entscheidung über den Asylantrag zuständig sind.[2690] Eine persönliche **Anhörung** kann nur nach Bestellung eines Vormunds stattfinden. Dieser kann an der Anhörung teilnehmen und auch intervenieren. Die Anhörung erfolgt grundsätzlich ab einem Alter von 14 Jahren, davor ist eine Absprache mit dem Vormund erforderlich. Die Asylgründe sind dann ggf. schriftlich durch den Vormund einzureichen.[2691] Unbegleitete Minderjährige können nicht dem beschleunigten Verfahren nach § 30a AsylG unterfallen.[2692]

## 6. Das Verfahren zur Prüfung der Zuständigkeit – „Dublin-Verfahren"

### a) Überblick

1774    Der Asylantrag wird nur dann **materiell** geprüft, wenn Deutschland nach dem sog. **Dublin-Verfahren** für das Asylverfahren zuständig ist.[2693] Bis zur Klärung der Zuständigkeit erfolgt demnach keine persönliche Anhörung nach § 25 AsylG zu den Fluchtgründen.[2694]

1775    Das Dublin-Verfahren wird durch die Dublin-III-VO (VO (EU) Nr. 604/2013) geregelt, die im Rahmen des GEAS (→ Rn. 1713 ff.) die Zuständigkeitskriterien für insges. 32 Staaten (sog. Dublin-Staaten)[2695] festlegt.[2696]

1776    Im Dublin-Verfahren gelten bestimmte **Rechte, Pflichten und Garantien**. So besteht ein Recht auf Information und ein persönliches Gespräch, jeweils in einer verständlichen Sprache (s. Art. 4 und Art. 5 VO (EU) Nr. 604/2013). Zudem gelten besondere Garantien für unbegleitete Minderjährige (Art. 6 VO (EU) Nr. 604/2013) sowie bestimmte Anforderungen an die (Überstellungs-)Haft im Dublin-Verfahren.[2697]

---

[2690] Siehe BAMF DA-Asyl vom 18.1.2016, S. 238 ff., abrufbar unter dav-migrationsrecht.de.

[2691] Umfassende Informationen zur Unterstützung unbegleiteter Minderjähriger im Asylverfahren finden sich auf der Webseite des Flüchtlingsrats Thüringen unter www.fluechtlingsrat-thr.de.

[2692] Siehe BT-Drs. 18/7538, 16.

[2693] Für ein Übersichtsschema s. *Endres de Oliveira*, Basisinformationen für die Beratungspraxis Nr. 2 – Das Dublin-Verfahren, S. 5, verfügbar unter asyl.net/Arbeitshilfen und Publikationen.

[2694] Nach der BAMF-DA Dublin Nr. 3.3.2 wird bei Durchführung der *persönlichen Anhörung* konkludent das Selbsteintrittsrecht nach Art. 17 Abs. 1 VO (EU) Nr. 604/2013 ausgeübt, da die Anhörung nur im nationalen Verfahren (nach Zuständigkeitsklärung) erfolgt.

[2695] Darunter alle EU-Staaten (wobei für Dänemark Besonderheiten gelten) sowie die Schweiz, Island, Liechtenstein und Norwegen.

[2696] Umf. zum Dublin-Verfahren in Deutschland Schott-Mehrings, *Asylverfahren und Dublin III für die Grenzpolizei* (2015); zu den Reformvorschlägen im Hinblick auf eine Dublin-IV-VO s. *Marx* ZAR 2016, 366; s. auch 11. Bericht der Beauftragten der Bundesregierung für Migration, Flüchtlinge und Integration (Dezember 2016), S. 615, abrufbar unter https://www.bundesregierung.de.

[2697] Siehe hierzu EuGH Urt. v. 15.3.2017 – C-528/15 (*Al Chodor*), Asylmagazin 5/2017, 216, wonach in einer zwingenden Vorschrift mit allgemeiner Geltung die objektiven Kriterien festzulegen sind, die zur Annahme einer Fluchtgefahr im Rahmen eines Überstellungsverfahrens führen.

### b) Anwendungsbereich und „Anerkanntenproblematik"

Die **Dublin-III-VO ist anwendbar** auf Personen, die (1.) einen Dublin-Staat **während** **1777** eines laufenden Asylverfahrens **verlassen** haben, (2.) deren Antrag auf **internationalen Schutz** in einem anderen Dublin-Staat bereits **abgelehnt** wurde, oder (3.) die ihren Antrag in einem anderen Dublin-Staat **zurückgenommen** haben.

Hat jemand bereits in einem anderen Mitgliedstaat internationalen Schutz erhalten, **1778** entweder in Form des Flüchtlingsschutzes oder subsidiären Schutzes (sog. „**Anerkann-te**")[2698], wurde ihr Antrag auf internationalen Schutz also positiv beschieden, findet die Dublin-III-VO nach hM **keine Anwendung**.[2699] Die Gegenansicht[2700], die bei Personen, die in einem anderen Mitgliedstaat (nur) den subsidiären Schutzstatus erhalten haben, die Dublin-III-VO für anwendbar hält, überzeugt nicht. Das europäische Recht geht mittlerweile von einem einheitlichen Antrag auf internationalen Schutz aus (vgl. Art. 2 Buchst. b VO (EU) Nr. 604/2013, Art. 2 Buchst. h RL 2011/95/EU), der sowohl den Flüchtlingsschutz als auch den subsidiären Schutz umfasst. Somit kann ein Antrag im Falle der Zuerkennung von subsidiärem Schutz nicht als „abgelehnt" gelten und die Anwendbarkeit der Dublin-III-VO begründen.[2701] Der Asylantrag sog. „Anerkannter" wird daher nach dem Willen des Gesetzgebers auch nicht von der Unzulässigkeitsentscheidung nach einem Dublin-Verfahren gem. § 29 Abs. 1 Nr. 1 Buchst. a AsylG erfasst, sondern von § 29 Abs. 1 Nr. 2 AsylG.[2702]

Vor einer Ablehnung „Anerkannter" nach § 29 Abs. 1 Nr. 2 AsylG besteht nach **1779** § 29 Abs. 2 S. 1 AsylG die Pflicht, die Person persönlich anzuhören, wobei unter anderem der Sachverhalt zu ermitteln ist, der für die auch hier gem. § 31 Abs. 3 AsylG erforderliche Feststellung von Abschiebungsverboten nach § 60 Abs. 5 und 7 AufenthG (→ Rn. 1853 ff.) notwendig ist. Diese Anhörung kann gem. § 29 Abs. 4 AsylG auch von „dafür geschulten Bediensteten anderer Behörden" durchgeführt werden, also bspw. von der Bundespolizei.

Ein Anspruch auf Durchführung eines Asylverfahrens und Statuszuerkennung **in** **1780** **Deutschland** kann für „Anerkannte" (wie für Personen im Dublin-Verfahren) bestehen, wenn sie nicht in den anderen Staat zurückkehren können, weil die dortigen Umstände den Mindeststandards der EMRK und der GRCh nicht genügen.[2703]

---

[2698] Das BVerwG hat den EuGH in drei Verfahren zur Klärung von Fragen angerufen, die die Sekundärmigration „Anerkannter" betreffen, s. BVerwG Beschl. v. 23.3.2017 – 1 C 17/16; 1 C 18/16; 1 C 20/16.

[2699] Siehe dazu die umf. Ausf. mit Übersichtstabelle von *Bethke/Hocks* Asylmagazin 3/2017, 94 (98 ff.).

[2700] So etwa OVG Münster Urt. v. 22.9.2016 – 13 A 2448/15.A, asyl.net (M24332); OVG Berlin-Brandenburg Urt. v. 22.11.2016 – 3 B 2.16, asyl.net (M24643) – mit Zulassung der Revision wegen grundsätzlicher Bedeutung.

[2701] So im Ergebnis auch EuGH Beschl. v. 5.4.2017 – C-36/17 (Ahmed), asyl.net (M25181).

[2702] Zu den rechtlichen Problemen im Zusammenhang mit einem Schutzstatus in einem anderen EU-Land s. *Funke-Kaiser* Asylmagazin 5/2015, 148.

[2703] Vgl. VGH Kassel Beschl. v. 4.11.2016 – 3 A 1292/16.A, juris; s. in diesem Zusammenhang auch BVerfG Beschl. v. 21.4.2016 – 2 BvR 273/16, asyl.net (M23800), Asylmagazin 6/2016, 175 f. zu den erhöhten Anforderungen an die Ablehnung eines Eilantrags von „Anerkannten", wenn eine Vielzahl von Verwaltungsgerichten eine Verletzung von Art. 3 EMRK oder systemische Mängel in einem Dublin-Mitgliedstaat bejaht haben (hier: Bulgarien); s. auch BVerfG Beschl. v. 8.5.2017 – 2 BvR 157/17, wonach Eilrechtsschutz zu gewähren ist, wenn Informationen zur Situation im Drittstaat (hier: Griechenland) nicht vorliegen; s. auch den Vorlagebeschluss des BVerwG an den EuGH v. 27.6.2017 – 1 C 26.16, asyl.net.

## c) Die Zuständigkeitsprüfung nach der Dublin-III-VO

**1781** Die Zuständigkeitskriterien der Dublin-III-VO (Art. 8 bis 15 VO (EU) Nr. 604/2013) sind individualrechtsschützend[2704] und unterliegen einer festgelegten **Hierarchie** (vgl. Art. 7 Abs. 1 VO (EU) Nr. 604/2013). Obgleich die Minderjährigkeit der asylsuchenden Person (Art. 8 VO (EU) Nr. 604/2013),[2705] die Anwesenheit von Familienangehörigen im Dublin-Gebiet, die internationalen Schutz erhalten oder beantragt haben (Art. 9 bis 11 VO (EU) Nr. 604/2013), oder auch die Erteilung eines Visums durch einen bestimmten Staat (Art. 12 VO (EU) Nr. 604/2013) **vorrangige Kriterien** für die Zuständigkeit sind, greift in der Praxis am häufigsten das sog. **Verantwortungs- bzw. Verursacherprinzip.** Danach ist immer der Staat zuständig, über den die Person (irregulär) in das Gebiet der Mitgliedstaaten eingereist ist (Art. 13 Abs. 1 VO (EU) Nr. 604/2013). Lässt sich die Zuständigkeit anhand der Verordnungskriterien nicht feststellen, liegt sie bei dem ersten Dublin-Staat, in dem ein Antrag auf internationalen Schutz gestellt wurde (Art. 3 Abs. 2 S. 1 VO (EU) Nr. 604/2013). **Hinweise** für die Zuständigkeit eines anderen Staates ergeben sich insbesondere durch einen Abgleich der Fingerabdrücke mit den Daten der Eurodac-Datenbank oder dem Visa-Informationssystem, aus den vorgelegten Unterlagen oder den persönlichen Angaben der Asylsuchenden.

**1782** Nach Art. 3 Abs. 2 S. 2 VO (EU) Nr. 604/2013 wird die Prüfung der Zuständigkeit **fortgesetzt,** wenn wesentliche Gründe für die Annahme bestehen, dass das Asylverfahren und die Aufnahmebedingungen für Antragsteller in dem für zuständig befundenen Dublin-Staat „**systemische Schwachstellen**" bzw. „**systemische Mängel**"[2706] aufweisen, die eine Gefahr der unmenschlichen oder entwürdigenden Behandlung iSv Art. 4 GRCh bzw. Art. 3 EMRK mit sich bringen. Das Dublin-Verfahren beruht als Unionsrecht zwar grundsätzlich auf dem **Prinzip des gegenseitigen Vertrauens**[2707] in die Sicherheit der Asylsysteme aller Dublin-Staaten. Diese Sicherheitsvermutung ist jedoch widerlegbar. So erklärte der EGMR in einem Grundsatzurteil[2708] von 2011 Überstellungen nach Griechenland für rechtswidrig, da das dortige Asyl- und Aufnahmeverfahren aufgrund **systemischer Mängel** derart defizitär sei, dass Asylsuchenden die Gefahr einer Verletzung von Art. 3 EMRK (unmenschliche oder erniedrigende Behandlung) drohe. Eine entsprechende Position vertrat im gleichen Jahr auch der EuGH im Hinblick auf drohende Verletzungen von Art. 4 GRCh bei einer Überstellung von Asylsuchenden nach Griechenland.[2709]

**1783** Rechtsverletzungen, die **unabhängig von einem vollständig defizitären System** drohen, sind im **Einzelfall** zu berücksichtigen. So stellte der EGMR im Jahr 2014 in seiner

---

[2704] Siehe EuGH Urt. v. 7.6.2016 – C-63/15 (*Ghezelbash*), asyl.net (M23883), sowie C-155/15 (*Karim*), asyl.net (M23884), wonach die Zuständigkeitskriterien des Kapitels III der Dublin-III-VO individualrechtsschützend sind, in Abkehr seiner Rspr. zur Dublin-II-VO in der Rechtssache *Abdullahi*, Urt. v. 10.12.2013 – C-394/12, NVwZ 2014, 208, wonach das Dublin-System seine Grundlage im Prinzip des „gegenseitigen Vertrauens" der Mitgliedstaaten untereinander finde und einer Überstellung damit nur das Vorliegen systemischer Mängel entgegengehalten werden könne; für eine Besprechung der Entscheidungen *Gheselbash* und *Karim* s. *Habbe* Asylmagazin 7/2016, 206; s. auch BVerwG Urt. v. 16.11.2015 – BVerwG 1 C 4/15, juris, wonach die Zuständigkeitsbestimmung im Falle unbegleiteter minderjähriger Asylsuchender individualschützend sind, da sie nicht nur die Beziehungen zwischen den Mitgliedstaaten regeln, sondern (auch) dem individuellen Grundrechtsschutz dienen.

[2705] Siehe EuGH mit Urt. v. 6.6.2014 – C-648/11, wonach Art. 8 dahingehend auszulegen ist, dass bei unbegleiteten Minderjährigen, die in mehr als einem Staat einen Asylantrag gestellt haben, derjenige Staat zuständig ist, in dem sich die minderjährige Person aufhält.

[2706] Ausf. zu diesem Begriff s. *Lübbe* ZAR 2014, 105.

[2707] Durch den EuGH besonders hervorgehoben im Gutachten 2/13 v. 18.12.2014 (ECLI:EU: C:2014:2454), Rn. 191 ff.

[2708] EGMR Urt. v. 21.1.2011 – 30.696/09 (*M. S. S. gegen Belgien ua*); dazu *Thym* ZAR 2011, 368.

[2709] EuGH Urt. v. 21.12.2011 – C-411/10 – C-493/10 (*N. S.*), NVwZ 2012/417; dazu *Bank/Hruschka* ZAR 2012, 182; zur Rechtsprechung des BVerwG s. *Berlit* NVwZ-Extra 12/015, 1 (6).

Entscheidung im Fall **Tarakhel**[2710] klar, dass eine Überstellung auch in Abwesenheit systemischer Mängel im Einzelfall gegen Art. 3 EMRK verstoßen könne, etwa wenn es sich um besonders Schutzbedürftige handele (hier: Familie mit Kleinkindern) und eine angemessene Aufnahme der Betreffenden durch das Zielland der Überstellung (hier: Italien) nicht garantiert werden könne.[2711] Im Falle von Krankheiten ist für die Frage einer Verletzung von Art. 3 EMRK darauf abzustellen, ob bei Abschiebung eine baldige und wesentliche Verschlechterung des Gesundheitszustands der betroffenen Person droht, die zu starkem Leiden oder einer erheblichen Verkürzung der Lebensdauer führen würde.[2712] Auch nach Ansicht des BVerfG kann es im Einzelfall geboten sein, vor einer Überstellung bestimmte Schutzvorkehrungen zu treffen oder von einer Überstellung gänzlich abzusehen.[2713] Schließlich entschied auch der EuGH im Jahr 2017, dass eine Überstellung in Abwesenheit systemischer Mängel rechtswidrig sei, wenn sie im Einzelfall gegen Art. 4 GRCh verstoße.[2714]

In diesen Fällen ist von dem Recht auf **Selbsteintritt** nach Art. 17 Abs. 1 VO (EU) Nr. 604/2013 Gebrauch zu machen.[2715] Die Frage, ob drohende Menschenrechtsverletzungen für (künftig) als international schutzberechtigt Anzuerkennende bereits einer Überstellung von Asylsuchenden im Dublin-Verfahren entgegenstehen können, hat der VGH Mannheim dem EuGH vorgelegt.[2716] **1784**

Da mit einer Ablehnung im Dublin-Verfahren gleichzeitig eine **Abschiebungsanordnung** ergeht, sind durch das BAMF nicht nur zielstaatsbezogene **Abschiebungsverbote** (→ Rn. 1853 ff.), sondern ausnahmsweise auch inlandsbezogene Vollstreckungshindernisse zu prüfen.[2717] **1785**

### d) Übernahmeersuchen

Wird die Zuständigkeit eines anderen Staates festgestellt und greifen keine Ausnahmen oder Abschiebungsverbote, kann Deutschland ein **Übernahmeersuchen** an den für zuständig befundenen Staat richten (sog. Aufnahmeersuchen, Art. 21 VO (EU) Nr. 604/2013, oder **Wieder**aufnahmeersuchen, Art. 23 und 24 VO (EU) Nr. 604/2013). Wird das Ersuchen nicht innerhalb der dafür vorgesehenen **Frist** gestellt, wird Deutschland zuständig (nach Art. 21 Abs. 1 bzw. Art. 23 Abs. 3 VO (EU) Nr. 604/2013). Reagiert der ersuchte Staat nicht innerhalb der für ihn geltenden Frist, gilt die Zustimmung zur (Wieder-)Aufnahme als erteilt (Art. 22 Abs. 7 bzw. Art. 25 Abs. 3 VO (EU) Nr. 604/2013, sog. **Zustimmungsfiktion**).[2718] Die Frage, ob diese Fristen im Dublin-Verfahren drittschützenden Charakter haben und somit subjektive Rechte entfalten, **1786**

---

[2710] EGMR Urt. v. 4.11.2014 – 29217/12 (*Tarakhel gegen die Schweiz*), asyl.net (M22411).

[2711] Siehe aber EGMR Urt. v. 5.2.2015 – 5 – 428/10 (*A. M. E. gegen die Niederlande*), asyl.net (M22655), ablehnend im Falle eines jungen gesunden Klägers, der im Rahmen des Dublin-Verfahrens nach Italien überstellt werden sollte.

[2712] EGMR Urt. v. 13.12.2016 – 41738/10 (*Paposhvilli gegen Belgien*), asyl.net (M24587).

[2713] Siehe BVerfG Beschl. v. 17.9.2014 – 2 BvR 1795/14, juris.

[2714] Vgl. EuGH Urt. v. 16.2.2017 – C-578/16 (*C.K.*), NVwZ 2017, 691 m. Anm. *Hruschka*.

[2715] Umf. dazu *Marx*, *Aufenthalts-, Asyl- und Flüchtlingsrecht* (2017), § 9 Rn. 49 ff., mit Ausführungen zur jeweils geltenden Beweislast.

[2716] VGH Baden-Württemberg Beschl. v. 15.3.2017 – A 11 S 215/16, asyl.net (M24873).

[2717] Siehe BVerfG Beschl. v. 17.9.2014 – 2 BvR 1795/14, Rn. 9 ff., juris, mwN; s. in diesem Zusammenhang auch EuGH NVwZ 2017, 691 m. Anm. *Hruschka*, wonach eine Überstellung aufgrund inlandsbezogener Vollstreckungshindernisse (hier: Krankheit) im Einzelfall gegen Art. 4 GRCh verstoßen könne.

[2718] Für einen Überblick der im Dublin-Verfahren geltenden Fristen s. *Endres de Oliveira*, Basisinformationen für die Beratungspraxis Nr. 2 – Das Dublin-Verfahren, S. 6, verfügbar unter asyl.net/Arbeitshilfen und Publikationen; ausf. zu den Folgen des Fristablaufs *Marx*, *Aufenthalts-, Asyl- und Flüchtlingsrecht* (2017), § 9 Rn. 56 ff.

war lange Zeit umstritten, wird jedoch vom BVerwG und vom EuGH im Hinblick auf die Dublin-III-VO weitgehend bejaht.[2719]

Nach einer klarstellenden Entscheidung des EuGH läuft die in Art. 21 Abs. 1 V Abs. 1 VO (EU) Nr. 604/2013 geregelte Frist ab dem Zeitpunkt, in dem die zuständige Behörde (hier: das BAMF) über das Asylgesuch informiert wurde – und nicht etwa erst ab förmlicher Asylantragsstellung.[2720]

### e) Dublin-Bescheid

1787    Liegt die Zustimmung (oder Zustimmungsfiktion) des anderen Dublin-Staates vor, erlässt das BAMF einen Bescheid, mit dem der Asylantrag **als unzulässig** abgelehnt wird (§ 29 Abs. 1 Nr. 1 Buchst. a AsylG). Mit der Entscheidung wird gem. § 31 Abs. 3 AsylG zugleich eine Feststellung zum **Vorliegen nationaler Abschiebungsverbote** nach § 60 Abs. 5 oder 7 AufenthG getroffen (vgl. § 31 Abs. 3 AsylG). Diese Regelung wurde ebenso wie die Unzulässigkeitsentscheidung nach § 29 AsylG mit dem IntG eingeführt, ohne dass eine Übergangsregelung geschaffen wurde. Demnach dürften alle vor dem Inkrafttreten des Gesetzes am 6.8.2016 ohne eine Feststellung über Abschiebungsverbote ergangenen Dublin-Bescheide, die noch nicht bestandskräftig geworden sind, aufzuheben sein.[2721]

1788    Anlass für die Annahme eines Abschiebungsverbotes kann insb. der Vortrag im Rahmen des nach Art. 5 VO (EU) Nr. 604/2013 gebotenen „persönlichen Gesprächs" bieten.[2722] Sofern kein Abschiebungsverbot festgestellt wird, wird die Abschiebung in den für zuständig befundenen Staat **angeordnet** (§ 34a Abs. 1 S. 1 AsylG) oder ggf. **angedroht** (vgl. § 34a Abs. 1 S. 4 AsylG), da die **Anordnung** nur ergehen darf, wenn feststeht, dass die Abschiebung (in absehbarer Zeit) **durchgeführt** werden kann.[2723] Im Falle des Erlasses einer Abschiebungsandrohung sind inlandsbezogene Vollstreckungshindernisse durch die Ausländerbehörde und nicht (wie ausnahmsweise bei einer Abschiebungsanordnung)[2724] durch das BAMF zu prüfen. Schließlich erfolgt auch eine **Befristungsentscheidung** nach § 11 Abs. 2 AufenthG.

### f) Überstellung

1789    Sofern ein Bescheid ergangen ist und **kein Rechtsschutz** eingelegt wurde oder dieser **erfolglos** war, kann grundsätzlich eine **Überstellung** in den für zuständig befundenen

---

[2719] Siehe EuGH Urt. v. 26.7.2017 – C-670/16 (Mengesteab gegen Deutschland), asyl.net (M25274), zum individualrechtsschützenden Charakter der Aufnahmeersuchensfrist s. auch BVerwG Urt. v. 9.8.2016 – 1 C 6/16, NVwZ 2016, 1492, Rn. 22, mit Bezug auf EuGH Urt. v. 7.6.2016 – C-63/15 (Ghezelbash), asyl.net (M23883), sowie C-155/15 (Karim), asyl.net (M23884); s. auch BVerwG Urt. v. 27.4.2016 – 1 C 24/15, juris; aM (noch zur Dublin-II-VO) BVerwG Urt. v. 27.10.2015 – 1 C 32/14, NVwZ 2016, 154; s. zur gerichtlichen Durchsetzung von Zuständigkeitsregelungen im Dublin-System, *Günther* ZAR 2017, 7.

[2720] EuGH Urt. v. 26.7.2017 – C-670/16 (Mengesteab), asyl.net (M25274).

[2721] So auch *Bethke/Hocks* Asylmagazin 10/2016, 336 (339); aM VG Hamburg Urt. v. 17.1.2017, Rn. 4, juris, wonach der ablehnende Bescheid trotz fehlender gesonderter Entscheidung zum Vorliegen nationaler Abschiebungsverbote nicht rechtswidrig sei, wenn diese Abschiebungsverbote inzidenter Prüfungsgegenstand einer erfolgten Abschiebungsandrohung gewesen seien.

[2722] Siehe hierzu Diakonisches Werk Kassel, *Merkblatt zur Erstellung eines Erfahrungsberichtes im Rahmen des Dublin-III-Verfahrens in mehreren Sprachen*, abrufbar unter www.dw-kassel.de/rat-und-hilfe-finden/fluechtlingsberatung/merkblatt-dublin-iii-verfahren/.

[2723] Siehe dazu OVG Lüneburg Urt. v. 15.11.2016 – 8 LB 92/15, asyl.net (M 24435); s. zum zuvor herrschenden Streit, ob eine Abschiebungsandrohung im Dublin-Bescheid ergehen kann *Bethke/Hocks* Asylmagazin 10/2016, 336 (337).

[2724] Siehe BVerfG Beschl. v. 17.9.2014 – 2 BvR 1795/14, 2 BvR 732/14, 2 BvR 939/14, 2 BvR 991/14, juris.

Staat erfolgen. Diese Überstellung wird regelmäßig in Gestalt der Abschiebung vollzogen. Eine **freiwillige Ausreise** ist jedoch dann zu ermöglichen, wenn gesichert erscheint, dass die betreffende Person sich tatsächlich in den anderen Mitgliedstaat begeben und sich dort fristgerecht bei der verantwortlichen Behörde melden wird.[2725] Eine solche „Überstellung ohne Verwaltungszwang" ist **keine Abschiebung** und führt nicht zu einem Einreise- und Aufenthaltsverbot nach § 11 Abs. 1 AufenthG.[2726]

Die Überstellung hat grundsätzlich innerhalb von **sechs Monaten** ab Zustimmung (oder Zustimmungsfiktion) zu erfolgen. Entzieht sich die Person der Überstellung, gilt sie als „untergetaucht" bzw. „flüchtig"[2727], wodurch sich die Frist auf **18 Monate** verlängert.[2728] Gelingt die Überstellung nicht in dem vorgeschriebenen Zeitraum, geht die Zuständigkeit für das Verfahren in der Regel auf Deutschland über (vgl. Art. 29 Abs. 2 VO (EU) Nr. 604/2013). Hier ist die Frage des individualrechtsschützenden Charakters der Fristenregelung noch nicht obergerichtlich geklärt.[2729]

**1790**

### g) Rechtsschutz im Dublin-Verfahren

Gegen einen ablehnenden Bescheid im Dublin-Verfahren ist die **Anfechtungsklage** gem. § 42 Abs. 1 Alt. 1 VwGO zulässig, da das BAMF den Asylantrag bei Zuständigkeit **von Amts wegen** zu prüfen hat.[2730] Sofern mit der Unzulässigkeitsentscheidung eine **Abschiebungsanordnung** ergangen ist, hat die Klage **keine aufschiebende Wirkung**. Zu beachten ist dann die sehr kurze **Rechtsschutzfrist** von nur **einer Woche** für die Klage (§ 74 Abs. 1 Hs 2 AsylG) und den **Eilantrag** nach § 80 Abs. 5 VwGO (§ 34a Abs. 2 S. 1 und S. 3 AsylG).[2731] Die Frist läuft ab dem Zeitpunkt der **Zustellung**[2732] an den Antragsteller (s. § 31 Abs. 1 S. 5 AsylG). Vor einer gerichtlichen Entscheidung im Eilverfahren ist eine Überstellung **nicht** zulässig (s. § 34a Abs. 2 S. 2 AsylG). Im Falle stark divergierender Rechtsprechung zum Vorliegen systemischer Mängel oder einer Gefahr der Verletzung von Art. 3 EMRK und Art. 4 GRCh in einem bestimmten Dublin-Staat, sind an die Ablehnung eines Eilantrags erhöhte Anforderungen zu stellen; Dies gebieten die Rechtsweggarantie aus Art. 19 Abs. 4 GG iVm Art. 2 Abs. 2 und Art. 1 Abs. 1 GG sowie das Willkürverbot aus Art. 3 Abs. 1 GG.[2733]

**1791**

---

[2725] BVerwG Urt. v. 17.9.2015 – 1 C 26/14, juris.

[2726] BVerwG Urt. v. 17.9.2015 – 1 C 26/14, juris.

[2727] Siehe zur Frage, wann Asylsuchende als „flüchtig" gelten, den Vorlagebeschluss des VGH Baden-Württemberg an den EuGH v. 15.3.2017 – A 11 S 215/16, asyl.net (M24873); siehe zur Frage ob Asylsuchende im Kirchenasyl als „flüchtige" gelten, Haubner/Kalin, Einführung in das Asylrecht, 44 f., wonach dies beim sog. „offenen Kirchenasyl", das den Behörden angezeigt wird, nicht der Fall sein dürfte.

[2728] Zur Verlängerung der Überstellungsfrist nach Art. 29 Abs. 2 S. 2 VO (EU) Nr. 604/2013 *Kliebe/Gieseler* Asylmagazin 1–2/2015, 12.

[2729] Siehe VGH Mannheim Beschl. v. 27.5.2016 – A 11 S 905/16, asyl.net (M23937), zur grundsätzlichen Bedeutung der Frage, ob Asylsuchende sich auf den Ablauf der Überstellungsfrist und den Übergang der Zuständigkeit nach Art. 29 VO (EU) Nr. 604/2013 berufen können – unter Verweis auf die Schlussanträge der Generalanwältin des EuGH vom 17.3.2016 in den Fällen *Ghezelbash* (C 63/15) und *Karim* (C 155/15) sowie BVerwG Beschl. v. 27.4.2016 – 1 C 22/15 (Vorlagebeschluss an den EuGH), asyl.net (M23936).

[2730] BVerwG Urt. v. 27.10.2015 – 1 C 32/14, NVwZ 2016, 154.

[2731] Ausf. zum Rechtsschutzverfahren s. Marx, *Aufenthalts-, Asyl- und Flüchtlingsrecht* (2017), § 9 Rn. 35 ff., mit einem Muster für Klage und Eilantrag in Rn. 38 sowie ausgewählten Problemen in Rn. 39 ff.

[2732] Hier ist die gesetzliche Zustellungsfiktion nach § 10 Abs. 2 AsylG zu beachten.

[2733] Vgl. dazu BVerfG Beschl. v. 21.4.2016 – 2 BvR 273/16, asyl.net (M23800) im Falle eines „Anerkannten"; s. auch BVerfG Beschl. v. 8.5.2017 – 2 BvR 157/17; zur Zulässigkeit einer Verfassungsbeschwerde im Dublin-Verfahren s. Bergmann/Dienelt/*Bergmann* AsylG § 34a Rn. 37.

1792    Relevant ist zudem die Frage der **Wirkung eines Rechtsmittels** auf den Lauf der Überstellungsfrist. Im Falle einer **Stattgabe im Eilverfahren** beginnt die Frist allenfalls bei (negativer) Entscheidung über die Klage erneut zu laufen (dies entspricht Art. 29 Abs. 1 VO (EU) Nr. 604/2013), und zwar grundsätzlich drei Monate nach Ablauf der gesetzlichen Begründungsfrist für einen Antrag auf Zulassung der Berufung (§ 80b Abs. 1 VwGO).²⁷³⁴ Problematisch ist die Situation bei **Zurückweisung des Eilantrags**.²⁷³⁵ Das BVerwG vertritt hier die Ansicht, dass die Überstellungsfrist zwar grundsätzlich mit der Annahme des Ersuchens zu laufen beginnt. Im Falle der Einlegung eines Rechtsbehelfs aber unterbrochen wird und (**erneut**) zu laufen beginnt, wenn sichergestellt ist, dass die Überstellung erfolgen wird – somit ab Bekanntgabe des **negativen** gerichtlichen Eilrechtsbeschlusses.²⁷³⁶ Ob ein Rechtsmittel eingelegt wird, sollte daher immer sorgfältig geprüft werden.

### h) Fortsetzung des nationalen Asylverfahrens

1793    Ist Deutschland für das Asylverfahren zuständig (entweder aufgrund eines Zuständigkeitskriteriums, eines Selbsteintritts oder Fristablaufs – ggf. nach Abschluss eines Rechtsschutzverfahrens), wird das **nationale Asylverfahren fortgesetzt**. Ob es sich bei dem dann zu prüfenden Antrag um einen Zweitantrag nach § 71a AsylG (→ Rn. 1743) handelt, hängt davon ab, wie das Verfahren in dem anderen Dublin-Staat verlaufen ist.²⁷³⁷ Ein Zweitantrag setzt ein „abgeschlossenes Asylverfahren in einem sicheren Drittstaat" voraus, welches zumindest dann nicht vorliegen kann, wenn das Asylverfahren im betreffenden Drittstaat wegen Fortzugs der Antragsteller **ohne Sachprüfung** eingestellt wurde und grundsätzlich wieder aufgenommen werden könnte.²⁷³⁸ Das BAMF trägt hier die Beweislast.²⁷³⁹

### 7. Die Anhörung zu den Fluchtgründen

1794    Gem. § 24 Abs. 1 S. 3 AsylG hat das BAMF Asylantragstellende in der Regel persönlich anzuhören. Ausnahmen sind in gesetzlich geregelten Fällen möglich (s. § 24 Abs. 1 S. 3 HS 2, § 25 Abs. 4 S. 5 und Abs. 5 S. 1 AsylG). Bei Folgeanträgen hat eine Anhörung nicht zwingend zu erfolgen (vgl. § 71 Abs. 3 S. 3 AsylG). Minderjährige werden grundsätzlich erst ab 14 Jahren persönlich angehört. Bei Minderjährigen unter 14 Jahren wird idR eine Stellungnahme des Vormunds eingeholt oder im Rahmen der Anhörung der Eltern nach kinderspezifischen Fluchtgründen gefragt.

### a) Bedeutung der Anhörung für das Verfahren

1795    Die Anhörung zu den Fluchtgründen bildet das **Herzstück des Asylverfahrens,** da der Vortrag zu den individuellen Fluchtgründen die Hauptgrundlage für die inhaltliche Ent-

---

²⁷³⁴ Siehe BVerwG Urt. v. 9.8.2016 – 1 C 6/16, NVwZ 2016, 1492.

²⁷³⁵ Dazu ausf. Marx, *Aufenthalts-, Asyl- und Flüchtlingsrecht* (2017), § 9 Rn. 58 ff. mwN.

²⁷³⁶ Siehe BVerwG Beschl. v. 27.4.2016 – 1 C 22/15 Rn. 20 f., wobei das BVerwG dem EuGH in diesem Zusammenhang auch die Frage vorgelegt hat, ob nach einer illegalen Wiedereinreise ein erneutes Wiederaufnahmeverfahren mit erneut laufenden Fristen durchzuführen sei.

²⁷³⁷ Im Hinblick auf die Rechtslage bis Oktober 2016, ist anerkannt, dass eine negative Entscheidung im Dublin-Verfahren nicht beliebig in die Ablehnung des Antrags als Zweitantrag umgedeutet werden kann, vgl. OVG Lüneburg Beschl. v. 5.10.2015 – 8 LA 115/15, NVwZ-RR 2016, 78 Ls. = BeckRS 2015, 53142; ausf. zur sog. „Zweitantragsproblematik" *Bethke/Hocks* Asylmagazin 3/2017, 94.

²⁷³⁸ BVerwG, Urt. v. 14.12.2016 – 1 C 4/16, juris; s. auch VGH München Urt. v. 3.12.2015 – 13a B 15.50069, Rn. 22, juris.

²⁷³⁹ VGH München Urt. v. 13.10.2016 – 20 B 14.30212, asyl.net (M24764).

scheidung über den Asylantrag bildet.[2740] Insofern besteht eine besondere **Darlegungspflicht** der Asylsuchenden im Hinblick auf alle Tatsachen, die ihre Furcht vor Verfolgung oder die Gefahr eines ernsthaften Schadens begründen (vgl. § 25 Abs. 1 AsylG). Dies gilt auch für Tatsachen, die einer Abschiebung entgegenstehen (§ 25 Abs. 2 AsylG). Bei der Anhörung ist von Amts wegen ein Sprachmittler hinzuzuziehen, sofern die betreffende Person der deutschen Sprache nicht hinreichend mächtig ist (§ 17 Abs. 1 AsylG). Asylsuchende können auf eigene Kosten auch einen geeigneten Sprachmittler ihrer Wahl hinzuziehen (§ 17 Abs. 2 AsylG).

Das BAMF unterliegt der **Amtsermittlungspflicht** den Sachverhalt aufzuklären und **1796** die erforderlichen Beweise zu erheben (§ 24 Abs. 1 AsylG). Dabei ist die persönliche Situation der Asylsuchenden sowie der Umstand zu berücksichtigen, dass diese als „Zeugen in eigener Sache" einer gewissen Beweisnot unterliegen.[2741] Zudem gibt es **Sonderbeauftragte** für besonders schutzbedürftige Personen, wie etwa für unbegleitete Minderjährige, Folteropfer und Traumatisierte sowie Opfer geschlechtsspezifischer Verfolgung oder Menschenhandel, die im Verfahren herangezogen werden können.

Das Auseinanderfallen von „Anhörer" und „Entscheider" ist im Hinblick auf die **1797** Bedeutung, die dem persönlichen Erscheinen von Asylsuchenden und der Bewertung der Glaubhaftigkeit des Vortrags problematisch. Bei einem solchen Auseinanderfallen kann eine Entscheidung daher nicht auf subjektive Eindrücke aus der Anhörung gestützt werden.[2742] Auch an einer Ablehnung als offensichtlich unbegründet nach § 30 AsylG bestehen in diesem Fall ernstliche Zweifel.[2743]

### b) Anwesenheitsrechte

Die Anhörung ist nicht öffentlich (§ 25 Abs. 6 S. 1 AsylG). Gem. § 25 Abs. 6 S. 2 **1798** AsylG können Vertreter von Bund oder Ländern sowie von UNHCR **teilnehmen**. Verfahrensbevollmächtigte wie **Rechtsanwälte** oder auch **Vormünder bzw. Ergänzungspfleger** werden nicht in § 25 Abs. 6 AsylG erwähnt, sie sind jedoch nach allgemeinem Verfahrensrecht zuzulassen.[2744] Ein Anwesenheitsrecht ergibt sich zudem aus der Asyl-Verf-RL 2013 (Art. 23 Abs. 3 S. 1 RL 2013/32/EU). Rechtsanwälte haben nach der Rechtsprechung des BVerwG zudem ein **Interventions- bzw. Fragerecht**, das sich aus ihrem Auftrag der Interessensvertretung ergibt.[2745] Dieses Interventionsrecht darf nach den Vorgaben der AsylVerf-RL 2013 (nur) in zeitlicher Hinsicht auf das Ende der Anhörung beschränkt werden (vgl. Art. 23 Abs. 3 S. 2 RL 2013/32/EU). **Beistände,** also **Vertrauenspersonen** der Betroffenen, sind nach allgemeinem Verfahrensrecht ebenso grundsätzlich zuzulassen (vgl. § 14 Abs. 4 VwVfG).[2746] Auch ehrenamtliche Verfahrensbegleiter können „Beistände" sein, sofern die Betroffenen sie als Vertrauenspersonen

---

[2740] Dazu BVerwGE 99, 38 (44 f.), NVwZ 1996, 79; BVerwGE 101, 323 (325), NVwZ 1996, 1136; der Informationsverbund Asyl- und Migration hat Informationsblätter zur Anhörung in verschiedenen Sprachen veröffentlicht, abrufbar unter asyl.net/Publikationen und Arbeitshilfen; s. zu den Anforderungen an die Prüfung der *Glaubhaftigkeit* eines Vortrags im Asylverfahren UNHCR *Beyond Proof, Credibility Assessment in EU Asylum Systems* (2013), abrufbar unter www.refworld.org/docid/519b1fb54.html.

[2741] Dazu Marx, *Aufenthalts-, Asyl- und Flüchtlingsrecht* (2017), § 9 Rn. 93, mit Hinweis auf die europarechtlichen Anforderungen.

[2742] Vgl. VG München Beschl. v. 31.3.2003 – M 21 S 03.60104, Rn. 21, juris.

[2743] VG Kassel Beschl. v. 28.2.2017 – 1 L 1338/17 KSA, asyl.net (M24836).

[2744] Siehe auch BAMF DA-Asyl vom 18.1.2016, S. 2, abrufbar unter dav-migrationsrecht.de.

[2745] BVerwG NVwZ 1991, 487 (488); dazu Marx, *Aufenthalts-, Asyl- und Flüchtlingsrecht* (2017), § 9 Rn. 96.

[2746] Siehe dazu BAMF, DA-Asyl vom 18.1.2016, S. 5, abrufbar unter dav-migrationsrecht.de.

deklarieren.[2747] **„Andere Personen"** (wie zB Pressevertreter) müssen angemeldet und ihre Anwesenheit gesondert erlaubt werden (vgl. § 25 Abs. 6 S. 3 AsylG).

### c) Folgen eines Nichterscheinens zur Anhörung

**1799**  Erscheint eine Person ohne ungenügende Entschuldigung nicht, entscheidet das BAMF **nach Aktenlage** (§ 25 Abs. 4 S. 5 Asyl). Sofern die Person nicht mehr verpflichtet ist in einer (Erst-)Aufnahmeeinrichtung zu wohnen, wird ihr vor der Entscheidung die Gelegenheit zur **schriftlichen Stellungnahme** gegeben (§ 25 Abs. 5 S. 2 AsylG). Dies gilt unbeschadet von § 33 AsylG.

**1800**  Mit dem sog. Asylpaket II wurde § 33 AsylG (**Nichtbetreiben des Verfahrens**) neu geregelt.[2748] Der Asylantrag gilt nun als zurückgenommen, wenn die betreffende Person das Verfahren nicht betreibt (Abs. 1) oder in ihr Heimatland zurückkehrt (Abs. 3). Ein Nichtbetreiben im Sinne von Abs. 1 wird ua dann **vermutet**, wenn einer **Aufforderung zur Anhörung nicht nachgekommen wird** (Abs. 2 S. 1 Nr. 1 Alt. 2). In diesen Fällen kann das BAMF das Verfahren einstellen (Abs. 5 S. 1). Dabei sind die Asylsuchenden **schriftlich und gegen Empfangsbekenntnis** auf die entsprechenden Rechtsfolgen hinzuweisen. Erfolgt eine solche Belehrung nicht oder nicht ordnungsgemäß, ist die Einstellungsentscheidung rechtswidrig.[2749]

**1801**  Ergeht eine Einstellung nach § 33 Abs. 5 S. 1 AsylG, kann bei der Außenstelle des BAMF persönlich die **Wiederaufnahme des Verfahrens** beantragt werden. Im Falle eines **unverschuldeten** Versäumnisses des Anhörungstermins empfiehlt es sich jedoch **Klage und Eilantrag** gegen den Einstellungsbescheid einzulegen und eine **Wiedereinsetzung in den vorigen Stand** zu beantragen.[2750] Das Rechtsschutzbedürfnis liegt hier trotz der Möglichkeit der behördlichen Wiederaufnahme vor, da diese auch bei rechtswidriger Verfahrenseinstellung nur einmal möglich ist und den Betroffenen bei Verneinung des Rechtsschutzbedürfnisses ein rechtlicher Nachteil entstünde, wenn ihnen die einmalige Möglichkeit der Heilung eines eigenen Fehlverhaltens genommen würde.[2751]

## 8. Die materielle Prüfung des Asylantrags

**1802**  Im Falle eines **zulässigen** Asylantrags ergeben sich folgende Schritte für die materielle Prüfung: 1. Prüfung der Flüchtlingseigenschaft nach § 3 AsylG; 2. Prüfung der Asylberechtigung nach Art. 16a GG;[2752] 3. Prüfung des subsidiären Schutzes nach § 4

---

[2747] So auch Flüchtlingsrat Nds, *Juristische Abhandlung zum Thema „Anhörung im Asylverfahren – Anwesenheit eines Beistands mit Verweis auf die einschlägigen Rechtsgrundlagen*, abrufbar unter www.nds-fluerat.org; aM Parl. Staatssekretärs Dr. Schröder, MdB, in seinem Schreiben vom 18.10.2016 an Volker Beck, MdB, wonach Ehrenamtliche und Sozialarbeiter „andere Personen" iSv § 25 Abs. 6 S. 3 AsylG seien. Auch nach dieser Ansicht müsste aber bei Ausübung eines fehlerfreien Ermessens die Anwesenheit der jeweiligen Person in der Regel erlaubt werden. Grundsätzlich empfiehlt sich immer eine vorherige Anmeldung.

[2748] Umf. dazu *Wittmann* Asylmagazin 10/2016, 328; s. auch die Meldung des Informationsverbunds Asyl und Migration vom 27.10.2016 unter asyl.net mwN.

[2749] Siehe VG Köln Beschl. vom 19.5.2016 – 3 L 10/60/16.A, asyl.net (M23988), zur Rechtswidrigkeit der Einstellungsentscheidung aufgrund einer Belehrung nach alter Rechtslage; s. auch VG Berlin Beschl. vom 19.8.2016 – 6 L 417.16.A, asyl.net (M24206).

[2750] Siehe VG Köln Beschl. vom 19.5.2016 – 3 L 10/60/16.A, asyl.net (M23988); s. auch Informationen der Refugee Law Clinic Berlin zum Rechtsschutz bei Verfahrenseinstellung nach § 33 AsylG (Stand Sept. 2016), abrufbar unter asyl.net/Arbeitshilfen zum Aufenthalts- und Flüchtlingsrecht.

[2751] Siehe BVerfG Beschl. v. 20.7.2016 – 2 BvR 1385/16, asyl.net (M 24185).

[2752] Die Prüfung erfolgt an zweiter Stelle, da die Voraussetzungen der Asylberechtigung enger sind als die der Flüchtlingseigenschaft.

AsylG; 4. Entscheidung über Abschiebungsverbote nach § 60 Abs. 5 und 7 AufenthG. Im Falle einer Ablehnung ergeht eine Ausreiseaufforderung und Abschiebungsandrohung sowie eine Befristungsentscheidung.

### a) Die Flüchtlingseigenschaft nach § 3 AsylG

Der auf dem Flüchtlingsbegriff von Art. 1A Nr. 2 GFK beruhende § 3 AsylG unterscheidet zwischen der Definition des Flüchtlingsbegriffs (Abs. 1 bis 3) und der Statusgewährung (Abs. 4). Die Unterscheidung entspricht der Systematik der QRL 2011, die bei der Auslegung der GFK für das europäische Asylsystem von besonderer Bedeutung ist.[2753] Ihre Regelungen wurden weitgehend in das AsylG übernommen und finden sich in den § 3 ff. AsylG.[2754] Zur Bejahung der Flüchtlingseigenschaft müssen sechs Voraussetzungen vorliegen: **1803**

1. Person außerhalb des Herkunftslandes (§ 3 Abs. 1 Nr. 1 AsylG);
2. (Drohende) Verfolgung durch Verfolgungsakteur (§ 3a und § 3c AsylG)
3. Verknüpfung der Verfolgung(-shandlung) mit einem der fünf Verfolgungs**gründe**: Rasse, Religion, Nationalität, politische Überzeugung, Zugehörigkeit zu einer bestimmten sozialen Gruppe (§ 3b AsylG)
4. Begründete Furcht = **Verfolgungsprognose** (nicht gesetzlich definiert)
5. Fehlender effektiver Schutz im Herkunftsstaat (§ 3e AsylG)
6. Keine Ausschluss- oder Beendigungsgründe (§ 3 Abs. 2 AsylG bzw. § 3 Abs. 4 iVm § 60 Abs. 8 AufenthG)

**aa) Verfolgung.** § 3a AsylG setzt Art. 9 RL 2011/95/EU (QRL 2011) um. Danach handelt es sich bei „**Verfolgung**" um eine **schwerwiegende Verletzung grundlegender Menschenrechte**[2755] oder **Kumulierung unterschiedlicher Maßnahmen**, die jede für sich noch keine Menschenrechtsverletzung darstellen, in ihrer Gesamtheit aber **ähnlich gravierend** wirken (§ 3a Abs. 1 Nr. 1 und 2 AsylG). Das Erfordernis einer **Verletzung** stellt klar, dass **gerechtfertigte Eingriffe** in ein bestimmtes Recht nicht unter den Verfolgungsbegriff fallen. So beispielsweise eine (verhältnismäßige und nicht diskriminierende) Strafverfolgung. Des Weiteren ist auf die **Eingriffsintensität** abzustellen („schwerwiegend").[2756] **1804**

§ 3a Abs. 2 AsylG normiert **Regelbeispiele** für eine Verfolgung. Darunter die Anwendung physischer oder psychischer Gewalt, diskriminierende Maßnahmen,[2757] unverhältnismäßige oder diskriminierende Strafverfolgung oder Bestrafung (wie etwa der sog. **1805**

---

[2753] Für Auslegungshilfen zur GFK s. auch UNHCR, *Handbuch und Richtlinien über Verfahren und Kriterien zur Feststellung der Flüchtlingseigenschaft* (2011), verfügbar unter www.refworld.org.

[2754] Zu den Neuerungen durch das 3. RiLiUmsG sowie das QRLUmsG im Jahr 2013 s. Beilage zum Asylmagazin 7–8/2013 sowie UNHCR, *Übersichten zu den gesetzlichen Neuerungen ab 1. Dez. 2013*, Beihefter zum Asylmagazin 12/2013, alle Dokumente abrufbar unter asyl.net/Arbeitshilfen und Publikationen.

[2755] Darunter fallen insbesondere, aber nicht nur, die nach der EMRK *nicht derogierbaren* Rechte, also jene, die auch im nationalen Notstand nicht abbedungen werden können (vgl. Art. 15 Abs. 2 EMRK).

[2756] Siehe in diesem Zusammenhang EuGH Urt. v. 5.9.2012 – C-71/11 und C-99/11 (*Y und Z*), NVwZ 2012, 16121 m. Anm. *Marx*, zur Verletzung des Rechts auf Religionsfreiheit, wonach es auf die Intensität der Rechtsverletzung ankomme und nicht etwa darauf, ob der Kernbereich des Rechts (*forum internum*) oder die öffentliche Religionsausübung (*forum externum*) betroffen sei; daran anschließend BVerwG Urt. v. 20.2.2013 – 10 C 23/12, Rn. 24, juris.

[2757] Siehe zur Diskriminierung als Fluchtgrund *Marx* Asylmagazin 7–8/2013, 233.

Politmalus[2758]oder die Bestrafung von Homosexualität[2759]), Strafverfolgung oder Bestrafung wegen Verweigerung des Militärdienstes in einem Konflikt, wenn der Militärdienst Verbrechen oder Handlungen umfassen würde, die unter die Ausschlussklauseln des § 3 Abs. 2 AsylG fallen (insb. Kriegsverbrechen),[2760] sowie Handlungen, die an die Geschlechtszugehörigkeit anknüpfen oder gegen Kinder gerichtet sind.

1806    Die jeweilige Verfolgung muss einem **Verfolgungsakteur** (§ 3c AsylG) **kausal zugerechnet** werden können.[2761] Dabei kommen sowohl der **Staat** als auch wesentliche Teile des Staatsgebietes beherrschende **Parteien oder Organisationen** sowie **nichtstaatlichen Akteure** in Betracht (§ 3c AsylG). Bei nichtstaatlichen Akteuren ist allerdings entscheidend, ob **schutzfähige Akteure** iSv § 3d AsylG gibt, die „willens und in der Lage sind" **wirksamen** und **nicht nur vorübergehenden** Schutz zu bieten.[2762]

1807    **bb) Verfolgungsgrund.** Die als **Verfolgung** eingestufte Handlung bzw. das Fehlen von Schutz vor einer solchen Handlung muss an einen **Verfolgungsgrund anknüpfen** (vgl. § 3a Abs. 3 AsylG). Die einzelnen **Verfolgungsgründe (Rasse, Religion, Nationalität, politische Überzeugung, Zugehörigkeit zu einer bestimmten sozialen Gruppe)** werden in § 3b Abs. 1 Nr. 1 bis 5 AsylG näher definiert. Dabei ist das Merkmal der „bestimmten sozialen Gruppe" ein offener Begriff, der in § 3b Abs. 1 Nr. 4 AsylG lediglich exemplarisch („insbesondere") mit Inhalt gefüllt wird.[2763] So erfasst dieser Grund ua Personen mit einer bestimmten sexuellen Orientierung.[2764]

1808    Bei den **fünf möglichen Gründen**, an die eine Verfolgung anknüpfen muss, handelt es sich jeweils um **persönliche Merk**male, die nicht immer trennscharf voneinander abzugrenzen sind. Zu beachten ist jedoch die Trennung zwischen der **Verfolgung(-shandlung)** und dem jeweiligen **Verfolgungsgrund**. So kann die Zugehörigkeit zu einer bestimmten Religion das **persönliche Merkmal** sein, welches den Grund für die Verfolgungshandlung bildet, ohne dass diese unbedingt in einer Verletzung des Rechts auf Religionsfreiheit liegt – bspw. in Fällen von Folter oder Inhaftierung von Mitgliedern einer bestimmten religiösen Gruppe. Die Unterscheidung zwischen Verfolgung und Verfolgungsgrund ist wichtig, da unterschiedliche Anforderungen an die Verfolgungshandlung gestellt werden, je nachdem, welches Rechtsgut betroffen ist.[2765]

1809    Für die Bejahung der **Verknüpfung** zwischen der Verfolgung und dem Verfolgungsgrund kommt es nicht darauf an, ob das Merkmal bei der betreffenden Person tatsächlich

---

[2758] Siehe dazu BVerfGE 80, 315, 336 ff.; BVerfG, Beschl. v. 12.2.2008 – 2 BvR 2141/06; Beschl. v, 4.12.2012 – 2 BvR 2954/09, Asylmagazin 1–2/2013, 35.

[2759] Siehe hierzu EuGH Urt. v. 7.11.2013 – C-199/12 – C-201/12 (*X, Y und Z*), NJW 2014, 132, wonach es bei bestehenden Strafvorschriften darauf ankomme, ob die Strafen *tatsächlich verhängt* werden.

[2760] Zur personellen Reichweite des Flüchtlingsschutzes wegen Kriegsdienstverweigerung s. EuGH Urt. v. 26.2.2015 – C-472/13 (*Sheperd*), NVwZ 2015, 575 m. Anm. *Marx*.

[2761] Zur Zielgerichtetheit der Handlung und Unterlassen im Flüchtlingsrecht *Lübbe* ZAR 2011, 164.

[2762] Zu den Schutz bietenden Organisationen iSv § 3d Abs. 1 Nr. 2 AsylG gehört bspw UNRWA (*United Nations Relief and Works Agency for Palestine Refugees in the Near East*); zur Anerkennung eines palästinensischen Flüchtlings aufgrund fehlender Schutzfähigkeit der UNRWA s. EuGH Urt. v. 19.12.2012 – C-364/11 (*El Kott gegen Ungarn*), Asylmagazin 4/2013, 122.

[2763] Siehe hierzu *Bank/Foltz* Beilage zum Asylmagazin 10/2008, 11 mwN, wonach die Kriterien (hier aus Art. 10 Abs. 1 Buchst. b RL 2004/83/EG) nicht kumulativ vorliegen müssen.

[2764] Zu den Anforderungen an den Nachweis der Homosexualität s. EuGH Urt. v. 2.12.2014 – C-148/13 (*A, B und C*), NVwZ 2015, 132 m. Anm. *Markard*; zur sexuellen Orientierung als Fluchtgrund s. *Markard* Asylmagazin 12/2013, 402.

[2765] Ausf. dazu *Bank/Foltz* Beilage zum Asylmagazin 10/2008, 8; *Marx* Asylmagazin 10/2012, 327 (328).

vorliegt, sondern darauf, ob es ihr durch den Verfolgungsakteur **zugeschrieben** und sie gerade deshalb verfolgt wird (§ 3b Abs. 2 AsylG).

Es kann sich auch um eine Verfolgung **aller** (vermeintlichen) Mitglieder einer bestimmten Gruppe handeln, denen ein gemeinsames Merkmal, wie bspw. ihre Religion oder politische Überzeugung, zugeschrieben wird. Für die Annahme einer solchen **Gruppenverfolgung** muss allerdings eine hohe **Verfolgungsdichte**[2766] gegeben sein, die zu einer Gefahr für alle Gruppenmitglieder unabhängig von ihrer individuellen Situation führt.[2767]

**cc) Begründete Furcht.** Das Erfordernis der „**begründeten Furcht**" vor Verfolgung ist gesetzlich nicht näher definiert. Hier geht es um eine **Verfolgungsprognose**, dh die Frage nach nach der **beachtlichen** Wahrscheinlichkeit einer (erneuten) Verfolgung(-sgefahr).[2768] Maßgeblich ist der Zeitpunkt der Entscheidung sowie die **subjektiven**[2769] und **objektiven** Umstände im Falle einer Rückkehr. **Personen aus sog. sicheren Herkunftsstaaten** (§ 29a AsylG) unterliegen einer **Sicherheitsvermutung**, die sie für ihren Einzelfall widerlegen müssen.

Ist eine Person **vorverfolgt** ausgereist, besteht gem. Art. 4 Abs. 4 RL 2011/95/EU zu ihren Gunsten eine **Beweislastumkehr** dahingehend, dass die Gefahr einer **erneuten** Verfolgung nur verneint werden darf, wenn **stichhaltige Gründe** dagegen sprechen.[2770]

Neben der **Vorverfolgung** ist im weiteren Sinne zwischen Fluchtgründen zu unterscheiden, die sich auf den Zeitraum **vor** Ausreise beziehen (sog. **Vorfluchtgründe**) sowie jene, die **nach** Ausreise entstanden sind (sog. **Nachfluchtgründe**). Nachfluchtgründe können **objektiv** (zB Regimewechsel) oder **subjektiv**, also selbst geschaffen sein (zB exilpolitische Aktivitäten oder Konversion). Sie können eine begründete Furcht vor Verfolgung auslösen und letztendlich zur Zuerkennung der Flüchtlingseigenschaft führen, s. § 28 Abs. 1a AsylG.[2771] Selbst geschaffene Nachfluchtgründe werden im Rahmen eines **Folgeverfahrens** allerdings **in der Regel nicht berücksichtigt** (§ 28 Abs. 2 AsylG).[2772]

1810

1811

1812

1813

---

[2766] Dazu BVerwG Urt. v. 5.7.1994 – 9 C 158/94, NVwZ 1995, 175; s. auch BVerwG Urt. v. 21.4.2009 – 10 C 11.08, NVwZ 2009, 1237.

[2767] Siehe bspw. VGH Mannheim Urt. v. 14.9.2016 – A 11 S 1125/16, asyl.net (M24292), zur Gruppenverfolgung von Kindern in China aufgrund der dortigen Ein-Kind-Politik; OVG Bautzen Urt. v. 18.9.2014 – A 1 A 348/13, Rn. 43, juris, zur Gruppenverfolgung bekennender Ahmadis in Pakistan; OVG Magdeburg Urt. v. 17.7.2012 – 3 L 417/11, asyl.net (M20128), zur Gruppenverfolgung syrischer Staatsangehöriger, denen wegen illegaler Ausreise, Asylantragstellung und Aufenthalt im Ausland bei ihrer Rückkehr die Gefahr der Inhaftierung und Folter droht; aM OVG Münster Urt. v. 4.5.2017 – 14 A 2023/16.A, asyl.net (M25072).

[2768] Siehe Hofmann/*Möller/Stiegeler* AufenthG § 60 Rn. 23 für eine Besprechung des vom BVerwG („*beachtliche Wahrscheinlichkeit*") und dem EGMR („*real risk*") jeweils anlegten Prognosemaßstabs; s. auch *Bank/Foltz* Beilage zum Asylmagazin 10/2008, 4 mwN; s. auch *Hruschka/Löhr* ZAR 2007, 181.

[2769] Siehe zur Frage eines möglichen Vermeidungsverhaltens (*Diskretion*) EuGH Urt. v. 5.9.2012 – C-71/11 und C-99/11 (*Y und Z*), NVwZ 2012, 16121, wonach lediglich darauf abzustellen sei, ob die betreffende Person sich auf eine bestimmte (Verfolgung auslösende) Weise verhalten werde; sowie EuGH Urt. v. 7.11.2013 – C-199/12 – C-201/12 (*X, Y und Z*), NJW 2014, 132, wonach ein „Geheimhalten" der sexuellen Orientierung nicht erwartet werden könne; s. auch BVerwG Urt. v. 20.2.2013 – 10 C 23/12, Rn. 29, juris, wonach es darauf ankomme, ob ein bestimmtes Verhalten für die Ausübung eines Rechts (hier Religionsfreiheit) für den Einzelnen *unverzichtbar* sei; ausf. zur Verhaltensanpassungsfrage *Lübbe* ZAR 2012, 7; s. auch *Markard* Asylmagazin 12/2013, 402 (zur sexuellen Orientierung als Fluchtgrund).

[2770] Ausf. zur Darlegungslast Marx, *Aufenthalts-, Asyl- und Flüchtlingsrecht* (2017), § 9 Rn. 94.

[2771] Sog. „*Sur place-Flüchtlinge*", s. UNHCR *Handbuch und Richtlinien über Verfahren und Kriterien zur Feststellung der Flüchtlingseigenschaft* (2011), S. 94, verfügbar unter www.refworld.org.

[2772] Zur Frage der Vereinbarkeit dieser Regelung mit der GFK s. Bergmann/Dienelt/*Bergmann* AsylG § 28 Rn. 23; s. auch *Bank/Foltz* Beilage zum Asylmagazin 10/2008, 5 f.

**1814**     **dd) Fehlender effektiver Schutz im Herkunftsstaat.** Da Flüchtlingsschutz grundsätzlich nur dann greift, wenn der eigene Staat der betroffenen Person keinen Schutz bieten kann (sog. **Subsidiarität**), kommt es für die **Schutzbedürftigkeit** auf das **Fehlen internen Schutzes** an (§ 3e AsylG). Dabei muss (1.) in einem bestimmten Gebiet des Herkunftslandes tatsächlich **Verfolgungsfreiheit** bestehen, sowie (2.) dieses Gebiet **sicher und legal erreichbar** und (3.) es im Einzelfall auch **zumutbar** sein, dass die betreffende Person sich dort **niederlässt**. Letzteres ist nur dann der Fall, wenn die Lebensgrundlage tatsächlich gesichert und daher **vernünftigerweise erwartet** werden kann, dass die Person in dem jeweiligen Landesteil Schutz sucht. Ein **Dahinvegetieren am Rande des Existenzminimums** ist dafür nicht ausreichend.[2773]

**1815**     **ee) Keine Ausschluss- oder Beendigungsgründe.** Schließlich muss die betreffende Person auch **schutzwürdig** sein. Für die Zuerkennung der Flüchtlingseigenschaft dürfen demnach keine **Ausschlussgründe** nach § 3 Abs. 2 oder 3 AsylG bzw. § 3 Abs. 4 AsylG iVm § 60 Abs. 8 AufenthG vorliegen. Die Gründe in § 3 Abs. 2 AsylG beziehen sich auf **schwerwiegende Straftaten** wie beispielsweise Kriegsverbrechen oder Verbrechen gegen die Menschlichkeit.[2774] So ist beispielsweise ein Kriegsverbrecher, dem in seinem Heimatland Folter droht, **verfolgt**, der flüchtlingsrechtliche Schutz ist aber ausgeschlossen. In diesen Fällen führt das Abschiebungsverbot nach Art. 3 EMRK lediglich zu einem Anspruch auf Duldung nach § 60a Abs. 2 S. 1 AufenthG (Rn. 1191 ff.) wegen rechtlicher Unmöglichkeit der Abschiebung.

**1816**     Dem Ausschlussgrund nach § 3 Abs. 3 AsylG unterfallen etwa palästinensische Flüchtlinge, die dem Mandat der UNRWA unterstehen.[2775] § 3 Abs. 4 AsylG bezieht sich auf die in § 60 Abs. 8 AufenthG geregelten **Ausnahmen zum Refoulement-Verbot**.[2776]

**1817**     Eine **Beendigung** der Flüchtlingseigenschaft kann im Falle eines **Erlöschens kraft Gesetzes** eintreten, aufgrund **freiwilliger** Handlungen der betroffenen Person (vgl. § 72 AsylG). Dies ist etwa der Fall, wenn die Person sich durch die Annahme eines Nationalpasses erneut dem Schutz ihres Heimatlandes unterstellt oder in das Herkunftsland zurückkehrt und sich dort **niederlässt**. Zudem können ein **Widerruf oder die Rücknahme** der Zuerkennung der Flüchtlingseigenschaft zu einer Beendigung führen (vgl. § 73 AsylG). Dies geschieht etwa bei einem Wegfall der die Zuerkennung begründenden Umstände,[2777] oder in Fällen, in denen die Statusentscheidung aufgrund unrichtiger Angaben erfolgt ist.[2778]

**b) Das Asylrecht nach Art. 16a GG**

**1818**     Im Asylverfahren prüft das BAMF neben der Flüchtlingseigenschaft auch das Vorliegen der Voraussetzung einer Asylberechtigung nach dem Grundgesetz. Gem. Art. 16a Abs. 1 GG genießen politisch Verfolgte Asylrecht. Der Anwendungsbereich des Asyl-

---

[2773] Dazu BVerwG Urt. v. 29.5.2008 – 10 C 11/07, NVwZ 2008, 1246; umf. zum internen Schutz *Bank/Foltz* Beilage zum Asylmagazin 10/2008, 16 ff.

[2774] Siehe zum Ausschluss wegen führender Position in einer terroristischen Vereinigung, ohne Verurteilung wegen terroristischer Straftat, EuGH Urt. v. 31.1.2017 – C-573/14 (*Lounani*), Asylmagazin 4/2017, 156 (M24648) m. Anm. *Keßler*.

[2775] Zur Anerkennung eines palästinensischen Flüchtlings aufgrund fehlender Schutzfähigkeit der UNRWA s. EuGH Urt. v. 19.12.2012 – C-364/11 (*El Kott gegen Ungarn*), Asylmagazin 4/2013, 122.

[2776] Siehe *Bank/Foltz* Beilage zum Asylmagazin 10/2008, 21 f., zu der in der deutschen Gesetzessystematik sowie in der Qualifikations-RL 2011 angelegten Problematik der Vermischung von Ausschlusstatbeständen nach Art. 1 F GFK und Ausnahmen vom Refoulement-Verbot nach Art. 33 Abs. 2 GFK.

[2777] Nach Art. 11 Abs. 2 RL 2011/95/EU müssen die Umstände sich *erheblich und nicht nur vorübergehend* verändert haben, dazu EuGH Urt. v. 2.3.2010 – C-175/08 ua, Rn. 72 ff. juris; eine Garantie der Kontinuität der geänderten Verhältnisse auf *unabsehbare Zeit* kann nicht verlangt werden, s. BVerwG Urt. v. 1.3 2012 – 10 C 7.11, Rn. 12, juris, und Urt. v. 1.6.2011 – 10 C 25.10 Rn. 18, 21 f., juris.

[2778] Siehe umf. zu den Beendigungsgründen *Bank/Foltz* Beilage zum Asylmagazin 10/2008, 23 ff.

grundrechts ist jedoch insb. durch die 1993 eingeführte **Drittstaatenregelung** stark eingeschränkt worden. Danach sind Personen, die über einen sog. sicheren Drittstaat nach Deutschland eingereist sind, von dem grundrechtlichen Schutz ausgeschlossen (Art. 16a Abs. 2 S. 1 GG). Zu **sicheren Drittstaaten** gehören nach nationalem Recht nach § 26a AsylG iVm Anlage I AsylG alle EU-Mitgliedstaaten sowie Norwegen und die Schweiz. Da die Einreise auf dem Landweg – und somit immer über einen sicheren Drittstaat – die Regel ist, betrifft dieser Ausschluss die überwiegende Mehrheit der Asylantragstellenden.

Eine Beschränkung seiner **inhaltlichen Reichweite** erhielt das Asylgrundrecht durch **1819** die Rechtsprechung des BVerfG Ende der 1980er Jahre. So wurde die Geltendmachung **subjektiver Nachfluchtgründe** auch im Rahmen eines Asylerstantrags weitgehend ausgeschlossen[2779] und lediglich die gezielte **staatliche** Verfolgung aufgrund **asylerheblicher Merkmale** als relevant angesehen.[2780] Die **Verfolgungshandlung** muss zu einer **ausweglosen Lage** der betreffenden Person führen und diese aus der **staatlichen Friedensordnung ausgrenzen.**[2781] **Asylerheblich** sind alle **unverfügbaren Merkmale**, die das **Anderssein** eines Menschen prägen. Dabei wird der Schutz vor Verfolgung aus religiösen Gründen nur bei Gefährdung des **religiösen Existenzminimums** bejaht.[2782]

Wegen dieser **formellen und inhaltlichen Einschränkungen** spielt Art. 16a GG in der **1820** Praxis eine untergeordnete Rolle.[2783] Aufgrund der identischen Rechtsfolgen für Asylsuchende und GFK-Flüchtlinge hat dies auf die aufenthaltsrechtliche Position der Betroffenen allerdings keine Auswirkungen.[2784]

### c) Der subsidiäre Schutz nach § 4 AsylG

§ 4 Abs. 1 AsylG regelt die Zuerkennung von **subsidiärem Schutz** (s. Art. 2 Buchst. f **1821** RL 2011/95/EU) und somit Fälle, in denen **stichhaltige Gründe** dafür vorliegen, dass bei Rückkehr in das Herkunftsland ein **ernsthafter Schaden** droht.[2785] Ebenso wie bei der Prüfung der Flüchtlingseigenschaft gilt hier im Falle eines bereits eingetretenen Schadens Art. 4 Abs. 4 RL 2011/95/EU. Im Einklang mit Art. 15 Bucht. b RL 2011/95/EU gilt als als ernsthafter Schaden:

* eine drohende Todesstrafe (§ 4 Abs. 1 Nr. 1 AsylG);[2786]
* drohende Folter, unmenschliche oder erniedrigende Behandlung oder Bestrafung (§ 4 Abs. 1 Nr. 2 AsylG);[2787]

---

[2779] BVerfG Beschl. v. 26.11.1986 – 2 BvR 1058/85, NVwZ 1987, 311, wonach subj. Nachfluchtgründe nur relevant sind, wenn sie Ausdruck einer bereits im Herkunftsland bestehenden Überzeugung sind, s. auch § 28 Abs. 1 AsylG.

[2780] BVerfG v. 10.7.1989 – 2 BvR 502/86, 2 BvR 961/86, 2 BvR 1000/86, BVerfGE 80, 315.

[2781] Ausf. dazu Hofmann/*Möller* GG Art. 16a Rn. 7 mwN.

[2782] BVerfG Urt. v. 1.7.1987 – 2 BvR 478/86, BvR 962/86, NVwZ 1988, 237.

[2783] Für aktuelle Anerkennungszahlen s. www.bamf.de/Infothek/Statistiken/Asylzahlen.

[2784] Siehe BVerwG Beschl. v. 16.9.2015 – 1 B 36/15, Rn. 5, juris, wonach bei Zuerkennung der Flüchtlingseigenschaft eine Klage auf (zusätzliche) Anerkennung der Asylberechtigung besonderer Begründung im Hinblick auf das Rechtsschutzbedürfnis bedürfe; s. *Göbel-Zimmermann* in Huber AufenthG § 25 Rn. 8, wonach ein Rechtsschutzbedürfnis auf Feststellung der Asylberechtigung nach Art. 16a GG damit begründet werden könne, dass noch kein einheitlicher Status geschaffen worden sei und das Asylgrundrecht einen verfassungsrechtlich einklagbaren subjektiven Anspruch vermittle.

[2785] Zum Begriff der „stichhaltigen Gründe" s. Hofmann/*Keßler* AsylG § 4 Rn. 4.

[2786] Hiervon werden nur Todesstrafen auf Grundlage eines gerichtlichen Urteils und nicht etwa extralegalen Tötungen erfasst. Letztere stellen aber jedenfalls eine unmenschliche oder erniedrigende Behandlung iSv § 4 Abs. 1 Nr. 2 AsylG dar. Eine Liste der Staaten, in denen die Todesstrafe verhängt wird findet sich unter www.amnesty-todesstrafe.de.

[2787] Siehe hier die Definition in Art. 1 der UN-Antifolterkonvention sowie in Art. 3 EMRK; zur Bedeutung der Rechtsprechung des EGMR im Hinblick auf den europarechtlichen subsidiären Schutz s. *Bank/Foltz* Beilage zum Asylmagazin 12/2008, 6 ff.

- eine ernsthafte individuelle Bedrohung des Lebens oder der Unversehrtheit einer Zivilperson[2788] in Folge willkürlicher Gewalt im Rahmen eines internationalen oder innerstaatlichen bewaffneten Konflikts (§ 4 Abs. 1 Nr. 3 AsylG).

1822    Schwierigkeiten bereiten im Hinblick auf den letzten Punkt insb. die Fragen, wann ein innerstaatlicher bewaffneter Konflikt vorliegt und welche Anforderungen an den jeweiligen Gefahrengrad zu stellen sind.[2789] Ungeachtet des Widerspruchs, der im Erfordernis einer **individuellen** Bedrohung aufgrund einer **willkürlichen Gewalt** zu liegen scheint,[2790] liegt diese nach der Rechtsprechung des EuGH immer dann vor, wenn der Grad der Gewalt bei einem Konflikt „ein so hohes Niveau erreicht, dass stichhaltige Gründe für die Annahme bestehen, dass eine Zivilperson bei einer Rückkehr in das betreffende Land oder gegebenenfalls in die betroffene Region allein durch ihre Anwesenheit [...] tatsächlich Gefahr liefe, einer solchen Bedrohung ausgesetzt zu sein".[2791]

1823    Bei der Prüfung des subsidiären Schutzes bedarf es im Gegensatz zum Flüchtlingsschutz keiner Anknüpfung an ein **besonderes persönliches Merkmal (Verfolgungsgrund**, → Rn. 1807). Es ist demnach gleichgültig, **weswegen** der betreffenden Person der ernsthafte Schaden droht. Die **Akteure**, von denen Verfolgung ausgehen kann sowie die **Schutzakteure** decken sich mit denen, die im Rahmen der Prüfung der Flüchtlingseigenschaft relevant sind (→ Rn. 1806). Die Gefahren können also auch von nichtstaatlichen Akteuren ausgehen.[2792] Auch die Anforderungen an das **Fehlen internen Schutzes** gelten entsprechend (s. § 4 Abs. 3 AsylG). Die **Ausschlussgründe** in § 4 Abs. 2 AsylG sind § 3 Abs. 2 AsylG nachgebildet.

## 9. Die Entscheidungsmöglichkeiten des BAMF

1824    Ein Asylantrag kann **ohne materielle Prüfung** als **unzulässig** abgewiesen werden (§ 29 AsylG), oder **nach inhaltlicher Befassung** (offensichtlich oder einfach) **unbegründet oder begründet** sein.

1825    Wird der Asylantrag nicht als unzulässig abgewiesen, ist eine inhaltliche Entscheidung über das Vorliegen eines Schutzstatus (Asylberechtigung nach Art. 16a GG, internationaler Schutz iSd § 3 oder § 4 AsylG) zu treffen. Möglich ist auch die Gewährung von Familienasyl bzw. Familienflüchtlingsschutz nach § 26 AsylG.

1826    In jedem Fall (auch bei Unzulässigkeit des Antrags) hat eine Feststellung über das Vorliegen nationaler Abschiebungsverbote nach § 60 Abs. 5 und 7 AufenthG (→ Rn. 1853 ff.) zu erfolgen (§ 31 Abs. 3 S. 1 AsylG). Hiervon kann im Falle der Anerkennung der Asylberechtigung oder Zuerkennung internationalen Schutzes abgesehen werden (§ 31 Abs. 3 S. 2 AsylG).

1827    Liegen im Falle einer Ablehnung auch keine Abschiebungsverbote vor, ergeht entweder eine **Abschiebungsandrohung** (§ 34 Abs. 1, § 34a Abs. 1 S. 4, § 35 AsylG) oder eine **Abschiebungsanordnung** (§ 34a Abs. 1 S. 1 und 2 AsylG). Schließlich erfolgt auch eine Befristungsentscheidung nach § 11 Abs. 2 AufenthG. Die Entscheidung des Bundesamtes

---

[2788] Siehe hierzu die Definition in Art. 50 Abs. 1 des I. Zusatzprotokolls vom 8. Juni 1977 zu den Genfer Abkommen vom 12. August 1949 über den Schutz der Opfer internationaler bewaffneter Konflikte.

[2789] Ausf. zu diesen Fragen *Bank/Foltz* Beilage zum Asylmagazin 12/2008, 14 f.

[2790] Zu diesem „Spannungsverhältnis" s. *Bank/Foltz* Beilage zum Asylmagazin 12/2008, 9 mwN.

[2791] Vgl. EuGH Urt. v. 30.1.2014 – C-285/12 (*Diakité*), Asylmagazin 3/2014, 76, Rn. 30, s. auch Urt. v. 17.2.2009 – C-465/07 (*Elgafaji*), Rn. 43, juris; s. zur Rspr. des BVerwG, wonach unter Zugrundelegung der Verhältnisse zwischen Einwohner- und Opferzahlen eine bestimmte „Gefahrendichte" erforderlich ist, Hofmann/Keßler AsylG § 4 Rn. 16 mit Bezug auf Urt. v. 27.4.2010 – 10 C 4/09, NVwZ 2011, 56; s. auch *Bank/Foltz* Beilage zum Asylmagazin 12/2008, 12 ff.

[2792] Dazu *Bank/Foltz* Beilage zum Asylmagazin 12/2008, 3 ff.

ergeht schriftlich, sie ist zu begründen und mit einer **Rechtsbehelfsbelehrung**[2793] unverzüglich zuzustellen (§ 31 Abs. 1 S. 1 und 2 AsylG). Wurde keine bevollmächtigte Person für das Verfahren bestellt, sind sowohl die Entscheidungsformel und Abschiebungsandrohung als auch die Rechtsbehelfsbelehrung in eine Sprache zu übersetzen, deren Kenntnis vernünftigerweise vorausgesetzt werden kann (vgl. § 31 Abs. 1 S. 4 und § 34 Abs. 2 S. 2 AsylG).

Ein Asylantrag ist nach § 29 Abs. 1 AsylG insbesondere dann **unzulässig**, wenn ein **1828** anderer Staat nach der Dublin-III-Verordnung für das Asylverfahren zuständig ist (§ 29 Abs. 1 Nr. 1 Buchst. a AsylG), eine Person bereits internationalen Schutz in einem anderen EU-Mitgliedstaat erhalten hat (§ 29 Abs. 1 Nr. 2 AsylG, sog. „Anerkannte)[2794] oder im Falle einer Ablehnung der Durchführung eines Folge- oder Zweitantrags iSd § 71 bzw. 71a AsylG (§ 29 Abs. 1 Nr. 5 AsylG).[2795]

**Offensichtlich unbegründet** ist ein Asylantrag iSd **§ 30 AsylG**, wenn die Voraus- **1829** setzungen für die Anerkennung der Asylberechtigung sowie die Zuerkennung **internationalen Schutzes** (Flüchtlingsschutz und subsidiärer Schutz)[2796] offensichtlich nicht vorliegen (Abs. 1). Dies ist insbesondere dann der Fall, wenn der Antrag offensichtlich aus **wirtschaftlichen Gründen** oder aufgrund einer **allgemeinen Notsituation** gestellt wurde (Abs. 2). Im Übrigen zählt § 30 Abs. 3 AsylG weitere (offensichtliche) Ablehnungsgründe auf, wie etwa wesentliche **Widersprüche**, die Vorlage **gefälschter Beweismittel**, **Identitätstäuschung** oder Verschleierung, die **gröbliche Verletzung von Mitwirkungspflichten**, oder das Vorliegen der Voraussetzungen des § 60 Abs. 8 S. 1 AufenthG oder § 3 Abs. 2 AsylG. **Als offensichtlich unbegründet** erfolgen gem. **§ 29a Abs. 1 AsylG** zudem Ablehnungen der Asylanträge von Personen aus sog. **sicheren Herkunftsstaaten.**

Asylberechtigte und Personen, denen internationaler Schutz durch das BAMF **zu- 1830 erkannt** wurde oder bei denen das Bundesamt das Vorliegen eines Abschiebungsverbotes nach § 60 Abs. 5 oder Abs. 7 AufenthG festgestellt hat, sind über die sich daraus ergebenden Rechte und Pflichten zu unterrichten (§ 31 Abs. 1 S. 4 Hs. 2 AsylG). Sie können im Anschluss an das Verfahren eine dem jeweiligen Status entsprechende **Aufenthaltserlaubnis** bei der zuständigen **Ausländerbehörde beantragen**. Sollte das Verfahren noch nicht abgeschlossen sein, weil gegen **einen Teil** des Bescheides (zB Ablehnung der Flüchtlingseigenschaft) noch gerichtlich vorgegangen wird, ist eine Aufenthaltserlaubnis (trotz grundsätzlicher Titelerteilungssperre nach § 10 Abs. 1 AufenthG) durch die Ausländerbehörde zu erteilen, sofern im Verfahren bereits ein Status zuerkannt wurde, der einen **Anspruch** auf Erteilung begründet.[2797]

---

[2793] Siehe hierzu VGH Baden-Württemberg, Urt. v. 18.4.2017 – A 9 S 333/17, Asylmagazin 5/2017, S. 197 f. (M24962), wonach die in ablehnenden Asylbescheiden angefügte Rechtsbehelfsbelehrung mit der Formulierung, dass die Klage „in deutscher Sprache abgefasst sein" müsse, „unrichtig" iSd § 58 Abs. 2 VwGO sei.

[2794] Siehe hierzu den Vorlagebeschluss des BVerwG an den EuGH v. 27.6.2017 – 1 C 26.16, zur Frage ob eine Unzulässigkeitsentscheidung auch dann getroffen werden kann, wenn die Lebensbedingungen in dem anderen Mitgliedstaat nicht den Anforderungen der in Art. 20 ff. QRL 2011 für Schutzberechtigte vorgesehenen Rechte entsprechen.

[2795] Ausf. zu den neuen Unzulässigkeits-Ablehnungen nach § 29 AsylG *Bethke/Hocks* Asylmagazin 10/2016, 336; s. auch *Bethke/Hocks* Asylmagazin 3/2017, 94; Altentscheidungen des BAMF sind mit der Novellierung durch das IntG rechtswidrig geworden, vgl. dazu VG Darmstadt, NVwZ 2016, 1503 mit zust. Anm. von *Huber.*

[2796] Siehe dazu VG Frankfurt Oder, Beschl. v. 27.10.2016 – 4 L 686/16.A, asyl.net (M24396), wonach der Asylantrag als Ganzes als „offensichtlich unbegründet" abgelehnt werden müsse, um die einwöchige Ausreisefrist nach § 36 Abs. 1 AsylG zu begründen.

[2797] Klarstellend BT-Drs. 18/9423, 12.

## 10. Rechtsschutz

**1831**    Im behördlichen Verfahren nach dem AsylG ist der Widerspruch ausgeschlossen (vgl. § 11 AsylG). Gegen einen Bescheid des BAMF ist grundsätzlich die **Verpflichtungsklage** (§ 42 Abs. 1 Alt. 2 VwGO) statthaft. Diese ist darauf gerichtet das BAMF zu verpflichten, den begehrten Schutzstatus anzuerkennen.[2798] Ausnahmen ergeben sich jedoch bspw. im **Dublin-Verfahren** (zum Rechtsschutz im Dublin-Verfahren, s. → Rn. 1791 ff.) und bei der Ablehnung der Durchführung eines **Folge- oder Zweitantrags** (→ Rn. 1740 ff.). Hier ist die Anfechtungsklage nach § 42 Abs. 1 Alt. 1 VwGO die statthafte Klageart.[2799] Die Klage ist **schriftlich**[2800] oder **zur Niederschrift** beim zuständigen **Verwaltungsgericht** einzureichen (§ 81 Abs. 1 VwGO).

**1832**    Die Art der Entscheidung des BAMF ist maßgeblich für den erforderlichen Rechtsschutz und die jeweils geltenden **Fristen.** Die Klage im Asylverfahren hat nur in Fällen des § 38 Abs. 1 AsylG sowie der §§ 73, 73b und 73c AsylG **aufschiebende Wirkung** (§ 75 Abs. 1 AsylG).

**1833**    Im Falle **einfach unbegründeter** Ablehnungen beträgt die **Klagefrist** grundsätzlich **zwei Wochen** ab Zustellung[2801] des Bescheids (§ 74 Abs. 1 Hs 1 AsylG). Sofern ein Eilantrag nach § 80 Abs. 5 VwGO zur Anordnung der aufschiebenden Wirkung innerhalb von einer Woche zu stellen ist (§ 34 Abs. 2 S. 1 und 3, § 36 Abs. 3 S. 1 und 10 AsylG), beträgt auch die Klagefrist nur **eine Woche** (§ 74 Abs. 1 Hs 2 AsylG). In diesen Fällen sollte direkt mit Klage und Eilantrag eine **Begründung** eingereicht werden, da im Eilverfahren nach Aktenlage entschieden wird. Im Übrigen bestimmt § 74 Abs. 2 S. 1 AsylG, dass die **Klagebegründung** innerhalb **eines Monats** nach Zustellung des Bescheides einzureichen ist.

**1834**    Lehnt das Verwaltungsgericht einen Eilantrag nach § 80 Abs. 5 VwGO ab, ist dieser Beschluss unanfechtbar (§ 80 AsylG). Geänderte Verhältnisse, neue Tatsachen oder Beweismittel können gegebenenfalls einen **Abänderungsantrag** iSv § 80 Abs. 7 VwGO begründen.

**1835**    Besondere Aufmerksamkeit verdient die Regelung in § 37 Abs. 1 AsylG, wonach die Entscheidung des BAMF nach § 29 Abs. 1 Nr. 2 AsylG („Anerkannte") und § 29 Abs. 1 Nr. 4 AsylG sowie die entsprechende Abschiebungsandrohung unwirksam werden, wenn dem Eilantrag **stattgegeben** wird. Das BAMF hat das Asylverfahren dann fortzuführen.

**1836**    Zu beachten ist ggf. auch, dass im Hinblick auf die Rechtsfolge des § 10 Abs. 3 S. 2 AufenthG im asylgerichtlichen Verfahren regelmäßig ein berechtigtes Interesse an der isolierten Feststellung besteht, dass der Asylantrag jedenfalls nicht als **offensichtlich unbegründet** nach § 30 Abs. 3 AsylG hätte abgelehnt werden dürfen.

**1837**    Vor dem **Verwaltungsgericht** besteht **kein Anwaltszwang** (§ 67 Abs. 1 VwGO). Die Entscheidung des Gerichts ist unanfechtbar, wenn eine Ablehnung als offensichtlich unzulässig oder offensichtlich unbegründet erfolgt (§ 78 Abs. 1 AsylG). In den übrigen Fällen steht den Beteiligten die Berufung zu, wobei zunächst ein **Antrag auf Zulassung der Berufung** beim OVG zu stellen ist (§ 78 Abs. 2 AsylG). Auch eine Sprungrevision

---

[2798] Umf. zum Rechtsschutz s. Marx, *Aufenthalts-, Asyl- und Flüchtlingsrecht* (2017), § 9 Rn. 120 ff.

[2799] Siehe BVerwG Urt. v. 27.10.2015 – 1 C 32/14, NVwZ 2016, 154 und OVG Berlin-Brandenburg Beschl. v. 22.6.2016 – 3 N 29.16, juris, zur statthaften Klageart gegen „Dublin-Bescheide" und BVerwG Urt. v. 14.12.2016 – 1 C 4/17, asyl.net (M24603) zur Ablehnung der Durchführung eines Folge- bzw. Zweitantrags.

[2800] Ein Fax genügt diesem Schriftformerfordernis, vgl. BVerwG, EZAR 205 Nr. 10 = NVwZ 1989, 673.

[2801] Hier ist die gesetzliche Zustellungsfiktion nach § 10 Abs. 2 AsylG zu beachten.

(§ 134 VwGO) zum BVerwG ist möglich (§ 78 Abs. 6 AsylG). Im Rahmen des Berufungsverfahrens vor dem OVG sowie des **Revisionsverfahrens vor dem BVerwG** besteht Anwaltszwang (§ 67 Abs. 4 S. 1 VwGO). Streitigkeiten nach dem AsylG sind **gerichtskostenfrei** (§ 83b AsylG). Für die Kosten der anwaltlichen Vertretung vor Gericht kann ein Antrag auf **Prozesskostenhilfe** (§ 114 ZPO) gestellt werden. Außergerichtlich gibt es die Möglichkeit der **Beratungshilfe** gem. § 1 Beratungshilfegesetz.

## C. Die Abschiebungsverbote nach § 60 AufenthG

### I. Allgemeines

Eine Abschiebung kann nur durchgeführt werden, wenn ihr keine (tatsächlichen)   **1838** Hindernisse oder (rechtlichen) Verbote entgegenstehen. Die Begriffe Abschiebungshindernis und Abschiebungsverbot werden häufig synonym verwendet. Grundsätzlich kann zwischen **tatsächlichen Hindernissen** und **rechtlichen Verboten** für eine Abschiebung unterschieden werden. § 60 AufenthG enthält **rechtliche Abschiebungsverbote**. Diese stellten nach den Vorgängerregelungen der §§ 51 und 53 AuslG 1990 lediglich Hindernisse bei der **Durchsetzung der Ausreisepflicht** dar (ohne statusrechtliche Konsequenzen), weshalb sie sich im 5. Kapitel des Aufenthaltsgesetzes befinden.[2802] Nach den rechtlichen Entwicklungen der vergangenen Jahre auf nationaler und europäischer Ebene hat § 60 AufenthG zahlreiche Änderungen erfahren. Während die Regelung zwischenzeitlich als direkte Rechtsgrundlage für die Statusgewährung an Konventionsflüchtlinge und subsidiär Schutzberechtigte diente, sind heute lediglich die **Abs. 5 und 7** noch als Rechtsgrundlagen für eine **Statusgewährung** (nach § 25 Abs. 3 AufenthG, → Rn. 537 ff.) relevant. Die **materiellen Voraussetzungen** für die Gewährung von **Flüchtlingsschutz und subsidiärem Schutz** nach den Vorgaben der Qualifikations-RL 2011 finden sich mittlerweile im AsylG (§§ 3 bis 4 AsylG, → Rn. 1803 ff. und Rn. 1821 ff.). Die Abs. 1 und 2 enthalten nun nur noch **Abschiebungsverbote**, die sich an die Prüfung der §§ 3 und 4 AsylG im Asylverfahren mit entsprechender Statusgewährung (nach § 25 Abs. 2 AufenthG) anschließen. § 60 Abs. 8 AufenthG enthält Ausschlussgründe im Hinblick auf Abs. 1, deren weitere Konsequenzen in den Abs. 9 und 10 geregelt werden.

### II. Das Abschiebungsverbot nach § 60 Abs. 1 AufenthG

Nach § 60 Abs. 1 S. 1 AufenthG darf eine Person **in Anwendung der GFK** nicht in   **1839** einen Staat abgeschoben werden, in dem ihr Leben oder ihre Freiheit wegen ihrer Rasse, Religion, Nationalität, Zugehörigkeit zu einer bestimmten sozialen Gruppe oder wegen ihrer politischen Überzeugung bedroht ist (also die Voraussetzungen für die Zuerkennung der Flüchtlingseigenschaft erfüllt sind). Grundsätzlich erfolgt die Prüfung im Rahmen eines Asylverfahrens durch das BAMF (vgl. § 60 Abs. 1 S. 3 AufenthG), **nach Maßgabe des AsylG**. Die zuvor in § 60 Abs. 1 S. 3 bis 5 AufenthG enthaltenen materiellen Voraussetzungen für die **Prüfung der Flüchtlingseigenschaft** wurden mit dem QRL-UmsG in das AsylVfG bzw. AsylG verlagert. Die materiellen Voraussetzungen für das Vorliegen der Flüchtlingseigenschaft nach § 3 AsylG (→ Rn. 1803 ff.) sind dabei deckungsgleich mit den Anforderungen an das Abschiebungsverbot in § 60 Abs. 1 S. 1 AufenthG, da sich beide Normen auf Art. 1A GFK stützen. Eine in der Vergangenheit

---

[2802] Siehe ausf. zum Hintergrund Huber/*Göbel-Zimmermann/Masuch/Hruschka* AufenthG § 60 Rn. 1.

erfolgte Flüchtlingsanerkennung in Deutschland oder in einem anderen Staat entfaltet ebenso ein Abschiebungsverbot nach § 60 Abs. 1 AufenthG. Die Flüchtlingseigenschaft wird in diesen Fällen in der Regel **nicht** nochmals im Rahmen eines Asylverfahrens durch das BAMF festgestellt (vgl. § 60 Abs. 1 S. 3 AufenthG).[2803]

## 1. Das Gebot des Non-Refoulement

1840     § 60 Abs. 1 S. 1 AufenthG setzt das **Gebot des Non-Refoulement** um, also der Nichtzurückweisung einer Person in einen Staat, in dem ihr Verfolgung droht. Dieses in Art. 33 Abs. 1 GFK verankerte Gebot ist das Kernprinzip des Flüchtlingsrechts. Im Gegensatz zu anderen Konventionsnormen setzt das Refoulement-Verbot nach Art. 33 Abs. 1 GFK keinen **rechtmäßigen** Aufenthalt und keine vorangegangene Asylgewährung voraus. Nach dieser Vorschrift darf „keiner der vertragschließenden Staaten einen Flüchtling auf irgendeine Weise über die Grenzen von Gebieten ausweisen oder zurückweisen, in denen sein Leben oder seine Freiheit wegen seiner Rasse, Religion, Staatsangehörigkeit, seiner Zugehörigkeit zu einer bestimmten sozialen Gruppe oder wegen seiner politischen Überzeugung bedroht sein würde." Das Refoulement-Verbot ist völkervertragsrechtlich in der GFK niedergelegt und Bestandteil des Völkergewohnheitsrechts.[2804] Es genießt innerstaatlich somit nicht nur den einfachgesetzlichen Rang aller völkerrechtlichen Verträge, sondern ist auch als allgemeine Regel des Völkerrechts Bestandteil des Bundesrechts. Das Refoulement-Verbot geht gem. Art. 25 S. 2 GG den einfachgesetzlichen Normen vor und erzeugt unmittelbare Rechte und Pflichten.

## 2. Der Ausschlussgrund nach § 60 Abs. 8 AufenthG

1841     Das Abschiebungsverbot nach § 60 Abs. 1 S. 1 AufenthG findet keine Anwendung, wenn die betroffene Person aus **schwerwiegenden Gründen** als eine **Gefahr für die Sicherheit** der Bundesrepublik Deutschland anzusehen ist oder eine **Gefahr für die Allgemeinheit** darstellt, weil sie wegen eines **Verbrechens oder besonders schweren Vergehens** zu einer Freiheitsstrafe von mindestens drei Jahren verurteilt worden ist (Abs. 1 S. 1). Auch die Flüchtlingseigenschaft wird in diesen Fällen nicht zuerkannt (vgl. § 3 Abs. 4 AsylG).[2805] Das Gleiche gilt, wenn die betroffene Person die Voraussetzungen des § 3 Abs. 2 AsylG erfüllt (Abs. 1 S. 2). Mit dem sog. AuswErlG[2806] wurde zudem der neue Satz 3 eingefügt und so eine Ausschlussmöglichkeit unter der Drei-Jahresgrenze für **bestimmte Straftaten** geschaffen.[2807] Für das Vorliegen des Ausschlussgrundes kommt es darauf an, dass die betreffende Person eine **gegenwärtig und konkrete** Gefahr für hoch-

---

[2803] Siehe dazu BVerwG Urt. v. 17.6.2014 – 10 C 7.13, BVerwGE 150, 29 = NVwZ 2014, 1460; s. aber VGH Kassel Beschl. v. 4.11.2016 – 3 A 1292/16.A, juris, wonach ein Anspruch auf Durchführung eines Asylverfahrens in Deutschland dann besteht, wenn feststeht, dass die betreffende Person nicht in den anderen Staat zurückkehren kann, weil die dortigen Lebensumstände den Mindeststandards der GRCh nicht genügen.

[2804] Vgl. Doehring, *Die allgemeinen Regeln des völkerrechtlichen Fremdenrechts und des deutschen Verfassungsrechts* (1963), S. 61 f.; Kälin, *Das Prinzip des Non-Refoulement* (1982), S. 72; Kimminich, *Der internationale Rechtsstatus des Flüchtlings* (1968), S. 172; Marx ZAR 1992, 3 (11) mwN; Goodwin-Gill/McAdam, *The refugee in International Law* (2007) S. 114 (122); Hathaway, *The Law of Refugee Status* (2014), S. 44 ff.; aM Gornig, *Das Refoulement-Verbot im Völkerrecht* (1987), S. 72; Hailbronner ZAR 1987, 3 (6).

[2805] Vergleichbare Ausschlusstatbestände sind für den subsidiären Schutz in § 4 Abs. 2 AsylG und für die Abschiebungsverbote nach § 60 Abs. 5 und 7 AufenthG in § 25 Abs. 3 S. 3 AufenthG normiert.

[2806] Gesetz zur erleichterten Ausweisung von straffälligen Ausländern und zum erweiterten Ausschluss der Flüchtlingsanerkennung bei straffälligen Asylbewerbern vom 11.3.2016 (BGBl. I 394).

[2807] Eine weitere Änderung erfolgte am 4.11.2016, s. BGBl. I 2460.

wertige Rechtsgüter der Allgemeinheit darstellt. Erfasst wird nicht lediglich die öffentliche Sicherheit nach der polizeilichen Generalklausel, sondern die innere und äußere Sicherheit im Sinne der Funktionsfähigkeit staatlicher Organe und Einrichtungen.[2808]

Der Ausschlussgrund stellt keine – zu einer strafrechtlichen Verurteilung hinzukommende – Sanktion dar und ist insbesondere nicht auf **strafunmündige** Kinder unter 14 Jahren anzuwenden.[2809] Denn aufgrund der besonderen Bedeutung der Zuerkennung der Flüchtlingseigenschaft bzw. der Asylberechtigung[2810] für die dadurch geschützten individuellen Rechtsgüter, sind mögliche Ausschlussgründe grundsätzlich eng auszulegen.[2811] Dabei sind völker- und unionsrechtliche Vorgaben zu beachten. So ist § 60 Abs. 8 S. 1 AufenthG in Anlehnung an Art. 33 Abs. 2 GFK formuliert. § 60 Abs. 8 S. 2 AufenthG und § 3 Abs. 2 AsylG entsprechen Art. 1 F GFK und Art. 12 Abs. 2 RL 2011/95/ EU. **1842**

Der Ausschlussgrund in **§ 60 Abs. 8 S. 3 AufenthG** soll eine erleichterte Ausweisung und konsequenteren Ausschluss der Flüchtlingseigenschaft bei straffälligen Asylsuchenden im Ermessenswege nach Einzelfallprüfung ermöglichen.[2812] Nach der Gesetzesbegründung widerspreche dies nicht den völker- und europarechtlichen Vorgaben, da weder die GFK noch die QRL 2011 eine Mindeststrafe benennen, unter deren Grenze ein Ausschluss der Flüchtlingseigenschaft nicht erfolgen dürfe.[2813] Es ist jedoch fraglich, ob das Herabsetzen der Drei-Jahresgrenze im Hinblick auf die hohen Anforderungen, die nach S. 1 und 2 an die Möglichkeit eines Ausschlusses zu stellen sind, angemessen ist. Bei der umfassenden Verhältnismäßigkeitsprüfung ist demnach auf die von der jeweiligen Person im Einzelfall ausgehenden Gefahr für die Allgemeinheit und nicht die Dauer der Freiheitsstrafe abzustellen.[2814] **1843**

### 3. Aufenthaltsrechtliche Folgen eines Ausschlusses

Nach **§ 60 Abs. 9 AufenthG** kann auch bei Asylantragstellenden (abweichend vom AsylG) die Abschiebung angedroht und durchgeführt werden, sofern ein Fall nach Abs. 8 vorliegt. Dies gilt jedoch nur, wenn das Asylverfahren (negativ) abgeschlossen wurde.[2815] Durch die Klarstellung, dass auch bei Vorliegen von Ausschlussgründen die **absoluten Abschiebungsverbote** unberührt bleiben, wird der Rechtsprechung des BVerfG und des BVerwG zu § 60 Abs. 2 bis 7 AufenthG sowie des EGMR zu Art. 3 EMRK Rechnung getragen.[2816] **1844**

Soll eine Person abgeschoben werden, bei der die Voraussetzungen von § 60 Abs. 1 S. 1 AufenthG vorliegen, muss eine **Abschiebungsandrohung** ergehen und eine **angemessene Ausreisefrist** gesetzt werden. In der Androhung sind die Staaten zu bezeichnen, in die eine Abschiebung **nicht** erfolgen darf (**§ 60 Abs. 10 AufenthG**). Darunter fallen auch all jene Staaten, in die eine Person aufgrund einer **ausländischen Flüchtlingsanerkennung** nicht abgeschoben werden darf.[2817] **1845**

---

[2808] Dazu Hofmann/*Möller* AufenthG § 60 Rn. 41.

[2809] Hofmann/*Möller* AufenthG § 60 Rn. 39 f.

[2810] Siehe dazu BVerwG Urt. v. 30.3.1999 – 9 C 31.98, BVerwGE 109, 1, 6.

[2811] Zur Verfassungsmäßigkeit der Norm s. Hofmann/*Möller* AufenthG § 60 Rn. 38 mwN.

[2812] Siehe BT-Drs. 18/7537, 1.

[2813] BT-Drs. 18/7537, 9.

[2814] So auch Huber/*Göbel-Zimmermann/Masuch/Hruschka* AufenthG § 60 Rn. 86.

[2815] Ausf. zum Erfordernis eines Asylverfahrens, Hofmann/*Möller/Stiegeler* AufenthG § 60 Rn. 44.

[2816] Vgl. Huber/*Göbel-Zimmermann/Masuch/Hruschka* AufenthG § 60 Rn. 87 mwN; s. auch BT-Drs. 17/13063, 25.

[2817] BVerwG Urt v. 17.6.2014 – 10 C 7.13, Rn. 36, juris.

## III. Drohen eines ernsthaften Schadens (§ 60 Abs. 2 AufenthG)

**1846**    § 60 Abs. 2 S. 1 AufenthG verbietet die Abschiebung einer Person in einen Staat, in dem ihr der in § 4 Abs. 1 AsylG (→ Rn. 1821 ff.) bezeichnete „ernsthafte Schaden" droht. Auch hier wurden die materiellen Voraussetzungen für eine Schutzgewährung in das Asylgesetz verlagert. Im Hinblick auf die Überschneidung mit dem Abschiebungsverbot in § 60 Abs. 5 AufenthG bei Gefahren für Art. 2 und 3 EMRK, ist der Anwendungsbereich der Vorschrift nicht abschließend geklärt.[2818] Über den in S. 2 enthaltenen Verweis auf § 60 Abs. 1 S. 3 und 4 AufenthG wird klargestellt, dass auch das Abschiebungsverbot des § 60 Abs. 2 AufenthG im Rahmen eines Asylantrags (→ Rn. 1736 ff.) durch das BAMF geprüft wird und die entsprechende Entscheidung nur nach den Vorschriften des AsylG angefochten werden kann.

## IV. Drohende Verhängung oder Vollstreckung der Todesstrafe (§ 60 Abs. 3 AufenthG)

**1847**    § 60 Abs. 3 AufenthG enthält einen **Verweis auf das Auslieferungsrecht** im Falle eines Abschiebungsverbotes aufgrund der individuell bestehenden Gefahr der Verhängung oder Vollstreckung der Todesstrafe und knüpft damit an den Tatbestand des § 4 Abs. 1 Nr. 1 AsylG (→ Rn. 1821) an.[2819] Die entsprechende Anwendung der Vorschriften über die Auslieferung bedeutet insbesondere, dass eine Abschiebung möglich ist, wenn iSd § 8 IRG[2820] eine **Zusicherung** des Herkunftsstaates vorliegt, die Todesstrafe nicht zu verhängen oder zu vollstrecken. Die Zusicherung muss jegliche Zweifel an der bestehenden Gefahr ausschließen.[2821] Ein Vertrauen auf die Zusicherung ist nur dann gerechtfertigt, wenn diese sich nach sorgfältiger Prüfung aller Umstände als **verlässlich** erweist. Zur Gewährleistung der Verlässlichkeit ist es angezeigt, eine **völkerrechtlich verbindliche Zusicherung** gegenüber der Bundesrepublik vertreten durch das Auswärtige Amt zu fordern. Die direkte Einholung einer Zusicherung durch die Ausländerbehörde oder eine Zusicherung gegenüber einer Landesregierung genügen nicht.

**1848**    Darüber hinaus hat das BVerfG bezüglich der Verlässlichkeit von Spezialitätszusagen im Auslieferungsrecht Kriterien aufgestellt, die sich sinngemäß auf das Abschiebungsrecht übertragen lassen.[2822] Danach hat immer eine Einzelfallprüfung zu erfolgen, bei der etwa die politischen Ansichten der abzuschiebenden Person im Verhältnis zur vorherrschenden politischen Richtung im Zielland, die dortigen innenpolitischen Verhältnisse sowie etwaige Verstöße gegen Zusicherungen in der Vergangenheit und sonstige konkrete Anhaltspunkte für Zweifel an der Verlässlichkeit der Zusicherung zu prüfen sind.

---

[2818] Huber/*Göbel-Zimmermann/Masuch/Hruschka* AufenthG § 60 Rn. 50.

[2819] Vgl. BT-Drs. 17/13063, 17.

[2820] Gesetzes über die internationale Rechtshilfe in Strafsachen v. 27.6.194 (BGBl. I 37).

[2821] Siehe hierzu Huber/*Göbel-Zimmermann/Masuch/Hruschka* AufenthG § 60 Rn. 53 mit Verweis auf EGMR Urt. v. 17.4.2014 – Nr. 20110/13 (*Ismailov gegen Russland*).

[2822] Siehe etwa BVerfG Urt. v. 9.11.2000 – 2 BvR 1560/00, juris; BVerfGE 63, 332 (337, 338); BVerfG Beschl. v. 8.2.1995 – 2 BvR 185/95 – NJW 1995, 1667; BVerfGE 15, 249 (251 f.); BVerfGE 60, 348 (358) = NJW 1982, 2728 (2729); BVerfGE 63, 197 (209); BVerfGE 63, 215 (228 f.) = NJW 1983, 1725 (1726).

## V. Auslieferung und Abschiebung (§ 60 Abs. 4 AufenthG)

Nach § 60 Abs. 4 AufenthG darf eine Person nur mit Zustimmung der für die Bewil-   **1849**
ligung einer Auslieferung zuständigen Behörde abgeschoben werden, wenn über eine
Auslieferung aufgrund eines förmlichen Auslieferungsersuchens oder eines Festnahme-
ersuchens noch nicht entschieden worden ist. Denn mit einer Abschiebung soll nicht ein
Auslieferungsverfahren unterlaufen werden, das gerade auf die Übergabe der betreffenden
Person an die Staatsorgane des ersuchenden Staates gerichtet ist. Mithin bezweckt die
Norm den **Vorrang der Auslieferung vor der Abschiebung** zu sichern.[2823] Ein sub-
jektiv-öffentliches Recht des Einzelnen auf Abschiebungsschutz wird dadurch nicht
begründet.[2824]

Die Auslieferungsentscheidung ist inhaltlich ebenso wenig verbindlich für die Abschie-   **1850**
bungsentscheidung wie umgekehrt.[2825] Sofern eine Auslieferung allerdings aufgrund von
Hindernissen nicht erfolgt, die auch Abschiebungsverbote nach dem AufenthG begründen – etwa weil keine Zusicherung nach § 8 IRG vorliegt – hat diese Entscheidung
faktische Bindungswirkung für die Ausländerbehörde.[2826]

## VI. Strafverfahren im Ausland (§ 60 Abs. 6 AufenthG)

§ 60 Abs. 6 AufenthG definiert die Grenzen des Respekts vor fremden Rechtsordnun-   **1851**
gen und stellt auch für die nicht von § 60 AufenthG erfassten Menschenrechtsverletzungen eine allgemeine Grundregel für den notwendigen Gefährdungsgrad auf. Abschiebungsschutz soll im Falle einer drohenden Strafverfolgung und Bestrafung danach nur
dann gewährt werden, wenn **besondere auf sie bezogene Umstände** vorliegen, die sie
speziell als mögliches Opfer **menschenrechtswidriger Behandlungen** erscheinen lassen.
Allein die Gefahr einer Strafverfolgung reicht nicht aus. Denn aus dem Verbot der
Diskriminierung fremder Rechtsordnungen folgt, dass die Ausübung originärer Strafge-
walt gegenüber den ihrer Personalhoheit unterworfenen Personen respektiert werden
muss. Dies gilt aber nur bei gesetzmäßig vorgesehenen und nach gesetzlichen Regeln
verhängten Maßnahmen zum Zwecke der Bestrafung.

Aus dem Recht des Einzelnen, sich selbst nicht strafrechtlich belasten zu müssen,[2827]   **1852**
ergibt sich **kein Beweisverwertungsverbot** hinsichtlich solcher Angaben, die zur Begründung eines damit nicht im Zusammenhang stehenden Anspruchs von der betroffenen
Person selbst gemacht wurden.[2828] Besondere Vorsicht hat hinsichtlich der strafrechtlich
relevanten Daten demgegenüber im Verhältnis zu den Verfolgungsbehörden im Heimatland der betroffenen Person zu walten. So muss eine Weitergabe von Daten zumindest
dann ausgeschlossen sein, wenn dadurch im Heimatland verbliebene Angehörige der
Betroffenen oder (im Falle einer Rückkehr) diese selbst einer Gefahr unmenschlicher
Behandlung ausgesetzt würden.

---

[2823] BT-Drs. 11/6321, 75.
[2824] Siehe etwa VGH Mannheim InfAuslR 1994, 27, wonach ein Verstoß gegen § 60 Abs. 4 AufenthG nicht gerichtlich geltend gemacht werden könne.
[2825] BVerwG NVwZ 1987, 57; VGH Mannheim ESVGH 37, 228.
[2826] So auch Huber/*Göbel-Zimmermann/Masuch/Hruschka* AufenthG § 60 Rn. 54.
[2827] Vgl. BVerfGE 38, 105 (113) = NJW 1975, 103; BVerfGE 56, 37 ff. = NJW 1981, 1431 ff.
[2828] Siehe BVerfG NStZ 1995, 599 und BVerfG NStZ 1992, 349 = StrV 1992, 506 (mit Anm.
*Kadelbach*).

## VII. Nationale Abschiebungsverbote nach § 60 Abs. 5 und 7 AufenthG

**1853**     Bei § 60 Abs. 5 und Abs. 7 AufenthG handelt es sich um den **nationalen Abschiebungsschutz**, der von Amts wegen geprüft wird. Die Prüfung erfolgt im Rahmen eines **Asylantrags** durch das BAMF, dessen Zuständigkeit nach Stellung eines Asylantrags auch für die Zukunft bestehen bleibt (vgl. § 24 Abs. 2 AsylG). Die Prüfung erfolgt allerdings nur dann, wenn weder die Asylberechtigung noch der internationale Schutz für die betreffende Person in Frage kommen. Die Ausländerbehörde ist an die Entscheidung des BAMF gebunden (vgl. § 42 AsylG).

**1854**     Sofern **kein Asylantrag** gestellt wird, obliegt der Ausländerbehörde die Prüfung nationaler Abschiebungsverbote im Rahmen aufenthaltsrechtlicher Verfahren. Dabei hat sie das BAMF zu beteiligen (vgl. § 72 Abs. 2 AufenthG). Wird ein Abschiebungsverbot nach § 60 Abs. 5 oder 7 AufenthG festgestellt, erhält die betreffende Person idR eine **Aufenthaltserlaubnis** nach § 25 Abs. 3 AufenthG (→ Rn. 537 ff.). Falls eine Aufenthaltserlaubnis aufgrund von Ausschluss- oder Versagungsgründen nicht erteilt werden kann, begründet das Vorliegen eines Abschiebungsverbotes einen Anspruch auf Erteilung einer **Duldung** nach § 60a Abs. 2 S. 1 AufenthG (→ Rn. 1191 ff.).

### 1. Abschiebungsverbote nach der EMRK (§ 60 Abs. 5 AufenthG)

**1855**     Die Bestimmung des § 60 Abs. 5 AufenthG hat nur **deklaratorischen Charakter** und beinhaltet somit keine eigenständige inhaltliche Regelung von Abschiebungsverboten. Vielmehr verweist die Norm auf die sich aus der EMRK ergebenden rechtlichen Verbote einer Abschiebung, die durch die Rechtsprechung des EGMR konkretisiert werden. Abschiebungsverbote können sich insbesondere aus möglichen Verletzungen von Art. 2 Abs. 1 (**Recht auf Leben**), Art. 3 (**Verbot der Folter und unmenschlicher Behandlung**), Art. 4 (**Verbot der Sklaverei und Zwangsarbeit**),[2829] Art. 6 (**Recht auf rechtliches Gehör und ein faires Verfahren**),[2830] Art. 7 (**keine Strafe ohne Ge**setz), Art. 8 (**Recht auf Achtung des Privat- und Familienlebens**),[2831] Art. 9 (**Gedanken-, Gewissens-, und Religionsfreiheit**),[2832] und Art. 10 (**Recht auf freie Meinungsäußerung**) oder aus Art. 12 EMRK (**Recht auf Eheschließungsfreiheit**)[2833] ergeben. Auch die **akzessorischen Rechte** aus Art. 13 (**Recht auf wirksame Beschwerde**)[2834] und Art. 14 (**Diskriminierungsverbot**) können relevant sein, sofern sie in Verbindung mit der Verletzung eines

---

[2829] Nach der Rechtsprechung des EGMR ist Art. 4 EMRK im Bereich des Menschenhandels *lex specialis* zu Art. 3 EMRK, s. EGMR NJW 2007, 41 (*Siliadin gegen Frankreich*); s. auch Frei ASYL 1/13, 15.

[2830] Siehe zB EGMR NVwZ 2013, 487 (*Othman gegen das Vereinigts Königreich*); EGMR EuGRZ 1989, 314 (323) = NJW 1990, 2183 (2188) (*Soering gegen das Vereinigte Königreich*).

[2831] Siehe zum Schutz der familiären Einheit zwischen Eltern und minderjährigen Kindern EGMR InfAuslR 2014, 179 (*Udeh/Schweiz*); EGMR InfAuslR 2014, 405 (*M. P. E. V. gegen die Schweiz*).

[2832] Hier sind sowohl Eingriffe in das *forum internum* als auch in das *forum externum* relevant; s. dazu EuGH Urt. v. 5.9.2012 – C-71/11 und C-99/11 (*Y und Z*), NVwZ 2012, 16121 m. Anm. *Marx*, zur Verletzung des Rechts auf Religionsfreiheit, wonach es auf die Intensität der Rechtsverletzung ankomme und nicht etwa darauf, ob der Kernbereich des Rechts (*forum internum*) oder die öffentliche Religionsausübung (*forum externum*) betroffen sei; daran anschließend BVerwG Urt. v. 20.2.2013 – 10 C 23/12, Rn. 24, juris.

[2833] Siehe EGMR Urt. v. 8.12.2015 – Nr. 60119/12 (*Z. H. und R. H. gegen die Schweiz*) verneinend im Hinblick auf eine Verletzung von Art. 12 und 8 EMRK bei Nichtanerkennungsfähigkeit einer Ehe (hier wegen Eheschließung mit einer minderjährigen Person).

[2834] Siehe dazu EGMR Urt. v. 21.1.2011 – 30.696/09 (*M. S. S. gegen Belgien ua*), InfAuslR 2011, 221; Urt. v. 6.6.2013 – 2.283/12 (*Mohammed gegen Österreich*), InfAuslR 2014, 197.

anderen Konventionsrechts stehen. Auch die in den Zusatzprotokollen[2835] garantierten Rechte werden erfasst, sofern Deutschland diese ratifiziert hat.

Grundsätzlich ist zwar jeder Vertragsstaat der EMRK selbst für die Einhaltung der **1856** Konventionsrechte verantwortlich, eine Verletzung dieser Rechte kann jedoch auch durch eine Abschiebung in einen Staat erfolgen, in dem wiederum eine Rechtsverletzung droht.[2836] Drohende Verletzungen der Konventionsrechte müssen von erheblichem Gewicht sein, um ein Abschiebungsverbot zu begründen.[2837] Insofern werden die Anforderungen an eine Verletzung von **Art. 3 EMRK** als Maßstab herangezogen.[2838] Nach dem **Soering-Urteil** des EGMR[2839] setzt ein Abschiebungsverbot nach Art. 3 EMRK voraus, dass der betroffenen Person in dem jeweiligen Zielstaat der Abschiebung eine Behandlung droht, die alle tatbestandlichen Voraussetzungen des Art. 3 EMRK erfüllt, unabhängig davon, ob es sich dabei um einen Vertragsstaat handelt oder nicht. Die bisherige Rechtsprechung[2840] des BVerwG, wonach die vom EGMR entwickelten Grundsätze im Falle einer Abschiebung **in einen Vertragsstaat** nur eingeschränkt anwendbar seien, dürfte mittlerweile überholt sein.[2841] Schließlich muss ein Verstoß gegen die EMRK auch **nicht von staatlicher Seite** ausgehen. Es kommt lediglich darauf an, ob der Staat in der Lage ist, die betreffende Person zu schützen.[2842] Eine entsprechende Bewertung der Situation hat ggf. durch Einholung von Garantien zu erfolgen.[2843] Im Falle einer Krankheit ist für die Frage einer Verletzung von Art. 3 EMRK nach der Rechtsprechung des EGMR darauf abzustellen, ob bei Abschiebung eine baldige und wesentliche Verschlechterung des Gesundheitszustands der betroffenen Person droht, die zu starkem Leiden oder einer erheblichen Verkürzung der Lebensdauer führen würde – dabei ist auch zu berücksichtigen, ob die Person bei Rückkehr tatsächlichen Zugang zu medizinischer Versorgung hat.[2844]

Da die Bestimmung von Art. 3 EMRK über Art. 15 Buchst. b RL 2011/95/EU wort- **1857** gleich in § 4 Abs. 1 Nr. 2 AsylG (→ Rn. 1821 ff.) übernommen wurde, ist § 60 Abs. 5 AufenthG iVm Art. 3 EMRK nur noch dann von eigenständiger Bedeutung, wenn die Zuerkennung von subsidiärem Schutz gem. § 4 Abs. 2 AsylG ausgeschlossen ist.[2845]

---

[2835] Wie etwa das Zusatzprotokoll zum Schutz der Menschenrechte und Grundfreiheiten (BGBl. II 1072).

[2836] Zur relevanten Gefahr einer Kettenabschiebung s. zB EGMR, Zulässigkeitsentscheidung vom 7.2.2000 – Nr. 43844/98, NVwZ 2001, 301; s. auch BVerwGE 111, 223 = NVwZ 2000, 1302, zum Abschiebungsverbot aufgrund einer Bindung an die menschenrechtliche *Ordre Public* durch die Signartarstaaten; s. auch Hofmann/*Möller/Stiegeler* AufenthG § 60 Rn. 23 zu dem durch das BVerwG („*beachtliche Wahrscheinlichkeit*") und den EGMR („*real risk*") jeweils anlegten Prognosemaßstab im Hinblick auf die drohende Gefahr.

[2837] Dazu BVerwG NVwZ 2000, 1302 (1303).

[2838] Dazu Hofmann/*Möller/Stiegeler* AufenthG § 60 Rn. 22; s. auch BVerwG Urt. v. 24.5.2000 – 9 C 34/99, BVerwGE 111, 232; BVerwGE 111, 223 = NVwZ 2000, 1302.

[2839] EGMR EuGRZ 1989, 314 (321) = NJW 1990, 2183 (*Soering gegen das Vereinigte Königreich*).

[2840] Siehe BVerwGE 122, 271 = NVwZ 2005, 704; s. dazu EGMR NVwZ 2009, 965 (*K. R. S. gegen das Vereinigte Königreich*).

[2841] So auch Huber/*Göbel-Zimmermann/Masuch/Hruschka* AufenthG § 60 Rn. 59 mwN.

[2842] Siehe Huber/*Göbel-Zimmermann/Masuch/Hruschka* AufenthG § 60 Rn. 60 zum mittlerweile geltenden Gleichklang der Rechtsprechung des BVerwG und des EGMR bei Anwendung der Konvention unter Verweis auf BVerwG NVwZ 2013, 1489 und EGMR NVwZ 2012, 681 sowie BVerwG NVwZ-RR 2014, 487.

[2843] Siehe EGMR Urt. v. 4.11.2014 – 29217/12 (*Tarakhel gegen die Schweiz*), asyl.net. (M22411).

[2844] Siehe EGMR Urt. v. 13.12.2016 – 41738/10 (*Paposhvilli gegen Belgien*), asyl.net (M24587).

[2845] Siehe dazu BVerwG Urt. v. 31.1.2013 – 10 C 15/12, NVwZ 2013, 1167, Rn. 36, wonach bei Verneinung der materiellen Voraussetzung von § 60 Abs. 2 AufenthG regelmäßig aus denselben Erwägungen auch ein Abschiebungsverbot nach § 60 Abs. 5 AufenthG in Bezug auf Art. 3 EMRK ausscheide (auch wenn keine verdrängende Spezialität vorliege).

1858    **Nicht** von § 60 Abs. 5 AufenthG erfasst sind **inlandsbezogene Abschiebungsverbote** bzw. Vollstreckungshindernisse, wie bspw. solche, die unmittelbar mit dem **Abschiebungsvorgang** verbunden sind.[2846] Sie sind in der Regel nicht vom BAMF im Asylverfahren, sondern von den für den Vollzug der Abschiebung zuständigen Ausländerbehörden zu berücksichtigen.

## 2. Das Abschiebungsverbot nach § 60 Abs. 7 AufenthG

### a) Allgemeines

1859    § 60 Abs. 7 S. 1 AufenthG enthält ein Abschiebungsverbot für den Fall, dass einer Person **im Zielstaat** der Abschiebung eine **erhebliche konkrete Gefahr für Leib, Leben oder Freiheit** droht. Bei den jeweils drohenden Gefahren muss es sich um **individuelle Gefahren** handeln. Dies wird auch durch die Sperrklausel in § 60 Abs. 7 S. 5 AufenthG deutlich.

### b) Die erhebliche konkrete Gefahr für Leib, Leben oder Freiheit

1860    Für das Vorliegen einer **erheblichen konkreten Gefahr** muss eine auf bestimmte Tatsachen gestützte **beachtliche Wahrscheinlichkeit** für den Eintritt einer **individuellen** Gefahr mit hoher Eingriffsintensität bestehen.[2847] Dies gilt unabhängig davon, ob die betreffende Person schon vor der Einreise ins Bundesgebiet Eingriffe in die geschützten Rechtsgüter erlitten hat. In zeitlicher Hinsicht muss sich die Gefahr zwar nicht sofort nach Rückkehr im Abschiebezielstaat, aber zumindest **alsbald** verwirklichen.[2848] Unerheblich für ein Abschiebungsverbot nach § 60 Abs. 7 S. 1 AufenthG ist, ob die Gefahren von **staatlichen oder nichtstaatlichen Akteuren** ausgehen.[2849]

### c) Abschiebungsverbot aus gesundheitlichen Gründen (§ 60 Abs. 7 S. 2 – 4 AufenthG)

1861    Mit dem Asylpaket II[2850] wurden in § 60 Abs. 7 AufenthG die Sätze 2 bis 4 eingefügt, wonach eine erhebliche konkrete Gefahr aus **gesundheitlichen Gründen** nur vorliegt, wenn es sich um **lebensbedrohliche oder schwerwiegende Erkrankungen** handelt, die sich **durch die Abschiebung** wesentlich verschlechtern würden (S. 2). Zudem wurden Konkretisierungen im Hinblick auf die Anforderungen an die im Zielstaat bestehende medizinische Versorgung eingefügt (S. 3 und 4). Der neue Wortlaut liest sich nun so, als müsse sich die (bereits in Deutschland lebensbedrohliche oder schwerwiegende) Erkrankung durch den **Abschiebungsprozess** selbst verschlimmern. Dies widerspricht jedoch der durch die Rechtsprechung des BVerwG mehrfach betonten Systematik der Norm als **zielstaatsbezogenes** Abschiebungsverbot.[2851]

1862    Nach der Gesetzesbegründung war die Neuregelung erforderlich, weil die Geltendmachung von Abschiebungsverboten aus gesundheitlichen Gründen die zuständigen Behörden „quantitativ und qualitativ vor große Herausforderungen" stellte, da sehr häufig

---

[2846] Dazu BVerwG Urt. v. 31.1.2013 – 10 C 15.12, NVwZ 2013, 1167, Rn. 35; BVerwGE 105, 322 = NVwZ 1998, 526.

[2847] BVerwGE 89, 162 (169) = NVwZ 1992, 582; BVerwG InfAuslR 1994, 201; BVerwG NVwZ-RR 1997, 740: kein herabgestufter Wahrscheinlichkeitsmaßstab.

[2848] Vgl. BVerwG Urt. v. 22.3.2012 – 1 C 3/11, Rn. 34, juris; s. auch VG Oldenburg Beschl. v. 27.1.2016 – 7 B 283/16, asyl.net (M23820), wonach ein Prognosezeitraum von einem Jahr als angemessen angesehen wird.

[2849] BVerwGE 99, 324 (330) = NVwZ 1996, 199 (200).

[2850] Gesetz zur Einführung beschleunigter Asylverfahren v. 17.3.2016 (BGBl. I 390).

[2851] Siehe etwa BVerwG Urt. v. 29.10.2002 – 1 C 1/02, asyl.net (M3149); dazu ausf. *Hager* Asylmagazin 6/2016, 160 (162).

„schwer diagnostizier- und überprüfbare Erkrankungen psychischer Art (zB Posttraumatische Belastungsstörungen [PTBS])" geltend gemacht würden, die in der Praxis „zwangsläufig zu deutlichen zeitlichen Verzögerungen bei der Abschiebung" führten.[2852] Nach den neu eingefügten gesetzlichen Maßstäben (**lebensbedrohliche oder schwerwiegende Erkrankungen**) könne insbesondere die Geltendmachung einer PTBS regelmäßig nicht mehr zu einem Abschiebungsverbot führen, es sei denn, die Abschiebung begründe eine „wesentliche Gesundheitsgefährdung bis hin zu einer Selbstgefährdung".[2853] Die Erfüllung der bisherigen Voraussetzungen[2854] für den Nachweis einer PTBS genüge nun nicht mehr. Dies ist insbesondere im Hinblick auf das (fluchttypische) Krankheitsbild der PTBS problematisch. So stellt das VG Saarland zutreffend fest, dass gerade bei PTBS regelmäßig eine wesentliche Verschlechterung des Gesundheitszustands im Herkunftsland wegen reaktiver Trauma-Folgen droht.[2855]

Der Ansicht[2856], dass es sich bei den neu eingeführten Sätzen 2 bis 4 lediglich um die Kodifizierung bisheriger Rechtsprechung handele, die nun eine einheitlichere Praxis gewährleiste, ist nicht zuzustimmen. Vor der Gesetzesänderung unterlag das Vorliegen einer Gefahr aus gesundheitlichen Gründen den allgemeinen Anforderungen an eine Gefahr iSv § 60 Abs. 7 S. 1 AufenthG. Somit war nicht erforderlich, dass die Krankheit bereits **in Deutschland** lebensbedrohlich oder schwerwiegend war, solange sie sich im Zielstaat der Abschiebung verschlimmerte.[2857] Während die Rechtsprechung bisher auf eine **individuelle Erreichbarkeit** der notwendigen Behandlung im Zielstaat abstellte,[2858] gilt nach Satz 4 nun eine Regelvermutung dahingehend, dass eine ausreichende medizinische Versorgung auch dann vorliege, wenn sie in **einem Teil** des Zielstaats gewährleistet sei. Dies führt zu einem wesentlich erhöhten Begründungsaufwand für die Betroffenen.

**1863**

Im Hinblick auf den erforderlichen Nachweis einer Erkrankung hat das VG Saarland zutreffend festgestellt, dass die in den § 60a Abs. 2c und 2d AufenthG (→ Rn. 1221 ff.) normierten Anforderungen an ein ärztliches Attest nicht auf die Prüfung zielstaatsbezogener Abschiebungsverbote iRd § 60 Abs. 7 AufenthG anwendbar sind.[2859] Insgesamt ist in der Änderung eine gegenüber dem bisherigen Wortlaut und der bisherigen Rechtsprechung bedenkliche Schlechterstellung von besonders schutzbedürftigen Personen zu sehen.[2860]

**1864**

### d) Die Sperrklausel nach § 60 Abs. 7 S. 6 AufenthG

Nach § 60 Abs. 7 S. 5 AufenthG sind **allgemeine Gefahren** (nur) bei Anordnungen nach § 60a Abs. 1 S. 1 AufenthG (→ Rn. 1196) zu berücksichtigen. Es soll dem Landesgesetzgeber überlassen bleiben, ob er im Falle von Allgemeingefahren, die eine Vielzahl von Personen im Zielstaat gleichermaßen treffen, einen Abschiebestopp erlässt. Eine Ausnahme von dieser Sperrklausel gebietet eine verfassungskonforme Auslegung **im Einzel-**

**1865**

---

[2852] Vgl. BT-Drs. 18/7538, 18.

[2853] BT-Drs. 18/7538, 18.

[2854] Siehe BVerwG Urt. v. 11.9.2007 – 10 C 8.07, Rn. 15, asyl.net (M12108).

[2855] VG Saarland, Urt. v. 13.3.2017 – 5 L 283/17, Asylmagazin 5/2017, S. 192 ff. (M24878).

[2856] So etwa *Thym* NVwZ 2016, 409 (412); s. auch Bergmann/Dienelt/*Bergmann* AufenthG § 60 Rn. N8 (Nachtrag zur 11. Aufl.).

[2857] Siehe zB BVerwG Urt. v. 17.10.2006 – 1 C 18/05, Rn. 20, asyl.net (M9299).

[2858] BVerwG Urt. v. 29.10.2002 – 1 C 1/02, asyl.net (M3149).

[2859] VG Saarland, Urt. v. 13.3.2017 – 5 L 283/17, Asylmagazin 5/2017, S. 192 ff. (M24878); aM VG Hamburg Beschl. v. 2.2.2017 – 2 AE 686/17, asyl.net (M24941).

[2860] So auch die Stellungnahme der Bundespsychotherapeutenkammer v. 1.2.2016, abrufbar unter www.bptk.de unter Stellungnahmen; sowie die Stellungnahme der BafF v. 1.2.2016, abrufbar unter www.baff-zentren.org unter Publikationen und Positionspapiere.

fall allerdings dann, wenn es sich nach einer **Gesamtschau der Umstände** um **extreme Gefahrenlagen** handelt, wodurch die betreffende Person bei einer Abschiebung „sehenden Auges dem sicheren Tod oder schwersten Verletzungen" ausgeliefert würde.[2861] Dabei entzieht sich diese Prüfung einer rein quantitativen oder statistischen Betrachtung.[2862] Leben und körperliche Unversehrtheit müssen hinsichtlich der drohenden Rechtsgutsbeeinträchtigung und der Eintrittswahrscheinlichkeit so erheblich, konkret und unmittelbar gefährdet sein, dass eine Abschiebung nur unter Verletzung der Art. 2 Abs. 2 S. 1 und 1 Abs. 1 GG erfolgen könnte.[2863] Eine Ausnahme von der Sperrklausel kommt **nicht** in Betracht, wenn **anderweitiger gleichwertiger Schutz** vor Abschiebung zur Verfügung steht.

---

[2861] St. Rspr. des BVerwG zu § 53 Abs. 6 AuslG 1990: vgl. ua BVerwGE 99, 324; BVerwG DVBl. 1996, 1257; BVerwGE 108, 77 zu § 53 Abs. 6 AuslG 1990; zur inhaltlichen Entsprechung von § 53 Abs. 6 AuslG 1990 und § 60 Abs. 7 AufenthG: BVerwG Beschl. vom 19.10.2005 – 1 B 16.05, Buchholz 402.242 § 60 Abs. 2 ff. AufenthG Nr. 4, S. 10; BVerwG Urt. v. 16.6.2004 – 1 C 27/03, juris; BVerwG Urt. v. 12.7.2001 – 1 C 5/01, juris.

[2862] BVerwGE 102, 249 (259) = NVwZ 1997, 685 (687) = JZ 1997, 508 (511) m. Anm. *Rittstieg;* VGH Mannheim InfAuslR 1997, 265 (268) = NVwZ-Beil. 1997, 51 (52); InfAuslR 1997, 259 (262) = NVwZ-Beil. 1997, 33 (35).

[2863] Im Hinblick auf die Anwendung dieser Grundsätze hat sich insb. in Bezug auf Schutzsuchende aus Afghanistan eine uneinheitliche Kasuistik in der Rechtsprechung entwickelt, s. umfassend dazu *Dolk* Asylmagazin 12/2011, 416, 422 ff. mwN; s. auch Lageberichte sowie Rechtsprechung zu Afghanistan unter asyl.net unter *Länder* sowie den Themenschwerpunkt Afghanistan im Asylmagazin 3/ 2017, 73 ff.

# Sachregister

*Die Zahlen bezeichnen die jeweiligen Randnummern.*

Ablehnungsgründe bei Forschern, Studenten, Schülern, Praktikanten, Teilnehmern an Sprachkursen und Teilnehmern am europäischen Freiwilligendienst (§ 20c AufenthG) 381 ff.

Abschiebung (§ 58 AufenthG) 27, 1143 ff.
– § 58 Abs. 1 AufenthG 1144
– § 58 Abs. 1a AufenthG 1145 f.
– § 58 Abs. 1b AufenthG 1147
– § 58 Abs. 2 AufenthG 1148 ff.
– § 58 Abs. 3 AufenthG 1152 ff.

Abschiebungsanordnung (§ 58a AufenthG) 1163 ff.
– Abschiebungsverbot, Vorliegen 1168
– Rechtsschutz 1169 f.
– Voraussetzungen für den Erlass einer Abschiebungsanordnung 1164 f.
– Zuständigkeit, Übernahme 1166 f.

Abschiebungshaft (§§ 62, 62a AufenthG) 27, 1262 ff.
– Abschiebungsanordnung nach § 58a AufenthG (§ 62 Abs. 3 S. 1 Nr. 1a AufenthG) 1280
– Absehen von Sicherungshaft nach § 62 Abs. 3 S. 2 und 3 AufenthG 1287
– allgemeine Grundsätze für die Anordnung von Abschiebungshaft (§ 62 Abs. 1 AufenthG) 1270
– Anhörung 1302 ff.
– Anordnung der sofortigen Wirksamkeit 1322
– Antragserfordernis 1297 f.
– Ausländerakten, Vorlage der 1301
– Begründung des gerichtlichen Beschlusses 1320 f.
– Begründungspflicht 1299 f.
– Bekanntgabe des gerichtlichen Beschlusses 1320 f.
– Beschleunigungsgebot 1318 f.
– Bindung des Haftrichters an verwaltungsrechtliche Vorfragen 1308 ff.
– Dauer der Sicherungshaft (§ 62 Abs. 3 S. 4 und 4a AufenthG) 1288 f.
– Dolmetscher, Beiziehung 1306
– Entziehung der Abschiebung (§ 62 Abs. 3 S. 1 Nr. 4 AufenthG) 1284
– Entziehungsabsicht (§ 62 Abs. 3 S. 1 Nr. 5 AufenthG) 1285 f.
– fehlende Anwesenheit an einem bestimmten Ort zu einem Abschiebungstermin (§ 62 Abs. 3 S. 1 Nr. 3 AufenthG) 1283
– Haftdauer 1318 f.

– konsularische Vertretung 1307
– nachträgliche Feststellung der Rechtswidrigkeit einer Anordnung von Abschiebungshaft 1327
– Rechtsmittel 1323 ff.
– Sicherungshaft nach § 62 Abs. 3 AufenthG 1274 ff.
– unerlaubte Einreise (§ 62 Abs. 3 S. 1 Nr. 1 AufenthG) 1277 ff.
– Verfahrensrecht 1296 ff.
– Vollzug der Abschiebungshaft (§ 62a AufenthG) 1328 ff.
– Vorbereitungshaft (§ 62 Abs. 2 AufenthG) 1271 ff.
– vorläufige Ingewahrsamnahme (§ 62 Abs. 5 AufenthG) 1290 ff.
– Wechsel des Aufenthaltsortes (§ 62 Abs. 3 S. 1 Nr. 2 AufenthG) 1281 f.
– Zuständigkeit 1298

Abschiebungsverbote nach § 60 AufenthG 1838 ff.
– Abschiebungsverbot aus gesundheitlichen Gründen (§ 60 Abs. 7 S. 2–4 AufenthG) 1861 ff.
– Abschiebungsverbot nach § 60 Abs. 1 AufenthG 1839 ff.
– Abschiebungsverbot nach § 60 Abs. 7 AufenthG 1859 ff.
– Abschiebungsverbote nach der EMRK (§ 60 Abs. 5 AufenthG) 1855 ff.
– aufenthaltsrechtliche Folgen eines Ausschlusses 1844 f.
– Auslieferung und Abschiebung (§ 60 Abs. 4 AufenthG) 1849 f.
– Ausschlussgrund nach § 60 Abs. 8 AufenthG 1841 ff.
– Drohen eines ernsthaften Schadens (§ 60 Abs. 2 AufenthG) 1846
– erhebliche konkrete Gefahr für Leib, Leben oder Freiheit 1860
– nationale Abschiebungsverbote nach § 60 Abs. 5 und 7 AufenthG 1853 ff.
– Non-Refoulement, Gebot des 1840
– Sperrklausel nach § 60 Abs. 7 S. 6 AufenthG 1865
– Strafverfahren im Ausland (§ 60 Abs. 6 AufenthG) 1851 f.
– Todesstrafe, drohende Verhängung oder Vollstreckung (§ 60 Abs. 3 AufenthG) 1847 f.

Allgemeine Verwaltungsvorschrift zum Aufenthaltsgesetz (AVV-AufenthG) 4

**Altfallregelungen (§§ 104a und 104b AufenthG)** 683 ff.
- Altfallregelung nach § 104a AufenthG 683 ff.
- Aufenthaltsrecht für integrierte Kinder von Geduldeten nach § 104b AufenthG 687 ff.

**Androhung der Abschiebung (§ 59 AufenthG)** 1171 ff.
- Abschiebungsverbot, Abschiebungsandrohung bei Vorliegen 1186 f.
- Ausreisefrist, Bestimmung 1174 ff.
- Folgen der Unanfechtbarkeit einer Abschiebungsandrohung 1188 ff.
- Zielstaat, Bezeichnung 1183 ff.

**„Anerkennungsrichtlinie"** 3
- Gesetz vom 28.8.2013 3

**Antragserfordernis im Verfahren auf Erteilung und Verlängerung eines Aufenthaltstitels, grundsätzliches (§ 81 Abs. 1 AufenthG)** 1384

**Anwendungsbereich des AufenthG** 5 ff.
- diplomatische Missionen, Mitglieder 7
- EWR-Staaten, Angehörige der 6
- Familienangehörige von Angehörigen der EWR-Staaten 6
- Familienangehörige von Unionsbürgern 6
- konsularische Vertretungen, Mitglieder 7
- Unionsbürger 6

**Arbeitnehmerfreizügigkeit (Art. 45 AEUV)** 1497 ff.
- Arbeitnehmer, Begriff 1498 ff.
- Arbeitssuche 1505
- Ausschluss von der Freizügigkeit bei Beschäftigung in der öffentlichen Verwaltung (Art. 45 Abs. 4 AEUV) 1506
- Berufsausbildung 1504

**Assoziationsrecht EG-Türkei, Aufenthaltsrecht nach dem** 1587 ff.
- Arbeitnehmerbegriff 1602 ff.
- Arbeitslosigkeit, freiwillige bzw. selbstverschuldete 1659
- Arbeitslosigkeit, unverschuldete 1649 ff.
- arbeitsrechtliche Vorschrift, Art. 6 ARB 1/80 als 1596 ff.
- Arbeitsunfall 1646 ff.
- Art. 6 Abs. 1 dritter Gedankenstrich ARB 1/80 1641 ff.
- Art. 6 Abs. 1 erster Gedankenstrich ARB 1/80 1624 ff.
- Art. 6 Abs. 1 zweiter Gedankenstrich ARB 1/80 1631 ff.
- Art. 6 Abs. 2 ARB 1/80 1645 ff.
- Art. 6 Abs. 3 ARB 1/80 1665
- Art. 7 ARB 1/80 1670 ff.
- Art. 7 ARB 1/80, aufenthaltsrechtliche Bedeutung 1672
- Art. 7 ARB 1/80, Zielsetzung 1670
- Art. 7 S. 1 ARB 1/80 1673 ff.
- Art. 7 S. 1 erster Gedankenstrich ARB 1/80 1682 ff.
- Art. 7 S. 1 zweiter Gedankenstrich ARB 1/80 1688
- Assoziation EWG-Türkei 1587 ff.
- Assoziationsabkommen 1587 ff.
- Assoziationsrat EWG-Türkei, Bildung und Tätigkeit 1593
- Assoziationsratsbeschluss Nr. 1/80, Zielsetzung 1594
- Ausreise aus dem Bundesgebiet, nicht nur vorübergehende 1663
- Ausscheiden aus dem Arbeitsleben 1664
- Ausschluss freizügigkeitsrechtlicher Vergünstigungen bei Beschäftigungen in der „öffentlichen Verwaltung" 1607
- Beschränkungen assoziationsrechtlicher Aufenthalts- und Beschäftigungsrechte nach Art. 14 ARB 1/80 1696 ff.
- Beschränkungsmaßnahmen nach Art. 14 Abs. 1 ARB 1/80, Rechtmäßigkeit 1702 ff.
- Beschränkungsmaßnahmen nach Art. 14 Abs. 1 ARB 1/80, unionsrechtliche Anforderungen 1698 ff.
- Duldung 1619
- Erkrankung, kurzfristige 1646 ff.
- Erkrankung, langfristige 1653 f.
- Fallgruppen, einzelne 1611 ff.
- Familienangehörige, nachgezogene iSd Art. 7 S. 1 Beschl. 1/80 EWG-TR 1673 ff.
- Familiennachzug, kein unmittelbarer und unbedingter Anspruch auf 1671
- Fiktion des erlaubten oder geduldeten Aufenthalts iSd § 81 Abs. 3 und 4 AufenthG 1620 ff.
- freizügigkeitsbeschränkende Maßnahmen gemäß Art. 14 ARB 1/80 1658
- Inhaber einer Aufenthaltserlaubnis aus humanitären Gründen 1618
- Kinder türkischer Arbeitnehmer, Sonderstatus gem. Art. 7 S. 2 ARB 1/80 1689 ff.
- Mutterschaft 1646 ff.
- „ordnungsgemäße Beschäftigung", Erfordernis 1608 ff.
- Recht auf freie Einreise türkischer Arbeitnehmer, kein 1601
- Schadensersatz bei Nichtbeachtung der assoziationsrechtlichen Vergünstigungen 1669
- Sozialhilfebedürftigkeit 1705
- Strafhaft 1662
- strafrechtliche Verurteilungen 1703
- türkische Arbeitnehmer als Begünstigte des Art. 6 ARB 1/80 1602 ff.
- türkische Arbeitnehmerinnen und Arbeitnehmer (Art. 6 ARB 1/80) 1595 ff.
- türkische Asylbewerber 1616 f.
- türkische Ehegatten 1613 ff.
- türkische Studentinnen und Studenten 1611 f.
- Urlaub 1646 ff.
- verfahrensrechtliche Anforderungen 1706
- verfahrensrechtliche Auswirkungen des Art. 6 ARB 1/80 1666 ff.

– Verfestigungsstufen des Art. 6 ARB 1/80 EWG-TR, einzelne 1623 ff.
– Verfestigungsstufen des Art. 7 S. 1 ARB 1/80, einzelne 1682 ff.
– Verhältnis von Art. 7 ARB 1/80 zu Art. 6 ARB 1/80 1692
– Verlust der Rechte aus Art. 7 ARB 1/80 1693
– Verlusttatbestände, sonstige 1657 ff.
– Verstoß gegen aufenthalts- und melderechtliche Vorschriften 1704
– Wehrdienst, Ableistung 1655 f.

**Asylantrag** 1736 ff.
– Familieneinheit 1738 f.
– Folgeantrag 1740 ff.
– Zweitantrag 1740 ff.

**Asylantrag, Aufenthaltstitel bei (§ 10 AufenthG)** 133 ff.
– § 10 Abs. 1 AufenthG 133 ff.
– § 10 Abs. 2 AufenthG 136 f.
– § 10 Abs. 3 AufenthG 138 ff.

**Asyl- und Flüchtlingsrecht, Grundzüge** 1707 ff.
– Asylverfahren, Grundzüge 1729 ff.
– Entstehung des internationalen Flüchtlingsrechts 1708 ff.
– Flüchtlingsschutz in Deutschland 1722 ff.
– Gemeinsames Europäisches Asylsystem (GE-AS) 1713 ff.

**Asylverfahren, Grundzüge** 1729 ff.
– Anhörung, Anwesenheitsrechte 1798
– Anhörung, Bedeutung für das Verfahren 1795 ff.
– Anhörung, Folgen des Nichterscheinens 1799 ff.
– Anhörung zu den Fluchtgründen 1794
– Ankunft von Asylsuchenden 1733 f.
– Arbeitsmarkt, Zugang zu 1759 ff.
– Asylantrag 1736 ff.
– Asylrecht nach Art. 16a GG 1818 ff.
– Aufenthaltsgestattung 1748 ff.
– Ausschlussgründe, keine 1815 ff.
– Beendigungsgründe, keine 1815 ff.
– begründete Furcht 1811 ff.
– „Dublin-Verfahren" 1774 ff.
– Entscheidungsmöglichkeiten des BAMF 1824 ff.
– fehlender effektiver Schutz im Herkunftsstaat 1814
– Flüchtlingseigenschaft nach § 3 AsylG 1803 ff.
– Leistungen 1757 f.
– materielle Prüfung des Asylantrags 1802 ff.
– medizinische Versorgung 1757 f.
– Personen aus sicheren Herkunftsstaaten 1765 f.
– Personen mit besonderen Bedürfnissen 1767
– räumliche Beschränkung 1752 ff.
– Rechtsschutz 1831 ff.
– Rechtsstellung von Asylsuchenden 1748 ff.
– Registrierung von Asylsuchenden 1733 f.

– Schulbildung, Zugang zu 1759 ff.
– Studium, Zugang zu 1759 ff.
– subsidiärer Schutz des § 4 AsylG 1821 ff.
– unbegleitete Minderjährige 1768 ff.
– Unterbringung 1752 ff.
– Verfolgung 1804 ff.
– Verfolgungsgrund 1807 ff.
– Verweigerung der Einreise 1735
– Zurückschiebung 1735
– Zuständigkeit, Verfahren zur Prüfung der 1774 ff.
– Zuständigkeit des Bundesamtes für Migration und Flüchtlinge 1729 ff.

**„Asylverfahrensrichtlinie"** 3

**Aufenthalt aus familiären Gründen (§§ 27 bis 36 AufenthG)** 690 ff.
– Art. 6 Abs. 1 und 2 GG, Schutz von Ehe und Familie nach 691 ff.
– Art. 8 EMRK, Achtung des Privat und Familienlebens nach 706 ff.
– Ehe, Schutz im Aufenthaltsrecht 691 ff.
– eingetragene Lebenspartnerschaft, Schutz 698 f.
– EU-Recht, Schutz von Ehe und Familie im 719 ff.
– europäisches Primärrecht, Schutz von Ehe und Familie durch 719
– Europarecht, Schutz von Ehe und Familie 691 ff.
– Familie, Schutz im Aufenthaltsrecht 700 ff.
– Familiennachzug, Regelung im AufenthG 727 ff.
– Familienzusammenführungsrichtlinie 2003/86/EG 720 ff.
– Völkerrecht, Schutz von Ehe und Familie 691 ff.
– Verfassungsrecht, Schutz von Ehe und Familie im 691 ff.

**Aufenthalt aus humanitären Gründen (§ 25 AufenthG)** 511 ff.
– Aufenthaltserlaubnis bei sonstigen Ausreisehindernissen (§ 25 Abs. 5 AufenthG) 579 ff.
– Aufenthaltserlaubnis bei Vorliegen von Abschiebeverboten nach § 60 Abs. 5 und 7 AufenthG (§ 25 Abs. 3 AufenthG) 537 ff.
– Aufenthaltserlaubnis für anerkannte Flüchtlinge (§ 25 Abs. 2 S. 1 Alt. 1 AufenthG) 523 ff.
– Aufenthaltserlaubnis für Asylberechtigte (§ 25 Abs. 1 AufenthG) 512 ff.
– Aufenthaltserlaubnis für die Opfer illegaler Beschäftigung (§ 25 Abs. 4b AufenthG) 571 ff.
– Aufenthaltserlaubnis für die Opfer von Menschenhandel (§ 25 Abs. 4a AufenthG) 559 ff.
– Aufenthaltserlaubnis für einen vorübergehenden Aufenthalt aus dringenden humanitären oder persönlichen Gründen oder erheblichen öffentlichen Interessen (§ 25 Abs. 4 S. 1 AufenthG) 547 ff.

– Aufenthaltserlaubnis für subsidiär Schutzberechtigte (§ 25 Abs. 2 S. 1 Alt. 2 AufenthG)
529 ff.
– Aufenthaltsverlängerung in außergewöhnlichen Härtefällen (§ 25 Abs. 4 S. 2 AufenthG)
555 ff.
**Aufenthalt aus völkerrechtlichen, humanitä-
ren oder politischen Gründen** 404 ff.
– Absehen vom Erfordernis der Lebensunterhaltssicherung 427 ff.
– Absehen vom Erfordernis der Passpflicht
432 ff.
– Absehen von der Visumspflicht 435
– allgemeine Erteilungsvoraussetzungen eines
Aufenthalts aus völkerrechtlichen, humanitären oder politischen Gründen 422 ff.
– allgemeine Erteilungsvoraussetzungen des § 5
AufenthG 422 ff.
– Aufnahme aus dem Ausland (§ 22 AufenthG)
443 ff.
– Ausweisungsinteresse, kein 430 f.
– Einreise- und Aufenthaltsverbote, Besonder-
heiten bei (§ 11 AufenthG) 441 f.
– Identitätsklärung 430 f.
– Interessen der Bundesrepublik, keine Beein-
trächtigung oder Gefährdung 430 f.
– Titelerteilung nach Asylverfahren, Möglich-
keit der (§ 10 Abs. 3 AufenthG) 438 ff.
– Versagungsgrund des § 5 Abs. 4 AufenthG
436 f.
**Aufenthaltserlaubnis, Erteilung einer (§ 7
AufenthG)** 116 ff.
– Aufenthaltszwecke 117 ff.
– befristeter Aufenthaltstitel 116
Aufenthaltserlaubnis, Verlängerung der (§ 8
AufenthG) 124 ff.
**Aufenthaltserlaubnis bei sonstigen Ausreise-
hindernissen (§ 25 Abs. 5 AufenthG)**
579 ff.
– Rechtsstellung 601 f.
– Regelerteilung nach 18 Monaten 597
– Unmöglichkeit der Ausreise 581 ff.
– Verfahren 598 ff.
– Verschulden, kein 591 ff.
– Zuständigkeit 598 ff.
**Aufenthaltserlaubnis bei Vorliegen von Ab-
schiebeverboten nach § 60 Abs. 5 und 7 Auf-
enthG (§ 25 Abs. 3 AufenthG)** 537 ff.
– Ausschlussgründe 539 ff.
– Erteilungsvoraussetzungen, besondere 538
– Rechtsstellung 546
– Verfahren 542 ff.
– Zuständigkeit 542 ff.
**Aufenthaltserlaubnis für anerkannte Flücht-
linge (§ 25 Abs. 2 S. 1 Alt. 1 AufenthG)**
523 ff.
– Rechtsstellung 527 f.
– Verfahren 524 ff.
– Zuständigkeit 524 ff.

**Aufenthaltserlaubnis für Asylberechtigte (§ 25
Abs. 1 AufenthG)** 512 ff.
– Ausschlussgründe 516 f.
– Rechtsstellung 518 ff.
– Verfahren 514 f.
– Versagungsgründe 516 f,
– Zuständigkeit 514 f.
**Aufenthaltserlaubnis für die Opfer illegaler
Beschäftigung (§ 25 Abs. 4b AufenthG)**
571 ff.
– Erteilungsvoraussetzungen, besondere 572 ff.
– Rechtsstellung 578
– Verfahren 575 ff.
– Zuständigkeit 575 ff.
**Aufenthaltserlaubnis für die Opfer von Men-
schenhandel (§ 25 Abs. 4a AufenthG)** 559 ff.
– Erteilungsvoraussetzungen, besondere 561 f.
– Rechtsstellung 568 ff.
– Verfahren 563 ff.
– Zuständigkeit 563 ff.
**Aufenthaltserlaubnis für einen vorübergehen-
den Aufenthalt aus dringenden humanitä-
ren oder persönlichen Gründen oder erheb-
lichen öffentlichen Interessen (§ 25 Abs. 4
S. 1 AufenthG)** 547 ff.
**Aufenthaltserlaubnis für gut integrierte Ju-
gendliche und Heranwachsende (§ 25a Auf-
enthG)** 603 ff.
– Altersgrenze (Abs. 1 Nr. 3) 611
– erfolgreicher Schulbesuch (Abs. 1 Nr. 2)
609 f.
– Erteilungsvoraussetzungen 605 ff.
– Familienangehörige, Aufenthaltserlaubnis für
(§ 25a Abs. 2 AufenthG) 615 ff.
– positive Integrationsprognose (Abs. 1 Nr. 4)
612
– Rechtsstellung 619 f.
– Schulabschluss (Abs. 1 Nr. 2) 609 f.
– ununterbrochener vierjähriger Aufenthalt
(Abs. 1 Nr. 1) 607 f.
– Verfahren 614
– Verfassungstreue (Abs. 1 Nr. 5) 612
– Versagungsgründe 613
– Zuständigkeit 614
**Aufenthaltserlaubnis für in anderen Mit-
gliedstaaten der Europäischen Union lang-
fristig Aufenthaltsberechtigte (§ 38a Auf-
enthG)** 921 ff.
– Aufnahme einer Erwerbstätigkeit (Abs. 3)
924
– ausgeschlossener Personenkreis (Abs. 2) 923
– beschäftigungsrechtliche Nebenbestimmung
(Abs. 4) 925
– Beteiligung des anderen Mitgliedstaates bei
aufenthaltsbeendenden Maßnahmen 928
– Familiennachzug 927
– Geltungsdauer 926
– Rechtsanspruch auf eine Aufenthaltserlaubnis
(Abs. 1) 922

**Aufenthaltserlaubnis für qualifizierte Geduldete zum Zweck der Beschäftigung (§ 18a AufenthG)** 297 ff.
– Abs. 1a 304
– Abs. 1b 305
– Abs. 2 306 ff.
– Abs. 3 309
– Ausnahmen von den allgemeinen Erteilungsvoraussetzungen 309
– Duldung nach § 60a Abs. 2 S. 4 AufenthG 304
– Erteilungsvoraussetzungen 297 ff.
– Fachkraft 301
– Hochschulabschluss, im Ausland erworbener 300
– Kriterien der Nr. 2 bis 7 303
– Satz 1 Nr. 1 Buchst. b 300
– Satz 1 Nr. 1 Buchst. c 301 f.
– Widerruf einer Aufenthaltserlaubnis nach § 18a Abs. 1a AufenthG 305
– Zustimmung ohne Vorrangprüfung 306 ff.
**Aufenthaltserlaubnis für subsidiär Schutzberechtigte (§ 25 Abs. 2 S. 1 Alt. 2 AufenthG)** 529 ff.
– Rechtsstellung 532 ff.
– Verfahren 530 f.
– Zuständigkeit 530 f.
**Aufenthaltserlaubnis zum Zweck der Ausbildung (§§ 16, 17 und 17a AufenthG)** 203 ff.
– allgemeine Zweckbindung des Aufenthalts (§ 16b Abs. 4 AufenthG) 247
– anderer Aufenthaltszweck (§ 16 Abs. 4 AufenthG) 218 ff.
– Aufenthaltserlaubnis für Arbeitssuche nach Studienabschluss (§ 16 Abs. 5 AufenthG) 221
– Aufenthaltserlaubnis nach Zulassung zum Studium oder einer studienvorbereitenden Maßnahme (§ 16 Abs. 6 AufenthG) 222 f.
– Aufenthaltserlaubnis zum Zweck der Studienbewerbung (§ 16 Abs. 7 AufenthG) 224
– Aufenthaltszwecke, sonstige (§ 17 AufenthG) 248 ff.
– ausländische Berufsqualifikationen, Anerkennung (§ 17a AufenthG) 253 ff.
– Ausschluss von der Aufenthaltserlaubnis zum Zweck des Studiums oder der Studienbewerbung (§ 16 Abs. 11 AufenthG) 229 f.
– Ausübung einer Beschäftigung (§ 16 Abs. 3 AufenthG) 216
– Geltungsbereich der Aufenthaltserlaubnis (§ 16 Abs. 2 AufenthG) 214 f.
– international Schutzberechtigte (§ 16 Abs. 9 AufenthG) 226 f.
– minderjährige Ausländer (§ 16 Abs. 10 AufenthG) 228
– Mobilität im Rahmen des Studiums (§ 16a AufenthG) 231 ff. *s. a. Mobilität im Rahmen des Studiums (§ 16a AufenthG)*
– nachträgliche Befristung der Aufenthaltserlaubnis (§ 16 Abs. 8 AufenthG) 225

– Rücknahme der Aufenthaltserlaubnis (§ 16 Abs. 8 AufenthG) 225
– Schüleraustausch (§ 16b AufenthG) 240, 242
– Schulbesuch (§ 16 AufenthG) 207 ff.
– Schulbesuch (§ 16b AufenthG) 240, 243 ff.
– Sprachkurs (§ 16 AufenthG) 207 ff.
– Sprachkurse, Teilnahme (§ 16b AufenthG) 240 f.
– Studium (§ 16 AufenthG) 207 ff.
– Studium, Begriff (§ 16 Abs. 1 AufenthG) 210 ff.
– unionsrechtlicher Rechtsanspruch 207 ff.
– Widerruf der Aufenthaltserlaubnis (§ 16 Abs. 8 AufenthG) 225
**Aufenthaltserlaubnis zum Zweck der Forschung (§ 20 AufenthG)** 353 ff.
– Abgabe einer allgemeinen Übernahmeerklärung (§ 20 Abs. 3 AufenthG) 364 f.
– Aufenthaltserlaubnis für mobile Forscher (§ 20b AufenthG) 377 ff.
– Ausschlussgründe (§ 20 Abs. 6 AufenthG) 369 f.
– Berechtigung zur Ausübung einer Erwerbstätigkeit (§ 20 Abs. 5 AufenthG) 368
– Erteilungsvoraussetzungen (§ 20 Abs. 1 AufenthG) 359 ff.
– „Forscher", Begriff 358
– „Forschung", Begriff 358
– Geltungsdauer der Aufenthaltserlaubnis (§ 20 Abs. 4 AufenthG) 366 f.
– international Schutzberechtigte (§ 20 Abs. 8 AufenthG) 372 f.
– kurzfristige Mobilität für Forscher (§ 20a AufenthG) 374 ff.
– Verlängerung der Aufenthaltserlaubnis nach Abschluss der Forschungstätigkeit (§ 20 Abs. 7 AufenthG) 371
– Verzicht auf die Vorlage einer Kostenübernahmeerklärung (§ 20 Abs. 2 AufenthG) 363
– Zweck der Vorschrift 353 ff.
**Aufenthaltserlaubnis zur Arbeitsplatzsuche für qualifizierte Fachkräfte (§ 18c AufenthG)** 312 ff.
**Aufenthaltsgesetz (AufenthG)** 1
– Anwendungsbereich 1 ff., 5 ff.
– Ausländer (§ 2 Abs. 1 AufenthG) 10
– ausreichender Wohnraum (§ 2 Abs. 4 AufenthG) 20
– Begriffsbestimmungen 9 ff.
– Erwerbstätigkeit (§ 2 Abs. 2 AufenthG) 11
– langfristig Aufenthaltsberechtigte (§ 2 Abs. 7 AufenthG) 23
– langfristige Aufenthaltsberechtigung (§ 2 Abs. 8 AufenthG) 23
– Legaldefinitionen 9 ff.
– Schengen-Visum (§ 2 Abs. 5 AufenthG) 21
– Sicherung des Lebensunterhalts (§ 2 Abs. 3 AufenthG) 12 ff.

– Sprachkenntnisse (§ 2 Abs. 9 bis 12 Auf-
enthG) 23
– vorübergehender Schutz (§ 2 Abs. 6 Auf-
enthG) 22
– Ziele 1 ff.
**Aufenthaltsgewährung bei nachhaltiger Inte-
gration (§ 25b AufenthG) 621 ff.**
– Deutschkenntnisse (§ 25b Abs. 1 S. 2 Nr. 4)
630 f.
– Erteilungsvoraussetzungen, besondere 623 ff.
– Familienangehörige, Aufenthaltserlaubnis für
(Abs. 4) 634 f.
– gesellschaftliche Grundkenntnisse (§ 25b
Abs. 1 S. 2 Nr. 2) 626
– Lebensunterhaltssicherung (§ 25b Abs. 1 S. 2
Nr. 3) 627 ff.
– Rechtsstellung 636 f.
– sechs- bis achtjähriger Aufenthalt (§ 25b
Abs. 1 S. 2 Nr. 1) 624 f.
– Verfassungsbekenntnis (§ 25b Abs. 1 S. 2
Nr. 2) 626
– Versagungsgründe (§ 25b Abs. 2 AufenthG)
632 f.
**Aufenthaltsgewährung zum vorübergehen-
den Schutz (§ 24 AufenthG) 500 ff.**
– Ausschlussgründe 503
– Erteilungsvoraussetzungen, besondere 501 f.
– Rechtsstellung 506 ff.
– Verfahren 504 f.
– Zuständigkeit 504 f.
**Aufenthaltskarte 27**
**„Aufenthaltsrecht" 1**
**Aufenthaltstitel 27**
**Aufenthaltstitel, Erfordernis s. *Erfordernis ei-
nes Aufenthaltstitels (§ 4 AufenthG)***
**Aufenthaltstitel, Erteilung und Verlängerung
62 ff.**
– Aufenthaltserlaubnis, Erteilung einer (§ 7
AufenthG) 116 ff.
– Ausnahme-Visum (§ 6 Abs. 4 AufenthG) 115
– Ausnahmen von der Regel 76 ff.
– Ausweisungsinteresse 67 ff.
– Erteilungsvoraussetzungen, allgemeine (§ 5
AufenthG) 62 ff.
– Interessen der Bundesrepublik Deutschland
71 ff.
– Kurzaufenthalt, Schengen-Visum für 82
– nationales Visum (§ 6 Abs. 3 AufenthG)
108 ff.
– § 5 Abs. 1 AufenthG 63 ff.
– § 5 Abs. 1 Nr. 1 AufenthG 65
– § 5 Abs. 1 Nr. 1a AufenthG 66
– § 5 Abs. 1 Nr. 2 AufenthG 67 ff.
– § 5 Abs. 1 Nr. 3 AufenthG 71 ff.
– § 5 Abs. 1 Nr. 4 AufenthG 75
– § 5 Abs. 2 AufenthG 79 ff.
– § 5 Abs. 3 AufenthG 86 ff.
– § 5 Abs. 4 AufenthG 93 ff.
– Passpflicht nach § 3 AufenthG 75

– Schengen-Visum (§ 6 Abs. 1 AufenthG) 97 ff.
– Verlängerung eines Schengen-Visums (§ 6
Abs. 2 AufenthG) 105 ff.
– Visum (§ 6 AufenthG) 97 ff.
**Aufenthaltstitel, Geltungsbereich und Neben-
bestimmungen (§ 12 AufenthG) 186 ff.**
– Auflagen 191 ff.
– Bedingungen 187 ff.
– Geltungsbereich eines Aufenthaltstitels 186
– Verfahrensrecht 200
**Aufenthaltstitel bei Asylantrag s. *Asylantrag,
Aufenthaltstitel bei (§ 10 AufenthG)***
**Aufenthaltsverbot s. *Einreise- und Aufenthalts-
verbot (§ 11 AufenthG)***
**Aufenthaltsverlängerung in außergewöhnli-
chen Härtefällen (§ 25 Abs. 4 S. 2 Auf-
enthG) 555 ff.**
**Aufenthaltsverordnung (AufenthV) 8**
**Aufenthaltszeiten, Berechnung (§ 85 Auf-
enthG) 1407**
**Aufenthaltszwecke 117 ff.**
– Altfallregelung, Aufenthaltsrechte nach der
117
– Auflagen 123
– Ausbildung 117
– Bedingungen 123
– Befristung 122
– besondere Aufenthaltsrechte 117
– ehemalige Deutsche 117
– Erwerbstätigkeit 117
– familiäre Gründe 117
– humanitäre Gründe 117
– nicht erfasster Aufenthaltszweck 121
– politische Gründe 117
– Recht auf Wiederkehr 117
– völkerrechtliche Gründe 117
– Wechsel des Aufenthaltszwecks 118 ff.
**Aufenthaltszwecke, sonstige (§ 17 AufenthG)
248 ff.**
– Erleichterung für den Zugang zum Arbeits-
markt 251
– Verlängerungsoption 252
– Voraussetzungen 249 f.
**Aufnahme aus dem Ausland (§ 22 AufenthG)
443 ff.**
– Aufnahme aus völkerrechtlichen oder drin-
genden humanitären Gründen (§ 22 S. 1 Auf-
enthG) 446 ff.
– Aufnahme zur Wahrung politischer Interessen
(§ 22 S. 2 AufenthG) 449 f.
– Erteilungsvoraussetzungen, besondere 445 ff.
– Rechtsstellung 453 f.
– Verfahren 451 f.
– Zuständigkeit 451 f.
**Aufnahmeanordnung durch das BMI bei be-
sonders gelagerten politischen Interessen
nach § 23 Abs. 2 AufenthG 470 ff.**
– praktische Anwendungsfälle 477 f.
– Rechtsstellung 474 ff.

– Verfahren 471 ff.
– Zuständigkeit 471 ff.
„Aufnahmerichtlinie" 3
– Gesetzentwurf 3
Ausländer (§ 2 Abs. 1 AufenthG) 10, 27
ausländerrechtliche Handlungsfähigkeit (§ 80 AufenthG) 1381 ff.
ausländische Berufsqualifikationen, Anerkennung (§ 17a AufenthG) 253 ff.
– Aufenthaltserlaubnis zum Zweck der Anerkennung einer ausländischen Berufsqualifikation 254 ff.
– Aufenthaltserlaubnis zur Ablegung einer Prüfung 259 f.
– studienbezogenes Praktikum (§ 17b AufenthG) 261 ff.
Ausnahmevisum (§ 14 AufenthG) 48
Ausnahme-Visum (§ 6 Abs. 4 AufenthG) 115
ausreichender Wohnraum (§ 2 Abs. 4 AufenthG) 20
Ausreiseeinrichtungen (§ 61 AufenthG) s. *räumliche Beschränkung, Wohnsitznahmepflicht und Ausreiseeinrichtungen (§ 61 AufenthG)*
Ausreisegewahrsam (§ 62b AufenthG) 1335 f.
Ausreisepflicht (§ 50 AufenthG) 27, 1045 ff.
Ausreisepflicht, Durchsetzung (§§ 57 bis 62 AufenthG) s. *Durchsetzung der Ausreisepflicht (§§ 57 bis 62 AufenthG)*
ausweisrechtliche Vorschriften (§ 48 AufenthG) 1026 ff.
Ausweisung (§§ 53 bis 56 AufenthG) 27, 1079 ff.
– Ausweisung als ordnungsrechtliche Maßnahme 1083
– Ausweisungsinteresse (§ 54 AufenthG) 1105 ff.
– besonderer Ausweisungsschutz aufgrund völkerrechtlicher Verträge 1117 ff.
– elektronische Aufenthaltsüberwachung (§ 56a AufenthG) 1131 f.
– Grundtatbestand der Ausweisung (§ 53 AufenthG) 1087 ff.
– Kommunikationsmittel oder –dienste, Verbot der Nutzung bestimmter 1129
– Meldepflicht 1126 f.
– Neugestaltung des Ausweisungsrechts mit Wirkung zum 1.1.2016 1080 ff.
– räumliche Beschränkungen 1128
– Ruhen der Verpflichtungen 1130
– Überwachung ausreisepflichtiger Ausländer aus Gründen der inneren Sicherheit (§ 56 AufenthG) 1123 ff.
– Wohnsitznahme, Gebot zur 1128
Ausweisungsinteresse (§ 54 AufenthG) 67 ff., 1105 ff.
– besonders schwerwiegende Ausweisungsinteressen (§ 54 Abs. 1 AufenthG) 1108

– besonders schwerwiegendes Bleibeinteresse 1115
– Bleibeinteresse (§ 55 AufenthG) 1114 ff.
– schwerwiegende Ausweisungsinteressen (§ 54 Abs. 2 AufenthG) 1113
– schwerwiegendes Bleibeinteresse 1116
AVV-AufenthG 4

Beauftragte für Migration, Flüchtlinge und Integration (§§ 92 bis 94 AufenthG) 1434
Beendigung der Rechtmäßigkeit des Aufenthalts (§ 51 AufenthG) 1050 ff.
– Aufhebung einer Aufenthaltserlaubnis nach § 38a AufenthG und Ausweisung oder Anordnung der Abschiebung des Inhabers einer solchen Aufenthaltserlaubnis 1060
– Erlöschen der Erlaubnis zum Daueraufenthalt-EU 1061 ff.
– Erlöschen eines Aufenthaltstitels 1051 ff.
– Fortgeltung von räumlichen und sonstigen Beschränkungen sowie von Auflagen 1059
– Verlust der Befreiung vom Erfordernis eines Aufenthaltstitels 1058
Beförderungsunternehmer, Pflichten (§ 63 AufenthG) 1338 f.
Beförderungsunternehmer, Rückbeförderungspflicht (§ 64 AufenthG) 1340
Begründung der Ausreisepflicht und Erlöschen eines Aufenthaltstitels (§§ 50 bis 56 AufenthG) 1044 ff.
Berechnung von Aufenthaltszeiten (§ 85 AufenthG) s. *Aufenthaltszeiten, Berechnung (§ 85 AufenthG)*
berufsbezogene Deutschsprachförderung (§ 45a AufenthG) 1003
Beschäftigungsverordnung (BeSchV) 8
Beschränkung der Anfechtbarkeit (§ 83 Abs. 1 AufenthG) 1392
besondere Aufenthaltsrechte 886 ff.
Beteiligungserfordernisse (§ 72 bis 74 AufenthG) 1372 ff.
Betretenserlaubnis (§ 11 Abs. 8 AufenthG) 177 ff.
Blaue Karte EU (§ 19a AufenthG) 128, 329 ff.
– Abs. 1 330 ff.
– Abs. 1 Nr. 1 331
– Abs. 1 Nr. 2 332 f.
– Abs. 1 Nr. 3 334
– Abs. 2 335
– Abs. 3 336
– Abs. 4 337
– Abs. 5 338
– Abs, 6 339
– angemessenes Gehalt 334
– Arbeitsplatzwechsel 337
– ausgeschlossene Personen 338
– berufliche Qualifikation 331
– Ermächtigung zum Erlass einer Rechtsverordnung 335

– Geltungsdauer 336
– Niederlassungserlaubnis, Erteilung einer 339
– Voraussetzungen für die Erteilung eines Aufenthaltstitels nach § 19a AufenthG 330 ff.
– Zustimmung der Bundesagentur für Arbeit 332 f.
– Zweck der Vorschrift 329
**„Blue Card-Richtlinie"** 3
– Gesetz vom 1.6.2012 3
**Bußgeldvorschriften (§ 98 AufenthG)** 1448 ff.

**Datenschutz** 1408 ff.
– Erhebung personenbezogener Daten (§ 86 AufenthG) 1412
– Löschung personenbezogener Daten (§ 91 AufenthG) 1429 ff.
– Mitteilungen der Ausländerbehörden an die Meldebehörden und Datenabgleich (§§ 90a und 90b AufenthG) 1428
– sonstige datenschutzrechtliche Bestimmungen (§§ 91a bis 91e AufenthG) 1432 f.
– Speicherung personenbezogener Daten (§ 91 AufenthG) 1429 ff.
– Übermittlungen an Ausländerbehörden (§§ 87, 88, 88a AufenthG) 1413 ff.
– Übermittlungen durch Ausländerbehörden (§ 90 AufenthG) 1423 ff.
**Dauer und Verfestigung des Aufenthalts (§ 26 AufenthG)** 638 ff.
– anrechenbare Voraufenthaltszeiten 655 f.
– Dauer je nach Aufenthaltserlaubnis (§ 26 Abs. 1 AufenthG) 640 ff.
– entsprechende Anwendung von § 35 AufenthG 657 ff.
– Niederlassungserlaubnis nach § 26 Abs. 3 AufenthG 646 ff.
– Niederlassungserlaubnis nach § 26 Abs. 4 AufenthG 652 ff.
– Verhältnis zu § 9 AufenthG (Niederlassungserlaubnis) 660 f.
– Verhältnis zu § 9a AufenthG (Daueraufenthalt-EU) 660 f.
– Verlängerungsausschluss (§ 26 Abs. 2 AufenthG) 644 f.
**Daueraufenthalt-EU, Erlaubnis zum (§§ 9a bis 9c AufenthG)** 132, 958 ff.
– Ausschluss vom Rechtsanspruch auf eine Erlaubnis zum Daueraufenthalt-EU (§ 9a Abs. 3 AufenthG) 961
– Besitz eines Aufenthaltstitels seit fünf Jahren (§ 9a Abs. 2 S. 1 Nr. 1 AufenthG) 963 ff.
– deutsche Sprache, ausreichende Kenntnisse (§ 9a Abs. 2 S. 1 Nr. 3 AufenthG) 976
– Grundkenntnisse der Rechts- und Gesellschaftsordnung und der Lebensverhältnisse im Bundesgebiet (§ 9a Abs. 2 S. 1 Nr. 4 AufenthG) 977
– Krankenversicherungsschutz, ausreichender (§ 9a Abs. 2 S. 1 Nr. 2 AufenthG) 969 ff.

– öffentliche Sicherheit und Ordnung, keine Verstöße gegen (§ 9a Abs. 2 S. 1 Nr. 5 AufenthG) 978
– Regelungsgehalt der Erlaubnis zum Daueraufenthalt-EU 959 f.
– Sicherung des Lebensunterhalts (§ 9a Abs. 2 S. 1 Nr. 2 AufenthG) 969 ff.
– Voraussetzungen für die Erteilung einer Erlaubnis zum Daueraufenthalt-EU (§ 9a Abs. 2 AufenthG) 962 ff.
– Wohnraum, ausreichender, Vorhandensein (§ 9a Abs. 2 S. 1 Nr. 6 AufenthG) 979
**„Daueraufenthaltsrichtlinie"** 3
– 1. Richtlinienumsetzungsgesetz 3
**Deutschsprachförderverordnung (DeuFöV)** 8

**diplomatische Missionen, Mitglieder** 7
**Drittausländer** 27
**Drittstaatsangehörige** 27
**„Dublin-Verfahren"** 1774 ff.
– „Anerkanntproblematik" 1777 ff.
– Anwendungsbereich 1777 ff.
– Dublin-Bescheid 1787 f.
– Fortsetzung des nationalen Asylverfahrens 1793
– Rechtsschutz im Dublin-Verfahren 1791 f.
– Übernahmeersuchen 1786
– Überstellung 1789 f.
– Zuständigkeitsprüfung nach der Dublin-III-VO 1781 ff.
**Duldung, vorübergehende Aussetzung der Abschiebung durch Duldung (§ 60a AufenthG)** 27, 1191 ff.
– Abschiebungshaft, nicht angeordnete (§ 60a Abs. 2a AufenthG) 1218 f.
– Anwesenheitserfordernis bei Strafverfahren (§ 60a Abs. 2 S. 2 AufenthG) 1208
– „Ausbildungsduldung" (§ 60a Abs. 2 S. 4 AufenthG) 1210 f.
– Berufsausbildung (§ 60a Abs. 2 S. 4 AufenthG) 1210 ff.
– dringende humanitäre oder persönliche Gründe (§ 60a Abs. 2 S. 3 AufenthG) 1209
– Duldung während eines Verfahrens bei konkreten Anhaltspunkten einer missbräuchlichen Anerkennung der Vaterschaft gem. § 85 AufenthG 1217
– Duldungsbescheinigung 1228 ff.
– Duldungsgründe 1196 ff.
– Eltern von Minderjährigen mit Aufenthaltserlaubnis nach § 25a Abs. 1 AufenthG (§ 60a Abs. 2b AufenthG) 1220
– erhebliche öffentliche Interessen 1209
– Erlöschen einer Duldung (§ 60a Abs. 5 AufenthG) 1240 f.
– Erwerbstätigkeit, Verbot der (§ 60a Abs. 6 AufenthG) 1238 f.
– europarechtliche Rückübernahmeverpflichtungen (§ 60a Abs. 2a AufenthG) 1218 f.

– gescheiterte Abschiebung (§ 60a Abs. 2a AufenthG) 1218 f.
– gesundheitliche Gründe (§ 60a Abs. 2c AufenthG) 1221 ff.
– Rechtsschutz 1242 ff.
– Rechtsstellung 1232 ff.
– Unmöglichkeit der Abschiebung im Einzelfall (§ 60a Abs. 2 S. 1 AufenthG) 1201 ff.
– Verwaltungsverfahren 1242 ff.
– Widerruf einer Duldung (§ 60a Abs. 5 AufenthG) 1240 f.

**„Durchbeförderungsrichtlinie"** 3
– 1. Richtlinienumsetzungsgesetz 3

**Durchsetzung der Ausreispflicht (§§ 57 bis 62 AufenthG)** 1133 ff.
– Abschiebung (§ 58 AufenthG) 1143 ff.
– Abschiebungsanordnung (§ 58a AufenthG) 1163 ff.
– Abschiebungshaft (§§ 62, 62a AufenthG) 1262 ff.
– Androhung der Abschiebung (§ 59 AufenthG) 1171 ff.
– Ausreisegewahrsam (§ 62b AufenthG) 1335 f.
– Duldung, vorübergehende Aussetzung der Abschiebung durch Duldung (§ 60a AufenthG) 1191 ff.
– Zurückschiebung (§ 57 AufenthG) 1134 ff.

**Ehegatte, eigenständiges Aufenthaltsrecht (§ 31 AufenthG)** 834 ff.
– Aufenthaltsverfestigung nach § 31 Abs. 3 AufenthG 850
– Härtefallklausel des § 31 Abs. 2 AufenthG 844 ff.
– Rechtsfolge des § 31 Abs. 1 AufenthG 835 ff.
– Sozialleistungsbezug, Auswirkungen, § 31 Abs. 4 AufenthG 851
– Voraussetzungen des § 31 Abs. 1 AufenthG 835 ff.

**Ehegattennachzug zu Ausländern (§ 30 AufenthG)** 807 ff.
– Anspruchsvoraussetzungen des § 30 Abs. 1 S. 1 AufenthG, einzelne 812 ff.
– Ausnahmen vom Sprachnachweis (Abs. 1 Nr. 2) 824 ff.
– Ausnahmen vom Volljährigkeitserfordernis (Abs. 1 Nr. 1) 822 f.
– Ausnahmetatbestände des § 30 Abs. 1 S. 2 und 3 Abs. 2 und 3 AufenthG 822 ff.
– Regelung des § 30 Abs. 4 AufenthG 833

**ehemalige Deutsche, Aufenthaltstitel für (§ 38 AufenthG)** 908 ff.
– Absehen von den allgemeinen Erteilungsvoraussetzungen (Abs. 3) 918
– Antragsfrist 913
– Aufenthaltserlaubnis, Rechtsanspruch auf 911 f.
– Berechtigung zur Ausübung einer Erwerbstätigkeit (Abs. 4) 919

– ehemaliger Deutscher 910
– entsprechende Anwendung von § 83 Abs. 3 AufenthG 914
– fiktiver Deutscher (Abs. 5) 920
– gewöhnlicher Aufenthalt im Ausland 915 ff.
– Niederlassungserlaubnis, Rechtsanspruch auf 911 f.
– Rechtsanspruch auf einen Aufenthaltstitel (Abs. 1) 909 ff.

**eigenständiges Aufenthaltsrecht des Ehegatten (§ 31 AufenthG)** s. *Ehegatte, eigenständiges Aufenthaltsrecht (§ 31 AufenthG)*

**Einreise** 46 ff.
– Grenzübertritt (§ 13 AufenthG) 46 f.

**Einreisesperre** 27

**Einreise- und Aufenthaltsverbot (§ 11 AufenthG)** 143 ff.
– Aufhebung der Frist (§ 11 Abs. 4 AufenthG) 165 ff.
– Ausschluss einer nachträglichen Befristung oder Aufhebung einer Entscheidung nach § 11 AufenthG (§ 11 Abs. 5 AufenthG) 171
– Befristung des Einreise- und Aufenthaltsverbots (§ 11 Abs. 2 AufenthG) 148 ff.
– Betretenserlaubnis (§ 11 Abs. 8 AufenthG) 177 ff.
– Einreise und Aufenthaltsverbot nach Ablehnung eines Asylantrags (§ 11 Abs. 7 AufenthG) 175
– Einreise- und Aufenthaltsverbot wegen unterlassener fristgerechter Ausreise (§ 11 Abs. 6 AufenthG) 172 ff.
– Folgen einer Einreise trotz Einreise- und Aufenthaltsverbots (§ 11 Abs. 9 AufenthG) 185
– Länge der Frist (§ 11 Abs. 3 AufenthG) 157 ff.
– Verkürzung der Frist (§ 11 Abs. 4 AufenthG) 165 ff.
– Verlängerung der Frist (§ 11 Abs. 4 AufenthG) 165 ff.

**einstweiliger Rechtsschutz** s. *Klageart und einstweiliger Rechtsschutz*

**Eltern, Nachzug der (§ 36 Abs. 1 AufenthG)** 878 f.

**Erfordernis eines Aufenthaltstitels (§ 4 AufenthG)** 37 ff.

**Erlaubnis zum Daueraufenthalt-EU** s. *Daueraufenthalt-EU, Erlaubnis zum (§§ 9a bis 9c AufenthG)*

**Erteilung einer Aufenthaltserlaubnis** s. *Aufenthaltserlaubnis, Erteilung einer (§ 7 AufenthG)*

**Erteilung eines Aufenthaltstitels** s. *Aufenthaltstitel, Erteilung und Verlängerung*

**Erwerbstätigkeit (§ 2 Abs. 2 AufenthG)** 11

**Erwerbstätigkeit, Aufenthalt zum Zweck der** 264 ff.
– allgemeine Bestimmungen zur Zulassung zum Arbeitsmarkt im „Regelverfahren" (§ 18 AufenthG) 269 ff.

– Aufenthaltserlaubnis für qualifizierte Geduldete zum Zweck der Beschäftigung (§ 18a AufenthG) 297 ff.
– Aufenthaltserlaubnis zur Arbeitsplatzsuche für qualifizierte Fachkräfte (§ 18c AufenthG) 312 ff.
– Aufenthaltsrecht für Beschäftigte mit qualifizierter Berufsausbildung 292 f.
– Aufenthaltsrecht für Beschäftigte ohne qualifizierte Berufsausbildung 291
– ausländische Beamte 294
– Beschäftigungsverordnung 276 ff.
– Beteiligung der Bundesagentur für Arbeit bei beabsichtigter Aufnahme einer Beschäftigung (§§ 39 bis 42 AufenthG) 266 ff.
– Blaue Karte EU (§ 19a AufenthG) 329 ff.
– Erteilungsvoraussetzungen 275
– europäischer Freiwilligendienst, Teilnahme (§ 18d AufenthG) 315 ff.
– Grundnorm für die Erteilung eines Aufenthaltstitels 275 ff.
– Grundsätze für die Zulassung ausländischer Arbeitnehmer 274
– Nachweis eines konkreten Arbeitsplatzangebotes 295
– Niederlassungserlaubnis für Absolventen deutscher Hochschulen (§ 18b AufenthG) 310 f.
– Niederlassungserlaubnis für Hochqualifizierte (§ 19 AufenthG) 318 ff.
– § 18 Abs. 1 AufenthG 274
– § 18 Abs. 2 AufenthG 275 ff.
– § 18 Abs. 3 AufenthG 291
– § 18 Abs. 4 AufenthG 292 f.
– § 18 Abs. 4a AufenthG 294
– § 18 Abs. 5 AufenthG 295
– § 18 Abs. 6 AufenthG 296
– selbstständige Erwerbstätigkeit (§ 21 AufenthG) 385 ff.
– Systematik des § 18 AufenthG 269 ff.
– Versagung der Erteilung oder Verlängerung eines Aufenthaltstitels 296
– Versagungsgründe (§ 40 AufenthG) 267
– Widerruf der Zustimmung (§ 41 AufenthG) 268
– zustimmungsbedürftige Beschäftigungen nach der Beschäftigungsverordnung 277 ff.
– Zustimmungserfordernis zur Beschäftigung (§ 39 AufenthG) 266
– zustimmungsfreie Beschäftigungen nach der Beschäftigungsverordnung 276
**Erwerbstätigkeit, selbstständige (§ 21 AufenthG) 385 ff.**
– Abs. 1 388 ff.
– Abs. 2 397 ff.
– Abs. 2a 398
– Abs. 3 399
– Abs. 4 400
– Abs. 5 401 f.

– Abs. 6 403
– Erfordernis angemessener Altersversorgung 399
– Erlaubnis der selbstständigen Tätigkeit an Inhaber anderer Aufenthaltserlaubnisse
– Erteilung aufgrund besonderer völkerrechtlicher Vereinbarungen 397
– Erteilung einer Aufenthaltserlaubnis an Freiberufler 401 f.
– Erteilungsvoraussetzungen 388 ff.
– Forscher 398
– Hochschulabsolventen 398
– Wissenschaftler 398
– Zweck der Vorschrift 385 ff.
**europäischer Freiwilligendienst, Teilnahme (§ 18d AufenthG) 315 ff.**
**Europarecht 2 f.**
– Richtlinien 3
**EWR-Staaten, Angehörige der 6**

**Familienangehörige, sonstige, Nachzug (§ 36 Abs. 2 AufenthG) 880 ff.**
**Familiennachzug, Regelung im AufenthG 727 ff.**
– Ausschlussgrund im Falle einer Zweckehe oder Zweckadoption (§ 27 Abs. 1a Nr. 1 AufenthG) 750 ff.
– Familiennachzug zu Ausländern (§ 29 AufenthG) 795 ff.
– Familiennachzug zu Deutschen (§ 28 AufenthG) 771 ff.
– familienrechtliche Voraussetzungen, besondere 730 ff.
– Generalklausel (§ 27 Abs. 1 AufenthG) 727 ff.
– gleichgeschlechtliche Lebenspartnerschaften (§ 27 Abs. 2 AufenthG) 762 f.
– Gültigkeitszeitraum (§ 27 Abs. 4 AufenthG) 770
– Kindschaftsrecht 748 f.
– Nachweis der familienrechtlichen Beziehungen 730 f.
– „Scheinehen“ 741
– Vaterschaft, Anerkennung und Anfechtung 744 ff.
– Versagungsgründe (§ 27 Abs. 3 und § 5 Abs. 1 Nr. 1 iVm § 2 Abs. 3 AufenthG) 764 ff.
– Voraussetzung der Eheschließung 732 ff.
– „Zwangsehe“, kein Ehegattennachzug im Falle einer (§ 27 Abs. 1a Nr. 2 AufenthG) 760 f.
**Familiennachzug zu Ausländern (§ 29 AufenthG) 795 ff.**
– Aufenthaltstitel des Zusammenführenden (§ 29 Abs. 1 Nr. 1 AufenthG) 796
– Familiennachzug bei einem Aufenthalt zu humanitären Zwecken (§ 29 Abs. 3 AufenthG) 801 ff.

– Nachweis ausreichenden Wohnraums (§ 29 Abs. 1 Nr. 2 AufenthG) 797
– Nachzug zu Ausländern, denen vorübergehender Schutz gewährt wird (§ 29 Abs. 4 AufenthG) 805 f.
– Nachzug zu Personen mit einer Aufenthaltserlaubnis aus humanitären Gründen (§ 29 Abs. 2 AufenthG) 798 ff.
– Rechtsschutz beim Familiennachzug 885
**Familiennachzug zu Deutschen (§ 28 AufenthG)** 771 ff.
– Aufenthaltserlaubnis, Verlängerung (§ 28 Abs. 2 AufenthG) 787 ff.
– Ehegattennachzug zu Deutschen (§ 28 Abs, 1 S. 1 Nr. 1 AufenthG) 775 ff.
– eigenständiges Aufenthaltsrecht (§ 28 Abs. 3 AufenthG) 792 f.
– gewöhnlicher Aufenthalt 773
– Kindernachzug zu einem deutschen Elternteil (§ 28 Abs. 1 S. 1 Nr. 2 AufenthG) 779 f.
– Nachzug des Elternteils eines minderjährigen ledigen Deutschen zur Ausübung der Personensorge (§ 28 Abs. 1 S. 1 Nr. 3 AufenthG) 781 ff.
– Nachzug des nichtsorgeberechtigten Elternteils eines minderjährigen ledigen Deutschen (§ 28 Abs. 1 S. 4 AufenthG) 784 ff.
– Nachzug sonstiger Familienangehöriger (§ 28 Abs. 4 AufenthG) 794
– Niederlassungserlaubnis, Erteilung (§ 28 Abs. 2 AufenthG) 787 ff.
– Sicherung des Lebensunterhalts 774
– Voraussetzungen, allgemeine 771 ff.
**„Familienzusammenführungsrichtlinie"** 3, 720 ff.
– 1. Richtlinienumsetzungsgesetz 3
**Feststellung und Sicherung der Identität (§ 49 AufenthG)** 1034 ff.
**Fiktionswirkung, Eintritt der (§ 81 Abs. 2 bis 5 AufenthG)** 1385 f.
**Flüchtlingsrecht** *s. Asyl- und Flüchtlingsrecht, Grundzüge*
**Flughafenunternehmer, Pflichten (§ 65 AufenthG)** 1341
**„Forscherrichtlinie"** 3
– Aufhebung 3
– 1. Richtlinienumsetzungsgesetz 3
**„Freizügigkeitsrichtlinie"** 3
– 1. Richtlinienumsetzungsgesetz 3
**fremdsprachige Dokumente** 1379 f.
**Fundpapier-Datenbank (§§ 49a, 49b AufenthG)** 1042 f.

**Gebühren (§ 69 AufenthG iVm §§ 44 ff. AufenthG)** 1357 ff.
– Aufenthaltstitel in „Ausnahmefällen" (§ 45b AufenthV) 1362
– Befreiungen (§§ 52 bis 54 AufenthV) 1367

– elektronischer Identitätsnachweis (§ 45a AufenthV) 1362
– Ermäßigungen (§§ 52 bis 54 AufenthV) 1367
– Gebühren für das Visum (§ 46 AufenthV) 1363 f.
– Gebühren für die Aufenthaltserlaubnis (§ 45 AufenthV) 1361
– Gebühren für die Erlaubnis zum Daueraufenthalt-EU (§ 44a AufenthG) 1360
– Gebühren für die Niederlassungserlaubnis (§ 44 AufenthV) 1359
– Gebühren für sonstige aufenthaltsrechtliche Amtshandlungen und für pass- und ausweisrechtliche Maßnahmen (§§ 47 und 48 AufenthV) 1365
– Gebühren für sonstige Fälle (§§ 45a bis 45c AufenthV) 1362
– Neuausstellung von Dokumenten (§ 45c AufenthV) 1362
– sonstige Gebühren (§§ 49 bis 51 AufenthV) 1366
– Verjährung (§ 70 AufenthV) 1368
– zwischenstaatliche Vereinbarungen (§ 54 AufenthV) 1367
**Geburt des Kindes im Bundesgebiet (§ 33 AufenthG)** *s. Kind, Geburt im Bundesgebiet (§ 33 AufenthG)*
**Geltungsbereich eines Aufenthaltstitels** *s. Aufenthaltstitel, Geltungsbereich und Nebenbestimmungen (§ 12 AufenthG)*
**Gemeinsames Europäisches Asylsystem (GEAS)** 1713 ff.
– Entstehung des GEAS 1713 ff.
– GEAS heute 1717 ff.
**Grenzübertritt (§ 13 AufenthG)** 46 f.
**Grundbegriffe des Aufenthaltsrechts** 27

**Härtefälle, Aufenthaltsgewährung (§ 23a AufenthG)** 486 ff.
– Erteilungsvoraussetzungen, besondere 491 f.
– Rechtsschutz 499
– Rechtsstellung 498
– Selbstbefassung 493
– „Ultima-Ratio-Funktion" 487
– Verfahren 493 ff.
– Zuständigkeit 493 ff.
**Haftung** 1337 ff.
**Handlungsfähigkeit, ausländerrechtliche (§ 80 AufenthG)** *s. ausländerrechtliche Handlungsfähigkeit (§ 80 AufenthG)*
**„Hochqualifiziertenrichtlinie"** 3
– Gesetz vom 1.6.2012 3

**ICT-Karte (§ 19b, § 19c und § 19d AufenthG)** 129, 340 ff.
– ICT-Karte für unternehmensintern transferierte Arbeitnehmer (§ 19b AufenthG) 341 ff.

– kurzfristige Mobilität für unternehmensintern transferierte Arbeitnehmer (§ 19c AufenthG) 347 f.
– Mobiler ICT-Karte (§ 19d AufenthG) 130, 349 ff.

**ICT-Karte für unternehmensintern transferierte Arbeitnehmer (§ 19b AufenthG)** 341 ff.
– Anspruchsberechtigung 342 f.
– ausgeschlossene Personen 345
– Ausschlussgründe, sonstige 346
– Geltungsdauer 344

**„ICT-Richtlinie"** s. *„Intra-Corporate-Transferee (ICT)-Richtlinie"*

**illegale Beschäftigung, Rechtsfolgen (§§ 98a bis 98c AufenthG)** 1456 ff.
– Anwendungsbereich der RL 2009/52/EG (Sanktionen-RL) 1457 ff.
– Ausschluss des Arbeitgebers von Subventionen (§ 98b AufenthG) 1464 ff.
– Ausschluss von der Vergabe öffentlicher Aufträge (§ 98c AufenthG) 1472 ff.
– Betriebsschließung auf Grund illegaler Beschäftigung 1475
– Vergütung eines illegal beschäftigten Drittstaatsangehörigen (§ 98a AufenthG) 1461 ff.

**Integration** 980 ff.
– Begriff der Integration 980
– „Fördern und Fordern" von Integrationsleistungen als Integrationskonzept 981 ff.
– Integrationskurse (§§ 43–44a AufenthG) 987 ff.

**Integrationsangebote** s. *Integrationsprogramm und weitere Integrationsangebote (§ 45 AufenthG)*

**Integrationskurse (§§ 43–44a AufenthG)** 987 ff.
– Ausnahmen von der Teilnahmeverpflichtung (§ 44a Abs. 2 und 2a AufenthG) 998
– Berechtigung zur Teilnahme an einem Integrationskurs (§ 44 AufenthG) 991 ff.
– Rechtsfolgen der Pflichtverletzung (§ 44a Abs. 3 AufenthG) 999 ff.
– Teilnahmeverpflichtung (§ 44a Abs. 1 und 1a AufenthG)
– Verpflichtung zur Teilnahme an einem Integrationskurs (§ 44a AufenthG) 995 ff.

**Integrationskursverordnung (IntV)** 8

**Integrationsprogramm und weitere Integrationsangebote (§ 45 AufenthG)** 1002

**„Intra-Corporate-Transferee (ICT)-Richtlinie"** 3
– Gesetzentwurf 3

**Kind, Geburt im Bundesgebiet (§ 33 AufenthG)** 866 ff.

**Kinder, Aufenthaltsrecht der (§ 34 AufenthG)** 870 f.

**Kinder, eigenständiges unbefristetes Aufenthaltsrecht (§ 35 AufenthG)** 872 ff.

**Kindernachzug zu Ausländern (§ 32 AufenthG)** 852 ff.
– Anspruch auf Nachzug minderjähriger lediger Kinder (§ 32 Abs. 1 AufenthG) 855 ff.
– Anspruch auf Nachzug von Kindern nach Vollendung des 16. Lebensjahres (§ 32 Abs. 2 AufenthG) 858 ff.
– Erteilung einer Aufenthaltserlaubnis nach Ermessen (§ 32 Abs. 4 AufenthG) 864 f.
– Kindernachzug zu nicht allein sorgeberechtigten Elternteilen (§ 32 Abs. 3 AufenthG) 862 f.

**Klage, Wirkungen (§ 84 AufenthG)** 1394 ff.

**Klageart und einstweiliger Rechtsschutz** 1397 ff.
– Abschiebung 1403
– Ablehnung eines Aufenthaltstitels 1398
– Ausweisung 1400 ff.
– maßgeblicher Zeitpunkt für die gerichtliche Überprüfung einer ausländerrechtlichen Maßnahme 1404
– nachträgliche Befristung der Geltungsdauer einer Aufenthaltserlaubnis 1399
– Wechsel der örtlich zuständigen Ausländerbehörde 1405 f.

**konsularische Vertretungen, Mitglieder** 7

**Kosten ausländerrechtlicher Maßnahmen (§ 66 AufenthG)** 1342 ff.

**Kostenhaftung, Umfang (§ 67 AufenthG)** 1347 ff.

**Kurzaufenthalt, Schengen-Visum für** 82

**langfrist Aufenthaltsberechtigte (§ 2 Abs. 7 AufenthG)** 23

**langfristige Aufenthaltsberechtigung (§ 2 Abs. 8 AufenthG)** 23

**Lebensunterhalt, Haftung für (§ 68 AufenthG)** 1350 ff.

**„Massenzustroms-Richtlinie"** 3

**Mitwirkungspflichten, besondere (§ 82 AufenthG)** 1387 ff.

**Mobiler ICT-Karte (§ 19d AufenthG)** 130

**Mobilität im Rahmen des Studiums (§ 16a AufenthG)** 231 ff.
– Arbeitsplatzsuche nach Studienabschluss (§ 16a Abs. 4 AufenthG) 238
– Ausübung einer Beschäftigung (§ 16a Abs. 2 S. 3 AufenthG) 237
– Recht auf Einreise und Aufenthalt (§ 16a Abs. 2 und 6 AufenthG) 234 ff.
– rechtmäßiger Aufenthalt ohne Aufenthaltstitel (§ 16a Abs. 1 AufenthG) 232 f.
– unverzügliche Einstellung des Studiums (§ 16a Abs. 5 AufenthG) 239
– Verlust der Befreiung vom Erfordernis eines Aufenthaltstitels (§ 16a Abs. 5 AufenthG)
– Wechsel des Aufenthaltszwecks (§ 16a Abs. 4 AufenthG) 238

**Nachzug der Eltern oder sonstiger Familienangehöriger (§ 36 AufenthG)** 877 ff.
– Nachzug der Eltern (§ 36 Abs. 1 AufenthG) 878 f.
– Nachzug sonstiger Familienangehöriger (§ 36 Abs. 2 AufenthG) 880 ff.
**nationaler Aufenthaltstitel** 27
**nationales Visum (§ 6 Abs. 3 AufenthG)** 27, 108 ff.
**Nebenbestimmungen (§ 12 AufenthG)** *s. Aufenthaltstitel, Geltungsbereich und Nebenbestimmungen (§ 12 AufenthG)*
**Neuansiedlung von Schutzsuchenden (§ 23 Abs. 4 AufenthG)** 479 ff.
– Rechtsstellung 483 ff.
– Verfahren 481 f.
– Zuständigkeit 481 f.
**Niederlassungserlaubnis (§ 9 AufenthG)** 27, 131, 929 ff.
– deutsche Sprache, ausreichende Kenntnisse (§ 9 Abs. 2 S. 1 Nr. 7 AufenthG) 948 ff.
– Beiträge zur Rentenversicherung oder vergleichbaren Versicherungs- oder Versorgungseinrichtungen (§ 9 Abs. 2 S. 1 Nr. 3 AufenthG) 937
– Berufsausübungserlaubnisse (§ 9 Abs. 2 S. 1 Nr. 6 AufenthG) 946 f.
– Besitz einer Aufenthaltserlaubnis seit fünf Jahren (§ 9 Abs. 2 S. 1 Nr. 1 AufenthG) 935
– deutsche Sprache, ausreichende Kenntnisse (§ 9 Abs. 2 S. 1 Nr. 7 AufenthG) 948 ff.
– erlaubte Beschäftigung (§ 9 Abs. 2 S. 1 Nr. 5 AufenthG) 944 f.
– Grundkenntnisse der Rechts- und Gesellschaftsordnung und der Lebensverhältnisse im Bundesgebiet (§ 9 Abs. 2 S. 1 Nr. 8 AufenthG) 952 ff.
– Niederlassungserlaubnis nach § 26 Abs. 3 AufenthG 956
– Niederlassungserlaubnis nach § 26 Abs. 4 AufenthG 957
– öffentliche Sicherheit und Ordnung, keine Verstöße gegen (§ 9 Abs. 2 S. 1 Nr. 4 AufenthG) 942 f.
– Regelungsgehalt der Niederlassungserlaubnis 932 f.
– Sicherung des Lebensunterhalts (§ 9 Abs. 2 S. 1 Nr. 2 AufenthG) 936
– Voraussetzungen für die Erteilung einer Niederlassungserlaubnis (§ 9 Abs. 2 AufenthG) 934 ff.
– Wohnraum, ausreichender (§ 9 Abs. 2 S. 1 Nr. 9 AufenthG) 955
**Niederlassungserlaubnis für Absolventen deutscher Hochschulen (§ 18b AufenthG)** 310 f.
**Niederlassungserlaubnis für Hochqualifizierte (§ 19 AufenthG)** 318 ff.
– Abs. 1 320 ff.

– Regelbeispiele für das Merkmal „hochqualifiziert" 327 f.
– Voraussetzungen für die Erteilung eines Aufenthaltstitels nach § 19 AufenthG 320 ff.
– Zweck der Vorschrift 318 f.

**oberste Landesbehörde, Aufnahmeanordnung durch die (§ 23 AufenthG)** 456 ff.
– Erteilungsvoraussetzungen, besondere 459
– praktische Anwendungsfälle 467 ff.
– Rechtsstellung 466
– Verfahren 460 ff.
– Zuständigkeit 460 ff.
**„Opferschutzrichtlinie"** 3
– 1. Richtlinienumsetzungsgesetz 3
**ordnungsrechtliche Vorschriften** 1004 ff.
– Ordnungsverfügungen (§ 46 AufenthG) 1005 ff.
– politische Betätigung, Verbot und Beschränkung (§ 47 AufenthG) 1010 ff.
**Ordnungsverfügungen (§ 46 AufenthG)** 1005 ff.

**Passpflicht (§ 3 AufenthG)** 28 ff.
**politische Betätigung, Verbot und Beschränkung (§ 47 AufenthG)** 1010 ff.
– außenpolitische Interessen (Nr. 2) 1017
– Beeinträchtigung oder Gefährdung der politischen Willensbildung oder des friedlichen Zusammenlebens (Nr. 1) 1014 ff.
– Eingriffsbefugnis nach § 47 Abs. 1 S. 2 AufenthG 1013 ff.
– Eingriffsbefugnis nach § 47 Abs. 2 AufenthG 1020 ff.
– Gefährdung der freiheitlich-demokratischen Grundordnung oder der Sicherheit der Bundesrepublik Deutschland (Nr. 1) 1021 ff.
– Gewaltanwendung (Nr. 2) 1024
– Grundsatz der Freiheit zur politischen Betätigung 1012
– personeller Anwendungsbereich 1011
– Rechtsordnung der Bundesrepublik Deutschland, Verstoß gegen (Nr. 3) 1018
– Unterstützung der Menschenwürde zuwiderlaufender Bestrebungen 1019
– Unterstützung terroristischer Bestrebungen (Nr. 3) 1025
– völkerrechtliche Verpflichtungen 1017
**Präklusionsregelungen (§ 82 AufenthG)** 1387 ff.

**„Qualifikationsrichtlinie"** 3
– Gesetz vom 28.8.2013 3

**räumliche Beschränkung, Wohnsitznahmepflicht und Ausreiseeinrichtungen (§ 61 AufenthG)** 1246 ff.
– Anordnung einer räumlichen Beschränkung nach Ermessen (§ 61 Abs. 1c AufenthG) 1252 ff.

- Auflagen, weitere 1260
- Ausreiseeinrichtungen, besondere 1261
- Bedingungen, weitere 1260
- räumliche Beschränkung innerhalb der ersten
  drei Monate (§ 61 Abs. 1 AufenthG) 1249 ff.
- Wohnsitznahmepflicht bei fehlender Lebens-
  unterhaltssicherung (§ 1258 f.)
Recht auf Wiederkehr (§ 37 AufenthG) *s. Wie-*
  *derkehr, Recht auf (§ 37 AufenthG)*
Rechtsstellung von Ausländern nach dem
  Recht der Europäischen Union und dem
  Abkommen über den Europäischen Wirt-
  schaftsraum 1484 ff.
Resettlement 455, 479 f.
„REST"-Richtlinie 3
– Gesetzentwurf 3
Richtlinie 2001/40/EG des Rates vom
  28.5.2001 über die gegenseitige Anerkennung von Entscheidungen über die Rückführung von Drittstaatsangehörigen 3
Richtlinie 2001/51/EG des Rates vom
  28.6.2001 zur Ergänzung der Regelungen
  nach Art. 26 des Übereinkommens zur
  Durchführung des Übereinkommens von
  Schengen vom 14.6.1985 3
Richtlinie 2002/90/EG des Rates vom
  28.11.2002 zur Definition der Beihilfe zur
  unerlaubten Ein- und Durchreise und zum
  unerlaubten Aufenthalt 3
– 1. Richtlinienumsetzungsgesetz 3
Richtlinie 2003/86/EG des Rates vom
  22.9.2003 betreffend das Recht auf Familienzusammenführung 3
– 1. Richtlinienumsetzungsgesetz 3
Richtlinie/2003/109/EG des Rates vom
  25.11.2003 betreffend die Rechtsstellung der
  langfristig aufenthaltsberechtigten Drittstaatsangehörigen 3
– 1. Richtlinienumsetzungsgesetz 3
Richtlinie 2003/110/EG des Rates vom
  25.11.2003 über die Unterstützung bei der
  Durchbeförderung im Rahmen von Rückführungsmaßnahmen auf dem Luftweg 3
– 1. Richtlinienumsetzungsgesetz 3
Richtlinie 2004/38/EG des Europäischen Parlaments und des Rates vom 29.4.2004 über
  das Recht der Unionsbürger und ihrer Familienangehörigen, sich im Hoheitsgebiet
  der Mitgliedstaaten der Europäischen Union frei zu bewegen und aufzuhalten, zur
  Änderung der Verordnung (EWG)
  Nr. 1612/68 und zur Aufhebung der Richtlinien 64/221/EWG, 68/380/EWG, 72/194/
  EWG, 73/148/EWG, 75/34/EWG, 90/364/
  EWG, 90/365/EWG und 93/96/EWG 3
– 1. Richtlinienumsetzungsgesetz 3
Richtlinie 2004/81/EG vom 29.4.2004 über
  die Erteilung von Aufenthaltstiteln für
  Drittstaatsangehörige, die Opfer des Men-

schenhandels sind oder denen Beihilfe zur
  illegalen Einwanderung geleistet wurde
  und die mit den zuständigen Behörden
  kooperieren 3
– 1. Richtlinienumsetzungsgesetz 3
Richtlinie 2004/83/EG des Rates vom
  13.12.2004 über die Bedingungen für die Zulassung von Drittstaatsangehörigen zwecks
  Absolvierung eines Studiums oder Teilnahme an einem Schüleraustausch, eine unbezahlten Ausbildungsmaßnahme oder einem
  Freiwilligendienst 3
– Aufhebung 3
– 1. Richtlinienumsetzungsgesetz 3
Richtlinie 2005/71/EG des Rates vom
  12.10.2005 über ein besonderes Zulassungsverfahren für Drittstaatsangehörige zum
  Zweck der wissenschaftlichen Forschung 3
– Aufhebung 3
– 1. Richtlinienumsetzungsgesetz 3
Richtlinie 2008/115/EG des Europäischen Parlaments und des Rates vom 16.12.2008 über
  gemeinsame Normen und Verfahren in den
  Mitgliedstaaten zur Rückführung illegal
  aufhältiger Drittstaatsangehöriger 3
– 2. Richtlinienumsetzungsgesetz 3
Richtlinie 2009/50/EG des Rates vom
  25.5.2009 über die Bedingungen für die Einreise und den Aufenthalt von Drittstaatsangehörigen zur Ausübung einer hochqualifizierten Beschäftigung 3
– Gesetz vom 1.6.2012 3
Richtlinie 2009/52/EG des Europäischen Parlaments und des Rates vom 18.6.2009 über
  Mindeststandards für Sanktionen und Maßnahmen gegen Arbeitgeber, die Drittstaatsangehörige ohne rechtmäßigen Aufenthalt
  beschäftigen 3
– 2. Richtlinienumsetzungsgesetz 3
Richtlinie 2011/95/EU des Europäischen Parlaments und des Rates vom 13.12.2011 über
  Normen für die Anerkennung von Drittstaatsangehörigen oder Staatenlosen als Personen mit Anspruch auf internationalen
  Schutz, für einen einheitlichen Status für
  Flüchtlinge oder für Personen mit Anrecht
  auf subsidiären Schutz und für den Inhalt
  des zu gewährenden Schutzes 3
– Gesetz vom 28.8.2013 3
Richtlinie 2013/32/EU des Europäischen Parlaments und des Rates vom 26.6.2013 zu gemeinsamen Verfahren für die Zuerkennung
  und Aberkennung des internationalen
  Schutzes 3
Richtlinie 2013/33/EU vom 26.6.2013 zur Festlegung von Normen für die Aufnahme von
  Personen, die internationalen Schutz beantragen 3
– Gesetzentwurf 3

Richtlinie 2014/36/EU des Europäischen Parlaments und des Rates vom 26.2.2014 über die Bedingungen für die Einreise und den Aufenthalt von Drittstaatsangehörigen zwecks Beschäftigung als Saisonarbeitnehmer 3
– Gesetzentwurf 3
Richtlinie 2014/66/EU des Europäischen Parlaments und des Rates vom 15.5.2014 über die Bedingungen für die Einreise und den Aufenthalt von Drittstaatsangehörigen im Rahmen eines unternehmensinternen Transfers 3
– Gesetzentwurf 3
Richtlinie (EU) 2016/801 über die Bedingungen für die Einreise und den Aufenthalt von Drittstaatsangehörigen zu Forschungs- oder Studienzwecken, zur Absolvierung eines Praktikums, zur Teilnahme an einem Freiwilligendienst, Schüleraustauschprogrammen oder Bildungsvorhaben und zur Ausübung einer Au-Pair-Tätigkeit vom 11.5.2016 3
– Gesetzentwurf 3
Richtlinien 3
– „Anerkennungsrichtlinie“ 3
– „Asylverfahrensrichtlinie“ 3
– „Aufnahmerichtlinie“ 3
– „Blue Card-Richtlinie“ 3
– „Daueraufenthaltsrichtlinie“ 3
– „Durchbeförderungsrichtlinie“ 3
– „Familienzusammenführungsrichtlinie“ 3
– „Forscherrichtlinie“ 3
– „Freizügigkeitsrichtlinie“ 3
– „Hochqualifiziertenrichtlinie“ 3
– „Intra-Corporate-Transferee (ICT)-Richtlinie“ 3
– „Massenzustroms-Richtlinie“ 3
– „Opferschutzrichtlinie“ 3
– „Qualifikationsrichtlinie“ 3
– „REST“-Richtlinie 3
– Richtlinie 2001/40/EG des Rates vom 28.5.2001 über die gegenseitige Anerkennung von Entscheidungen über die Rückführung von Drittstaatsangehörigen 3
– Richtlinie 2001/51/EG des Rates vom 28.6.2001 zur Ergänzung der Regelungen nach Art. 26 des Übereinkommens zur Durchführung des Übereinkommens von Schengen vom 14.6.1985 3
– Richtlinie 2002/90/EG des Rates vom 28.11.2002 zur Definition der Beihilfe zur unerlaubten Ein- und Durchreise und zum unerlaubten Aufenthalt 3
– Richtlinie 2003/86/EG des Rates vom 22.9.2003 betreffend das Recht auf Familienzusammenführung 3
– Richtlinie/2003/109/EG des Rates vom 25.11.2003 betreffend die Rechtsstellung der langfristig aufenthaltsberechtigten Drittstaatsangehörigen 3
– Richtlinie 2003/110/EG des Rates vom 25.11.2003 über die Unterstützung bei der Durchbeförderung im Rahmen von Rückführungsmaßnahmen auf dem Luftweg 3
– Richtlinie 2004/38/EG des Europäischen Parlaments und des Rates vom 29.4.2004 über das Recht der Unionsbürger und ihrer Familienangehörigen, sich im Hoheitsgebiet der Mitgliedsstaaten der Europäischen Union frei zu bewegen und aufzuhalten, zur Änderung der Verordnung (EWG) Nr. 1612/68 und zur Aufhebung der Richtlinien 64/221/EWG, 68/380/EWG, 72/194/EWG, 73/148/EWG, 75/34/EWG, 90/364/EWG, 90/365/EWG und 93/96/EWG 3
– Richtlinie 2004/81/EG vom 29.4.2004 über die Erteilung von Aufenthaltstiteln für Drittstaatsangehörige, die Opfer des Menschenhandels sind oder denen Beihilfe zur illegalen Einwanderung geleistet wurde und die mit den zuständigen Behörden kooperieren 3
– Richtlinie 2004/83/EG des Rates vom 13.12.2004 über die Bedingungen für die Zulassung von Drittstaatsangehörigen zwecks Absolvierung eines Studiums oder Teilnahme an einem Schüleraustausch, eine unbezahlten Ausbildungsmaßnahme oder einem Freiwilligendienst 3
– Richtlinie 2005/71/EG des Rates vom 12.10.2005 über ein besonderes Zulassungsverfahren für Drittstaatsangehörige zum Zweck der wissenschaftlichen Forschung 3
– Richtlinie 2008/115/EG des Europäischen Parlaments und des Rates vom 16.12.2008 über gemeinsame Normen und Verfahren in den Mitgliedsstaaten zur Rückführung illegal aufhältiger Drittstaatsangehöriger 3
– Richtlinie 2009/50/EG des Rates vom 25.5.2009 über die Bedingungen für die Einreise und den Aufenthalt von Drittstaatsangehörigen zur Ausübung einer hochqualifizierten Beschäftigung 3
– Richtlinie 2009/52/EG des Europäischen Parlaments und des Rates vom 18.6.2009 über Mindeststandards für Sanktionen und Maßnahmen gegen Arbeitgeber, die Drittstaatsangehörige ohne rechtmäßigen Aufenthalt beschäftigen 3
– Richtlinie 2011/95/EU des Europäischen Parlaments und des Rates vom 13.12.2011 über Normen für die Anerkennung von Drittstaatsangehörigen oder Staatenlosen als Personen mit Anspruch auf internationalen Schutz, für einen einheitlichen Status für Flüchtlinge oder für Personen mit Anrecht auf subsidiären Schutz und für den Inhalt des zu gewährenden Schutzes 3

- Richtlinie 2013/32/EU des Europäischen Parlaments und des Rates vom 26.6.2013 zu gemeinsamen Verfahren für die Zuerkennung und Aberkennung des internationalen Schutzes 3
- Richtlinie 2013/33/EU vom 26.6.2013 zur Festlegung von Normen für die Aufnahme von Personen, die internationalen Schutz beantragen 3
- Richtlinie 2014/36/EU des Europäischen Parlaments und des Rates vom 26.2.2014 über die Bedingungen für die Einreise und den Aufenthalt von Drittstaatsangehörigen zwecks Beschäftigung als Saisonarbeitnehmer 3
- Richtlinie 2014/66/EU des Europäischen Parlaments und des Rates vom 15.5.2014 über die Bedingungen für die Einreise und den Aufenthalt von Drittstaatsangehörigen im Rahmen eines unternehmensinternen Transfers 3
- Richtlinie (EU) 2016/801 über die Bedingungen für die Einreise und den Aufenthalt von Drittstaatsangehörigen zu Forschungs- oder Studienzwecken, zur Absolvierung eines Praktikums, zur Teilnahme an einem Freiwilligendienst, Schüleraustauschprogrammen oder Bildungsvorhaben und zur Ausübung einer Au-Pair-Tätigkeit vom 11.5.2016 3
- „Rückführungsrichtlinie" 3
- „Saisonarbeitnehmerrichtlinie" 3
- „Sanktionenrichtlinie" 3
- „Studentenrichtlinie" 3
- „Unionsbürgerrichtlinie" 3
- „Vorübergehender Schutz-Richtlinie" 3
**„Rückführungsrichtlinie"** 3
- 2. Richtlinienumsetzungsgesetz 3
**Rücknahme eines Aufenthaltstitels (§ 48 VwVfG)** 1078

**„Saisonarbeitnehmerrichtlinie"** 3
- Gesetzentwurf 3
**„Sanktionenrichtlinie"** 3
- 2. Richtlinienumsetzungsgesetz 3
**Schengen-Visum (§ 2 Abs. 5 AufenthG)** 21
- Kurzaufenthalt 82
**Schengen-Visum (§ 6 Abs. 1 AufenthG)** 97 ff.
- Verlängerung eines Schengen-Visums (§ 6 Abs. 2 AufenthG) 105 ff.
**Schluss- und Übergangsvorschriften (§§ 101 bis 107 AufenthG)** 1476 ff.
- Anrechnung (§ 102 AufenthG) 1478 f.
- Anwendung bisherigen Rechts (§ 103 AufenthG) 1480
- Fortgeltung ausländerrechtlicher Maßnahmen (§ 102 AufenthG) 1478 f.
- Fortgeltung bisheriger Aufenthaltsrechte (§ 101 AufenthG) 1477
- Übergangsregelungen (§ 104 AufenthG) 1481 ff.

**Sicherung der Identität (§ 49 AufenthG)** s. *Feststellung und Sicherung der Identität (§ 49 AufenthG)*
**Sicherung des Lebensunterhalts (§ 2 Abs. 3 AufenthG)** 12 ff.
**Strafvorschriften (§§ 95 bis 97 AufenthG)** 1436 ff.
- Einschleusen mit Todesfolge 1447
- Einschleusen von Ausländern 1442 ff.
- gewerbs- und bandenmäßiges Einschleusen 1447
- § 95 AufenthG 1436 ff.
- § 96 AufenthG 1442 ff.
- § 97 AufenthG 1447
**„Studentenrichtlinie"** 3
- Aufhebung 3
- 1. Richtlinienumsetzungsgesetz 3
**studienbezogenes Praktikum (§ 17b AufenthG)** 261 ff.

**Türkei** s. *Assoziationsrecht EG-Türkei, Aufenthaltsrecht nach dem*

**Übergangsvorschriften** s. *Schluss- und Übergangsvorschriften (§§ 101 bis 107 AufenthG)*
**unerlaubte Einreise** 27, 48
**„Unionsbürgerrichtlinie"** 3
- 1. Richtlinienumsetzungsgesetz 3
**unionsrechtliches Freizügigkeitsrecht (§ 2 FreizügG/EU)** 1494 ff.
- Abwesenheitszeiten, unbeachtliche (§ 4a Abs. 6 FreizügG/EU) 1544
- Anwendung des Aufenthaltsgesetzes (§ 11 FreizügG/EU) 1581 ff.
- Anwendung des Aufenthaltsgesetzes (§ 11 Abs. 2 FreizügG/EU) 1584
- Arbeitnehmerfreizügigkeit (Art. 45 AEUV) 1497 ff.
- Aufenthaltszeiten, rechtmäßige (§ 11 Abs. 3 FreizügG/EU) 1585
- Ausreisepflicht (§ 7 FreizügG/EU) 1566 ff.
- Ausweispflicht (§ 8 FreizügG/EU) 1578 f.
- Befristung der Wirkung eines Einreise- und Aufenthaltsverbots (§ 7 Abs. 2 S. 5 bis 8 FreizügG/EU) 1572 ff.
- Datenabgleich 1580
- Datenerhebung 1580
- Daueraufenthaltsrecht (§ 4a FreizügG/EU) 1536 ff.
- Daueraufenthaltsrecht von Unionsbürgern (§ 4a Abs. 1 FreizügG/EU) 1536 f.
- eigenständiges Aufenthaltsrecht 1528 ff.
- Einreise- und Aufenthaltsverbot (§ 7 Abs. 2 S. 1 bis 3 FreizügG/EU) 1569 ff.
- Empfänger von Dienstleistungen 1511
- entsprechend anwendbare Vorschriften des Aufenthaltsgesetzes (§ 11 Abs. 1 FreizügG/EU) 1582 f.
- Erbringer von Dienstleistungen 1508 ff.

– erleichtertes Daueraufenthaltsrecht (§ 4a Abs. 2 FreizügG/EU) 1538 f.
– Familienangehörige 1513 ff.
– Familienangehörige, drittstaatsangehörige 1522
– Familienangehörige, Erwerb eines Daueraufenthaltsrechts durch (§ 4a Abs. 3 bis 5 FreizügG/EU) 1540 ff.
– Fortbestand des Aufenthaltsrechts 1526 f.
– freizügigkeitsberechtigter Personenkreis (§ 2 Abs. 2 FreizügG/EU) 1496 ff.
– Identitätsfeststellung (§ 8 FreizügG/EU) 1578 f.
– Inhaber eines Daueraufenthaltsrechts 1517
– nichterwerbstätige Unionsbürger 1512
– Niederlassungsfreiheit 1507
– § 3 Abs. 3 FreizügG/EU 1529 f.
– § 3 Abs. 4 FreizügG/EU 1533 ff-
– Recht auf Einreise und Aufenthalt 1518 ff.
– rechtmäßige Aufenthaltszeiten (§ 11 Abs. 3 FreizügG/EU) 1585
– strafrechtliche Verurteilungen 1556 ff.
– Unionsbürger 1518 ff.
– verfahrensrechtliche Vorgaben (§ 6 Abs. 8 FreizügG/EU) 1563 f.
– Verlust des Daueraufenthaltsrechts (§§ 4a Abs. 7, 5 Abs. 4 FreizügG/EU) 1545 f.
– Verlust des Rechts auf Einreise und Aufenthalt (§ 6 FreizügG/EU) 1547 ff.
– Verlust des Rechts auf Einreise und Aufenthalt aus Gründen der öffentlichen Gesundheit 1562
– Verstoß gegen aufenthalts- und melderechtliche Vorschriften 1561
– Verwaltungsverfahren, Bestimmungen zum (§ 14 FreizügG/EU) 1586

**VAH-AufenthG** 4
**VAH-FreizG/EU** 4
**Verfahrenssprache Deutsch** 1379 f.
**Verfahrensvorschriften** 1369 ff.
– Antragserfordernis im Verfahren auf Erteilung und Verlängerung eines Aufenthaltstitels, grundsätzliches (§ 81 Abs. 1 AufenthG) 1384
– Aufenthaltszeiten, Berechnung (§ 85 AufenthG) 1407
– ausländerrechtliche Handlungsfähigkeit (§ 80 AufenthG) 1381 ff.
– Beschränkung der Anfechtbarkeit (§ 83 Abs. 1 AufenthG) 1392
– Beteiligungserfordernisse (§ 72 bis 74 AufenthG) 1372 ff.
– einstweiliger Rechtsschutz 1397 ff.
– Fiktionswirkung, Eintritt der (§ 81 Abs. 2 bis 5 AufenthG) 1385 f.
– fremdsprachige Dokumente 1379 f.
– Klage, Wirkungen (§ 84 AufenthG) 1394 ff.
– Klageart 1397 ff.

– Mitwirkungspflichten, besondere (§ 82 AufenthG) 1387 ff.
– Präklusionsregelungen (§ 82 AufenthG) 1387 ff.
– Verfahrenssprache Deutsch 1379 f.
– Widerspruch, Wirkungen (§ 84 AufenthG) 1394 ff.
– Widerspruchsverfahren, partieller Ausschluss (§ 83 Abs. 2 und 3 AufenthG) 1393
– Zuständigkeit (§ 71 AufenthG) 1370 ff.
**Verlängerung eines Aufenthaltstitels** s. *Aufenthaltstitel, Erteilung und Verlängerung*
**Verordnungsermächtigungen** 8
**Verteilung unerlaubt eingereister Ausländer (§ 15a AufenthG)** 60 f.
**Visum** 27
**Visum (§ 6 AufenthG)** 97 ff.
**Völkerrecht** 2
**„Vorläufige Anwendungshinweise zum Aufenthaltsgesetz und zum Freizügigkeitsgesetz/EU (Stand: 22.12.2004)"** 4
**vorübergehender Schutz (§ 2 Abs. 6 AufenthG)** 22 s. a. *Aufenthaltsgewährung zum vorübergehenden Schutz (§ 24 AufenthG)*
**„Vorübergehender Schutz-Richtlinie"** 3

**Widerruf eines Aufenthaltstitels (§ 52 AufenthG)** 1064 ff.
– § 52 Abs. 1 AufenthG 1065 ff.
– § 52 Abs. 2 AufenthG 1069
– Widerruf einer Aufenthaltserlaubnis nach § 17b AufenthG oder § 18d AufenthG (§ 52 Abs. 4a AufenthG) 1072
– Widerruf einer Aufenthaltserlaubnis nach § 38a AufenthG (§ 52 Abs. 6 AufenthG) 1077
– Widerruf einer zum Opferschutz erteilten Aufenthaltserlaubnis (§ 52 AufenthG) 1073 ff.
– Widerruf einer zum Zweck der Forschung erteilten Aufenthaltserlaubnis (§ 52 Abs. 4 AufenthG) 1071
– Widerruf einer zum Zweck des Studiums erteilten Aufenthaltserlaubnis (§ 52 Abs. 3 AufenthG) 1070
**Widerspruch, Wirkungen (§ 84 AufenthG)** 1394 ff.
**Widerspruchsverfahren, partieller Ausschluss (§ 83 Abs. 2 und 3 AufenthG)** 1393
**Wiederkehr, Recht auf (§ 37 AufenthG)** 886 ff.
– Antragsfrist 895
– Berechtigung zur Ausübung einer Erwerbstätigkeit 896
– Erteilungsvoraussetzungen 887 ff.
– gewöhnlicher Aufenthalt im Bundesgebiet 892
– Minderjährigkeit 889
– rechtmäßiger Aufenthalt 890 f.
– Rechtsanspruch (Abs. 1) 887 ff.
– Rente, Bezug von (Abs. 5) 906 f.
– Schulbesuch 893

– Sicherung des Lebensunterhalts 894
– Verlängerung (Abs. 4) 905
– Vermeidung einer besonderen Härte (Abs. 2) 897 ff.
– Versagungsgründe (Abs. 3) 902 ff.
– Zwangsheirat (Abs. 2a) 901
**Wohnsitzauflagen (§ 12a AufenthG)** 201 f.
**Wohnsitznahmepflicht (§ 61 AufenthG)** *s. räumliche Beschränkung, Wohnsitznahmepflicht und Ausreiseeinrichtungen (§ 61 AufenthG)*
**Wohnsitzregelungen für Personen mit humanitären Aufenthaltstiteln** 662 ff.
– Neuregelung des § 12a AufenthG, Bewertung 675 ff.

– Vereinbarkeit von Wohnsitzregelungen mit Europarecht 672 ff.
– Vereinbarkeit von Wohnsitzregelungen mit Verfassungsrecht 666
– Vereinbarkeit von Wohnsitzregelungen mit Völkerrecht 667 ff.

**Zurückschiebung (§ 57 AufenthG)** 27, 1134 ff.
– § 57 Abs. 1 1135 ff.
– § 57 Abs. 2 1140 ff.
– § 57 Abs. 3 1142
**Zurückweisung (§ 15 AufenthG)** 27, 49 ff.
**Zuständigkeit (§ 71 AufenthG)** 1370 ff.
**Zustimmungserfordernis zur Beschäftigung (§ 39 AufenthG)** 266